北京师范大学刑事法律科学研究院
中国刑法学研究会　组织编写

中国刑法学研究会推荐教材

LAW
现代刑事法学系列教材

刑事诉讼法学

（第七版）

主　编　宋英辉

副主编　杨正万　杨　雄

撰稿人　（以撰写章节先后为序）

宋英辉　杨　雄　何　挺　廖　明

郭云忠　梁　欣　刘世强　甄　贞

雷小政　毛立新　罗海敏　王　超

杨正万　史立梅　孟　军　肖　萍

印　波

中国人民大学出版社

·北京·

编审委员会

总　序

通过法律和法治实现正义、维护秩序、保障自由，已经成为全人类的共识。依法治国是人类社会，也是我国迄今能够选择的最佳治国方略。2020 年 11 月，中央全面依法治国工作会议首次提出习近平法治思想。这是顺应实现中华民族伟大复兴时代要求应运而生的重大理论创新成果，是马克思主义法治理论中国化最新成果，是习近平新时代中国特色社会主义思想的重要组成部分，是全面依法治国的根本遵循和行动指南。习近平法治思想内涵丰富、论述深刻、逻辑严密、系统完备，从历史和现实相贯通、国际和国内相关联、理论和实际相结合上深刻回答了新时代为什么实行全面依法治国、怎样实行全面依法治国等一系列重大问题。同时，习近平总书记还对当前和今后一个时期推进全面依法治国要重点抓好的工作提出了 11 个方面的要求，从而为全面依法治国明确标定了航向。

进言之，在全面依法治国、建设社会主义法治国家的事业中，刑事法治建设是重要的领域之一。刑事法治建设所具有的这种地位，是由刑事法所保护法益之广泛性与重要性、所采用的违法制裁手段之严厉性和所剥夺权利之至关重要所共同构筑而成的。“法律不理会琐碎之事。”[①] 相对于民事法而言，刑事法无疑更有力地诠释了这一法律格言。当看到刑事司法实践中，那些被判处死刑的人从死亡的恐惧、绝望和痛苦中重获新生，或者就此走上生命的终点，恐怕没有任何其他部门法学者敢言其所研究的法律较之刑事法所保护的权益或者剥夺的权利更加重要。刑事法所关涉的问题如此重要，以致在一些国家，刑事法的重大问题被直接规定在宪法当中。

在梳理刑事法“家族”的主要成员——刑法与其他部门法的关系时，也能感受到刑事法在整个法律体系中的重要性。当各个部门法所调整的社会关系或者保护的权益遭到严重的破坏或者侵犯，以致其他法律制裁手段已经明显力量不足时，它们的一致选择都是从刑法这里得到最后的保护。正如卢梭所言：“刑法在根本上与其说是一种特别法，还不如说是其他一切法律的制裁

---

① 张明楷：《刑法格言的展开》，102 页，北京，法律出版社，1999。

力量。"① 显然，刑法与生俱来的"众法之保障法"的地位，也是其他部门法所无法相提并论的。基于刑事法所具有的特殊地位和作用，人们对从事刑事法治工作者也提出了更高的要求："施行刑罚的人，必须本身已意识到一种更高的使命。'一种没有替天行道意念的人类力量，不足以挥起行刑的刀剑'。"②

显然，无论在过去、现在，还是在未来相当长的时间内，刑事法作为并且仍将作为仅次于宪法的重要的基本法律群矗立于现代法制之林，刑事法治的现代化对于当代中国社会主义法治现代化建设至关重要。相应地，为刑事法治发展起着建言献策作用的刑事法学事业的重要性也不言而喻。

中国有着悠久的刑事法制发展史，也形成了丰富的刑事法传统文化，其中不乏真知灼见。自 1979 年首部刑法和刑事诉讼法颁布后，新中国终于高扬起法治建设与发展的风帆，中国刑事法学也步入发展的春天。从那时到现在，中国刑事法学从复苏到全面繁荣，已经走过四十多年的路程。刑事法学这一极具思辨色彩、蕴含深刻哲理、富有实用价值的研究领域，以其无穷的魅力吸引了众多有志于促进中国法治现代化的学者关注的目光，并使其为之付出了宝贵的精力。在几代刑法学者的不断努力下，中国刑事法学的发展由小到大、由弱到强、由局部到整体、由偏重注释到注释与思辨并重，迄今已经初步完成学科体系的构建和研究方法的转型。在此基础上，富有远见的刑事法学人提出了"刑事一体化"的刑事法学发展方向。刑事法实践本就是一项刑事实体法与刑事程序法并行，刑事立案、刑事侦查、刑事起诉、刑事审判与刑罚执行继起，犯罪预防、犯罪惩治与罪犯矫正并重的法律实践活动。在此过程中，刑法、刑事诉讼法、犯罪预防法、刑事执行法等刑事法律被同时或者先后运用，互相配合、互为补充，共同编织成一张严密的刑事法网，以实现一个共同的目标——预防和控制犯罪。"刑事一体化"的刑事法学发展思路和发展方向，可谓最符合刑事法实践需要，最有助于理论与实践的统一和结合，因而得到了刑事法学界的广泛认同。

"虽有佳肴，弗食不知其旨也；虽有至道，弗学不知其善也。"尽管刑事一体化的刑事法学发展方向得到了刑事法学人的广泛认同，然而，刑事一体化的精髓何在？如何整合刑事法学各分支学科的资源，以开展刑事一体化研究？如何在具体的刑事法研究中贯彻刑事一体化的精神，使刑事一体化的构想变为现实？如何在刑事一体化的进程中更充分地实现各刑事法分支学科的价值，而不是在此进程中迷失自我？这一系列问题目前都没有得到妥善解决。这在一定程度上阻碍了刑事一体化目标的实现，削弱了刑事一体化命题的价值。而实践的需要和为刑事法治服务的使命，又在催促我们更加努力推动刑事一体化的进程。

在我们看来，刑事一体化的实现建立在两个基础之上：一是刑事法分支学科的全面成熟；二是各刑事法分支学科相互协作，形成合力，共同应对和解决刑事法治发展中面临的问题。应当说，上述第一个基础在我国目前已经基本奠定，以刑法学、刑事诉讼法学为龙头，以犯罪学、刑事政策学/刑事执行法学为两翼的刑事法学体系，目前已经基本成型，并且在每一个法学分支学科中，都已经有一批才思敏捷、学识渊博、治学严谨、成果丰硕的学术中坚力量支撑起整个学科，并致力于不断推动本学科研究水平的提高。而受不同刑事法分支学科的具体内容之间存在巨大差异的制约，各分支学科在相互协作、形成合力、共同应对和解决刑事法治发展中面临的问题方面还做得很不够。因此，刑事一体化的上述第

① ［法］卢梭著，何兆武译：《社会契约论》，63 页，北京，商务印书馆，1962。

② ［德］拉德布鲁赫著，米健、朱林译：《法学导论》，87 页，北京，中国大百科全书出版社，1997。

二个基础，目前还远未形成。当务之急，乃是建立起一种体制和机制，帮助不同刑事法分支学科之间的交流与合作，并产出一批这方面的高质量的学术成果，以促进刑事一体化第二个基础的形成。

北京师范大学刑事法律科学研究院（以下简称为刑科院）正是基于这一刑事法治发展的现实需要应运而生。刑科院作为北京师范大学重点建设的专门从事刑事法学研究的，中国刑事法学领域首家且目前唯一的具有独立性、建制性、综合性的新型学术研究机构与研究生培养单位，自2005年8月成立以来，主动把自身发展置于学校发展和国家刑事法治建设的大格局中，以北京师范大学深厚的学术积淀、悠久的历史传统和浓郁的文化氛围为依托，沿着刑事一体化的发展方向，积极探索，努力进取，逐步全面发展相关学术领域，稳步朝着建成全国领先、国际知名的刑事法学研究机构、高层次人才培养单位以及国家刑事立法和司法决策咨询服务基地的目标迈进。目前，刑科院已经设置了覆盖刑事法所有分支学科的9个研究所，并引进了一批刑事法学领域的优秀人才负责各研究所学术事业的发展，从机构设置到人才配备为践行“刑事一体化”奠定了基础。

教材编撰无疑是学科建设的重要环节。为了贯彻“刑事一体化”之思路，推动“刑事一体化”的进程，刑科院显然有必要编撰一套内容充实、新颖、学术性较强的，介于理论著作与传统教科书之间的教科书性著作。有鉴于此，刑科院在机构设置和人才引进工作初步完成后，便开始全面规划刑事法系列教材的建设。刑科院在刑事法教材编撰方面有其优势，突出表现在刑科院的主要成员均担任过刑事法教材的主编工作，对于教材的编写颇有经验和心得。特别是刑法学方面，刑科院的主要成员主持了晚近三十余年来几乎各种类型的全国刑法学统编教材中多数教材的编写工作。考虑到在刑科院下属常设性研究所已先后成立并且引进了一批刑事法各个领域国内知名的专家学者后，编撰一套刑事法系列教材的组织机构条件和人员条件均已具备，我们遂于2007年年初决定推出“现代刑事法学系列教材”。

中国人民大学出版社是新中国最早成立的中央级大学出版社。该社立足于高等教育，以为教学和科研提供优质服务为己任，是我国人文社会科学，特别是文科教材出版中心。近年来，中国人民大学出版社出版了一大批具有文化积累、文化传播价值的优秀法律图书，其中，法学系列教材的出版成绩显著，有目共睹。在刑科院成立后，中国人民大学出版社的领导和法学编辑聪敏睿智地看到了建设社会主义法治国家进程中刑事法系列教材的市场潜力，并基于对刑科院学术团队的充分信任，与刑科院积极协商，决定结合刑科院在刑事法领域的整体学术优势和中国人民大学出版社的法学出版力量，双方合作编著出版这套“现代刑事法学系列教材”。

之所以将这套系列教材冠名为“现代刑事法学系列教材”，是因为这套教材以现代刑事法治理念为指导，注重吸收当代刑事法学发展的最新研究成果，并且不再像以往的刑事法教材那样只关注刑法和刑事诉讼法两个方面，而是本着“刑事一体化”之精神，覆盖大部分刑事法学学科。具体而言，该系列教材拟包括：《刑法总论》《刑法各论》《国际刑法学》《外国刑法学（英美法系）》《外国刑法学总论（大陆法系）》《外国刑法学各论》《犯罪学》《刑事政策学》《刑事执行法学》《刑事诉讼法学》《刑事证据法学》《刑法总则案例分析》《刑法分则案例分析》《中国区际刑法学》《被害人学》《国际刑事诉讼法学》《犯罪心理学》《中国刑法史学》《外国刑法思想史》《比较刑法学》《刑事立法学》《经济刑法学》《台港澳刑法学》等。同时，该系列教材还将根据学科发展的新情况，不断予以充实、完善。

北师大刑科院是中国刑法学研究会会长和秘书处所在单位。多年以来，中国刑法学研究会依托北师大刑科院开展其学术活动并鼎力支持北师大刑科院的学术事业，双方形成了良好的协作关系，为我国刑法学研究和刑事法治事业的发展作出了积极的贡献。为了保证此套系列教材的质量，并借此提升刑科院的整体实力，刑科院与中国刑法学研究会再次开展合作，以刑科院的学术骨干力量为基础，并邀请了部分在我国刑法学、刑事诉讼法学界有较大影响的学科带头人和学术骨干参与，共同组织编撰这套刑事法学系列教材。刑科院为此成立了专门的编审委员会，并聘请了老一辈著名刑事法学家担任学术顾问，由本人担任总主编，由全国刑事法学界知名专家学者组成学术委员会。学术委员会负责该系列教材的审稿、鉴定工作。为了保证教材内容的新颖性和学术性，我们在编撰这套系列教材时，在体系结构和内容上将全面、充分吸收、反映近年来我国刑事法学研究的新进展和新成果，准确地反映和论述立法、立法解释及司法解释的内容，运用案例和举例，适当反映司法实务的经验和情况。

这套系列教材甫一推出，即受到学界的广泛关注与重视，并为中国人民大学、北京师范大学、吉林大学、中国政法大学、西南政法大学等诸多高校所选用。截至目前，该套教材中已出版12种，而且有多种教材已历经数版修订。例如，由宋英辉教授主编的《刑事诉讼法》已修订6版，由张远煌教授主编的《犯罪学》已修订4版，由我本人主编的《刑法总论》《刑法各论》亦已修订3版。本套教材已成为我国迄今为止最全面、最系统、最新颖的刑事法学系列教材之一。正是基于其较为突出的学术影响，本套教材曾于2008年在整体上被评为北京市教育教学成果奖（高等教育）二等奖。其中，《犯罪学》等教材还入选“十二五”普通高等教育本科国家级规划教材。

鉴于该套系列教材的推出已有时日，为了继续发挥其学术影响，持续助力“刑事一体化”之构建，经与中国人民大学出版社协商，我们拟整体性推进这套教材的修订，并借此促成后续相关教材的出版。我们期待，在刑科院及我国刑事法理论和实务界的有关专家学者们的共同努力下，在中国人民大学出版社的鼎力支持下，“现代刑事法学系列教材”将成为我国刑事法领域最权威的精品教材。

中国刑法学研究会会长　赵秉志教授

2007年5月拟就
2016年6月第一次修订
2021年1月第二次修订

第七版修订说明

《刑事诉讼法学》作为“现代刑事法学系列教材”之一，自从2007年出版以来，历经六版，承蒙同行及读者的厚爱，得到高度的认可，在此谨致以深深的谢意。

在2019年《刑事诉讼法学》（第六版）出版之后，随着2018年《刑事诉讼法》的修改，最高人民法院、最高人民检察院、公安部分别修订了最高人民法院《关于适用〈中华人民共和国刑事诉讼法〉的解释》《人民检察院刑事诉讼规则》《公安机关办理刑事案件程序规定》等司法解释和规定，针对认罪认罚从宽制度、监察与刑事诉讼的衔接、缺席审判等进一步作出了规定。为了推进和规范社区矫正工作，保障刑事判决、刑事裁定和暂予监外执行决定的正确执行，2019年12月28日，第十三届全国人民代表大会常务委员会第十五次会议审议通过了《中华人民共和国社区矫正法》。伴随着刑事诉讼法的立法、司法解释等的修订以及司法改革的有序推进，我国刑事诉讼法学领域又涌现出一系列最新的研究成果。为了及时反映我国刑事诉讼法在立法和司法上的发展和变化，吸收理论研究的最新成果，我们对《刑事诉讼法学》进行了第六次修订。

本教材第七版撰写分工如下（以撰写章节先后为序）：

宋英辉（法学博士，北京师范大学刑事法律科学研究院教授、博士生导师）：第一章、第三章、第四章、第五章；

杨　雄（法学博士，北京师范大学刑事法律科学研究院副教授）：第二章、第十九章、第二十一章；

何　挺（法学博士，北京师范大学刑事法律科学研究院教授、博士生导师）：第三章、第四章、第五章、第二十九章；

廖　明（法学博士，北京师范大学刑事法律科学研究院副教授）：第六章、第十二章；

郭云忠（法学博士，国家检察官学院教授）：第七章、第八章、第九章、第十四章、第十五章；

梁　欣（法学博士，国家法官学院教授）：第十章、第十一章；

刘世强（法学博士，北京师范大学珠海分校副教授）：第十章、第十一章；

甄　贞（法学博士，第十三届全国政协常务委员、国务院参事）：第十三章、第二十二章；

雷小政（法学博士，北京师范大学刑事法律科学研究院副教授）：第十六章、第三十二章；

毛立新（法学博士，北京市尚权律师事务所律师）：第十七章；

罗海敏（法学博士，中国政法大学诉讼法学研究院副教授）：第十八章、第三十三章、第三十四章、第三十五章、第三十七章、第三十八章；

王　超（法学博士，北京师范大学刑事法律科学研究院教授、博士生导师）：第二十章、第二十五章；

杨正万（法学博士，贵州民族大学教授）：第二十三章；

史立梅（法学博士，北京师范大学刑事法律科学研究院教授、博士生导师）：第二十四章、第二十八章、第三十章；

孟　军（法学博士，北京师范大学法学院副教授）：第二十六章、第三十六章；

肖　萍（法学博士，北京师范大学法学院副教授）：第二十七章；

印　波（法学博士，北京师范大学刑事法律科学研究院副教授）：第三十一章。

本书由宋英辉、杨雄统稿。

尽管此次修订对相关章节内容进行了修改、补充和完善，但限于时间及水平，错误和疏漏之处在所难免，恳请读者不吝赐教。

本书第七版的出版，一如既往得到了中国人民大学出版社及其编辑的鼎力支持，在此深表谢忱。

宋英辉

2021年7月

前　言

《刑事诉讼法学》系“现代刑事法学系列教材”之一。在编写过程中，我们力图做到：第一，理论性。不仅注释刑事诉讼法律，而且注意阐释其诉讼理论，并在总体上对有关刑事诉讼法与宪法、刑事诉讼法与刑法、刑事诉讼模式、刑事诉讼原则等基本理论问题进行阐释。第二，体系性。既注意在整体上对我国刑事诉讼制度进行概括与归纳，又注意构建刑事诉讼法学学科体系。第三，新颖性与准确性。关注立法与司法解释的最新变化，并力求阐释准确。

本教材撰稿分工如下（以撰写章节先后为序）。

宋英辉（法学博士，北京师范大学刑事法律科学研究院教授、博士生导师）：第一章、第三章、第四章、第五章；

杨　雄（法学博士，北京师范大学刑事法律科学研究院讲师）：第二章、第二十章；

廖　明（法学博士，北京师范大学刑事法律科学研究院讲师）：第六章、第十二章；

郭云忠（法学博士，国家检察官学院科研部副主任）：第七章、第八章、第九章、第十四章、第十五章、第十六章；

梁　欣（法学博士，国家法官学院副教授）：第十章、第十一章；

甄　贞（法学博士，北京市人民检察院副检察长、教授、博士生导师）：第十三章、第二十一章；

罗海敏（中国政法大学诉讼法学研究院讲师）：第十七章、第二十八章、第二十九章、第三十章、第三十二章、第三十三章；

刘广三（法学博士，北京师范大学刑事法律科学研究院教授）：第十八章；

王　超（法学博士，北京师范大学刑事法律科学研究院讲师）：第十九章、第二十四章；

杨正万（法学博士，北京师范大学刑事法律科学研究院教授）：第二十二章；

史立梅（法学博士，北京师范大学法学院副教授）：第二十三章、第二十七章；

孟　军（法学博士，北京师范大学法学院讲师）：第二十五章、第三十一章；

肖　萍（法学博士，北京师范大学刑事法律科学研究院讲师）：第二十六章。

全书由宋英辉、甄贞、杨正万统稿，杨雄、罗海敏、王贞会协助统稿。

由于时间、水平所限，书中难免有不妥之处；同时，由于作者写作风格不同，各个部分难免欠协调。这些尚需读者谅解，并恳切希望不吝赐教。

宋英辉

2007 年 5 月

目　录

第一编　绪　论

第二编 总 论

第三编　证　据

第四编 程序论

第六编　联合国刑事司法准则

第一编

绪论

第一章　刑事诉讼法概述

内容导读

本章重点阐释刑事诉讼的概念与特征、刑事诉讼法的概念与法律渊源、刑事诉讼法与其他诉讼法的异同、刑事诉讼法学的研究对象及研究方法等。我国的刑事诉讼，是指国家专门机关在当事人及其他诉讼参与人的参加下，依照法律规定的程序，解决被追诉人刑事责任问题的活动。刑事诉讼主要包括四个方面的特征：由国家专门机关主持进行；是实现国家刑罚权的活动；依照法律规定的程序进行；是在当事人和其他诉讼参与人的参加下进行的活动。在我国，刑事诉讼法是国家制定的规范人民法院、人民检察院和公安机关进行刑事诉讼，以及当事人和其他诉讼参与人参加刑事诉讼的法律。刑事诉讼法学是以刑事诉讼法律规范、刑事诉讼实践和刑事诉讼理论为研究对象的法学理论。

第一节　刑事诉讼

一、刑事诉讼的概念

刑事诉讼是诉讼的一种。从词义上说，“诉，告也”，“讼，争也”，诉讼就是原告对被告提出告诉，由裁判者解决双方争议的活动。在中国古代，刑事案件称“狱”，办理刑事案件称“断狱”，《唐律》中就有“断狱”篇。元代刑律《大元通制》开始以“诉讼”作为篇名，但其内容规定的是控告犯罪的有关问题，与现代意义上的诉讼不完全相同。中国近代使用的“诉讼”“刑事诉讼”等概念，于清末时自日本传入。

“诉讼”英语为 Procedure，德语为 Prozess，法语为 Proces，都源自拉丁语 Procedere，意思是过程、程序。诉讼法（Procedural Law），直译为程序法。因此，“诉讼”可以从两个层面来理解：一是以原告、被告和裁判者为构成主体的活动，二是一系列不断向前推进的程序化活动。

根据所解决的纠纷的性质不同，现代诉讼可分为刑事诉讼、民事诉讼和行政诉讼。

刑事诉讼，是指国家专门机关在当事人及其他诉讼参与人的参加下，依照法律规定的程序，解决被追诉人刑事责任问题的活动。

我国的刑事诉讼具有如下特征。

1. 由国家专门机关主持进行。在我国，专门机关主要指人民法院、人民检察院和公安机关（包括国家安全机关、军队保卫部门、中国海警局和监狱等其他对特殊案件有侦查权的机关，下同），它们在刑事诉讼中分别行使一定的专门职权，其中人民法院行使审判权，人民检察院行使公诉权、审查批准逮捕权、部分案件侦查权以及法律监督权，公安机关等侦查机关行使侦查权。我国刑事诉讼在不同阶段分别由公安机关、人民检察院、人民法院主持进行。

2. 是实现国家刑罚权的活动。国家刑罚权是国家对实施了犯罪行为的人施以刑事处罚的权力。刑事诉讼的具体内容就是依法查明犯罪事实是否已经发生，谁实施了犯罪及其有关情节，并通过适用刑法予以处罚。

3. 依照法律规定的程序进行。刑事诉讼的结果直接关系到人的生命、人身自由和财产权利，而且诉讼过程与被追诉人的人身、财产等基本权利密切相关。因此，办案机关追诉犯罪的活动，必须依照法律规定的程序和规则进行，防止权力滥用、侵犯人权。当事人和其他诉讼参与人也只有严格遵循程序进行诉讼活动，才能有效地维护自己的诉讼权利。刑事诉讼的严格程序化，既是程序法定的要求，也是诉讼民主的基本要求。

4. 在当事人和其他诉讼参与人的参加下进行。由于刑事诉讼的中心内容是解决被追诉人的刑事责任问题，所以，除法律明确规定的缺席审判程序外，刑事诉讼都必须有犯罪嫌疑人、被告人参加，而即使是缺席审判程序，也需要在依照法律规定保障被告人基本权利的情况下来解决其刑事责任的问题。为了在诉讼中证明案件事实，维护犯罪嫌疑人、被告人和被害人的合法权益，也需要有被害人、辩护人、代理人和证人、鉴定人等参加诉讼。

二、刑事诉讼阶段

在刑事诉讼中，要进行报案、控告等材料的审查、询问、讯问、勘验、检查、搜查、审查批准逮捕、审查起诉、开庭前的准备、法庭证据调查、法庭辩论、被告人最后陈述以及评议和宣判等活动。这些按照一定顺序进行的前后相继的一系列行为过程，可以划分为若干相对独立的单元，称为刑事诉讼阶段。

在刑事诉讼中，每一个阶段都是一个完整的独立程序，有自身的直接任务和形式。划分刑事诉讼阶段的标准如下。

1. 直接任务。例如，侦查程序的直接任务是收集证据，查明犯罪事实，确定犯罪嫌疑人并在必要时羁押犯罪嫌疑人；而起诉程序的直接任务，就公诉案件来说，是对侦查机关侦查终结后移送起诉的案件，从认定事实到适用法律进行全面审查并依法作出提起公诉或不起诉的决定。

2. 参加诉讼的机关和个人的构成。侦查阶段参加诉讼的机关主要是侦查机关或部门，起诉阶段参加诉讼的机关主要是检察机关，而审判阶段参加诉讼的机关则主要是法院。

3. 诉讼行为的方式。侦查阶段的诉讼方式主要是以不公开的形式依法进行的收集证据、查明案情的工作和采取有关的强制性措施；而审判阶段的诉讼方式一般是在法庭上由法官主持，并在出庭支持公诉的检察官（在公诉案件中）、当事人及其他参与人的参加下，进行开庭审理和宣判。

4. 诉讼法律关系。刑事诉讼法律关系是指进行或参加刑事诉讼的机关或参与人基于刑事诉讼法的规定而产生的相互间的权利义务关系。不同诉讼阶段因该阶段的直接任务、主体和活动方式不同而法律关系也有所不同。审查起诉阶段犯罪嫌疑人和检察官的关系显然是不平等的，而在审判阶段控辩双方在诉讼地位上基本是平等的。

5. 诉讼的总结性文书。例如，审查起诉阶段的总结性文书为起诉书、不起诉决定书，而审判阶段的总结性文书为判决书、裁定书等。

按照上述标准，可以将我国的刑事诉讼划分为立案、侦查、起诉、第一审、第二审和执行等阶段。此外，还有死刑复核程序和审判监督程序两个特殊阶段。特殊阶段是指特定案件才适用的程序，死刑复核程序只适用于判处死刑的案件，审判监督程序只适用于裁判已生效的案件。

刑事诉讼阶段与各个具体的诉讼程序既有联系，又有区别。刑事诉讼阶段指在处理刑事案件的全部过程中，为实现某项具体的直接任务而进行诉讼活动的那部分具有相对独立性的过程。各具体的诉讼程序是在各个诉讼阶段实行一定的诉讼行为时所应遵循的方式和手续。

第二节　刑事诉讼法

一、刑事诉讼法的概念与属性

刑事诉讼的特征之一就是依照法律规定的程序进行。规范刑事诉讼活动的法律，是刑事诉讼法。在我国，刑事诉讼法是国家制定的规范人民法院、人民检察院和公安机关进行刑事诉讼，以及当事人和其他诉讼参与人参加刑事诉讼的法律。具体内容主要包括：（1）刑事诉讼中的专门机关及其权力和义务；（2）刑事诉讼中的当事人、其他诉讼参与人及其权利和义务；（3）刑事诉讼的原则、规则和制度；（4）刑事诉讼中收集和运用证据的规则和制度；（5）刑事诉讼的程序。

刑事诉讼法有狭义和广义之分。狭义的刑事诉讼法仅指刑事诉讼法典。广义的刑事诉讼法指一切有关刑事诉讼的法律规范。

对刑事诉讼法，可以从不同角度考察其法律属性。

1. 程序法。法按其内容、作用可分为实体法与程序法。实体法是规定实质内容（如实体权利与义务、罪与刑等）的法律，程序法是规定司法机关司法和行政机关执法程序的法律。刑事诉讼法规定了国家行使刑罚权的程序，是与刑事实体法——刑法相对应的刑事程序法。刑事程序法的民主和完备是法治国家的最重要标志之一。

2. 公法。法按其是否涉及国家和个人的关系，可分为公法和私法。公法是调整国家与社会成员之间关系的法律，私法是调整社会成员之间相互关系的法律。刑事诉讼法调整的是刑事诉讼中的国家专门机关与当事人及其他诉讼参与人的关系，特别是与犯罪嫌疑人、被告人和被害人的关系，因而属于公法。

3. 基本法。我国的法律按其效力和层次可分为根本法、基本法和一般法律。根本法指国家的根本大法——宪法，基本法是必须由全国人民代表大会通过的国家重要法律，一般法律则由全国人民代表大会常务委员会通过。我国刑事诉讼法的制定必须经全国人民代表大会通过，它是在我国法律体系中占重要地位的基本法。

二、刑事诉讼法的渊源

刑事诉讼法的渊源是指刑事诉讼法律规范的存在形式。我国刑事诉讼法的渊源包括以下几种。

1. 宪法。宪法规定了我国的社会制度、经济制度、政治制度、国家机构及其活动原则、公民的基本权利和义务等重要内容，是国家的根本大法，具有最高的法律效力，也是制定一切法律的根据。刑事诉讼法是根据宪法制定的。宪法规定了许多与刑事诉讼直接有关的原则和制度，这些规定是刑事诉讼法的重要渊源。另外，刑事诉讼法直接涉及许多宪法赋予公民的基本权利，制定刑事诉讼法首先需要考虑如何保障公民的宪法性权利。

2. 刑事诉讼法典。我国刑事诉讼法典是《刑事诉讼法》，于 1979 年 7 月 1 日由第五届全国人民代表大会第二次会议通过，后根据 1996 年 3 月 17 日第八届全国人民代表大会第四次会议《关于修改〈中华人民共和国刑事诉讼法〉的决定》第一次修正，根据 2012 年 3 月 14 日第十一届全国人民代表大会第五次会议《关于修改〈中华人民共和国刑事诉讼法〉的决定》第二次修正。2018 年 10 月 26 日，第十三届全国人民代表大会常务委员会第六次会议通过了《关于修改〈中华人民共和国刑事诉讼法〉的决定》，《刑事诉讼法》根据这一决定进行相应修改并重新公布。刑事诉讼法典是我国刑事诉讼法最主要的法律渊源。

3. 有关法律规定。这是指全国人民代表大会及其常务委员会制定的有关刑事诉讼的法律规定，分两类：一类是全国人民代表大会及其常务委员会制定的法律中涉及刑事诉讼的规定，如《刑法》《人民法院组织法》《人民检察院组织法》《国家安全法》《反恐怖主义法》《监狱法》《法官法》《检察官法》《律师法》《社区矫正法》《未成年人保护法》《预防未成年人犯罪法》等。另一类是全国人民代表大会及其常务委员会就刑事诉讼有关问题所作的专门规定，如 1983 年 9 月 2 日第六届全国人民代表大会常务委员会第二次会议通过的《关于国家安全机关行使公安机关的侦查、拘留、预审和执行逮捕的职权的决定》等。

4. 立法解释。这是指由立法机关对《刑事诉讼法》如何理解与适用所作出的解释，具有与法律相同的效力。2014 年 4 月 24 日第十二届全国人民代表大会常务委员会第八次会议通过了对《刑事诉讼法》第 79 条第 3 款、第 271 条第 2 款、第 254 条第 5 款、第 257 条第 2 款的立法解释。这是 1979 年《刑事诉讼法》制定以来，立法机关首次对《刑事诉讼法》作出立法解释。立法解释，有助于厘清实践中的争议问题，使《刑事诉讼法》的适用更符合立法者的原意。

5. 司法解释。这是指最高人民法院、最高人民检察院就审判工作和检察工作中如何具体运用刑事诉讼法所作的解释、通知、批复等。其中，重要的有 2012 年 12 月 26 日最高人民法院、最高人民检察院、公安部、国家安全部、司法部、全国人大常委会法制工作委员会联合发布的《关于实施刑事诉讼法若干问题的规定》，2021 年 1 月 26 日最高人民法院发布的《关于适用〈中华人民共和国刑事诉讼法〉的解释》，2019 年 12 月 30 日最高人民检察院发布的《人民检察院刑事诉讼规则》等。

6. 行政法规和部门规章、规定。这是指国务院制定的法规和国务院主管部门制定的规章中有关刑事诉讼程序的规定，或者国务院主管部门就本部门业务工作中与刑事诉讼有关的问题所作的规定，例如，2020 年 7 月 20 日公安部发布的《公安机关办理刑事案件程序规定》。

7. 地方性法规。这是指地方人民代表大会及其常务委员会颁布的地方性法规中与刑事诉讼相关的规定，例如，宁夏回族自治区人民代表大会常务委员会制定通过的《宁夏回族自治区刑事被害人困难救助条例》等。

8. 国际公约、条约。我国政府在 1990 年对联合国禁止酷刑委员会明确表示：条约一旦对中国有效，在中国便有法律效力，中国便有义务去施行该条约。我国签署、批准加入的国际公约中，许多公约包括了权利平等，司法救济，生命权的程序保障，禁止酷刑或施以其他残忍的、不人道的或侮辱性的待遇或刑罚，人身自由和安全的程序保障，独立、公正审判，无罪推定，反对强迫自证其罪，一事不重审，辩护权的保障和对未成年人的特别保障等内容，其基本精神是在国家追究犯罪者刑事责任的过程中，防止国家滥用权力，保障人权，实现司法公正。我国签署、批准加入的《联合国打击跨国有组织犯罪公约》和《联合国反腐败公约》，也涉及诸多刑事程序与证据问题。

三、刑事诉讼法与民事诉讼法、行政诉讼法

刑事诉讼法与民事诉讼法、行政诉讼法既有共性也有各自的特殊性，其共性表现为三者都是程序法，都是为正确实施实体法而制定的，它们有着许多共同的原则、制度和程序，如司法机关依法独立行使职权，以事实为根据，以法律为准绳，审判公开，以民族语言文字进行诉讼，合议制，在程序上实行二审终审制，有一审程序、二审程序以及对已生效裁判的审判监督程序等。

不过，这三种诉讼法也有诸多不同。刑事诉讼法保证刑法的正确实施，所要解决的实体问题是犯罪嫌疑人、被告人的刑事责任问题；民事诉讼法保证民商法、经济法的正确实施，所要解决的问题是双方当事人之间的权利、义务的争议纠纷问题；行政诉讼法保证行政法的正确实施，所要解决的问题是公民、法人和其他组织与行政机关之间因具体行政行为发生的争议纠纷问题。刑事诉讼法、民事诉讼法和行政诉讼法所解决的实体问题不同，决定了它们的诉讼原则、制度、程序有以下区别。

1. 诉讼主体。刑事诉讼法规定的国家专门机关主要是人民法院、人民检察院和公安机关，而民事诉讼法、行政诉讼法规定的国家专门机关为人民法院。在刑事诉讼中当事人指自诉人、被害人和犯罪嫌疑人、被告人以及附带民事诉讼的原告人、被告人，在民事诉讼和行政诉讼中当事人指原告、被告以及第三人。

2. 诉讼原则。刑事诉讼法特有的诉讼原则为，未经人民法院依法判决对任何人都不得确定有罪，犯罪嫌疑人、被告人有权获得辩护；民事诉讼法特有的原则为，当事人平等，辩论原则，调解原则，处分原则，行政诉讼法特有的原则为，对具体行政行为进行合法性审查原则，不适用调解原则。

3. 证据制度。根据法律规定，刑事诉讼法实行的是控诉方负证明责任，被告方不负证

明责任；民事诉讼法实行“谁主张，谁举证”，原告、被告都负有证明责任；行政诉讼法实行被告负证明责任。在证明标准上，刑事诉讼法为犯罪事实清楚，证据确实充分；民事诉讼法为优势证据；行政诉讼法为事实清楚，证据确凿。

4. 强制措施。刑事诉讼法规定对犯罪嫌疑人、被告人可以采取的强制措施有：拘传、取保候审、监视居住、拘留和逮捕；民事诉讼和行政诉讼中，对诉讼参与人和其他人可采取训诫、罚款、司法拘留，行政诉讼中还可采取责令具结悔过。

5. 诉讼程序。民事诉讼、行政诉讼的程序分为第一审、第二审、审判监督程序和执行程序；而刑事诉讼则复杂得多，审判前有侦查和起诉程序，审判程序中有死刑复核程序。

第三节　刑事诉讼法学

以刑事诉讼法律规范、刑事诉讼实践和刑事诉讼理论为研究对象的法学理论，称为刑事诉讼法学。

一、刑事诉讼法学的研究对象

作为一门法学分支学科，刑事诉讼法学有着自己的研究对象和理论体系，其研究对象包括刑事诉讼法律规范、刑事诉讼实践和刑事诉讼理论。

（一）刑事诉讼法律规范

刑事诉讼法学将广义的刑事诉讼法作为其研究对象。在我国，《刑事诉讼法》是刑事诉讼法学的首要研究对象，其他法律、法规、规章等中有关刑事诉讼的制度、程序的规定，以及全国人大常委会关于刑事诉讼法的立法解释，最高人民法院、最高人民检察院就审判、检察业务中具体应用法律所作的司法解释，也都属于刑事诉讼法学的研究对象。

某些外国的刑事诉讼法比较完备，是我国刑事诉讼法学研究的重要内容。

联合国有关公约及其他国际公约、条约中有关刑事司法准则的规定，也是我国刑事诉讼法学的研究对象。

研究刑事诉讼法，要准确解读刑事诉讼法的条文的字义、词义及内容含义，同时还要研究刑事诉讼法律规范的结构，把握刑事诉讼法典各个部分之间的关系、条文之间的关系，以及法典与其他有关刑事诉讼法律规范之间的关系，这是对刑事诉讼法本身进行研究的基础。此外，要准确了解刑事诉讼法律规范，不能仅仅局限于对法律规范的外在形式进行研究，还必须对其内在的精神进行研究，包括立法背景、立法的指导思想及立法所反映的法律价值选择等内容。

（二）刑事诉讼实践

实践是知识的源泉，刑事诉讼法学离开了实践，便成为无本之木、无源之水。刑事诉讼法学只有植根于司法实践之中，不断总结实践、服务实践、促进实践，才能不断丰富、繁荣和发展。刑事诉讼法学以刑事诉讼实践为研究对象，就是要研究刑事诉讼法律规范在司法实践中的实施情况，发现和解决刑事诉讼法实施过程中存在的问题。研究刑事诉讼实践，可以提出改进立法的意见。同时，刑事诉讼实践会不断提出新的研究课题，促使刑事诉讼法学探索进一步健全刑事诉讼法律制度的措施和途径。

（三）刑事诉讼理论

刑事诉讼理论也是刑事诉讼法学的研究对象。近代西方的刑事诉讼法学中，法国、德国、日本等大陆法系国家的刑事诉讼法学体系比较严谨，英国的证据法学独树一帜。第二次世界大战后，美国的正当程序理念影响了各国的刑事诉讼法学。新中国的刑事诉讼法学创建于20世纪50年代初期，几经曲折，已形成比较完整的体系，对一些基本理论范畴进行了深层次的探讨，如刑事诉讼目的、价值、结构、公正与效率等；在证据理论上，对有关证据制度与认识论、证明责任、证明标准及证据规则等一系列问题也进行了深入研究。近年来，随着司法改革的深入推进，我国刑事诉讼理论的研究与我国的司法实践更为深度地结合，取得了许多具有中国特色的理论成果。关于这些理论问题取得的研究成果，能为刑事诉讼立法的进一步完善提供理论根据，推进司法文明；在司法实践方面，刑事诉讼理论能在一定程度上弥补法律条文的不足。历史经验表明，没有深厚的理论积累就没有高水平的刑事诉讼法学，没有科学的理论指导也就没有文明、进步的立法和司法实践。因此，应当加强刑事诉讼理论研究。

二、刑事诉讼法学的研究方法

关于刑事诉讼法学的具体研究方法，需要着重指出以下几种。

（一）辩证思维的方法

刑事诉讼是一项充满矛盾的复杂的社会系统工程，存在控制犯罪与保障人权、实体与程序、公正与效率、控诉与辩护等一系列对立统一的范畴。辩证地研究刑事诉讼，就是要全面地看到上述相互矛盾的两个方面，防止只看到这一面而忽视另一面，在解决矛盾时要注意平衡性、协调性，防止顾此而失彼。同时，解决矛盾要做具体分析，一定问题在一定情况下要有所侧重。譬如，控诉与辩护这两种对立的诉讼职能在诉讼中应当得到同等重视，但是，由于控诉职能大多由国家专门机关行使，辩护职能由被追诉者及其委托的辩护人行使，后者明显处于弱势，因而在立法上、司法上应当给辩护权以特殊的保障，这样才可能保证控辩双方在诉讼中的平衡。

辩证思维的方法还意味着应当把归纳和演绎、分析和综合、抽象和具体、现象和本质等观察问题的思维方法辩证地统一起来，这样才能对一些复杂的问题作出适当的判断。

（二）比较与借鉴的方法

比较包括纵向比较和横向比较。纵向比较就是古今比较，以古为镜，继承其精华，做到古为今用。横向比较，最重要的是进行中外刑事诉讼法之间的比较研究。近现代刑事诉讼法制与法学是自18世纪西方国家资产阶级革命后建立并进一步发展起来的，我国则是19世纪后期通过学习西方才逐步建立近现代刑事诉讼法制和法学。时至今日，西方的刑事诉讼法，从理念到制度，有许多值得我国借鉴和吸收的内容，譬如正当程序、陪审制度、无罪推定和证据排除规则等。借鉴外国法制与法学，主要是学习外国法中符合一般规律的科学的因素，且必须结合中国实际，形成具有中国特色的刑事诉讼法制和法学，而不是照抄照搬。

（三）理论联系实际的方法

理论联系实际要求认真调查研究实际，即应当深入调查刑事诉讼立法和司法的现状，研究有哪些成就和经验需要加以肯定和总结，有哪些错误和不足需要加以纠正和弥补，存在哪些问题需要加以解决。

调查研究案例是理论联系实际的重要方法。英美法系国家是以判例法为其法制特色的，其对部门法的研究和教学，离不开判例。虽然我国是成文法国家，但案例生动、直观地反映了立法、司法实际，通过案例分析可有效地达到理论联系实际的目的。

西方国家的法学研究在研究方法上还借鉴社会科学研究方法，提倡基于研究者经验发现的实证研究。近年来，我国刑事诉讼法学界也十分重视实证研究方法，将调查、观察、文献分析、实验（试点）运用于研究中，开展了诸多实证研究，譬如有关取保候审、公诉案件当事人和解程序、法律援助、侦查讯问程序、不起诉、证人出庭作证、庭审实质化、速裁程序、认罪认罚、未成年人刑事程序等的实证研究。随着大数据时代的到来，运用大数据或人工智能开展的刑事诉讼法研究也开始逐步出现。

【问题与思考】

1. 什么是刑事诉讼？什么是刑事诉讼法？
2. 刑事诉讼法的法律渊源有哪些？
3. 刑事诉讼法与民事诉讼法、行政诉讼法的区别有哪些？

【推荐参考论著】

1. 宋英辉．刑事诉讼法学研究述评（1978—2008）．北京：北京师范大学出版社，2009.
2. 孙长永主编．中国刑事诉讼法制四十年：回顾、反思与展望．北京：中国政法大学出版社，2021.
3.《刑事诉讼法学》编写组．刑事诉讼法学．3 版．北京：高等教育出版社，2020.

第二章
刑事诉讼法的历史发展

内容导读

从历史中发现古今中外刑事诉讼程序发展演变的规律，有助于我们把握现行刑事诉讼制度和理论的由来。本章重点描述了外国古代、近现代刑事诉讼制度的演变，我国古代、近代刑事诉讼制度的沿革以及中华人民共和国刑事诉讼制度的发展。当今世界各国刑事诉讼制度都是在吸收奴隶制弹劾式诉讼和封建制纠问式诉讼中的合理因素的基础上演变而来的。英美法系当事人主义诉讼模式偏重于保障人权，大陆法系职权主义诉讼模式则强调惩罚犯罪。随着经济发展与社会变革，两大法系诉讼制度在相互渗透、逐渐融合。中国古代刑事诉讼制度在其长期的历史进程中形成了一系列基本的特征：司法隶属于行政；刑事诉讼与民事诉讼没有实质性区别；控诉与裁判职能不分，诉讼采取"纠问"形式；建立多种监督程序，做到"明德慎刑"。中华人民共和国刑事诉讼法的制定经历了一个艰难曲折的过程。1996 年刑事诉讼法的修改，使我国的刑事诉讼制度朝着科学化、民主化的方向迈进了一大步，成为我国刑事司法制度的新里程碑。2012 年刑事诉讼法的再修改，适应了我国民主法制建设和司法实践的要求，推动了我国刑事诉讼法制的进一步发展。党的十八大以来，我国在深化国家监察体制改革、反腐败追逃追赃、深化司法体制改革等方面作出了一系列重大决策部署，取得了重大成果和进展。2018 年刑事诉讼法修改，贯彻落实了党中央关于深化国家监察体制改革、建立刑事缺席审判制度、实行认罪认罚从宽制度和速裁程序的决策部署，进一步完善了中国特色刑事诉讼制度。

第一节　外国刑事诉讼法的历史沿革

一、外国古代刑事诉讼制度的演变

上古至中世纪的外国奴隶制国家和封建制国家，法律体系比较原始，部门法分工不明，界限不清，民事、刑事混杂，实体、程序不分，因此都没有专门的刑事诉讼法典，刑事诉讼法律与其他法律混合规定在一部法典之中。迄今发现的较早的奴隶制成文法典，如古巴比伦的《汉谟拉比法典》、古罗马的《十二铜表法》等，都有刑事诉讼程序方面的规定。

公元前18世纪，古巴比伦王国第六代国王汉谟拉比颁布了著名的《汉谟拉比法典》，该法典是历史上最早、最完备的成文法。该法典涉及民事、刑事、诉讼领域的基本问题。其对诉讼程序的规定主要呈现以下几个特点：（1）司法权与行政权尚无严格的区分。公社首领同时行使基层司法审判权，王室法院接受国王的指派负责各大城市的案件审理，国王享有最高的裁判权，对判决不服可以向国王上诉。（2）尚无明确的刑事诉讼和民事诉讼区分。（3）审判中采用的证据，除证人证言、证物之外，宣誓和神明裁判占据重要地位。

古罗马时期，简单商品经济的发达带动了私法和公法的相对成熟，《十二铜表法》成为“一切公法和私法的渊源”。从《十二铜表法》对诉讼程序的规定中，我们可以发现，古罗马在王政时期以及共和国早期实行弹劾式的诉讼模式，原、被告双方诉讼地位平等，在诉讼中居于主导地位，法官则处于消极中立的地位。查士丁尼统治时期，罗马法学家编纂的《查士丁尼法典》确立了一系列法律原则、制度和规则，诸如“既决事件被视为真理”的既判力原则、“任何人不得在自己的案件中担任法官”的法官中立原则、“任何人都没有使自己牵连进刑事案件的义务”的反对自证其罪原则、“任何人不应受两次磨难”的禁止重复追究原则等。罗马法为现代法律制度构造了框架，其确立的诉讼原则、制度、规则成为现代诉讼原则、制度和规则的主要来源之一。

继罗马法之后，公元5世纪至9世纪的欧洲又形成了日耳曼法。日耳曼法是在日耳曼国家中适用于日耳曼人的一系列法典的总称。尽管日耳曼法是在日耳曼部族原有习惯的基础上发展而成的，但其在西欧法律史上占有重要地位。日耳曼法确立了神明裁判制度和公开审判原则，这对后世影响久远。此外，属于日耳曼法的《萨克森法典》规定，法院从黎明到日落进行审判，日落后法院不能再行使权力，如今一些国家将此类限制扩展到了逮捕和讯问等侦查程序。

公元4世纪到15世纪，罗马天主教的法规从罗马法和日耳曼法中借鉴了许多法律原则和制度，成为欧洲中世纪的重要法律。教会法与罗马法、日耳曼法并称为欧洲法律传统的三大重要组成部分。教会法以《圣经》、宗教会议的决议、法令与法律集、教皇敕令集等为法律渊源。教会法在诉讼中确立了纠问式诉讼程序，尤其是1215年的拉特兰第四次宗教会议确立了一系列刑事诉讼规则，包括法官集控告者、起诉人、法官和陪审团的角色与职责于一身，禁止教士参与神明裁判，要求法官们以理性与良心实施司法调查程序，以及确立刑讯的合法性。教会法中的纠问式诉讼程序对世俗法院乃至后来大陆法系各国刑事诉讼法都产生了很大的影响。1539年《法国刑事诉讼法》在欧洲大陆的世俗法院完全确立了纠问式诉讼程序，1670年的《法国刑事诉讼法》对这种诉讼制度进行完善，完全确立了法定证据制度。

日耳曼法和罗马法对德国法的产生和发展产生了重要影响。德国封建社会早期沿袭日耳曼人的习惯，采取弹劾式诉讼。1532年颁布的《加洛林纳法典》，包含刑法和刑事诉讼法两方面的内容，确立了纠问式诉讼制度，将刑事诉讼分为侦查和审判两个阶段，实行“有罪推定”和刑讯制度，审理不公开，将判决分为有罪判决、无罪判决和存疑判决。

由于历史传统、文化背景以及经济发展水平的不同，欧洲大陆法系国家和英美法系国家刑事诉讼制度发展迥异。1066年，诺曼人在威廉公爵的率领下侵入不列颠全岛，在英国建立起王权统治。国王向各地派出巡回法官并以巡回法官的判决为判例，在遵循先例的原则下通过这些判例使各地存在的习惯法逐渐统一，形成适用于全国的普通法，其后又陆续制定了一些成文法，但大多由习惯法或判例汇集而成。其尽管也制定了刑事诉讼程序方面的单行法规，但是没有统一的刑事诉讼法典，比如英国的刑事诉讼单行条例有《人身保护法》《刑事证据法》等，这种立法传统被英国的殖民地继承下来，有些法律制度至今仍在适用。

二、外国近现代刑事诉讼制度的沿革

随着近代欧洲启蒙运动的兴起和资产阶级革命的爆发，纠问式诉讼的不公正性和非人道性日益引起公众的不满，一股要求以英国诉讼程序为模式，彻底改革刑事诉讼制度的潮流在欧洲大陆勃然兴起，并日趋高涨。这种改革的特征是在纠问式程序中注入了大量英国诉讼制度的因素，从而创造了一种新的诉讼制度。这些改革的成果后来在 1808 年颁布的《法国刑事诉讼法典》中得到了体现。随后，其他国家纷纷以该法典为模板颁布新的刑事诉讼法典，其中较为有名的有 1877 年《德国刑事诉讼法典》和 1865 年《意大利刑事诉讼法典》，等等。

与大陆法系各国刑事诉讼制度的发展不同，英国刑事诉讼制度经历了一个特殊的演变过程。11 世纪的诺曼征服，给英国带来了平等对抗的纠纷解决方式和陪审团审判制度，这二者为英美法系国家对抗式诉讼程序的形成奠定了基础。随着欧洲启蒙运动的兴起，英国首先开始了反对君主专制、提倡人权的政治运动，并使其刑事诉讼制度朝着扩大和增强被告人人权保障的方向发展。随着英国向海外的扩张，英国的刑事诉讼制度得以在各殖民地传播和确立。在这些殖民地逐渐独立以后，英国式的刑事诉讼制度在那里又得到新的发展。例如，在美国独立以后，陪审团审判制度和对抗式诉讼程序得到了前所未有的发展。一方面，被告人在诉讼中拥有更大的主导权，尤其是美国将刑事诉讼中一些对公民人身权利保障的条款写入宪法中，1791 年生效的美国宪法第四至第八修正案规定了人民不受无理逮捕、搜查和扣押，刑事被告人享有迅速公开审判的权利等一系列刑事诉讼原则。另一方面，美国吸收了大陆法系国家的一些诉讼制度，使其刑事诉讼与民事诉讼开始出现明显的实质性差异。例如，由检察官代表国家负责刑事追诉的制度得到发展，法官对审判前程序的司法控制逐步得到加强等。不仅如此，英国和其他普通法国家也通过吸收大陆法系的诉讼制度，使其刑事诉讼制度得到了改革和发展。

第二次世界大战以后，随着国际性人权保障运动的蓬勃发展，各国相继开展了刑事司法改革运动，英美法系和大陆法系在刑事诉讼制度改革上，相互吸收，相互接近，职权主义和当事人主义之间的差距日益缩小，刑事诉讼制度的发展呈现出新的趋势和特点。

在大陆法系各国，刑事司法改革运动一直延续至今。如德国 1950 年首先废除了纳粹时期颁行的法律，恢复了 1877 年刑事诉讼法典的效力，并加强了对刑事诉讼中人权的保障；1974 年对刑事诉讼法典的修改进一步加强了犯罪嫌疑人在审判前程序中的防御权，同时废除预审程序，设立了简易程序；1987 年的修改则主要扩大了被害人的诉讼权利，提高了被告人的诉讼地位。法国从 20 世纪 50 年代以来，对刑事诉讼法典相继进行了十余次修改，其中以 1958 年的修改幅度为最大。1988 年，法国组成了“刑事司法与人权委员会”，对其刑事司法制度进行了全面审查，为刑事诉讼法的全面修改做准备。意大利在第二次世界大战后对1930年颁布的刑事诉讼法典进行过无数次大规模的修改，1988年终于颁布了新的刑事诉讼法典，这部法典以美国对抗式诉讼模式为基础，对意大利原有的刑事程序结构作了重大变革。1948年，日本以新宪法为依据并参照美国模式制定了新刑事诉讼法，采行起诉状一本主义和令状主义，废除预审制度，强化审判中心主义和控辩双方的对抗，限制口供的证据能力，限制传闻证据的适用，赋予被告人以保释权，改革上诉制度，从而使得刑事诉讼制度得到了根本变革。2001年，俄罗斯通过了新《俄罗斯联邦刑事诉讼法》，大胆借鉴欧美刑事诉讼立法经验，建立了陪审团制度，确立了司法审查原则、禁止重复追究刑事责任的原则，加强了对被追诉者辩护权的保护。

与大陆法系国家相似，英美法系国家在第二次世界大战后也对其刑事诉讼制度进行了重大的改革。如美国从20世纪60年代初开始了被称作“正当法律程序革命”的刑事司法改革。美国联邦最高法院作为这场改革运动的领导者，将联邦宪法的“权利法案”中有关被告人权利保障的规定普遍适用于各州，从而使联邦和各州刑事被告人的诉讼地位得到大幅提高。英国1985年颁布的《刑事起诉法》规定，从1986年1月1日起在英格兰和威尔士普遍建立检察机关，统一行使公诉权，从而实现了对英国司法制度的重大改革。20世纪90年代初，英国上诉法院相继对一系列刑事误判案件进行了改判，这引起英国各界对刑事诉讼制度的批评，并导致英国政府专门成立了旨在研究刑事司法改革的“皇家刑事司法委员会”。该委员会于1994年向国会提交并公布了一份报告，就英国刑事诉讼制度的改革问题提出了一系列建议。随后，英国通过了一系列法律，对沉默权规则、证据展示规则、预审程序及证人出庭规则等，作出了重大的调整。

鉴于第二次世界大战中法西斯主义对人权的极大侵犯，联合国和其他地区性国际组织也通过了一系列国际法律文件，确立了无罪推定，反对强迫自证其罪，独立、公正审判等原则，为各国刑事诉讼中的人权保障确立了最低标准，为各国刑事诉讼制度的改革提供了方向和目标。

第二节 中国刑事诉讼法的历史发展

一、中国古代刑事诉讼制度的演变

中国古代最初的立法是诸法合体、实体法与程序法合一。据史料记载，“夏有乱政，而作禹刑；商有乱政，而作汤刑；周有乱政，而作九刑”。这表明我国历史上最早的刑事立法始于公元前21世纪的夏朝。到了西周时期，奴隶制的诉讼程序已经发展得相当完备。根据《周礼》的记载，周朝的诉讼有刑事与民事之分，一般称刑事诉讼为“狱”，称民事诉讼为“讼”。到了战国时期，魏人李悝著《法经》六篇，后被魏文侯采纳为魏国法典。作为中国古代史上较早出现的成文法典，《法经》中的“囚法”和“捕法”即规定了有关刑事诉讼的规则。而在秦律的“治狱”和“讯狱”两篇中，有关诉讼程序和诉讼制度的规定已有较详细的记载。自隋唐以后，中国古代律令中开始有较完备、较系统的诉讼程序规范。如隋朝《开皇律》第八篇“斗讼”、第十一篇“捕亡”、第十二篇“断狱”等明确规定了刑讯、听审等程序，以后的唐、宋、元、明、清等历代律令基本上沿袭了这种体例。

中国古代刑事诉讼制度在其长期的历史进程中形成了一系列基本的特征。尽管这一制度经历了从夏商到明清近四千年的演变和发展，但其基本特征仍然被保留了下来。这些特征体现了中国古代诉讼制度的性质，也与古代社会在政治、经济、文化等各方面的状况相适应。具体而言，这些特征主要有以下几个方面。

第一，司法隶属于行政，行政机关兼理司法事务。在中国古代，司法权从属于行政权，而不具有独立的地位。从地方到中央，司法权均由各级行政机关行使。如商周时期的诸侯，秦以后直至明清的郡守、州牧、督抚、县令等地方行政长官，均有权兼理刑狱。地方政府中设有专门掌管司法的官吏，如汉之决曹、唐之司法参军事等，没有专门的司法机关。在中央一级，历代皆设有专职司法的机构，如秦代的廷尉，隋唐以后的大理寺、刑部等，但它们既要服从最高统治者——皇帝的命令，也要受其他中央行政机构的控制。不仅如此，中国古代的皇帝还拥有几乎不受限制的权力。皇帝掌握“刑罚威狱”之大权，并有权最终决定一个刑事案件的判决结果。在唐以后的各代，中央和地方司法机构审理的重大案件，尤其是死刑案件，须奏请皇帝审核决定。皇帝甚至可以直接接管案件的审判工作，随时“于朝堂受词讼”，亲自审判人犯。

第二，刑事诉讼与民事诉讼没有实质性区别。中国古代的律令没有实体法与程序法之分，有关诉讼程序的规范一般都与实体法律规范一并规定在法律之中。同时，中国古代的实体法大都具有以刑为主、刑民结合的特征，即以定罪、判刑等刑事手段来调整绝大多数社会关系。例如，根据唐以后各代律令中的“户婚”篇或“户”律，对于田宅、钱粮、家庭、婚姻等方面纠纷的解决，一般都采取科以刑罚的方式进行。正因为如此，中国古代刑事案件与民事案件在诉讼程序上没有太大的差异。在具体的司法实务中，一些用来规范刑事诉讼活动的程序规范往往也可以适用于对民事案件的审理活动。

第三，控诉与裁判职能不分，诉讼采取“纠问式”。中国古代刑事诉讼基本上采取一种“纠问式”程序。这是与专制主义的政治制度和行政、司法不分的司法体制相适应的。从诉讼结构上看，裁判与追诉职能没有分离，而是集中由同一官员或组织承担。不论是通过接受被害人或其他民众的控告，还是通过自行主动的调查，司法官员一旦发现犯罪发生，即有权立案并对案件进行侦讯，对嫌疑人进行刑讯，或收集其他证据，并根据上述活动的结果直接作出权威的裁决。在一定程度上，司法官员对犯罪行为追诉活动的结束往往意味着诉讼活动的终结，因为他有权根据自己的调查情况直接确定被追诉人的刑事责任。这一特征既适用于地方司法机构的诉讼活动，也适用于中央司法机构甚至皇帝主持进行的审判活动。

第四，广泛采用刑讯逼供手段。在中国古代从周朝到明清的律令中，刑讯一直被用作获得口供和其他证据的重要手段。刑讯（又称“拷掠”“拷讯”）长期以来披着“合法化”的外衣，成为刑事诉讼的核心环节。根据《云梦秦简》的记载，刑讯在秦代已成为法定的必经程序。《唐律疏议》“断狱”篇则对刑讯的适用条件、工具、适用对象、具体程式和顺序等作出了详尽明确的规定。将刑讯作为合法的手段，是建立在“重口供、轻人权”这一理念基础上的。一方面，中国古代刑事诉讼极为重视口供。司法官员在收集到一定的物证、书证、证言后，必须获得被告人对犯罪事实的供认，才能最终定案。另一方面，古代统治者视人民如草芥，不尊重被追诉者乃至证人、被害人的基本人权，而把所有参与诉讼活动的民众均视为可用以认定案情、发现真相的工具。正因为如此，古代的刑讯不仅适用于人犯，而且适用于证人等。

第五，建立多种监督程序，做到“明德慎刑”。中国古代统治者对刑狱之事十分重视，不仅通过建立具体的制度来防止错杀无辜，并且对有罪者一般也注意慎用刑罚，尤其是慎用死刑。这是古代统治者采纳儒家“德主刑辅”“明德慎刑”等思想的结果。自西汉董仲舒“罢黜百家，独尊儒术”以来，儒家的思想为以后历代统治者接受和尊崇，并被贯彻到历代律令之中。儒家反对严刑峻法，主张以德代刑，强调教化对臣民的影响和作用，认为治狱与治国一样，应以德为主，辅之以刑罚，科刑只是不得已而为之的最后手段。为体现儒家这种“明德慎刑”的思想，中国历代律令均设立了一系列制度，以确保上级官吏对下级官吏、皇帝对全国各级官吏自上而下的监督和约束，保证慎刑思想在刑事诉讼活动中得以贯彻。例如，隋唐以后各代均建立了法官责任制度、御史监察制度、会审制度、直诉制度、死刑复核复奏制度等，从而防止刑罚的滥用。

二、中国近代刑事诉讼制度的沿革

（一）清末的刑事诉讼改制活动

中国古代刑事诉讼制度延续了数千年，直至清朝末年开展刑事诉讼改制后才告终结。所谓清代改制，实际是清政府迫于内忧外患的压力，在保持君主专制政体的前提下，引进或移植西方法律制度，从而对其旧有的制度进行的历史性改革。1906 年，清政府修订法律大臣沈家本主持制定了中国历史上第一部诉讼法典《大清刑事民事诉讼法》（暂缓施行），自此开始制定单独的诉讼法。同年，《大理院审判编制法》颁布实行，这部法律确立了大理院、京师高等审判厅、京师地方审判厅等的建制职权、审判原则和审判制度。1907 年，《各级审判厅试办章程》颁布，该法规定了各级审判厅及其所属检察厅的诉讼原则、组织、职权和活动程序。1910 年颁行的《法院编制法》则进一步将全国审判机关的组织体系确定为初级审判厅、地方审判厅、高等审判厅和大理院四级。同年，《刑事诉讼法律草案》制定出来，但没有来得及正式颁行。清末刑事诉讼改制最终以清政府的垮台而告终结。

清末刑事诉讼改制是清朝专制政府自上而下进行的法律改革，其历史局限性是十分明显的，但这次改革结束了沿袭达数千年之久的古代刑事诉讼制度，首次从德、日等国引进和移植了西方近代意义上的刑事诉讼原则、制度和程序，为中国刑事诉讼制度的改革和发展奠定了基础。这次刑事诉讼改制使得西方一系列刑事诉讼制度得以在中国确立，如审检分立制、律师制度、陪审制度等。同时，清政府颁布的一些法令还首次确立了对抗式诉讼制度，废除了刑讯制度，等等。

（二）中华民国时期刑事诉讼制度的演变

1912 年成立的南京临时政府相继颁布了《中华民国临时政府组织大纲》和《中华民国临时约法》。这两部法律确立了一些刑事诉讼制度和原则，如公开审判、法官独立审判、职权主义等。1912 年，北京政府成立，但当时没有颁布法律，而将清末制定的《刑事诉讼法律草案》中的“管辖”“回避”各章暂时沿用，其余则沿用《各级审判厅试办章程》中的有关规定。1921 年，北京政府颁布了《刑事诉讼条例》。同年，广东政府也将《刑事诉讼法律草案》加以修改后公布施行。1928 年，南京国民政府公布《刑事诉讼法》，与《刑法》同时施行。这部法律以德、日当时的刑事诉讼法为蓝本，确立了职权主义的诉讼结构。1934 年，国民政府对这部法律加以修正，并于次年公布，该法在中国大陆一直沿用到 1949 年新中国成立前。

三、中华人民共和国刑事诉讼制度的发展

中华人民共和国刑事诉讼制度起源于中国新民主主义革命时期，其发展历程是与中国新民主主义革命和社会主义革命的历史发展进程相一致的。早在第一次国内革命战争和第二次国内革命战争时期，随着农村革命根据地的建立和发展，人民司法制度和刑事诉讼制度开始萌芽。抗日战争时期，各抗日根据地的民主政权，在不断总结人民司法工作经验的基础上，逐渐形成了我国民主革命时期刑事诉讼的基本原则和制度。在解放战争时期，这些刑事诉讼原则和制度除在全国更大范围内实施以外，还得到了一些发展和完善，其中有些原则、制度、政策和经验成为后来制定《中华人民共和国刑事诉讼法》的基础。

1949 年 2 月，中共中央发布的《关于废除国民党的六法全书与确定解放区的司法原则的指示》认为，在新的政权下，国民党的六法全书应予废除，人民司法工作不再以国民党六法全书为依据，而应以人民的新法律为依据。这一文件的发布，标志着中国刑事诉讼制度的发展进入了一个新的历史阶段，也为新中国刑事诉讼制度的发展指明了方向。

（一）新中国成立初期刑事诉讼制度的建立和发展

新中国成立初期，中央人民政府颁行的《中华人民共和国人民法院暂行组织条例》、《中央人民政府最高人民检察署暂行组织条例》及《各级地方人民检察署组织通则》是新中国关于司法组织和诉讼程序的重要法律。这些法律对人民法院、检察署的性质、任务、职权、组织和活动原则等作出了规定，为新中国成立之初的刑事诉讼活动提供了法律依据。

1954 年，第一届全国人大第一次会议通过了《宪法》《人民法院组织法》《人民检察院组织法》。此后，全国人大常委会制定了《中华人民共和国逮捕拘留条例》。最高人民法院审判委员会制定了《关于北京、天津、上海等十四个大城市高、中级人民法院刑事案件审理程序的初步总结》，印发给各大、中城市法院参照执行，并报全国人大常委会备案。同时，司法部在一些大、中城市开始试行律师制度。但是，从 1957 年开始的“反右”斗争及后来发生的“文化大革命”，使中国刑事诉讼制度与整个法制建设一样，陷于停滞状态。

总体而言，新中国成立初期我国刑事诉讼制度的建立，使得一系列刑事诉讼原则、制度和程序在法律中确立下来。这些原则、制度和程序后来均为 1979 年刑事诉讼法所确立。它们主要有：人民法院、人民检察院依法独立行使职权原则，人民法院、人民检察院和公安机关分工负责、互相制约原则，刑事被告人有权获得辩护原则，公开审判制度，合议制度，人民陪审制度，两审终审制度，死刑复核制度，审判监督制度，回避制度，等等。

（二）《中华人民共和国刑事诉讼法》的制定

我国刑事诉讼法的起草工作开始于 20 世纪 50 年代初期。1954 年，中央人民政府法制委员会曾经草拟过《中华人民共和国刑事诉讼条例（草案）》。1956 年，全国人大委托最高人民法院负责刑事诉讼法的起草工作，并组成了专门机构，于次年 5 月拟出了《中华人民共和国刑事诉讼法草案（草稿）》；后又在征求各方意见的基础上对草稿进行了修改，于 1957 年 6 月拟出《中华人民共和国刑事诉讼法（初稿）》。1962 年 6 月，中央政法小组主持并恢复了刑事诉讼法草案的修订工作，于 1963 年 4 月拟出了《中华人民共和国刑事诉讼法草案（初稿）》，共 7 编 18 章 200 条。

1979 年 5 月，在党的十一届三中全会召开之后，全国人大常委会法制工作委员会开始

了制定刑事诉讼法的准备工作。这次立法以1963年形成的《中华人民共和国刑事诉讼法草案（初稿）》为基础，经过反复修改和补充，于1979年提请第五届全国人大第二次会议审议通过《中华人民共和国刑事诉讼法》，并予以公布，该法于1980年1月1日起施行。至此，新中国历史上第一部刑事诉讼法典诞生了。

（三）对《中华人民共和国刑事诉讼法》的修改和补充

刑事诉讼法颁行后，全国人大常委会陆续颁布了一系列单行法规，对陪审制度、审判组织、审判程序、办案期限、死刑复核权等问题，均作了一些补充和修改。其中较为重要的有：1983年9月2日颁布的《关于迅速审判严重危害社会治安的犯罪分子的程序的决定》，1984年7月7日颁布的《关于刑事案件办案期限的补充规定》，等等。

20世纪80年代末90年代初，刑事诉讼法在实施过程中出现的问题越来越多，法学界出现了日益强烈的要求全面修改刑事诉讼法的呼声。1993年，全国人大常委会法制工作委员会正式将修改刑事诉讼法列入其立法议事日程，并委托刑事诉讼法学方面的专家组织起草刑事诉讼法修改建议稿。经过调查研究和起草工作，法制工作委员会对修改建议稿进行了补充、修改，终于在1995年12月草拟出《中华人民共和国刑事诉讼法修正案（草案）》，提交第八届全国人大常委会第十七次会议审议。

1996年2月，第八届全国人大常委会第十七次会议对《中华人民共和国刑事诉讼法修正案（草案）》进行第二次审议后，决定提请第八届全国人大第四次会议审议。同年3月16日，第八届全国人大第四次会议审议通过了修正案草案，并于当天公布。修正后的刑事诉讼法共4编17章225条，于1997年1月1日起施行。

这次修改对中国刑事诉讼制度进行了相当大的改革和完善，使我国的刑事诉讼制度朝科学化、民主化的方向迈出了一大步，成为我国刑事司法制度的新的里程碑。这次修改不仅涉及具体程序的改变，更触及一些基本制度和原则。例如，这次修改吸收了无罪推定的主要精神，确立了法院统一定罪原则；改革刑事辩护制度，允许犯罪嫌疑人和被告人在侦查阶段聘请律师提供法律帮助；改革刑事强制措施制度，放宽逮捕的条件，完善取保候审和监视居住适用程序；废止收容审查，并将其原适用的对象纳入拘留；改革审查起诉制度，废除免予起诉制度；改革刑事审判程序，取消开庭前的实体审查；改革法庭调查程序，扩大控辩双方的参与权；设立简易程序，使轻微案件得到迅速处理；加强对刑事被害人的权利保障，使其拥有当事人的地位和诉讼权利等。

但是，由于当时我国刑事司法体制和执法者观念的局限，修改后的刑事诉讼法在实施中也遇到不少问题。为解决这些问题，有关部门陆续进行了一些补充和解释工作，如1998年1月19日最高人民法院、最高人民检察院、公安部、国家安全部、司法部、全国人大常委会法制工作委员会联合发布《关于刑事诉讼法实施中若干问题的规定》。之后，最高人民法院、最高人民检察院、公安部又相继发布了有关的司法解释，在一定程度上保障了刑事诉讼法的正确实施。

随着经济社会的快速发展、民主法制建设的不断推进和人民群众司法需求的日益增长，刑事诉讼制度在某些方面也出现了一些不相适应的问题，有必要进一步予以完善。为了落实中央关于深化司法体制和司法机制改革的意见，贯彻宽严相济刑事政策，推动我国刑事诉讼法制的进步，促进人权事业的发展，解决刑事司法实践中遇到的需要通过修改法律才能予以解决的突出问题，尽可能地增强刑事诉讼法的可操作性，2009年年初，全国人大法工委启动了刑事诉讼法再修改，在多次组织司法实务部门、专家、学者进行研讨，并征求公、检、法、司各机关意见的基础上，形成了修正案草案，于 2011 年 8 月提交全国人大常委会进行第一次审议。之后，全国人大官方网站公布了《中华人民共和国刑事诉讼法修正案（草案）》全文，向全社会征求意见。全国人大法工委再根据各个方面和社会公众所提出的意见，对有关的条文进行修改，于 2011 年 12 月第二次提交全国人大常委会审议。2012 年 3 月 14 日，第十一届全国人大五次会议审议通过《关于修改〈中华人民共和国刑事诉讼法〉的决定》，于 2013 年 1 月 1 日起施行。该决定共 111 个条文，涵盖刑事诉讼法的任务、辩护制度、强制措施、证据制度、侦查起诉、审判程序、执行程序及特别程序等多个方面，修改后的《刑事诉讼法》条文数达到 290 条。此次刑事诉讼法的再修改，适应了我国民主法制建设和司法实践的要求，推动了我国刑事诉讼法制的进一步发展。随后，最高人民法院、最高人民检察院、公安部、国家安全部、司法部、全国人大常委会法制工作委员会于 2012 年年底修订了关于刑事诉讼法的司法解释等，如《人民检察院刑事诉讼规则（试行）》（以下简称最高人民检察院《规则》）、《最高人民法院关于适用〈中华人民共和国刑事诉讼法〉的解释》（以下简称最高人民法院《解释》）、《关于实施刑事诉讼法若干问题的规定》（以下简称六机关《规定》）、《公安机关办理刑事案件程序规定》（以下简称公安部《规定》）。2014 年 4 月 24 日第十二届全国人民代表大会常务委员会第八次会议通过了对《刑事诉讼法》第 79 条第 3 款、第 271 条第 2 款、第 254 条第 5 款、第 257 条第 2 款的立法解释。这些规定在一定程度上保证了再修改后的刑事诉讼法的正确适用。

党自十八大以来，在深化国家监察体制改革、反腐败追逃追赃、深化司法体制改革等方面作出了一系列重大决策部署，取得了重大成果和进展。从刑事诉讼制度来看，应当及时调整跟进。一是为保障国家监察体制改革顺利进行，需要完善监察与刑事诉讼的衔接机制；二是为加强境外追逃工作力度和手段，需要建立刑事缺席审判制度；三是总结认罪认罚从宽制度、速裁程序试点工作经验，需要将可复制、可推广的行之有效做法上升为法律规范，在全国范围内实行。2015 年以来，全国人大常委会法制工作委员会密切关注有关司法改革试点工作进展情况，及时总结试点经验；深入研究有关诉讼理论，借鉴国外法律规定和有益做法；广泛开展调研，深入听取各方面对修改刑事诉讼法的意见；加强沟通协调，会同中央纪委、中央政法委、最高人民法院、最高人民检察院、外交部、公安部、司法部有关方面在工作层面反复共同研究，并多次听取有关专家学者的意见，在各方面基本达成共识的基础上，形成了《中华人民共和国刑事诉讼法（修正草案）》。2018 年，全国人大常委会经过先后三次审议，于 10 月 26 日第十三届全国人民代表大会常务委员会第六次会议上审议通过了《关于修改〈中华人民共和国刑事诉讼法〉的决定》，该决定共 26 条，自公布之日起施行，涉及刑事诉讼法的原则、管辖、辩护、强制措施、侦查、起诉、审判、执行、特别程序等多方面，修改后的《刑事诉讼法》条文数达到 308 条。2019、2020、2021 年，最高人民检察院、公安部、最高人民法院为适应刑事诉讼法的修改，分别修订了最高人民检察院《规则》、公安部《规定》、最高人民法院《解释》。2018 年刑事诉讼法及其相关司法解释、规定的修改，深化了国家监察体制改革，建立了刑事缺席审判制度，确立了认罪认罚从宽制度和速裁程序，进一步完善了中国特色刑事诉讼制度，有助于深化司法体制改革，推进国家治理体系和治理能力现代化。

【问题与思考】

1. 从历史角度谈谈陪审团制度对于英美对抗制诉讼模式形成的影响。

2. 试析大陆法系国家纠问式诉讼制度形成的原因。

3. 试析职权主义和当事人主义诉讼模式存在的差异及其原因。

4. 试析苏联刑事诉讼法对我国现行刑事诉讼制度的影响。

5. 请谈谈日本近现代刑事诉讼制度变革对我国刑事诉讼法修改的启示。

【推荐参考论著】

1. 睡虎地秦墓竹简．北京：文物出版社，1980.

2. 陈光中，沈国峰．中国古代司法制度．北京：群众出版社，1982.

3. 唐律疏议．北京：中华书局，1983.

4. 布迪，莫里斯．中华帝国的法律．南京：江苏人民出版社，1993.

5. 徐朝阳．中国诉讼法溯源．北京：商务印书馆，1993.

6. 格罗索．罗马法史．北京：中国政法大学出版社，1996.

7. 汪建成．刑事诉讼溯源．法学论坛，2000（1）.

8. 刘立宪，谢鹏程．海外司法改革的走向．北京：中国方正出版社，2001.

9. 茅彭年．中国刑事司法制度（先秦卷）．北京：法律出版社，2001.

10. 陈光中．21世纪域外刑事诉讼立法最新发展．北京：中国政法大学出版社，2004.

11. 陈光中．《中华人民共和国刑事诉讼法》修改条文释义与点评．北京：人民法院出版社，2012.

12. 宋英辉．中华人民共和国刑事诉讼法精解．北京：中国政法大学出版社，2012.

13. 全国人大常委会法制工作委员会刑法室编．《关于修改中华人民共和国刑事诉讼法的决定》条文说明、立法理由及相关规定．北京：北京大学出版社，2012.

14. 李寿伟．中华人民共和国刑事诉讼法解读．北京：中国法制出版社，2018.

第三章 刑事诉讼理论基本范畴

内容导读

认识和了解一个事物必须从分析基本范畴入手，范畴是学习和研究的基础。本章重点阐释刑事诉讼目的、结构、职能、价值、主体、客体等刑事诉讼理论基本范畴，以及其中蕴含的刑事诉讼原理。刑事诉讼目的是指国家制定刑事诉讼法、进行刑事诉讼活动所期望达到的目标，是立法者根据国家和社会的需要并基于对刑事诉讼固有属性的认识预先设计的关于刑事诉讼结果的理想模式。刑事诉讼结构是指刑事诉讼法所确立的进行刑事诉讼的基本方式以及专门机关、诉讼参与人在刑事诉讼中形成的法律关系的基本格局，它集中体现为控诉、辩护、裁判三方在刑事诉讼中的地位及相互间的法律关系。刑事诉讼职能是指根据法律规定，国家专门机关和诉讼参与人在刑事诉讼中所承担的职责、具有的作用和功能。刑事诉讼价值，是指刑事诉讼立法及其实施能够满足国家、社会及其一般成员的特定需要而对国家、社会及其一般成员所具有的效用和意义。各个基本范畴都包含着丰富的刑事诉讼基本原理。

第一节　刑事诉讼目的

刑事诉讼目的是指国家制定刑事诉讼法、进行刑事诉讼活动所期望达到的目标，是立法者根据国家和社会的需要并基于对刑事诉讼固有属性的认识预先设计的关于刑事诉讼结果的理想模式。

刑事诉讼目的可分为刑事诉讼的根本目的和直接目的两个层次。刑事诉讼的根本目的，与法律的一般目的是一致的，在于维护国家的宪法体制和社会秩序。

刑事诉讼的直接目的表现为两方面：一方面，国家通过刑事诉讼活动，要在准确、及时地查明案件事实真相的基础上对构成犯罪的被告人正确适用刑法，惩罚犯罪，实现国家刑罚权；另一方面，国家在进行刑事诉讼过程中，要保障诉讼参与人的合法权益不受侵犯，特别是保障与案件结果有直接利害关系的犯罪嫌疑人、被告人和被害人的诉讼权利得到充分行使。概括而言，刑事诉讼的直接目的在于惩罚犯罪与保障人权。刑事诉讼根本目的的实现有赖于直接目的的实现。

刑事诉讼目的集中体现了立法者的刑事诉讼价值观。但是，立法者对刑事诉讼目的的确立不是任意的，它要受当时社会的经济、政治、文化等条件的影响和制约。刑事诉讼目的的实现依靠国家强制力作保障，这突出地表现为国家权力在启动和推动刑事诉讼进行方面处于一种积极状态。

美国的诉讼理论将体现不同价值观的刑事诉讼的直接目的归纳为犯罪控制模式和正当程序模式。前者认为，惩罚犯罪是刑事诉讼最主要的目的，刑事程序运作的方式和取向，应当遵循惩罚犯罪的目标进行；在刑事程序中，被告人的权利虽然也应当得到保障和尊重，但并非首要目标。后者认为，尊重个人自由和保障个人人权是刑事诉讼的首要目标，在惩罚犯罪与保障人权的关系上，保障人权处于优越地位。在德国诉讼理论中，有实体真实主义的学说，认为刑事程序是为寻求实体真实服务的。日本诉讼法理论在借鉴美国和德国刑事诉讼法学说的基础上，提出了实体真实主义、正当程序主义及实体真实与正当程序相统一的诉讼目的观。实体真实主义主张刑事诉讼旨在发现案件的实体真实，准确适用刑法；正当程序主义认为程序具有至上性，刑事诉讼旨在维护程序的正当性；实体真实与正当程序相统一的目的观认为，在坚持程序正义的同时，实现发现实体真实的要求，是刑事诉讼的目的。

我国诉讼法理论一般认为，实体公正、惩罚犯罪与保障人权、程序公正两个方面应当并重，不宜在直接目的的两个方面中确立一个绝对优越的价值标准。因为只强调追究犯罪，忽视保障人权，势必导致蔑视法制、违反程序、刑讯逼供、滥捕滥判，造成较高的错案率，最终既不能保障人权，也不能准确有效地惩罚犯罪；反之，只强调保障人权，忽视追究犯罪，势必放纵犯罪，社会秩序的稳定难以实现，社会成员的人权也得不到保障，同样不利于实现刑事诉讼的根本目的。只有将两者结合起来，才符合刑事诉讼的内在规律，才能使刑事诉讼真正符合国家、社会及一般社会成员的需要，也才能正确指导司法工作人员进行刑事诉讼活动，维护国家的长治久安。坚持实体公正与程序公正、惩罚犯罪与保障人权两个方面并重，符合我国刑事诉讼法的要求。

惩罚犯罪与保障人权既有统一的一面，也有矛盾、冲突的一面。如疑难案件的处理，非法获得的证据材料是否应予排除，律师对其获知的职业秘密是否应当保密，被告人缺席时是否能进行审理等，都涉及惩罚犯罪与保障人权两方面利益的冲突。当惩罚犯罪和保障人权发生冲突而无法兼顾时，应当采取权衡原则，综合考虑国家利益、社会利益和个人利益，权衡利弊得失，作出有利于实现刑事诉讼根本目的的选择。

国家基于特定时期社会经济、政治的需要，在一定时期一定问题上对惩罚犯罪与保障人权利益的追求可以有所侧重。各国刑事诉讼制度就是在不断协调两者的矛盾中得到完善和发展的。

第二节　刑事诉讼结构

刑事诉讼结构是指刑事诉讼法所确立的进行刑事诉讼的基本方式以及专门机关、诉讼参与人在刑事诉讼中形成的法律关系的基本格局，它集中体现为控诉、辩护、裁判三方在刑事诉讼中的地位及相互间的法律关系。刑事诉讼结构又称刑事诉讼形式或刑事诉讼构造。

立法者总是基于实现一定刑事诉讼目的的需要，设计适合于该目的实现的诉讼结构。从这个意义上讲，刑事诉讼结构是实现刑事诉讼目的的手段和方式，刑事诉讼目的决定刑事诉讼结构。但刑事诉讼目的的提出与实现，也必须以刑事诉讼结构本身所具有的功能为前提。很显然，不能靠行政程序的结构来实现刑事诉讼目的，也不能基于不具备人权保障功能或人权保障功能极为弱化的刑事程序来实现保障人权的诉讼目的。一个国家特定时期的刑事诉讼目的与结构有其内在的一致性，它们都受到当时占主导地位的关于刑事诉讼的法律价值观的深刻影响。

诉讼理论通说认为，人类历史上曾出现过弹劾式诉讼和纠问式诉讼两种诉讼结构，现代西方国家的刑事诉讼结构主要有大陆法系的职权主义诉讼和英美法系的当事人主义诉讼两种模式。此外，西方诉讼理论关于诉讼结构的归纳，还有对抗式与非对抗式、争斗模式与家庭模式、阶层模式与同位模式、权力行使型与权力抑制型等。以上分类，有助于从不同角度分析刑事程序的特点。

弹劾式诉讼结构主要实行于古罗马共和时期、欧洲日耳曼法（法兰克王国）前期以及英国的封建时期。其主要特征是，没有国家追诉机关，诉讼由被害人或者其他人控告而开始；没有原告就没有法官，只有原告起诉后，法官才进行审判；传唤被告一般由原告自己负责；原告、被告双方在诉讼中的地位平等，并居于主导地位，法官以中立仲裁者的身份听取原、被告双方的诉讼主张、证据及辩论，并据此作出判决；对于疑难案件，实行神明裁判。弹劾式诉讼结构是刑事诉讼的早期形式。

纠问式诉讼结构主要盛行于中世纪欧洲大陆国家君主专制时期和我国封建时期。其主要特征是，法官集侦查、控诉、审判职能于一身，即使没有被害人或其他人的控告，法官也可以依职权主动追究犯罪；法官负责调查事实、收集证据，侦查和审判秘密进行；刑讯合法化、制度化，对被告人广泛采用刑讯，对原告和证人也可以刑讯。在这种诉讼结构中，无论是原告还是被告都不具有现代意义上的当事人的诉讼地位，被害人只是提供线索、引起诉讼的人，被告人处于诉讼客体的地位，是被拷问、被追究的对象。在证据制度方面，欧洲君主专制国家实行法定证据制度，我国则实行“五声听狱讼”，主要由法官个人决断。纠问式诉讼结构是国家权力强化在诉讼中的反映，适应了封建专制统治的需要。

现代西方国家，以法国、德国为代表的大陆法系国家实行职权主义（非对抗式）诉讼结构，以英国、美国为代表的英美法系国家实行当事人主义（对抗式）诉讼结构。职权主义诉讼结构是在对纠问式诉讼进行根本改革并在吸收弹劾式诉讼某些因素的基础上形成的。其主要特点是，在侦查阶段，控辩双方处于不平等的地位，强调侦查机关依职权主动追究犯罪。尽管大陆法系国家现均已允许律师参与侦查程序，但辩护一方在侦查中的诉讼权利仍受到较多限制，难以与追诉机关相抗衡。在审判阶段，职权主义诉讼结构一方面实行控诉和辩护双方辩论，另一方面强调法官在审理案件时的主导作用。为查明案件事实真相，法官可以依职权主动讯问被告人和询问证人，并可以采取必要的调查核实措施，当事人处于相对被动的地位。当事人主义诉讼结构的主要特点是，在侦查阶段，侦查机关和犯罪嫌疑人属于平等的当事人，辩护一方享有较多的诉讼权利，侦查活动的公开性较强；在审判阶段，强调控辩双方的平等地位和相互对抗，控辩双方通过自行举证和交叉询问推动诉讼程序的进行，法官处于消极仲裁者的地位，在双方充分举证、质证和辩论的基础上进行裁断。

尽管由于历史传统的不同，大陆法系国家和英美法系国家的刑事诉讼结构呈现出许多差异，并且这种差异将会长期存在，但职权主义诉讼结构和当事人主义诉讼结构一直处于相互融合、相互吸收的发展过程中。自 20 世纪 40 年代以来，这种融合日趋显著，突出表现在日本和意大利刑事诉讼法的变革中。日本在第二次世界大战以后修改了刑事诉讼法，意大利在 1988 年颁布了新的刑事诉讼法，它们在职权主义的背景下融合了当事人主义诉讼结构的因素，形成了一种折中式（或称混合式）的诉讼结构。

我国关于刑事诉讼结构的研究也取得了一定成果，提出了“正三角结构”“倒三角结构”“线形结构”“双重结构”等学说。“正三角结构”的特征是，作为双方当事人的原、被告平等对立，法官作为第三方居于其中，居于其上，公正裁判，解决纠纷。“倒三角结构”的特征是，控诉、裁判职能居于倒三角形的两个顶端，被告人居于倒三角形的底端，处于被追诉、被审判的地位。“线形结构”的特征是，将诉讼视为一种“双方组合”，一方为作为整体的国家专门机关，另一方为犯罪嫌疑人、被告人，诉讼活动由国家专门机关积极推动进行，在线形结构下，侦、诉、审三机关虽然职能不同，但目标一致，彼此协作，使整个刑事诉讼呈工厂流水作业的状态，而呈现为“线形”。“双重结构”的特征是，现代刑事诉讼中，控诉、辩护、审判三方组合，构成刑事诉讼的基本支点。原告与被告之间形成控辩对抗，法官居间裁判，形成一个正三角结构。同时，刑事案件按特定程序由侦查到起诉再到审判，在三机关之间实际存在着一种“工序关系”，即线形关系。关于我国刑事诉讼结构的类型，理论界一般认为，我国刑事诉讼结构既与英美法系的当事人主义诉讼有较大差异，也不同于大陆法系的职权主义诉讼，而是具有自己的特点，如强调人民法院、人民检察院、公安机关的分工负责、互相配合、互相制约，人民检察院作为公诉机关不是一方当事人，侦查机关有权实施强制性处分，等等。

我国刑事诉讼结构，总体上由控诉、辩护、裁判三方构成。在我国，人民检察院负有客观义务，在审判前的侦查、起诉程序中履行某些裁判职能，所以，我国审判前程序也存在三方结构。不过，我国刑事诉讼结构还有不够完善之处，如我国侦查、起诉程序的结构有待进一步理顺，辩护权的保障应当进一步加强，等等。总之，我国刑事诉讼结构尚有待进一步完善。完善我国刑事诉讼结构，既要考虑刑事诉讼的特点和我国的实际，又要贯彻“诉讼”结构本身所必然要求的原则，其中包括辩护与控诉平等对抗原则，控诉、审判分离原则，以及审判职能的相对中立性和权威性，以使我国刑事诉讼结构更充分地发挥其实现刑事诉讼目的的功能。

第三节　刑事诉讼职能

刑事诉讼职能是指根据法律规定，国家专门机关和诉讼参与人在刑事诉讼中所承担的职责、具有的作用和功能。刑事诉讼参与者所承担的职能，与其在诉讼中的法律地位和参与诉讼的目的密切相关。为了使诉讼的参与者履行或实现法律规定的诉讼职能，法律相应赋予其一定的权限和诉讼权利。

诉讼理论通说认为，刑事诉讼有三种基本职能，即控诉、辩护和审判，称为“三职能说”。控诉职能指向法院起诉并出庭支持控诉，要求追究被告人因其犯罪行为所应承担的刑事责任，由国家追诉机关和被害人行使；辩护职能相对于控诉职能，指提出对被控诉人有利的事实和理由，维护被控诉人的合法权益，由犯罪嫌疑人、被告人行使，辩护人协助其行使；审判职能指通过审理确定被告人是否犯有被指控的罪行和应否被处以刑罚以及处以何种刑罚，由法院行使。“三职能说”认为，由于侦查是公诉的必要准备，是追诉活动的组成部分，因而从广义上可以将侦查视为行使控诉职能。控诉、辩护、审判三种基本职能互相联系、彼此制约，构成刑事诉讼活动的主要内容。

控诉、辩护、审判三种基本诉讼职能的划分以及为保障这种划分而确立的控审分离，控辩诉讼地位平等等原则，已成为现代刑事诉讼的基本特征。由于历史传统和社会现实需要的不同，不同国家的法律关于各基本职能承担者的诉讼地位、相互关系及不同诉讼职能的发挥程度的规定可能会有所差异，从而形成了不同模式的诉讼结构。因此，三种基本诉讼职能之间的相互关系，是研究不同的刑事诉讼结构的基本着眼点。

在我国，有的学者主张“四职能说”（侦查、控诉、辩护、审判），有的学者主张“五职能说”（侦查、控诉、辩护、审判、监督），也有的学者主张“七职能说”（侦查、控诉、辩护、审判、执行、协助诉讼、诉讼监督）。上述观点的主要理由是，“三职能说”是以审判中心论为背景的，由于刑事司法领域分工的日趋细化、分权学说的影响、人权思想的发展以及为适应同犯罪作斗争的需要，诉讼职能不断分化、发展并不断整合，传统审判中心论已经为诉讼阶段论所代替。在我国，侦查阶段及侦查职能的独立已经明确；执行程序具有诉讼性质，并且是一个独立的诉讼阶段，故此，执行应当作为独立的诉讼职能；根据法律规定，我国检察机关不仅仅是公诉机关，还是法律监督机关，依法对刑事诉讼活动进行监督，因此，诉讼监督职能是我国刑事诉讼的特点之一；与诉讼结果无利害关系的诉讼参与人站在客观公正的立场协助公安司法机关进行刑事诉讼，这种协助诉讼的功能是特定的，是其他职能代替不了的，所以，也应成为一种独立的诉讼职能。但是，我们认为，从基本职能方面说，刑事诉讼的职能只能是三种，即控诉、辩护、审判。

第四节　刑事诉讼价值

刑事诉讼价值，是指刑事诉讼立法及其实施能够满足国家、社会及其一般成员的特定需要而对国家、社会及其一般成员所具有的效用和意义。从哲学的角度讲，价值存在于主、客体的关系之中，当主体作用于客体时，客体就会显示出某些属性，这些属性会对主体发生某种作用，具有某些意义，从而能够满足主体的某些方面的需要。价值虽然离不开主体，但它并不是主观的或任意的，而是客观的。其一，它必须以客观事物自身具有的属性的实际存在为前提；其二，它依存于客观存在着的主体的需要。刑事诉讼价值也是如此。刑事诉讼价值包括秩序、公正、效益诸项内容①，其中每项内容又包含着非常丰富的内涵。刑事诉讼价值源自刑事诉讼的内在属性和国家、社会及其一般成员对于刑事诉讼的需要。

刑事诉讼秩序价值包括两方面含义：其一是通过惩治犯罪，维护社会秩序，即恢复被犯罪破坏的社会秩序以及预防社会秩序被犯罪所破坏；其二是追究犯罪的活动必须是有序的，不得因此而导致无序状态。在人类社会的发展中，除新旧社会制度更替的情况外，社会的混乱与无序状态无论对统治者还是对其他社会成员都是不利的，尤其是在长期动乱之后，社会及其绝大多数成员总是向往秩序。而排除犯罪行为对社会及个人的侵害，又是实现秩序的基本条件。因此，消除犯罪引起的社会混乱，保持社会秩序稳定并使社会有序发展，便成为国家及一般社会成员所追求的刑事程序的基本价值。对刑事诉讼秩序价值的追求，意味着对抑制犯罪行为、保持社会的和平与稳定的期望，因为没有和平与稳定，就无从谈保持秩序。维护社会秩序的需要还表现为对社会及其成员的安全的追求。这不仅需要控制社会暴力冲突，还需要防止政府及其官员滥用权力而使社会成员没有安全保障。所以，国家刑事司法权的行使也必须是有序的，必须受到刑事程序的规范。在实现秩序方面，刑事诉讼由控诉、辩护、裁判构成的基本结构，决定了它与其他方式相比，更有利于充分展露事实，明确案件真相和正确确定刑事责任；构成刑事诉讼的三方的活动被法律规范的程序所约束，且彼此相互牵制，可以在最大限度上避免因刑事司法权行使本身所导致的新的社会冲突和社会秩序的破坏；刑事诉讼通过适用体现特定社会价值观的刑事法律，可以惩治并抑制犯罪，解脱无辜，排除冲突，弘扬国家所倡导的行为标准乃至伦理道德观，从而为社会的长久秩序提供了条件。社会发展史表明，刑事诉讼在恢复被犯罪破坏的秩序方面的作用，是无国家介入的私人或群体复仇所无法比拟的，后者只能引起社会秩序的更大破坏。

公正在刑事诉讼价值中居于核心的地位。刑事诉讼的公正价值包括实体公正和程序公正两个方面。实体公正既包括通过惩治犯罪实现社会正义，也包括对犯罪惩罚本身的公正性；程序公正是指程序本身符合特定的公正标准，如近、现代刑事诉讼理论所主张的裁判者中立，诉讼参与人尤其是当事人权利的充分保障，在法律关系上最大限度地实现权利、义务的平等及各方当事人在诉讼中的机会对等，有关强制性措施的适用应当适度等。日本学者将前者称为通过刑事司法实现的公正，将后者称为刑事司法本身的公正。国家、社会及其一般成员不仅要求刑事诉讼能够实现秩序，而且要求刑事诉讼的过程和结果符合公平、正义的标准。经验表明，刑事程序及其结果唯有符合国家、社会及其一般成员的公正标准，从而体现出特定时代的公正性，才能使刑事诉讼活动及其结果为社会所接受和支持，并避免因解决冲突手段及结果的不公正而产生更大的冲突。习近平法治思想强调，公平正义是我们党追求的崇高价值，必须牢牢把握社会公平正义这一法治价值追求，努力让人民群众在每一项法律制度、每一个执法决定、每一宗司法案件中都感受到公平正义。② 刑事诉讼无疑是实现和保障公平正义的重要途径。在实现公正价值方面，刑事诉讼由相对中立的第三者——法院在听取控诉、辩护双方所提出的材料和意见的基础上进行审理并作出裁判，可

① 有的人认为，刑事诉讼价值包括自由、秩序、正义、效率。自由应受到法律的限制，个人行使自由不能妨碍他人的自由；秩序实质上是一种有序性，是个人与社会之间的和谐；将正义划分为实体正义与程序正义，前者主要从立法中得到实现，后者要在适用法律的过程中得到实现；该说将效率看作是衡量一国法律制度文明和科学程度的指标。李文健．转型时期的刑诉法学及其价值论．法学研究，1997（4）.

② 李林．习近平法治思想的核心要义．中国社会科学报，2020-11-23（4）.

以体现出解决冲突的方式的公正性，这是国家行政方式所不具备的。同时，一定时期的立法常被作为公正的社会准则，刑事诉讼以此作为是非曲直的评价依据，为案件的处理结果设定了公正的基础，从而易被社会公众所接受。

刑事诉讼的效益在狭义上一般称为效率，指以一定的司法资源投入换取尽可能多的刑事案件的处理，即提高单位时间内的有用工作量，提高刑事程序的运作效率，降低诉讼成本，减少案件积压和司法拖延等现象。效率是在公正的前提下才有意义的。从广义上讲，诉讼效益还包括诉讼在保证社会生产方面所产生的效益，即刑事诉讼在推动社会经济发展方面的效益。

刑事诉讼的秩序、公正、效益诸项价值相互依存、相互作用、相互制约，不可偏废。如果不适当地追求高效率地处罚，而忽视程序的有序性和公正性，会造成大量冤狱或处罚不公，进而导致更深刻的社会矛盾和更多新的犯罪，为此国家又要投入大量资源，这不但损害了秩序和公正，而且没有真正实现效益。反之，同样会造成恶果。

刑事诉讼的秩序、公正、效益价值是通过刑事诉讼法的制定和实施来实现的。一方面，刑事诉讼法保证刑法的正确实施，实现秩序、公正、效益价值，这称为刑事诉讼法的工具价值；另一方面，刑事诉讼法的制定和适用本身也在实现着秩序、公正、效益价值，这称为刑事诉讼法的独立价值。因此，只有严格执行刑事诉讼法，才能实现刑事诉讼价值。

第五节　刑事诉讼主体

刑事诉讼主体是所有参与刑事诉讼活动，在刑事诉讼中享有一定权利、承担一定义务的国家专门机关和诉讼参与人。其中承担基本诉讼职能的专门机关和当事人是主要的诉讼主体，其他诉讼参与人是一般诉讼主体。从认识论的角度讲，刑事诉讼是主观见之于客观的活动，诉讼客体的解决，需要一定的主体来完成；刑事诉讼是依照法定程序进行的活动，诉讼程序需要由执行相应诉讼职能的主体来推动。因此，刑事诉讼主体的研究，在刑事诉讼法学基本理论中居于重要的地位。它对于明确各专门机关和诉讼参与人的诉讼地位及各自的权利和义务，完善诉讼结构，正确解决诉讼客体，均有重要意义。

刑事诉讼主体说是资产阶级法学家首先提出的。诉讼主体说认为，诉讼的前提是两个主体之间存在着争议，法庭则承认两个相互对立的主张中某一个为正当并作出裁判。刑事诉讼实际上是法官、检察官、被告人之间持续性的交涉过程，如果没有这三方，诉讼就不可能成立。在这个意义上，该学说把三者称为刑事诉讼主体。诉讼主体说的提出，是诉讼理论的一大进步，它将诉讼职能、诉讼权利保障、诉讼公正等纳入诉讼理论的研究范畴。根据诉讼主体说，犯罪嫌疑人、被告人在刑事诉讼中是享有法定诉讼权利的诉讼主体，而不能被当作诉讼客体，不能单纯地被当作国家追究犯罪的对象，被实施刑讯逼供。作为诉讼主体，犯罪嫌疑人、被告人应拥有诉讼程序上的基本权利；在刑事诉讼中，国家应当尊重和保障犯罪嫌疑人、被告人的各项权利，并为这些权利的实现提供必要的条件。

在改善被告人诉讼地位方面，主体学说发挥了十分积极的作用。不过，诉讼主体说自身也有一个不断发展的过程。最初的诉讼主体说只将起诉人、被告人和法院作为诉讼主体。

这种传统诉讼主体说迄今为止仍有相当影响。例如，日本学者平野龙一教授认为，裁判所、检察官、被告人，它（他）们之间的持续交涉过程就是诉讼。如果没有这些人，诉讼就不能成立。在这个意义上，平野龙一把这三者称为诉讼主体。① 也有学者提出了与此不同的见解，认为刑事诉讼主体的范围应包括法院、检察官、警察、自诉人及其代理人、被告人及其代理人、辩护律师。② 其范围显然较前一种观点为宽。苏联刑事诉讼理论对刑事诉讼主体的概念持一种最为广义的理解："参加刑事诉讼的一切机关和个人，作为一定权利和义务的承担者，都是刑事诉讼的主体。"③ 按照这种观点，刑事诉讼主体由四组人员组成：第一组是包括法院、检察长、侦查员的国家机关；第二组是包括社会公诉人和社会辩护人的社会团体的代表；第三组是"刑事诉讼的参加人"，包括犯罪嫌疑人、被告人及其辩护人、受害人、附带民事诉讼原告人和被告人以及他们的代理人；第四组是"其他参加诉讼的人"，即证人、鉴定人、专家、翻译、见证人等。

刑事诉讼主体不仅是一个理论概念，在有的国家和地区，它已经成为一个法律概念。譬如，意大利刑事诉讼法和我国澳门特别行政区刑事诉讼法均设有专门的编章规定诉讼主体。根据《意大利刑事诉讼法典》第一编的规定，诉讼主体包括法官、公诉人、司法警察、被告人、民事当事人、被害人和辩护人。我国《澳门特别行政区刑事诉讼法》规定的刑事诉讼主体共有六种，分别是法官、检察院、刑事警察机关、嫌犯及其辩护人、辅助人和民事当事人。值得注意的是，这两部法典对诉讼主体范围的界定基本一致。

关于如何确定刑事诉讼主体，我国学术界有不同认识。较具代表性的观点有：（1）地位作用说。认为应根据刑事诉讼的参加者在刑事诉讼中所处的地位和所起的作用来界定刑事诉讼主体。那些具有独立的诉讼地位，并对刑事诉讼的产生、发展和结局有决定性作用的机关和个人，是刑事诉讼主体。根据这一标准，刑事诉讼主体包括：公安机关、人民检察院、人民法院、被告人、自诉人、附带民事诉讼原告人和被告人。（2）权利义务说。认为凡是在刑事诉讼中享有诉讼权利并承担义务的国家司法机关和个人都是刑事诉讼主体。（3）诉讼职能说。该观点将诉讼主体和诉讼职能相联系，认为凡是在刑事诉讼中承担控诉、辩护、审判、监督职能的机关和个人都是刑事诉讼主体。具体包括：执行控诉职能的机关和个人，即公诉案件中的公诉机关及协助的侦查机关，自诉案件中的自诉人；执行辩护职能的被告人及其法定代理人；审判职能的唯一承担者法院；执行监督职能的专门机关。

我们认为，根据我国刑事诉讼法规定，我国刑事诉讼主体包括三大类：一是代表国家行使侦查权、起诉权、审判权、刑罚执行权的国家专门机关，即公安机关、国家安全机关、军队保卫部门、监狱、海关走私犯罪侦查部门、中国海警局、人民检察院、人民法院、社区矫正部门；二是直接影响诉讼的进程并且与诉讼结果有直接利害关系的诉讼当事人，包括被害人、自诉人、犯罪嫌疑人、被告人、附带民事诉讼的原告人和被告人；三是协助国家专门机关和诉讼当事人进行诉讼活动的其他诉讼参与人，包括法定代理人、诉讼代理人、辩护人、证人、鉴定人和翻译人员，他们也是进行刑事诉讼所必不可少的主体。各国家专门机关和诉讼当事人依法承担控诉、辩护、审判三种基本诉讼职能，彼此制约，推动诉讼程序的进行，是主要诉讼主体；其他诉讼参与人协助国家专门机关和诉讼当事人进行诉讼

① 平野龙一．刑事诉讼法．东京：有斐阁，1958：43．
② 黄东熊．刑事诉讼法论．台北：三民书局，1985：55．
③ 蒂里切夫，等．苏维埃刑事诉讼法．张仲麟，等译．北京：法律出版社，1984：10．

活动，是一般诉讼主体。

第六节 刑事诉讼客体

刑事诉讼客体是指刑事诉讼主体实施诉讼行为、进行刑事诉讼活动所指向的对象。刑事诉讼主体的活动围绕一定的诉讼客体进行，离开诉讼客体，诉讼主体的活动也就失去了目标和对象。

刑事诉讼客体即刑事案件，具体包括刑事诉讼中所要查明的实体法事实和对该事实的法律评价。刑事诉讼始终围绕犯罪嫌疑人、被告人的刑事责任的确定而进行，因此，犯罪事实是否存在，该事实是否为犯罪嫌疑人、被告人所实施及情节轻重，亦即犯罪嫌疑人、被告人刑事责任的有无及大小，是刑事诉讼的客体。我国台湾地区学者一般也认为，刑事诉讼客体是指刑事诉讼实施的对象，即具体的刑事案件。刑事案件可以分为侦查案件和起诉案件两种，其基本构成要素有两个：一是涉嫌犯罪之人，二是待判定之犯罪事实。就是说，刑事诉讼以特定人之特定犯罪事实为其对象。起诉案件应当审查其单一性和同一性。所谓单一性，是指刑事诉讼中进行起诉和审判的案件，为一个单纯的不可分割的案件。对此案件，只能行使一个刑罚权，进行一次裁判，如经判决确定后，不能重新作为诉讼客体。所谓同一性，是指在不同诉讼中，被告同一和犯罪事实同一。根据一事不再理的原则，对于同一案件，应当确保其不受重复起诉和二重判决。法院受理刑事案件后，应对案件是否具有同一性进行审查。在同一诉讼（即一诉）中，起诉之效力及审判之范围如何，应视案件是否具有单一性而定；在不同诉讼（即数诉）中，因诉讼关系先后发生，该案件是否已被起诉、是否已经判决确定，应视案件是否具有同一性而定。

诉讼客体在刑事诉讼中有以下功能：首先，在起诉以前，诉讼客体可以成为确定第一审法院级别管辖的根据；其次，在诉讼系属于法院之后，诉讼客体可以界定法院的审理范围，当事人可以在此范围内进行攻击和防御，如果控方欲提出法院审理范围以外的指控要求，必须通过追加起诉或者变更起诉的程序来进行；再次，处于系属中的诉讼客体可以排斥就相同诉讼客体再次提起的诉讼，使之因重复诉讼而被法院驳回；最后，一旦法院对诉讼客体作出终审判决，即产生既判力。

在我国，诉讼法理论认为，法院审判的范围，应当受到起诉范围的限制；同一案件，如已被起诉或已经判决确定，不得重复起诉，除原判决确有错误而依照审判监督程序再审外，不得再次判决。

刑事诉讼客体、刑事诉讼主体、刑事诉讼职能三个基本范畴之间有着紧密的联系。在刑事诉讼中，诉讼主体承担相应的诉讼职能，诉讼职能交互作用，认识和解决诉讼客体。研究诉讼客体，不仅可以深化对刑事诉讼基本原理的探讨，而且对于明确起诉效力和审判范围，稳定生效裁判确定的法律关系，维护当事人的合法权益，实现刑事诉讼的公正、秩序、效益价值，都有十分重要的意义。

【问题与思考】

1. 如何理解刑事诉讼目的？刑事诉讼目的中为什么要关注对人权的保障？

2. 如何理解刑事诉讼结构？理论上关于诉讼结构的类型是如何划分的？我国刑事诉讼结构有什么特点？

3. 如何从多重视角理解刑事诉讼职能的划分？

4. 如何理解刑事诉讼的价值及其相互关系？

5. 如何评价广义的与狭义的刑事诉讼主体学说？

6. 如何理解刑事诉讼客体？有学者认为，以“案件”作为诉讼客体，在范围界定上往往宽严失当，令人无从把握。由于刑事诉讼中各诉讼主体的认识活动始终是围绕着被追诉人的刑事责任问题而展开的，所以，刑事诉讼客体即被追诉人的刑事责任。对此，你有何评价？

7. 如何认识刑事诉讼客体的同一性和单一性？

【推荐参考论著】

1. 李心鉴．刑事诉讼构造论．北京：中国政法大学出版社，1992.

2. 宋英辉．刑事诉讼目的论．北京：中国人民公安大学出版社，1995.

3. 宋英辉，等．刑事诉讼原理．3 版．北京：北京大学出版社，2014.

4. 陈瑞华．刑事审判原理论．3 版．北京：法律出版社，2020.

5. 虞平，等编译．争鸣与思辨：刑事诉讼模式经典论文选译，北京：北京大学出版社，2013.

6. 龙宗智．刑事诉讼的两重结构辨析．现代法学，1991 (3).

7. 李文健．转型时期的刑诉法学及其价值论．法学研究，1997 (4).

8. 刘仁琦．论我国刑事诉讼客体内容的确定——案件事实及其法律评价的双重确定．法律科学，2012 (5).

第四章
刑事诉讼法的基本理念

内容导读

刑事诉讼法的理念趋向，决定了一国刑事诉讼的价值和模式。本章重点阐释在刑事诉讼中，在处理控制犯罪与保障人权，实体与程序，公正与效率，控诉、辩护、裁判等的相互关系上，应当坚持的理念。在刑事诉讼中，应当坚持控制犯罪与保障人权相统一，实体公正与程序公正并重，公正优先、追求效率，坚持控审分离、控辩平等对抗和审判的中立性。

第一节　控制犯罪与保障人权相统一

所谓控制犯罪，是指通过刑事诉讼活动，在准确、及时地查明案件事实真相的基础上，对构成犯罪的被告人公正适用刑法，以抑制犯罪，以及通过刑事程序本身的作用来抑制犯罪。实现国家刑罚权，也可以广义地解释为控制犯罪。因为，一方面，实现刑罚权的结果具有抑制犯罪的作用；另一方面，实现刑罚权是一个过程，即使某些情况下最终未能实现具体刑罚权，但在实现刑罚权的具体程序中，其活动本身即具有抑制犯罪的功能。所谓保障人权，是指在通过刑事诉讼控制犯罪的过程中，保障公民合法权益不受非法侵犯。具体而言，包括：（1）无辜的人不受追究；（2）有罪的人受到公正处罚；（3）保障诉讼参与人的诉讼权利；（4）尊重当事人人格，将犯罪嫌疑人、被告人作为诉讼主体来对待，同时在诉讼中防止被害人受到二次伤害。由于犯罪嫌疑人、被告人处于受追诉的地位，其权利极易受到侵害，而被害人受到犯罪侵害，其身心已经受到不同程度的伤害，所以，保障人权，最重要、核心的是保障犯罪嫌疑人、被告人和被害人的人权。

控制犯罪与保障人权既对立又统一。所谓统一，是指作为刑事诉讼目的的两个矛盾着的方面，控制犯罪与保障人权共处于刑事诉讼的统一体中，相互依赖，贯穿刑事诉讼程序的始终。一方面，正确控制犯罪与保障被害人权利以及无罪的人不受刑事追究是统一的。

同时，正确控制犯罪也不能脱离程序性权利的保障。如果在刑事诉讼中违反宪法、刑事诉讼法有关权利保障的规范，滥用权力，不尊重诉讼参与人的人格，甚至刑讯逼供、诱供等，往往造成冤假错案。因此，追求正确控制犯罪，就不能忽视保障人权。另一方面，保障人权也不能脱离正确控制犯罪。如果不去查明案件真相、惩罚犯罪，不仅被害人的实体权利得不到维护，犯罪嫌疑人、被告人的实体权利易受侵犯，而且诉讼参与人的程序性权利保障失去了原本的含义。

在刑事诉讼中，如何对待控制犯罪与保障人权的关系，直接反映出刑事诉讼的价值取向。其中，刑事诉讼中的人权保障是十分重要的。因为国家专门机关在追究、惩罚犯罪的过程中，往往容易超越权力甚至滥用权力，从而侵犯诉讼参与人的权利，特别是犯罪嫌疑人、被告人的权利，导致错诉错判，不仅严重损害了司法公正，也给社会长久稳定带来隐患。正因为如此，世界上任何民主的刑事诉讼法，都着重规定了旨在保障人权的各种原则、制度和程序。我国也是如此，我国《宪法》庄严地规定："国家尊重和保障人权。"习近平法治思想的核心要义之一在于坚持以人民为中心。推进全面依法治国，根本目的是依法保障人民权益。要依法保障全体公民享有广泛的权利，保障公民的人身权、财产权、基本政治权利等各项权利不受侵犯。《中共中央关于全面推进依法治国若干重大问题的决定》也将"加强人权司法保障"作为重要内容，指出应当"强化诉讼过程中当事人和其他诉讼参与人的知情权、陈述权、辩护辩论权、申请权、申诉权的制度保障。健全落实罪刑法定、疑罪从无、非法证据排除等法律原则的法律制度。完善对限制人身自由司法措施和侦查手段的司法监督，加强对刑讯逼供和非法取证的源头预防，健全冤假错案有效防范、及时纠正机制"。我国《刑事诉讼法》将尊重和保障人权作为刑事诉讼法的重要任务，不仅规定了"保障无罪的人不受刑事追究……尊重和保障人权"，而且规定了不得强迫自证其罪和保障辩护权、诉讼参与人权利，规定了其他一系列保障人权的原则、制度和程序。随着我国社会主义民主法制建设的不断发展，刑事诉讼法中的人权保障将进一步加强和完善。

当控制犯罪与保障人权发生冲突时，应当依据利益权衡原则作出选择。为此，应当在立法上规定处理冲突的一般性原则和例外情形。

总之，控制犯罪和人权保障，构成了刑事诉讼目的两个方面的对立统一体，两者结合，不可片面强调一面而忽视另一面。刑事诉讼法应当把控制犯罪和保障人权两者妥善地加以协调，有机地结合在一起。

第二节　实体公正与程序公正并重

公正是人类社会所追求的首要价值目标，诉讼公正则是维护社会正义的最后一道屏障，是体现社会正义的窗口，是诉讼的灵魂和生命。

诉讼公正，包括实体公正和程序公正两个方面。实体公正，即结果公正，指案件实体的结局处理所体现的公正。刑事案件的实体公正，具体要求主要是：(1) 据以定罪量刑的犯罪事实的认定，应当做到证据确实、充分；(2) 正确适用刑法，准确认定犯罪嫌疑人、被告人是否有罪及其罪名；(3) 按照罪刑相适应原则，依法适度判定刑罚；(4) 对于错误处理的案件，采取救济方法及时纠正、及时弥补。程序公正，指诉讼程序方面体现的公正。刑事案件的程序公正，其具体要求主要是：(1) 严格遵守刑事诉讼法的规定；(2) 认真保障当事人和其他诉讼参与人，特别是犯罪嫌疑人、被告人和被害人的诉讼权利；(3) 严禁刑讯逼供和以其他非法手段取证；(4) 真正实现司法机关依法独立行使职权；(5) 保障诉讼程序的公开性和透明度；(6) 按法定期限办案、结案。实体公正和程序公正各自有其独立的内涵和标准，不能互相代替。

一方面，程序的价值在于保证实体价值的实现。如果程序的设计和实施是公正的，那么，大多数情况下得出的实体结论会是公正的。我国《刑事诉讼法》为了准确、及时地查明犯罪事实，正确地定罪量刑，惩罚犯罪、保护无辜，从诉讼原则、规则、制度和程序方面作了较好的设计，但它还有很多方面有待改革和完善。当然，即使程序设计得十分完善，由于认识能力和案件的复杂状况，有时也会出现实体上的不公正。因此，公安司法人员在诉讼过程中除了严格执行刑事诉讼法，还必须深入、细致地分析案件具体情况，正确适用刑法，努力实现实体公正。

另一方面，诉讼程序本身还有它的独立价值，即程序公正本身直接体现出来的民主、法治、人权和文明的精神，这些是不依赖于实现实体公正而存在的，其本身就是社会正义的一项重要内容。公正的刑事诉讼程序，譬如，依法收集证据、公开审理、保障辩护权、排除非法证据等，直接体现了司法活动的民主和人权精神，体现了看得见的正义，同时会使案件的处理客观公正，更容易平衡当事人心理，使社会冲突更容易被消除。因此，程序公正不单纯是手段，而且是重要的目的本身。

实体公正和程序公正，一般情况下是可以统一的，但有时也会不可避免地发生矛盾。对于二者发生矛盾时如何处理，存在不同认识。我们认为，当二者发生冲突时，应当坚持以下处理原则：(1) 不能冤枉无辜；(2) 作出有利于被告人的解释。具体说来，如果是由于错误地认定事实或适用法律，造成错判冤枉无辜的，一旦发现，就必须启动救济程序予以纠错，并给予国家赔偿，不受终局程序和诉讼时限的限制；而在侵犯被告人权利的情况下又要作出不利于被告人的实体处理时，应当作出有利于被告人的解释。

我国《刑事诉讼法》秉持实体公正与程序公正并重的理念，并设计了制度保障。但在我国实践中，长期存在着“重实体，轻程序”的理念和做法，应当着重予以纠正，在立法上应当进一步强化程序的诉讼性，并增加有关程序性制裁的规定，以保证刑事诉讼法得到严格贯彻；在执法方面，要严格执法，既遵守实体法，也遵守程序法。

第三节　公正优先，追求效率

当今各国刑事程序日益关注诉讼效率。诉讼效率指诉讼中所投入的司法资源（包括人力、财力、设备等）与案件处理数量的比例。讲求诉讼效率，要求投入一定司法资源处理尽可能多的案件。追求诉讼效率，意味着应当降低诉讼成本，加速诉讼运作，减少案件拖延和积压。之所以强调诉讼效率，首先是由司法资源的有限性决定的。其次，效率常常是公正的保障。如果诉讼过于拖延，无辜的人得不到及时释放，有损司法公正。诉讼不及时，证据可能湮灭，真相可能因此而难以查明，社会正义就难以实现。此外，效率也意味着及时惩罚犯罪，而犯罪与处罚之间联系越紧密，其对犯罪的震慑效果也就越好。

现代各国刑事诉讼都把效率视为基本理念和价值追求，并在一些立法中加以规定。例如，《日本刑事诉讼法》第1条规定“本法的目的”之一是“正当而迅速地适用刑罚法令”。《美国联邦刑事诉讼规则》第2条规定：“本规则旨在为正确处理每一起刑事诉讼提供规则，以保证简化诉讼，公正司法，避免不必要的费用和延缓。”西方国家在效率理念的指导下，对诉讼程序进行了许多改革，如美国大力推行辩诉交易，德国扩大有罪不起诉的案件范围等。我国《刑事诉讼法》也规定了“准确、及时地查明犯罪事实”的内容，还通过规定诉讼期限、轻罪不起诉和简易程序等，体现了诉讼效率的理念。2018年《刑事诉讼法》修改新增了认罪认罚从宽制度和速裁程序，也体现了对诉讼效率理念的追求。

当然，在刑事诉讼中，追求效率是以公正为前提的。公正是诉讼的生命、灵魂，效率在公正得以实现的基础上才有意义。如果公正不存在，也就无所谓效率。因此，在刑事诉讼中，公正与效率的关系，应当是公正第一，效率第二。在刑事司法中，应当是在保证司法公正的前提下追求效率，不能草率办案而损害实体公正和程序公正。如果只讲“从快”，而违背诉讼的规律，虽然结案率很高，但错案往往也会增多，冤枉了无辜，放纵了犯罪，不仅做不到公正，也难以真正实现效率。错案率高，不仅会导致放纵犯罪，还会导致冤枉无辜，其后不论是再追究犯罪还是纠正错案，都会投入比当时多得多的成本。

第四节　控审分离、控辩平等对抗和审判中立

一、控审分离

控诉、审判分离是调整控诉职能与审判职能关系的一项重要理念和原则。控诉、审判分离原则的基本要求是控诉与审判职能分离，控诉与审判职能分别由不同主体承担；未经起诉机关或个人起诉的事项，审判机关不得审判，审判机关审判的范围受起诉的制约。从未经起诉机关或个人起诉的事项审判机关不得审判，审判机关审判的范围受起诉的制约这个意义上讲，该原则又体现为不告不理。[①]

作为与纠问式刑事诉讼有重大区别的现代刑事诉讼，贯彻控审分离原则是其标志之一。在法国，2000年6月15日在刑事诉讼法典的正式条文之前增加了一个序言性条款，庄严规定了指导法国刑事诉讼程序的原则，其中即包括了尊重追诉机构和审判机构分立原则。在德国，控审分离原则又称为审检分立之弹劾原则，是指控诉与审判职能的分离，而控诉只能界定审判的范围，包括起诉的犯罪行为和行为人，但不能界定审判所适用的刑法。《俄罗斯联邦刑事诉讼法》第15条规定，指控、辩护和刑事案件判决等职能相互分开，不得由同一机关或同一公职人员进行。在英美法系国家，控诉职能与审判职能同样也是分离的，起

---

① 不告不理原则的核心含义是：没有起诉就没有审判；审判阶段的诉讼客体应当由起诉来界定，超越起诉来设定诉讼客体即属违法。

诉由检察官或控方律师负责，审判由法院负责。在我国，公诉案件的起诉权由人民检察院行使，自诉案件由受害人及其近亲属提起，人民法院专司审判，总体上，我国刑事诉讼法也体现了控审分离理念与原则的要求。

控审分离原则也为联合国有关文件或者其他国际性文件所确认。譬如，联合国《公民权利和政治权利国际公约》第 14 条规定，在判定对任何人提出的任何刑事指控或确定他在一件诉讼案件中的权利和义务时，人人有资格由一个依法设立的合格的、独立的、无偏倚的法庭进行公正的和公开的审讯。所谓“合格的、独立的、无偏倚的法庭”，是以控审分离原则的贯彻为前提的。如果控审不分，就谈不上司法的“独立”和“无偏倚”。因此，控审分离原则是该规定的内在要求和应有的含义之一。又如，联合国《关于检察官作用的准则》规定检察官在刑事诉讼中的职责是提起公诉、监督侦查的合法性和监督法院判决的执行，同时，该准则第 10 条规定：“检察官的职责应与司法职能严格分开。”

基于目的与手段的辩证关系的原理，可以说，控审分离的实质，应当是使程序符合认识规律和诉讼规律，追求有利于实现刑事诉讼目的的控审之间的权力分工与制约，而非单纯为分离而分离，否则，分离的价值就不复存在。

二、控辩平等对抗

控诉与辩护是诉讼构造这一统一体中的两个对立的诉讼职能。诉讼的前提是控诉与被指控的双方存在“讼争”，因而形成双方的对抗格局。因此，诉讼的科学程序要求控诉与辩护双方在形式上应保持平等对抗的格局，这是保证诉讼客观、公正的前提。如果控辩双方在形式上明显一方优越，就有使诉讼在实质上变成行政程序的危险，程序公正就无从谈起，案件的处理就很难保证质量。

在刑事诉讼中，行使追诉权的一方是以国家强制力为后盾并掌握各种必要手段的国家机关，而辩护方处于被指控的被动地位，且犯罪嫌疑人、被告人往往被羁押，其力量相差悬殊显而易见。要使其取得与控方对抗的地位，首先，要求确立犯罪嫌疑人、被告人的主体地位。确认犯罪嫌疑人、被告人在诉讼法律关系中的主体地位，不仅要明确犯罪嫌疑人、被告人为自己进行无罪或罪轻、减轻刑罚等辩解的权利，而且要为其权利的行使提供保障机制。其中重要的是，确立司法权保障机制与任何人不受强迫自证其罪原则，建立有效辩护机制。总的说来，赋予犯罪嫌疑人、被告人防御追诉机关非法侵害的必要手段和保障辩护人在各诉讼阶段的诉讼权利，是坚持辩护与控诉平等对抗的基本保障。其次，要求辩护与控诉在形式上具有平等性。从实质上讲，控诉职能活动处于主动地位，有国家强制力保障，犯罪嫌疑人、被告人则处于消极防御的被动地位，即使有辩护人帮助，其实际力量不可能也不应当与追诉方对等。但是，从形式上看，控、辩、裁三种基本诉讼职能中，相对于裁判职能而言，控辩双方诉讼权利在形式上平等，是维护诉讼构造平衡、保证诉讼公正所必需的。控辩双方诉讼权利在形式上平等，并不意味着控诉方享有的权利辩护方也享有，而是说辩护方应具有防御因控诉方行使权利造成侵害自己合法权益的手段。为保证控辩双方诉讼权利形式上的平等性，除赋予犯罪嫌疑人、被告人防御和救济手段及保障辩护人的诉讼权利外，还应结合确立审判职能的中立性考虑辩护与控诉双方形式上的平等性，以便保持诉讼整体构造的平衡。

在我国，在审判程序中，形式上的控辩平等已经确立，但实质上的平等对抗还没有形成。刑事审前程序，由于没有确立司法权保障的机制，欠缺完善的令状制度，律师帮助权仅在形式上得以确立且作用非常有限，所以，不存在控辩平等对抗的条件。总的来说，对于我国刑事诉讼程序的构造，需要以控辩平等对抗的理念为指导，改革我国审前程序，完善法庭审判程序。

三、审判中立

审判中立，要求审判职能在诉讼中保持中立性。所谓审判职能的中立性，是指在诉讼构造中，相对于控诉一方或辩护一方的活动各自具有明显的倾向性，法院作为居中裁判者，应当保持中立，冷静地观察，客观地分析，依据证据和法律对争议事项作出裁判。裁判者中立是诉讼公正理念和司法独立原则的必然要求。

在控、辩、审关系中，审判职能不仅最终决定控辩双方起诉与辩护的命运，而且对诉讼程序起主导和控制作用；不仅对被告人行为作出结论，而且还要评判侦查、起诉等追诉行为和辩护行为。因此，审判职能在刑事诉讼中的作用是至关重要的。而审判中立，则是保证审判职能正确发挥其功能的前提。

审判中立的观念已经成为国际社会的共识。联合国《公民权利和政治权利国际公约》第 14 条规定，在判定对任何人提出的任何刑事指控或确定他在一件诉讼案件中的权利和义务时，人人有资格由一个依法设立的合格的、独立的、无偏倚的法庭进行公正的和公开的审讯。联合国《关于司法机关独立的基本原则》第 2 条规定，司法机关应不偏不倚、以事实为根据并依法律规定来裁决其所受理的案件，而不应有任何约束，也不应为任何直接或间接不当影响、怂恿、压力、威胁或干涉所左右，不论其来自何方或出于何种理由。所有这些，都包含着要求裁判者独立与中立的理念。在我国，人民法院依法独立行使职权，审判时注重发挥控诉与辩护双方的积极性，法官总体上处于中立地位。不过，我国法庭审理实践中证人等很少出庭，书面审现象还相当严重，从实质上讲控诉与辩护的对抗有时还难以实现。因此，需要按照审判中立的要求，改革审判前的侦查程序，不断完善审判程序，推进“以审判为中心”的诉讼制度改革，以确保法庭调查的实质化和审判中立的实现。

【问题与思考】

1. 如何理解刑事诉讼法的基本理念？
2. 在控制犯罪与保障人权发生冲突时，应当如何作出选择？
3. 如何理解实体与程序的关系？怎样从制度上纠正“重实体，轻程序”的做法？
4. 如何完善立法，才能总体上既实现公正，又提高效率？
5. 结合控审分离、控辩平等对抗和审判中立，谈谈对我国刑事诉讼结构完善的认识。

【推荐参考论著】

1. 斯坦，香德．西方社会的法律价值．王献平，译．北京：中国人民公安大学出版社，1990.
2. 丹宁勋爵．法律的正当程序．李克强，杨百揆，刘庸安，译．北京：法律出版社，1999.
3. 谷口安平．程序的正义与诉讼．王亚新，刘荣军，译．北京：中国政法大学出版社，1996.
4. 陈瑞华．刑事诉讼的前沿问题．5 版．北京：中国人民大学出版社，2016.
5. 李文健．刑事诉讼效率论．北京：中国政法大学出版社，1999.
6. 宋英辉，等．刑事诉讼原理．3 版．北京：北京大学出版社，2014.

第一编

总论

第五章
刑事诉讼法的制定目的、根据和任务

内容导读

本章重点阐释刑事诉讼法的制定目的、与宪法的关系，以及刑事诉讼法的任务。我国刑事诉讼法的制定目的具体包括三个方面：其一，保证刑法的正确实施；其二，惩罚犯罪，保护人民；其三，保障国家安全和社会公共安全，维护社会主义社会秩序。宪法是国家的根本法，是制定其他一切法律的基础，所以刑事诉讼法必须以宪法为根据。我国刑事诉讼法的任务是，保证准确、及时地查明犯罪事实，正确适用法律，惩罚犯罪分子，保障无罪的人不受刑事追究，教育公民自觉遵守法律，积极同犯罪行为作斗争，维护社会主义法制，尊重和保障人权，保护公民的人身权利、财产权利、民主权利和其他权利，保障社会主义建设事业的顺利进行。

第一节　刑事诉讼法的制定目的

国家制定刑事诉讼法，都有其预期目标和要实现的某种预期的结果，这种目标或结果被称为制定刑事诉讼法的目的或宗旨。有的国家在刑事诉讼法中明确宣示了制定的目的，如《日本刑事诉讼法》第1条规定："本法以在刑事案件上，于维护公共福利和保障个人基本人权的同时，明确案件的事实真相，正当而迅速地适用刑罚法令为目的。"有的虽然没有在法律中明确表达立法的目的，但实际上都有着明确的立法目的，这种目的性体现在立法的内容上。

我国《刑事诉讼法》在第1条明确规定了立法的目的，即"保证刑法的正确实施，惩罚犯罪，保护人民，保障国家安全和社会公共安全，维护社会主义社会秩序"。这一法律规定表明，我国刑事诉讼法制定的目的，具体包括三个方面：其一，保证刑法的正确实施；其二，惩罚犯罪，保护人民；其三，保障国家安全和社会公共安全，维护社会主义社会秩序。这三个方面互相联系，形成了统一的刑事诉讼法的制定宗旨。

1. 保证刑法的正确实施。刑法规定的是犯罪和刑罚的问题，刑事诉讼法规定的是如何追究和惩罚犯罪的程序问题。如果只制定刑法而不制定刑事诉讼法，则刑法的实施就没有规范可以遵循，刑法的正确实施也难以得到保障。

具体说来，刑事诉讼法在保证刑法实施方面的作用包括：第一，刑事程序法通过明确对刑事案件行使侦查权、起诉权、审判权的专门机关，为获取证据和明确案件事实、适用刑事实体法提供了组织上的保障。第二，刑事程序法通过明确行使侦查权、起诉权、审判权的主体的权力与职责及诉讼参与人的权利与义务，为获取证据和明确案件事实及适用刑事实体法的活动提供了基本构架；同时，由于有明确的活动方式和程序，也为刑事实体法适用的有序性提供了保障。第三，刑事程序法规定了收集证据的方法与运用证据的规则，既为获取证据、明确案件事实提供了手段，又为收集证据、运用证据提供了程序规范。第四，刑事程序法关于刑事程序各个阶段的设计，是对诉讼中需要反复检验证据和进行事实认定的理念的实践。刑事程序法规定的侦查、审查起诉、第一审程序、救济审程序，其中每个后续阶段的程序都是对以前程序可能发生的错误或存在的缺陷进行审查、发现、弥补和纠正的程序。这种程序系统的设计，可以在相当程度上避免、减少案件实体上的误差。第五，刑事程序法可以保障刑事实体法高效率地实施。刑事程序法不仅设计刑事程序相互联系、前后相继的各个阶段而使之成为一个程序系统，还针对不同案件或不同情况设计出不同的具有针对性的程序，使得案件处理简繁有别，既在整体上有助于实现实体公正，又在总体上保证处理案件的效率。高效率地处理案件，不仅可以节省司法资源，更重要的是能够及时惩治犯罪，尽早解脱无辜，实现刑法的功能。

刑事诉讼法除了保证刑法正确实施，还有其独立价值。其所规定的诉讼结构、原则、制度、程序，体现着程序本身的民主、法治、人权精神，也反映出一国刑事司法制度的进步、文明程度，是衡量社会公正度的一个极为重要的指标。刑事诉讼法规定的审判公开、辩护制度等，都是民主、法治精神的体现。刑事诉讼法的制定和实施，就是在实现其自身蕴含着的民主、法治、人权保障诸价值。相反，规定刑讯逼供、非法取证、秘密审判等内容的刑事诉讼法，是与现代民主、法治精神相背离的。这种程序下，即使案件在实体处理上没有错误，也会因其诉讼过程中的野蛮、专横，使得当事人和社会公众不仅对实体处理是否公正发生怀疑，而且通过程序这个敏感的窗口对社会公正产生怀疑，对现实社会失去信心，甚至产生对抗情绪。

2. 惩罚犯罪，保护人民。惩罚犯罪是为了抑制犯罪。所谓惩罚犯罪，是指通过刑事诉讼活动，在准确、及时地查明案件事实真相的基础上，对构成犯罪的被告人公正地适用刑法，以惩罚犯罪，以及通过刑事程序本身的作用来抑制犯罪。

惩罚犯罪，是通过实现国家刑罚权的活动来实现的。一方面，实现刑罚权的结果具有抑制犯罪的作用；另一方面，实现刑罚权是一个过程，即使某些情况下最终未能实现具体刑罚权，但在实现刑罚权的具体程序中，其活动本身即具有抑制犯罪的功能。刑事诉讼法实施本身也具有控制犯罪的作用。经验证明，如果犯罪发生后总不能及时侦破案件或拘捕犯罪嫌疑人，往往会促使同种或类似犯罪的发生；反之，如果案发后能够迅速破案或拘捕嫌疑人，就可以较为有效地抑制同类犯罪的发生。这是因为，准确、及时地侦破案件及拘捕嫌疑人本身表明国家具有控制犯罪的较强能力，从而具有警戒未来的作用，也可以防止犯罪者再次犯罪，为公众提供一种安全保障。

保护人民，是与惩罚犯罪紧密联系的刑事诉讼立法目的之一。需要指出的是，通过及时惩处犯罪人来保护公民的人身、财产和生命等合法权利，以及在打击犯罪的同时保障无罪的人不受刑事追究，只是保护人民的一个重要方面；公民的财产乃至生命等权利不仅可能受到犯罪行为的侵害，也可能因为国家权力的滥用而遭受损害。因此，刑事诉讼法中，“保护人民”也意味着不得滥用国家权力而侵犯诉讼参与人的权利。在国家权力与个人权益的关系上，要求国家对个人权益的任何剥夺均需具备正当的法律根据和依据法律程序，这就是“法律的正当程序”的理念。该理念在刑事诉讼中，体现为要求通过程序设置赋予被追诉者与国家追诉机构相抗衡的能力和机会，使其有效抵御国家权力的非法侵犯。刑事诉讼法承担着在法律上对此加以保障的职责。

3. 保障国家安全和社会公共安全，维护社会主义社会秩序。各种犯罪行为都会对社会构成一定的危害。有的直接危害国家安全，如背叛国家、分裂国家、颠覆国家政权、从事间谍活动、窃取情报等；有的直接危害公共安全，如放火，爆炸，投毒，劫持航空器，抢夺枪支、弹药、爆炸物等；有的则直接侵犯公民人身权利、民主权利和财产权利，如杀人、强奸、绑架、破坏选举、抢劫、盗窃等；还有的破坏社会主义社会秩序，如生产、销售伪劣商品，走私、伪造货币，金融诈骗等直接破坏了社会主义社会经济秩序，招摇撞骗、聚众斗殴、组织黑社会性质组织等直接妨害了社会管理秩序；等等。因此，保证刑法的正确实施，有效地惩罚犯罪和抑制犯罪，从而保障国家安全和社会公共安全，维护社会主义社会秩序，保持社会稳定，为社会成员安定生活和国家经济建设提供良好的环境，是制定刑事诉讼法的根本目的。

第二节　刑事诉讼法的根据

我国《刑事诉讼法》第1条规定，“根据宪法，制定本法”，明确表明我国刑事诉讼法的根据是《宪法》。

在一个国家的法律体系里，宪法具有最高的法律地位和效力，是国家的根本大法和其他法律的母法。宪法规定国家的经济制度、政治制度、公民的权利义务等基本方面，规定的是国家法律中最基本、最重要的内容。其他各种法律，制定时必须以宪法为依据，不能违背宪法的基本精神，更不能与宪法规定的内容相抵触，否则就失去法律效力。刑事诉讼法当然也不例外。刑事诉讼法制定的根据是宪法，具体表现在以下方面。

1. 我国《宪法》关于“依法治国，建设社会主义法治国家”的治国方略的规定，是制定、修改和实施刑事诉讼法时必须遵循的指导原则和出发点。《宪法》中关于国家性质和指导思想、社会制度、政治制度、国家机关的组织和活动原则以及“国家尊重和保障人权”的规定，是我国刑事诉讼法的性质、目的、任务和基本原则的依据。

2.《宪法》中关于公民基本权利的规定，是刑事诉讼法规定诉讼参与人诉讼权利的直接根据。主要包括：(1) 公民在法律面前一律平等（第33条）。(2) 公民的人身自由不受侵犯；任何公民，非经人民检察院批准或者决定或者人民法院决定，并由公安机关执行，不受逮捕；禁止非法拘禁和以其他方法非法剥夺或者限制公民的人身自由，禁止非法搜查公民的身体（第37条）。（3）公民的人格尊严不受侵犯。禁止用任何方法对公民进行侮辱、诽谤和诬告陷害（第38条）。（4）公民的住宅不受侵犯。禁止非法搜查或者非法侵入公民的住宅（第39条）。（5）公民的通信自由和通信秘密受法律的保护。除因国家安全或者追查刑事犯罪的需要，由公安机关或者检察机关依照法律规定的程序对通信进行检查外，任何组织或者个人不得以任何理由侵犯公民的通信自由和通信秘密（第40条）。（6）公民对于任何国家机关和国家工作人员，有提出批评和建议的权利；对于任何国家机关和国家工作人员的违法失职行为，有向有关国家机关提出申诉、控告或者检举的权利；由于国家机关和国家工作人员侵犯公民权利而受到损失的人，有依照法律规定取得赔偿的权利（第41条）。

3. 我国《宪法》关于人民法院、人民检察院基本职能、机构建制、组织体制的规定，关于诉讼中应当遵循的原则的规定，是刑事诉讼法相关规定的直接依据。主要包括：（1）人民法院审理案件，除法律规定的特别情况外，一律公开进行（第130条）。（2）被告人有权获得辩护（第130条）。（3）人民法院、人民检察院依照法律规定独立行使审判权、检察权，不受行政机关、社会团体和个人的干涉（第131条、第136条）。（4）各民族都有用本民族语言文字进行诉讼的权利，人民法院和人民检察院对于不通晓当地通用的语言文字的诉讼参与人，应当为他们翻译。在少数民族聚居或者多民族共同居住的地区，应当用当地通用的语言进行审理；起诉书、判决书、布告和其他文书应当根据实际需要使用当地通用的一种或者几种文字（第139条）。（5）人民法院、人民检察院和公安机关办理刑事案件，应当分工负责，互相配合，互相制约，以保证准确有效地执行法律（第140条）。

需要说明的是，由于宪法在国家法律体系中具有最高的法律效力，因而宪法所确立的司法制度和诉讼原则，即使刑事诉讼法典没有重申，也是刑事诉讼法的重要原则和制度，在刑事诉讼活动中必须被贯彻执行。

第三节　刑事诉讼法的任务

我国《刑事诉讼法》第2条规定："中华人民共和国刑事诉讼法的任务，是保证准确、及时地查明犯罪事实，正确应用法律，惩罚犯罪分子，保障无罪的人不受刑事追究，教育公民自觉遵守法律，积极同犯罪行为作斗争，维护社会主义法制，尊重和保障人权，保护公民的人身权利、财产权利、民主权利和其他权利，保障社会主义建设事业的顺利进行。"对于我国刑事诉讼法的任务，可以从以下三方面理解。

1. 保证准确、及时地查明犯罪事实，正确应用法律，惩罚犯罪分子，保障无罪的人不受刑事追究。这是刑事诉讼法的直接任务。

犯罪发生后，首先要查明犯罪事实。可以说，查明犯罪事实，是整个刑事诉讼的基础。在查明犯罪事实的基础上，还必须正确应用法律，如果不能正确应用法律，即使查明了犯罪事实也往往无法正确裁决案件，实现司法公正。刑事诉讼中所应用的"法律"主要包括刑事实体法和刑事程序法，此外还包括办理案件中需要适用的其他法律，如附带民事诉讼中的民法、民事诉讼法等。

准确查明犯罪事实，正确应用法律，是指对案件事实的认定和对犯罪人的行为定性准确，并根据犯罪的具体情况适用刑法。具体说来，包括以下两方面：其一，适用的对象不能发生错误，也就是说不能对无罪的人适用刑罚。在我国，认定某人有罪，必须做到犯罪事实清楚、证据确实充分，且承担此项证明责任的是国家专门机关，所以，对有罪证据不足而不能认定有罪的人，当然不能适用刑罚处罚。此外，刑事诉讼法规定，对虽然构成犯罪，但具有依法不予追究刑事责任的情形的人，也不得适用刑罚。其二，刑法适用的确定性或者必定性，就是说，行为人实施犯罪必然会受到刑事追究的后果，而不是犯罪后在许多情况下可以侥幸逃避法律追究。这一点，在达到控制犯罪的预期目标方面的作用是极其重要的。

查明犯罪事实不仅要准确，还要及时。及时性是刑事司法效率价值的具体体现，向来被人们所重视。通过保证刑事程序的迅速运作，一方面可以尽快使无辜的以及依法不应追究的犯罪嫌疑人、被告人获得解脱，另一方面可以为达到适用刑罚的预期效果提供基本的保障。首先，及时查明犯罪事实，是为了及时地制止犯罪活动，以维护国家、社会和公民个人的利益，并预防这些利益再次受犯罪侵害。对某些罪犯来说，及时侦破案件、认定责任并予以惩罚，可以有效地打破犯罪人的侥幸、抗拒心理，利于其接受改造。再者，惩罚同犯罪行为之间隔时间愈短，犯罪与刑罚在人们头脑中的因果联系就愈明显、紧密和持久，而它们将很自然地表现为一个是原因，另一个是必要的和必然的结果。这种观念的联系，对震慑犯罪、维护正常社会秩序具有重要作用。其次，及时查明犯罪事实，可以在较短时间内平复被害人和周围群众的心理，增加安全感，进一步鼓励他们主动配合公、检、法机关的工作，从而有利于抑制犯罪和社会秩序的稳定。

应当指出，有罪不罚、放纵犯罪固然会给国家、社会和人民带来严重危害，但错罚无罪、冤枉无辜，不仅侵犯了人权、破坏了法制，还会使受罚的无罪者及社会公众把公、检、法机关及其人员看成是自己的对立面，甚至对国家、对社会产生失望、不满和对立情绪，感到世上无公理、司法不公正，由此造成的后果比放纵一个罪犯要严重得多。所以，我国刑事诉讼法在保障惩罚犯罪的同时，还应着力保证无罪的人不受刑事追究。

2. 教育公民自觉遵守法律，积极同犯罪行为作斗争。这是刑事诉讼法的重要任务。

我国公、检、法机关及其人员在刑事诉讼活动中均承担教育的职能，具体体现在：要通过揭露犯罪、证实犯罪、惩罚犯罪与保障无辜的诉讼活动以及法制宣传活动，自觉地对公民进行法制教育，使其了解法律的内容，培养守法的意识，从而起到预防犯罪的作用；同时，培养人们与犯罪作斗争的责任感和勇气，提高他们识别犯罪的能力，使他们敢于和善于与犯罪进行斗争；对社会上潜在的违法犯罪人员起到警戒作用，使他们震慑于刑罚的威力，不敢铤而走险、以身试法。公、检、法机关及其人员这种自觉的教育行为，有利于维护社会长治久安，为法治社会的形成打下坚实的社会基础。

需要明确的是，发挥刑事诉讼法的教育作用不能离开刑事诉讼法的具体活动，如果脱离刑事诉讼的具体活动，不但可能无法达到教育公民的实际目的，还可能招致不良的社会效果。法律的教育功能固然可以通过有意识的法制宣传而得以发挥，但更重要的是通过法律的实际运作过程加以实现。在法律的实际运作中，办案人员的职务活动，对于确立法律的权威和培养社会成员的守法意识有着潜移默化的影响。办案人员在诉讼活动中严格依法办事，可以发挥遵守法律的示范作用，这种示范行为所具有的塑造社会风气的功能，往往比专门的宣教更具实效。反之，如果执法者都不能严格依法办事、实践法律对公众的允诺，公众就会得到反面的教育，形成轻视法律、蔑视国家司法权威的社会风气。所以，对法制权威的损害，莫过于执法者自身不严格执行法律。

3. 维护社会主义法制，尊重和保障人权，保护公民人身权利、财产权利、民主权利和其他权利，保障社会主义建设事业的顺利进行。这是刑事诉讼法的根本任务。

维护社会主义法制就是维护社会主义法制的尊严，做到“有法必依，执法必严，违法必究”。刑事诉讼法通过保证刑罚权的行使，惩罚破坏社会法律秩序的犯罪行为，以及规范刑事诉讼活动，使社会主义法制得到维护。

尊重和保障人权，就是尊重和保障诉讼参与人的人权，其核心是尊重和保障犯罪嫌疑人、被告人的人权。因为犯罪嫌疑人、被告人是处于被追诉地位的当事人，其人权最容易受到侵犯，需要特别予以尊重和保护。刑事诉讼法仅仅保障无罪的人不受刑事追究是远远不够的，还要从程序法治的高度保障犯罪嫌疑人、被告人的人权。这不仅是刑事诉讼文明和进步的体现，也关乎社会的长久稳定和刑事诉讼根本目的的实现。

刑事诉讼法保障国家刑罚权的有效行使，惩罚侵犯公民权利的各种犯罪行为，就是对公民人身权利、财产权利、民主权利和其他权利提供有效保护。刑事诉讼法还规范国家权力的行使，从而保护公民人身权利、财产权利、民主权利和其他权利免受来自国家的侵犯。刑事诉讼法所能提供的这两方面的保护必须兼顾，不可偏废。

刑事诉讼法通过具体任务的实现，为社会主义建设事业的顺利进行提供良好环境保障。

【问题与思考】

1. 如何理解刑事诉讼法与宪法的关系？

2. 如何理解刑事诉讼法“保证刑法的正确实施”的制定目的？刑事诉讼法与刑法的关系如何？

3. 如何理解“保证准确、及时地查明犯罪事实，正确应用法律，惩罚犯罪分子，保障无罪的人不受刑事追究”的任务？

4. 如何理解“尊重和保障人权”的任务？

【推荐参考论著】

1. 陈光中．刑事诉讼法修改建议稿与论证．北京：中国方正出版社，1995.

2. 宋英辉，李忠诚．刑事程序法功能研究．北京：中国人民公安大学出版社，2004.

3. 王兆鹏．刑事被告的宪法权利．台北：翰芦图书公司，1999.

4. 陈光中．陈光中法学文选：第4卷　司法改革与刑事诉讼法修改．北京：中国政法大学出版社，2019.

第六章
专门机关与诉讼参与人

内容导读

专门机关和诉讼参与人是刑事诉讼的主体。在我国，刑事诉讼中的专门机关包括依法行使国家侦查权、检察权和审判权的公安机关、国家安全机关、军队保卫部门、中国海警局和监狱，人民检察院，人民法院。诉讼参与人包括与案件处理结果有直接利害关系的被害人、自诉人、犯罪嫌疑人、被告人、附带民事诉讼的原告人和被告人等当事人以及法定代理人、诉讼代理人、辩护人、证人、鉴定人和翻译人员等与案件处理结果没有直接利害关系，而是基于其他原因参加刑事诉讼的其他诉讼参与人。

第一节　概　述

在我国刑事诉讼法学理论上，参与诉讼活动的主体可以分为两大类：专门机关和诉讼参与人。没有专门机关和诉讼参与人，就没有刑事诉讼的进行。

一、专门机关

刑事诉讼中的专门机关，是指依照法定职权进行刑事诉讼活动，并在诉讼中承担一定职能的国家机关。刑事诉讼中的专门机关主要是指人民法院、人民检察院和公安机关。

刑事诉讼中的专门机关除人民法院、人民检察院和公安机关以外，还有国家安全机关等其他机关参与刑事诉讼活动，担负着重要的刑事诉讼职能。国家安全机关是为了适应改革开放的形势，满足加强同危害中华人民共和国国家安全的行为作斗争的需要，于 1983 年由第六届全国人民代表大会第一次会议决定设立的。根据 1983 年 9 月 2 日第六届全国人大常委会第二次会议通过的《关于国家安全机关行使公安机关的侦查、拘留、预审和执行逮捕的职权的决定》，国家安全机关承担原由公安机关主管的间谍、特务案件的侦查工作，因而国家安全机关可以行使宪法和法律规定的侦查、拘留、预审和执行逮捕的职权。1993年由第七届全国人大常委会通过的《国家安全法》，确定国家安全机关是国家安全工作的主管机关，国家安全机关和公安机关按照国家规定的职权划分，各司其职，密切配合，维护国家安全。我国《刑事诉讼法》第4条规定："国家安全机关依照法律规定，办理危害国家安全的刑事案件，行使与公安机关相同的职权。"因此，国家安全机关在刑事诉讼中与公安机关具有相同的法律地位，行使相同的职权。

在我国的国家安全机关的体系中，中央设立中华人民共和国国家安全部。它成立于1983年7月，是国务院的职能部门。它的主要任务是领导和管理全国的国家安全工作，开展隐蔽战线的斗争，保卫和促进社会主义现代化建设和统一祖国大业，巩固和加强人民民主专政，维护国家安全。在各省、自治区、直辖市设国家安全厅（局）。在省、自治区、直辖市以下，根据需要设立国家安全机关和人员。地方各级国家安全机关是地方各级人民政府的职能部门，实行双重领导体制，既接受同级人民政府的领导，也接受上级国家安全机关的领导。

除了国家安全机关，我国《刑事诉讼法》第308条规定："军队保卫部门对军队内部发生的刑事案件行使侦查权。中国海警局履行海上维权执法职责，对海上发生的刑事案件行使侦查权。对罪犯在监狱内犯罪的案件由监狱进行侦查。军队保卫部门、中国海警局、监狱办理刑事案件，适用本法的有关规定。"因此，军队保卫部门、中国海警局和监狱在办理特定的刑事案件时，也是刑事诉讼中的专门机关。

根据2018年6月22日第十三届全国人民代表大会常务委员会第三次会议通过的《关于中国海警局行使海上维权执法职权的决定》，中国海警局履行海上维权执法职责，包括执行打击海上违法犯罪活动、维护海上治安和安全保卫、海洋资源开发利用、海洋生态环境保护、海洋渔业管理、海上缉私等方面的执法任务，以及协调指导地方海上执法工作。中国海警局与公安机关、有关行政机关建立执法协作机制。与此相对应，2018年《刑事诉讼法》第308条第2款和《海警法》规定，海警机构履行海上维权执法职责，对海上发生的刑事案件行使侦查权。对于在海上发生的包括危害国家安全犯罪、恐怖活动犯罪、走私犯罪、毒品犯罪、偷越国（边）境犯罪、非法捕捞犯罪、破坏海洋资源犯罪等刑事案件，海警机构行使与公安机关相同的侦查权。侦查终结后，海警机构认为应当追究犯罪嫌疑人刑事责任的，应当移送人民检察院审查起诉。另外，从1998年开始，国家在各级海关均设有走私犯罪侦查部门，专门负责对走私案件的侦查工作，在侦查活动中，享有与公安机关相同的职权。根据国务院办公厅《关于海关总署走私犯罪侦查机构职能调整和更名的复函》，各级海关走私犯罪侦查部门从2002年10月22日起更名为缉私部门，具体规定如下："海关总署走私犯罪侦查局"更名为"海关总署缉私局"；"海关总署走私犯罪侦查局广东分局"更名为"海关总署广东分署缉私局"；"××海关走私犯罪侦查分局"更名为"××海关缉私局"；"××海关走私犯罪侦查支局"更名为"××海关缉私分局"。另外，在未设支局的隶属海关（办事处）新设立的科级机构命名为"××海关缉私科"。作为享有国家侦查权的部门，海关所辖缉私部门也属于刑事诉讼中的专门机关，具有与公安机关同等的地位。

刑事诉讼中的专门机关是国家机构的重要组成部分，在刑事诉讼中居于主导地位。在刑事诉讼中，这些机关分别行使侦查、公诉、审判和执行职能，实行分工负责、互相配合、互相制约的原则，共同完成打击犯罪、保障人权的任务，共同保障国家安全和社会公共安全，维护社会主义社会秩序。

为了保证这些专门机关在刑事诉讼中能顺利履行自己的职责，法律规定了其组织和活动的一系列原则，在全国范围内建立了完整的刑事诉讼专门机关体系。另外，法律还赋予这些专门机关相应的职权。刑事诉讼中的专门机关有权采取强制性措施；有权依法收集、调取证据，查明案件事实；有权依其职责适用法律，作出具有国家强制力的裁决。

二、诉讼参与人

诉讼参与人是指除国家专门机关以外的所有依法参加刑事诉讼活动并且享有一定诉讼权利、承担一定诉讼义务的人。根据《刑事诉讼法》第 108 条的规定，诉讼参与人是指当事人、法定代理人、诉讼代理人、辩护人、证人、鉴定人和翻译人员。

诉讼参与人通过行使诉讼权利，承担诉讼义务，对刑事诉讼的进程和结局发挥着不同程度的影响和作用，保证刑事诉讼活动得以顺利、有效地进行。没有诉讼参与人的参与，刑事诉讼活动就会变成一种单纯的国家职权活动，而不再具有诉讼的性质，也不可能完成刑事诉讼的任务。

根据诉讼参与人与案件结局的利害关系及对刑事诉讼过程的影响不同，诉讼参与人可分为两大类：一是当事人；二是其他诉讼参与人。这两类诉讼参与人在诉讼地位、参与诉讼活动的范围和方式等方面有着很大的差异。

第二节 人民法院

一、人民法院的性质、任务和职权

根据《宪法》第 128 条和《人民法院组织法》第 2 条的规定，人民法院是国家的审判机关，代表国家依法独立行使审判权。审判权是指依法审理判决各类刑事、民事、行政等案件的权力，是国家权力的重要组成部分。在我国，只有人民法院才能代表国家行使审判权，其他任何机关、团体或个人都没有这种权力。

人民法院通过审判刑事案件、民事案件、行政案件以及法律规定的其他案件，惩罚犯罪，保障无罪的人不受刑事追究，解决民事、行政纠纷，保护个人和组织的合法权益，监督行政机关依法行使职权，维护国家安全和社会秩序，维护社会公平正义，维护国家法制统一、尊严和权威，保障中国特色社会主义建设的顺利进行。

在刑事诉讼中，人民法院通过审判活动，调查、核实证据，查明案件事实，确定被告人的行为是否构成犯罪，构成何种犯罪，应否判处刑罚，判处何种刑罚，并作出相应的判决和裁定。《刑事诉讼法》第 3 条规定："审判由人民法院负责。"第 12 条规定："未经人民法院依法判决，对任何人都不得确定有罪。"可见，人民法院是唯一有权审理并定罪量刑的专门机关，而审判是刑事诉讼最核心和最重要的阶段，只有经过人民法院审判，才能确定被告人是否有罪、应否判处刑罚及判处何种刑罚。

人民法院刑事审判的范围包括：一切公诉案件的审判、自诉案件的调解和审判以及刑事附带民事诉讼的调解和审判。在诉讼程序上包括一审、二审、死刑复核程序和依审判监督程序进行的提审和再审。为了保证刑事审判的顺利进行，《刑事诉讼法》和《人民法院组织法》赋予人民法院必要的职权。这些职权主要有：(1) 对犯罪嫌疑人、被告人决定逮捕、拘传、取保候审和监视居住；(2) 在必要的时候，可以进行勘验、检查、查封、扣押、鉴定和查询、冻结，以调查核实证据，查明案件的事实真相，保证判决的顺利执行；(3) 收缴和处理赃款、赃物及其孳息；(4) 依照法律的规定，行使某些判决和裁定的执行权。

二、人民法院的组织体系及领导体制

中华人民共和国人民法院是一个完整的组织体系，根据《人民法院组织法》的规定，我国人民法院组织体系包括最高人民法院、地方各级人民法院和专门人民法院。

1. 最高人民法院。最高人民法院是国家的最高审判机关。最高人民法院监督地方各级人民法院和专门人民法院的审判工作，审判法律规定由它管辖的和它认为应由自己管辖的第一审案件，对高级人民法院判决和裁定的上诉案件和抗诉案件、按照全国人民代表大会常务委员会的规定提起的上诉和抗诉案件、按照审判监督程序提起再审的案件、高级人民法院报请核准的死刑案件进行审判。此外，最高人民法院还对属于审判工作中具体应用法律的问题进行解释，并发布指导性案例。

2. 地方各级人民法院。地方各级人民法院包括高级人民法院、中级人民法院和基层人民法院。

高级人民法院包括省、自治区和直辖市高级人民法院。高级人民法院审判下列案件：(1) 法律规定由它管辖的第一审案件；(2) 下级人民法院报请审理的第一审案件；(3) 最高人民法院指定管辖的第一审案件；(4) 对中级人民法院判决和裁定的上诉案件和抗诉案件；(5) 按照审判监督程序提起再审的案件；(6) 中级人民法院报请复核的死刑案件。

中级人民法院包括：在省、自治区内按地区设立的中级人民法院，在直辖市内设立的中级人民法院，省、自治区辖市的中级人民法院，以及自治州中级人民法院。中级人民法院审判法律规定由它管辖的第一审案件、基层人民法院报请审理的第一审案件、上级人民法院指定管辖的第一审案件、对基层人民法院判决和裁定的上诉案件和抗诉案件，以及按照审判监督程序提起的再审案件。中级人民法院对其受理的案件，认为案情重大应当由上级人民法院审判的时候，可以请求移送上级人民法院审判。

基层人民法院包括县、自治县人民法院，不设区的市人民法院，市辖区人民法院。基层人民法院根据地区、人口和案件情况可以设立若干人民法庭，行使部分审判权。人民法庭是基层人民法院的组成部分，不是一级审判组织，它的判决和裁定就是基层人民法院的判决和裁定。基层人民法院审判第一审案件，但是法律另有规定的除外。基层人民法院对其受理的案件，认为案情重大应当由上级人民法院审判的，可以请求移送上级人民法院审判。除审判案件外，基层人民法院还处理不需要开庭审判的民事纠纷和轻微的刑事案件，指导人民调解委员会的调解工作。

3. 专门人民法院。专门人民法院是在上述普通法院之外设立的专门性人民法院。我国目前建立的专门人民法院有军事法院、海事法院、知识产权法院、金融法院和互联网法院等。其中知识产权法院、金融法院和互联网法院不具有对刑事案件的管辖权。

我国海事法院成立30多年以来，已经形成了专门化的海事审判体系，依法审理了一批有重大影响的案件，树立了中国海事司法的良好形象。海事法院以往以受理与海上贸易航运相关的民商事纠纷为主，继2016年最高人民法院将相关海事行政案件纳入海事法院管辖范围之后，2017年2月最高人民法院又指定宁波海事法院试点管辖海事刑事案件。依照浙江省高级人民法院（2017）浙刑辖29号指定管辖决定书，2017年6月5日，宁波海事法院受理被告人艾伦·门多萨·塔布雷（ALLAN MENDOZA TABLATE）涉嫌交通肇事罪一案。宁波市人民检察院指控，2016年5月7日3时许，马耳他籍散货船“卡塔利娜”（CATALINA）轮在从中国连云港驶往印度尼西亚途中，在浙江象山沿海南韭山岛东偏北约72海里附近海域，与中国山东石岛籍渔船“鲁荣渔58398”轮雾中发生碰撞，造成“鲁荣渔58398”轮沉没，该轮上19人中14人死亡，5人失踪。经海事部门认定，“卡塔利娜”轮在此次事故中负主要责任。事故发生后，“卡塔利娜”轮当班驾驶员二副艾伦·门多萨·塔布雷经批准被执行逮捕。该案系最高人民法院于2017年2月指定宁波海事法院作为管辖海事刑事案件的试点法院后，由宁波海事法院受理的首例海事刑事案件。

根据《宪法》和《人民法院组织法》的规定，最高人民法院由全国人民代表大会产生，对全国人民代表大会及其常务委员会负责并报告工作，全国人民代表大会常务委员会监督最高人民法院的工作；地方各级人民法院由本级人民代表大会产生，对本级人民代表大会及其常务委员会负责并报告工作，地方各级人民代表大会常务委员会监督本级人民法院的工作。

根据《宪法》、《刑事诉讼法》和《人民法院组织法》的规定，上下级人民法院之间是监督与被监督的关系。上级人民法院监督下级人民法院的审判工作，最高人民法院监督地方各级人民法院和专门人民法院的审判工作。但是，这种规定过于原则，缺乏操作性，导致司法实践中上下级法院之间的审判业务关系存在这样或者那样的问题，并广受理论界和实务界诟病。最高人民法院在专项调研中发现，这些问题主要表现为：一是对上下级法院之间的审判业务关系存在模糊认识，监督指导方式不统一；二是对案件请示做法一直有争议；三是发回重审标准不一，说理不足；四是有的高级人民法院出台审判指导文件的程序、方式不够规范。①

为进一步规范上下级人民法院之间的审判业务关系，根据《宪法》和《人民法院组织法》等相关法律规定，最高人民法院结合审判工作实际，于2010年12月28日发布了《关于规范上下级人民法院审判业务关系的若干意见》。根据这一司法解释的规定，最高人民法院监督指导地方各级人民法院和专门人民法院的审判业务工作。上级人民法院监督指导下级人民法院的审判业务工作。

《关于规范上下级人民法院审判业务关系的若干意见》的规定主要包括六项内容：一是强调上级人民法院应依法对下级人民法院的审判工作进行监督；二是明确上级人民法院对下级人民法院审判工作进行指导的范围与方式；三是对案件请示做法进行了诉讼化改造；四是明确了上级人民法院对特定类型案件提级管辖的权力；五是进一步规范了发回重审程序；六是进一步规范了高级人民法院发布审判指导文件的程序和内容。根据《关于规范上下级人民法院审判业务关系的若干意见》的规定，上级人民法院监督指导的范围、方式和

① 最高法规范上下级法院审判监督关系：上级法院，办案就是指导．http：//legal. people. com. cn/GB/13852885. html.

程序应当符合法律规定。上级人民法院的监督不是通过对具体案件的指导而实现的，各级人民法院依照职权独立地进行审判，上级人民法院不应对下级人民法院正在审理的案件作出处理，指令下级人民法院执行。下级人民法院也不应在判决之前将案件报送上级人民法院，请求审查批示。上级人民法院应当通过二审程序、审判监督程序、死刑复核程序维持下级人民法院正确的判决和裁定，纠正错误的判决和裁定来实现监督。

除了办理上诉、再审、抗诉或死刑复核案件，审判指导也是上级人民法院对下级人民法院监督的重要内容。上级人民法院应树立"办案就是指导"的观念，尽可能通过审理新型、疑难、复杂案件，解决具有普遍意义的法律问题，使审判工作直接起到指导和统一法律适用的目的。此外，《关于规范上下级人民法院审判业务关系的若干意见》按不同法院层级，分类列举了上级人民法院进行审判指导的方式。例如，最高人民法院可以通过审理案件、制定司法解释或者规范性文件、发布指导性案例、召开审判业务会议、组织法官培训等形式，对地方各级人民法院和专门人民法院的审判业务工作进行指导。高级人民法院可以通过审理案件、制定审判业务文件、发布参考性案例、召开审判业务会议、组织法官培训等形式，对辖区内各级人民法院和专门人民法院的审判业务工作进行指导。最高人民法院发现高级人民法院制定的审判业务文件与现行法律、司法解释相抵触的，应当责令其纠正。中级人民法院可以通过审理案件、总结审判经验、组织法官培训等形式，对基层人民法院的审判业务工作进行指导。

三、审判组织

人民法院在我国享有专一审判权，但是人民法院审理各类案件包括刑事案件都是通过一定的组织形式来进行的，这种代表人民法院对具体案件进行审理和裁判的法庭组织形式就是审判组织。根据《刑事诉讼法》和《人民法院组织法》的规定，人民法院审判刑事案件的组织形式有两种：独任庭和合议庭。此外，审判委员会对重大的或者疑难的案件的处理有最后的决定权，从这一意义上讲，审判委员会也具有审判组织的性质。

（一）独任庭

独任庭是由审判员一人审判案件的审判组织。审判员一人独任审判的制度，称为独任制。根据《刑事诉讼法》第183条的规定，独任制的适用应注意以下问题：（1）就法院级别而言，只限于基层人民法院，中级以上人民法院不能适用独任制。（2）就案件类别而言，只限于适用简易程序、速裁程序审理的案件。但需要说明的是，适用简易程序的案件，也可以根据案情，由审判员组成合议庭进行审判，并不必须采用独任庭的形式。案件是否独任审判，以及独任法官的指定问题，由院长或庭长决定。（3）独任庭只能由审判员组成，人民陪审员不能进行独任审判。

（二）合议庭

合议庭是由审判人员数人根据合议原则建立的审判组织。合议庭是人民法院审判案件的基本组织形式。根据《人民法院组织法》的规定，人民法院审判案件实行合议制或独任制，除法律规定可以独任审判的案件外，其他案件均应由合议庭审判。

合议庭既可以由审判员组成，也可以由审判员、人民陪审员组成。人民陪审员来自社会公众，通过选举或者任命产生。人民陪审员参与合议庭时，除法律另有规定外，同审判员享有同等的权利。

合议庭的人员组成，依审判程序和法院级别的不同而不同。根据刑事诉讼法的规定，合议庭的组成有以下几种情况。

（1）基层人民法院和中级人民法院审判第一审案件，应当由审判员 3 人或者由审判员和人民陪审员共 3 人或者 7 人组成合议庭进行。

（2）高级人民法院审判第一审案件，应当由审判员 3 人至 7 人或者由审判员和人民陪审员共 3 人或者 7 人组成合议庭进行。

（3）最高人民法院审判第一审案件，应当由审判员 3 人至 7 人组成合议庭进行。

（4）人民法院审理上诉和抗诉案件，由审判员 3 人或者 5 人组成合议庭进行。

（5）最高人民法院复核死刑立即执行的案件，高级人民法院复核死刑缓期两年执行的案件，应当由审判员 3 人组成合议庭进行。按照审判监督程序重新审判的案件的审判组织，应当分别依照第一审程序或第二审程序的有关规定另行组成相应的合议庭，原来参加审判的审判人员不能成为该合议庭的成员。

合议庭设审判长一人，审判长主持和组织合议庭的活动并指挥法庭审判的进行。审判长由院长或者庭长指定一人担任，院长或庭长参加合议庭时，由院长或庭长担任审判长。人民陪审员不能担任案件的审判长。

合议庭的成员人数应当是单数。合议庭评议时，每个成员都有平等的发言权和表决权；如果意见发生分歧，应当按照少数服从多数的原则作出决定，但是少数人的意见也应当记入笔录；评议笔录必须由合议庭全体成员签名，判决书必须由合议庭全体成员署名。

（三）审判委员会

审判委员会是人民法院内部设立的对审判工作实行集体领导的组织形式。根据《人民法院组织法》第 36 条的规定，各级人民法院设立审判委员会。

审判委员会的职能是总结审判经验，讨论决定重大、疑难、复杂案件的法律适用，讨论决定本院已经发生法律效力的判决、裁定、调解书是否应当再审，讨论决定其他有关审判工作的重大问题。最高人民法院对属于审判工作中具体应用法律的问题进行解释，应当由审判委员会全体会议讨论通过；发布指导性案例，可以由审判委员会专业委员会会议讨论通过。

审判委员会由院长、副院长和若干资深法官组成，成员应当为单数。审判委员会会议分为全体会议和专业委员会会议。中级以上人民法院根据审判工作需要，可以按照审判委员会委员专业和工作分工，召开刑事审判、民事行政审判等专业委员会会议。

根据《刑事诉讼法》第 185 条的规定，对于疑难、复杂、重大的案件，合议庭认为难以作出决定的，由合议庭提请院长决定提交审判委员会讨论决定。根据《人民法院组织法》第 39 条的规定，合议庭认为案件需要提交审判委员会讨论决定的，由审判长提出申请，院长批准。最高人民法院《解释》第 216 条规定，对下列案件，合议庭应当提请院长决定提交审判委员会讨论决定：（1）高级人民法院、中级人民法院拟判处死刑立即执行的案件，以及中级人民法院拟判处死刑缓期执行的案件；（2）本院已经发生法律效力的判决、裁定确有错误需要再审的案件；（3）人民检察院依照审判监督程序提出抗诉的案件。对合议庭成员意见有重大分歧的案件、新类型案件、社会影响重大的案件以及其他疑难、复杂、重大的案件，合议庭认为难以作出决定的，可以提请院长决定提交审判委员会讨论决定。人民陪审员可以要求合议庭将案件提请院长决定是否提交审判委员会讨论决定。对提请院长决定提交审判委员会讨论决定的案件，院长认为不必要的，可以建议合议庭复议一次。独任审判的案件，审判员认为有必要的，也可以提请院长决定提交审判委员会讨论决定。审判委员会召开全体会议和专业委员会会议，应当有其组成人员的过半数出席。审判委员会会议由院长或者院长委托的副院长主持。审判委员会实行民主集中制。审判委员会举行会议时，同级人民检察院检察长或者检察长委托的副检察长可以列席。审判委员会讨论案件，合议庭对其汇报的事实负责，审判委员会委员对本人发表的意见和表决负责。审判委员会的决定，合议庭、独任审判员应当执行；有不同意见的，可以建议院长提交审判委员会议。审判委员会讨论案件的决定及其理由应当在裁判文书中公开，法律规定不公开的除外。

第三节　人民检察院

一、人民检察院的性质、任务和职权

根据《宪法》第134条和《人民检察院组织法》第2条的规定，人民检察院是国家的法律监督机关，代表国家依法行使检察权。检察权是依法监督国家机关和国家机关工作人员、企事业单位、人民团体和全体公民遵守宪法和法律的权力，是国家权力的重要组成部分。在我国，人民检察院同人民法院一样属于国家的司法机关。

人民检察院通过行使检察权，追诉犯罪，维护国家安全和社会秩序，维护个人和组织的合法权益，维护国家利益和社会公共利益，保障法律正确实施，维护社会公平正义，维护国家法制统一、尊严和权威，保障中国特色社会主义建设的顺利进行。《刑事诉讼法》第3条规定："检察、批准逮捕、检察机关直接受理的案件的侦查、提起公诉，由人民检察院负责。"第8条规定："人民检察院依法对刑事诉讼实行法律监督。"在刑事诉讼中，人民检察院既是侦查机关，又是公诉机关，同时还是法律监督机关。人民检察院在刑事诉讼中的特殊地位，决定了它的活动贯穿刑事诉讼的全过程。

人民检察院在刑事诉讼中的具体职权如下。

1. 侦查权。人民检察院是国家的刑事侦查机关之一。根据《刑事诉讼法》第19条第2款的规定，人民检察院在对诉讼活动实行法律监督中发现的司法工作人员利用职权实施的非法拘禁、刑讯逼供、非法搜查等侵犯公民权利、损害司法公正的犯罪，可以由人民检察院立案侦查。对于公安机关管辖的国家机关工作人员利用职权实施的重大犯罪案件，需要由人民检察院直接受理的时候，经省级以上人民检察院决定，可以由人民检察院立案侦查。

2. 公诉权。人民检察院是国家唯一的公诉机关。除自诉案件以外的所有刑事案件，均必须由人民检察院向人民法院提起公诉，并派检察官出庭支持公诉。

3. 监督权。作为法律监督机关，人民检察院对立案、侦查、审判和生效裁判的执行是否合法、有效实行法律监督。

二、人民检察院的组织体系及领导体制

根据《人民检察院组织法》的规定，人民检察院的组织体系包括最高人民检察院、地方各级人民检察院和军事检察院等专门检察院。

1. 最高人民检察院。最高人民检察院是国家的最高检察机关，领导地方各级人民检察院和专门人民检察院的工作；对全国性的重大刑事案件行使检察权；对地方各级人民法院已经发生法律效力的判决和裁定，如发现确有错误，依照审判监督程序提出抗诉；依法对监管场所的执法活动实行监督；依照法律规定提起公益诉讼；对诉讼活动实行监督；对最高人民法院的死刑复核活动实行监督；对报请核准追诉的案件进行审查，决定是否追诉；对检察工作中具体应用法律的问题进行解释；发布指导性案例；制定检察工作条例、细则和办法；管理和规定各级人民检察院的人员编制。

2. 地方各级人民检察院。地方各级人民检察院包括：（1）省级人民检察院包括省、自治区、直辖市人民检察院；（2）设区的市级人民检察院，包括省、自治区、直辖市人民检察院，自治州人民检察院，省、自治区、直辖市人民检察院分院；（3）基层人民检察院包括县、自治县、不设区的市、市辖区人民检察院。此外，省级人民检察院和设区的市级人民检察院根据检察工作需要，经最高人民检察院和省级有关部门同意，并提请本级人民代表大会常务委员会批准，可以在辖区内特定区域设立人民检察院，作为派出机构。人民检察院根据检察工作需要，可以在监狱、看守所等场所设立检察室，检察室行使派出它的人民检察院的部分职权，也可以对上述场所进行巡回检察。省级人民检察院设立检察室，应当经最高人民检察院和省级有关部门同意。设区的市级人民检察院、基层人民检察院设立检察室，应当经省级人民检察院和省级有关部门同意。地方各级人民检察院的主要职责是：依照法律规定对有关刑事案件行使侦查权；对刑事案件进行审查，批准或者决定是否逮捕犯罪嫌疑人；对刑事案件进行审查，决定是否提起公诉，对决定提起公诉的案件支持公诉；依照法律规定提起公益诉讼；对诉讼活动实行法律监督；对判决、裁定等生效法律文书的执行工作实行法律监督；对监狱、看守所的执法活动实行法律监督。

3. 专门人民检察院。专门人民检察院是在最高人民检察院领导下，在特定的组织系统或行业内设立的检察机关，包括军事检察院等专门人民检察院。军事检察院是国家在中国人民解放军中设置的专门法律监督机关。2016 年 7 月，中央军委政法委在北京召开全军军事法院、军事检察院调整组建大会，明确了军事检察院由过去按照军兵种和武警系统设置调整为区域化设置。这一重大调整进一步明确了军事检察院是国家设在军队中的法律监督机关，在中央军委政法委和最高人民检察院领导下，依法独立公正行使检察权，对现役军人的违反职责罪和其他刑事案件依法行使检察权。根据《宪法》和《人民检察院组织法》的规定，最高人民检察院对全国人民代表大会及其常务委员会负责并报告工作。地方各级人民检察院对本级人民代表大会及其常务委员会负责并报告工作。各级人民代表大会及其常务委员会对本级人民检察院的工作实施监督。

上下级人民检察院之间是领导和被领导的关系。根据《人民检察院组织法》的规定，最高人民检察院领导地方各级人民检察院和专门人民检察院的工作，上级人民检察院领导下级人民检察院的工作。下级人民检察院应当执行上级人民检察院的决定；有不同意见的，可以在执行的同时向上级人民检察院报告。人民检察院检察长领导本院检察工作，管理本

院行政事务。人民检察院副检察长协助检察长工作。检察院内部设立若干检察业务部门，在检察长的统一领导下，各个部门互相分工、互相配合，完成侦查、起诉、控告、申诉等检察业务。对同一刑事案件的审查逮捕、审查起诉、出庭支持公诉和立案监督、侦查监督、审判监督等工作，由同一检察官或者检察官办案组负责，但是审查逮捕、审查起诉由不同人民检察院管辖，或者依照法律、有关规定应当另行指派检察官或者检察官办案组办理的除外。人民检察院履行审查逮捕和审查起诉职责的办案部门统称为负责捕诉的部门。

人民检察院办理案件，根据案件情况可以由一名检察官独任办理，也可以由两名以上检察官组成办案组办理。由检察官办案组办理的，检察长应当指定一名检察官担任主办检察官，组织、指挥办案组办理案件。检察官在检察长领导下开展工作，重大办案事项由检察长决定。检察长可以将部分职权委托检察官行使，可以授权检察官签发法律文书。

此外，各级人民检察院设检察委员会。检察委员会由检察长、副检察长和若干资深检察官组成，成员应当为单数。检察委员会召开会议，应当有其组成人员的过半数出席。检察委员会会议由检察长或者检察长委托的副检察长主持。检察委员会实行民主集中制。地方各级人民检察院的检察长不同意本院检察委员会多数人的意见，属于办理案件的，可以报请上一级人民检察院决定；属于重大事项的，可以报请上一级人民检察院或者本级人民代表大会常务委员会决定。

第四节　公安机关

一、公安机关的性质、任务和职权

公安机关是国家的治安保卫机关，是各级人民政府的组成部分。公安机关是武装性质的国家治安行政力量和刑事司法力量，是负责社会治安和国内安全保卫工作的专门机关。

公安机关的任务是维护社会治安秩序，预防犯罪，侦查和打击犯罪，保护国家、集体和个人所有的财产，保护公民的人身安全和其他合法权益，保卫人民民主专政，保卫社会主义制度，保障社会主义现代化建设的顺利进行。在刑事诉讼中，公安机关行使的是侦查权，是最主要的侦查机关，除人民法院直接受理的案件和人民检察院、国家安全机关、军队保卫部门、中国海警局、监狱、海关走私犯罪侦查部门立案侦查的案件以外，绝大部分刑事案件由公安机关进行侦查。公安机关的任务就是通过各种侦查手段，收集证据，查明犯罪事实，查获犯罪嫌疑人，为人民检察院的起诉工作和人民法院的审判工作奠定事实基础。此外，公安机关也是刑罚的执行机关之一，在刑事诉讼中要负责部分刑事判决、裁定的执行等。

公安机关的工作范围和职权非常广泛。具体到刑事诉讼中，公安机关有权决定立案侦查和撤销案件；有权进行勘验、检查、搜查、扣押、鉴定、通缉、讯问犯罪嫌疑人、询问证人和被害人等活动；有权采用拘传、取保候审、监视居住、拘留等强制措施；逮捕犯罪嫌疑人一律由公安机关执行，并由公安机关负责对在押犯罪嫌疑人的看管；对侦查终结的案件，有权提出起诉意见；对人民检察院不批准逮捕的决定和不起诉的决定，有权要求复议和提请复核。此外，公安机关还担负着对于判处剥夺政治权利等的罪犯的执行、监督和考察任务。

二、公安机关的组织体系和领导体制

我国公安机关实行统一领导、分级管理、条块结合和以块为主的管理体制。在中央一级，国务院设立中华人民共和国公安部，负责领导和指挥全国的公安工作，并根据协议与国际刑警组织和国外、境外的警察机构，共同打击跨国、跨境的犯罪活动。地方各级公安机关按照行政区划设立。省、自治区、直辖市一级设公安厅（局），领导和管理全省、自治区、直辖市范围内的公安工作；地区、自治州和省辖市设公安处（局）；县、县级市、自治县设公安局；直辖市和中等城市的市辖区设公安分局。根据需要，大中城市各街道办事处和县属的乡、镇设立公安派出所，它们是基层公安机关的派出工作机构，履行基层公安机关的部分职责，而不是一级公安机关。

此外，公安部和地方公安机关根据工作需要，经国务院批准，可以在一些特殊的部门或单位设立专门公安机关。目前，我国设立的专业公安机关，主要有在各级海关设立的缉私局和缉私分局。并且，根据原先的体制，我国还在铁路、林业、民航等系统设立公安机关，在军队系统设立保卫部门。

作为各级人民政府的职能部门，公安机关实行的是双重领导体制。公安机关在接受本级人民政府领导的同时，下级公安机关还必须接受上级公安机关的领导。不同地区、不同系统的公安机关则互不隶属，在办案过程中是配合、协作的关系。

第五节　当事人

一、当事人概述

当事人是指与案件的结局有着直接利害关系，对刑事诉讼进程发挥着较大影响作用，在诉讼中分别处于控诉或者辩护地位的诉讼参与人。

诉讼参与人要成为当事人必须同时具备两个条件。

一是与案件的最终结局有直接的利害关系。这是实体条件。换言之，当事人的合法权益可能会受到刑事诉讼活动过程和结局的直接影响。这种影响既可以是有利影响，也可以是不利影响；这种合法权益可以是人的自由、财产、隐私，也可以是人的生命。刑事诉讼的开始和进行，使当事人的这些实体权益处于待判定的状态。刑事诉讼活动的最终结束，又会使当事人的这些实体权益或者受到有利的影响，如获得财产、自由，权益得到恢复和补偿等；或者受到不利影响，如失去财产、生命、自由等。

二是当事人必须在诉讼中拥有较广泛的诉讼权利，并且能对诉讼过程和诉讼结局发挥比其他诉讼参与人更大的影响。这是程序条件。一般而言，当事人在刑事诉讼中要么处于原告地位，要么处于被告地位，他们的诉讼活动对诉讼的启动、进展和终结起着关键的推动作用。

在刑事诉讼中，当事人具有主体上的确定性。根据《刑事诉讼法》第 108 条的规定，当事人是指被害人、自诉人、犯罪嫌疑人、被告人、附带民事诉讼的原告人和被告人。

当事人具有对称性。在刑事案件中，被害人、自诉人承担控诉职能，犯罪嫌疑人、被告人承担辩护职能。在刑事案件的附带民事诉讼部分，附带民事诉讼原告人处于原告地位，附带民事诉讼被告人处于被告地位。

必须注意的是，在公诉案件中，公诉人虽然处于控诉地位，承担控诉职能，但公诉人不是当事人。公诉人参加刑事诉讼的目的，不仅在于追究犯罪、支持公诉，还在于监督司法、执行法律监督职能。另外，公诉人享有的诉讼权利与作为当事人的被告人是不平等的。比如在法庭上，公诉人有权核实证据，查明案件事实，有权依法讯问被告人等，但作为一方当事人的被告人，则不享有此类对等的诉讼权利。

二、被害人

刑事诉讼中的被害人是指其人身、财产及其他合法权益遭受犯罪行为侵害的人。被害人在刑事诉讼中可能以多种诉讼角色参与诉讼活动。根据《刑事诉讼法》第 210 条的规定，在告诉才处理的案件，被害人有证据证明的轻微刑事案件，以及被害人有证据证明对被告人侵犯自己人身、财产权利的行为应当依法追究刑事责任，而公安机关或人民检察院不予追究被告人刑事责任的案件中，被害人可以向人民法院提起自诉，从而具有自诉人的身份和地位。同时，被害人因被告人的行为而遭受物质损失的，在刑事诉讼过程中还有权提起附带民事诉讼，从而成为附带民事诉讼的原告人。对于被害人的上述两种身份和地位，后面有关章节将专门予以分析。本节所说的“被害人”专指在刑事公诉案件中以个人身份承担部分控诉职能的诉讼参与人。《刑事诉讼法》第 108 条规定的被害人也仅指公诉案件的被害人。在公诉案件中，被害人与代表公共利益的人民检察院一起承担着控诉职能。但需要指出的是，提起公诉只能由人民检察院代表国家进行，被害人是否要求对犯罪人进行追诉不影响公诉的进行。

刑事诉讼法赋予被害人独立的诉讼当事人的地位，但被害人除了享有一些为其他当事人所共有的诉讼权利，还享有一些特有的诉讼权利。

被害人与其他当事人所共同享有的诉讼权利主要有：（1）根据《刑事诉讼法》第 9 条的规定，有权使用本民族语言文字进行诉讼。（2）根据《刑事诉讼法》第 14 条的规定，对于审判人员、检察人员和侦查人员侵犯其诉讼权利和人身侮辱的行为，有权提出控告。（3）根据《刑事诉讼法》第 29、30、31、32 条的规定，对于审判人员、检察人员、侦查人员以及鉴定人、翻译人员、书记员有《刑事诉讼法》第 29 条和第 30 条所规定的情形之一的，有权申请他们回避；对驳回申请回避的决定，有权申请复议一次。（4）根据《刑事诉讼法》第 191、194、195、197 条的规定，有权参加法庭调查，在法庭上就起诉书指控的犯罪进行陈述，可以向被告人发问；有权向证人发问和质证；有权辨认、鉴别物证，听取书面证言及其他证据文书，并就上述证据向法庭陈述意见；有权申请通知新的证人到庭，调取新的物证，申请重新鉴定和勘验。（5）根据《刑事诉讼法》第 198 条的规定，有权参加法庭辩论，对证据和案件情况发表意见，并与公诉人、其他当事人、辩护人等相互辩论。（6）根据《刑事诉讼法》第 252、253 条的规定，有权对已发生法律效力的判决、裁定，向人民法院或人民检察院提出申诉，人民法院认为其申诉符合《刑事诉讼法》第 253 条所规定的五种情形之一的，应当重新审判，等等。

被害人享有的特有诉讼权利主要有：(1) 根据《刑事诉讼法》第46条的规定，有权自案件移送审查起诉之日起，委托诉讼代理人。为此，人民检察院自收到移送审查起诉的案件材料之日起3日以内，应当告知被害人及其法定代理人或其近亲属有权委托诉讼代理人。(2) 根据《刑事诉讼法》第110、112、113条的规定，对于侵犯其人身、财产权利的犯罪事实或者犯罪嫌疑人，有权向公安机关、人民法院或人民检察院报案或者控告，要求有关机关立案；对于人民法院、人民检察院、公安机关不立案的决定，有权获知原因，并可申请复议；对于公安机关应当立案侦查的案件而不立案侦查的，有权向人民检察院提出，由后者要求公安机关说明理由，并在不立案理由不能成立时予以纠正。(3) 根据《刑事诉讼法》第180条的规定，对于人民检察院所作的不起诉决定，有权获得不起诉决定书，并向上一级人民检察院申诉，要求提起公诉；对于人民检察院维持不起诉决定的，有权向人民法院起诉；也可以不经申诉，直接向人民法院起诉。(4) 根据《刑事诉讼法》第210条的规定，被害人有证据证明对被告人侵犯自己人身、财产权利的行为应当依法追究刑事责任，而公安机关或者人民检察院不予追究被告人刑事责任的案件，被害人有权向人民法院提起自诉。(5) 根据《刑事诉讼法》第229条的规定，对地方各级人民法院第一审的判决不服的，有权请求人民检察院抗诉；人民检察院在收到这一请求后5日内，应作出是否抗诉的决定并答复请求人；等等。

被害人在享有上述诉讼权利的同时，还须在诉讼过程中承担一些法定的诉讼义务，这些义务主要包括：(1) 如实向公安司法机关陈述案件事实的义务；(2) 接受公安司法机关对其进行人身检查的义务；(3) 接受公安司法机关传唤的义务；(4) 在法庭上接受询问和回答问题的义务；(5) 遵守法庭秩序的义务；等等。

三、自诉人

自诉人是指在自诉案件中依法直接向人民法院提起诉讼，要求追究被告人刑事责任的诉讼参与人。自诉人通常是刑事案件的被害人，但是根据《刑事诉讼法》第114条的规定，在被害人死亡或者丧失行为能力时，被害人的法定代理人、近亲属有权向人民法院提起诉讼。

自诉人是自诉案件的一方当事人，具有独立、完整的诉讼地位。他们在诉讼中执行的是控诉职能。自诉人的起诉、撤诉、与被告人和解、上诉等行为，足以导致诉讼程序的开始、发展和终止。

为了保障自诉人的合法权益，法律规定自诉人享有以下诉讼权利：(1) 向人民法院提起刑事诉讼；(2) 在提起刑事诉讼的同时提起附带民事诉讼；(3) 申请审判人员、书记员、鉴定人和翻译人员回避；(4) 出席法庭审判，参加法庭调查和辩论，申请人民法院调取新的证据、传唤新的证人，申请重新鉴定和勘验；(5) 委托诉讼代理人参加诉讼；(6) 在案件审理过程中，请求调解或者与被告人自行和解；(7) 在判决宣告之前撤诉；(8) 阅读或听取审判笔录，并有权请求补充或改正；(9) 如不服地方各级人民法院的第一审判决或裁定，可以提出上诉；(10) 对已经发生法律效力的判决或裁定认为确有错误的，可以提出申诉。

自诉人承担的诉讼义务有：(1) 按时出庭的义务。自诉人经两次合法传唤，无正当理由拒不到庭的，或者未经法庭许可中途退庭的，按撤诉处理。（2）如实提供案件真实情况的义务。如故意伪造证据陷害他人，必须承担法律责任。（3）承担举证责任的义务。自诉案件的证明责任由自诉人承担，如果自诉人提不出有力的证据来支持自己的主张，就要承担对自己不利的后果，或者被裁定驳回，或者败诉。（4）执行人民法院生效的调解协议、判决或裁定的义务。

四、犯罪嫌疑人、被告人

“犯罪嫌疑人”和“被告人”是对涉嫌犯罪而受到刑事追诉的人的两种称谓。其中，犯罪嫌疑人是指因涉嫌犯罪而被立案侦查和审查起诉的诉讼参与人。被告人是指因涉嫌犯罪而被提起公诉和自诉的诉讼参与人。刑事诉讼就是一个对犯罪嫌疑人、被告人刑事责任进行认定的过程。没有犯罪嫌疑人、被告人的参与，刑事诉讼就无法进行。犯罪嫌疑人、被告人一旦死亡，刑事诉讼活动即告终止。

对公诉案件而言，犯罪嫌疑人和被告人是同一种人在不同诉讼阶段的不同称谓。被追诉人在人民检察院向人民法院提起公诉之前，也即是在立案、侦查和审查起诉阶段，称为“犯罪嫌疑人”；在人民检察院正式向人民法院提起公诉后，也即是在审判阶段，称为“被告人”。

在自诉案件中，自诉人直接向人民法院提起自诉，案件一经人民法院受理即直接进入审判阶段，因此，在自诉案件中，被追诉人统称为被告人。

在刑事诉讼中，犯罪嫌疑人、被告人具有特定的人身属性，具有人身不可替代性。因此，犯罪嫌疑人、被告人必须亲自参加诉讼，不允许由他人代替或者代理，只可以委托具有独立诉讼地位的辩护人帮助其行使辩护权。

刑事诉讼法为犯罪嫌疑人、被告人确立了一系列的诉讼权利，以达到现代诉讼所必需的控诉与辩护相平衡的目的。这些权利按性质和作用的不同，可分为防御性权利和救济性权利两种。防御性权利，指的是犯罪嫌疑人、被告人为对抗追诉方的指控、抵消其控诉效果所享有的诉讼权利。救济性权利，指的是犯罪嫌疑人、被告人对国家专门机关所作的对其不利的行为、决定或裁判，要求另一专门机关予以审查并对其改变或撤销的诉讼权利。

根据刑事诉讼法的规定，犯罪嫌疑人、被告人所享有的防御性权利主要有：（1）使用本民族语言文字进行诉讼。（2）及时获知被指控的内容和理由，获知所享有的诉讼权利。（3）自行或在辩护人协助下获得辩护；在公诉案件中自被侦查机关第一次讯问或者采取强制措施之日起，有权委托辩护律师；在自诉案件中有权随时委托辩护人；有权在法定条件下获得法律援助机构为其指派的辩护律师的法律帮助；有权拒绝辩护人继续为其辩护，也有权另行委托辩护人辩护。（4）拒绝回答侦查人员提出的与本案无关的问题。（5）在开庭前10日收到起诉书副本。（6）参加法庭调查，就指控事实发表陈述，对证人、鉴定人发问，辨认、鉴别物证，听取未到庭的证人的证言笔录、鉴定人的鉴定意见、勘验或检查笔录和其他证据文书，并就上述书面证据发表意见；有权申请通知新的证人到庭，调取新的物证，申请重新鉴定或者勘验。（7）参加法庭辩论，对证据和案件情况发表意见并且可以互相辩论。（8）向法庭作最后陈述。（9）自诉案件的被告人有权对自诉人提出反诉，等等。

犯罪嫌疑人、被告人所享有的救济性权利主要有：（1）申请侦查人员、检察人员、审判人员、书记员、鉴定人、翻译人员回避，以及对驳回申请回避的决定，申请复议；（2）对于审判人员、检察人员和侦查人员侵犯公民诉讼权利和进行人身侮辱的行为，有权提出控告；(3) 对于人民法院、人民检察院和公安机关采取强制措施超过法定期限的，有权要求解除强制措施；(4) 对于司法机关采取强制措施法定期限届满，不予以释放、解除或者变更的，应当退还取保候审保证金不退还的，对与案件无关的财物采取查封、扣押、冻结措施的，应当解除查封、扣押、冻结不解除的，或者贪污、挪用、私分、调换、违反规定使用查封、扣押、冻结的财物的，有权申诉或控告；(5) 对于人民检察院依照《刑事诉讼法》第 177 条第 2 款的规定作出的不起诉决定，有权向人民检察院申诉；(6) 对地方各级人民法院的第一审的判决、裁定，有权用书面或者口头方式向上一级人民法院上诉；(7) 对各级人民法院已经发生法律效力的判决、裁定，有权向人民法院、人民检察院提出申诉；(8) 对缺席判决提出异议；等等。

刑事诉讼法在赋予犯罪嫌疑人、被告人一系列诉讼权利的同时，也规定了一些诉讼义务。这些诉讼义务主要是根据犯罪嫌疑人、被告人的特殊身份及刑事诉讼的特殊性质确定的，犯罪嫌疑人、被告人必须全面履行，否则即可能承担相应的法律后果或法律责任。犯罪嫌疑人、被告人承担的诉讼义务包括：(1) 在法定的条件下接受逮捕、拘留、监视居住、拘传等强制措施；(2) 接受侦查人员的讯问、搜查、扣押等侦查行为；(3) 对侦查人员的讯问，应当如实回答；(4) 人民检察院起诉后，依法按时出庭并接受法庭审判；(5) 对于生效的判决和裁定，有义务执行或协助执行；等等。

五、附带民事诉讼的原告人和被告人

附带民事诉讼的原告人是指因被告人的犯罪行为而遭受物质损失并在刑事诉讼中提出赔偿请求的诉讼参与人。根据《刑事诉讼法》第 101 条的规定，被害人死亡或者丧失行为能力的，被害人的法定代理人、近亲属有权提起附带民事诉讼。如果是国家财产、集体财产遭受物质损失的，人民检察院在提起公诉的时候，可以提起附带民事诉讼。

附带民事诉讼的被告人是指在刑事诉讼中对刑事被告人的犯罪行为造成的物质损失负有赔偿责任的诉讼参与人。

一般来说，附带民事诉讼的原告人和被告人也就是刑事案件中的被害人和被告人。但是，由于民事责任的归责原则和承担责任的方式与刑事责任的归责原则和承担责任的方式不同，因而也存在刑事案件中的被害人和被告人以外的自然人或组织作为附带民事诉讼的原告人和被告人的情况。

附带民事诉讼的原告人和被告人作为刑事诉讼中的当事人享有的诉讼权利主要有：(1) 使用本民族语言文字进行诉讼。(2) 对于审判人员、检察人员和侦查人员侵犯其诉讼权利和进行人身侮辱的行为，有权提出控告。(3) 对于司法机关采取强制措施法定期限届满，不予以释放、解除或者变更的，应当退还取保候审保证金不退还的，对与案件无关的财物采取查封、扣押、冻结措施的，应当解除查封、扣押、冻结不解除的，或者贪污、挪用、私分、调换、违反规定使用查封、扣押、冻结的财物的，有权申诉或控告。(4) 对于审判人员、检察人员、侦查人员以及鉴定人、翻译人员、书记员有《刑事诉讼法》第 29 条和第 30 条规定的情形之一的，有权申请他们回避；对驳回申请回避的决定，有权申请复议一次。(5) 有权参加法庭调查。(6) 有权参加法庭辩论。(7) 有权对已发生法律效力的判决、裁定，向人民法院或人民检察院提出申诉，等等。

附带民事诉讼的原告人和被告人享有的特殊的诉讼权利有：(1) 原告人有权在刑事诉讼过程中，以口头或者书面的方式提起诉讼。(2) 原告人有权申请诉讼保全或先行给付。(3) 原、被告双方均可以委托诉讼代理人参加诉讼。(4) 原、被告双方均有权要求附带民事诉讼部分同刑事案件一并审判，及时处理。(5) 原、被告双方可以要求人民法院调解，也可以自行和解；原告人有权撤诉，被告人可以提起反诉。(6) 地方各级人民法院作出一审判决后，附带民事诉讼的当事人和他们的法定代理人如果对判决不服，可以对一审判决中的附带民事诉讼部分提起上诉。

第六节 其他诉讼参与人

一、其他诉讼参与人概述

其他诉讼参与人，是指除当事人之外，参与诉讼活动并在诉讼中享有一定诉讼权利、承担一定诉讼义务的诉讼参与人。根据《刑事诉讼法》第108条的规定，其他诉讼参与人包括法定代理人、诉讼代理人、辩护人、证人、鉴定人和翻译人员。

其他诉讼参与人与案件结局没有直接的利害关系，其实体权益并没有因诉讼的进行而处于待判定状态，也不会因诉讼的结束而受到有利或不利的影响。他们参加诉讼的目的是协助某一方当事人充分、有效地承担诉讼职能，或为诉讼各方提供证据材料，或为诉讼的顺利进行提供服务与帮助。这些诉讼参与人不承担独立的诉讼职能，不对诉讼的启动、进展和终结发挥较大的影响和推动作用。

二、法定代理人

法定代理人是指根据法律规定代理被代理人参加诉讼活动的诉讼参与人。法定代理人产生的根据是法律的规定，而不是被代理人的意思；只有当被代理人是无诉讼行为能力人或者限制诉讼行为能力人时，才有可能出现法定代理人。

根据《刑事诉讼法》第108条的规定，法定代理人包括被代理人的父母、养父母、监护人和负有保护责任的机关、团体的代表，但并不是每一个被代理人都同时存在上述法定代理人，在上述人员中，只可能由一种人作为其法定代理人。法定代理人是按照前者优于后者的顺序排列的。

在刑事诉讼中，法定代理人具有独立的诉讼地位。一般来说，法定代理人的行为被视为被代理人的行为，与之具有相同的法律效果。即使被代理人不同意，也不影响其效力。但是，对于被代理人承担的某些与其人身有关的特定的诉讼义务，法定代理人不得代为承担，如不得代替被代理人供述、辩解或陈述。

三、诉讼代理人

诉讼代理人是指接受公诉案件的被害人及其法定代理人或者近亲属、自诉案件的自诉人及其法定代理人、附带民事诉讼的当事人及其法定代理人委托代为参加诉讼的人。除正在被执行刑罚或者依法被剥夺、限制人身自由的人以外，律师、人民团体或者被代理人所在单位推荐的人和被代理人的监护人、亲友都可以担任诉讼代理人。

诉讼代理人不同于法定代理人。诉讼代理人是基于被代理人的委托参加诉讼的，而不是基于法律的规定。诉讼代理人参加诉讼的目的是帮助被代理人行使诉讼权利，只能在被代理人授权的范围内以被代理人的名义进行诉讼，既不能超越代理权限，也不能违背被代理人的意志。因此，诉讼代理人不具有独立的诉讼地位，诉讼代理人享有的诉讼权利和承担的诉讼义务主要是被代理人授予的。这种诉讼地位的从属性与辩护人的独立性有着明显的差别。

四、辩护人

辩护人是指接受犯罪嫌疑人、被告人委托，或者经法律援助机构指派参加诉讼活动，帮助犯罪嫌疑人、被告人行使辩护权，依法维护犯罪嫌疑人、被告人合法权益的诉讼参与人。除正在被执行刑罚或者依法被剥夺、限制人身自由的人以外，律师、人民团体或者犯罪嫌疑人、被告人所在单位推荐的人和犯罪嫌疑人、被告人的监护人、亲友都可以担任辩护人。

与诉讼代理人不同，辩护人具有独立的诉讼地位。辩护人既不从属于犯罪嫌疑人、被告人，也不从属于人民检察院或者人民法院。他可以独立于犯罪嫌疑人、被告人的意见之外，以自己的意见开展辩护活动。为了保障辩护人辩护职能的充分实现，刑事诉讼法赋予辩护人一系列诉讼权利，如：阅卷权、会见、通信权、调查取证权、参加法庭调查、法庭辩论的权利，等等。

五、证人

证人是指除当事人以外了解案件情况而向公安司法机关作证的人。刑事诉讼中的证人必须具备一定的条件：（1）证人必须是自然人。自然人以外的单位、组织不能作证人。（2）证人必须是在诉讼活动开始之前了解案件情况的人，具有不可替代性。（3）证人必须是能够辨别是非、能够正确表达的人。根据《刑事诉讼法》第62条的规定，生理上、精神上有缺陷或者年幼，不能辨别是非、不能正确表达的人，不能作证人。

证人是独立的诉讼参与人，同案件结果之间没有任何直接的利害关系，但证人证言的内容对犯罪嫌疑人、被告人来说却有着有利和不利的区别。为了保证证人能够客观真实地提供证言，刑事诉讼法赋予了证人一系列权利：（1）证人有权查询询问笔录，并可以要求补充或者修改；（2）证人有权要求补偿因为作证而受到的经济损失；（3）证人有权拒绝作伪证；（4）证人有权要求在侦查阶段为其姓名保密；（5）公安司法机关应当保障证人及其近亲属的安全。对证人及其近亲属进行威胁、侮辱、殴打或者打击报复，构成犯罪的，依法追究刑事责任；尚不够刑事处罚的，依法给予治安管理处罚。对于危害国家安全犯罪、恐怖活动犯罪、黑社会性质的组织犯罪、毒品犯罪等案件，证人因在诉讼中作证，本人或者其近亲属的人身安全面临危险的，公安司法机关应当采取法律规定的特殊保护措施。

六、鉴定人

鉴定人是指接受公安司法机关的聘请或者指定，运用专门知识和技能对案件中的某些专门性问题进行分析判断并提出书面鉴定意见的诉讼参与人。

鉴定人应当具备以下条件：（1）鉴定人必须是自然人；（2）鉴定人必须是具有某种专门知识的人；（3）鉴定人必须是被公安司法机关聘请或者指定的人，当事人及其代理人不得自行聘请鉴定人进行鉴定；（4）鉴定人必须是与案件或者案件当事人没有利害关系的人。

虽然鉴定意见与证人证言一样，都是证据的一种，但鉴定意见不同于证人证言，鉴定人也不同于证人。鉴定人与证人的区别在于：（1）鉴定人与案件或者案件当事人有利害关系时应当适用回避的规定，而证人无论与案件或案件当事人有无利害关系，均不存在回避的问题；（2）鉴定人是通过参加刑事诉讼的途径了解案件真实情况的，而证人则是因为了解案情才到庭作证的；（3）鉴定人不是由案件事实本身决定的，可根据案件情况随意聘请或者指定，而证人具有不可替代性；（4）鉴定人在不具备解决案件中有关问题的某种专门知识或在公安司法机关提供的鉴定材料不充分的情况下有权拒绝鉴定，而证人无权拒绝作证。此外，刑事诉讼中对鉴定人的要求也要高于对证人的“能够辨别是非，能够正确表达”的要求，鉴定人必须具有鉴定某项专门性问题的知识或技能。

为了保障鉴定人科学地进行鉴定，鉴定人享有以下诉讼权利：（1）有权查阅与鉴定事项有关的案卷材料；必要时，经侦查人员、审判人员同意，可以参加勘验与检查。（2）同一个专门性问题由两个以上鉴定人鉴定时，可以共同写出一个鉴定意见，也可以分别写出各自的鉴定意见。（3）有权要求补充鉴定或者重新鉴定，也有权根据鉴定结果重新提供鉴定意见。

鉴定人的诉讼义务主要有：（1）鉴定人有义务出席法庭，并回答有关人员就鉴定意见依法提出的问题；（2）鉴定人必须客观、全面地反映鉴定过程和结果，不得隐瞒或编造虚假情况，如果故意提供虚假鉴定意见，应当负法律责任。

在刑事诉讼中，除鉴定人是以自身所具有的专门知识或者技能参与外，还有另外一些具有专门知识的人有可能根据具体案件的需要参与刑事诉讼，即运用专门知识参与刑事诉讼，协助解决专门性问题或者提出意见的鉴定人以外的人。根据刑事诉讼法和司法解释的规定，有专门知识的人参与刑事诉讼的主要方式包括：（1）参与勘验、检查。《刑事诉讼法》第128条规定，侦查机关在必要的时候，可以指派或者聘请具有专门知识的人，在侦查人员的主持下进行勘验、检查。（2）出庭就鉴定意见和专门性问题的报告提出意见。《刑事诉讼法》第197条规定，公诉人、当事人和辩护人、诉讼代理人可以申请法庭通知有专门知识的人出庭，就鉴定人作出的鉴定意见提出意见。（3）对涉及专门技术问题的证据材料进行审查并提出意见。最高人民检察院《规则》第334条规定，人民检察院对鉴定意见有疑问的，可以询问鉴定人或者有专门知识的人并制作笔录附卷，对鉴定意见等技术性证据材料需要进行专门审查的，按照有关规定交检察技术人员或者其他有专门知识的人进行审查并出具审查意见。（4）就专门性问题出具报告并出庭作证。最高人民法院《解释》第100条规定，因无鉴定机构，或者根据法律、司法解释的规定，指派、聘请有专门知识的人就案件的专门性问题出具的报告，可以作为证据使用，经人民法院通知，出具报告的人拒不出庭作证的，有关报告不得作为定案的根据。

七、翻译人员

翻译人员是指受公安司法机关的聘请或者指定，在刑事诉讼中担任语言或文字翻译工作的人员。刑事诉讼中需要翻译的语言文字，包括外国语言、少数民族语言、聋哑手势和盲文等。翻译人员的职责是通过翻译活动传递准确的资料和信息，协助诉讼活动顺利进行。因此，翻译人员与案件或者案件当事人不能有利害关系，否则应当适用回避的规定。

为了准确地进行翻译，翻译人员在刑事诉讼中享有以下诉讼权利：（1）有权了解同翻译内容有关的案件情况；（2）有权查阅记载其翻译内容的笔录，如果笔录同实际翻译内容不符，有权要求修正或者补充。同时，翻译人员也有义务按语言文字的原意如实进行翻译，不得隐瞒、歪曲或伪造，如果有意弄虚作假，应当负法律责任。

第七节　单位诉讼参与人

诉讼参与人在一般情况下是由自然人充当的。但是，随着我国社会主义市场经济建设的发展和改革开放的深入，单位作为犯罪嫌疑人、被告人、被害人以及附带民事诉讼原告人或被告人等参与刑事诉讼的机会越来越多，尤其是刑法已经将单位犯罪正式纳入我国刑事犯罪体系中。

一、单位被害人

法人可以成为刑事犯罪的被害人，这是毫无疑问的。许多侵犯财产的犯罪、职务人员犯罪，其结果往往要由单位承受。但是单位能否成为刑事诉讼中的被害人参加刑事诉讼活动，理论上存在争议。一些学者认为，单位尽管可以是受犯罪行为侵犯的对象，却只能提出民事赔偿或补偿要求，对犯罪行为的追诉只能由公诉机关承担，也就是说单位只能成为附带民事诉讼原告人。我们认为，从切实保障被害人合法权益的角度，从实际操作的可能性上来讲，单位完全应该并且可以成为刑事诉讼中的被害人。

通常情况下，单位被害人被犯罪行为所侵害的，不仅限于经济上的利益，还有名誉、信誉等方面的利益。它的实体权益遭受到侵害后，必然有着强烈的追诉犯罪和使加害者受到应有惩罚的愿望和要求。这些愿望和要求能否实现，取决于它能否得到公安司法机关的承认和维护，并通过刑事诉讼追究犯罪嫌疑人、被告人的刑事责任。也就是说，刑事诉讼的进行使得单位被害人的实体权益处于待定状态。在此情况下，只有赋予它诉讼主体的资格，让它充分有效地参与到诉讼中来，它才会对诉讼过程和结局的公正性和合法性作出肯定的评价。而实际上，单位被害人拥有进行刑事诉讼活动的权利能力和行为能力，能够行使当事人的诉讼权利，履行当事人的诉讼义务。

单位作为被害人参与刑事诉讼，与自然人被害人在刑事诉讼中的诉讼地位、享有的诉讼权利和负担的诉讼义务基本相同。但由单位本身的性质所决定，单位被害人参与刑事诉讼的方式与自然人的存在一定的区别。单位被害人应通过其法定代表人来行使诉讼权利、承担诉讼义务。单位的法定代表人事实上具有被害单位的“诉讼代表人”的身份，他的行为由其所在单位承担后果。此外，单位与自然人一样，作为被害人，在法律规定的情况下可以提起自诉，成为自诉人。

二、单位犯罪嫌疑人、被告人

单位能否构成刑事犯罪的主体，在我国经过相当长一段时间的讨论，直至1987年《海关法》才出现法人承担刑事责任的规定。自1987年《海关法》颁布以来，我国已有数十个单行法规确立了单位承担刑事责任的制度，并且规定了对有罪的单位适用“单罚制”或“双罚制”的刑罚处罚方式。1997年《刑法》已正式确立了单位犯罪的概念和制度。《刑法》第30条规定：“公司、企业、事业单位、机关、团体实施的危害社会的行为，法律规定为单位犯罪的，应当负刑事责任。”第31条规定：“单位犯罪的，对单位判处罚金，并对其直接负责的主管人员和其他直接责任人员判处刑罚。本法分则和其他法律另有规定的，依照规定。”根据《刑法》的规定，单位可以成为危害国家安全罪，破坏社会主义市场经济秩序罪，侵犯公民人身权利、民主权利罪，妨害社会管理秩序罪，危害国防利益罪，贪污贿赂罪等类罪中的一些犯罪的主体。刑法对单位犯罪原则上实行的是“双罚制”，即对单位判处罚金，并对其直接负责的主管人员和其他直接责任人员判处刑罚；但在刑法另有规定的情况下，也可以单独处罚单位。

尽管刑法已经明确将单位作为犯罪主体，但单位能否成为刑事诉讼的主体，在立法上没有得到解决，在理论上也存在一些分歧。一些学者虽认识到单位作为一种独立的诉讼参与人参与刑事诉讼的必要性，却主张按照刑罚适用方式确定被告人，即在刑事实体法规定适用“双罚制”的情况下，由单位与单位的主管人员、其他直接责任人员同时作为被告人；而在“单罚制”的情况下，则由单位的主管人员和其他直接责任人员作为被告人，单位不再单独作为被告人。然而，这种根据单位案件刑罚适用方式来确定被告人的观点，在理论上是不能成立的。根据单位承担刑事责任的理论，单位构成犯罪是单位内部成员构成犯罪的前提和依据，也是对单位内部成员实施处罚的前提。无论适用“单罚制”，还是适用“双罚制”，单位本身始终是犯罪的主体。同时，追究刑事责任包括两个环节：一为定罪，二为实施刑罚处罚。在“单罚制”下，法律要求仅对单位定罪而不对其实施刑罚，这仍是对单位追究刑事责任的一种方式。更何况，定罪本身也是对单位的行为在法律上作出的一种否定性评价，它会使单位的名誉、机会及其他权益受到极大的损害。如果不承认单位拥有独立的犯罪嫌疑人、被告人地位，并且不允许单位独立地参与刑事诉讼活动，那就等于在没有赋予单位参与诉讼并进行申辩的权利的情况下进行一种可能使单位实体权益遭受剥夺或者限制的活动，这显然违背程序公正的要求。因此，在所有的单位犯罪案件中，不论是适用“单罚制”，还是适用“双罚制”，单位均应成为独立的犯罪嫌疑人、被告人，并以此身份参与诉讼活动。

在单位犯罪的被追究责任的对象中，有关单位的直接负责的主管人员和其他直接责任人员作为自然人参与刑事诉讼，其参与方式、诉讼权利、诉讼义务和普通的刑事犯罪嫌疑人、被告人的相同。但单位如何参与刑事诉讼一直是有争议的问题，刑事诉讼法也没有作出明确规定。有的学者主张，单位的主管人员或者其他的直接责任人员在自己作为自然人参加刑事诉讼活动的同时，还应代表单位作为被告单位的代表参加诉讼活动。这些学者认为这样可以起到简化程序、提高效率的作用。但是必须看到在“双罚制”的情况下，这些单位内部的人员同单位本身有可能是存在利益冲突的，他们身兼两职，极易引起角色的混乱。

为避免上述情况的发生，最高人民法院《解释》第十一章专门对“单位犯罪案件的审理”作出了一些特别的规定。根据这些规定，刑事案件中被告人是单位的，代表被告单位出庭的诉讼代表人，应当是单位的法定代表人、实际控制人或者主要负责人；法定代表人、实际控制人或者主要负责人被指控为单位犯罪直接责任人员或者因客观原因无法出庭的，应当由被告单位委托其他负责人或者职工作为诉讼代表人。但是，有关人员被指控为单位犯罪直接责任人员或者知道案件情况、负有作证义务的除外。依据前述规定难以确定诉讼代表人的，可以由被告单位委托律师等单位以外的人员作为诉讼代表人。诉讼代表人不得同时担任被告单位或者被指控为单位犯罪直接责任人员的有关人员的辩护人。开庭审理单位犯罪案件，应当通知被告单位的诉讼代表人出庭；诉讼代表人不符合前述规定的，应当要求人民检察院另行确定。被告单位的诉讼代表人不出庭的，应当按照下列情形分别处理：(1) 诉讼代表人系被告单位的法定代表人、实际控制人或者主要负责人，无正当理由拒不出庭的，可以拘传其到庭；因客观原因无法出庭，或者下落不明的，应当要求人民检察院另行确定诉讼代表人。(2) 诉讼代表人系其他人员的，应当要求人民检察院另行确定诉讼代表人。被告单位的诉讼代表人享有刑事诉讼法规定的有关被告人的诉讼权利。开庭时，诉讼代表人席位置于审判台前左侧，与辩护人席并列。被告单位委托辩护人的，参照适用《刑事诉讼法》和最高人民法院《解释》的有关规定。

必须说明的是，被告单位的诉讼代表人代表单位进行诉讼活动，其权利来源于单位的正式授权，他不是作为个人犯罪嫌疑人或个人被告人，为维护其本人的利益而参加诉讼活动，而是以单位的名义、代表单位的利益并在单位授权范围内从事诉讼行为的，他本人一般也不承担诉讼的后果，因而他不是犯罪嫌疑人，也不是被告人。同时，诉讼代表人也不是证人，因为证人的身份具有不可替代性，其陈述的只能是证人证言，而诉讼代表人的陈述则是一种犯罪嫌疑人、被告人供述和辩解。因此，单位的诉讼代表人应当成为一种独立的诉讼参与人，具有独立的诉讼地位。

【问题与思考】

1. 公安机关的性质是司法机关还是行政机关？
2. 简述法定代理人与诉讼代理人的不同点。
3. 简述证人与鉴定人的不同点。
4. 单位被害人的诉讼代表人以及单位犯罪嫌疑人、被告人的诉讼代表人应处于什么样的诉讼地位？
5. 试论述被害人的诉讼权利与自诉人的诉讼权利哪些是相同的，哪些是不同的。
6. 试论述犯罪嫌疑人和被告人在诉讼地位、诉讼权利、诉讼义务方面有哪些异同。
7. 比较大陆法系国家的证人与英美法系国家的证人的概念及范围。

【推荐参考论著】

1. 陈光中，刑事诉讼中公安机关定位问题之探讨——对《刑事诉讼法修正案（草案）》规定司法机关包括公安机关之质疑，政法论坛，2012（1）.

2. 孙谦，郑成良．司法改革报告——中国的检察院、法院改革．北京：法律出版社，2004.

3. 王利明．司法改革研究．修订本．北京：法律出版社，2001.

4. 何家弘．中国的陪审制度向何处去——以世界陪审制度的历史发展为背景．北京：人民法院出版社，2006.

5. 姚莉．反思与重构——中国法制现代化进程中的审判组织改革研究．北京：中国政法大学出版社，2005.

6. 白彦，宁松，等．刑事被告人概论．北京：中国政法大学出版社，2006.

7. 陈兴良．刑事诉讼中的公诉人．北京：中国人民公安大学出版社，1998.

8. 何家弘．证人制度研究．北京：人民法院出版社，2004.

9. 孙力．检察实务中诉讼参与人合法权益保障研究．北京：中国检察出版社，2006.

10. 高洪宾．中国审判委员会制度改向何处——以本土化为视角的思考．法律适用，2006（3）.

11. 龙宗智．检察权的性质和检察机关的改革．法学，1999（10）.

第七章 刑事诉讼基本原则

内容导读

刑事诉讼的基本原则在刑事诉讼法中占有非常重要的地位，掌握好基本原则有助于深刻领会刑事诉讼法的立法精神及价值取向，有助于把握具体刑事诉讼制度和程序所蕴含的刑事诉讼目的。本章分三个部分：对基本原则的总体介绍；国外刑事诉讼通行的基本原则；我国刑事诉讼中的基本原则。首先，要理解基本原则的概念及特点。其次，要了解国外刑事诉讼通行的基本原则，比如，程序法定、司法独立、无罪推定、不告不理、平等对抗、诉讼及时、比例原则、一事不再理等原则。最后，要掌握中国刑事诉讼的基本原则，比如，侦查权、检察权、审判权由专门机关行使原则，人民检察院依法对刑事诉讼实行法律监督原则，未经人民法院依法判决不得确定有罪原则，认罪认罚从宽原则，具有法定情形不予追究刑事责任原则，审判公开原则，犯罪嫌疑人、被告人有权获得辩护原则等。此外，还要对基本原则的认定和划分趋势有大致的了解。

第一节 刑事诉讼基本原则概述

刑事诉讼的基本原则，是指反映刑事诉讼理念和目的的要求，贯穿于刑事诉讼的全过程或者主要诉讼阶段，对刑事诉讼过程具有普遍或者重大指导意义和规范作用，国家专门机关和诉讼参与人参与刑事诉讼必须遵循的基本行为准则。

现代社会中的刑事诉讼基本原则，反映了现代法治在刑事诉讼程序方面的基本要求，应当调和追诉犯罪与人权保障之间的冲突与矛盾。具体而言，“刑事诉讼法乃国家行使刑罚权，实现刑事实体法之程序规定。为使此等程序规则，一方面，能够与宪法所明揭之精神，以及‘法治国家原则’相符合，另一方面，又要有效地追诉犯罪，使犯罪者无可逃避，无辜者免受冤屈，而能以刑罚威吓，达到抗制犯罪之目的，则在繁杂之刑事诉讼程序中，建立一些可资遵循之基本原则”[①]。

刑事诉讼基本原则，根源于人类对刑事诉讼目的和价值的理想和追求，一般具有以下特点。

首先，根本性。在内容上，刑事诉讼基本原则具有根本性。刑事诉讼基本原则是刑事诉讼立法精神的直接体现。作为构建具体刑事诉讼程序、制度的基础和航标，刑事诉讼基本原则一般承载着立法的价值和伦理目标。因此，刑事诉讼基本原则规范调整的应当是在刑事诉讼程序中具有根本性、基础性地位的内容。刑事诉讼基本原则内容的根本性，并不简单地等同于诉讼阶段上的普适性。例如，虽然控审分离原则在外观上仅仅适用于刑事审判的启动程序，但是，由于该原则直接关系着整个审判程序（也即狭义上的诉讼）的建构，关系着控、辩、审三方在审判阶段的相互关系，因此，就其调整内容的性质而言，该原则无疑具有根本性的地位。

其次，至上性。在法律效力上，刑事诉讼基本原则具有较高的效力。刑事诉讼基本原则是立法者在刑事诉讼领域基本要求的归纳概括。“这些刑事诉讼法原则所体现的法律政治价值决定，与对基本权利的保障一起，构成了程序的标准性结构元素和指导原则。”[②] 因此，在刑事诉讼领域，刑事诉讼基本原则具有高于一般程序规则的法律效力。对具体程序规则的解释，必须合乎基本原则的要求；在没有具体程序规则的时候，司法官员的裁量权必须遵循基本原则的内在要求。

最后，广泛性。在适用上，刑事诉讼基本原则具有广泛的适用性。刑事诉讼基本原则往往具有抽象性、概括性的特点，因此，与具体规则不同，刑事诉讼基本原则具有更强的涵盖力。“原则的特点是，它不预先设定任何确定的、具体的事实状态，没有规定具体的权利和义务，更没有规定确定的法律后果。但是，它指导和协调着全部社会关系或某一领域的社会关系的法律调整机制。在制定法律规则时，进行司法推理或选择法律行为时，原则都是不可缺少的。特别是在遇到新案件或疑难案件，因而需要平衡相互重叠或冲突的利益，为案件选择合法的解决办法时，原则就是十分重要的了。”[③] 具体而言，刑事诉讼基本原则既适用于刑事诉讼法的立法活动，也适用于刑事诉讼的具体运作；既适用于有具体规则的诉讼活动，也适用于没有具体规则而需要司法官依裁量权予以处理的诉讼活动。

第二节　发达国家刑事诉讼的通行原则

作为刑事诉讼程序的基础，刑事诉讼基本原则既是立法者设计刑事诉讼具体程序的基本依据，也是评判刑事诉讼实践活动正当性的标准。刑事诉讼基本原则既可以由法律明文

---

① 林山田．刑事诉讼程序之基本原则．台大法学论丛，第28卷第2期．

② 赫尔曼．《德国刑事诉讼法典》中译本引言//德国刑事诉讼法典．李昌珂，译．北京：中国政法大学出版社，1995.

③ 张文显．二十世纪西方法哲学思潮研究．北京：法律出版社，1996：391.

规定，包括宪法或者宪法性文件、刑事诉讼法及其他法律、联合国文件、某些区域性组织的文件等，也可以体现于刑事诉讼法的指导思想、目的、任务、具体制度和程序之中。尽管在不同的国家，历史传统和现实情况有所不同，刑事诉讼基本原则也会存在某些差异，但是，刑事诉讼内在规律的作用，使得各国刑事诉讼基本原则呈现出一定程度的共性。发达国家刑事诉讼的通行原则，包括程序法定、司法独立、无罪推定、任何人不受强迫自证其罪、不告不理、平等对抗、诉讼及时、强制性措施限制适用与适度、一事不再理与禁止双重危险原则。

一、刑事程序法定原则

刑事程序法定原则，在某些国家称为“法治国家程序原则”。其基本含义：一是立法方面的要求，即刑事诉讼程序应当由法律事先明确规定；二是司法方面的要求，即刑事诉讼活动应当依据国家法律规定的程序来进行。

刑事程序法定原则是现代法治国家对刑事诉讼的基本要求，旨在将刑事诉讼活动纳入法治的轨道，以保证刑事诉讼的民主性、确定性、公正性，防止国家专门机关滥用职权，从而顺利实现刑事诉讼的目的和任务。

在大陆法系国家，刑事程序法定原则和罪刑法定原则共同构成法定原则的内容。也就是说，法定原则既包括实体上的罪刑法定原则，也包括程序上的刑事程序法定原则。在英美法系国家，与刑事程序法定原则精神相通的是“正当程序”的理念。基本含义是：除非事先经过依据调整司法程序的既定规则进行的审判，任何人不得被剥夺生命、自由、财产或者法律赋予的其他权利。①

刑事程序法定原则包含以下具体要求。

首先，国家应保证刑事诉讼程序法治化。国家应以法律的形式明确各诉讼主体在诉讼中的法律地位；明确各主体所承担的诉讼职能，享有的诉讼权利和负有的诉讼义务，要科学地构建刑事诉讼的结构，正确处理控诉、辩护、审判三种诉讼基本职能间的相互关系，要适当界定各国家专门机关之间的职权分工，合理配置司法资源；要严密地设置诉讼程序，使各个诉讼环节、各项诉讼活动都有法可依，有章可循。总之，要建立健全完整的刑事诉讼程序体系，使之既具科学性，又具可操作性。

其次，各司法机关、执法机关和诉讼参与人要严格按照法律的规定进行或参与刑事诉讼。在刑事诉讼中要实体与程序并重，保障诉讼参与人的诉讼权利。

再次，要确立程序违法的制裁性措施，明确违反法定程序法所要承担的法律后果。刑事诉讼中贯彻程序法定原则，必须以违法制裁为后盾。例如，一般情况下非法获得的证据不得作为定案的根据；如果作伪证或者不享有拒证权的证人拒绝作证，要受到相应的法律制裁；违反法律程序办案要承担撤销判决或败诉的后果；等等。

最后，要建立必要的诉讼监督制约机制。为保障法律程序的遵守，需要建立切实有效的诉讼监督制约机制，例如，法官审查、签署逮捕令、搜查令制度，纠正未生效和生效判决、裁定错误的机制等。

① 宋英辉，孙长永，刘新魁，等．外国刑事诉讼法．北京：法律出版社，2006：23-24.

二、司法独立原则

司法独立原则是现代西方法治国家刑事诉讼的一项基本原则，也是调整政治体制的一项宪法原则。一般认为，司法独立原则以孟德斯鸠等人提出的“三权分立”学说为基础。资产阶级启蒙思想家孟德斯鸠论证了为什么要实行分权制：“如果司法权不同立法权和行政权分立，自由也就不存在了。如果司法权同立法权合而为一，则将对公民的生命和自由施行专断的权力，因为法官就是立法者。如果司法权同行政权合而为一，法官便将握有压迫者的力量。”[①] 根据这一学说，资产阶级国家普遍认为，国家权力应当实行“三权分立”和制衡，即通过立法权、司法权、行政权之间的相互制约从而达到制衡的效果。

在刑事诉讼中，司法独立原则具体包括以下要求：一是法院在刑事诉讼过程中行使司法职权的独立性，也就是说，国家审判权只能由法院行使，其他任何机关都不能行使；二是法官办理刑事案件的独立性，即法官独立行使审判权，只服从宪法和法律，既不受立法、行政机关的干涉，也不受上级法院或本法院其他法官的影响。从某种意义上说，司法独立原则的核心是法官独立。

司法独立原则为许多国家的宪法和法律所规定。例如，1791 年《法国宪法》规定，在任何情况下，司法权不得由立法议会和国王行使。1919 年和 1949 年的《德国基本法》都规定，司法权赋予法官，司法权由法院行使，法官具有独立性，只服从于法律。《美国宪法》规定，合众国的司法权属于最高法院及国会随时制定与设立的下级法院。1947 年《日本宪法》规定，一切司法权属于最高法院及由法律规定设置的下级法院；所有法官依良心独立行使职权，只受本宪法及法律的约束。

“就人类天性之一般情况而言，对某人的生活有控制权，等于对其意志有控制权。”[②] 也就是说，控制了一个人的生活，就等于控制了一个人的思想。对普通人如此，对法官也如此。因此，为保证司法独立，许多国家还设立了相应的保障制度。首先，在组织上，确立法院组织系统的独立，即司法机关与立法、行政机关分开，自成体系，互不隶属。法院的人事、经费和基础设施建设受到法律保障。法官的调迁、薪俸、退休、纪律处分以及与任职有关的其他事项均免受行政机关的控制。其次，实行法官终身制、法官高薪制等，为法官身份和生活提供保障，解除法官的后顾之忧，以利于独立行使审判权。最后，有些国家通过管辖权的划分与分配，确保各具体法院在管辖权内享有独立自主进行裁判的权力。

三、无罪推定原则

无罪推定原则，是指任何人在未经司法程序最终确认有罪之前，应被假定无罪。

无罪推定是针对封建专制下的纠问式刑事诉讼中的有罪推定而言的。有罪推定是对纠问式刑事诉讼中一系列现象的归纳，这些现象包括：被告人主要作为诉讼客体而存在，没有辩护权；被告人是主要证据来源，认罪口供是最有价值的证据之一，为取得口供可以刑讯；审判无须公开；司法程序缺乏公正的保障，司法与行政不分，控诉与审判不分；被指

---

① 孟德斯鸠．论法的精神：上册．张雁深，译．北京：商务印书馆，1961：153.

② 汉弥尔顿，等．联邦党人文集：程逢如，译．北京：商务印书馆，1980：396.

控犯罪的人，可以不经其他司法程序而被拥有审判权的机关确定为犯罪等。所有这些现象，均体现了这样一种观念：被指控的人，在法律上可以被视为罪犯，并给予相应的处遇。[①]

作为一种法律思想，无罪推定是在反对封建司法专横的斗争中被提出来的。意大利法学家贝卡里亚在《论犯罪与刑罚》中最早提出了这一思想。他指出："在法官判决之前，一个人是不能被称为罪犯的。只要还不能断定他已经侵犯了给予他公共保护的契约，社会就不能取消对他的公共保护。"[②] 根据这一包含人道主义的法律思想，法国大革命成功后制定的《人权宣言》第 9 条规定："任何人在其未被宣告有罪以前应推定为无罪。"此后，各国纷纷效仿，相继在宪法和法律中对无罪推定原则作出规定。

在现代社会中，无罪推定原则已经成为刑事诉讼的一项重要原则。有些国家即使在立法上没有明文规定，在理论和司法实践中也都对无罪推定原则予以确认。而且，随着法治文明的传播，该原则已逐步为国际社会所接受，并为诸多国际人权法律文件确认。例如，1948 年 12 月联合国大会通过的《世界人权宣言》第 11 条规定："凡受刑事控告者，在未经获得辩护上所需的一切保证的公开审判而依法证实有罪之前，有权被视为无罪。"1966 年 12 月联合国大会通过的《公民权利和政治权利国际公约》再次确认了无罪推定原则。随后，一些重要的区域性法律文件和国际性学术会议的决议，也对无罪推定原则进行了确认。

为切实贯彻无罪推定原则，许多国家的法律和国际公约提出了保障被告人诉讼权利的具体要求和措施，主要包括：首先，控诉一方承担证明被告人有罪的责任，被告人没有证明自己无罪的义务。如果控诉一方不能证明被告人有罪，则应判决被告人无罪。其次，被告人有权拒绝陈述，即享有沉默权。既不能强迫被告人证明自己有罪，也不能因被告人沉默而认定其有罪。最后，疑案应作为无罪处理。控方证据不能确切证明被告人有罪，或者对被告人有罪的证明存在合理怀疑时，应作有利于被告人的解释，法院对被告人按无罪处理。

无罪推定原则具有重大的理论意义和现实价值：体现了尊重基本人权和人格尊严的理念；是人类追求个人自由与社会秩序多元价值所作出的必然选择；与刑事程序的诉讼构造具有相互依存的天然联系；是人类对如何界定犯罪嫌疑人、被告人的诉讼地位以及应当给予怎样的法律保障，进行长期思考的结果。

四、任何人不受强迫自证其罪原则

从犯罪嫌疑人、被告人应当受到权利保障的角度看，任何人不受强迫自证其罪原则体现为犯罪嫌疑人、被告人反对强迫自我归罪的特权；从权利内容看，又可以称为沉默权。因此，作为该原则的延伸和具体保障措施之一，许多国家在刑事程序中确认了犯罪嫌疑人、被告人的沉默权。

任何人不受强迫自证其罪原则的含义体现在以下几个方面：一是被告人没有义务为追诉方提供任何可能使自己陷入不利境地的陈述，追诉方不得采取任何非人道或有损被告人人格尊严的方法强迫供述或提供证据。二是被告人有权拒绝回答追诉官员或法官的讯问，有权在讯问时保持沉默。并且，不能因此作出对被告人不利的裁判。三是犯罪嫌疑人、被

① 宋英辉，孙长永，刘新魁，等．外国刑事诉讼法．北京：法律出版社，2006：27-28.

② 贝卡里亚．论犯罪与刑罚．黄风，译．北京：中国大百科全书出版社，1993：31.

告人有权就案件事实作出有利于或不利于自己的陈述，但是，这是基于自愿和意识到行为后果而作出的，不是基于强制或压力。

任何人不受强迫自证其罪原则实质上赋予了犯罪嫌疑人、被告人两项权利：一是犯罪嫌疑人、被告人对于是否陈述享有不受强迫的权利；二是犯罪嫌疑人、被告人对于是否提供不利于己的陈述享有选择权。任何人不受强迫自证其罪原则并不禁止犯罪嫌疑人、被告人向追诉官员提供不利于己的陈述，它禁止的只是为了获取犯罪嫌疑人、被告人不利于己的陈述而采取强迫性手段。

任何人不受强迫自证其罪原则及沉默权在许多国家的立法中有规定或有所体现。任何人不受强迫自证其罪原则是与刑事诉讼的价值目标、诉讼构造及一系列诉讼原则和制度密切相关的，因此，需要相关具体制度和程序的保障。

五、不告不理原则

不告不理原则，是指在刑事诉讼中，法院只有根据合法有效的起诉，才得启动刑事审判对案件进行审理。对未经起诉的案件、未经起诉的人，法院不能进行审判。不告不理原则蕴含着控诉职能与审判职能分离的要求。因此，该原则又称为控审分离原则。

作为一种诉讼现象，不告不理最早产生于古代弹劾式诉讼之中。封建专制时期实行纠问式诉讼，司法官员集控诉与审判职权于一身。资产阶级在反对封建专制纠问式诉讼的过程中，继承了古代弹劾式诉讼的不告不理原则并加以发展，建立检察机关专门代表国家追诉犯罪，实现起诉权与审判权的分离。

一般认为，不告不理原则主要包含以下内容：(1) 起诉权与审判权分离，起诉机关与审判机关相互独立、互不隶属。(2) 审判必须以起诉为前提，只有存在合法有效的起诉，法院才能对案件进行审判。(3) 审判受控诉请求范围的限制，只能及于起诉书指控的人与事。(4) 起诉方有权撤回起诉，一旦撤诉，法院不得对案件继续审理和判决。

六、平等对抗原则

平等对抗原则，又称手段同等原则、平等武装原则，是指对待被告人，在原则上应当如同对待刑事追究机关一样。

在古代弹劾式诉讼制度中，原告与被告处于平等对抗的地位，双方可以平等地进行辩论。但在封建纠问式诉讼中，控审不分且实行有罪推定，被告人沦为诉讼客体，是刑讯逼供的对象，平等对抗原则不复存在。资产阶级的抗辩式诉讼，特别是在英美法系当事人主义诉讼中，平等对抗原则表现得比较充分。

一般认为，平等对抗原则包含三方面的要求：(1) 控辩双方诉讼地位平等，都是诉讼的当事人，任何一方不能凌驾于对方之上。(2) 控辩双方信息平等。为了保障控辩双方能够在平等的基础上进行对抗，不但应当赋予被告方借助司法手段获取有利于自己证据的权利，还必须保证辩护方享有了解控诉证据的权利，如英美法系的证据展示制度、大陆法系的阅卷制度。(3) 控辩双方实质能力平等。为了防止控辩平等沦为一种形式上的平等，各国往往通过法律援助制度向无力聘请律师的被追诉人免费提供辩护人，以保证其真正享有与控诉方平等对抗的能力。

在刑事诉讼中，平等对抗原则集中表现于审判阶段，但该原则的精神亦体现于审前阶段。

七、诉讼及时原则

诉讼及时原则，是指为有力追究犯罪，保障被告人利益，查明事实真相，刑事诉讼活动应当尽可能避免一切不必要的延误，从而保证刑事案件能够得到及时处理。

如果诉讼延误，犯罪现场就可能遭到破坏，证据就可能毁损灭失，从而给侦查审判工作造成困难，甚至使案件无法查清，成为无头案、悬案。更重要的是，由于刑事诉讼活动往往伴随着强制性措施的适用，如果诉讼时间拖得太长，将使被告人长期处于被追究的状态，甚至受到长期羁押，会严重侵犯公民的合法权益。因此，为了及时惩治犯罪和加强对公民的人权保障，许多国家要求刑事诉讼要迅速及时地进行，并在立法上对刑事诉讼的期间作了具体明确的要求。

诉讼及时原则，要求国家专门机关和诉讼当事人必须在法律规定的期限内完成一定的诉讼行为。这一原则体现在诉讼的各个方面，特别是关于诉讼期间和羁押期限的规定。迅速审判，在某些国家甚至作为公民的一项宪法性权利得到确认。例如，《美国宪法》第六修正案规定，在一切刑事诉讼中，被告人享有获得迅速、公开审判的权利。《日本宪法》第37条也有类似的规定。

八、强制性措施限制适用与适度原则

强制性措施限制适用与适度原则，又称相应性原则、比例原则、适度原则，是指在刑事诉讼中所采取的强制性措施，特别是限制或剥夺公民基本权利的强制性措施，在种类、轻重、期限上，必须与犯罪的严重性、掌握证据的充分性以及案情的紧迫性和必要性相适应。

强制性措施限制适用与适度原则，是在刑事诉讼的历史发展中基于控制犯罪和保障人权的平衡应运而生的，体现在许多国家的立法规定和联合国文件的有关规定中。强制性措施限制适用与适度原则，体现在刑事诉讼的各个方面，其中最突出地表现在刑事强制措施的适用上。采取强制措施，特别是限制或剥夺被告人人身自由的强制措施，无不以受追究行为的性质和严重程度、被告人的人身危险性程度以及被告人在诉讼中的表现，作为是否适用以及适用何种强制措施的主要考虑因素。必要性和适度性由司法人员进行审查和把握。

九、一事不再理与禁止双重危险原则

一事不再理与禁止双重危险原则，是指对被追究者的同一行为，一旦作出具有法律效力的确定判决，不论是有罪还是无罪的判决，都不得再次启动新的刑事诉讼程序，即对同一行为不得再次进行审理和处罚。

该原则在大陆法系国家的诉讼制度中一般称作一事不再理原则，侧重于对确定判决“既判力”的维护；在英美法系国家一般称作禁止双重危险原则，侧重于强调任何人不得因同一行为而遭受两次不利。确定一事不再理与禁止双重危险原则，是基于权力一次用尽理念，即国家对犯罪的刑罚权只能启动和使用一次。因此，一事不再理与禁止双重危险原则有助于保护被追究者的合法权益，防止国家权力的滥用。

一事不再理与禁止双重危险原则，为许多国家的宪法、法律以及联合国法律文件所承认。例如，《日本宪法》第39条规定，对同一犯罪不得重复追究刑事责任。《加拿大宪法》第11条也规定，被指控者如果已经终局性地被宣告无罪，不得因该行为再次受审理；如果已经终局性地被认定为有罪并且因该犯罪受到处罚，不得因该罪再次受审理或被处罚。联合国《公民权利和政治权利国际公约》第14条第7款规定："任何人已依一国的法律及刑事程序被最后定罪或宣告无罪者，不得就同一罪名再予审判或惩罚。"

第三节 我国刑事诉讼的基本原则

刑事诉讼基本原则既包括由刑事诉讼法重申的宪法原则，也包括由刑事诉讼法创设的原则。

我国《刑事诉讼法》在第一编第一章"任务和基本原则"中共规定了18个条文。其中，除第1、2条是关于刑事诉讼目的和任务的规定外，第3条至第18条规定了以下内容：侦查权、检察权、审判权由专门机关行使；严格遵守法律程序；人民法院、人民检察院依法独立行使职权；依靠群众；以事实为根据，以法律为准绳；对一切公民在适用法律上一律平等；公、检、法分工负责，互相配合，互相制约；人民检察院依法对刑事诉讼实行法律监督；使用本民族语言文字进行诉讼；两审终审；审判公开；犯罪嫌疑人、被告人有权获得辩护；未经人民法院依法判决不得确定有罪；保障诉讼参与人诉讼权利；实行人民陪审；认罪认罚从宽；具有法定情形不予追究刑事责任；追究外国人刑事责任适用我国刑事诉讼法。这些原则的内容可大致分为三类：专门机关的职权行使、公民和外国人的权利保障、重要程序和制度的确立等。这里仅重点介绍以下原则。

一、侦查权、检察权、审判权由专门机关行使

我国《刑事诉讼法》第3条第1款规定："对刑事案件的侦查、拘留、执行逮捕、预审，由公安机关负责。检察、批准逮捕、检察机关直接受理的案件的侦查、提起公诉，由人民检察院负责。审判由人民法院负责。除法律特别规定的以外，其他任何机关、团体和个人都无权行使这些权力。"这一规定是侦查权、检察权、审判权由专门机关行使原则的基本法律依据。

此外，还有一些法律条文也体现了该原则的精神和内容：一是关于国家安全机关职权的规定。《刑事诉讼法》第4条规定："国家安全机关依照法律规定，办理危害国家安全的刑事案件，行使与公安机关相同的职权。"二是关于人民检察院侦查权限范围的规定。《刑事诉讼法》第19条第2款规定："人民检察院在对诉讼活动实行法律监督中发现的司法工作人员利用职权实施的非法拘禁、刑讯逼供、非法搜查等侵犯公民权利、损害司法公正的犯罪，可以由人民检察院立案侦查。对于公安机关管辖的国家机关工作人员利用职权实施

的重大犯罪案件，需要由人民检察院直接受理的时候，经省级以上人民检察院决定，可以由人民检察院立案侦查。”三是关于军队保卫部门、中国海警局、监狱侦查权限的规定。《刑事诉讼法》第308条规定：“军队保卫部门对军队内部发生的刑事案件行使侦查权。中国海警局履行海上维权执法职责，对海上发生的刑事案件行使侦查权。对罪犯在监狱内犯罪的案件由监狱进行侦查。军队保卫部门、中国海警局、监狱办理刑事案件，适用本法的有关规定。”

以上法律规定，一方面明确了我国刑事诉讼中专门机关的范围，另一方面也对各专门机关的职权范围进行了划分与限定。

侦查权、检察权、审判权由专门机关行使原则的含义主要有三个方面。

1. 办理刑事案件的职权具有专属性和排他性。侦查权、检察权、审判权只能由公安机关、检察机关、人民法院等专门机关行使，其他任何机关、团体和个人都不享有侦查权、检察权、审判权。其中，有权行使侦查权的机关除公安机关外，还包括人民检察院、国家安全机关、军队保卫部门、中国海警局、监狱、海关走私犯罪侦查机构。

2. 专门机关在办理刑事案件时有明确的职权分工。根据刑事诉讼法规定，审判权只能由人民法院行使；检察权只能由人民检察院行使；侦查权由各法定的专门机关依照立案管辖范围行使。具体而言，各侦查主体的侦查权限是：（1）检察机关对某些特定的利用职权实施的犯罪案件可以行使侦查权；（2）国家安全机关对危害国家安全的刑事案件行使与公安机关相同的侦查权限；（3）军队保卫部门对军队内部发生的刑事案件进行侦查；（4）海关走私犯罪侦查机构管辖中国海关关境内发生的涉税走私犯罪和发生在海关监管区内的非涉税走私犯罪等刑事案件；（5）中国海警局在履行海上维权执法职责时对海上发生的刑事案件行使侦查权。（6）监狱负责对罪犯在监狱内犯罪的案件进行侦查；（7）其他案件由公安机关负责侦查。

3. 专门机关必须依法行使侦查权、检察权、审判权。所谓“依法”包括依据刑事实体法与刑事程序法两个方面。其中，就程序法而言，所谓的“依法”包括依法定权限、依法定条件、依法定程序。换句话说，在刑事诉讼中，对专门机关行使侦查权、检察权、审判权的考察，一般应当从以下三方面入手：第一，该机关有没有该项权力（尤其是管辖权）。对于法律没有赋予的权力，专门机关无权行使；否则，即构成严重违法。第二，该权力的行使是否符合法定的条件。享有某项权力仅仅为专门机关提供了一种抽象意义上的正当性。专门机关在具体行使某项权力时，还必须具备法律设定的条件。只有具备了法定条件，专门机关行使该项权力才具有具体的正当性；否则，亦属于违法。例如，依据法律规定，公安机关享有拘留权，但是，如果公安机关对不符合拘留条件的人员实施了拘留，该拘留亦属于违法之列。第三，该权力的行使是否遵循了法定程序。法定程序是对权力的动态控制，是防止权力滥用的重要保证。因此，在现代社会中，对程序是否尊重是衡量一国法治文明程度的重要标志。在程序的约束下，专门机关的诉讼活动具有了可预测性，社会公众才能对其进行监督。

确立和实行这一原则具有重要的意义：第一，侦查权、检察权、审判权由国家专门机关行使，明确了专门机关与犯罪作斗争的职责和权力，一旦犯罪发生，各专门机关应当依法分别行使各自的职权，主动及时查明犯罪，正确运用法律惩罚犯罪，以实现国家刑罚权，有效地保障国家安全和社会公共安全，维护社会主义社会秩序。第二，侦查权、检察权、审判权由国家专门机关专属行使，可以防止其他机关、团体或个人私设公堂、非法抄家、非法拘禁，避免在追究犯罪问题上出现无序状态，保障公民个人的合法利益，维护国家法律的统一和正确实施。对非法的搜查、关押或审讯，任何公民都有权拒绝和向有关机关提出控告。

二、人民法院、人民检察院依法独立行使职权

人民法院、人民检察院依法独立行使职权原则是我国宪法所确立的一项诉讼原则。《刑事诉讼法》第5条实质上是将宪法有关规定在刑事诉讼法中予以重申。该条规定："人民法院依照法律规定独立行使审判权，人民检察院依照法律规定独立行使检察权，不受行政机关、社会团体和个人的干涉。"此外，《人民法院组织法》和《人民检察院组织法》对此也有类似规定。

该原则主要具有以下含义。

1. 人民法院行使审判权，人民检察院行使检察权，在法律规定的职责范围内都是独立的，不受行政机关、社会团体和个人的干涉。

对此应明确以下三点。

（1）审判权独立、检察权独立并非不受党的领导。党的方针、政策是制定法律的根据，是执行法律的灵魂，依法独立行使职权同正确执行党的方针、政策是一致的。因此，人民法院和人民检察院必须在司法工作中自觉贯彻执行党的路线、方针和政策，在办案中依靠和接受党的领导和监督。但是，党委不应对个案的处理作具体指示，不应在法院、检察院正常行使职权过程中加以干涉。换句话说，党的领导应当是组织上的领导、方针政策上的领导，而不应干涉具体案件的办理。

（2）审判权独立、检察权独立并非不要各级人民代表大会的监督。各级司法机关产生于各级国家权力机关，应对其负责并报告工作、接受监督。各级人民代表大会对人民法院、人民检察院办理的案件有权提出批评和纠正意见。但是，各级人民代表大会的监督应当是一般监督，而不应当是对具体案件的指示、命令；在监督方式和手段上，必须是法律所明确规定的。

（3）人民法院、人民检察院应当自觉接受人民群众、社会舆论的监督。法律规定"不受行政机关、社会团体和个人的干涉"，这里所谓"干涉"是指干扰诉讼活动正常进行的非法行为，例如以言代法、以权代法、以权压法、强令办案机关服从等，而不是指正常的工作建议或批评意见。人民法院、人民检察院在坚持依法独立行使职权的前提下，应当自觉接受来自社会各界和人民群众的监督，实行审务公开、检务公开，虚心听取各方面的批评、建议和意见，正确区分监督和干涉的界限，以便改进工作，更好地履行自己的职责。

2. 人民法院行使审判权和人民检察院行使检察权，必须严格遵守宪法和法律的各项规定。具体而言，人民法院、人民检察院必须在宪法和法律规定的权限范围内行使职权，不得越权行事；人民法院、人民检察院必须严格遵守法律的规定行使职权，既要遵守实体法，也要遵守程序法，按法定程序和规则行事；人民法院、人民检察院行使职权所作的每项决定都必须符合法律的要求。

3. 人民法院、人民检察院作为一个组织整体，集体对审判权、检察权的行使负责。在我国，独立行使审判权、检察权的主体是人民法院、人民检察院，而不是某个审判员或检察员个人独立行使审判权或检察权。因此，该原则不同于西方国家的司法独立原则。当然，

国家权力的适度分工与制衡原理，作为防止权力腐败和滥用、保障国家生活有序进行的机制，在我国也同样适用。

这里需要注意的是，人民检察院上下级之间是领导与被领导的关系，上级人民检察院有权就具体案件对下级人民检察院作出命令、指示。基于检察一体原则，独立行使检察权实质上是指整个检察系统作为一个整体独立行使检察权。与检察系统不同，由于人民法院上下级之间是监督与被监督的关系，因此，独立行使审判权的法院实质上是指每个特定的人民法院。具体而言，各具体法院在具体案件的审判过程中，彼此独立行使审判权，包括上级人民法院在内的其他人民法院无权对其如何审判作出指示、加以干涉。换句话说，在管辖权范围内，各法院对所管辖案件享有独立的审判权。上级人民法院对下级人民法院的监督必须通过法定的程序进行，如改变管辖、在第二审程序中撤销错误的判决等。

实行人民法院、人民检察院独立行使职权原则，可以保障人民法院、人民检察院在刑事诉讼中坚持以事实为根据，以法律为准绳，正确行使法律赋予的职权，充分发挥职能作用，防止和排除行政机关、社会团体和个人对审判、检察工作的干扰，维护司法行为的纯洁性，树立司法机关的权威性，实现司法公正，保障法律的正确统一实施。

三、分工负责，互相配合，互相制约

我国《宪法》规定了分工负责，互相配合，互相制约原则，它是调整人民法院、人民检察院和公安机关在刑事诉讼中相互关系的一项基本原则。对此，《刑事诉讼法》第7条规定："人民法院、人民检察院和公安机关进行刑事诉讼，应当分工负责，互相配合，互相制约，以保证准确有效地执行法律。"

所谓"分工负责"，是指人民法院、人民检察院和公安机关在刑事诉讼中根据法律有明确的职权分工，应当在法定范围内行使职权，各司其职，各负其责，既不能相互替代，也不能相互推诿。

所谓"互相配合"，是指人民法院、人民检察院和公安机关进行刑事诉讼，应当在分工负责的基础上，相互支持，通力合作，使案件的处理能够上下衔接，协调一致，共同完成查明案件事实，追究、惩罚犯罪的任务。

所谓"互相制约"，是指人民法院、人民检察院和公安机关进行刑事诉讼，应当按照诉讼职能的分工和程序上的设置，相互约束，相互制衡，以防止发生错误或及时纠正错误，保证准确执行法律，做到不错不漏、不枉不纵。

在分工负责，互相配合，互相制约原则中，分工负责是互相配合与互相制约的基础和前提，没有分工，配合和制约便无从谈起。根据我国刑事诉讼法的规定，分工负责在刑事诉讼中主要体现在两个方面：第一，诉讼职能与职权的分工。公安机关负责侦查、拘留、执行逮捕、预审，人民检察院负责检察、批准逮捕、对直接受理案件的侦查和提起公诉，人民法院负责审判。第二，案件管辖上的分工。人民法院直接受理自诉案件，人民检察院负责立案侦查某些特定的利用职权实施的犯罪案件，公安机关及法律规定的其他享有侦查权的机关则负责对人民法院和人民检察院立案管辖以外的其他刑事案件的侦查。

互相配合和互相制约是一个问题的两个方面，要全面理解，不可偏废。(1) 互相配合首先是要把各自负责的工作做好，履行法律赋予的职责，完成本部门的任务就是对其他部门最好的支持和配合；其次是科学地完善公、检、法之间的职权分工，加强三机关之间工作上的协调和衔接，以共同完成代表国家揭露犯罪、惩治犯罪的任务。(2)互相制约则是加强各部门之间的相互监督，保证各部门职权的正常行使，防止或减少工作中的失误或偏差，及时发现和纠正违法现象，以保证准确、有效地执行法律。应该说，互相制约是贯彻这一原则的关键，没有制约，公、检、法三机关的分设和职权划分就失去意义。诉讼职能的分工和司法职权的制衡是现代法制为保障诉讼的民主性、科学性而设置的基本结构，互相制约有利于各机关诉讼职能的充分发挥，使我国的刑事诉讼程序建立在科学的结构之上。

互相配合和互相制约的辩证统一关系体现在刑事诉讼的各个阶段。例如，公安机关要逮捕犯罪嫌疑人，需报请人民检察院审查批准，人民检察院对不符合逮捕条件的可以作出不批准逮捕的决定。公安机关认为人民检察院不批准逮捕的决定有错误的，可以要求复议；如果意见不被接受，可以向上一级人民检察院提请复核。在侦查终结和审查起诉环节，公安机关侦查终结的案件，认为需要提起公诉的，应当移送人民检察院审查决定。人民检察院对案件进行审查后，认为事实不清、证据不足的，可以退回公安机关补充侦查；认为犯罪嫌疑人的行为不构成犯罪或者依法不应当追究刑事责任，或犯罪情节轻微，依照刑法规定不需要判处刑罚或者可以免除刑罚的，可以作出不起诉的决定。公安机关认为人民检察院的不起诉决定有错误时，可以要求复议，如果意见不被接受，可以向上一级人民检察院提请复核。在审判环节，人民法院对于人民检察院提起公诉的案件，应当进行审查，对符合条件的应当决定开庭审理；经法庭审理，依法对被告人是否有罪以及应否处以刑罚作出判决。总之，分工负责，相互配合，相互制约原则贯穿于刑事诉讼始终，其最终目的是保证准确、有效地执行法律。

公、检、法三机关的互相配合与互相制约在具体的诉讼制度和程序中会有不同的表现形式，需要在具体情形中予以理解。例如，在适用认罪认罚从宽制度中，侦查终结时公安机关建议对犯罪嫌疑人适用认罪认罚从宽，检察机关审查起诉时认为不适用而未向法院提出相应的建议，体现了互相制约；而对于侦查阶段未认罪认罚的犯罪嫌疑人，检察机关和法院在审查起诉和审判阶段继续开展工作并促使犯罪嫌疑人、被告人最终认罪认罚并悔罪，则体现了互相配合。

四、人民检察院依法对刑事诉讼实行法律监督

根据《宪法》和《人民检察院组织法》的规定，人民检察院是国家的法律监督机关，对宪法和法律的实施实行监督。我国《刑事诉讼法》第8条规定："人民检察院依法对刑事诉讼实行法律监督。"

所谓刑事诉讼监督，是指在刑事诉讼中，人民检察院除行使法律赋予的诉讼职权，履行自身的诉讼职能外，还要依法对整个刑事诉讼活动实行法律监督，包括对立案、侦查、起诉、审判、执行等诉讼环节实行全面法律监督。换句话说，尽管人民检察院的所有职权都是法律监督权的具体表现，但是，在刑事诉讼中，人民检察院的职权仍然可以分为两部分：一是作为刑事诉讼活动的一个必要组成部分所享有的诉讼权利，如作为国家公诉机关，人民检察院享有批准逮捕、提起公诉、对某些特定的利用职权实施的犯罪案件进行立案侦查等权力；二是作为法律监督机关为保证诉讼活动依法进行而享有的监督权，如人民检察院对公安机关不立案的监督，对审判活动、执行活动的监督等。

人民检察院对刑事诉讼的法律监督贯穿刑事诉讼的全过程，主要内容如下。

（一）立案监督

刑事立案监督的任务是确保依法立案，防止和纠正有案不立和违法立案。在立案阶段，对于公安机关应当立案而不立案的案件，人民检察院享有监督权。《刑事诉讼法》第113条规定："人民检察院认为公安机关对应当立案侦查的案件而不立案侦查的，或者被害人认为公安机关对应当立案侦查的案件而不立案侦查，向人民检察院提出的，人民检察院应当要求公安机关说明不立案的理由。人民检察院认为公安机关不立案理由不能成立的，应当通知公安机关立案，公安机关接到通知后应当立案。"据此，对于公安机关不立案的，人民检察院有权要求公安机关说明不立案的理由；对于不立案理由不能成立的案件，人民检察院有权通知公安机关立案，公安机关应当立案侦查。同样，对于不应当立案而违法立案的情形，人民检察院也依法对公安机关进行监督。

（二）侦查监督

在侦查阶段，人民检察院对公安机关的侦查活动是否合法进行监督；如果发现公安机关的侦查活动有违法行为，有权要求纠正。人民检察院对侦查活动的监督主要通过审查批准逮捕、审查起诉得以实现。（1）人民检察院在审查批准逮捕工作中，如果发现公安机关的侦查活动有违法情况，应当通知公安机关予以纠正，公安机关应当将纠正的情况通知人民检察院。人民检察院办理公安机关提请批准逮捕的案件，发现遗漏应当逮捕的犯罪嫌疑人的，应当经检察长批准，要求公安机关提请批准逮捕。公安机关不提请批准逮捕或者说明的不提请批准逮捕的理由不成立的，人民检察院可以直接作出逮捕决定，送达公安机关执行。（2）在审查起诉阶段，"侦查活动是否合法"是必须查明的法定内容之一。人民检察院在审查起诉过程中，应当对侦查活动是否合法进行审查。《刑事诉讼法》第57条规定："人民检察院接到报案、控告、举报或者发现侦查人员以非法方法收集证据的，应当进行调查核实。对于确有以非法方法收集证据情形的，应当提出纠正意见；构成犯罪的，依法追究刑事责任。"而且，人民检察院根据需要可以派员适时介入重大、疑难、复杂案件的侦查活动，参加公安机关对于重大案件的讨论，对案件性质、收集证据、适用法律等提出意见，监督侦查活动是否合法。还有，人民检察院在办理公安机关移送起诉的案件中，发现遗漏罪行或者有依法应当移送起诉的同案犯罪嫌疑人未移送起诉的，应当要求公安机关补充侦查或者补充移送起诉。对于犯罪事实清楚，证据确实、充分的，也可以直接提起公诉。

（三）审判监督

（1）对法庭审理活动的监督。《刑事诉讼法》第209条规定："人民检察院发现人民法院审理案件违反法律规定的诉讼程序，有权向人民法院提出纠正意见。"（2）对一审裁判的监督。地方各级人民检察院认为本级人民法院第一审的判决、裁定确有错误的时候，应当向上一级人民法院提出抗诉。（3）对生效裁判的监督。对于已经发生法律效力的判决和裁定，人民检察院如果发现确有错误，有权按照审判监督程序提出抗诉。（4）对死刑复核程序的监督。在复核死刑案件过程中，最高人民检察院可以向最高人民法院提出意见。最高人民法院应当将死刑复核结果通报最高人民检察院。（5）对特别程序的监督。这包括违法所得的没收程序和强制医疗程序等。

（四）执行监督

（1）死刑执行的临场监督。人民法院在交付执行死刑前，应当通知同级人民检察院派员临场监督。（2）对监外执行的监督。监狱、看守所提出暂予监外执行的书面意见的，应当将书面意见的副本抄送人民检察院。人民检察院可以向决定或者批准机关提出书面意见。

决定或者批准暂予监外执行的机关应当将暂予监外执行决定抄送人民检察院。人民检察院认为暂予监外执行不当的，应当自接到通知之日起1个月以内将书面意见送交决定或者批准暂予监外执行的机关，决定或者批准暂予监外执行的机关接到人民检察院的书面意见后，应当立即对该决定进行重新核查。（3）对减刑、假释的监督。被判处管制、拘役、有期徒刑或者无期徒刑的罪犯，在执行期间确有悔改或者立功表现，应当依法予以减刑、假释的，由执行机关提出建议书，报请人民法院审核裁定，并将建议书副本抄送人民检察院。人民检察院可以向人民法院提出书面意见。人民检察院认为人民法院减刑、假释的裁定不当，有权在收到裁定书副本后20日以内，向人民法院提出书面纠正意见。人民法院应当在收到纠正意见后1个月内重新组成合议庭进行审理，作出最终裁定。（4）对执行机关执行刑罚的活动是否合法实行监督。如果发现有违法的情况，应当通知执行机关纠正。

五、以事实为根据，以法律为准绳

以事实为根据，以法律为准绳，是我国人民司法实践工作长期经验的科学总结，也是我国三大诉讼法所共有的原则之一。对刑事诉讼而言，由于该原则关系到客观公正地实现国家刑罚权，关系到公民个人的人身和财产权利，因而坚持该原则尤为重要。我国《刑事诉讼法》第6条规定："人民法院、人民检察院和公安机关进行刑事诉讼……必须以事实为根据，以法律为准绳。"

以事实为根据，是指公安司法机关进行刑事诉讼必须忠实于事实真相；在处理刑事案件时，必须以借助证据业已查明的案件事实为基础。在我国，以事实为根据包含两方面的要求。

第一，在诉讼理念上，必须以查明案件事实真相为理想目标。刑事诉讼是实现国家刑罚权的活动。基于"公民只对自己行为负责"的现代法理念，国家刑罚权的具体化必须以特定公民确实实施了犯罪行为为事实前提。因此，在刑事诉讼中，只有查明案件事实真相，才能最有效地保障国家刑罚权的公正行使。这一点在具体案件中表现得尤其明显。在具体案件中，被告人或者有罪或者无辜。因此，只有查明案件事实真相，才能做到不枉不纵，才能最有效地防止殃及无辜。否则，脱离了案件事实，既不能有效打击犯罪，又必将冤枉无辜。为此，我国刑事诉讼法明确要求，公安司法机关在办理刑事案件时，必须忠实于事实真相，力争借助一切合法手段查明案件的真实情况。

第二，在事实认定上，必须牢牢树立证据的观念。在具体案件中，以事实为根据的核心要求就是重证据，重调查研究，以证据为查明和判定案件事实的唯一手段，而不能凭主观想象、怀疑、推断或依查无实据的设想、说法来处理问题。在外国刑事诉讼立法和理论中，该原则称作证据裁判原则或证据裁判主义。公安司法机关应当根据法律允许的证据去认定犯罪事实；没有证据，不得认定犯罪事实。

以法律为准绳，是指刑事诉讼活动必须严格遵守刑法与刑事诉讼法的规定。具体而言，其包含两方面的含义。

一是刑事诉讼活动的进行和展开，必须严格遵守刑事诉讼法所规定的程序。刑事诉讼法属于公法，是对国家追诉权具体运作过程的规范和调整。因此，从法律角度看，刑事诉讼法既是公安司法机关进行具体诉讼活动的依据和基础，也是判断公安司法机关以刑事诉讼之名实施的具体活动是否合法、是否产生诉讼效力的标准和尺度。具体而言，公安司法机关在刑事诉讼活动中，不仅必须遵守刑事诉讼法关于职权范围的划分（如职能管辖的划分、采取强制措施的权限划分），还必须遵守刑事诉讼法所设定的权力行使的条件、程序和限度。换句话说，在具体案件中，必须区分是否有权与权力是否合法、是否有效这两个不同层次的问题。

二是对刑事案件的实体处理，必须遵守刑事实体法及其他相关法律的规定。其中，在刑事实体问题上，必须坚持罪刑法定原则，坚持罪刑相适应原则。具体而言，就是要依照刑法的规定来定罪量刑，确定被告人的行为是否构成犯罪，应否处以刑罚以及处以何种刑罚。总之，以法律为准绳，也就是说，只有法律才是定罪量刑和进行诉讼活动的唯一标准，任何个人意志、领导讲话、内部文件、学派观点都不是法律，都不能作为处理案件的依据。

以事实为根据，以法律为准绳，两者紧密联系、相互依存，不能忽视其中任何一个方面。只有以事实为根据，才能查明案件真实情况，准确认定案件事实。在此基础上正确适用法律，才能对案件作出正确处理。如果事实不清，情况不明，适用法律就无从谈起，以法律为准绳便失去意义。以事实为根据，以法律为准绳，在我国刑事诉讼基本原则中处于核心地位，是贯彻执行其他诉讼原则的根本保证。实践表明，公安司法机关在刑事诉讼中遵守这项基本原则，才能保证办案质量，保证既能准确查明犯罪事实、惩罚犯罪，又能保障无罪的人不受刑事追究；反之，违背这项原则，将必然导致冤假错案，给国家和人民利益造成重大损失，损害法律的尊严和公安司法队伍自身的形象。

六、严格遵守法律程序

我国《刑事诉讼法》第 3 条第 2 款规定："人民法院、人民检察院和公安机关进行刑事诉讼，必须严格遵守本法和其他法律的有关规定。"

该原则的基本含义如下。

1. 人民法院、人民检察院和公安机关在进行刑事诉讼活动时，必须严格遵守刑事诉讼法和其他有关法律的规定，不得违反法律规定的程序和规则，更不得侵害各方当事人和其他诉讼参与人的合法权益。这里所说的"其他法律"，是指所有与刑事诉讼程序有关的法律，如刑法、法院组织法、法官法、检察院组织法、检察官法、律师法、人民警察法等。

2. 违反法律程序严重的，应当依法承担相应的法律后果。例如，第一审人民法院严重违反法律规定的程序的，将会导致撤销原判、发回重审的法律后果。《刑事诉讼法》第 238 条规定，第二审人民法院发现第一审人民法院的审理有违反公开审判规定、违反回避制度、剥夺或限制当事人法定诉讼权利、审判组织的组成不合法以及其他可能影响公正审判的违法情形的，应当裁定撤销原判，发回原审人民法院重新审判。再如，非法收集的某些证据不能作为定案的根据。《刑事诉讼法》第 56 条规定："采用刑讯逼供等非法方法收集的犯罪嫌疑人、被告人供述和采用暴力、威胁等非法方法收集的证人证言、被害人陈述，应当予以排除。收集物证、书证不符合法定程序，可能严重影响司法公正的，应当予以补正或者作出合理解释；不能补正或者作出合理解释的，对该证据应当予以排除。在侦查、审查起诉、审判时发现有应当排除的证据的，应当依法予以排除，不得作为起诉意见、起诉决定和判决的依据。"严格遵守法律程序是现代刑事诉讼的基本要求，也是区别法律秩序与恣意擅断的基本标志之一。

七、审判公开

审判公开，是指人民法院审理案件和宣告判决应当向社会公开，允许人民群众旁听，允许新闻记者采访报道。

审判公开是我国宪法规定的一项基本原则。《宪法》明确规定："人民法院审理案件，除法律规定的特别情况外，一律公开进行。"《刑事诉讼法》重申了上述宪法要求并明确了审判公开的例外情形，确立了一系列保障性制度。

审判公开具体包含以下含义。

1. 审判公开首先意味着对当事人公开。人民法院审判案件应当在当事人的参与下进行。为此，《刑事诉讼法》第 187 条规定，人民法院决定开庭审判后，应当确定合议庭的组成人员，将人民检察院的起诉书副本至迟在开庭 10 日以前送达被告人及其辩护人。在开庭以前，审判人员可以召集公诉人、当事人和辩护人、诉讼代理人，对回避、出庭证人名单、非法证据排除等与审判相关的问题，了解情况，听取意见。人民法院确定开庭日期后，应当将开庭的时间、地点通知人民检察院，传唤当事人，通知辩护人、诉讼代理人、证人、鉴定人和翻译人员，传票和通知书至迟在开庭 3 日以前送达。公开审判的案件，应当在开庭 3 日以前先期公布案由、被告人姓名、开庭时间和地点。

2. 审判公开更意味着向社会公开，即允许公众旁听，允许新闻媒体采访和报道。是否向社会公开，是审判是否公开的关键性标志。从诉讼法史上看，允许公民旁听是法庭审判从秘密走向公开的重要标志。而在现代社会，公众旁听、新闻媒体报道是监督人民法院依法审判的重要手段。因此，为了保障公众旁听的权利，对于公开审判的案件，人民法院应当在开庭 3 日以前先期公布案由、被告人姓名、开庭时间和地点。

3. 审判公开包括法庭审理活动的公开与法庭宣判活动的公开。具体而言，除了法庭评议秘密进行，法庭审理和宣判的全过程都应当公开。

4. 审判公开不仅指第一审程序，也包括第二审程序。根据《刑事诉讼法》第 234 条的规定，二审法庭在大多数情况下应当开庭公开审理。依审判监督程序再审（或提审）的案件，原则上也应当公开审理。至于死刑复核程序，法律规定属于书面复核性质，不公开审理。

根据我国刑事诉讼法及相关解释的规定，审判公开的例外仅限于以下案件。

一是有关国家秘密或者个人隐私的案件，不公开审理。《刑事诉讼法》第 188 条规定，人民法院审判第一审案件应当公开进行。但是有关国家秘密或者个人隐私的案件，不公开审理。二是涉及商业秘密的案件，当事人申请不公开审理的，可以不公开审理。三是被告人是未成年人的案件。《刑事诉讼法》第 285 条规定，审判的时候被告人不满 18 周岁的案件，不公开审理。但是，经未成年被告人及其法定代理人同意，未成年被告人所在学校和未成年人保护组织可以派代表到场。

值得注意的是，对于不公开审理的案件，人民法院应当当庭宣布不公开审理的理由。对于不公开审理的案件，不公开的范围仅限于法庭审理阶段，至于宣判，仍然应当公开宣布。

审判公开是保障审判民主性、公正性的重要措施。首先，有利于人民群众对审判活动的监督，增加审判工作的透明度，增强审判人员的责任感。实行审判公开原则，对案件进行当庭举证、质证和认证，公安、检察人员侦查、起诉的案件事实是否清楚，证据是否确实充分，公诉人员和审判人员的业务素质是否过关，审判活动是否合法，都展示在社会公众面前，要接受人民群众和社会舆论的监督。这必将促使司法工作人员提高业务水平，增强工作责任心，注意廉洁自律，严格依法办案。其次，有利于推动各项诉讼原则的贯彻执行，保证审判质量。显然，只有在公开的法庭上，在当事人及其他诉讼参与人的直接参加和人民群众的监督下，被告人有权获得辩护，公民在适用法律上一律平等，以事实为根据、以法律为准绳等各项诉讼原则，才能得到最直接、最充分和最有效的贯彻执行，从而保证审判活动的顺利进行，使案件得到正确处理。最后，有利于对人民群众进行法制宣传教育和对犯罪分子进行教育改造。通过公开审判，群众可以从具体的审判活动中接受现实生动的法制教育，从而增强法制观念，提高同犯罪作斗争的自觉性。同时，通过法庭上控辩双方的举证、质证和辩论，可以使犯罪分子对犯罪给社会造成的危害增强认识，从而认罪服法，自觉接受刑罚处罚和教育改造。

八、公民在适用法律上一律平等

我国《刑事诉讼法》第 6 条规定："人民法院、人民检察院和公安机关进行刑事诉讼……对于一切公民，在适用法律上一律平等，在法律面前，不允许有任何特权。"这一原则可以概括为法律的平等适用原则。基本含义是指我国刑事诉讼法对全体公民同等适用，不存在任何例外，不容许有超越法律的特权，不容许有不受法律约束的特殊公民，也不容许对某些公民进行歧视性适用。

法律的平等适用与自然平等的观念密切相关。每个人都享有天然的或者道德上的平等，任何普遍的权利与义务都应为人们同等地享有或承担。当然，平等并不意味着绝对平等，也不可能存在绝对的平等。就法律本身的规定来说，也不可能不分情况和适用对象而作出整齐划一的规定，如辩护律师所享有的诉讼权利就与律师以外的辩护人所享有的权利不完全等同。所以我们所说的平等，是法律适用上的平等，即法律设定的具有普遍适用性的规定应同等适用于所有的适用对象，而不因民族、种族、性别、职业、家庭出身、宗教信仰、教育程度、财产状况、社会地位的差异而有所不同。

法律的平等适用，是司法上的公平的基本内容。"在许多情况下，人们往往把公平看作是法律的同义词。人们制定了法令来建立'公平施政'，在许多国家里，法院也被称为公平之宫。"[①] 公平要求法律无偏倚地适用于每一个人，做到使人们不感到自己受到的对待与和自己地位相似的人不同。法律本身公正性的一个基本要求是在法律中确立平等适用的原则。

法律的平等适用，要求法律不折不扣地适用于有关个人和单位，任何人不能以种种借口肆意剥夺法律赋予他们的权利。在刑事诉讼中，权利最容易受到侵犯和剥夺的诉讼主体是犯罪嫌疑人和被告人，在有罪推定观念的支配下，他们中的许多人被看作是"罪犯"，当他们无权无势无"背景"时，法律赋予他们的权利就容易受到侵犯和剥夺。因此，强调法律平等适用原则的意义，除了防止因特权而干扰司法公正的实现以维护法制的统一，还在于保护公民的合法权益，使之不受来自掌握国家权力的某些官员的肆意侵犯。

---

① 斯坦，香德．西方社会的法律价值．王献平，译．北京：中国法制出版社，2004：86.

九、未经人民法院依法判决不得确定有罪

《刑事诉讼法》第12条规定："未经人民法院依法判决，对任何人都不得确定有罪。"该原则吸收了无罪推定原则的精神，明确了只有人民法院享有定罪权的法治要求。

这一原则包括以下基本含义。

一是确定被告人有罪的权力由人民法院统一行使，其他任何机关、团体和个人都无权行使。这是许多国家的立法通例，也是刑事审判权的应有之义。刑事审判就是要通过法庭审理，在查清事实、核实证据的基础上适用法律，判定被告人是否有罪、应否处刑。定罪权是刑事审判权的核心，人民法院作为我国唯一的审判机关，代表国家统一独立行使刑事审判权。

二是人民法院判决被告人有罪，必须严格依照法定程序，组成合格、独立的法庭进行公正、公开的审理，并须予以被告人辩护上所需的一切保障。被告人有权出庭受审，有权自行辩护或委托他人辩护，有权对控方证人进行询问，有权对法庭出示的物证、书证、鉴定意见进行辨认和质证，有权申请调取新的证据，等等。

三是未经人民法院依法判决，对任何人都不得确定有罪。这吸收了无罪推定原则的精神。

为贯彻这一原则，刑事诉讼法从以下几个方面作出了相应规定。

一是区分犯罪嫌疑人与刑事被告人。在提起公诉前被追诉者被称作犯罪嫌疑人，提起公诉后始称为刑事被告人，不再使用"人犯"这一明显带有有罪推定色彩、易与罪犯概念混淆的称谓。此外，相关司法解释还明确规定，刑事被告人或上诉人不再穿着看守所的识别服出庭受审，即应当穿着正装或便装，从而在着装这一细节上进一步彰显了人权保障和无罪推定原则。

二是明确公诉案件中被告人有罪的举证责任由人民检察院承担，自诉案件中被告人有罪的举证责任由自诉人承担。被告人不负证明自己无罪的义务，不得因被告人不能证明自己无罪便推定其有罪。

三是疑案作无罪处理。刑事诉讼法规定，检察机关对被告人提起公诉，人民法院对被告人判决有罪，都必须建立在案件事实清楚、证据确实充分的基础上。在司法实践中，有时由于条件限制或各种主客观原因，有些案件不可能查得水落石出或一时难以查清。对于这些证据不足、处断难明的案件如何处理，如果刑事诉讼法不明确规定，就往往会造成实践中案件久拖不决，被告人被长期羁押。现行刑事诉讼法不仅确立了未经人民法院依法判决不得确定有罪的原则，同时明确了疑案作无罪处理的精神，明确规定：在审查起诉阶段，对于二次补充侦查的案件，检察机关仍然认为证据不足，不符合起诉条件的，应当作不起诉处理；在审判阶段，对于证据不足、不能认定被告人有罪的，人民法院应当作出证据不足、指控罪名不能成立的无罪判决。

十、犯罪嫌疑人、被告人有权获得辩护

有权获得辩护原则是我国宪法规定的一项刑事诉讼法原则。《宪法》明确规定："被告人有权获得辩护。"《刑事诉讼法》第11条重述了上述宪法要求，并进一步明确了该原则的

具体内容。第14条又进一步强调，人民法院、人民检察院和公安机关应当保障犯罪嫌疑人、被告人和其他诉讼参与人依法享有的辩护权和其他诉讼权利。

需要说明的是，由于刑事诉讼法将被立案追究刑事责任的人在提起公诉前称作“犯罪嫌疑人”，而且规定犯罪嫌疑人在侦查阶段就可以委托辩护人为自己辩护，因而这一原则全面准确的说法应是犯罪嫌疑人、被告人有权获得辩护，人民法院、人民检察院和公安机关有义务保证犯罪嫌疑人、被告人获得辩护。

该原则包括以下两层含义。

犯罪嫌疑人、被告人享有辩护的权利。辩护权是犯罪嫌疑人、被告人最基本的诉讼权利，赋予犯罪嫌疑人、被告人辩护权，是现代法制的要求，是诉讼民主的表现，也是查明案件客观真实和正确适用法律的必要条件。我国法律赋予犯罪嫌疑人、被告人辩护权，并在制度和程序上充分保障犯罪嫌疑人、被告人行使辩护权。在任何情况下，对任何犯罪嫌疑人、被告人都不得以任何理由限制或剥夺其辩护权。根据辩护权的行使方式，犯罪嫌疑人、被告人的辩护分为自行辩护、委托辩护、指定辩护。

公、检、法机关有义务保障被追诉人享有辩护权。具体而言，在刑事诉讼中，公、检、法机关为保障被追诉人享有辩护权应负有以下义务：(1) 告知义务。即在追诉活动中，应当及时告知被追诉人享有辩护权以及法律赋予的其他诉讼权利，如聘请辩护人的权利、委托辩护人的权利、申请回避的权利、上诉权等。(2) 为犯罪嫌疑人、被告人提供进行辩护的条件。例如，为符合法定情形的被告人指派承担法律援助义务的律师担任辩护人；在看守所、人民检察院、人民法院等场所设立法律援助工作站，派驻和安排值班律师，为犯罪嫌疑人、被告人提供法律帮助，以协助其更好地行使辩护权；尊重和保障犯罪嫌疑人、被告人在法律援助辩护和委托辩护并存时进行选择的权利；办案机关应认真听取被告人及其辩护人的意见等。

十一、保障诉讼参与人诉讼权利

我国《刑事诉讼法》第14条规定：“人民法院、人民检察院和公安机关应当保障犯罪嫌疑人、被告人和其他诉讼参与人依法享有的辩护权和其他诉讼权利。诉讼参与人对于审判人员、检察人员和侦查人员侵犯公民诉讼权利和人身侮辱的行为，有权提出控告。”这一规定确立了保障诉讼参与人诉讼权利的原则。

此项原则主要包含两方面内容。

一是诉讼参与人都享有一定的诉讼权利，公安司法机关有义务保障其行使这些诉讼权利，包括：承担告知义务，告知诉讼参与人其享有特定的诉讼权利；提供便利，对诉讼参与人行使诉讼权利提供便利；排除妨碍，采取措施制止妨碍诉讼参与人行使诉讼权利的行为。对于诉讼参与人的诉讼权利，公安司法机关不得以任何理由和方式加以剥夺。

二是诉讼参与人遇有自身的诉讼权利受到侵害的情况，包括诉讼权利受到侵犯或者剥夺，或者受到人身侮辱，有权提出控告，有关机关对侵犯、剥夺诉讼参与人的诉讼权利和人身侮辱行为应当予以制止，并追究行为人的法律责任。

诉讼参与人的诉讼权利是法律赋予的，法律对这些权利提供的保护是通过公安司法机关来落实的。为切实保护诉讼参与人的诉讼权利，公安司法人员应确立尊重这些权利的意识；诉讼参与人在自身权利受到侵害时，也应自觉维护自己的合法权益。同时，对于侵害这些权利的行为，应设定相应的程序后果或者法律责任，通过立法加强对诉讼参与人权利的保障。

十二、认罪认罚从宽原则

我国《刑事诉讼法》第15条将认罪认罚从宽作为基本原则予以明确规定。认罪认罚从宽，既是一项基本诉讼原则，又是一项全新的刑事诉讼制度。适用此项制度的案件，由于控辩双方就指控事实、罪名不存在争议，审理的对抗性显著降低，可以在保证司法公正的前提下尽量进行简化处理，以提高诉讼效率。

认罪认罚从宽原则的基本含义是，对于自愿认罪并自愿接受司法机关给予的刑罚处罚的，可以从宽处理。所谓"认罪"，是指犯罪嫌疑人、被告人自愿如实供述自己的罪行，对指控的犯罪事实没有异议。承认指控的主要犯罪事实，仅对个别事实情节提出异议，或者虽然对行为性质提出辩解但表示接受司法机关认定意见的，也属于"认罪"。

所谓"认罚"，是指犯罪嫌疑人、被告人真诚悔罪，愿意接受处罚，尤其是接受人民检察院提出的包括主刑、附加刑以及是否适用缓刑等刑罚具体执行方式在内的量刑建议。"认罚"，在侦查阶段表现为表示愿意接受处罚；在审查起诉阶段表现为接受人民检察院拟作出的起诉或不起诉决定，认可人民检察院的量刑建议，签署认罪认罚具结书；在审判阶段表现为当庭确认自愿签署认罪认罚具结书，愿意接受刑罚处罚。

"从宽"既包括实体法上的从宽，也包括程序法上的从宽。实体法上的从宽，是指在犯罪嫌疑人、被告人本身所具有的实体法上的自首、坦白等量刑情节的基础上，在遵循罪责刑相适应原则的前提下，给予其相对更大的从宽幅度，以表示对其认罪认罚的鼓励。最高人民法院《解释》第355条第1款规定，对认罪认罚案件，人民法院一般应当对被告人从轻处罚；符合非监禁刑适用条件的，应当适用非监禁刑；具有法定减轻处罚情节的，可以减轻处罚。程序法上的从宽，即对犯罪嫌疑人、被告人适用限制人身自由程度更轻的强制措施、作出轻缓的程序性处理或者适用更为便利和减少讼累的诉讼程序。例如，《刑事诉讼法》第81条规定，犯罪嫌疑人、被告人是否认罪认罚被纳入是否可能发生社会危险性的考虑因素，并会对是否适用逮捕措施产生影响。最高人民法院《解释》第350条规定，被告人认罪认罚且罪行较轻，采用非羁押性强制措施足以防止发生社会危险性的，应当依法适用非羁押性强制措施。再如，认罪认罚的案件，在符合其他条件的情况下可以适用速裁程序，以尽快作出最终的处理。需要注意的是，从宽不是一律从宽，对犯罪性质和危害后果特别严重、犯罪手段特别残忍、社会影响特别恶劣的犯罪嫌疑人、被告人，例如性侵害未成年人等严重危害公共安全、严重影响人民群众安全感的暴力犯罪的犯罪嫌疑人、被告人，认罪认罚不足以从轻处罚的，依法不予从宽处罚。

根据这一基本原则的要求，我国《刑事诉讼法》在侦查程序中设置了告知程序。在审查逮捕程序中，要求把认罪认罚情节作为可能发生社会危险的因素之一予以考虑。在审查起诉阶段，规定了对于认罪认罚从宽案件的权利告知，以及听取值班律师的意见等要求。刑事诉讼法还规定，犯罪嫌疑人自愿认罪、同意量刑建议和程序适用的，要签署认罪认罚具结书。在审判阶段，刑事诉讼法规定了告知权利和审理的重点，明确一般应采纳量刑建议的要求。此外，刑事诉讼法还就量刑建议、撤销案件程序等作了规定。这一系列的具体规定，把速裁程序上升为与简易程序、普通程序并列的一审程序，为"简案快审"提供了制度化框架。

十三、使用本民族语言文字进行诉讼

我国《刑事诉讼法》第 9 条规定：各民族公民都有用本民族语言文字进行诉讼的权利。人民法院、人民检察院和公安机关对于不通晓当地通用的语言文字的诉讼参与人，应当为他们翻译。在少数民族聚居或者多民族杂居的地区，应当用当地通用的语言进行审讯，用当地通用的文字发布判决书、布告和其他文件。这是使用本民族语言文字进行诉讼原则的法律依据。

这一原则体现了民族平等和对各个民族文化的尊重。对该原则，可从以下几个方面来理解：各民族公民，无论是当事人，还是辩护人、证人、鉴定人，都有权使用本民族的语言进行陈述、辩论，有权使用本民族文字书写有关诉讼文书；公、检、法机关在少数民族聚居或多民族杂居的地区，要用当地通用的语言进行侦查、起诉和审判，用当地通用的文字发布判决书、公告、布告和其他文件；如果诉讼参与人不通晓当地的语言文字，公、检、法机关有义务为其指派或聘请翻译人员进行翻译。

各民族公民有权使用本民族语言文字进行诉讼，也具有便利性。这种便利性表现如下。

1. 刑事诉讼活动以及由此形成的诉讼材料和获得的证据，通常都应当为诉讼参与人特别是当事人所知悉。为保障当事人等的知情权，应当保证各民族公民有权使用本民族语言文字进行诉讼，如果不使用本民族语言文字进行诉讼，当事人等往往因为语言、文字交流、理解的困难，而难以及时、正确地了解案件的进展情况和其他有关信息，不能充分进行诉讼准备，也无法有效地行使诉讼权利。

2. 各民族公民使用本民族语言文字进行诉讼，陈述案情、提供证据和进行辩论，有利于公、检、法机关准确、及时地查明案件真实情况，了解当事人及其委托的人对案件处理的意见，从而对案件作出正确处理，保证刑事诉讼的顺利进行和刑事诉讼目的的实现。

3. 各民族公民有权使用本民族语言文字进行诉讼，为刑事诉讼其他原则的实现提供了条件。如果没有这一原则或者这一原则得不到落实，则审判公开原则、言词原则、辩论原则等就难以落实或者顺利实现。

十四、具有法定情形不予追究刑事责任

具有法定情形不予追究刑事责任的原则的法律依据是《刑事诉讼法》第 16 条。根据该条规定，该原则包括以下两部分内容。

(一) 不应当追究刑事责任的法定情形

根据《刑事诉讼法》第 16 条规定，具有下列情形之一的，不予追究刑事责任，已经追究的，应当撤销案件，或者不起诉，或者终止审理，或者宣告无罪。

1. 情节显著轻微、危害不大，不认为是犯罪的。该项规定与《刑法》第 13 条的“但书”规定相互呼应。《刑法》第 13 条规定：“但是情节显著轻微危害不大的，不认为是犯罪。”所谓“不认为是犯罪”，即在法律上不构成犯罪。

2. 犯罪已过追诉时效期限的。

3. 经特赦令免除刑罚的。

4. 依照刑法规定告诉才处理的犯罪，没有告诉或者撤回告诉的。根据刑法规定，告诉才处理的案件共有五种：侮辱罪、诽谤罪、暴力干涉婚姻自由罪、虐待罪、侵占罪。对于上述犯罪，由于被害人控诉（即告诉）是追究被告人刑事责任的必要诉讼条件，因而如果被害人没有告诉或者撤回告诉，应当及时终止追诉。

5. 犯罪嫌疑人、被告人死亡的。但需要注意的是：（1）在共同犯罪案件中，犯罪嫌疑人、被告人中一人死亡的，不影响对其他犯罪嫌疑人、被告人的追诉。（2）如果已经有足够证据证明死亡的犯罪嫌疑人、被告人不是犯罪人，以及证据不足，不能认定死亡的犯罪嫌疑人、被告人有罪，应当宣告无罪。

6. 其他法律规定免予追究刑事责任的。

（二）遇有法定情形时的处理

对于具有不应追究刑事责任法定情形的案件，应根据案件的不同情况及所处的诉讼阶段作出不同处理。

在立案阶段，如果存在上述六种情形之一，应作出不立案的决定；在侦查阶段，侦查机关应当决定撤销案件；在审查起诉阶段，检察机关应当作出不起诉处理；在审判阶段，法院应裁定终止审理或退回人民检察院、宣告无罪。

需要注意的是，在案件起诉到法院后被告人死亡的，需要区分情形进行处理：（1）对于被告人死亡的，一般应当裁定终止审理；（2）根据《刑事诉讼法》第 297 条，对有证据证明被告人无罪，人民法院经缺席审理确认无罪的，应当依法作出判决宣告无罪。根据最高人民法院《解释》第 606 条，“有证据证明被告人无罪，经缺席审理确认无罪”，包括案件事实清楚，证据确实、充分，依据法律认定被告人无罪的情形，以及证据不足，不能认定被告人有罪的情形。(3) 在第二审程序中，如果共同犯罪案件中提出上诉的被告人死亡，其他被告人没有提出上诉，第二审人民法院应当对死亡的被告人终止审理；但有证据证明被告人无罪，经缺席审理确认无罪的，应当判决宣告被告人无罪。第二审人民法院仍应对全案进行审查，对其他同案被告人作出判决、裁定。

十五、追究外国人刑事责任适用我国刑事诉讼法

《刑事诉讼法》第 17 条规定：“对于外国人犯罪应当追究刑事责任的，适用本法的规定。对于享有外交特权和豁免权的外国人犯罪应当追究刑事责任的，通过外交途径解决。”该原则是国家主权原则在刑事诉讼中的具体体现。具体含义包括以下两个方面。

1. 作为一般原则，外国人（包括无国籍人）犯罪，依照我国刑法规定应当追究刑事责任的，依照我国刑事诉讼法规定的诉讼程序进行追诉。

根据我国刑法的规定，外国人犯罪需要追究刑事责任的情形主要有：根据我国刑法的属地管辖权，外国人（包括无国籍人）在我国领域内或者我国的船舶、航空器内犯罪的，除法律有特别规定外，都适用我国刑法的规定；根据我国刑法的保护管辖权，外国人（包括无国籍人）在我国领域外对我国国家或者公民犯罪，按我国刑法规定，最低刑为 3 年以上有期徒刑的，可以适用我国刑法，但是按照犯罪地的法律不受处罚的除外；根据普遍管辖权原则，对于我国缔结或者参加的国际条约所规定的罪行，我国在所承担条约义务的范围内行使刑事管辖权的，适用我国刑法；一般而言，对于反和平罪、战争罪、反人道罪、非法使用武器罪等战争犯罪，以及非法劫持航空器罪、劫持人质罪，适用我国刑法。另外，

我国《刑法》第10条规定："凡在中华人民共和国领域外犯罪，依照本法应当负刑事责任的，虽然经过外国审判，仍然可以依照本法追究，但是在外国已经受过刑罚处罚的，可以免除或者减轻处罚。"可见，经外国审判定罪的，我国仍然可以追诉。

2. 享有外交特权和豁免权的外国人犯罪，应当追究刑事责任的，通过外交途径解决。

根据1986年我国通过的《外交特权与豁免条例》，享有外交特权和豁免权的外国人包括：外国驻中国使馆的外交代表（不受逮捕或拘留，享有刑事管辖豁免权，与外交代表共同生活的配偶及未成年子女，如果不是中国公民，享有与外交代表相同的特权和豁免权）；来中国访问的外国国家元首、政府首脑、外交部长及其他具有同等身份的官员；途经中国的外国驻第三国的外交代表和与其共同生活的配偶及未成年子女；持有中国外交签证或者持有外交护照（仅限互免签证的国家）来中国的外交官员；经中国政府同意给予外交特权和豁免的其他来中国访问的外国人士。

所谓"通过外交途径处理"，一般包括建议派遣国依法处理；宣布为不受欢迎的人；责令限期出境；宣布驱逐出境；等等。

我国是一个主权独立的社会主义国家，在我国司法权管辖范围内，一切外国人都必须遵守我国的法律，对于外国人犯罪，应当追究刑事责任的，应当适用我国的刑事诉讼法，不允许外国人享有任何非法特权。因此，确立和实行这项原则，有利于维护我国国家主权和民族尊严，符合我国人民的根本利益。同时，采用外交途径来处理享有外交特权和豁免权的外国人的犯罪问题，符合国际惯例和国与国之间平等互惠原则，有利于开展和保持国家间的正常交往与和睦相处。

【问题与思考】

1. 如何理解无罪推定原则的诉讼法意义？
2. 如何理解一事不再理与禁止双重危险原则？
3. 如何理解侦查权、检察权、审判权由专门机关行使原则？
4. 如何理解人民检察院依法对刑事诉讼实行法律监督原则？
5. 如何理解未经人民法院依法判决不得确定有罪原则？
6. 如何理解具有法定情形不予追究刑事责任原则？
7. 如何理解审判公开原则？
8. 如何理解犯罪嫌疑人、被告人有权获得辩护原则？
9. 有的学者认为刑事诉讼原则可以划分为三个层次：具有全局性影响的原则，包括程序法定、司法独立、国家追诉、无罪推定、任何人不受强迫自证其罪、程序参与、有效辩护、强制性措施限制适用与适度、诉讼公开、社会参与、诉讼及时、一事不再理等；涉及诉讼职能之间关系及诉讼职能行使的基础性原则，包括控审分离、控辩平等对抗、不告不理、令状原则、证据裁判与自由心证原则等；相对具体的、技术性较强的原则，如强制侦查法定原则、起诉便宜原则、直接言词原则、审理不间断原则。① 还有学者将刑事诉讼基本原则分为刑事诉讼法公理性原则与我国刑事诉讼法的政策性原则。其中，前者包括程序法定原则、司法审查原则、控审分离原则、审判中立原则、无罪推定原则、辩护原则、参与原则、及时性原则、相应性原则、一事不再理原则，后者包括配合制约原则、检察监督原则。② 谈谈你对刑事诉讼原则体系的看法。

---

① 宋英辉．刑事诉讼原理．北京：法律出版社，2003：67-70.

② 谢佑平，万毅．刑事诉讼原则．北京：法律出版社，2002.

【推荐参考论著】

1. 宋英辉，等．外国刑事诉讼法．北京：法律出版社，2006.
2. 宋英辉，等．外国刑事诉讼法．北京：北京大学出版社，2012.
3. 宋英辉．建构我国刑事诉讼合理构造的理念与原则．政法论坛，2004（3）.
4. 樊崇义，张中．论我国刑事诉讼原则体系的构建．中国司法，2004（11）.
5. 宋英辉，等．刑事诉讼原理．北京：北京大学出版社，2014.
6. 宋英辉．刑事诉讼原理导读．北京：中国检察出版社，2011.
7. 谢佑平，万毅．刑事诉讼原则．北京：法律出版社，2002.
8. 林山田．刑事诉讼程序之基本原则．台大法学论丛，28（2）.
9. 季卫东．法律程序的意义．北京：中国法制出版社，2004.
10. 魏根特．刑事诉讼中不可放弃的原则．樊文，译．中国法学网．
11. 松尾浩也．日本刑事诉讼法：上卷．丁相顺，译．北京：中国人民大学出版社，2005.
12. 菲利．程序即是惩罚．魏晓娜，译．北京：中国政法大学出版社，2014.

第八章 管 辖

内容导读

本章重点阐释了管辖、立案管辖、审判管辖、级别管辖、地区管辖、指定管辖等的概念和刑事诉讼法及司法解释有关管辖的规定。我国刑事诉讼中的管辖，是指公安机关、人民检察院和人民法院等在直接受理刑事案件上的权限划分以及人民法院系统内部在审判第一审刑事案件上的权限划分，包括立案管辖和审判管辖。立案管辖是指公安机关、人民检察院和人民法院等在直接受理刑事案件上的权限划分。审判管辖是指人民法院系统内部在审判第一审刑事案件上的权限划分，包括级别管辖、地区管辖和指定管辖。

第一节 管辖概述

一、管辖的概念

刑事诉讼中的管辖，是指国家专门机关依法在受理刑事案件方面的职权范围上的分工。我国刑事诉讼中的管辖，是指公安机关、人民检察院和人民法院等在直接受理刑事案件上的权限划分以及人民法院系统内部在审判第一审刑事案件上的权限划分。实质就是公安司法机关在受理刑事案件方面的权限划分问题。

在进行刑事诉讼时，管辖是首先要解决的问题。在发现犯罪事实或者犯罪嫌疑人，需要追究刑事责任时，首先面临的程序问题就是应由公安司法机关中的哪一个机关立案受理，以及哪一个级别、哪一个地区的法院有一审管辖权。

在我国，刑事诉讼中的管辖与民事诉讼、行政诉讼中的管辖相比较，更具复杂性。主要表现在以下方面：第一，民事诉讼、行政诉讼的管辖仅涉及人民法院系统内部的分工，而在刑事诉讼中，刑事案件有公诉案件和自诉案件的划分，两类案件的管辖问题有所不同，占刑事案件绝大多数的公诉案件，只有经过侦查才能进行起诉和审判。因此，刑事管辖不仅涉及人民法院系统内部受理刑事案件的分工，还涉及公安机关、人民检察院、人民法院的立案管辖问题。第二，民事诉讼、行政诉讼中的当事人对某些案件的管辖法院有一定的选择权，但在刑事诉讼中，无论是公诉案件还是自诉案件，当事人对案件管辖都不享有选择权。

二、确定管辖的原则

刑事诉讼中的管辖，一般是根据刑事案件的性质、情节的轻重、复杂程度、发生地点、影响大小等不同特点和公安司法机关在刑事诉讼中的职责确定的。由于管辖关系到刑事诉讼能否顺利地进行，因而案件管辖的确定是刑事诉讼中的重要问题之一。从有利于刑事诉讼的顺利进行，保证刑事诉讼任务的顺利完成来考虑，确定管辖应当遵循的原则如下。

1. 准确及时原则。管辖的确定，应当遵循准确、及时查明案件事实，保证案件质量，实现刑事诉讼法基本任务的原则。在确定管辖时，应全面考虑各种因素，明确分工，合理设置，以利于公安司法机关能够准确、及时查明案件真实情况，正确适用法律，保证案件质量，提高办案效率，完成刑事诉讼法规定的惩罚犯罪、保护人民的根本任务。

2. 合理分工原则。管辖的确定，应当充分发挥各公安司法机关的职能作用，充分调动司法工作人员的积极性和主动性。应当根据各机关的性质与任务、级别与职能、物质装备与技术等，结合刑事案件的数量、复杂程度，对刑事案件的管辖权合理分配，使各机关担负的工作量和能力相适应，充分发挥职能作用。

3. 便利诉讼原则。管辖的确定，应当便于公安司法机关履行职责，便于当事人和其他诉讼参与人参加刑事诉讼，保护合法权益；应当有利于公安司法机关调查核实证据，查明事实真相，而且有利于当事人和其他诉讼参与人参加诉讼，便于群众旁听，节省人力、财力、物力，提高诉讼效率。

4. 原则性和灵活性相结合原则。确定管辖既要明确具体，又要有一定的灵活性。明确管辖权的归属，有利于准确、及时处理案件，但是，刑事案件往往错综复杂，如果过于强调原则性，有时不利于诉讼的顺利进行。因此，立法需要有一定的灵活性，赋予公安司法机关一定的裁量权。

三、管辖的分类

管辖分为立案管辖和审判管辖两大类。立案管辖是公安机关、人民检察院和人民法院在直接受理刑事案件上的权限划分；审判管辖是人民法院系统内各级法院、普通人民法院与专门人民法院以及专门人民法院之间在审判第一审刑事案件上的权限划分。审判管辖又分为普通法院的审判管辖和专门法院的审判管辖等。

国外刑事诉讼中的管辖通常是指审判管辖，一般分为级别管辖、地域管辖和专门管辖，而没有类似我国的立案管辖。为解决管辖中的各种复杂问题，各国立法普遍规定了合并管辖、移送管辖和指定管辖。

第二节 立案管辖

一、立案管辖的概念

刑事诉讼中的立案管辖，又称职能管辖或部门管辖，是指公安机关、人民检察院和人民法院之间在直接受理刑事案件范围上的权限划分。它解决的是哪类刑事案件应当由公安司法机关中的哪一个机关立案受理的问题，也就是确定哪些案件应当由公安机关立案侦查；哪些案件应当由人民检察院立案侦查；哪些案件应当由国家安全机关侦查；哪些案件不需要经过侦查，由人民法院直接受理审判；等等。

划分立案管辖主要考虑以下几个因素：一是公、检、法机关的性质与职能。我国公、检、法机关是刑事诉讼的专门机关，各自在刑事诉讼中的分工不同。公安机关是侦查机关，人民检察院是法律监督机关，人民法院是审判机关。因此，立案管辖的划分应当与它们的性质和职责相适应，绝大多数的刑事案件由公安机关立案侦查，某些特定的利用职权实施的犯罪案件由人民检察院立案侦查，自诉案件则由人民法院直接受理。二是案件的性质和复杂程度。一般而言，案件比较重大、复杂的，由公安机关立案侦查；不需要侦查的轻微刑事案件，由人民法院立案。

二、公安机关直接受理的刑事案件

我国《刑事诉讼法》第 19 条第 1 款规定："刑事案件的侦查由公安机关进行，法律另有规定的除外。"即除法律另有规定外，刑事案件一般应当由公安机关立案侦查。

法律另有规定的情形包括：（1）由人民检察院直接立案侦查的案件。（2）由军队保卫部门负责侦查的军队内部发生的刑事案件。（3）由国家安全机关立案侦查的危害国家安全的犯罪案件。（4）由监狱立案侦查的罪犯在监狱内犯罪的案件；由海关走私犯罪侦查部门立案侦查的走私犯罪案件；由中国海警局立案侦查的海上发生的刑事案件。

这些例外情形种类虽多，但数量上仅占刑事案件总数的一小部分，大多数刑事案件的立案侦查由公安机关承担。这是由公安机关的性质与职能决定的：一方面，公安机关是国家的治安保卫机关，负有维护社会秩序、保卫社会治安的责任；另一方面，公安机关拥有严密的组织系统和人员配备以及良好的技术装备，由其担负绝大多数案件的立案侦查任务具有坚实的基础。

三、人民检察院直接受理的刑事案件

我国《刑事诉讼法》第 19 条第 2 款规定：人民检察院在对诉讼活动实行法律监督中发现的司法工作人员利用职权实施的非法拘禁、刑讯逼供、非法搜查等侵犯公民权利、损害司法公正的犯罪，可以由人民检察院立案侦查。对于公安机关管辖的国家机关工作人员利用职权实施的重大犯罪案件，需要由人民检察院直接受理的时候，经省级以上人民检察院决定，可以由人民检察院立案侦查。

根据最高人民检察院2018年11月24日发布的《关于人民检察院立案侦查司法工作人员相关职务犯罪案件若干问题的规定》，人民检察院在对诉讼活动实行法律监督中，发现司法工作人员涉嫌利用职权实施的下列侵犯公民权利、损害司法公正的犯罪案件，可以立案侦查。(1) 非法拘禁罪（《刑法》第238条）（非司法工作人员除外）；(2) 非法搜查罪（《刑法》第245条）（非司法工作人员除外）；(3) 刑讯逼供罪（《刑法》第247条）；(4) 暴力取证罪（《刑法》第247条）；(5) 虐待被监管人罪（《刑法》第248条）；(6) 滥用职权罪（《刑法》第397条）（非司法工作人员滥用职权侵犯公民权利、损害司法公正的情形除外）；(7) 玩忽职守罪（《刑法》第397条）（非司法工作人员玩忽职守侵犯公民权利、损害司法公正的情形除外）；(8) 徇私枉法罪（《刑法》第399条第1款）；(9) 民事、行政枉法裁判罪（《刑法》第399条第2款）；(10) 执行判决、裁定失职罪（《刑法》第399条第3款）；(11) 执行判决、裁定滥用职权罪（《刑法》第399条第3款）；(12) 私放在押人员罪（《刑法》第400条第1款）；(13) 失职致使在押人员脱逃罪（《刑法》第400条第2款）；(14) 徇私舞弊减刑、假释、暂予监外执行罪（《刑法》第401条）。

依据《监察法》第11条的规定，公职人员和有关人员涉嫌贪污贿赂、滥用职权、玩忽职守、权力寻租、利益输送、徇私舞弊以及浪费国家资财等职务犯罪，由监察机关进行立案调查。

四、人民法院直接受理的刑事案件

由人民法院直接受理的刑事案件，在刑事诉讼中称为自诉案件，是指被害人及其法定代理人、近亲属，为追究被告人的刑事责任，直接向人民法院提出诉讼的案件。《刑事诉讼法》第19条第3款规定："自诉案件，由人民法院直接受理。"根据《刑事诉讼法》第210条的规定，自诉案件具体包括如下几类。

1. 告诉才处理的案件。这类案件是指被害人及其法定代理人提出控告和起诉，人民法院才予受理的案件。我国《刑法》规定的告诉才处理的案件有：第246条第1款规定的侮辱、诽谤案，第257条第1款规定的暴力干涉婚姻自由案，第260条第1款规定的虐待案，第270条规定的侵占案。被害人及其法定代理人没有告诉或者告诉后又撤回告诉的，人民法院就不予追究。被害人不起诉必须是他本人真实意思的体现，如果被害人因受到强制、威吓等原因无法告诉，人民检察院或者被害人的近亲属也可以告诉。此外，依据《刑事诉讼法》第114条的规定，告诉才处理的案件，如果被害人死亡或者丧失行为能力，他的法定代理人、近亲属有权向人民法院起诉，人民法院应当依法受理。

需要明确的是，自诉与告诉才处理并不完全相同。告诉才处理，是指法律规定某些犯罪必须有被害人的控告，司法机关才能追究被告人的刑事责任。它是根据刑法的规定，对部分犯罪，司法机关追究犯罪应以被害人的控告为前提。适用告诉才处理的案件范围的依据是实体法，也就是说，没有告诉就不能从实体法上追究刑事责任。而自诉是根据刑事诉讼法的规定，人民法院启动审判程序追究被告人刑事责任须以被害人等直接提起诉讼为前提，确定自诉案件范围的依据是程序法，也就是说，此类案件依法应适用自诉程序进行处理。

2. 被害人（单位）有证据证明的轻微刑事案件。这类案件包括：故意伤害案（轻伤）；非法侵入住宅案；侵犯通信自由案；重婚案；遗弃案；生产、销售伪劣商品案（但严重危害社会秩序和国家利益的除外）；侵犯知识产权案（但严重危害社会秩序和国家利益的除外）；属于《刑法》分则第四章、第五章规定的，可能判处3年有期徒刑以下刑罚的案件。这类自诉案件必须符合以下两个条件：(1) 必须是轻微的刑事案件；(2) 被害人必须有相应的证据证明被告人有罪。

根据最高人民法院《解释》，上述所列八项案件中，被害人直接向人民法院起诉的，人民法院应当依法受理。对其中证据不足、可以由公安机关受理的，或者认为对被告人可能判处3年有期徒刑以上刑罚的，应当告知被害人向公安机关报案，或者移送公安机关立案侦查。因此，这类案件既可以由被害人提起自诉，由人民法院作为自诉案件直接受理，也可以由人民检察院提起公诉，按公诉程序处理。

3. 被害人有证据证明对被告人侵犯自己人身、财产权利的行为应当依法追究刑事责任，且有证据证明曾经提出控告，而公安机关或人民检察院不予追究被告人刑事责任的案件。根据最高人民法院《解释》的规定，这类自诉案件必须具备以下条件：(1) 被告人的行为侵犯的是被害人的人身权利或财产权利；(2) 对被告人的行为应当依法追究刑事责任；(3) 被害人有证据证明被告人的行为构成犯罪；(4) 被害人提出证据证明曾经提出控告，公安机关或者人民检察院作出了不予追究被告人刑事责任的书面决定。这类自诉案件实际上是原本应当公诉的案件转化的自诉案件，其目的是维护被害人的诉讼权利，解决司法实践中被害人“告状难”的问题。

五、执行立案管辖需要注意的问题

1. 公安机关或者人民检察院在侦查过程中，如果发现被告人还涉嫌实施了属于人民法院直接受理的犯罪行为，应当分情况进行处理。对于属于告诉才处理的案件，可以告知被害人向人民法院直接提起诉讼；对于属于人民法院可以受理的其他类型的自诉案件，可以立案侦查，然后在人民检察院提起公诉时，和公诉案件一并移送人民法院，由人民法院合并审理，侦查终结后不提起公诉的，则应直接移送人民法院处理。

2. 人民检察院立案侦查时，发现犯罪嫌疑人同时涉嫌监察委员会管辖的职务犯罪线索的，应当及时与同级监察委员会沟通，一般应当由监察委员会为主调查，人民检察院予以协助。经沟通，认为全案由监察委员会管辖更为适宜的，人民检察院应当撤销案件，将案件和相应职务犯罪线索一并移送监察委员会；认为由监察委员会和人民检察院分别管辖更为适宜的，人民检察院应当将监察委员会管辖的相应职务犯罪线索移送监察委员会，对依法由人民检察院管辖的犯罪案件继续侦查。人民检察院应当及时将沟通情况报告上一级人民检察院。沟通期间，人民检察院不得停止对案件的侦查。监察委员会和人民检察院分别管辖的案件，调查（侦查）终结前，人民检察院应当就移送审查起诉有关事宜与监察委员会加强沟通，协调一致，由人民检察院依法对全案审查起诉。人民检察院立案侦查时，发现犯罪嫌疑人同时涉嫌公安机关管辖的犯罪线索的，依照现行有关法律和司法解释的规定办理。

3. 人民法院在审理自诉案件的过程中，如果发现被告人还涉嫌实施了应当由人民检察院提起公诉的犯罪行为，应当将新发现的案件另案移送有管辖权的公安机关、人民检察院处理。

4. 根据六机关《规定》第3条，具有下列情形之一的，人民法院、人民检察院、公安机关可以在其职责范围内并案处理：（1）一人犯数罪的；（2）共同犯罪的；（3）共同犯罪的犯罪嫌疑人、被告人还实施其他犯罪的；（4）多个犯罪嫌疑人、被告人实施的犯罪存在关联，并案处理有利于查明案件事实的。这里的并案处理就包括了立案管辖中将具备上述情形的案件并案侦查或者直接由人民法院并案审理。

第三节 审判管辖

一、审判管辖概述

刑事诉讼中的审判管辖，是指各级人民法院之间、同级人民法院之间、普通人民法院与专门人民法院之间、各专门人民法院之间在审判第一审刑事案件上的职权分工。审判管辖所要解决的是在人民法院系统内部受理案件的分工问题。也就是说，一起刑事案件具体应该由哪一个人民法院进行第一审。

从诉讼功能的角度看，国外审判管辖制度包括分配司法资源的制度和纠正管辖不当或错误的制度。分配司法资源的制度包括级别管辖、地域管辖和牵连管辖；纠正管辖不当或错误的制度包括移送管辖和管辖异议制度。国外刑事诉讼法确立审判管辖制度的原则主要包括：根据罪行轻重确立级别管辖；根据便利当事人参加诉讼的原则确立地域管辖；根据提高诉讼效率的原则确立牵连管辖；根据保证司法公正的原则确立异地管辖。

根据我国《刑事诉讼法》第20条至第28条的规定，我国刑事审判管辖分为普通管辖和专门管辖；普通管辖又分为级别管辖、地区管辖和指定管辖。

立案管辖和审判管辖的关系在公诉案件和自诉案件中有所不同。在自诉案件中，人民法院的立案管辖和审判管辖是重合的，都具体落实到审判权。在公诉案件中，两者间的关系具体表现如下。

1. 公安机关、人民检察院等机关的立案管辖和法院的审判管辖是先后关系，发生在刑事诉讼程序的不同阶段。立案管辖是公安司法机关在受理刑事案件上的第一次分工，审判管辖则是刑事案件进入审判阶段后的第二次分工。

2. 立案管辖并不必然导致审判管辖。有些案件因为在经过侦查或者经过审查起诉阶段后即告终结，没有进入审判程序，所以，不一定会产生审判管辖问题。

3. 刑事诉讼法规定的有关审判管辖中的级别管辖、地区管辖、专门管辖的原则和标准，也大致适用于公安机关和人民检察院，即公安机关、人民检察院系统内部对刑事案件的立案侦查权限的划分，原则上也要与人民法院的级别管辖、地区管辖和专门管辖相对应。当然，由于侦查工作具有不同特点，也会有一定程度的灵活性。

按照我国《刑事诉讼法》第176条的规定，人民检察院决定起诉的案件，应当按照审判管辖的规定，向人民法院提起公诉。因此，人民检察院提起公诉的案件，应当与各级人民法院管辖审理的案件范围相适应。因此，明确了审判管辖，也就确定了相应的提起公诉的检察机关。

二、级别管辖

级别管辖，是指各级人民法院在审判第一审刑事案件上的权限划分，解决的是上、下级人民法院之间在审判第一审刑事案件上的权限分工。

国外一般是根据罪行轻重来确立刑事案件的级别管辖，而确定罪行轻重的依据则是对该案可能判处的刑罚。刑法对犯罪所规定的刑期越长，表明犯罪行为的社会危害性越大；犯罪行为的社会危害性越严重，受诉法院的级别越高，法院的组织结构就越复杂，审理刑事案件、揭示案件事实真相、保证案件公正审理的审判能力也就越强，因此，法院的级别管辖是保证案件公正审判的一项制度保证。

我国划分级别管辖考虑的主要因素有：案件的性质和影响；罪行的轻重和可能判处刑罚的轻重；案件涉及面的大小；不同级别法院在审判体系中的地位、职责和条件；等等。

（一）基层人民法院管辖的第一审刑事案件

《刑事诉讼法》第 20 条规定："基层人民法院管辖第一审普通刑事案件，但是依照本法由上级人民法院管辖的除外。"可见，基层人民法院只能管辖普通刑事案件。在刑事诉讼中，普通案件占刑事案件的绝大部分，因此，绝大多数刑事案件实际上都是由基层人民法院进行第一审。这是因为基层人民法院在人民法院组织体系中数量最多，分布地区最广，而且案件的发生地都在其辖区内，其最接近犯罪地，也最接近人民群众。由基层法院进行审判，便于及时、有效地处理案件，便于诉讼参与人参加诉讼，也便于人民群众旁听案件的审判。

（二）中级人民法院管辖的第一审刑事案件

根据《刑事诉讼法》第 21 条的规定，中级人民法院管辖下列第一审刑事案件：（1）危害国家安全案件、恐怖活动案件；（2）可能判处无期徒刑、死刑的案件。

危害国家安全案件是指《刑法》分则第一章规定的危害国家安全的案件。恐怖活动案件的范围主要依据《刑法》分则规定的罪名和是否属于恐怖活动予以确定，其中《刑法》分则规定的具体罪名包括"帮助恐怖活动罪""组织、领导、参加恐怖组织罪""准备实施恐怖活动罪""宣扬恐怖主义、煽动实施恐怖活动罪""非法持有宣扬恐怖主义物品罪""强制穿戴宣扬恐怖主义服饰、标志罪"，涉嫌上述罪名的案件由中级人民法院一审。《反恐怖主义法》第 3 条对"恐怖主义"、"恐怖活动"、"恐怖活动组织"、"恐怖活动人员"和"恐怖事件"进行了界定。基于这些界定，通过暴力、破坏、恐吓等手段，制造社会恐慌、危害公共安全、侵犯人身财产，或者胁迫国家机关、国际组织，以实现其政治、意识形态等目的，而组织、策划、准备实施、实施造成或者意图造成人员伤亡、重大财产损失、公共设施损坏、社会秩序混乱等严重社会危害的活动的行为，例如放火，决水，爆炸，投放危险物质，非法制造、买卖、运输、储存危险物质，劫持航空器，故意杀人，故意伤害，绑架等犯罪也属于恐怖活动犯罪，应当由中级人民法院一审。此外，涉及《刑法修正案（九）》第 40 条所增加规定的"为参加恐怖活动组织、接受恐怖活动培训或者实施恐怖活动，偷越国（边）境"行为的案件也应当属于恐怖活动案件，同样应由中级人民法院一审。《反恐怖主义法》第 16 条还规定，有管辖权的中级以上人民法院在审判刑事案件的过程中，可以依法认定恐怖活动组织和人员。

立法对中级人民法院管辖的规定，并不是说这两类案件必须由中级人民法院进行第一审，而是指最低应由中级人民法院进行第一审，但并不排除由高级人民法院、最高人民法院对这些案件进行第一审。

立法将这些案件划分为由中级以上人民法院进行第一审审判，是因为其性质严重，或案情重大复杂、影响范围大或处刑较重，由较高级别的法院进行第一审，有利于保证办案质量。中级人民法院作为基层人民法院的上一级法院，担负着对基层人民法院管辖的第一审刑事案件进行上诉审的任务，此外，还肩负着对基层人民法院和本级人民法院的审判监督任务，因此，由中级人民法院管辖的第一审刑事案件，不宜太多。

(三) 高级人民法院管辖的第一审刑事案件

《刑事诉讼法》第22条规定：高级人民法院管辖的第一审刑事案件，是全省（自治区、直辖市）性的重大刑事案件。

关于全省（自治区、直辖市）性的重大刑事案件的标准，立法上没有规定，由高级人民法院认定和把握。实际上由高级人民法院审理的第一审刑事案件很少，这是与高级人民法院所处的位置和工作量负担相适应的。高级人民法院承担着对本辖区内的下级人民法院审判工作进行监督的任务，担负着对不服中级人民法院第一审判决、裁定的上诉、抗诉案件的第二审工作，还担负死刑缓期两年执行案件的复核和核准工作、死刑立即执行案件的复核工作等。因此，法律对高级人民法院管辖的第一审刑事案件的范围只作了原则性的规定。

(四) 最高人民法院管辖的第一审刑事案件

根据《刑事诉讼法》第23条的规定，最高人民法院管辖的第一审刑事案件，是全国性的重大刑事案件。

立法虽然规定了最高人民法院管辖的第一审刑事案件，但同时将其限制在必要的范围内，并且将决定权交给最高人民法院。实际上，由最高人民法院审判的第一审刑事案件非常罕见。最高人民法院是最高的审判机关，担负着监督、指导地方各级人民法院和专门人民法院的审判工作、对审判过程中具体应用法律问题作出司法解释等任务，同时，还要负责对不服高级人民法院第一审判决、裁定的上诉、抗诉案件以及最高人民检察院按照审判监督程序提起抗诉的案件的审判，以及死刑立即执行案件的核准工作。

此外，还要注意最高人民法院巡回法庭的管辖问题。最高人民法院在广东省深圳市、辽宁省沈阳市、重庆市、陕西省西安市、江苏省南京市、河南省郑州市分别设立六个巡回法庭。巡回法庭是最高人民法院派出的常设审判机构，审理或者办理巡回区内应当由最高人民法院受理的案件，主要是跨行政区域的重大行政和民商事案件；但是，也包括刑事申诉案件、依法定职权提起再审的案件、高级人民法院报请批准延长审限的案件等。并且，最高人民法院根据有关规定和审判工作需要，可以增设巡回法庭，并调整巡回法庭的巡回区和案件受理范围。

由于刑事案件的实际情况十分复杂，为了适应审判实践中可能出现的一些特殊情况的需要，保证案件正确、及时地处理，除上述级别管辖的法定情形以外，还存在移送管辖、提级管辖等情形。具体而言，人民法院在级别管辖方面，还应遵守下列规定。

1.《刑事诉讼法》第24条规定：上级人民法院在必要的时候，可以审判下级人民法院管辖的第一审刑事案件；下级人民法院认为案情重大、复杂需要由上级人民法院审判的第一审刑事案件，可以请求移送上一级人民法院审判。可见，此条规定有两种情况：一是上级人民法院在必要的时候可以审判依法应当由下级人民法院一审的案件，前提是“必要的时候”。“必要的时候”是指案情重大、复杂或者影响巨大以及下级人民法院的审判遇到其他困难等情形。但这种改变管辖的决定必须在下级人民法院第一审宣判之前作出，同时应当下达改变管辖决定书，并书面通知同级人民检察院、被告人的羁押场所和当事人。二是下级人民法院对属于自己管辖的案件，请求移送上级人民法院审判。这种移送以案情重大、复杂为前提，并且在上级人民法院同意后才能移送。最高人民法院《解释》第 17 条规定：基层人民法院对可能判处无期徒刑、死刑的第一审刑事案件，应当移送中级人民法院审判。基层人民法院对下列第一审刑事案件，可以请求移送中级人民法院审判：重大、复杂案件；新类型的疑难案件；在法律适用上具有普遍指导意义的案件。最高人民法院《解释》的上述规定虽然是针对基层人民法院向中级人民法院移送案件的情形，但其他级别法院之间的移送也应当参照执行。当然，这种级别管辖的变通只能是上级人民法院审理下级人民法院管辖的案件，上级人民法院不能将自己管辖的案件交给下级人民法院审判。

最高人民法院于 2010 年 12 月发布的《关于规范上下级人民法院审判业务关系的若干意见》对下级人民法院请求上级人民法院管辖和上级人民法院提级管辖的情况作了进一步具体解释。该意见第 3 条规定：基层人民法院和中级人民法院对于已经受理的下列第一审案件，必要时可以根据相关法律规定，书面报请上一级人民法院审理：（1）重大、疑难、复杂案件；（2）新类型案件；（3）具有普遍法律适用意义的案件；（4）有管辖权的人民法院不宜行使审判权的案件。第 5 条规定：上级人民法院认为下级人民法院管辖的第一审案件，属于上述 4 种情形，有必要由自己审理的，可以决定提级管辖。

2. 对于《刑事诉讼法》第 21 条规定的“可能判处无期徒刑、死刑的案件”，人民检察院对侦查终结的案件审查后，认为被告人的犯罪事实已经查清，证据确实、充分，并可能判处无期徒刑、死刑的，向中级人民法院提起公诉。中级人民法院受理后，认为不需要判处无期徒刑、死刑的，应当依法审判，不再交基层人民法院审判，以利于及时处理案件。

3. 最高人民法院《解释》第 15 条规定：一人犯数罪、共同犯罪或者其他需要并案审理的案件，其中一人或者一罪属于上级人民法院管辖的，全案由上级人民法院管辖。

三、地区管辖

地区管辖是指同级人民法院之间在审理第一审刑事案件上的权限划分。

级别管辖是从纵向上解决案件由哪一级人民法院管辖的问题，而地区管辖则是在明确案件的级别管辖的基础上，确定某一案件由该级人民法院中的哪一个人民法院管辖，是从横向上解决案件的管辖问题。只有级别管辖和地区管辖都解决了，案件的管辖权才能最终落实。

地区管辖是同一级别法院之间对一审刑事案件审理权限的分工。国外一般规定被告人犯罪地法院对案件有管辖权。由犯罪地法院审理刑事案件，有利于收集证据，便于证人出庭作证，便于诉讼参与人参加诉讼，从而有利于刑事案件的及时审结，有利于提高诉讼效率。

确定地区管辖的原则有两个。

1. 以犯罪地人民法院管辖为主，被告人居住地人民法院管辖为辅原则。

《刑事诉讼法》第 25 条规定：“刑事案件由犯罪地的人民法院管辖。如果由被告人居住地的人民法院审判更为适宜的，可以由被告人居住地的人民法院管辖。”法律之所以规定以犯罪地法院管辖为主，主要原因在于：犯罪证据大多都在犯罪地，由犯罪地法院审理，有利于法院就地调查核实证据，正确、及时处理案件；被害人、证人等往往都在犯罪地，便于法院就近传唤或者通知其参加诉讼，也便于诉讼参与人参加诉讼；犯罪地群众最为关心本地发生的犯罪案件的审理，因此由犯罪地法院审理，便于当地群众旁听，也有利于结合案件的审理进行法制宣传教育工作。

由被告人居住地的人民法院管辖更为适宜的情况，一般包括：被告人流窜作案，主要犯罪地难于确定，而其居住地的群众更多地了解案件的情况；在被告人居住地，民愤极大，当地群众要求在当地审判的；可能对被告人适用缓刑、管制或者单独适用剥夺政治权利等刑罚，因而需要在其居住地执行的；临时外出的组织成员之间相互进行侵犯的；等等。最高人民法院《解释》第3条规定："被告人的户籍地为其居住地。经常居住地与户籍地不一致的，经常居住地为其居住地。经常居住地为被告人被追诉前已连续居住一年以上的地方，但住院就医的除外。被告单位登记的住所地为其居住地。主要营业地或者主要办事机构所在地与登记的住所地不一致的，主要营业地或者主要办事机构所在地为其居住地。"

2. 以最初受理的人民法院审判为主，主要犯罪地人民法院审判为辅的原则。

《刑事诉讼法》第26条规定："几个同级人民法院都有权管辖的案件，由最初受理的人民法院审判。在必要的时候，可以移送主要犯罪地的人民法院审判。"这是立法上为最终落实地区管辖所作的规定。因为按照前述原则，有时候并不能确定对案件的管辖权，如一个犯罪涉及几个地点，按照犯罪地原则几个人民法院都有权审判，而以被告人居住地确定管辖法院也可能出现多个法院都具有管辖权的情形。遇到这种情况，原则上由最初受理的人民法院审判。因为，最初受理的人民法院对案件已有一定的了解，由其审判对处理案件有利。但是，在必要的时候，最初受理的人民法院可以把案件移送主要犯罪地人民法院审判。所谓主要犯罪地，包括案件涉及多个地点时对该犯罪的成立起主要作用的行为地，也包括一人犯数罪时，主要罪行的实行地。"必要的时候"是指对查清主要犯罪事实以及及时处理案件更为有利等情况。

最高人民法院《解释》第24条规定："人民法院发现被告人还有其他犯罪被起诉的，可以并案审理；涉及同种犯罪的，一般应当并案审理。人民法院发现被告人还有其他犯罪被审查起诉、立案侦查、立案调查的，可以参照前款规定协商人民检察院、公安机关、监察机关并案处理，但可能造成审判过分迟延的除外。根据前两款规定并案处理的案件，由最初受理地的人民法院审判。必要时，可以由主要犯罪地的人民法院审判。"

四、指定管辖

指定管辖，是指当管辖权有争议、管辖不明、有管辖权的法院不宜行使管辖权或者由犯罪地、被告人居住地以外的人民法院审判更为适宜时，由上级人民法院以指定的方式确定案件的管辖。《刑事诉讼法》第27条规定：上级人民法院可以指定下级人民法院审判管辖不明的案件，也可以指定下级人民法院将案件移送其他人民法院审判。

指定管辖分为三种情况。

1. 管辖权有争议和管辖不明时的指定管辖。最高人民法院《解释》第19条规定，两个以上同级人民法院都有权管辖的案件，由最初受理的人民法院管辖。必要时，可以移送被告人主要犯罪地的人民法院审判。对管辖权发生争议的，应当在审限内协商解决；协商不成的，由争议的人民法院分别逐级报请共同的上级人民法院指定管辖。第 20 条第 1 款规定，管辖不明的案件，上级人民法院可以指定下级人民法院审判。

2. 有管辖权的法院不宜行使管辖权时的指定管辖。最高人民法院《解释》第 18 条规定，有管辖权的人民法院因案件涉及本院院长需要回避或者其他原因，不宜行使管辖权的，可以请求移送上一级人民法院管辖；上一级人民法院可以管辖，也可以指定与提出请求的人民法院同级的其他人民法院管辖。

3. 由犯罪地、被告人居住地以外的人民法院审判更为适宜时的指定管辖。最高人民法院《解释》第 20 条规定，有关案件，由犯罪地、被告人居住地以外的人民法院审判更为适宜的，上级人民法院可以指定下级人民法院管辖。例如重大职务犯罪案件，通常指定被告人任职地点以外的法院管辖。

上级人民法院指定管辖，应当将指定管辖决定书分别送达被指定管辖的人民法院和其他有关的人民法院。原受理案件的人民法院在收到上级人民法院改变管辖决定书、同意移送决定书或者指定其他人民法院管辖决定书后，对公诉案件，应当书面通知同级人民检察院，并将案卷材料退回，同时书面通知当事人；对自诉案件，应当将案卷材料移送被指定管辖的人民法院，并书面通知当事人。

第二审人民法院发回重新审判的案件，人民检察院撤回起诉后，又向原第一审人民法院的下级人民法院重新提起公诉的，下级人民法院应当将有关情况层报原第二审人民法院。原第二审人民法院根据具体情况，可以决定将案件移送原第一审人民法院或者其他人民法院审判。

五、并案管辖

司法实践中的案件情况复杂多样，存在一人犯数罪、共同犯罪等多人多罪并存在关联的情形，为了更好地查清事实、提高诉讼效率和减少被追诉者的讼累，在特定情形下需要并案管辖。根据六机关《规定》第 3 条，具有下列情形之一的，人民法院、人民检察院、公安机关可以在其职责范围内并案处理：（1）一人犯数罪的；（2）共同犯罪的；（3）共同犯罪的犯罪嫌疑人、被告人还实施其他犯罪的；（4）多个犯罪嫌疑人、被告人实施的犯罪存在关联，并案处理有利于查明案件事实的。这里的并案管辖就包括了立案管辖中将具备上述情形的案件并案侦查或者直接由人民法院并案审理，但限于各自的职责范围，不得超出不同机关立案管辖的范围。

最高人民法院《解释》第 24 条和第 25 条对被告人犯数罪时的并案审理作出了具体的规定：（1）人民法院发现被告人还有其他犯罪已经被起诉的，可以并案审理；涉及同种犯罪的，一般应当并案审理。（2）人民法院发现被告人还有其他犯罪处于侦查、调查或者审查起诉阶段的，可以协商人民检察院、公安机关、监察机关并案处理，但可能造成审判过分迟延的除外。（3）第二审人民法院在审理过程中，发现被告人还有其他犯罪没有判决的，参照前两种情形处理。第二审人民法院决定并案审理的，应当发回第一审人民法院，由第一审人民法院作出处理。对于被告人犯数罪并案审理的，由最初受理地的人民法院审判，必要时，可以由主要犯罪地的人民法院审判。如果并案审理的多个犯罪中有的属于较高层级的人民法院管辖，并案后同样应当由较高层级的人民法院管辖，其中属于较高层级人民法院管辖的犯罪一般可以被认为是其中的主要犯罪。

六、专门管辖

专门管辖，是指专门人民法院与普通人民法院之间，各种专门人民法院之间以及各专门人民法院系统内部在受理第一审刑事案件上的权限分工，所要解决的是哪些案件由专门人民法院审判以及由哪一个专门人民法院审判的问题。

《刑事诉讼法》第28条规定："专门人民法院案件的管辖另行规定。"按照《人民法院组织法》及相关法律的规定，在人民法院的组织系统中，设有若干种专门人民法院。《人民法院组织法》第15条第1款规定："专门人民法院包括军事法院和海事法院、知识产权法院、金融法院等。"有些涉及专门业务的案件，如果由普通人民法院审判，就会有诸多的不便或困难，对正确、及时处理案件不利，需交专门人民法院审判。我国具有刑事管辖权的专门人民法院为军事法院。

军事法院管辖的案件，包括违反军人职责罪案件及现役军人、在军队编制内服务的无军职人员、普通公民危害与破坏国防军事的犯罪案件。根据最高人民法院《解释》第26条的规定，军队与地方互涉刑事案件，按照有关规定确定管辖。这里的规定主要是指最高人民法院、最高人民检察院、公安部、国家安全部、司法部、解放军总政治部2009年发布的《办理军队和地方互涉刑事案件规定》。一般而言，军人和非军人共同犯罪的，分别由军事法院和地方人民法院或者其他专门法院管辖。但涉及国家军事秘密的，全案由军事法院管辖。

七、特殊案件的管辖

在总结司法实践经验的基础上，最高人民法院《解释》规定了以下几种特殊案件的管辖。

1. 对于中华人民共和国缔结或者参加的国际条约所规定的罪行，中华人民共和国在所承担条约义务的范围内，行使刑事管辖权。这类案件，由被告人被抓获地、登陆地或者入境地的人民法院管辖。

2. 在中华人民共和国领域外的中国船舶内的犯罪，由该船舶最初停泊的中国口岸所在地或者被告人登陆地、入境地的人民法院管辖。

3. 在中华人民共和国领域外的中国航空器的犯罪，由该航空器在中国最初降落地的人民法院管辖。

4. 在国际列车上的犯罪，根据我国与相关国家签订的协定确定管辖；没有协定的，由该列车始发或者前方停靠的中国车站所在地负责审判铁路运输刑事案件的人民法院管辖。

5. 中国公民在中国驻外使领馆内的犯罪，由其主管单位所在地或者原户籍地的人民法院管辖。

6. 中国公民在中华人民共和国领域外的犯罪，由其登陆地、入境地、离境前居住地或者现居住地的人民法院管辖；被害人是中国公民的，也可由被害人离境前居住地或者现居住地的人民法院管辖。

7. 外国人在中华人民共和国领域外对中华人民共和国国家或者公民犯罪，根据《刑法》应受处罚的，由该外国人登陆地、入境地或者入境后居住地的人民法院管辖，也可以由被害人离境前居住地或者现居住地的人民法院管辖。

8. 正在服刑的罪犯在判决宣告前还有其他罪没有判决的，由原审地人民法院管辖；由罪犯服刑地或者犯罪地的人民法院审判更为适宜的，可以由罪犯服刑地或者犯罪地的人民法院管辖。罪犯在服刑期间又犯罪的，由服刑地的人民法院管辖。罪犯在脱逃期间又犯罪的，由服刑地的人民法院管辖。但是，在犯罪地抓获罪犯并发现其在脱逃期间犯罪的，由犯罪地的人民法院管辖。

9. 网络犯罪案件的管辖。针对或者主要利用计算机网络实施的犯罪，犯罪地包括用于实施犯罪行为的网络服务使用的服务器所在地，网络服务提供者所在地，被侵害的信息网络系统及其管理者所在地，犯罪过程中被告人、被害人使用的信息网络系统所在地，以及被害人被侵害时所在地和被害人财产遭受损失地等。

10. 在中华人民共和国内水、领海发生的刑事案件，由犯罪地或者被告人登陆地的人民法院管辖。由被告人居住地的人民法院审判更为适宜的，可以由被告人居住地的人民法院管辖。

11. 在列车上的犯罪，被告人在列车运行途中被抓获的，由前方停靠站所在地负责审判铁路运输刑事案件的人民法院管辖。必要时，也可以由始发站或者终点站所在地负责审判铁路运输刑事案件的人民法院管辖。被告人不是在列车运行途中被抓获的，由负责该列车乘务的铁路公安机关对应的审判铁路运输刑事案件的人民法院管辖。被告人在列车运行途经车站被抓获的，也可以由该车站所在地负责审判铁路运输刑事案件的人民法院管辖。

【问题与思考】

1. 什么是立案管辖？什么是审判管辖？
2. 谈谈我国刑事诉讼法关于管辖的规定有哪些不足？在司法实践的具体操作中存在哪些问题？
3. 哪些有重大影响的案件需要改变管辖？为什么要改变管辖？
4. 如果管辖发生错误，其诉讼程序是否有效？

【推荐参考论著】

1. 陈光中．刑事诉讼法修改建议稿与论证．北京：中国方正出版社，1995.
2. 陈光中．刑事诉讼法实施问题研究．北京：中国法制出版社，2000.
3. 樊崇义，等．刑事诉讼法修改专题研究报告．北京：中国人民公安大学出版社，2004.
4. 龙宗智．刑事诉讼指定管辖制度之完善．法学研究，2012（4）.

第九章 回 避

内容导读

刑事诉讼中的回避，是指根据刑事诉讼法和有关法律的规定，侦查人员、检察人员、审判人员等同案件有法定利害关系或者其他可能影响案件公正处理的关系，因而不得参与该案诉讼活动的一项诉讼制度。回避的对象包括在各诉讼阶段与案件或者当事人有某种关系的侦查人员、检察人员、审判人员、书记员、翻译人员、鉴定人。根据回避申请是否必须提出理由，可以将回避分为无因回避和有因回避。我国实行有因回避，当事人等提出回避申请的，必须具备法律规定的理由。我国刑事诉讼法及其司法解释中规定了三种回避：自行回避、申请回避和指令回避。同时，回避的申请、审查和决定必须符合法律规定的条件和程序。本章重点阐释回避的概念、种类、适用的人员范围、理由及程序。

第一节 回避的概念

刑事诉讼中的回避，是指根据刑事诉讼法和有关法律的规定，侦查人员、检察人员、审判人员等同案件有法定利害关系或者其他可能影响案件公正处理的关系，因而不得参与该案诉讼活动的一项诉讼制度。

我国《刑事诉讼法》、最高人民法院《解释》、最高人民检察院《规则》、公安部《规定》等法律性文件中都有关于刑事诉讼回避制度的规定。根据这些规定，我国的回避制度适用于刑事诉讼的整个过程，适用于行使国家侦查权、检察权和审判权的侦查人员、检察人员、审判人员以及参与诉讼活动的书记员、翻译人员和鉴定人等。

实行回避制度，有利于刑事诉讼的实体公正；能够提高公众对司法机关秉公执法的信任度，增强司法的权威性，有利于实现程序公正；能够使当事人充分感受到诉讼主体地位，有利于当事人积极参与诉讼活动，进而有利于诉讼人权的保障；能够减少当事人的上诉、申诉，避免了不必要的再审，从而节约了诉讼成本和司法资源，有利于提高诉讼效率。

第二节　回避的人员范围、理由及种类

一、回避的人员范围

回避的人员范围，是指在法律规定的情形下，哪些人应当回避。

在我国，根据《刑事诉讼法》第 29、32 条的规定，回避适用于下列人员。

1. 审判人员。一般认为，审判人员既包括直接负责审判本案的审判员和人民陪审员，也包括对本案有权参与讨论和作出处理决定的法院院长、副院长、庭长、副庭长和审判委员会的所有其他成员。由于我国实行的是法院独立审判，而不是法官独立审判，因而不应忽视司法实践中院长、庭长及其他审判委员会委员在审判中的实质性作用。最高人民法院《解释》第 37 条规定：本章所称的审判人员，包括人民法院院长、副院长、审判委员会委员、庭长、副庭长、审判员和人民陪审员。第 38 条规定：法官助理、书记员、翻译人员和鉴定人适用审判人员回避的有关规定，其回避问题由院长决定。

2. 检察人员。此既包括直接负责本案审查批准逮捕、审查起诉和出庭支持公诉的检察人员，也包括对本案有权参与讨论和作出处理决定的检察长、副检察长和检察委员会委员。

3. 侦查人员。此既包括直接负责本案侦查工作的公安机关和检察机关及其他依法具有侦查职能的机关的侦查人员，也包括对本案有权参与讨论和作出处理决定的检察长、副检察长、检察委员会委员和公安机关的负责人及其他依法具有侦查职能的机关的负责人。此外，还包括讯问犯罪嫌疑人时同步录音录像的录制人员。

4. 书记员。这指在侦查、起诉和审判阶段担任记录工作的人员。

5. 翻译人员。这指在侦查、起诉阶段讯问被告人和询问证人、被害人时担任翻译的人员和在法庭审判时担任翻译的人员。

6. 鉴定人。这指在整个刑事诉讼过程中就案件某个专门性问题进行鉴定并提供鉴定意见的人员。

二、回避的理由

回避的理由，是指由法律规定的实施回避所必须具备的根据。根据回避申请是否必须提出理由，可以将回避分为无因回避和有因回避。有因回避，又称附理由的回避，是指回避申请者只有在具备法定的回避理由时，才能提出要求有关的司法工作人员回避的申请。无因回避，又称强制回避或不附理由的回避，是指有权提出回避申请的人无须提出任何理由，即可要求法定数量的司法工作人员回避。我国实行有因回避的做法，当事人等在提出回避申请时，必须提出法定的理由。

根据我国《刑事诉讼法》的有关规定，回避的理由包括以下几种情形。

1. 是本案当事人或者当事人的近亲属。

根据《刑事诉讼法》第108条的规定，当事人是指被害人、自诉人、犯罪嫌疑人、被告人、附带民事诉讼的原告人和被告人；近亲属是指夫、妻、父、母、子、女、同胞兄弟姊妹。最高人民法院《回避规定》则将“近亲属”解释为与审判人员有夫妻、直系血亲、三代以内旁系血亲及近姻亲关系的亲属。《回避规定》还规定，审判人员与本案的诉讼代理人、辩护人有夫妻、父母、子女或者兄弟姐妹关系的，也在回避之列。

如果审判人员、检察人员、侦查人员等人员是本案的当事人或者是当事人的近亲属，就很难做到客观公正地履行法律职责，即使其能够大公无私、秉公执法，由于缺乏形式上的公正性，也很难让当事人信服、让广大公民信服。

2. 本人或者其近亲属和本案有利害关系。

所谓利害关系，是指本案的处理结果会影响到审判人员、检察人员、侦查人员以及书记员、翻译人员、鉴定人或其近亲属的利益。

3. 担任过本案的证人、鉴定人、辩护人或者诉讼代理人。

在同一个案件中，曾经履行过或行使过本案的证人、鉴定人、辩护人或诉讼代理人的义务和职责的人，对案件事实往往已经形成了自己的看法，如果再以其他办案人员的身份参与对该案件的处理，就很难做到客观公正。为防止先入为主和角色冲突，也应当回避。最高人民法院《解释》还将该情形的回避范围扩大至翻译人员。

4. 与本案当事人有其他关系，可能影响公正处理案件。

此处的“其他关系”，是指上述三类情形之外的某种关系。其内容比较广泛，大体可分为两类：一类是友好关系，如与当事人虽无亲属关系，但有其他亲戚关系或者是同学、同乡或朋友关系，或者与当事人有某种工作关系、经济关系等；另一类是不睦关系，即与当事人有过仇隙、纠纷等。当然，有上述关系的不一定都要回避，只有当这种关系会影响到案件的公正处理时，才应当回避。最高人民法院《解释》第27条第4项规定，与本案的辩护人、诉讼代理人有近亲属关系的审判人员，应当回避。

5. 接受当事人及其委托的人的请客送礼，或者违反规定会见当事人及其委托的人。

接受当事人及其委托的人的请客送礼，或者违反规定会见当事人及其委托的人，不仅会损害司法人员的公正形象，而且极易导致徇私枉法行为。所以，《刑事诉讼法》第30条规定：“审判人员、检察人员、侦查人员不得接受当事人及其委托的人的请客送礼，不得违反规定会见当事人及其委托的人。审判人员、检察人员、侦查人员违反前款规定的，应当依法追究法律责任。当事人及其法定代理人有权要求他们回避。”最高人民法院《解释》第28条规定，审判人员具有下列情形之一的，当事人及其法定代理人有权申请其回避：违反规定会见本案当事人、辩护人、诉讼代理人的；为本案当事人推荐、介绍辩护人、诉讼代理人，或者为律师、其他人员介绍办理本案的；索取、接受本案当事人及其委托的人的财物或者其他利益的；接受本案当事人及其委托的人的宴请，或者参加由其支付费用的活动的；向本案当事人及其委托的人借用款物的；有其他不正当行为，可能影响公正审判的。

6. 参加过本案调查、侦查、起诉工作的监察、侦查、检察人员不得再担任本案的审判人员，或者参加过本案侦查的人员，不得再担任本案的检察人员。

最高人民检察院《规则》第35条规定，参加过同一案件侦查的人员，不得承办该案的审查逮捕、审查起诉、出庭支持公诉和诉讼监督工作，但在审查起诉阶段参加自行补充侦查的人员除外。该规定适用于人民检察院检察官助理、书记员、司法警察和人民检察院聘请或指派的翻译人员、鉴定人。最高人民法院《解释》第29条第1款规定，参加过本案调查、侦查、审查起诉工作的监察、侦查、检察人员，调至人民法院工作的，不得担任本案的审判人员。该规定适用于法官助理、书记员、翻译人员和鉴定人。

7. 在一个审判程序中参与过本案审判工作的合议庭成员，不能再参与本案其他程序的审判。

最高人民法院《解释》第 29 条第 2 款规定："在一个审判程序中参与过本案审判工作的合议庭组成人员或者独任审判员，不得再参与本案其他程序的审判。但是，发回重新审判的案件，在第一审人民法院作出裁判后又进入第二审程序、在法定刑以下判处刑罚的复核程序或者死刑复核程序的，原第二审程序、在法定刑以下判处刑罚的复核程序或者死刑复核程序中的合议庭组成人员不受本款规定的限制。"该规定适用于法官助理、书记员、翻译人员和鉴定人。此外，《刑事诉讼法》第 239 条规定，原审人民法院对于发回重新审判的案件，应当另行组成合议庭，依照第一审程序进行审判；第 256 条规定，人民法院按照审判监督程序重新审判的案件，由原审人民法院审理的，应当另行组成合议庭进行。因此，对于第二审法院经过第二审程序裁定发回重审的案件，原审法院负责审理此案的原合议庭组成人员不得再参与案件的审理；对于人民法院按照审判监督程序重新审理的案件，原负责审判此案的合议庭组成人员也不得再参加对该案的处理，这样的目的是力图避免法官先入为主地进行新的审判，维护司法公正。

此外，《法官法》和《检察官法》所规定的"任职回避"也是一种广义的回避理由，即法官、检察官的配偶、父母和子女有下列两种情形的，实行任职回避：(1) 担任该法官或检察官所任职人民法院或人民检察院辖区内律师事务所的合伙人或者设立人的；(2) 在该法官或检察官所任职人民法院或人民检察院辖区内以律师身份担任诉讼代理人、辩护人，或者为诉讼案件当事人提供其他有偿法律服务的。任职回避不是个案中的回避，而是一种担任法官和检察官办理案件资格上的回避。

三、回避的种类

根据回避实施方式的不同，通常将回避划分为三种：自行回避、申请回避和指令回避。

自行回避，是指审判人员、检察人员、侦查人员等在刑事诉讼中遇有法定的回避情形时，主动要求退出诉讼活动的制度。我国《刑事诉讼法》第 29 条确立了自行回避制度。

申请回避，是指当事人及其法定代理人认为审判人员、检察人员、侦查人员等有法定应当回避的情形时，向人民法院、检察院或者公安机关等提出申请，要求他们退出诉讼活动的制度。我国《刑事诉讼法》第 29 条对申请回避制度也作出了规定。此外，为保障回避制度能够更好地发挥效果，《刑事诉讼法》第 32 条第 2 款还规定：辩护人、诉讼代理人可以依照该章的规定要求回避、申请复议。

指令回避，是指审判人员、检察人员、侦查人员等遇有法定的回避情形时，没有自行回避，当事人及其法定代理人、辩护人、诉讼代理人也没有申请回避，公、检、法机关等有关组织或负责人可以依职权命令其退出案件诉讼活动的制度。理论上通常认为指令回避是前两种回避制度的必要补充，虽然我国《刑事诉讼法》没有对指令回避作出规定，但是，最高人民法院《解释》第 34 条、最高人民检察院《规则》第 31 条对指令回避作出了明确规定。

第三节　回避的程序

一、回避的提起

在刑事诉讼中的各个阶段，如侦查、起诉和审判等阶段，有关组织或个人都可以启动回避程序，使有关人员退出侦查、起诉和审判等程序。

司法工作人员自行回避的，可以口头或者书面提出，并说明理由。口头提出的，应当记录在案。当事人及其法定代理人、辩护人、诉讼代理人要求司法工作人员回避的，应当书面或者口头向公安司法机关提出，并说明理由或者提供有关证明材料。

我国《刑事诉讼法》对于侦查、起诉阶段的回避程序没有明文规定。司法实践中，侦查人员、检察人员应当基于客观公正义务，在相应的诉讼阶段及时告知当事人等有申请回避权。最高人民检察院《规则》第 26 条规定：人民检察院应当告知当事人及其法定代理人有依法申请回避的权利，并告知办理相关案件检察人员、书记员等人员的姓名、职务等有关情况。检察机关也应加强对侦查程序合法性的监督，倘若侦查人员应回避而没有回避，检察机关应当在审查批捕或者审查起诉时以程序违法为由，将案件退回侦查机关补充侦查。检察人员应该回避而没有回避的，检察长或者检察委员会可以指令其回避，当事人及其法定代理人、辩护人、诉讼代理人也可申请其回避。

对于审判阶段的回避，我国《刑事诉讼法》第 187、190 条则有明确的规定，在开庭以前，审判人员可以召集公诉人、当事人和辩护人、诉讼代理人，对回避、出庭证人名单、非法证据排除等与审判相关的问题，了解情况，听取意见。最高人民法院《解释》第 31 条规定：人民法院应当依法告知当事人及其法定代理人有权申请回避，并告知其合议庭组成人员、独任审判员、法官助理、书记员等人员的名单。

无论是自行回避还是申请回避，被申请回避的人员一般应暂停参与本案的诉讼活动。但是，在对侦查人员的回避作出决定前，侦查人员不能停止对案件的侦查工作，以免影响及时收集犯罪证据和查明案件事实。

二、回避的审查和决定

关于回避的决定权主体，《刑事诉讼法》第 31 条第 1 款规定："审判人员、检察人员、侦查人员的回避，应当分别由院长、检察长、公安机关负责人决定；院长的回避，由本院审判委员会决定；检察长和公安机关负责人的回避，由同级人民检察院检察委员会决定。"人民法院院长的回避，应当由审判委员会讨论决定；审判委员会讨论院长的回避问题时，由副院长主持，院长不得参加。检察长的回避，由检察委员会讨论决定；检察委员会讨论检察长的回避问题时，由副检察长主持，检察长不得参加。侦查人员、检察官助理、法官助理、书记员、翻译人员和鉴定人的回避，一般应当按照诉讼进行的阶段，分别由公安机关负责人、检察长或法院院长决定。

对于回避的请求或者申请，必须经法定的组织或者人员审查后作出是否同意的决定。对于具有法定回避情形的人员，即使本人并未提出回避要求，当事人及其法定代理人、辩护人、诉讼代理人也没有要求他们回避，有权决定回避的个人或组织也应当进行审查并作出是否回避的决定。

关于出庭检察人员的回避，最高人民法院《解释》第 36 条规定，当事人及其法定代理人申请出庭的检察人员回避的，人民法院应当区分情况作出处理：（1）属于《刑事诉讼法》第 29 条、第 30 条规定情形的回避申请，应当决定休庭，并通知人民检察院尽快作出决定；（2）不属于《刑事诉讼法》第 29 条、第 30 条规定情形的回避申请，应当当庭驳回，并不得申请复议。最高人民检察院《规则》第 28 条与之相呼应，规定在开庭审理过程中，当事人及其法定代理人向法庭申请出庭的检察人员回避的，在收到人民法院通知后，人民检察院应当作出回避或者驳回申请的决定。不属于《刑事诉讼法》第 29 条、第 30 条规定情形的回避申请，出席法庭的检察人员应当建议法庭当庭驳回。

有关回避的决定一经作出，一般即发生法律效力。当事人及其法定代理人、辩护人、诉讼代理人对驳回申请的决定不服的，可以申请复议一次。在复议主体作出复议决定前，不影响被申请回避的人员参与案件的处理活动。根据公安部《规定》第 36、37 条的规定，当事人及其法定代理人对侦查人员提出回避申请的，公安机关应当在收到回避申请后 2 日以内作出决定并通知申请人；情况复杂的，经县级以上公安机关负责人批准，可以在收到回避申请后 5 日以内作出决定。当事人及其法定代理人对县级以上公安机关负责人提出回避申请的，公安机关应当及时将申请移送同级人民检察院。当事人及其法定代理人对驳回申请回避的决定不服的，可以在收到驳回申请回避决定书后 5 日以内向作出决定的公安机关申请复议。公安机关应当在收到复议申请后 5 日以内作出复议决定并书面通知申请人。最高人民检察院《规则》则规定，人民检察院作出驳回申请回避的决定后，应当告知当事人及其法定代理人，如不服本决定，有权在收到驳回申请回避的决定书后 5 日以内向原决定机关申请复议一次。当事人及其法定代理人对驳回申请回避的决定不服申请复议的，决定机关应当在 3 日以内作出复议决定并书面通知申请人。根据最高人民法院《解释》，当事人及其法定代理人申请回避被驳回的，可以在接到决定时申请复议一次。不属于《刑事诉讼法》规定情形的回避申请，由法庭当庭驳回，并且不得申请复议。

根据公安部《规定》第 39 条的规定，被决定回避的公安机关负责人、侦查人员在回避决定作出以前所进行的诉讼活动是否有效，由作出决定的机关根据案件情况决定。根据最高人民检察院《规则》第 36 条的规定，被决定回避的检察人员，在回避决定作出以前所取得的证据和进行的诉讼行为是否有效，由检察委员会或者检察长根据案件具体情况决定。被决定回避的公安机关负责人在回避决定作出以前所进行的诉讼行为是否有效，由作出决定的人民检察院检察委员会根据案件具体情况决定。

三、违反回避规定的法律救济

对于应当回避的人员没有遵守回避制度的有关规定应承担什么样的法律后果，我国《刑事诉讼法》中没有明确的规定，但是从《刑事诉讼法》的一些条文、相关的司法解释以及司法实践中的做法来看，存在一定的救济措施，具体包括：（1）人民法院在审理案件的过程中，如果发现有违反回避规定的情形，可以建议人民检察院撤回起诉，进行补充侦查。

(2) 第二审人民法院在二审过程中，如果发现第一审程序中存在应当回避而没有回避的情形，应当裁定撤销原判，发回原审人民法院重新审判。(3) 人民检察院在审查批捕或者审查决定逮捕的过程中，或者在审查起诉时，发现负责本案侦查的人员应当回避而没有回避的，应当以程序违法为由要求负责侦查的机关或部门补充侦查。(4) 人民检察院在行使审判监督职能的过程中，发现人民法院的有关人员应当回避而没有回避的，应当及时向人民法院提出，要求其纠正此违反程序法的行为。

【问题与思考】

1. 我国刑事诉讼法规定的回避理由包括哪几种情形？应当如何进一步完善？
2. 我国刑事诉讼法规定的应当回避的司法工作人员的范围包括哪些？
3. 谈谈回避的具体程序应当如何增加可操作性？
4. 应当回避的人员回避后，其回避前的诉讼行为是否继续有效？
5. 法律是否应当规定律师回避制度？

【推荐参考论著】

1. 孙洪坤．刑事回避制度的观念更新与改革．中国刑事法杂志，2004（5）.
2. 张品泽．外国刑事回避制度比较研究．比较法研究，2004（3）.

第十章 辩护与代理

内容导读

辩护是指刑事案件的犯罪嫌疑人、被告人及其辩护人反驳控诉机关或者个人对犯罪嫌疑人、被告人的指控，提出有利于犯罪嫌疑人、被告人的事实和理由，以证明犯罪嫌疑人、被告人无罪、罪轻或者应当减轻、免除刑事处罚，维护犯罪嫌疑人、被告人合法权益的诉讼活动。辩护制度是法律规定的关于辩护权、辩护种类、辩护方式、辩护人的范围、辩护人的责任、辩护人的权利与义务等一系列规则的总称。刑事诉讼中的代理，是指代理人接受公诉案件的被害人及其法定代理人或者近亲属、自诉案件的自诉人及其法定代理人、附带民事诉讼的当事人及其法定代理人的委托，以被代理人名义参加诉讼，由被代理人承担代理行为的法律后果的一项诉讼活动。本章重点阐释了刑事辩护制度的理论基础，辩护制度在发现实体真实和实现程序正义两方面的意义，我国刑事辩护制度的具体内容以及刑事代理制度。

第一节 辩护制度概述

一、辩护制度概述

辩护是指刑事案件的犯罪嫌疑人、被告人及其辩护人反驳控诉机关或者个人对犯罪嫌疑人、被告人的指控，提出有利于犯罪嫌疑人、被告人的事实和理由，以证明犯罪嫌疑人、被告人无罪、罪轻或者应当减轻、免除刑事处罚，维护犯罪嫌疑人、被告人合法权益的诉讼活动。

辩护权是宪法和法律赋予犯罪嫌疑人、被告人的一项专属诉讼权利，在犯罪嫌疑人、被告人的各项诉讼权利中居于核心地位。

归纳起来，辩护权具有以下特点：第一，辩护权贯穿于整个刑事诉讼的过程，不受诉讼阶段的限制；第二，辩护权不受犯罪嫌疑人、被告人是否有罪以及罪行轻重的限制；第三，辩护权不受案件调查情况的限制，无论案件事实是否清楚，证据是否确实充分，犯罪嫌疑人、被告人都依法享有辩护权；第四，辩护权不受犯罪嫌疑人、被告人认罪态度的限制，无论他们是否认罪，是否坦白交代，均不能作为限制其辩护权的理由；第五，辩护权的行使不受辩护理由的限制，不管具体案件的犯罪嫌疑人、被告人是否具备充分、合理的辩护理由，均不影响他们行使辩护权。

二、辩护制度及其历史发展

辩护制度，是法律规定的关于辩护权、辩护种类、辩护方式、辩护人的范围、辩护人的责任、辩护人的权利与义务等一系列规则的总称。它是犯罪嫌疑人、被告人有权获得辩护这一宪法原则在刑事诉讼中的体现和保障，是现代法治国家法律制度的重要组成部分。

（一）外国刑事辩护制度的历史沿革

外国刑事辩护制度的产生，可以追溯到公元前5世纪到公元前4世纪的雅典共和国时期。[①] 当时执政官审理案件时允许被告人进行答辩、申辩。公元前594年梭伦担任雅典执政官后，进行了著名的“梭伦改革”，设立了具有民主特色的陪审法庭。一些刑事和民事案件经执政官初审后，被送往陪审法庭，“公民未经陪审法庭判决不得处死”。当时“诉讼程序公开进行，双方当事人可以进行辩论”。雅典的法律制度对以后的罗马法有着直接的影响。刑事辩护制度在古罗马的出现，与古罗马当时的社会历史条件是分不开的，其商品经济社会对个人权利、利益、自由的尊重，促进了刑事辩护制度的产生。当时，在审判活动中，实行“弹劾式诉讼”，被告人和控告人享有同等权利，审理案件的程序是由原告提出控诉的理由和证据，然后由被告提出反驳的理由和证据，最后由法官作出裁决。被告人拥有辩护权，可以为自己的利益进行诉讼防御。审判采取对质、言词、公开的方式，被告人可以提出反证，证明自己无罪。被告人还可以请精通辩术的辩护人为自己辩护，当时社会上出现了一种被称为“保护人”“辩护士”等、具有一定法律知识的人，他们参加到诉讼中替被告人反驳无根据的指控，并给被告人提供某些法律上的帮助，从而使法院对被告人的判决趋于合理。《十二铜表法》规定了法庭上辩护人进行辩护的条文，这可以说是人类历史上辩护制度的早期雏形。

在中世纪欧洲，实行纠问式诉讼制度，国家承担起积极主动地追究犯罪、惩罚犯罪的责任，对犯罪的侦查、控诉和审判职能由同一司法机构承担，侦查、起诉、审判等各职能不分，使得刑事诉讼兼具司法性和行政性。司法官员的调查和追诉权几乎不受任何限制，为查明事实真相，他可以采取一切手段，对被告人实行有罪推定和刑讯逼供。在刑事诉讼中，被告人几乎所有的权利被剥夺。因此，刑事被告人在中世纪的欧洲没有真正的辩护权。

西方现代意义上的辩护制度，产生于资产阶级革命胜利后。随着纠问式诉讼制度所赖以存在的专制主义政治制度被废除，近代西方各国均建立了一种以权力分立理论为基础的政治制度。司法权从行政权和立法权中分离出来，成为一种独立的国家权力，承担起维护

---

① 熊秋红．刑事辩护论．北京：法律出版社，1998：26.

法治、实现社会正义的使命。司法独立、控审分离为辩护职能的形成提供了现实的基础和前提条件，刑事辩护制度得以产生的直接原因在于保障公民权利的需要。纠问式诉讼的不公正性和非人道性在资产阶级革命中受到猛烈的抨击，各国刑事诉讼制度均朝着保障被指控人人权的方向进行变革。资产阶级革命成功后，英、法等主要资本主义国家均在立法中肯定了刑事诉讼的辩论原则，赋予刑事被告人自己辩护和聘请他人辩护的权利。首先规定被告人辩护权的是英国1679年的《人身保护法》，该法明确规定了诉讼中的辩论原则，承认被告人有权获得辩护，从而确定了刑事被告人在刑事诉讼中的主体地位。1808年的《法国刑事诉讼法典》对辩护制度作了更详尽、周密的规定，使刑事辩护更加系统化和规范化，因而对后世各国的刑事辩护制度产生了重大影响。第二次世界大战以后，基于对法西斯主义的深刻反思，从保护人权的理念出发，各国纷纷修改或重新制定刑事诉讼法典，在刑事诉讼立法中对国家权力的制约和对公民权利的保障给予了极大的关注，许多国家将被指控人有权获得辩护作为一项宪法原则加以规定，然后在刑事诉讼法中予以具体规范和保障，辩护制度得到了空前的发展，主要表现在：第一，辩护人介入诉讼的时间普遍提前到侦查阶段；第二，各国普遍建立了法律援助制度，即为贫穷的被告人提供免费的法律帮助；第三，律师的先悉权得到了充分的保障，许多国家通过建立证据开示制度保障律师的先悉权；第四，许多国家通过赋予律师就其业务秘密享受拒绝作证的特权，巩固了律师与其当事人之间的法律关系。

与此同时，为了更有效地推动国际间刑事司法领域的合作，促进各国不断改进刑事司法制度，联合国在总结各国刑事司法制度改革经验的基础上，通过制定一系列国际性文件确立了刑事司法方面的原则和标准。联合国大会1948年通过的《世界人权宣言》、1966年通过的《公民权利和政治权利国际公约》和1990年通过的《关于律师作用的基本原则》中都规定了刑事辩护制度的国际性准则。联合国文件中所确立的保障被指控人获得律师帮助的平等、及时和有效的原则以及关于刑事辩护制度的具体标准，对于各国发展和完善本国刑事辩护制度具有普遍的指导意义。虽然各国的文化背景和社会结构各异，但在差异性的背后存在着某种基本的一致性。刑事辩护的标准国际化，既反映了国际社会对刑事辩护制度的高度重视，也反映出国际社会在刑事辩护制度方面已形成相当多的共识。

（二）我国刑事辩护制度的历史沿革

我国现代意义上的辩护制度是清末从西方引进和移植的。最早的立法规定是1906年清朝政府制定的《大清刑事民事诉讼法（草案）》（未公布），其中规定了律师参与诉讼的内容，赋予当事人聘请律师辩护的权利。关于律师的单行规定是从1912年北洋政府制定的《律师暂行章程》和《律师登录暂行章程》开始出现的。两个单行律师立法的出现，是我国律师制度的开端。之后国民党政府于1928年和1941年分别制定和颁行了《刑事诉讼法》和《律师法》，于1945年公布了《公设辩护人服务规则》。南京国民政府时期形成了比较完备的刑事辩护制度。由于近代中国的刑事辩护制度产生和生存于半殖民地半封建社会，因而它在司法实践中所能发挥的作用十分有限。

我国社会主义的辩护制度的确立，经历了一条漫长而曲折的发展道路。早在第二次国内革命战争时期，中华苏维埃共和国中央执行委员会颁布的《裁判部暂行组织及裁判条例》第24条就曾规定：被告人为本身的利益，可派代表出庭辩护，但须得法庭的许可。抗日战争时期，各根据地都依照党中央的路线、方针、政策并结合本地情况，颁布了有关司法组织和诉讼程序的法律、法令，建立了各自的司法机关，在刑事诉讼中实行了公开审判制度。

公开审判时，准许群众旁听和发言，准许当事人请其家属或有法律知识的人出庭充任辩护人，人民团体对于所属成员的诉讼也可派人出庭帮助辩护。新中国成立后，1954年的第一部宪法将“被告人有权获得辩护”规定为宪法原则。为贯彻这一宪法原则，1954年《人民法院组织法》第7条规定：“被告人有权获得辩护。被告人除自己行使辩护权外，可以委托律师为他辩护，可以由人民团体介绍的或者经人民法院许可的公民为他辩护，可以由被告人的近亲属、监护人为他辩护。人民法院认为必要的时候，也可以指定辩护人为他辩护。”这些法律规定表明，新中国在成立初期，就已经着手建立社会主义的辩护制度。但是到了20世纪50年代后期，由于受“左”的思想路线的干扰和影响，刚刚建立起来的辩护制度遭到严重破坏，到“文化大革命”期间，辩护制度基本夭折。党的十一届三中全会以后，开始了恢复和重建辩护制度的工作。1979年7月第五届全国人民代表大会第二次会议通过的《刑事诉讼法》，不但规定了被告人的辩护权，而且确立了律师辩护制度。1980年8月26日第五届全国人民代表大会常务委员会第十五次会议通过了《律师暂行条例》。这一条例的颁布实施，成为我国律师辩护制度进入新时期的重要里程碑。1979年《刑事诉讼法》实施16多年来，我国社会主义民主和法制建设不断发展，社会情况有了变化，司法实践积累了不少经验，也反映出一些问题，需要总结实践经验，联系现代法制建设的发展，对《刑事诉讼法》进行补充、修改。因此1996年3月17日第八届全国人民代表大会第四次会议审议通过了《关于修改〈中华人民共和国刑事诉讼法〉的决定》，其中对辩护制度作了重大改革和完善。随着国家改革开放的深入，特别是社会主义市场经济体制的建立和民主法制的发展，原有的《中华人民共和国律师暂行条例》中的一些内容已经不能适应形势的发展，1996年5月15日第八届全国人民代表大会常务委员会第十九次会议审议通过了《中华人民共和国律师法》（以下简称《律师法》），以确认和巩固律师工作改革的成果，规范和引导律师事业的健康发展，进一步发挥律师在政治、经济和社会生活中的作用。《刑事诉讼法》的修改和《律师法》的颁布与实施标志着我国律师辩护制度建设取得了重大成就。经过《律师法》十几年的实施，刑事诉讼中律师执业存在的会见难、阅卷难、取证难等问题日益凸显，社会转型过程中法制观念的更新、司法实践经验的进一步积累以及对域外律师制度的借鉴等，都对《律师法》提出了适应时代的新要求。2007年10月28日修订后的《律师法》经第十届全国人民代表大会常务委员会第三十次会议审议通过，并于2008年6月1日起正式实施。修订后的《律师法》在全面总结我国律师制度恢复以来，特别是《律师法》实施以来律师工作取得的成绩和经验的基础上，从我国的基本国情出发，适应新时期、新阶段我国律师工作改革和发展的需要，对1996年《律师法》的规定作了较大修改和完善，增加和修改的条文有四十多条。它的颁布实施，对于进一步完善中国特色社会主义律师制度，保障律师依法执业，规范律师执业行为，发挥律师在社会主义法制建设中的作用，推动律师事业的科学发展具有重要意义。2012年3月14日第十一届全国人民代表大会第五次会议审议通过了《关于修改〈中华人民共和国刑事诉讼法〉的决定》，在充分肯定、吸收《律师法》的相关规定基础上，结合我国具体国情和司法实践，对辩护制度作出了重大修改：第一，侦查阶段律师的“辩护人”地位得到确认，明确犯罪嫌疑人在侦查阶段可以委托辩护人；第二，完善了律师会见程序，强调律师会见不被监听；第三，延展了辩护律师的阅卷权；第四，修改追究辩护人刑事责任的规定，明确辩护人涉嫌犯罪的，应当由办理辩护人所承办案件的侦查机关以外的侦查机关办理，这使辩护人的职业安全性得到提高；第五，扩大了法律援助的适用对象和适用范围。为了与2012年再修改后的《刑事诉讼法》相衔接，进一步维护律师执业权利和保障犯罪嫌疑人或被告人的合法权益，2012 年 10 月 26 日第十一届全国人民代表大会常务委员会第二十九次会议对 2007 年《律师法》的部分条款进行了修改。2018 年 10 月 26 日，历经三次审议，第十三届全国人大常委会第六次会议表决通过了《关于修改〈中华人民共和国刑事诉讼法〉的决定》，在总结现行司法实践经验的基础上，确立了值班律师制度。《刑事诉讼法》第 36 条规定，法律援助机构可以在人民法院、看守所等场所派驻值班律师。犯罪嫌疑人、被告人没有委托辩护人，法律援助机构没有指派律师为其提供辩护的，由值班律师为犯罪嫌疑人、被告人提供法律咨询、程序选择建议、申请变更强制措施、对案件处理提出意见等法律帮助。人民法院、人民检察院、看守所应当告知犯罪嫌疑人、被告人有权约见值班律师，并为犯罪嫌疑人、被告人约见值班律师提供便利。

三、辩护制度的理论基础

在刑事诉讼过程中，人们对刑事案件事实的认定有一个主观再现客观的过程，如何使人的主观认识符合刑事案件的客观实际，是刑事诉讼中必须解决的一个重大课题。不管是马克思主义哲学中的“对立统一规律”，还是我国古代朴素的“兼听则明”的认识论观点，抑或是西方的实证主义哲学观，都说明辩护制度作为同起诉制度相对应的一个方面，对于保证司法机关客观、公正地确定刑事案件的客观事实具有重大意义。正是刑事诉讼的这一客观现实需要才使辩护制度具有生命力。

无罪推定原则是刑事辩护制度得以确立的理论基石。无罪推定原则首先解决的是被指控人的诉讼地位问题，在刑事诉讼中，任何人在未经法院生效判决确认有罪之前，其身份只能是犯罪嫌疑人、被告人。法律赋予被指控人辩护权并保障这一权利的实现，有助于制约司法机关的活动，起到防止追诉机关主观片面的作用。无罪推定原则从证明责任、证明要求上来说，可以理解为对被指控人所被指控的罪行，要有充分的证据加以证明，不能证明被指控人有罪，被指控人就被视为无罪，这样就衍生出证明责任由控诉方承担、被指控人不负举证责任以及疑罪从无的规则，因而使被指控人的辩护具有了权利属性。无罪推定原则所包含的各项内容与刑事辩护制度相辅相成，这使得无罪推定原则不仅成为被指控人享有辩护权的依据，而且能够保障被指控人辩护权的真正实现。

程序主体性理论是辩护制度发展和完善的又一理论基础。程序主体性理论旨在强调刑事诉讼中的追诉对象——被指控人在诉讼过程中与控诉机关、审判机关拥有同等的诉讼主体地位。被指控人与警察、检察官、法官没有身份上的高低贵贱之分，只有所担当的诉讼角色的区别。作为刑事诉讼的基本要素，诉讼主体具有深刻的内涵。刑事诉讼是国家追究犯罪、惩罚犯罪的活动，所以，在诉讼中享有追诉权和审判权的国家专门机关是刑事诉讼的当然主体，这一结论适用于所有的诉讼形态。但是，对于被追诉者来说，情况就完全不一样了。封建纠问式诉讼中，被指控人处于几乎没有任何诉讼权利的诉讼客体地位。没有诉讼权利，不仅无法进行有效辩护，而且要承受刑讯逼供等非人道的取证手段，没有任何人权可言。正是启蒙活动以降萌发的无罪推定思想在诉讼中的贯彻，才使被指控人具备了诉讼主体地位：（1）作为主体，该个体在诉讼中必须受到有尊严的对待，即将其视为一个人，尊重他的尊严；（2）作为主体，该个体的基本人权在诉讼中得到国家立法和司法的保障，国家保障公平对待；（3）该个体拥有参与涉及自身利益的决定过程及改善自己处境的机会和手段，享有一系列诉讼权利。这样，被指控人的诉讼主体地位确立了，真正意义上的控辩分离、平等对抗的“控辩审”三角构造才能实现。特别需要指出的是，面对强大的国家司法机器，犯罪嫌疑人、被告人显然处于十分弱小的地位，如果没有一定的制度做保障，很容易造成对犯罪嫌疑人、被告人合法权益的漠视，诉讼过程的残暴和诉讼结果的不公。中世纪欧洲的刑事诉讼中被告人的诉讼客体地位充分说明了这一点。所以，法律赋予犯罪嫌疑人、被告人辩护权的一个重要目的，就是要使犯罪嫌疑人、被告人从诉讼客体变为诉讼的主体。同时，还需指出的是，辩护权的受益者不仅仅是犯罪嫌疑人、被告人个人，而是全体社会公民，因为任何公民都有可能因涉嫌犯罪而成为犯罪嫌疑人、被告人，这时辩护权就成为其合法权益的法律屏障，犯罪嫌疑人、被告人借此可以抵御国家权力的滥用。因此，辩护制度是现代民主和法治社会不可缺少的组成部分，辩护权在本质上具有公民权的属性，辩护原则也成为各国宪法中规定的一条宪法性原则。

四、刑事辩护制度的意义

刑事辩护制度，是在刑事诉讼中保障人权和加强法治的重要体现。正确理解并认真贯彻这一制度，对于惩罚犯罪分子，防止罪及无辜，以及完成刑事诉讼教育任务等都具有重要意义。

一方面，刑事辩护制度的设立有利于发现真相。从收集证据的过程看，刑事辩护制度可增强收集证据的全面性，同时保障收集证据的真实性；从法官审查判断证据过程看，刑事辩护制度有利于客观真相的揭示，同时有利于抑制法官的主观片面性和随意性。故刑事辩护制度有利于司法机关准确、及时地查明案情和正确适用法律，提高案件质量。

另一方面，刑事辩护制度的设立有利于实现程序正义。刑事辩护制度在实现程序正义中的作用突出表现在：有助于刑事诉讼中形成合理的诉讼结构；使被指控人能够积极参与诉讼过程；对国家权力形成有力的监督和制约，在刑事诉讼中，程序正义的核心内容就是对被指控人的个人权利加以保护，而对国家权力加以制约。控审分离是国家权力的内部制衡，而刑事辩护制度则是对国家权力的外部制约。刑事辩护制度对于实现程序正义的作用是其诉讼价值的最重要体现。正是对这一价值的充分肯定，才使得刑事辩护制度在现代刑事司法制度中具有不可动摇的地位。

第二节　我国辩护制度的基本内容

一、辩护的种类

根据《刑事诉讼法》第33、34、35、36条的规定，我国刑事诉讼中的辩护有三种：自行辩护、委托辩护和法律援助辩护。

（一）自行辩护

自行辩护是指犯罪嫌疑人、被告人自己针对指控进行反驳、申辩和辩解的行为。自行辩护是犯罪嫌疑人、被告人行使辩护权的重要方式，它贯穿于刑事诉讼的始终，无论是在侦查阶段，还是在起诉、审判阶段，犯罪嫌疑人、被告人都有权自行辩护。

（二）委托辩护

委托辩护是指犯罪嫌疑人、被告人依法委托律师或其他公民担任辩护人，协助其进行辩护。犯罪嫌疑人、被告人可以自己委托辩护人，犯罪嫌疑人、被告人在押的，也可以由其监护人、近亲属代为委托辩护人。

根据《刑事诉讼法》第34条的规定，犯罪嫌疑人、被告人委托辩护人可分为以下两种情形：（1）公诉案件的犯罪嫌疑人在被侦查机关第一次讯问或者采取强制措施之日起，有权委托辩护人。但侦查期间，只能委托律师担任辩护人。（2）被告人有权随时委托辩护人为自己辩护。此外，由监察机关立案调查的职务犯罪案件移送检察机关审查后，犯罪嫌疑人可以委托辩护人。

对于犯罪嫌疑人、被告人委托辩护人的权利，侦查机关、检察机关和人民法院负有告知义务：（1）侦查机关在第一次讯问犯罪嫌疑人或者对犯罪嫌疑人采取强制措施之日起，应当告知犯罪嫌疑人有权委托辩护人；（2）人民检察院自收到移送审查起诉的案件材料之日起3日以内，应当告知犯罪嫌疑人有权委托辩护人；（3）人民法院自受理案件之日起3日以内，应当告知被告人有权委托辩护人。告知可以采取书面或口头的形式。此外，犯罪嫌疑人、被告人在押期间要求委托辩护人的，人民法院、人民检察院和公安机关应当及时转达其要求，转达的对象包括犯罪嫌疑人、被告人的监护人、近亲属，或者其指定的人员。被告人应当提供有关人员的联系方式。无法通知有关人员的，应当告知被告人。

上述规定表明，我国刑事诉讼法对于犯罪嫌疑人、被告人选择辩护人的问题遵循意思自治的原则，是否委托辩护人、委托何人做辩护人，均由犯罪嫌疑人、被告人自行决定。但是，对于委托辩护人的选择，法律上也规定了四个限制条件：第一，只能在法律规定的可以充当辩护人的人员范围内进行选择；第二，委托的人数最多为2人；第三，一名辩护人不得为2名以上的同案被告人，或者未同案处理但犯罪事实存在关联的被告人辩护；第四，在侦查期间，只能委托律师作为辩护人。

（三）法律援助辩护

法律援助辩护是指犯罪嫌疑人、被告人及其近亲属因经济困难或者其他原因没有委托辩护人而向法律援助机构申请，或者具备法定情形时由公、检、法机关直接通知法律援助机构，由法律援助机构指派承担法律援助义务的律师为其提供辩护。根据《刑事诉讼法》第35条的规定，适用法律援助辩护具有以下几个特点：（1）法律援助辩护必须以犯罪嫌疑人、被告人没有委托辩护人为前提。（2）法律援助辩护适用于从侦查、审查起诉到审判整个刑事诉讼过程。（3）法律援助辩护只能由依法承担法律援助义务的律师担任，其他人不得担任。

根据《刑事诉讼法》第35条和第278条的规定，法律援助辩护分为申请法律援助和通知法律援助两种类别。

1. 申请法律援助，是指犯罪嫌疑人、被告人因经济困难或者其他原因没有委托辩护人的，本人及其近亲属可以向法律援助机构提出申请。根据最高人民法院、最高人民检察院、公安部和司法部共同制定的《关于刑事诉讼法律援助工作的规定》第2条第2款的规定，具有下列情形之一，犯罪嫌疑人、被告人没有委托辩护人的，可以依照前款规定申请法律援助：（1）有证据证明犯罪嫌疑人、被告人属于一级或者二级智力残疾的；（2）共同犯罪案件中，其他犯罪嫌疑人、被告人已委托辩护人的；（3）人民检察院抗诉的；（4）案件具有重大社会影响的。对于符合法律援助条件的，法律援助机构应当指派律师为其提供辩护。根据前述规定第7条，被羁押的犯罪嫌疑人、被告人提出法律援助申请的，公安机关、人民检察院、人民法院应当在收到申请24小时内将其申请转交或者告知法律援助机构，并于3日内通知申请人的法定代理人、近亲属或者其委托的其他人员协助向法律援助机构提供有关证件、证明等相关材料。犯罪嫌疑人、被告人的法定代理人或者近亲属无法通知的，应当在转交申请时一并告知法律援助机构。

2. 通知法律援助，是指在具备法定情形时，由侦查机关、检察机关和人民法院直接通知法律援助机构指派律师提供辩护。通知法律援助具有强制性，一旦具备法定情形，根据案件所处的诉讼阶段，相应的办案机关承担通知法律援助机构的义务，而法律援助机构接到通知后应及时指派律师。根据刑事诉讼法及司法解释的规定，犯罪嫌疑人、被告人具有下列情形时应当通知法律援助机构指派律师担任辩护人：（1）盲、聋、哑人；（2）未完全丧失辨认或者控制自己行为能力的精神病人；（3）可能被判处无期徒刑、死刑；（4）未成年人。2018年《刑事诉讼法》修改新增了缺席审判制度，在被告人及其近亲属没有委托辩护人的情况下，人民法院缺席审判案件应当通知法律援助机构指派律师为其提供辩护。需要注意的是，缺席审判时承担通知法律援助义务的只有法院，而不包括办理该案的侦查机关和检察机关。此外，高级人民法院复核死刑案件，被告人没有委托辩护人的，人民法院应当通知法律援助机构指派律师为其提供辩护。中级人民法院、高级人民法院审理、复核死刑缓期执行期间故意犯罪的案件，被告人没有委托辩护人的，应当通知法律援助机构指派律师为其提供辩护。依据《刑事诉讼法》第293条的规定，人民法院对在境外的被告人进行缺席审判的案件中，被告人及其近亲属没有委托辩护人的，人民法院应当通知法律援助机构指派律师为其提供辩护。根据《关于刑事诉讼法律援助工作的规定》第11条，人民法院自受理强制医疗申请或者发现被告人符合强制医疗条件之日起3日内，对于被申请人或者被告人没有委托诉讼代理人的，应当向法律援助机构送交通知代理公函，通知其指派律师担任被申请人或被告人的诉讼代理人，为其提供法律帮助。

根据最高人民法院《解释》第48条的规定，具有下列情形之一，被告人没有委托辩护人的，人民法院可以通知法律援助机构指派律师为其提供辩护：（1）共同犯罪案件中，其他被告人已经委托辩护人的；（2）案件有重大社会影响的；（3）人民检察院抗诉的；（4）被告人的行为可能不构成犯罪的；（5）有必要指派律师提供辩护的其他情形。对于这些情况，人民法院可以根据具体情况裁量决定是否通知法律援助机构指派律师担任辩护人，人民法院决定不通知的，犯罪嫌疑人、被告人仍可申请法律援助。

对于犯罪嫌疑人、被告人有获得法律援助辩护的权利，办案机关负有告知义务。根据最高人民法院《解释》第44条，人民法院自受理案件之日起3日以内，被告人因经济困难或者其他原因没有委托辩护人的，应当告知其可以申请法律援助；被告人属于应当提供法律援助情形的，应当告知其将依法通知法律援助机构指派律师为其提供辩护。

需要注意的是，实践中还可能出现法律援助辩护与委托辩护并存的情况。最高人民法院《解释》第51条规定，对法律援助机构指派律师为被告人提供辩护，被告人的监护人、近亲属又代为委托辩护人的，应当听取被告人的意见，由其确定辩护人人选。

二、值班律师

2018年《刑事诉讼法》在第36条增设了值班律师制度，对我国辩护制度和法律援助制度的基本内容进行了丰富。值班律师制度在司法实践中最早是作为认罪认罚从宽制度试点的配套措施出现的。最高人民法院、最高人民检察院、公安部、国家安全部、司法部于2020年8月发布的《法律援助值班律师工作办法》对此予以系统规定，明确了值班律师在认罪认罚从宽案件和其他案件中的地位、职责、作用和工作程序等内容。

值班律师制度的基本内涵可以从以下几个方面进行理解：（1）值班律师制度是对我国辩护制度的重要补充。值班律师为既未委托辩护人又未获得法律援助机构指派律师辩护的犯罪嫌疑人、被告人提供法律帮助，帮助犯罪嫌疑人、被告人更好地进行自行辩护，是对委托辩护与法律援助辩护的重要补位，性质上属于为被追诉者提供的必要的最低限度的法律帮助。（2）值班律师制度是我国法律援助制度的重要组成部分，值班律师的派驻和安排由法律援助机构负责，并由法律援助机构确定人选、进行指导和管理。值班律师制度使我国法律援助制度在刑事案件领域得以覆盖更大范围，为更多的犯罪嫌疑人、被告人提供法律援助。（3）值班律师在具体案件中的身份不是辩护人，不提供出庭辩护的服务，但需要以其专业的法律知识为犯罪嫌疑人、被告人提供法律咨询、提供程序选择建议、帮助其申请变更强制措施、对案件处理提出意见等法律帮助。（4）值班律师制度的适用范围并不限于认罪认罚从宽制度，而覆盖所有案件的所有诉讼阶段中犯罪嫌疑人、被告人没有辩护人的情形。（5）人民法院、人民检察院和看守所等办案机关需要为值班律师制度和值班律师的工作提供相应的保障，例如，为值班律师设置专门的会见室，为值班律师了解案件有关情况和查阅案件材料提供必要的便利等。

《刑事诉讼法》和《法律援助值班律师工作办法》规定了值班律师提供的法律帮助，包括：（1）提供法律咨询，即结合案情介绍刑法、刑事诉讼法等法律规定，使犯罪嫌疑人、被告人理解自己所涉案件的性质、可能的法律后果与相应的诉讼程序。（2）提供程序选择建议，即在向犯罪嫌疑人、被告人说明刑事诉讼法规定的不同程序和相应法律后果的基础上，向其提出程序选择的建议。这里主要指的是根据案件的具体情况建议犯罪嫌疑人、被告人认罪认罚或者同意适用速裁程序。（3）帮助犯罪嫌疑人、被告人申请变更强制措施，即代表犯罪嫌疑人、被告人向公安司法机关申请变更其强制措施，如从拘留、逮捕等羁押性强制措施变更为取保候审、监视居住等非羁押性强制措施。值班律师还可以帮助已经被逮捕的犯罪嫌疑人、被告人向人民检察院提出羁押必要性审查的申请。（4）对案件处理提出意见，即根据案件具体情况，为犯罪嫌疑人、被告人对本案的定罪、量刑和程序适用等问题向办案机关提出处理意见，这种提出意见职责的履行应该覆盖侦查、审查起诉和审判等不同的诉讼阶段。（5）帮助犯罪嫌疑人、被告人及其近亲属申请法律援助。（6）法律法规规定的其他事项。值班律师还应当遵守相关法律法规、执业纪律和职业道德，依法保守国家秘密、商业秘密和个人隐私，不得向受援人收取财物或者谋取不正当利益，不得向他人泄露工作中掌握的案件情况，犯罪嫌疑人、被告人或者其他人准备或者正在实施危害国家安全、公共安全以及严重危害他人人身安全的犯罪事实和信息除外。在认罪认罚从宽案件中，值班律师的总体职责是维护犯罪嫌疑人、被告人的合法权益，确保犯罪嫌疑人、被告人在充分了解认罪认罚性质和法律后果的情况下，自愿认罪认罚。犯罪嫌疑人、被告人认罪认罚的，除了前述六项法律帮助，值班律师应当在了解犯罪嫌疑人、被告人对被指控的犯罪事实和罪名是否有异议的基础上，提供下列法律帮助：（1）向犯罪嫌疑人、被告人释明认罪认罚的性质和法律规定，告知被指控罪名的法定量刑幅度，释明从宽从重处罚的情节以及认罪认罚的从宽幅度；（2）对人民检察院指控罪名、量刑建议、诉讼程序适用等事项提出意见，并可以结合案件情况提供程序选择建议；（3）犯罪嫌疑人签署认罪认罚具结书时在场。

值班律师为提供上述法律帮助，享有下列权利：（1）会见权。与犯罪嫌疑人、被告人有约见值班律师的权利相对应，值班律师可以会见犯罪嫌疑人、被告人，看守所应当为值班律师会见提供便利。值班律师办理案件时，可以应犯罪嫌疑人、被告人的约见进行会见，也可以经办案机关允许主动会见。危害国家安全犯罪、恐怖活动犯罪案件，侦查期间值班律师会见在押犯罪嫌疑人的，应当经侦查机关许可。（2）了解情况权。侦查阶段，值班律师可以向侦查机关了解犯罪嫌疑人涉嫌的罪名及案件有关情况。（3）阅卷权。案件进入审查起诉阶段后，值班律师可以查阅案卷材料，了解案情，人民检察院、人民法院应当及时安排，并提供便利。已经实现卷宗电子化的地方，人民检察院、人民法院可以安排在线阅卷。（4）提出意见权。在审查起诉阶段，犯罪嫌疑人认罪认罚的，值班律师可以就以下事项向人民检察院提出意见：一是涉嫌的犯罪事实、指控罪名及适用的法律规定；二是从轻、减轻或者免除处罚等从宽处罚的建议；三是认罪认罚后案件审理适用的程序；四是其他需要提出意见的事项。值班律师提出意见的，人民检察院应当记录在案并附卷，未采纳值班律师意见的，应当说明理由。值班律师对人民检察院量刑建议、程序适用有异议的，在确认犯罪嫌疑人系自愿认罪认罚后，应当在认罪认罚具结书上签字，同时可以向人民检察院提出法律意见。

三、辩护人的概念及范围

辩护人是指接受犯罪嫌疑人、被告人的委托或法律援助机构的指定，帮助犯罪嫌疑人、被告人行使辩护权，以维护其合法权益的人。我国《刑事诉讼法》第 33 条规定，犯罪嫌疑人、被告人除自己行使辩护权以外，还可以委托 1 至 2 人作为辩护人，即犯罪嫌疑人、被告人最多可以委托 2 名辩护人。在共同犯罪案件中，由于犯罪嫌疑人、被告人之间存在着利害关系，所以，一名辩护人不得同时接受 2 名以上同案犯罪嫌疑人、被告人的委托，作为他们的共同辩护人。同样基于利害关系的考虑，一名辩护人也不得为 2 名以上的未同案处理但实施的犯罪存在关联的犯罪嫌疑人、被告人辩护。在刑事诉讼中，辩护人与犯罪嫌疑人、被告人一起共同承担辩护职能。

辩护人的范围，是指哪些人可以接受犯罪嫌疑人、被告人的委托或法律援助机构的指定，担任他们的辩护人。我国《刑事诉讼法》第 33 条和《律师法》以及最高人民法院《解释》第 40 条，对辩护人的范围作了全面的规定，既规定了可以担任辩护人的范围，又规定了禁止担任辩护人的范围。

依据上述法律规定，下列人员可以担任辩护人。

1. 律师。律师是指依照法定程序取得律师资格，并且经过登记注册，为社会提供法律服务的执业人员。虽然取得律师资格但未登记注册的，仍不得以律师身份接受委托担任辩护人。律师担任辩护人存在以下限制：律师担任各级人民代表大会常务委员会组成人员期间，不得执业；审判人员和人民法院其他工作人员从人民法院离任后 2 年内，检察人员从人民检察院离任后 2 年内，不得以律师身份担任辩护人；现役军人成为犯罪嫌疑人、被告人的，可以聘请军队中的或者地方的律师作为辩护人；外国人、无国籍的犯罪嫌疑人、被告人委托律师辩护的，只能委托中国律师作为辩护人。

2. 人民团体或者犯罪嫌疑人、被告人所在单位推荐的人。这里的人民团体是指工会、妇联、共青团等群众性团体。法律的这一规定，主要是从我国的具体国情出发的，鉴于当前我国的律师队伍尚不能满足实际需要，为了有效维护犯罪嫌疑人、被告人的合法权益，因而允许人民团体以及犯罪嫌疑人、被告人所在单位推荐的公民担任刑事案件的辩护人。

3. 犯罪嫌疑人、被告人的监护人、亲友。所谓监护人，是指对未成年人和无行为能力或限制行为能力的精神病人承担保护其人身、财产和其他合法权益的责任的人或单位。根据《民法典》的规定，监护人一般由被监护人的亲属担任，没有亲属的，也可由有关的机关、团体或单位担任。所谓亲友，是指犯罪嫌疑人、被告人的亲戚朋友。允许犯罪嫌疑人、被告人的监护人、亲友担任辩护人，主要是考虑到他们同犯罪嫌疑人、被告人关系比较亲近，比较了解情况，由他们进行辩护，一方面可以缓解律师数量不足的问题，另一方面可以维护犯罪嫌疑人、被告人的合法权益，还可以减轻犯罪嫌疑人、被告人的经济压力。

律师、人民团体、犯罪嫌疑人或被告人所在单位推荐的人以及犯罪嫌疑人或被告人的监护人、亲友，被委托为辩护人的，办案机关应当核实其身份证明和授权委托书。

依据上述法律规定，下列人员不得担任辩护人。(1) 正在被执行刑罚或者处于缓刑、假释考验期间的人。(2) 依法被剥夺、限制人身自由的人。(3) 无行为能力或者限制行为能力的人。(4) 人民法院、人民检察院、监察机关、公安机关、国家安全机关、监狱的现职人员。(5) 人民陪审员。(6) 与本案审理结果有利害关系的人。(7) 外国人或者无国籍人。(8) 被开除公职或者被吊销律师、公证员执业证书的人。

按照《刑事诉讼法》第 32 条和最高人民法院《解释》第 40 条的规定，以上第四、五、六、七、八项规定的人员，如果是犯罪嫌疑人、被告人的监护人、近亲属的，可以担任辩护人。

根据最高人民法院《解释》第 41 条的规定，审判人员和人民法院其他工作人员从人民法院离任后，不得担任原任职法院所审理案件的辩护人，但系被告人的监护人、近亲属的除外。审判人员和人民法院其他工作人员的配偶、子女或者父母不得担任其任职法院所审理案件的辩护人，但系被告人的监护人、近亲属的除外。

这些限制性规定，有的是从保证辩护质量的角度来考虑的，有的是从保证司法公正的角度来考虑的，还有的是从维护辩护制度的严肃性角度来考虑的。在学术界，学者们还对辩护人的其他禁止范围进行了有益的探讨，普遍认为，本案的证人、鉴定人、翻译人员不宜同时担任本案的辩护人，因为这些人与辩护人的诉讼地位、诉讼权利和诉讼义务是互相矛盾的。

四、辩护人的职责

我国《刑事诉讼法》第 37 条规定，辩护人的责任是根据事实和法律，提出犯罪嫌疑人、被告人无罪、罪轻或者减轻、免除其刑事责任的材料和意见，维护犯罪嫌疑人、被告人的诉讼权利和其他合法权益。《律师法》第 31 条规定，律师担任辩护人的，应当根据事实和法律，提出犯罪嫌疑人、被告人无罪、罪轻或者减轻、免除其刑事责任的材料和意见，维护犯罪嫌疑人、被告人的诉讼权利和其他合法权益。根据这两项规定，辩护人的职责主要有以下几项。

1. 只能依据事实和法律进行辩护，不得捏造事实和歪曲法律。辩护人在刑事诉讼中必须始终坚持以事实为根据、以法律为准绳这一基本原则，即根据事实和法律，提出犯罪嫌疑人、被告人无罪、罪轻或者减轻、免除其刑事责任的材料和意见，反驳对犯罪嫌疑人、被告人不正确的指控。《刑事诉讼法》第44条规定，辩护人或者其他任何人，不得帮助犯罪嫌疑人、被告人隐匿、毁灭、伪造证据或者串供，不得威胁、引诱证人作伪证以及进行其他干扰司法机关诉讼活动的行为。

2. 帮助犯罪嫌疑人、被告人依法正确行使自己的诉讼权利，并在发现犯罪嫌疑人、被告人的诉讼权利受到侵犯或剥夺时，向公安司法机关提出意见，要求依法制止，或者向有关单位提出控告。

3. 为犯罪嫌疑人、被告人提供其他法律帮助。辩护人应当解答犯罪嫌疑人、被告人提出的有关法律问题，为犯罪嫌疑人、被告人代写有关文书，案件宣判后，应当征求被告人对判决的意见以及询问被告人是否进行上诉等。

4. 辩护人只有辩护的职责，没有控诉的义务，辩护律师在履行辩护职责的过程中，如果获悉犯罪嫌疑人、被告人还犯有其他未被指控的犯罪行为，一般情况下辩护人有责任保密，而没有举报的义务。但是，根据《刑事诉讼法》第48条的规定，辩护律师在执业活动中知悉委托人或者其他人，准备或者正在实施危害国家安全、公共安全以及严重危害他人人身安全的犯罪的，应当及时告知司法机关。这有助于保障国家、社会的整体利益，并维护辩护律师的职业形象，从长远来看更有利于辩护制度的健康发展。

五、辩护人的法律地位

辩护人在刑事诉讼中的法律地位是独立的诉讼参与人，是犯罪嫌疑人、被告人合法权益的专门维护者。辩护人与犯罪嫌疑人、被告人共同承担辩护职能，这一诉讼职能独立于控诉职能和审判职能。辩护人具有独立的诉讼参与人的身份，依自己的意志依法进行辩护，独立履行职责，维护犯罪嫌疑人、被告人的合法权益，而不是非法权益。因此，辩护人只能依据事实和法律为犯罪嫌疑人、被告人进行辩护，既不受公诉人意见的左右，也不受犯罪嫌疑人、被告人意志的左右。辩护人与出庭公诉的检察人员的诉讼地位应当是平等的，他们均服从法庭审判人员的指挥，依法履行各自的诉讼职能，任何机关、团体和个人不得非法干涉。辩护人在刑事诉讼中的唯一职能就是辩护，除此以外没有别的职能。

正确理解辩护人的上述诉讼地位，还必须明确以下几个方面的问题。

1. 辩护与控诉是一对相对应的诉讼职能，这就决定了辩护人与公诉人的关系是对立统一关系。两者的诉讼职能虽然不同，但辩护人与公诉人的地位是平等的、独立的，在法庭上公诉人进行控诉，辩护人进行反驳，两者还可以互相辩论，在程序上没有地位高下之分。

2. 辩护人与犯罪嫌疑人、被告人的关系，不同于诉讼代理人和当事人的关系。辩护人有独立的诉讼地位，不是犯罪嫌疑人、被告人的代言人，他们参与诉讼是履行法律规定的职责，而不是基于犯罪嫌疑人、被告人的授权。虽然辩护人要在犯罪嫌疑人、被告人委托以后才能取得辩护资格，但是辩护人在接受委托以后，则取得了独立的诉讼地位，在诉讼过程中，他是以自己的名义，根据对事实的掌握和对法律的理解，独立进行辩护，而不受犯罪嫌疑人、被告人意思表示的约束。

3. 辩护人和审判人员的关系在本质上是一种协作关系。辩护人进行辩护，离不开审判人员的支持，只有审判人员根据法律的规定保障辩护人履行辩护职责，认真听取辩护人的意见，并采纳辩护人的正确观点，辩护职能才能得以充分实现。审判人员进行审判，也离不开辩护人的帮助，辩护人认真履行职责，可以使审判人员全面了解案件事实；辩护人对有关法律问题的辩护观点，也可以为审判人员准确适用法律提供参考意见。

六、辩护人的权利和义务

我国《律师法》、《刑事诉讼法》及相关司法解释对辩护人的权利和义务进行了明确的规定。2015 年 9 月，最高人民法院、最高人民检察院、公安部、国家安全部、司法部共同出台了《关于依法保障律师执业权利的规定》。其中第 2 条明确规定，人民法院、人民检察院、公安机关、国家安全机关、司法行政机关应当尊重律师，健全律师执业权利保障制度，依照刑事诉讼法、民事诉讼法、行政诉讼法及律师法的规定，在各自职责范围内依法保障律师知情权、申请权、申诉权，以及会见、阅卷、收集证据和发问、质证、辩论等方面的执业权利，不得阻碍律师依法履行辩护、代理职责，不得侵害律师合法权利。

辩护人的诉讼权利主要有以下几项。

1. 独立进行辩护的权利。辩护人依法履行辩护职责，受国家法律保护。辩护人有权根据事实和法律独立地进行辩护，不受任何机关、团体和个人的非法限制和干涉。

2. 阅卷权。辩护律师行使阅卷权，无须办案机关的批准，而其他辩护人行使阅卷权则需要人民法院或人民检察院的许可。《刑事诉讼法》第 40 条规定，辩护律师自人民检察院对案件审查起诉之日起，可以查阅、摘抄、复制本案的案卷材料。其他辩护人经人民法院、人民检察院许可，也可以查阅、摘抄、复制上述材料。这里需要注意几个问题：(1) 案卷材料是指包括诉讼文书和证据材料在内的案卷中的所有材料。但人民检察院检察委员会的讨论记录，人民法院合议庭、审判委员会的讨论记录以及其他依法不能公开的材料不得查阅、摘抄、复制。(2) 复制案卷材料的具体方法包括复印、拍照、扫描、电子数据拷贝等。(3) 辩护人行使阅卷权的起始时间是人民检察院对案件审查起诉之日。在审查起诉阶段，辩护人应当到人民检察院阅卷；案件起诉到人民法院后，辩护人应当到人民法院阅卷。(4) 人民检察院和人民法院应当为辩护人查阅、摘抄、复制案卷材料提供便利和充分的时间。(5) 辩护律师办理申诉、抗诉案件，在人民检察院、人民法院经审查决定立案后，可以持律师执业证书、律师事务所证明和委托书或者法律援助公函到案卷档案管理部门、持有案卷档案的办案部门查阅、摘抄、复制已经审理终结案件的案卷材料。

人民检察院、人民法院应当为辩护律师查阅、摘抄、复制案卷材料提供便利，有条件的地方可以推行电子化阅卷，允许刻录、下载材料。侦查机关应当在案件移送审查起诉后 3 日以内，人民检察院应当在提起公诉后 3 日以内，将案件移送情况告知辩护律师。案件提起公诉后，人民检察院对案卷所附证据材料有调整或者补充的，应当及时告知辩护律师。辩护律师对调整或者补充的证据材料，有权查阅、摘抄、复制。辩护律师提出阅卷要求的，人民检察院、人民法院应当当时安排辩护律师阅卷，无法当时安排的，应当向辩护律师说明并安排其在 3 个工作日以内阅卷，不得限制辩护律师阅卷的次数和时间。有条件的地方可以设立阅卷预约平台。辩护律师可以采用复印、拍照、扫描、电子数据拷贝等方式复制案卷材料，可以根据需要带律师助理协助阅卷。办案机关应当核实律师助理的身份。辩护律师查阅、摘抄、复制的案卷材料属于国家秘密的，应当经过人民检察院、人民法院同意并遵守国家保密规定。律师不得违反规定，披露、散布案件重要信息和案卷材料，或者将其用于本案辩护、代理以外的其他用途。律师申请查阅人民法院录制的庭审过程的录音、录像的，人民法院应当准许。

最高人民法院《解释》第54、55条规定，对作为证据材料向人民法院移送的讯问录音录像，辩护律师申请查阅的，人民法院应当准许。查阅、摘抄、复制案卷材料，涉及国家秘密、商业秘密、个人隐私的，应当保密；对不公开审理案件的信息、材料，或者在办案过程中获悉的案件重要信息、证据材料，不得违反规定泄露、披露，不得用于办案以外的用途。人民法院可以要求相关人员出具承诺书。违反前述规定的，人民法院可以通报司法行政机关或者有关部门，建议给予相应处罚；构成犯罪的，依法追究刑事责任。

赋予辩护人阅卷权，是为了保障辩护人能够更全面地了解案件情况和控方所掌握的证据材料，以更好地准备辩护。在侦查阶段，辩护律师虽然不享有阅卷权，但可以向侦查机关了解犯罪嫌疑人涉嫌的罪名和案件有关情况，以准备辩护。根据六机关《规定》第6条，辩护律师在侦查期间可以向侦查机关了解的事项包括：犯罪嫌疑人涉嫌的罪名，当时已查明的该罪的主要事实，犯罪嫌疑人被采取、变更、解除强制措施的情况以及侦查机关延长侦查羁押期限等情况。

3. 会见、通信权。根据《刑事诉讼法》第39条的规定，辩护律师可以同在押的犯罪嫌疑人、被告人会见和通信。其他辩护人经人民法院、人民检察院许可，也可以同在押的犯罪嫌疑人、被告人会见和通信。

辩护律师要求会见在押的犯罪嫌疑人、被告人的，应当携带律师执业证书、律师事务所证明和委托书或者法律援助公函，对于辩护律师携带上述材料的，看守所应当及时安排会见，保证辩护律师在48小时以内见到在押的犯罪嫌疑人、被告人。《关于依法保障律师执业权利的规定》第7条规定，辩护律师到看守所会见在押的犯罪嫌疑人、被告人，看守所在查验律师执业证书、律师事务所证明和委托书或者法律援助公函后，应当及时安排会见。能当时安排的，应当当时安排；不能当时安排的，看守所应当向辩护律师说明情况，并保证辩护律师在48小时以内会见到在押的犯罪嫌疑人、被告人。看守所安排会见不得附加其他条件或者变相要求辩护律师提交法律规定以外的其他文件、材料，不得以未收到办案机关通知为由拒绝安排辩护律师会见。看守所应当设立会见预约平台，采取网上预约、电话预约等方式为辩护律师会见提供便利，但不得以未预约会见为由拒绝安排辩护律师会见。辩护律师会见在押的犯罪嫌疑人、被告人时，看守所应当采取必要措施，保障会见顺利和安全进行。律师会见在押的犯罪嫌疑人、被告人的，看守所应当保障律师履行辩护职责需要的时间和次数，并与看守所工作安排和办案机关侦查工作相协调。犯罪嫌疑人、被告人委托2名律师担任辩护人的，2名辩护律师可以共同会见，也可以单独会见。辩护律师可以带1名律师助理协助会见。助理人员随同辩护律师参加会见的，应当出示律师事务所证明和律师执业证书或申请律师执业人员实习证。办案机关应当核实律师助理的身份。

对于危害国家安全犯罪案件、恐怖活动犯罪案件，辩护律师在侦查期间要求会见在押的犯罪嫌疑人，应当经侦查机关许可。依据《关于依法保障律师执业权利的规定》第9条的规定，辩护律师在侦查期间要求会见危害国家安全犯罪、恐怖活动犯罪案件在押的犯罪嫌疑人的，应当向侦查机关提出申请。侦查机关应当依法及时审查辩护律师提出的会见申请，在3日以内将是否许可的决定书面答复辩护律师，并明确告知负责与辩护律师联系的部门及工作人员的联系方式。对许可会见的，应当向辩护律师出具许可决定文书；因有碍侦查或者可能泄露国家秘密而不许可会见的，应当向辩护律师说明理由。有碍侦查或者可能泄露国家秘密的情形消失后，应当许可会见，并及时通知看守所和辩护律师。侦查机关不得随意解释和扩大前述两类案件的范围，限制律师会见。

辩护律师会见在押的犯罪嫌疑人、被告人时，可以了解有关案件情况，提供法律咨询等；自案件移送审查起诉之日起，可以向犯罪嫌疑人、被告人核实有关证据。辩护律师会见犯罪嫌疑人、被告人时不被监听。《关于依法保障律师执业权利的规定》第7条规定，辩护律师会见犯罪嫌疑人、被告人时不被监听，办案机关不得派员在场。在律师会见室不足的情况下，看守所经辩护律师书面同意，可以安排在讯问室会见，但应当关闭录音、监听设备。其他辩护人经人民法院、人民检察院许可，也可以与在押的犯罪嫌疑人、被告人会见、通信。

辩护律师可以同被监视居住的犯罪嫌疑人、被告人会见和通信，除涉嫌危害国家安全犯罪案件、恐怖活动犯罪案件外，无须经办案机关许可，会见同样不被监听。

需要指出的是，律师担任辩护人和其他人员担任辩护人在审前程序中所享有的会见权、通信权并不完全一致。根据最高人民检察院《规则》第48条的规定，人民检察院许可律师以外的辩护人同在押或者被监视居住的犯罪嫌疑人通信的，可以要求看守所或者公安机关将书信送交人民检察院进行检查。律师以外的辩护人申请查阅、摘抄、复制案卷材料或者申请同在押、被监视居住的犯罪嫌疑人会见和通信，具有下列情形之一的，人民检察院可以不予许可：(1) 同案犯罪嫌疑人在逃的；(2) 案件事实不清，证据不足，或者遗漏罪行、遗漏同案犯罪嫌疑人需要补充侦查的；(3) 涉及国家秘密或者商业秘密的；(4) 有事实表明存在串供、毁灭、伪造证据或者危害证人人身安全可能的。

关于律师与犯罪嫌疑人、被告人的通信权，《关于依法保障律师执业权利的规定》第13条规定，看守所应当及时传递辩护律师同犯罪嫌疑人、被告人的往来信件。看守所可以对信件进行必要的检查，但不得截留、复制、删改信件，不得向办案机关提供信件内容，但信件内容涉及危害国家安全、公共安全、严重危害他人人身安全以及涉嫌串供、毁灭证据等情形的除外。

4. 调查取证权。一是辩护律师向证人或者其他有关单位和个人取证。辩护律师经证人或者其他有关单位和个人同意，可以向他（它）们收集与本案有关的材料。《关于依法保障律师执业权利的规定》第19条第1款规定，辩护律师申请向正在服刑的罪犯收集与案件有关的材料的，监狱和其他监管机关在查验律师执业证书、律师事务所证明和犯罪嫌疑人、被告人委托书或法律援助公函后，应当及时安排并提供合适的场所和便利。二是辩护律师向被害人或者其近亲属、被害人提供的证人取证。辩护律师经人民检察院或者人民法院许可，并且经被害人或者其近亲属、被害人提供的证人同意，可以向他们收集与本案有关的材料。根据最高人民法院《解释》第58条的规定，辩护律师申请向被害人及其近亲属、被害人提供的证人收集与本案有关的材料，人民法院认为确有必要的，应当签发准许调查书。三是辩护律师申请人民检察院、人民法院代为调查取证。《关于依法保障律师执业权利的规定》第18条规定，辩护律师申请人民检察院、人民法院收集、调取证据的，人民检察院、人民法院应当在3日以内作出是否同意的决定，并通知辩护律师。辩护律师书面提出有关申请时，办案机关不同意的，应当书面说明理由；辩护律师口头提出申请的，办案机关可以口头答复。根据最高人民检察院《规则》第52条，案件移送起诉后，辩护律师依据刑事诉讼法第43条第1款的规定申请人民检察院收集、调取证据的，人民检察院负责捕诉的部门应当及时审查。经审查，认为需要收集、调取证据的，应当决定收集、调取并制作笔录附卷；决定不予收集、调取的，应当书面说明理由。人民检察院根据辩护律师的申请收集、调取证据时，辩护律师可以在场。根据最高人民法院《解释》第59、60、61条，辩护律师向证人或者其他有关单位、个人收集、调取与本案有关的材料，因证人或者有关单位、个人不同意，申请人民法院收集、调取，或者申请通知证人出庭作证，人民法院认为有必要的，应当同意。而辩护律师直接申请人民法院收集、调取证据，人民法院认为确有收集、调取必要，且不宜或者不能由辩护律师收集、调取的，应当同意。人民法院向有关单位收集、调取的书面证据材料，必须由提供人签名，并加盖单位印章；向个人收集、调取的书面证据材料，必须由提供人签名。人民法院对有关单位、个人提供的证据材料，应当出具收据，写明证据材料的名称、收到的时间、件数、页数以及是否为原件等，由书记员、法官助理或者审判人员签名。收集、调取证据材料后，应当及时通知辩护律师查阅、摘抄、复制，并告知人民检察院。对辩护律师的申请，人民法院应当在5日以内作出是否准许、同意的决定，并通知申请人；决定不准许、不同意的，应当说明理由。四是辩护人申请人民检察院和人民法院调取证明犯罪嫌疑人、被告人无罪或罪轻的证据。《刑事诉讼法》第41条规定，辩护人认为在侦查、审查起诉期间公安机关、人民检察院收集的证明犯罪嫌疑人、被告人无罪或者罪轻的证据材料未提交的，有权申请人民检察院、人民法院调取。《关于依法保障律师执业权利的规定》第16条规定，在刑事诉讼审查起诉、审理期间，辩护律师书面申请调取公安机关、人民检察院在侦查、审查起诉期间收集但未提交的证明犯罪嫌疑人、被告人无罪或者罪轻的证据材料的，人民检察院、人民法院应当依法及时审查。经审查，认为辩护律师申请调取的证据材料已收集并且与案件事实有联系的，应当及时调取。相关证据材料提交后，人民检察院、人民法院应当及时通知辩护律师查阅、摘抄、复制。经审查决定不予调取的，应当书面说明理由。

5. 申请解除期限届满的强制措施的权利。《刑事诉讼法》第99条规定，犯罪嫌疑人、被告人及其法定代理人、近亲属或者辩护人对于人民法院、人民检察院或者公安机关采取强制措施期限届满的，有权要求解除强制措施。

6. 辩护律师人身权利不受侵犯的权利。对于辩护人在履行辩护职责时涉嫌犯罪的，在应当追究刑事责任的同时，也应从保障犯罪嫌疑人、被告人辩护权的角度给予辩护人相应的人身保障。根据《刑事诉讼法》第44条第2款的规定，辩护人涉嫌犯罪的，应当由办理辩护人所承办案件的侦查机关以外的侦查机关办理。辩护人是律师的，应当及时通知其所在的律师事务所或者所属的律师协会。根据六机关《规定》第9条的规定，公安机关、人民检察院发现辩护人涉嫌犯罪，或者接受报案、控告、举报、有关机关的移送，依照侦查管辖分工进行审查后认为符合立案条件的，应当按照规定报请办理辩护人所承办案件的侦查机关的上一级侦查机关指定其他侦查机关立案侦查，或者由上一级侦查机关立案侦查。不得指定办理辩护人所承办案件的侦查机关的下级侦查机关立案侦查。根据《律师法》第37条的规定，律师在参与诉讼活动中涉嫌犯罪的，侦查机关应当及时通知其所在的律师事务所或者所属的律师协会；被依法拘留、逮捕的，侦查机关应当依照刑事诉讼法的规定通知该律师的家属。

7. 获得通知权。获得通知权是指辩护人在办案机关进行相应诉讼活动时有接获相应通知的权利。《刑事诉讼法》第162条规定，公安机关侦查终结移送审查起诉时，应当同时将案件移送情况告知犯罪嫌疑人及其辩护律师。《刑事诉讼法》第187条规定，人民法院决定开庭审判后，应当将人民检察院的起诉书副本至迟在开庭10日以前送达被告人及其辩护人。人民法院应当在开庭3日以前将开庭的时间、地点通知辩护人。根据最高人民法院《解释》第49条，人民法院通知法律援助机构指派律师提供辩护的，应当将法律援助通知书、起诉书副本或者判决书送达法律援助机构；决定开庭审理的，除适用简易程序或者速裁程序审理的以外，应当在开庭15日以前将上述材料送达法律援助机构。法律援助通知书应当写明案由、被告人姓名、提供法律援助的理由、审判人员的姓名和联系方式；已确定开庭审理的，应当写明开庭的时间、地点。《刑事诉讼法》第202条规定，人民法院应当将判决书送达辩护人和诉讼代理人。《关于依法保障律师执业权利的规定》第25条规定，人民法院确定案件开庭日期时，应当为律师出庭预留必要的准备时间并书面通知律师。律师因开庭日期冲突等正当理由申请变更开庭日期的，人民法院应当在不影响案件审理期限的情况下，予以考虑并调整日期，决定调整日期的，应当及时通知律师。律师可以根据需要，向人民法院申请带律师助理参加庭审。律师助理参加庭审仅能从事相关辅助工作，不得发表辩护、代理意见。

《关于依法保障律师执业权利的规定》明确了辩护律师就与案件有关的重要事项接获通知的权利，具体包括：（1）犯罪嫌疑人、被告人被采取、变更、解除强制措施的情况，侦查机关延长侦查羁押期限等情况，办案机关应当依法及时告知辩护律师。（2）办案机关作出移送审查起诉、退回补充侦查、提起公诉、延期审理、二审不开庭审理、宣告判决等重大程序性决定的，应当依法及时告知辩护律师。（3）侦查机关应当在案件移送审查起诉后3日以内，人民检察院应当在提起公诉后3日以内，将案件移送情况告知辩护律师。案件提起公诉后，人民检察院对案卷所附证据材料有调整或者补充的，应当及时告知辩护律师。

8. 参加法庭调查和辩论权。法庭审理中，辩护人有权申请通知新的证人到庭，调取新的物证，重新鉴定或者勘验。在法庭调查阶段，辩护人在公诉人讯问被告人后经审判长许可，可以向被告人发问；经审判长许可，可以对证人、鉴定人发问。在法庭辩论阶段，辩护人可以对证据和案件情况发表意见并且可以和控方展开辩论。《关于依法保障律师执业权利的规定》第31条第2款规定，法庭审理过程中，法官可以对律师的发问、辩论进行引导，除发言过于重复、相关问题已在庭前会议达成一致、与案件无关或者侮辱、诽谤、威胁他人，故意扰乱法庭秩序的情况外，法官不得随意打断或者制止律师按程序进行的发言。第33条规定，法庭审理过程中，遇有被告人供述发生重大变化、拒绝辩护等重大情形，经审判长许可，辩护律师可以与被告人进行交流。第34条规定，法庭审理过程中，有下列情形之一的，律师可以向法庭申请休庭：（1）辩护律师因法定情形拒绝为被告人辩护的；（2）被告人拒绝辩护律师为其辩护的；（3）需要对新的证据做辩护准备的；（4）其他严重影响庭审正常进行的情形。第35条规定，辩护律师作无罪辩护的，可以当庭就量刑问题发表辩护意见，也可以庭后提交量刑辩护意见。

9. 提出意见权。提出意见权是指辩护人在不同诉讼阶段向办案机关提出辩护意见的权利。根据《刑事诉讼法》第88条和第280条的规定，人民检察院审查批准逮捕，可以听取辩护律师的意见；辩护律师提出要求的，应当听取辩护律师的意见。对未成年人审查批捕，必须听取辩护律师意见。根据第161条的规定，在案件侦查终结前，辩护律师提出要求的，侦查机关应当听取辩护律师的意见，并记录在案。辩护律师提出书面意见的，应当附卷。根据第173条的规定，人民检察院审查起诉，应当讯问犯罪嫌疑人，听取辩护人或者值班律师、被害人及其诉讼代理人的意见，并记录在案。辩护人或者值班律师、被害人及其诉讼代理人提出书面意见的，应当附卷。根据第251条的规定，最高人民法院复核死刑案件，应当讯问被告人，辩护律师提出要求的，应当听取辩护律师的意见。

10. 拒绝辩护权。如果遇有当事人委托事项违法，委托人利用律师提供的服务从事违法活动或者委托人隐瞒事实的情形，律师有权拒绝辩护。

11. 救济权。根据《刑事诉讼法》第49条的规定，辩护人、诉讼代理人认为公安机关、人民检察院、人民法院及其工作人员阻碍其依法行使诉讼权利的，有权向同级或者上一级人民检察院申诉或者控告。人民检察院对申诉或者控告应当及时进行审查，对情况属实的，通知有关机关予以纠正。最高人民检察院《规则》第57条规定了辩护人可以申诉和控告的具体情形。根据第58条的规定，辩护人、诉讼代理人认为其依法行使诉讼权利受到阻碍向人民检察院申诉或者控告的，人民检察院应当及时受理并调查核实，在10日以内办结并书面答复。情况属实的，通知有关机关或者本院有关部门、下级人民检察院予以纠正。

《关于依法保障律师执业权利的规定》第38条规定，法庭审理过程中，律师就回避，案件管辖，非法证据排除，申请通知证人、鉴定人、有专门知识的人出庭，申请通知新的证人到庭，调取新的证据，申请重新鉴定、勘验等问题当庭提出申请，或者对法庭审理程序提出异议的，法庭原则上应当休庭进行审查，依照法定程序作出决定。其他律师有相同异议的，应一并提出，法庭一并休庭审查。法庭决定驳回申请或者异议的，律师可当庭提出复议。经复议后，律师应当尊重法庭的决定，服从法庭的安排。律师不服法庭决定保留意见的内容应当详细记入法庭笔录，可以作为上诉理由，或者向同级或者上一级人民检察院申诉、控告。第41条规定，律师认为办案机关及其工作人员明显违反法律规定，阻碍律师依法履行辩护、代理职责，侵犯律师执业权利的，可以向该办案机关或者其上一级机关投诉。办案机关应当畅通律师反映问题和投诉的渠道，明确专门部门负责处理律师投诉，并公开联系方式。办案机关应当对律师的投诉及时调查，律师要求当面反映情况的，应当当面听取律师的意见。经调查情况属实的，应当依法立即纠正，及时答复律师，做好说明解释工作，并将处理情况通报其所在地司法行政机关或者所属的律师协会。第44条第1款规定，律师认为办案机关及其工作人员阻碍其依法行使执业权利的，可以向其所执业律师事务所所在地的市级司法行政机关、所属的律师协会申请维护执业权利。情况紧急的，可以向事发地的司法行政机关、律师协会申请维护执业权利。事发地的司法行政机关、律师协会应当给予协助。

12. 其他权利。这些权利主要包括：辩护人在征得被告人同意后，可以对第一审判决、裁定提出上诉；辩护人有权得到与其行使辩护权有关的法律文书，如人民检察院的起诉书、抗诉书副本，人民法院的判决书、裁定书副本等；辩护人对审判人员、检察人员和侦查人员侵犯公民诉讼权利和人身侮辱的行为，有权提出控告。

关于律师执业权利的救济机制，《关于依法保障律师执业权利的规定》第3条予以了明确，即人民法院、人民检察院、公安机关、国家安全机关、司法行政机关和律师协会应当建立健全律师执业权利救济机制。律师因依法执业受到侮辱、诽谤、威胁、报复、人身伤害的，有关机关应当及时制止并依法处理，必要时对律师采取保护措施。

辩护人的诉讼义务主要有以下几项。

1. 忠于职守的义务。辩护律师在接受委托或被指定担任辩护人以后，应当恪尽职守为犯罪嫌疑人、被告人进行辩护，并应当负责到底，无正当理由，不得拒绝辩护。

2. 辩护律师和其他辩护人不得帮助犯罪嫌疑人、被告人隐匿、毁灭、伪造证据或者串供，不得威胁、引诱证人作伪证及进行其他干扰司法机关诉讼活动的行为。否则，应当依法追究法律责任。

3. 保守秘密的义务。《刑事诉讼法》第 48 条规定，辩护律师对在执业活动中知悉的委托人的有关情况和信息，有权予以保密。但是，辩护律师在执业活动中知悉委托人或者其他人，准备或者正在实施危害国家安全、公共安全以及严重危害他人人身安全的犯罪的，应当及时告知司法机关。

4. 辩护人有义务遵守诉讼纪律，如按出庭通知中告知的开庭的时间、地点准时出席法庭进行辩护，参加法庭审判时要遵守法庭规则，会见在押犯罪嫌疑人、被告人时遵守看管场所的规定等。

5. 辩护律师不得违反规定会见法官、检察官。在诉讼中，辩护律师不得向法官、检察官及其他工作人员请客送礼或行贿，或者指使、诱导委托人及其亲友行贿。同时，辩护律师不得私自接受委托和收取费用、收受委托人的财物。

6. 根据《刑事诉讼法》第 34 条第 4 款，辩护人接受犯罪嫌疑人、被告人委托后，应当及时告知办理案件的机关。根据最高人民法院《解释》第 52 条，审判期间，辩护人接受被告人委托的，应当在接受委托之日起 3 日以内，将委托手续提交人民法院。接受法律援助机构指派为被告人提供辩护的，适用前款规定。

7. 根据《刑事诉讼法》第 42 条的规定，辩护人收集的有关犯罪嫌疑人不在犯罪现场、未达到刑事责任年龄、属于依法不负刑事责任的精神病人的证据，应当及时告知公安机关、人民检察院。

七、刑事法律援助制度

刑事法律援助制度通常是指国家对经济困难的公民或特殊案件中的当事人通过给予减免收费或者由国家支付律师费等方式提供法律帮助，以维护其合法权益的一种法律制度。法律援助作为实现社会正义和司法公正、保障公民基本权利的国家行为，在国家的司法体系中占有十分重要的地位。

法律援助制度具有以下几个特点：(1) 法律援助制度的内容是人人获得法律服务。“法律面前人人平等”是世界上所有建立法律制度的国家普遍认同并奉行的一项基本原则，它的基本含义包括两个方面：一是公民平等地享有国家通过立法所赋予的各项权利；二是国家保障公民平等地实现这些权利。法律援助的宗旨就是维护司法公正，实现社会正义，体现的是法律面前人人平等的精神。(2) 法律援助是一种国家行为，它是现代法治社会要求国家承担的一种国家责任，受国家强制力保证实施。(3) 法律援助的对象是一个特定的社会阶层，即因经济困难或其他因素而难以通过法律救济手段保障自身基本社会权利的阶层的人士。(4) 法律援助的形式，是通过减免社会弱者的法律服务费、诉讼费等方式为他们提供法律上的援助，使其享有的法律权利在现实生活中得以实现，即从帮助经济困难者或者社会弱者“打官司”入手，以保障法律赋予的权利的实现。这是法律援助制度与其他社会救济、社会保障制度的根本区别。法律援助的范围有一个发展过程，先是仅限于为刑事案件中被关押的贫穷的被告人提供法律援助，后逐渐扩展到在民事诉讼程序中为当事人提供法律援助。

法律援助制度起源于西方国家，我国的法律援助制度起步较晚，虽然在 1979 年《刑事诉讼法》中就已经有了指定辩护的规定，但直到 1994 年我国才正式建立和实施法律援助制度。我国《律师法》以及1996年《刑事诉讼法》都对法律援助问题作了规定。1997年5月20日司法部《关于开展法律援助工作的通知》（已失效）对法律援助的对象、范围和形式，以及法律援助的程序、法律援助中的权利和义务以及相关的法律责任都作了具体的规定。2003年7月21日，国务院颁布了《法律援助条例》，该条例从2003年9月1日起实施。《律师法》明确了律师事务所和律师的法律援助义务，律师、律师事务所应当按照国家规定履行法律援助义务，为受援人提供符合标准的法律服务，维护受援人的合法权益。对于拒绝履行法律援助义务的律师，该法规定，由设区的市级或者直辖市的区人民政府司法行政部门给予警告，可以处5 000元以下的罚款；有违法所得的，没收违法所得；情节严重的，给予停止执业3个月以下的处罚。对于拒绝履行法律援助义务的律师事务所，该法规定，由设区的市级或者直辖市的区人民政府司法行政部门视其情节给予警告、停业整顿1个月以上6个月以下的处罚，可以处10万元以下的罚款；有违法所得的，没收违法所得；情节特别严重的，由省、自治区、直辖市人民政府司法行政部门吊销律师事务所执业证书。《法律援助条例》还规定了援助机构、援助程序等内容，这些都属于我国法律援助制度的组成部分。

2012年《刑事诉讼法》对刑事法律援助制度进一步完善，主要体现在以下几个方面：（1）明确了法律援助机构的职责，之前系由法院直接指定承担法律援助义务的律师参与诉讼，现在改为公、检、法机关通知法律援助机构，由其指派律师提供法律援助；（2）扩大了法律援助的适用范围，之前只适用于审判阶段，现在扩展到侦查和审查起诉阶段；（3）扩充了法律援助的适用对象，由“可能被判处死刑”的被告人改为“可能判处无期徒刑、死刑”的犯罪嫌疑人、被告人；（4）完善了法律援助的具体程序，明确了犯罪嫌疑人、被告人近亲属的申请权等。

2017年10月，最高人民法院、司法部联合出台的《关于开展刑事案件律师辩护全覆盖试点工作的办法》，对于充分发挥律师在刑事案件中的辩护职能作用，维护司法公正，彰显我国社会主义法治文明进步具有重大意义。该办法所指刑事案件律师辩护全覆盖主要是刑事案件审判阶段的律师辩护全覆盖，具体而言包括以下内容：被告人具有《刑事诉讼法》规定应当通知辩护情形的，人民法院应当通知法律援助机构指派律师为其提供辩护；除此之外，其他适用普通程序审理的一审案件、二审案件、按照审判监督程序审理的案件，被告人没有委托辩护人的，人民法院也应当通知法律援助机构指派律师为其提供辩护。

2018年《刑事诉讼法》增设了值班律师制度。《刑事诉讼法》第36条规定，法律援助机构可以在人民法院、看守所等场所派驻值班律师。犯罪嫌疑人、被告人没有委托辩护人，法律援助机构没有指派律师为其提供辩护的，由值班律师为犯罪嫌疑人、被告人提供法律咨询、程序选择建议、申请变更强制措施、对案件处理提出意见等法律帮助。人民法院、人民检察院、看守所应当告知犯罪嫌疑人、被告人有权约见值班律师，并为犯罪嫌疑人、被告人约见值班律师提供便利。

2021年8月20日，第十三届全国人大常委会第三十次会议表决通过了《法律援助法》，该法将于2022年1月1日起正式施行，由此开启了中国法律援助制度的新篇章。制定法律援助法是完善人权司法保障制度的迫切需要，是保障法律援助工作规范有序开展、实现应援尽援的必然要求，是促进法律正确实施、维护社会公平正义的一项重要举措。其中，关于刑事法律援助的规定主要有以下几点：（1）进一步扩大了援助的范围，包括未成年人；视力、听力、言语残疾人；不能完全辨认自己行为的成年人；可能被判处无期徒刑、死刑的人；申请法律援助的死刑复核案件被告人；缺席审判案件的被告人；及法律法规规定的其他人员。其中的兜底条款为今后制定出台行政法规和地方性法规进一步扩大援助范围提供了法律依据，以实现刑事案件律师辩护全覆盖。(2) 强制医疗案件的被申请人或者被告人没有委托诉讼代理人的，人民法院应当通知法律援助机构指派律师为其提供法律援助。(3) 当事人不服司法机关生效裁判或者决定提出申诉或者申请再审，人民法院决定、裁定再审或者人民检察院提出抗诉，因经济困难没有委托辩护人或者诉讼代理人的，本人及其近亲属可以向法律援助机构申请法律援助。(4) 对可能被判处无期徒刑、死刑的人，以及死刑复核案件的被告人，法律援助机构收到人民法院、人民检察院、公安机关通知后，应当指派具有 3 年以上相关执业经历的律师担任辩护人。

第三节 刑事代理

一、刑事代理制度概述

刑事诉讼中的代理，是指代理人接受公诉案件的被害人及其法定代理人或者近亲属、自诉案件的自诉人及其法定代理人、附带民事诉讼的当事人及其法定代理人的委托，以被代理人名义参加诉讼，由被代理人承担代理行为的法律后果的一项诉讼活动。刑事代理制度，是法律关于刑事诉讼中的代理权、代理人的范围、代理的种类与方式、代理人的职责、代理人的权利与义务等一系列法律规范的总称。刑事代理制度是一项重要的法律制度，在刑事诉讼中具有重要意义：首先，可以为被代理人提供法律上的帮助。被代理人由于缺乏法律知识，不能充分地行使自己的诉讼权利和发表切中要害的意见，有了诉讼代理人参加诉讼，就能更好地维护被代理人的合法权益。其次，可以代理那些不能亲自参加诉讼的被代理人参加诉讼。有些被代理人因被犯罪行为致伤、致残等原因而不能参加诉讼，可以委托诉讼代理人参加诉讼以维护自己的合法权益。最后，可以协助人民法院准确、及时地查明案情，正确地处理案件。诉讼代理人，特别是代理律师参加诉讼，能对案件事实、证据作出全面的分析，提出自己对案件处理的意见，可以促使司法机关正确、合法、及时地处理案件，保护被代理人的合法权益。

根据我国《刑事诉讼法》第 46 条的规定，公诉案件的被害人及其法定代理人或者近亲属、附带民事诉讼的当事人及其法定代理人，自诉案件的自诉人及其法定代理人、附带民事诉讼的当事人及其法定代理人，依法都可以委托代理人参加诉讼。刑事诉讼中的代理人可以是律师，也可以是律师以外的其他公民。但是正在被执行刑罚，或者依法被剥夺、限制人身自由的人，不能担任代理人。刑事诉讼中的代理可分为两种：法定代理和委托代理。法定代理是基于法律规定而产生的代理，委托代理是基于被代理人的委托、授权而产生的代理。不同的诉讼代理，其代理人的范围、权限等也不相同。在刑事诉讼中，委托诉讼代理人的范围与辩护人的范围相同，即有权委托诉讼代理人的人可以在下列人员中委托 1 至 2 人作为诉讼代理人：律师；人民团体或者被代理人所在单位推荐的人；被代理人的监护人、亲友。不能充当辩护人的，同样也不能被委托为诉讼代理人。

根据《律师法》的规定，受委托的律师根据案情的需要，可以申请人民检察院、人民法院收集、调取证据或者申请人民法院通知证人出庭作证。律师自行调查取证的，凭律师执业证书和律师事务所证明，可以向有关单位或者个人调查与承办法律事务有关的情况。律师担任诉讼代理人或者辩护人的，其辩论或者辩护的权利依法受到保障。律师在参与诉讼活动中涉嫌犯罪的，侦查机关应当及时通知其所在的律师事务所或者所属的律师协会；被依法拘留、逮捕的，侦查机关应当依照《刑事诉讼法》的规定通知该律师的家属。

刑事诉讼中的代理人，是以被代理人的名义参加诉讼的，而不是以自己的名义进行诉讼的。代理人必须根据被代理人的意志，为维护其合法权益进行诉讼。同时，诉讼代理人必须在被代理人的授权范围内进行诉讼，超过授权范围进行诉讼活动所产生的结果，除非得到被代理人的追认，被代理人不予承担。当然，委托人有权改变委托内容或者解除代理权，代理人也可以依法拒绝代理，从而导致代理权限的变更或解除。

二、刑事代理制度的种类

刑事诉讼中的代理包括五种情况：一是公诉案件中被害人的代理，二是自诉案件中自诉人的代理，三是刑事附带民事诉讼中原告人和被告人的代理，四是犯罪嫌疑人、被告人逃匿、死亡案件违法所得没收程序中的代理，五是强制医疗程序中的代理。自诉人、被害人及其法定代理人委托诉讼代理人，特别是代理律师的，同时提起附带民事诉讼的，后者可以兼作附带民事诉讼原告人的代理律师，一般无须另行办理法律手续。而刑事被告人或对被告人的行为负有赔偿责任的机关、团体，虽可以委托刑事被告人的辩护律师作为附带民事诉讼的诉讼代理人，但要征得该律师的同意，并应另行办理有关法律手续。

（一）公诉案件中的代理

公诉案件中的代理，是指律师或其他公民接受公诉案件的被害人及其法定代理人或者近亲属的委托，担任被害人的代理人参加诉讼，以维护被害人的合法权益。

根据《刑事诉讼法》的规定，公诉案件的被害人及其法定代理人或者近亲属，自案件移送审查起诉之日起，有权委托诉讼代理人。人民检察院自收到移送审查起诉的案件材料之日起3日以内，应当告知被害人及其法定代理人或者近亲属有权委托诉讼代理人。根据最高人民检察院《规则》第55条的规定，被害人有法定代理人的，人民检察院应当告知其法定代理人；没有法定代理人的，应当告知其近亲属。法定代理人或者近亲属为2人以上的，可以只告知其中1人，告知时应当按照《刑事诉讼法》第108条第3、6项列举的顺序择先进行。公诉案件被害人的代理，具有如下特点：（1）公诉案件被害人委托代理人，可以由被害人本人委托，也可以由其法定代理人或近亲属委托，其他人无权为被害人委托代理人。（2）被害人的法定代理人或者近亲属委托的代理人是被害人的诉讼代理人，而不是被害人法定代理人或者近亲属的代理人。（3）自案件移送审查起诉之日起，被害人有权委托诉讼代理人。也就是说，在公诉案件侦查阶段，被害人不能委托代理人。

被害人的诉讼代理人在刑事诉讼中只能代理行使法律赋予被害人的全部或部分诉讼权利。被害人的诉讼代理人的具体代理权限，取决于每个案件具体代理范围的授权，以委托代理协议中的规定为依据，可以是全权代理，也可以是部分代理。

（二）自诉案件中的代理

自诉案件中的代理，是指在刑事自诉案件中，律师或其他公民接受自诉人或其法定代理人的委托参加诉讼，以维护自诉人的合法权益。

自诉案件的自诉人可以随时委托诉讼代理人。《刑事诉讼法》第46条规定，法院自受理案件之日起3日内，应当告知自诉人及其法定代理人有权委托诉讼代理人。这就使自诉人委托代理人的诉讼权利得到了程序上的保障。自诉案件中有权委托诉讼代理人的是自诉人或者自诉人的法定代理人。其他人包括自诉人的近亲属不能为自诉人委托代理人，这一点与公诉案件被害人委托代理人是不同的。

自诉案件中自诉人诉讼代理人的诉讼地位有自己的特点，即自诉案件中自诉人是一方当事人，在诉讼中行使控诉职能。但当被告人对其提起反诉后，本诉中的自诉人成了反诉中的被告人，在反诉中享有辩护权。与此同时，本诉自诉人委托的诉讼代理人也可以接受委托作为反诉中的辩护人，既行使控诉职能又行使辩护职能。同样，自诉案件的被告人提起反诉，由于其在反诉中是自诉人，因而原来委托的辩护人也可以成为自诉人（原被告人）的诉讼代理人，此时，其既行使辩护职能又行使控诉职能。需要注意的是，反诉案件的诉讼代理人，一般都具有双重身份，既是被告人的辩护人，又是反诉的诉讼代理人。因此，必须办理双重委托手续，明确代理权限。

（三）附带民事诉讼中的代理

附带民事诉讼中的代理，是指律师或其他公民接受附带民事诉讼的当事人或其法定代理人的委托，在受委托的权限范围内，代理参加诉讼，以维护当事人及其法定代理人的合法权益。

《刑事诉讼法》第46条规定，公诉案件附带民事诉讼的当事人及其法定代理人，自案件移送审查起诉之日起，有权委托诉讼代理人，同时还规定，人民检察院自收到案件审查起诉的案件材料之日起3日内，应当告知双方当事人及其法定代理人有权委托诉讼代理人。自诉案件附带民事诉讼的当事人及其法定代理人，有权随时委托诉讼代理人。

附带民事诉讼中的代理，实质上是民事诉讼代理，但二者又不完全相同。附带民事诉讼代理人可能身兼数职，例如，在自诉刑事附带民事案件中，既担任刑事诉讼本诉中被告人的辩护人，又担任反诉中反诉人的诉讼代理人，同时还是附带民事诉讼当事人的诉讼代理人。因此，诉讼代理人接受委托的，应同附带民事诉讼当事人及其法定代理人签订委托代理合同，并由被代理人填写授权委托书，注明代理的权限。虽然我国法律未对附带民事诉讼当事人的诉讼代理人的权利作出明确规定，但由于附带民事诉讼本质上是民事诉讼，因而双方当事人的诉讼代理人在附带民事诉讼中应当行使与其在一般民事诉讼中同样的权利，即有权收集、调查证据，全面了解案情，在法庭上可以参与附带民事诉讼部分的调查和辩论，并提出代理意见。在诉讼中，如当事人授予了和解权、撤诉权、反诉权等诉讼权利，诉讼代理人还可以行使上述诉讼权利。

（四）犯罪嫌疑人、被告人逃匿、死亡案件违法所得没收程序中的代理

根据《刑事诉讼法》第299条第2款的规定，犯罪嫌疑人、被告人的近亲属和其他利害关系人有权申请参加人民法院对人民检察院提出的没收违法所得申请进行的审理，也可以委托诉讼代理人参加诉讼。

（五）强制医疗程序中的代理

“依法不负刑事责任的精神病人的强制医疗程序”也涉及代理问题。《刑事诉讼法》第304条规定，人民法院审理强制医疗案件，应当通知被申请人或者被告人的法定代理人到场。被申请人或者被告人没有委托诉讼代理人的，人民法院应当通知法律援助机构指派律

师为其提供法律帮助。

三、诉讼代理人的范围、责任和权利

（一）诉讼代理人的范围

在刑事诉讼中，委托诉讼代理人的范围，与辩护人的范围相同，即有权委托诉讼代理人的人可以在下列人中委托 1 至 2 人作为诉讼代理人：律师；人民团体或者被代理人所在单位推荐的人；被代理人的监护人、亲友。同样，不能担任辩护人的人，也不能被委托为诉讼代理人。

（二）诉讼代理人的责任

诉讼代理人的责任是根据事实和法律，维护被害人、自诉人或者附带民事诉讼当事人的合法权益。

（三）诉讼代理人的权利

根据《刑事诉讼法》和最高人民法院《解释》的相关规定，诉讼代理人享有以下权利：（1）在审查起诉阶段，可以到人民检察院查阅、摘抄、复制本案的案卷材料；在审判阶段，可以到人民法院查阅、摘抄、复制本案的案卷材料。（2）调查取证权。律师担任诉讼代理人的，可以进行调查取证，也可以申请人民检察院、人民法院调查取证。具体程序参照辩护人申请人民检察院、人民法院调查取证程序执行。非律师担任诉讼代理人的，不享有调查取证权。（3）申诉、控告权。诉讼代理人认为公安机关、人民检察院、人民法院及其工作人员阻碍其依法行使诉讼权利的，有权向同级或者上一级人民检察院申诉或者控告。具体申诉、控告程序与辩护人的有关程序相同。

【问题与思考】

1. 2012 年、2018 年《刑事诉讼法》对刑事辩护制度的完善主要体现在哪些方面？
2. 哪些人不可以成为辩护人？为什么？法律有规定的必要性吗？
3. 犯罪嫌疑人、被告人从何时起有权利委托辩护人？辩护律师的职责是什么？
4. 刑事诉讼中，辩护律师的诉讼权利有哪些？
5. 谈谈如何完善我国的刑事诉讼代理制度。
6. 刑事辩护与刑事代理的区别有哪些？

【推荐参考论著】

1. 熊秋红．刑事辩护论．北京：法律出版社，1998.
2. 德肖微茨．最好的辩护．北京：法律出版社，1994.
3. 顾永忠，程滔，等．刑事诉讼法治化与律师的权利及其保障．北京：中国人民公安大学出版社，2010.
4. 顾永忠．名正言顺：侦查阶段律师回归辩护人诉讼地位．检察日报，2012－03－23.
5. 陶髦，宋英辉，肖胜喜．律师制度比较研究．北京：中国政法大学出版社，1995.
6. 顾培东．中国律师制度的理论检视与实证分析．中国律师，1999（10）.
7. 陈卫东．司法正义与律师辩护．北京：中国检察出版社，2002.
8. 谭世贵，黄永锋，李建波．律师权利保障与律师制度改革．北京：中国人民公安大学出版社，2010.

9. 左卫民．中国应当构建什么样的刑事法律援助制度．中国法学，2013 (1).

10. 谢佑平，吴羽．刑事法律援助与公设辩护人制度的建构——以新《刑事诉讼法》第 34 条、第 267 条为中心．清华法学，2012 (3).

11. 熊秋红．刑事辩护的规范体系及其运行环境．政法论坛，2012 (5).

12. 顾永忠，娄秋琴．程序性辩护的理论发展与实践展开．国家检察官学院学报，2020 (3).

13. 王敏远，顾永忠，孙长永．刑事诉讼法三人谈：认罪认罚从宽制度中的刑事辩护．中国法律评论，2020 (1).

第十一章 强制措施

内容导读

刑事强制措施是一项重要的刑事诉讼制度，对于保证刑事诉讼的顺利进行具有重要的意义。刑事诉讼中的强制措施，是指公安机关、人民检察院和人民法院为了保证刑事诉讼的顺利进行，依法对犯罪嫌疑人、被告人的人身自由进行限制或者剥夺的各种强制性方法，具体包括拘传、取保候审、监视居住、拘留和逮捕。本章重点阐述拘传、取保候审、监视居住、拘留和逮捕的条件和程序，以及变更或者撤销强制措施的各种情形。

第一节 强制措施概述

一、强制措施的概念、特点及意义

刑事诉讼中的强制措施，是指公安机关、人民检察院和人民法院为了保证刑事诉讼的顺利进行，依法对犯罪嫌疑人、被告人的人身自由进行限制或者剥夺的各种强制性方法。我国刑事诉讼法规定了五种强制措施，按照强制力度从轻到重的顺序排列，依次为拘传、取保候审、监视居住、拘留和逮捕。

我国刑事诉讼中的强制措施具有以下几个特点。

1. 主体具有特定性。有权适用强制措施的主体只能是侦查机关、人民检察院和人民法院，其他任何国家机关、团体或个人都无权采取强制措施，否则即构成对公民人身权利的侵犯，严重的将构成犯罪。其中，拘传、取保候审、监视居住三种强制措施，公安机关、人民检察院和人民法院都可以采用；拘留只有公安机关和人民检察院才可以采用，人民法院无权采用；逮捕只有人民检察院和人民法院才有权批准或决定适用，公安机关只有执行权。

2. 对象具有唯一性。强制措施的适用对象是犯罪嫌疑人、被告人，对于其他诉讼参与人和案外人不得采用强制措施。因此，公安司法机关在适用强制措施的过程中，要严格控制强制措施的适用对象，不得扩大其适用范围。

3. 剥夺的权利具有人身性。强制措施的内容是限制或者剥夺犯罪嫌疑人、被告人的人身自由，而不包括对物的强制处分。

4. 目的具有预防性。强制措施的性质是预防性措施，而不是惩戒性措施。即适用强制措施的目的是保证刑事诉讼的顺利进行，防止犯罪嫌疑人、被告人逃避侦查、起诉和审判，进行毁灭、伪造证据、继续犯罪等妨害刑事诉讼的行为。所以强制措施同刑罚和行政处罚存在着本质上的区别。

5. 适用上具有法定性。强制措施是一种法定措施，我国刑事诉讼法对各种强制措施的适用机关、适用条件和程序都进行了严格的规定，其目的是严格控制强制措施的适用，防止出现因为滥用强制措施而产生侵犯人权等问题，公安司法人员在适用时不得突破法律的规定任意自由裁量。

6. 时间上具有临时性。强制措施是一种临时性措施，随着刑事诉讼的进程，强制措施可根据案件的进展情况而予以变更或者解除。

强制措施作为法律赋予公安司法机关的一种权力，对于刑事诉讼具有重要的意义：(1) 可以防止犯罪嫌疑人、被告人逃避侦查、起诉和审判。犯罪分子在实施犯罪以后，为了逃避法律制裁，往往要设法躲避、隐藏起来，企图逃避公安司法机关对其进行的侦查、起诉和审判。因此，当发现他们有这种可能性的时候，就应当适时地采取相应的强制措施，对他们的人身自由加以必要的限制，以保证犯罪嫌疑人、被告人接受侦查、起诉和审判。(2) 可以防止犯罪嫌疑人、被告人实施妨害查明案情的活动。犯罪分子为了掩盖罪行、逃脱罪责，往往毁灭、伪造证据，与同案犯串供。如果他们的这些活动得逞，就会影响收集证据的工作，甚至使侦查、起诉和审判活动误入歧途，而一旦采取强制措施，将犯罪嫌疑人、被告人与社会隔离开，就可以避免这些情况的发生。(3) 可以防止犯罪嫌疑人、被告人继续进行犯罪活动。一些犯罪分子在实施犯罪以后继续进行新的犯罪行为，或者进行杀人灭口的犯罪行为，对他们采取强制措施，可以使他们失去再犯新罪的条件。(4) 可以防止犯罪嫌疑人、被告人自杀以及发生其他意外事件。有的犯罪分子在犯罪后可能因为这样或那样的原因，而发生畏罪自杀的现象，因此，对于这类犯罪嫌疑人、被告人采取强制措施，可以起到预防作用。(5) 可以震慑犯罪分子，鼓励群众积极同犯罪行为作斗争，起到预防犯罪的作用。

二、适用强制措施应当考虑的因素

在刑事诉讼中，一方面，强制力的行使是不可避免的，因而在刑事程序的各个阶段，都涉及强制措施的适用问题；另一方面，强制措施的适用直接关系公民的人身、财产、私生活等，与公民的基本人权密切相关。基于控制犯罪与保障人权的平衡，各国在规定强制措施的同时，都强调应当尽可能采取非强制的调查手段，尽可能避免强制措施的适用；同时，为防止滥用强制措施，要求其适用必须适度。就是说，强制措施的适用，应当与犯罪的严重性、嫌疑程度（掌握证据的充分性），以及案情的紧急性和必要性相适应。各国刑事诉讼程序法均对适用强制措施的条件、程序、批准权限等作了明确的规定；同时，对于犯罪嫌疑人、被告人的人身自由问题，各国多以保释为原则，以羁押为例外。这充分表明了各国对于适用强制措施所采取的严格控制态度。

适用强制措施的目的在于保障刑事诉讼的顺利进行，在客观上会不同程度地限制甚至剥夺被适用者的人身自由，如果适用不当，势必造成对公民合法权利的侵犯。因此，在适用强制措施时，必须坚持惩罚犯罪与保障人权相结合原则。需要指出的是，由于强制措施只是一种预防性手段，因而并非对每一个刑事案件中的每一个犯罪嫌疑人、被告人都必须采用强制措施。强制措施的适用应当切实体现宽严相济的刑事司法政策，贯彻必要性原则，也就是，只有在不适用强制措施则不足以防止发生妨害刑事司法的行为时，才可适用强制措施。是否适用强制措施、适用何种强制措施，应当综合考虑法律规定的各种强制措施的适用条件和刑事案件的具体需要以及犯罪嫌疑人、被告人的个人情况等。强制措施一经采用，不是一成不变的，应当根据案件情况和需要随时予以变更、解除或者撤销。在具体案件中，公安机关、人民检察院和人民法院在决定是否采取强制措施以及采取何种强制措施时要考虑下列因素。

1. 犯罪嫌疑人、被告人涉嫌行为的社会危害性。犯罪嫌疑人、被告人所实施行为的社会危害性越大，采取强制措施的必要性也就越大，选用的强制措施的强度也就越大。

2. 犯罪嫌疑人、被告人是否有逃避侦查、起诉和审判或者进行各种妨害刑事诉讼的行为的可能及可能性大小。可能性越大，适用的强制措施的强度就应当越大，反之就应当越小。对没有实施妨害刑事诉讼行为可能性的犯罪嫌疑人、被告人不得采用强制措施。

3. 公安司法机关对案件事实的调查情况和对案件证据的掌握程度。每一种强制措施均有法定的适用条件，只有根据已经查明的案件事实和已有的证据，才能确定对犯罪嫌疑人、被告人具体采用的强制措施种类。

4. 犯罪嫌疑人、被告人的个人情况。如其身体健康状况，是否是正在怀孕、哺乳自己婴儿的妇女，是否是未成年人等，以确定是否对其采用强制措施和采用何种强制措施。

根据《刑事诉讼法》第 81 条第 2 款的规定，批准或决定逮捕，应当将犯罪嫌疑人、被告人涉嫌犯罪的性质、情节，认罪认罚等情况，作为是否可能发生社会危险性的考虑因素。

不仅在决定适用强制措施时要考虑以上因素，在强制措施的适用过程中，如果上述因素发生了变化，还应当及时变更、撤销或解除强制措施。

三、刑事诉讼强制措施与其他相关处罚、措施的区别

（一）刑事诉讼强制措施同刑罚的区别

强制措施同刑罚在限制或剥夺犯罪嫌疑人、被告人的人身自由上有相似之处，而且被采取拘留、逮捕的人，在被判处刑罚以后，其先行羁押的期间应当折抵刑期，这表明两者之间有一定的联系。但是两者在本质上是不同的，主要区别如下。

1. 法律性质和适用目的不同。强制措施是一种诉讼保障措施，其目的是保证刑事诉讼的顺利进行，而不是一种处罚；刑罚则是行为人承担刑事责任的体现，其目的是对罪犯进行惩罚和改造。

2. 适用对象不同。强制措施是针对犯罪嫌疑人、被告人采用的；刑罚则是对被人民法院确定为有罪的罪犯适用的。

3. 法律根据不同。强制措施是根据刑事诉讼法规定的条件和程序适用的；刑罚则是根

据刑法规定的犯罪构成和刑事责任适用的。

4. 适用的机关不同。对于强制措施，公安机关、人民检察院和人民法院都可以采用（三机关在适用强制措施的种类上不尽相同）；刑罚则只有人民法院才能判处。

5. 适用的时间不同。强制措施在刑事诉讼的过程中适用；刑罚则只有在人民法院审判以后才能确定。

6. 稳定程度不同。强制措施是一种临时性措施，根据案件的具体情况、证据掌握程度等因素的变化可随时变更、解除或撤销；刑罚一经法院终审判决确定，即产生既判力，非经法定程序不得随意变更。

7. 法律后果不同。强制措施不是刑事处罚，被采取过强制措施的人，如果被宣告无罪，不应视为有前科；刑罚则产生前科效力，并且在一定条件下（如构成累犯），成为今后犯罪从重处罚的法定情节。

（二）刑事诉讼强制措施同行政处罚的区别

行政处罚，是指国家行政管理机关对实施行政违法行为的公民、法人或其他组织的行政制裁。具体方法有警告、罚款、没收违法所得、没收非法财物、责令停产停业、暂扣或者吊销许可证、暂扣或者吊销执照、行政拘留等。

强制措施在强制力上同某些行政措施（如拘留）有相似之处，但是两者存在重大区别，主要表现如下。

1. 性质不同。强制措施是诉讼保障性措施，被采取强制措施的人不能视为受过处罚；行政处罚则是对行政违法人的行政制裁。

2. 适用对象不同。强制措施的适用对象是刑事犯罪嫌疑人、被告人，而且是自然人；行政处罚的适用对象则是行政违法人，既包括自然人，又包括法人或其他组织。

3. 法律依据不同。强制措施是根据刑事诉讼法实施的；行政处罚则是根据行政处罚法或其他法律法规实施的。

4. 适用的机关不同。强制措施是公安司法机关适用的；行政处罚则是行政机关适用的。

5. 稳定性不同。强制措施可以根据案件情况予以变更或者撤销，相对不稳定；行政处罚作为一种行政制裁手段，相对稳定。

（三）刑事诉讼强制措施与民事诉讼和行政诉讼强制措施的区别

刑事诉讼强制措施与民事诉讼和行政诉讼强制措施都是在诉讼过程中适用的法定强制方法，目的都是保障诉讼的顺利进行，但它们之间也存在重大的差别。

1. 性质不同。刑事诉讼强制措施仅仅表现为预防性和保障性，适用目的是防止犯罪嫌疑人、被告人和现行犯、重大嫌疑分子逃避侦查、起诉和审判；民事诉讼和行政诉讼强制措施不仅具有预防性，而且具有惩罚性，即只要行为人已经实施了妨害诉讼的行为，不管其将来是否还会实施，都可对其采用民事诉讼或行政诉讼强制措施。

2. 适用对象不同。刑事诉讼强制措施仅适用于犯罪嫌疑人、被告人，适用对象特定，适用范围很窄；民事诉讼和行政诉讼强制措施适用于所有实施了妨害诉讼行为的人，不仅包括当事人，而且包括其他诉讼参与人，甚至包括案外人，适用范围较宽。

3. 适用的条件不同。刑事诉讼中只要犯罪嫌疑人、被告人可能实施妨害刑事诉讼的行为即可适用强制措施；而民事诉讼和行政诉讼强制措施则必须是行为人已经实施了妨害诉讼的行为。

4. 有权适用的机关不同。刑事诉讼强制措施依法由公安机关、人民检察院和人民法院适用；而民事诉讼和行政诉讼强制措施只能由人民法院适用。

5. 适用阶段不同。刑事诉讼强制措施适用于刑事案件的立案、侦查、审查起诉和审判阶段，执行阶段不适用；民事诉讼和行政诉讼的强制措施既适用于案件的审判阶段，也适用于案件的执行阶段。

6. 种类不同。刑事诉讼强制措施有拘传、取保候审、监视居住、拘留和逮捕。民事诉讼强制措施有拘传、训诫、责令退出法庭、罚款和拘留。行政诉讼强制措施有训诫、责令具结悔过、罚款和拘留。从对人身的强制力度来看，刑事诉讼强制措施的力度最大。从剥夺的权利的性质来看，刑事诉讼强制措施只剥夺或限制公民的人身权利，而民事诉讼和行政诉讼强制措施不仅可以剥夺公民的人身权利，而且可以剥夺公民的财产权利。

7. 与判决的关系不同。在刑事诉讼中，强制措施与判决有一定的关系，刑事判决作出之前先行羁押的，其期限可以折抵刑期；而民事诉讼、行政诉讼强制措施与判决不发生任何关系。

此外应当注意的是，即使同一名称的强制措施，如拘留，在三大诉讼中都可适用，但在不同性质的诉讼中，适用主体、条件、期限、适用对象等都有很大不同。

（四）刑事诉讼强制措施与扭送的区别

扭送是公民将具有法定情形的人立即送交公、检、法机关处理的行为。根据《刑事诉讼法》第84条的规定，任何公民对于有下列情形的人都可以立即扭送公安机关、人民检察院或者人民法院处理：第一，正在实行犯罪或者在犯罪后即时被发觉的；第二，通缉在案的；第三，越狱逃跑的；第四，正在被追捕的。扭送是法律赋予公民同刑事犯罪作斗争的一种手段，对于鼓励公民自觉地行动起来，积极协助公安司法机关捉拿犯罪分子，从而有效地帮助公安司法机关抓获犯罪嫌疑人、被告人和查明犯罪人，具有重要意义。但是，公民扭送并不是刑事诉讼法规定的一种强制措施，而只是公民配合公安司法机关采取强制措施的一种辅助手段，对于被公民扭送的人要否采取强制措施以及采取何种强制措施，仍然要由公安司法机关依照法定条件和法定程序决定和执行，对于不需要采取强制措施的，公安司法机关应当将被扭送人释放。刑事诉讼强制措施与扭送的区别主要如下。

1. 性质不同。对犯罪嫌疑人、被告人适用强制措施是公安司法机关的一种权力；而扭送是法律赋予公民同犯罪行为作斗争的一种权利。

2. 主体不同。强制措施只能由公安、司机关适用，其他任何机关、团体或个人均无权适用；而扭送的主体为公民，无特殊限制。

3. 立法目的不同。强制措施是法律赋予公安司法机关根据法定条件限制或剥夺犯罪嫌疑人、被告人人身自由的一种权力，目的在于保障刑事诉讼的顺利进行；而扭送的立法目的在于调动公民同犯罪行为作斗争的积极性。

四、强制措施的体系

关于强制措施的体系问题，我国刑事诉讼法的规定与外国大多数国家的立法例不尽相同。在国外，强制措施一般分为三类：第一类是限制人身自由的强制措施；第二类是对物的强制处分，如搜查、扣押等；第三类是对隐私权的干预，如窃听、采样等。我国刑事诉讼中的强制措施则仅指对人身自由的限制性措施，对物的强制处分不在“强制措施”一章中规定，而在“侦查”一章中规定。对隐私权的干预问题，法律基本上没有作出规定。

我国刑事诉讼中的强制措施体系由拘传、取保候审、监视居住、拘留、逮捕构成。这是一个由轻到重、层次分明、结构合理、互相衔接的体系，是一个有机联系的整体，能够适应刑事诉讼的各种不同情况。

第二节　拘　传

一、拘传的概念与特点

拘传，是指公安机关、人民检察院和人民法院对未被羁押的犯罪嫌疑人、被告人，依法强制其到案接受讯问的一种强制措施。拘传是我国刑事诉讼强制措施体系中最轻的一种，公安机关、人民检察院和人民法院在刑事诉讼过程中，均有权决定适用。

拘传的特点包括：（1）拘传的对象是未被羁押的犯罪嫌疑人、被告人，对于已经被拘留、逮捕的犯罪嫌疑人，可以直接进行讯问，不需要经过拘传程序；（2）拘传的目的是强制其到案接受讯问，因此拘传没有羁押的效力，在讯问后，应当将被拘传人立即释放。

在刑事诉讼中，拘传和传唤虽然都是要求犯罪嫌疑人、被告人到案接受讯问，但二者是性质不同的诉讼行为。传唤是指人民法院、人民检察院和公安机关使用传票的形式通知当事人在指定的时间自行到指定的地点接受调查的诉讼活动，其性质等同于通知，不具有强制性；而拘传则具有一定的强制性，对不愿到案接受讯问的犯罪嫌疑人、被告人可以强制到案接受讯问，在其抗拒到案的情况下可以使用戒具。具体说来，拘传和传唤的区别表现在：首先，强制力不同。传唤是自动到案，拘传则是强制到案，拘传的强度要比传唤的强度大得多，因此拘传是一种强制措施，传唤则不是。其次，适用的对象不同。传唤适用于所有当事人，包括犯罪嫌疑人、被告人、自诉人、被害人、附带民事诉讼的原告人和被告人；拘传则仅适用于犯罪嫌疑人、被告人。

传唤不是拘传的必经程序。根据《刑事诉讼法》第 66 条的规定，人民法院、人民检察和公安机关根据案件的具体情况，可以不经传唤，直接拘传犯罪嫌疑人、被告人，即由于案件侦查、起诉和审理的需要，为防止犯罪嫌疑人、被告人毁灭或隐匿证据、与他人互相串通、订立攻守同盟，阻挠或妨碍诉讼活动，可以不经传唤而直接拘传犯罪嫌疑人、被告人。

二、拘传的程序

根据我国刑事诉讼法及相关司法解释的有关规定，拘传应按下列程序进行。

1. 由案件的经办人填写呈请拘传报告书，经本部门负责人审核后，由公安局局长、人民检察院检察长、人民法院院长批准，签发拘传证（法院称为拘传票）。拘传证上应载明被拘传人的姓名、性别、年龄、籍贯、住址、工作单位、案由、接受讯问的时间和地点，以及拘传的理由。

2. 拘传应当在被拘传人所在的市、县内进行。犯罪嫌疑人的工作单位与居住地不在同一市、县的，拘传应当在犯罪嫌疑人的工作单位所在的市、县进行；特殊情况下，也可以在犯罪嫌疑人居住地所在的市、县内进行。公安机关、人民检察院或人民法院在本辖区以外拘传犯罪嫌疑人、被告人的，应当通知当地的公安机关、人民检察院或人民法院，当地的公安机关、人民检察院、人民法院应当予以协助。

3. 拘传时，应当向被拘传人出示拘传证。执行拘传的公安人员或者司法人员不得少于2人。对于抗拒拘传的，可以使用诸如警棍、警绳、手铐等戒具，强制其到案。

4. 犯罪嫌疑人到案后，应当责令其在拘传证上填写到案时间。然后应当立即进行讯问，讯问结束后，应当由其在拘传证上填写讯问结束时间。犯罪嫌疑人拒绝填写的，公安司法人员应当在拘传证上注明。

5. 讯问结束后，如果被拘传人符合其他强制措施如拘留、逮捕的适用条件的，应当依法采取其他强制措施。如果不需要采取其他强制措施的，应当将其释放，恢复其人身自由。

6. 一次拘传持续的时间不得超过12小时；案情特别重大、复杂，需要采取拘留、逮捕措施的，拘传持续的时间不得超过24小时。不得以连续拘传的形式变相拘禁被拘传人。《刑事诉讼法》第119条第3款及相关司法解释还明确规定，应当保证犯罪嫌疑人的饮食和必要的休息时间。

根据办理案件的需要，可以对犯罪嫌疑人进行多次拘传，为了防止以连续拘传的方式变相羁押被拘传人，保证被拘传人有一定的正常的生活和休息时间，最高人民检察院《规则》第83条规定，两次拘传间隔的时间一般不得低于12小时。

第三节　取保候审

一、取保候审的概念和适用条件

取保候审，是指在刑事诉讼过程中，公安机关、人民检察院、人民法院责令犯罪嫌疑人、被告人提出保证人或者交纳保证金，保证其不逃避或妨碍侦查、起诉和审判，并随传随到的一种强制措施。

取保候审，只是限制而不是剥夺犯罪嫌疑人、被告人的人身自由，它是一种强度较轻的强制措施。《刑事诉讼法》第67条、公安部《规定》第81条、最高人民检察院《规则》第86条，以及最高人民法院《解释》第150条等对取保候审的适用问题作了规定。具体来说，取保候审适用于以下情形。

1. 可能判处管制、拘役或者独立适用附加刑的。

2. 可能判处有期徒刑以上刑罚，采取取保候审不致发生社会危险性的。

3. 患有严重疾病、生活不能自理，怀孕或正在哺乳自己婴儿的妇女，采取取保候审不致发生社会危险性的。

4. 羁押期限届满，案件尚未办结，需要采取取保候审的。这种情形指的是犯罪嫌疑人、被告人被羁押的案件，不能在刑事诉讼法规定的侦查期限、审查起诉期限、一审和二审期限内办结，需要继续查证、审理的。

5. 证据不符合逮捕条件，以及提请逮捕后，人民检察院不批准逮捕，需要继续侦查，并且符合取保候审条件的被拘留的犯罪嫌疑人。

同时，不得适用取保候审的情形也得到了明确规定。如最高人民检察院《规则》第87条规定："人民检察院对于严重危害社会治安的犯罪嫌疑人，以及其他犯罪性质恶劣、情节严重的犯罪嫌疑人不得取保候审。"公安部《规定》第82条也规定："对累犯，犯罪集团的主犯，以自伤、自残办法逃避侦查的犯罪嫌疑人，严重暴力犯罪以及其他严重犯罪的犯罪嫌疑人不得取保候审，但犯罪嫌疑人具有本规定第八十一条第一款第三项、第四项（即前述第3和第4两种情形——引者注）规定情形的除外。"

二、取保候审的方式

我国《刑事诉讼法》第68条规定："人民法院、人民检察院和公安机关决定对犯罪嫌疑人、被告人取保候审，应当责令犯罪嫌疑人、被告人提出保证人或者交纳保证金。"因此，取保候审有两种方式：一种是保证人保证方式；另一种是保证金保证方式。对同一犯罪嫌疑人、被告人决定取保候审的，不能同时适用保证人保证和保证金保证。

1. 保证人保证。保证人保证又称人保，是指公安机关、人民检察院、人民法院责令犯罪嫌疑人、被告人提出保证人并出具保证书，保证被保证人在取保候审期间不逃避和妨碍侦查、起诉和审判，并随传随到的保证方式。其特点是以保证人的信誉来保证，不涉及金钱。一方面，可以通过保证人和犯罪嫌疑人、被告人之间的关系，对犯罪嫌疑人、被告人实行精神上和心理上的强制，使其不致逃避或妨碍侦查、起诉和审判；另一方面，可以利用保证人监督犯罪嫌疑人、被告人的活动，监督、教育犯罪嫌疑人、被告人遵纪守法，履行应当履行的诉讼义务。

对于符合取保候审条件，具有下列情形之一的犯罪嫌疑人、被告人，公安司法机关决定取保候审时，可以采用保证人保证：（1）无力交纳保证金的；（2）未成年人或者已满75周岁的人；（3）其他不宜收取保证金的情形。

根据《刑事诉讼法》第69条的规定，保证人的条件是：（1）与本案无牵连；（2）有能力履行保证义务；（3）享有政治权利，人身自由未受限制；（4）有固定的住处和收入。公安司法机关对保证人的这四个方面的条件要严格审查，只有经审查合格的，才有资格作保证人。作为犯罪嫌疑人、被告人的保证人应当保证承担如下义务：监督被保证人遵守《刑事诉讼法》第71条关于在取保候审期间应当遵守的规定；发现被保证人可能发生或者已经发生违反该规定的行为时，及时向执行机关报告。保证人需填写保证书，并在保证书上签名或者盖章。采取保证人方式取保候审的，如果保证人在取保候审期间不愿继续保证或者丧失保证条件或保证义务履行能力，取保候审决定机关应当在收到保证人的申请或者发现其丧失担保条件后的3日以内，责令犯罪嫌疑人重新提出保证人或者交纳保证金，或者变更强制措施，并将变更情况通知公安机关。

2. 保证金保证。保证金保证又称财产保，是指公安机关、人民检察院、人民法院责令犯罪嫌疑人、被告人交纳保证金并出具保证书，保证被保证人在取保候审期间不逃避和妨碍侦查、起诉和审判，并随传随到的保证方式。保证金保证的特点是，利用经济利益，来督促犯罪嫌疑人、被告人遵守取保候审的规定。

根据《刑事诉讼法》第72条，取保候审的决定机关应当综合考虑保证诉讼活动正常进行的需要，被取保候审人的社会危险性，案件的性质、情节，可能判处刑罚的轻重，被取保候审人的经济状况等情况，确定保证金的数额。取保候审保证金的数额确定后，提供保证金的人应当将保证金一次性存入县级以上公安机关指定银行的专门账户。根据最高人民法院、最高人民检察院、公安部、国家安全部《关于取保候审若干问题的规定》，保证金的起点数额为1 000元。根据最高人民检察院《规则》第92条，对于未成年犯罪嫌疑人可以责令交纳500元以上的保证金。我们认为，取保候审在一般情况下毕竟是适用于罪行较轻的案件的，在强制措施体系中，取保候审较之于拘留、逮捕在强度上也比较轻，所以保证金不宜过高。《公民权利和政治权利国际公约》也将收取过高保证金作为侵犯人权的表现而予以禁止。同时保证金过高也容易影响赃款、赃物的追缴工作。公安部《规定》第88条规定：保证金应当以人民币交纳。按照上述规定，除人民币以外的其他货币和财物不能作为保证金交纳。保证金可以由被保证人以自己的财产提供，也可以由被保证人的法定代理人、近亲属或者其他人提供，但必须向公安机关指定的银行专门账户交纳。保证金的收取、管理和没收应当严格按照法律、法规和国家财经管理制度执行。任何单位和个人不得截留、私分、挪用或者以其他任何方式侵吞保证金。《刑事诉讼法》第73条专门规定，犯罪嫌疑人、被告人在取保候审期间未违反该法第71条规定的，取保候审结束的时候，凭解除取保候审的通知或者有关法律文书到银行领取退还的保证金。根据最高人民法院《解释》第159条，对被取保候审的被告人的判决、裁定生效后，如果保证金属于其个人财产，且需要用以退赔被害人、履行附带民事赔偿义务或者执行财产刑的，人民法院可以书面通知公安机关移交全部保证金，由人民法院作出处理，剩余部分退还被告人。

三、取保候审的程序

取保候审在适用程序上分为两种情形：一是公、检、法机关根据案件具体情况，直接主动地决定取保候审；二是根据犯罪嫌疑人、被告人及其法定代理人、近亲属或者其辩护人的申请，决定取保候审。由于第二种情形在程序上更为完整，包含了第一种情形，因而这里仅就第二种情形的适用程序进行介绍。

（一）取保候审的申请

根据《刑事诉讼法》第97条的规定，犯罪嫌疑人、被告人及其法定代理人、近亲属或者辩护人有权申请变更强制措施。人民法院、人民检察院和公安机关收到申请后，应当在3日以内作出决定；不同意变更强制措施的，应当告知申请人，并说明不同意的理由。根据最高人民检察院《规则》第88条的规定，被羁押或者监视居住的犯罪嫌疑人及其法定代理人、近亲属或者辩护人向人民检察院申请取保候审，人民检察院应当在3日以内作出是否同意的答复。经审查符合该规则第86条规定情形之一的，可以对被羁押或者监视居住的犯罪嫌疑人依法办理取保候审手续。经审查不符合取保候审条件的，应当告知申请人，并说明不同意取保候审的理由。

（二）取保候审的决定

《关于取保候审若干问题的规定》第2条明确指出，对犯罪嫌疑人、被告人取保候审的，由公安机关、国家安全机关、人民检察院、人民法院根据案件的具体情况依法作出决定。依据公安部《规定》第83条的规定，需要对犯罪嫌疑人取保候审的，应当制作呈请取保候审报告书，说明取保候审的理由、采取的保证方式以及应当遵守的规定，经县级以上公安机关负责人批准，制作取保候审决定书。

(三) 取保候审的执行

根据《刑事诉讼法》第67条第2款的规定，取保候审由公安机关执行。所以，如果是人民检察院和人民法院决定的取保候审，应当将取保候审决定书和执行取保候审通知书送达公安机关，由公安机关执行。以保证人方式取保候审的，还应当将保证人的《保证书》同时送达公安机关。但是，根据《关于取保候审若干问题的规定》第2条第2款的规定，国家安全机关决定取保候审的，以及人民检察院、人民法院在办理国家安全机关移送的犯罪案件时决定取保候审的，由国家安全机关执行。此外，无论是人民法院、人民检察院、公安机关，还是国家安全机关决定采用取保候审的，保证金都由县级以上执行机关统一收取和管理，县级以上执行机关应当在指定的银行设立取保候审保证金专门账户，委托银行代为收取和保管保证金，并将指定银行的名称通知人民检察院、人民法院。

公安机关在执行取保候审时，应当向取保候审的犯罪嫌疑人、被告人宣读取保候审决定书，告知被保证人应当遵守的法律规定以及违反规定应负的法律责任，由犯罪嫌疑人、被告人签名、捺指印或者盖章。根据《刑事诉讼法》第71条的规定，被取保候审的犯罪嫌疑人、被告人，在取保候审期间应当遵守下列规定：

1. 未经执行机关批准不得离开所居住的市、县；
2. 住址、工作单位和联系方式发生变动的，在24小时以内向执行机关报告；
3. 在传讯的时候及时到案；
4. 不得以任何形式干扰证人作证；
5. 不得毁灭、伪造证据或者串供。

人民法院、人民检察院和公安机关还可以根据案件情况，责令被取保候审的犯罪嫌疑人、被告人遵守以下一项或者多项规定：

1. 不得进入特定的场所；
2. 不得与特定的人员会见或者通信；
3. 不得从事特定的活动；
4. 将护照等出入境证件、驾驶证件交执行机关保存。

在取保候审期间，如果被取保候审人有违反《刑事诉讼法》第71条规定的行为，而保证人未履行监督和及时报告的义务，查证属实后，将对保证人处1 000元以上2万元以下的罚款。根据六机关《规定》第14条的规定，对取保候审保证人是否履行了保证义务，由公安机关认定，对保证人的罚款决定，也由公安机关作出。根据最高人民法院《解释》第157条，根据案件事实和法律规定，认为已经构成犯罪的被告人在取保候审期间逃匿的，如果系保证人协助被告人逃匿，或者保证人明知藏匿地点但拒绝向公安司法机关提供的，对保证人应当依法追究责任。

对于人民法院和人民检察院决定的取保候审，如果执行机关发现犯罪嫌疑人、被告人在取保候审期间有违反《刑事诉讼法》第71条规定的行为，应当及时通知作出取保候审决定的人民法院和人民检察院；如果执行机关发现保证人没有履行刑事诉讼法规定的义务，也应及时通知作出取保候审决定的人民法院和人民检察院。

根据《刑事诉讼法》第73条，以保证金形式提供担保，被取保候审人在取保候审期间没有违反《刑事诉讼法》第71条规定的义务的，取保候审结束的时候，凭解除取保候审的通知或者有关法律文书到银行领取退还的保证金。公安司法机关对于违反了第71条规定的义务，已交纳保证金的，没收部分或者全部保证金，并且区别情形，责令犯罪嫌疑人、被告人具结悔过，重新交纳保证金、提出保证人，或者监视居住、予以逮捕。

（四）取保候审的期限

根据《刑事诉讼法》第79条的规定，取保候审的期限最长不超过12个月，在此期限内不得中断对案件的侦查、起诉和审理。《关于取保候审若干问题的规定》第3条明确规定："对犯罪嫌疑人、被告人决定取保候审的，不得中止对案件的侦查、起诉和审理。严禁以取保候审变相放纵犯罪。"在司法实践中，公、检、法三机关均将这一期限理解为三机关分别采取取保候审各自不得超过12个月。但有些学者认为，公、检、法三机关在整个刑事诉讼中对犯罪嫌疑人、被告人采取取保候审的期限合计不得超过12个月。[①] 这一问题有待立法机关进一步明确。

第四节　监视居住

一、监视居住的概念和适用条件

监视居住是指公安机关、人民检察院、人民法院在刑事诉讼过程中，对于符合逮捕条件但具有法定情形的犯罪嫌疑人、被告人，责令其在一定期限内不得离开住处或者指定的居所，并对其活动予以监视和控制的一种强制措施。

《刑事诉讼法》将监视居住定位为逮捕的替代措施，只有在犯罪嫌疑人、被告人符合逮捕条件又具有特殊情形时才能适用监视居住。这些特殊情形如下。

1. 患有严重疾病、生活不能自理的。

2. 怀孕或者正在哺乳自己婴儿的妇女。

3. 系生活不能自理的人的唯一扶养人。这种情况一般指的是犯罪嫌疑人、被告人是年老、年幼、严重残疾人或者患有严重疾病人的唯一扶养人。根据最高人民检察院《规则》第107条的规定，"扶养"包括父母、祖父母、外祖父母对子女、孙子女、外孙子女的抚养和子女、孙子女、外孙子女对父母、祖父母、外祖父母的赡养以及配偶、兄弟姐妹之间的相互扶养。

4. 因为案件的特殊情况或者办理案件的需要，采取监视居住措施更为适宜的。

5. 羁押期限届满，案件尚未办结，需要采取监视居住措施的。

人民法院、人民检察院和公安机关对符合逮捕条件，有上述情形之一的犯罪嫌疑人、被告人，可以监视居住。此外，对符合取保候审条件，但犯罪嫌疑人、被告人不能提出保证人，也不交纳保证金的，也可以监视居住。

根据公安部《规定》第109条，以下两种情形也可以适用监视居住：

1. 对人民检察院决定不批准逮捕的犯罪嫌疑人，需要继续侦查，并且符合监视居住条件的；

① 陈光中．刑事诉讼法．北京：北京大学出版社，高等教育出版社，2000：200.

2. 被取保候审人违反取保候审期间应当遵守的规定的。

二、监视居住的程序

（一）监视居住的决定

公安机关、人民检察院和人民法院对犯罪嫌疑人、被告人可决定监视居住。依据公安部《规定》第 110 条的规定，对犯罪嫌疑人监视居住，应当制作呈请监视居住报告书，说明监视居住的理由、采取监视居住的方式以及应当遵守的规定，经县级以上公安机关负责人批准，制作监视居住决定书。

（二）监视居住的执行

监视居住由公安机关执行。人民法院和人民检察院决定监视居住的，人民法院和人民检察院应当将监视居住决定书和执行监视居住通知书及时送达公安机关。

公安机关执行监视居住，应当向被监视居住的犯罪嫌疑人、被告人宣读监视居住决定书，由犯罪嫌疑人、被告人签名或盖章，并告知被监视居住人应当遵守的法律规定以及违反法律规定应负的法律责任。根据《刑事诉讼法》第 77 条的规定，被监视居住的人在监视居住期间应当遵守下列规定。

1. 未经执行机关批准不得离开执行监视居住的处所。根据《刑事诉讼法》第 75 条的规定，监视居住应当在犯罪嫌疑人、被告人的住处执行；无固定住处的，可以在指定的居所执行。对于涉嫌危害国家安全犯罪、恐怖活动犯罪，在住处执行可能有碍侦查的，经上一级公安机关批准，也可以在指定的居所执行。但是，不得在羁押场所、专门的办案场所执行。所谓“住处”，是指犯罪嫌疑人、被告人在办案机关所在的市、县内工作、生活的合法住所。所谓“居所”，是指办案机关根据案件情况，在办案机关所在的市、县内给被监视居住人指定的生活居所。指定的居所应当具备正常的生活和休息条件，便于监视和管理且能够保证办案安全。公安机关不得建立专门的监视居住场所，对犯罪嫌疑人、被告人变相羁押。不得在看守所、行政拘留所、留置室或者其他工作场所执行监视居住。另外，六机关《规定》第 15 条规定：“指定居所监视居住的，不得要求被监视居住人支付费用。”

根据《刑事诉讼法》第 75 条第 2 款的规定，指定居所监视居住的，除无法通知的以外，应当在执行监视居住后 24 小时以内，通知被监视居住人的家属。无法通知的情形主要包括：(1) 不讲真实姓名、住址，身份不明的；(2) 被监视居住人无家属的；(3) 与其家属无法取得联系的；(4) 受自然灾害等不可抗力阻碍。《刑事诉讼法》第 75 条第 4 款规定，人民检察院对指定居所监视居住的决定和执行是否合法实行监督。根据最高人民检察院《规则》第 119 条，人民检察院可以要求有关机关提供指定居所监视居住决定书和相关案卷材料。经审查，发现存在下列违法情形之一的，应当及时通知其纠正：(1) 不符合指定居所监视居住的适用条件的；(2) 未按法定程序履行批准手续的；(3) 在决定过程中有其他违反刑事诉讼法规定的行为的。根据第 120 条，对于公安机关、人民法院决定指定居所监视居住的案件，由人民检察院负责刑事执行检察的部门对指定居所监视居住的执行活动是否合法实行监督。发现存在下列违法情形之一的，应当及时提出纠正意见：(1) 执行机关收到指定居所监视居住决定书、执行通知书等法律文书后不派员执行或者不及时派员执行的；(2) 在执行指定居所监视居住后 24 小时以内没有通知被监视居住人的家属的；(3) 在羁押场所、专门的办案场所执行监视居住的；(4) 为被监视居住人通风报信、私自传递信件、物品的；(5) 违反规定安排辩护人同被监视居住人会见、通信，或者违法限制被监视居住人与辩护人会见、通信的；(6) 对被监视居住人刑讯逼供、体罚、虐待或者变相体罚、虐待的；(7) 有其他侵犯被监视居住人合法权利行为或者其他违法行为的。被监视居住人及其法定代理人、近亲属或者辩护人认为执行机关或者执行人员存在上述违法情形，提出控告或者举报的，人民检察院应当受理。人民检察院决定指定居所监视居住的案件，由负责控告申诉检察的部门对指定居所监视居住的执行活动是否合法实行监督。

2. 未经执行机关批准不得会见他人或者通信。这里的“他人”是指与被监视居住人共同居住的家庭成员和聘请的律师以外的人。被监视居住人如果要会见他人或通信，必须经过执行机关批准。

3. 在传讯的时候及时到案。

4. 不得以任何形式干扰证人作证。

5. 不得毁灭、伪造证据或者串供。

6. 将护照等出入境证件、身份证件、驾驶证件交执行机关保存。

根据《刑事诉讼法》第78条，执行机关对被监视居住的犯罪嫌疑人、被告人，可以采取电子监控、不定期检查等监视方法对其遵守监视居住规定的情况进行监督；在侦查期间，可以对被监视居住的犯罪嫌疑人的电话、传真、信函、邮件、网络等通信进行监控。《刑事诉讼法》第77条第2款规定，如果发现被监视居住的犯罪嫌疑人、被告人违反上述规定，情节严重的，可以予以逮捕；需要予以逮捕的，可以对犯罪嫌疑人、被告人先行拘留。如果是人民检察院或者人民法院决定监视居住的，还应当及时向作出监视居住决定的人民法院或者人民检察院报告。

(三) 监视居住的期限

根据《刑事诉讼法》第79条的规定，监视居住期间不得超过6个月。实践中，公安机关、人民检察院在侦查阶段已经对犯罪嫌疑人监视居住的，案件移送到人民检察院、人民法院后，人民检察院、人民法院对于符合监视居住条件的，应当依法对犯罪嫌疑人、被告人重新办理监视居住手续，监视居住的期限重新计算。但是，与取保候审一样，有学者认为这个期限是在整个刑事诉讼期间适用监视居住期限的总和，不应分别计算。监视居住期间，不得中断对案件的侦查、起诉和审判工作。

需要特别强调的一点是，《刑事诉讼法》明确规定指定居所监视居住的期限可以折抵刑期。虽然指定居所监视居住并不属于羁押性强制措施，但是，其对公民人身自由的限制程度也是非常严厉的，往往已经体现出类似羁押的特性。为了更好地保障犯罪嫌疑人和被告人的合法权益，《刑事诉讼法》第76条特别规定：指定居所监视居住的期限应当折抵刑期。被判处管制的，监视居住1日折抵刑期1日；被判处拘役、有期徒刑的，监视居住2日折抵刑期1日。

第五节 拘　留

一、拘留的概念和适用条件

刑事诉讼强制措施中的拘留，是指公安机关、人民检察院对直接受理的案件，在侦查过程中，遇有紧急情况下，依法临时剥夺某些现行犯或者重大嫌疑分子的人身自由的一种强制措施。拘留的特点表现在以下三个方面：首先，有权决定采用拘留的机关一般是公安机关。人民检察院在自侦案件中，对于犯罪后企图自杀、逃跑或者在逃的以及有毁灭、伪造证据或者串供可能的也有权决定拘留，人民法院则无权决定拘留。不管是公安机关决定的拘留，还是人民检察院决定的拘留，都一律由公安机关执行。其次，拘留是在紧急情况下采用的一种处置办法。只有在紧急情况下，来不及办理逮捕手续而又需马上剥夺现行犯或者重大嫌疑分子的人身自由的，才能采取拘留。最后，拘留是一种临时性措施。因此拘留的期限较短，随着诉讼的进程，拘留一定要发生变更，或者转为逮捕，或者转为取保候审或监视居住，或者释放。

根据《刑事诉讼法》第82条的规定，公安机关对于现行犯或者重大嫌疑分子，如果有下列情形之一的，可以先行拘留。

1. 正在预备犯罪、实行犯罪或者在犯罪后即时被发觉的。所谓预备犯罪，是指为了犯罪准备工具，制造条件的。所谓实行犯罪，是指正在进行犯罪的活动。应当有一定的证据证明现行犯、重大嫌疑分子正在预备犯罪、实施犯罪，或者犯罪后立刻被发觉。

2. 被害人或者在场亲眼看见的人指认他犯罪的。即遭受犯罪行为直接侵害的人或者在犯罪现场亲眼看到犯罪活动的人指认某人是犯罪嫌疑人。

3. 在身边或者住处发现有犯罪证据的。所谓身边，是指其身体、衣服、随身携带的物品等。所谓住处，包括永久性住处和临时居所、办公地点等。

4. 犯罪后企图自杀、逃跑或者在逃的。犯罪后有一定证据证明其有自杀、逃跑的企图或迹象，或者犯罪后已经逃跑的。

5. 有毁灭、伪造证据或者串供可能的。

6. 不讲真实姓名、住址，身份不明的。这指其本人拒不说明其姓名、住址、职业等基本情况的。

7. 有流窜作案、多次作案、结伙作案重大嫌疑的。根据公安部《规定》第129条，流窜作案，是指跨市、县辖区范围连续作案，或者在居住地作案后逃跑到外市、县继续作案；多次作案，是指3次以上作案；结伙作案，是指2人以上共同作案。

根据《刑事诉讼法》第165条，人民检察院在直接受理的案件的侦查过程中，可以在以下两种情形下决定拘留：（1）犯罪后企图自杀、逃跑或者在逃的。（2）有毁灭、伪造证据或者串供可能的。此外，根据《刑事诉讼法》第71条第4款和第77条第2款的规定，被取保候审、监视居住的犯罪嫌疑人、被告人因违反取保候审、监视居住的规定，需要予以逮捕的，可以先行拘留，以避免在审查批准逮捕期间发生逃跑等风险。

依据《刑事诉讼法》第170条第2款的规定，对于监察机关移送起诉的已采取留置措施的案件，人民检察院应当对犯罪嫌疑人先行拘留，留置措施自动解除。

二、刑事拘留同行政拘留和司法拘留的区别

我国法律共规定了三种拘留：刑事拘留、行政拘留和司法拘留，应当注意区别，不得混淆。

（一）刑事拘留与行政拘留的区别

1. 法律性质不同。刑事拘留是刑事诉讼中的保障性措施，是一种诉讼行为，本身不具

有惩罚性；行政拘留是治安管理的一种处罚方式，实质上是一种行政制裁，具有惩罚性。

2. 适用对象不同。刑事拘留适用于刑事诉讼中的现行犯或者重大嫌疑分子，他们有可能被追究刑事责任；行政拘留则适用于尚未构成犯罪的一般违法行为人。

3. 适用目的不同。刑事拘留的适用目的是保证刑事诉讼活动顺利进行；而行政拘留的目的则是惩罚和教育一般违法行为人。

4. 羁押期限不同。公安机关刑事拘留一般不超过 10 日，案件重大、复杂的不超过 14 日，流窜作案、多次作案、结伙作案的重大嫌疑分子的拘留期限，不超过 37 日；行政拘留的期限则为 1 至 15 日。

5. 适用机关不同。有权决定适用刑事拘留的机关是公安机关和人民检察院；而行政拘留只能由公安机关适用。

（二）刑事拘留与司法拘留的区别

司法拘留，是指在民事诉讼、刑事诉讼、行政诉讼过程中，对于严重妨碍诉讼程序顺利进行的诉讼参与人以及其他人员采用的一种强制性处分。刑事拘留和司法拘留的主要区别如下。

1. 法律性质不同。刑事拘留是一种预防性措施，它是针对可能妨碍刑事诉讼的行为而采用的；司法拘留则是一种排除性措施，是针对已经出现的妨碍诉讼程序的严重行为而采取的。

2. 适用机关不同。刑事拘留由公安机关或人民检察院决定，由公安机关执行；司法拘留则由人民法院决定，并由人民法院的司法警察执行，然后由公安机关有关场所看管。

3. 适用对象不同。刑事拘留只适用于现行犯或者重大嫌疑分子；司法拘留则适用于实施了妨碍诉讼程序行为的所有人员，既包括当事人、诉讼参与人，也包括案外人。

4. 羁押期限不同。刑事拘留期限已于前述；司法拘留则最长为 15 日。

5. 与判决的关系不同。刑事拘留的羁押期限可以折抵刑期；司法拘留与判决结果不发生关系，不得因被司法拘留而要求减轻或者免除判决应负的义务和刑罚。

三、拘留的程序

（一）拘留的决定

公安机关依法需要拘留现行犯或者重大嫌疑分子的，由承办单位填写呈请拘留报告书，由县级以上公安机关负责人批准，签发拘留证，然后由提请批准拘留的单位负责执行。

人民检察院决定拘留的案件，应当由办案人员提出意见，经办案部门负责人审核后，由检察长决定。决定拘留的案件，人民检察院应当将拘留的决定书送交公安机关，由公安机关负责执行。

需要注意的是，最高人民检察院《规则》对因现行犯被拘留的人民代表大会代表的报告程序作了规定。担任县级以上人民代表大会代表的犯罪嫌疑人因现行犯被人民检察院拘留的，人民检察院应当立即向该代表所属的人民代表大会主席团或者常务委员会报告。[①]

---

① 根据最高人民检察院《规则》第 148 条的规定，人民检察院对担任县级以上各级人民代表大会代表的犯罪嫌疑人决定采取拘传、取保候审、监视居住、拘留（非现行犯）、逮捕强制措施的，应当报请该代表所属的人民代表大会主席团或者常务委员会许可。第 148、149 条规定了向各级人民代表大会报请许可或报告的具体程序。担任县级以上人民代表大会代表的犯罪嫌疑人，经报请该代表所属人民代表大会主席团或者常务委员会许可后被刑事拘留的，适用逮捕措施时不需要再次报请许可。

(二) 拘留的执行

公安机关负责执行拘留的时候，必须向被拘留人出示拘留证，宣布拘留，并责令被拘留人在拘留证上签名（盖章）或按手印。拒绝签名（盖章）或按手印的，执行人员应当予以注明。紧急情况下，对于先行拘留的情形之一的，经出示人民警察证，可以将犯罪嫌疑人口头传唤至公安机关后立即审查，办理法律手续。执行拘留时，如遇有反抗，可以使用武器和戒具等强制方法，但应当适度，以使其就缚为限度。公安机关在异地执行拘留的时候，应当通知被拘留人所在地的公安机关。被拘留人所在地的公安机关应当在人员、车辆、查找拘留人等方面予以配合。拘留后，应当立即将被拘留人送看守所羁押，至迟不得超过24小时，并应当在24小时以内进行讯问。异地执行拘留，无法及时将犯罪嫌疑人押解回管辖地的，应当在宣布拘留后立即将其送抓获地看守所羁押，至迟不得超过24小时。到达管辖地后，应当立即将犯罪嫌疑人送看守所羁押。在发现不应当拘留的时候，必须立即释放，发给释放证明。人民检察院决定拘留的人，由人民检察院负责讯问。除无法通知或者涉嫌危害国家安全犯罪、恐怖活动犯罪通知可能有碍侦查的情形以外，人民检察院和公安机关应当在拘留后24小时以内，通知被拘留人的家属。无法通知的具体情形包括：(1) 犯罪嫌疑人、被告人不讲真实姓名、住址，身份不明的；(2) 没有家属的；(3) 根据提供的家属联系方式无法与之取得联系的；(4) 因自然灾害等不可抗力导致无法通知的。有碍侦查的具体情形包括：(1) 可能毁灭、伪造证据，干扰证人作证或者串供的；(2) 可能引起同案犯逃避、妨碍侦查的；(3) 犯罪嫌疑人的家属与犯罪有牵连的。有碍侦查的情形消失以后，应当立即通知被拘留人的家属。人民检察院决定拘留的案件，由人民检察院负责通知。公安机关决定拘留的案件，在执行拘留后，认为需要逮捕的，应当办理逮捕手续，对于需要逮捕而证据还不充足的，可以取保候审或者监视居住。

(三) 拘留的期限

对于公安机关依法决定和执行的刑事拘留，拘留的期限是法律分别规定的公安机关提请人民检察院批准逮捕的时间和人民检察院审查批准逮捕的时间的总和。

公安机关对被拘留的人认为需要逮捕的，应当在拘留后3日以内，提请人民检察院审查批准。在特殊情况下，提请审查批准的时间可以延长1日至4日。对于流窜作案、多次作案、结伙作案的重大嫌疑分子，提请审查批准的时间可以延长至30日。人民检察院应当自接到公安机关提请批准逮捕书后的7日内，作出批准逮捕或者不批准逮捕的决定。人民检察院不批准逮捕的，公安机关应当在接到通知后，立即释放犯罪嫌疑人，并且将执行情况及时通知人民检察院。对于需要继续侦查，并且符合取保候审、监视居住条件的，应依法取保候审或者监视居住。

根据《刑事诉讼法》第167条的规定，人民检察院对直接受理侦查的案件中被拘留的人，认为需要逮捕的，应当在14日以内作出决定；在特殊情况下，可以延长1日至3日。对于不需要逮捕的，应当立即释放犯罪嫌疑人。对于需要继续侦查，并且符合取保候审、监视居住条件的，应依法取保候审或者监视居住。依据《刑事诉讼法》第170条第2款的规定，对于监察机关移送起诉的已采取留置措施的案件，人民检察院应当对犯罪嫌疑人先行拘留，留置措施自动解除。人民检察院应当在拘留后的10日以内作出是否逮捕、取保候审或者监视居住的决定。在特殊情况下，决定的时间可以延长1日至4日。人民检察院决定采取强制措施的期间不计入审查起诉期限。

综上，一般情况下，刑事拘留的期限最长为14日。流窜作案、多次作案、结伙作案的重大嫌疑分子，拘留期限最长为37日。

《刑事诉讼法》第97、99条规定，对于超期拘留的，被拘留人及其法定代理人、近亲属或者辩护人，有权要求释放被拘留人或者变更强制措施。有关机关应当予以释放或者依法变更强制措施。但是，根据公安部《规定》第130条的规定，犯罪嫌疑人不讲真实姓名、住址，身份不明的，应当对其身份进行调查。对符合逮捕条件的犯罪嫌疑人，也可以按其自报的姓名提请批准逮捕。对此，学界有不同意见，认为该条混淆了拘留期限和逮捕后的侦查羁押期限的界限，延长了拘留的最长期限，违背了刑事诉讼法的规定。①

第六节 逮 捕

一、逮捕的概念和适用条件

（一）逮捕的概念

逮捕，是指公安机关、人民检察院和人民法院，为防止犯罪嫌疑人或者被告人逃避侦查、起诉和审判，进行妨碍刑事诉讼的行为，或者具有社会危险性，而依法剥夺其人身自由，将其羁押的一种强制措施。

（二）逮捕的适用条件

逮捕是刑事诉讼强制措施中最严厉的一种，它不仅剥夺了犯罪嫌疑人、被告人的人身自由，而且逮捕后除发现不应当追究刑事责任和符合变更强制措施的条件的以外，对被逮捕人的羁押一般要延续到人民法院判决生效为止。正确、及时地适用逮捕措施，可以发挥打击犯罪、维护社会秩序的重要作用，有效地防止犯罪嫌疑人或者被告人串供、毁灭或者伪造证据、自杀、逃跑或继续犯罪，有助于全面收集证据、查明案情、证实犯罪，保证侦查、起诉、审判活动的顺利进行。所以逮捕是同犯罪作斗争的重要手段。但是如果适用不当，错捕滥捕，必将伤害无辜，侵犯公民的合法权益，破坏社会主义法制的尊严和权威，损害公安司法机关的威信。因此，必须坚持“少捕”和“慎捕”的刑事政策，切实做到不枉不纵，既不能该捕不捕，也不能以捕代侦，任意逮捕。对无罪而错捕的，要依照国家赔偿法的规定对受害人予以赔偿。

根据《刑事诉讼法》第81条，逮捕的适用情形分为一般逮捕、径行逮捕和转化逮捕，此外，相关司法解释还规定了不予逮捕的情形，包括应当不予逮捕和可以不予逮捕。

1. 一般逮捕的情形。

对有证据证明有犯罪事实，可能判处徒刑以上刑罚的犯罪嫌疑人、被告人，采取取保候审尚不足以防止发生社会危险性，应当予以逮捕。这一类逮捕必须同时具备以下三个条件。

（1）有证据证明有犯罪事实。根据最高人民检察院《规则》第128条第2款，有证据

---

① 陈光中．刑事诉讼法实施问题研究．北京：中国法制出版社，2000：94.

证明有犯罪事实是指同时具备下列情形：1）有证据证明发生了犯罪事实。2）有证据证明该犯罪事实是犯罪嫌疑人实施的。3）证明犯罪嫌疑人实施犯罪行为的证据已经查证属实的。犯罪事实既可以是单一犯罪行为的事实，也可以是数个犯罪行为中任何一个犯罪行为的事实。

根据最高人民检察院《规则》第138条，对实施多个犯罪行为或者共同犯罪案件的犯罪嫌疑人，符合该规则第128条的规定，具有下列情形之一的，应当批准或者决定逮捕：1）有证据证明犯有数罪中的一罪的；2）有证据证明实施多次犯罪中的一次犯罪的；3）共同犯罪中，已有证据证明有犯罪事实的犯罪嫌疑人。

（2）可能判处徒刑以上刑罚。这是关于犯罪严重程度的规定。可能判处徒刑以上刑罚，是指根据我国刑法的有关规定，初步判定犯罪嫌疑人、被告人可能被判处有期徒刑以上的刑罚，而不是可能被判处管制、拘役、独立适用附加刑等轻刑或者可能被免除刑罚的，才符合逮捕条件。

（3）采取取保候审尚不足以防止发生社会危险性。社会危险性包括以下五项中的一个或多个：1）可能实施新的犯罪的，如案发前或者案发后正在策划、组织或者预备实施新的犯罪的；扬言实施新的犯罪的；多次作案、连续作案、流窜作案的；一年内曾因故意实施同类违法行为受到行政处罚的；以犯罪所得为主要生活来源的；有吸毒、赌博等恶习的；等等。2）有危害国家安全、公共安全或者社会秩序的现实危险的，如案发前或者案发后正在积极策划、组织或者预备实施危害国家安全、公共安全或者社会秩序的重大违法犯罪行为的；曾因危害国家安全、公共安全或者社会秩序受到刑事处罚或者行政处罚的；在危害国家安全、黑恶势力、恐怖活动、毒品犯罪中起组织、策划、指挥作用或者积极参加的；等等。3）可能毁灭、伪造证据，干扰证人作证或者串供的，如曾经或者企图毁灭、伪造、隐匿、转移证据的；曾经或者企图威逼、恐吓、利诱、收买证人，干扰证人作证的；有同案犯罪嫌疑人或者与其在事实上存在密切关联犯罪的犯罪嫌疑人在逃，重要证据尚未收集到位的；等等。4）可能对被害人、举报人、控告人实施打击报复的，如扬言或者准备、策划对被害人、举报人、控告人实施打击报复的；曾经对被害人、举报人、控告人实施打击、要挟、迫害等行为的；采取其他方式滋扰被害人、举报人、控告人的正常生活、工作的；等等。5）企图自杀或者逃跑的，如着手准备自杀、自残或者逃跑的；曾经自杀、自残或者逃跑的；有自杀、自残或者逃跑的意思表示的；曾经以暴力、威胁手段抗拒抓捕的；等等。

批准或者决定逮捕，应当将犯罪嫌疑人、被告人涉嫌犯罪的性质、情节，认罪认罚等情况，作为是否可能发生社会危险性的考虑因素。

上述三个条件相互联系、缺一不可。只有犯罪嫌疑人、被告人同时具备这三个条件，才应当对其逮捕。

2. 径行逮捕的情形。

所谓径行逮捕，是指犯罪嫌疑人、被告人符合法律明确规定的情形的，应当逮捕。《刑事诉讼法》第81条第3款规定了下列三种情形应当径行逮捕。

（1）有证据证明有犯罪事实，可能判处10年有期徒刑以上刑罚的；

（2）有证据证明有犯罪事实，可能判处徒刑以上刑罚，曾经故意犯罪的；

（3）有证据证明有犯罪事实，可能判处徒刑以上刑罚，不讲真实姓名、住址，身份不明的。

这三种情形或者是涉嫌犯罪较为严重，或者是因之前的故意犯罪记录或身份不明而表明犯罪嫌疑人、被告人具有较大的社会危险性，因此，只要符合上述三种情况之一的，应当逮捕。

3. 转化逮捕的情形。

所谓转化逮捕，是指被取保候审、监视居住的犯罪嫌疑人、被告人违反取保候审、监视居住规定，情节严重的，可以予以逮捕。根据最高人民检察院《规则》第101条，对有下列违反取保候审规定的行为的犯罪嫌疑人，应当予以逮捕：(1) 故意实施新的犯罪；(2) 企图自杀、逃跑；(3) 实施毁灭、伪造证据，串供或者干扰证人作证，足以影响侦查、审查起诉工作正常进行；(4) 对被害人、证人、鉴定人、举报人、控告人及其他人员实施打击报复。犯罪嫌疑人有下列违反取保候审规定的行为，人民检察院可以对犯罪嫌疑人予以逮捕：(1) 未经批准，擅自离开所居住的市、县，造成严重后果，或者两次未经批准，擅自离开所居住的市、县；(2) 经传讯不到案，造成严重后果，或者经两次传讯不到案；(3) 住址、工作单位和联系方式发生变动，未在24小时以内向公安机关报告，造成严重后果；(4) 违反规定进入特定场所、与特定人员会见或者通信、从事特定活动，严重妨碍诉讼程序正常进行。有上述前两款情形，需要对犯罪嫌疑人予以逮捕的，可以先行拘留；已交纳保证金的，同时书面通知公安机关没收保证金。

根据最高人民检察院《规则》第111条，犯罪嫌疑人有下列违反监视居住规定的行为，人民检察院应当对犯罪嫌疑人予以逮捕：(1) 故意实施新的犯罪行为；(2) 企图自杀、逃跑；(3) 实施毁灭、伪造证据或者串供、干扰证人作证行为，足以影响侦查、审查起诉工作正常进行；(4) 对被害人、证人、举报人、控告人及其他人员实施打击报复。犯罪嫌疑人有下列违反监视居住规定的行为，人民检察院可以对犯罪嫌疑人予以逮捕：(1) 未经批准，擅自离开执行监视居住的处所，造成严重后果，或者两次未经批准，擅自离开执行监视居住的处所；(2) 未经批准，擅自会见他人或者通信，造成严重后果，或者两次未经批准，擅自会见他人或者通信；(3) 经传讯不到案，造成严重后果，或者经两次传讯不到案。有上述前两款情形，需要对犯罪嫌疑人予以逮捕的，可以先行拘留。

而且，根据全国人大常委会关于《刑事诉讼法》的解释，对于被取保候审、监视居住的可能判处徒刑以下刑罚的犯罪嫌疑人、被告人，违反取保候审、监视居住规定，严重影响诉讼活动正常进行的，可以予以逮捕。

4. 不予逮捕的情形。

(1) 应当不予逮捕的情形。

根据最高人民检察院《规则》第139条，对具有下列情形之一的犯罪嫌疑人，人民检察院应当作出不批准逮捕或者不予逮捕的决定：1) 不符合该规则规定的逮捕条件的；2) 具有《刑事诉讼法》第16条规定的情形之一的。

(2) 可以不予逮捕的情形。

根据最高人民检察院《规则》第140条，犯罪嫌疑人涉嫌的罪行较轻，且没有其他重大犯罪嫌疑，具有以下情形之一的，可以作出不批准逮捕或者不予逮捕的决定：1) 属于预备犯、中止犯，或者防卫过当、避险过当的；2) 主观恶性较小的初犯，共同犯罪中的从犯、胁从犯，犯罪后自首、有立功表现或者积极退赃、赔偿损失、确有悔罪表现的；3) 过失犯罪的犯罪嫌疑人，犯罪后有悔罪表现，有效控制损失或者积极赔偿损失的；4) 犯罪嫌疑人与被害人双方根据《刑事诉讼法》的有关规定达成和解协议，经审查，认为和解系自愿、合法且已经履行或者提供担保的；5) 犯罪嫌疑人认罪认罚的；6) 犯罪嫌疑人系已满

14 周岁未满 18 周岁的未成年人或者在校学生，本人有悔罪表现，其家庭、学校或者所在社区以及居民委员会、村民委员会具备监护、帮教条件的；7）犯罪嫌疑人系已满 75 周岁的人。

二、逮捕的权限

我国《宪法》第 37 条第 2 款规定："任何公民，非经人民检察院批准或者决定或者人民法院决定，并由公安机关执行，不受逮捕。"《刑事诉讼法》第 80 条规定，逮捕犯罪嫌疑人、被告人，必须经过人民检察院批准或者人民法院决定，由公安机关执行。具体言之，人民检察院有批准逮捕或决定逮捕的权力，人民法院只有决定逮捕的权力，而公安机关无逮捕的决定权，仅有权提请批准逮捕和执行逮捕。

由此可见，在我国刑事诉讼中，逮捕的批准或者决定权、执行权以及监督审查权是分离的，这主要是为了实现公安司法机关之间的相互制约和监督，保证逮捕的质量，防止出现错捕、滥捕等侵犯公民人身权利的现象。

三、逮捕的批准、决定程序

（一）人民检察院对公安机关提请逮捕犯罪嫌疑人的批准程序

公安机关认为需要逮捕犯罪嫌疑人时，由立案侦查的单位制作提请批准逮捕书，经县级以上公安机关负责人签署后，连同案卷材料和证据，一并移送同级人民检察院审查批准。必要的时候，人民检察院可以派员参加公安机关对重大案件的讨论。

根据《刑事诉讼法》第 88 条和最高人民检察院《规则》第 280 条的规定，人民检察院办理审查逮捕案件，可以讯问犯罪嫌疑人；具有下列情形之一的，应当讯问犯罪嫌疑人：(1) 对是否符合逮捕条件有疑问的；(2) 犯罪嫌疑人要求向检察人员当面陈述的；(3) 侦查活动可能有重大违法行为的；(4) 案情重大、疑难、复杂的；(5) 犯罪嫌疑人认罪认罚的；(6) 犯罪嫌疑人系未成年人的；(7) 犯罪嫌疑人是盲、聋、哑人或者是尚未完全丧失辨认或者控制自己行为能力的精神病人的。讯问未被拘留的犯罪嫌疑人，讯问前应当听取公安机关的意见。办理审查逮捕案件，对被拘留的犯罪嫌疑人不予讯问的，应当送达听取犯罪嫌疑人意见书，由犯罪嫌疑人填写后及时收回审查并附卷。经审查认为应当讯问犯罪嫌疑人的，应当及时讯问。根据最高人民检察院《规则》第 261 条，办理审查逮捕案件，犯罪嫌疑人已经委托辩护律师的，可以听取辩护律师的意见。辩护律师提出要求的，应当听取辩护律师的意见。对辩护律师的意见应当制作笔录，辩护律师提出的书面意见应当附卷。办理审查起诉案件，应当听取辩护人或者值班律师、被害人及其诉讼代理人的意见，并制作笔录。辩护人或者值班律师、被害人及其诉讼代理人提出书面意见的，应当附卷。对于辩护律师在审查逮捕、审查起诉阶段多次提出意见的，均应如实记录。辩护律师提出犯罪嫌疑人不构成犯罪、无社会危险性、不适宜羁押或者侦查活动有违法犯罪情形等书面意见的，检察人员应当审查，并在相关工作文书中说明是否采纳的情况和理由。

审查逮捕过程中，人民检察院应当严格审查证据的合法性。根据最高人民检察院《规则》第 263 条，对于公安机关提请批准逮捕、移送起诉的案件，检察人员审查时发现存在该规则第 75 条第 1 款规定情形的，可以调取公安机关讯问犯罪嫌疑人的录音、录像并审查相关的录音、录像。对于重大、疑难、复杂的案件，必要时可以审查全部录音、录像。对于监察机关移送起诉的案件，认为需要调取有关录音、录像的，可以商监察机关调取。对于人民检察院直接受理侦查的案件，审查时发现负责侦查的部门未按照该规则第75条第3款的规定移送录音、录像或者移送不全的，应当要求其补充移送。对取证合法性或者讯问笔录真实性等产生疑问的，应当有针对性地审查相关的录音、录像。对于重大、疑难、复杂的案件，可以审查全部录音、录像。根据最高人民检察院《规则》第264条，经审查讯问犯罪嫌疑人录音、录像，发现侦查机关讯问不规范，讯问过程存在违法行为，录音、录像内容与讯问笔录不一致等情形的，应当逐一列明并向侦查机关书面提出，要求侦查机关予以纠正、补正或者书面作出合理解释。发现讯问笔录与讯问犯罪嫌疑人录音、录像内容有重大实质性差异的，或者侦查机关不能补正或者作出合理解释的，该讯问笔录不能作为批准或者决定逮捕、提起公诉的依据。

审查逮捕工作应当严格遵循法定办案时限。侦查机关提请批准逮捕的犯罪嫌疑人已被拘留的，人民检察院应当在接到提请批准逮捕书后的7日以内作出是否批准逮捕的决定；未被拘留的，人民检察院应当在接到上述文书后的15日以内作出是否批准逮捕的决定，重大、复杂的案件，不得超过20日。人民检察院办理公安机关提请批准逮捕的案件，发现遗漏应当逮捕的犯罪嫌疑人的，应当经检察长批准，要求公安机关提请批准逮捕。公安机关不提请批准逮捕或者说明的不提请批准逮捕的理由不成立的，人民检察院可以直接作出逮捕决定，送达公安机关执行。

对公安机关提请批准逮捕的犯罪嫌疑人，人民检察院经审查认为符合逮捕条件的，应当作出批准逮捕的决定，连同案卷材料送达公安机关执行，并可以制作继续侦查提纲，送交公安机关。对公安机关提请批准逮捕的犯罪嫌疑人，不符合逮捕条件，人民检察院作出不批准逮捕决定的，应当说明理由，连同案卷材料送达公安机关执行。需要补充侦查的，应当制作补充侦查提纲，送交公安机关。对于没有犯罪事实或者犯罪嫌疑人具有《刑事诉讼法》第16条规定情形之一，人民检察院作出不批准逮捕决定的，应当同时告知公安机关撤销案件。对于有犯罪事实需要追究刑事责任，但不是被立案侦查的犯罪嫌疑人实施，或者共同犯罪案件中部分犯罪嫌疑人不负刑事责任，人民检察院作出不批准逮捕决定的，应当同时告知公安机关对有关犯罪嫌疑人终止侦查。

对于不批准逮捕的，公安机关在接到人民检察院不批准逮捕的通知后，对于被拘留的对象，应当立即释放。对于需要继续侦查，并且符合取保候审、监视居住条件的，依法取保候审或者监视居住。公安机关如果不同意人民检察院不批准逮捕的决定，可以要求人民检察院复议。如果公安机关的意见不被接受，该公安机关可以向上一级人民检察院提请复核。上级人民检察院应当在15日内进行复核，作出是否变更的决定，通知下级人民检察院和公安机关执行。在复议、复核期间，对于已经被拘留的对象，公安机关必须释放。

（二）人民检察院决定逮捕的程序

人民检察院办理直接受理侦查的案件，需要逮捕犯罪嫌疑人的，由负责侦查的部门制作逮捕犯罪嫌疑人意见书，连同案卷材料、讯问犯罪嫌疑人录音、录像一并移送本院负责捕诉的部门审查。犯罪嫌疑人已被拘留的，负责侦查的部门应当在拘留后7日以内将案件移送本院负责捕诉的部门审查。对本院负责侦查的部门移送审查逮捕的案件，犯罪嫌疑人已被拘留的，负责捕诉的部门应当在收到逮捕犯罪嫌疑人意见书后7日以内，报请检察长决定是否逮捕，特殊情况下，决定逮捕的时间可以延长1日至3日；犯罪嫌疑人未被拘留的，负责捕诉的部门应当在收到逮捕犯罪嫌疑人意见书后15日以内，报请检察长决定是否逮捕，重大、复杂案件，不得超过20日。对犯罪嫌疑人决定逮捕的，负责捕诉的部门应当将逮捕决定书连同案卷材料、讯问犯罪嫌疑人录音、录像移交负责侦查的部门，并可以对收集证据、适用法律提出意见。由负责侦查的部门通知公安机关执行，必要时可以协助执行。对犯罪嫌疑人决定不予逮捕的，负责捕诉的部门应当将不予逮捕的决定连同案卷材料、讯问犯罪嫌疑人录音、录像移交负责侦查的部门，并说明理由。需要补充侦查的，应当制作补充侦查提纲。犯罪嫌疑人已被拘留的，负责侦查的部门应当通知公安机关立即释放。

（三）人民法院决定逮捕的程序

人民法院决定逮捕被告人也有两种情况。

1. 对于直接受理的自诉案件，认为需要逮捕被告人时，由办案人员提请法院院长决定，对于重大、疑难、复杂案件的被告人的逮捕，提交审判委员会讨论决定。

2. 对于检察机关提起公诉时未予逮捕的被告人，人民法院认为符合逮捕条件应予逮捕的，也可以决定逮捕。

人民法院决定逮捕的，由法院院长签发《决定逮捕通知书》，通知公安机关执行。如果是公诉案件，还应当通知人民检察院。

（四）对几种特殊犯罪嫌疑人进行逮捕的审批程序

1. 外国人、无国籍人涉嫌危害国家安全犯罪的案件或者涉及国与国之间政治、外交关系的案件以及在适用法律上确有疑难的案件，需要逮捕犯罪嫌疑人的，按照《刑事诉讼法》关于管辖的规定，分别由基层人民检察院或者设区的市级人民检察院审查并提出意见，层报最高人民检察院审查。最高人民检察院认为需要逮捕的，经征求外交部的意见后，作出批准逮捕的批复；认为不需要逮捕的，作出不批准逮捕的批复。基层人民检察院或者设区的市级人民检察院根据最高人民检察院的批复，依法作出批准或者不批准逮捕的决定。层报过程中，上级人民检察院认为不需要逮捕的，应当作出不批准逮捕的批复。报送的人民检察院根据批复依法作出不批准逮捕的决定。基层人民检察院或者设区的市级人民检察院认为不需要逮捕的，可以直接依法作出不批准逮捕的决定。外国人、无国籍人涉嫌最高人民检察院《规则》第294条第1款规定以外的其他犯罪案件，决定批准逮捕的人民检察院应当在作出批准逮捕决定后48小时以内报上一级人民检察院备案，同时向同级人民政府外事部门通报。上一级人民检察院经审查发现批准逮捕决定错误的，应当依法及时纠正。

2. 人民检察院办理批准逮捕的危害国家安全的案件，应当报上一级人民检察院备案。上一级人民检察院对报送的备案材料应当进行审查，发现错误的，应当依法及时纠正。

四、逮捕的执行程序

逮捕犯罪嫌疑人、被告人，一律由公安机关执行。公安机关在接到执行逮捕的通知后，必须立即执行，并将执行的情况通知人民检察院、人民法院。公安机关执行逮捕的程序如下。

1. 对于人民检察院批准或者决定、人民法院决定逮捕的犯罪嫌疑人、被告人，应当由县级以上公安机关负责人签发逮捕证，立即执行。

2. 执行逮捕的人员不得少于2人。执行逮捕时，必须向被逮捕人出示逮捕证，并责令被逮捕人在逮捕证上签名（盖章）、捺指印。被逮捕人拒绝在逮捕证上签名（盖章）、捺指印的，应在逮捕证上注明。

3. 逮捕犯罪嫌疑人、被告人后，应当立即将被逮捕人送看守所羁押。提请批准逮捕的公安机关、批准或决定逮捕的人民检察院或者人民法院，应当在逮捕后的24小时之内进行讯问。发现不应当逮捕的，必须立即释放，发给释放证明。除无法通知的以外，应当在逮捕后24小时以内，通知被逮捕人的家属。

4. 到异地逮捕的，公安机关应当通知被逮捕人所在地的公安机关。公安机关到异地执行逮捕时，应携带批准逮捕决定书及其副本、逮捕证、介绍信以及被逮捕人犯罪的主要材料等，被逮捕地的公安机关应当协助执行。

5.《刑事诉讼法》第95条规定，犯罪嫌疑人、被告人被逮捕后，人民检察院仍应当对羁押的必要性进行审查。对不需要继续羁押的，应当建议予以释放或者变更强制措施。有关机关应当在10日内将处理情况通知人民检察院。公安机关释放被逮捕的人，或者变更逮捕措施的，应当通知原批准的人民检察院。最高人民检察院《规则》第574、575、576、578条规定，人民检察院在办案过程中可以依职权主动进行羁押必要性审查。犯罪嫌疑人、被告人及其法定代理人、近亲属或者辩护人可以申请人民检察院进行羁押必要性审查。申请时应当说明不需要继续羁押的理由，有相关证据或者其他材料的应当提供。看守所根据在押人员身体状况，可以建议人民检察院进行羁押必要性审查。负责捕诉的部门依法对侦查和审判阶段的羁押必要性进行审查。经审查认为不需要继续羁押的，应当建议公安机关或者人民法院释放犯罪嫌疑人、被告人或者变更强制措施。审查起诉阶段，负责捕诉的部门经审查认为不需要继续羁押的，应当直接释放犯罪嫌疑人或者变更强制措施。负责刑事执行检察的部门收到有关材料或者发现不需要继续羁押的，应当及时将有关材料和意见移送负责捕诉的部门。人民检察院应当根据犯罪嫌疑人、被告人涉嫌的犯罪事实、主观恶性、悔罪表现、身体状况、案件进展情况、可能判处的刑罚和有无再危害社会的危险等因素，综合评估有无必要继续羁押犯罪嫌疑人、被告人。该规则第579、580条则规定，人民检察院发现犯罪嫌疑人、被告人具有下列情形之一的，应当向办案机关提出释放或者变更强制措施的建议：（1）案件证据发生重大变化，没有证据证明有犯罪事实或者犯罪行为系犯罪嫌疑人、被告人所为的；（2）案件事实或者情节发生变化，犯罪嫌疑人、被告人可能被判处拘役、管制、独立适用附加刑、免予刑事处罚或者判决无罪的；（3）继续羁押犯罪嫌疑人、被告人，羁押期限将超过依法可能判处的刑期的；（4）案件事实基本查清，证据已经收集固定，符合取保候审或者监视居住条件的。人民检察院发现犯罪嫌疑人、被告人具有下列情形之一，且具有悔罪表现，不予羁押不致发生社会危险性的，可以向办案机关提出释放或者变更强制措施的建议：（1）预备犯或者中止犯；（2）共同犯罪中的从犯或者胁从犯；（3）过失犯罪的；（4）防卫过当或者避险过当的；（5）主观恶性较小的初犯；（6）系未成年人或者已满75周岁的人；（7）与被害方依法自愿达成和解协议，且已经履行或者提供担保的；（8）认罪认罚的；（9）患有严重疾病、生活不能自理的；（10）怀孕或者正在哺乳自己婴儿的妇女；（11）系生活不能自理的人的唯一扶养人；（12）可能被判处1年以下有期徒刑或者宣告缓刑的；（13）其他不需要继续羁押的情形。为加强后续监督，该规则第581条还专门规定，人民检察院应当跟踪办案机关对释放或者变更强制措施建议的处理情况。办案机关未在10日以内回复处理情况的，应当提出纠正意见。

第七节　强制措施的变更和解除

强制措施的变更，是指公安司法机关采取强制措施后，因发生了法定事由而改用新的强制措施的诉讼行为。强制措施的解除或者撤销，是指公安司法机关采取强制措施后，因发生了法定事由，没有必要继续适用强制措施而决定予以撤销的诉讼行为。强制措施的变更和解除，是强制措施适用中的重要诉讼行为，对于切实、有效地保护公民权利，保障刑事诉讼活动的顺利进行，具有十分重要的意义。

根据《刑事诉讼法》和最高人民法院《解释》第169、170条的规定，强制措施的变更、解除主要有以下几种情况。

一、逮捕的变更或解除

（一）可以变更或解除逮捕的情形

根据最高人民法院《解释》第169条的规定，对于已经被逮捕的被告人，符合下列情形之一的，人民法院可以变更强制措施：

1. 患有严重疾病、生活不能自理的；
2. 怀孕或者正在哺乳自己婴儿的；
3. 系生活不能自理的人的唯一扶养人。

《刑事诉讼法》第98条规定，犯罪嫌疑人、被告人被羁押的案件，不能在法律规定的侦查羁押、审查起诉、一审、二审期限内办结的，对犯罪嫌疑人、被告人应当予以释放；需要继续查证、审理的，对犯罪嫌疑人、被告人可以取保候审或者监视居住。

对逮捕超过法定期限的，下列人员依法有权要求解除：（1）犯罪嫌疑人、被告人；（2）犯罪嫌疑人、被告人的法定代理人或者近亲属；（3）犯罪嫌疑人、被告人的辩护人。对逮捕超过法定期限而要求解除的，依法应向原批准、决定的人民法院、人民检察院提出申请，原批准、决定的机关经过审查，查明逮捕确实超过法定期限的，有义务尽快纠正，予以变更或者解除。

（二）应当解除或撤销逮捕的情形

根据最高人民法院《解释》第170条的规定，被逮捕的被告人具有下列情形之一的，人民法院应当立即释放；必要时，可以依法变更强制措施：

1. 第一审人民法院判决被告人无罪、不负刑事责任或者免予刑事处罚的；
2. 第一审人民法院判处管制、宣告缓刑、单独适用附加刑，判决尚未发生法律效力的；
3. 被告人被羁押的时间已到第一审人民法院对其判处的刑期期限的；
4. 案件不能在法律规定的期限内审结的。

《刑事诉讼法》第96条规定，人民法院、人民检察院和公安机关如果发现对犯罪嫌疑人、被告人采取强制措施不当的，应当及时撤销或者变更。公安机关释放被逮捕的人或者变更逮捕措施的，应当通知原批准的人民检察院。

被羁押的犯罪嫌疑人、被告人及其法定代理人、近亲属或辩护人有权申请取保候审。

对被羁押的犯罪嫌疑人、被告人需要变更强制措施或者予以释放的，决定机关应当将变更强制措施决定书或者释放通知书送交公安机关执行。

（三）应当变更为逮捕的情形

根据《刑事诉讼法》第71、77、81条的规定，犯罪嫌疑人、被告人违反取保候审规定，或者违反监视居住规定，情节严重的，可以变更为逮捕。在逮捕之前，可以对犯罪嫌疑人、被告人先行拘留。公安司法机关决定变更强制措施，予以逮捕的，应当通知负责执行取保候审或者监视居住的公安机关。

二、取保候审的变更或解除

取保候审超过法定期限的，犯罪嫌疑人、被告人及其法定代理人、近亲属或者辩护人，有权向作出取保候审决定的人民法院、人民检察院和公安机关提出申诉，要求解除取保候审。经审查确实超过法定期限的，应当解除取保候审。

取保候审期限届满，或者发现有《刑事诉讼法》第16条规定的不应当追究犯罪嫌疑人、被告人的刑事责任的情形，或者案件已经办结的，应当撤销取保候审。公安机关、人民检察院、人民法院决定解除、撤销取保候审的，应当制作解除、撤销取保候审决定书，写明理由和决定事项，并将决定书送达被取保候审人，通知执行机关，退还保证金。如果是通过保证人保证的，应当通知保证人以解除其保证义务。

根据《刑事诉讼法》及司法解释的规定，变更取保候审的情形包括：被取保候审人违反了有关取保候审的规定、采取取保候审不当、不能保证诉讼的顺利进行。取保候审一般可以变更为监视居住或逮捕。变更取保候审的，应当制作变更取保候审决定书，写明变更理由及变更后的强制措施，并通知保证人和执行机关。

三、监视居住的解除或撤销

监视居住期限届满或者发现不应追究犯罪嫌疑人、被告人刑事责任的情形的，应当及时解除或者撤销监视居住。解除或者撤销监视居住的决定，应当及时通知执行机关，并将解除或撤销监视居住的决定书送达犯罪嫌疑人、被告人。对犯罪嫌疑人、被告人监视居住超过法定期限的，犯罪嫌疑人、被告人及其法定代理人、近亲属或者辩护人，有权向人民法院、人民检察院、公安机关提出申诉，要求撤销监视居住。经审查情况属实的，应对犯罪嫌疑人、被告人撤销监视居住。经审查未超过法定期限的，应当书面答复申请人。

【问题与思考】

1. 简述我国五种刑事强制措施的适用对象、条件、程序及相互之间的区别和联系。
2. 如何完善我国刑事强制措施体系？
3. 强制措施的法律性质是什么？其与刑罚的区别是什么？
4. 取保候审与保释的区别是什么？
5. 拘留与逮捕的关系是如何的？

【推荐参考论著】

1. 陈卫东，万春，宋英辉，苗生明．羁押必要性审查的理论认识与实践应用．国家检察官学院学报，2012 (6).

2. 左卫民．指定监视居住的制度性思考．法商研究，2012 (3).

3. 宋英辉，王贞会．刑事强制措施修改若干问题．暨南学报（哲学社会科学版），2012 (1).

4. 宋英辉，王贞会．论我国刑事强制措施的立法完善．人民检察，2012 (13).

5. 陈卫东．保释制度与取保候审．北京：中国检察出版社，2003.

6. 宋英辉，吴宏耀．刑事审前程序研究．北京：中国政法大学出版社，2002.

7. 樊崇义．刑事诉讼法实施问题与对策研究．北京：中国人民大学出版社，2002.

8. 杨雄．刑事强制措施的正当性基础．北京：中国人民公安大学出版社，2009.

9. 陈瑞华．审前羁押的法律控制——比较法角度的分析．政法论坛，2002 (4).

10. 李忠诚．刑事强制措施制度研究．北京：中国人民公安大学出版社，1995.

11. 易延友．刑事强制措施体系及其完善．法学研究，2012 (3).

第十二章 附带民事诉讼

内容导读

附带民事诉讼是刑事诉讼中的一项重要制度，其基本目的在于：在刑事诉讼过程中一并解决因犯罪行为而引起的物质损失赔偿问题，保障国家、集体以及公民个人的合法财产，同时节约诉讼成本，提高诉讼效率。附带民事诉讼本质上是一种民事诉讼，但又同刑事诉讼有着紧密的联系，准确地讲是依附于刑事诉讼的特殊的民事诉讼。因此，附带民事诉讼在法律依据上具有复合性，在处理程序上具有相对依附性。

第一节 附带民事诉讼概述

一、附带民事诉讼的概念和特点

（一）附带民事诉讼的概念

附带民事诉讼又称刑事附带民事诉讼，是指司法机关在刑事诉讼过程中，在依法解决被告人刑事责任的同时，附带解决被害人因被告人的犯罪行为而遭受的物质损失的赔偿问题所进行的诉讼活动。

附带民事诉讼制度作为一项诉讼制度，是有关附带民事诉讼的当事人、赔偿范围、提起和审理程序等问题的法律规范的总称。《刑事诉讼法》第101、102条规定：被害人由于被告人的犯罪行为而遭受物质损失的，在刑事诉讼过程中，有权提起附带民事诉讼。如果是国家财产、集体财产遭受损失，人民检察院在提起公诉的时候，可以提起附带民事诉讼。人民法院在必要的时候，可以查封、扣押或者冻结被告人的财产。上述规定是附带民事诉讼的主要法律依据。《刑事诉讼法》第104条还对附带民事诉讼的审理原则进行了规定。最高人民法院《解释》等司法解释中关于附带民事诉讼的规定是对刑事诉讼法规定的具体化，具有很强的可操作性，是司法实践的重要依据。

(二) 附带民事诉讼的特点

附带民事诉讼从本质上讲是民事诉讼，但它又不同于一般的民事诉讼。附带民事诉讼是由犯罪行为引起的，是在刑事诉讼过程中提起并同刑事案件一并解决的，其成立与解决都依附于刑事诉讼，同刑事诉讼紧密联系、不可分割，因此附带民事诉讼是一种依附于刑事诉讼的特殊的民事诉讼。具体来讲，附带民事诉讼具有以下几个特点。

1. 附带民事诉讼性质的特殊性。附带民事诉讼就其解决的问题的性质而言，是平等主体之间的经济损害赔偿问题，和民事诉讼中的损害赔偿是一样的，属于民事诉讼性质。但它和一般的民事诉讼损害赔偿又有不同，因为这种赔偿是由犯罪行为引起的，是在刑事诉讼过程中提起的，由审判刑事案件的审判组织审理，所以它又是刑事诉讼的一部分，是一种特殊的民事诉讼。

2. 附带民事诉讼法律依据的复合性。附带民事诉讼所解决的是犯罪行为所引起的民事赔偿责任，所以解决这一问题的法律依据具有复合性特点。在实体法上，对损害事实的认定，不仅要遵循刑法关于具体案件犯罪构成的规定，而且要受民事法律规范调整；在程序法上，除刑事诉讼法有特殊规定的以外，应当适用民事诉讼法的规定，如诉讼原则、强制措施、诉讼证据、先行给付、诉讼保全、调解、和解、撤诉、反诉等，都要遵循民事诉讼法的有关规定。所以最高人民法院《解释》第 201 条规定："人民法院审理附带民事诉讼案件，除刑法、刑事诉讼法以及刑事司法解释已有规定的以外，适用民事法律的有关规定。"

3. 附带民事诉讼处理程序的相对依附性。附带民事诉讼以刑事案件的成立为前提，必须在刑事诉讼过程中提起，附带民事诉讼部分的判决不得同刑事部分的判决相抵触，附带民事诉讼的诉讼时效、上诉期限、管辖法院等都取决于刑事案件的情况。因此，附带民事诉讼在处理程序上是依附于刑事诉讼的，它必须以刑事诉讼程序为依托。刑事诉讼不存在，附带民事诉讼也就无从谈起。

二、附带民事诉讼的意义

附带民事诉讼是刑事诉讼中一项重要的诉讼制度。其意义主要体现在以下几个方面。

1. 有利于维护国家、集体和公民个人的合法经济利益。犯罪行为往往给被害人造成经济损失，犯罪人除了承担刑事责任，仍然需要承担经济赔偿责任，以保障国家、集体和公民个人的经济损失得到补偿和挽回。附带民事诉讼是实现这种保障的有效途径。附带民事诉讼制度的设立，可以使被害人通过附带民事诉讼程序，得到经济损害赔偿。

2. 有利于打击和制裁犯罪活动。附带民事诉讼制度，从根本上否定了"打了不罚，罚了不打"的陈旧观念，它意味着给他人造成物质损害的犯罪分子不仅要承担刑事责任，而且还要承担民事赔偿责任。这对于打击和制裁犯罪活动，教育和改造犯罪分子具有重要意义。

3. 有利于公安司法机关全面、正确地处理案件。附带民事诉讼制度的设立，要求公安司法机关在刑事诉讼过程中，既要查明本案中的犯罪事实，也要查明被告人的犯罪行为给被害人造成的物质损失以及他对承担损害赔偿责任的态度，这对于正确认定案件事实，判断被告人认罪态度和悔罪表现，正确定罪量刑，具有重要的参考价值。

4. 有利于保证人民法院审判工作的统一性和严肃性。附带民事诉讼是由审理刑事案件的同一审判组织进行审理的，这有利于保证对案件事实认识的统一，避免因不同审判组织分别进行审判可能对同一案件在认定事实和适用法律上作出相互矛盾的裁判，维护法院和法律的权威。

5. 有利于节约诉讼成本，提高诉讼效率。附带民事诉讼在刑事诉讼过程中附带解决被害人物质损失的赔偿问题，在一个诉讼中同时解决被告人的刑事责任和民事责任，避免因同一案件事实而再次进行诉讼。这一方面，避免了公安司法机关的重复劳动，节约了司法资源，提高了诉讼效率；另一方面，又方便了当事人及其他诉讼参与人参与诉讼，减少他们重复出庭、重复举证等活动，减轻了他们的讼累。

第二节　附带民事诉讼的成立

一、附带民事诉讼成立的条件

根据《刑事诉讼法》第 101 条的规定，附带民事诉讼的成立必须具备以下条件。

1. 附带民事诉讼的提起必须以刑事案件的成立为前提。

附带民事诉讼是由刑事诉讼所派生的，是在追究被告人刑事责任的同时，附带追究被告人的损害赔偿责任。因此，附带民事诉讼必须以刑事案件和刑事诉讼的成立为前提。如果被告人的行为本身不构成犯罪，刑事案件和刑事诉讼不成立，附带民事诉讼也就失去了存在的基础。需要注意的是，这里是指以刑事案件和刑事诉讼的成立为前提，而不是以是否对被告人科处刑罚为标准。一般情况下，被告人的行为构成犯罪的，都要根据法律科处刑罚，但在某些情况下，被告人的行为虽然构成犯罪，但根据法律不需要判处刑罚或者可以免除刑罚。在这些案件中，犯罪行为给被害人造成物质损失的，被害人仍然可以提起附带民事诉讼。

2. 必须是犯罪行为给被害人造成了物质损失。

《刑事诉讼法》第 101 条第 1 款规定："被害人由于被告人的犯罪行为而遭受物质损失的，在刑事诉讼过程中，有权提起附带民事诉讼。"最高人民法院《关于刑事附带民事诉讼范围问题的规定》（已失效）第 1 条规定："因人身权利受到犯罪侵犯而遭受物质损失或者财物被犯罪分子毁坏而遭受物质损失的，可以提起附带民事诉讼。对于被害人因犯罪行为遭受精神损失而提起附带民事诉讼的，人民法院不予受理。"最高人民法院 2002 年 7 月 11 日发布的《关于人民法院是否受理刑事案件被害人提起精神损害赔偿民事诉讼问题的批复》（已失效）规定：对于刑事案件被害人由于被告人的犯罪行为而遭受精神损失提起的附带民事诉讼，或者在该刑事案件审结以后，被害人另行提起精神损害赔偿民事诉讼的，人民法院不予受理。2012 年最高人民法院《解释》（已失效）第 138 条第 2 款规定："因受到犯罪侵犯，提起附带民事诉讼或者单独提起民事诉讼要求赔偿精神损失的，人民法院不予受理。"最高人民法院研究室《关于交通肇事刑事案件附带民事赔偿范围问题的答复》（法研［2014］30 号）指出，交通肇事刑事案件的附带民事诉讼当事人未能就民事赔偿问题达成调解、和解协议的，无论附带民事诉讼被告人是否投保机动车第三者强制责任保险，均可将死亡赔偿金、残疾赔偿金纳入判决赔偿的范围。残疾赔偿金、死亡赔偿金属于精神赔偿，还是物质损失赔偿，在理论界和实务界尚存分歧。

提起附带民事诉讼必须是由于被告人的犯罪行为给被害人造成了物质损失或者经济损失，这也是附带民事诉讼成立的必备条件。正是由于犯罪行为给被害人造成了物质损失，被害人才能提起附带民事诉讼要求赔偿。所谓物质损失，是相对于精神损失而言的，它是指可以用金钱计算的损失，通常包括两大类：一是犯罪行为侵害被害人的财产权利造成的经济损失，比如盗窃案件中盗窃的现金、物品等；二是犯罪行为侵害被害人的人身权利造成的经济损失，比如伤害案件中被害人因身体被伤害而进行医治和康复所花费的医疗费、护理费、交通费等的合理费用，以及因误工而减少的收入。

虽然刑事诉讼法和此前的司法解释规定精神损失不能提起附带民事诉讼，但理论界许多学者呼吁将精神损失纳入附带民事诉讼的赔偿范围。此外，刑事诉讼法和此前的司法解释的规定也与宪法和民法典、民事诉讼法及相关司法解释的规定相冲突。《宪法》第 38 条规定："中华人民共和国公民的人格尊严不受侵犯。禁止用任何方法对公民进行侮辱、诽谤和诬告陷害。"《民法典》第 1183 条规定："侵害自然人人身权益造成严重精神损害的，被侵权人有权请求精神损害赔偿。因故意或者重大过失侵害自然人具有人身意义的特定物造成严重精神损害的，被侵权人有权请求精神损害赔偿。"最高人民法院 2020 年 12 月 29 日修改的《关于确定民事侵权精神损害赔偿责任若干问题的解释》规定，因民事侵权行为遭受精神损害可以向人民法院起诉请求赔偿；最高人民法院 2020 年 12 月 29 日修改的《关于审理人身损害赔偿案件适用法律若干问题的解释》规定，因生命、健康、身体遭受侵害而起诉请求赔偿精神损害的，人民法院应予受理。据此，在民事诉讼中，对于民事侵权行为造成的精神损害可以要求赔偿。而犯罪行为和民事侵权行为一样，仅从对权利的侵害这个意义上来说，都是对人身、生命、健康、财产、名誉等的侵害，只是程度不同而已。无论从行为的社会危害性的程度来讲，还是从行为给被害人造成的损害的程度来讲，犯罪行为都远远高于民事侵权行为。对民事侵权行为造成的精神损失可以要求赔偿，对犯罪行为造成的精神损失没有道理不能要求赔偿。附带民事诉讼在本质上既然是民事诉讼，那么将精神损失纳入附带民事诉讼的赔偿范围自然应在情理之中。允许对精神损失提起附带民事诉讼有利于保护被害人的合法权益。正因如此，2021 年最高人民法院《解释》有所松动，该解释第 175 条第 2 款规定："因受到犯罪侵犯，提起附带民事诉讼或者单独提起民事诉讼要求赔偿精神损失的，人民法院一般不予受理。"据此，因受到犯罪侵犯，提起附带民事诉讼或者单独提起民事诉讼要求赔偿精神损失的，虽然一般不予受理，但在特殊情况下，人民法院也是可以受理的。

此外，还需注意的是，根据最高人民法院《解释》第 176 条，被告人非法占有、处置被害人财产的，应当依法予以追缴或者责令退赔。被害人提起附带民事诉讼的，人民法院不予受理。

根据最高人民法院《解释》第 177 条，国家机关工作人员在行使职权时，侵犯他人人身、财产权利构成犯罪，被害人或者其法定代理人、近亲属提起附带民事诉讼的，人民法院不予受理，但应当告知其可以依法申请国家赔偿。

3. 被害人遭受的物质损失必须是由被告人的犯罪行为直接造成的。

被害人提起附带民事诉讼要求赔偿的损失，必须是由被告人的犯罪行为直接造成的，也就是说，被告人的犯罪行为与被害人所遭受的物质损失之间必须存在直接的因果关系。

犯罪行为直接造成的物质损失，既包括犯罪行为已经给被害人造成的物质损失，这种损失又称积极损失，例如伤害案件中被害人的医药费、住院费和营养费；也包括被害人将来必然要遭受的物质损失，这种损失又称消极损失，例如故意伤害案件中因伤残减少的劳动收入以及今后继续医疗的费用，故意毁坏公私财物案件中被毁坏的丰收在望的庄稼等。但是，上述损失不包括今后可能得到的或通过努力才能争取到的物质利益，比如超产奖、发明奖、加班费等。如果被害人的物质损失不是由被告人造成的，而是由被害人自己的过错造成的，或者是由他人造成的，则不应由被告人承担。

4. 附带民事诉讼必须在刑事诉讼过程中被提起。

附带民事诉讼必须是在刑事诉讼过程中被提起，就是说，从刑事案件立案开始，到刑事案件一审审结之前，在刑事诉讼进行的任何阶段都可以提起附带民事诉讼。如果刑事案件尚未立案，或者刑事案件已经审结，被害人就不能提起附带民事诉讼。因为刑事案件尚未立案表示刑事诉讼尚未开始，谈不上附带民事诉讼的问题。刑事案件审结后，如果再提起附带民事诉讼，不论对当事人，还是司法机关，都失去了进行附带民事诉讼的意义。被害人如果仍然坚持要求被告人赔偿损失的，只能按照一般的民事诉讼解决。

二、附带民事诉讼的当事人

附带民事诉讼的当事人，是指附带民事诉讼的原告人和被告人。附带民事诉讼的提起，除了要符合附带民事诉讼的成立条件，还必须要有明确的原告人和被告人。

（一）附带民事诉讼的原告人

附带民事诉讼的原告人是指因被告人的犯罪行为而遭受物质损失并在刑事诉讼中提出赔偿请求的诉讼参与人。根据《刑事诉讼法》以及最高人民法院《解释》的规定，在我国，可以作为附带民事诉讼原告人的包括以下几类。

1. 因为犯罪行为而遭受物质损失的公民。任何公民（自然人）因被告人的犯罪行为而遭受物质损失的，在刑事诉讼过程中，都有权提起附带民事诉讼。这是附带民事诉讼中最常见的原告人。

2. 因犯罪行为而遭受物质损失的法人和其他组织。《刑事诉讼法》第101条规定的"被害人"作为犯罪侵害的对象，应当从广义上去理解，不仅包括自然人，也应当包括单位，因为二者都是可能受到犯罪侵害的权利主体。比如在故意伤害罪、故意杀人罪等以侵害特定人身权利为对象的犯罪中，被害人当然只能是自然人；但在诸如盗窃、贪污、抢劫、放火等犯罪活动中，被害人显然应包括企业、事业单位、机关、团体等法人和其他组织，这些案件的受害单位显然应当有权向人民法院提起附带民事诉讼，要求得到赔偿。

3. 已死亡被害人的法定代理人、近亲属。根据《刑事诉讼法》的规定，法定代理人是指被代理人的父母、养父母、监护人和负有保护责任的机关、团体的代表。近亲属是指夫、妻、父、母、子、女、同胞兄弟姊妹。被害人已死亡的，其民事权利能力终止，但其民事权利仍应依法得到保护，对于其因犯罪而遭受的物质损失，法定代理人、近亲属有权向人民法院提起附带民事诉讼，要求得到赔偿。

4. 无行为能力人或者限制行为能力人的法定代理人、近亲属。在被害人是未成年人、精神病患者等无行为能力或者限制行为能力的场合，由于其个人能力的限制，仅靠自己的力量难以维护其合法权益，因而法律规定，他们的法定代理人、近亲属有权提起附带民事诉讼。

5. 人民检察院。如果是国家财产、集体财产遭受损失，且受损失的单位没有提起附带民事诉讼，则人民检察院在提起公诉时，可以提起附带民事诉讼。这里的“可以”应当同前述第二种情况联系起来理解，即当国家财产、集体财产遭受损失，而被害单位没有提起附带民事诉讼时，人民检察院作为国家利益的维护者，有责任提起附带民事诉讼。检察机关在提起公诉时提起附带民事诉讼的，人民法院应当受理。检察机关提起附带民事诉讼的，应当将其列为附带民事诉讼原告人，其享有附带民事诉讼原告人的诉讼权利。此外，对于破坏生态环境和资源保护，在食品药品安全领域侵害众多消费者合法权益，侵害英雄烈士等的姓名、肖像、名誉、荣誉等损害社会公共利益的行为，人民检察院也可以提起附带民事公益诉讼。

(二) 附带民事诉讼的被告人

附带民事诉讼的被告人是指在刑事诉讼中对刑事被告人的犯罪行为造成的物质损失负有赔偿责任的诉讼参与人。根据《刑事诉讼法》以及最高人民法院《解释》的规定，在我国，附带民事诉讼中负有赔偿责任的被告人包括如下几类。

1. 刑事被告人及未被追究刑事责任的其他共同侵害人。附带民事诉讼的被告人通常就是刑事诉讼的被告人，即可能实施了犯罪行为，依法被追究刑事责任的人。这里的被告人不限于自然人，也包括企业、事业单位、机关、团体等法人和其他组织。另外，这里的刑事被告人不仅限于那些被定罪量刑、被追究了刑事责任的人，而且包括没有被追究刑事责任的其他共同侵害人。后一种情形主要是指数人共同犯罪案件中，有的被告人被追究刑事责任而交付人民法院审判，有的被公安机关作出行政拘留处分，有的被人民检察院作出不起诉决定，在这种情况下，被作出其他处理的同案人都应当作为附带民事诉讼的被告人。因为数人共同造成他人物质损失的行为是一个不可分开的整体行为，造成物质损失结果的原因是共同的侵害行为，各侵害人都应对物质损失共同承担民事赔偿责任。

2. 刑事被告人的监护人。法定代理人承担法律监护义务，其特定的法律地位决定其应当尽到监护职责，所以当未成年人实施危害行为给被害人造成物质损失时，法定代理人应当作为附带民事诉讼的被告人，承担赔偿责任。

3. 死刑罪犯的遗产继承人。在刑事被告人被判处死刑的情况下，遗产继承人本人虽然没有实施犯罪行为，也不承担刑事责任，但其既然继承了犯罪人的财产，就意味着要承担犯罪人应当承担的赔偿责任。因此，被判处死刑的罪犯的遗产继承人是附带民事诉讼的被告人，应当对犯罪行为造成的物质损失承担赔偿责任。

4. 共同犯罪案件中，案件审结前已死亡的被告人的遗产继承人。案件审结以前被告人死亡的，虽然不再追究其刑事责任，但是其犯罪行为给被害人造成的物质损失，仍然需要赔偿。虽然刑事被告人本人死亡而无法承担赔偿责任，但其遗产继承人继承了被告人的遗产，自然应当承担刑事被告人应当承担的赔偿责任，因而是附带民事诉讼的被告人。

5. 对被害人的物质损失依法应当承担赔偿责任的其他单位和个人。这里的单位应作广义的理解，既可以是法人组织，也可以是非法人单位。

另外，附带民事诉讼被告人的亲友自愿代为赔偿的，可以准许。

第三节　附带民事诉讼的提起和审判

一、附带民事诉讼的提起

（一）附带民事诉讼的起诉条件

附带民事诉讼的起诉条件类似于民事诉讼的起诉条件，但略有不同。附带民事诉讼的起诉条件如下。

1. 起诉人符合法定条件。

起诉人必须符合法律规定的条件，即必须是因犯罪行为遭受物质损失的被害人（包括被害公民和被害法人及其他组织）、已死亡被害人的法定代理人和近亲属、无行为能力或者限制行为能力被害人的法定代理人和近亲属，才能依法向人民法院提起附带民事诉讼。

2. 有明确的被告人。

提起附带民事诉讼，必须有明确的被告人，也就是说，向人民法院起诉时必须明确指出侵犯自己合法权益或者依法负有赔偿责任的对方当事人。只有提出明确的被告人，诉讼才能形成和进行。

3. 有请求赔偿的具体要求和事实、理由。

提起附带民事诉讼，必须有请求赔偿的具体要求，即要求人民法院予以保护的具体内容。原告人起诉如果没有具体的诉讼请求，没有要求保护的具体合法权益，起诉也就难以成立。事实、理由是指提出诉讼请求所依据的事实和理由，即有关案件事实情况及必要的证据，以便在诉讼中证明其诉讼请求是正当的。

4. 属于人民法院受理附带民事诉讼的范围。

提起附带民事诉讼的案件必须属于人民法院受理附带民事诉讼案件的范围，即只有人民法院主管和管辖的案件，法院才能依法受理。如果案件是归法院以外的其他机关主管的，法院就不能对其行使审判权；如果案件应由其他有管辖权的法院管辖，该法院也不能受理。

（二）提起附带民事诉讼的期间

附带民事诉讼应当在刑事案件立案后及时提起。第一审期间未提起附带民事诉讼，在第二审期间提起的，第二审人民法院可以依法进行调解；调解不成的，告知当事人可以在刑事判决、裁定生效后另行提起民事诉讼。

经公安机关、人民检察院调解，当事人双方已经达成协议并全部履行，被害人或者其法定代理人、近亲属又提起附带民事诉讼的，人民法院不予受理，但有证据证明调解违反自愿、合法原则的除外。

人民法院受理刑事案件后，可以告知因犯罪行为遭受物质损失的被害人（公民、法人和其他组织）、已死亡被害人的法定代理人和近亲属、无行为能力或者限制行为能力被害人的法定代理人和近亲属，有权提起附带民事诉讼。有权提起附带民事诉讼的人放弃诉讼权利的，应当准许，并记录在案。如果是国家财产、集体财产遭受损失，受损失的单位未提起附带民事诉讼，人民检察院在提起公诉时提起附带民事诉讼的，人民法院应当受理。

被害人或者其法定代理人、近亲属仅对部分共同侵害人提起附带民事诉讼的，人民法院应当告知其可以对其他共同侵害人，包括没有被追究刑事责任的共同侵害人，一并提起附带民事诉讼，但共同犯罪案件中同案犯在逃的除外。

被害人或者其法定代理人、近亲属放弃对其他共同侵害人的诉讼权利的，人民法院应当告知其相应法律后果，并在裁判文书中说明其放弃诉讼请求的情况。

共同犯罪案件，同案犯在逃的，不应列为附带民事诉讼被告人。逃跑的同案犯到案后，被害人或者其法定代理人、近亲属可以对其提起附带民事诉讼，但已经从其他共同犯罪人处获得足额赔偿的除外。

（三）提起附带民事诉讼的方式

提起附带民事诉讼应当提交附带民事起诉状，即通过书面的方式提起。如果书写起诉状确有困难，可以口头起诉。审判人员应当对原告人的口头诉讼请求详细询问，并制作笔录，向原告人宣读；原告人确认无误后，应当签名或者盖章。不论以书面方式还是口头方式提出，都应当说明附带民事诉讼原告人、被告人的姓名、年龄、职业、住址等个人基本情况，控告的罪行，以及因犯罪行为而遭受物质损失的程度和具体的诉讼请求等内容。

人民检察院在提起公诉时一并提起附带民事诉讼的，只能通过书面方式，即制作附带民事起诉状，写明：被告人的基本情况，被告人的犯罪行为给国家、集体财产造成损失的情况，代表国家、集体要求被告人赔偿损失的诉讼请求和适用的法律根据。

（四）对起诉的审查和受理

被害人或者其法定代理人、近亲属提起附带民事诉讼的，人民法院应当在 7 日以内决定是否受理。符合《刑事诉讼法》第 101 条以及司法解释有关规定的，应当受理；不符合的，裁定不予受理。

二、附带民事诉讼的审理

（一）附带民事诉讼审理的一般原则

《刑事诉讼法》第 104 条规定了附带民事诉讼审理的一般原则，即附带民事诉讼应当同刑事案件一并审判，只有为了防止刑事案件审判的过分迟延，才可以在刑事案件审判后，由同一审判组织继续审理附带民事诉讼。根据这一原则，一般情况下，附带民事诉讼应当同刑事诉讼一并审理并作出判决，这样便于全面查清案件事实，也节省了诉讼成本，提高了诉讼效率。但刑事案件的审判是有时间限制的，如果附带民事部分同刑事部分一并审判，会影响刑事部分在法定时间内审结，也可以先审判刑事部分，后审判附带民事部分。对此，最高人民法院《解释》第 196 条规定：“附带民事诉讼应当同刑事案件一并审判，只有为了防止刑事案件审判的过分迟延，才可以在刑事案件审判后，由同一审判组织继续审理附带民事诉讼；同一审判组织的成员确实不能继续参与审判的，可以更换。”但是在分别审判时要注意：第一，只能先审理刑事部分，后审理附带民事部分，而不能先审理附带民事部分，后审理刑事部分。第二，必须由审理刑事案件的同一审判组织继续审理附带民事部分，不得另行组成合议庭。同一审判组织的成员确实无法继续参加审判的，可以更换审判组织成员。第三，附带民事诉讼部分的判决对案件事实的认定不得同刑事判决相抵触。第四，附带民事诉讼部分的延期审理，一般不影响刑事判决的生效。

（二）附带民事诉讼的具体审理程序

根据《刑事诉讼法》和最高人民法院《解释》等司法解释的规定，附带民事诉讼的审理，应当遵循以下具体程序。

1. 审理前的准备工作。

人民法院受理附带民事诉讼后，应当在5日以内将附带民事起诉状副本送达附带民事诉讼被告人及其法定代理人，或者将口头起诉的内容及时通知附带民事诉讼被告人及其法定代理人，并制作笔录。

人民法院送达附带民事起诉状副本时，应当根据刑事案件的审理期限，确定被告人及其法定代理人的答辩准备时间。

2. 举证责任的承担。

在附带民事诉讼中，举证责任的承担原则上实行"谁主张，谁举证"的原则，即附带民事诉讼案件的当事人对自己提出的主张，有责任提供证据。最高人民法院《解释》第188条规定："附带民事诉讼当事人对自己提出的主张，有责任提供证据。"

3. 附带民事诉讼的财产保全。

《刑事诉讼法》第102条规定，人民法院在必要的时候，可以采取保全措施，查封、扣押或者冻结被告人的财产。附带民事诉讼原告人或者人民检察院可以申请人民法院采取保全措施。人民法院采取保全措施，适用民事诉讼法的有关规定。

人民法院对可能因被告人的行为或者其他原因，使附带民事判决难以执行的案件，根据附带民事诉讼原告人的申请，可以裁定采取保全措施，查封、扣押或者冻结被告人的财产；附带民事诉讼原告人未提出申请的，必要时，人民法院也可以采取保全措施。对被告人的财产采取财产保全措施应以其个人的财产为限，查封、扣押和冻结的数量，应以足够赔偿为限。

有权提起附带民事诉讼的人因情况紧急，不立即申请保全将会使其合法权益受到难以弥补的损害的，可以在提起附带民事诉讼前，向被保全财产所在地、被申请人居住地或者对案件有管辖权的人民法院申请采取保全措施。申请人在人民法院受理刑事案件后15日以内未提起附带民事诉讼的，人民法院应当解除保全措施。

人民法院采取保全措施，适用《民事诉讼法》第100条至第105条的有关规定，但《民事诉讼法》第101条第3款的规定除外。

4. 附带民事诉讼的调解和判决。

《刑事诉讼法》第103条规定："人民法院审理附带民事诉讼案件，可以进行调解，或者根据物质损失情况作出判决、裁定。"人民法院审理附带民事诉讼案件，可以根据自愿、合法的原则进行调解。经调解达成协议的，应当制作调解书。调解书经双方当事人签收后，即具有法律效力。

调解达成协议并即时履行完毕的，可以不制作调解书，但应当制作笔录，笔录经双方当事人、审判人员、书记员签名后即发生法律效力。

调解未达成协议或者调解书签收前当事人反悔的，附带民事诉讼应当同刑事诉讼一并判决。

对附带民事诉讼作出判决，应当根据犯罪行为造成的物质损失，结合案件具体情况，确定被告人应当赔偿的数额。

犯罪行为造成被害人人身损害的，应当赔偿医疗费、护理费、交通费等为治疗和康复支付的合理费用，以及因误工减少的收入。造成被害人残疾的，还应当赔偿残疾生活辅助器具费等费用；造成被害人死亡的，还应当赔偿丧葬费等费用。附带民事诉讼当事人就民事赔偿问题达成调解、和解协议的，赔偿范围、数额不受该限制。

驾驶机动车致人伤亡或者造成公私财产重大损失，构成犯罪的，依照《道路交通安全法》第 76 条的规定确定赔偿责任。①

人民检察院提起附带民事诉讼的，人民法院经审理，认为附带民事诉讼被告人依法应当承担赔偿责任的，应当判令附带民事诉讼被告人直接向遭受损失的单位作出赔偿；遭受损失的单位已经终止，有权利义务继受人的，应当判令附带民事诉讼被告人向继受人作出赔偿；没有权利义务继受人的，应当判令附带民事诉讼被告人向人民检察院交付赔偿款，由人民检察院上缴国库。

人民法院认定公诉案件被告人的行为不构成犯罪的，对已经提起的附带民事诉讼，经调解不能达成协议的，可以一并作出刑事附带民事判决，也可以告知附带民事原告人另行提起民事诉讼。

人民法院准许人民检察院撤回起诉的公诉案件，对已经提起的附带民事诉讼，可以进行调解；不宜调解或者经调解不能达成协议的，应当裁定驳回起诉，并告知附带民事诉讼原告人可以另行提起民事诉讼。

第一审期间未提起附带民事诉讼，在第二审期间提起的，第二审人民法院可以依法进行调解；调解不成的，告知当事人可以在刑事判决、裁定生效后另行提起民事诉讼。

被害人或者其法定代理人、近亲属在刑事诉讼过程中未提起附带民事诉讼，另行提起民事诉讼的，人民法院可以进行调解，或者根据最高人民法院《解释》第 192 条第 2 款、第 3 款的规定作出判决。

5. 赔偿与量刑的关系。

处理附带民事诉讼的情况，可以作为人民法院量刑时予以考虑的情节。最高人民法院《解释》第 194 条规定："审理刑事附带民事诉讼案件，人民法院应当结合被告人赔偿被害人物质损失的情况认定其悔罪表现，并在量刑时予以考虑。"第 176 条规定："被告人非法占有、处置被害人财产的，应当依法予以追缴或者责令退赔。被害人提起附带民事诉讼的，人民法院不予受理。追缴、退赔的情况，可以作为量刑情节考虑。"

6. 附带民事诉讼的撤诉和缺席判决。

附带民事诉讼在审结之前，原告人要求撤诉的，人民法院应当准许。但是，国家、集体财产遭受损失，被告人又有赔偿能力的，人民检察院或者受损害单位不能要求撤诉，因为对国家、集体财产，任何人无权随意处置。

附带民事诉讼原告人经传唤，无正当理由拒不到庭，或者未经法庭许可中途退庭的，应当按撤诉处理。

---

① 《道路交通安全法》第 76 条规定：机动车发生交通事故造成人身伤亡、财产损失的，由保险公司在机动车第三者责任强制保险责任限额范围内予以赔偿；不足的部分，按照下列规定承担赔偿责任：(1) 机动车之间发生交通事故的，由有过错的一方承担赔偿责任；双方都有过错的，按照各自过错的比例分担责任。(2) 机动车与非机动车驾驶人、行人之间发生交通事故，非机动车驾驶人、行人没有过错的，由机动车一方承担赔偿责任；有证据证明非机动车驾驶人、行人有过错的，根据过错程度适当减轻机动车一方的赔偿责任；机动车一方没有过错的，承担不超过 10%的赔偿责任。交通事故的损失是由非机动车驾驶人、行人故意碰撞机动车造成的，机动车一方不承担赔偿责任。

刑事被告人以外的附带民事诉讼被告人经传唤，无正当理由拒不到庭，或者未经法庭许可中途退庭的，附带民事部分可以缺席判决。

刑事被告人以外的附带民事诉讼被告人下落不明，或者用公告送达以外的其他方式无法送达，可能导致刑事案件审判过分迟延的，可以不将其列为附带民事诉讼被告人，告知附带民事诉讼原告人另行提起民事诉讼。

7. 附带民事诉讼的上诉和抗诉。

第一审判决、裁定作出后，附带民事诉讼的当事人和他们的法定代理人如果对判决、裁定不服，可以对地方各级人民法院第一审判决、裁定中的附带民事部分提出上诉。人民检察院可以对第一审判决、裁定中的附带民事部分提出抗诉。

对附带民事部分裁决的上诉和抗诉不影响刑事部分裁决的生效，但是第二审人民法院应当对第一审判决、裁定中的刑事和民事部分全面审查，审查后仅对附带民事部分作出终审判决或裁定。第二审人民法院对附带民事部分裁决上诉或抗诉的案件进行审理时，如果发现刑事部分裁决有错误，必须予以纠正，可以按照审判监督程序处理。

8. 判决、裁定的执行。

附带民事诉讼的判决、裁定生效后，应当按照民事诉讼法规定的执行程序执行。《民事诉讼法》第236条规定："发生法律效力的民事判决、裁定，当事人必须履行。一方拒绝履行的，对方当事人可以向人民法院申请执行，也可以由审判员移送执行员执行。"

9. 诉讼费的收取。

人民法院审理刑事附带民事诉讼案件，不收取诉讼费。

10. 法律适用。

人民法院审理附带民事诉讼案件，除刑法、刑事诉讼法以及刑事司法解释已有规定的以外，适用民事法律的有关规定。

【问题与思考】

1. 附带民事诉讼当事人的称谓是用"原告人""被告人"合适，还是用"原告""被告"合适？
2. 简述人民检察院提起附带民事诉讼时的诉讼地位。
3. 外国政府可否成为提起附带民事诉讼的主体？
4. 刑事附带民事诉讼可否有第三人参加？
5. 刑事附带民事诉讼的赔偿范围是否应当包括被害人由于被告人的犯罪行为而遭受的精神损失？
6. 附带民事诉讼的诉讼时效应当如何计算？是适用刑事法律的追诉时效期限，还是适用民事法律的诉讼时效？
7. 当附带民事诉讼的被告人无力支付赔偿费用而导致执行中止或终结时，如何保障原告人的经济损失得到及时赔偿，尤其是在原告人生产或生活发生极大困难时？
8. 人民法院审理刑事附带民事诉讼案件，是否应当收取诉讼费？

【推荐参考论著】

1. 孙应征，王礼仁．刑事附带民事诉讼新论．北京：人民法院出版社，1994.
2. 武延平．论刑事附带民事诉讼．北京：中国政法大学出版社，1994.
3. 邵世新，刘选．刑事附带民事诉讼疑难问题研究．北京：中国检察出版社，2002.
4. 刘金友，奚玮．附带民事诉讼原理与实务．北京：法律出版社，2005.
5. 肖建华．刑事附带民事诉讼制度的内在冲突与协调．法学研究，2001（6）.

6. 陈殿福．浅议刑事附带民事诉讼当事人的范围．人民司法，2002 (2).

7. 奚玮，叶良芳．刑事附带民事诉讼制度反思与重构．政治与法律，2003 (3).

8. 郑鲁宁，何乃刚．合并与分离：刑事附带民事诉讼制度的反思与重构．政法论坛，2003 (8).

9. 杨立新．刑事附带民事诉讼制度的完善与再修改．人民检察，2004 (7).

10. 廖中洪．论刑事附带民事诉讼制度的立法完善——从被害人民事权益保障视角的思考．现代法学，2005 (1).

11. 廖明．我国刑事附带民事诉讼制度的完善//刑事法治发展研究报告 (2006—2007 年卷). 北京：中国人民公安大学出版社，2007.

12. 陈卫东，柴煜峰．刑事附带民事诉讼制度的新发展．华东政法大学学报，2012 (5).

第十三章 期间、送达

内容导读

期间与送达是刑事诉讼中不可缺少的环节，是整个刑事诉讼正常运行的保障。本章的内容主要包括期间的概念、意义，刑事诉讼法规定的各种期间，期间的起算、计算单位、计算方法、恢复、重新计算；送达的概念、意义，以及诉讼文书的送达程序等。

第一节 期 间

一、期间的概念

在刑事诉讼中，公安机关、人民检察院、人民法院和诉讼参与人进行刑事诉讼活动是有期限的，这就是法律规定的诉讼期间问题。所谓刑事诉讼的期间，是指公安司法机关和诉讼参与人完成某项刑事诉讼行为必须遵守的法定期限。刑事诉讼期间一般由法律明确规定，称作法定期间；个别情况下可以由公安司法机关指定，称作指定期间。

确定刑事诉讼期间的长短不是随意的，它需要考虑以下因素：保证查明犯罪事实，正确处理案件；能够及时惩罚犯罪，尽快实现刑罚效应；保障公民依法行使诉讼权利；督促公安司法机关提高办案效率，保障公民的合法权利。

刑事诉讼法规定期间的意义如下。

1. 一旦刑事诉讼法规定了期间，无论是公安司法机关，还是诉讼参与人都必须在法定的期限内完成刑事诉讼活动，这样可以防止诉讼拖延，保证刑事诉讼活动的顺利进行。

2. 刑事诉讼法关于期间的规定，尤其是对公安司法机关办案时间上的要求，能够促使公安司法机关尽快办结案件，及时惩罚犯罪。

3. 有利于保障当事人等诉讼参与人的合法权益。这主要体现在以下三个方面：第一，通过及时惩罚犯罪，迅速保护被害人的合法权益。许多被害人被犯罪侵害，心理上受创伤，物质上受损失，只有通过对犯罪的及时处理，才能使被害人在精神和物质上迅速得到安慰和赔偿。第二，案件处理不及时，则侵犯犯罪嫌疑人、被告人的人身自由等权利。比如，刑事诉讼法所规定的羁押期间，能够避免对犯罪嫌疑人、被告人“以捕代罚”和“久押不决”。第三，保障诉讼参与人行使诉讼权利。诉讼参与人行使诉讼权利有赖于其在法定期间内被告知，以便提前准备，按时参加诉讼。例如，《刑事诉讼法》第187条规定的向被告人送达起诉书副本的期间，有利于被告人行使辩护权。

二、期间的计算

(一) 期间的计算单位和计算方法

根据《刑事诉讼法》第105条规定，期间以时、日、月计算，表明期间的计算单位为时、日、月。例如，“公安机关对被拘留的人，应当在拘留后的二十四小时以内进行讯问”；“公安机关对被拘留的人，认为需要逮捕的，应当在拘留后的三日以内，提请人民检察院审查批准。在特殊情况下，提请审查批准的时间可以延长一日至四日”；“人民法院审理公诉案件，应当在受理后二个月以内宣判，至迟不得超过三个月”。期间的计算方法涉及两个技术问题：一是起算，即期间从什么时候算起；二是届满，即期间到什么时候终止。根据《刑事诉讼法》第105条第2款和有关司法解释的规定，期间的计算方法如下。

以时为计算单位的期间，从期间开始的下一时起算，期间开始的时不计算在期间以内。它的届满以法定期间时数的最后一时完了为止。如果期间的开始遇到有分钟的情况，其下一时如何确定呢？如犯罪嫌疑人是在9时25分被逮捕的，只能以“时”计算，那么开始的时为9时，下一时为10时，即期间从10时算起，而不能以10时25分为开始时。

以日为计算单位的期间，从期间开始的次日起算，期间开始的日不计算在期间以内。它的届满以法定期间日数的最后一日完了为止。例如，某被告人是在4月16日10时接到一审判决书的，上诉期间从4月17日开始计算，向后数10日，到4月26日届满。

以月为计算单位的期间，从什么时候起算，《刑事诉讼法》没有规定。但最高人民法院《解释》第202条对此作出了明确规定：“以月计算的期间，自本月某日至下月同日为一个月；期限起算日为本月最后一日的，至下月最后一日为一个月；下月同日不存在的，自本月某日至下月最后一日为一个月；半个月一律按十五日计算。”例如，某犯罪嫌疑人于2019年6月5日被逮捕，其侦查羁押期限为2个月，即6月5日至7月5日为1个月，7月5日至8月5日为1个月，届满日为8月5日。

此外，最高人民法院《解释》第202条还就刑期的计算作出规定，即“以年计算的刑期，自本年本月某日至次年同月同日的前一日为一年；次年同月同日不存在的，自本年本月某日至次年同月最后一日的前一日为一年。以月计算的刑期，自本月某日至下月同日的前一日为一个月；刑期起算日为本月最后一日的，至下月最后一日的前一日为一个月；下月同日不存在的，自本月某日至下月最后一日的前一日为一个月；半个月一律按十五日计算”。例如，以年计算的刑期，2016年3月31日至2017年3月30日为一年。以月计算的刑期，4月15日至5月14日为一个月（30天），5月15日至6月14日也为一个月（31天）。

（二）期间计算中的特别规定

根据《刑事诉讼法》第105条第3、4款和有关司法解释规定，期间计算中的特别规定如下。

1. 期间的最后一日为节假日的，以节假日后的第一日为期间届满日期。节假日包括公休日（星期六、星期日）和法定假日（元旦、春节、清明节、端午节、五一节、中秋节、国庆节等）。如果节假日不是期间的最后一日，而是在期间的开始或中间，则均应计算在期间以内。另外，为了保障犯罪嫌疑人、被告人以及罪犯的人身权利，犯罪嫌疑人、被告人或者罪犯的在押期间，应当至期间届满之日为止，不得因节假日而延长在押期限至节假日后的第一日，即如果羁押期间最后一日为节假日，那么应当以该节假日为期间届满日期。

2. 上诉状或者其他文件在期满前已经交邮的，不算过期。这就是说，通过邮寄的上诉状或者其他文件，只要是在法定期间内交邮的，即使司法机关收到时已过法定期限，也不算过期。上诉状或其他文件是否在法定期限内交邮以当地邮局所盖邮戳为准。

3. 法定期间不包括路途上的时间。对《刑事诉讼法》的这一规定如何理解，有不同的认识：一种意见认为，路途上的时间是指上诉状或其他文件在邮寄过程中的时间，不包括人在路途上的时间。另一种意见认为，应当包括人在路途上所需要的时间。后一种意见符合立法本意，因为《刑事诉讼法》第105条第3款规定的“法定期间不包括路途上的时间”，并没有仅指不包括“上诉状或者其他文件”邮寄的时间。其后所规定的“上诉状或者其他文件在期满前已经交邮的，不算过期”，强调的是交邮的时间，并不是用来限定“法定期间不包括路途上的时间”的范围的。再从诉讼实践来看，由于路途遥远影响诉讼行为进行的情况还是存在的，在法定期间中将人在路途上的时间予以扣除合情合理。

4. 犯罪嫌疑人不讲真实姓名、住址，身份不明的，应当对其身份进行调查，侦查羁押期限自查清其身份之日起计算，但是不得停止对其犯罪行为的侦查取证。

5. 对犯罪嫌疑人被告人作精神病鉴定的期间不计入办案期限。犯罪嫌疑人、被告人在押的案件，除对犯罪嫌疑人、被告人的精神病鉴定期间不计入办案期限外，其他鉴定期间都应当计入办案期限。对于因鉴定时间较长，办案期限届满仍不能终结的案件，自期限届满之日起，应当对被羁押的犯罪嫌疑人、被告人变更强制措施，改为取保候审或者监视居住。

三、期间的耽误和恢复

期间的耽误是指公安司法机关或诉讼参与人没有在法定期限内完成应当进行的诉讼行为。而期间的恢复是指当事人由于不能抗拒的原因或者有其他正当理由而耽误期限的，在障碍消除后5日以内，可以申请继续进行应当在期满以前完成的诉讼活动的一种补救措施。

在刑事诉讼中，耽误期间的情况是客观存在的。既有公安司法机关的耽误，也有诉讼参与人的耽误；既有正当理由的耽误，也有无正当理由的耽误。《刑事诉讼法》对公安司法机关耽误期间应承担什么责任和采取什么补救措施未作规定。但是，当事人如果耽误了期间，就要承担一定的法律后果。例如，被告人耽误了上诉期，就失去了上诉权，就要承担判决、裁定生效的后果。鉴于当事人耽误期间的原因中确有不能抗拒的原因和其他正当理由，为充分保护当事人的合法权益，刑事诉讼法对当事人有正当理由耽误期间的，规定了补救措施，即期间的恢复。根据《刑事诉讼法》第106条的规定，期间的恢复必须具备以下条件。

第一，只有当事人才能提出恢复期间的申请。刑事诉讼法将提出期间恢复申请的主体限定为当事人，而不是所有的诉讼参与人。然而，由于不能抗拒的原因或因其他正当理由耽误期间的不只是当事人，还有其他诉讼参与人，因此，刑事诉讼法将期间恢复的申请权既赋予当事人，又赋予其他诉讼参与人，会更加完善。

第二，期间的耽误是由于不能抗拒的原因或有其他正当理由。例如，发生地震、洪水、台风、滑坡、泥石流、战争、大火等当事人本身无法抗拒的自然和社会现象或者当事人发生车祸、突患严重疾病等情况，使当事人无法进行诉讼行为。

第三，当事人的申请应当在障碍消除后的 5 日以内提出。这是对当事人申请恢复期间的时间要求。

第四，经人民法院裁定批准后才能恢复期间。当事人的申请是否被准许，需经人民法院裁定。对有些当事人的申请，人民法院可能认为不符合法定条件而作出裁定不予批准。由此可见，当事人只有申请权，而人民法院有批准权。根据最高人民法院《解释》第 203 条的规定，当事人由于不能抗拒的原因或者有其他正当理由而耽误期限，依法申请继续进行应当在期满前完成的诉讼活动的，人民法院查证属实后，应当裁定准许。由于期间恢复问题不但发生在审判阶段，而且在其他诉讼阶段可能发生，如在提起公诉阶段，对不起诉决定，当事人就可能提出期间恢复的申请，因而，刑事诉讼法有必要将期间恢复的决定权也赋予相应的司法机关。

四、期间的延长和重新计算

(一) 期间的延长

期间的延长是指公安司法机关在规定的办案期限内不能完成应予完成的诉讼行为，而向后续展期限的办法。期间的延长仅适用于公安司法机关办案期限，对诉讼参与人的有关诉讼期限，如上诉期限等，不能延长。刑事诉讼法对期间的延长规定了两个办法：一是允许公安司法机关自动延长并明确规定延长时间的上限。例如，《刑事诉讼法》第 172 条规定，人民检察院对于监察机关、公安机关移送起诉的案件，应当在 1 个月以内作出决定，重大、复杂的案件，可以延长 15 日；犯罪嫌疑人认罪认罚，符合速裁程序适用条件的，应当在 10 日以内作出决定，对可能判处的有期徒刑超过 1 年的，可以延长至 15 日。法律规定了人民检察院可以自行决定延长办案期间，但延长的时间不能超过一定期限。二是报经一定机关批准或决定延长。例如，《刑事诉讼法》第 156 条规定，对犯罪嫌疑人逮捕后的侦查羁押期限不得超过 2 个月。案情复杂、期限届满不能终结的案件，可以经上一级人民检察院批准延长 1 个月。最高人民法院《解释》第 210 条规定，对可能判处死刑的案件或者附带民事诉讼的案件，以及有《刑事诉讼法》第 158 条规定情形之一的案件，上一级人民法院可以批准延长审理期限 1 次，期限为 3 个月。因特殊情况还需要延长的，应当报请最高人民法院批准。因特殊情况报请最高人民法院批准延长审理期限，最高人民法院经审查，予以批准的，可以延长审理期限 1 至 3 个月。期限届满案件仍然不能审结的，可以再次提出申请。对于第二种方法，刑事诉讼法一般都明确规定了批准或决定的机关及其批准延长时间的权限。但也有例外情况，如《刑事诉讼法》第 157 条规定，因为特殊原因，在较长时间内不宜交付审判的特别重大复杂的案件，由最高人民检察院报请全国人民代表大会常务委员会批准延期审理。这里没有规定延长的具体期限。

（二）期间的重新计算

期间的重新计算，是指由于发生了法定的情况，原来已进行的期间归于无效，而从发生新情况之时起计算期间。重新计算期间的规定也仅适用于公安司法机关的办案期限。期间的重新计算有以下几种情况：（1）在侦查期间，发现犯罪嫌疑人另有重要罪行的，自发现之日起依照《刑事诉讼法》第156条的规定重新计算侦查羁押期限；（2）人民检察院审查起诉的案件，改变管辖的，从改变后的人民检察院收到案件之日起计算审查起诉期限；（3）人民检察院审查起诉中退回公安机关补充侦查的案件，补充侦查完毕移送人民检察院后，人民检察院重新计算审查起诉期限；（4）人民法院改变管辖的案件，从改变后的人民法院收到案件之日起计算审理期限；（5）人民检察院补充侦查的案件，补充侦查完毕移送人民法院后，人民法院重新计算审理期限；（6）第二审人民法院发回原审人民法院重新审判的案件，原审人民法院自收到发回的案件之日起，重新计算审理期限。

《刑事诉讼法》规定期间的延长和重新计算的目的，在于使公安司法机关有充足的办案时间，确保办案质量。

第二节 送 达

一、送达的概念和意义

刑事诉讼中的送达，是指人民法院、人民检察院和公安机关依照法定程序和方式，将诉讼文件送交诉讼参与人、有关机关和单位的诉讼活动。送达是一项有法律意义的诉讼活动，从形式上看是向收件人交付某种诉讼文件，实质上是公安司法机关的告知行为。

根据刑事诉讼法的规定，送达具有以下特点：第一，送达是公、检、法机关所进行的诉讼活动。诉讼参与人向公安司法机关送交自诉状、上诉状、答辩状等诉讼文件的行为，不属于法定的送达。第二，送达必须依照法定的程序和方式进行。刑事诉讼法对送达的程序和方式有具体的规定。送达机关违反法定程序和方式送达诉讼文件的，不能产生法律效力。第三，送达的内容是各种诉讼文件。刑事诉讼中需要送达的诉讼文件是多种多样的，如传票、通知书、起诉书、不起诉决定书、裁定书、判决书等。第四，送达的收件人可以是公民个人，也可以是机关、单位。例如，接受判决书的被告人、接受开庭通知的人民检察院等都可以成为收件人。

送达是刑事诉讼法规定的刑事诉讼不可缺少的诉讼活动，是刑事诉讼的有机组成部分。送达在刑事诉讼中的意义是：首先，能够保证刑事诉讼的顺利进行。收件人只有及时收到诉讼文件，了解诉讼文件的内容，才能依法参加诉讼活动，行使诉讼权利，履行诉讼义务，从而使刑事诉讼活动得以顺利进行。其次，送达能够保障公安司法机关和诉讼参与人履行职责或行使诉讼权利。送达可以使公安司法机关和诉讼参与人了解诉讼的进程，做好参加诉讼活动的准备，以便更好地履行职责或行使诉讼权利。例如，公诉机关收到开庭通知书后，在开庭前认真准备，按时出席法庭，充分履行其支持公诉和法律监督的职责；被告人收到一审判决书后，在上诉期内可以针对判决写出上诉状，行使上诉权。

二、送达回证

送达回证是公安司法机关依法将诉讼文件送达收件人的凭证。有关司法解释要求，送达诉讼文件必须有送达回证。

在司法实践中，送达回证的印制有固定的格式。其内容包括：送达诉讼文件的机关，收件人的姓名，送达诉讼文件的名称，送达的时间、地点、方式，送达人、收件人的签名、盖章，签收日期，等等。送达回证的使用方法是，公安司法机关送达诉讼文件时，向收件人出示送达回证，由收件人、代收人在送达回证上记明收到日期，并且签名或者盖章；遇到拒收或拒绝签名、盖章等，在实施留置送达程序中，送达人应当在送达回证上记明拒收或拒绝签名、盖章的事由、送达的日期，并且签名或者盖章。送达程序进行完毕后，应将送达回证带回入卷。采用委托送达、转交送达的，也必须按照上述程序进行，并将送达回证退回承办案件的公安司法机关。邮寄送达的，应当将送达回证和诉讼文件一起挂号邮寄给收件人，送达回证由收件人退回。在这种情况下，收件人在送达回证上签收的日期可能与挂号回执上注明的日期不一致，公安司法机关应在送达回证上作出说明，并以挂号回执上注明的日期为送达日期。

送达回证是公安司法机关依法送达诉讼文件的证明文件，是计算期间的根据，是送达程序的必要形式。因此，在送达诉讼文件时必须使用送达回证，并且将送达回证入卷归档。

三、送达的方式

根据《刑事诉讼法》第107条、第299条和最高人民法院《解释》第204条至第208条的规定，送达的方式有以下几种。

(一) 直接送达

直接送达是指公安司法机关派员将诉讼文件直接交给收件人。直接送达的特点是承办案件的公安司法机关将诉讼文件直接送达收件人，而不通过中介人或中间环节。根据法律规定，直接送达的程序是，送达人员将诉讼文件交给收件人本人，收件人本人在送达回证上记明收到日期，并且签名或者盖章。如果收件人本人不在，由他的成年家属或所在单位负责收件的人员代收，代收人也应当在送达回证上记明收到日期，并且签名或者盖章。收件人本人或者代收人在送达回证上签收的日期为送达的日期。

(二) 留置送达

留置送达是指收件人本人或者代收人拒绝接收诉讼文件或者拒绝签名、盖章时，送达人员将诉讼文件放置在收件人或代收人的住处的一种送达方式。留置送达必须具备一定条件，即在收件人或代收人拒绝接受诉讼文件或者拒绝签名、盖章时才能采用。找不到收件人，同时也找不到代收人时，不能采用留置送达。留置送达的程序是在收件人本人或者代收人拒绝接收或者拒绝签名、盖章的情况下，送达人员邀请他的邻居或者其他见证人到场，说明情况，在送达回证上注明拒收的事由和日期，由送达人、见证人签名或者盖章，并将诉讼文书留在收件人或者代收人住处或者单位；也可以把诉讼文书留在受送达人的住处，并采用拍照、录像等方式记录送达过程，即视为送达。诉讼文件的留置送达与交给收件人或代收人具有同样的法律效力。

（三）委托送达

委托送达是指承办案件的公安司法机关委托收件人所在地的公安司法机关代为送达的一种方式。委托送达一般是在收件人不住在承办案件的公安司法机关所在地，而且直接送达有困难的情况下所采用的送达方式。其程序是，委托送达的人民法院将委托函、送达的诉讼文件及送达回证寄送受委托法院。受委托法院收到委托送达的诉讼文件后，应当登记，在10日以内送达收件人，并将送达回证寄送委托法院。无法送达的，受委托法院应当告知委托法院，并将诉讼文书及送达回证退回。

（四）邮寄送达

邮寄送达是公安司法机关将诉讼文件以挂号邮件形式邮寄给收件人的一种送达方式。邮寄送达一般是在直接送达有困难的情况下采用的送达方式。其程序是，人民法院将诉讼文件、送达回证邮寄给收件人，收件人签收挂号邮寄的诉讼文件后即认为已经送达。签收日期为送达的日期。

（五）转交送达

转交送达是指对特殊的收件人由有关部门转交诉讼文件的送达方式。特殊的收件人是指军人、正在服刑的犯人和正在被采取强制性教育措施的人。根据有关司法解释，转交送达的程序是，诉讼文件的收件人是军人的，可以通过其所在部队团级以上单位的政治部门转交。收件人正在服刑的，可以通过执行机关转交。收件人正在接受专门矫治教育等的，可以通过相关机构转交。由有关部门、单位代为转交诉讼文书的，应当请有关部门、单位收到后立即交收件人签收，并将送达回证及时寄送人民法院。采取转交送达的方式主要是考虑到收件人的特殊情况。收件人是军人的，通过转交送达有利于维护部队的机密，同时还有利于部队政治机关及时了解情况，做好收件人的思想工作，保持部队的稳定。对服刑和正在被采取强制性教育措施的人通过转交送达，有利于有关单位了解情况，及时掌握收件人的思想、情绪动向，防止发生意外情况。

（六）公告送达

公告送达是指在存在特定情况，采用以上送达方式无法将诉讼文件送达收件人的情况下，人民法院通过公告将诉讼文件有关内容告知收件人的一种特殊的送达方式。根据《刑事诉讼法》第299条的规定，在犯罪嫌疑人、被告人逃匿、死亡案件违法所得没收程序中，人民法院受理没收违法所得的申请后，应当发出公告。公告期间为6个月。在此期间，犯罪嫌疑人、被告人的近亲属和其他利害关系人有权申请参加诉讼，也可以委托诉讼代理人参加诉讼。

【问题与思考】

1. 刑事诉讼期间制度的功能是什么？
2. 我国刑事诉讼中期间确定的依据有哪些？
3. 送达的方式和程序有哪些？
4. 如果诉讼文书无法送达，将会产生哪些影响？
5. 如果公安司法机关违反刑事诉讼法关于送达的规定，是否应该承担一定的法律后果？如何承担？为什么？

【推荐参考论著】

1. 陈瑞华．未决羁押制度的理论反思．法学研究，2002 (5).

2. 陈瑞华．审前羁押的法律控制——比较法角度的分析．政法论坛，2001 (4).

3. 李忠诚．超期羁押的成因与对策．政法论坛，2002 (1).

4. 谢佑平，万毅．法理视野中的刑事诉讼效率和期间——及时性原则研究．法律科学，2003 (2).

5. 尹西明．法律期间制度的功能与建构．法学论坛，2004 (4).

6. 王雄飞，胡波，沈冲．刑事诉讼期间配置问题研究．河南社会科学，2014 (12).

7. 郭晶．刑事诉讼时间应如何获得审查和规制?．清华法学，2018 (3).

8. 何其生．我国域外送达机制的困境与选择．法学研究，2005 (2).

9. 杨柏勇．送达难对司法效率的影响．法律适用，2002 (11).

第十四章 刑事诉讼的中止、终止

内容导读

由于诉讼活动本身的不可预见性和当事人主、客观方面的原因，在刑事诉讼过程中，不可避免会发生一些特殊情况，导致正在进行的诉讼程序难以继续顺利开展下去。有些障碍只是暂时的、非根本性的，而有些障碍则是永久的、根本性的，这就要区分不同的情况分别适用法律中有关诉讼中止和终止的规定予以处理。本章重点阐释诉讼中止和诉讼终止的概念及各自适用的情形。

第一节 刑事诉讼的中止

一、刑事诉讼中止的概念

刑事诉讼中止，是指在刑事诉讼过程中，由于发生了某种特殊情况影响到诉讼程序的正常进行，而由有关的司法机关决定暂时停止诉讼程序，待障碍消除后再恢复诉讼的一项法律制度。

一般而言，一个刑事公诉案件经立案程序后，依次经过侦查、审查起诉、起诉、审判直至执行等环节；自诉案件自人民法院受理后，便应当按照刑事诉讼程序连续进行下去，直到人民法院作出的判决、裁定生效并交付执行为止，刑事案件才能够正常宣告结束。但在实践中，在诉讼过程中的每个环节都可能出现意外，从而使刑事诉讼无法继续进行下去，但又不能终结诉讼。例如，在侦查阶段，已经取得一部分证据，但犯罪嫌疑人因潜逃而下落不明；在起诉阶段，因犯罪嫌疑人脱逃而无法对其提起公诉；在审判阶段，被告人因有严重疾病而无法接受审判；等等。在上述情况下，就需要暂时停止刑事诉讼，待引起中断的特殊情况消失或客观障碍消除后，再继续进行诉讼，这就是刑事诉讼的中止。基本特点是：诉讼中止可能发生在诉讼的任何阶段；诉讼中止后，既不能撤销案件，也不能终止诉讼，而只能将诉讼程序暂时停止，待障碍、特殊情况消除、消失后，诉讼才恢复进行；诉讼中止前所进行的诉讼活动仍然有效，有关专门机关和诉讼参与人应当继续完成法定的诉讼行为；诉讼中止的期间不计入办案期限，也不影响当事人行使其依法享有的诉讼权利。

二、刑事诉讼中止的原因

刑事诉讼中止的原因，归纳起来有三种：一是犯罪嫌疑人、被告人、自诉人在诉讼过程中患重病或精神病发作；二是犯罪嫌疑人、被告人在刑事诉讼过程中潜逃；三是导致刑事诉讼无法正常进行而必须暂时停止的其他原因。具体而言，我国刑事诉讼中止的原因包括以下几个方面。

1. 在侦查阶段，有条件进行的侦查工作已经完成，犯罪嫌疑人下落不明，又不符合通缉条件的，应当决定暂时中止诉讼。如果犯罪嫌疑人罪当逮捕，则应当组织追捕和通缉，而不能作中止诉讼处理。

2. 在侦查、起诉、审判阶段，应当进行的诉讼工作已经完成，确认犯罪嫌疑人的行为已经构成犯罪并应当承担刑事责任，而被告人、犯罪嫌疑人患重病或精神病，因而不能对其进行讯问或者审判的，应当决定中止诉讼。

3. 案件起诉到人民法院后被告人脱逃，致使案件在较长时间内无法继续审理的，可以由人民法院裁定中止审理。

4. 自诉案件的自诉人在审判过程中因患精神病或其他严重疾病，致使案件在较长时间内无法继续审理的，人民法院可以裁定中止审理。

5. 其他应当中止的情形。例如，当事人有正当理由申请暂时停止诉讼，经有关办案人员审查同意的；对被告人的审理须以另一案的审理结果作前提；附带民事诉讼的原告人在诉讼中死亡，需要等待继承人参加诉讼的等。

此外，根据最高人民检察院的批复，在审查起诉期间犯罪嫌疑人脱逃的应分别作如下处理：人民检察院对于侦查机关移送审查起诉的案件，如果犯罪嫌疑人脱逃的，应当要求侦查机关采取措施保证犯罪嫌疑人到案后再移送审查起诉；人民检察院在审查起诉过程中发现犯罪嫌疑人脱逃的，应当及时通知侦查机关，要求侦查机关开展追捕活动；共同犯罪中的部分犯罪嫌疑人脱逃的，对其他犯罪嫌疑人的审查起诉应当照常进行。

三、刑事诉讼中止的程序

虽然在理论上，诉讼中止的情形可能出现在诉讼程序的任何阶段，在司法实践中，相关的司法解释也曾认可过中止侦查、中止审查起诉的情形，但2012年刑事诉讼法修正后，法律及司法解释只规定了中止审理。

《刑事诉讼法》第206条明确规定了中止审理的具体情形："在审判过程中，有下列情形之一，致使案件在较长时间内无法继续审理的，可以中止审理：（一）被告人患有严重疾病，无法出庭的；（二）被告人脱逃的；（三）自诉人患有严重疾病，无法出庭，未委托诉讼代理人出庭的；（四）由于不能抗拒的原因。中止审理的原因消失后，应当恢复审理。中止审理的期间不计入审理期限。"最高人民法院《解释》第314条和第332条规定：有多名被告人的案件，部分被告人具有《刑事诉讼法》规定情形的，人民法院可以对全案中止审理；根据案件情况，也可以对该部分被告人中止审理，对其他被告人继续审理。对中止审理的部分被告人，可以根据案件情况另案处理。被告人在自诉案件审判期间下落不明的，人民法院可以裁定中止审理；符合条件的，可以对被告人依法决定逮捕。

需要注意的是，依据《刑事诉讼法》第298～301条关于犯罪嫌疑人、被告人逃匿、死亡案件违法所得的没收程序的规定，对于贪污贿赂犯罪、恐怖活动犯罪等重大犯罪案件，犯罪嫌疑人、被告人逃匿，在通缉1年后不能到案，或者犯罪嫌疑人、被告人死亡，依照刑法规定应当追缴其违法所得及其他涉案财产的，人民检察院可以向人民法院提出没收违法所得的申请。没收违法所得的申请，由犯罪地或者犯罪嫌疑人、被告人居住地的中级人民法院组成合议庭进行审理。

在关于缺席审判程序中，《刑事诉讼法》第296条规定："因被告人患有严重疾病无法出庭，中止审理超过六个月，被告人仍无法出庭，被告人及其法定代理人、近亲属申请或者同意恢复审理的，人民法院可以在被告人不出庭的情况下缺席审理，依法作出判决。"

刑事诉讼的中止审理与延期审理都是因遇到法定事由，由法院决定暂停审理的一种诉讼制度，但两者是有所区别的：一方面，中止审理和延期审理的理由不同。中止审理主要是因为与案件有直接利害关系的当事人不能到庭，尤其是被告人不能到庭受审，所以案件不能继续审理；而延期审理则是因故不能按照原定时间开庭审理，或者是在开庭后因故不能继续审理而决定顺延审判期日的一种诉讼处理方式，当影响开庭审理的事由消失后，诉讼恢复进行。另一方面，中止审理是中止诉讼程序，因而中止审理的期间不计入审判期限；而延期审理只是中断审判的具体时间，而不是诉讼活动的停止，因而延期的期间一般要计入审判期限。

第二节　刑事诉讼的终止

一、刑事诉讼终止的概念

刑事诉讼终止，是指在刑事诉讼过程中，因发生某种法定情形使得诉讼不必要或者不应当继续进行，从而结束诉讼的一项制度。刑事诉讼终止的基本特点是：一旦作出诉讼终止的决定，所有的诉讼活动都要立即停止进行，已经对犯罪嫌疑人、被告人采取的各种强制措施也因诉讼终止的决定而失效。

刑事诉讼终止与刑事诉讼中止都具有停止诉讼的效力，但两者有显著不同：第一，条件不同。前者适用于不必要或者不应当进行诉讼的各种法定情形；后者则适用于出现了致使诉讼无法继续进行的特殊情况或客观障碍。第二，结果不同。前者是终结案件，不再追究犯罪嫌疑人或被告人的刑事责任；后者则是暂停诉讼，待特殊情况或客观障碍消除后再恢复诉讼，继续对犯罪嫌疑人或被告人进行追诉活动。第三，程序不同。出现刑事诉讼终止的法定情形时，由公安机关、人民检察院和人民法院三机关分别作出撤销案件的决定、不起诉的决定、终止审理的裁定或宣告无罪，并应制作正式的法律文书，送达犯罪嫌疑人、被告人及他们所在单位和家属，如果犯罪嫌疑人、被告人在押，应当立即释放，并且发给释放证明；有关中止审理的具体程序，请参见上一节的介绍，在此不再赘述。

二、刑事诉讼终止的原因和程序

我国《刑事诉讼法》第 16 条规定：有下列情形之一的，不得追究刑事责任，已经追究的，应当撤销案件，或者不起诉，或者终止审理，或者宣告无罪：（1）情节显著轻微、危害不大，不认为是犯罪的；（2）犯罪已过追诉时效期限的；（3）经特赦令免除刑罚的；（4）依照刑法告诉才处理的案件，没有告诉或者撤回告诉的；（5）犯罪嫌疑人、被告人死亡的；（6）其他法律规定免予刑事责任的。当然，犯罪嫌疑人、被告人的行为不符合犯罪构成要件不构成犯罪和案件经查明没有犯罪事实的，也不得追究刑事责任。从上述规定可以看出，刑事诉讼终止应符合两个条件：一是必须在刑事诉讼过程中；二是必须具有不追究刑事责任的法定情形。需要注意的是，依据《刑事诉讼法》第 301 条的规定，在犯罪嫌疑人、被告人逃匿、死亡案件违法所得的没收程序案件审理过程中，在逃的犯罪嫌疑人、被告人自动投案或者被抓获的，人民法院应当终止审理。《刑事诉讼法》第 297 条规定，被告人死亡的，人民法院应当裁定终止审理；但有证据证明被告人无罪，人民法院经缺席审理确认无罪的，应当依法作出判决。最高人民法院《解释》第 604 条第 3 款规定，检察院对境外的被告人按照缺席审判程序起诉的案件，法院经审理认定的罪名不属于《刑事诉讼法》第 291 条第 1 款规定的可以对境外的被告人缺席审理的罪名的，应当终止审理。

诉讼终止的程序因案情和诉讼阶段不同而有所不同：第一，在哪一个诉讼阶段发现应当终止诉讼的情形的，就应由主持该阶段诉讼活动的公安司法机关决定终止诉讼；第二，在终止诉讼时，人民法院经审理已查明被告人无罪的，应宣告无罪；第三，终止诉讼只是终止追究刑事责任，并不排除依法追究行为人其他责任。

具体而言，在侦查阶段，如果发现在立案之前或立案侦查后有依法不应当追究刑事责任的情形时，应由侦查机关作出撤销案件的终止诉讼决定。在审查起诉阶段，应当由检察机关作出不起诉决定以终止诉讼。在审判阶段，发现属于《刑事诉讼法》第 16 条第 1 项规定的情形以外的其他五种不追究刑事责任的情形之一的，人民法院应当作出终止审理的裁定。对于有《刑事诉讼法》第 16 条第 1 项规定的情形以及被告人的行为不符合犯罪构成要件不构成犯罪和经查明没有犯罪事实的，人民法院应当作出无罪判决。

终止诉讼的决定或者裁定，应当及时送达有关机关和当事人，当事人死亡的，则送交其近亲属和所在单位。共同犯罪案件中只有部分犯罪嫌疑人、被告人被终止诉讼的，对其他人的追诉仍应依法继续进行。终止诉讼的案件，犯罪嫌疑人、被告人如果被羁押的，应当立即予以释放，并发给释放证明。

【问题与思考】

1. 诉讼中止的原因有哪些？
2. 诉讼中止与延期审理、诉讼终止在法律效力上有何区别？
3. 如何完善我国诉讼中止、诉讼终止制度？

【推荐参考论著】

1. 李玉萍．程序滥用与诉讼终止制度及其给我国的启示．法商评论，2006（2）.
2. 王群．试论刑事案件中止审理制度的适用．法制与社会发展，1999（1）.

第三编

证据

第十五章 刑事证据

内容导读

刑事诉讼中查明案件事实的过程，实际上就是收集、审查、判断和认定证据的过程。证据是以法定形式表现出来的能够对案件事实起到证明作用的一切材料。证据具有客观性、关联性、合法性的属性。证据需要具备法定的形式才能作为认定案件事实的根据。我国刑事诉讼立法中规定了证据的八种法定类型，即物证，书证，证人证言，被害人陈述，犯罪嫌疑人、被告人供述和辩解，鉴定意见，勘验、检查、辨认、侦查实验等笔录，视听资料、电子数据。它们被称为证据的种类。在学理上，又按照不同的标准将证据分为言词证据和实物证据、原始证据和传来证据、有罪证据和无罪证据、直接证据和间接证据等类型。它们被称为证据的分类。在证据的收集、判断和运用过程中，要遵循一定的规则。本章阐释证据概念和特征、各种证据的含义和特点、我国证据法学理论关于证据的分类及其具体内容。

第一节 刑事证据的概念和意义

一、刑事证据的概念

我国学术界对证据的定义众说纷纭，有“事实说”“材料说”“手段说”“根据说”等。《刑事诉讼法》采取的定义是“材料说”。我国《刑事诉讼法》第50条第1、2款规定：“可以用于证明案件事实的材料，都是证据。”“证据包括：（一）物证；（二）书证；（三）证人证言；（四）被害人陈述；（五）犯罪嫌疑人、被告人供述和辩解；（六）鉴定意见；（七）勘验、检查、辨认、侦查实验等笔录；（八）视听资料、电子数据。”根据上述规定，刑事证据的概念可以理解为：在刑事诉讼中以法定形式表现出来的、能够对案件事实起到证明作用的材料。可见，刑事证据必须符合以下基本条件：第一，刑事证据本身是一种客观存在的材料；第二，刑事证据是证明案件真实情况的根据和认定案件事实的手段；第三，刑事证据必须符合法律规定的八种表现形式。

二、刑事证据的特征

刑事证据具有以下三个紧密联系的基本特征。

（一）客观性

证据的客观性，又称真实性，是指证据事实必须是伴随着案件的发生、发展的过程而遗留下来的、不以人的主观意志为转移而存在的材料。作为案件证据的客观物质痕迹和主观知觉痕迹，都是已经发生的案件事实的客观反映，不是主观想象、猜测和捏造的事物。任何刑事案件都是在一定时间、地点进行的，总会遗留某些物品和痕迹，或者在进行犯罪活动时为人们所目睹、感知。可以说，所有的痕迹、物品、文件等实物证据都是客观存在的事实。言词证据也是如此。案件事实为当事人亲自实施或经历，为在场的人所感知，形成形象的并用言词表述出来的当事人陈述和证人证言，这些同样是对案件事实的反映。这些事实是不依赖于办案人员的意志而客观存在的。当然，作为证人、被害人等感知和反映的证据或者经过司法工作人员收集的证据，必定含有人的主观因素，构成客观与主观的统一，但不能因此改变证据客观性的本质属性。证据的这一本质属性，要求司法工作人员在证据调查中必须避免任何主观想象和猜测，认真收集和把握能够如实反映案件客观情况的证据，善于鉴别和排除虚假的材料。

（二）关联性

关联性也称为相关性，是指证据必须与案件事实有实质性联系，同时必须对证明刑事案件事实具有某种实际意义。第一，关联性是证据的一种客观属性，根源于证据事实同案件事实之间的客观联系，而不是办案人员的主观想象或者强加的联系；它是案件事实作用于客观事物以及有关人员的主观所产生的。第二，证据与案件事实相关联的形式多种多样，十分复杂。其中最常见的是因果联系，即证据事实是犯罪的原因或结果的事实；其次是与犯罪相关的空间、时间、条件、方法、手段的事实。不管证据与案件事实之间存在何种联系，都表明证据反映了一定的案件情节。如有的能反映犯罪的动机，有的能反映犯罪的手段，有的能反映犯罪过程和实施犯罪的环境、条件，有的能反映犯罪后果，有的能反映犯罪事实不存在或犯罪并非为犯罪嫌疑人、被告人所为等。正是由于证据的关联性才使证据对查明案件事实，确定犯罪嫌疑人、被告人是否犯罪，犯罪情节轻重具有证明力。所谓证明力，是指证据所具有的对案件事实的证明作用，也就是证据对证明案件事实的价值。证据对案件事实有无证明力以及证明力的大小，取决于证据本身与案件事实有无联系以及联系的紧密、强弱程度。一般说来，如果证据与案件事实之间的联系紧密，则该证据的证明力较强，在诉讼中所起的作用也较大。第三，确定证据的关联性是一个非常重要又极为复杂的问题。

对于证据的关联性在具体的司法活动中的适用，必须把握三个问题：第一，该证据能够证明什么事实；第二，这个事实对解决案件中的争议问题有没有实质性意义；第三，法律对这种关联性有没有具体的要求，尤其是实体法上的要求。

（三）合法性

合法性，也称许可性，是指对证据必须依法加以收集和运用，包括：收集、运用证据的主体要合法，每个证据收集的程序要合法，证据必须具有合法形式，证据必须经法定程序查证属实。证据的合法性是证据客观性和关联性的重要保证，也是证据具有法律效力的重要条件。

为了确保证据的合法性，我国刑事诉讼法对于证据的收集、固定、保全、审查判断、查证核实等，都规定了严格的程序和制度，要求审判人员、检察人员、侦查人员必须依照法定程序，收集能够证实犯罪嫌疑人、被告人有罪或者无罪、犯罪情节轻重的各种证据。最高人民检察院《规则》第 65 条规定："监察机关依照法律规定收集的物证、书证、证人证言、被调查人供述和辩解、视听资料、电子数据等证据材料，在刑事诉讼中可以作为证据使用。"并且，《刑事诉讼法》第 52 条还规定，严禁刑讯逼供和以威胁、引诱、欺骗以及其他非法方法收集证据，不得强迫任何人证实自己有罪。第 56 条更是明确规定："采用刑讯逼供等非法方法收集的犯罪嫌疑人、被告人供述和采用暴力、威胁等非法方法收集的证人证言、被害人陈述，应当予以排除。收集物证、书证不符合法定程序，可能严重影响司法公正的，应当予以补正或者作出合理解释；不能补正或者作出合理解释的，对该证据应当予以排除。在侦查、审查起诉、审判时发现有应当排除的证据的，应当依法予以排除，不得作为起诉意见、起诉决定和判决的依据。"

在 2012 年修正《刑事诉讼法》之前，一些司法解释和规定对证据的合法性问题就有所规定，比如，最高人民法院《解释》和最高人民检察院《规则》。最高人民法院、最高人民检察院、公安部、国家安全部、司法部《关于办理刑事案件排除非法证据若干问题的规定》（以下简称《排除非法证据规定》）对刑事证据的合法性和非法证据排除问题更是作了专门规定。此外，我国已签署加入的联合国《禁止酷刑和其他残忍、不人道或有辱人格的待遇或处罚公约》第 15 条规定："每一缔约国应确保在任何诉讼程序中不得援引任何确属酷刑逼供作出的陈述为证据，但这类陈述可引作对被控施用酷刑逼供者起诉的证据。"

与合法性密切相关的证据法概念是可采性。可采性，大陆法系也称之为证据能力。在英美法系国家，可采性是指一项证据是否具有在法庭上提出的资格。如果一项证据不具有可采性，则不能在法庭上提出，不能被事实的审理者看见和听见。在英美法中，证据的可采性问题是针对法院而言的，而不是针对控方而言的。可采性解决的是一项证据能否被法庭采纳的问题，对可采性有争议的证据，应当由控辩双方提出动议，由法官进行听审，最后决定是否具有可采性。规范证据可采性的规则，包括非法证据排除规则、最佳证据规则、传闻证据规则、意见证据规则等。不可否认的是，规范证据可采性的规则对控方将有重大影响。公诉机关在提起公诉之前，应当参照法院确定证据可采性的标准来衡量自己的控诉证据，决定哪些证据在法庭上提出、哪些证据不向法庭提出，以保证起诉的质量。不仅如此，证据的可采性规则还会对侦查机关的侦查行为、取证行为产生巨大的影响，因为如果违反了法院的要求，警察的取证活动就毫无意义。

综上所述，刑事证据具有客观性、关联性和合法性三个基本特征，三者互相联系、缺一不可。客观性和关联性涉及的是刑事证据的内容，合法性涉及的是刑事证据的形式。刑事证据的内容需要通过诉讼程序来审查、检验和鉴定。合法性是刑事证据真实性和相关性的法律保证。客观性、关联性和合法性正确说明了刑事证据的基本属性，表明了刑事证据内容和形式的统一。

三、刑事证据的意义

刑事证据是整个刑事诉讼活动的基础和核心，在实现刑事诉讼的目的和任务中发挥着极为重要的作用。具体体现在以下几个方面。

（1）刑事证据是进行刑事诉讼活动的依据。刑事诉讼的全部过程，在一定意义上讲，就是运用证据的过程。刑事诉讼的进行，一定要有证据方面的依据。刑事案件的立案，需要根据证据确定是否有犯罪事实发生；自诉案件中，如果自诉人提不出足够的证据，人民法院应当说服自诉人撤回起诉或者裁定驳回；如果没有证据证明有犯罪事实，就不能采取侦查手段；证据达不到确实、充分的程度，就不能提起公诉，更不能定罪判刑。进行其他诉讼活动，采取其他诉讼措施，也都离不开证据。可以说，如果离开了证据，整个刑事诉讼活动就无法进行。

（2）刑事证据是查明案件事实真相的唯一手段。刑事案件是已经发生并且不可能重现的客观事实，司法工作人员查明案情、证实犯罪的唯一途径，就是充分、全面收集与案情有关的证据，然后运用证据并经过正确的推理、判断，证明案件发生的时间、地点、手段、后果、作案人及作案过程等情节，以发现事实真相。如果离开刑事证据，要想查明案件的真实情况，是根本不可能的。

（3）刑事证据是促使犯罪人认罪服法的武器。在刑事诉讼中，犯罪分子为了逃避或减轻法律制裁，总是千方百计地否认犯罪，或者对自己实施的犯罪避重就轻。正确收集和运用证据，可以用确凿的事实揭穿其百般抵赖的伎俩，起到促使犯罪分子认罪服法、接受改造的作用。

（4）证据是无罪的人不受刑事追究的保障。保障无罪的人不受刑事追究，是刑事诉讼法的重要任务之一。因此，《刑事诉讼法》第52条规定，审判、检察、侦查人员必须依照法定程序，收集能够证实犯罪嫌疑人、被告人有罪或者无罪、犯罪情节轻重的各种证据。只有坚持全面收集、运用证据，把对刑事案件的处理建立在切实可靠的证据上，才能保障无罪的人不受刑事追究，避免冤假错案的发生。

（5）证据是进行法制教育的工具。公安司法机关进行刑事诉讼时，以确实、充分的证据揭露犯罪、证实犯罪，可以使广大人民群众深切感受到犯罪的危害，同时也使人们认识到，无论犯罪分子多么狡猾、犯罪手法多么隐蔽，终究都逃不脱恢恢法网，从而激发公民同犯罪作斗争的自觉性和积极性，还可以对社会上有可能实施犯罪的人起到教育威慑作用，使其不敢以身试法。

第二节　刑事证据的种类

证据种类，是指根据证据事实内容的各种外部形式对证据所作的分类。刑事案件发生后，总会留下一些为人所感知的物品、痕迹等，这些物品、痕迹只有通过相应的形式表现出来，才能被纳入诉讼轨道，因此，法律必须对各种证据资料加以明确规定，包括它们进入诉讼的法定名称，收集和审查判断它们的程序和规则，以便在诉讼中完成证明任务。因此，证据的种类划分是具有法律约束力的，不具备法定外部表现形式的证据资料不能被纳入诉讼轨道。

证据的种类划分实际上是证据在法律上的分类。刑事证据的种类是随着司法实践的发展和法学理论研究的深入而不断发展完善起来的。关于证据种类的划分，各国不尽一致。英美证据法一般将证据分为三种形式：口头证据、书面证据、实物证据。有的证据法理论将司法认知也作为一种证据形式。大陆法系国家的证据种类通常包括：人的证据、物的证据、书证。

根据我国《刑事诉讼法》第50条第2款和第3款的规定，证据包括：(1) 物证；(2) 书证；(3) 证人证言；(4) 被害人陈述；(5) 犯罪嫌疑人、被告人供述和辩解；(6) 鉴定意见；(7) 勘验、检查、辨认、侦查实验等笔录；(8) 视听资料、电子数据。以上证据必须经过查证属实，才能作为定案的根据。因此，在我国刑事诉讼中，在严格意义上讲，只有具备法律规定的这八种形式之一的，才能作为证据使用。

一、物证

物证是指以其外部特征、存在场所和物质属性证明案件事实的一切物品和痕迹。物证包括物品和痕迹两大类。前者是指与案件事实有联系的客观实在物，如作案工具、赃款赃物等；后者包括物体相互作用所产生的印痕和物体运动时所产生的轨迹，如脚印、指纹等。

物证的存在形式是多种多样的，常见的物证有：(1) 实施犯罪的工具，如杀人、伤人用的刀枪和其他凶器，盗窃用的螺丝刀、钥匙，爆炸用的炸药，纵火用的引火物等；(2) 犯罪过程中留下的物品，如犯罪分子遗留在犯罪现场的衣物、烟头、纽扣等；(3) 犯罪行为侵犯的客体，如经济犯罪中的赃款、赃物，杀人案件中的尸体，被破坏的机器设备等；(4) 犯罪行为所产生的物品，如非法制造的枪支、弹药，非法出版的出版物，伪造的货币等；(5) 犯罪遗留下来的痕迹，常见的有指纹、唇纹、咬痕、足迹、血迹、撬压痕迹、笔迹、枪弹痕迹等；(6) 其他可能揭露犯罪和查获犯罪分子的物品和痕迹。

物证同其他证据种类相比具有较强的客观性、稳定性，因此更直观、更容易把握。物证是刑事诉讼中广泛使用的一种证据，在刑事诉讼中具有重要的作用，主要表现为：可以为侦查人员提供线索，确定侦查方向，甚至可以借助物证查获犯罪分子；可以借助物证鉴别其他证据的真伪；可以借助物证迫使犯罪分子交代罪行，揭露不真实的供述和辩解；物证在法制宣传教育中也具有重要的意义。

二、书证

书证是指能够根据其记载的内容和表达的思想来证明案件事实情况的一切物品。

刑事诉讼中的书证虽然表现形式及制作方法多种多样，但必须同时具备以下两个特点：书证必须是以文字、符号、图画等记载或者表达人的一定思想的物品，而且所记载或表达的思想内容能够为人们认知和理解；该项材料所记载的内容或者所表达的思想，必须与待证明的刑事案件事实有关联，能够被用来证明案件事实。

书证与物证既有联系又有区别。相互联系的表现是：书证是广义的物证，因为书证也是实物证据。同时，如果一个物品不仅能以记载的内容证明案件事实，也能以外观形态证明案件事实的，则该物品既可以作为书证使用，又可以作为物证使用。二者的区别在于，书证是以记载的内容和表达的思想起证明作用的，物证则是以外部特征、形状、性质及存在的方式和状态等证明案情的。一个记载着文字、符号、图画的物品，如果不是以记载的内容，而是以外部形态来证明案件事实，则该物品不是书证而是物证。

书证都有明确的意思表示，而且大多在诉讼开始以前就已形成，一经收集并查证属实，就可以比较直观地证明案件中的一定事实，因而具有较强的证明力。所以，在诉讼中具有重要意义：有些书证可以直接证明案件的性质、作案动机和目的；可以鉴别其他证据的真伪；可以揭穿犯罪分子的狡辩和虚假的陈述；在贪污等经济犯罪案件中，书证是不可缺少的证据。

三、证人证言

证人证言是指当事人以外的第三人就自己所知道的案件情况向公安司法机关所作的陈述。

证人证言一般是口头陈述，以证人证言笔录加以固定；经办案人员同意由证人亲笔书写的书面证词，也是证人证言。证人证言的内容，一般应当是证人亲眼见到或亲耳听到的情况。证人转述他人所了解的案件情况，必须说明来源。刑事诉讼中的见证人只对勘验、检查、搜查、扣押物证、书证、送达等程序性问题是否合法作见证，而不对案件事实问题作证，所以不同于证人。

证人证言有以下四个特点：（1）证人是犯罪嫌疑人、被告人、被害人以外的人，一般而言，证人证言较犯罪嫌疑人、被告人、被害人的陈述更客观；（2）证人证言只是证人对案件有关情况的客观阐述，强调证人对案件事实的亲身感知，陈述的是事实，而不是推测或分析意见；（3）证人证言是证人对感知或传闻情况的反映，往往会受到证人的主观因素和客观条件的影响；（4）证人证言的来源和证明的问题范围十分广泛，是刑事诉讼中常见的证据。

证人证言在刑事诉讼中具有重要的证明作用：它可以帮助司法工作人员发现和收集其他证据；可以鉴别其他证据的真伪；可以作为认定案件事实甚至是主要事实的根据；可以揭穿犯罪嫌疑人、被告人或被害人的虚假陈述。

由于证人是以其对案件情况的感知而与案件形成了相应的证明关系，所以，证人的身份具有不可替代性，不能由办案人员随意指定和更换。审判、检察、侦查人员如果在非执行职务活动中了解案情，就不应当担任本案的工作，而应当作为证人参加诉讼。

我国《刑事诉讼法》第62条规定："凡是知道案件情况的人，都有作证的义务。""生理上、精神上有缺陷或者年幼，不能辨别是非、不能正确表达的人，不能作证人。"根据这一规定，我国法律没有免除特定的人的作证义务，凡是了解案情的人，都有作证的义务。因生理上、精神上有缺陷或者年幼而不能辨别是非、不能正确表达的人，由于不能向公安司法机关提供对查清案件事实有意义的情况，当然就不能作证人。虽然生理上、精神上有缺陷或者年幼，但能够辨别是非并能够将自己所了解的案件情况准确表达出来的，依法都可以作为证人提供证言。

最高人民法院、最高人民检察院、公安部、国家安全部、司法部《关于办理死刑案件审查判断证据若干问题的规定》（以下简称《死刑案件证据规定》）对证人证言问题进行了较为详细的规定，包括证人证言的审查内容、瑕疵及其补正、证人出庭的情形、证人出庭的保护措施等。最高人民法院《解释》、最高人民检察院《规则》也对证人证言问题进行了具体规定。

关于单位能否作为证人提供证言的问题，刑事诉讼法没有明确规定。证人是以自己的感官感知案情为前提来提供证言的，单位不能像自然人那样以感官感知案情，所以，一般认为单位不能作为证人提供证人证言。

关于警察作证问题，两大法系的差别也很大。在英美法系国家，因为诉讼当事人都可以成为合法的证人，所以警察当然具有证人资格，可以作为证人。但是，按照大陆法系的传统，证人必须是诉讼主体以外的第三人，而所谓第三人，是指当事人及代理该诉讼的法定代理人以外的人。因此，检察官对于实施侦查所经历的事实，在该阶段并非第三人，所以不能成为证人。至于协助检察官侦查犯罪的司法警察，除发现现行犯的警察当然以证人身份提供证言外，应当被视为检察官的辅助机关，与检察官一样，不允许警察就职务上观察到的资料，作为证人。①

在我国，由于公安机关侦查人员是专门机关的工作人员，依照传统的定义，侦查人员不在证人的范围内。因此，警察出庭作证不仅在实践中比较少见，而且在法律上和理论上也成为一个迫切需要解决的问题。《刑事诉讼法》对此作出了一些规定，比如，第 59 条规定："在对证据收集的合法性进行法庭调查的过程中，人民检察院应当对证据收集的合法性加以证明。""现有证据材料不能证明证据收集的合法性的，人民检察院可以提请人民法院通知有关侦查人员或者其他人员出庭说明情况；人民法院可以通知有关侦查人员或者其他人员出庭说明情况。有关侦查人员或者其他人员也可以要求出庭说明情况。经人民法院通知，有关人员应当出庭。"第 192 条第 2 款规定："人民警察就其执行职务时目击的犯罪情况作为证人出庭作证，适用前款规定。"

在西方某些国家的刑事诉讼立法中，有关于拒绝作证权的规定。拒绝作证权是指公民在法定情况下可拒绝充当证人或对某些问题拒绝陈述的权利。拒绝作证权与证人资格不同。证人资格是指一个人能否作为证人提供证言，如果不具有证人资格，就不能向司法机关提供证言。立法规定拒绝作证权，目的在于保护特定的关系或利益，从社会整体来考虑这些关系或利益比有关证人可能提供的证言更为重要。拒绝作证权从范围来看，除某些规定是为了维护国家利益外，主要是为了避免某些人履行作证义务与其"良心"和"职业利益"相抵触。也就是说，立法规定配偶、近亲属之间的拒绝作证权和基于职业秘密的拒绝作证权是为了维护特定的社会关系，如婚姻特权维护的是配偶间的信赖关系，基于职业秘密的拒绝作证权维护的是特定职业者与服务对象之间的信赖关系，而这些信赖关系对于整个社会的正常运转是至关重要的。如果让配偶一方证明另一方犯罪，让律师证明委托人犯罪，让牧师证明忏悔者犯罪，那么夫妻之间就不可能相互信任，委托人就不会如实向律师陈述案情，宗教的教化作用就会减小或消失，整个社会就会充满不信任，从而使家庭关系及其他特定社会关系不稳固，甚至会动摇整个社会正常发展的基础。可以说，西方国家立法规定拒绝作证权是价值权衡的结果。

我国传统法律的一项重要内容就是亲不为证、亲亲相隐，它是历代统治者出于维系家

① 刁荣华．比较刑事证据法各论．台北：汉林出版社，1984：131－132.

族稳定、文化传承等多种政策考虑，针对近亲属关系在证据法上所设立的一项制度。我国《刑事诉讼法》虽然规定了解案件真实情况的人都有作证的义务，不论这些人与当事人有无亲属关系，但在第193条第1款规定："经人民法院通知，证人没有正当理由不出庭作证的，人民法院可以强制其到庭，但是被告人的配偶、父母、子女除外。"这在一定程度上确认了某些近亲属间的拒绝作证制度。当然，我们应该在全面权衡利弊的基础上，适应维护社会主义婚姻、家庭、特定社会关系的需要，进一步扩大这一制度。

依证据规则，防止证人作伪证的方法有三个：第一，事前宣誓或具结，使证人在良心上受约束，不愿作伪证。第二，事中进行交叉询问，揭露证言的虚伪部分，使证人不能作伪证。第三，事后科以伪证之处罚，使证人罹于刑事责任，不敢作伪证。[①] 我国刑事诉讼法已经基本上确立了主询问和反询问规则，即除法律有特别规定以外，证人必须出庭接受控辩双方的询问，但没有规定宣誓或具结制度，仅规定了须保证如实陈述，如最高人民法院《解释》第258条规定："证人出庭的，法庭应当核实其身份、与当事人以及本案的关系，并告知其有关权利义务和法律责任。证人应当保证向法庭如实提供证言，并在保证书上签名。"

证人应当出庭作证并且接受控辩双方的主询问和反询问，这既是保证证据质量的需要，也是保护刑事被告人质证权的需要。我国《刑事诉讼法》第62条第1款规定："凡是知道案件情况的人，都有作证的义务。"虽然法律规定了凡是知道案件情况的人都有作证的义务，但我国目前的司法实践中证人拒绝提供证言、拒绝出庭陈述的现象十分普遍。这是我国司法实践中的一个重要而又难以解决的问题。不解决证人拒证的问题，将会使刑事案件的侦查、审判面临越来越大的困难，最终甚至会使整个刑事司法制度陷于瘫痪。针对目前的实际情况，《刑事诉讼法》及其司法解释对以下三个方面进行了规定。

第一，强制证人出庭作证。《刑事诉讼法》第192条规定："公诉人、当事人或者辩护人、诉讼代理人对证人证言有异议，且该证人证言对案件定罪量刑有重大影响，人民法院认为证人有必要出庭作证的，证人应当出庭作证。""人民警察就其执行职务时目击的犯罪情况作为证人出庭作证，适用前款规定。""公诉人、当事人或者辩护人、诉讼代理人对鉴定意见有异议，人民法院认为鉴定人有必要出庭的，鉴定人应当出庭作证。经人民法院通知，鉴定人拒不出庭作证的，鉴定意见不得作为定案的根据。"《刑事诉讼法》第193条规定："经人民法院通知，证人没有正当理由不出庭作证的，人民法院可以强制其到庭，但是被告人的配偶、父母、子女除外。""证人没有正当理由拒绝出庭或者出庭后拒绝作证的，予以训诫，情节严重的，经院长批准，处以十日以下的拘留。被处罚人对拘留决定不服的，可以向上一级人民法院申请复议。复议期间不停止执行。"最高人民法院《解释》第255条规定，强制证人出庭的，应当由院长签发强制证人出庭令，由法警执行；必要时，可以商请公安机关协助。

第二，加强证人保护。《刑事诉讼法》在第63条规定的基础上，又增加了第64条的规定："对于危害国家安全犯罪、恐怖活动犯罪、黑社会性质的组织犯罪、毒品犯罪等案件，证人、鉴定人、被害人因在诉讼中作证，本人或者其近亲属的人身安全面临危险的，人民法院、人民检察院和公安机关应当采取以下一项或者多项保护措施：（一）不公开真实姓名、住址和工作单位等个人信息；（二）采取不暴露外貌、真实声音等出庭作证措施；（三）禁

① 刁荣华．比较刑事证据法各论．台北：汉林出版社，1984：162.

止特定的人员接触证人、鉴定人、被害人及其近亲属；（四）对人身和住宅采取专门性保护措施；（五）其他必要的保护措施。”“证人、鉴定人、被害人认为因在诉讼中作证，本人或者其近亲属的人身安全面临危险的，可以向人民法院、人民检察院、公安机关请求予以保护。”“人民法院、人民检察院、公安机关依法采取保护措施，有关单位和个人应当配合。”六机关《规定》第12条规定，人民法院、人民检察院和公安机关依法决定不公开证人、鉴定人、被害人的真实姓名、住址和工作单位等个人信息的，可以在判决书、裁定书、起诉书、询问笔录等法律文书、证据材料中使用化名等代替证人、鉴定人、被害人的个人信息。但是，应当书面说明使用化名的情况并标明密级，单独成卷。辩护律师经法庭许可，查阅对证人、鉴定人、被害人使用化名情况的，应当签署保密承诺书。

第三，对证人出庭作证进行合理补助。《刑事诉讼法》第65条规定：“证人因履行作证义务而支出的交通、住宿、就餐等费用，应当给予补助。证人作证的补助列入司法机关业务经费，由同级政府财政予以保障。”“有工作单位的证人作证，所在单位不得克扣或者变相克扣其工资、奖金及其他福利待遇。”

四、被害人陈述

被害人陈述，是指犯罪行为的直接受害者就其了解的案件情况，包括遭受犯罪行为侵害的事实和有关犯罪嫌疑人、被告人的情况等，向公安司法机关所作的陈述。

在外国证据法中，被害人陈述一般被视为证人证言，不作为独立的证据种类。我国刑事诉讼法考虑到被害人特殊的诉讼地位与陈述的特殊性，将被害人陈述规定为一种独立的证据。

被害人有以下特征：是遭受犯罪行为直接侵害的人；是合法权益遭受侵害的人；被害人既可以是自然人，也可以是法人；由于被害人的身份是由犯罪行为决定的，因而被害人应当是特定的人，具有不可替代性。

被害人直接受到犯罪行为侵害，特别是有的被害人同犯罪人有过接触，一般对犯罪地点、犯罪经过、犯罪人的体貌特征有较多的了解，其陈述对于揭露犯罪、查获犯罪人、认定案情有重要作用：有许多案件被害人的控告陈述是立案侦查、追究犯罪的根据和起点；被害人陈述还是确定侦查方向、查获犯罪人的材料；被害人陈述本身经查证属实后可以作为定案的重要根据；被害人陈述还是鉴别其他证据的有力手段。但是，在有些案件中，由于各种主、客观因素的影响，被害人的陈述可能是虚假的、不真实的，具体表现在：由于深受犯罪行为的侵害而产生了报复心理，情绪偏激，夸大事实情节，导致陈述的虚假性；在一些案件中，被害人情绪高度紧张，观察不细，记忆模糊，而导致陈述不清，甚至是主观臆断的虚伪陈述；个别被害人出于个人私利或其他不可告人的目的，制造虚假陈述诬告陷害他人；有的被害人出于种种考虑，不敢或者不愿意理直气壮地揭露犯罪，而希望大事化小，小事化了；被害人出于其他原因而作出虚假陈述。

五、犯罪嫌疑人、被告人的供述和辩解

犯罪嫌疑人、被告人的供述和辩解，是指犯罪嫌疑人、被告人在刑事诉讼中就与被指控的犯罪事实有关的情况向公安司法机关所作的陈述，通常也称为口供。

犯罪嫌疑人、被告人供述和辩解的内容主要包括，犯罪嫌疑人、被告人承认自己有罪的供述和说明自己无罪、罪轻的辩解。对于犯罪嫌疑人、被告人检举、揭发其他人犯罪行为的供述和辩解如何认定，法学界有两种认识：一种观点认为，犯罪嫌疑人、被告人的供述和辩解包括检举他人犯罪；另一种观点认为，对犯罪嫌疑人、被告人检举他人犯罪的陈述的性质和内容，应当具体分析，只有共同犯罪中犯罪嫌疑人、被告人检举其他共同犯的犯罪事实才属于犯罪嫌疑人、被告人供述和辩解的内容，否则属于证人证言。因为共同犯罪是指二人以上共同故意犯罪，所以共同犯罪人相互之间就共同犯罪的情况相互检举，与个人的罪责有关。而单个犯罪嫌疑人、被告人检举他人的犯罪事实，或同案犯罪嫌疑人、被告人对非共同犯罪人的检举，则与自己的罪责无关，应属于证人证言。我们认为，第二种观点更有道理。

犯罪嫌疑人、被告人的供述和辩解一般是口头陈述，以笔录加以固定。经犯罪嫌疑人、被告人请求或办案人员要求，也可以由犯罪嫌疑人、被告人亲笔书写供词。此外，随着认罪认罚从宽制度的正式确立，犯罪嫌疑人自愿认罪，同意量刑建议和程序适用的，应当在辩护人或者值班律师在场的情况下签署认罪认罚具结书。

犯罪嫌疑人、被告人的供述和辩解具有以下特点：第一，犯罪嫌疑人、被告人对于自己是否实施了犯罪行为以及如何实施犯罪行为，比其他任何人一般会更为清楚，如果犯罪嫌疑人、被告人如实供述，则可以全面、详尽地反映出作案的动机、目的、手段、过程。共同犯罪的犯罪嫌疑人、被告人供述，还可以从各个侧面反映案件的全貌。犯罪嫌疑人、被告人的供述经查证属实，一般可以成为认定案件事实的直接证据。如果犯罪嫌疑人、被告人如实辩解，则可以提供证实其无罪或者罪轻的证据和证据线索。犯罪嫌疑人、被告人的供述和辩解所具有的这种特征，是其他证据不具备的。第二，犯罪嫌疑人、被告人陈述的虚假可能性很大。犯罪嫌疑人、被告人是刑事诉讼中被追究的对象，案件的处理结果与其有切身的利害关系。在很多情况下，犯罪嫌疑人、被告人为逃避罪责，常常企图否认指控或避重就轻。犯罪嫌疑人、被告人由于所处的特殊诉讼地位或者处在被限制人身自由的情况下，如果讯问人员存在刑讯逼供、诱供、指供等行为，更可能造成犯罪嫌疑人、被告人的供述和辩解的内容严重失实。第三，犯罪嫌疑人、被告人的供述和辩解易有反复性，他们随时可能翻供。

犯罪嫌疑人、被告人的供述和辩解对于全面分析、研究案情，正确认定案件事实，公正处理案件，具有重要意义。犯罪嫌疑人、被告人的供述，经查证属实可以作为定案的一种根据，特别是对认定犯罪的动机和目的有重要作用；犯罪嫌疑人、被告人的供述可以为发现和收集其他证据提供线索，也是审查核实其他证据真伪的一种手段；犯罪嫌疑人、被告人的供述是衡量其犯罪后态度的重要材料，对正确量刑有一定作用；犯罪嫌疑人、被告人的辩解是犯罪嫌疑人、被告人行使辩护权的一种方式，因此应认真听取犯罪嫌疑人、被告人的供述和辩解。

现代某些西方国家的刑事诉讼中，犯罪嫌疑人、被告人享有沉默权，但如果被告人自愿在法庭上作证，就要接受依照询问证人的程序所进行的询问。在美国，根据联邦最高法院的宪法性判例，警察在羁押性讯问之前，必须明确告知犯罪嫌疑人享有不被强迫自证其罪的特权以及律师帮助权，即著名的“米兰达警告”。违反“米兰达警告”获得的供述，在日后的审判中一般不具有可采性。只有在犯罪嫌疑人明确表示放弃沉默权的情况下，才可以讯问，否则警察获得的陈述不具有可采性。如果犯罪嫌疑人表示不愿意回答问题，则讯问必须停止。任何人不受强迫自证其罪的原则，已被规定在联合国的一些国际性法律文件中。应该说，任何人不受强迫自证其罪的权利和沉默权是人类文明进步的表现。

该问题已经成为我国刑事诉讼法学界和司法实务界关心的热点问题。《刑事诉讼法》虽然没有明确规定沉默权，但明确规定了不受强迫自证其罪原则。《刑事诉讼法》第52条规定：审判人员、检察人员、侦查人员必须依照法定程序，收集能够证实犯罪嫌疑人、被告人有罪或者无罪、犯罪情节轻重的各种证据。严禁刑讯逼供和以威胁、引诱、欺骗以及其他非法方法收集证据，不得强迫任何人证实自己有罪。当然，从保障人权、防止司法专横、遏制刑讯逼供等方面考虑，我们应该进一步反思《刑事诉讼法》第120条关于"如实陈述义务"的规定。当然，除了《刑事诉讼法》，最高人民法院《解释》、最高人民检察院《规则》、公安部《规定》、《死刑案件证据规定》和《排除非法证据规定》，对于排除通过刑讯逼供等非法手段取得的犯罪嫌疑人、被告人供述均进行了详细规定。

六、鉴定意见

鉴定意见是指公安司法机关为了解决案件中某些专门性问题，指派或聘请具有这方面专门知识和技能的人，进行鉴定后所作的书面意见。

鉴定意见有以下特点：具有特定的书面形式；是鉴定人对专门性问题从科学、技术的角度提出的分析判断意见；它仅限于解决案件所涉及的科学技术问题，而不是就法律问题提供意见；鉴定意见是由鉴定人从科学的角度提供的分析研究意见，而且鉴定人必须与案件事实和当事人没有利害关系，因此客观性较强。

在英美法中，鉴定人被称为专家证人，鉴定意见是作为专家证人提供的证言，而不作为一种独立的证据种类。与普通证人不同之处在于，专家证人可以提供意见，而普通证人一般只能陈述事实。专家证人和普通证人一样要出庭接受控辩双方的询问。在大陆法系国家，鉴定是一种证据方法，鉴定人应当出庭，对鉴定作出报告和说明，并接受询问。

在刑事诉讼中，需要鉴定的专门性问题非常广泛，常见的有法医鉴定（确定死者死亡的原因、时间，死者或伤者的伤害情况）、司法精神病鉴定（确定当事人、证人是否有精神病、属何种精神病）、痕迹鉴定（主要是对指纹、脚印、枪弹等进行认定）、一般技术鉴定（对案件中涉及的工业、农业、交通运输业、建筑业等方面的专门技术问题进行鉴定）、会计鉴定（确定账目、报表等是否真实地反映了有关的经济活动，是否符合会计制度）、文书鉴定（文件的书写、签名是否伪造或同一等）、声像资料鉴定（声像资料的真实性、完整性以及所表现的内容）等。

在有些国家的刑事诉讼中，允许使用测谎器进行测谎检查。所谓测谎检查，是指在对被检查人提问的过程中，由多电图仪记录被检查人的血压、脉搏、呼吸、出汗及皮肤的电极反应等生理变化情况，并由检测人员对其进行分析，以判断被检查人是否说谎的活动。和其他技术性证据不同，测谎结果可能因被测试人的心理素质和经历的不同而失去可靠性，所以，对测谎结果的接受必须十分谨慎，而且要注意考察嫌疑人的经历、背景、受教育情况，不可一概认为测谎结果就是可靠的。

在我国刑事诉讼实践中，也已使用测谎检查，但最高人民检察院在《关于CPS多道心理测试鉴定结论能否作为诉讼证据使用问题的批复》中规定：CPS多道心理测试（俗称测谎）鉴定结论与刑事诉讼法规定的鉴定结论不同，不属于刑事诉讼法规定的证据种类。人民检察院办理案件，可以使用CPS多道心理测试鉴定结论帮助审查、判断证据，但不能将

CPS多道心理测试鉴定结论作为证据使用。

鉴定意见对于认定案件事实具有十分重要的作用：（1）鉴定意见是揭示某些物品、痕迹证明力的至关重要的甚至是唯一的手段。只有经过鉴定，某些物品和痕迹才能发挥证明作用。（2）鉴定意见是确定死亡原因、伤害的轻重程度、事故缘由、当事人的生理和精神状态等专门性问题的主要依据。（3）鉴定意见具有科学性和定量分析的特点，是审查和鉴别其他证据的重要手段。

为了加强对鉴定人和鉴定机构的管理，保障诉讼的顺利进行和实现司法公正，2005年2月全国人民代表大会常务委员会通过了《关于司法鉴定管理问题的决定》（2015年修正）。该决定从加强司法鉴定人和鉴定机构规范管理的角度，明确规定了司法鉴定人的鉴定资格准入制度；人民法院和司法行政部门不得设立鉴定机构；侦查机关内设的鉴定机构不得面向社会接受委托从事司法鉴定业务；实行鉴定人负责制和鉴定机构统一受理鉴定业务制度，以及鉴定人经人民法院依法通知拒绝出庭作证应受到处罚等。

《刑事诉讼法》关于鉴定问题增加了如下内容：第一，鉴定人出庭作证制度。《刑事诉讼法》第192条第3款规定：公诉人、当事人或者辩护人、诉讼代理人对鉴定意见有异议，人民法院认为鉴定人有必要出庭的，鉴定人应当出庭作证。经人民法院通知，鉴定人拒不出庭作证的，鉴定意见不得作为定案的根据。《刑事诉讼法》第197条第2款还规定了有专门知识的人的出庭制度。第二，对鉴定人及其近亲属的保护制度。《刑事诉讼法》第64条规定，对于危害国家安全犯罪、恐怖活动犯罪、黑社会性质的组织犯罪、毒品犯罪等案件，证人、鉴定人、被害人因在诉讼中作证，本人或者其近亲属的人身安全面临危险的，人民法院、人民检察院和公安机关应当采取以下一项或者多项保护措施：不公开真实姓名、住址和工作单位等个人信息；采取不暴露外貌、真实声音等出庭作证措施；禁止特定的人员接触证人、鉴定人、被害人及其近亲属；对人身和住宅采取专门性保护措施；其他必要的保护措施。证人、鉴定人、被害人认为因在诉讼中作证，本人或者其近亲属的人身安全面临危险的，可以向人民法院、人民检察院、公安机关请求予以保护。人民法院、人民检察院、公安机关依法采取保护措施，有关单位和个人应当配合。

《刑事诉讼法》规定的有关专门性问题的证据种类仅指鉴定意见，但司法实践中由于司法鉴定的范围有限，大量的关于专门性问题的报告被用于证明案件事实，例如广泛运用的价格认定报告等。为了解决实践中关于此类专门性报告适用的难题，2021年修订的最高人民法院《解释》第100条明确了专门性报告的刑事诉讼证据资格，规定：因无鉴定机构，或者根据法律、司法解释的规定，指派、聘请有专门知识的人就案件的专门性问题出具的报告，可以作为证据使用。对专门性问题报告的审查与认定，参照适用有关鉴定意见的规定。经人民法院通知，出具报告的人拒不出庭作证的，有关报告不得作为定案的根据。此外，实践中常见的"事故调查报告"例如火灾事故调查报告、交通事故调查报告等，是另一种有关专门性问题的证据资料。这种报告通常由相关部门制作，涉及的案件专门性问题往往是对案件事实认定至关重要的因素。同样为了解决这种报告在实践中的适用困境，最高人民法院《解释》第101条规定了有关部门对事故调查形成的报告具有刑事诉讼证据资格，并明确其中涉及专门性问题的意见经法庭查证属实，且调查程序符合法律、有关规定的，可以作为定案的根据。专门性问题报告和事故调查报告中有关专门性问题的意见实际上是类似并参照鉴定意见运用的证据形式。

七、勘验、检查、辨认、侦查实验等笔录

勘验笔录是指办案人员对与犯罪有关的场所、物品、尸体等进行勘查、检验后所作的记录。勘验笔录的形式，包括文字记载、绘制的图样、照片、复制的模型材料和录像等。

勘验笔录根据其内容不同，可分为现场勘验笔录、物体勘验笔录、尸体勘验笔录等。记载的内容包括：接到报案的时间、案件发生或发现的地点；报案人、被害人等的基本情况以及他们对案件情况的叙述；保护现场的人员的姓名、职业、到达现场的时间以及对犯罪现场的保护情况；现场勘验指挥人员和参与勘验的人员；勘验开始和结束的时间，当时的气候、光线等条件；现场所在地的位置及其周围环境；现场情况；提取物证、书证、视听资料、电子数据的名称、数量；现场拍照的内容、数量；绘制现场图的种类和数量。

对同一现场先后多次进行勘验时，第一次以后的勘验均应制作补充笔录。有多处现场时，勘验后应分别制作笔录。物品检验记录应记载：物品的来源及检验的时间、地点，物品的特征，必要时，可绘图或者拍照附于笔录内。笔录应当由参加勘验的见证人签名或者盖章。尸体勘验笔录一般由参加尸体检验的法医制作，尸体检验笔录中除注明检验的时间、地点、参加检验的人员和见证人的姓名外，主要应记载死者的衣着情况，尸体的外表，伤痕的形状、大小、位置和提取血、尿、胃肠内物质的情况。对于无名尸体，还应记载其相貌、生理、病理特征，携带物品的特征。

勘验笔录是依照法定程序并运用一定的设备和技术手段对勘验对象的情况的客观记载，客观性较强。其主要作用是固定证据及其所表现的各种特征，对于发现、收集证据，确定侦查方向，揭露和证实犯罪人，鉴别其他证据，都有重要意义。

检查笔录是指办案人员为确定被害人、犯罪嫌疑人、被告人的某些特征、伤害情况和生理状态，对他们的人身进行检验和观察后所作的客观记载。检查笔录以文字记载为主，也可以采取拍照、录像等其他有利于准确、客观记录的方法。

勘验、检查笔录是一种书面形式的证据材料，但它在形成时间、制作主体以及内容等方面都有别于书证。从勘验检查笔录的内容看，记载的多是物证材料，但它并不是物证材料（如血迹、毛发等）本身，而是保全这些证据的方法。

勘验、检查笔录与鉴定意见是两种不同的证据种类，主要区别是：前者由办案人员制作的，后者是由办案机关指派或聘请的鉴定人制作的；前者是对所见情况的客观记载，后者的主要内容是科学的分析意见；前者大多解决一般性问题，后者则解决专门性问题。

辨认笔录是指侦查人员让被害人、犯罪嫌疑人或者证人对与犯罪有关的物品、文件、尸体、场所或者犯罪嫌疑人进行辨认所作的记录。侦查实验笔录是指侦查人员在必要的时候按照某一事件发生时的环境、条件，进行实验性重演的侦查活动形成的笔录。侦查机关依法进行其他侦查活动形成的笔录，也可以作为证据。

八、视听资料、电子数据

视听资料、电子数据是指以录音、录像、电子计算机以及其他高科技设备储存的信息证明案件情况的资料。

我国1996年的刑事诉讼法仅仅规定了“视听资料”，2012年修订为“视听资料、电子

数据”。视听资料、电子数据有利于迅速、及时地收集其他证据，并且能够立体、直观地再现案件情况，也有利于方便、有效地核实其他证据。需要注意的是，作为视听资料、电子数据的录音、录像，一般产生于诉讼开始之前、犯罪实施过程之中。如果是在刑事诉讼启动之后，公安司法机关为了收集、固定和保全证据而制作的录音、录像等，不是视听资料、电子数据。例如，在询问证人、被害人，讯问犯罪嫌疑人、被告人过程中进行的录音、录像，应当分别属于证人证言，被害人陈述，犯罪嫌疑人、被告人供述；勘验、检查中进行的录像，应当是勘验、检查笔录的组成部分。但是，该资料被用于证明讯问、询问或勘验、检查程序是否合法这一争议问题时，则属于视听资料、电子数据。

视听资料、电子数据的表现形式非常广泛，而且一直处于不断的发展之中。需要注意的是，在询问证人、被害人，讯问犯罪嫌疑人过程中进行的录音、录像，应当属于证人证言、被害人陈述和犯罪嫌疑人、被告人供述和辩解；勘验、检查中进行的录音、录像，应当是勘验、检查笔录的一个组成部分。这些都不应当作为视听资料、电子数据。

视听资料、电子数据是将现代高科技先进成果运用于刑事诉讼领域的重要产物。刑事诉讼法明确将视听资料、电子数据规定为法定证据种类之一，对于规范司法实践，具有重要意义。视听资料、电子数据有以下特点：（1）形式多样，直观性强，客观实在，内容丰富；（2）既有易于保存的一面，又有容易被损坏、覆盖、灭失的一面；（3）占用空间少，传送和运输方便；（4）可以反复重现，作为证据易于使用，审查核实时便于操作；（5）存在被伪造、变造的可能性；（6）对技术要求高，伴随科技进步而不断更新和发展。

第三节　刑事证据的分类

一、刑事证据分类的概念和意义

刑事证据的分类，也叫刑事证据在学理上的分类，是按照证据本身的不同特点，从不同角度在理论上将证据划分为不同的类别。

证据的分类不同于证据的法定种类。证据种类划分依据的是证据的存在及表现形式，这种划分由法律明确规定，具有法定的约束力，不具有法定形式的证据不得作为定案的根据。而证据的分类则是在理论上从不同角度对证据种类所作的划分。我国刑事诉讼法规定的证据种类有八种，由于证据分类的角度、标准不同，因而某一具体的法定的证据种类，依某一种标准分类属于这一类别，而按另一种标准分类则属于其他分类类别。如被害人陈述，不仅可以是直接证据或间接证据，也可以是原始证据或传来证据。

对刑事证据进行分类研究，有助于揭示诉讼中各种不同证据的特点，探讨正确运用各类证据的一般规律，使复杂的、单个的证据系统化、条理化，以便于人们遵循规律，正确运用证据。对证据进行分类还可以指导公安司法工作人员根据证据的不同特性全面、正确地收集证据，切忌片面性、倾向性，保证准确地审查判断和运用证据认定案情。

证据的分类研究有着悠久的历史。18世纪英国著名法学家边沁把证据分为：实物证据和人的证据；宣誓证据、言词证据和书证；直接证据和情况证据；原始证据和传来证据；

等等。现代西方国家关于证据的分类主要有：直接证据与间接证据；原始证据与传闻证据；人证与物证；主证与反证（有罪证据和无罪证据，控诉证据和辩护证据）；积极证据与消极证据；通常证据与辅助证据；主证据与补强证据；等等。当然，证据的分类研究是同各国的实际情况以及证据制度紧密相关的，不同国家的证据理论中，分类标准和方法也不尽相同。

我国学者为分析研究各类证据的不同特点，总结运用各类证据的规则，在理论上从不同的角度对刑事证据进行了归类，其中有代表性的分类有：言词证据与实物证据；原始证据与传来证据；有罪证据与无罪证据；直接证据与间接证据。

二、言词证据与实物证据

根据证据的表现形式不同，可以将证据分为言词证据和实物证据。凡是表现为人的陈述，即以言词作为表现形式的证据，是言词证据。凡是表现为物品、痕迹和因其内容而具有证据价值的书面文件，即以实物作为表现形式的证据，是实物证据。

在法律规定的几种证据中，证人证言，被害人陈述，犯罪嫌疑人、被告人供述和辩解，鉴定意见都属于言词证据。鉴定意见之所以属于言词证据，是因为鉴定意见就其实质来说，是鉴定人就鉴定的专门问题发表的个人意见，而且在法庭审理时鉴定人要对鉴定意见作出口头说明，并当庭回答当事人和辩护人等的发问。一般认为，辨认笔录是记录证人、被害人或犯罪嫌疑人、被告人辨认过程及辨认结果的书面载体，也属于言词证据。

物证、书证当然属于实物证据。勘验、检查笔录是办案人员在勘验、检查中对所见客观情况的客观记载，而不是办案人员的陈述，所以，勘验、检查笔录属于实物证据。侦查实验笔录是对侦查实验过程和结论的载体，也属于实物证据。

视听资料、电子数据是较新出现的证据种类，情况比较复杂，要根据实际情况作具体分析。在讯问犯罪嫌疑人、被告人以及询问证人、被害人时的录音、录像近似于笔录，应划归言词证据。一般认为，讯问或询问时的录音、录像，属于固定证据的方法，而不形成新的证据，按陈述主体不同，仍属于犯罪嫌疑人、被告人供述和辩解、证人证言或被害人陈述。

将证据划分为言词证据与实物证据，有助于公安司法工作人员把握其各自的特点，有针对性地对其加以收集、固定和运用，并据此正确判断案件事实。

一方面，言词证据的优点是能够比较形象、生动地反映客观事物，可以从动态上揭示案件发生的原因、过程、后果和具体情节，而且提供证据的人能及时补充、修正、重述他所了解的事实，回答办案人员提出的问题，澄清某些疑点。但是，另一方面，言词证据由于是经证人、被害人、犯罪嫌疑人、被告人、鉴定人等的感知、判断、记忆、陈述这几个过程“加工”过的，受感受力、记忆力、判断力、表达力、利害关系和思想感情等因素的影响，不能如实反映案件客观情况的可能性较大，甚至还会歪曲、伪造、隐瞒事实。

根据言词证据的特点，在收集和运用时，应当特别注意以下几点：第一，在收集言词证据的过程中，严禁采用刑讯逼供、威胁、引诱以及其他非法方法，应当对证人、被害人讲明作伪证和虚假陈述应负的法律责任，告知其有义务如实提供证据；第二，应当及时收集言词证据，对于年老、重病、重伤等人员，更应如此；第三，针对言词证据易变性、可塑性较大的特点，应当十分注意固定程序，对陈述要全面、如实地进行记录，并依法核对和签名，予以固定；第四，审查、判断言词证据，应当特别注意陈述主体的个人情况，与案件的关系，感知、记忆、陈述的能力和条件，以及有无受外界社会因素的影响，分析哪些因素可能影响言词证据的真实性，如被害人是否因为遭受犯罪行为侵害而有意夸大事实，证人是否由于与犯罪嫌疑人、被告人存在亲疏、恩怨关系而为其开脱或掩盖罪行，陈述者感受案件事实的客观环境如何，是否受到威胁、引诱以及刑讯逼供等；第五，应当尽可能收集到实物证据，对言词证据予以印证，在只有言词证据而无实物证据的情况下，对被告人定罪处刑应当特别慎重；第六，对作为定案根据的言词证据必须在法庭上查证属实，法庭审查言词证据的方式主要是询问和质证。

与言词证据相比，实物证据的特点比较明显。它存在于人的大脑之外，形成于犯罪被发现之前，诉讼开始时已经定型，较少受到人为因素的影响，只要善于发现和以正确的方法收集和固定，就可以较为完整地进入诉讼程序，因此，实物证据相对于言词证据来说，更为客观、固定、可靠。但是，除视听资料、电子数据外，实物证据所反映的案件事实不仅远不如言词证据形象、生动和具体，而且所含信息量较小，通常只能证明案件事实的某个片段，对案件主要事实的证明则多是间接的。此外，实物证据的证明力在许多情况下要运用科学技术手段才能揭示出来，即对科学技术手段的依赖性较强。

针对上述特点，在收集和运用实物证据时，应当及时、客观、细致、全面，注意充分运用现代化科技手段，避免遗漏或在收集中破坏实物证据的证明价值；对于凡是需要鉴定或者检验的实物证据，都必须进行鉴定或检验，不能仅凭办案人员的经验判断或想当然认定；对收集到的实物证据应开列清单，妥善保管，不能保存的应通过拍照、录像、制作模型、绘图等手段加以保全和固定；审查实物证据，应当注意是否被伪造，是否受环境影响而发生变化，收集实物证据的公安司法工作人员的业务素质如何，所使用技术设备的质量好坏；等等。

三、原始证据与传来证据

按照证据的来源划分，凡是直接来源于案件事实，未经复制、转述的证据是原始证据；凡是间接来源于案件事实，经过复制、转述的证据，是传来证据，或称派生证据。

刑事诉讼中常见的原始证据有：目睹犯罪活动的证人所作的证言，被害人陈述，犯罪嫌疑人、被告人供述和辩解，物证的原物，书证的原件，勘验笔录等。刑事诉讼中常见的传来证据有：物证的复制品，文件的副本、影印件、抄件，非亲自感受案件事实的证人所作的证言等。

直接来源于案件事实的原始证据比传来证据可靠。同是传来证据，距原始证据越近的通常越可靠，因为证据材料转手和复制的次数越多，离证明对象越远，所含信息发生减损或者扭曲的可能性就越大；反之，发生误差的可能性就越小，真实性就越大。这是传递过程的一般规律。例如，证人耳闻目睹案件事实而直接向司法工作人员陈述的证言，同经几个人转述的证言相比，真实性较强；物证的原件同复制品相比，原件真实性较强，复制品真实性较弱。因此，在查明案件事实的过程中，公安司法工作人员应当追根求源，尽可能直接收集原始证据。

对于转述多次的证人证言和书证、物证的复制品，应当查明来源出处，收集原始证人的证言、文件的原件和原始物证。在司法实践中，凡是能将原始证据附卷的，都应附卷，作为定案的根据，以便再次审查；法庭调查中，应坚持原始证人、亲自感受案情的被害人等亲自出庭，亲自陈述，接受质证。

与原始证据相比，传来证据的可靠性较差，但传来证据在查明案情中的作用也不容忽视。传来证据具体有以下几方面的作用：可以作为发现原始证据的线索；在特定情况下，可以作为审查原始证据是否真实的手段；在无法取得原始证据或取得原始证据确有困难时，代替原始证据；可以强化原始证据的证明作用。

传来证据的运用，应当遵循以下规则：没有正确的来源或者来源不明的传说、文字材料，不能作为定案的根据；只有在原始证据不能取得或者确有困难时，才能用传来证据代替；应当收集和运用距原始证据最近的传来证据；如果某案件只有传来证据而没有原始证据，不能认定犯罪嫌疑人、被告人有罪。

在英美证据法中有原始证据与传闻证据之分，并实行排除传闻证据的规则。但英美证据法中的传闻证据和我国证据理论中的传来证据不同。传闻证据，是指一项陈述在法庭上被提出作为证据，而陈述者并没有到法庭上提供口头证言并接受控辩双方的交叉询问。这样，在法庭外作出的言词证据都是传闻证据。而在我国判断一项证据是不是传来证据的标准是，是否经过转述、转抄和复制，如证人在侦查阶段的陈述笔录只要是证人亲自感知的，就是原始证据而非传来证据。最高人民法院《解释》中关于物证、书证除非有特殊情况，否则必须是原物、原件的规定，与英美法中最佳证据规则的内容是基本相同的。但是英美法的规定是，非原件除非符合法定例外，否则不具有可采性，即不能够向法庭提出该证据；而我国司法解释中的规定是限制其证明力。

四、有罪证据与无罪证据

根据证据的证明作用是肯定还是否定犯罪嫌疑人、被告人实施了犯罪行为，可以将证据分为有罪证据和无罪证据。凡是能够证明犯罪事实存在和犯罪行为系犯罪嫌疑人、被告人所为的证据，是有罪证据。在立案和侦查阶段，犯罪嫌疑人尚不明确的情况下，可以说，证明发生了犯罪事件的证据也是有罪证据。凡是能够否定犯罪事实存在，或者能够证明犯罪嫌疑人、被告人未实施犯罪行为的证据，是无罪证据。

《刑事诉讼法》第 52 条中明确规定，审判人员、检察人员、侦查人员必须依照法定程序，收集能够证实犯罪嫌疑人、被告人有罪或者无罪、犯罪情节轻重的各种证据。第 137 条规定，任何单位和个人，有义务按照人民检察院和公安机关的要求，交出可以证明犯罪嫌疑人有罪或者无罪的物证、书证、视听资料等证据。划分有罪证据与无罪证据，有利于司法工作人员注意全面收集犯罪嫌疑人、被告人有罪、罪重的证据和无罪或者从轻、减轻、免除处罚的证据，避免片面性；有利于在认定有罪时排除无罪的可能性，做到有罪证据确实、充分，防止造成冤假错案。

掌握有罪证据与无罪证据的分类，应当注意以下问题：第一，是否发生了犯罪事实或犯罪嫌疑人、被告人是否实施了犯罪行为，不仅是涉及犯罪构成的复杂问题，而且受到刑事诉讼不同阶段对案件认识的局限，所以，有时对一个证据材料或一个证据事实，难以确定是有罪证据还是无罪证据，只有与其他证据相结合，才能确定其证明作用。有的证据材料在立案阶段被认为是有罪证据，但随着程序的进行，经侦查查明并非有罪证据。当然，这并非因为证据事实本身发生了变化，而是由于办案人员的认识由表及里发生了变化。第二，由于案件情况具有复杂性，有时一个证据材料中既有说明有罪倾向的内容，又有说明无罪倾向的内容。这就需要进一步收集其他证据材料，才能查明该证据属于有罪证据还是无罪证据。如甲承认他造成乙重伤，但却主张其行为系正当防卫，就属于此类证据材料。

在运用有罪证据和无罪证据时，除遵循运用证据的共同规则外，应当特别注意以下几点：既要注意收集有罪证据，也要注意收集无罪证据，要防止片面性；在对被告人作出有罪的确定性认定时，要做到有罪证据确实、充分，排除无罪的可能性。如果案内有的无罪证据尚未排除，不能得出有罪的确定性结论；如果经过最大努力，反复侦查和调查，仍然是有罪证据和无罪证据并存，即形成疑难案件，应当作无罪处理。

在有关证据分类的理论中，还有控诉证据与辩护证据、攻击证据与防御证据、有利于被追诉人的证据与不利于被追诉人的证据等划分方法，这些分类方法同有罪证据与无罪证据的分类方法既有近似之处，又有一些区别，例如，辩护证据和无罪证据就不完全重合，因为辩护证据中包括罪轻证据。

五、直接证据与间接证据

根据证据与案件主要事实证明关系的不同，可以将证据划分为直接证据与间接证据。所谓刑事案件的主要事实，是指犯罪行为是否系犯罪嫌疑人、被告人所实施；所谓证明关系，是指某一证据是否可以单独、直接地证明案件的主要事实。

直接证据是能够单独、直接地证明案件主要事实的证据。就是说，某一项证据的内容，无须经过推理过程，即可以直观地说明犯罪行为是不是犯罪嫌疑人、被告人所实施。例如，犯罪嫌疑人供认他实施了某项犯罪行为的口供，某目击证人陈述的何人实施了何种行为的证言，与犯罪嫌疑人、被告人有较长时间面对面直接接触的被害人（如杀人未遂、抢劫、伤害、强奸、诈骗案件中）指控犯罪嫌疑人、被告人实施了某项犯罪行为的陈述，犯罪嫌疑人、被告人的书信、日记中关于犯罪行为的记载，都属于直接证据。

间接证据是不能单独、直接证明刑事案件主要事实，需要与其他证据相结合才能证明的证据。例如，盗窃案件现场遗留的各种材料，只能说明发生了盗窃案件，不能说明何人实施了盗窃行为；案件现场有某人的指纹，只能说明该人到过案发现场，而不能说明该人就是作案人。这些证据都属于间接证据。

需要注意的是，不应当将此种划分同原始证据与传来证据的划分相混淆。由于直接证据与间接证据的划分同证据是否直接来源于案件事实无关，所以，不能误认为直接证据就是原始证据，间接证据就是传来证据。例如，某单位的仓库被盗，在犯罪现场发现的一个鞋印，这个鞋印是间接证据，因为仅凭这个鞋印不能证明盗窃行为是何人所为，必须与其他证据（如鉴定意见）相结合才能够证明案件事实；但同时它是原始证据，因为这个鞋印是直接来源于案件事实，没有经过复制、转述或者转抄。

将证据划分为直接证据与间接证据，有助于公安司法工作人员正确认识证据在证明案件主要事实中的不同作用，防止把一些只能证明案件事实的一个片段或者一个情节的证据误认为是可以证明案件主要事实的证据。

在实践中，常见的证明犯罪嫌疑人、被告人实施了犯罪的直接证据有：犯罪嫌疑人、被告人所作的有罪供述，被害人所作的能证明犯罪系何人所为的陈述，能证明某犯罪分子实施犯罪的证人证言，共同犯罪中共同犯罪人之间对彼此的犯罪行为的供述，能够直接证明犯罪分子如何犯罪的视听资料、电子数据及某些书证等。否定犯罪存在或否定犯罪嫌疑人、被告人实施犯罪的直接证据，则可以是八种证据中的任何一种。

直接证据的最大优点是，能单独证明犯罪是否为犯罪嫌疑人、被告人所为，而无须经过推理过程。当存在直接证据时，只要查证属实，就可以认定或排除犯罪嫌疑人、被告人有罪。这是因为，肯定性直接证据的事实是同案件主要事实完全重合的，只要查明直接证据属实，案件主要事实也便明确；否定性直接证据是同被控诉的人实施了犯罪相排斥的，只要查证属实，就能否定犯罪存在或足以排除被控诉人实施了犯罪。但是，也应当看到，肯定性直接证据多表现为言词证据，具有多变性、不固定性的特点。因此，直接证据的收集和运用应当注意以下两方面问题：一方面，收集、审查和运用直接证据应注意严格依照法定程序进行，严禁采用刑讯逼供和威胁、引诱、欺骗等非法方法。审查时切忌先入为主，应全面分析，查证属实。另一方面，虽然理论上直接证据能够单独地、直接地证明案件主要事实，但司法实践中的证明是一个十分复杂而重要的过程，因此，在直接证据的运用中也应当坚持孤证不能定案的原则。原因有二：一是刑事案件本身要求达到极高的证明标准；二是如果仅有一个直接证据，而无其他证据，其本身的真实性就得不到印证。间接证据的特点是，与案件主要事实的联系是间接的，一个间接证据只能证明案件主要事实的某个片段。因此，任何一个间接证据都需要与其他证据相结合，才能证明案件主要事实。由于间接证据关联方式具有间接性，因而运用间接证据证明案件主要事实，必须经过推理过程。刑事诉讼中广泛存在的是间接证据，常见的有：反映犯罪嫌疑人、被告人到过现场的痕迹物品、犯罪工具、犯罪客体物，反映犯罪动机、目的的证据，认定案发地点的勘验笔录等。

间接证据虽然不能单独、直接地证明案件主要事实，但在诉讼证明中的作用是不容忽视的，主要表现在：在侦破案件中，它往往是发现犯罪嫌疑人的先导；是获得直接证据的手段；是鉴别直接证据真伪的手段，在许多情况下可以加强直接证据的证明力；在有些案件中，没有直接证据，可以只根据充分、确实的间接证据认定犯罪嫌疑人、被告人有罪。

根据最高人民法院《解释》第 140 条的规定，没有直接证据，但间接证据同时符合以下条件的，可以认定被告人有罪：（1）证据已经查证属实；（2）证据之间相互印证，不存在无法排除的矛盾和无法解释的疑问；（3）全案证据形成完整的证据链；（4）根据证据认定案件事实足以排除合理怀疑，结论具有唯一性；（5）运用证据进行的推理符合逻辑和经验。此外，需要特别注意的是，根据间接证据定案的，判处死刑应当特别慎重。

【问题与思考】

1. 我国刑事诉讼法规定的证据种类有哪些？这种划分是否科学？
2. 对于新技术手段产生的证据如何进行分类？
3. 如何平衡证据收集中的发现案件真实与保障人权？

【推荐参考论著】

1. 陈光中．中华人民共和国刑事证据法专家拟制稿（条文、释义与论证）．北京：中国法制出版社，2004.
2. 宋英辉，汤维建．我国证据制度的理论与实践．北京：中国人民公安大学出版社，2006.
3. 宋英辉，汤维建．证据法学研究述评．北京：中国人民公安大学出版社，2006.
4. 华尔兹．刑事证据大全．何家弘，等译．北京：中国人民公安大学出版社，1993.
5. 裴苍龄．论证据的种类．法学研究，2003（5）.
6. 杨蕾，刘万奇．刑事证据法定形式的中国模式．中国人民公安大学学报（社会科学版），2011（2）.

7. 纪格非．“直接证据”真的存在吗？．中外法学，2012（3）.

8. 王敏远．论我国刑事证据法的转变．法学家，2012（3）.

9. 龙宗智．进步及其局限——由证据制度调整的观察．政法论坛，2012（5）.

10. 孙长永．论刑事证据法规范体系及其合理构建——评刑事诉讼法修正案关于证据制度的修改．政法论坛，2012（5）.

11. 弗莱彻．蛛丝马迹：犯罪现场专家讲述的故事．毕小青，译．北京：生活·读书·新知三联书店，2015.

12. 弗洛里奥．错案．赵淑美，张洪竹，译．北京：法律出版社，2013.

第十六章 刑事证据规则

内容导读

本章重点阐释刑事证据规则的概念与特征，介绍两大法系主要刑事证据规则，阐述我国刑事证据规则状况。刑事证据规则，是指在刑事证据制度中，控辩双方收集和出示证据，法庭采纳和运用证据认定案件事实必须遵循的重要准则。从世界范围来看，刑事证据规则大体包括两类：一类是调整证据能力的规则，另一类是调整证明力的规则。本章专门介绍关联性规则、非法证据排除规则、自白任意规则、传闻证据规则、意见证据规则、最佳证据规则和补强证据规则。在我国，刑事诉讼法以及相关司法解释确定了一系列证据规则，以规范侦查、起诉、审判等诉讼活动。

刑事证据规则，是指在刑事证据制度中，控辩双方收集和出示证据，法庭采纳和运用证据认定案件事实必须遵循的重要准则。在西方法制史中，证据规则最早产生和确立于审判阶段，是法官在庭审活动中采纳证据以及陪审团运用证据认定案件事实所必须遵循的行为规则。但由于审判阶段是刑事诉讼的关键阶段，根据审判中心主义理论，侦查和起诉阶段收集的证据如果不符合证据规则的要求，在审判阶段就不会被法庭采纳。因而，在证据规则确立之后，侦查和起诉机关也都予以遵守。

在长期的历史发展中，英美法系形成了一整套烦琐、复杂的证据规则。证据规则曾经被描述为“不连贯的迷宫”，它由例外加以点缀，例外之外伴随着另一些例外。达马斯卡指出：“普通法事实认定模式的特殊性，主要不是来自证据规则，而是来自适用这些规则的方式。”[①] 其具体进行了论证：英美法系的大部分证据规则的特色在于三大审判制度性背景中适用这些规则，形成了以可采性为核心特色的证据规则体系。第一大支柱是二分式的法庭审判结构。非专业的陪审团负责事实认定，而专业法官负责法律适用。第二大支柱是集中型诉讼程序。与片段型诉讼程序（分段审判式）相比，集中型诉讼程序（即日审判式）需要限制证据总量；排除传闻证据；对延迟提交的证据予以排除。第三大支柱是对抗式诉讼制度及其所产生的当事人对诉讼活动的强有力影响。就此，达马斯卡指出了三大支柱的制

① 达马斯卡．漂移的证据法．李学军，等译．北京：中国政法大学出版社，2003：4.

度性转变："侵蚀这三大支柱的任何一个，英美证据法上最具特色之可采性规则的理论基础都会被严重削弱。然而，对三大支柱的侵蚀已经成为二十世纪的重要趋势。"① 其主要论述了陪审团的衰落、审判中心模式的让位、当事人对诉讼活动的控制正在面临减弱的威胁。在他看来，英美法系在证据法方面事实认定方法的科学化正在逐步取代传统的依靠证人的事实认定方法，而大量科学信息证据的使用将可能彻底改变英美法系的诉讼环境，进一步导致三大支柱的瓦解。但是，他也提醒了大家，"普通法证据法正在崩塌的支柱，最有可能经本国泥瓦匠及本土的其他建筑材料得以修复或取代"，而不是从大陆法系证据法去寻找资源，毕竟英美法系国家与大陆法系国家有着不同的制度基础和政治传统。② 许多英美法系国家都通过立法形式把普通法中的证据规则固定下来，甚至颁布了综合性的证据法典。如英国陆续制定了大量的民事与刑事证据法，如《1984 年警察与刑事证据法》《1995 年民事证据法》等。美国的证据规则更加法典化，各州与联邦都有证据规则，如联邦系统的《联邦证据规则》和州系统的《统一证据规则》。随着犯罪问题的突出，尤其是被害人和社区的压力加大，英美法系越发重视对犯罪的打击和控制，对被害人和证人的权益加强保障，在一些证据规则的运用上呈现逐步放宽的趋势。如英国政府公布的白皮书《所有人的公正》中，采纳了放松关于可采性的苛刻规则的建议，修改了传闻证据规则。

在大陆法系国家，由于实行职业法官裁判制度，基于职权主义原则，法官对程序的进行和程序的调查起主导作用，证据的取舍及证明力的大小均由法官根据具体情况自由判断，因而法律对证据规则一般不作规定。自 20 世纪中期以来，大陆法系国家借鉴英美法系国家的做法，在立法中逐渐借鉴了一些原本在英美国家当事人主义诉讼模式下才有的规范证据资格的规则。例如，大陆法系存在大量排除规则，但这些排除规则未受到一般学者的重视，与美国之外的其他英美法系国家相比，其排除非法证据的范围也相当广泛。一是外部排除规则，与事实真相的追求无关，考虑其他的诸多价值而排除有证明力的信息；二是内在排除规则，主要为保障证据的真实可靠性，考虑对证据的证明力的要求，即提高对事实认定准确度的排除规则，实则是对相关证据的排除。一般认为，大陆法系法官对于一切有关联的证据都予以采纳。其实，大陆法系法官其实也会拒绝缺乏说服力的有关联性的证据。大陆法系表面上缺乏系统的、显在的证据能力规则，但其以程序控制的方式对证据进行审查，在这一过程中也实现了多数英美法系证据规则所体现和追求的目标。例如，德国证据法上很早就有证据禁止理论，其程序禁止排除理论甚至早于美国的非法证据排除规则。"所谓证据禁止，产生于维护诉讼程序之外特定利益的要求，意味着为了保障程序之外更重要的国家利益、社会利益以及个人利益，法律必须在一定的范围内放弃实体真实的发现。"③ 此外，在证据问题上，德国等大陆法系国家的法院也日益重视和遵循法院判例，特别是国家最高法院的判例细化的证据规则。

目前，许多证据规则已成为国际条约的内容，成为有关诉讼程序公正的国际标准。如《公民权利和政治权利国际公约》第 14 条中，与证据规则相关的内容有：凡受刑事控告者，在未依法证实有罪之前，应有权被视为无罪；控辩双方的证人出庭作证并接受询问和质证；受审人不被强迫作不利于自己的证言或强迫承认犯罪；等等。非法证据排除规则更是成为

---

① 达马斯卡．漂移的证据法．李学军，等译．北京：中国政法大学出版社，2003：176.

② 同①212.

③ 陈浩然．证据学原理．上海：华东理工大学出版社，2002：445.

国际共识。如联合国大会1975年12月9日通过的《保护人人不受酷刑和其他残忍、不人道或有辱人格待遇或处罚宣言》规定：“如经证实是因为受酷刑或其他残忍、不人道或有辱人格的待遇或处罚而作的供词，不得在任何诉讼中援引为指控有关的人或任何其他人的证据。”联合国大会1984年12月10日通过的《禁止酷刑和其他残忍、不人道或者有辱人格待遇或处罚公约》第15条规定：“每一缔约国应确保在任何诉讼程序中不得援引任何确属酷刑逼供作出的陈述为证据，但这类陈述可引作对被控施用酷刑逼供者起诉的证据。”

从世界范围来看，证据规则大体包括两类：一类是调整证据能力的规则，另一类是调整证明力的规则。前者包括传闻证据规则、非法证据排除规则、意见证据规则等，后者包括关联性规则等。一般认为，证据规则有利于保证证据的真实性、可靠性，查明案件事实；有利于保护人权，实现司法公正；有利于保障刑事诉讼高效、有序运作，从而提高诉讼效率。

第一节　关联性规则

关联性规则，又称相关性规则，是指只有与案件事实有关的材料才能作为证据使用。换言之，只有那些在正常推理过程中被视为能够证明某一争议事实的证据才允许在审判中提交。

英美证据法对证据的关联性极为重视。关联性规则是关于证据可采性的一项基础性规则，体现在以下两个方面：第一，关联性规则涉及的是证据的内容或实体，而不是该证据的形式或方式，因此，关联性规则适用于所有证据形式，在适用范围上具有广泛性。第二，尽管具有关联性的证据并不必然具有可采性，但是没有关联性的证据必然没有可采性。因此，关联性规则是关于可采性的一般规则或基础规则，除非证据具有关联性，否则不产生可采性问题。

关联性是证据具有证明力的决定性因素，只有具有关联性的证据，才能对案件事实发挥证明作用。从起源来看，关联性规则的设立目的有二：一是防止当事人将没有关联性的证据提供给陪审团考虑，导致陪审团错误地认定案件事实；二是限定调查证据的范围。英美法系国家刑事诉讼实行当事人进行主义，证据的提出是当事人的责任，提出何种证据完全由当事人决定，如不加以限制，会使案件证据的调查没有终结，导致审判旷日持久，影响诉讼的顺利进行。在理解关联性规则时，学术界往往在品格证据、类似事实证据的运用上存在不少争议。这里作专门介绍。

一、品格证据规则

“品格”一词至少有三层含义：第一，它可以指代一个人在社区中的整体声誉。第二，它可以指一个人有以某种特定方式行事的嗜好。第三，它还可以指某人个人历史中的特殊事件，例如先前的有罪判决。品格证据是指有关一个人品格优劣及是否具有特定品格（如暴力倾向）的证据。

在多数案件中，品格不是争议事实，与争议事实也没有证据上的关联性，因此作为一般规则，有关某人品格或品格特征的证据，不能用以证明该人在特定场合的行为与其品格或品格特征相一致，即不具有关联性。在品格不是争议事实的案件中，控方不得为了以先前记录表明被告人存在犯罪的可能性而出示被告人的不良品格证据。在英美法系国家，品格证据对量刑也有较大影响。法院在量刑阶段的任务是准确地判处被告人所应受到刑罚的种类和程度，因此与被告人的生活和品格有关的信息“即使不是决定性的，也是具有高度相关性的”。

品格证据的关联性取决于它的证明目的。在刑事诉讼中，品格证据主要在两个方面具有关联性：一是可能与争议事实，即被告人是否实施了犯罪有关；二是与被告人或证人的诚信度（可信性）有关。当提交品格证据的目的是证明被告人或者证人的可信性时，其可采性规则表现为“采纳为原则，排除为例外”；而当提交品格证据的目的是证明被告人犯有所指控的罪名时，其可采性规则表现为“排除为原则，采纳为例外”。

品格证据的排除规则存在如下例外情况：

（1）被告人的品格。由被告人提供的证明其有关品格特征的证据，或者由起诉方提供的反驳被告人品格的证据（被告人如果提出自己品格良好，则起诉方可以提出其不良品格的证据加以反驳）；被告人过去曾被定罪的事实是控告的组成部分；被告人提出无罪证据而被交叉询问时，询问人在发问时可以问及被告人过去的罪行及品格；被告人被定罪之后，法院在判刑之前，可以查询和采纳有关其前科和品格的证据，以便作出恰当的判决。

（2）被害人的品格。这是指由被告人提供的关于被害人品格的证据或者由起诉方提供的反驳被告人所举的关于被害人品格的证据，或者在杀人案件中起诉方为反驳证明被害人先动手的证据而提供的证明被害人一贯性格平和的证据。

（3）证人的品格。证人的品格，主要是指证人的诚信。为了表明证人的品格不良而不应受到信任，在询问对方证人的可信性时，可以通过提供名声证据和评价证据来进行抨击。无论是被告人还是其他证人作证，当仅就诚信问题进行审查时，不作为被告人或证人放弃反对自我归罪的特权来运作。可见，为了动摇证人的可信性，一般可以就其不良品格，尤其是以前的犯罪记录，进行交叉询问。

随着社会调查报告、量刑证据、证人出庭等在我国刑事诉讼中的强化，品格证据规则问题受到广泛关注。许多学者主张，在特定情境下，尤其是在性侵类案件中，对品格证据可以在审查判断言词证据的真实性和量刑等方面予以谨慎、有限的使用。我国在未成年人犯罪方面规定了在部分内容上类似品格证据的情况调查，但对适用目的和功能进行了限定。《刑事诉讼法》第279条规定，办理未成年人刑事案件，根据情况可以对未成年犯罪嫌疑人、被告人的成长经历、犯罪原因、监护教育等情况进行调查。根据2017年最高人民检察院《未成年人刑事检察工作指引（试行）》规定，讯问未成年犯罪嫌疑人时，应当深入了解未成年犯罪嫌疑人的成长经历、犯罪原因、监护教育等相关情况，充分获取其不良行为、违法犯罪、是否曾经遭受侵害以及回归社会的实际需求、有利条件、不利因素等方面的信息，并适时对未成年犯罪嫌疑人进行教育引导。最高人民检察院《规则》第461条规定，人民检察院根据情况可以对未成年犯罪嫌疑人的成长经历、犯罪原因、监护教育等情况进行调查，并制作社会调查报告，作为办案和教育的参考。此外，在法院审判阶段，最高人民法院《解释》第568条规定，对人民检察院移送的关于未成年被告人性格特点、家庭情况、社会交往、成长经历、犯罪原因、犯罪前后的表现、监护教育等情况的调查报告，以及辩护人提交的反映未成年被告人上述情况的书面材料，法庭应当接受。对这些报告和材料，最高人民法院《解释》第575条将其功能限定为“可以作为办理案件和教育未成年人的参考”。

二、类似事实证据规则

类似事实证据是指一方当事人为反对另一方当事人而提出的，表明另一方当事人犯有其他不法行为或者具有某种不良嗜好或兴趣的证据。因为当某一犯罪是以某种怪异的方式实施时，或者当被告人以前的行为表明了一种从事相同行为的倾向时，通常会产生可采性的问题。因此，有人提出，类似事实证据系指由于它的显著的相似性，提出证据者试图暗示在该事实所指的事态与法院正在考虑的事态之间存在“超出表面”的联系。

在英美证据法中，按照一般规则，类似事实证据将因与证明争执中的事实无关联性而被排除。[①] 但是，通常而言，如果综合总体情境考察，该证据的证明价值的确很高，则排除它就是不适当的。因此，在域外，类似事实证据规则也有一些例外情形。

1. 确定犯罪人：显而易见的特征与共同联系。

当控方借助于其他犯罪来确认被告人时，陪审团可以采用以下两种方法：“顺序法”和“汇集法”。以陪审团审判为例：在“顺序法”中，法官必须首先判断被告人现在受审的犯罪与其他犯罪是否“惊人地相似”。如果他认为是，陪审团必须考虑现在的犯罪与其他犯罪是不是同一个人所为。如果答案是肯定的，陪审团接下来必须考虑被告人是否实施了其他犯罪。如果答案仍是肯定的，陪审团就可以得出被告人实施了现在所指控犯罪的结论。“汇集法”只适用于其他犯罪是同一起诉书中的其他罪行的情况。陪审团的第一个问题是，是否同一个人实施了起诉书中指控的所有犯罪。如果回答是肯定的，陪审团接下来可以为了证明犯罪人的身份而把每一罪状中与身份有关的证据累加起来。确认证据不足以证明犯罪人的身份并不要紧，只要最后累加的证据能够确认被告人是犯罪人，他就对所有罪行负责。

2. 反驳辩护。

当两个或者两个以上的事件单独看起来可能是偶然的，但是作为一个整体来看只能解释为一系列的故意犯罪时，可以使用类似事实证据来证明这些事件之间存在联系或者相似性。法庭经常采纳类似事实证据来反驳被告人没有犯罪意图的辩解。以在英国发生的案件为例：有人看见被告人趴在一片专门用来保存古代纪念碑和考古遗址的受法律保护的土地上，他随身还携带了一个金属探测仪，因此被指控犯有预谋盗窃罪。他的辩解是他喝醉了，决定去一个朋友家，带着金属探测仪是为了卖掉它。他在地里停下来想吸支烟，却睡着了。法官采纳了以前他曾经因使用金属探测仪盗窃考古遗址而被定罪的证据。被告人上诉，但被驳回。上诉法院认为基于本案事实，先前的定罪对于反驳被告人只是睡着的辩解是相关的。

3. 证明动机。

与任何阴谋计划都无关的以前特定犯罪行为的证据可以用来揭示该现行犯罪行为的动机、机会和预备。强烈的动机证据可以帮助认定某项犯罪的实施人。例如，甲杀死了乙，然后当他发现乙的妻子是他杀害乙的目击证人时便把她也杀死。当乙的女儿发现其母亲的尸体时，甲又杀死了乙的女儿。在审判甲是否杀死乙的妻子时，可以采纳其他的杀人行为

① 沈达明．英美证据法．北京：中信出版社，1996：90.

来说明甲的杀人动机。

4. 佐证可疑的证人证言。

类似事实证据的另一功能是为那些存有疑问的证词提供佐证或者支持。在许多案件中，不存在认错被告人的可能性，如果可以相信证人，对于行为构成犯罪这一点也不存在任何怀疑。唯一的疑问是证人是否在说真话。在这种案件中证据的补强可以由其他证人提供，或者通过科学证据来实现，然而很多情况下没有这样的证人，而科学证据又不充分。但是，当几个不同的人在不同场合作出类似的指控时，只要这些指控按照类似事实证据规则彼此都是可采的，它们就可以互相印证。

5. 并无意外或过失。

控方可以通过证明该被告人的相似行为来证明其当前受审的行为不是意外或者非故意的。例如，甲被指控偷了一个钱包，控方的推断是，甲假装成超市的顾客站在该钱包所有人的身边，然后从其购物袋中将钱包拿走。甲坚持说他是在地板上发现那个钱包的，他认为那是什么人丢失的，便捡起来给商店的失物招领处送去。一位曾看见甲从另一位顾客购物袋中拿出钱包的商店侦探的证言将被允许作为证据。

总体而言，我国传统证据法在证据属性上强调“三性”，其中，关于关联性的特征与审查判断体现了关联性规则。在死刑案件中，有关司法解释体现了关联性规则的精神。例如，《死刑案件证据规定》第32条规定：对证据的证明力，应当结合案件的具体情况，从各证据与待证事实的关联程度、各证据之间的联系等方面进行审查判断。证据之间具有内在的联系，共同指向同一待证事实，且能合理排除矛盾的，才能作为定案的根据。在《死刑案件证据规定》第6、23、24、27、29条等条文中，又明确规定了对物证、书证、鉴定意见、视听资料、电子证据等证据，要审查认定其与案件事实有无关联性。《刑事诉讼法》对证据的内容以及侦查、起诉、审判等必须与案件事实有关作出了规定。如《刑事诉讼法》第50条规定，证据必须经过查证属实，才能作为定案的根据。第120条中规定，犯罪嫌疑人对侦查人员的提问，应当如实回答；但是对与本案无关的问题，有拒绝回答的权利。第141条规定，在侦查活动中发现的可用以证明犯罪嫌疑人有罪或者无罪的各种财物、文件，应当查封、扣押；与案件无关的财物、文件，不得查封、扣押。相关司法解释对关联性规则进行了细化规定。如最高人民检察院《规则》第62条规定，证据的审查认定，应当结合案件的具体情况，从证据与待证事实的关联程度、各证据之间的联系、是否依照法定程序收集等方面进行综合审查判断。最高人民法院《解释》第四章“证据”关于对各个种类证据的审查判断的规定中，“与案件事实有无关联”是其核心内容。

2018年《监察法》通过后，在监刑衔接的具体实施中，对监察机关移送证据的关联性及证明力的审查也是一项重要内容。《监察法》第33条第1款规定：“监察机关依照本法规定收集的物证、书证、证人证言、被调查人供述和辩解、视听资料、电子数据等证据材料，在刑事诉讼中可以作为证据使用。”最高人民法院《解释》第76条规定，监察机关依法收集的证据材料，在刑事诉讼中可以作为证据使用；对前述证据的审查判断，适用刑事审判关于证据的要求和标准。司法机关应当按照刑事审判关于证据的要求和标准，对监察机关收集的物证、书证、证人证言、被调查人供述和辩解、视听资料、电子数据等证据材料作出审查判断。

第二节　非法证据排除规则

非法证据排除规则，有广义和狭义之分。广义的非法证据排除规则，是指违反法定程序，以非法方法获取的证据，不具有证据能力，不能为法庭所采纳。狭义的非法证据排除规则，是指与自白任意规则对应的非法搜查、扣押所得物证、书证的排除规则。在我国，非法证据排除规则通常在广义上适用。而在美国，非法自白的排除由米兰达规则调整，非法物证、书证的排除则由依据《美国宪法》第四修正案等规定所确立的排除规则调整。

美国是实行排除规则较为彻底的国家，其非法证据排除规则的建立是以正当程序的理念为基础的。根据《美国宪法》第四修正案的规定，“人们保护自己的人身、房屋、文件及财产不受任何无理搜查和扣押的权利不容侵犯；除非是由于某种正当理由，并且要求有宣誓或誓言的支持并明确描述要搜查的地点和要扣押的人和物，否则均不得签发搜查证”。人们普遍认为这一宪法修正案是要求政府在强制性处分公民人身和财产等权益时，必须经过正当、合法的程序，未经法定的程序，政府不得强制性侵犯公民权益，而侦查机关违背法定程序，以非法手段获取证据正是对《美国宪法》第四修正案的违背。非法证据排除规则有利于督促执法机关守法，尤其是控制警察的非法取证行为。但是，非法证据排除规则在美国的确立也经历了曲折的历程。在1961年的马普诉俄亥俄州一案（Mapp v. Ohio）之后，非法证据排除规则被正式适用于各州的刑事诉讼之中。在该案的判决中，法庭指出，非法证据排除规则是《美国宪法》第四修正案和第十四修正案不可或缺的一部分。

其后，与非法证据排除规则在纵向上的扩张相适应，非法证据排除规则在横向上即在排除对象的范围上也在不断扩大，不仅限于非法搜查或扣押得来的证据，而且扩及任何直接或间接产生于非法搜查行为的其他证据，包括言词和实物证据，这就是“毒树之果”规则。刚开始的时候，美国对毒树之果采取绝对排除的态度，只要是警察通过非法取证行为获取的证据就要排除，但20世纪70年代以后，美国国内犯罪率急剧上升，一味强调排除非法证据使得犯罪分子逍遥法外，不利于控制犯罪并影响社会秩序的稳定。于是，美国联邦最高法院通过判例确立了“毒树之果”的例外情形，即使警察实施了非法取证行为，也不一定要排除由此获取的证据。其中，各方较为关注有：污染消除的例外（purged taint exception）、独立来源的例外（independent source）、最终或必然发现的例外（inevitable discovery）、逐渐减弱规则（attenuated connection）。需要注意的是，近些年来，我国许多比较法研究进一步拓展分析美国非法证据排除规则的例外，包括了不适用非法证据排除规则的情况、可以使用非法取得的证据的情况等，又归纳了诸多“例外”。例如，“资格的例外”“善意的例外”“不适用于刑事审判程序以外的其他程序的例外”“附带使用的例外或反驳证人的例外”“个人搜查的例外”“国外取得证据的例外”“公共安全的例外”等。直到20世纪70年代，美国法学界尚存在“非法证据排除规则是美国法律科学的唯一硕果”的论断。在美国热衷于“吓阻违法说”的同时，在加拿大等英美法系国家和地区，以及德国等大陆法系国家中，“吓阻违法说”并非构建非法证据排除规则的主导理论，相反，确保司法和整个法律系统的廉洁性成为引导一些国家重新审视非法获取的证据的效力的关键。与美国等英美法系国家相比，传统大陆法系国家排除非法证据的范围也非常广泛。德国法院采取个案权衡的模式，主要权衡以下因素来排除非法证据：（1）违法取证行为必须损害了能从排除证据中受益的人（通常是被指控人）的受到法律保护的利益；（2）该证据除使用违法手段外不能取得；（3）证据的排除必须是为曾经被破坏的程序性规则服务的；（4）证据的排除不能与根据“真实”事实处理案件这一最高利益相冲突。《德国刑事诉讼法典》规定了禁止使用的讯问方法，包括：（1）不得使用虐待、疲劳战术、伤害身体、服用药物、折磨、欺诈或者催眠等方法侵犯被告人决定和确认自己意志的自由。强制只能在刑事诉讼法规定的范围内实施。禁止以刑事诉讼法禁止的措施相威胁或者以法律没有规定的利益相许诺。（2）禁止使用损害被告人记忆、理解力的措施。（3）第1、2款的禁止规定必须适用，无论被告人是否同意；对违反这些禁止性规定所获得的陈述，即使被告人同意，也不得使用。日本最高法院在二战后相当长的一段时间内对非法证据排除规则的适用一直持消极态度，在1978年依据宪法审理大阪冰毒案时，对非法搜查、扣押的证据开始采用非法证据排除规则。该判例规定，在证据物的收集过程中违反当时《日本宪法》第35条以及以该条为根据的《日本刑事诉讼法》第218条第1项所规定的令状主义的精神，构成重大违法时，在如果容许将这种材料作为证据，从抑制将来的违法侦查的立场上看并不适当的场合，应当否定其证据能力。根据当时日本宪法第35条，违反令状主义进行搜查、扣押而取得的证据，不仅违反宪法，而且违反了宪法所要求的正当程序，因而必须排除；以刑法上应受刑罚处罚的犯罪行为作为收集证据的手段而取得的证据，也应予以排除；此外，依照刑事诉讼法应当认定为无效的搜查和扣押，也可以认为是符合排除规则的。

在我国，为保证证据收集的合法性，刑事诉讼法及相关司法解释对于证据的收集、固定、保全、审查判断、查证核实等，都规定了严格的程序和制度。从1979年《刑事诉讼法》到1996年《刑事诉讼法》及相关司法解释，为保证证据收集的合法性，均强调依法进行证据的收集、固定、保全、审查判断、查证核实等，但缺乏刚性的排除规定及制裁性机制。在2012年《刑事诉讼法》修改前，2010年“两个证据规定”出台，许多人认为我国建立了有限的非法证据排除规则。[①] 2012年《刑事诉讼法》修改时确立了我国完整意义上的非法证据排除规则：采用刑讯逼供等非法方法收集的犯罪嫌疑人、被告人供述和采用暴力、威胁等非法方法收集的证人证言、被害人陈述，应当予以排除。收集物证、书证不符合法定程序，可能严重影响司法公正的，应当予以补正或者作出合理解释；不能补正或者作出合理解释的，对该证据应当予以排除。其对非法言词证据采取了绝对的强制排除方式，对非法实物证据则采取了裁量排除和有条件排除的方式：其先判断非法收集实物证据的行为是否严重影响了司法公正；对于可能严重影响司法公正的实物证据，再要求证据提交者进行“补正”或者作出“合理解释”，如不能“补正”或者作出“合理解释”，则不得作为起诉意见、起诉决定和判决的依据。

《关于建立健全防范刑事冤假错案工作机制的意见》《关于办理刑事案件严格排除非法证据若干问题的规定》，以及最高人民检察院《规则》、最高人民法院《解释》等司法解释进一步明确了非法证据的认定标准。例如，关于证人证言、被害人陈述的非法收集方法及排除，最高人民法院《解释》第125条规定，采用暴力、威胁以及非法限制人身自由等非法方法收集的证人证言、被害人陈述，应当予以排除。关于非法实物证据排除，究竟如何

① 参见《排除非法证据规定》第1条、第2条、第3条、第14条的规定。

理解“可能严重影响司法公正”、“补正”以及“合理解释”？在收集物证、书证不符合法定程序，要求侦查机关补正或者作出书面解释时，“可能严重影响司法公正”是指收集物证、书证不符合法定程序的行为明显违法或者情节严重，可能对司法机关办理案件的公正性造成严重损害；“补正”是指对取证程序上的非实质性瑕疵进行补救；“合理解释”是指对取证程序的瑕疵作出符合常理及逻辑的解释。认定“可能严重影响司法公正”时，应当综合考虑收集证据违反法定程序以及所造成后果的严重程度等情况。

根据我国传统的证据合法性理论，证据必须由法定主体依照法定程序来收集。《刑事诉讼法》第54条第2款规定，行政机关在行政执法和查办案件过程中收集的物证、书证、视听资料、电子数据等证据材料，在刑事诉讼中不再是“非法证据”，而是具备了证据资格，可以作为证据使用。需要注意的是，在行政执法中，实物证据和言词证据在易变性、反复性等方面存在天然差异，在是否直接作为证据使用方面，相关司法解释进行了一定程度的区分：行政机关在行政执法和查办案件过程中收集的物证、书证、视听资料、电子数据证据材料，应当以该机关的名义移送，经人民检察院审查符合法定要求的，可以作为证据使用；行政机关在行政执法和查办案件过程中收集的鉴定意见、勘验、检查笔录，经人民检察院审查符合法定要求的，可以作为证据使用；人民检察院办理直接受理立案侦查的案件，对于有关机关在行政执法和查办案件过程中收集的涉案人员供述或者相关人员的证言、陈述，应当重新收集；确有证据证实涉案人员或者相关人员因路途遥远、死亡、失踪或者丧失作证能力，无法重新收集，但供述、证言或者陈述的来源、收集程序合法，并有其他证据相印证，经人民检察院审查符合法定要求的，可以作为证据使用。当前，从证据规则体系化的角度，对我国司法实践影响较大的是如何在非法证据排除规则领域完善监刑衔接。非法证据排除规则在《监察法》中也有所体现。其第33条第3款明确规定：“以非法方法收集的证据应当依法予以排除，不得作为案件处置的依据。”又如，其第40条第2款规定：“严禁以威胁、引诱、欺骗及其他非法方式收集证据，严禁侮辱、打骂、虐待、体罚或者变相体罚被调查人和涉案人员。”《监察法》确立了监察机关在监察程序中的非法证据排除义务，这对监察机关在非法证据自我审查能力建设提出了较高要求。依据互相制约原则的要求，同时为了严格贯彻非法证据排除规则，立法应当进一步强化检察机关和审判机关对监察机关收集证据之合法性的审查任务，强化其非法证据排除的自主性和权威性。在以审判为中心的诉讼制度改革中，也要强化检察机关对于职务犯罪案件证据收集合法性的举证责任。

贯彻非法证据排除规则，关键要加强对刑讯逼供和非法取证的源头预防，明确各阶段对非法证据的审查方式和排除职责。许多司法解释从侦查、审查逮捕和审查起诉、辩护、审判等环节明确了排除非法证据的程序。根据《关于办理刑事案件严格排除非法证据若干问题的规定》，在审前程序中，犯罪嫌疑人及其辩护人在侦查期间可以向人民检察院申请排除非法证据。对重大案件，人民检察院驻看守所检察人员应当在侦查终结前询问犯罪嫌疑人，核查是否存在刑讯逼供、非法取证情形，并同步录音录像。经核查，确有刑讯逼供、非法取证情形的，侦查机关应当及时排除非法证据，不得作为提请批准逮捕、移送审查起诉的根据。对侦查终结的案件，侦查机关应当全面审查证明证据收集合法性的证据材料，依法排除非法证据。排除非法证据后，证据不足的，不得移送审查起诉。犯罪嫌疑人、被告人及其辩护人申请排除非法证据，应当提供涉嫌非法取证的人员、时间、地点、方式、内容等相关线索或者材料。为促进非法证据排除中的控辩平衡，相关司法解释规定：法律援助值班律师可以为犯罪嫌疑人、被告人提供法律帮助，对刑讯逼供、非法取证情形代理申诉、控告。犯罪嫌疑人、被告人及其辩护人向人民法院、人民检察院申请调取公安机关、国家安全机关、人民检察院收集但未提交的讯问录音录像、体检记录等证据材料，人民法院、人民检察院经审查认为犯罪嫌疑人、被告人及其辩护人申请调取的证据材料与证明证据收集的合法性有联系的，应当予以调取；认为与证明证据收集的合法性没有联系的，应当决定不予调取并向犯罪嫌疑人、被告人及其辩护人说明理由。为加强当事人及其辩护人、诉讼代理人在非法证据排除申请上的及时性和勤勉性，最高人民法院《解释》第 132 条规定：在开庭审理前未申请排除非法证据，在庭审过程中提出申请的，应当说明理由。人民法院经审查，对证据收集的合法性有疑问的，应当进行调查；没有疑问的，驳回申请。驳回排除非法证据的申请后，当事人及其辩护人、诉讼代理人没有新的线索或者材料，以相同理由再次提出申请的，人民法院不再审查。

在排除非法证据的具体程序上，刑事诉讼立法吸收了程序性裁判理念和原则。控辩双方申请法庭通知调查人员、侦查人员或者其他人员出庭说明情况，法庭认为有必要的，应当通知有关人员出庭。根据案件情况，法庭可以依职权通知调查人员、侦查人员或者其他人员出庭说明情况。调查人员、侦查人员或者其他人员出庭的，应当向法庭说明证据收集过程，并就相关情况接受控辩双方和法庭的询问。法庭对证据收集的合法性进行调查后，应当当庭作出是否排除有关证据的决定；必要时，可以宣布休庭，由合议庭评议或者提交审判委员会讨论，再次开庭时宣布决定。在法庭作出是否排除有关证据的决定前，不得对有关证据宣读、质证；对依法予以排除的证据，不得宣读、质证，不得作为判决的根据。为有效解决和回应控辩双方关于证据收集合法性的争议，人民法院对证据收集合法性的审查、调查结论，应当在裁判文书中写明，并说明理由。

第三节 自白任意规则

自白任意规则最早诞生于英国。美国对这一原则予以继承，并以宪法的形式予以肯定下来。《美国宪法》第五修正案规定："任何人……在刑事案件中，都不得被迫成为不利于己的证人。"这便是美国宪法中著名的"不得强迫自证其罪"的宪法原则，该宪法原则经过多次判例的确认，其后形成了著名的米兰达规则。法国、德国、意大利、日本等也否认非任意性自白的证据能力。例如，《日本宪法》第 38 条规定："以强制、拷问、胁迫所取得的自白，或经过不适当的长期扣留或拘禁后的自白，都不得作为证据。"

联合国大会 1975 年 12 月 9 日通过的《保护人人不受酷刑和其他残忍、不人道或有辱人格待遇或处罚宣言》第 12 条规定："如经证实是因为受酷刑或其他残忍、不人道或有辱人格的待遇或处罚而作的供词，不得在任何诉讼中援引为指控有关的人或任何其他人的证据。"联合国大会 1984 年 12 月 10 日通过并开放供签署的《禁止酷刑和其他残忍、不人道或者有辱人格待遇或处罚公约》第 15 条进一步完善了前述规定："每一缔约国应确保在任何诉讼程序中不得援引任何确属酷刑逼供作出的陈述为证据，但这类陈述可引作对被控施用酷刑逼供者起诉的证据。"这就明确规定了对于非法获取的口供应当绝对地予以排除，法庭不得采纳。

我国《刑事诉讼法》第 15 条明确了刑事案件认罪认罚可以依法从宽处理的原则，即“犯罪嫌疑人、被告人自愿如实供述自己的罪行，承认指控的犯罪事实，愿意接受处罚的，可以依法从宽处理”。认罪认罚从宽制度提倡犯罪嫌疑人在审前主动供述，其制度设计中的程序选择、量刑优惠、程序优惠等基本架构，对于提升被追诉人的诉讼主体地位起到了肯定和巩固的作用。《刑事诉讼法》第 52 条规定，严禁刑讯逼供和以威胁、引诱、欺骗以及其他非法方法收集证据，不得强迫任何人证实自己有罪。但是，在第 120 条同时保留了“犯罪嫌疑人对侦查人员的提问，应当如实回答”的规定。在保障自白的任意性上，不得强迫自证其罪与应当如实回答之间的关系，存在“和谐一致”“直接冲突”等争论。在任意性的外部保障机制上，学术界围绕律师在场制度、沉默权等展开了许多研究。

对自白的任意性破坏最大的当属刑讯逼供等非法方法。我国《刑事诉讼法》第 56 条规定，采用刑讯逼供等非法方法收集的犯罪嫌疑人、被告人供述和采用暴力、威胁等非法方法收集的证人证言、被害人陈述，应当予以排除。与第 52 条规定的非法取证手段相比较，其中，针对犯罪嫌疑人、被告人供述，第 56 条的表述为“采用刑讯逼供等非法方法”。针对“刑讯逼供等非法方法”，相关司法解释也进行进一步补充、明确，例如，刑讯逼供是指使用肉刑或者变相使用肉刑，使犯罪嫌疑人在肉体或者精神上遭受剧烈疼痛或者痛苦以逼取供述的行为；其他非法方法是指违法程度和对犯罪嫌疑人的强迫程度与刑讯逼供或者暴力、威胁相当而迫使其违背意愿供述的方法；使用肉刑或者变相肉刑，或者采用其他使被告人在肉体上或者精神上遭受剧烈疼痛或者痛苦的方法，迫使被告人违背意愿供述的，应当认定为《刑事诉讼法》第 56 条规定的“刑讯逼供等非法方法”。最高人民法院《关于建立健全防范刑事冤假错案工作机制的意见》第 8 条规定，采用刑讯逼供或者冻、饿、晒、烤、疲劳审讯等非法方法收集的被告人供述，应当排除；除情况紧急必须现场讯问以外，在规定的办案场所外讯问取得的供述，未依法对讯问进行全程录音录像取得的供述，以及不能排除以非法方法取得的供述，应当排除。《关于办理刑事案件严格排除非法证据若干问题的规定》第 2、3、4 条也进行了细化规定：采取殴打、违法使用戒具等暴力方法或者变相肉刑的恶劣手段，使犯罪嫌疑人、被告人遭受难以忍受的痛苦而违背意愿作出的供述，应当予以排除；采用以暴力或者严重损害本人及其近亲属合法权益等进行威胁的方法，使犯罪嫌疑人、被告人遭受难以忍受的痛苦而违背意愿作出的供述，应当予以排除；采用非法拘禁等非法限制人身自由的方法收集的犯罪嫌疑人、被告人供述，应当予以排除。关于被告人供述的非法收集方法及排除，最高人民法院《解释》第 123 条确立了“痛苦规则”：（1）采用殴打、违法使用戒具等暴力方法或者变相肉刑的恶劣手段，使被告人遭受难以忍受的痛苦而违背意愿作出的供述；（2）采用以暴力或者严重损害本人及其近亲属合法权益等相威胁的方法，使被告人遭受难以忍受的痛苦而违背意愿作出的供述；（3）采用非法拘禁等非法限制人身自由的方法收集的被告人供述。针对重复性供述的排除，其第 124 条规定了原则与例外体系，即采用刑讯逼供方法使被告人作出供述，之后被告人受该刑讯逼供行为影响而作出的与该供述相同的重复性供述，应当一并排除，但下列情形除外：（1）调查、侦查期间，监察机关、侦查机关根据控告、举报或者自己发现等，确认或者不能排除以非法方法收集证据而更换调查、侦查人员，其他调查、侦查人员再次讯问时告知有关权利和认罪的法律后果，被告人自愿供述的；（2）审查逮捕、审查起诉和审判期间，检察人员、审判人员讯问时告知诉讼权利和认罪的法律后果，被告人自愿供述的。

总体而言，从文义解释来看，上述解释在界定“刑讯逼供等非法方法”时用语略有差异，但是，相对于1996年《刑事诉讼法》而言，其进步之处在于，结合酷刑文化深化了“痛苦规则”的内涵和外延，尤其是吸收规定了一些司法实践中的具体、常见样态，在一定程度上增强了可识别性、可操作性。在司法实践中，要贯彻不得强迫自证其罪原则，还需要从立法上进一步对威胁、引诱、欺骗等方法与正当讯问策略进行细致区分，对重复自白中的刑讯逼供等非法方法规定更为严厉的程序制裁。

第四节　传闻排除规则

传闻排除规则，即法律排除传闻证据作为认定犯罪事实的根据的规则。根据这一规则，如无法定理由，任何人在庭审期间以外及庭审准备期间以外的陈述，都不得作为认定被告人有罪的证据。

传闻排除规则形成于英国普通法时代，主要是随着美国证据制度的完善而发展起来的。传闻排除规则是对抗式审判制度得以实现的重要手段。根据《美国联邦证据规则》第801条C款的规定，传闻证据是指陈述者不在审判或听证中陈述，而被诉讼当事人用作证明待证事实或案件真相的证据。大陆法系国家，虽然传统上不实行传闻排除规则，但随着书面审理制度的废止，普遍确立并实行了直接言词的审判原则，要求直接感知案件事实的人必须当庭作证。

在许多情况下，如果绝对排除传闻证据会导致拖延诉讼或诉讼不能，而违背该规则的初衷。因此，英美证据法中，规定了许多传闻排除规则的例外。例如，《美国联邦证据规则》中规定了两类情形不受传闻排除规则的限制：第一大类为陈述者能否出庭作证无关紧要的。该规则第803条共列举了24种：表达感觉或印象；刺激的发泄；当时存在的精神、感情、身体状态；出于医疗诊断中治疗目的的陈述；被记录的回忆；关于日常行为、活动的记录；在日常行为、活动记录中未予载明的情形；公共记录或报告；重要统计资料；缺乏公共记录或没有记载；宗教组织的记录；婚姻、洗礼和类似证明；家庭记录；反映财产利益的文件记录；文件中反映财产利益的陈述；在历史文件中的陈述；市场报告、商业出版物；学术论文；关于个人或家庭的名声；关于边界和一般历史的名声；性格方面的名声；有罪的判决；关于个人、家庭或一般边界历史的判决；其他例外。第二大类是陈述者不能出庭作证的。在这种情形下，亦不适用传闻排除规则。《美国联邦证据规则》第804条列举了五种情形：生前证词；临终陈述；对己不利的陈述；关于个人或家史的陈述；其他例外。[①]

可见，传闻排除规则的例外应当具备两个条件：一是该证据具备高度的可信度。从综合角度来判断、分析，该证据即使不经过当事人之质证，也不至于损害当事人的利益。二是具有必要性，即存在无法对原始证人进行询问的情况，如原始证人死亡、病重、去向不明等，只能适用传闻证据。近些年来，在英美法系，传闻排除规则的适用范围受到进一步

① 美国联邦刑事诉讼规则与证据规则．卞建林，译．北京：中国政法大学出版社，1996：28.

限缩。法院一方面通过缩小传闻证据本身的范围来限制传闻排除规则的作用；另一方面又通过设定例外情况限制传闻排除规则的适用。

我国《刑事诉讼法》第 61 条规定：证人证言必须在法庭上经过公诉人、被害人和被告人、辩护人双方质证并且查实以后，才能作为定案的根据。法庭查明证人有意作伪证或者隐匿罪证的时候，应当依法处理。该规定从原则上确认了证人应该出庭作证，如果证人不出庭而只提交书面陈述的，应视为不具有证据能力。但是，该法第 195 条又规定：公诉人、辩护人应当向法庭出示物证，让当事人辨认，对未到庭的证人的证言笔录、鉴定人的鉴定意见、勘验笔录和其他作为证据的文书，应当当庭宣读。审判人员应当听取公诉人、当事人和辩护人、诉讼代理人的意见。该规定表明，立法允许一部分证人不出庭作证。当然，证人不出庭必须有正当理由。第 193 条规定：经人民法院通知，证人没有正当理由不出庭作证的，人民法院可以强制其到庭，但是被告人的配偶、父母、子女除外。证人没有正当理由拒绝出庭或者出庭后拒绝作证的，予以训诫，情节严重的，经院长批准，处以 10 日以下的拘留。2016 年 6 月 27 日，中央全面深化改革领导小组第 25 次会议审议通过《关于推进以审判为中心的刑事诉讼制度改革的意见》，明确提出要推进庭审实质化，要体现精密司法的要求，完善法庭调查、法庭辩论程序，确保诉讼证据出示在法庭、案件事实查明在法庭、控辩意见发表在法庭、裁判结果形成在法庭。其中一个重要措施便是完善证人鉴定人出庭作证制度。此外，该意见还根据案件情况，针对出庭作证可能危及本人或者其近亲属人身安全的情况，规定了相应的保护措施，并明确要建立证人出庭作证补助专项经费机制，对出庭作证证人在交通、住宿、就餐等方面支出的合理费用给予补助。

第五节 意见证据规则

意见证据规则，是指证人只能陈述自己亲身感受和经历的事实，而不得陈述对该事实的意见或者结论。判断证人的陈述是否属于“意见”，并不是看证人是否使用了“我认为”“我相信”这类表述，而是根据该证词的内容，看其是属于证人个人的观察还是证人根据观察作出的推断或结论。

英美法系对“外行证人”与“专家证人”进行了区分。普通法要求，外行证人只能陈述他们所知道的第一手资料，并且只能就事实提供证言，即他们不可以提供意见、推论或者结论。但是，专家证人则可以提供意见证据。

外行证人的意见证据原则上不具有可采性，其法理依据有三：第一，证人职能与裁判职能的区分。英美证据法理论将证人视为一种证据方法，其职能在于将亲身体验的事实如实提供给法庭。而依据一定的证据材料作出推断或结论，则属于裁判职能，应当由陪审团或者法官负责。第二，外行证人的意见陈述存在影响公正认定事实的危险。意见并非证人所亲身体验，如果允许证人提供意见，其陈述的客观事实中混杂有个人见解，则有误导事实裁判者的危险，以至于可能错误地认定案件事实。第三，证人的意见往往依据的是不具有可采性的证据，排除意见证据有利于防止不具有可采性的证据进入诉讼。

意见证据规则也有一些例外。之所以规定了若干例外情形，原因在于有的时候证人的意见和证人感知的事实之间很难截然分开，对事实的陈述与对意见的陈述之间往往没有确定的界限。有些情况下，某一陈述的内容是意见还是事实是相对的。

美国的意见证据规则主要有如下例外情形：

（1）同时察觉的事实，即从外观、情况、人或动物的身体状况及其他同时呈现于感觉上的不同事实。一经观察，就产生的结论而言，这样的事实，可以被视为对事实的感知，所以允许作为证据。据此，像“喝醉了”“气愤”“沮丧”之类的描述，都可以被采纳。

（2）连续察觉的事实，即结合人或事的状态而产生的心理印象。这种心理印象是从一连串的物理现象而来，可以被视为事实的陈述，所以可以被采纳。

（3）总括式的陈述。有时证人在陈述各项待证事实后，如果不作综合的结论，对陪审团认定事实仍是没有帮助的。法院为使陪审团了解证言的真实意思，对其总括式的结论，也予以采纳。

（4）印象的陈述。证人对其记忆已经模糊时，法院可以允许证人就其记忆所涉及的印象而作陈述，但证人不得以非基于其本人观察事实的结果所得的印象，或基于其他事实所作的推测而进行陈述。

（5）视同专家的意见陈述。外行证人对某一事实了解真相后，法院也可以允许其陈述意见，因为此时的意见陈述与专家进行的意见陈述并无区别。

（6）品格的意见陈述。证人对某人的性格陈述自己的意见的，法院一般都认为其有可采性。

（7）外形描述。如果该意见是关于外行证人一贯能够对之形成合理、可靠的意见的事物的描述，例如，关于汽车速度的意见，关于人的外形和重量的意见，关于颜色、声音、气味、距离的意见等，则此意见一般来说可以被采纳。

（8）个人身份。个人身份一般总是通过意见证言来确认的。证人可以作证他辨认出某人的面貌或声音，或者他可以根据某人的外形特征或记号、脚步声来辨认出某人。

（9）精神正常。在许多司法区，允许外行证人对他十分熟悉的人的精神正常状况陈述意见。

（10）笔迹。如果证人对所谓作者的笔迹有个人了解，可以允许外行证人简述关于笔迹的意见。

（11）专家证人的意见陈述，又称专家意见或者专家证言。这是意见证据规则的重要例外。《美国联邦证据规则》第702条规定，如果科学、技术或其他专业知识将有助于事实审判者理解证据或确定争议事实，凭其知识、技能、经验、训练或教育够格为专家的证人可以用意见或其他方式作证。

大陆法系把证人和鉴定人（相当于英美法系的“专家证人”）明确予以区别，但是，对于证人根据自己所体验的事实进行一些必要的分析、判断或者推测一般并无明确的禁止。鉴定人的意见则是一种独立的证据种类，不属于证人证言。因此，就普通证人的意见是否可以作为证据的问题，存在不同的观点。

大多数大陆法系国家和地区并没有限制证人意见的证据能力的规则。如德国、奥地利刑事诉讼法，对证人的意见陈述并没有禁止的规定，也不禁止证人进行推测或提供意见，允许审判官自由裁量。大陆法系国家刑事诉讼中，认定事实、适用法律都属于审判官的职权，所谓意见陈述侵犯陪审团职权的现象自然不存在；至于误导事实审理者，影响公正认定事实的危险，也因为法官是审判的专家，容易防止和避免这种危险。不仅如此，证人的意见陈述还有助于查明真实情况。但是，日本、俄罗斯，以及我国澳门特别行政区和台湾地区对意见证据都作了限制性的规定。

关于专家意见，大陆法系将英美法系的专家证人作为一种独立的诉讼参与人——鉴定人，对鉴定人提供的鉴定意见也作为独立的证据种类来对待。但是大陆法系关于鉴定意见原则上具有证据能力的规定与英美法系的规定具有异曲同工之妙，只是鉴定意见不作为意见证据规则的例外而已。

我国将证人和鉴定人、有专门知识的人进行了区分。鉴定意见是一种独立的证据种类，作为某一方面专家的鉴定人的意见可以作为诉讼中的证据。《刑事诉讼法》第197条第1、2、4款规定：法庭审理过程中，当事人和辩护人、诉讼代理人有权申请通知新的证人到庭，调取新的物证，申请重新鉴定或者勘验。公诉人、当事人和辩护人、诉讼代理人可以申请法庭通知有专门知识的人出庭，就鉴定人作出的鉴定意见提出意见。有专门知识的人出庭，适用鉴定人的有关规定。关于普通证人的意见证据，《死刑案件证据规定》第12条第3款规定：证人的猜测性、评论性、推断性的证言，不能作为证据使用，但根据一般生活经验判断符合事实的除外。最高人民法院《解释》第99条规定：经人民法院通知，鉴定人拒不出庭作证的，鉴定意见不得作为定案的根据。鉴定人由于不能抗拒的原因或者有其他正当理由无法出庭的，人民法院可以根据情况决定延期审理或者重新鉴定。

第六节　其他证据规则

有关证据规则的内容及其划分，学术界的观点不尽一致。例如，关于证据能力规则，除了传闻排除规则、非法证据排除规则、意见证据规则，有的主张还包括最佳证据规则、证人特权规则；在证明力规则上，有的主张还包括补强证据规则，有的认为关联性规则与品格证据规则、类似行为规则有所区分。除上文介绍的证据规则之外，这里主要阐述最佳证据规则和补强证据规则。

一、最佳证据规则

最佳证据规则，又称原始证据规则，是指以文字、符号、图形等方式记载的内容来证明案情时，其原件才是最佳证据。该规则要求书证的提供者应尽量提供原件，如果提供副本、抄本、影印本等非原始材料，则必须提供充足理由加以说明，否则，该书证不具有可采性。最佳证据规则的着眼点是书证的真实性、可靠性。书证的原件，在真实、可靠程度方面显然要高于抄件和复印件。

最佳证据规则，是英美法系比较古老的一项证据规则。大陆法系证据法中虽然没有明确规定最佳证据规则，但其直接言词原则一般要求法官在诉讼活动中尽量采用原生证据或原始证据，如书证的原件和物证的原件。

在传统证据法的实践和理论中，最佳证据规则通常只适用于文字材料，例如证书、文件、信件、标语、图形、账册等。但随着科技发展，最佳证据规则也适用于照片、录音带、录像带、电子数据等。而且记载文字的载体不限于纸张，还包括其他各式各样的材料，如带有编号的警徽、刻字的订婚戒指、刻有文字的墓碑等。随着现代科技的发展，由于复制件的可靠性并不差，有时甚至难以确定哪个是原件哪个是复制件，因而一些国家对最佳证据规则规定了许多例外情况。例如，《美国联邦证据规则》第1002条规定，除非该证据规则或者国会立法另有规定，为证明文字、录音或者照相的内容，当事人应当提供该文字、录音或者照片的原件。《美国联邦证据规则》第1003条规定，复制品和原件在同等程度上采纳，但下列情况除外：（1）对复制品是否忠实于原件产生疑问；（2）以复制品替代原件采纳将导致不公正。根据《美国联邦证据规则》第1004条的规定，在下列情况下，不要求提供原件，关于文字、录音或者照相内容的其他证据可以采纳：（1）原件遗失或毁坏，但提供者出于不良动机遗失或毁坏的除外；（2）原件无法获得，即不能通过适当的司法程序或行为获得原件；（3）原件在该证据材料的出示对其不利的一方当事人的控制中，已通过送达起诉状或其他方式告知该当事人在听证时该材料的内容属于证明对象，但该当事人在听证时仍不提供有关原件；（4）附属事项，即有关文字、录音或照相与主要争议无紧密联系。根据《美国联邦证据规则》第1005条，对于需要保存的公共记录，可以使用复制件，而不必采用原件。其第1006条规定，篇幅过长或体积过大的文字资料、录音或照相不便在法庭接受审查时，可以用图表、摘要或者计算分析的方式出示。其第1007条规定，文字、录音或照相的内容可以由出示该材料所针对的当事人作证或者书面承认来证明，无须计较原件是否出示。

我国许多司法解释规定了书证的原件和物证的原物“证明价值优先”规则。例如，《死刑案件证据规定》第6条第1款规定，对物证、书证应当着重审查以下内容：物证、书证是否为原物、原件，物证的照片、录像或者复制品及书证的副本、复制件与原物、原件是否相符；物证、书证是否经过辨认、鉴定；物证的照片、录像或者复制品和书证的副本、复制件是否由二人以上制作，有无制作人关于制作过程及原件、原物存放于何处的文字说明及签名。应当说，根据原始物证优先规则，据以定案的物证应当是原物。原物不便搬运，不易保存的，依法应当由有关部门保管、处理，或者依法应当返还的，可以拍摄、制作足以反映原物外形和特征的照片、录像、复制品。物证的照片、录像、复制品，不能反映原物的外形和特征的，不得作为定案的根据。物证的照片、录像、复制品，经与原物核对无误、经鉴定为真实或者以其他方式确认为真实的，可以作为定案的根据。根据原始书证优先规则，据以定案的书证应当是原件。取得原件确有困难的，可以使用副本、复制件。书证有更改或者更改迹象不能作出合理解释，或者书证的副本、复制件不能反映原件及其内容的，不得作为定案的根据。书证的副本、复制件，经与原件核对无误、经鉴定为真实或者以其他方式确认为真实的，可以作为定案的根据。当前，在许多新型犯罪中，对视听资料等证据的篡改、伪造问题日益突出。最高人民法院《解释》第108条规定，对视听资料也应着重审查是否为原件，有无复制及复制份数；是复制件的，是否附有无法调取原件的原因、复制件制作过程和原件存放地点的说明，制作人、原视听资料持有人是否签名；内容和制作过程是否真实，有无剪辑、增加、删改等情形。

二、补强证据规则

所谓“补强证据”，是指用以增强另一证据证明力的证据。补强证据规则，是指为了防止误认事实或发生其他危险，在运用某些证明力显然薄弱的证据认定案情时，必须有其他证据补强其证明力，该证明力薄弱的证据才能被法庭采信为定案根据。

在英美国家的刑事诉讼中，依照制定法或惯例，以下情形需要补强证据：(1) 对伪证罪的证明。在对伪证罪或假证罪以及 1911 年《英国伪证罪法》所规定的任何其他同类罪行的起诉中，如果只有一个证人证明某人作了伪证，不能据此证言判处某人犯伪证罪。(2) 对某些性犯罪的证明。在对妇女和儿童的某些性犯罪中，如果只有一个证人的证言，不能认定被告人犯有这种罪行，除非该证言在某些实质的细节上有其他控诉证据补强其证明力。(3) 儿童提供的不经宣誓的证言。一个年幼的儿童可以不经宣誓而作证，但该证言需要补强证据。(4) 某些宣誓证言。即使在那些法律要求必须有补强证据的性犯罪案件中，依照惯例，法官也应当提醒陪审团在接受那些未经补强的证据时要慎重。如果法官没有作出这种提醒，有罪裁决就会在上诉时被撤销。(5) 共同犯罪人的证言。根据某一共同犯罪人的证言对另一共同犯罪人定罪时，如果没有补强证据，依照惯例，法官应当向陪审团说明这样做的危险。如果法官没有按照这一规则提醒陪审团，对另一共同犯罪人的定罪将是无效的。(6) 根据《1960 年道路交通法》进行的证明。英国《1960 年道路交通法》规定，某些车辆在公路上超速行驶会构成犯罪，但是，不得仅依据一位证人认为司机超速行驶的证言而判处被告人有罪。如果证人所讲述的不是自己的看法，而是他通过记秒表和测量的距离确定的事实，则无须补强证据。①

受英美法系的影响，日本也确立了补强规则。根据《日本宪法》第 38 条第 3 款的规定，当唯一的不利的证据是本人的口供时，不能认定该人有罪。《日本刑事诉讼法》第 319 条第 2 款也规定，不论是否是被告人在公审庭上的自白，当该自白是对其本人不利的唯一证据时，不得认定被告人有罪。因此，在日本刑事诉讼中，不能仅凭被告人的供述就对其定罪，还必须有其他证据予以补强。

我国《刑事诉讼法》主要针对被告人口供规定了口供补强规则。其第 55 条第 1 款规定：对一切案件的判处都要重证据，重调查研究，不轻信口供。只有被告人供述，没有其他证据的，不能认定被告人有罪和处以刑罚；没有被告人供述，证据确实、充分的，可以认定被告人有罪和处以刑罚。这一规定强调了不能把被告人供述作为定罪和处罚的唯一证据。在司法实践中，下列证据应当慎重使用，有其他证据印证的，可以采信：(1) 生理上、精神上有缺陷，对案件事实的认知和表达存在一定困难，但尚未丧失正确认知、表达能力的被害人、证人和被告人所作的陈述、证言和供述；(2) 与被告人有亲属关系或者其他密切关系的证人所作的有利于被告人的证言，或者与被告人有利害冲突的证人所作的不利于被告人的证言。针对毒品犯罪，最高人民法院在《全国部分法院审理毒品犯罪案件工作座谈会纪要》对类似补强证据规则“例外”作出了规定：“有些毒品犯罪案件，往往由于毒品、毒资等证据已不存在，导致审查证据和认定事实困难。在处理这类案件时，只有被告人的口供与同案其他被告人供述吻合，并且完全排除诱供、逼供、串供等情形，被告人的口供与同案被告人的供述才可以作为定案的证据。仅有被告人口供与同案被告人供述作为定案证据的，对被告人判处死刑立即执行要特别慎重。”从改革完善的角度看，在毒品犯罪中，应当进一步明确人民法院审查判断言词证据是否需要补强以及与实物证据是否存在矛盾，以强化实物证据的收集、补强和印证。

---

① 卞建林．证据法学．北京：中国政法大学出版社，2007：395.

【问题与思考】

1. 英美法系和大陆法系在证据规则上有何差异？
2. 刑事证据规则相比民事证据规则、行政证据规则有何特殊性？
3. 请运用法解释学界定“刑讯逼供等非法方法”。
4. 论我国刑事证据规则与《监察法》实施的衔接。

【推荐参考论著】

1. 陈瑞华. 刑事证据法的理论问题. 北京：法律出版社，2018.
2. 吴洪淇. 证据法的理论面孔. 北京：法律出版社，2018.
3. 易延友. 证据法的体系与精神——以英美法为特别参照. 北京：北京大学出版社，2010.
4. 宋英辉，汤维建. 证据法学研究述评. 北京：中国人民公安大学出版社，2006.
5. 陈光中. 中华人民共和国刑事证据法专家拟制稿（条文、释义与论证）. 北京：中国法制出版社，2004.
6. 华尔兹. 证据法学大全. 何家弘，等译. 北京：中国人民公安大学出版社，1993.
7. 美国联邦刑事诉讼规则与证据规则. 卞建林，译. 北京：中国政法大学出版社，1993.

第十七章
刑事证明

内容导读

刑事证明是一种诉讼活动，也是刑事诉讼的核心环节。严格意义上的刑事证明，是指国家公诉机关和当事人在法庭审理中依照法律规定的程序和要求向审判机关提供证据，运用证据阐明系争事实，论证其诉讼主张的活动。刑事证明理论的基本范畴，包括证明主体、证明对象、证明责任、证明标准等。其中，证明主体是提出诉讼主张并承担证明责任的国家追诉机关和当事人；证明对象是需要运用证据加以证明的案件事实，包括实体法事实和程序法事实；证明责任，是证明主体所承担的提出证据证明其诉讼主张并在案件事实真伪不明时承担不利诉讼后果的责任；证明标准是证明应当达到的程度。

第一节　刑事证明的概念、特征和分类

一、刑事证明的概念

所谓证明，概而言之，就是用已知的事实和原理证实未知事项的活动。证明是一种非常普遍的社会现象，在社会生活和科学研究领域，普遍存在着各式各样的证明活动。

证据法所研究的是诉讼证明。对诉讼证明的概念，我国诉讼法学界有广义、狭义两种理解。广义的诉讼证明，是指国家专门机关和当事人在诉讼中依法收集和审查、判断证据，并运用证据证明争议案件事实的全部诉讼活动。据此理解，一切参与诉讼的国家专门机关和当事人都是证明主体，证明活动贯穿于诉讼始终。狭义的诉讼证明，是指特定的证明主体为避免证明不力时所应承担的不利后果责任，在法庭审理中依照法定程序和要求向审判机关提出证据，运用证据阐明争议事实、论证其诉讼主张的活动。据此理解，证明主体仅限于负有证明责任的特定诉讼主体，证明活动也仅存在于审判阶段。

与上述对诉讼证明概念的理解相对应，对刑事证明的概念，也有广义、狭义两种解释。广义的刑事证明，是指国家专门机关和当事人在其他诉讼参与人的参加下，依法收集、审查、判断证据和运用证据，认定犯罪是否发生、谁是犯罪分子、罪责轻重以及其他有关案件事实的活动。据此理解，刑事证明的主体包括所有国家专门机关和当事人，刑事证明的内容包括依法收集、审查、判断证据并运用证据揭露犯罪、证实犯罪或排除犯罪嫌疑的全过程。狭义的刑事证明，是指国家公诉机关和当事人在法庭审理中依照法律规定的程序和要求，向审判机关提供证据，运用证据阐明系争事实，论证其诉讼主张的活动。据此理解，刑事证明的主体仅限于承担证明责任的国家公诉机关和当事人，刑事证明活动也仅存在于审判阶段。

对诉讼证明、刑事证明的概念作广义理解，是我国诉讼法学界长期以来的通说。它与我国传统上把诉讼证明视为查明案件事实真相的一种认识活动密切相关，也与我国当前“流水作业”式的刑事诉讼结构及司法实际相吻合，因而影响深远。但近年来，随着研究的深入，这一观点的科学性、合理性开始受到质疑，一些学者试图从不同角度重新界定诉讼证明的概念和刑事证明活动的范围，主张将诉讼证明限定在法庭审判阶段，提出了狭义证明理论。狭义证明理论认为：围绕诉讼主张而进行的证明活动是以确认法律权益、解决利益争端为直接目的，尽管它包含了认识活动，但绝不仅仅是认识活动，也不能完全等同于认识活动。在刑事诉讼中，典型的认识活动一般只存在于侦查阶段，一旦侦查终结，案件经审查起诉提起公诉，说明公诉机关已接受和确认侦查机关对案件事实的认定。公诉机关要使自己的认定具有权威性，就必须在法庭上向裁判者直接证明和说服，使裁判者信服其指控的内容。这样，在法庭上所进行的都是“向裁判者说明”或“证明给裁判者看”的活动。它与单纯的认识活动有着明显的区别，更多的是法律规则的运用和法律价值的选择过程。

还有学者用自向证明与他向证明、证明与查明的区分，来说明严格意义上的诉讼证明与一般认识活动的区别。所谓自向证明，就是向自己证明，证明者先提出一个假设的结论，然后去寻找证据，并按照一定的规则运用证据去证明该结论是正确的或者是可以成立的。所谓他向证明，是指向他人证明，证明者在证明时已经知道或者认为自己已经知道证明的结论，但他人不知道或者不相信，所以要用证据向他人证明。诉讼活动中，自向证明和他向证明都是存在的，但是二者的主体有所不同。自向证明的主体一般是就事实问题作出某种认定或裁断的人，如侦查人员、检察人员、审判人员；他向证明的主体一般是提出某种事实主张的人，如诉讼中的当事人。不过，自向证明和他向证明的主体在诉讼过程中是可以转化的。例如，在侦查阶段，侦查人员是自向证明的主体，但在审查起诉阶段，则成了他向证明的主体，必须向检察人员证明其移送审查起诉的事实根据。同样，检察人员在审查起诉阶段作为起诉的决策者，是自向证明的主体，而到了审判阶段，其作为公诉人要向法庭证明指控的案件事实，则又成了他向证明的主体，法官在此阶段成为自向证明的主体。

与证明概念易于混淆的，是“查明”。所谓查明，就是通过调查研究，明确有关事实的真伪，如侦查人员、检察人员、审判人员查明案件事实的活动。查明是证明的前提和基础，证明则是查明的延续和目的。但证明并不等于查明，查明也不能代替证明。查明是让自己明白，证明是让他人明白；自己明白才能让他人明白，但自己明白并不等于他人也明白。任何人想让他人接受自己的事实主张，或者想让他人按照自己的事实主张作出裁断，那么此人就得用证据向他人进行证明。[①] 根据上文，查明在一定意义上等同于自向证明，但是，查明与严格意义上的诉讼证明即他向证明在内涵和外延上有着较大的差异。

综上，我们倾向于对诉讼证明、刑事证明的概念作狭义的理解，一般限于严格意义上的证明，即他向证明，而且，主要是指审判阶段的他向证明。

二、刑事证明的特征

基于对刑事证明概念的狭义理解，我们认为，刑事证明具有以下特征。

（1）刑事证明的主体是国家公诉机关和诉讼当事人。证明主体是证明责任的承担者，因而，只有承担证明责任的国家公诉机关和自诉人等当事人才是证明主体。人民法院既无自己的诉讼主张，也不允许有任何偏袒的诉讼倾向，更不会因证明不能或证明不力而承担任何败诉的风险，因而，人民法院不可能成为刑事证明的主体。虽公安机关承担主要的侦查任务，协助检察机关行使控诉职能，但因其侦查行为只是为公诉机关在法庭上进行刑事证明做准备，所以公安机关本身并不能成为刑事证明的主体。

（2）刑事证明的对象是诉讼中的争议事实。诉讼的实质在于定分止争，解决当事人之间的争议，包括事实争议和法律争议。如果没有争议，则可免除事实主张者提供证据的证明责任，由法院径行适用法律作出裁判。可见，在诉讼中法院并非对案件的全部事实以及涉及的所有问题进行裁判，而只是针对诉讼双方当事人之间的事实争议和法律争议进行裁判。据此，从承担证明责任一方的角度看，需要他们提供证据证明的，仅限于有争议的事实。

（3）刑事证明过程与法庭审判紧密关联。刑事证明所要解决的是审判程序由谁提出诉讼主张并加以证明的问题，因此，严格意义上的刑事证明只存在于审判阶段。侦查人员、检察人员在审前阶段对证据的收集、审查、判断活动属于“查明”，而非证明。现代刑事诉讼中，唯有法院才有权对被告人作有罪认定，因此起诉书所指控的被告人的犯罪事实，只是公诉机关关于被告人犯罪的一种事实主张，是公诉人在法庭上进行证明的起点和对象。庭审前收集、审查、判断证据的活动，只是为法庭上的证明活动奠定基础、准备条件，而不属于严格意义上的刑事证明。

（4）刑事证明的动因受证明责任影响和支配。法律（包括实体法和程序法）对诉讼中的证明责任分配有明确的规定，如果依法承担证明责任的诉讼主体对待证事实的证明未能达到法定标准，就要承担对其不利的法律后果，包括败诉。在刑事证明的各个构成环节中，证明责任是衔接各个环节的桥梁和枢纽。刑事证明的实质，就是证明主体履行其证明责任，将对证明对象的论证达到证明标准的诉讼活动。整个刑事证明均在证明责任的支配和作用下进行，不承担证明责任者就没有证明义务，也无证明的必要。

（5）刑事证明的属性不仅仅是一种认识活动，还是一种诉讼行为。刑事证明作为一种具体诉讼行为的属性，主要体现在：首先，诉讼是以解决利益争端和纠纷为目的的活动。定分止争、断狱息讼才是刑事证明的最终目标。诉讼中争议事项的解决，虽然通常以查明争议事实为基础，但并非以此为前提。其次，刑事证明是在程序法规制下进行的活动，它受到各类诉讼法律的调整和规范，负有实施程序法的责任。最后，刑事证明活动蕴含着一

① 何家弘，刘品新．证据法学．北京：法律出版社，2007：196－199．

系列法律价值的实现和选择，它不仅要解决“实然”即客观事实真相是什么的问题，还要回答“应然”即什么是公平与正义、善与恶的问题。①

三、刑事证明的分类

关于诉讼证明的分类，一般沿袭大陆法系的做法，将诉讼证明区分为证明与释明、严格证明与自由证明两对概念。

（一）证明与释明

证明与释明是大陆法系证据法学的一对概念，日本及我国台湾地区证据法学也沿袭了这种区分。一般认为，“区分证明与释明之标准，即由审判官具确信之程度而定之”。例如，德国学者对于二者的区分指明：“证明乃指，使法官对所指陈之事实产生确信。相对的，释明则使人相信其具有可能性即可，例如对法官之回避，回复原状之声请中理由之释明及对拒绝证言时理由之释明。”②

我国台湾地区的学者对二者的区分也有详细阐述，如认为：“证明，本有广狭两义。前者，包括狭义之证明及释明而言；后者则除释明外之证明。证明与释明，二者在法律上所要求之心证程度并不相同。盖证明，乃裁判官因而就某种事实得有确信之心证；而释明，则以裁判官得从而推定之程度为已足。一般所谓证明，系指狭义之证明而言；且应依证据证明之事实，并不限于实体法上事实，即诉讼上事实亦属之。为释明对象之事实，仅属诉讼程序上之事实。且释明其原因事实时，当事人仅以叙明其证明之方法为已足，毋庸提出证据；而证明，则不特应指出其证明方法，并应提出其证据。”③

（二）严格证明与自由证明

严格证明与自由证明这一对概念，也是由德国传至日本，后为我国台湾地区的诉讼法学所接受。一般认为，二者的差别不在于所获得的结果，而在于结果的获得途径。具体说，二者的差别表现在两个方面：一是证明手段，二是证明过程（即证据调查程序）。

在证明手段上，严格证明必须以法律规定的证明手段进行，即用以证明的手段必须是法律规定的证明手段，且证据必须依法具有证据能力。而自由证明，“法院得以一般实务之惯例以自由证明之方法调查之，亦即可不拘任何方式来获取可信性（如以查阅卷宗或电话询问之方式）”。在调查程序上，严格证明须以法律规定的法庭调查程序进行，而对自由证明，立法没有明文规定必须适用的调查程序，而委诸法院根据具体情况裁量决定。在德国，“刑事诉讼法并无明文对自由证明之程序有所规定，其对此证明程序仅用 Beling 及 Ditzen 所倡之见解执行之。然迄今尚未有一架构成为理论上之充分理由”。在适用范围上，严格证明的适用对象是“对于攸关认定犯罪行为之经过、行为人之责任及刑罚之高度等问题的重要事项”，而自由证明则适用于“除此以外之事项”④。

日本学者对于严格证明与自由证明的区分指明，“用有证据能力的证据并且经过正式的调查程序作出的证明，叫‘严格的证明’；其他的证明，叫‘自由的证明’。自由的证明是

---

① 卞建林．刑事证明理论．北京：中国人民公安大学出版社，2004：13－17.
② 罗科信．刑事诉讼法．吴丽琪，译．北京：法律出版社，2003：207.
③ 陈朴生．刑事证据法．台北：三民书局，1979：156.
④ 同②208.

用某种证据经某种程序的证明”；并强调，自由证明的调查程序也必须充分保障被告人的争辩权利。严格证明的对象有两种情况：一是以被告人的罪责为基础的实体法上的事实，二是倾向于加重被告人刑罚的情节事实。自由证明的对象包括一般量刑情节和诉讼法上的事实等。[①]

第二节　刑事证明主体

一、证明主体的概念

证明主体，是指在诉讼中提出自己的诉讼主张，并提供证据证明其诉讼主张，而且在诉讼程序结束之际，如果案件事实处于真伪不明的状态，由其承担败诉或不利诉讼后果的一方当事人。

这一概念表明，证明主体与诉讼主张、证明责任之间存在着极为密切的关系。简言之，证明主体的确定直接取决于证明责任的分担，而证明责任的承担又以诉讼主张的提出为前提。一个普通的诉讼主体要成为证明主体，至少要满足两个条件：一是必须有自己的诉讼主张，二是必须实际承担证明责任。也就是说，证明主体不仅应是提供证据责任的承担者，更主要的还应是未尽证明责任时诉讼不利后果的承担者。以此为衡量标准，对各种诉讼主体进行分析，可以得出如下结论：

（1）证明主体必须有自己的诉讼主张。只有提出了明确的诉讼主张，证明才能有针对性地进行，审判者才能明确审判的事项范围。提出诉讼主张是成为证明主体的潜在前提，无诉讼主张者即无证明的义务，亦无证明的必要。

（2）证明主体必须实际承担提供证据证明自己主张的事实成立的行为责任。这是任何一个证明主体在客观外在表现上的共性，具体体现为在刑事诉讼中发现、收集和保全证据的各种诉讼行为。但须注意，此要件仅是成为诉讼证明主体的必要条件而非充分条件，只满足这一构成要件者并不一定就是证明主体。

（3）证明主体有可能承担案件事实真伪不明时的结果责任，即证明主体未能充分履行证明责任以说服事实裁判者相信其诉讼主张时，需承担败诉或其他不利的诉讼后果。

根据上述理解，我国刑事诉讼中的证明主体应当限于控诉机关和负有证明责任的当事人。具体而言，证明主体首先是公诉案件中的公诉机关和自诉案件中的自诉人，因为只有它/他们与案件的审理结果有直接利害关系，并应依照法定程序承担证明犯罪事实是否发生、犯罪嫌疑人或被告人有罪及犯罪情节轻重的责任。这是证明责任理论中“谁主张，谁举证”的古老法则和现代无罪推定原则的要求，犯罪嫌疑人、被告人并不负担证明自己有罪或无罪的责任。因此，从整体上看，刑事诉讼中的证明主体、证明责任，基本上是一个专属控方的概念。只有在例外的情况下，犯罪嫌疑人、被告人才承担一定的证明责任，成为证明主体。

---

① 田口守一．刑事诉讼法．刘迪，张凌，穆津，译．北京：法律出版社，2000：219－221.

二、刑事证明主体的范围

与前述刑事证明概念存在广义、狭义解释相一致，我国传统证据理论对刑事证明主体的范围也有广义、狭义两种理解。广义的理解认为，证明主体不仅包括公安司法机关，还包括当事人和其他诉讼参与人；狭义的理解认为，证明主体仅包括向法院起诉的检察机关和自诉人。我们认同狭义说。

下面以前述证明主体的构成要件为标准，对我国刑事诉讼中的相关诉讼主体能否成为证明主体作一分析。

（1）公诉机关。虽然我国刑事诉讼理论认为公诉机关不属于当事人，但是在公诉案件中，公诉机关派员出席法庭支持公诉，公诉机关作为争议的一方在诉讼中有自己明确的诉讼主张，即指控被告人的行为构成犯罪，并要求法院依法追究其刑事责任。同时，公诉机关如果未能以足够证据证明被告人犯有所指控的罪行，就要承担起诉失败的后果。这也是一种不利的诉讼后果。由此可以肯定，公诉机关承担着对“被告人有罪”这一核心诉讼主张的证明责任，从而成为刑事诉讼中最主要的证明主体。

（2）自诉人。由于自诉案件在诉讼结构、审判方式、审判原则等方面更类似于民事诉讼，因而其证明责任的分配也与民事诉讼中类似，遵循“谁主张，谁举证”的基本原则。自诉人作为自诉案件的原告一方，是诉讼的发起者，自然负有不可推卸的证明责任。《刑事诉讼法》第 51 条规定：“……自诉案件中被告人有罪的举证责任由自诉人承担。”第 211 条第 1 款第 2 项规定：“缺乏罪证的自诉案件，如果自诉人提不出补充证据，应当说服自诉人撤回自诉，或者裁定驳回。”该条规定说明自诉人未履行证明责任将导致被裁定驳回起诉的不利诉讼后果。实际上，对于“自诉人属于刑事证明主体之一”的论断，几乎没有人提出异议。

（3）被告人。无论公诉案件还是自诉案件中的被告人，基于现代刑事诉讼无罪推定原则的特殊保护机制，都不负有证明自己有罪或无罪的证明责任。但被告人不承担证明责任只是一项概括性的原则，在法律规定的例外情况下，被告人仍要对特定事项，尤其是证明其无罪的一些事项，承担局部的证明责任。例如，对于制定法明确规定由被告人承担证明责任的情形或者其他可反驳的法律上的推定，阻却行为违法性及有责性的事实，被告人提出的某些积极抗辩主张等，被告人均承担一定的证明责任。因此，在某些特殊情况下，被告人可能成为证明主体。

（4）附带民事诉讼当事人。附带民事诉讼本质上是一种特殊的民事诉讼，其诉讼程序和审判原则均适用民事诉讼法规定，因此在证明责任的分配上，附带民事诉讼也受“谁主张，谁举证”原则调整。附带民事诉讼原告人对其民事赔偿请求所依据的事实应承担提出证据加以证实的责任，附带民事诉讼被告人则对其提出的抗辩事实以及反诉主张负有证明责任。因此，他们都是证明主体。

（5）侦查机关。我国传统证据理论认为，侦查机关作为行使控诉职能的国家专门机关之一，也应属于证明主体的范围。然而，如果将诉讼证明看作是与审判阶段相联系的特定概念，那么，由于侦查机关并非审判阶段的诉讼主体，因而它不能成为证明主体。而且侦查机关收集证据的行为是一种依职权对案件事实的查明活动，其目的在于明确犯罪嫌疑的有无，在此阶段侦查机关尚未提出明确的诉讼主张，更不需要承担不利的诉讼后果，因此不能将其列为刑事证明主体。

（6）辩护人和诉讼代理人。在刑事诉讼中，被告人的辩护人以及自诉人、被害人等的诉讼代理人参与诉讼的目的是协助当事人行使辩护职能或控诉职能。辩护人虽然有权独立提出诉讼主张（辩护主张），但不承担任何败诉风险，不具备证明主体的完整构成要件。诉讼代理人以被代理人的名义在授权范围内进行代理活动，其代理行为的法律后果及于被代理人。这表明诉讼代理人在诉讼中既没有自己的诉讼主张，也不承担无法证明或证明不力时的败诉风险，因此也不属于刑事证明主体。

（7）人民法院。人民法院在诉讼中的地位和职能决定了其在诉讼证明过程中只是接受证明的主体，而不是证明主体。此外，以证明主体的构成要件来衡量，法院本身既无自己的诉讼主张，对争议中的事实也无既定的看法，更不会因证明不力而承担败诉的风险，因而不可能成为证明主体。把法院视为证明主体，会导致法院一身兼二任的情况，即法院既作为证明主体履行证明责任，又作为裁判者对待证事实进行评价。这不仅与控审分离的诉讼原理相悖，而且实际上必然造成法官的角色混乱和心理冲突。

（8）其他诉讼参与人。至于当事人以外的其他诉讼参与人，如证人、鉴定人、翻译人等，由于他们与诉讼结果没有直接的利害关系，他们参与刑事诉讼是为了协助国家专门机关和当事人充分有效地履行诉讼职能，或者是为了给诉讼各方提供证据资料或为诉讼顺利进行提供服务和帮助；他们在诉讼中既无自己的诉讼主张，也不承担证明不力时的不利诉讼后果，因而也都不属于证明主体。

第三节　刑事证明对象

一、刑事证明对象的概念

证明对象，又称待证事实、证明客体或要证事实，是指在诉讼中需要由证明主体运用证据加以证明的一切法律要件事实。

刑事诉讼中的证明对象具有如下特点：

（1）刑事证明对象是诉讼中的争议事实。其范围原则上要受证明主体——国家公诉机关和诉讼当事人的诉讼主张的约束，证明主体的诉讼主张划定了证明对象的范围、边界。与诉讼主张无关的事实被排除在证明对象之外，证明主体只需要围绕诉讼主张来证明有关要件事实。

（2）刑事证明对象具有法律规定性。证明对象并不是与案件有关的全部客观事实，它的具体范围要受到实体法所规定的归责要件以及程序法、证据法的限制，是司法机关作出裁判必须明确的事实。刑事证明对象主要是与定罪量刑有关的事实。

证明对象是诉讼证明的前提和基础。只有首先明确了证明对象，才能进一步分配证明责任、设置相应的证明标准，取证、举证、质证和认证等证明活动才能有的放矢地进行。因此，证明对象是诉讼证明的起点，它决定着整个诉讼证明活动的进行。

研究证明对象不仅具有重要理论价值，而且对司法实践也具有较大指导意义。研究证明对象有助于在办案中明确需要查证的范围，使办案人员有重点、有次序地安排自己的工作，不必浪费精力去查证某些无须证明的事项，从而提高办案质量和工作效率。

二、刑事证明对象的范围

关于刑事证明对象的范围，我国诉讼法学界有三种观点：第一种观点认为，刑事证明对象仅包括实体法事实，而不包括程序法事实和证据事实。此为狭义说。第二种观点认为，刑事证明对象不仅包括实体法事实，而且包括程序法事实及证据事实。此为广义说。第三种观点认为，刑事证明对象包括实体法事实和程序法事实，但不包括证据事实。此为折中说。其中，第三种观点为大多数学者所主张。

我们认同第三种观点，即认为刑事证明对象包括实体法事实和程序法事实，但不包括证据事实。理由是：刑事诉讼过程，既是一个适用实体法的过程，也是一个适用程序法的过程。实体法上的要件事实直接决定着对被告人的罪与罚的认定，自然是证明对象。同时，程序法上的事实，例如有关管辖的事实、回避的事实、是否要采取强制措施的事实等，对于案件的正确处理也具有重要法律意义，应被纳入证明对象范围。而证据事实，只是证明的手段，不能列为证明对象。虽然《刑事诉讼法》第 50 条第 3 款规定“证据必须经过查证属实，才能作为定案的根据”，即证据需要查证属实，但并非所有需要查明的事实都是证明对象；查证属实只是证据作为证明手段的资格要件，不是其作为证明对象的充分条件。证据事实与证明对象之间是手段与目的的关系，不能混为一谈。

据此，刑事诉讼中需要证明的事项，主要包括以下五个方面。

（一）有关犯罪构成要件的事实

犯罪构成要件是确定犯罪成立的先决条件，是指依照刑法的规定，决定某一具体行为的社会危害性及其程度而为该行为构成犯罪所必需的一切客观要件和主观要件的有机统一。按照我国犯罪构成的一般理论，虽各种犯罪的构成要件不尽相同，但是都必须具备以下四个方面的要件，犯罪才能成立。这四个方面的要件是：（1）犯罪客体，是指刑法所保护的而为犯罪所侵犯的社会关系、政治关系、经济关系；（2）犯罪客观方面，是指犯罪活动在客观上的外在表现，包括危害行为、危害结果和犯罪的方法（手段）、时间、地点等；（3）犯罪主体，主要是指实施犯罪行为，达到一定年龄并具有责任能力，依法对自己的罪行应当负刑事责任的人；（4）犯罪主观方面，是指犯罪主体对其所实施的社会危害行为及发生的危害结果所抱的心理态度，即故意或过失，以及犯罪的动机和目的。某一社会危害行为是否构成犯罪，取决于上述四个方面的要件事实是否得到了证明。

有关犯罪构成要件的事实，是刑事诉讼的主要证明对象，是司法工作人员办理刑事案件首先需要查明的问题。为便于司法实践，诉讼理论将上述犯罪构成要件的事实概括为“七何”要素，即：（1）何人——犯罪的主体要件；（2）何时——犯罪的时间，属于客观方面的要件；（3）何地——犯罪的地点；（4）何种动机和目的——犯罪的主观方面要件；（5）何种手段——犯罪方法，属于客观方面的要件；（6）何种行为——犯罪行为的表现形式，如杀人、抢劫等；（7）何种危害后果——犯罪行为造成的损害，属于客观方面的要件。由于刑事案件千差万别，“七何”要素在各个具体案件中的作用并非完全等同，并不是对每个犯罪上述所有因素都不可或缺，只有犯罪构成四个方面的要件事实才是确定证明对象的普遍性事实。

（二）有关罪行轻重的量刑情节的事实

根据《刑法》的规定，有关量刑事实被称为情节事实，既包括法定情节事实，也包括酌定情节事实。对于法定情节事实，学理上一般概括如下：（1）从重处罚的事实，即在法定量刑幅度内从重量刑的事实，如教唆不满18周岁的人犯罪、累犯、冒充人民警察招摇撞骗等；（2）从轻处罚的事实，即在法定量刑幅度内从轻量刑的事实，如已满14周岁不满18周岁的人犯罪、又聋又哑的人犯罪或者盲人犯罪、预备犯、未遂犯、从犯等；（3）减轻处罚的事实，即在法定刑以下减轻量刑的事实，如正当防卫超过必要限度造成不应有的损害、造成损害的中止犯、被胁迫参与犯罪等；（4）免除处罚的事实，即对犯罪分子作出有罪宣告，同时免除其刑罚的事实，如没有造成损害的中止犯、犯罪较轻且自首、在国外犯罪且已在外国受过刑事处罚等。

酌定情节事实多种多样，常见的主要有：（1）犯罪动机；（2）犯罪的手段；（3）犯罪时的环境和条件，特别是当时的政治、经济形势和社会治安状况；（4）犯罪造成的危害后果；（5）犯罪侵害的对象情况；（6）犯罪分子的一贯表现；（7）犯罪后的态度。

（三）排除某行为违法性、可罚性的事实

惩罚犯罪和保障无罪的人不受刑事追究，是我国刑事诉讼法所肩负的两大任务。据此，对行为人有罪的事实应当全面查清，对排除行为人行为之违法性、可罚性的事实也应当查清。这些事实具体包括：（1）排除行为违法性的事实。某些行为看似是犯罪行为，但系客观情势所致或者其行为目的、动机等主观意志具有正当性，刑法明确否定这类行为的犯罪性质。这些行为，如正当防卫、紧急避险以及行使职权的行为等，既然因其中的违法性被排除而不构成犯罪，当然就排除了受刑事追究的可能性。（2）排除行为可罚性的事实。这类危害行为一经发生，尽管在法律上符合犯罪构成，但一定事实的存在排除了这类行为受刑事处罚的可能。例如，《刑事诉讼法》第16条所规定的以下情形：犯罪已超过刑法所规定的追诉时效期限；经特赦令免除刑罚；依照刑法告诉才处理的犯罪，被害人没有告诉或者撤回告诉的；犯罪嫌疑人、被告人已经死亡；等等。

（四）免除刑事责任的事实

如果行为人没有达到法定的刑事责任年龄，或者在实施犯罪行为时，处于精神不正常的主观状态，则他们属于无刑事责任能力人，应免除其刑事责任。根据《刑法》的规定，行为人已满14周岁但不满16周岁的，只有在所犯罪行属于故意杀人、故意伤害致人重伤或死亡、强奸、抢劫、贩卖毒品、放火、爆炸、投毒罪的，才应负刑事责任；已满12周岁不满14周岁的人，只有犯故意杀人、故意伤害罪，致人死亡或者以特别残忍手段致人重伤造成严重残疾，情节恶劣，经最高人民检察院核准追诉的，才应负刑事责任。

另外，可判处死刑的刑事责任年龄，必须是在实施犯罪的时候已年满18周岁。精神病人在不能辨认或者不能控制自己行为的时候造成危害结果，经法定程序鉴定确认的，不负刑事责任。

（五）程序法事实

能够成为证明对象的程序法事实，主要包括：（1）对犯罪嫌疑人、被告人采取强制措施的事实。（2）关于回避的事实。（3）耽误诉讼期限是否有不能抗拒的原因或者其他正当理由的事实。（4）违反法定程序的事实。（5）有关管辖争议的事实。（6）与执行的合法性有关的事实，如关于罪犯“是否怀孕”的事实。（7）其他需要证明的程序性事实。值得注意的是，自2012年《排除非法证据规定》出台后，立法及司法解释明确将收集证据程序的

合法性纳入需要证明的程序法事实，规定当控辩双方就被告人审判前供述、未到庭证人的书面证言、未到庭被害人的书面陈述是否为非法取得有争议时，需要证明被告人审判前供述、未到庭证人的书面证言、未到庭被害人的书面陈述获得的合法性。最高人民法院《解释》第72条也将“有关管辖、回避、延期审理等的程序事实”纳入“应当运用证据证明的案件事实”。

三、免证事实

免证事实是相对于待证事实而言的，待证事实即证明对象，免证事实则是免除控辩双方举证，而由法院直接确认的事实。

免证是通过人类长期实践被多次证明有效的法律规则。它属于理性证明的范畴，并不构成对证据裁判主义的背离，而是一种变通和补充。它和利用证据来证明案情有所不同，并不要求任何一方当事人提出申请，一般可由法官依职权直接作出。法官直接予以确认的依据是经验法则或逻辑推理。确定一定范围的免证事实，有利于司法工作人员高效地处理案件，提高诉讼效率，节约司法资源，而且一般不至于发生差错，因而为世界各国立法所接受。

从国外的立法及研究看，免证事实主要涉及三方面内容：一是司法认知，二是推定，三是自认。对免证事实，我国《刑事诉讼法》并未规定。目前，仅有最高人民检察院《规则》第401条作了如下规定：“在法庭审理中，下列事实不必提出证据进行证明：（一）为一般人共同知晓的常识性事实；（二）人民法院生效裁判所确认的并且未依审判监督程序重新审理的事实；（三）法律、法规的内容以及适用等属于审判人员履行职务所应当知晓的事实；（四）在法庭审理中不存在异议的程序事实；（五）法律规定的推定事实；（六）自然规律或者定律。”

结合上述规定、司法实践及国外立法例，我们将免证事实区分为以下四类：一是众所周知的事实，二是司法认知事实，三是推定的事实，四是无争议的程序性事实。分述如下。

（一）众所周知的事实

众所周知的事实，又称“公众周知之事实”，是指具有一般知识的人都知道的事实，也就是最高人民检察院《规则》第401条第1项所规定的“为一般人共同知晓的常识性事实”。它包括一般人都知道的常识性事实，例如北京是我国的首都，国内著名的山川各在何处，法定的度量衡标准等；还包括一些自然规律和科学定理，例如太阳东升西落，潮汐降落，水往低处流，雨过地皮湿等。

那么，如何确定某一事实为众所周知的事实呢？对此，诉讼理论上有不同见解。英美法系国家大都以一般人知晓为标准，认为凡是为一般人所知道的，法官作为一般人，也必然知道。大陆法系国家则以法官认知为标准，认为法官是一般人中的一部分，若法官认为某一事实是一般人都知道的，即可免予证明。

（二）司法认知事实

司法认知，也称审判上的认知或者审判上知悉，是指对于应当适用的法律或某一认定的事实，法官依申请或依职权认定其为真实的一种诉讼证明方式。在诉讼过程中，法官对某一事实直接予以认知，即免除了控辩双方对该事实的证明责任。

国外立法对司法认知事实的规定并不统一。结合我国司法实践，司法认知事实主要包括立法事实、审判事实等。前者如各种法律规定，“法官理应知法”，因此对于法律规定一般不需要证明。另外，生效裁判所确认的事实，即所谓“预决的事实”，因无须证明，也可归入司法认知事实的范围。

(三) 推定的事实

推定是指根据某一事实的存在而作出另一事实存在的假定。前一事实被称为基础事实，后一事实被称为推定事实。基础事实得到证明，推定事实便可以被直接确认。因此，对于根据已知事实而推出的另一事实，司法机关可以直接确认，其不必作为证明对象。

推定一般分为法律推定和事实推定两大类。由法律规定的，即为法律上的推定；非由法律规定而依经验法则进行推论，则为事实上的推定。例如，“公民下落不明满四年的推定为死亡”，“在夫妻关系存续期间所取得的财产推定为夫妻共有财产”，这些就属于法律上的推定，无须再加以证明，但有相反的证据足以推翻的除外，例如，夫妻二人对财产另有约定的，即可推翻“共有财产”的推定。

刑事诉讼中的推定，主要涉及实体法关于巨额财产来源不明罪及非法持有型犯罪的规定。推定与证明责任有着复杂的关系，一般认为推定导致证明责任的转移或倒置。对此内容，将在下一节“刑事证明责任”中予以介绍。

(四) 无争议的程序性事实

无争议的事实，包括程序性事实和实体性事实。民事诉讼中有自认制度，即基于处分原则，经当事人自认的事实被视为真实并具有约束力。因此，一旦自认，该项事实即行确定，不但法院没有必要调查其真实性，亦不允许作出与此相反的事实认定。也即对于当事人自认的事实，对方当事人无须再对该项事实进行证明。在英美刑事诉讼中，只要被告人在法庭上自愿供认有罪，作出任意性自白，即构成有罪答辩，法院对案件不再开庭审理，直接进入量刑阶段。

但在我国刑事诉讼中，并未实行有罪答辩制度，法律明确要求“只有被告人的供述，没有其他证据的，不能认定被告人有罪和处以刑罚”，因而，即使犯罪嫌疑人、被告人对犯罪事实作出了有罪供述，也不能免除控诉方对其有罪指控的证明责任。据此，作为免证事实的无争议事项仅限于程序性事实，并不包括实体性事实。

第四节　刑事证明责任

一、刑事证明责任的概念

证明责任，一般又称为“举证责任”。对于证明责任的具体含义，我国诉讼法学界早期曾有三种观点：一是行为责任说，即认为证明责任就是指提供证据这种行为的责任；二是结果责任说，即认为证明责任是在案件事实不清的情况下，由负证明责任的一方当事人承担不利后果的责任；三是双重含义说，即认为证明责任包含行为意义上的证明责任和结果意义上的证明责任。随着对证明责任理论研究的深入，“双重含义说”已得到广泛认同，我们亦采纳此说。

我国学者对证明责任含义的深入理解，是从研究英美法系、大陆法系证据法中的证明责任概念开始的。英美法中的证明责任，包括两重含义：一是当事人为证明自己的主张或否认对方主张，而承担的提出证据的责任，即提供证据责任；二是在审判的最后阶段，当事实真伪不明时，承担于己不利的诉讼后果的责任，即说服责任。大陆法系国家，以德国为代表，将证明责任分为主观证明责任和客观证明责任：前者是指当事人为获得有利于自己的判决，承担提供证据证明自己主张的责任，又称行为责任、形式上的证明责任；后者是指法律规定的要件事实在法院审理的最后阶段仍然真伪不明时，由对该要件事实负主张责任的一方承担不利后果，又称为结果责任、实质上的证明责任。一般认为，英美法系的提供证据责任与大陆法系的主观证明责任、行为责任具有类似含义，而其说服责任又与大陆法系的客观证明责任、结果责任具有共同的性质。

在借鉴西方证明责任概念的基础上，我国学者提出了证明责任的“双重含义说”，认为证明责任的含义应包括行为责任和结果责任两个方面。所谓行为责任，又称提供证据责任，是指当事人在诉讼过程中，对其所主张的或者反驳的事实负有提出证据加以证明的责任。所谓结果责任，又称说服责任，是在不能提供确实充分的证据，而且案件事实真伪不明时，承担不利诉讼后果的责任。这种区分，与英美法系关于提供证据责任与说服责任的区分，及大陆法系关于主观证明责任和客观证明责任、行为责任和结果责任的区分，基本上是一致的。

根据以上理解，我们对证明责任定义如下：证明责任，是证明主体为了使自己的诉讼主张得到法院裁判的确认，所承担的提供和运用证据支持自己的主张以避免对己方不利的诉讼后果的责任。其具体含义如下。

（1）证明责任总与一定的诉讼主张相联系。诉讼主张既是审判程序的原动力，又是诉讼活动的终结和归宿。在刑事诉讼中，检察机关指控被告人构成犯罪，请求法院给予刑事处罚，即是向法院提出的诉讼主张，该诉讼主张具有对法院审判构成拘束的法律效力。从权利义务一致的角度分析，如果说提出诉讼主张是当事人的一项诉讼权利，那么当事人要实现该权利，以期法院作出有利于自己的判决，就必须承担相应的义务，而证明责任从本质上说就是一种证明义务。如果当事人不履行或没有很好地履行这一义务，其诉讼权利就难以实现，这正体现了权利义务相统一的原理。

（2）证明责任是行为责任和结果责任的统一。如前所述，证明责任的含义包括提出证据的行为责任和在案件事实真伪不明时承担不利诉讼后果的结果责任两个方面，是二者的统一。仅仅提出证据并不等于履行了证明责任，还必须尽可能地说服裁判者相信其所主张的事实存在或者不存在。

（3）证明责任总是和一定的诉讼后果相联系。证明责任最终表现为，如果承担证明责任的一方当事人不能提出足以说服法官确认自己诉讼主张的证据，则需承担败诉或者其他不利后果的责任。这种不利后果的负担是一种潜在的风险，只有在经过一系列的诉讼证明活动之后，诉讼结束时才会发生。在刑事诉讼中，如果控诉方不能提供确实充分的证据或诉讼结束时案件仍处于事实真伪不明的状态，指控的罪名便不能成立，被告人将被宣告无罪。这实质上是指控的失败，从诉讼意义上讲，这一结果就是刑事控告方的“不利后果”。

二、刑事证明责任分配的原则

刑事证明责任的分配，是指证明被告人有罪、无罪的责任或者其他与犯罪有关的特定事项的证明责任如何在有关国家专门机关和诉讼当事人之间进行配置的问题。证明责任的分配，只能在证明主体之间进行，凡不属于证明主体的，例如人民法院、当事人以外的其他诉讼参与人，不存在承担证明责任的问题。科学合理地分配刑事证明责任，不仅有利于保障被告人的权利，而且有利于实现司法公正和诉讼证明任务的完成以及刑事政策的实现。

无论是大陆法系还是英美法系，在刑事证明责任分配中均遵循一条基本原则，即证明被告人有罪的责任始终由控诉方承担，刑事被告人不承担证明自己有罪或无罪的义务。可见，无罪推定原则是刑事证明责任分配的主要标准。但无罪推定原则并非刑事证明责任分配的唯一标准，世界各国关于被告人承担证明责任的例外规定，说明在刑事诉讼中分配证明责任时，除了无罪推定这一基本准则，还应考虑其他分配要素，比如“谁主张，谁举证”、利益权衡、诉讼便利等。

(一) 无罪推定原则

刑事证明责任的分配，首先与无罪推定原则密切相关。无罪推定原则不仅直接确立了“被告人不等于犯罪人”的观点，明确了被告人在刑事诉讼中的诉讼主体地位，还引申出两条基本要求：一是由控诉被告人犯罪的机关或人员提供充分的证据来证明被告人被控犯罪的事实，二是由审判机关依照正当法律程序对被告人是否犯有被指控罪行作最后认定。可见，无罪推定原则发展至今，已经包含了相当丰富的内涵，但其核心在于，通过假定每个公民（包括被告人）均处于无罪的原始状态，课以控诉机关在推翻这种原始状态时提供充分证据的义务。从这个意义上看，无罪推定原则的本质乃在于明确控诉机关在刑事诉讼中的证明责任。

具体而言，无罪推定原则要求：(1) 提供证据证明被告人有罪的责任由控诉一方承担，且其不得采用酷刑和其他非法方法收集证据；(2) 控诉一方履行证明责任必须达到案件事实清楚、证据确实充分、排除合理怀疑的程度，若不能证明被告人有罪或者证明达不到法律规定的要求，则应判定被告人无罪，即“疑罪从无”，对疑案作有利于被告人的处理；(3) 被告人有辩护的权利，却没有证明自己无罪的义务，不能因为被告人不能或没有证明自己无罪而认定被告人有罪。

(二)“谁主张，谁举证”原则

“谁主张，谁举证”，是证明责任分配的一项基本原则。它起源于古罗马时期，一般认为包括两项具体规则：第一，一方当事人对自己所主张的事实，有提出证据证明的义务，否认的一方没有证明责任；第二，双方当事人对自己的主张都提不出足够的证据时，负证明责任的一方败诉。可见，该原则的本质要求就是，证明责任由提出主张的当事人来承担，如果对方当事人对该积极主张仅仅持消极否定态度，而没有提出自己的积极主张，那么他不承担证明责任。

在诉讼法学界，不少学者认为“谁主张，谁举证”是民事证明责任分配的一项原则，而不适用于刑事证明责任的分配。其实，这不仅是对该原则的误解，也是对刑事诉讼的一种误解。“谁主张，谁举证”原则完全可以作为刑事证明责任分配的基本原则之一，理由如下：

首先，无罪推定原则无法完全解决刑事证明责任的分配问题。它只解决了刑事证明责任当中的核心问题——由谁来承担被告人有罪的证明责任，而没有解决阻却违法事由或者阻却责任事由（以下简称阻却事由）的证明责任分配问题。而“谁主张，谁举证”原则既可以解释犯罪构成要件的证明责任问题，也可以解决阻却事由的证明责任问题。一方面，按照证明责任的含义，为了避免出现对控诉不利的法律后果，控方必须对犯罪构成要件承担证明责任；另一方面，阻却事由的证明责任不可能由控方来承担。这是因为，阻却事由成立则意味着犯罪构成要件不成立，控方既不可能同时提出犯罪构成要件和阻却事由的诉讼主张，也不可能同时承担犯罪构成要件和阻却事由的证明责任。这意味着，在控方已经提出犯罪构成要件的诉讼主张并承担证明责任的情况下，只能由从阻却事由当中获取利益的辩护方提出该诉讼主张并承担相应的证明责任。

其次，在刑事法庭审判过程中，辩护方对控方的刑事指控，既可以采取积极抗辩的方式，也可以采取消极抗辩的方式。而辩护人一旦采取积极抗辩的方式，就必须提出相应的积极主张，对这种积极主张，只能由辩护方来承担证明责任，否则该积极主张既不会成为系争事实，也无法构成法庭裁判的对象。而辩护方就其积极主张承担证明责任，就是“谁主张，谁举证”原则的一种具体表现。

（三）利益权衡原则

所谓利益权衡原则，是指在某些特殊的刑事案件中，基于对其他各种综合因素的考虑而将部分或局部的证明责任分配给被告人一方，从而使刑事案件“一边倒”的证明责任分配模式得到适当平衡。

在刑事诉讼中，将部分证明责任分配给被告人主要是基于以下考虑：

（1）刑事政策。为了体现立法者严厉打击某种犯罪的意图，往往可以通过改变证明责任分配规则来加大对该类犯罪的打击力度，因此，基于刑事政策的考虑而将证明责任分配给被告人一般是由实体法作出特别规定。

（2）证明的难易。公诉机关在进行证明时负有客观、中立的义务，既要证明犯罪构成要件的各项事实，又要证明对被告人有利的事实。但在很多情况下，完全由公诉机关证明对被告人有利的情况不仅非常困难，而且使诉讼无法有效进行。事实上，被告人证明对自己有利的情况时所遇到的困难一般远远小于公诉方，因而，在证明责任制度中，在无损于公正审判的前提下应尽可能地由易于举证的一方当事人承担证明责任，即当被告人证明自己无罪显然易于控方证明被告人有罪时，被告人并不能绝对地被免除证明责任。

（3）诉讼效率。在刑事诉讼活动中，对某些案件中的某些事实和情节，公诉方投入较大的人力、物力、财力，消耗较多的时间后，也能够取得证据加以证明，但如果被告人对这些证据享有信息优势，由其提供证据证明，则不仅可以节省司法资源、降低诉讼成本，同时也有利于迅速及时地查明案情，使被告人摆脱讼累。

在具体个案中，根据上述几个要素所得出的证明责任分配并不总是完全一致，这时就需要立法者和司法者从中作出选择，其选择往往体现出他们对其中某个或某几个要素的特别重视。事实上，大多数情况下，根据上述几个要素所得出的证明责任分配往往是一致的，因为这几个要素本身就互相重叠，不能也不可能仅以其中一个要素为依据。如根据证明难易而作出的证明责任分配，一定是有利于诉讼效率的提高的，而刑事政策也往往是兼顾证明难易、诉讼效率的。

（四）诉讼便利

诉讼便利，是指根据经验法则判断在某种刑事案件中一般由何方当事人举证更为便利，或者根据对盖然性的预测，让主张不符合通常情形的事实的当事人承担证明责任。因为一般认为，已经确立的状态在持续方面的盖然性高，所以应当让对确立的状态进行变更并从中获益的当事人承担证明责任。当然，有时根据证据距离、证明难易所进行的证明责任分配，也可以被理解为在程序上基于诉讼便利的考虑。可见，诉讼便利也是诉讼公平的应有之义，它与利益权衡原则中根据证明难易而进行的证明责任分配，共同构成公平的内涵。

三、刑事证明责任分配的一般规则

(一) 公诉案件中证明责任的分配

在公诉案件中，证明责任分配的一般规则是：公诉机关承担证明责任，被告人不承担证明责任。在审判中，公诉机关要向法院提供确实、充分的证据证明其指控的犯罪事实，而且其证明要达到法定的标准。被告人既没有义务向法院证明自己有罪，也没有义务向法庭证明自己无罪。换言之，被告人可以不向法院提供任何证据，仅对公诉机关提出的证据进行质疑，这就完成了辩护的任务。被告人甚至可以不作任何辩护，法院也不能因此作出对被告人不利的判决。

除了无罪推定原则的要求，证明责任的分配还有操作层面上的理由需考虑。由公诉机关承担证明责任，一方面，是因为公诉机关是诉讼程序的启动者，是要求法院作出判决的人，所以公诉机关应该向法院提供证据支持其主张和要求。这符合“谁主张，谁举证”的基本原则。另一方面，公诉机关既然做好了起诉的准备，自然也处于举证的便利位置，让其承担证明责任也顺理成章。被告人不承担证明责任的理由也有两个方面：第一，被告人在诉讼中处于被动防守的位置，不便于举证；第二，被告人的诉讼主张是否定公诉方指控的犯罪事实，而否定某事实的存在，往往难以举证。诚然，被告人在审判中可以举出证据证明自己无罪或罪轻，但是，这属于法律赋予被告人的辩护权，是权利，不是义务或责任。被告人可以依法行使辩护权，也可以不行使辩护权，而且不能仅仅因为其不行使辩护权就作出对其不利的事实认定或裁判结果。

对于我国《刑事诉讼法》第 120 条规定的“犯罪嫌疑人对侦查人员的提问，应当如实回答”，有学者认为这是法律对被告人施加的证明自己无罪或有罪的责任，因而不同意被告人不负证明责任这一原则。但是，多数学者对此提出反对意见，认为犯罪嫌疑人如实回答侦查人员的提问，与其是否承担证明责任完全无关。理由是：首先，该规定所针对的对象是犯罪嫌疑人，不是刑事被告人，不是公诉机关正式提出犯罪指控的对象。其次，该规定只是一种道义上的要求，是立法者“号召”犯罪嫌疑人配合侦查机关查明案件事实的举措。再次，这条规定的内容不属于证明责任的范畴。最后，我国《刑事诉讼法》第 52 条已明确规定，“不得强迫任何人证实自己有罪”。如果说犯罪嫌疑人或被告人承担证明责任，那么他不举证或举证不能，就要承担不利的诉讼后果，即被判定为有罪。但是，根据《刑事诉讼法》第 120 条的规定，即使犯罪嫌疑人不如实回答问题，甚至根本不回答问题，司法机关也不能因此就判定其有罪。由此可见，该规定并没有违背刑事诉讼中关于证明责任分配的一般规则。从实质上讲，该规定是立法者对犯罪嫌疑人应当积极配合公安司法机关查明案情的伦理要求，而不是要求犯罪嫌疑人就其无罪承担证明责任。

另外，公诉案件中的被害人也不承担证明责任。虽然公诉案件的被害人也是当事人，有权举报和控告，但法律并不要求被害人承担证明责任。这是因为：被害人力量单薄，没有能力收集足够的证据来揭露犯罪和证实犯罪。正因为如此，国家设立了专门的侦查机关和检察机关，负责对刑事犯罪的侦查和起诉。这体现了国家对被害人权益的特殊保护。

（二）自诉案件中证明责任的分配

一般认为，在刑事自诉案件中，自诉人即原告方承担证明责任，被告方不承担证明责任。我国《刑事诉讼法》第51条规定："……自诉案件中被告人有罪的举证责任由自诉人承担。"这是司法活动中"谁主张，谁举证"基本原则的体现。如果自诉人不能用充分证据证明其指控的犯罪事实，在受理审查阶段，法院应当说服自诉人撤回自诉；自诉人不撤回自诉的，裁定不予受理；已经立案的，应当说服自诉人撤回起诉或者裁定驳回起诉；经开庭审理之后，法院则应判决被告人无罪。总之，自诉人举证不能或者不充分，就要承担败诉的后果。自诉案件中的被告人不负证明责任，但在其提起反诉的情况下，则要对反诉事实负证明责任，实际上这时其地位属于反诉案件中的自诉人。

（三）被告人承担证明责任的例外情形

前已阐明，无论在公诉案件还是自诉案件中，基于无罪推定原则的要求，被告人一般均不承担证明责任。但这仅是一项概括性的规则，在法律规定的例外情形下，被告人仍要对特定事项，特别是证明其无罪的事项，承担局部的证明责任。也就是说，被告人不承担证明责任，并不是绝对的。

从两大法系国家关于辩方承担证明责任的有关立法和实践看，被告人对于以下几类事实应当承担一定的证明责任：（1）制定法明确规定应由被告人承担证明责任的情形或者其他可反驳的法律上的推定。（2）阻却违法性及有责性的事实，如精神不正常、不可抗力、意外事件、正当防卫、紧急避险等事实。（3）被告方的某些积极抗辩主张。被告方提出的抗辩根据内容的不同，可以分为积极抗辩和消极抗辩。对于消极性的抗辩理由，被告人可以只提出主张，而对于积极性的抗辩理由，被告人一般应提供相应的证据予以支持。（4）被告方主张的程序性事实，如法官及陪审员是否应当回避等事项。（5）被告方独知的事实。依据某种只有自己知道的事实而提出主张的当事人，必须证明他所依据的事实，否则将承受不利的法律后果。

可见，被告人承担证明责任具有以下三个特点：其一，只有在控方对被告人构成犯罪的基本事实证明之后，辩方才需要对法定的应由其证明的部分事实进行证明。其二，即使是法定的应由被告方承担证明责任的辩护理由，在辩方履行证明责任后，最终反驳其存在的责任仍然由控方承担。其三，只有那些控方无法证明或者难以证明，且辩方有可能证明的事实，才应由辩方承担证明责任。

四、刑事证明责任的转移和倒置

刑事证明责任的转移和倒置，是刑事证明责任分配的两种特殊情形。

（一）刑事证明责任的转移

1. 刑事证明责任转移的概念。

如前所述，在刑事诉讼中，控方承担证明责任是一般性规则。由于控方主动发起诉讼，提出被告人有罪的主张，因而由其承担证明责任，是贯彻"谁主张，谁举证"原则的体现。但与此同时，辩方并非完全消极被动，其对整体案件事实虽不承担证明责任，但在辩护、反驳时，也可针对某些特定事实或情节提出积极的、具体的主张。对这些主张，也应遵循"谁主张，谁举证"的原则分配证明责任，即在某些情况下，证明责任会从控方转移到辩方身上。一旦辩方完成举证，案件中的证明责任就又转移回控方。

刑事证明责任转移，是"谁主张，谁举证"原则在刑事诉讼中的贯彻和体现。从刑事诉讼证明的具体过程来看，当控方已顺利地完成其证明责任，从而导致被告人即将面临被判决有罪时，无罪推定原则对被告人的保护就宣告结束。而在无罪推定被推翻的情况下，为避免被告人被判决有罪，辩方往往不得不提出被告人无罪或者足以使法官作出无罪判决的诉讼主张。根据“谁主张，谁举证”原则，此时辩方必须提出一定的证据证明其诉讼主张能够成立。这就发生了证明责任的转移，即证明责任由控方转移到辩方。另外，证明责任的转移，还可能是考虑到诉讼活动中证明的需要和举证的便利，即由哪一方先行举证更有利于诉讼证明的推进。

2. 刑事证明责任转移的内容。

证明责任由控方转移给辩方，一般是以辩方提出了积极抗辩为前提的，例如，关于被告人责任能力的事实主张，包括被告人有精神病或在案发时处于精神不正常状态、未达到法定刑事责任年龄等；关于被告人行为的合法性或正当性的事实主张，包括正当防卫、紧急避险等；关于侦查人员或者执法人员行为的违法性的事实主张，包括刑讯逼供、“侦查陷阱”等；关于被告人根本不可能实施指控犯罪行为的事实主张，如案发时不在现场等。辩方仅对其主张的上述抗辩事实承担证明责任，而并非对全部案件事实承担证明责任。

另外，在证明责任转移的情况下，所转移的一般只是提出证据的行为责任，而不包括说服责任、结果责任，结果意义上的证明责任始终固定于控方。与此相适应，对于辩方承担证明责任所应达到的证明标准，一般认为，低于控方证明标准。换言之，辩方的证明不必达到“证据确实、充分”或“排除合理怀疑”的程度，而只要达到“合理怀疑”或“优势证据”标准即可。

(二) 刑事证明责任的倒置

1. 刑事证明责任倒置的概念。

所谓倒置，是针对“谁主张，谁举证”“主张者举证，否认者不举证”这一通常规则而言的。在倒置情形下，实行的是“主张者不举证，否认者举证”。

导致证明责任倒置的因素，一般包括：(1) 证据距离，即在有可能承担证明责任的双方当事人之间，哪一方距离证据的来源更近一些。(2) 举证能力的强弱。举证能力包括收集证据、调查证据、利用证据的能力。(3) 实体法上的特别立法政策考虑。立法者往往采用证明责任倒置的方法来表达其立法宗旨和立法追求。(4) 盖然性标准。盖然性就是可能性，即按照统计学上的原理，根据某种事件或某种现象发生的概率高低来确定证明责任的配置。(5) 举证妨碍，又称证明受阻，指的是对于负有证明责任的一方当事人，相对方故意或过失使诉讼中存在的唯一证据灭失或者使其无法提出，以致案件事实处于证明不能状态的一种特殊诉讼现象。对当事人的举证妨碍行为，诉讼法上可以规定一定的制裁措施，如实行证明责任倒置。

2. 刑事证明责任倒置与刑事证明责任转移的区别。

一是针对的规则不同。作为例外情形，二者都是针对证明责任分配的一般规则而言的。其中，证明责任转移是针对“控方举证”规则而允许的例外，即证明责任由控方转移至辩方，但该转移仍遵循着“谁主张，谁举证”的一般规则。证明责任倒置则是针对“谁主张，谁举证”“主张者举证，否认者不举证”一般规则而允许例外，即实行“主张者不举证，否认者举证”。

二是发生时间不同。证明责任倒置源于法律的明确规定，是法律对证明责任的预先分配，先于诉讼而存在。而证明责任转移则是在诉讼开始后，当控方举证达到一定程度，辩方为反驳而提出新的积极事实主张时，才可能发生。

三是证明的主张不同。证明责任转移时，所要证明的是辩方提出的积极的、具体的抗辩主张。而在证明责任倒置时，所要证明的是一方针对另一方主张而提出的消极的“否认”主张。

四是证明的程度不同。证明责任转移，转移给辩方的仅是提出证据的行为责任，其证明程度一般仅要求达到“优势证据”或“合理怀疑”。但在证明责任倒置中，既可能倒置提出证据的行为责任，也可能倒置严格的说服责任、结果责任（不利控方的倒置）。第一种情况下，证明的程度要求达到优势证据、盖然性权衡；第二种情况下，则往往要求达到“排除合理怀疑”的程度。

五是法律规定不同。证明责任倒置，均由实体法或程序法严格规定，不允许司法工作人员任意改变。而证明责任转移，则派生于“谁主张，谁举证”规则，是一种在诉讼中求胜的本能使然的，法律上未必作明确规定，也不具有强制力。

六是法律后果不同。在证明责任倒置的情形下，若不履行证明责任必然导致不利的诉讼后果。而在证明责任转移的情况下，若不履行证明责任，只是其提出的主张不能成立，并不必然导致对其不利的诉讼后果。

七是发生次数不同。证明责任倒置是以证明责任分配的一般原则为基准的，属于证明责任的一种非常态分配，只发生一次，而且在发生后即成为一种静态的规则。而证明责任转移，可以在控辩双方之间来回转移，是一种动态的转移。

3. 证明责任倒置适用的情形。

(1) 刑事推定。

关于推定对证明责任分配的影响，我国学者有不同看法：一种观点认为，推定导致证明责任转移；另一种观点认为，推定导致证明责任倒置。

我们认为，根据前述关于证明责任转移与倒置的区分，推定所导致的应是证明责任的倒置，即对推定事实实行“主张者不举证，否认者举证”。但这种倒置是需要前提的，即主张推定的一方对基础事实完成了证明，并且对方当事人对推定事实提出了异议。在此前提下，对于推定的结论事实，提出主张的一方不再承担证明责任，而由提出异议的对方承担证明推定事实不成立的责任。这是典型的证明责任倒置，而非证明责任转移，因为，证明责任转移的基本特征是遵循“谁主张，谁举证”规则，而在推定情形下，对推定的结论事实实行的是“主张者不举证，否认者举证”，这是证明责任倒置的典型特征。

(2) 巨额财产来源不明罪。

我国《刑法》第395条规定：“国家工作人员的财产、支出明显超过合法收入，差额巨大的，可以责令该国家工作人员说明来源，不能说明来源的，差额部分以非法所得论……”多数学者认为这是一种证明责任倒置。在此类案件中，立法者出于严厉打击贪污受贿犯罪的需要，规定由被告人承担部分证明责任。如果被告人不能用充分的证据说明其超出合法收入的那部分巨额财产的合法来源，法院即可推定那些财产是非法所得，以巨额财产来源不明罪定罪处罚。

但须注意，在此类案件中，控方并非完全不承担证明责任，对基础事实，即被告人的财产和支出明显超出其合法收入并且数额巨大的事实，必须承担证明责任。一旦完成了对基础事实的证明，证明责任即转到被告人身上，被告人有义务说明其超出合法收入的那部分巨额财产的合法来源。

(3) 非法持有型犯罪。

对我国刑法规定的非法持有型犯罪，如非法持有毒品，非法持有枪支、弹药，非法持有国家绝密、机密文件资料等，学者普遍认为，其证明责任的分配处于倒置状态。只要司法机关能证明犯罪嫌疑人、被告人不该持有而持有了上述物品，那么在此情况下，犯罪嫌疑人、被告人即负有说明来源与用途合法的证明责任。如果他不能以优势证据证明上述物品来源和用途是合法的，那么就可以推定为非法，并认定其有罪。

（4）刑讯逼供等非法取证行为。

为解决刑讯逼供等非法取证行为难以证明的问题，学界普遍认为：对侦查中是否存在刑讯逼供等非法取证行为，应实行证明责任倒置，由控方承担证明责任。理由在于，我国侦查程序具有较强的封闭性、秘密性，缺乏律师和其他第三方的介入，辩方很难证明刑讯逼供等非法取证行为的存在，而控方有保证其取证行为合法的义务。而且，从英、美、德、日等法治国家的做法来看，它们都将证明口供自愿性、证据可采性的证明责任倒置给控方，辩方仅负有提出“合理怀疑”的初步责任。

我国《刑事诉讼法》第 58 条第 2 款规定：“当事人及其辩护人、诉讼代理人有权申请人民法院对以非法方法收集的证据依法予以排除。申请排除以非法方法收集的证据的，应当提供相关线索或者材料。”第 59 条规定：“在对证据收集的合法性进行法庭调查的过程中，人民检察院应当对证据收集的合法性加以证明。”“现有证据材料不能证明证据收集的合法性的，人民检察院可以提请人民法院通知有关侦查人员或者其他人员出庭说明情况；人民法院可以通知有关侦查人员或者其他人员出庭说明情况。有关侦查人员或者其他人员也可以要求出庭说明情况。经人民法院通知，有关人员应当出庭。”第 60 条规定：“对于经过法庭审理，确认或者不能排除存在本法第五十六条规定的以非法方法收集证据情形的，对有关证据应当予以排除。”

《排除非法证据规定》第 6、7、10 条，以及《关于办理刑事案件严格排除非法证据若干问题的规定》第 20、31、34 条也具体规定了对审判前供述等证据合法性问题的证明责任：被告人及其辩护人提出被告人审判前供述是采用刑讯逼供等非法手段取得的，法庭应当要求其提供涉嫌非法取证的人员、时间、地点、方式、内容等相关线索或者证据。经审查，法庭对被告人审判前供述取得的合法性有疑问的，公诉人应当向法庭提供讯问笔录、原始的讯问过程录音录像或者其他证据，提请法庭通知讯问时其他在场人员或者其他证人出庭作证，仍不能排除刑讯逼供嫌疑的，提请法庭通知讯问人员出庭作证，对该供述取得的合法性予以证明。在控方不能举证，或者已提供的证据不够确实、充分的情况下，则应承担不能以该证据证明指控的犯罪事实的法律后果和责任。最高人民法院《解释》第 127、135、137 条也作了类似规定。

根据以上规定，对证据合法性问题的证明责任，应由控方承担，辩方仅承担启动证据合法性调查程序的初步责任。

第五节　刑事证明标准

一、证明标准的概念

证明标准，又称“证明要求”“证明任务”，是指在刑事诉讼中，负有证明责任的诉讼主体对案件事实的证明所要达到的程度。

证明标准与证明对象、证明责任联系密切，证明对象解决的是哪些案件事实需要运用证据加以证明的问题，证明责任解决的是由谁来提供证据证明这些案件事实的问题，而证明标准解决的是对案件事实应当证明到何种程度的问题。可以说，证明对象、证明责任是证明标准产生的前提和基础，证明标准则是检验证明对象是否全部得到证明、证明责任是否完全履行的具体尺度。

法律对证明标准的设定，对诉讼各方均有拘束力，即证明标准既作用于当事人的举证行为，也作用于审判者的裁判行为。具体而言，法官以证明标准为依据对当事人的证明活动进行法律评价，如果当事人履行证明责任达到了法定的证明标准，法官就认定该当事人的诉讼主张成立，反之，法官则应判定其诉讼主张不成立。对当事人而言，负担证明责任者依循证明标准确定和组织用于证明的证据，并努力按照证明标准来履行自己的举证义务；不负担证明责任的当事人则依循证明标准来抨击和质疑对方的举证行为，并决定己方是否有必要提供用来反驳的证据。具体到刑事诉讼中，控、辩、审三方诉讼主体均可借助于证明标准预测相互之间的行为动向和即将采取的程序步骤，同时决定自己将采取的诉讼措施。

法律设定证明标准，需要考虑以下几个因素：首先，证明标准应当是一种明确的、具体的、可操作的法律标准，因为诉讼中确立证明标准的目的就是为诉讼当事人和事实裁判者进行相应的诉讼行为提供基准和参照，所以，将证明标准理解为一种应然模式或理想状态是不符合诉讼实践需要的。其次，证明标准应当是大多数诉讼在时空限制和资源许可的情况下所能达到的标准。诉讼证明总是在特定的时空范围内进行的，受到有限资源的制约，必须考虑成本、效益、效率等因素，不能将证明标准设置过高。最后，证明标准还应根据诉讼性质的不同而加以区别。刑事诉讼涉及对被告人定罪量刑的问题，其法律后果最为严重，因此各国无一例外地将对被告人定罪判决的证明标准设定为最高。另外，即使在同一诉讼中，因证明对象、证明主体的不同，证明标准也应有所区别。

二、关于刑事证明标准的学说

（一）“排除合理怀疑”和“内心确信”

在西方国家，存在着两种较具代表性的对刑事证明标准的表述，即“排除合理怀疑”和“内心确信”。虽然措辞不尽相同，但一般认为，二者其实是同一证明标准互为表里的表述。

1.“排除合理怀疑”。

在英美法系国家，“排除合理怀疑”是刑事诉讼中认定被告人有罪时所要求的证明标准。对于何为“合理怀疑”，英美国家的制定法、法官和学者曾给出各种解释和说明。英国的枢密院和上诉法院认可的含义是：“当你们在处理自身事务的重要问题时，能以各种方式影响你作出决定的那种性质和种类的怀疑。”① 在美国法院普遍使用的定义是 Devitt v. Blackmar 案的法官对陪审团作出的指示：“合理怀疑是依据理智和常识的怀疑——某种会使得有理智的人在行动时犹豫不决的怀疑。”因此，排除合理怀疑的证明必须是非常令人信服的，以至于“一个有理智的人在其处理自己最为重要的事务时会毫不犹豫地依赖它并遵

① Walters v. R. [1969] 2A. C. 26.

照它来行事”[1]。另一个得到广泛引用的定义是美国《加利福尼亚州证据法典》第1096条的规定：“它不仅仅是一个可能的怀疑；因为任何与人类事务相关并且依赖于品行证据的一切事情都可能有某种可能的或者虚构的怀疑。它是指该案的状态，在经过对所有证据的总的比较和考虑之后，陪审员心里处于这种状况，他们不能说他们对指控罪行的真实性得出永久的裁决已达到内心确信的程度。”

对于何为“合理怀疑”及“排除合理怀疑”，我国学者也多有解说。例如，我国台湾地区的一位学者认为：所谓怀疑，当然只是一种可以说出理由的怀疑，而不是无故怀疑，否则，对于任何纷纭的人事，都可以发生想象的或幻想的怀疑。因此，所谓合理之怀疑，必非以下各种的怀疑：任意妄想的怀疑；过于敏感投机的怀疑；仅凭臆测的怀疑；故意为被告解脱以逃避刑责的怀疑。如果属于以上各种怀疑，即非通常有理性的人所为合理、公正、诚实的怀疑。[2] 还有学者指出，“排除合理怀疑”并不是要求排除一切可能的怀疑，而仅要求此种被排除的怀疑必须能够说出理由、摆出道理，经得起理性论证，而不是无故置疑、吹毛求疵。也就是说，合理怀疑是指用作证明的证据和被证明的事实有缺陷、不真实，不具有合法性、排他性和关联性，从而有理由认为其不确实，而不是无端猜疑。[3]

总之，虽然众说纷纭，但对“合理怀疑”及“排除合理怀疑”的理解，仍有着共识：“排除合理怀疑”是一个很高的证明标准，但也并非要求排除一切怀疑，要求排除的是确有理由、确有根据的怀疑，而不是无中生有、主观臆测的怀疑。

2. “内心确信”。

大陆法系国家认定被告人有罪的证明标准，通常被概称为“内心确信”。对何为“内心确信”，最经典的表述是《法国刑事诉讼法》第353条之规定：“在重罪法庭休庭之前，审判长应宣读以下训词。这一训词以粗体大字张贴在评议室最明显的位置：‘法律不责问法官形成自我确信所依据的理由；法律也不规定一种规则并让法官必须依赖这种规则去认定某项证据是否完备、是否充分。法律只要求法官平心静气、集中精神、自行思考、自行决定，本着诚实之良心，按照理智，寻找针对被告人所提出的证据以及被告人的辩护理由所产生的印象。法律只向法官提出一个概括了法官全部职责的问题：您已有内心确信之决定吗？’”[4]

欧洲大陆各国及日本、俄罗斯等国家，在认定被告人有罪时，普遍采用“内心确信”标准。大陆法系的证明标准与法官的自由心证联系密切，即法官通过对证据的审查判断所形成的那种内心确信为“心证”，当这种“心证”达至深信不疑或者排除合理怀疑的程度时，便形成确信。

对“内心确信”的含义，有学者将其概括为“高度的盖然性”，并认为它与英美法系的“排除合理怀疑”标准在实质上是一致的，二者具有明显的同一性：第一，二者要求达到的证明程度相同，即在信念上确信，并且这种确信是出于良知或者是真诚地形成的，是理性的；第二，二者都不是完全主观和任意的，它们都要求据以形成确信的证据基础；第三，都要通过这种要求，来防止法官和陪审团错误地认定案件事实。同时也要看到，二者所体

① Devitt v. Blackmar, Federal Jury Practice and Instruction, 11.14 (3d., 1977).

② 李学灯．证据法比较研究．台北：五南图书出版公司，1989：667.

③ 南英．谈谈刑事诉讼中的证明标准//陈光中．诉讼法论丛：第7卷．北京：法律出版社，2002：24.

④ 法国刑事诉讼法典．罗结珍，译．北京：中国法制出版社，2006：248，249.

现的思维方式不同，“内心确信”是对证明标准的正向表述，“排除合理怀疑”是反向表述。不过，在诉讼证明中，只有“排除合理怀疑”才能达成“内心确信”，而要达成“内心确信”又必须“排除合理怀疑”。此二者相互渗透、互相贯通，是同一证明标准的两种不同表述。如果说二者存在区别的话，则是“内心确信”的表达方式更为强调证明标准的主观方面，而“排除合理怀疑”的表达方式同时强调了证明标准的客观基础，注意了主、客观的平衡，而且更为接近事实认定的实际过程。①

此外，应当注意到的是，基于“排除合理怀疑”及“内心确信”的内在一致性及近代法系的融合，大陆法系和英美法系在证明标准上已相互借鉴、兼采并用，而使证明标准趋于统一。例如日本，对刑事诉讼中的严格证明，以往要求达到“内心确信”的程度，但随着其诉讼结构的当事人主义化，“内心确信”和“排除合理怀疑”两项标准在日本已达到高度统一。

（二）“客观真实”与“法律真实”

“客观真实”与“法律真实”，是我国诉讼法学界对于案件事实能够证明到什么程度，或者说达到证明标准的事实的性质是或应当是什么，所提出的两种有代表性的观点。

1. 客观真实说。

该学说是我国诉讼法学界的传统观点，认为诉讼证明的任务或要求是“查明案件的客观真实或案件的真实情况……查明案件的客观真实，归根结底，就是要求司法人员的主观认识必须符合客观实际”②。该学说认为，查明案件的客观真实，不仅是必要的，而且是完全可能的。这是因为：第一，马克思主义认识论认为，存在是第一性的，意识是第二性的，存在决定意识；人类具有认识客观世界的能力，能够通过调查研究认识案件的客观真实。查明案件客观真实具有科学的理论根据。第二，客观上已经发生的案件事实，必然在外界留下这样或那样的物品、痕迹，或为某些人所感知，为查明案件客观真实提供事实根据。第三，我国司法机关有中国共产党的统一的领导，有广大具有社会主义觉悟的群众的支持，有一支忠实于人民利益、忠实于事实真相，具有比较丰富的经验，掌握一定科学技术的司法干部队伍。这是查明案件客观真相的有力的组织保证。第四，随着社会主义法治建设的加强，总结司法工作正反经验、反映现实需要的《刑事诉讼法》、《民事诉讼法》和《行政诉讼法》已先后颁布，提供了查明案件真实情况的法律依据。总之，司法工作人员只要依法收集和审查判断证据，完全有可能对案件事实作出符合客观实际的认定。该学说也承认，查明案件的客观真实必须具备一定的条件，在司法实践中，并非对每个案件的证明都能达到客观真实的程度。但不能因此认为案件的客观真实不能查明，而是要求人们总结经验，采取有效措施，努力为查明案件客观真实创造条件。

2000年至2001年间，以《客观真实管见——兼论刑事诉讼证明标准》一文的发表为肇始，学界掀起了一场关于“客观真实”与“法律真实”的大讨论，许多学者对上述客观真实理论提出了种种质疑和批评，并针锋相对地提出了“法律真实论”“相对真实论”等观点。面对这些质疑和批评，一些学者仍然坚持“客观真实论”的基本立场，认为“刑事证明的目的，总体来说是要达到诉讼（案件）客观真实，即指公安司法人员在诉讼中根据证据所认定的案件事实要符合客观存在的案件事实”，并进一步阐述了坚持这一观点的主要理

① 江伟．证据法学．北京：中共中央党校出版社，2002：271.

② 陈一云．证据学．北京：中国人民大学出版社，1991：114.

由：首先，它是科学的，符合辩证唯物主义认识论的原理；其次，它具有合法性，其依据是《刑事诉讼法》第2条和第53条的规定。论者对客观真实的含义作了界定，指出：诉讼客观真实是绝对真实和相对真实的辩证统一，其中绝对真实是指公安司法工作人员运用证据准确无误地认定案件客观事实的内容，相对真实是指证明的有限性，即由于种种主、客观因素的限制，一些案件事实无法查清。①

2. 法律真实说。

这是一些学者在质疑客观真实论的过程中提出的一种观点，已得到大多数学者的认同。论者认为：遵循辩证唯物主义的认识论，在诉讼活动中，办案人员与证据事实、案件事实的关系，就是认识主体与客体之间的关系，处理案件的过程就是认识主体（办案人员）认识客观事物，使主观与客观相统一的过程，因此，加强对刑事证明活动中主体、客体的研究都特别重要。而以往的刑事证据理论研究几乎只从客体方面去理解，甚至片面地把“客观真实”作为证明标准，而对主观方面很少涉及。但认识的主体、客体是对立统一的辩证关系，只有对两者都加以重视，才能把刑事证明标准建立在科学的基础之上。刑事证据作为一种经验事实，包括主观认识和客观存在两个方面的要素，同客观事实既有联系又有区别。客观事实同真理一样属于哲学范畴，它是人们对客观事物认识程度的一个总目标，也是人类思维和认识的价值取向。按照绝对真理和相对真理的辩证关系，客观真实的存在既是有条件的，又是相对的。对一个具体刑事案件的证明，只能近似于客观真实，而且越接近客观真实越有说服力。“客观真实”只能成为刑事案件证明的一个客观要求，是一个深不可测的抽象口号，它告诫办案人员要奋力地接近它，但它绝不会成为个案的一个具体的证明标准。因此，应代之以“法律真实”的证明标准。

所谓“法律真实”，是指公、检、法机关在刑事诉讼证明的过程中运用证据对案件事实的认定应当符合刑事实体法和程序法的规定，应当达到从法律的角度认为是真实的程度。论者还阐述了把我国刑事诉讼证明的任务和要求确定为法律真实的理论和实践依据：第一，诉讼证明追求法律真实与我国刑事诉讼法规定的宗旨和任务相一致。我国刑事诉讼的首要功能是保证我国刑法的正确实施，诉讼证明的任务和要求必须与刑事诉讼的宗旨和任务相一致，对各种证据的收集、调查和审查判断，最终结果必须符合刑法各罪构成要件的要求和标准。第二，法律真实简明扼要、具体明确，可操作性强，易于适用。同客观真实相比，法律真实标准明确、易于操作，整个证明活动只需紧紧围绕构成本罪的实体要件进行就可以了。客观真实所存在的那些悬而未决、无章可循、原则笼统的弊端，都被一一克服。第三，法律真实为证据的调查和运用指明了方向，澄清了在运用证据过程中容易混淆的环节和概念。②

法律真实说提出后，得到了许多学者的响应，但也受到坚守“客观真实说”立场的学者的批评和质疑，他们认为：根据法律真实论的观点，法律真实就是法律规定的事实，是国家意志的体现，其随意性太大。法律真实的真实程度不是以客观事实和规律为根据的，而是以法律为准绳的，这实质上是一种主观真实。尽管法律真实论者认为客观真实不可能实现，以客观真实为证明标准是不科学的，应以法律真实取代客观真实，但事实正好相反，

---

① 陈光中，陈海光，魏晓娜．刑事证据制度与认识论——兼与误区论、法律真实论、相对真实论商榷．中国法学，2001（1）．

② 樊崇义．客观真实管见——兼论刑事诉讼证明标准．中国法学，2000（1）．

由于法律真实观不承认客观真实，必然会不同程度地走向不可知论，这一点是极不科学的。因此，在诉讼证明中，必须坚持以客观真实为主导，辅之以法律真实。①

上述客观真实说与法律真实说的争论，迄今尚未平息。法律真实说是针对客观真实说而提出来的，它们之间看似水火不相容，其实也有一些相通之处：一方面，法律真实说并不否认在诉讼中追求客观真实、绝对真实的价值；另一方面，客观真实说也承认在每个案件中都或多或少有一些客观事实无法查明。它们之间的对立，反映出司法理想与司法现实之间的矛盾，属于不同层面的问题：客观真实是诉讼证明的理想追求，而法律真实则是可能达到的实际要求。

三、我国刑事诉讼中的证明标准

（一）认定有罪的证明标准

《刑事诉讼法》第200条规定："在被告人最后陈述后，审判长宣布休庭，合议庭进行评议，根据已经查明的事实、证据和有关的法律规定，分别作出以下判决：（一）案件事实清楚，证据确实、充分，依据法律认定被告人有罪的，应当作出有罪判决；（二）依据法律认定被告人无罪的，应当作出无罪判决；（三）证据不足，不能认定被告人有罪的，应当作出证据不足、指控的犯罪不能成立的无罪判决。"据此，我国刑事诉讼中认定被告人有罪的证明标准是"犯罪事实清楚，证据确实、充分"。最高人民法院《解释》第72条第2款也规定："认定被告人有罪和对被告人从重处罚，适用证据确实、充分的证明标准。"

所谓"犯罪事实清楚"，是指与定罪量刑有关的事实和情节都必须查清。就一个刑事案件而言，其事实情节主要包括七个要素，即何人、何事、何时、何地、何方法、何因、何果。这七个基本事实情节都应当查清，其中"何人"犯罪是关键事实。至于那些不影响定罪量刑的细枝末节，则没有必要查清。

所谓"证据确实、充分"，是对作为定案根据的证据在质和量两个方面的要求。《刑事诉讼法》第55条第2款规定："证据确实、充分，应当符合以下条件：（一）定罪量刑的事实都有证据证明；（二）据以定案的证据均经法定程序查证属实；（三）综合全案证据，对所认定事实已排除合理怀疑。"据此，"确实"，是指证据均经法定程序查证属实。这是对证据"质"的要求。首先，证据必须是真实的、客观存在的，不是主观臆造出来的东西，也不是假设、估计、捏造、歪曲的事实。其次，证据必须与刑事案件有关联。即使证据是真实的，但与刑事案件无客观、必然的联系，仍不能作为证据，也就谈不上证据确实了。"充分"，是对证据在量上的要求。证据的量因案件而异，在不同的案件中有不同的情况，不能以数量的多少为标准，而要以能够证明案件事实为标准。其基本要求是，证据的量必须充足，能够组成一个完整的证明体系，所有属于犯罪构成要件及量刑情节的事实均有相应证据加以证明，不存在任何一环的遗漏，而且证据在总体上已足以对所要证明的案件事实得出确定无疑的结论，能够排除合理怀疑。

证据的确实和充分是相互联系、密不可分的。确实是就每个证据而言的，充分是就全案证据而言的，充分又以确实为基础。证据的确实与充分，是相互促进、相互渗透和相互

---

① 陈光中，陈海光，魏晓娜．刑事证据制度与认识论——兼与误区论、法律真实论、相对真实论商榷．中国法学，2001（1）．

转化的。根据立法上的要求和刑事司法实践经验，可将判断一个案件的证明达到确实、充分的标准，具体化为以下几点：（1）证据形成完整的证明体系，定罪量刑的事实都有证据证明；（2）每一个定案的证据均已经法定程序查证属实；（3）证据与证据之间、证据与案件事实之间不存在矛盾或者矛盾得到合理排除；（4）共同犯罪案件中，被告人的地位、作用均已查清；（5）根据证据认定案件事实的过程符合逻辑和经验规则，由证据得出的结论为唯一结论，排除其他可能性。

上述五点紧密地联系在一起，必须同时具备，特别是唯一性、排他性要求，是确定证据达到确实、充分的根本性要求。唯其如此，才能说达到了证据确实、充分的证明要求。

（二）不同诉讼阶段对证据的要求

应当注意的是，"犯罪事实清楚，证据确实、充分"是我国刑事诉讼中人民法院判决被告人有罪的证明标准。根据刑事诉讼法的其他规定，在不同的诉讼阶段，法律对案件的证据要求是不同的。

（1）立案阶段的证据要求。在刑事立案阶段，根据《刑事诉讼法》第112条的规定，只要求侦查机关"认为有犯罪事实"和"需要追究刑事责任"，并不要求查明或查获犯罪嫌疑人及查明案件中的犯罪事实，因为那应当是立案之后侦查阶段的任务。

（2）拘留时的证据要求。我国《刑事诉讼法》第82条规定，公安机关对于现行犯或者重大嫌疑分子，如果有下列情形之一的，可以先行拘留：1）正在预备犯罪、实行犯罪或者在犯罪后即时被发觉的；2）被害人或者在场亲眼看见的人指认他犯罪的；3）在身边或者住处发现有犯罪证据的；4）犯罪后企图自杀、逃跑或者在逃的；5）有毁灭、伪造证据或者串供可能的；6）不讲真实姓名、住址，身份不明的；7）有流窜作案、多次作案、结伙作案重大嫌疑的。上述七种情况，就是对拘留的证据方面的要求。显然，其要求与立案时的要求相比要高许多。

（3）逮捕时的证据要求。根据我国《刑事诉讼法》第81条第1款之规定，逮捕时对案件事实的证明要求是"有证据证明有犯罪事实"。根据最高人民检察院《规则》第128条第2、3款，"有证据证明有犯罪事实是指同时具备下列情形：（一）有证据证明发生了犯罪事实；（二）有证据证明该犯罪事实是犯罪嫌疑人实施的；（三）证明犯罪嫌疑人实施犯罪行为的证据已经查证属实的"；"犯罪事实既可以是单一犯罪行为的事实，也可以是数个犯罪行为中任何一个犯罪行为的事实"。可见，逮捕时的证据要求远低于"犯罪事实清楚，证据确实、充分"的定罪标准。另外，对于适用逮捕的其他条件，例如"采取取保候审尚不足以防止发生社会危险性"条件，也要有证据予以证明。

但值得注意的是，我国侦查终结和提起公诉的证明要求却与认定有罪的证明标准等同，均为"犯罪事实清楚，证据确实、充分"。这种规定是不科学的，因为，对案件事实的查明有一个由浅入深的过程，在侦查终结和提起公诉时就必须达到认定有罪时的最高证明标准，显然不切实际，另外，也不利于节约司法资源和提高诉讼效率。比较合理的选择是，适当降低侦查终结和提起公诉的证明要求，使之比认定有罪的证明标准相对低一些。

另外，随着研究的深入，诉讼法学界还普遍认识到，针对不同种类的刑事案件、不同的证明主体、不同的证明对象，同样需要设置不同的证明标准，从而形成一个多元化和多层次的证明标准体系。例如，对死刑案件和普通刑事案件的证明标准应予区分，前者应当高于后者；控方承担证明责任时应适用较高的证明标准，而辩方承担证明责任时则应适当降低证明标准；对实体性事实的证明应适用较高的证明标准，而对程序性事项的证明则应适用较低的证明标准等。

【问题与思考】

1. 对刑事证明的概念有广义和狭义两种理解，你认为哪种理解更合理？
2. 程序法事实和证据事实，能否成为刑事证明的对象？
3. 人民法院是不是刑事证明主体，应否承担证明责任？
4. 被告人在刑事诉讼中应否承担一定程度的证明责任，为什么？
5. 如何理解我国立法规定的“犯罪事实清楚，证据确实、充分”的证明标准？
6. 我国刑事诉讼法关于证明标准的规定，有哪些不足？应如何改进？

【推荐参考论著】

1. 陈光中．刑事诉讼法．北京：北京大学出版社，高等教育出版社，2016.
2. 崔敏．刑事证据学．北京：中国人民公安大学出版社，2005.
3. 宋英辉，汤维建．我国证据制度的理论与实践．北京：中国人民公安大学出版社，2006.
4. 宋英辉，汤维建．证据法学研究述评．北京：中国人民公安大学出版社，2006.
5. 卞建林．刑事证明理论．北京：中国人民公安大学出版社，2004.
6. 陈光中，等．刑事证据制度与认识论．中国法学，2001（1）.
7. 樊崇义．客观真实管见．中国法学，2000（1）.

第四编

程序论

第十八章 立 案

内容导读

立案是刑事诉讼中独立的诉讼阶段之一，处于整个刑事诉讼程序的开端。在刑事诉讼中，立案是指公安机关、人民检察院或者人民法院对于报案、控告、举报、自首及自己发现的材料，依据管辖范围进行审查，以判明有无犯罪事实和应否追究刑事责任，并决定是否作为刑事案件进行侦查或审判的诉讼活动和诉讼阶段。立案具有案件输入、屏蔽和案件分流的功能。立案的材料来源主要包括以下几个方面：公安机关或者人民检察院等机关自行发现的犯罪事实或者犯罪嫌疑人；单位和个人的报案或者举报；被害人的报案或者控告；犯罪人的自首。当有犯罪事实并且需要追究刑事责任时，就应当立案，立案必须遵循法律规定的程序。

第一节 立案概述

一、立案的概念

刑事诉讼中的立案，是指公安机关、人民检察院或者人民法院对于报案、控告、举报、自首以及自己发现的材料，依据管辖范围进行审查，以判明有无犯罪事实和应否追究刑事责任，并决定是否作为刑事案件进行侦查或审判的诉讼活动和诉讼阶段。从立案的概念可以看出，立案阶段的诉讼任务不仅包括对报案、控告、举报、自首等材料的接受、审查，也包括作出立案与否的决定及相应的处理结果。

立案作为一个独立的诉讼阶段，是每一个刑事案件都必须经过的法定阶段。根据我国《刑事诉讼法》的规定，刑事诉讼普通程序分为立案、侦查、提起公诉、审判（包括一审、二审）和执行五个诉讼阶段；在自诉案件中，则包括立案、审判、执行三个诉讼阶段。公安司法机关在刑事诉讼过程中，必须严格依照法定程序进行，不能随意超越、颠倒诉讼阶段，但并不是每一个刑事案件都必须经过所有的诉讼阶段。在诉讼过程中，可能因为法定事由或其他客观原因的出现而导致诉讼程序的终止。例如，在某些公诉案件的侦查阶段，出现不应追究刑事责任的情形从而撤销案件；在审查起诉阶段，人民检察院认为犯罪情节轻微，依法不需要判处刑罚或者可以免除刑罚，可以作出不起诉决定从而终结诉讼程序。但是，在刑事诉讼中，立案是一个必经的诉讼阶段，任何一个刑事案件都必须从立案开始进入刑事诉讼程序。没有立案，便没有刑事诉讼的整个过程。就公诉案件而言，立案与否直接决定了刑事追诉活动是否继续进行；就自诉案件而言，立案阶段实质上是人民法院对自诉请求进行审查从而决定是否受理的过程，立案与否直接决定自诉案件能否进入刑事审判阶段。

立案是国家法律赋予公安司法机关的一项重要职权，除此之外，其他任何机关、团体、企事业单位或个人都无权立案。我国《刑事诉讼法》第109条规定："公安机关或者人民检察院发现犯罪事实或者犯罪嫌疑人，应当按照管辖范围，立案侦查。"第114条规定："对于自诉案件，被害人有权向人民法院直接起诉。被害人死亡或者丧失行为能力的，被害人的法定代理人、近亲属有权向人民法院起诉。人民法院应当依法受理。"由此可见，立案是公安司法机关的专有职权。不过，公安司法机关在行使立案权的过程中，必须严格依照立案的法定条件和标准，严格遵守立案的法定程序，只有这样才能既准确、及时地打击犯罪，又充分保障公民的合法权益。

二、立案的功能

立案程序作为刑事诉讼的开始阶段，具有以下功能。①

（一）案件输入功能

在现代法治国家，刑事诉讼程序是国家实现刑罚权的唯一法律途径。社会生活中已经发生的犯罪行为能否进入刑事诉讼程序，直接关系到国家刑罚权的实现与否。为了发挥刑法的社会规范功能，刑事诉讼程序必须能够在一定程度上便利或推动业已发生的犯罪行为进入刑事诉讼程序。而立案程序的功能之一，就是通过报案、控告、举报、自首等途径，发现业已发生的犯罪行为并将其输入刑事诉讼程序之中。

（二）屏蔽功能

立案程序的屏蔽功能主要表现为以下两个方面：其一，就社会生活而言，立案程序的屏蔽功能表现为对普通公民社会日常生活的保护。即通过控制刑事诉讼的启动，排除不得或不应进行刑事追诉的情形，防止因滥用刑事诉讼程序而影响普通公民的日常生活。其二，就刑事诉讼活动而言，立案程序的屏蔽功能主要表现为对案件的过滤作用，即通过排除不得或不应进行刑事诉讼的案件，保证追诉的准确性，降低刑事诉讼的成本。

（三）案件分流功能

立案程序的案件分流功能表现为两个方面：其一，在不追诉方向上，区分依法不得进行刑事追诉的案件和能够进行追诉的案件，并作出不同的处理决定。在此意义上，立案程序的分流功能与屏蔽功能是相互重合的，或者说正是因为立案程序具有区分两种性质的案

① 宋英辉，吴宏耀．刑事审判前程序研究．北京：中国政法大学出版社，2002：112-120.

件作分流处理的能力，才能在实质意义上发挥屏蔽功能。其二，在追诉方向上，根据不同案件性质、繁简程度上的差异，选择不同的追诉途径。在立案程序中，通过程序的选择将不同性质的案件分流到与其相适应的追诉程序之中，不仅影响着被追诉人及其他诉讼参与人的权利义务关系，也影响着国家为追诉犯罪所支出的实际成本。

三、立案的意义

立案作为刑事诉讼的开始和必经程序，在整个刑事诉讼程序中具有重要的意义。

首先，正确、及时立案，有利于迅速揭露犯罪、证实犯罪和惩罚犯罪。立案是整个刑事诉讼程序的启动环节，公安机关、人民检察院以及人民法院对犯罪行为的追惩是从立案程序开始的。公安机关、人民检察院以及人民法院对立案材料进行准确、及时的审查，有利于尽快明确案件是否具备立案条件、是否需要启动刑事诉讼程序，有利于对符合立案条件的案件迅速开展侦查活动、及时收集证据信息，从而实现迅速揭露犯罪、证实犯罪和惩罚犯罪的目的。

其次，正确、及时立案，有利于保护公民的人身权利、民主权利和其他合法权益不受侵犯。正确立案，不仅包括使那些应当被追究刑事责任的人及时受到法律的惩处，也包括对不应当被立案的人不予立案，避免将那些行为不构成犯罪或者具有法定不予追究刑事责任的人错误地纳入刑事诉讼程序。因此，立案的正确进行，对于保障无辜者或者不应当受到刑事追究的人的合法权益也有重要意义。

最后，正确、及时立案，也有利于公安司法机关及时掌握一定时期内各种违法犯罪活动的基本情况与发展态势，有利于加强社会治安综合治理。在立案程序中，公安机关、人民检察院及人民法院通过对立案材料的接受和审查，可以及时发现和掌握各种违法犯罪活动的基本情况，明确犯罪活动的发案特点、规律及发展趋势，从而为国家决策和立法机关及时了解社会治安状况、制定相应的法律法规，以及为公安司法机关开展有针对性的专项行动、部署防范范围、确定打击重点等提供依据，有利于实现打击犯罪与预防犯罪相结合的社会治安综合治理目标。

第二节　立案的材料来源和条件

一、立案的材料来源

立案的材料来源，是指公安机关、人民检察院或者人民法院获取有关犯罪事实、犯罪嫌疑人情况等犯罪线索、犯罪消息的渠道或途径。立案的材料来源是否可靠，直接关系到公安司法机关立案决定的正确与否。立案材料来源的广泛程度、有效程度，直接决定着刑事诉讼程序发现犯罪能力的高低，并进而影响着刑事诉讼程序打击犯罪、惩罚犯罪目标的实现程度。

根据我国《刑事诉讼法》的规定以及司法实践的具体做法，立案的材料来源主要包括以下几个方面。

（一）公安机关或者人民检察院等机关自行发现的犯罪事实或者犯罪嫌疑人

《刑事诉讼法》第109条规定："公安机关或者人民检察院发现犯罪事实或者犯罪嫌疑人，应当按照管辖范围，立案侦查。"

公安机关是国家的治安保卫机关，处在与犯罪作斗争的第一线，在日常的工作，特别是执勤、巡逻等治安管理工作中，可能发现一些犯罪迹象或犯罪线索。对于这些犯罪迹象和犯罪线索，公安机关必须按照管辖范围进行主动、迅速的追查，以确定是否存在犯罪事实。根据我国《人民警察法》第9条的规定，为维护社会治安秩序，公安机关的人民警察对有违法犯罪嫌疑的人员，经出示相应证件，可以当场盘问、检查；经盘问、检查，有下列情形之一的，可以将其带至公安机关，经该公安机关批准，对其继续盘问：（1）被指控有犯罪行为的；（2）有现场作案嫌疑的；（3）有作案嫌疑身份不明的；（4）携带的物品有可能是赃物的。对被盘问人的留置时间自带至公安机关之时起不超过24小时，在特殊情况下，经县级以上公安机关批准，可以延长至48小时，并应当留有盘问记录。对于批准继续盘问的，应当立即通知其家属或者其所在单位。对于不批准继续盘问的，应当立即释放被盘问人。经继续盘问，公安机关认为对被盘问人需要依法采取拘留或者其他强制措施的，应当在前述规定的期间作出决定；在前述规定的期间不能作出上述决定的，应当立即释放被盘问人。从上述规定可以看出，公安机关可以通过当场盘问、当场检查以及留置盘问等措施，来确定是否存在犯罪事实需要追究刑事责任。另外，公安机关在刑事案件的侦查过程中，通过进行讯问犯罪嫌疑人、询问证人、询问被害人以及其他专门调查工作，也可能发现新的犯罪事实或者犯罪嫌疑人。

人民检察院在对诉讼活动实行法律监督中发现的司法工作人员利用职权实施的非法拘禁、刑讯逼供、非法搜查等侵犯公民权利、损害司法公正的犯罪，可以进行立案侦查。人民检察院在审查批捕、审查起诉等活动中发现有犯罪事实，需要追究刑事责任的，应当及时移送有关主管机关。

人民法院在审理案件过程中，以及国家安全机关、军队保卫部门、监狱等在依照《刑事诉讼法》的有关规定办理刑事案件过程中，发现犯罪事实及犯罪嫌疑人的有关材料，应当按照管辖的规定，及时进行立案侦查或者移送有关主管机关。

（二）单位和个人的报案或者举报

《刑事诉讼法》第110条第1款规定："任何单位和个人发现有犯罪事实或者犯罪嫌疑人，有权利也有义务向公安机关、人民检察院或者人民法院报案或者举报。"

单位和个人的报案或者举报，是公安司法机关立案材料的最主要来源。其中，报案是指单位和个人以及被害人发现有犯罪事实发生但尚不知道犯罪嫌疑人为何人时，向公安机关、人民检察院或者人民法院进行告发的行为；举报是指被害人以外的单位和个人出于社会责任感，对其发现、知晓的犯罪事实和犯罪嫌疑人向公安机关、人民检察院或者人民法院进行告发、揭露的行为。与报案相比，举报除能向公安司法机关提供犯罪事实的有关情况外，通常还能提供谁为犯罪嫌疑人以及犯罪嫌疑人的某些具体情况。另外，举报通常是被害人以外的单位和个人采取的行为。

任何犯罪都涉及对国家利益、社会安全乃至公民个人合法权益的侵害。发现犯罪事实或者犯罪嫌疑人时向公安机关、人民检察院或者人民法院进行报案或者举报，既是所有单位和个人依法享有的权利，也是其依法应当履行的义务。

(三) 被害人的报案或者控告

《刑事诉讼法》第 110 条第 2 款规定:“被害人对侵犯其人身、财产权利的犯罪事实或者犯罪嫌疑人,有权向公安机关、人民检察院或者人民法院报案或者控告。”其中,控告是指被害人(包括自然人与法人),以及被害人死亡或丧失行为能力时被害人的法定代理人、近亲属,就被害人人身权利、财产权利遭受不法侵害的事实以及犯罪嫌疑人的有关情况,向公安机关、人民检察院或者人民法院进行揭露与告发,要求依法追究犯罪嫌疑人刑事责任的诉讼行为。与报案相比,控告要求被害人不仅提供遭受不法侵害的有关事实,还要提供谁为犯罪嫌疑人以及犯罪嫌疑人的某些具体情况。

被害人作为犯罪行为直接侵害的对象,往往具有揭露犯罪、追究犯罪的强烈愿望和主动性。另外,被害人一般是最早发现犯罪事实和犯罪嫌疑人的人,有些被害人甚至与犯罪嫌疑人有过直接接触,因此,被害人一般对犯罪事实和犯罪嫌疑人较为了解。在司法实践中,被害人的报案或者控告是公安机关、人民检察院和人民法院立案材料的主要来源之一。

(四) 犯罪人的自首

犯罪人的自首也是立案材料的来源之一。一般来说,自首是指在犯罪行为未被发觉,或者虽被发觉但犯罪人尚未被公安司法机关查获或者被扭送时,犯罪人自己或者在其家长、监护人、亲友的陪同、护送等情况下,主动向公安司法机关如实供述自己的罪行的行为。根据《刑法》第 67 条第 2 款的规定,被采取强制措施的犯罪嫌疑人、被告人和正在服刑的罪犯,如实供述司法机关还未掌握的其他罪行的,以自首论。另外,根据最高人民法院 1998 年发布的《关于处理自首和立功具体应用法律若干问题的解释》的规定,犯罪嫌疑人向其所在单位、城乡基层组织或其他有关负责人投案的;犯罪嫌疑人因病、伤或者为了减轻犯罪后果,委托他人代为投案,或者先以信电投案的等,都视为投案自首。对于自首的法律后果,《刑法》第 67 条第 1 款规定:“对于自首的犯罪分子,可以从轻或者减轻处罚。其中,犯罪较轻的,可以免除处罚。”因此,《刑事诉讼法》将犯罪人的自首确定为立案材料的来源之一,事实上也包含了鼓励犯罪人积极主动地投案自首,以争取国家法律宽大处理的用意。

以上四个方面是《刑事诉讼法》规定的立案材料来源。除此之外,在司法实践中,上级机关交办的案件以及有关机关移送的案件,也是刑事立案材料的重要来源。例如,市场监督管理、税务、审计、纪检、监察、海关等行政执法机关,在执法活动中发现行为人的行为已经构成犯罪,需要追究刑事责任的,应当按照有关管辖的法律规定向公安司法机关进行移送。

二、立案的条件

《刑事诉讼法》第 112 条规定:“人民法院、人民检察院或者公安机关对于报案、控告、举报和自首的材料,应当按照管辖范围,迅速进行审查,认为有犯罪事实需要追究刑事责任的时候,应当立案;认为没有犯罪事实,或者犯罪事实显著轻微,不需要追究刑事责任的时候,不予立案,并且将不立案的原因通知控告人。控告人如果不服,可以申请复议。”从该条规定可以看出,立案的条件包括以下三个方面。

(一) 有犯罪事实

“有犯罪事实”是立案必须具备的事实条件,它包含两方面的含义:一是在刑事诉讼中,需要立案追究刑事责任的必须是依照《刑法》规定构成犯罪的行为(包括犯罪预备、犯罪未遂、犯罪中止和犯罪既遂等情况），而非一般的违法行为，或者违反党纪、政纪或者社会道德要求的行为，也就是说，在立案时必须首先划清罪与非罪的界限。二是犯罪事实必须有一定的证据予以证明，而非出于主观想象或者猜测，也不是道听途说、捕风捉影或者凭空捏造的事情。当然，由于立案处于刑事诉讼程序的开始阶段，因而此时的证据并不要求达到充分的程度，也不要求一定要查获犯罪嫌疑人。查明案件的犯罪事实与情节、查获犯罪嫌疑人并明确其犯罪目的、动机等，是立案以后侦查阶段所需要完成的任务。

（二）需要追究刑事责任

“需要追究刑事责任”是立案必须具备的法律条件，是指行为人的行为已经构成犯罪，并且依照法律规定应当追究其刑事责任，也就是说，现有证据证明行为人所实施的犯罪行为不具有无罪或者不予追究刑事责任的法律依据。在立案阶段，在具备事实条件的情况下，只要没有证据证明存在不应追究刑事责任的法定情形，公安司法机关即应当对相应的犯罪行为予以立案。但在法律明确规定不予追究刑事责任的情形下，即使具备立案的事实条件，公安司法机关也不应当立案。根据《刑事诉讼法》第 16 条的规定，有下列情形之一的，不予追究刑事责任：（1）情节显著轻微、危害不大，不认为是犯罪的；（2）犯罪已过追诉时效期限的；（3）经特赦令免除刑罚的；（4）依照刑法告诉才处理的犯罪，没有告诉或者撤回告诉的；（5）犯罪嫌疑人、被告人死亡的；（6）其他法律规定免予追究刑事责任的。如果具备上述六种情形之一的，公安司法机关就不应当立案；已经立案的，应当撤销案件，或者不起诉，或者终止审理，或者宣告无罪。此外，对于某一犯罪行为，如果已经依法进行审判，除非提起再审，否则不得就同一犯罪事实再次立案追究刑事责任。

（三）符合管辖的规定

有犯罪事实和需要追究刑事责任是立案必须具备的两个实体条件，而特定的公安司法机关对某个刑事案件是否具有管辖权则是立案的程序条件。根据《刑事诉讼法》第 109 条的规定，公安机关或者人民检察院发现犯罪事实或者犯罪嫌疑人，应当按照管辖范围，立案侦查。《刑事诉讼法》第 110 条第 3 款规定，对于不属于自己管辖的，应当移送主管机关处理，并且通知报案人、控告人、举报人；对于不属于自己管辖而又必须采取紧急措施的，应当先采取紧急措施，然后移送主管机关。

立案的上述三个条件缺一不可。只有在同时具备事实条件、法律条件和程序条件的情况下才能立案，否则不应立案。

为了进一步明确立案的条件，便于公安司法机关正确掌握和执行法定，最高人民法院、最高人民检察院和公安部根据《刑事诉讼法》的规定，对各自管辖的案件分别或联合制定了多项具体的立案标准。这些立案标准，是对《刑事诉讼法》所规定的立案条件的进一步细化，公安司法机关在作出是否立案决定时，必须予以遵守。

三、自诉案件立案的条件

由于自诉案件不必经过侦查程序，在自诉人向人民法院起诉后，人民法院经审查如认为符合立案条件就应当予以受理，并直接进入审判程序。因此，一般认为，自诉案件的立案条件要高于公诉案件的立案条件。根据《刑事诉讼法》第 211 条的规定，符合立案条件的自诉案件应为“犯罪事实清楚，有足够证据的案件”。最高人民法院《解释》对自诉案件的立案条件作了更为具体的规定，第 316 条规定：人民法院受理自诉案件必须符合下列条件：(1) 符合《刑事诉讼法》第 210 条、该解释第 1 条的规定；(2) 属于本院管辖；(3) 被害人告诉；(4) 有明确的被告人、具体的诉讼请求和证明被告人犯罪事实的证据。

第三节　立案的程序

一、对立案材料的接受

对立案材料的接受，是指公安机关、人民检察院和人民法院对报案、举报、控告以及犯罪人自首的案件材料予以接受的行为。根据公安部《规定》和最高人民检察院《规则》的规定，对立案材料的接受也称为受案。

根据《刑事诉讼法》的规定，对立案材料的接受包括以下两项具体工作。

1. 接受立案材料。《刑事诉讼法》第 110 条第 3 款规定："公安机关、人民检察院或者人民法院对于报案、控告、举报，都应当接受。"第 4 款规定："犯罪人向公安机关、人民检察院或者人民法院自首的，适用第三款规定。"因此，无论是否属于自己的管辖范围，公安机关、人民检察院或者人民法院对于向其报案、控告、举报或者自首的案件材料都应当予以接受，不得推诿或者拒绝。因为《刑事诉讼法》关于管辖的划分是针对公、检、法三机关的职责权限而言的，单位、个人或被害人的报案、举报、控告以及犯罪人的自首并不受此限制。况且，严格要求按立案管辖规定进行报案、举报、控告或者自首，也不利于及时、高效地追惩犯罪。

《刑事诉讼法》第 111 条第 1 款规定："报案、控告、举报可以用书面或者口头提出。接受口头报案、控告、举报的工作人员，应当写成笔录，经宣读无误后，由报案人、控告人、举报人签名或者盖章。"根据公安部《规定》第 169 条的规定，公安机关对于公民扭送、犯罪嫌疑人自动投案的，也应当立即接受，问明情况，并制作笔录，经核对无误后由扭送人、投案人签名、捺指印。必要时，公安机关还应当对接受过程录音录像。

为了保证公安司法机关准确、及时地打击犯罪、惩罚犯罪，保障无辜的公民不受诬告陷害，保证控告、举报的真实性，《刑事诉讼法》第 111 条第 2 款规定："接受控告、举报的工作人员，应当向控告人、举报人说明诬告应负的法律责任。"同时，为了不挫伤控告人、举报人揭露犯罪、同犯罪作斗争的积极性，消除其思想顾虑，《刑事诉讼法》也要求公安司法人员严格区分误告、错告和诬告，规定只要不是捏造事实、伪造证据，即使控告、举报的事实有出入，甚至是错告的，也要和诬告严格加以区分。

单位、个人以及被害人的报案、举报、控告是公安司法机关立案材料的最主要来源，对于及时侦破案件、查获犯罪嫌疑人，保障国家、社会和人民的利益都至为重要。但是，在立案期间，报案、控告、举报的材料尚未核实，它们能否作为定案的根据尚不确定；而且多数情况下尚不能确定犯罪嫌疑人是谁，也不能对犯罪嫌疑人采取必要的监控措施，若过早地公开报案人、控告人、举报人的姓名及行为，既不利于诉讼进行，也很可能会给报案人、控告人、举报人及其近亲属带来不安全的因素和遭受打击报复的危险。因此，为了消除报案人、控告人、举报人的思想顾虑，保护人民群众同犯罪作斗争的积极性，《刑事诉讼法》第 111 条第 3 款规定："公安机关、人民检察院或者人民法院应当保障报案人、控告人、举报人及其近亲属的安全。报案人、控告人、举报人如果不愿公开自己的姓名和报案、控告、举报的行为，应当为他保守秘密。"根据这一规定，公安机关、人民检察院、人民法院应当采取必要措施，切实保障报案人、控告人、举报人及其近亲属的人身、财产安全。一方面，公安机关、人民检察院和人民法院应当教育报案人、控告人、举报人提高警惕，采取必要的防范措施，同时通过大力宣传法律规定，使被控告、被举报的人不敢以身试法，实现事前预防的目的；另一方面，公安机关、人民检察院和人民法院应当严肃查处对报案人、控告人、举报人进行威胁、侮辱、殴打或者打击报复、陷害的行为，对其中构成犯罪的，应当依法追究刑事责任，对于尚不够刑罚处罚的，应当依法给予治安处罚，或者建议有关主管部门予以党纪、政纪处罚。

根据公安部《规定》第 171 条的规定，公安机关接受案件时，应当制作受案登记表和受案回执，并将受案回执交扭送人、报案人、控告人、举报人；扭送人、报案人、控告人、举报人无法取得联系或者拒绝接受回执的，应当在回执中注明。人民检察院、人民法院接受案件时，也有类似的程序。

2. 确定是否归自己立案管辖，对于不属于自己立案管辖的案件则移送主管机关。公安机关、人民检察院和人民法院在接受立案材料以后，应当对案件是否属于自己立案管辖进行审查。对于不属于自己立案管辖的案件，应当移送主管机关处理，并且通知报案人、控告人、举报人等。其中，公安部《规定》第 175 条要求，"经过审查，认为有犯罪事实，但不属于自己管辖的案件，应当立即报经县级以上公安机关负责人批准，制作移送案件通知书，在二十四小时以内移送有管辖权的机关处理，并告知扭送人、报案人、控告人、举报人。对于不属于自己管辖范围而又必须采取紧急措施的，应当先采取紧急措施，然后办理手续，移送主管机关"，以防止犯罪嫌疑人逃跑、自杀、行凶、毁灭罪证等妨碍或逃避侦查、起诉和审判的行为发生。

二、对立案材料的审查

根据《刑事诉讼法》第 112 条的规定，人民法院、人民检察院或者公安机关对于报案、控告、举报和自首的材料，应当按照管辖范围，迅速进行审查。

对接受的立案材料进行审查核实，是公、检、法机关正确、及时立案的关键环节。对立案材料的审查，也就是公、检、法机关根据法律规定的立案条件，对立案材料进行分析、审核，以确定是否存在犯罪事实以及这种犯罪事实是否需要追究刑事责任的过程。对立案材料的审查结果，直接关系到公、检、法机关是否作出立案的决定，因此是一项十分重要的工作。但是，对立案材料的审查，并不要求查明谁是犯罪嫌疑人，也不要求查明犯罪的目的、动机、手段、过程等全部犯罪事实，这些都是立案以后侦查阶段的任务。

对立案材料进行审查的内容主要包括该案件是否属于本部门管辖、是否符合立案条件等，其中有关证据的审查是其重点与核心。公、检、法机关需要首先对已掌握的证据材料进行审查，如果根据这些证据材料怀疑确有犯罪事实发生的，就需要展开进一步的调查活动，对目前掌握的证据材料进行初步的查证、核实。对于经过审查认为证据不足，不能判明犯罪事实是否发生的，或者对立案材料尚有疑问的，可以要求报案人、控告人、举报人补充材料或作进一步说明。公、检、法机关在调查、核实立案材料过程中，可以采取勘验、检查、查询、鉴定、询问知情人等非强制性调查措施，而原则上不能采取限制被调查对象人身、财产权利的强制性措施，例如拘留、逮捕被调查人的措施，查封、扣押、冻结被调查对象财产的措施等。因为在通常情况下，公安机关、人民检察院对案件的侦查活动，以及人民法院对案件的审判活动，均应在立案以后进行。这是我国刑事诉讼理论的通说，也有相应的司法解释依据。例如，最高人民检察院《规则》第 169 条规定：进行调查核实，可以采取询问、查询、勘验、检查、鉴定、调取证据材料等不限制被调查对象人身、财产权利的措施。不得对被调查对象采取强制措施，不得查封、扣押、冻结被调查对象的财产，不得采取技术侦查措施。

对于自诉案件，根据《刑事诉讼法》的规定，自诉人在向人民法院起诉时，应当同时提出足够的证据证明犯罪事实的发生，因此，人民法院在对自诉案件进行审查后，如果认为缺乏罪证，可以要求自诉人提出补充证据。

三、对立案材料的处理

对立案材料的处理，是指公安机关、人民检察院或者人民法院对报案、控告、举报和自首的材料进行审查后，根据事实、证据和法律所作出的立案或者不立案的决定。

（一）立案

公安机关、人民检察院、人民法院对立案材料进行审查后，认为符合立案条件，即确有犯罪事实发生，对行为人依法需要追究刑事责任的，应当作出立案的决定。

公安机关、人民检察院决定立案的，应当先由承办人员填写《刑事案件立案报告书》。立案报告书中需要包括立案机关名称，立案材料来源和案由，案件发生时间、地点，犯罪事实，现有证据材料，立案的法律根据和初步意见，立案时间以及承办人姓名等内容。承办人员制作好立案报告书以后，需要连同案件有关证据材料报送本机关主管领导审批。经批准后，应当制作立案决定书，以表明刑事案件正式立案。

对自诉案件，人民法院应当在 15 日内审查完毕。经审查，符合受理条件的，应当决定立案，并书面通知自诉人或者代为告诉人。

（二）不立案

公安机关、人民检察院、人民法院对于立案材料进行审查后，认为不符合立案条件的，即没有犯罪事实发生，或者犯罪事实显著轻微不需要追究刑事责任，或者具有其他依法不予追究刑事责任情形的，应当作出不立案的决定。

对于作出不立案决定的程序，《刑事诉讼法》中没有具体的规定，而公安部、最高人民检察院、最高人民法院的相关规定与司法解释中有较为具体的规定。根据公安部《规定》第 178 条的规定，公安机关认为没有犯罪事实，或者犯罪事实显著轻微不需要追究刑事责任，或者具有其他依法不追究刑事责任情形的，经县级以上公安机关负责人批准，不予立案。对有控告人的案件，决定不予立案的，公安机关应当制作不予立案通知书，并在 3 日以内送达控告人。决定不予立案后又发现新的事实或者证据，或者发现原认定事实错误，需要追究刑事责任的，应当及时立案处理。根据公安部《规定》第 179 条的规定，控告人对不予立案决定不服的，可以在收到不予立案通知书后 7 日以内向作出决定的公安机关申请复议；公安机关应当在收到复议申请后 30 日以内作出决定，并将决定书送达控告人。控告人对不予立案的复议决定不服的，可以在收到复议决定书后 7 日以内向上一级公安机关申请复核；上一级公安机关应当在收到复核申请后30日以内作出决定。对上级公安机关撤销不予立案决定的，下级公安机关应当执行。案情重大复杂的，公安机关可以延长复议、复核时限，但是延长时限不得超过30日，并书面告知申请人。最高人民检察院《规则》第173条规定，对于控告和实名举报，决定不予立案的，应当制作不立案通知书，写明案由和案件来源、决定不立案的原因和法律依据，由负责侦查的部门在15日以内送达控告人、举报人，同时告知本院负责控告申诉检察的部门。控告人如果不服，可以在收到不立案通知书后10日内向上一级人民检察院申请复议。不立案的复议，由上一级人民检察院负责侦查的部门审查办理。而最高人民法院《解释》第320条第2款则规定，符合该款所列的缺乏罪证、犯罪已过追诉时效期限等情形之一的，应当说服自诉人撤回起诉；自诉人不撤回起诉的，裁定不予受理。该《解释》第321条规定，对已经立案，经审查缺乏罪证的自诉案件，自诉人提不出补充证据的，人民法院应当说服其撤回起诉或者裁定驳回起诉；自诉人撤回起诉或者被驳回起诉后，又提出新的足以证明被告人有罪的证据，再次提起自诉的，人民法院应当受理。第322条第1款规定，自诉人对不予受理或者驳回起诉的裁定不服的，可以提起上诉。

同时，根据《刑事诉讼法》第210条有关自诉案件范围的规定，控告人对公安机关、人民检察院不立案的决定不服的，如果其控告的内容符合该条第3项规定的，控告人有权直接向人民法院起诉。

此外，对于未构成犯罪，决定不予立案，但需要追究党纪、政纪责任或需要给予治安、行政处罚的被控告人、被举报人，公安机关、人民检察院和人民法院应当将其移送有关主管机关处理。

为了更好地保障自诉人行使诉讼权利，最高人民法院于2015年4月15日颁布了《关于人民法院登记立案若干问题的规定》，规定人民法院对依法应该受理的一审民事起诉、行政起诉和刑事自诉案件实行立案登记制。根据该规定，对符合法律规定的自诉，人民法院应当当场予以登记立案；对不符合法律规定的自诉，人民法院应当予以释明。自诉人提交的诉状和材料不符合要求的，人民法院应当一次性书面告知其在指定期限内补正；自诉人在指定期限内没有补正的，退回诉状并记录在册；自诉人坚持自诉的，人民法院裁定或者决定不予受理、不予立案；经补正仍不符合要求的，裁定或者决定不予受理、不予立案。对自诉人提出的自诉，人民法院当场不能判定是否符合法律规定的，应当在收到自诉状次日起15日内决定是否立案；人民法院在法定期间内不能判定起诉、自诉是否符合法律规定的，应当先行立案。对人民法院在立案工作中存在的不接收诉状、接收诉状后不出具书面凭证，不一次性告知自诉人补正诉状内容，以及有案不立、拖延立案、干扰立案、既不立案又不作出裁定或者决定等违法违纪情形，自诉人可以向受诉人民法院或者上级人民法院投诉；人民法院应当在受理投诉之日起15日内，查明事实，并将情况反馈当事人；发现违法违纪行为的，依法依纪追究相关人员责任；构成犯罪的，依法追究刑事责任。《关于人民法院登记立案若干问题的规定》的出台，有利于从制度上、源头上解决人民群众反映强烈的“立案难”问题，对于保障自诉人的合法权利具有积极意义。

四、立案监督

立案监督，是指人民检察院依法对立案活动是否合法进行的监督。立案监督是人民检察院行使刑事诉讼法律监督职能的重要内容之一。从1996年起，我国《刑事诉讼法》就人民检察院对公安机关立案活动的监督作了专门的规定，从而使人民检察院对公安机关的立案监督有了明确的法律依据，这不仅有利于完善人民检察院的法律监督职能，促进公安机关依法进行立案活动，也有利于更加有效地打击、惩罚犯罪，保证国家法律的统一、正确实施。

根据我国《刑事诉讼法》第 113 条的规定，人民检察院认为公安机关对应当立案侦查的案件而不立案侦查的，或者被害人认为公安机关对应当立案侦查的案件而不立案侦查，向人民检察院提出的，人民检察院应当要求公安机关说明不立案的理由。人民检察院认为公安机关不立案理由不能成立的，应当通知公安机关立案，公安机关接到通知后应当立案。这一规定确立了人民检察院对公安机关不立案的监督制约机制，但并未对公安机关不该立案而立案的监督作出明确规定。在 2010 年最高人民检察院、公安部联合印发的《关于刑事立案监督有关问题的规定（试行）》的基础上，最高人民检察院《规则》对公安机关不该立案而立案的监督也作出了规定，填补了《刑事诉讼法》这一缺漏。

根据我国《刑事诉讼法》及最高人民检察院《规则》，人民检察院对公安机关的不立案和立案决定进行监督的内容，具体包括以下方面。

第一，人民检察院对公安机关不立案进行监督的材料来源主要来自两个方面：其一是被害人及其法定代理人、近亲属或者行政执法机关，认为公安机关对其控告或者移送的案件应当立案侦查而不立案侦查，或者当事人认为公安机关不应当立案而立案，向人民检察院提出的，人民检察院应当受理并进行审查；其二是人民检察院通过各种业务活动发现公安机关应当立案侦查而不立案侦查的情形的，应当依法进行审查。

第二，人民检察院负责控告申诉的检察部门受理对公安机关应当立案而不立案或者不应当立案而立案的控告、申诉，应当根据事实和法律进行审查，认为需要公安机关说明不立案或者立案理由的，应当及时将案件移送负责捕诉的部门办理；认为公安机关的立案或者不立案决定正确的，应当制作相关法律文书，答复控告人、申诉人。

第三，人民检察院经审查，认为需要公安机关说明不立案理由的，应当要求公安机关书面说明不立案的理由。有证据证明公安机关可能存在违法动用刑事手段插手民事、经济纠纷，或者利用立案实施报复陷害、敲诈勒索以及谋取其他非法利益等违法立案情形，尚未提请批准逮捕或者移送起诉的，人民检察院应当要求公安机关书面说明立案理由。人民检察院要求公安机关说明不立案或者立案理由，应当书面通知公安机关，并且告知公安机关在收到通知后 7 日以内，书面说明不立案或者立案的情况、依据和理由，连同有关证据材料回复人民检察院。

第四，公安机关说明不立案或者立案的理由后，人民检察院应当进行审查，认为公安机关不立案或者立案理由不能成立的，经检察长决定，应当通知公安机关立案或者撤销案件。人民检察院认为公安机关不立案或者立案理由成立的，应当 10 日以内将不立案或者立案的依据和理由告知被害人及其法定代理人、近亲属或者行政执法机关。

第五，公安机关对当事人的报案、控告、举报或者行政执法机关移送的涉嫌犯罪案件受理后未在规定期限内作出是否立案决定，当事人或者行政执法机关向人民检察院提出的，人民检察院应当受理并进行审查。经审查，认为尚未超过规定期限的，应当移送公安机关处理，并答复报案人、控告人、举报人或者行政执法机关；认为超过规定期限的，应当要求公安机关在 7 日以内书面说明逾期不作出是否立案决定的理由，连同有关证据材料回复人民检察院。公安机关在 7 日以内不说明理由也不作出立案或者不立案决定的，人民检察院应当提出纠正意见。人民检察院经审查有关证据材料认为符合立案条件的，应当通知公安机关立案。

第六，人民检察院通知公安机关立案或者撤销案件，应当制作通知立案书或者通知撤销案件书，说明依据和理由，连同证据材料送达公安机关，并且告知公安机关应当在收到通知立案书后15日以内立案，对通知撤销案件书没有异议的应当立即撤销案件，并将立案决定书或者撤销案件决定书及时送达人民检察院。

第七，人民检察院通知公安机关立案或者撤销案件的，应当依法对执行情况进行监督。公安机关在收到通知立案书或者通知撤销案件书后超过15日不予立案或者未要求复议、提请复核也不撤销案件的，人民检察院应当发出纠正违法通知书。公安机关仍不纠正的，报上一级人民检察院协商同级公安机关处理。公安机关立案后3个月以内未侦查终结的，人民检察院可以向公安机关发出立案监督案件催办函，要求公安机关及时向人民检察院反馈侦查工作进展情况。

【问题与思考】

1. 谈谈你对立案程序功能的认识。
2. 如何理解我国的立案程序与国外刑事诉讼程序启动模式的区别?
3. 如何理解公安机关在立案之前进行的调查活动的性质?该阶段取得的证据材料能否作为定案证据使用?
4. 如何理解检察机关对侦查工作的立案监督?

【推荐参考论著】

1. 孙谦．刑事立案与法律监督．中国刑事法杂志，2019（3）.
2. 施鹏鹏，陈真楠．初查程序废除论——兼论刑事立案机制的调整．社会科学，2014（9）.
3. 季美君，单民．论刑事立案监督的困境与出路．法学评论，2013（2）.
4. 吕萍．刑事立案程序的独立性质疑．法学研究，2002（3）.

第十九章
侦 查

内容导读

侦查行为是指公安机关、人民检察院等机关对于刑事案件，依照法律进行的收集证据、查明案情的工作和有关的强制性措施。侦查阶段是刑事诉讼法规定的诉讼程序的一个独立阶段。侦查工作应当遵循迅速及时原则、客观全面原则、保守侦查秘密原则和法制原则。我国的侦查机关有七种：公安机关、人民检察院、国家安全机关、监狱、军队保卫部门、中国海警局和走私犯罪侦查机关。我国刑事诉讼法规定的具体侦查措施有：讯问犯罪嫌疑人，询问证人、被害人，勘验、检查，搜查，查封、扣押物证、书证，鉴定，辨认，技术侦查措施，通缉。侦查阶段的任务是收集证据、查明案件事实、确定犯罪嫌疑人，依法决定终结侦查并对案件作出处理决定。

第一节 侦查概述

一、侦查的概念

在我国刑事诉讼中，“侦查”这一用语是在“侦查行为”（侦查措施）与“侦查程序”（侦查阶段）这两种不同的含义上使用的。

1. 侦查行为（侦查措施）。根据我国《刑事诉讼法》第108条的规定，“侦查”是指公安机关、人民检察院对于刑事案件，依照法律进行的收集证据、查明案情的工作和有关的强制性措施。这里的“收集证据、查明案情的工作”是指公安机关、人民检察院针对犯罪事件，为揭露和证实犯罪，查获犯罪人所进行的一系列调查工作，具体是指讯问犯罪嫌疑人，询问证人、被害人，勘验、检查，鉴定，辨认等方法。公安机关、人民检察院通过收集证据、查明案情的工作所收集的案件材料，具有诉讼证据的性质，经查证属实可以作为认定案情的根据。所谓“有关的强制性措施”，是指与专门调查工作有关的强制性措施，具体包括：强制搜查，强制检查，查封、扣押物证、书证，通缉等方法。这些侦查行为具有强制性，有时还与逮捕、拘留等强制措施同时并用。

2. 侦查程序（侦查阶段）。侦查程序，是指侦查机关对已经立案的刑事案件，依法进行收集证据、查明案情的工作和有关的强制性措施，以收集、调取、核实案件证据材料，查明案情，确定是否移送审查公诉的诉讼程序阶段，是公诉案件的必经程序。完整的侦查阶段，始于侦查机关作出立案决定之后，终于侦查终结，其结果是，或者撤销案件，或者移送审查起诉。

二、侦查的阶段

根据我国《刑事诉讼法》第二编第二章“侦查”之“一般规定”中第 115 条和第 116 条规定的内容，可以将我国的侦查阶段划分为两个不同的诉讼阶段，即侦查破案阶段和预审阶段。我国刑事诉讼法在侦查程序中增加一节“一般规定”，一方面是对司法实际工作中将上述两个阶段分开的肯定，使之继续依法进行；另一方面是对我国《刑事诉讼法》第 3 条规定的“对刑事案件的侦查、拘留、执行逮捕、预审”内容的具体体现和补充，使法律规定的内容前后呼应，更为完整；此外，法律作出这样明确的规定，有利于明确侦查部门和预审部门在侦查中各自的任务和工作重点，从而更好地共同完成侦查任务。

1. 侦查破案阶段。侦查破案阶段，是指侦查部门对已经立案的案件经过收集证据、查明案情的工作和有关的强制性措施，收集和调取各种证据材料并对犯罪嫌疑人适用拘留、逮捕或其他强制措施的诉讼阶段。我国《刑事诉讼法》第 115 条规定：“公安机关对已经立案的刑事案件，应当进行侦查，收集、调取犯罪嫌疑人有罪或者无罪、罪轻或者罪重的证据材料。对现行犯或者重大嫌疑分子可以依法先行拘留，对符合逮捕条件的犯罪嫌疑人，应当依法逮捕。”这是对侦查部门进行侦查工作的规定。该条规定的内容，不仅仅适用公安机关办理的刑事案件，也应当适用于人民检察院、国家安全机关、军队保卫部门、监狱、海关走私犯罪侦查部门等办理的刑事案件。

侦查部门应当进行如下两项工作：（1）收集、调取证据材料。侦查部门进行侦查工作是在立案后立即进行的，其工作方式主要是采用法律规定的各种专门调查手段和有关的强制性措施。所谓收集、调取证据材料，是指通过采用上述侦查方法收集、获取证明犯罪嫌疑人有罪或者无罪、罪轻或者罪重的各种证据材料。（2）依法适时地采用拘留、逮捕等强制措施。采用这些强制措施，一方面可以防止犯罪嫌疑人逃跑、毁灭证据、串供、自杀等情况发生，使侦查活动顺利进行；另一方面，又为预审工作提供审查核实的依据和追究对象，为更好、更快地侦查终结打下基础。

2. 预审阶段。预审阶段，是指侦查机关的预审部门对经过侦查有证据证明有犯罪事实并已对犯罪嫌疑人适用某种强制措施的案件，通过讯问等专门调查方法进一步审查核实已收集的证据和全面地收集证据深挖犯罪嫌疑人，并达到侦查终结条件的诉讼阶段。就侦查程序而言，预审部门是侦查机关的一个组成部分；就工作性质来看，预审是在侦查部门对案件进行侦查的基础上深挖犯罪、查破积案并对已查明的犯罪事实和犯罪嫌疑人进行预备性审查、核实的活动，也是揭露犯罪和证实犯罪的一项专门工作。

我国《刑事诉讼法》第 116 条规定：“公安机关经过侦查，对有证据证明有犯罪事实的案件，应当进行预审，对收集、调取的证据材料予以核实。”根据这条法律规定，预审工作主要包括以下几点：(1) 对有证据证明有犯罪事实的案件进行预审。这表明，预审的案件仅限于有证据证明有犯罪事实的案件，对这类案件进行预审，就是要根据犯罪构成要件，审查侦查部门移送的案件构成何罪，构成犯罪的主要事实特别是犯罪人是谁是否清楚，证据是否确实、充分。在此基础上，可以开展收集证据、查明案情的工作和采取有关的强制性措施，继续收集、调取新的证据材料，从而保证侦查终结时，该案的定性准确，犯罪事实清楚，证明案件事实的证据确实、充分，使该案达到移送审查起诉的要求。(2) 对收集、调取的证据材料予以核实。对证明有犯罪事实的证据材料进行核实，是对侦查部门已收集、调取的有罪或者无罪证据、罪轻或者罪重证据材料的一次把关，也是侦查阶段（侦查程序）中对证据材料的最后一次把关。这项工作的好坏，直接关系到侦查阶段办案质量的高低。(3) 对在预审过程中发现的新事实、新证据或者涉嫌犯罪人，进行深入调查、取证和核实工作。预审核实证据材料，既包括开展收集证据、查明案情的工作和采取有关的强制性措施对证据材料进行核实，又包括通过预审人员审查判断证据发现新事实、调取新证据，查获犯罪嫌疑人，还包括将二者交叉运用进行查证等。

侦查破案和预审是侦查程序中两个相对独立又互相联系的诉讼阶段。侦查破案阶段始于立案，终于查获犯罪人并将其拘捕归案；预审始于侦查破案，终于移送审查起诉或撤销案件。前者由侦查机关的侦查部门进行，后者由侦查机关的预审部门进行。但是，两者的关系极为密切。前者是后者的前提和基础，后者又是前者的继续和深入。在必要的时候两者可以交叉进行。

三、侦查的任务和意义

侦查的任务主要是依照法定程序对已经立案的刑事案件进行调查，收集能够证明犯罪嫌疑人有罪或者无罪、罪轻或者罪重的证据材料，准确、及时地查明犯罪事实和查获犯罪嫌疑人，为打击和预防犯罪，保证刑事诉讼的顺利进行提供可靠的根据，保护国家、集体和公民个人的合法利益不受侵犯。同时，进行法制宣传，教育公民积极同犯罪行为作斗争。

侦查具有以下重要的意义。

1. 侦查作为立案后和提起公诉前的程序，具有承上启下的重要作用。在我国刑事诉讼中，立案是刑事诉讼的开始，它所解决的是犯罪事实是否存在和是否需要追究刑事责任的问题。而证明上述事实的大量证据，需要依靠侦查获取。同时根据法律规定，凡公诉案件，在提起公诉前必须经过侦查程序。只有侦查终结后，提起公诉程序才能开始。所以侦查是公诉案件提出公诉前必经的重要程序，对立案后诉讼的顺利进行具有十分重要的意义。

2. 侦查是与犯罪作斗争的重要手段。为了有效地与各种犯罪行为作斗争，使犯罪分子受到应有的惩罚，首要的任务，就是要取得确实、充分的证据，及时、准确地查明犯罪事实，查获犯罪分子。而所有这些，只能依靠同犯罪行为作斗争的侦查工作来实现。公安机关、人民检察院、国家安全机关等通过侦查破案，就能及时、有效地打击和制止犯罪，维护社会秩序，保护国家和集体的利益，保护公民的合法权益。如果通过侦查，查明没有犯罪事实，或者犯罪嫌疑人的行为不构成犯罪，或者具有法定的不追究刑事责任的情形，应当依法撤销案件。这样，也就可以使错误的追究及时得到纠正。

3. 侦查是提起公诉和审判的基础与前提。侦查作为刑事诉讼的一个重要阶段，是公安、检察和审判机关协同办理刑事案件的第一道“工序”，是以后各个诉讼阶段活动的基础。我国刑事诉讼实行侦查与起诉分离、起诉与审判分离的制度。对公诉案件来说，没有侦查，便没有起诉；而没有起诉，也就没有审判。所以，从侦查阶段在刑事诉讼中的作用来看，侦查是为起诉和审判做准备的。因此，侦查工作进行得如何，对于案件能否得到正确、合法、及时的处理，有着直接的影响。侦查工作中的疏漏和偏差，往往会给起诉和审判工作带来很大的困难，有的案件不得不退回补充侦查，有时甚至还可能给办案工作造成不可弥补的损失。

4. 侦查是预防犯罪和进行社会治安综合治理的有力措施。严厉打击和制止犯罪活动，是社会治安综合治理的首要环节。侦查是打击和制止犯罪活动的有力手段，因此，侦查工作本身在社会治安综合治理中，就具有极其重要的作用。此外，侦查活动可以震慑社会上的不稳定分子，使其不敢以身试法；可以增强群众的法制观念，教育公民遵纪守法。再有，侦查活动可以发现可能发生犯罪的隐患和漏洞，发现社会治安管理和机关、企事业单位内部管理方面存在的问题，通过建议或者协同有关部门和单位采取有效措施，消除隐患，堵塞漏洞，建立健全治安管理责任制，加强安全防范工作，可以预防和减少犯罪的发生。

四、侦查机关

在我国刑事诉讼中，侦查权只能由国家专门机关行使。我国有权进行侦查的机关和部门有公安机关、人民检察院、国家安全机关、监狱、军队保卫部门等。

（一）公安机关

我国《刑事诉讼法》第19条第1款规定，刑事案件的侦查由公安机关进行，法律另有规定的除外。公安机关是我国的治安保卫机关，侦破刑事案件是它的主要任务，同时公安机关拥有庞大、严密的组织体系和足够的警力，专门的侦查手段和措施，具有良好的控制社会治安局势和快速反应能力，所以法律规定由公安机关立案侦查的刑事案件数量最多，涉及的范围也最广。

（二）人民检察院

我国《刑事诉讼法》第19条第2款规定，人民检察院在对诉讼活动实行法律监督中发现的司法工作人员利用职权实施的非法拘禁、刑讯逼供、非法搜查等侵犯公民权利、损害司法公正的犯罪，可以由人民检察院立案侦查。对于公安机关管辖的国家机关工作人员利用职权实施的重大犯罪案件，需要由人民检察院直接受理的时候，经省级以上人民检察院决定，可以由人民检察院立案侦查。

（三）国家安全机关

我国《刑事诉讼法》第4条规定，国家安全机关依照法律规定，办理危害国家安全的刑事案件，行使与公安机关相同的职权。所谓危害国家安全的刑事案件，依据《国家安全法》及其实施细则的规定，是指境外机构、组织、个人实施或者指使、资助他人实施的，或者境内组织、个人与境外机构、组织、个人相勾结实施的下列危害国家安全，并达到犯罪程度的行为：（1）阴谋颠覆政府，分裂国家，推翻社会主义制度的；（2）参加间谍组织或者接受间谍组织及其代理人的任务的；（3）窃取、刺探、收买、非法提供国家秘密的；（4）策动、勾引、收买国家工作人员叛变的；（5）组织、策划或者实施危害国家安全的恐怖活动的；（6）捏造、歪曲事实，发表、散布文字或者言论，或者制作、传播音像制品，危害国家安全的；（7）利用设立社会团体或者企业事业组织，进行危害国家安全活动的；（8）利用宗教进行危害国家安全活动的；（9）制造民族纠纷，煽动民族分裂，危害国家安全的；（10）境外个人违反有关规定，不听劝阻，擅自会见境内有危害国家安全行为或者有危害国家安全行为重大嫌疑的人员的。

（四）监狱

根据我国《刑事诉讼法》第 308 条和《监狱法》第 60 条之规定，对罪犯在监狱内犯罪的案件由监狱进行侦查，监狱办理刑事案件适用我国《刑事诉讼法》的有关规定。监狱是我国的刑罚执行机关，被判处死刑缓期二年执行、无期徒刑、有期徒刑的罪犯，在监狱内执行刑罚。对罪犯在监狱内犯罪的案件由监狱进行侦查，就是说，监狱对服刑罪犯在监狱内犯罪的案件有立案侦查权。在侦查中，监狱有权进行勘验、检查、搜查、扣押、实施鉴定；有权讯问罪犯，询问证人、被害人。监狱侦查终结后，直接写出起诉意见书，连同案卷材料、证据一并移送人民检察院。至于罪犯在监狱外的犯罪以及监狱管理工作人员的犯罪，则应按照我国《刑事诉讼法》关于立案管辖的有关规定，由相应的公安机关或者检察机关立案侦查。

（五）军队保卫部门

根据我国《刑事诉讼法》第 308 条第 1 款之规定，军队保卫部门对军队内部发生的刑事案件行使侦查权，办理刑事案件适用我国刑事诉讼法的有关规定。这表明：（1）军队保卫部门对军队内部发生的刑事案件享有管辖权，除了由军事检察院立案侦查和军事法院直接受理的军队内部发生的刑事案件外，其他军队内部发生的刑事案件都由军队保卫部门立案侦查。（2）军队保卫部门是侦查机关，有权对所管辖的案件立案侦查，进行勘验、检查、搜查、扣押、实施鉴定；有权行使拘留权，以及采取拘传、取保候审、监视居住措施；有权根据军事检察院的批准或决定，或军事法院的决定执行逮捕。

（六）中国海警局

根据我国《刑事诉讼法》第 308 条第 2 款之规定，中国海警局履行海上维权执法职责，对海上发生的刑事案件行使侦查权，办理刑事案件适用我国刑事诉讼法的有关规定。

（七）走私犯罪侦查机关

根据《国务院办公厅关于组建缉私警察队伍实施方案的复函》（国办函〔1998〕52 号）之规定，海关总署、公安部组建成立走私犯罪侦查局，纳入公安部编制机构序列，设在海关总署。缉私警察是对走私犯罪案件依法进行侦查、拘留、执行逮捕、预审的专职刑警队伍。走私犯罪侦查局既是海关总署的一个内设局，又是公安部的一个序列局，实行海关与公安双重垂直领导、以海关领导为主的体制，按照海关对缉私工作的统一部署和指挥，部署警力，执行任务。走私犯罪侦查局在广东分署和全国各直属海关设立走私犯罪侦查分局；走私犯罪侦查分局原则上在隶属海关设立走私犯罪侦查支局。各级走私犯罪侦查机关负责其所在海关业务管辖区域内的走私犯罪案件的侦查工作。海关侦查走私犯罪的机构履行侦查、拘留、执行逮捕、预审职责，应当按照《刑事诉讼法》的规定办理。走私犯罪侦查机关在中华人民共和国海关关境内，依法查缉涉税走私犯罪案件和发生在海关监管区内的走私武器、弹药、核材料、伪造的货币、文物、贵重金属、珍贵动物及其制品、珍稀植物及其制品、淫秽物品、固体废物和毒品等非涉税走私犯罪案件。其接受海关调查部门、地方公安机关（包括公安边防部门）和市场监督管理等执法部门查获移送的走私犯罪案件。

五、侦查活动的原则

侦查工作的时间性、法律性、科学性很强，因此，在我国刑事诉讼中，进行侦查活动除应当遵守刑事诉讼法规定的所有基本原则外，还必须根据侦查工作的特点，遵守下列各项工作原则。

1. 迅速、及时原则。迅速、及时，是指发生刑事案件后应立即组织力量，拟定调查方案，开展侦查活动。刑事案件发生后，可能出现以下情况：犯罪分子犯罪后总是千方百计地制造种种假象，或破坏现场、伪造证据、销赃灭迹，妄图逃脱惩罚，或逃跑后继续犯罪；即使不是人为的，也会由自然原因造成证据变化、消失和毁坏；或者时过境迁致使证人记忆遗忘、被害人死亡等。因此，一定要力争在行为人未及远逃、罪证未被破坏、痕迹明显、证人记忆犹新的情况下及时收集证据，以确保完成侦查的各项任务。

2. 客观、全面原则。所谓客观，是指按照事物本来的面目去认识事物。侦查就是一切从案件的本来面目出发，实事求是地去认识和收集证据，而不是从主观想象出发，先入为主地去认识案件事实和收集证据。所谓全面，是指事物的各个方面，在收集证据时要注意收集正反两方面的证据，既要收集证明犯罪嫌疑人有罪、罪重的证据，又要收集证明犯罪嫌疑人无罪、罪轻的证据；既要认真听取控告一方的意见，也要认真听取申辩一方的意见；既要防止放纵罪犯，也要防止冤枉好人。客观和全面是两个互相联系、相辅相成的方面，是不可分割的整体。为了贯彻客观、全面的原则，必须树立深入细致的工作作风，不为表面现象所迷惑，同时必须防止粗枝大叶和主观武断。

3. 保守侦查秘密原则。保守侦查秘密原则，是指在侦查活动中严格禁止将案情、证据、当事人及诉讼参与人的有关情况向无关人员泄露。因为，在此阶段，案情有待进一步查清，证据有待进一步收集，犯罪分子有的还未归案，证人、被害人被打击报复的危险尚未解除，过早地泄露或公开案情及有关人证、物证等情况，于侦查工作和有关人员不利。为了避免对侦查工作的各种干扰、破坏，防止对证人、被害人等的不利情况发生，侦查人员必须严守侦查秘密。

4. 遵守法制原则。在侦查工作中，侦查人员要严格遵守我国刑事诉讼法和其他有关法律的规定，这不仅是侦查质量和效率的保证，也是民主和法制的要求。为了既保证侦查活动顺利进行，及时证实犯罪，查获犯罪人，又保障无罪的人免受刑事追究，防止冤枉好人，侦查工作必须严格依照有关法律规定和法定程序进行。要重证据，重调查研究，不轻信口供，严禁刑讯逼供和以威胁、引诱、欺骗等方法收集证据。在采取强制措施时，应严格依照法定条件和手续进行，遵守审批制度，维护公民的合法权益。

六、当事人和有关人员的申诉、控告及其处理

我国《刑事诉讼法》第117条第1款规定："当事人和辩护人、诉讼代理人、利害关系人对于司法机关及其工作人员有下列行为之一的，有权向该机关申诉或者控告：（一）采取强制措施法定期限届满，不予以释放、解除或者变更的；（二）应当退还取保候审保证金不退还的；（三）对与案件无关的财物采取查封、扣押、冻结措施的；（四）应当解除查封、扣押、冻结不解除的；（五）贪污、挪用、私分、调换、违反规定使用查封、扣押、冻结的

财物的。”

根据公安部《规定》第196条第2款、第197条的规定，受理申诉或者控告的公安机关应当及时进行调查核实，并在收到申诉、控告之日起30日以内作出处理决定，书面回复申诉人、控告人。发现公安机关及其侦查人员有上述违法行为之一的，应当立即纠正。上级公安机关发现下级公安机关存在上述违法行为或者对申诉、控告事项不按照规定处理的，应当责令下级公安机关限期纠正，下级公安机关应当立即执行。必要时，上级公安机关可以就申诉、控告事项直接作出处理决定。

根据最高人民检察院《规则》第555、556条的规定，当事人和辩护人、诉讼代理人、利害关系人对于办案机关及其工作人员有《刑事诉讼法》第117条规定的行为，向该机关申诉或者控告，对该机关作出的处理不服或者该机关未在规定时间内作出答复，而向人民检察院申诉的，办案机关的同级人民检察院应当受理。人民检察院直接受理侦查的案件，当事人和辩护人、诉讼代理人、利害关系人对办理案件的人民检察院的处理不服的，可以向上一级人民检察院申诉，上一级人民检察院应当受理。未向办案机关申诉或者控告，或者办案机关在规定时间内尚未作出处理决定，直接向人民检察院申诉的，人民检察院应当告知其向办案机关申诉或者控告。人民检察院在审查逮捕、审查起诉中发现有《刑事诉讼法》第117规定的违法情形的，可以直接监督纠正。当事人和辩护人、诉讼代理人、利害关系人对《刑事诉讼法》第117条规定情形之外的违法行为提出申诉或者控告的，人民检察院应当受理，并及时审查，依法处理。

对人民检察院及其工作人员办理案件中违法行为的申诉、控告，由负责控告申诉检察的部门受理和审查办理。对其他司法机关处理决定不服向人民检察院提出的申诉，由负责控告申诉检察的部门受理后，移送相关办案部门审查办理。审查办理的部门应当在受理之日起15日以内提出审查意见。人民检察院对《刑事诉讼法》第117条的申诉，经审查认为需要其他司法机关说明理由的，应当要求有关机关说明理由，并在收到理由说明后15日以内提出审查意见。人民检察院及其工作人员办理案件中存在的违法情形属实的，应当予以纠正；不存在违法行为的，书面答复申诉人、控告人。其他司法机关对申诉、控告的处理不正确的，人民检察院应当通知有关机关予以纠正；处理正确的，书面答复申诉人、控告人。

第二节 讯问犯罪嫌疑人

一、讯问犯罪嫌疑人概述

（一）讯问犯罪嫌疑人的概念和意义

讯问犯罪嫌疑人，是指侦查人员依照法定程序以言词方式对涉嫌犯罪的人就案件事实或者与案件有关的问题进行追查讯问的侦查行为。讯问犯罪嫌疑人是每一个刑事案件必须进行的一项重要的侦查行为，对收集和核实证据材料，查明案件的真实情况，有着重要的作用。讯问犯罪嫌疑人，一方面，可以揭露和证实犯罪嫌疑人的犯罪行为，弄清其犯罪的动机、目的、经过等具体情节，判明犯罪的性质，发现和追查新的犯罪事实及其他应当追究刑事责任的人；另一方面，可以听取犯罪嫌疑人的申辩，保护犯罪嫌疑人的合法权益，保障无罪的人和其他依法不应追究刑事责任的人不受刑事追究。可见，讯问犯罪嫌疑人，作为收集和查对证据材料的一种方法，对于全面查清案情，防止冤、假、错案都具有重要意义。

（二）讯问犯罪嫌疑人应当遵循的原则

讯问犯罪嫌疑人，应当特别强调以下原则。

1. 严禁刑讯逼供，不得强迫任何人证实自己有罪。我国《刑事诉讼法》第52条规定，严禁刑讯逼供和以威胁、引诱、欺骗以及其他非法方法收集证据，不得强迫任何人证实自己有罪。这至少表明了以下两点：其一，犯罪嫌疑人没有义务为追诉方提供任何可能使自己陷入不利境地的陈述，追诉方不得采取任何非人道或有损犯罪嫌疑人人格尊严的方法强迫其供述或提供证据；其二，犯罪嫌疑人有权就案件事实作出有利或不利于自己的陈述，但是，这是基于自愿和意识到行为后果而作出的，不是基于强制或压力。根据我国《刑事诉讼法》第56条的规定，采用刑讯逼供等非法方法收集的犯罪嫌疑人、被告人供述，应当予以排除，不得作为起诉意见的依据。

在侦查中，应当将威胁、引诱、欺骗与讲明法律、政策及侦查策略区分开。法律规定的威胁、引诱、欺骗，是指侦查人员通过非法或不适当的言语和行动使犯罪嫌疑人产生恐惧感，或者通过非法许诺、诱导供述等，使犯罪嫌疑人在受到强迫或者被蒙骗的情况下作出供述，这是法律所禁止的。而解释法律、交代政策或运用侦查策略，是法律允许的。比如，“你如果主动、如实讲出犯罪事实，将会得到从轻处理”与“你如果坦白交代，就将放你回家”，其性质显然是完全不同的。我国《刑事诉讼法》第120条第2款规定：“侦查人员在讯问犯罪嫌疑人的时候，应当告知犯罪嫌疑人享有的诉讼权利，如实供述自己罪行可以从宽处理和认罪认罚的法律规定。”

2. 不轻信口供。不轻信口供有三重含义：（1）在侦查讯问过程中，侦查人员不能轻易相信口供的真实性。这是因为犯罪嫌疑人的口供经常是虚假的、不真实的，所以在侦查讯问过程中，侦查人员必须要充分了解犯罪嫌疑人作出供述时的心理状况，不能因为得到供述，就认为讯问的目的已经达到。事实上，许多供述具有虚假性，如果过分地依赖或相信这些口供，只会将侦查引入歧途，降低侦查的效率。但是并不是所有的口供都是虚假的，实践中也有部分口供是真实的。比如一些犯罪嫌疑人，在实施了犯罪行为后，主动向公安司法机关投案自首，这部分口供的真实性就比较高；也有一些犯罪嫌疑人，在侦查人员反复教育后，希望得到司法机关的宽大处理，其口供也比较真实；还有一些犯罪嫌疑人，比如现场抓获的犯罪嫌疑人，在确凿的犯罪证据面前，一般也能如实地供述犯罪过程。因此，不轻信口供，并不是指因为口供的虚假度高而完全否认口供，而是要对口供持谨慎的态度。（2）不能因为对口供的谨慎态度，而忽略口供的作用，口供仍然是一种重要的证据。口供毕竟是犯罪嫌疑人的口头陈述，犯罪嫌疑人如果真的实施了犯罪行为，他的供述对案件侦破的作用是其他证据所不能比拟的。因为他直接参与了犯罪的全过程，没有一个人能比他更了解犯罪的发生和实施。因此，侦查人员应当充分利用这种资源，为案件的侦破提供线索和指引。我国刑事诉讼法也明确规定供述和辩解是刑事证据的种类之一。（3）只有供述，没有其他证据，不能认定犯罪嫌疑人犯罪。犯罪嫌疑人的供述只有有其他证据印证，被查证属实，才能作为认定犯罪的根据。

二、讯问犯罪嫌疑人的程序

（一）讯问犯罪嫌疑人必须由侦查人员负责进行

侦查阶段，只有侦查机关的侦查人员才有权讯问犯罪嫌疑人，其他机关、单位和个人都无权讯问。讯问的时候，侦查人员不得少于 2 人。讯问同案的犯罪嫌疑人，应当分别进行。

（二）应当在法定地点讯问

根据我国《刑事诉讼法》第 118 条第 2 款的规定，犯罪嫌疑人被送交看守所羁押以后，侦查人员对其进行讯问，应当在看守所内进行。《关于办理刑事案件严格排除非法证据若干问题的规定》第 9 条规定，犯罪嫌疑人被送交看守所羁押后，讯问应当在看守所讯问室进行。因客观原因侦查机关在看守所讯问室以外的场所进行讯问的，应当作出合理解释。根据公安部《规定》第 198 条的规定，讯问犯罪嫌疑人，除下列情形以外，应当在公安机关执法办案场所的讯问室进行：（1）紧急情况下在现场进行讯问的；（2）对有严重伤病或者残疾、行动不便的，以及正在怀孕的犯罪嫌疑人，在其住处或者就诊的医疗机构进行讯问的。对于已送交看守所羁押的犯罪嫌疑人，应当在看守所讯问室进行讯问。对于正在被执行行政拘留、强制隔离戒毒的人员以及正在监狱服刑的罪犯，可以在其执行场所进行讯问。对于不需要拘留、逮捕的犯罪嫌疑人，经办案部门负责人批准，可以传唤到犯罪嫌疑人所在市、县公安机关执法办案场所或者到他的住处进行讯问。根据最高人民检察院《规则》第 186 条第 2 款的规定，因辨认、鉴定、侦查实验或者追缴犯罪有关财物的需要，经检察长批准，可以提押犯罪嫌疑人出所，并应当由两名以上司法警察押解。不得以讯问为目的将犯罪嫌疑人提押出所进行讯问。

（三）传唤犯罪嫌疑人

我国《刑事诉讼法》第 119 条第 1 款规定："对不需要逮捕、拘留的犯罪嫌疑人，可以传唤到犯罪嫌疑人所在市、县内的指定地点或者到他的住处进行讯问，但是应当出示人民检察院或者公安机关的证明文件。对在现场发现的犯罪嫌疑人，经出示工作证件，可以口头传唤，但应当在讯问笔录中注明。"根据最高人民检察院《规则》第 183、184 条的规定，犯罪嫌疑人到案后，应当由其在传唤证上填写到案时间。传唤结束时，应当由其在传唤证上填写传唤结束时间。拒绝填写的，应当在传唤证上注明。对在现场发现的犯罪嫌疑人，经出示工作证件，可以口头传唤，并将传唤的原因和依据告知被传唤人。在讯问笔录中应当注明犯罪嫌疑人到案时间、到案经过和传唤结束时间。传唤犯罪嫌疑人时，其家属在场的，应当当场将传唤的原因和处所口头告知其家属，并在讯问笔录中注明。其家属不在场的，应当及时将传唤的原因和处所通知被传唤人家属。无法通知的，应当在讯问笔录中注明。根据公安部《规定》第 199 条第 4 款的规定，对自动投案或者群众扭送到公安机关的犯罪嫌疑人，可以依法传唤。

我国《刑事诉讼法》第 119 条第 2、3 款规定："传唤、拘传持续的时间不得超过十二小时；案情特别重大、复杂，需要采取拘留、逮捕措施的，传唤、拘传持续的时间不得超过二十四小时。不得以连续传唤、拘传的形式变相拘禁犯罪嫌疑人。传唤、拘传犯罪犯罪嫌疑人，应当保证犯罪嫌疑人的饮食和必要的休息时间。"根据最高人民检察院《规则》第 185 条的规定，两次传唤间隔的时间一般不得少于 12 小时。根据公安部《规定》第 200 条第 2 款的规定，传唤期限届满，未作出采取其他强制措施决定的，应当立即结束传唤。

（四）讯问犯罪嫌疑人前应当做好充分的准备工作

侦查人员在讯问前，应当认真审阅案件的全部材料，熟悉和掌握案件情况和证据材料，并通过仔细地分析研究，确定需要通过讯问查明的事项和问题，制订讯问计划，列出讯问提纲，以保证讯问有目的、有计划、有步骤地进行，取得好的讯问效果。

（五）具体讯问程序应当合法

1. 讯问犯罪嫌疑人一般按照下列顺序进行：（1）核实犯罪嫌疑人的基本情况，包括姓名、出生年月日、户籍地、居民身份证号码、民族、职业、文化程度、工作单位及职务、住所、家庭情况、社会经历、是否属于人大代表、政协委员等。（2）告知犯罪嫌疑人在侦查阶段的诉讼权利，有权自行辩护或者委托律师辩护，告知其如实供述自己罪行可以依法从宽处理和认罪认罚的法律规定。（3）侦查人员在讯问犯罪嫌疑人的时候，应当首先讯问犯罪嫌疑人是否有犯罪行为。如果他承认有罪，就让他陈述犯罪的全过程和具体情节；如果他否认有犯罪行为，就要听取他的无罪辩解，然后就其供述或辩解不清楚、不全面或前后有矛盾的地方向他提出问题。侦查人员讯问犯罪嫌疑人时，要认真听取犯罪嫌疑人的供述，对犯罪嫌疑人实施犯罪的时间、地点、手段，犯罪的动机、目的、过程和后果等具体情节，以及与犯罪有关的人，都要追问清楚；并注意查证其供述有无根据，是否符合客观实际。同时，对犯罪嫌疑人提出的申辩和反证，也要注意听取，认真查对，辨明真伪，而不能置之不理，更不能把犯罪嫌疑人的正当辩护视为抗拒。对犯罪嫌疑人提出的关于传唤证人、调取物证、进行鉴定或勘验、检查等的申请，只要对查明案情有意义，就应当予以同意。同时，讯问犯罪嫌疑人必须客观、全面，不能先入为主，抱有偏见。

2. 我国《刑事诉讼法》第 120 条规定："犯罪嫌疑人对侦查人员的提问，应当如实回答。但是对与本案无关的问题，有拒绝回答的权利。"所谓如实回答，就是实事求是地回答问题，有就是有，无就是无，是什么问题就说什么问题，不能缩小，也不能夸大，既不能无中生有，也不能避重就轻。法律要求犯罪嫌疑人履行如实陈述的义务，而未赋予其拒绝回答、沉默的权利。但是，犯罪嫌疑人享有辩护权，办案人员不能因为犯罪嫌疑人拒绝回答问题或进行辩解而对其刑讯逼供或者作出不利于犯罪嫌疑人的推论。

（六）讯问特殊犯罪嫌疑人应遵守法律的特别规定

讯问聋、哑的犯罪嫌疑人，应当有通晓聋、哑手势的人参加，并在讯问笔录上注明其聋、哑情况，以及翻译人员的姓名、工作单位和职业。讯问不通晓当地语言文字的人、外国人，也应当配备翻译人员。根据我国《刑事诉讼法》第 281 条的规定，在讯问未成年犯罪嫌疑人时，应当通知其法定代理人到场。无法通知、法定代理人不能到场或者法定代理人是共犯的，也可以通知未成年犯罪嫌疑人的其他成年亲属，所在学校、单位、居住地基层组织或者未成年人保护组织的代表到场，并将有关情况记录在案。到场的法定代理人可以代为行使未成年犯罪嫌疑人的诉讼权利。到场的法定代理人或者其他人员认为办案人员在讯问中侵犯未成年人合法权益的，可以提出意见。讯问笔录应当交给到场的法定代理人或者其他人员阅读或者向他宣读。讯问女性未成年犯罪嫌疑人，应当有女工作人员在场。

（七）讯问犯罪嫌疑人应当依法制作笔录

讯问笔录应当如实、全面地记载侦查人员的讯问和犯罪嫌疑人的供述及辩解的情况。讯问完毕应将讯问笔录交犯罪嫌疑人核对，对于没有阅读能力的，应当向他宣读。如果记载有遗漏或者差错，犯罪嫌疑人可以提出补充或者改正，并在补充或者更正的地方签名或者盖章。犯罪嫌疑人承认笔录没有错误后，应当由其在笔录上逐页签名、盖章或者捺指印，并在末页写明“以上笔录我看过（向我宣读过），和我说的相符”，同时签名、盖章、捺指印并注明日期。如果犯罪嫌疑人拒绝签名、盖章、捺指印的，侦查人员应当在笔录上注明。讯问笔录上所列项目，应当按照规定填写齐全。侦查人员、翻译人员也应当在笔录上签名。犯罪嫌疑人请求自行书写供述的，侦查人员应当准许。必要时，侦查人员也可以要求犯罪嫌疑人亲笔书写供述。犯罪嫌疑人应当在亲笔供述的末页签名或者盖章，并捺指印，注明书写日期。侦查人员收到后，应当在首页右上方写明“于某年某月某日收到”，并签名。

（八）录音或者录像

我国《刑事诉讼法》第123条第1款规定：“侦查人员在讯问犯罪嫌疑人的时候，可以对讯问过程进行录音或者录像；对于可能判处无期徒刑、死刑的案件或者其他重大犯罪案件，应当对讯问过程进行录音或者录像。”这里的“可能判处无期徒刑、死刑的案件”，是指应当适用的法定刑或者量刑档次包含无期徒刑、死刑的案件。“其他重大犯罪案件”，是指致人重伤、死亡的严重危害公共安全犯罪、严重侵犯公民人身权利犯罪，以及黑社会性质组织犯罪、严重毒品犯罪等重大故意犯罪案件。录音或者录像应当全程进行，保持完整性。不得选择性地录制，不得剪接、删改。

根据最高人民检察院《规则》第190条的规定，人民检察院办理直接受理侦查的案件，应当在每次讯问犯罪嫌疑人时，对讯问过程实行全程录音、录像，并在讯问笔录中注明。

第三节　询问证人、被害人

一、询问证人的概念和意义

在我国刑事诉讼中，证人只能是自然人，单位、法人或者组织不能成为证人。在侦查阶段，询问证人是侦查人员依照法定程序以言词的方式向证人调查了解案件情况的一种侦查行为。证人证言是我国刑事诉讼中最普遍的证据来源。所以，询问证人就成为侦查工作中经常进行的一种重要的侦查行为，几乎所有的案件，都要询问证人。侦查人员通过询问证人，可以收集到证人所了解的与案件有关的事实情况，这对于发现侦查线索，查明案件事实，揭露和证实犯罪，保障无罪的人不受刑事追究，都具有重要意义。因此，侦查机关应当保证一切与案件有关或者了解案情的公民，有客观地、充分地提供证据的条件，并为他们保守秘密。除特殊情况外，侦查机关可以吸收证人协助调查。

二、询问证人的程序

（一）询问证人的地点

询问证人，应由2个以上的侦查人员进行。根据我国《刑事诉讼法》第124条第1款的规定，侦查人员询问证人，可以在现场进行，也可以到证人所在单位、住处或者证人提出的地点进行，在必要的时候，可以通知证人到人民检察院或者公安机关提供证言。在现场询问证人，应当出示工作证件，到证人所在单位、住处或者证人提出的地点询问证人，应当出示人民检察院或者公安机关的证明文件。

（二）询问证人应当个别进行

这是指同一案件有多个证人需要询问的时候，应当对每个证人分别进行询问，并分别制作询问笔录。不能同时询问几个证人，更不能用开座谈会或集体讨论的方式进行询问。这主要是为了使证人能够独立地提供自己所知道的案件情况，避免证人之间互相影响；同时，也是为了使证人能够毫无顾虑地充分陈述自己的所见所闻。这样，既有利于保证证人证言的完整性和客观真实性，也有利于侦查人员对证人证言的审查和判断，便于查对核实，发现矛盾，去伪存真。

（三）具体询问程序

1. 询问证人，应当首先问明证人的身份，证人、被害人、犯罪嫌疑人之间的关系，并告知他应当如实地提供证据、证言和有意作伪证或者隐匿罪证要负的法律责任。使其知晓如实作证是每个公民在法律上应尽的义务。同时，证人作证是受国家法律保护的，对证人进行阻挠、威胁、打击报复，是要受到法律追究的。这样，可以提高证人责任心，防止轻率地、不负责任地提供案件情况，保证证人证言的真实性，保证全面地收集证据。当然在具体处理伪证时应当慎重，要把伪证与错证严格加以区别，防止伤害群众同犯罪作斗争的积极性。证人如果有顾虑，比如怕打击报复、怕负责任等，不愿或者不敢作证时，除应当对其做耐心细致的思想工作外，必要时还可以采取一些安全措施，使证人得到保护并能自觉自愿地提供证言。询问证人不得采用威胁、欺骗等非法的手段和方式。

2. 对未成年证人的询问。询问不满 18 岁的证人，应当通知其法定代理人到场。询问女性未成年证人，应当有女工作人员在场。未成年人一遇到不熟悉的环境或人员，容易紧张。针对这种特点，在询问的时候，应选择他们所习惯的场所，如学校或他们的家里。询问时，在必要的情况下，也可以请未成年证人的法定代理人帮助询问。询问最好用谈话的方式进行。开始时，可以先谈些未成年人感兴趣的事情，以消除其紧张和拘束的感觉，引起他对谈话的兴趣，再逐渐地把话题引到所要询问的问题上来。向未成年人提出的问题应该简短、清楚，使其容易理解。对未成年人不应作提示性或暗示性的发问，同时还应注意未成年人易受感染和富于幻想的心理特点，注意查明他的陈述是否受到他人的影响，或者把想象当作现实。

3. 侦查人员询问证人时，应当先让证人连续地详细叙述他所了解的案件情况，以利于证人能够完整地、全面地回忆起他所看到或听到过的事实情节，并按照原来事实的自然发展顺序，通过陈述再现他所经历的事实经过。如果证人陈述的内容与案件无关时，侦查人员可以进行适当的引导。再就证人陈述中不清楚或者有矛盾的地方，以及其他需要通过询问查明的事实情节，向他提出问题，让证人作进一步的陈述。对证人陈述的事实，应当问明其来源和根据，并注意查明证人得知案件情况时的主观和客观条件。侦查人员提出的问题应当明确、易懂，不能向证人作提示性或暗示性的发问；不得向证人泄露案情或者表示个人对案件的看法，以免影响证人作证的客观性。严禁采用暴力、胁迫等非法方法，使证人按照询问人的主观意图提供证言。

4. 根据最高人民检察院《规则》第 194 条第 2 款的规定，询问重大或者有社会影响的案件的重要证人，应当对询问过程实行全程录音、录像，并在询问笔录中注明。

(四) 询问证人应当制作笔录，笔录要如实记载

询问笔录制成后应交证人阅读，没有阅读能力的应当向他宣读。如果证人认为记载有错误或者有遗漏的地方，应当允许改正或补充。证人认为无误后，要在笔录上签名、盖章。询问的侦查人员也应当签名。证人要求自己书写证言的应当允许。在必要的时候，侦查人员可以要求证人自己书写证言。认为书写的证言不能说明问题或者仍有疑问的，侦查人员可以要求其重新书写或者补充，也可以再次询问。

三、询问被害人

询问被害人，是指侦查人员依照法定程序，以言词的方式向直接遭受犯罪行为侵害的人就其受害和犯罪人的有关情况进行调查了解的侦查行为。

被害人陈述是一种重要的证据来源。由于被害人与犯罪分子和犯罪活动有过直接的接触和感受，所以，及时、正确地询问被害人，对全面收集证据、查明案件事实、打击犯罪和保护被害人的合法权益，具有重要的意义。由于在侦查中询问被害人的目的，与询问证人一样，也是让他把自己所知道的案件情况告诉侦查机关，所以《刑事诉讼法》规定，询问被害人，适用询问证人的程序。但是被害人和证人又有不同，即被害人是犯罪行为的直接受害者，同案件有着切身的利害关系，因此在认真听取被害人陈述的同时，要特别注意审查其陈述的内容是否真的符合实际情况、合乎情理、前后一致等。对于因害怕遭到打击报复，或者由于顾及名誉、情面，而不敢或不愿彻底揭露犯罪分子的犯罪行为的被害人，要做好思想工作，并切实保障被害人的人身安全。对特殊被害人进行询问，还要注意采用适当方法及相应的措施。例如，询问不满 18 周岁的被害人，应当通知他的法定代理人到场；询问女性未成年被害人，应当有女工作人员在场；询问生命垂危的被害人，既要设法抢救，又要及时进行询问。对于被害人的个人隐私情况，应当为他保守秘密；对于被害人的人身安全，应当给予保护。另外，在第一次询问被害人时，应告知其有提起附带民事诉讼的权利。

第四节 勘验、检查

一、勘验、检查的概念及意义

勘验、检查，是指侦查人员对与犯罪有关的场所、物品、尸体或人身等亲临查看、寻找与检验，以发现和固定犯罪活动所遗留下来的各种痕迹和物品的一种侦查行为。勘验与检查，二者性质相同，只是对象不同。勘验的对象是犯罪现场、物品和尸体，而检查的对象则是活人的身体。

勘验、检查的任务，是发现、收集和研究犯罪的痕迹和物证，分析研究罪犯作案情况，判定罪犯作案手段和动机，确定侦查手段和方向，揭露、证实犯罪分子。勘验、检查是获取侦查线索和罪证的重要手段，是侦查破案的首要环节，尤其是对抢劫、凶杀、强奸、盗窃、纵火、投毒等刑事案件的侦破，具有特别重要的作用。通过勘验、检查，侦查人员可

对具有证据意义的各种物品特征、痕迹、伤害情况或生理状态进行分析研究，有利于其判断案件性质，分析犯罪情况与特点，确定侦查方向与范围，对于查明犯罪事实和犯罪人以及进一步发现新的犯罪事实和犯罪人等，都具有很重要的意义。

勘验、检查必须及时、全面和客观。不及时进行，就会使痕迹、遗物消失，现场变化，物品变质，给侦查带来困难。勘验、检查时，收集和保全证据要全面、客观，对有罪或无罪、罪重或罪轻的各种证据，都应收集，不能有片面性，更不能任意取舍，故意违背事实。

二、勘验、检查的程序

（一）一般规定

《刑事诉讼法》第128条规定："侦查人员对于与犯罪有关的场所、物品、人身、尸体应当进行勘验或者检查。在必要的时候，可以指派或者聘请具有专门知识的人，在侦查人员的主持下进行勘验、检查。"这一规定表明：(1) 在侦查中凡是有与犯罪有关的场所、物品、人身、尸体的，必须进行勘验或者检查。因此，勘验、检查可以分为现场勘验、物证检查、尸体检验、人身检查和侦查实验。(2) 勘验、检查作为一种诉讼活动，在侦查中必须由侦查人员进行；必要时，可以在侦查人员的主持下，指派或者聘请具有专门知识的人进行。(3) 为了保证勘验、检查的依法进行，防止其他单位和个人擅自进行勘验、检查，并防止犯罪分子冒充侦查人员破坏现场、销毁罪证等破坏活动的发生，法律规定，侦查人员执行勘验、检查，必须持有人民检察院或者公安机关的证明文件，同时应当邀请与案件无利害关系的公民作为见证人。

（二）现场勘验

犯罪现场，是指犯罪分子实施犯罪的地点或其他遗留有与犯罪有关的痕迹和物品的场所。犯罪现场是罪证比较集中的地方，它常常直接关系到能否收集到充分的证据材料，及时准确地侦破案件。因此，《刑事诉讼法》第129条规定："任何单位和个人，都有义务保护犯罪现场，并且立即通知公安机关派员勘验。"发案地派出所、巡警等部门应当妥善保护犯罪现场和证据，控制犯罪嫌疑人，并立即报告公安机关主管部门。公安机关接到报告后，应立即派人赶赴现场进行勘验。否则，如果犯罪现场遭到破坏，勘验工作就无法进行，侦破工作就会走弯路。

所谓现场勘验，就是对发生刑事案件的地点和留有犯罪痕迹的场所，进行专门调查的活动。被害人及周围群众知道的有关犯罪分子的情况，也可包括在这种专门调查活动之中。在勘验现场时，侦查人员应及时向被害人及其家属、目击人、报案人和其他群众进行调查访问，以便了解现场发案前和发案当时的状况，发现和收集同案件有关的各种情况，以及及时采取紧急措施搜集证据、追缉逃犯等。现场勘验的目的，就是通过保护现场、实地勘验和现场访问，发现和收集与犯罪有关的痕迹和物品，查明与犯罪有关的情况，研究分析案情、判断案件性质，确定侦查方向与范围，为侦查破案提供线索和证据。

侦查人员进行现场勘验，必须持有刑事犯罪现场勘查证，可以邀请有关专业人员参加。勘验重大案件的现场，预审部门可以派员参加，必要时应当商请人民检察院派员参加。进行现场勘验，不仅要注意那些比较明显而易于察觉的痕迹、物品和情节，而且要注意发现那些容易被忽略的不明显的痕迹、物品和情节，它们表面看来细微，实际上对查明案情可能有重要意义。此外，还要注意发现有无反常现象，以免为假象所迷惑，而导致错误的判断。对在现场发现的每个痕迹和物品，要仔细地观察其特征，分析研究其形成的原因及与犯罪行为的关系，以便准确地判断犯罪的手段和动机，犯罪分子作案的情况，犯罪的性质和犯罪分子的有关情况，并采用各种技术手段和方法加以提取和保全。侦查人员在现场勘验过程中，发现需要迅速采取搜索、追踪、堵截、鉴别、控制销赃等紧急措施的，应当立即报告负责本案侦查的指挥人员作出决定。计算机犯罪案件的现场勘查，应当立即停止应用计算机，保护计算机及相关设备，并复制电子数据。

现场勘验，应当制作勘验笔录、拍摄现场照片和绘制现场图。对重大案件的现场，有条件的，还应当录像。现场勘验笔录，是一种重要的诉讼证据，它对研究分析案情、审查判断案件其他证据、揭露和证实犯罪分子的犯罪活动，有着重要的作用。因此，勘验笔录应当客观、准确而全面地反映现场以及勘验活动的实际情况，按照勘验的顺序如实记载。在笔录中应当记明勘验的时间，现场所在的地点、位置及其周围的环境，现场物品变动、破坏的情况，犯罪分子遗留的各种痕迹和物品及其存留的位置和特征，以及进行提取的情况等。现场勘验笔录应当由侦查人员、其他参加勘验的人员和见证人签名或者盖章。

（三）尸体检验

在勘验有尸体的现场或者遇到死因不明的尸体时，必须进行尸体检验。尸体检验的目的在于确定死亡的原因，判明死亡的时间、致死的手段和方法，判断凶器的种类，以便分析研究案情，认定案件性质，为侦查破案提供线索和证据。尸体检验，应当在侦查人员的主持下，由法医或医师进行。尸体检验，必须及时地进行，以防尸体上的痕迹因尸体的变化和腐烂而消失。

尸体检验分为尸表检验和尸体解剖两个部分。尸表检验，就是对尸体外部的检验。检验前应详细察看尸体的位置、姿态、尸体周围的环境和情况，注意发现尸体周围的痕迹和物品。然后，有步骤地对尸体的衣着，尸体外表的一般特征，如身长、体格状况、皮肤颜色、尸斑、尸僵、尸体腐败程度等，以及尸体的各个部分进行检验。对尸体各部位发现的损伤，应注意观察其具体位置、形状、大小、深浅和方向等。经过尸表检验，如果还不能确定死因时，应当进行尸体解剖检验。《刑事诉讼法》第131条规定："对于死因不明的尸体，公安机关有权决定解剖，并且通知死者家属到场。"公安机关解剖尸体不一定取得死者家属的同意，但解剖时，应当通知死者家属到场。根据有关法律规定，法医解剖只限于由人民法院、人民检察院、公安局、医学院附设的法医检验机构及受人民法院、人民检察院、公安局委托的有条件进行法医解剖的医院进行。在解剖尸体前，应由侦查人员查明死者的年龄、面貌、体格特征和尸体的来源等。解剖后，应就其死因提出尸体解剖报告，由参加检验的法医或者医师签名、盖章。对于已查明死因，没有继续保存必要的尸体，应当通知死者家属领回处理，对无法通知或者通知后家属拒绝领回的，经县级以上公安机关负责人批准，可以及时处理。

（四）人身检查

《刑事诉讼法》第132条规定："为了确定被害人、犯罪嫌疑人的某些特征、伤害情况或者生理状态，可以对人身进行检查，可以提取指纹信息，采集血液、尿液等生物样本。犯罪嫌疑人如果拒绝检查，侦查人员认为必要的时候，可以强制检查。检查妇女的身体，应当由女工作人员或者医师进行。"所谓人身检查，就是指为了确定犯罪嫌疑人、被害人的某些特征、伤害情况或者生理状态，对他们的人身进行检验、查证的侦查活动。通过人身检查，可以查明犯罪嫌疑人是否实施了犯罪行为，了解犯罪的手段、情节和危害情况，判断犯罪工具的类别，查对案内证据，揭露犯罪，证实犯罪。人身检查，涉及公民的合法权益，因此，必须严格依法进行。进行人身检查，除紧急情况外，必须经县以上公安机关负责人批准；不得侮辱被检查人的人格和有伤风化；可以提取指纹信息，采集血液、尿液等生物样本，但不得任意扩大检查范围。被检查人如果拒绝检查，应当通过说服教育的方法解决，但是如果犯罪嫌疑人拒绝检查、提取、采集，侦查人员认为必要的时候，经办案部门负责人批准，可以强制检查、提取、采集。

人身检查应当依法制作笔录，详细记载检查的情况和结果，参加检查的人员和见证人应当在笔录上签名或盖章。

（五）复验、复查

《刑事诉讼法》第 134 条规定："人民检察院审查案件的时候，对公安机关的勘验、检查，认为需要复验、复查时，可以要求公安机关复验、复查，并且可以派检察人员参加。"也就是说，人民检察院在审查案件时，对公安机关的勘验、检查认为事实不清、证据不确凿的，可以要求公安机关再次进行检验、查证。在复验、复查时，应当研究原有勘验、检查的内容，看其根据是否充分、方法是否恰当、结论是否正确、程序是否合法。复验、复查，可以退回公安机关进行，也可以由人民检察院进行。对于退回公安机关进行复验、复查的，人民检察院可以派员参加。通过复验、复查获得的情况，也应当依法制作笔录。

三、侦查实验

侦查实验，是指在侦查过程中为了查明案件在某种条件下的某种情况或者某种行为能否发生，而参照原来的条件进行模拟实验的一种侦查行为。其要点如下。

（一）侦查实验的任务

侦查实验的任务是通过全面、系统地研究所进行的模拟实验，确定被研究的某种情况、某种行为的原来状况。在实践中，对于下列情况，可以进行侦查实验：（1）确定在一定条件下能否听到或看到；（2）确定在一定时间内能否完成某一行为；（3）确定在什么条件下能够发生某种现象；（4）确定在某种条件下某种行为和某种痕迹是否吻合一致；（5）确定在某种条件下使用某种工具可能或者不可能留下某种痕迹；（6）确定某种痕迹在什么条件下会发生变异；（7）确定某种事件是怎样发生的。实践证明，侦查实验是判明案情，查对证人、被害人的陈述及犯罪嫌疑人的供述与辩解是否符合客观实际情况的一种有效方法。

（二）侦查实验的作用

侦查实验是查验客观事实或情况的一种行为，在侦破工作中有如下作用：（1）审查案件分析时对现场发生的事件的性质所提出的判断。（2）审查犯罪嫌疑人供述的真伪程度。如某犯罪嫌疑人供述中否认某一罪行，通过侦查实验，侦查人员可以查明他的这种供述是否属实；如果共犯的供认之间有矛盾，必要时也可以采用侦查实验证实谁的口供真实性强。（3）审查证人证言的真伪。由于证人受感官、能力、环境等条件的影响，有的证人证言可能失真；由于证人受主观上（害怕、报复等）或客观上（受到威胁、恐吓、收买等）因素的影响，可能存在歪曲、扩大、虚构、缩小、隐瞒事实等情况。在侦查过程中，如果对证人证言有疑问，为了审查证人证言是否真实、可靠，可以通过侦查实验进行验证。（4）审查辨认结果是否正确。如辨认人辨认出某件高级皮衣是他的，这时可以让他试穿，看是否合身，以确认该衣服是否是他所丢失的衣服。

(三) 侦查实验的程序

《刑事诉讼法》第135条规定:"为了查明案情,在必要的时候,经公安机关负责人批准,可以进行侦查实验。侦查实验的情况应当写成笔录,由参加实验的人签名或者盖章。侦查实验,禁止一切足以造成危险、侮辱人格或者有伤风化的行为。"公安部《规定》第221条第2款规定,进行侦查实验,应当全程录音录像,并制作侦查实验笔录,由参加实验的人签名。

侦查实验时,必须强调条件尽量相似,诸如时间、地点、光线、风向、风力和其他主、客观条件等,使案件的进程情况或某些情节人为地重现一次。侦查实验必须经县以上公安局长批准,同时应当邀请见证人参加,必要的时候,也可以商请人民检察院派员参加;如果需要某种专门知识,应当聘请有关专业人员参加。

侦查实验的情况应当写成笔录,内容包括侦查实验的条件,即进行侦查实验时与发案时极其近似的光线、风向、风速、雨量、气温等自然条件;侦查实验经过;侦查实验结果,即侦查实验进行完毕后作出的判断等。最后由参加实验的人员签名或者盖章,并记明侦查实验的年、月、日。实验所拍摄的照片、绘图等,也应当附入侦查实验的笔录。

第五节 搜 查

一、搜查的概念及意义

搜查是指侦查人员为了收集犯罪证据、查获犯罪人,依法对犯罪嫌疑人以及可能隐藏罪犯或者罪证的人的身体、物品、住处和其他有关地方进行搜索、检查的一种侦查行为。搜查是一种强制性的侦查措施,是侦查机关同犯罪作斗争的重要手段。

我国《刑事诉讼法》第136条规定:"为了收集犯罪证据、查获犯罪人,侦查人员可以对犯罪嫌疑人以及可能隐藏罪犯或者犯罪证据的人的身体、物品、住处和其他有关的地方进行搜查。"通过搜查,侦查人员可以直接获取犯罪证据,捕获犯罪人,也可以促使握有罪证或窝藏犯罪嫌疑人的人交出罪证和犯罪嫌疑人。所有这些对于及时收集犯罪证据,揭露和证实犯罪,防止犯罪分子自杀、逃跑以及继续犯罪,保证侦查和审判的顺利进行,有着十分重要的意义。

二、搜查的程序

搜查直接关系到公民的人身自由和住宅不受侵犯的权利。我国《宪法》第37、39条规定,禁止非法搜查公民的身体和住宅。因此,搜查必须严格依照法律规定的程序进行。侦查机关在搜查前,应当了解被搜查对象的基本情况、搜查现场及周围环境,确定搜查的范围和重点,明确搜查人员的分工和责任。

(一) 有权搜查的机关和人员

搜查只能由侦查人员进行,并且不得少于2人,其他任何机关、单位和个人都无权对公民人身和住宅进行搜查。搜查作为一种侦查手段,其目的是发现和收集有关犯罪证据、查获隐藏的犯罪分子。因此，不能为了其他目的而滥用搜查措施。搜查既可以对犯罪嫌疑人进行，也可以对其他可能隐藏罪犯或者犯罪证据的人的身体、物品、住处和其他有关的地方进行。

（二）搜查是法律赋予侦查机关的一项职权

《刑事诉讼法》第137条规定："任何单位和个人，有义务按照人民检察院和公安机关的要求，交出可以证明犯罪嫌疑人有罪或者无罪的物证、书证、视听资料等证据。"同犯罪行为作斗争，既是专门机关的职责，也需要广大人民群众的支持。为了配合侦查人员有效地同犯罪作斗争，使无罪的人早日脱离诉累，任何单位和个人都应积极协助侦查人员进行搜查。对那些可能证明犯罪嫌疑人有罪或者无罪的物证、书证、视听资料，应当及时交出。故意隐瞒事实真相，拒不交出与犯罪有关的物证、书证、视听资料等证据的，应承担相应的法律责任。

（三）进行搜查，必须向被搜查人出示搜查证

公安机关的搜查证，由县以上公安机关的负责人签发。人民检察院的搜查证，要由检察长签发。在执行逮捕、拘留的时候，遇有紧急情况，不另用搜查证也可以进行搜查。但搜查结束后，搜查人员应当及时向侦查机关负责人报告，及时补办有关手续。这里所说的紧急情况，在我国侦查实践中是指：（1）犯罪嫌疑人可能随身携带行凶、自杀器具的情形。（2）可能隐藏爆炸、剧毒或者其他危险物品的情形。（3）可能隐匿、毁弃、转移犯罪证据的情形。（4）可能隐匿其他犯罪嫌疑人或者其他突然发生的紧急情况。

（四）搜查的具体程序

搜查时，如果遇到阻碍，可以强制进行搜查。对以暴力、威胁方法阻碍搜查的，应当予以制止，或者由搜查人员将其带离现场；对于构成犯罪的，应当依法追究刑事责任。搜查应当全面、细致、及时，并且指派专人严密注视搜查现场的动向。搜查的时候，应当有被搜查人或者他的家属、邻居或者其他见证人在场，并且应对被搜查人或者其家属说明阻碍搜查、妨碍公务应负的法律责任。搜查到的与案件有关的物品，应当让见证人过目。对国家机关、团体或企业、事业单位的工作处所进行搜查时，应当有该机关、团体、企业、事业单位的代表参加。需要对外国驻我国的外交机构或外交代表的住宅进行搜查的，必须经该外交机构的同意；搜查时还应有人民检察院和我国外事机构的代表参加，以免发生问题，造成不好的国际影响。为了防止被搜查人逃跑，或者转移、销毁被搜查的物品，必要的时候，可以在被搜查人的处所周围，设置武装警戒，或者临时封锁，以保证搜查工作的顺利进行。为了保障妇女的合法权益，防止意外事件发生，根据我国《刑事诉讼法》第139条第2款的规定，搜查妇女的身体，应当由女工作人员进行。进行搜查的人员，应当遵守纪律，服从指挥，文明执法，不得无故损坏被搜查人的财物。对搜查中发现的与案件无关的个人私生活情况，不得泄露。对于查获的重要书证、物证、视听资料及其放置地点应当拍照，并且用文字说明有关情况，必要的时候，可以录像。另外，侦查机关到本辖区以外执行搜查任务的，办案人员应当携带搜查证、工作证以及写有主要案情、搜查目的、要求等内容的公函，与当地侦查机关联系。当地侦查机关应当配合、协助执行搜查。

（五）制作搜查笔录

搜查的情况应当写成笔录，并写明发现何种证据，以及提取和扣押的物证、书证的名称、牌号、数量、特征等，最后由侦查人员和被搜查人或者他的家属、邻居或者其他见证人签名或者盖章。如果被搜查人或者他的家属在逃或者拒绝签名、盖章，应当在笔录上注明拒绝签字、盖章的原因和理由。

第六节　查封、扣押物证、书证

一、查封、扣押物证、书证的概念及意义

查封、扣押物证、书证，是指侦查人员对在勘验、搜查中发现的能够证明犯罪嫌疑人有罪或无罪的物品、文件，依法予以扣留的一种侦查行为。查封、扣押物证、书证是一种具有强制性的侦查措施，其目的是取得和保全诉讼证据。侦查人员通过扣押可以取得能够证明案件事实的物证、书证，以防止其被毁弃或丢失，保全物证、书证原有的证明价值。

根据《刑事诉讼法》的规定，查封、扣押物证、书证只有侦查人员才有权进行。其他任何机关、团体或个人都无权在侦查阶段扣押犯罪嫌疑人的物品和文件。

二、查封、扣押物证、书证的程序

（一）查封、扣押物证、书证通常是在勘验、搜查时进行的

《刑事诉讼法》第 141 条第 1 款规定："在侦查活动中发现的可用以证明犯罪嫌疑人有罪或者无罪的各种财物、文件，应当查封、扣押；与案件无关的财物、文件，不得查封、扣押。"查封、扣押物证、书证是为了取得和保全证据，因此，对查封、扣押物品的范围必须严格限制。对能够证明犯罪嫌疑人有罪、罪重的财物、文件，要予以查封、扣押；对能够证明犯罪嫌疑人无罪、罪轻的财物、文件，也要予以查封、扣押。而对不能证明犯罪嫌疑人有罪或无罪，与案件无关的财物、文件，则不能查封、扣押。如果发现的财物、文件同案件是否有关暂时确定不下来，则应当先查封、扣押，待查清后再作处理，以避免丧失重要证据。经查明确实与案件无关的，应当在 3 日内退还。在查封、扣押物证、书证过程中，如果发现违禁物品，即使其同本案无关，也应查封、扣押，并交有关部门处理。持有人拒绝交出应当扣押的文件、资料和其他财物的，可以强制查封、扣押。

查封、扣押物证、书证也可以单独进行。例如，要求银行暂停支付与案件有关的个人的储蓄存款（即冻结存款）；扣押犯罪嫌疑人的邮件、电报等。

在侦查过程中需要查封土地、房屋等不动产，或者船舶、航空器以及其他不宜移动的大型机器、设备等特定动产的，应当经县级以上公安机关负责人批准并制作查封决定书。

（二）对查封、扣押财物、文件的保管或者封存

对于查封、扣押的财物、文件，要妥善保管或者封存，不得使用、调换或者损毁，以免影响它的证据作用。查封、扣押的财物、文件，一般都应由侦查人员提取，以便作证据使用。但是，如果查封、扣押的是易溶、易腐、不便保管的财物，应当当场拍照记录，或者制成复制品。查封、扣押的如果是不便提取的大型财物，比如走私的大批货物，盗窃的牲畜、汽车等，可以拍照、记录后查封，或者令持有人妥善保管，不得转移、丢失或使用。查封、扣押的武器、弹药和易燃、易爆物品，应当在拍照、记录后，交公安或其他有关部门保管，以免发生危险。查封、扣押的书证如果是内容反动的材料，或者是淫秽图片、黄

色书刊，应当有专人保管，不得传抄、扩散，以免造成不好的影响。查封、扣押的书证如果是党和国家的机密文件，应当拍下文件的名称、号码，记明查封、扣押的时间、地点等，然后将文件退还原发文单位保管，以免泄密。对于查封、扣押的可以直接作为证据使用的录音、录像带，应记明案由、对象，录取的时间、地点，磁带的规格、应用长度等，并妥善保管。对于查封、扣押的金银珠宝、文物、名贵字画以及其他不易辨别真伪的贵重财物，应当当场密封，并由查封、扣押人员、见证人和被查封、扣押物品持有人在密封材料上签名或者盖章。

执行查封、扣押时，应当为犯罪嫌疑人及其所扶养的亲属保留必需的生活费用和物品。能够保证侦查活动正常进行的，可以允许有关当事人继续合理使用有关涉案财物，但应当采取必要的保值、保管措施。

有关犯罪事实查证属实后，对于有证据证明权属明确且无争议的被害人合法财产及其孳息，且返还不损害其他被害人或者利害关系人的利益，不影响案件正常办理的，应当在登记、拍照或者录音录像和估价后，开具发还清单返还，并在案卷材料中注明返还的理由，将原物照片、发还清单和被害人的领取手续存卷备查。领取人应当是涉案财物的合法权利人或者其委托的人；委托他人领取的，应当出具委托书。侦查人员或者公安机关其他工作人员不得代为领取。查找不到被害人，或者通知被害人后，无人领取的，应当将有关财产及其孳息随案移送。

（三）开列查封、扣押财物、文件清单

对于查封、扣押的财物和文件，应当会同在场见证人和被查封、扣押物品持有人查点清楚，当场开列清单一式两份，写明文件、资料和其他财物的名称、型号、规格、数量、重量、质量、颜色、新旧程度和缺损特征等，由侦查人员、见证人和持有人签名或者盖章，一份交给持有人，另一份附卷备查。查封、扣押的如果是国家或者集体的财物或文件，还应当有该单位的代表在场。财物持有人或者他的家属在逃或拒绝签字的，应当在查封、扣押清单上注明，不影响查封、扣押的执行。

（四）对邮件、电子邮件、电报的扣押

侦查人员认为需要扣押犯罪嫌疑人的邮件、电报的时候，应当经公安机关或者人民检察院批准，然后书面通知邮电机关将有关的邮件、电报检交扣押。由于扣押邮件和电报直接限制了公民的通信自由，所以刑事诉讼法和有关司法解释对此作了严格的限制。其一，侦查人员认为需要扣押邮件、电报的时候才能扣押。所谓需要扣押的时候是指：犯罪嫌疑人已经或者可能利用邮件、电报与同案人进行联系；邮件、电报可能成为证明犯罪嫌疑人有罪、无罪的重要证据；犯罪嫌疑人可能利用邮件、电报进行新的犯罪活动，以及其他认为需要扣押邮件、电报的时候。不是上述情况，则不能扣押。其二，侦查人员扣押邮件、电报要经过有关领导批准，否则，不能扣押。对查封、扣押的财物、文件、邮件、电子邮件、电报，经查明确实与案件无关的，应当在 3 日以内解除查封、扣押，退还原主或者原邮电部门、网络服务单位；原主不明确的，应当采取公告方式告知原主认领。在通知原主或者公告 6 个月以内，无人认领的，按照无主财物处理，登记后上缴国库。

（五）查询、冻结存款、汇款等财产

人民检察院、公安机关根据侦查犯罪的需要，可以依照规定查询、冻结犯罪嫌疑人的存款、汇款、债券、股票、基金份额等财产。有关单位和个人应当配合。这主要是为了防止犯罪嫌疑人转移财产，给国家和人民造成损失。但侦查人员在执行时须持有县级以上公安机关或者人民检察院查询公函或者书面通知。有关银行接到人民检察院、公安机关的查询公函和冻结通知书后，应积极予以配合。犯罪嫌疑人的存款、汇款、债券、股票、基金份额等财产已被冻结的，不得重复冻结，以免造成不必要的争执。

冻结存款、汇款、证券交易结算资金、期货保证金等财产的期限为 6 个月。每次续冻期限最长不得超过 6 个月。对于重大、复杂案件，经设区的市一级以上公安机关负责人批准，冻结存款、汇款、证券交易结算资金、期货保证金等财产的期限可以为 1 年。每次续冻期限最长不得超过 1 年。冻结债券、股票、基金份额等证券的期限为 2 年。每次续冻期限最长不得超过 2 年。冻结股权、保单权益或者投资权益的期限为 6 个月。每次续冻期限最长不得超过 6 个月。

冻结债券、股票、基金份额等财产，应当告知当事人或者其法定代理人、委托代理人有权申请出售该财产。权利人书面申请出售被冻结的债券、股票、基金份额等财产，不损害国家利益、被害人、其他权利人利益，不影响诉讼正常进行的，以及冻结的汇票、本票、支票的有效期即将届满的，经县级以上公安机关负责人或者检察长批准，可以依法出售或者变现，所得价款应当继续冻结在其对应的银行账户中；没有对应的银行账户的，所得价款由公安机关或者检察院在银行指定专门账户保管，并及时告知当事人或者其近亲属。

冻结的财产，经查明确实与案件无关的，应当在 3 日以内通知金融机构等单位解除冻结，并通知被冻结财产的所有人。

第七节　鉴　定

一、鉴定概述

鉴定，是指侦查机关为了查明案情，指派或者聘请具有专门知识的人对案件中的某些专门性问题进行鉴别和判断的侦查行为。在侦查过程中，鉴定的适用范围是十分广泛的，凡是与案件有关的物品、文件、痕迹、人身、尸体，都可以进行鉴定。实践中常用的鉴定有：法医鉴定，主要用于确定死亡时间、死亡原因和人身伤害程度等情况；司法精神病鉴定，主要用于确定犯罪嫌疑人、被告人的精神状态是否正常，也可用于确定证人、被害人等的精神状态是否正常；刑事科学技术鉴定，主要用于对指纹、足迹、工具痕迹、枪弹痕迹、整体分离痕迹、车辆轮胎痕迹、书法文件等是否同一的鉴定，以及确定毒物化学性质及对人身危害程度的化学、毒物鉴定等；会计鉴定，主要用于确定账目、单据、发票等是否真实和是否符合制度等；其他技术鉴定，如用于确定工程事故原因、后果及责任的工程技术鉴定，用于确定交通肇事责任的鉴定以及火灾、爆炸物鉴定等。鉴定是一种重要的侦查手段，它对审查判断其他证据，查明案件事实，认定案件性质，准确地揭露犯罪，证实犯罪分子，具有十分重要的作用。

为了保证鉴定客观、公正地进行，鉴定人只能由侦查机关指定或者聘请同案件、当事人无关的又具有该方面专门知识的人担任。在我国刑事诉讼中，虽然当事人自己不能聘请鉴定人，但如果当事人认为侦查机关指定或者聘请的鉴定人同案件或者一方当事人有利害关系，可以申请其回避，也可以要求对其所作出的鉴定意见重新进行鉴定。而且，鉴定人必须具有解决专门问题的知识、技术水平，如果不具有解决专门问题的知识、技术水平的，不能充当鉴定人。同时，鉴定人应当是自然人，因为只有自然人才能承担鉴定人的诉讼义务和责任。另外，需要通过鉴定解决的问题，只能是案件中有关案情的某些专门性问题，也就是有关科学和技术上的问题，而不能要求鉴定人去解决法律性质的问题（如是否构成犯罪，是责任事故还是故意破坏等）。法律性质的问题，只能由侦查人员去解决。

根据2015年4月24日《全国人民代表大会常务委员会关于司法鉴定管理问题的决定》的规定，国家对从事下列司法鉴定业务的鉴定人和鉴定机构实行登记管理制度：(1) 法医类鉴定（包括法医病理鉴定、法医临床鉴定、法医精神病鉴定、法医物证鉴定和法医毒物鉴定）；(2) 物证类鉴定（包括文书鉴定、痕迹鉴定和微量鉴定）；(3) 声像资料鉴定（包括对录音带、录像带、磁盘、光盘、图片等载体上记录的声音、图像信息的真实性、完整性及其所反映的情况、过程进行的鉴定和对记录的声音、图像中的语言、人体、物体作出种类或者同一认定）；(4) 根据诉讼需要由国务院司法行政部门商最高人民法院、最高人民检察院确定的其他应当对鉴定人和鉴定机构实行登记管理的鉴定事项。

同时，上述决定还规定，具备下列条件之一的人员，可以申请登记从事司法鉴定业务：(1) 具有与所申请从事的司法鉴定业务相关的高级专业技术职称；(2) 具有与所申请从事的司法鉴定业务相关的专业执业资格或者高等院校相关专业本科以上学历，从事相关工作5年以上；(3) 具有与所申请从事的司法鉴定业务相关工作10年以上经历，具有较强的专业技能。因故意犯罪或者职务过失犯罪受过刑事处罚的，受过开除公职处分的，以及被撤销鉴定人登记的人员，不得从事司法鉴定业务。

法人或者其他组织申请从事司法鉴定业务的，应当具备下列条件：(1) 有明确的业务范围；(2) 有在业务范围内进行司法鉴定所必需的仪器、设备；(3) 有在业务范围内进行司法鉴定所必需的依法通过计量认证或者实验室认可的检测实验室；(4) 每项司法鉴定业务有3名以上鉴定人。

申请从事司法鉴定业务的个人、法人或者其他组织，由省级人民政府司法行政部门审核，对符合条件的予以登记，编入鉴定人和鉴定机构名册并公告。省级人民政府司法行政部门应当根据鉴定人或者鉴定机构的增加和撤销登记情况，定期更新所编制的鉴定人和鉴定机构名册并公告。国务院司法行政部门主管全国鉴定人和鉴定机构的登记管理工作。司法行政部门在鉴定人和鉴定机构的登记管理工作中，应当严格依法办事，积极推进司法鉴定的规范化、法制化。对于滥用职权、玩忽职守，造成严重后果的直接责任人员，应当追究相应的法律责任。

各鉴定机构之间没有隶属关系；鉴定机构接受委托从事司法鉴定业务，不受地域范围的限制。但是鉴定人应当在一个鉴定机构中从事司法鉴定业务，由所在的鉴定机构统一接受委托，鉴定人和鉴定机构应当在鉴定人和鉴定机构名册注明的业务范围内从事司法鉴定业务，而且鉴定人应当依照诉讼法律规定实行回避。

二、鉴定的程序

(一) 鉴定的指派或者聘请

侦查机关指派或者聘请鉴定人进行鉴定的时候，应当为鉴定人进行鉴定提供必要的条件，及时向鉴定人送交有关检材和对比样本等原始材料，介绍与鉴定有关的情况，并且明确提出要求鉴定解决的问题。但是，禁止暗示或者强迫鉴定人作出某种鉴定意见。侦查人员应当做好检材的保管和送检工作，并注明检材送检环节的责任人，确保检材在流转环节中的同一性和不被污染。如果提供的鉴定材料不足，或者鉴定人认为自己的知识、技术水平不够，可以要求补充材料或者更换鉴定人。

(二) 鉴定的具体程序

1. 鉴定人和鉴定机构从事司法鉴定业务，应当遵守法律、法规，遵守职业道德和职业纪律，尊重科学，遵守技术操作规范。

2. 鉴定实行鉴定人负责制度。鉴定人应当独立进行鉴定，对鉴定意见负责。鉴定意见应当对提出鉴定的问题作出明确的回答，并说明其科学或技术上的根据。确实难以作出结论的，应当实事求是地加以注明。一案有几个鉴定人的，可以共同研究，提出共同的鉴定意见。如果意见不一致，可以分别写出自己的鉴定意见。司法实践中，鉴定意见一般用鉴定书的形式制作。鉴定书要文字简练、描述确切，照片要真实清晰，特征要鲜明。最后鉴定人要在鉴定书上签名，并且注明其技术职称，加盖刑事鉴定专用章，或者鉴定人所在单位公章，以示负责。在诉讼中，当事人对鉴定意见有异议的，经人民法院依法通知，鉴定人应当出庭作证。

3. 精神病鉴定的期间不计入办案期限。我国《刑事诉讼法》第 149 条规定："对犯罪嫌疑人作精神病鉴定的期间不计入办案期限。"犯罪嫌疑人是否患有精神病以及患有何种精神病，对定罪有重大意义。鉴于精神病鉴定的复杂性、长期性，因而，对犯罪嫌疑人作精神病鉴定的期间不计入办案期限，这有利于这类案件的正确处理。

4. 鉴定人或者鉴定机构有违反法律规定行为的，由省级人民政府司法行政部门予以警告，责令改正。鉴定人或者鉴定机构有下列情形之一，尚不构成犯罪的，由省级人民政府司法行政部门给予停止从事司法鉴定业务 3 个月以上 1 年以下的处罚；情节严重的，撤销登记：(1) 因严重不负责任给当事人合法权益造成重大损失的；(2) 提供虚假证明文件或者采取其他欺诈手段，骗取登记的；(3) 经人民法院依法通知，拒绝出庭作证的；(4) 法律、行政法规规定的其他情形。鉴定人故意作虚假鉴定，构成犯罪的，依法追究刑事责任。

(三) 补充鉴定和重新鉴定

公安部《规定》第 254 条规定："经审查，发现有下列情形之一的，经县级以上公安机关负责人批准，应当补充鉴定：(一) 鉴定内容有明显遗漏的；(二) 发现新的有鉴定意义的证物的；(三) 对鉴定证物有新的鉴定要求的；(四) 鉴定意见不完整，委托事项无法确定的；(五) 其他需要补充鉴定的情形。经审查，不符合上述情形的，经县级以上公安机关负责人批准，作出不准予补充鉴定的决定，并在作出决定后三日以内书面通知申请人。"第 255 条规定："经审查，发现有下列情形之一的，经县级以上公安机关负责人批准，应当重新鉴定：(一) 鉴定程序违法或者违反相关专业技术要求的；(二) 鉴定机构、鉴定人不具备鉴定资质和条件的；(三) 鉴定人故意作虚假鉴定或者违反回避规定的；(四) 鉴定意见依据明显不足的；(五) 检材虚假或者被损坏的；(六) 其他应当重新鉴定的情形。重新鉴定，应当另行指派或者聘请鉴定人。经审查，不符合上述情形的，经县级以上公安机关负责人批准，作出不准予重新鉴定的决定，并在作出决定后三日以内书面通知申请人。"

侦查机关应当将用作证据的鉴定意见告知犯罪嫌疑人、被害人，犯罪嫌疑人、被害人也有权主动要求获知用作证据的鉴定意见。如果犯罪嫌疑人、被害人认为侦查机关指定或聘请的鉴定人同案件或一方当事人有利害关系，可以申请其回避；如果发现鉴定意见有问题，可以要求鉴定人作出解释；如果提出申请补充鉴定或者重新鉴定，经侦查机关批准，可以补充鉴定或者重新鉴定。侦查人员或当事人等在对鉴定意见进行分析研究后，如果认为所作鉴定意见不够完备、不够明确或提出了新的问题、发现了与案件有关的新资料，可以决定或申请将已鉴定或新发现的检体，仍交给原委托的鉴定人进行检验，鉴定人对新问题的解答或所作的修正补充，就是补充鉴定。补充鉴定由原鉴定人作出，是对原鉴定的补充或修正，若是对原鉴定的补充，则应将原鉴定意见与补充鉴定意见结合使用；若是对原鉴定的修正，则以补充鉴定的鉴定意见为准。重新鉴定是指对原鉴定意见的可靠性发生疑问时，将原案材料另行委托其他鉴定人进行的鉴定。重新鉴定的鉴定人，可以不受原鉴定内容和材料的限制，根据委托单位的要求和提供的材料进行鉴定。重新鉴定时若所得出的意见与原鉴定意见不一致的，应当对原鉴定意见进行论证并说明不一致原因。

第八节　辨　认

一、辨认的概念和意义

辨认，是指侦查人员为了查明案情，在必要时让被害人、证人和犯罪嫌疑人对与犯罪有关的物品、文件、尸体进行辨认，或者让被害人、证人对犯罪嫌疑人进行辨认，或者让犯罪嫌疑人对其他犯罪嫌疑人进行辨认的一种侦查行为。在侦查程序中，辨认程序是经常采用的一种侦查行为，对于查明案情、调查核实证据以及查获犯罪嫌疑人等具有重要意义。

二、辨认的程序

（一）辨认的具体程序

1. 辨认应当在侦查人员主持下进行。在侦查中，主持辨认的侦查人员不得少于2人。在辨认前，侦查人员应当向辨认人详细询问被辨认人或者被辨认物的具体特征，禁止辨认人见到被辨认人或者被辨认物，并应当告知辨认人有意作假辨认应负的法律责任。

2. 几名辨认人对同一被辨认人或者同一物品进行辨认时，应当由每名辨认人单独进行。必要的时候，可以有见证人在场。

3. 辨认时，应当将辨认对象混杂在其他人员或者物品中，不得给予辨认人任何暗示。公安机关侦查的案件，辨认犯罪嫌疑人时，被辨认的人数不得少于7人；对犯罪嫌疑人照片进行辨认的，不得少于10人的照片。辨认物品时，混杂的同类物品不得少于5件；对物品的照片进行辨认的，不得少于10个物品的照片。人民检察院自行侦查的案件，辨认犯罪嫌疑人时，被辨认的人数不得少于7人，照片不得少于10张。辨认物品时，同类物品不得少于5件，照片不得少于5张。对场所、尸体等特定辨认对象进行辨认，或者辨认人能够准确描述物品独有特征的，陪衬物不受数量的限制。

4. 对犯罪嫌疑人的辨认，辨认人不愿公开进行时，可以在不暴露辨认人的情况下进行，并应当为其保守秘密。

（二）制作辨认笔录

对辨认经过和结果，应当制作辨认笔录，由侦查人员、辨认人、见证人签名。必要时，应当对辨认过程进行录音录像。

第九节　技术侦查措施

一、技术侦查措施的概念及意义

公安部《规定》第264条规定：“技术侦查措施是指由设区的市一级以上公安机关负责技术侦查的部门实施的记录监控、行踪监控、通信监控、场所监控等措施。技术侦查措施的适用对象是犯罪嫌疑人、被告人以及与犯罪活动直接关联的人员。”据此，学界一般认为，所谓技术侦查措施，是指侦查机关为了侦破特定的刑事案件，根据国家有关规定，经过严格审批程序，运用各种技术装备确定作案人和获取案件证据的秘密侦查措施，通常包括记录监控、行踪监控、通信监控、场所监控等措施。这里需要明确的是，我国《刑事诉讼法》将“隐匿身份实施侦查”和“控制下交付”一并规定在“技术侦查措施”一节，因而它们也属于广义的技术侦查措施。

为应对犯罪形势的新变化，侦查机关的侦查手段日益向高技术化、高隐秘性方向发展。随着科学技术的发展和运用，许多现代科学技术成果被用于侦查之中，如窃听、视听装置与技术、红外线望远镜以及电子计算机技术等，这就使得侦查机关的侦查手段丰富起来，技术侦查措施由此产生并日益成为打击犯罪的一种重要的侦查手段。

二、技术侦查措施的程序

（一）适用技术侦查措施的案件范围

我国《刑事诉讼法》第150条第1款规定：“公安机关在立案后，对于危害国家安全犯罪、恐怖活动犯罪、黑社会性质的组织犯罪、重大毒品犯罪或者其他严重危害社会的犯罪案件，根据侦查犯罪的需要，经过严格的批准手续，可以采取技术侦查措施。”据此，可以适用技术侦查的案件范围是危害国家安全犯罪、恐怖活动犯罪、黑社会性质组织犯罪、重大毒品犯罪或者其他严重危害社会的犯罪案件。其针对毒品犯罪案件，强调将犯罪情节限制在重大犯罪行为；另外，对其他严重危害社会的犯罪案件作了兜底条款的确定，这虽然在一定程度上保证了对重大犯罪行为的打击力度，但可能造成技术侦查手段适用的案件范围过于宽泛。为此，公安部《规定》第263条将“其他严重危害社会的犯罪案件”限定为以下四种：（1）故意杀人、故意伤害致人重伤或者死亡、强奸、抢劫、绑架、放火、爆炸、投放危险物质等严重暴力犯罪案件；（2）集团性、系列性、跨区域性重大犯罪案件；（3）利用电信、计算机网络、寄递渠道等实施的重大犯罪案件，以及针对计算机网络实施的重大犯罪案件；（4）其他严重危害社会的犯罪案件，依法可能判处7年以上有期徒刑的。

我国《刑事诉讼法》第150条第2款规定："人民检察院在立案后，对于利用职权实施的严重侵犯公民人身权利的重大犯罪案件，根据侦查犯罪的需要，经过严格的批准手续，可以采取技术侦查措施，按照规定交有关机关执行。"据此，检察机关对于立案侦查的利用职权实施的严重侵犯公民人身权利的重大犯罪案件可以适用技术侦查，但是对这类案件的犯罪情节同样限定为重大犯罪行为，并且检察机关适用技术侦查措施还需要经过严格的审批程序，这也是对检察机关适用技术侦查措施的限制性条款，能够起到很好的权利保障作用。值得注意的是，虽然公安机关和检察机关都具有适用技术侦查措施的决定权，但是执行技术侦查措施的只能是公安机关，这与执行逮捕是相似的。

我国《刑事诉讼法》第150条第3款规定："追捕被通缉或者批准、决定逮捕的在逃的犯罪嫌疑人、被告人，经过批准，可以采取追捕所必需的技术侦查措施。"本条规定了对于追捕在逃人员可以适用技术侦查措施，但又对其进行了三点限制：一是在逃人员必须是被通缉或者批准、决定逮捕的在逃人员；二是采取技术侦查措施必须经过批准；三是技术侦查措施必须是追捕所必需的措施。最高人民检察院《规则》第228条规定："人民检察院办理直接受理立案侦查的案件，需要追捕被通缉或者批准、决定逮捕的在逃的犯罪嫌疑人、被告人的，经过批准，可以采取追捕所必需的技术侦查措施，不受本规则第二百二十七条规定的案件范围的限制。"

（二）技术侦查措施的种类和适用对象、实施期限

我国《刑事诉讼法》第151条规定："批准决定应当根据侦查犯罪的需要，确定采取技术侦查措施的种类和适用对象。批准决定自签发之日起三个月内有效。对于不需要继续采取技术侦查措施的，应当及时解除；对于复杂、疑难案件，期限届满仍有必要继续采取技术侦查措施的，经过批准，有效期可以延长，每次不得超过三个月。"由此可见，在我国技术侦查措施的实施需要采用批准制，虽然条文中并未明确技术侦查的具体种类，但根据有关解释，这些"技术侦查措施"主要包括记录监控、行踪监控、通信监控、场所监控等专门技术手段。由于技术侦查措施对公民基本人权有一定侵害，因而必须对其适用的时间进行适当的限制，以防止其被滥用。法律将技术侦查措施的批准期限限定在3个月，对复杂、疑难案件，期限届满仍有必要继续采取技术侦查措施的，经过批准，有效期可以延长，每次以3个月为限。但对批准延期的次数并未加以限定。

（三）技术侦查措施的执行程序

根据我国《刑事诉讼法》第152条的规定，采取技术侦查措施，必须严格按照批准的措施种类、适用对象和期限执行。侦查人员对于采取技术侦查措施过程中知悉的国家秘密、商业秘密和个人隐私，应当保密；对于采取技术侦查措施获取的与案件无关的材料，必须及时销毁。采取技术侦查措施获取的材料，只能用于对犯罪的侦查、起诉和审判，不得用于其他用途。公安机关依法采取技术侦查措施，有关单位和个人应当配合，并对有关情况予以保密。

（四）关于隐匿身份侦查和控制下交付

我国《刑事诉讼法》第153条第1款规定："为了查明案情，在必要的时候，经公安机关负责人决定，可以由有关人员隐匿其身份实施侦查。但是，不得诱使他人犯罪，不得采用可能危害公共安全或者发生重大人身危险的方法。"这里"有关人员隐匿其身份实施侦查"，既可以是侦查人员隐匿身份实施"卧底侦查"、"化装侦查"或者"诱惑侦查"，也可以是其他人员隐匿其身份担任"卧底"或者"线人"参与侦查。同时，我国对隐匿身份侦

查的实施方式进行了禁止性规定，防止由隐匿身份侦查导致危害公共安全或发生重大人身危险。

我国《刑事诉讼法》第153条第2款规定："对涉及给付毒品等违禁品或者财物的犯罪活动，公安机关根据侦查犯罪的需要，可以依照规定实施控制下交付。"这一规定对控制下交付的案件范围进行了限制：控制下交付的侦查措施只能在给付毒品等违禁品或者财物的犯罪活动中实施。

（五）采取技术侦查措施收集的材料的证据效力

根据我国《刑事诉讼法》第154条的规定，依照《刑事诉讼法》"技术侦查措施"一节规定采取侦查措施收集的材料在刑事诉讼中可以作为证据使用。如果使用该证据可能危及有关人员的人身安全，或者可能产生其他严重后果的，应当采取不暴露有关人员身份、技术方法等保护措施，必要的时候，可以由审判人员在庭外对证据进行核实。依据六机关《规定》第20条的规定，采取技术侦查措施收集的材料作为证据使用的，批准采取技术侦查措施的法律文书应当附卷，辩护律师可以依法查阅、摘抄、复制，在审判过程中可以向法庭出示。

第十节 通 缉

通缉，是指侦查机关对应当逮捕而在逃的犯罪嫌疑人通令缉拿归案的一种侦查措施。它对于侦查机关通力协作，并动员和依靠集体和广大群众的力量抓获在逃的犯罪嫌疑人，打击和制止犯罪，保证侦查审判工作的顺利进行，有着重要的作用。在我国刑事诉讼中，有权决定通缉的机关有公安机关和人民检察院，但只有公安机关才能发布通缉令，其他机关、团体和个人都不能使用通缉的方法。

一、公安机关的通缉程序

应当逮捕的犯罪嫌疑人在逃的，经县级以上公安机关负责人批准，可以发布通缉令，采取有效措施，追捕归案。通缉的对象是应当逮捕的犯罪嫌疑人，主要指有证据证明其犯罪事实，罪该逮捕而在逃的犯罪嫌疑人；在押的犯罪嫌疑人逃跑的；服刑期间脱逃的罪犯等。对这些人都可以通令缉拿。如果犯罪嫌疑人不需要逮捕，或其行为不构成犯罪，或虽构成犯罪但情节显著轻微等，则不能对其发布通缉令。

通缉令发布之前，侦查人员要认真研究案件材料和被通缉人的情况，正确确定通缉令发布的范围。《刑事诉讼法》第155条第2款规定："各级公安机关在自己管辖的地区以内，可以直接发布通缉令；超出自己管辖的地区，应当报请有权决定的上级机关发布。"毗邻的和有固定协作任务的省、自治区、直辖市或行署、市、县公安机关，可以互相抄发通缉令，同时报上级公安机关备案；需要全国或跨区协作通缉重要逃犯时，由省、自治区、直辖市公安厅、局上报公安部，由公安部发布通缉令。

通缉令中应当写明被通缉人的姓名、性别、年龄、籍贯、衣着和体貌特征，并附案犯近期照片。有条件的，可以附指纹及其他物证的照片。除了必须保密的事项，应当写明发案的时间、地点和简要案情。通缉令必须加盖发布机关的印章。接到通缉令的各级公安机关，应当立即采取有效措施，积极进行缉查。围追堵截，对车站、码头、机场，以及被通缉人可能隐藏或出入的地方，都要严格加以控制。一切公民都有义务协助公安机关追捕在逃的犯罪嫌疑人。发现被通缉的犯罪嫌疑人，任何人都有权将其扭送公安机关、人民检察院或人民法院处理。

被通缉的人被捕获归案后，发布通缉令的公安机关应当立即通知有关地区撤销通缉令。

二、人民检察院决定通缉的程序

人民检察院侦查直接受理的案件，应当逮捕的犯罪嫌疑人在逃，或者已被逮捕的犯罪嫌疑人脱逃的，经检察长批准，可以作出通缉的决定。各级人民检察院需要在本辖区内通缉犯罪嫌疑人的，可以直接作出决定；需要在本辖区外通缉犯罪嫌疑人的，由有决定权的上级人民检察院决定。

人民检察院应当将通缉通知书和通缉犯的照片、身份、特征、案情简况送达公安机关，由公安机关发布通缉令，追捕归案。人民检察院应当与公安机关积极配合，及时检查监督通缉的执行情况。

应当逮捕的犯罪嫌疑人，如果潜逃出境，可以报告最高人民检察院商请国际刑事警察组织中国国家中心局，请求有关方面协助，或者通过其他法律规定的途径追捕归案。

第十一节　侦查终结

一、侦查终结的概念和意义

侦查终结是指侦查机关对刑事案件进行一系列的侦查活动后，认为案件事实已经查明，犯罪嫌疑人构成犯罪，应当追究刑事责任，或者不需要追究刑事责任，依法决定结束侦查并对案件作出处理决定的诉讼活动。

根据《刑事诉讼法》的规定，经过侦查，取得了能够证实犯罪嫌疑人有罪以及犯罪情节轻重的证据，没有发现遗漏罪行和其他应当追究刑事责任的同案犯时，即应及时终结侦查。

经过侦查，发现不应对犯罪嫌疑人追究刑事责任时，也应及时终止侦查。

侦查终结是侦查活动的结束程序，侦查机关要对整个案件作出事实上和法律上的认定，并依法决定案件应当移送审查起诉或者决定撤销案件。因此，做好侦查终结的工作，对于保证检察机关准确、及时地提起公诉，使依法应当受到刑事追究的犯罪分子受到应得的惩罚，以及保障无罪的和依法不应受到刑事追究的公民及时地得到解脱，保护公民的合法权益，具有重要意义。

二、侦查羁押期限

我国《刑事诉讼法》第156条规定："对犯罪嫌疑人逮捕后的侦查羁押期限不得超过二个月。案情复杂、期限届满不能终结的案件，可以经上一级人民检察院批准延长一个月。"这是法律关于侦查羁押期限的一般规定。

鉴于我国地域辽阔，各地情况不同，案件情况也千差万别，因此《刑事诉讼法》第158条规定，下列案件在该法第156条规定的期限届满不能侦查终结的，经省、自治区、直辖市人民检察院批准或者决定，可以延长2个月：(1) 交通十分不便的边远地区的重大复杂案件；(2) 重大的犯罪集团案件；(3) 流窜作案的重大复杂案件；(4) 犯罪涉及面广，取证困难的重大复杂案件。

此外，《刑事诉讼法》第159条规定：对犯罪嫌疑人可能判处10年有期徒刑以上刑罚，依照本法第158条规定延长期限届满，仍不能侦查终结的，经省、自治区、直辖市人民检察院批准或者决定，可以再延长2个月。

再有，《刑事诉讼法》第157条规定："因为特殊原因，在较长时间内不宜交付审判的特别重大复杂的案件，由最高人民检察院报请全国人民代表大会常务委员会批准延期审理。"这是考虑到，我国司法实践中，确有一批重大复杂的案件在规定的办案期限内无法审结，为了能够正确、合法地处理这些案件，根据我国有关法律规定，办理案件的机关应在期限届满的15日前制作提请批准延长羁押期限意见书，将案件情况报同级人民检察院，然后逐级上报最高人民检察院，由最高人民检察院报请全国人民代表大会常务委员会批准延期审理。

在侦查期间，如果发现犯罪嫌疑人另有重要罪行，在法定期限内很难将案件查清，则重新计算羁押期限是必要的，这也是刑事诉讼任务的要求。重新计算羁押期限的时间是自发现另有重要罪行之日起。《刑事诉讼法》第160条第2款规定："犯罪嫌疑人不讲真实姓名、住址，身份不明的，应当对其身份进行调查，侦查羁押期限自查清其身份之日起计算，但是不得停止对其犯罪行为的侦查取证。对于犯罪事实清楚，证据确实、充分，确实无法查明其身份的，也可以按其自报的姓名起诉、审判。"为了打击流窜作案，对犯罪嫌疑人不讲真实姓名、住址，身份不明的，侦查羁押期限自查清其身份之日起计算。这既有利于正确处理此类案件，也可以促使犯罪嫌疑人讲出真实身份，以利于案件的查处。但是不能以犯罪嫌疑人不讲真实姓名、住址，身份不明为借口，停止对其犯罪行为的侦查。同时，对于犯罪事实清楚，证据确实、充分，确实无法查明其身份的，也可以按其自报的姓名起诉、审判，以免延误打击犯罪的时机。

三、侦查终结案件的处理

我国《刑事诉讼法》第161条规定："在案件侦查终结前，辩护律师提出要求的，侦查机关应当听取辩护律师的意见，并记录在案。辩护律师提出书面意见的，应当附卷。"据此，在侦查终结前，侦查机关应当听取辩护律师提出的关于犯罪嫌疑人无罪或者罪轻的材料或者意见，并在侦查终结处理案件时作为参考。同时，辩护律师提出的书面意见应当附卷，在移送审查起诉时，负责审查起诉的检察人员也可以将其作为参考。

（一）公安机关侦查终结案件的处理

公安机关侦查的案件，侦查终结后，应当做到：（1）案件事实清楚；（2）证据确实、充分；（3）犯罪性质和罪名认定正确；（4）法律手续完备；（5）依法应当追究刑事责任。侦查机关还应当写出起诉意见书，连同案卷材料、证据一并移送同级人民检察院审查决定；同时将案件移送情况告知犯罪嫌疑人及其辩护律师。犯罪嫌疑人自愿认罪的，应当记录在案，随案移送，并在起诉意见书中写明有关情况。根据有关规定，侦查机关将案件移送人民检察院审查起诉时，应当将包括第一次讯问笔录及勘验、检查、搜查笔录在内的证明犯罪嫌疑人有罪或者无罪、罪重或者罪轻等涉及案件事实的所有证据一并移送。共同犯罪案件的起诉意见书，应当写明每个犯罪嫌疑人在共同犯罪中的地位、作用、具体罪责和认罪态度，并分别提出处理意见。被害人提出附带民事诉讼的，应当记录在案；移送审查起诉时，应当在起诉意见书末页注明。

我国《刑事诉讼法》第163条规定："在侦查过程中，发现不应对犯罪嫌疑人追究刑事责任的，应当撤销案件；犯罪嫌疑人已被逮捕的，应当立即释放，发给释放证明，并且通知原批准逮捕的人民检察院。"实践中，撤销刑事案件，应制作撤销案件决定书，并报有关领导批准后执行。在侦查过程中，发现犯罪嫌疑人不够刑事处罚需要行政处理的，经县级以上公安机关批准，对犯罪嫌疑人依法予以行政处理或者移交其他有关部门处理。

（二）人民检察院侦查终结案件的处理

人民检察院侦查终结的案件，侦查终结后，应当根据案件的不同情况，分别作出提起公诉、不起诉或者撤销案件的决定。人民检察院经过侦查，认为犯罪事实清楚，证据确实、充分，依法应当追究刑事责任的，应当写出侦查终结报告，并且制作起诉意见书。犯罪嫌疑人自愿认罪的，应当记录在案，随案移送，并在起诉意见书中写明有关情况。对于犯罪情节轻微，依照刑法规定不需要判处刑罚或者免除刑罚的案件，应当写出侦查终结报告，并且制作不起诉意见书。侦查终结报告和起诉意见书或者不起诉意见书应当报请检察长批准。负责侦查的部门应当将起诉意见书或者不起诉意见书，查封、扣押、冻结的犯罪嫌疑人的财物及其孳息、文件清单以及对查封、扣押、冻结的涉案财物的处理意见和其他案卷材料，一并移送本院负责捕诉的部门审查。国家或者集体财产遭受损失的，在提出提起公诉意见的同时，可以提出提起附带民事诉讼的意见。

人民检察院在侦查过程中或者侦查终结后，发现具有下列情形之一的，负责侦查的部门应当制作拟撤销案件意见书，报请检察长决定：（1）具有《刑事诉讼法》第16条规定情形之一的；（2）没有犯罪事实的，或者依照刑法规定不负刑事责任或者不是犯罪的；（3）虽有犯罪事实，但不是犯罪嫌疑人所为的。对于共同犯罪的案件，如有符合前述规定情形的犯罪嫌疑人，应当撤销对该犯罪嫌疑人的立案。撤销案件的决定，应当分别送达犯罪嫌疑人所在单位和犯罪嫌疑人。犯罪嫌疑人死亡的，应当送达犯罪嫌疑人原所在单位。如果犯罪嫌疑人在押，应当制作决定释放通知书，通知公安机关依法释放。人民检察院撤销案件时，对犯罪嫌疑人的违法所得及其他涉案财产应当区分不同情形，作出相应处理：（1）因犯罪嫌疑人死亡而撤销案件，依照刑法规定应当追缴其违法所得及其他涉案财产的，按照最高人民检察院《规则》第十二章第四节的规定办理。（2）因其他原因撤销案件，对于查封、扣押、冻结的犯罪嫌疑人违法所得及其他涉案财产需要没收的，应当提出检察意见，移送有关主管机关处理。（3）对于冻结的犯罪嫌疑人存款、汇款、债券、股票、基金份额等财产需要返还被害人的，可以通知金融机构、邮政部门返还被害人；对于查封、扣押的犯罪嫌疑人的违法所得及其他涉案财产需要返还被害人的，直接决定返还被害人。

人民检察院直接受理侦查的共同犯罪案件，同案犯罪嫌疑人在逃，但在案犯罪嫌疑人犯罪事实清楚，证据确实、充分的，对在案犯罪嫌疑人应当根据有关规定分别移送起诉或者移送不起诉。由于同案犯罪嫌疑人在逃，在案犯罪嫌疑人的犯罪事实无法查清的，对在案犯罪嫌疑人应当根据案件的不同情况分别报请延长侦查羁押期限、变更强制措施或者解除强制措施。

人民检察院直接受理侦查的案件，撤销案件以后，又发现新的事实或者证据，认为有犯罪事实需要追究刑事责任的，可以重新立案侦查。

第十二节 补充侦查

一、补充侦查的概念

补充侦查，是指公安机关或者人民检察院依照法定程序，在原有侦查工作的基础上继续补充收集证据的一种侦查活动。

补充侦查是在原有侦查工作的基础上继续侦查的一种诉讼活动，是原侦查工作的继续，仍属于侦查的范畴。补充侦查不是每一刑事案件都必须经过的程序，它只适用于事实不清、证据不足或者遗漏罪行、遗漏同案犯罪嫌疑人的案件。如果原有侦查工作已达到侦查的目的和要求，侦查任务已经完成，就不存在补充侦查的问题。

二、补充侦查的类型

根据我国《刑事诉讼法》第 175 条和有关规定，补充侦查在程序上有以下类型。

(一) 审查起诉阶段的补充侦查

根据《刑事诉讼法》第 175 条的规定，人民检察院审查案件，对于需要补充侦查的，可以退回公安机关补充侦查，也可以自行侦查。补充侦查应当在 1 个月以内侦查完毕。补充侦查以 2 次为限。对于 2 次补充侦查的案件，补充侦查完毕移送人民检察院后，如果人民检察院仍然认为证据不足，不符合起诉条件的，应当作出不起诉的决定。

依据最高人民检察院《规则》第 342 条的规定，人民检察院认为犯罪事实不清、证据不足或者存在遗漏罪行、遗漏同案犯罪嫌疑人等情形需要补充侦查的，应当制作补充侦查提纲，连同案卷材料一并退回公安机关补充侦查。人民检察院也可以自行侦查，必要时可以要求公安机关提供协助。依据最高人民检察院《规则》第 345 条的规定，人民检察院负责捕诉的部门对本院负责侦查的部门移送起诉的案件进行审查后，认为犯罪事实不清、证据不足或者存在遗漏罪行、遗漏同案犯罪嫌疑人等情形需要补充侦查的，应当制作补充侦查提纲，连同案卷材料一并退回负责侦查的部门补充侦查。必要时，也可以自行侦查，可以要求负责侦查的部门予以协助。

此外，《刑事诉讼法》第 170 条第 1 款规定，人民检察院对于监察机关移送起诉的案件，依照本法和监察法的有关规定进行审查。人民检察院经审查，认为需要补充核实的，应当退回监察机关补充调查，必要时可以自行补充侦查。

（二）法庭审理阶段的补充侦查

法庭审理阶段的补充侦查包括两种情况。

一是检察机关要求补充侦查。在法庭审判过程中，检察人员发现提起公诉的案件事实不清、证据不足，或者遗漏罪行、遗漏同案犯罪嫌疑人的，可以要求退回补充侦查。人民检察院要求补充侦查的，应当在1个月内补充侦查完毕。根据最高人民法院《解释》第274条的规定，审判期间，公诉人发现案件需要补充侦查，建议延期审理的，合议庭可以同意，但建议延期审理不得超过2次。人民检察院将补充收集的证据移送人民法院的，人民法院应当通知辩护人、诉讼代理人查阅、摘抄、复制。补充侦查期限届满后，人民检察院未将补充的证据材料移送人民法院的，人民法院可以根据在案证据作出判决、裁定。

二是合议庭建议补充侦查。审判期间，合议庭发现被告人可能有自首、坦白、立功等法定量刑情节，而人民检察院移送的案卷中没有相关证据材料的，应当通知人民检察院在指定时间内移送。审判期间，被告人提出新的立功线索的，人民法院可以建议人民检察院补充侦查。根据最高人民检察院《规则》第425条的规定，在法庭审理过程中，人民法院建议人民检察院补充侦查、补充起诉、追加起诉或者变更起诉的，人民检察院应当审查有关理由，并作出是否补充侦查、补充起诉、追加起诉或者变更起诉的决定。人民检察院不同意的，可以要求人民法院就起诉指控的犯罪事实依法作出裁判。

在审判过程中，对于需要补充提供法庭审判所必需的证据或者补充侦查的，人民检察院应当自行收集证据和进行侦查；必要时可以要求公安机关提供协助。

三、退回补充侦查后的处理

对人民检察院退回补充侦查的案件，根据不同情况，报县级以上公安机关负责人批准，分别作如下处理：

（1）原认定犯罪事实不清或者证据不够充分的，应当在查清事实、补充证据后，制作补充侦查报告书，移送人民检察院审查；对确实无法查明的事项或者无法补充的证据，应当书面向人民检察院说明情况。

（2）在补充侦查过程中，发现新的同案犯或者新的罪行，需要追究刑事责任的，应当重新制作起诉意见书，移送人民检察院审查。

（3）发现原认定的犯罪事实有重大变化，不应当追究刑事责任的，应当撤销案件或者对犯罪嫌疑人终止侦查，并将有关情况通知退查的人民检察院。

（4）原认定犯罪事实清楚，证据确实、充分，人民检察院退回补充侦查不当的，应当说明理由，移送人民检察院审查。

【问题与思考】

1. 如何认识侦查程序的地位？
2. 如何理解“强制性措施”与“强制措施”？
3. 我国有侦查权的机关有哪些？
4. 讯问犯罪嫌疑人应当遵循哪些原则？

5. 如何理解“以威胁、引诱、欺骗的方法讯问犯罪嫌疑人”?
6. 如何理解犯罪嫌疑人的“如实回答”义务?
7. 在侦查阶段，受委托的律师可以为犯罪嫌疑人提供哪些帮助?
8. 询问证人应当遵循哪些程序?
9. 侦查实验应当注意哪些事项?
10. 如何理解在执行拘留、逮捕的紧急情况下，不用搜查证也可以进行搜查?
11. 搜查与人身检查有何区别?
12. 侦查机关对扣押的物品、文件如何保管和封存?
13. 侦查机关对冻结的存款、汇款如何处理?
14. 国家对哪些鉴定人和鉴定机构实行登记管理制度?
15. 从事司法鉴定业务的人员、法人或者其他组织应当分别具备哪些条件?
16. 什么是补充鉴定和重新鉴定?
17. 什么是辨认? 辨认应当遵循哪些程序?
18. 什么是通缉? 公安机关如何发布通缉令?
19. 检察机关决定通缉时应当注意哪些问题?
20. 公安机关侦查终结应当具备哪些条件? 可以作出哪些处理决定?
21. 检察机关侦查终结应当具备哪些条件? 可以作出哪些处理决定?

【推荐参考论著】

1. 陈卫东．刑事审前程序研究．北京：中国人民大学出版社，2004.
2. 龙宗智．威胁、引诱、欺骗的审讯是否违法．法学，2003 (3).
3. 宋英辉，吴宏耀．刑事审判前程序研究．北京：中国政法大学出版社，2002.
4. 孙长永．侦查程序与人权．北京：中国方正出版社，2000.
5. 汪建成，刘广三．新刑事诉讼法论．北京：红旗出版社，1996.

第二十章 起 诉

内容导读

起诉程序是连接侦查和审判的纽带。本章在分析起诉的概念、目的、模式与意义的基础上，对我国刑事起诉的立法与实践进行了详细阐述，包括对移送起诉案件的受理与初步审查，审查起诉的概念、意义、内容、步骤、方法、处理、期限，提起公诉的概念、条件，起诉书的制作与移送，做好出庭支持公诉的准备，公诉案件适用简易程序、速裁程序的提起，公诉的补充、追加、变更与撤回，不起诉的概念、种类、条件、程序，对不起诉决定的救济，以及自诉案件的概念、特征、提起条件，提起自诉的程序等。

第一节 起诉概述

一、起诉的概念与目的

（一）起诉的概念

在刑事诉讼中，起诉是指法律规定的国家专门机关或者个人依法向有管辖权的法院提出刑事指控，请求法院对被指控的人进行审判，并追究其刑事责任的诉讼行为。根据不同的起诉主体，刑事起诉可以分为公诉和自诉两种。公诉是指国家设立的专门机关及其人员代表国家，依法向法院提出刑事指控，要求法院追究被告人刑事责任的诉讼行为。公诉是与自诉相对应的一种起诉方式。从性质上看，公诉是代表国家行使追诉权的检察院和检察官向行使审判权的法院提出的一种诉讼请求，其内容是要求法院通过审判确定被告人犯有被指控罪行并给予相应的刑事制裁。从诉讼职能上看，公诉活动属于现代刑事诉讼三大基本职能之一的控诉职能。从权力上看，除自诉案件以外，向审判机关控告犯罪，要求惩罚犯罪是国家赋予检察机关专属行使的一种重要权力。从程序上看，检察机关提起公诉是刑事诉讼中的一个独立诉讼阶段，是连接侦查与审判的纽带。自诉是指法律规定的自诉人以个人的名义向有管辖权的法院提出刑事指控，要求法院追究被告人刑事责任的诉讼行为。自诉人只能针对法律明确规定的案件即自诉案件向法院提起自诉。自诉人提起自诉必须符合法定的条件。一般而言，自诉案件应当由被害人提起。但是，在特殊情况下，也可以由被害人的法定代理人、近亲属告诉或者代为告诉。在现代刑事诉讼中，提起公诉的主体一般是检察机关和检察官，而提起自诉的主体通常是被害人。根据我国《刑事诉讼法》的规定，刑事起诉也分为公诉和自诉两种，公诉权由人民检察院及其工作人员（检察官）行使，自诉权由被害人及其法定代理人和近亲属行使。

（二）起诉的目的

在刑事诉讼中，起诉的目的通常包括三个方面：第一，启动刑事审判程序，即享有起诉权的主体按照法律和事实，向有管辖权的法院提出刑事指控，要求法院对被告人涉嫌的犯罪行为进行刑事审判。第二，追究被告人的刑事责任，即享有起诉权的主体要求法院通过刑事审判活动，确认其刑事指控，对被告人予以刑事制裁。第三，即起诉的最终目的。就国家专门机关而言，刑事起诉的最终目的在于，通过追究被告人的刑事责任，惩罚犯罪，维护国家安全、社会秩序，保障公民的合法权益；而就自诉人而言，刑事起诉的最终目的在于，通过刑事审判，满足其惩罚犯罪的复仇愿望，并弥补其因犯罪行为而遭受的物质损失或者精神损失。

二、起诉的模式

（一）国家追诉主义与私人追诉主义

以刑事起诉的主体为标准，刑事起诉可以分为国家追诉主义和私人追诉主义两种模式。所谓国家追诉主义，是指对犯罪行为的起诉权应当由法定的国家机构垄断行使的一项起诉原则。在通常情况下，这种代表国家对涉嫌实施犯罪行为的人向法院提起刑事诉讼的机关是检察机关，它们提起的刑事诉讼称为公诉，代表检察机关提起并出庭支持公诉的检察官称为公诉人。从历史上看，国家追诉主义是在废除私人追诉主义的基础上才得以建立的。在实行国家追诉主义的国家，由于刑事起诉权由国家垄断，因而不存在自诉制度。所谓私人追诉主义，是指对犯罪行为的起诉权由被害人、被害人的近亲属或者其他公民个人负责行使的一项起诉原则。私人追诉主义强调，任何犯罪行为直接针对的对象是具体的个人，侵犯的是个人利益，因此，追究犯罪行为的责任应当由个人来承担。私人追诉主义的产生与人类早期较低的生产力发展水平，以及人们关于犯罪行为的私人侵权性质的认识密切相关。

在人类社会早期，在实行同态复仇、血亲复仇或者以牙还牙、以眼还眼的情况下，指控或者惩罚犯罪通常被当作被害人的私人事情，国家奉行不干预政策，即实行私人追诉主义。随着社会的不断进步和人类理性的逐渐提高，人们开始认识到犯罪行为不仅侵害了被害人个人的利益，而且对国家和社会的整体利益造成破坏和威胁，国家只有统一行使对犯罪行为的追诉权才能弥补由私人追诉犯罪行为带来的不足，使国家利益和个人利益同时得到有效保护。为了维护统治阶级的利益和控制社会秩序，国家开始设立专门的机构和人员来承担这一职责，从而产生了刑事公诉制度。目前，公诉已经成为世界各国刑事诉讼中的主要起诉形式。就当今世界各国对刑事案件起诉权的行使情况来看，大多数国家实行以公诉为主、自诉为辅的刑事起诉制度，只有少数几个国家实行国家追诉主义，不存在自诉制度，如美国、法国、日本等。根据《刑事诉讼法》的有关规定，我国也实行以公诉为主、自诉为辅的刑事起诉制度。

（二）起诉法定主义与起诉便宜主义

根据公诉机关在起诉与否问题上是否享有自由裁量权，可以将刑事公诉分为起诉法定主义与起诉便宜主义两种模式。起诉法定主义又称起诉合法主义，是指只要犯罪嫌疑人符合法律规定的起诉条件，公诉机关就必须提起公诉，不享有根据案件具体情况而对起诉与否进行自由裁量的权力。起诉便宜主义又称起诉裁量主义，与起诉法定主义相对应，它是指虽然具有足够的证据证明确有犯罪事实，并且具备起诉的条件，但公诉机关斟酌各种情形，认为不需要追究其刑事责任时，可以裁量决定不起诉。在日本刑事诉讼中，起诉便宜主义又称为起诉犹豫。根据1948年《日本刑事诉讼法》第248条的规定，根据犯罪人的性格、年龄、境遇和犯罪的轻重、情节以及犯罪后的情况，公诉机关认为没有必要提起公诉时，可以不提起公诉。

起诉法定主义与起诉便宜主义各有优劣。起诉法定主义是大陆法系国家刑事诉讼普遍采用的一项诉讼原则。实行起诉法定主义有助于强化检察机关追诉犯罪的责任，防止检察机关擅权专断，避免因检察机关不起诉而使那些符合法定起诉条件的犯罪行为得不到应有的惩罚。但实行绝对的起诉法定主义，对符合起诉条件的犯罪行为不分情节轻重以及影响大小而一律提起公诉，可能会带来诉讼成本高涨等消极后果。起诉便宜主义赋予公诉机关一定的自由裁量权，有利于公诉机关根据犯罪人及犯罪的具体情况给予适当处理，进而提高刑事诉讼的效率，甚至促使犯罪分子更好地改过自新。因此，自20世纪初期刑罚的目的刑理论取代报应刑理论后，起诉便宜主义逐渐被国际社会所认可。目前，英国、美国、法国、意大利、俄罗斯、比利时、瑞典等许多国家均不同程度地确认公诉机关享有一定的自由裁量权。根据我国《刑事诉讼法》关于不起诉的规定，我国刑事公诉制度也实行起诉便宜主义。

三、起诉的意义

首先，启动刑事审判程序。在现代刑事诉讼中，为了保障刑事审判的消极性和中立性，法院的审判活动应当遵循不告不理原则，即刑事审判程序应当以刑事起诉为前提和基础，如果没有公诉人或者自诉人的刑事起诉，那么法院不能主动或凭空启动刑事审判程序。而且，在公诉人或者自诉人提起刑事起诉并满足起诉条件的情况下，法院有义务启动刑事审判程序。因此，刑事起诉的一个重要意义在于促使法院启动刑事审判程序，进而为惩罚犯罪、追究被告人的刑事责任奠定基础。在坚持法治和不告不理的情况下，如果没有刑事起诉活动，国家通过正当的手段惩罚犯罪，进而维护国家安全和社会秩序，就会成为一句空话。

其次，履行控诉职能。现代刑事诉讼包括控诉、辩护和审判三大基本诉讼职能，它们共同构成现代刑事诉讼的基本框架，缺一不可。在法治社会里，犯罪行为对国家安全、社会秩序以及公民的生命、自由、财产等权利构成较大危害，只有通过刑事诉讼的方式，才能达到惩罚犯罪、打击犯罪、保障人权的目的。而刑事诉讼的正常运行离不开公诉人或者自诉人行使控诉的职能。如果没有公诉人或者自诉人行使控诉职能，国家的刑事处罚权就无法得到实现。

最后，确立法院的审判范围。在现代刑事诉讼中，根据不告不理原则，刑事起诉不仅是法院启动刑事审判程序的基本前提，而且限定了刑事审判的范围。为了保持法院的中立性和消极性，法院的刑事审判范围必须与刑事起诉的范围保持一致，而不能在刑事指控之外，对公诉人或者自诉人没有起诉的犯罪行为或者被告人进行刑事审判。

第二节　审查起诉

一、审查起诉的概念与意义

审查起诉是指人民检察院对侦查机关或者人民检察院侦查终结以及监察委员会调查终结移送起诉的案件进行全面审查，以便决定是否将犯罪嫌疑人交付人民法院审判的一项诉讼活动。《刑事诉讼法》第169条规定，凡需要提起公诉的案件，一律由人民检察院审查决定。由此可见，审查起诉不仅是人民检察院独有的一项权力，而且是需要提起公诉案件的必经程序。根据我国《刑事诉讼法》的规定，人民检察院审查起诉的案件既包括公安机关侦查终结需要提起公诉的案件，又包括人民检察院侦查终结需要提起公诉的案件和监察机关调查终结的案件。但是，侦查终结或者调查终结之后，被依法撤销的案件不必经过审查起诉环节。

审查起诉是刑事诉讼中承前启后的一个关键性阶段，其意义主要表现如下。

第一，有助于监督侦查活动是否合法，对侦查结果或者调查结果进行检验和把关。审查起诉是侦查程序和职务犯罪调查程序的后续程序。通过对公诉案件的审查，人民检察院不仅可以对侦查机关的侦查活动进行监督，及时发现侦查活动有无违反法律的情况，提出纠正意见，依法追究相关人员的刑事责任，从而督促侦查机关严格依法办案；而且可以对侦查机关的侦查成果或者监察委员会的调查结果进行检验和把关，及时发现侦查机关、监察委员会在收集证据方面存在的问题，并及时给予纠正和修补。

第二，体现了慎用起诉权的思想，有利于保障公民的合法权益和公诉的公正性和严肃性。提起公诉是一项非常严肃的诉讼活动，检察机关一旦决定对犯罪嫌疑人提起公诉，就意味着将该犯罪嫌疑人推向国家和人民的对立面，而该犯罪嫌疑人也会随时面临刑事制裁的危险。因此，为了慎重起见，我国规定了审查起诉程序。通过审查起诉的过滤作用，人民检察院对那些不符合起诉条件的案件依法作出不起诉决定，从而有助于防止将无罪的人、依法不需要追究刑事责任的人以及指控犯罪证据不足的人交付审判。

第三，有助于公诉人员顺利完成其控诉职能，为法院的审判工作打下基础。审查起诉是公诉人员出庭支持公诉的重要准备活动。通过审查起诉和必要的补充侦查，人民检察院可以尽量做到案件事实清楚，证据确实、充分，对符合起诉条件的案件依法提起公诉，为其在法庭上揭露、证实犯罪，请求法院依法追究被告人的刑事责任提供充足的依据。而检察院提起公诉的事实越清楚、证据越充分，法院的法庭审判活动将会越顺利，进而有助于提高审判的效率。

由此可见，审查起诉程序具有监督侦查、案件过滤和启动审判的功能。

二、对移送起诉案件的受理与初步审查

根据最高人民检察院《规则》第156条的规定，对移送起诉的案件，应该由人民检察院案件管理部门统一受理。该规则第157条规定，人民检察院负责案件管理的部门受理案件时，应当接收案卷材料，并立即审查下列内容：(1)依据移送的法律文书载明的内容确定案件是否属于本院管辖；(2)案卷材料是否齐备、规范，符合有关规定的要求；(3)移送的款项或者物品与移送清单是否相符；(4)犯罪嫌疑人是否在案以及采取强制措施的情况；(5)是否在规定的期限内移送案件。

根据最高人民检察院《规则》第158条的规定，人民检察院负责案件管理的部门对接收的案卷材料审查后，认为具备受理条件的，应当及时进行登记，并立即将案卷材料和案件受理登记表移送办案部门办理。经审查，认为案卷材料不齐备的，应当及时要求移送案件的单位补送相关材料。对于案卷装订不符合要求的，应当要求移送案件的单位重新装订后移送。如果犯罪嫌疑人在逃，应当要求公安机关采取措施保证犯罪嫌疑人到案后再移送起诉。共同犯罪案件中部分犯罪嫌疑人在逃的，对在案犯罪嫌疑人的移送起诉应当受理。根据六机关《规定》第23条第2款的规定，人民检察院对于审查起诉的案件，按照刑事诉讼法的管辖规定，认为应当由上级人民检察院或者同级其他人民检察院起诉的，应当将案件移送有管辖权的人民检察院。人民检察院认为需要依照刑事诉讼法的规定指定审判管辖的，应当协商同级人民法院办理指定管辖有关事宜。根据最高人民检察院《规则》第328条的规定，负责捕诉的部门收到移送起诉的案件后，经审查认为不属于本院管辖的，应当在发现之日起5日以内经由负责案件管理的部门移送有管辖权的人民检察院。如果认为属于上级人民法院管辖的第一审案件，应当报送上级人民检察院，同时通知移送审查起诉的公安机关。如果认为属于同级其他人民法院管辖的第一审案件，应当移送有管辖权的人民检察院或者报送共同的上级人民检察院指定管辖，同时通知移送起诉的公安机关。上级人民检察院受理同级公安机关移送起诉的案件，认为属于下级人民法院管辖的，可以交下级人民检察院审查，由下级人民检察院向同级人民法院提起公诉，同时通知移送起诉的公安机关。一人犯数罪、共同犯罪和其他需要并案审理的案件，只要其中一人或者一罪属于上级人民检察院管辖的，全案由上级人民检察院审查起诉。公安机关移送起诉的案件，需要依照刑事诉讼法的规定指定审判管辖的，人民检察院应当在公安机关移送起诉前协商同级人民法院办理指定管辖有关事宜。根据最高人民检察院《规则》第329条，监察机关移送起诉的案件，需要依照刑事诉讼法的规定指定审判管辖的，人民检察院应当在监察机关移送起诉20日前协商同级人民法院办理指定管辖有关事宜。

三、审查起诉的内容

人民检察院负责捕诉的部门对于移送起诉的案件进行初步审查从而确定案件属于本院管辖以后，应当开始对案件进行正式审查。根据最高人民检察院《规则》第5条的规定，人民检察院办理刑事案件，根据案件情况，可以由一名检察官独任办理，也可以由两名以上检察官组成办案组办理。由检察官办案组办理的，检察长应当指定一名检察官担任主办

检察官，组织、指挥办案组办理案件。检察官办理案件，可以根据需要配备检察官助理、书记员、司法警察、检察技术人员等检察辅助人员。检察辅助人员依照法律规定承担相应的检察辅助事务。根据《刑事诉讼法》第171条和最高人民检察院《规则》第330条的规定，人民检察院审查移送起诉的案件，必须查明的内容包括：（1）犯罪嫌疑人身份状况是否清楚，包括姓名、性别、国籍、出生年月日、职业和单位等；单位犯罪的，单位的相关情况是否清楚。（2）犯罪事实、情节是否清楚；实施犯罪的时间、地点、手段、危害后果是否明确。（3）认定犯罪性质和罪名的意见是否正确；有无法定的从重、从轻、减轻或者免除处罚的情节及酌定从重、从轻情节；共同犯罪案件的犯罪嫌疑人在犯罪活动中的责任认定是否恰当。（4）犯罪嫌疑人是否认罪认罚。（5）证明犯罪事实的证据材料是否随案移送；证明相关财产系违法所得的证据材料是否随案移送；不宜移送的证据的清单、复制件、照片或者其他证明文件是否随案移送。（6）证据是否确实、充分，是否依法收集，有无应当排除非法证据的情形。（7）采取侦查措施包括技术侦查措施的法律手续和诉讼文书是否完备。（8）有无遗漏罪行和其他应当追究刑事责任的人。（9）是否属于不应当追究刑事责任的。（10）有无附带民事诉讼；对于国家财产、集体财产遭受损失的，是否需要由人民检察院提起附带民事诉讼；对于破坏生态环境和资源保护，食品药品安全领域侵害众多消费者合法权益，侵害英雄烈士的姓名、肖像、名誉、荣誉等损害社会公共利益的行为，是否需要由人民检察院提起附带民事公益诉讼。（11）采取的强制措施是否适当，对于已经逮捕的犯罪嫌疑人，有无继续羁押的必要。（12）侦查活动是否合法。（13）涉案财物是否查封、扣押、冻结并妥善保管，清单是否齐备；对被害人合法财产的返还和对违禁品或者不宜长期保存的物品的处理是否妥当，移送的证明文件是否完备。

四、审查起诉的步骤和方法

根据刑事诉讼的立法与实践，人民检察院审查起诉的步骤和方法主要包括以下几方面。

（一）正确适用强制措施

最高人民检察院《规则》第337、338条规定，人民检察院在审查起诉阶段认为需要逮捕犯罪嫌疑人的，应当经检察长决定。对于人民检察院正在审查起诉的案件，被逮捕的犯罪嫌疑人及其法定代理人、近亲属或者辩护人认为羁押期限届满，向人民检察院提出释放犯罪嫌疑人或者变更强制措施要求的，人民检察院应当在3日以内审查决定。经审查，认为法定期限届满的，应当决定释放或者依法变更强制措施，并通知公安机关执行；认为法定期限未满的，书面答复申请人。

在职务犯罪案件中，由于监察机关采取的留置措施不同于刑事诉讼法所规定的强制措施，因此，对于监察机关移送起诉的而且已经采取留置措施的案件，人民检察院有必要将留置措施转为合适的强制措施。有鉴于此，《监察法》第47条第1款明确规定，对监察机关移送的案件，人民检察院依照《刑事诉讼法》对被调查人采取强制措施。《刑事诉讼法》第170条和最高人民检察院《规则》第142、143条进一步规定，对于监察机关移送起诉的已采取留置措施的案件，人民检察院应当在受理案件后，及时对犯罪嫌疑人作出拘留决定，交付公安机关执行。执行拘留后，留置措施自动解除。人民检察院应当在拘留后的10日以内，作出是否逮捕、取保候审或者监视居住的决定。在特殊情况下，决定的时间可以延长1日至4日。人民检察院决定采取强制措施的期间不计入审查起诉期限。

（二）审阅案卷材料

根据最高人民检察院《规则》第 255 条，人民检察院办理审查起诉案件，应当全面审查证明犯罪嫌疑人有罪或者无罪、罪轻或者罪重的证据。而审查证据的关键在于全面审阅案卷材料。审阅案卷材料既是人民检察院接触案件、掌握案件情况的开始，也是查清案件事实、核实证据的基础工作。办案人员应当首先认真审阅侦查机关、人民检察院负责侦查的部门以及监察机关制作的起诉意见书，了解案件的大致情况，然后详细审阅其他案卷材料以及随案移送的各种证据，按照《刑事诉讼法》第 171 条和最高人民检察院《规则》第 330 条规定的内容进行审查核实，并认真制作阅卷笔录。

（三）讯问犯罪嫌疑人

根据《刑事诉讼法》第 173 条和最高人民检察院《规则》第 331 条，讯问犯罪嫌疑人是审查起诉的必经程序和法定方法。审查起诉部门讯问犯罪嫌疑人的目的主要在于：（1）通过直接听取犯罪嫌疑人的供述和辩解，核实犯罪嫌疑人在侦查阶段进行供述的可靠性、真实性，分析口供与其他证据之间有无矛盾，查清犯罪事实和某些犯罪细节，以便正确地认定犯罪性质和罪名；（2）发现侦查人员在侦查活动中有无刑讯逼供、诱供、骗供等违法情况；（3）了解犯罪嫌疑人的思想动态、悔罪态度、是否认罪认罚和是否聘请辩护人等情况；（4）发现有无遗漏罪行和其他应当追究刑事责任的人。

根据最高人民检察院《规则》第 258、260 条和《关于切实履行检察职能防止和纠正冤假错案的若干意见》第 11 条的规定，人民检察院在讯问犯罪嫌疑人时应该遵守下列规定：（1）依法讯问犯罪嫌疑人，首先查明犯罪嫌疑人的基本情况；（2）依法告知犯罪嫌疑人诉讼权利和义务，以及认罪认罚的法律规定；（3）认真听取犯罪嫌疑人供述和辩解，对无罪和罪轻的辩解应当认真调查核实；（4）犯罪嫌疑人翻供的，应当讯问其原因，必要时应当调取审查讯问犯罪嫌疑人的录音、录像；（5）犯罪嫌疑人申请排除非法证据的，应当告知其提供相关线索或者材料；（6）犯罪嫌疑人检举揭发他人犯罪的，应当予以记录，并依照有关规定移送有关机关、部门处理；（7）犯罪嫌疑人被羁押的，讯问应当在看守所讯问室进行；（8）讯问犯罪嫌疑人，应当由检察人员负责进行，检察人员或者检察人员和书记员不得少于 2 人；（9）讯问犯罪嫌疑人，应当个别进行；（10）讯问犯罪嫌疑人应当制作讯问笔录，并交犯罪嫌疑人核对或者向其宣读。经核对无误后逐页签名或者盖章，并捺指印后附卷；犯罪嫌疑人请求自行书写供述的，应当准许，但不得以自行书写的供述代替讯问笔录。

（四）处理认罪认罚从宽问题

在我国刑事诉讼法确立认罪认罚从宽制度以后，人民检察院在讯问犯罪嫌疑人的过程中，应当弄清楚犯罪嫌疑人是否认罪认罚，并在其认罪认罚的情况下采取相应的处理措施。根据《刑事诉讼法》第 173、174 条以及最高人民检察院《规则》第 267 条至第 272 条的规定，人民检察院在审查起诉阶段办理认罪认罚从宽案件时应当注意如下事项。

1. 确保犯罪嫌疑人自愿认罪认罚和获得有效法律帮助。人民检察院办理犯罪嫌疑人认罪认罚案件，应当保障犯罪嫌疑人获得有效法律帮助，确保其了解认罪认罚的性质和法律后果，自愿认罪认罚。人民检察院在审查起诉阶段应当向犯罪嫌疑人了解其委托辩护人的情况，犯罪嫌疑人自愿认罪认罚、没有辩护人的，应当通知值班律师为其提供法律帮助；符合通知辩护条件的，应当依法通知法律援助机构指派律师为其提供辩护。人民检察院应当商法律援助机构设立法律援助工作站派驻值班律师或者及时安排值班律师，为犯罪嫌疑人提供法律咨询、程序选择建议、申请变更强制措施、对案件处理提出意见等法律帮助；人民检察院应当告知犯罪嫌疑人有权约见值班律师，并为其约见值班律师提供便利。

2. 告知诉讼权利和认罪认罚法律规定，充分听取意见。犯罪嫌疑人认罪认罚的，人民检察院应当告知其享有的诉讼权利和认罪认罚的法律规定，听取犯罪嫌疑人、辩护人或者值班律师对下列事项的意见，并记录在案：(1) 涉嫌的犯罪事实、罪名及适用的法律规定；(2) 从轻、减轻或者免除处罚等从宽处罚的建议；(3) 认罪认罚后案件审理适用的程序；(4) 其他需要听取意见的事项。依照规定听取值班律师意见的，应当提前为值班律师了解案件有关情况提供必要的便利。自人民检察院对案件审查起诉之日起，值班律师可以查阅案卷材料，了解案情。人民检察院应当为值班律师查阅案卷材料提供便利。人民检察院不采纳辩护人或者值班律师所提意见的，应当向其说明理由。

3. 审查犯罪嫌疑人在侦查阶段认罪认罚的自愿性、明知性、明智性。审查起诉阶段，对于在侦查阶段认罪认罚的案件，人民检察院应当重点审查以下内容：(1) 犯罪嫌疑人是否自愿认罪认罚，有无因受到暴力、威胁、引诱而违背意愿认罪认罚；(2) 犯罪嫌疑人认罪认罚时的认知能力和精神状态是否正常；(3) 犯罪嫌疑人是否理解认罪认罚的性质和可能导致的法律后果；(4) 公安机关是否告知犯罪嫌疑人享有的诉讼权利，如实供述自己罪行可以从宽处理和认罪认罚的法律规定，并听取意见；(5) 起诉意见书中是否写明犯罪嫌疑人认罪认罚情况；(6) 犯罪嫌疑人是否真诚悔罪，是否向被害人赔礼道歉。经审查，犯罪嫌疑人违背意愿认罪认罚的，人民检察院可以重新开展认罪认罚工作。存在刑讯逼供等非法取证行为的，依照法律规定处理。

4. 签署认罪认罚具结书。犯罪嫌疑人自愿认罪认罚，同意量刑建议和程序适用的，应当在辩护人或者值班律师在场的情况下签署认罪认罚具结书。认罪认罚具结书应当包括犯罪嫌疑人如实供述罪行、同意量刑建议和程序适用等内容，由犯罪嫌疑人及其辩护人、值班律师签名。犯罪嫌疑人具有下列情形之一的，不需要签署认罪认罚具结书：(1) 犯罪嫌疑人是盲、聋、哑人，或者是尚未完全丧失辨认或者控制自己行为能力的精神病人的；(2) 未成年犯罪嫌疑人的法定代理人、辩护人对未成年人认罪认罚有异议的；(3) 其他不需要签署认罪认罚具结书的情形。符合以上情形，犯罪嫌疑人未签署认罪认罚具结书的，不影响认罪认罚从宽制度的适用。

(五) 询问被害人和听取被害人的意见

被害人作为刑事诉讼的一方当事人，不仅对犯罪情况比较了解，而且对案件的处理具有自己的愿望和要求。因此，听取被害人的意见，不仅有助于进一步查清案件事实，核实其他证据，而且有助于了解被害人关于案件处理的意见以及对惩罚犯罪的要求，从而有利于调整提起公诉的思路和策略。有鉴于此，我国《刑事诉讼法》及其司法解释明确规定听取被害人的意见是审查起诉的必经程序。根据案情的需要，人民检察院在审查起诉的过程中也可以询问被害人。根据《刑事诉讼法》第 173 条以及最高人民检察院《规则》第 259 条至第 262 条、第 269 条的规定，人民检察院在审查起诉阶段询问被害人、听取被害人意见时应当遵守以下规定。

1. 记录在案或者附卷书面意见。人民检察院审查案件，应当听取被害人的意见，并制作笔录，以便记录在案。如果被害人提出书面意见，人民检察院应当附卷。直接听取被害人的意见有困难的，可以通过电话、视频等方式听取意见并记录在案，或者通知被害人提出书面意见。无法通知或者在指定期限内未提出意见的，应当记录在案。

2. 询问被害人，听取被害人的意见，应当由检察人员负责进行。检察人员或者检察人员和书记员不得少于2人。

3. 询问被害人时应当个别进行，告知被害人享有的诉讼权利和承担的诉讼义务。询问被害人的地点应当按照《刑事诉讼法》第124条的规定确定。询问被害人时应当制作笔录附卷。

4. 如果犯罪嫌疑人认罪认罚，人民检察院应当听取被害人对下列事项的意见，并记录在案：(1) 涉嫌的犯罪事实、罪名及适用的法律规定；(2) 从轻、减轻或者免除处罚等从宽处罚的建议；(3) 认罪认罚后案件审理适用的程序；(4) 其他需要听取意见的事项。

(六) 听取辩护人或者值班律师、诉讼代理人的意见

人民检察院审查案件，不仅需要讯问犯罪嫌疑人、听取被害人的意见，而且应该听取犯罪嫌疑人、被害人委托的辩护人或者值班律师、诉讼代理人的意见。辩护人或者值班律师和诉讼代理人在人民检察院审查起诉阶段介入刑事诉讼，既有助于保障犯罪嫌疑人和被害人的合法权益，又有利于保障人民检察院审查起诉活动的依法进行和审查后处理决定的质量。有鉴于此，《刑事诉讼法》第173条也将听取辩护人或者值班律师、诉讼代理人的意见作为审查起诉的必经程序。

根据《刑事诉讼法》第173条、最高人民检察院《规则》第260条至第262条以及《关于切实履行检察职能防止和纠正冤假错案的若干意见》第12条的规定，人民检察院在审查起诉阶段听取以上人员的意见时应当遵守如下规定：(1) 人民检察院办理审查起诉案件，应当听取辩护人或者值班律师、诉讼代理人的意见，并制作笔录。(2) 辩护人或者值班律师、诉讼代理人提出书面意见的，应当附卷。(3) 对于辩护律师在审查起诉阶段多次提出意见的，均应如实记录。(4) 辩护律师提出犯罪嫌疑人不构成犯罪、无社会危险性、不适宜羁押或者侦查活动有违法犯罪情形等书面意见的，检察人员应当审查，并在相关工作文书中说明是否采纳的情况和理由。(5) 直接听取辩护人、诉讼代理人的意见有困难的，可以通过电话、视频等方式听取意见并记录在案，或者通知辩护人、诉讼代理人提出书面意见。无法通知或者在指定期限内未提出意见的，应当记录在案。(6) 听取辩护人、诉讼代理人的意见，应当由检察人员负责进行。检察人员或者检察人员和书记员不得少于2人。

根据《刑事诉讼法》第173条第2款、第3款和最高人民检察院《规则》第269条的规定，如果犯罪嫌疑人认罪认罚，人民检察院应当听取辩护人、值班律师或者诉讼代理人对下列事项的意见，并记录在案：(1) 涉嫌的犯罪事实、罪名及适用的法律规定；(2) 从轻、减轻或者免除处罚等从宽处罚的建议；(3) 认罪认罚后案件审理适用的程序；(4) 其他需要听取意见的事项。人民检察院依照以上规定听取值班律师意见的，应当提前为值班律师了解案件有关情况提供必要的便利。自人民检察院对案件审查起诉之日起，值班律师可以查阅案卷材料，了解案情。人民检察院应当为值班律师查阅案卷材料提供便利。人民检察院不采纳辩护人或者值班律师所提意见的，应当向其说明理由。

(七) 对某些专门性问题和犯罪嫌疑人进行鉴定

根据最高人民检察院《规则》第332条的规定，人民检察院认为需要对案件中某些专门性问题进行鉴定而监察机关或者公安机关没有鉴定的，应当要求监察机关或者公安机关进行鉴定。必要时，也可以由人民检察院进行鉴定，或者由人民检察院聘请有鉴定资格的人进行鉴定。人民检察院自行进行鉴定的，可以商请监察机关或者公安机关派员参加，必要时可以聘请有鉴定资格或者有专门知识的人参加。

根据最高人民检察院《规则》第333条的规定，在审查起诉中，发现犯罪嫌疑人可能患有精神病的，人民检察院应当依照本规则的有关规定对犯罪嫌疑人进行鉴定。犯罪嫌疑人的辩护人或者近亲属以犯罪嫌疑人可能患有精神病而申请对犯罪嫌疑人进行鉴定的，人民检察院也可以依照本规则的有关规定对犯罪嫌疑人进行鉴定。鉴定费用由申请方承担。

（八）调查核实非法取证的线索和依法排除非法证据

由于我国非法证据排除规则实行全程排除主义，因此人民检察院在审查起诉阶段依法调查核实是否存在非法证据，以及是否需要依法排除非法证据。根据《关于办理刑事案件严格排除非法证据若干问题的规定》第16条至第18条以及最高人民检察院《规则》第265条、第266条、第341条的规定，审查起诉阶段的非法证据排除应当按照下列程序办理。

1. 告知权利。审查起诉期间讯问犯罪嫌疑人，应当告知其有权申请排除非法证据，并告知诉讼权利和认罪的法律后果。

2. 调查核实。审查起诉期间，犯罪嫌疑人及其辩护人申请排除非法证据，并提供相关线索或者材料的，人民检察院应当调查核实。调查结论应当书面告知犯罪嫌疑人及其辩护人。

3. 排除非法证据。人民检察院在审查起诉期间发现侦查人员以刑讯逼供等非法方法收集证据的，应当依法排除相关证据并提出纠正意见，必要时人民检察院可以自行调查取证。人民检察院对审查认定的非法证据，应当予以排除，不得作为提起公诉的根据。但是，被排除的非法证据应当随案移送，并写明为依法排除的非法证据。审查起诉期间，犯罪嫌疑人及其辩护人又提出新的线索或者证据，或者人民检察院发现新的证据，经调查核实认为侦查人员存在以刑讯逼供等非法方法收集证据情形的，应当依法排除非法证据，不得作为提起公诉的依据。

4. 排除非法证据之后的重新取证。人民检察院在审查起诉中发现有应当排除的非法证据，应当依法排除，同时可以要求监察机关或者公安机关另行指派调查人员或者侦查人员重新取证。必要时，人民检察院也可以自行调查取证。

5. 排除非法证据之后的处理。人民检察院依法排除非法证据后，证据不足，不符合起诉条件的，不得提起公诉。排除非法证据后，犯罪嫌疑人不再符合逮捕条件但案件需要继续审查起诉的，应当及时变更强制措施。案件不符合起诉条件的，应当作出不起诉决定。对于人民检察院排除有关证据导致对涉嫌的重要犯罪事实未予认定，从而作出不起诉决定，或者对涉嫌的部分重要犯罪事实决定不起诉的，公安机关、国家安全机关可要求复议、提请复核。

（九）调查核实非法证据以外的证据

除了调查核实非法证据，人民检察院在审查起诉阶段还应当根据最高人民检察院《规则》第51、75、259、260、263、264、334、335、336条的规定调查核实其他证据。

1. 对鉴定意见的审查。人民检察院对鉴定意见有疑问的，可以询问鉴定人或者有专门知识的人，并制作笔录附卷，也可以指派有鉴定资格的检察技术人员或者聘请其他有鉴定资格的人进行补充鉴定或者重新鉴定。人民检察院对鉴定意见等技术性证据材料需要进行专门审查的，按照有关规定交检察技术人员或者其他有专门知识的人进行审查并出具审查意见。询问鉴定人时应当由检察人员负责进行。检察人员或者检察人员和书记员不得少于2人。询问鉴定人时应当告知其在审查起诉阶段所享有的诉讼权利和承担的诉讼义务，遵循个别询问原则。

2. 对勘验、检查的审查。人民检察院审查案件时，对监察机关或者公安机关的勘验、检查，认为需要复验、复查的，应当要求其复验、复查，人民检察院可以派员参加；也可以自行复验、复查，商请监察机关或者公安机关派员参加，必要时也可以指派检察技术人员或者聘请其他有专门知识的人参加。

3. 对物证、书证、视听资料、电子数据等证据材料的审查。人民检察院对物证、书证、视听资料、电子数据及勘验、检查、辨认、侦查实验等笔录存在疑问的，可以要求调查人员或者侦查人员提供获取、制作的有关情况。必要时也可以询问提供相关证据材料的人员和见证人并制作笔录附卷，对物证、书证、视听资料、电子数据进行鉴定。

4. 对证人证言笔录的审查。人民检察院对证人证言笔录存在疑问或者认为对证人的询问不具体或者有遗漏的，可以对证人进行询问并制作笔录附卷。询问证人时，应当由检察人员负责进行。检察人员或者检察人员和书记员不得少于2人。询问证人时应当告知其在审查起诉阶段所享有的诉讼权利和承担的诉讼义务，遵循个别询问原则。

5. 对讯问录音录像的审查。人民检察院直接受理侦查的案件，负责侦查的部门移送起诉时，应当将讯问录音、录像连同案卷材料一并移送审查。对于公安机关立案侦查的案件，存在下列情形之一的，人民检察院在审查起诉时可以调取公安机关讯问犯罪嫌疑人的录音、录像，对证据收集的合法性以及犯罪嫌疑人、被告人供述的真实性进行审查：（1）认为讯问活动可能存在刑讯逼供等非法取证行为的；（2）犯罪嫌疑人、被告人或者辩护人提出犯罪嫌疑人、被告人供述系非法取得，并提供相关线索或者材料的；（3）犯罪嫌疑人、被告人提出讯问活动违反法定程序或者翻供，并提供相关线索或者材料的；（4）犯罪嫌疑人、被告人或者辩护人提出讯问笔录内容不真实，并提供相关线索或者材料的；（5）案情重大、疑难、复杂的。检察人员审查时发现存在以上情形的，可以调取公安机关讯问犯罪嫌疑人的录音、录像并审查相关的录音、录像。对于重大、疑难、复杂的案件，必要时可以审查全部录音、录像。人民检察院调取公安机关讯问犯罪嫌疑人的录音、录像，公安机关未提供，人民检察院经审查认为不能排除有刑讯逼供等非法取证行为的，相关供述不得作为批准逮捕、提起公诉的依据。对于监察机关移送起诉的案件，认为需要调取有关录音、录像的，可以商监察机关调取。对于人民检察院直接受理侦查的案件，审查时发现负责侦查的部门未按照最高人民检察院《规则》第75条第3款的规定移送录音、录像或者移送不全的，应当要求其补充移送。对取证合法性或者讯问笔录真实性等产生疑问的，应当有针对性地审查相关的录音、录像。对于重大、疑难、复杂的案件，可以审查全部录音、录像。经审查讯问犯罪嫌疑人录音、录像，发现公安机关、本院负责侦查的部门讯问不规范，讯问过程存在违法行为，录音、录像内容与讯问笔录不一致等情形的，应当逐一列明并向公安机关、本院负责侦查的部门书面提出，要求其予以纠正、补正或者书面作出合理解释。发现讯问笔录与讯问犯罪嫌疑人录音、录像内容有重大实质性差异的，或者公安机关、本院负责侦查的部门不能补正或者作出合理解释的，该讯问笔录不能作为批准或者决定逮捕、提起公诉的依据。

6. 对辩方证据的审查。在人民检察院审查起诉过程中，辩护人收集到有关犯罪嫌疑人不在犯罪现场、未达到刑事责任年龄、属于依法不负刑事责任的精神病人的证据，告知人民检察院的，人民检察院应当及时进行审查。

（十）要求监察机关和公安机关补充有关材料

根据《刑事诉讼法》第175条第1款的规定，人民检察院审查案件，可以要求公安机关提供法庭审判所必需的证据材料；认为可能存在《刑事诉讼法》第56条规定的以非法方法收集证据情形的，可以要求其对证据收集的合法性作出说明。这既是人民检察院履行控诉职能和证明证据合法性的客观需要，又有助于加强对公安机关侦查活动的监督。

最高人民检察院《规则》第340、341条进一步规定，人民检察院对监察机关或者公安机关移送的案件进行审查后，在人民法院作出生效判决之前，认为需要补充提供证据材料的，可以书面要求监察机关或者公安机关提供。人民检察院在审查起诉中发现有应当排除的非法证据，应当依法排除，同时可以要求监察机关或者公安机关另行指派调查人员或者侦查人员重新取证。必要时，人民检察院也可以自行调查取证。对于人民检察院的要求，监察机关或者公安机关应该给予积极配合。否则，有可能影响到控诉的效果与成败。

（十一）根据申请收集、调取证据

根据最高人民检察院《规则》第52条的规定，案件移送审查起诉后，辩护律师依据《刑事诉讼法》第43条第1款的规定申请人民检察院收集、调取证据的，人民检察院负责捕诉的部门应当及时审查。经审查，人民检察院认为需要收集、调取证据的，应当决定收集、调取并制作笔录附卷；决定不予收集、调取的，应当书面说明理由。人民检察院根据辩护律师的申请收集、调取证据时，辩护律师可以在场。

根据最高人民检察院《规则》第50条的规定，案件移送起诉后，辩护人认为公安机关在侦查期间收集的证明犯罪嫌疑人无罪或者罪轻的证据材料未提交，申请人民检察院向公安机关调取的，人民检察院负责捕诉的部门应当及时审查。经审查，认为辩护人申请调取的证据已收集并且与案件事实有联系的，应当予以调取；认为辩护人申请调取的证据未收集或者与案件事实没有联系的，应当决定不予调取并向辩护人说明理由。公安机关移送相关证据材料的，人民检察院应当在3日以内告知辩护人。人民检察院办理直接受理侦查的案件，适用以上规定。根据最高人民检察院《规则》第363条的规定，在审查起诉期间，人民检察院可以根据辩护人的申请，向监察机关、公安机关调取在调查、侦查期间收集的证明犯罪嫌疑人、被告人无罪或者罪轻的证据材料。

（十二）补充调查和补充侦查

根据《监察法》第47条第3款和《刑事诉讼法》第170条、第175条第2款的规定，人民检察院在审查起诉阶段认为需要补充核实的，应当将案件退回监察机关补充调查，必要时也可以自行补充侦查；对于需要补充侦查的，可以退回公安机关补充侦查，也可以自行侦查。所谓需要补充核实或者需要补充侦查，是指人民检察院在审查起诉的过程中认为犯罪事实不清、证据不足或者遗漏罪行、遗漏同案犯罪嫌疑人等情形。根据以上规定以及最高人民检察院《规则》对审查起诉的有关规定，补充调查只能由监察机关承担，而补充侦查既包括退回补充侦查，也包括自行补充侦查。所谓退回补充侦查，是指决定补充侦查的人民检察院将案件退回原侦查机关进行的补充侦查。退回补充侦查既包括人民检察院负责捕诉的部门退回公安机关进行补充侦查，也包括人民检察院负责捕诉的部门退回本院负责侦查的部门进行补充侦查。值得注意的是，人民检察院不能将自己直接受理的案件退回给公安机关进行补充侦查；退回补充侦查只能适用于审查批准逮捕阶段和审查起诉阶段，而不适用于法庭审判阶段。所谓自行补充侦查，是指决定补充侦查的人民检察院不再将案件退回公安机关或者监察机关，而是由人民检察院自行对案件进行侦查的补充侦查。进一步而言，自行补充侦查既包括人民检察院负责捕诉的部门对监察机关或者公安机关移送起诉案件的补充侦查，也包括人民检察院负责捕诉的部门对本院负责侦查的部门移送起诉案件的补充侦查。根据《监察法》第47条、《刑事诉讼法》第170条与第175条以及最高人民

检察院《规则》第257、342～350条的规定，补充调查和补充侦查应当遵循下列规定。

1. 对公安机关移送起诉案件的退回补充侦查和自行补充侦查。对于审查起诉阶段退回公安机关补充侦查的案件，人民检察院应当制作补充侦查提纲，写明需要补充侦查的事项、理由、侦查方向、需补充收集的证据及其证明作用等，送交公安机关。人民检察院认为犯罪事实不清、证据不足或者存在遗漏罪行、遗漏同案犯罪嫌疑人等情形需要补充侦查的，应当制作补充侦查提纲，连同案卷材料一并退回公安机关补充侦查。人民检察院也可以自行侦查，必要时可以要求公安机关提供协助。

2. 对监察机关移送起诉案件的退回补充调查和自行补充侦查。人民检察院对于监察机关移送起诉的案件，认为需要补充调查的，应当退回监察机关补充调查；必要时，可以自行补充侦查。需要退回补充调查的案件，人民检察院应当出具补充调查决定书、补充调查提纲，写明补充调查的事项、理由、调查方向、需补充收集的证据及其证明作用等，连同案卷材料一并送交监察机关。人民检察院决定退回补充调查的案件，犯罪嫌疑人已被采取强制措施的，应当将退回补充调查情况书面通知强制措施执行机关。监察机关需要讯问的，人民检察院应当予以配合。对于监察机关移送起诉的案件，具有下列情形之一的，人民检察院可以自行补充侦查：（1）证人证言、犯罪嫌疑人供述和辩解、被害人陈述的内容主要情节一致，个别情节不一致的；（2）物证、书证等证据材料需要补充鉴定的；（3）其他由人民检察院查证更为便利、更有效率、更有利于查清案件事实的情形。自行补充侦查完毕后，应当将相关证据材料入卷，同时抄送监察机关。人民检察院自行补充侦查的，可以商请监察机关提供协助。

3. 对人民检察院负责侦查的部门移送起诉案件的退回补充侦查和自行补充侦查。人民检察院负责捕诉的部门对本院负责侦查的部门移送起诉的案件进行审查后，认为犯罪事实不清、证据不足或者存在遗漏罪行、遗漏同案犯罪嫌疑人等情形需要补充侦查的，应当制作补充侦查提纲，连同案卷材料一并退回负责侦查的部门补充侦查。必要时，也可以自行侦查，可以要求负责侦查的部门予以协助。

4. 补充调查、补充侦查的期限、次数。退回监察机关补充调查、退回公安机关补充侦查的案件，均应当在1个月以内补充调查、补充侦查完毕。补充调查、补充侦查以2次为限。补充调查、补充侦查完毕移送起诉后，人民检察院重新计算审查起诉期限。人民检察院负责捕诉的部门退回本院负责侦查的部门补充侦查的期限、次数也按照以上规定执行。人民检察院在审查起诉中决定自行侦查的，应当在审查起诉期限内侦查完毕。

5. 补充侦查期限届满，公安机关未将案件重新移送起诉的，人民检察院应当要求公安机关说明理由。人民检察院发现公安机关违反法律规定撤销案件的，应当提出纠正意见。

6. 人民检察院对已经退回监察机关二次补充调查或者退回公安机关二次补充侦查的案件，在审查起诉中又发现新的犯罪事实，应当将线索移送监察机关或者公安机关。对已经查清的犯罪事实，应当依法提起公诉。

7. 对于在审查起诉期间改变管辖的案件，改变后的人民检察院对于符合《刑事诉讼法》第175条第2款规定的案件，可以经原受理案件的人民检察院协助，直接退回原侦查案件的公安机关补充侦查，也可以自行侦查。改变管辖前后退回补充侦查的次数总共不得超过二次。

（十三）对追缴财物的处理

在审查起诉的过程中，对于被追缴的财物，除了随案移送的以外，人民检察院应当进行适当的处理。根据最高人民检察院《规则》第352、353条的规定，追缴的财物属于被害人的合法财产，不需要在法庭出示的，应当及时返还被害人，并由被害人在发还款物清单上签名或者盖章，注明返还的理由，并将清单、照片附卷。如果追缴的财物属于违禁品或者不宜长期保存的物品，应当依照国家有关规定处理，并将清单、照片、处理结果附卷。

(十四) 对脱逃或者患有严重疾病的犯罪嫌疑人的特殊处理

2013 年 12 月 27 日，针对北京市人民检察院提出的《关于审查起诉期间犯罪嫌疑人潜逃或身患严重疾病应如何处理的请示》，最高人民检察院作出了《关于审查起诉期间犯罪嫌疑人脱逃或者患有严重疾病的应当如何处理的批复》。该批复对人民检察院如何审查起诉脱逃或者患有严重疾病的犯罪嫌疑人给出了明确答复。

一是人民检察院办理犯罪嫌疑人被羁押的审查起诉案件，应当严格依照法律规定的期限办结。未能依法办结的，应当根据刑事诉讼法的规定予以释放或者变更强制措施。

二是人民检察院对于侦查机关移送审查起诉的案件，如果犯罪嫌疑人脱逃，应当要求侦查机关采取措施保证犯罪嫌疑人到案后再移送审查起诉。

三是人民检察院在审查起诉过程中发现犯罪嫌疑人脱逃的，应当及时通知侦查机关，要求侦查机关开展追捕活动。人民检察院应当及时全面审阅案卷材料。经审查，对于案件事实不清、证据不足的，可以根据刑事诉讼法的规定退回侦查机关补充侦查。侦查机关补充侦查完毕移送审查起诉的，人民检察院应当按照该批复第 2 条的规定进行审查。共同犯罪中的部分犯罪嫌疑人脱逃的，对其他犯罪嫌疑人的审查起诉应当照常进行。

四是犯罪嫌疑人患有精神病或者其他严重疾病丧失诉讼行为能力不能接受讯问的，人民检察院可以依法变更强制措施。对实施暴力行为的精神病人，人民检察院可以商请公安机关采取临时的保护性约束措施。经审查，应当按照下列情形分别处理：(1) 经鉴定系依法不负刑事责任的精神病人的，人民检察院应当作出不起诉决定。符合强制医疗条件的，可以向人民法院提出强制医疗的申请。(2) 有证据证明患有精神病的犯罪嫌疑人尚未完全丧失辨认或者控制自己行为的能力，或者患有间歇性精神病的犯罪嫌疑人实施犯罪行为时精神正常，符合起诉条件的，可以依法提起公诉。(3) 案件事实不清、证据不足的，可以根据刑事诉讼法的规定退回侦查机关补充侦查。

五是人民检察院在审查起诉期间，犯罪嫌疑人脱逃或者死亡，符合没收违法所得条件的，人民检察院可以向人民法院提出没收违法所得的申请。

五、审查起诉阶段的案件处理

根据最高人民检察院《规则》第 339 条的规定，人民检察院对案件进行审查后，应当依法作出起诉或者不起诉以及是否提起附带民事诉讼、附带民事公益诉讼的决定。除了这个原则性的规定，人民检察院在审查起诉过程中或者完毕之后还应当针对不同的特殊情况采取适当的处理措施。根据最高人民检察院《规则》第 73、356、357、365、366 条的规定，这些特殊情况包括以下几种。

1. 在审查起诉过程中，人民检察院经审查认定存在非法取证行为的，对该证据应当予以排除；其他证据不能证明犯罪嫌疑人实施犯罪行为的，可以依法将案件退回监察机关补充调查或者退回公安机关补充侦查，或者作出不起诉决定。对于侦查人员的非法取证行为，尚未构成犯罪的，应当依法向其所在机关提出纠正意见。对于需要补正或者作出合理解释的，应当提出明确要求。对于非法取证行为涉嫌犯罪需要追究刑事责任的，应当依法立案侦查。

2. 人民检察院在办理公安机关移送起诉的案件中，发现遗漏罪行或者有依法应当移送起诉的同案犯罪嫌疑人未移送起诉的，应当要求公安机关补充侦查或者补充移送起诉。而对于犯罪事实清楚，证据确实、充分的，也可以直接提起公诉。

3. 人民检察院立案侦查时认为属于直接受理侦查的案件，在审查起诉阶段发现属于监察机关管辖的，应当及时商监察机关办理。属于公安机关管辖，案件事实清楚，证据确实、充分，符合起诉条件的，可以直接起诉；事实不清、证据不足的，应当及时移送有管辖权的机关办理。在审查起诉阶段，发现公安机关移送起诉的案件属于监察机关管辖，或者监察机关移送起诉的案件属于公安机关管辖，但案件事实清楚，证据确实、充分，符合起诉条件，经征求监察机关、公安机关意见后，没有不同意见的，可以直接起诉；提出不同意见，或者事实不清、证据不足的，应当将案件退回移送案件的机关并说明理由，建议其移送有管辖权的机关办理。

4. 人民检察院对于监察机关或者公安机关移送起诉的案件，发现犯罪嫌疑人没有犯罪事实，或者符合《刑事诉讼法》第16条规定的情形之一的，经检察长批准，应当作出不起诉决定。对于犯罪事实并非犯罪嫌疑人所为，需要重新调查或者侦查的，应当在作出不起诉决定后书面说明理由，将案卷材料退回监察机关或者公安机关并建议重新调查或者侦查。

5. 负责捕诉的部门对于本院负责侦查的部门移送起诉的案件，发现具有最高人民检察院《规则》第365条第1款规定情形的，应当退回本院负责侦查的部门，建议撤销案件。

六、审查起诉的期限

根据《刑事诉讼法》第172条、最高人民检察院《规则》第351条的规定，人民检察院对于监察机关、公安机关移送起诉的案件，应当在1个月以内作出决定，重大、复杂的案件，可以延长15日；犯罪嫌疑人认罪认罚，符合速裁程序适用条件的，应当在10日以内作出决定，对可能判处的有期徒刑超过1年的，可以延长至15日。人民检察院审查起诉的案件，改变管辖的，从改变后的人民检察院收到案件之日起计算审查起诉期限。另外，根据最高人民检察院《规则》第346条第3款的规定，对于补充调查、补充侦查的案件补充调查、补充侦查完毕移送起诉后，人民检察院重新计算审查起诉期限。

根据最高人民检察院《规则》第273条的规定，犯罪嫌疑人认罪认罚，人民检察院经审查，认为符合速裁程序适用条件的，应当在10日以内作出是否提起公诉的决定，对可能判处的有期徒刑超过1年的，可以延长至15日；认为不符合速裁程序适用条件的，应当在该规则第351条规定的期限以内作出是否提起公诉的决定。

第三节　提起公诉

一、提起公诉的概念

提起公诉具有广义和狭义之分。广义的提起公诉，是指监察机关调查、侦查机关侦查终结以后，人民法院审判以前的整个诉讼活动，即由人民检察院审查起诉案件和决定是否提起公诉所进行的一系列诉讼活动所构成的起诉阶段。狭义的提起公诉，是指人民检察院经过审查起诉以后决定起诉，代表国家将犯罪嫌疑人、被调查人提交人民法院，要求人民法院通过审判追究其刑事责任的一项诉讼活动。提起公诉的意义在于，人民检察院作出提起公诉的决定后，犯罪嫌疑人的诉讼地位转变为刑事被告人。根据《刑事诉讼法》第 176 条的规定，人民检察院应当按照审判管辖的规定，向同级人民法院提起公诉，不允许越级起诉。如果人民检察院受理不属于同级人民法院管辖的案件，应当分别情况，或者报送相应的上级人民检察院，或者移送相应的下级人民检察院，由它们向其同级人民法院提起公诉。

二、提起公诉的条件

根据《刑事诉讼法》第 176 条第 1 款的规定，人民检察院提起公诉包括两个缺一不可的条件：（1）认为犯罪嫌疑人的犯罪事实已经查清，证据确实、充分；（2）依法应当追究刑事责任。根据最高人民检察院《规则》第 355 条第 2 款的规定，具有下列情形之一的，可以确认犯罪事实已经查清：（1）属于单一罪行的案件，查清的事实足以定罪量刑或者与定罪量刑有关的事实已经查清，不影响定罪量刑的事实无法查清的；（2）属于数个罪行的案件，部分罪行已经查清并符合起诉条件，其他罪行无法查清的；（3）无法查清作案工具、赃物去向，但有其他证据足以对被告人定罪量刑的；（4）证人证言、犯罪嫌疑人供述和辩解、被害人陈述的内容中主要情节一致，个别情节不一致，但不影响定罪的。根据最高人民检察院《规则》第 355 条第 3 款的规定，对于符合上述第二项情形的，应当以已经查清的罪行起诉。

一般认为，证据确实是指证据要真实可靠，如实地反映案件的事实真相。这是对证据“质”的要求。证据充分是对证据在“量”上的要求，证据的量因案件而异，在不同的案件中有不同的规定，要以能够证明案件事实情况为标准。证据确实与证据充分是相互联系、不可分割的两个方面。证据确实是就个别证据而言的，证据充分是就全案证据而言的，证据充分以证据确实为基础。理论界的主流观点认为，达到证据确实、充分的程度，应当同时具备以下条件：（1）每个证据材料均经过查证属实，准确无误，符合客观事实；（2）证据和案件事实之间，存在客观内在联系性，据以认定案件事实的全部证据应当形成一个体系，一环扣一环，无懈可击；（3）证据与证据之间、证据与案情之间的矛盾，都得到了合理的排除；（4）结案时认定的事实和情节，都有相应的证据予以证明；（5）形成的证据体系所得出的结论是唯一的、排他的，排除其他的可能性。在吸收理论界研究成果的基础上，《刑事诉讼法》第 55 条第 2 款明确规定，证据确实、充分，应当符合以下条件：（1）定罪量刑的事实都有证据证明；（2）据以定案的证据均经法定程序查证属实；（3）综合全案证据，对所认定事实已排除合理怀疑。

尽管犯罪嫌疑人已经实施犯罪行为是提起公诉的逻辑前提，但是犯罪嫌疑人实施的犯罪行为并非都需要追究刑事责任，如《刑事诉讼法》第 16 条规定的情形。因此，依法应当追究犯罪嫌疑人的刑事责任是提起公诉的又一必要条件。犯罪嫌疑人没有实施犯罪行为，或者虽然已经实施犯罪行为但依照法律不应当追究刑事责任的，均不能作出提起公诉的决定。

三、起诉书的制作与移送

(一) 起诉书的制作

在人民检察院决定提起公诉以后，应当制作起诉书。起诉书是人民检察院代表国家提起公诉的书面依据，是人民检察院代表国家正式向人民法院提出追究被告人刑事责任的重要司法文书，是人民法院对被告人行使审判权的前提，是法庭调查和辩论的基础。根据《刑事诉讼法》第186条的规定，人民检察院制作的起诉书必须具有明确的指控犯罪事实。否则，人民法院有权不决定开庭审判。因此，人民检察院制作起诉书是一项十分严肃和重要的工作。人民检察院制作起诉书应当严格按照案件事实和法律要求进行，做到案件事实清楚，文字简练，表述准确、严谨，格式规范，引用法律全面、准确、恰当。起诉书应当包括如下几个组成部分。

1. 首部。在首部当中，应当首先写明“××人民检察院起诉书”字样，然后在其右下方注明案号——“（年度）检字第××号”。

2. 被告人的基本情况。被告人的基本情况包括姓名、性别、出生年月日、出生地和户籍地、身份证号码、民族、文化程度、职业、工作单位及职务、住址，是否受过刑事处分以及处分的种类和时间，采取强制措施的情况及在押被告人的关押处所等。如果是单位犯罪，应写明犯罪单位的名称和组织机构代码、所在地址、联系方式，法定代表人或代表的姓名、职务、联系方式。如果还有应当负刑事责任的实际控制人、直接负责的主管人员或其他直接责任人员，应当按上述被告人基本情况内容叙写。被告人真实姓名、住址无法查清的，应当按其绰号或者自报的姓名、住址制作起诉书，并在起诉书中注明。被告人自报的姓名可能造成损害他人名誉、败坏道德风俗等不良影响的，可以对被告人编号并按编号制作起诉书，并在起诉书中附具被告人的照片，记明足以确定被告人面貌、体格、指纹以及其他反映被告人特征的事项。

3. 案由和案件来源。这部分主要写明案件是由哪个侦查机关或者哪个自侦部门侦查终结或者哪个监察机关调查终结，并于何时以什么罪名移送人民检察院审查起诉，何时受理，何时审查终结等内容。

4. 案件事实。这部分包括犯罪的时间、地点、经过、手段、动机、目的、危害后果等与定罪量刑有关的事实要素。起诉书叙述的指控犯罪事实的必备要素应当明晰、准确。被告人被控有多项犯罪事实的，应当逐一列举，对于犯罪手段相同的同一犯罪可以概括叙写。

5. 起诉的根据和理由。这部分包括被告人触犯的刑法条款、犯罪的性质和法定从轻、减轻或者从重处罚的条件，以及共同犯罪各被告人应负的罪责等。

6. 被告人认罪认罚情况，包括认罪认罚的内容、具结书签署情况等。

7. 尾部。这部分写明起诉书送达的人民法院名称，本案承办人的法律职务和姓名，制作起诉书的年月日，并加盖人民检察院公章。

8. 附项。这部分应当附有被告人现在处所，证人、鉴定人、需要出庭的有专门知识的人的名单，需要保护的被害人、证人、鉴定人的名单，涉案款物情况，附带民事诉讼情况以及其他需要附注的情况。证人、鉴定人、有专门知识的人的名单应当列明姓名、性别、年龄、职业、住址、联系方式，并注明证人、鉴定人是否出庭。

（二）起诉书的移送与公开

根据1996年《刑事诉讼法》第150条的规定，人民检察院应当向人民法院移送起诉书、证据目录、证人名单和主要证据复印件或者照片。虽然这条规定在一定程度上有助于减少1996年以前普遍存在的法官庭前预断或者先定后审问题，但是在司法实践中，不仅检察机关因为复印主要证据而不堪重负，而且在主要证据的范围由检察机关自由裁量的情况下，辩护律师普遍认为无法真正了解到检察机关指控的犯罪事实，从而给刑事辩护带来很大障碍。有鉴于此，2012年《刑事诉讼法》第172条明确扩大了检察机关向人民法院移送材料的范围，即在人民检察院按照审判管辖的规定向人民法院提起公诉时，不仅需要移送起诉书，而且需要移送案卷材料和证据。六机关《规定》第24条规定，人民检察院向人民法院提起公诉时，应当将案卷材料和全部证据移送人民法院，包括犯罪嫌疑人、被告人翻供的材料，证人改变证言的材料，以及对犯罪嫌疑人、被告人有利的其他证据材料。2018年修正的《刑事诉讼法》第176条第1款延续2012年《刑事诉讼法》第172条的规定。另外，根据2018年修正的《刑事诉讼法》第176条第2款，如果犯罪嫌疑人认罪认罚，人民检察院还应当随案移送认罪认罚具结书等材料。

根据最高人民检察院《规则》第359～362条的规定，人民检察院在提起公诉和移送起诉书时应该注意以下几点：（1）起诉书应当一式8份，每增加1名被告人增加起诉书5份。关于被害人姓名、住址、联系方式，被告人被采取强制措施的种类、是否在案及羁押处所等问题，人民检察院应当在起诉书中列明，不再单独移送材料；对于涉及被害人隐私或者为保护证人、鉴定人、被害人人身安全，而不宜公开证人、鉴定人、被害人姓名、住址、工作单位和联系方式等个人信息，可以在起诉书中使用化名替代证人、鉴定人、被害人的个人信息，但是应当另行书面说明使用化名等情况，并标明密级，单独成卷。（2）人民检察院对于犯罪嫌疑人、被告人或者证人等翻供、翻证的材料以及对于犯罪嫌疑人、被告人有利的其他证据材料，应当移送人民法院。（3）人民法院向人民检察院提出书面意见要求补充移送材料，人民检察院认为有必要移送的，应当自收到通知之日起3日以内补送。（4）对提起公诉后，在人民法院宣告判决前补充收集的证据材料，人民检察院应当及时移送人民法院。根据最高人民检察院《规则》第61条第3款，人民检察院提起公诉，应当秉持客观公正立场，对被告人有罪、罪重、罪轻的证据都应当向人民法院提出，而不能仅仅向人民移送有罪、罪重的证据。根据最高人民法院《解释》第219条的规定，人民法院对于人民检察院移送起诉的案件进行程序性的审查以后，发现人民检察院移送的案件材料不全，需要补充材料的，应当通知人民检察院在3日内补送。

（三）量刑建议

人民检察院对于提起公诉的案件可以提出量刑建议和制作量刑建议书。所谓量刑建议，是指人民检察院对提起公诉的被告人，依法就其适用的刑罚种类、幅度及执行方式等向人民法院提出的建议。量刑建议是检察机关公诉权的一项重要内容。根据最高人民检察院《规则》第364条，最高人民检察院于2010年2月23日印发的《人民检察院开展量刑建议工作的指导意见（试行）》，以及最高人民法院、最高人民检察院、公安部等于2020年11月5日联合印发的《关于规范量刑程序若干问题的意见》，人民检察院应当按照下列规定提出量刑建议。

1. 提出量刑建议的原则。人民检察院提出量刑建议，应当遵循以下原则：（1）依法建议。应当根据犯罪的事实、性质、情节和犯罪对于社会的危害程度，依照刑法、刑事诉讼法以及相关司法解释的规定提出量刑建议。（2）客观公正。应当从案件的实际情况出发，客观、全面地审查证据，严格以事实为根据，提出公正的量刑建议。（3）宽严相济。应当贯彻宽严相济刑事政策，在综合考虑案件从重、从轻、减轻或者免除处罚等各种情节的基础上，提出量刑建议。（4）注重效果。提出量刑建议时，既要依法行使检察机关的法律监督职权，也要尊重人民法院独立行使审判权，争取量刑建议的最佳效果。

2. 提出量刑建议的案件条件。符合下列条件的案件，人民检察院提起公诉时可以提出量刑建议；被告人认罪认罚的，人民检察院应当提出量刑建议：（1）犯罪事实清楚，证据确实充分；（2）提出量刑建议所依据的各种法定从重、从轻、减轻等量刑情节已查清；（3）提出量刑建议所依据的重要酌定从重、从轻等量刑情节已查清。

3. 提出量刑建议的幅度。量刑建议包括主刑、附加刑、是否适用缓刑等。主刑可以具有一定的幅度，人民检察院也可以根据案件具体情况，提出确定刑期的量刑建议。建议判处财产刑的，可以提出确定的数额。除有减轻处罚情节外，量刑建议应当在法定量刑幅度内提出，不得兼跨两种以上主刑。建议判处死刑、无期徒刑的，应当慎重。建议判处有期徒刑的，一般应当提出一个相对明确的量刑幅度，法定刑的幅度小于3年（含3年）的，建议幅度一般不超过1年；法定刑的幅度大于3年小于5年（含5年）的，建议幅度一般不超过2年；法定刑的幅度大于5年的，建议幅度一般不超过3年。根据案件具体情况，如确有必要，也可以提出确定刑期的建议。建议判处管制的，幅度一般不超过3个月。建议判处拘役的，幅度一般不超过1个月。建议适用缓刑的，应当明确提出。建议判处附加刑的，可以只提出适用刑种的建议。对不宜提出具体量刑建议的特殊案件，可以提出依法从重、从轻、减轻处罚等概括性建议。根据最高人民法院、最高人民检察院、公安部等于2010年11月6日联合印发的《关于加强协调配合积极推进量刑规范化改革的通知》，所谓特殊案件，是指敏感复杂的案件、社会关注的案件、涉及国家安全和严重影响局部地区稳定的案件等。

4. 分别提出量刑建议。人民检察院指控被告人犯有数罪的，应当对指控的个罪分别提出量刑建议，并依法提出数罪并罚后决定执行的刑罚的量刑建议。对于共同犯罪案件，人民检察院应当根据各被告人在共同犯罪中的地位、作用以及应当承担的刑事责任分别提出量刑建议。

5. 量刑建议评估。捕诉部门承办人在审查案件时应当进行量刑评估；量刑评估应当全面考虑案件所有可能影响量刑的因素，包括从重、从轻、减轻或者免除处罚等法定情节和犯罪嫌疑人的认罪态度等酌定情节。一案中多个法定、酌定情节并存时，每个量刑情节均应得到实际评价。

6. 量刑建议书。人民检察院提出量刑建议，可以制作量刑建议书，与起诉书一并移送人民法院；对于案情简单、量刑情节简单的适用速裁程序的案件，也可以在起诉书中写明量刑建议。量刑建议书中应当写明人民检察院建议对被告人处以的主刑、附加刑，是否适用缓刑等及其理由和依据。人民检察院以量刑建议书方式提出量刑建议的，人民法院在送达起诉书副本时，应当将量刑建议书一并送达被告人。根据2010年9月2日最高人民检察院公诉厅印发的《人民检察院量刑建议书格式样本（试行）》，量刑建议书包括首部、正文和尾部三个部分。首部包括人民检察院的名称和标题（即量刑建议书）、被告人姓名、案由、起诉书文号。正文包括行为触犯的法律、涉嫌罪名、法定刑、量刑情节、建议的法律依据、建议的主刑种类及幅度、执行方式、附加刑种类等。尾部包括：具体承办案件公诉人的法律职务和姓名；量刑建议书的年月日，该日期为审批量刑建议书的日期。另外，对于被告人犯有数罪的，应分别指出触犯的法律、涉嫌罪名、法定刑、量刑情节、建议的内容，确有必要提出总的量刑建议的，再提出总的建议。一案中有多名被告人的，可分别制作量刑建议书。

另外，根据《刑事诉讼法》第176条第2款以及最高人民检察院《规则》第274～277条的规定，人民检察院负责捕诉的部门在办理认罪认罚从宽案件时应当按照以下规定提出量刑建议：（1）认罪认罚案件，人民检察院向人民法院提起公诉的，应当就主刑、附加刑、是否适用缓刑等提出量刑建议，在起诉书中写明被告人认罪认罚情况，并移送认罪认罚具结书等材料。量刑建议可以另行制作文书，也可以在起诉书中写明。（2）量刑建议一般应当为确定刑。对新类型、不常见犯罪案件，量刑情节复杂的重罪案件等，也可以提出幅度刑量刑建议。（3）办理认罪认罚案件，人民检察院应当将犯罪嫌疑人是否与被害方达成和解或者调解协议，或者赔偿被害方损失，取得被害方谅解，或者自愿承担公益损害修复、赔偿责任，作为提出量刑建议的重要考虑因素。犯罪嫌疑人自愿认罪并且愿意积极赔偿损失，但由于被害方赔偿请求明显不合理，未能达成和解或者调解协议的，一般不影响对犯罪嫌疑人从宽处理。对于符合当事人和解程序适用条件的公诉案件，犯罪嫌疑人认罪认罚的，人民检察院应当积极促使当事人自愿达成和解。和解协议书和被害方出具的谅解意见应当随案移送。被害方符合司法救助条件的，人民检察院应当积极协调办理。（4）犯罪嫌疑人认罪认罚，人民检察院拟提出适用缓刑或者判处管制的量刑建议的，可以委托犯罪嫌疑人居住地的社区矫正机构进行调查评估，也可以自行调查评估。

四、做好出庭支持公诉的准备

所谓出庭支持公诉，是指人民检察院在法院开庭审判公诉案件时，派员以国家公诉人的身份出席法庭，支持对被告人的刑事指控的一种诉讼活动。根据最高人民检察院《规则》第390条的规定，对提起公诉的案件，人民检察院应当派员以国家公诉人的身份出席第一审法庭，支持公诉。公诉人应当由检察官担任。检察官助理可以协助检察官出庭。根据需要可以配备书记员担任记录。

根据《刑事诉讼法》第189条的规定，人民法院审判公诉案件，人民检察院应当派员出席法庭支持公诉。具体说来，根据最高人民检察院《规则》第398条的规定，公诉人在法庭上应当依法进行下列活动：（1）宣读起诉书，代表国家指控犯罪，提请人民法院对被告人依法审判；（2）讯问被告人；（3）询问证人、被害人、鉴定人；（4）申请法庭出示物证，宣读书证、未到庭证人的证言笔录、鉴定人的鉴定意见、勘验、检查、辨认、侦查实验等笔录和其他作为证据的文书，播放作为证据的视听资料、电子数据等；（5）对证据采信、法律适用和案件情况发表意见，提出量刑建议及理由，针对被告人、辩护人的辩护意见进行答辩，全面阐述公诉意见；（6）维护诉讼参与人的合法权利；（7）对法庭审理案件有无违反法律规定的诉讼程序的情况记明笔录；（8）依法从事其他诉讼活动。为了顺利完成出庭支持公诉的任务，公诉人应当做好出庭支持公诉的准备。根据最高人民检察院《规则》第392条的规定，公诉人在人民法院决定开庭审判后，应当做好如下准备工作：（1）进一步熟悉案情，掌握证据情况；（2）深入研究与本案有关的法律政策问题；（3）充实审判中可能涉及的专业知识；（4）拟定讯问被告人，询问证人、鉴定人、有专门知识的人和宣读、出示、播放证据的计划并制定质证方案；（5）对可能出现证据合法性争议的，拟定证明证据合法性的提纲并准备相关材料；（6）拟定公诉意见，准备辩论提纲；（7）需要对出庭证人等的保护向人民法院提出建议或者配合做好工作的，做好相关准备。

另外，根据最高人民检察院《规则》第 393 条的规定，人民检察院在开庭审理前收到人民法院或者被告人及其辩护人、被害人、证人等送交的反映证据系非法取得的书面材料的，应当进行审查。对于审查逮捕、审查起诉期间已经提出并经查证不存在非法取证行为的，应当通知人民法院、有关当事人和辩护人，并按照查证的情况做好庭审准备。对于新的材料或者线索，可以要求监察机关、公安机关对证据收集的合法性进行说明或者提供相关证明材料。

根据最高人民检察院《规则》第 394、395 条的规定，公诉人还应该通过参加庭前会议，了解案件事实、证据和法律适用的争议和不同意见，解决有关程序问题，为参加法庭审理做好准备。根据最高人民检察院《规则》第 61 条第 3 款的要求，人民检察院提起公诉，应当秉持客观公正立场，对被告人有罪、罪重、罪轻的证据都应当向人民法院提出。

五、公诉案件适用简易程序的提起

根据《刑事诉讼法》第 214 条第 2 款的规定，人民检察院在提起公诉的时候，可以建议人民法院适用简易程序。根据《刑事诉讼法》第 214 条、最高人民检察院《规则》第 430 条的规定，人民检察院建议适用简易程序的案件，应该符合下列条件：（1）属于基层人民法院管辖的案件；（2）案件事实清楚、证据充分的；（3）被告人承认自己所犯罪行，对指控的犯罪事实没有异议的；（4）被告人对适用简易程序没有异议的。

为了尊重犯罪嫌疑人对简易程序的选择权，最高人民检察院《规则》第 432 条规定，基层人民检察院审查案件，认为案件事实清楚、证据充分的，应当在讯问犯罪嫌疑人时，了解其是否承认自己所犯罪行，对指控的犯罪事实有无异议，告知其适用简易程序的法律规定，确认其是否同意适用简易程序。

根据《刑事诉讼法》第 216 条第 2 款的规定，适用简易程序审理公诉案件，人民检察院应当派员出席法庭。根据最高人民检察院《规则》第 434 条的规定，公诉人出席简易程序法庭时，应当主要围绕量刑以及其他有争议的问题进行法庭调查和法庭辩论。在确认被告人庭前收到起诉书并对起诉书指控的犯罪事实没有异议后，可以简化宣读起诉书，根据案件情况决定是否讯问被告人，询问证人、鉴定人和出示证据。根据案件情况，公诉人可以建议法庭简化法庭调查和法庭辩论程序。根据最高人民检察院《规则》第 431 条的规定，具有下列情形之一的，人民检察院不得建议人民法院适用简易程序：（1）犯罪嫌疑人是盲、聋、哑人，或者是尚未完全丧失辨认或者控制自己行为能力的精神病人的；（2）有重大社会影响的；（3）共同犯罪案件中部分被告人不认罪或者对适用简易程序有异议的；（4）比较复杂的共同犯罪案件；（5）辩护人作无罪辩护或者对主要犯罪事实有异议的；（6）其他不宜适用简易程序的。人民法院决定适用简易程序审理的案件，人民检察院认为具有《刑事诉讼法》第 215 条规定情形之一的，应当向人民法院提出纠正意见；具有其他不宜适用简易程序情形的，人民检察院可以建议人民法院不适用简易程序。

六、公诉案件适用速裁程序的提起

根据《刑事诉讼法》第222条、最高人民检察院《规则》第437条的规定，人民检察院对基层人民法院管辖的案件，符合下列条件的，在提起公诉时，可以建议人民法院适用速裁程序审理：（1）可能判处3年有期徒刑以下刑罚；（2）案件事实清楚，证据确实、充分；（3）被告人认罪认罚、同意适用速裁程序。根据最高人民检察院《规则》第439条，公安机关、犯罪嫌疑人及其辩护人建议适用速裁程序，人民检察院经审查认为符合条件的，可以建议人民法院适用速裁程序审理。公安机关、辩护人未建议适用速裁程序，人民检察院经审查认为符合速裁程序适用条件，且犯罪嫌疑人同意适用的，可以建议人民法院适用速裁程序审理。

根据《刑事诉讼法》第223条、最高人民检察院《规则》第438条的规定，具有下列情形之一的，人民检察院不得建议人民法院适用速裁程序：（1）被告人是盲、聋、哑人，或者是尚未完全丧失辨认或者控制自己行为能力的精神病人的；（2）被告人是未成年人的；（3）案件有重大社会影响的；（4）共同犯罪案件中部分被告人对指控的犯罪事实、罪名、量刑建议或者适用速裁程序有异议的；（5）被告人与被害人或者其法定代理人没有就附带民事诉讼赔偿等事项达成调解或者和解协议的；（6）其他不宜适用速裁程序审理的。

根据最高人民检察院《规则》第440、441条的规定，人民检察院建议人民法院适用速裁程序的案件，起诉书内容可以适当简化，重点写明指控的事实和适用的法律。人民法院适用速裁程序审理的案件，人民检察院应当派员出席法庭。

七、补充、追加、变更与撤回起诉

补充、追加、变更与撤回起诉，是指在法庭审判过程中，人民检察院因为出现某些特殊情况而需要补充、追加、变更或者撤回公诉的一种诉讼制度。该制度的确立既有助于人民检察院正确行使其公诉权，又有利于惩罚犯罪和保障人权。

（一）补充起诉

补充起诉，是指在法庭审判过程中，人民检察院在发现新的犯罪事实影响定罪以后，或者在发现遗漏同案犯罪嫌疑人或者罪行的情况下，对原诉予以补充的一种诉讼活动。根据六机关《规定》第30条，最高人民法院《解释》第289、297、403条，以及最高人民检察院《规则》第420、423、425、426条，补充起诉包括如下内容。

1. 补充起诉的事由。一是在审判期间，人民法院发现新的事实可能影响定罪的，或者现需要补查补证的，应当通知人民检察院，由其决定是否补充起诉。二是在人民法院宣告判决前，人民检察院发现遗漏同案犯罪嫌疑人或者罪行，而且犯罪事实清楚，证据确实、充分的，可以直接追加、补充起诉。

2. 补充起诉的时间和方式。对于决定补充起诉的案件，人民检察院应当制作补充起诉决定书，在判决宣告前向人民法院提出。第二审人民法院将案件发回重新审判以后，人民检察院可以就新的犯罪事实向原审人民法院补充起诉。

3. 补充起诉的发起与决定。当发现符合补充起诉的情形时，既可以由人民检察院直接决定补充起诉，也可以由人民法院建议人民检察院补充起诉。一是在法庭审理过程中，人民法院建议人民检察院补充起诉的，人民检察院应当审查有关理由，并作出是否补充起诉的决定。人民检察院不同意的，可以要求人民法院就起诉指控的犯罪事实依法作出裁判。二是在审判期间，人民法院发现新的事实，可能影响定罪量刑的，或者需要补查补证的，应当通知人民检察院，由其决定是否补充起诉。人民检察院不同意或者在指定时间内未回复书面意见的，人民法院应当就起诉指控的犯罪事实依法作出判决、裁定。

4. 其他事项。在需要补充起诉的情况下，公诉人可以建议法庭延期审理。人民检察院补充起诉的，人民法院应当给予被告人及其辩护人必要的准备时间。公诉人当庭发表与起诉书不同的意见，属于补充起诉的，人民法院应当要求人民检察院在指定时间内以书面方式提出；必要时，可以宣布休庭。人民检察院在指定时间内未提出的，人民法院应当根据法庭审理情况，就起诉书指控的犯罪事实依法作出判决、裁定。

（二）追加起诉

追加起诉，是指在法庭审判过程中，人民检察院在发现遗漏罪行或者遗漏同案犯罪嫌疑人的情况下，在原诉的基础上就遗漏的被告人或者罪行追加提起公诉的一种诉讼活动。根据最高人民法院《解释》第 289、297、340 条，最高人民检察院《规则》第 420、423、425、426 条，以及最高人民检察院于 2007 年 2 月 2 日印发的《最高人民检察院关于公诉案件撤回起诉若干问题的指导意见》第 5、6 条的规定，追加起诉包括如下内容。

1. 追加起诉的事由。一是在审判期间，人民法院发现新的事实可能影响定罪的，或者现需要补查补证的，应当通知人民检察院，由其决定是否追加起诉。二是在人民法院宣告判决前，人民检察院发现遗漏同案犯罪嫌疑人或者罪行，而且犯罪事实清楚，证据确实、充分的，可以直接追加起诉。三是对应当认定为单位犯罪的案件，人民检察院只作为自然人犯罪起诉的，人民法院应当建议人民检察院对犯罪单位追加起诉。

2. 追加起诉的时间和方式。人民检察院在提起公诉以后、第一审判决宣告以前可以追加起诉。对于决定追加起诉的案件，人民检察院应当制作追加起诉决定书，在判决宣告前向人民法院提出。

3. 追加起诉的发起与决定。当发现符合追加起诉的情形时，既可以由人民检察院直接决定追加起诉，也可以由人民法院通知人民检察院，由人民检察院决定是否追加起诉。一是在法庭审理过程中，人民法院通知人民检察院决定是否追加起诉的，人民检察院应当审查有关理由，并作出是否追加起诉的决定。人民检察院不同意的，可以要求人民法院就起诉指控的犯罪事实依法作出裁判。二是在审判期间，人民法院发现新的事实，可能影响定罪量刑的，或者需要补查、补证的，应当通知人民检察院，由其决定是否追加起诉。人民检察院不同意或者在指定时间内未回复书面意见的，人民法院应当就起诉指控的犯罪事实依法作出判决、裁定。

4. 其他事项。在需要追加起诉的情况下，公诉人可以建议法庭延期审理。人民检察院追加起诉的，人民法院应当给予被告人及其辩护人必要的准备时间。在案件提起公诉后、作出判决前，发现被告人存在新的犯罪事实需要追究刑事责任的，人民检察院如果在法定期限内能够追加起诉，原则上应当合并审理。如果人民法院在法定期限内不能将追加部分与原案件一并审结，可以另行起诉，原案件诉讼程序继续进行。公诉人当庭发表与起诉书不同的意见，属于追加起诉的，人民法院应当要求人民检察院在指定时间内以书面方式提出；必要时，可以宣布休庭。人民检察院在指定时间内未提出的，人民法院应当根据法庭审理情况，就起诉书指控的犯罪事实依法作出判决、裁定。

(三) 变更起诉

变更起诉，是指在法庭审判过程中，人民检察院发现新的事实可能影响定罪量刑，或者发现遗漏的同案犯罪嫌疑人或者罪行可以一并起诉和审理，或者发现被告人的真实身份或者犯罪事实与起诉书中叙述的身份或者指控犯罪事实不符，或者发现事实、证据没有变化，但罪名、适用法律与起诉书不一致，从而对原诉中指控的被告人或者犯罪事实予以变更的一种诉讼活动。根据六机关《规定》第30条，最高人民法院《解释》第289、297条，最高人民检察院《规则》第423、425、426条，以及最高人民检察院《关于公诉案件撤回起诉若干问题的指导意见》第5、6条的规定，变更起诉包括如下内容。

1. 变更起诉的事由。一是在法庭审理过程中，人民法院发现新的事实可能影响定罪量刑，或者需要补查、补证的，应当通知人民检察院，由其决定是否变更起诉。二是在人民法院宣告判决前，人民检察院发现被告人的真实身份或者犯罪事实与起诉书中叙述的身份或者指控犯罪事实不符的，或者事实、证据没有变化，但罪名、适用法律与起诉书不一致。

2. 变更起诉的时间与方式。人民检察院在提起公诉以后、第一审判决宣告以前可以变更起诉。人民法院建议人民检察院变更起诉的，人民检察院应当在人民法院指定的时间内回复意见。对于决定变更起诉的案件，人民检察院应当制作变更起诉决定书，以书面方式在判决宣告前向人民法院提出。

3. 变更起诉的发起与决定。当发现符合变更起诉的情形时，既可以由人民检察院直接决定变更起诉，也可以由人民法院通知人民检察院，由人民检察院决定是否变更起诉。在法庭审理过程中，人民法院通知人民检察院决定是否变更起诉的，人民检察院应当审查有关理由，并作出是否变更起诉的决定。人民检察院不同意的，可以要求人民法院就起诉指控的犯罪事实依法作出裁判。

4. 其他事项。在需要变更起诉的情况下，公诉人可以建议法庭延期审理。人民检察院变更起诉的，人民法院应当给予被告人及其辩护人必要的准备时间。公诉人当庭发表与起诉书不同的意见，属于变更起诉的，人民法院应当要求人民检察院在指定时间内以书面方式提出；必要时，可以宣布休庭。人民检察院在指定时间内未提出的，人民法院应当根据法庭审理情况，就起诉书指控的犯罪事实依法作出判决、裁定。

(四) 撤回起诉

撤回起诉，是指在案件提起公诉后、人民法院作出判决前，人民检察院发现不存在犯罪事实或者犯罪事实并非被告人所为等情形时，决定将案件从人民法院撤回进行处理的一种诉讼活动。根据最高人民法院《解释》第23、232、289、296条，以及最高人民检察院《规则》第421、424、426条的规定，撤回起诉包括如下内容。

1. 撤回起诉的事由。这主要包括：不存在犯罪事实的；犯罪事实并非被告人所为的；情节显著轻微、危害不大，不认为是犯罪的；证据不足或证据发生变化，不符合起诉条件的；被告人因未达到刑事责任年龄，不负刑事责任的；法律、司法解释发生变化导致不应当追究被告人刑事责任的；其他不应当追究被告人刑事责任的。

2. 撤回起诉的时间。人民检察院在提起公诉以后、第一审判决宣告以前可以撤回起诉。在第二审人民法院发回原审人民法院重新审判以后，人民检察院可以撤回起诉。

3. 撤回起诉的启动。撤回起诉应当由人民检察院提出。法庭宣布延期审理后，人民检察院应当在补充侦查的期限内提请人民法院恢复法庭审理或者撤回起诉。人民法院在庭前会议中听取控辩双方对案件事实、证据材料的意见后，对明显事实不清、证据不足的案件，可以建议人民检察院补充材料或者撤回起诉。建议撤回起诉的案件，人民检察院不同意的，开庭审理后，没有新的事实和理由，一般不准许撤回起诉。公诉人当庭发表与起诉书不同的意见，属于撤回起诉的，人民法院应当要求人民检察院在指定时间内以书面方式提出；必要时，可以宣布休庭。人民检察院在指定时间内未提出的，人民法院应当根据法庭审理情况，就起诉书指控的犯罪事实依法作出判决、裁定。根据最高人民检察院《关于公诉案件撤回起诉若干问题的指导意见》第 4 条，对于人民法院建议人民检察院撤回起诉或拟作无罪判决的，人民检察院应当认真审查并与人民法院交换意见；对于符合撤回起诉条件的，可以撤回起诉；认为犯罪事实清楚，证据确实、充分，依法应当追究刑事责任的，由人民法院依法判决。

4. 撤回起诉的决定。撤回起诉应当报经检察长决定。人民检察院决定撤回起诉的，应当制作撤回起诉决定书，以书面方式在人民法院宣告判决前向人民法院提出。

5. 撤回起诉的裁定。在开庭后、宣告判决前，人民检察院要求撤回起诉的，人民法院应当审查撤回起诉的理由，作出是否准许的裁定。根据最高人民检察院《关于公诉案件撤回起诉若干问题的指导意见》第 9 条，人民法院要求书面说明撤回起诉理由的，人民检察院应当书面说明。对于人民法院认为人民检察院决定撤回起诉的理由不充分，不同意撤回起诉并决定继续审理的，人民检察院应当继续参与刑事诉讼，建议人民法院依法裁判。

6. 后续处理。对于撤回起诉的案件，人民检察院应当在撤回起诉后 30 日以内作出不起诉决定。需要重新调查或者侦查的，人民检察院应当在作出不起诉决定后将案卷材料退回监察机关或者公安机关，建议监察机关或者公安机关重新调查或者侦查，并书面说明理由。对于撤回起诉的案件，没有新的事实或者新的证据，人民检察院不得再行起诉。所谓新的事实，是指原起诉书中未指控的犯罪事实。该犯罪事实触犯的罪名既可以是原指控罪名的同一罪名，也可以是其他罪名。新的证据是指撤回起诉后收集、调取的足以证明原指控犯罪事实的证据。

八、核准追诉

核准追诉，是指对于法定最高刑为无期徒刑、死刑而且已经超过 20 年追诉期限的严重犯罪，地方各级人民检察院认为必须予以追诉时依法层报最高人民检察院予以核准。核准追诉作为追诉时效制度的例外，是依法打击严重犯罪，以及保障国家利益和社会公共利益以及公民合法权利的客观需要。根据最高人民检察院《规则》第 322 条的规定，报请核准追诉的案件应当同时符合下列条件：（1）有证据证明存在犯罪事实，且犯罪事实是犯罪嫌疑人实施的；（2）涉嫌犯罪的行为应当适用的法定量刑幅度的最高刑为无期徒刑或者死刑的；（3）涉嫌犯罪的性质、情节和后果特别严重，虽然已过 20 年追诉期限，但社会危害性和影响依然存在，不追诉会严重影响社会稳定或者产生其他严重后果，而必须追诉的；（4）犯罪嫌疑人能够及时到案接受追诉。

根据最高人民检察院《规则》第 321 条的规定，未经最高人民检察院核准，不得对符合报请核准追诉条件的案件提起公诉。但是，须报请最高人民检察院核准追诉的案件，公安机关在核准之前可以依法对犯罪嫌疑人采取强制措施；公安机关报请核准追诉并提请逮捕犯罪嫌疑人，人民检察院经审查认为必须追诉而且符合法定逮捕条件的，可以依法批准逮捕，同时要求公安机关在报请核准追诉期间不得停止对案件的侦查。根据最高人民检察院《规则》第323、324条的规定，公安机关报请核准追诉的案件，由同级人民检察院受理并层报最高人民检察院审查决定。地方各级人民检察院对公安机关报请核准追诉的案件，应当及时进行审查并开展必要的调查。经检察委员会审议提出是否同意核准追诉的意见，制作报请核准追诉案件报告书，连同案件材料一并层报最高人民检察院。根据最高人民检察院于2012年10月9日印发的《关于办理核准追诉案件若干问题的规定》第7条的规定，人民检察院对侦查机关移送的报请核准追诉的案件，应当审查是否移送下列材料：报请核准追诉案件意见书；证明犯罪事实的证据材料；关于发案、立案、侦查、采取强制措施和犯罪嫌疑人是否重新犯罪等有关情况的书面说明及相关法律文书；被害方、案发地群众、基层组织等的意见和反映。材料齐备的，应当受理案件；材料不齐备的，应当要求侦查机关补充移送。根据最高人民检察院《规则》第325条的规定，最高人民检察院收到省级人民检察院报送的报请核准追诉案件报告书及案件材料后，应当及时审查，必要时指派检察人员到案发地了解案件有关情况。经检察长批准，作出是否核准追诉的决定，并制作核准追诉决定书或者不予核准追诉决定书，逐级下达最初受理案件的人民检察院，由其送达报请核准追诉的公安机关。

根据最高人民检察院《规则》第326、327条的规定，最高人民检察院在核准追诉时应当注意如下问题：（1）对已经采取强制措施的案件，强制措施期限届满不能作出是否核准追诉决定的，应当对犯罪嫌疑人变更强制措施或者延长侦查羁押期限。（2）最高人民检察院决定核准追诉的案件，最初受理案件的人民检察院应当监督公安机关的侦查工作。（3）最高人民检察院决定不予核准追诉，公安机关未及时撤销案件的，同级人民检察院应当提出纠正意见。如果犯罪嫌疑人在押，应当立即释放。

第四节　不起诉

一、起诉裁量权

起诉自由裁量权，是指人民检察院在审查起诉过程中对于案件是否需要提起公诉所享有的一种自由裁量权。起诉自由裁量权是人民检察院依法享有的一种权力。起诉自由裁量权是公诉权的重要组成部分。首先，在实行控审分离的情况下，是否提起公诉是人民检察院履行控诉职能的一种重要体现，人民法院不能干预人民检察院是否作出提起公诉的决定。其次，提起公诉的条件或者起诉标准是一种主观性较强的证明标准。在审查起诉以后，案件是否达到提起公诉的条件，不可能完全脱离人民检察院的主观判断。也就是说，在垄断公诉权的情况下，人民检察院在审查判断案件是否符合起诉标准的过程中不可避免地要进行自由裁量。最后，对于可诉或者不可诉的案件或者虽然符合起诉标准但是没有必要或者不宜提起公诉的案件，人民检察院作出不起诉的决定，既有助于犯罪嫌疑人早日脱离刑事诉讼程序的苦海，确保犯罪嫌疑人以正常人的身份顺利地回归社会，又有利于节约有限的刑事司法资源，体现国家宽严相济的刑事政策和慎用国家追诉权的思想，甚至可以维护公共安全、公共道德、公共财产等方面的公共利益。

尽管人民检察院享有起诉自由裁量权，但是这并不意味着人民检察院完全自由地作出起诉与否的决定，而不受任何限制。一方面，人民检察院在行使起诉自由裁量权时应当依法进行，严格遵守刑事诉讼法规定的起诉标准和不起诉制度。另一方面，人民检察院在行使起诉自由裁量权的过程中应当受到人民检察院内部或者外部因素的制约，前者如上级人民检察院对下级人民检察院的监督制约，后者如公安机关、当事人、人民监督员对起诉自由裁量权的监督制约。

二、不起诉的概念与意义

不起诉是指人民检察院对调查、侦查终结移送起诉的案件进行审查后，认为犯罪嫌疑人的行为不符合起诉条件或者不需要起诉，而依法作出的不将案件提交人民法院进行审判的一种处理决定。不起诉既是检察机关行使公诉裁量权的基本方式，又是现代社会轻缓化刑事政策的重要体现。对于不符合起诉条件或者虽然符合起诉条件但没有必要提起公诉的案件作出不起诉的决定，不仅有助于节约刑事司法资源，提高刑事司法效率，而且能够使犯罪嫌疑人早日脱离刑事诉讼的负累，使其以无罪身份回归社会。

不起诉作为人民检察院对公诉案件审查后依法作出的处理结果之一，在性质上属于人民检察院对其认定的不应追究、不需要追究或者无法追究刑事责任的犯罪嫌疑人所作的一种程序性处分，而不是实体性处分。这是因为，人民检察院的不起诉决定仅仅是在诉讼程序上产生检察机关不将案件交付人民法院审判，从而在审查起诉阶段终止刑事诉讼的法律效力，并不等同于人民法院对犯罪嫌疑人从实体上作出的无罪判决。另外，人民检察院的不起诉决定不具有终局的效力，在符合起诉条件的情况下，人民检察院仍然可以再次提起公诉。

三、不起诉的种类和条件

早在1996年全国人大第一次修改刑事诉讼法的时候，我国就在立法上确立了法定不起诉、酌定不起诉、证据不足不起诉这三种比较典型的不起诉种类。除了这三种不起诉，全国人大还在第二次、第三次修改刑事诉讼法的过程中确立了几种比较特殊的不起诉种类，即未成年人刑事案件诉讼程序中的附条件不起诉，以及经最高人民检察院核准的特别不起诉。近年来，随着企业合规理论的逐渐兴起，部分地方人民检察院在办理企业犯罪案件时进行了暂缓起诉改革，从而在我国司法实践中又孕育出了一种全新的不起诉形式，即企业合规不起诉。关于附条件不起诉，请参见本书第二十八章的分析。下面仅仅就其他不起诉种类进行简要的分析。

（一）法定不起诉

法定不起诉，又称绝对不起诉，它是指人民检察院在审查起诉过程中发现犯罪嫌疑人没有犯罪事实或者其具有法律规定的情形之一，应当对犯罪嫌疑人作出不起诉的决定。对于符合法定不起诉的情形，检察机关不享有作出起诉决定或者不起诉决定的自由裁量权，只能依法作出不起诉决定。

根据《刑事诉讼法》第16条、第177条第1款的规定，法定不起诉适用于以下七种情形：(1) 犯罪嫌疑人没有犯罪事实；(2) 情节显著轻微、危害不大，不认为是犯罪的；(3)

犯罪已过追诉时效期限的；（4）经特赦令免除刑罚的；（5）依照《刑法》告诉才处理的犯罪，没有告诉或者撤回告诉的；（6）犯罪嫌疑人、被告人死亡的；（7）其他法律规定免予追究刑事责任的。另外，根据最高人民检察院《规则》第365、366条的规定，对于犯罪事实并非犯罪嫌疑人所为，需要重新调查或者侦查的，人民检察院也应当作出不起诉决定，并且书面说明理由，将案卷材料退回监察机关或者公安机关，并建议重新调查或者侦查。负责捕诉的部门对于本院负责侦查的部门移送起诉的案件，发现具有以上七种情形之一的，应当退回本院负责侦查的部门，建议撤销案件。

（二）酌定不起诉

酌定不起诉，又称相对不起诉，是指人民检察院认为犯罪嫌疑人的犯罪情节轻微，依照《刑法》规定不需要判处刑罚或者免除刑罚的案件，可以作出的不起诉决定。对于符合酌定不起诉条件的公诉案件，人民检察院享有起诉与否的自由裁量权，即既可以作出起诉决定，也可以作出不起诉决定。

根据《刑事诉讼法》第177条第2款的规定，酌定不起诉必须同时符合两个条件：（1）犯罪嫌疑人实施的行为触犯了《刑法》，符合犯罪的构成要件，已经构成犯罪；（2）犯罪行为情节轻微，依照《刑法》规定不需要判处刑罚或者免除刑罚。根据最高人民检察院《规则》第370条的规定，人民检察院对于犯罪情节轻微，依照刑法规定不需要判处刑罚或者免除刑罚的，经检察长批准，可以作出不起诉决定。参照《刑法》的有关规定，以下几种情形可以适用酌定不起诉：（1）犯罪嫌疑人在我国领域外犯罪，依照我国《刑法》应当负刑事责任，但在外国已经受过刑事处罚的；（2）犯罪嫌疑人又聋又哑，或者是盲人的；（3）犯罪嫌疑人因正当防卫或紧急避险过当而犯罪的；（4）为犯罪准备工具，制造条件的；（5）在犯罪过程中自动中止犯罪或者自动有效防止犯罪结果发生，没有造成损害的；（6）在共同犯罪中，起次要或辅助作用的；（7）被胁迫参加犯罪的；（8）犯罪嫌疑人自首或者有重大立功表现的。在司法实践中，当犯罪嫌疑人出现上述情形之一时，是否需要作出不起诉的决定，应当充分考虑上述情形是否符合犯罪情节轻微这个条件。一般而言，人民检察院需要考虑的参考要素包括：犯罪嫌疑人的年龄、犯罪目的和动机、犯罪手段、危害后果、悔罪表现以及一贯表现等。人民检察院在综合考虑各种因素之后，只有在确信不起诉比提起公诉更为有利时，才能作出不起诉的决定。

根据《刑事诉讼法》第290条的规定，在犯罪嫌疑人与被害人之间达成和解协议的情况下，对于犯罪情节轻微、不需要判处刑罚的公诉案件，人民检察院可以作出不起诉决定。该不起诉实际上就是在当事人和解的基础上作出的酌定不起诉处理。

根据最高人民检察院《规则》第278条的规定，犯罪嫌疑人认罪认罚，人民检察院依法作出酌定不起诉决定后，犯罪嫌疑人反悔的，人民检察院应当进行审查，并区分下列情形依法作出处理：（1）发现犯罪嫌疑人没有犯罪事实，或者符合法定不起诉情形之一的，应当撤销原不起诉决定，依照《刑事诉讼法》第177条第1款的规定重新作出不起诉决定；（2）犯罪嫌疑人犯罪情节轻微，依照刑法不需要判处刑罚或者免除刑罚的，可以维持原不起诉决定；（3）排除认罪认罚因素后，符合起诉条件的，应当根据案件具体情况撤销原不起诉决定，依法提起公诉。

（三）证据不足不起诉

证据不足不起诉，又称存疑不起诉，是指人民检察院对于经过二次补充侦查的案件，仍然认为证据不足，不符合起诉条件的，应当作出不起诉的决定。根据《刑事诉讼法》第

175条第4款、最高人民检察院《规则》第367条第1款的规定，证据不足不起诉必须同时满足如下两个条件：（1）案件经过二次退回补充调查或者补充侦查；（2）人民检察院仍然认为证据不足，不符合起诉条件。这意味着，在案件经过一次退回补充调查或者补充侦查以后而且人民检察院仍然认为证据不足的，人民检察院不能按照上述规定适用证据不足不起诉，其恰当做法应该是再次退回补充调查或者补充侦查，或者自行侦查。而根据最高人民检察院《规则》第367条第2款的规定，人民检察院对于经过一次退回补充调查或者补充侦查的案件，认为证据不足，不符合起诉条件，且没有再次退回补充调查或者补充侦查必要的，经检察长批准，可以作出不起诉决定。由此可见，对于经过二次退回补充调查或者补充侦查而且证据仍然不足的案件，人民检察院必须作出不起诉的决定，不享有自由裁量权，而对于经过一次退回补充调查或者补充侦查的案件，人民检察院对于是否作出不起诉决定享有一定的自由裁量权。另外，值得注意的是，根据最高人民检察院《规则》第369条的规定，对于作出证据不足不起诉决定的案件，如果发现了新的证据，在符合起诉条件时，人民检察院还可以提起公诉。根据最高人民检察院《规则》第368条的规定，具有下列情形之一，不能确定犯罪嫌疑人构成犯罪和需要追究刑事责任的，属于证据不足，不符合起诉条件：（1）犯罪构成要件事实缺乏必要的证据予以证明的；（2）据以定罪的证据存在疑问，无法查证属实的；（3）据以定罪的证据之间、证据与案件事实之间的矛盾不能合理排除的；（4）根据证据得出的结论具有其他可能性，不能排除合理怀疑的；（5）根据证据认定案件事实不符合逻辑和经验法则，得出的结论明显不符合常理的。

（四）特别不起诉

《刑事诉讼法》第182条、最高人民检察院《规则》第279条规定，犯罪嫌疑人自愿如实供述涉嫌犯罪的事实，有重大立功或者案件涉及国家重大利益的，经最高人民检察院核准，公安机关可以撤销案件，人民检察院可以作出不起诉决定，也可以对涉嫌数罪中的一项或者多项不起诉。根据前述规定的不起诉，应当由检察长决定。决定不起诉的，人民检察院应当及时对查封、扣押、冻结的财物及其孳息作出处理。这一条文所确立的不起诉可以被称为特别不起诉。该条文中的“重大立功”是指，犯罪分子检举监狱内外重大犯罪行为，经查证属实；有发明创造或者重大技术革新的；在日常生产、生活中舍己救人的；在抵御自然灾害或者排除重大事故中，有突出表现的；阻止他人重大犯罪活动；对国家和社会有其他重大贡献等表现。“国家重大利益”是指，人民法院对案件的审理以及对犯罪嫌疑人的宣判和惩处，将会直接或间接地影响国家政治、外交、国防、科技、经济等领域特别重大的利益。[①]

（五）企业合规不起诉

企业合规是全球正在蓬勃兴起的一项重大理论与实践课题。企业合规不仅有利于政府对企业进行有效的监督和管理，而且有助于维护企业的健康发展以及相关主体的利益。近年来，在企业制度改革和营造法治化营商环境的背景下，在最高人民检察院的推动下，部分地方检察机关在开展企业合规试点工作的过程中，将企业合规与不起诉制度相结合，在借鉴国外成功经验的基础上探索出了一种全新的不起诉形式，即企业合规不起诉或者暂缓起诉。

从企业合规试点工作实践来看，所谓企业合规不起诉，是指检察机关就符合特定条件

① 李寿伟．中华人民共和国刑事诉讼法解读．北京：中国法制出版社，2018：445.

的企业犯罪案件设置一定的考验期限，督促涉嫌犯罪的企业建立健全企业合规管理制度，进而在考验期满后经监督考察合格的情况下，对该企业不予起诉的一种诉讼制度。由此可见，企业合规不起诉实际上是一种比较特殊的暂缓起诉，其制度逻辑主要是以检察机关的不起诉或者暂缓起诉为条件，激励涉嫌犯罪的企业构建合理的企业合规制度，提升企业治理能力。例如，江苏省人民检察院于2020年10月26日印发的《江苏省人民检察院关于服务保障民营企业健康发展的若干意见》明确指出，逐步扩大酌定不起诉在认罪认罚案件中的适用，推动更多民营企业涉罪轻刑案件在检察环节依法得到轻缓处理。对具有从轻、减轻情节或者社会危害性不大且认罪认罚的民营企业涉罪轻刑案件，可暂缓作出起诉决定，督促企业建立健全合规体系。经过一定的期限后，经评估达到刑事合规标准的，可依法对其作出不起诉决定，并撤回检察机关已公开的案件信息。再如，根据广东省人民检察院于2021年4月6日印发的《广东省人民检察院关于开展企业合规改革试点工作方案》，企业合规改革试点工作的一项重要内容之一就是，检察机关对于办理的涉企刑事案件，在依法作出不起诉决定的同时，针对企业涉嫌具体犯罪，结合办案实际，督促涉案企业作出合规承诺并积极整改落实，促进企业合规守法经营，减少和预防企业犯罪，实现司法办案政治效果、法律效果、社会效果的有机统一。可以预见，在当前有效惩治预防企业违法犯罪、推动营造法治化营商环境的背景下，企业合规不起诉将会成为我国刑事司法中非常重要的一种不起诉形式。

四、不起诉的程序

(一) 不起诉决定书的决定主体

根据最高人民检察院《规则》第365条第1款、第367条第1款、第370条，无论是法定不起诉，还是证据不足不起诉或者酌定不起诉，都应当由检察长批准。但是，根据最高人民检察院《规则》第371条的规定，对于人民检察院直接受理侦查的案件，以及监察机关移送起诉的案件，拟作不起诉决定的，应当报请上一级人民检察院批准。而对于特别不起诉而言，则应当由检察长决定，层报最高人民检察院核准。根据《监察法》第47条第4款的规定，人民检察院对于有《刑事诉讼法》规定的不起诉的情形的，经上一级人民检察院批准，依法作出不起诉的决定。这意味着，相对于其他犯罪案件而言，职务犯罪案件的不起诉程序更加严格。如果没有经过上一级人民检察院的批准，人民检察院不得对监察机关移送起诉的职务犯罪案件作出不起诉的决定。之所以对职务犯罪案件的不起诉程序作出更加严格的程序，主要是因为职务犯罪案件比较特殊，职务犯罪案件的立案调查往往需要经过党委的批准，人民检察院在作出不起诉决定时应当更加慎重。

(二) 不起诉决定书的制作

人民检察院作出不起诉决定后，应当制作不起诉决定书。不起诉决定书是人民检察院代表国家依法确认不追究犯罪嫌疑人刑事责任的决定性法律文书，具有终止刑事诉讼的法律效力。

不起诉决定书的格式与起诉书的格式大致相同。根据最高人民检察院《规则》第372条的规定，不起诉决定书的主要内容包括：(1) 被不起诉人的基本情况，包括姓名、性别、出生年月日、出生地和户籍地、居民身份号码、民族、文化程度、职业、工作单位及职务、住址，是否受过刑事处分，采取强制措施的情况以及羁押处所等；如果是单位犯罪，应当写明犯罪单位的名称和组织机构代码、所在地址、联系方式，法定代表人和诉讼代表人的姓名、职务、联系方式。(2) 案由和案件来源。(3) 案件事实，包括否定或者指控被不起诉人构成犯罪的事实以及作为不起诉决定根据的事实。(4) 不起诉的法律根据和理由，写明作出不起诉决定适用的法律条款。(5) 查封、扣押、冻结的涉案款物的处理情况。(6) 有关告知事项。

（三）不起诉决定书的宣告、送达与公开

根据《刑事诉讼法》第 178 条和最高人民检察院《规则》第 376～378 条的规定，不起诉的决定，应当由人民检察院公开宣布，并且将不起诉决定书送达下列人员或者单位：(1) 被不起诉人及其辩护人以及被不起诉人的所在单位；(2) 对于监察机关或者公安机关移送起诉的案件，人民检察院决定不起诉的，应当将不起诉决定书送达监察机关或者公安机关；(3) 对于有被害人的案件，决定不起诉的，人民检察院应当将不起诉决定书送达被害人或者其近亲属及其诉讼代理人。公开宣布不起诉决定的活动应当记录在案。不起诉决定书自公开宣布之日起生效。送达时，应当告知被害人或者其近亲属及其诉讼代理人，如果对不起诉决定不服，可以自收到不起诉决定书后 7 日以内向上一级人民检察院申诉，也可以不经申诉，直接向人民法院起诉；告知被不起诉人，如果对不起诉决定不服，可以自收到不起诉决定书后 7 日以内向人民检察院申诉。

（四）对不批准不起诉决定的执行与提请复议

2015 年 12 月 15 日，最高人民检察院在回复宁夏回族自治区人民检察院《关于下级人民检察院对上级人民检察院不批准不起诉等决定能否提请复议的请示》时，对下级人民检察院对上级人民检察院不批准不起诉等决定能否提请复议给出了明确答复。根据最高人民检察院于 2015 年 12 月 25 日发布的《关于下级人民检察院对上级人民检察院不批准不起诉等决定能否提请复议的批复》，对于上级人民检察院作出的不批准不起诉等决定，下级人民检察院应当按照下列规定进行处理。

1. 对于上级人民检察院的决定，下级人民检察院应当执行。下级人民检察院认为上级人民检察院的决定有错误或者对上级人民检察院的决定有不同意见的，可以在执行的同时向上级人民检察院报告。

2. 下级人民检察院对上级人民检察院的决定有不同意见，法律、司法解释设置复议程序或者重新审查程序的，可以向上级人民检察院提请复议或者报请重新审查；法律、司法解释未设置复议程序或者重新审查程序的，不能向上级人民检察院提请复议或者报请重新审查。

3. 根据《人民检察院检察委员会组织条例》第 15 条的规定，对上级人民检察院检察委员会作出的不批准不起诉等决定，下级人民检察院可以提请复议；上级人民检察院非经检察委员会讨论作出的决定，且不属于法律、司法解释规定的可以提请复议情形的，下级人民检察院不得对上级人民检察院的决定提请复议。

（五）相关事项的处理

人民检察院作出不起诉决定之后，应当按照《刑事诉讼法》第 177 条第 3 款、第 178 条和最高人民检察院《规则》第 248 条、第 373 条至第 376 条的规定，对相关事项作出如下处理。

1. 人民检察院决定不起诉的案件，可以根据案件的不同情况，对被不起诉人予以训诫或者责令具结悔过、赔礼道歉、赔偿损失。对被不起诉人需要给予行政处罚、政务处分或者其他处分的，经检察长批准，人民检察院应当提出检察意见，连同不起诉决定书一并移送有关主管机关处理，并要求有关主管机关及时通报处理情况。根据公安部《规定》第293条的规定，人民检察院提出对被不起诉人给予行政处罚、处分或者没收其违法所得的检察意见，移送公安机关处理的，公安机关应当将处理结果及时通知人民检察院。

2. 人民检察院决定不起诉的案件，需要没收违法所得的，经检察长批准，应当提出检察意见，移送有关主管机关处理，并要求有关主管机关及时通报处理情况。具体程序可以参照最高人民检察院《规则》第248条的规定办理：（1）因犯罪嫌疑人死亡而被不起诉，依照刑法规定应当追缴其违法所得及其他涉案财产的，按照刑事诉讼法及其司法解释规定的违法所得没收程序办理。（2）因其他原因而被不起诉，对于查封、扣押、冻结的犯罪嫌疑人违法所得及其他涉案财产需要没收的，应当提出检察建议，移送有关主管机关处理。（3）对于冻结的犯罪嫌疑人存款、汇款、债券、股票、基金份额等财产需要返还被害人的，可以通知金融机构、邮政部门返还被害人；对于查封、扣押的犯罪嫌疑人的违法所得及其他涉案财产需要返还被害人的，直接决定返还被害人。人民检察院申请人民法院裁定处理犯罪嫌疑人涉案财产的，应当向人民法院移送有关案件材料。

3. 人民检察院决定不起诉的案件，应当同时书面通知作出查封、扣押、冻结决定的机关或者执行查封、扣押、冻结决定的机关解除查封、扣押、冻结。根据公安部《规定》第293条的规定，人民检察院作出不起诉决定的，除依法转为行政案件办理外，公安机关应当根据人民检察院解除查封、扣押、冻结财物的书面通知，及时解除查封、扣押、冻结。

4. 被不起诉人在押的，应当立即释放；被采取其他强制措施的，应当通知执行机关解除。根据公安部《规定》第293条的规定，人民检察院作出不起诉决定的，如果被不起诉人在押，公安机关应当立即办理释放手续。

五、对不起诉决定的救济

（一）公安机关和监察机关的救济

人民检察院作出不起诉的决定以后，如果公安机关或者监察委员会认为不起诉决定存在错误，可以依法要求人民检察院进行复议或者复核。根据《刑事诉讼法》第179条、公安部《规定》第294条第1款，公安机关认为人民检察院作出的不起诉决定有错误的，应当在收到不起诉决定书后7日以内制作要求复议意见书，经县级以上公安机关负责人批准后，移送同级人民检察院复议。根据《监察法》第47条第4款，如果监察机关认为人民检察院作出的不起诉决定存在错误，可以向其上一级人民检察院提请复议。根据最高人民检察院《规则》第379条的规定，监察机关认为不起诉的决定有错误，向上一级人民检察院提请复议的，上一级人民检察院应当在收到提请复议意见书后30日以内，经检察长批准，作出复议决定，通知监察机关。公安机关认为不起诉决定有错误要求复议的，人民检察院负责捕诉的部门应当另行指派检察官或者检察官办案组进行审查，并在收到要求复议意见书后30日以内，经检察长批准，作出复议决定，通知公安机关。根据《刑事诉讼法》第179条、公安部《规定》第294条第2款，公安机关针对不起诉决定要求同级人民检察院复议以后，如果不接受其复议意见，可以在收到人民检察院的复议决定书后7日以内制作提请复核意见书，经县级以上公安机关负责人批准后，连同人民检察院的复议决定书，一并提请上一级人民检察院复核。根据最高人民检察院《规则》第380条，公安机关对不起诉决定提请复核的，上一级人民检察院应当在收到提请复核意见书后的 30 日以内，经检察长批准，作出复核决定，通知提请复核的公安机关和下级人民检察院。经复核认为下级人民检察院不起诉决定错误的，应当指令下级人民检察院纠正，或者撤销、变更下级人民检察院作出的不起诉决定。

（二）被害人的救济

根据《刑事诉讼法》第 180 条的规定，被害人如果不服人民检察院的不起诉决定，可以自收到决定书后 7 日以内向上一级人民检察院申诉，请求提起公诉。人民检察院应当将复查决定告知被害人。对人民检察院维持不起诉决定的，被害人可以向人民法院起诉。被害人也可以不经申诉，直接向人民法院起诉。人民法院受理案件后，人民检察院应当将有关案件材料移送人民法院。具体说来，根据最高人民检察院《规则》第 381～384 条、第 387 条的规定，被害人对不起诉决定的救济，应当按照下列程序进行。

1. 被害人不服不起诉决定的，在收到不起诉决定书后 7 日以内申诉的，由作出不起诉决定的人民检察院的上一级人民检察院负责捕诉的部门进行复查。被害人向作出不起诉决定的人民检察院提出申诉的，作出决定的人民检察院应当将申诉材料连同案卷材料一并报送上一级人民检察院。

2. 被害人不服不起诉决定，在收到不起诉决定书 7 日后提出申诉的，由作出不起诉决定的人民检察院负责控告申诉检察部门进行审查。经审查，认为不起诉决定正确的，出具审查结论直接答复申诉人，并做好释法说理工作；认为不起诉决定可能存在错误的，移送负责捕诉的部门进行复查。

3. 人民检察院应当将复查决定书送达被害人、被不起诉人和作出不起诉决定的人民检察院。上级人民检察院经复查作出起诉决定的，应当撤销下级人民检察院的不起诉决定，交由下级人民检察院提起公诉，并将复查决定抄送移送起诉的监察机关或者公安机关。

4. 人民检察院收到人民法院受理被害人对被不起诉人起诉的通知后，应当终止复查，将作出不起诉决定所依据的有关案件材料移送人民法院。

5. 被害人对不起诉决定不服提出申诉的，应当递交申诉书，写明申诉理由。没有书写能力的，也可以口头提出申诉。人民检察院应当根据其口头提出的申诉制作笔录。

（三）被不起诉人的救济

根据《刑事诉讼法》第 181 条的规定，被不起诉人对人民检察院依照《刑事诉讼法》第 177 条第 2 款规定作出的不起诉决定不服，可以自收到不起诉决定书后 7 日以内向人民检察院提出申诉。对被不起诉人的申诉。人民检察院应当作出复查决定，通知被不起诉的人，同时抄送公安机关。具体说来，根据最高人民检察院《规则》第 385～387 条的规定，被不起诉人对不起诉决定的救济，应当按照下列程序进行。

1. 对于人民检察院依照《刑事诉讼法》第 177 条第 2 款规定作出的酌定不起诉决定，被不起诉人不服，在收到不起诉决定书后 7 日以内提出申诉的，应当由作出决定的人民检察院负责捕诉的部门进行复查；被不起诉人在收到不起诉决定书 7 日以后提出申诉的，由负责控告申诉检察的部门进行审查。经审查，认为不起诉决定正确的，出具审查结论直接答复申诉人，并做好释法说理工作；认为不起诉决定可能存在错误的，移送负责捕诉的部门复查。

2. 人民检察院应当将复查决定书送达被不起诉人、被害人。复查后，撤销不起诉决定，变更不起诉的事实或者法律依据的，应当同时将复查决定书抄送移送起诉的监察机关或者公安机关。

3. 人民检察院复查不服不起诉决定的申诉，应当在立案后 3 个月以内报经检察长批准作出复查决定。案情复杂的，不得超过 6 个月。

4. 被不起诉人对不起诉决定不服提出申诉的，应当递交申诉书，写明申诉理由。没有书写能力的，也可以口头提出申诉。人民检察院应当根据其口头提出的申诉制作笔录。

(四) 人民检察院对错误不起诉决定的纠正

根据最高人民检察院《规则》第 388、389 条的规定，人民检察院发现不起诉决定确有错误，符合起诉条件的，应当撤销不起诉决定，提起公诉。最高人民检察院对地方各级人民检察院的不起诉决定，上级人民检察院对下级人民检察院的不起诉决定，发现确有错误的，应当予以撤销或者指令下级人民检察院纠正。

第五节　提起自诉

一、自诉案件的概念与特征

自诉案件是指法律规定的可以由被害人或者其法定代理人、近亲属直接向人民法院起诉，要求追究被告人刑事责任，人民法院能够直接受理的刑事案件。刑事诉讼法赋予被害人等提起自诉的权利，既有助于维护被害人的合法权益和满足被害人追诉犯罪的愿望，又有利于节约国家的刑事司法资源。

与公诉案件相比，自诉案件具有如下几个特点：(1) 从犯罪客体来看，自诉案件主要是侵犯公民个人权利方面的犯罪，如侵犯公民的人身权利、财产权利、名誉权、婚姻自主权等；(2) 从案件的性质和轻重来看，自诉案件通常是性质不太严重，给社会造成的危害较小的案件；(3) 从诉讼程序来看，自诉案件一般具有明确的被告，案件事实比较清楚，犯罪情节比较简单，往往无须侦查机关采取专门的侦查手段和侦查措施，因此自诉人通常有能力承担控诉的职能。

二、自诉案件的提起条件与程序

(一) 自诉案件的提起条件

根据最高人民法院《解释》第 316 条的规定，自诉案件的提起条件包括如下几个方面：(1) 提起自诉的案件属于《刑事诉讼法》第 210 条、该解释第 1 条规定的案件，即告诉才处理案件、被害人有证据证明的轻微刑事案件以及公诉转自诉案件。(2) 受诉人民法院具有管辖权。自诉人应当依据刑事诉讼法关于管辖的规定，向有管辖权的人民法院提起自诉。案件只有属于受理人民法院管辖时，该法院才有权处理。(3) 被害人告诉。一般而言，自诉案件应当由被害人提起。但是，根据最高人民法院《解释》第 317 条的规定，如果被害人死亡、丧失行为能力或者因受强制、威吓等原因无法告诉，或者是限制行为能力人以及因年老、患病、盲、聋、哑等原因不能亲自告诉，其法定代理人、近亲属告诉或者代为告诉的，人民法院应当依法受理。被害人的法定代理人、近亲属告诉或者代为告诉的，应当提供与被害人关系的证明和被害人不能亲自告诉的原因的证明。（4）有明确的被告人、具体的诉讼请求和证明被告人犯罪事实的证据。有明确的被告人，是指自诉人向人民法院提起自诉时必须明确指出对被害人实施犯罪行为的指控对象。自诉人只有指出明确的被告人，人民法院的刑事审判活动才不会因为缺乏明确的被告人而无所适从。具体的诉讼请求是指，自诉人提出控诉的具体罪名以及要求人民法院追究被告人何种刑事责任。如果提起刑事自诉附带民事诉讼，自诉人还应提出具体的赔偿请求。根据最高人民法院《解释》第 320 条第 2 款的规定，对自诉案件，人民法院经审查有下列情形之一的，应当说服自诉人撤回起诉，或者自诉人不撤回起诉的，裁定不予受理：（1）不属于该解释第 1 条规定的自诉案件范围的；（2）缺乏罪证的；（3）犯罪已过追诉时效期限的；（4）被告人死亡的；（5）被告人下落不明的；（6）除因证据不足而撤诉的以外，自诉人撤诉后，就同一事实又告诉的；（7）经人民法院调解结案后，自诉人反悔，就同一事实再行告诉的；（8）属于被害人有证据证明的轻微刑事案件，公安机关正在立案侦查或者人民检察院正在审查起诉的；（9）不服人民检察院对未成年犯罪嫌疑人作出的附条件不起诉决定或者附条件不起诉考验期满后作出的不起诉决定，向人民法院起诉的。

（二）提起自诉的程序

根据最高人民法院《解释》第 318 条的规定，自诉人应当向人民法院提交刑事自诉状；同时提起附带民事诉讼的，应当提交刑事附带民事自诉状。该解释第 319 条规定，自诉状应当包括以下内容：（1）自诉人（代为告诉人）、被告人的姓名、性别、年龄、民族、出生地、文化程度、职业、工作单位、住址、联系方式；（2）被告人实施犯罪的时间、地点、手段、情节和危害后果等；（3）具体的诉讼请求；（4）致送的人民法院和具状时间；（5）证据的名称、来源等；（6）证人的姓名、住址、联系方式等。对 2 名以上被告人提出告诉的，应当按照被告人的人数提供自诉状副本。

根据最高人民法院《解释》第 320～323 条的规定，人民法院受理自诉案件按照下列程序办理：（1）对自诉案件，人民法院应当在 15 日内审查完毕。经审查，符合受理条件的，应当决定立案，并书面通知自诉人或者代为告诉人。（2）对已经立案，经审查缺乏罪证的自诉案件，自诉人提不出补充证据的，人民法院应当说服其撤回起诉或者裁定驳回起诉；自诉人撤回起诉或者被驳回起诉后，又提出了新的足以证明被告人有罪的证据，再次提起自诉的，人民法院应当受理。（3）自诉人对不予受理或者驳回起诉的裁定不服的，可以提起上诉。第二审人民法院查明第一审人民法院作出的不予受理裁定有错误的，应当在撤销原裁定的同时，指令第一审人民法院立案受理；查明第一审人民法院驳回起诉裁定有错误的，应当在撤销原裁定的同时，指令第一审人民法院进行审理。（4）自诉人明知有其他共同侵害人，但只对部分侵害人提起自诉的，人民法院应当受理，并告知其放弃告诉的法律后果；自诉人放弃告诉，判决宣告后又对其他共同侵害人就同一事实提起自诉的，人民法院不予受理。共同被害人中只有部分人告诉的，人民法院应当通知其他被害人参加诉讼，并告知其不参加诉讼的法律后果。被通知人接到通知后表示不参加诉讼或者不出庭的，视为放弃告诉。第一审宣判后，被通知人就同一事实又提起自诉的，人民法院不予受理。但是，当事人另行提起民事诉讼的，不受该解释限制。

【问题与思考】

1. 公诉权的性质是什么？

2. 如何理解公诉权与侦查权、审判权之间的关系？
3. 公诉裁量权的理论基础是什么？
4. 什么是辩诉交易？辩诉交易产生的背景和理论根据是什么？
5. 我国检察机关的公诉权与法律监督权之间具有什么关系？
6. 公诉与自诉有何异同？
7. 企业合规不起诉制度的理论根据与价值基础是什么？
8. 当代公诉裁量权有什么发展趋势？

【推荐参考论著】

1. 王新环．公诉权原论．北京：中国人民公安大学出版社，2006.
2. 郝银钟．刑事公诉权原理．北京：人民法院出版社，2004.
3. 宋英辉，吴宏耀．刑事审前程序研究．北京：中国政法大学出版社，2002.
4. 杨诚，单民．中外刑事公诉制度．北京：法律出版社，2000.
5. 张穹．公诉问题研究．北京：中国人民公安大学出版社，2000.
6. 姜伟．公诉的价值．法学研究，2002 (2).
7. 姜伟．公诉制度的历史沿革和发展趋势．浙江社会科学，2002 (4).
8. 陈岚．论检察官的自由裁量权——兼析起诉便宜原则的确立及其适用．中国法学，2000 (1).
9. 宋英辉，吴宏耀．不起诉裁量权研究．政法论坛，2000 (5).
10. 陈卫东．我国公诉方式的结构性缺陷及其矫正．法学研究，2000 (4).

第二十一章 第一审程序

内容导读

第一审程序是刑事诉讼的中心环节和主要阶段，是审判的法定必经程序。人民法院在接受起诉以后，应当首先进行庭前审查程序，通过书面审查的方法，对有关案件的情况进行审查以后，作出是否开庭的处理决定。对于决定开庭审理的案件，人民法院应当依照法定程序，做好开庭前的准备工作。法庭审理程序分开庭、法庭调查、法庭辩论、被告人最后陈述、评议和宣判等五个阶段进行。人民法院审理自诉案件具有不同于审理公诉案件的特点，在自诉案件的审理过程中，自诉人可以同被告人和解，也可以在人民法院主持下进行调解，自诉案件的被告人可以在诉讼过程中提出反诉。简易程序、速裁程序作为特殊的审判程序，在适用范围、审判组织、审判程序、审理期限等方面也都具有不同于普通程序的特点。速裁程序相比简易程序，更加简化。量刑程序与定罪程序相互关联又有所区别，在我国建立的相对独立的量刑程序中，强化了量刑事实的调查取证，引入了量刑建议，强化了律师辩护以及量刑说理，增强了量刑的公开性和透明度。人民法院经过审理，对于案件中的实体或程序问题的处理方式有决定、裁定和判决三种方式。

第一节 第一审程序概述

一、第一审程序的概念

在我国，刑事审判是指人民法院在控辩双方及其他诉讼参与人的参加下，依照法定的权限和程序，对于依法向其提出诉讼请求的刑事案件进行审理和裁判的诉讼活动。审理主要是对案件的有关事实进行举证、调查、辩论；裁判则是在审理的基础上，依法就案件的实体问题或某些程序问题作出公正的处理决定。审理是裁判的前提和基础，裁判是审理的目的和结果，二者构成一个辩证统一的整体。

刑事审判内容广泛、程序多样，按照不同的标准可作不同分类：按照审判的内容可划分为公诉案件的审判程序、自诉案件的审判程序以及附带民事诉讼的审判程序。按照诉讼的进程可分为第一审程序、第二审程序、死刑复核程序和审判监督程序。其中，死刑复核程序和审判监督程序是刑事案件在特殊情况下才可能经过的程序，因而也称为特殊程序。在第一审程序内又可按程序的繁简分为普通程序和简易程序、速裁程序，简易程序、速裁程序是在普通程序上的简化。明确审判程序的分类有助于理解和把握不同程序的特点，便于司法操作。

第一审程序是指人民法院对人民检察院提起公诉、自诉人提起自诉的案件进行初次审判时所必须遵循的步骤和方式、方法。第一审刑事案件是指人民法院按照级别管辖的规定受理的公诉案件和自诉案件。审判第一审刑事案件的人民法院，称为第一审法院。

第一审刑事案件分为公诉案件和自诉案件，公诉案件是指由人民检察院向人民法院提起诉讼的案件；自诉案件是指由被害人或者其法定代理人、近亲属向人民法院起诉，由人民法院直接受理的案件。与此相应，第一审程序分为公诉案件的第一审程序和自诉案件的第一审程序。

此外，《刑事诉讼法》还根据案件本身的特点，对那些事实清楚、证据充分、被告人认罪且对适用简易程序、速裁程序没有异议的公诉或自诉案件的审判规定了简易程序、速裁程序。简易程序、速裁程序是在第一审普通程序基础上的简化，其目的在于提高诉讼效率，便于司法机关集中力量办理重大、疑难、复杂案件。

二、第一审程序的任务和意义

第一审程序是人民法院审判活动的基本程序，是刑事诉讼中一个极其重要的阶段。第一审程序的任务是人民法院通过开庭审理，在公诉人、当事人及其他诉讼参与人等的参加下，客观、全面地审查证据，查明案件事实，并根据《刑法》规定，对被告人是否有罪、应否处刑以及处以何种刑罚，作出正确裁决，从而使犯罪分子受到应得的法律制裁，无罪的人不受刑事惩罚，并使到庭旁听的人受到法制教育。

第一审程序是人民法院整个审判程序的第一个环节，是人民法院审判刑事案件的基本程序。因为无论是公诉案件还是自诉案件，都首先要经过人民法院的第一审审判。第一审人民法院要在公开、辩护、合议、陪审、回避等项审判制度的保障下，依照法定程序对案件的事实和证据进行法庭调查和辩论，并依法作出被告人是否犯罪、应否处刑以及处以什么刑罚的决定。第一审人民法院的裁判，如果过了法定期限，当事人没有上诉，人民检察院也没有抗诉，或者在法定上诉期限内，当事人提出上诉，人民检察院提出抗诉，而第二审人民法院维持原判，裁判即发生法律效力，就应依法执行。第一审程序以后可能发生的第二审程序、死刑复核程序、审判监督程序，都是在第一审人民法院作出的裁判基础上进行的，而且《刑事诉讼法》对第一审程序的具体规定，其他审判程序均须参照执行。可见，第一审程序是人民法院审判活动的基本程序，它在整个审判程序乃至整个刑事诉讼中居于十分重要的地位。

第二节 公诉案件的第一审程序

公诉案件的第一审程序，是指人民法院对人民检察院提起公诉的案件进行第一次审判时所必须遵循的程序。其内容主要包括庭前审查、庭前准备、法庭审判、延期和中止审理、评议和宣判等诉讼环节。

一、对公诉案件的审查

（一）审查的概念和任务

对公诉案件的审查是人民法院对人民检察院提起公诉的案件依法进行庭前审查，并决定是否开庭审判的一种诉讼活动。《刑事诉讼法》第186条规定，人民法院对提起公诉的案件进行审查后，对于起诉书中有明确的指控犯罪事实的，应当决定开庭审判。该规定表明，对公诉案件的审查是公诉案件正式进入第一审程序的必经环节。对公诉案件进行庭前审查的任务在于通过审查，解决案件是否符合开庭审判的条件，是否将被告人正式交付法庭审判的问题。

现行《刑事诉讼法》第186条的规定相比1996年《刑事诉讼法》的规定，庭前审查的性质依然是程序性审查，但是，不同之处在于：移送的材料，由移送与起诉书有关的证据目录、证人名单和主要证据复印件或者照片，变为要求检察机关移送全卷或原卷。这一立法修改的原因是，1996年《刑事诉讼法》规定的主要证据复印件移送方式在司法实践中执行不理想。

从国外的情况看，各国对公诉案件的庭前审查程序的规定不尽一致。在保留庭前审查程序的国家，对庭前审查的内容采取实体审查，强调庭前审查的过滤、分流案件的功能。有些国家则完全废止了庭前审查程序，如第二次世界大战后的日本，采取“起诉状一本主义”的做法。这些改革的目的均在于避免先入为主，保障公正审判。

（二）审查的内容和方法、时限

根据《刑事诉讼法》第186条及有关最高人民法院《解释》第218条的规定，对公诉案件的审查主要围绕是否具备开庭条件来进行。其具体内容包括：（1）案件是否属于本院管辖。（2）起诉书是否写明被告人的身份，是否受过或者正在接受刑事处罚、行政处罚、处分，被采取留置措施的情况，被采取强制措施的时间、种类、羁押地点，犯罪的时间、地点、手段、后果以及其他可能影响定罪量刑的情节；有多起犯罪事实的，是否在起诉书中将事实分别列明。（3）是否移送证明指控犯罪事实及影响量刑的证据材料，包括采取技术调查、侦查措施的法律文书和所收集的证据材料。（4）是否查封、扣押、冻结被告人的违法所得或者其他涉案财物，查封、扣押、冻结是否逾期；是否随案移送涉案财物、附涉案财物清单；是否列明涉案财物权属情况；是否就涉案财物处理提供相关证据材料。（5）是否列明被害人的姓名、住址、联系方式；是否附有证人、鉴定人名单；是否申请法庭通知证人、鉴定人、有专门知识的人出庭，并列明有关人员的姓名、性别、年龄、职业、住址、联系方式；是否附有需要保护的证人、鉴定人、被害人名单。（6）当事人已委托辩护人、诉讼代理人或者已接受法律援助的，是否列明辩护人、诉讼代理人的姓名、住址、联系方式。（7）是否提起附带民事诉讼；提起附带民事诉讼的，是否列明附带民事诉讼当事人的姓名、住址、联系方式等，是否附有相关证据材料。（8）监察调查、侦查、审查起诉程序的各种法律手续和诉讼文书是否齐全。（9）被告人认罪认罚的，是否提出量刑建议、移送认罪认罚具结书等材料。（10）有无《刑事诉讼法》第 16 条第 2 项至第 6 项规定的不追究刑事责任的情形。

人民法院在收到人民检察院的起诉书和案卷、证据后，即应指定审判人员审阅案卷材料、证据，并围绕上述内容逐项予以审查，判断是否具备了开庭审判的程序性条件。由于《刑事诉讼法》规定的庭前审查是以程序性审查为主，弱化实体性审查的，因而人民法院在审查时一般不应提审被告人和询问证人、被害人和鉴定人，同时也不能使用勘验、检查、查封、扣押、鉴定、查询、冻结等方法调查核实证据。

对公诉案件是否受理，应当在 7 日以内审查完毕。人民法院对提起公诉的案件进行审查的期限计入人民法院的审理期限。

（三）审查后的处理

根据《刑事诉讼法》第 186 条及最高人民法院《解释》第 219 条、六机关《规定》第 25 条的规定，人民法院对公诉案件进行审查后，应当根据案件不同情况分别处理。

1. 决定退回人民检察院。不属于本院管辖的，应当退回人民检察院；属于《刑事诉讼法》第 16 条第 2 项至第 6 项规定情形的，应当退回人民检察院；属于告诉才处理的案件，应当同时告知被害人有权提起自诉；被告人不在案的，应当退回人民检察院；但是，对人民检察院按照缺席审判程序提起公诉的，应当依据最高人民法院《解释》第二十四章规定的缺席审判程序作出处理；依照最高人民法院《解释》第 296 条规定裁定准许撤诉的案件，没有新的影响定罪量刑的事实、证据，重新起诉的，应当退回人民检察院。

2. 通知人民检察院补送材料。不符合最高人民法院《解释》第 218 条第 2 项至第 9 项规定之一，需要补充材料的，应当通知人民检察院在 3 日以内补送。

3. 决定开庭审判。对于起诉书中有明确的指控犯罪事实并且附有案卷材料、证据的，人民法院应当决定开庭审判。此外，对于曾根据《刑事诉讼法》第 200 条第 3 项规定宣告被告人无罪后，人民检察院根据新的事实、证据重新起诉的，以及对于被告人真实身份不明，但符合《刑事诉讼法》第 160 条第 2 款和第 186 条的规定，人民检察院提起公诉的，人民法院均应当决定开庭审判。

必须注意的是，对于人民检察院提起公诉的案件，人民法院都应当受理。人民法院对提起公诉的案件进行审查后，对于起诉书中有明确的指控犯罪事实并且附有案卷材料、证据的，应当决定开庭审判，不得以材料不充足为由而不开庭审判。

对一案起诉的共同犯罪或者关联犯罪案件，被告人人数众多、案情复杂，人民法院经审查认为，分案审理更有利于保障庭审质量和效率的，可以分案审理。分案审理不得影响当事人质证权等诉讼权利的行使。对分案起诉的共同犯罪或者关联犯罪案件，人民法院经审查认为，合并审理更有利于查明案件事实、保障诉讼权利、准确定罪量刑的，可以并案审理。

二、开庭审判前的准备

根据《刑事诉讼法》第 187 条和最高人民法院《解释》第 221 条的规定，人民法院决定对案件开庭审判后，为了保障法庭审判有序地进行，应当在开庭审判前进行下列各项准备工作。

1. 确定审判长及合议庭组成人员。人民法院适用普通程序审理的案件，由院长或者庭长指定审判长并确定合议庭组成人员；适用简易程序审理的案件，由庭长指定审判员一人独任审理或者指定审判长并确定合议庭组成人员。合议庭的组成人员或独任庭的审判员确定后，即应着手进行开庭审判前的准备工作，拟出法庭审理提纲，庭审提纲一般包括下列内容：(1) 合议庭成员在庭审中的分工；(2) 起诉书指控的犯罪事实的重点和认定案件性质的要点；(3) 讯问被告人时需了解的案情要点；(4) 出庭的证人、鉴定人、有专门知识的人、调查人员、侦查人员的名单；(5) 控辩双方申请当庭出示的证据的目录；(6) 庭审中可能出现的问题及应对措施。

2. 将人民检察院的起诉书副本至迟在开庭 10 日以前送达被告人、辩护人。对于未委托辩护人的被告人，告知其可以委托辩护人为其辩护；对于符合《刑事诉讼法》第 35 条第 2、3 款规定的，即被告人是盲、聋、哑人，或者是尚未完全丧失辨认或者控制自己行为能力的精神病人，没有委托辩护人的，以及被告人可能被判处无期徒刑、死刑而没有委托辩护人的，人民法院应当通知法律援助机构指派律师为其提供辩护。同时，人民法院还要通知当事人、法定代理人、辩护人、诉讼代理人在开庭 5 日以前提供证人、鉴定人名单，以及拟当庭出示的证据；申请证人、鉴定人、有专门知识的人出庭的，应当列明有关人员的姓名、性别、年龄、职业、住址、联系方式。

3. 召开庭前会议。在开庭以前，审判人员可以召集公诉人、当事人和辩护人、诉讼代理人，对回避、出庭证人名单、非法证据排除等与审判相关的问题，了解情况，听取意见。召开庭前会议的目的在于防止庭审的拖延、提高庭审的效率。

案件具有下列情形之一的，人民法院可以决定召开庭前会议：(1) 证据材料较多、案情重大复杂的；(2) 控辩双方对事实、证据存在较大争议的；(3) 社会影响重大的；(4) 需要召开庭前会议的其他情形。

控辩双方可以申请人民法院召开庭前会议，提出申请应当说明理由。人民法院经审查认为有必要的，应当召开庭前会议；决定不召开的，应当告知申请人。

庭前会议可以就下列事项向控辩双方了解情况，听取意见：(1) 是否对案件管辖有异议；(2) 是否申请有关人员回避；(3) 是否申请不公开审理；(4) 是否申请排除非法证据；(5) 是否提供新的证据材料；(6) 是否申请重新鉴定或者勘验；(7) 是否申请收集、调取证明被告人无罪或者罪轻的证据材料；(8) 是否申请证人、鉴定人、有专门知识的人、调查人员、侦查人员或者其他人员出庭，是否对出庭人员名单有异议；(9) 是否对涉案财物的权属情况和人民检察院的处理建议有异议；(10) 与审判相关的其他问题。庭前会议中，人民法院可以开展附带民事调解。对前述可能导致庭审中断的程序性事项，人民法院可以在庭前会议后依法作出处理，并在庭审中说明处理决定和理由。控辩双方没有新的理由，在庭审中再次提出有关申请或者异议的，法庭可以在说明庭前会议情况和处理决定理由后，依法予以驳回。庭前会议情况应当制作笔录，由参会人员核对后签名。

庭前会议中，审判人员可以询问控辩双方对证据材料有无异议，对有异议的证据，应当在庭审时重点调查；无异议的，庭审时举证、质证可以简化。

庭前会议由审判长主持，合议庭其他审判员也可以主持庭前会议。召开庭前会议应当通知公诉人、辩护人到场。庭前会议准备就非法证据排除了解情况、听取意见，或者准备询问控辩双方对证据材料的意见的，应当通知被告人到场。有多名被告人的案件，可以根据情况确定参加庭前会议的被告人。

庭前会议一般不公开进行。根据案件情况，庭前会议可以采用视频等方式进行。

人民法院在庭前会议中听取控辩双方对案件事实、证据材料的意见后，对明显事实不清、证据不足的案件，可以建议人民检察院补充材料或者撤回起诉。建议撤回起诉的案件，人民检察院不同意的，开庭审理后，没有新的事实和理由，一般不准许撤回起诉。

对召开庭前会议的案件，可以在开庭时告知庭前会议情况。对庭前会议中达成一致意见的事项，法庭在向控辩双方核实后，可以当庭予以确认；未达成一致意见的事项，法庭可以归纳控辩双方争议焦点，听取控辩双方意见，依法作出处理。控辩双方在庭前会议中就有关事项达成一致意见，在庭审中反悔的，除有正当理由外，法庭一般不再进行处理。

4. 将开庭的时间、地点在开庭 3 日以前通知人民检察院。人民法院审判公诉案件，人民检察院都应当派员出席法庭支持公诉。因此，将开庭的时间、地点在开庭 3 日以前通知人民检察院，有利于公诉人做好出庭准备工作。

5. 将传唤当事人和通知辩护人、诉讼代理人、法定代理人、证人、鉴定人等的传票和通知书，至迟在开庭 3 日以前送达。通知有关人员出庭，也可以采取电话、短信、传真、电子邮件、即时通讯等能够确认对方收悉的方式；对被害人人数众多的涉众型犯罪案件，可以通过互联网公布相关文书，通知有关人员出庭。对于不满 18 周岁的未成年人犯罪的案件，应当通知被告人的法定代理人到庭，以便这些诉讼参与人有时间做好各自的出庭准备工作。《关于依法保障律师执业权利的规定》第 25 条第 1 款规定，人民法院确定案件开庭日期时，应当为律师出庭预留必要的准备时间并书面通知律师。律师因开庭日期冲突等正当理由申请变更开庭日期的，人民法院应当在不影响案件审理期限的情况下，予以考虑并调整日期，决定调整日期的，应当及时通知律师。

被害人、诉讼代理人经传唤或者通知未到庭，不影响开庭审理的，人民法院可以开庭审理。辩护人经通知未到庭，被告人同意的，人民法院可以开庭审理，但被告人属于应当提供法律援助情形的除外。

6. 公开审判的案件，在开庭 3 日以前公布案由、被告人姓名、开庭时间和地点。

人民法院在开庭审判前进行的各项准备工作，都是依法进行的诉讼活动，具有法律效力。因而，上述工作情况应当记录在案。

三、法庭审判

法庭审判是指人民法院的审判组织（合议庭或独任庭）通过开庭的方式，在公诉人、当事人和其他诉讼参与人的参加下，调查核实证据，查清案件事实，充分听取控辩双方对证据、案件事实和法律适用的意见，依法确定被告人的行为是否构成犯罪，应否受到刑事处罚以及给予何种处罚的诉讼活动。

我国的法庭审判在 1996 年《刑事诉讼法》修改后具有以下主要特征。

1. 与1979年《刑事诉讼法》相比，强化了控辩双方的举证和辩论。1979年《刑事诉讼法》规定，审判长是法庭的组织者和指挥者，重视审判人员在庭审中的作用是应当的，但在司法实践中，审判职能过于强化，审判人员包揽证据出示、审讯被告人、调查证据等活动，控辩双方作用消极，仅在专门的辩论阶段发表意见，并且辩论的内容多限于非实质性的，辩论的对抗性较弱。这种做法使控审职能分离不彻底，控辩双方的积极性得不到充分发挥，法庭审判在一定程度上流于形式。针对这种情况，《刑事诉讼法》对庭审方式进行了改革，强化了控辩双方的举证和辩论：规定公诉人在宣读起诉书后，直接讯问被告人，并且要在法庭上出示物证、书证后，询问证人和鉴定人，对未到庭人员的各种证据笔录、文书要进行质证；被告人、辩护人一方为充分行使辩护权，同样可以陈述和辩解，询问控方证人和鉴定人，也可以出示各种证据，并可以提出新的证据，包括申请通知新的证人到庭，调取新的物证，申请重新鉴定或勘验，等等。此外，法庭辩论不仅可以在专门的辩论阶段进行，而且在法庭调查阶段控辩双方就可以对证据和案件情况发表意见和互相辩论。从这些规定可以看出，虽我国的庭审方式不是英美法系国家实行的当事人主义，但立法从我国实际情况出发，强化了控方的举证责任，使控审进一步分离，辩方职能也得到较为充分的发挥，使得法庭审判模式更加公正、合理。2012年《刑事诉讼法》修改时强调证人、鉴定人出庭作证，设立了专家辅助人制度，突出了量刑程序的地位。2018年《刑事诉讼法》确立了认罪认罚从宽制度，进一步强化了1996年《刑事诉讼法》的控辩式庭审模式。

2. 强化控辩职能的同时，重视、保留了审判职能的主导作用，法院享有对案件事实、证据的调查核实权。《刑事诉讼法》没有采取英美当事人主义庭审模式中法官消极居中听证、裁判的做法，而是结合我国实际情况，规定在控辩双方充分发挥自己的作用的基础上，审判人员不仅有权主持审判、维护法庭秩序，而且有权审讯被告人、询问证人和鉴定人，有权主持调查、核实各种证据，主持双方对证据和案件事实的辩论，制止与案件无关的发问。此外，《刑事诉讼法》还规定，在庭审过程中，合议庭对证据有疑问的，有权宣布休庭，采取勘验、检查、查封、扣押、鉴定、查询或冻结等方式对证据进行调查核实。这是我国庭审制度的一个显著特征，立法的目的在于慎重查明案件事实真相，作出正确裁判。

依据《刑事诉讼法》的规定，法庭审判程序大致可分为开庭、法庭调查、法庭辩论、被告人最后陈述、评议和宣判五个阶段。

（一）开庭

开庭是正式进行法庭审判前的准备阶段。开庭前，人民法院书记员应当依次进行下列工作：（1）受审判长委托，查明公诉人、当事人、辩护人、诉讼代理人、证人及其他诉讼参与人是否到庭；（2）核实旁听人员中是否有证人、鉴定人、有专门知识的人；（3）请公诉人、辩护人、诉讼代理人及其他诉讼参与人入庭；（4）宣读法庭规则；（5）请审判长、审判员、人民陪审员入庭；（6）审判人员就座后，向审判长报告开庭前的准备工作已经就绪。

依据《刑事诉讼法》第190条和最高人民法院《解释》第235～239条的规定，开庭的具体程序和内容如下。

1. 审判长宣布开庭，传被告人到庭后，应当查明被告人的下列情况：（1）姓名、出生日期、民族、出生地、文化程度、职业、住址，或者被告单位的名称、住所地、法定代表人、实际控制人以及诉讼代表人的姓名、职务。（2）是否受过刑事处罚、行政处罚、处分及其种类、时间。（3）是否被采取留置措施及留置的时间，是否被采取强制措施及强制措施的种类、时间。(4) 收到起诉书副本的日期；有附带民事诉讼的，附带民事诉讼被告人收到附带民事起诉状的日期。被告人较多的，可以在开庭前查明上述情况，但开庭时审判长应当作出说明。

2. 审判长宣布案件的来源、起诉的案由、附带民事诉讼当事人的姓名及是否公开审理；不公开审理的，应当宣布理由。

3. 审判长宣布合议庭组成人员、法官助理、书记员、公诉人的名单，以及辩护人、诉讼代理人、鉴定人、翻译人员等诉讼参与人的名单。

4. 审判长应当告知当事人及其法定代理人、辩护人、诉讼代理人在法庭审理过程中依法享有下列诉讼权利：(1) 可以申请合议庭组成人员、法官助理、书记员、公诉人、鉴定人和翻译人员回避；(2) 可以提出证据，申请通知新的证人到庭、调取新的证据，申请重新鉴定或者勘验；(3) 被告人可以自行辩护；(4) 被告人可以在法庭辩论终结后作最后陈述。

5. 审判长应当询问当事人及其法定代理人、辩护人、诉讼代理人是否申请回避、申请何人回避和申请回避的理由。当事人及其法定代理人、辩护人、诉讼代理人申请回避的，依照有关回避的规定处理。同意或者驳回回避申请的决定及复议决定，由审判长宣布，并说明理由。必要时，也可以由院长到庭宣布。

6. 被告人认罪认罚的，审判长应当告知被告人享有的诉讼权利和认罪认罚的法律规定，审查认罪认罚的自愿性和认罪认罚具结书内容的真实性、合法性。

(二) 法庭调查

法庭调查是在审判人员主持、控辩双方和其他诉讼参与人的参加下，当庭对案件事实和证据进行审查、核实的诉讼活动。其任务是查明案件事实、核实证据。由于《刑事诉讼法》规定，所有证据都必须在法庭上调查核实才能作为定案根据，因而法庭调查是法庭审判的核心环节。法庭对与对被告人定罪、量刑有关的事实、证据都应当进行调查。法庭调查的成效，直接关系到案件处理的质量。

根据《刑事诉讼法》第 191～198 条及最高人民法院《解释》第 240～270 条的规定，法庭调查的具体步骤和程序如下。

1. 公诉人宣读起诉书。

审判长宣布法庭调查开始后，应当先由公诉人宣读起诉书；公诉人宣读起诉书后，审判长应当询问被告人对起诉书指控的犯罪事实和罪名有无异议。有附带民事诉讼的，公诉人宣读起诉书后，由附带民事诉讼原告人或者其法定代理人、诉讼代理人宣读附带民事起诉状。

起诉书是人民法院审判的合法依据，没有起诉，就没有辩护和审判；起诉书又是法庭审判的基础，法庭对案件的审判仅限于起诉的内容和范围。宣读起诉书，表明人民检察院将被告人提请法庭审判，并提供了审判的内容和范围，同时也可使旁听公民了解案件的基本情况，便于他们监督法庭的审判活动，并起到法制宣传的作用。

2. 被告人、被害人就起诉书指控的犯罪事实分别陈述。

公诉人宣读起诉书后，在审判长主持下，被告人、被害人可以就起诉书指控的犯罪事实分别陈述。被告人如果承认起诉书指控的犯罪事实，则应就自己的犯罪行为进行陈述；如果否认指控，应允许其陈述辩解意见。被告人陈述之后，应允许被害人根据起诉书对犯罪的指控陈述自己受害的经过。被告人、被害人就起诉书指控的犯罪事实分别进行陈述，有助于合议庭了解当事人对指控的基本意见。

3. 讯问、发问被告人、被害人和附带民事诉讼原告人。

在审判长主持下，公诉人可以就起诉书指控的犯罪事实讯问被告人。

经审判长准许，被害人及其法定代理人、诉讼代理人可以就公诉人讯问的犯罪事实补充发问；附带民事诉讼原告人及其法定代理人、诉讼代理人可以就附带民事部分的事实向被告人发问；被告人的法定代理人、辩护人，附带民事诉讼被告人及其法定代理人、诉讼代理人可以在控诉方、附带民事诉讼原告方就某一问题讯问、发问完毕后向被告人发问。根据案件情况，就证据问题对被告人的讯问、发问可以在举证、质证环节进行。此后，经审判长准许，控辩双方可以向被害人、附带民事诉讼原告人发问。

审判长在主持讯问、发问时，须注意以下几点：（1）起诉书指控的被告人的犯罪事实为2起以上的，法庭调查一般应当分别进行。（2）讯问同案审理的被告人，应当分别进行。法庭认为有必要的，可以传唤同案被告人、分案审理的共同犯罪或者关联犯罪案件的被告人等到庭对质。（3）必要时，审判人员可以讯问被告人，也可以向被害人、附带民事诉讼当事人发问。

4. 出示、核实证据。

举证方当庭出示证据后，由对方发表质证意见。

对可能影响定罪量刑的关键证据和控辩双方存在争议的证据，一般应当单独举证、质证，充分听取质证意见。对控辩双方无异议的非关键证据，举证方可以仅就证据的名称及拟证明的事实作出说明。召开庭前会议的案件，举证、质证可以按照庭前会议确定的方式进行。根据案件和庭审情况，法庭可以对控辩双方的举证、质证方式进行必要的指引。

公诉人可以提请法庭通知证人、鉴定人、有专门知识的人、调查人员、侦查人员或者其他人员出庭，或者出示证据。被害人及其法定代理人、诉讼代理人，附带民事诉讼原告人及其诉讼代理人也可以提出申请。在控诉方举证后，被告人及其法定代理人、辩护人可以提请法庭通知证人、鉴定人、有专门知识的人、调查人员、侦查人员或者其他人员出庭，或者出示证据。

控辩双方申请证人出庭作证，出示证据，应当说明证据的名称、来源和拟证明的事实。法庭认为有必要的，应当准许；对方提出异议，认为有关证据与案件无关或者明显重复、不必要，法庭经审查异议成立的，可以不予准许。

已经移送人民法院的案卷和证据材料，控辩双方需要出示的，可以向法庭提出申请，法庭可以准许。案卷和证据材料应当在质证后当庭归还。需要播放录音录像或者需要将证据材料交由法庭、公诉人或者诉讼参与人查看的，法庭可以指令值庭法警或者相关人员予以协助。

（1）询问证人、鉴定人、有专门知识的人、调查人员、侦查人员或者其他人员。

根据直接和言词原则精神，《刑事诉讼法》规定对证人作证、鉴定人的鉴定，要在法庭上经过控辩双方询问、质证，才能作为定案根据，因而证人、鉴定人应当出庭作证。但是，考虑到我国司法实践的情况，《刑事诉讼法》第192条和最高人民法院《解释》第249条规定，公诉人、当事人或者辩护人、诉讼代理人对证人证言有异议，且该证人证言对案件定罪量刑有重大影响，人民法院认为证人有必要出庭作证的，证人应当出庭作证。人民警察就其执行职务时目击的犯罪情况作为证人出庭作证，适用前述规定。公诉人、当事人或者辩护人、诉讼代理人对鉴定意见有异议，人民法院认为鉴定人有必要出庭的，鉴定人应当出庭作证。法院无法通知或者证人、鉴定人拒绝出庭的，应当及时告知申请人。经人民法院通知，鉴定人拒不出庭作证的，鉴定意见不得作为定案的根据。为查明案件事实、调查核实证据，人民法院可以依职权通知证人、鉴定人、有专门知识的人、调查人员、侦查人员或者其他人员出庭。控辩双方对侦破经过、证据来源、证据真实性或者合法性等有异议，申请调查人员、侦查人员或者有关人员出庭，人民法院认为有必要的，应当通知调查人员、侦查人员或者有关人员出庭。人民法院通知有关人员出庭的，可以要求控辩双方予以协助。最高人民法院《解释》第253条规定，证人具有下列情形之一，无法出庭作证的，人民法院可以准许其不出庭：在庭审期间身患严重疾病或者行动极为不便的；居所远离开庭地点且交通极为不便的；身处国外短期无法回国的；有其他客观原因，确实无法出庭的。具有前述情形的，可以通过视频等方式作证。《刑事诉讼法》第193条还规定，经人民法院通知，证人没有正当理由不出庭作证的，人民法院可以强制其到庭，但是被告人的配偶、父母、子女除外。证人没有正当理由拒绝出庭或者出庭后拒绝作证的，予以训诫，情节严重的，经院长批准，处以10日以下的拘留。被处罚人对拘留决定不服的，可以向上一级人民法院申请复议。复议期间不停止执行。最高人民法院《解释》第255条规定，强制证人出庭的，应当由院长签发强制证人出庭令，由法警执行；必要时，可以商请公安机关协助。

证人、鉴定人、被害人因出庭作证，本人或者其近亲属的人身安全面临危险的，人民法院应当采取不公开其真实姓名、住址和工作单位等个人信息，或者不暴露其外貌、真实声音等保护措施。审判期间，证人、鉴定人、被害人提出保护请求的，人民法院应当立即审查；认为确有保护必要的，应当及时决定采取相应保护措施。必要时，可以商请公安机关协助。

决定对出庭作证的证人、鉴定人、被害人采取不公开个人信息的保护措施的，审判人员应当在开庭前核实其身份，对证人、鉴定人如实作证的保证书不得公开，在判决书、裁定书等法律文书中可以使用化名等代替其个人信息。辩护律师经法庭许可，查阅对证人、鉴定人、被害人使用化名情况的，应当签署保密承诺书。

证人出庭的，法庭应当核实其身份、与当事人以及本案的关系，并告知其有关权利义务和法律责任。证人应当保证向法庭如实提供证言，并在保证书上签名。证人出庭后，一般先向法庭陈述证言；其后，经审判长许可，由申请通知证人出庭的一方发问，发问完毕后，对方也可以发问。法庭依职权通知证人出庭的，发问顺序由审判长根据案件情况确定。鉴定人、有专门知识的人、调查人员、侦查人员或者其他人员出庭的，参照适用前述规定。

控辩双方的讯问、发问方式不当或者内容与本案无关的，对方可以提出异议，申请审判长制止，审判长应当判明情况予以支持或者驳回；对方未提出异议的，审判长也可以根据情况予以制止。

为避免证人、鉴定人、有专门知识的人、调查人员、侦查人员或者其他人员之间相互影响，向其的发问应当分别进行。证人、鉴定人、有专门知识的人、调查人员、侦查人员或者其他人员不得旁听对本案的审理。有关人员作证或者发表意见后，审判长应当告知其退庭。

向证人发问应当遵循以下规则：1）发问的内容应当与本案事实有关；2）不得以诱导方式发问；3）不得威胁证人；4）不得损害证人的人格尊严。对被告人、被害人、附带民事诉讼当事人、鉴定人、有专门知识的人、调查人员、侦查人员或者其他人员的讯问、发问，也应当遵循上述规则。

（2）出示物证、宣读鉴定意见和有关笔录。

公诉人、辩护人应当向法庭出示物证，让当事人辨认，对未到庭的证人的证言笔录、鉴定人的鉴定意见、勘验、检查、辨认、侦查实验等笔录和其他作为证据的文书，应当当庭宣读。举证方当庭出示证据后，由对方进行辨认并发表意见。控辩双方可以互相质问、辩论。

当庭出示的证据，尚未移送人民法院的，应当在质证后当庭移交。

公诉人申请出示开庭前未移送或者提交人民法院的证据，辩护方提出异议的，审判长应当要求公诉人说明理由；理由成立并确有出示必要的，应当准许。辩护方提出需要对新的证据作辩护准备的，法庭可以宣布休庭，并确定准备辩护的时间。辩护方申请出示开庭前未提交的证据，参照适用前述程序。

5. 调取新证据。

法庭审理过程中，控辩双方申请通知新的证人到庭，调取新的证据，申请重新鉴定或者勘验的，应当提供证人的基本信息、证据的存放地点，说明拟证明的事项，申请重新鉴定或者勘验的理由。法庭认为有必要的，应当同意，并宣布休庭；根据案件情况，可以决定延期审理。人民法院决定重新鉴定的，应当及时委托鉴定，并将鉴定意见告知人民检察院、当事人及其辩护人、诉讼代理人。

6. 申请专家辅助人出庭。

《刑事诉讼法》第197条第2、3、4款和最高人民法院《解释》第250条规定，公诉人、当事人及其辩护人、诉讼代理人申请法庭通知有专门知识的人出庭，就鉴定意见提出意见的，应当说明理由。法庭认为有必要的，应当通知有专门知识的人出庭。申请有专门知识的人出庭，不得超过二人。有多种类鉴定意见的，可以相应增加人数。有专门知识的人出庭，适用鉴定人出庭的有关规定。

向有专门知识的人发问应当分别进行。有专门知识的人经控辩双方发问或者审判人员询问后，审判长应当告知其退庭。审判人员认为必要时，可以询问有专门知识的人。有专门知识的人不得旁听对本案的审理。

《关于依法保障律师执业权利的规定》第38条规定，法庭审理过程中，律师就回避，案件管辖，非法证据排除，申请通知证人、鉴定人、有专门知识的人出庭，申请通知新的证人到庭，调取新的证据，申请重新鉴定、勘验等问题当庭提出申请，或者对法庭审理程序提出异议的，法庭原则上应当休庭进行审查，依照法定程序作出决定。其他律师有相同异议的，应一并提出，法庭一并休庭审查。法庭决定驳回申请或者异议的，律师可当庭提出复议。经复议后，律师应当尊重法庭的决定，服从法庭的安排。律师不服法庭决定保留意见的内容应当详细记入法庭笔录，可以作为上诉理由，或者向同级或者上一级人民检察院申诉、控告。

7. 合议庭调查核实证据。

法庭对证据有疑问的，可以告知公诉人、当事人及其法定代理人、辩护人、诉讼代理人补充证据或者作出说明；必要时，可以宣布休庭，对证据进行调查核实。人民法院调查核实证据，可以进行勘验、检查、查封、扣押、鉴定和查询、冻结；必要时，可以通知检察人员、辩护人、自诉人及其法定代理人到场。上述人员未到场的，应当记录在案。人民法院调查核实证据时，发现对定罪量刑有重大影响的新的证据材料的，应当告知检察人员、辩护人、自诉人及其法定代理人；必要时，也可以直接提取，并及时通知检察人员、辩护人、自诉人及其法定代理人查阅、摘抄、复制。

对公诉人、当事人及其法定代理人、辩护人、诉讼代理人补充的和审判人员庭外调查核实取得的证据，应当经过当庭质证才能作为定案的根据。但是，对不影响定罪量刑的非关键证据、有利于被告人的量刑证据以及认定被告人有犯罪前科的裁判文书等证据，经庭外征求意见，控辩双方没有异议的除外。有关情况，应当记录在案。

附带民事诉讼部分的调查，一般在刑事诉讼部分调查结束后进行，具体程序依《民事诉讼法》的有关规定进行。

8. 非法证据排除的程序。

依据《刑事诉讼法》第56、58、59、60条和最高人民法院《解释》第127～138条、《关于办理刑事案件严格排除非法证据若干问题的规定》第23～41条的规定，在法院审理阶段，对证据的合法性发生争议时，由审理案件的同一审判组织进行调查。

（1）程序启动。人民法院向被告人及其辩护人送达起诉书副本时，应当告知其有权申请排除非法证据。被告人及其辩护人申请排除非法证据，应当在开庭审理前提出，但在庭审期间发现相关线索或者材料等情形除外。人民法院应当在开庭审理前将申请书和相关线索或者材料的复制件送交人民检察院。

当事人及其辩护人、诉讼代理人有权申请人民法院对以非法方法收集的证据依法予以排除。申请排除以非法方法收集的证据的，应当提供涉嫌非法取证的人员、时间、地点、方式、内容等相关线索或者材料。

被告人及其辩护人在开庭审理前申请排除非法证据，未提供相关线索或者材料，不符合法律规定的申请条件的，人民法院对申请不予受理。

法庭审理过程中，审判人员认为可能存在《刑事诉讼法》第56条规定的以非法方法收集证据情形的，应当对证据收集的合法性进行法庭调查。

（2）对证据合法性的审查、调查。开庭审理前，人民法院可以召开庭前会议，就非法证据排除等问题了解情况，听取意见。在庭前会议中，人民检察院可以通过出示有关证据材料等方式，对证据收集的合法性加以说明；必要时，可以通知调查人员、侦查人员或者其他人员参加庭前会议，说明情况。

人民检察院可以决定撤回有关证据，撤回的证据，没有新的理由，不得在庭审中出示。

被告人及其辩护人可以撤回排除非法证据的申请。撤回申请后，没有新的线索或者材料，不得再次对有关证据提出排除申请。

公诉人、被告人及其辩护人在庭前会议中对证据收集是否合法未达成一致意见，人民法院对证据收集的合法性有疑问的，应当在庭审中进行调查；人民法院对证据收集的合法性没有疑问，且没有新的线索或者材料表明可能存在非法取证的，可以决定不再进行调查。

被告人及其辩护人申请人民法院通知侦查人员或者其他人员出庭，人民法院认为现有证据材料不能证明证据收集的合法性，确有必要通知上述人员出庭作证或者说明情况的，可以通知上述人员出庭。

公诉人宣读起诉书后，法庭应当宣布开庭审理前对证据收集合法性的审查及处理情况。

被告人及其辩护人在开庭审理前未申请排除非法证据，在法庭审理过程中提出申请的，应当说明理由。对前述情形，法庭经审查，对证据收集的合法性有疑问的，应当进行调查；没有疑问的，应当驳回申请。法庭驳回排除非法证据申请后，被告人及其辩护人没有新的线索或者材料，以相同理由再次提出申请的，法庭不再审查。

庭审期间，法庭决定对证据收集的合法性进行调查的，应当先行当庭调查。但为防止庭审过分迟延，也可以在法庭调查结束前调查。

法庭决定对证据收集的合法性进行调查的，由公诉人通过宣读调查、侦查讯问笔录，出示提讯登记、体检记录、对讯问合法性的核查材料等证据材料，有针对性地播放讯问录音录像，提请法庭通知有关调查人员、侦查人员或者其他人员出庭说明情况等方式，证明证据收集的合法性。

讯问录音录像涉及国家秘密、商业秘密、个人隐私或者其他不宜公开内容的，法庭可以决定对讯问录音录像不公开播放、质证。

公诉人提交的取证过程合法的说明材料，应当经有关调查人员、侦查人员签名，并加盖单位印章。未经签名或者盖章的，不得作为证据使用。上述说明材料不能单独作为证明取证过程合法的根据。

控辩双方申请法庭通知调查人员、侦查人员或者其他人员出庭说明情况，法庭认为有必要的，应当通知有关人员出庭。根据案件情况，法庭也可以依职权通知调查人员、侦查人员或者其他人员出庭说明情况。调查人员、侦查人员或者其他人员出庭的，应当向法庭说明证据收集过程，并就相关情况接受控辩双方和法庭的询问。

（3）法庭处理。法庭对证据收集的合法性进行调查后，应当当庭作出是否排除有关证据的决定；必要时，可以宣布休庭，由合议庭评议或者提交审判委员会讨论，再次开庭时宣布决定。

在法庭作出是否排除有关证据的决定前，不得对有关证据宣读、质证。

经法庭审理，确认存在以非法方法收集证据情形的，对有关证据应当予以排除。法庭根据相关线索或者材料对证据收集的合法性有疑问，而人民检察院未提供证据或者提供的证据不能证明证据收集的合法性，不能排除存在以非法方法收集证据情形的，对有关证据应当予以排除。

对依法予以排除的证据，不得宣读、质证，不得作为判决的根据。

人民法院排除非法证据后，案件事实清楚，证据确实、充分，依据法律认定被告人有罪的，应当作出有罪判决；证据不足，不能认定被告人有罪的，应当作出证据不足、指控的犯罪不能成立的无罪判决；案件部分事实清楚，证据确实、充分的，依法认定该部分事实。

人民法院对证据收集合法性的审查、调查结论，应当在裁判文书中写明，并说明理由。

人民法院对证人证言、被害人陈述等证据收集合法性的审查、调查，参照上述规定。

具有下列情形之一的，第二审人民法院应当对证据收集的合法性进行审查，并根据《刑事诉讼法》和最高人民法院《解释》的有关规定作出处理：1）第一审人民法院对当事人及其辩护人、诉讼代理人排除非法证据的申请没有审查，且以该证据作为定案根据的；2）人民检察院或者被告人、自诉人及其法定代理人不服第一审人民法院作出的有关证据收集合法性的调查结论，提出抗诉、上诉的；3）当事人及其辩护人、诉讼代理人在第一审结束后才发现相关线索或者材料，申请人民法院排除非法证据的。

第二审人民法院对证据收集合法性的调查，参照上述第一审程序的规定。

第一审人民法院对依法应当排除的非法证据未予排除的，第二审人民法院可以依法排除非法证据。排除非法证据后，原判决认定事实和适用法律正确、量刑适当的，应当裁定驳回上诉或者抗诉，维持原判；原判决认定事实没有错误，但适用法律有错误，或者量刑不当的，应当改判；原判决事实不清楚或者证据不足的，可以裁定撤销原判，发回原审人民法院重新审判。

9. 建议补充侦查。

审判期间，合议庭发现被告人可能有自首、坦白、立功等法定量刑情节，而人民检察院移送的案卷中没有相关证据材料的，应当通知人民检察院在指定时间内移送。

审判期间，被告人提出新的立功线索的，人民法院可以建议人民检察院补充侦查。

10. 对涉案财物的调查。

法庭审理过程中，应当对查封、扣押、冻结财物及其孳息的权属、来源等情况，是否属于违法所得或者依法应当追缴的其他涉案财物进行调查，由公诉人说明情况、出示证据、提出处理建议，并听取被告人、辩护人等诉讼参与人的意见。

案外人对查封、扣押、冻结的财物及其孳息提出权属异议的，人民法院应当听取案外人的意见；必要时，可以通知案外人出庭。

经审查，不能确认查封、扣押、冻结的财物及其孳息属于违法所得或者依法应当追缴的其他涉案财物的，不得没收。

（三）法庭辩论

依据《刑事诉讼法》第198条和最高人民法院《解释》第280条的规定："法庭审理过程中，对与定罪、量刑、涉案财物处理有关的事实、证据都应当进行调查、辩论。经审判长许可，公诉人、当事人和辩护人、诉讼代理人可以对证据和案件情况发表意见并且可以互相辩论。"这一规定表明，法庭辩论不仅集中在法庭调查后专门的法庭辩论阶段，而且在法庭调查阶段，控辩双方也可以对案件事实是否清楚，证据是否确实、充分，互相进行辩论。法庭辩论的目的在于使控辩双方有充分机会表明己方观点，充分阐述理由和根据，从而从程序上保障当事人和诉讼参与人的合法权益，同时对于法庭查明案情、依法作出公正的裁决也具有重要意义。辩论的内容包括全案事实（既包括与定罪有关的事实，也包括与量刑有关的事实）、证据、法律适用等各种与案件有关的问题。

在法庭调查阶段的辩论，经审判长许可，控辩双方可随时根据案件具体情况进行。在法庭调查后专门的辩论阶段进行的辩论，由审判长根据法庭审理的具体情况，认为通过法庭调查，案件事实已查清时，宣布结束法庭调查，开始法庭辩论。

法庭辩论应当在审判长的主持下，按照下列顺序进行：（1）公诉人发言；（2）被害人及其诉讼代理人发言；（3）被告人自行辩护；（4）辩护人辩护；（5）控辩双方进行辩论。前四项活动称为第一回合，控辩双方进行辩论可进行多个回合，反复辩论，直至双方意见阐述完毕，不再发言。

人民检察院可以提出量刑建议并说明理由；建议判处管制、宣告缓刑的，一般应当附有调查评估报告，或者附有委托调查函。当事人及其辩护人、诉讼代理人可以对量刑提出意见并说明理由。对被告人认罪的案件，法庭辩论时，应当指引控辩双方主要围绕量刑和其他有争议的问题进行。对被告人不认罪或者辩护人作无罪辩护的案件，法庭辩论时，可以指引控辩双方先辩论定罪问题，后辩论量刑和其他问题。《关于依法保障律师执业权利的规定》第35条规定，辩护律师作无罪辩护的，可以当庭就量刑问题发表辩护意见，也可以庭后提交量刑辩护意见。

附带民事部分的辩论应当在刑事部分的辩论结束后进行，先由附带民事诉讼原告人及其诉讼代理人发言，后由附带民事诉讼被告人及其诉讼代理人答辩。

在司法实践中，公诉人的第一次发言通常称为发表公诉词，辩护人的第一次发言称作发表辩护词。公诉词是公诉人代表人民检察院，为揭露犯罪，在总结法庭调查的事实、证据和适用法律的基础上，集中阐明人民检察院对追究被告人刑事责任的意见。其重点是阐明指控被告人犯罪的根据和理由，指出犯罪的危害后果，说明犯罪的根源，提出有建设性的预防措施和意见，以达到支持公诉、宣传法制、教育群众的目的。辩护词是辩护人以法庭调查情况为基础，综合全案，从保护被告人的合法权益方面出发提出的综合性辩护意见。其重点是指出指控的不实之处，说明被告人应当无罪、罪轻、从轻、减轻、免除处罚的根据和理由，并在最后请求法庭采纳己方辩护意见。

在法庭辩论中，控辩双方应当以事实为依据，以法律为准绳，围绕双方争论的焦点进行论证与反驳。审判长应当充分听取控辩双方的意见，善于抓住双方辩论的焦点，把辩论引向深入，对控辩双方与案件无关、重复或者指责对方的发言应当提醒、制止。合议庭发现与定罪、量刑有关的新的事实，认为有必要调查的，审判长可以宣布恢复法庭调查，在对新的事实调查后，继续法庭辩论。《关于依法保障律师执业权利的规定》第31条规定，法庭审理过程中，法官应当注重诉讼权利平等和控辩平衡。对于律师发问、质证、辩论的内容、方式、时间等，法庭应当依法公正保障，以便律师充分发表意见，查清案件事实。法庭审理过程中，法官可以对律师的发问、辩论进行引导，除发言过于重复、相关问题已在庭前会议达成一致、与案件无关或者侮辱、诽谤、威胁他人，故意扰乱法庭秩序的情况外，法官不得随意打断或者制止律师按程序进行的发言。

公诉人当庭发表与起诉书不同的意见，属于变更、追加、补充或者撤回起诉的，人民法院应当要求人民检察院在指定时间内以书面方式提出；必要时，可以宣布休庭。人民检察院在指定时间内未提出的，人民法院应当根据法庭审理情况，就起诉书指控的犯罪事实依法作出判决、裁定。人民检察院变更、追加、补充起诉的，人民法院应当给予被告人及其辩护人必要的准备时间。

辩护人应当及时将书面辩护意见提交人民法院。

《关于依法保障律师执业权利的规定》第33条规定，法庭审理过程中，遇有被告人供述发生重大变化、拒绝辩护等重大情形，经审判长许可，辩护律师可以与被告人进行交流。

合议庭认为经过反复辩论，案情已经查明、罪责已经分清或者控辩双方的意见已经充分发表的，审判长应及时宣布辩论终结。从保障被告人权益出发，宣布辩论终结前，审判长应询问被告人和辩护人是否还有新的辩护意见。

（四）被告人最后陈述

《刑事诉讼法》第198条第3款规定："审判长在宣布辩论终结后，被告人有最后陈述的权利。"可见，被告人最后陈述不仅是法庭审判的一个独立阶段，而且是法律赋予被告人的一项重要诉讼权利。

合议庭应当保证被告人充分行使最后陈述的权利。审判长宣布法庭辩论终结后应当告知被告人享有此项权利，让被告人陈述。被告人最后陈述只要不超出本案范围，一般不应限制其发言时间或随意打断其发言，而应让被告人尽量把话讲完。但被告人在最后陈述中多次重复自己的意见的，审判长可以制止。陈述内容蔑视法庭、公诉人，损害他人及社会公共利益，或者与本案无关的，应当制止。在公开审理的案件中，被告人最后陈述的内容涉及国家秘密、个人隐私或者商业秘密的，应当制止。

被告人在最后陈述中提出新的事实、证据，合议庭认为可能影响正确裁判的，应当恢复法庭调查；被告人提出新的辩解理由，合议庭认为可能影响正确裁判的，应当恢复法庭辩论。

（五）评议和宣判

被告人最后陈述完毕后，审判长应当宣布休庭，由合议庭进行评议，法庭审判进入评议和宣判阶段。

1. 评议。

评议是合议庭组成人员在已进行的法庭审理活动基础上，对案件事实、证据和法律适用进行讨论、分析、判断，并依法对案件作出裁判的诉讼活动。合议庭评议案件，应当根据已经查明的事实、证据和有关法律规定，在充分考虑控辩双方意见的基础上，确定被告人是否有罪、构成何罪，有无从重、从轻、减轻或者免除处罚情节，应否处以刑罚、判处何种刑罚，附带民事诉讼如何解决，查封、扣押、冻结的财物及其孳息如何处理等，并依法作出判决、裁定。

合议庭评议由审判长主持，一律秘密进行。评议时，如果意见存在分歧，应当按多数人的意见作出决定，但是少数人的意见应当写入笔录，评议笔录由合议庭组成人员、法官助理、书记员签名。一般情况下，合议庭经过开庭审理并且评议后，应当作出判决，但对于疑难、复杂、重大的案件，合议庭成员意见分歧较大，难以对案件作出决定的，由合议庭提请院长决定提交审判委员会讨论决定，对于审判委员会的决定，合议庭应当执行。

根据《刑事诉讼法》第200条及最高人民法院《解释》第295条的规定，人民法院应当根据案件的具体情形，分别作出裁判：

（1）起诉指控的事实清楚，证据确实、充分，依据法律认定指控被告人的罪名成立的，应当作出有罪判决。

（2）起诉指控的事实清楚，证据确实、充分，但指控的罪名不当的，应当依据法律和审理认定的事实作出有罪判决。

（3）案件事实清楚，证据确实、充分，依据法律认定被告人无罪的，应当判决宣告被告人无罪。

（4）证据不足，不能认定被告人有罪的，应当以证据不足、指控的犯罪不能成立，判决宣告被告人无罪。

（5）案件部分事实清楚，证据确实、充分的，应当作出有罪或者无罪的判决；对事实不清、证据不足部分，不予认定。

（6）被告人因未达到刑事责任年龄，不予刑事处罚的，应当判决宣告被告人不负刑事责任。

（7）被告人是精神病人，在不能辨认或者不能控制自己行为时造成危害结果，不予刑事处罚的，应当判决宣告被告人不负刑事责任；被告人符合强制医疗条件的，应当依照最高人民法院《解释》第二十六章的规定进行审理并作出判决。

（8）犯罪已过追诉时效期限且不是必须追诉，或者经特赦令免除刑罚的，应当裁定终止审理。

（9）属于告诉才处理的案件，应当裁定终止审理，并告知被害人有权提起自诉。

（10）被告人死亡的，应当裁定终止审理；但有证据证明被告人无罪，经缺席审理确认无罪的，应当判决宣告被告人无罪。

具有上述第二项规定情形的，人民法院应当在判决前听取控辩双方的意见，保障被告人、辩护人充分行使辩护权。必要时，可以再次开庭，组织控辩双方围绕被告人的行为构成何罪及如何量刑进行辩论。

根据最高人民法院、最高人民检察院、公安部、司法部《关于进一步严格依法办案确保办理死刑案件质量的意见》（以下简称《确保死刑案件质量意见》）第35条的规定，人民法院在审理可能判处死刑的案件时，如果定罪的证据确实，但影响量刑的证据存有疑点，处刑时应当留有余地。

审判期间，人民法院发现新的事实，可能影响定罪量刑的，或者需要补查补证的，应当通知人民检察院，由其决定是否补充、变更、追加起诉或者补充侦查。人民检察院不同意或者在指定时间内未回复书面意见的，人民法院应当就起诉指控的事实，依照最高人民法院《解释》第295条的规定作出判决、裁定。

根据最高人民法院《解释》第298条的规定，对于人民法院曾以“证据不足，不能认定被告人有罪”为由而作出“证据不足，指控的犯罪不能成立”的无罪判决的案件，人民检察院根据新的事实、证据重新起诉，人民法院受理后，经过法庭审理，在依法作出判决时，应当在判决中写明被告人曾被人民检察院提起公诉，因证据不足，指控的犯罪不能成立，被人民法院依法判决宣告无罪的情况；前案依照《刑事诉讼法》第200条第3项的规定作出的判决不予撤销。

合议庭成员、法官助理、书记员应当在评议笔录上签名，在判决书、裁定书等法律文书上署名。裁判文书应当写明裁判依据，阐释裁判理由，反映控辩双方的意见并说明采纳或者不予采纳的理由。适用普通程序审理的被告人认罪的案件，裁判文书可以适当简化。

2. 宣判。

宣判是人民法院将判决书的内容向当事人和社会公开宣告，使当事人和广大群众知道人民法院对案件的处理决定。宣判分为当庭宣判和定期宣判两种。

当庭宣判是在合议庭经过评议并作出决定后，立即复庭由审判长宣告判决结果。当庭宣告判决的，应当在5日以内送达判决书。当庭宣判符合刑事审判的集中审理原则，有利于发挥法庭审判的法制教育作用。

定期宣判是合议庭经休庭评议并作出决定后，或者因案情疑难、复杂、重大，合议庭认为难以作出决定，由合议庭提请院长决定提交审判委员会讨论决定，而另行确定日期宣告判决书的活动。定期宣告判决的，应当在宣判前先期公告宣判的时间和地点，传唤当事人并通知公诉人、法定代理人、辩护人和诉讼代理人；判决宣告后应当立即送达判决书。

判决书应当送达人民检察院、当事人、法定代理人、辩护人、诉讼代理人，并可以送达被告人的近亲属。被害人死亡，其近亲属申请领取判决书的，人民法院应当及时提供。判决生效后，还应当送达被告人的所在单位或者户籍地的公安派出所，或者被告单位的注册登记机关。被告人系外国人，且在境内有居住地的，应当送达居住地的公安派出所。

案件不论是否公开审理，宣告判决一律公开进行。宣告判决结果时，法庭内全体人员应当起立。公诉人、辩护人、诉讼代理人、被害人、自诉人或者附带民事诉讼原告人未到庭的，不影响宣判的进行。在司法实践中，对于有重大影响或者有教育意义的案件，可以召开公开宣判大会，扩大范围进行法制教育。地方各级人民法院在宣告第一审判决时，审判长往往口头告知被告人享有的上诉权，以及上诉期限和上诉法院。

庭审结束后、评议前，部分合议庭成员不能继续履行审判职责的，人民法院应当依法更换合议庭组成人员，重新开庭审理。评议后、宣判前，部分合议庭成员因调动、退休等正常原因不能参加宣判，在不改变原评议结论的情况下，可以由审判本案的其他审判员宣判，裁判文书上仍署审判本案的合议庭成员的姓名。

四、认罪认罚案件的审理

被告人认罪认罚的，可以依照《刑事诉讼法》第15条的规定，在程序上从简、实体上从宽处理。

对认罪认罚案件，应当根据案件情况，依法适用速裁程序、简易程序或者普通程序审理。

对人民检察院提起公诉的认罪认罚案件，人民法院应当重点审查以下内容：（1）人民检察院讯问犯罪嫌疑人时，是否告知其诉讼权利和认罪认罚的法律规定；（2）是否随案移送听取犯罪嫌疑人、辩护人或者值班律师、被害人及其诉讼代理人意见的笔录；（3）被告人与被害人达成调解、和解协议或者取得被害人谅解的，是否随案移送调解、和解协议、被害人谅解书等相关材料；（4）需要签署认罪认罚具结书的，是否随案移送该具结书。未随案移送前述规定的材料的，应当要求人民检察院补充。

人民法院应当将被告人认罪认罚作为其是否具有社会危险性的重要考虑因素。被告人罪行较轻，采用非羁押性强制措施足以防止发生社会危险性的，应当依法适用非羁押性强制措施。

对认罪认罚案件，法庭审理时应当告知被告人享有的诉讼权利和认罪认罚的法律规定，审查认罪认罚的自愿性和认罪认罚具结书内容的真实性、合法性。

对认罪认罚案件，人民检察院起诉指控的事实清楚，但指控的罪名与审理认定的罪名不一致的，人民法院应当听取人民检察院、被告人及其辩护人对审理认定罪名的意见，依法作出判决。

《刑事诉讼法》第201条规定，对于认罪认罚案件，人民法院依法作出判决时，一般应当采纳人民检察院指控的罪名和量刑建议，但有下列情形的除外：（1）被告人的行为不构成犯罪或者不应当追究其刑事责任的；（2）被告人违背意愿认罪认罚的；（3）被告人否认指控的犯罪事实的；（4）起诉指控的罪名与审理认定的罪名不一致的；（5）其他可能影响公正审判的情形。人民法院经审理认为量刑建议明显不当，或者被告人、辩护人对量刑建议提出异议的，人民检察院可以调整量刑建议。人民检察院不调整量刑建议或者调整量刑建议后仍然明显不当的，人民法院应当依法作出判决。

适用速裁程序审理认罪认罚案件，需要调整量刑建议的，应当在庭前或者当庭作出调整；调整量刑建议后，仍然符合速裁程序适用条件的，继续适用速裁程序审理。

对于量刑建议是否明显不当，应当根据审理认定的犯罪事实、认罪认罚的具体情况，结合相关犯罪的法定刑、类似案件的刑罚适用等作出审查判断。

对认罪认罚案件，人民法院一般应当对被告人从轻处罚；符合非监禁刑适用条件的，应当适用非监禁刑；具有法定减轻处罚情节的，可以减轻处罚。

对认罪认罚案件，应当根据被告人认罪认罚的阶段早晚以及认罪认罚的主动性、稳定性、彻底性等，在从宽幅度上体现差异。

共同犯罪案件，部分被告人认罪认罚的，可以依法对该部分被告人从宽处罚，但应当注意全案的量刑平衡。

被告人在人民检察院提起公诉前未认罪认罚，在审判阶段认罪认罚的，人民法院可以不再通知人民检察院提出或者调整量刑建议。对前述规定的案件，人民法院应当就定罪量刑听取控辩双方意见，根据《刑事诉讼法》第15条和最高人民法院《解释》第355条的规定作出判决。

对于被告人在第一审程序中未认罪认罚，在第二审程序中认罪认罚的案件，应当根据其认罪认罚的具体情况决定是否从宽，并依法作出裁判。确定从宽幅度时应当与第一审程序认罪认罚有所区别。

案件审理过程中，被告人不再认罪认罚的，人民法院应当根据审理查明的事实，依法作出裁判。需要转换程序的，依照相关规定处理。

五、单位犯罪案件的审理程序

我国刑事诉讼法所规定的刑事诉讼基本原则、诉讼制度、诉讼权利与义务同样适用于公、检、法机关处理单位犯罪的案件。此外，最高人民法院《解释》第335～346条还就单位犯罪案件的审理程序作了以下特别规定。

1. 人民法院受理单位犯罪案件，除依照有关规定进行审查外，还应当审查起诉书是否列明被告单位的名称、住所地、联系方式，法定代表人、实际控制人、主要负责人以及代表被告单位出庭的诉讼代表人的姓名、职务、联系方式。需要人民检察院补充材料的，应当通知人民检察院在3日以内补送。

2. 被告单位的诉讼代表人，应当是法定代表人、实际控制人或者主要负责人；法定代表人、实际控制人或者主要负责人被指控为单位犯罪直接责任人员或者因客观原因无法出庭的，应当由被告单位委托其他负责人或者职工作为诉讼代表人。但是，有关人员被指控为单位犯罪直接责任人员或者知道案件情况、负有作证义务的除外。

依据前述规定难以确定诉讼代表人的，可以由被告单位委托律师等单位以外的人员作为诉讼代表人。

诉讼代表人不得同时担任被告单位或者被指控为单位犯罪直接责任人员的有关人员的辩护人。

3. 开庭审理单位犯罪案件，应当通知被告单位的诉讼代表人出庭；诉讼代表人不符合规定的，应当要求人民检察院另行确定。

被告单位的诉讼代表人不出庭的，应当按照下列情形分别处理：（1）诉讼代表人系被告单位的法定代表人、实际控制人或者主要负责人，无正当理由拒不出庭的，可以拘传其到庭；因客观原因无法出庭，或者下落不明的，应当要求人民检察院另行确定诉讼代表人。（2）诉讼代表人系其他人员的，应当要求人民检察院另行确定诉讼代表人。

4. 被告单位的诉讼代表人享有刑事诉讼法规定的有关被告人的诉讼权利。开庭时，诉讼代表人席位置于审判台前左侧，与辩护人席并列。被告单位委托辩护人的，参照有关规定办理。

5. 对应当认定为单位犯罪的案件，人民检察院只作为自然人犯罪起诉的，人民法院应当建议人民检察院对犯罪单位追加起诉。人民检察院仍以自然人犯罪起诉的，人民法院应当依法审理，按照单位犯罪直接负责的主管人员或者其他直接责任人员追究刑事责任，并援引刑法分则关于追究单位犯罪中直接负责的主管人员和其他直接责任人员刑事责任的条款。

6. 被告单位的违法所得及其他涉案财物，尚未被依法追缴或者查封、扣押、冻结的，人民法院应当决定追缴或者查封、扣押、冻结。为保证判决的执行，人民法院可以先行查封、扣押、冻结被告单位的财产，或者由被告单位提出担保。

采取查封、扣押、冻结等措施，应当严格依照法定程序进行，最大限度降低对被告单位正常生产经营活动的影响。

7. 审判期间，被告单位被吊销营业执照、宣告破产但尚未完成清算、注销登记的，应当继续审理；被告单位被撤销、注销的，对单位犯罪直接负责的主管人员和其他直接责任人员应当继续审理。审判期间，被告单位合并、分立的，应当将原单位列为被告单位，并注明合并、分立情况，对被告单位所判处的罚金以其在新单位的财产及收益为限。

六、公诉案件第一审程序的期限

《刑事诉讼法》第 208 条规定，人民法院审理公诉案件，应当在受理后 2 个月以内宣判，至迟不得超过 3 个月。对于可能判处死刑的案件或者附带民事诉讼的案件，以及交通十分不便的边远地区的重大复杂案件，重大的犯罪集团案件，流窜作案的重大复杂案件，犯罪涉及面广、取证困难的重大复杂案件，在上述期限内不能审结的，经上一级人民法院批准，可以延长 3 个月，只能批准延长审理期限一次；因特殊情况还需要延长的，报请最高人民法院批准。

申请批准延长审理期限的，应当在期限届满 15 日以前层报。有权决定的人民法院不同意的，应当在审理期限届满 5 日以前作出决定。

因特殊情况申请最高人民法院批准延长审理期限，最高人民法院经审查，予以批准的，可以延长审理期限 1～3 个月。期限届满案件仍然不能审结的，可以再次提出申请。

对于人民法院改变管辖的案件，从改变后的人民法院收到案件之日起计算审理期限。人民检察院补充侦查的案件，补充侦查完毕移送人民法院后，人民法院重新计算审理期限。

指定管辖案件的审理期限，自被指定管辖的人民法院收到指定管辖决定书和有关案卷、证据材料之日起计算。

审判期间，对被告人作精神病鉴定的时间不计入审理期限。

七、与法庭审判有关的几个问题

（一）法庭审判笔录

法庭审判笔录是由法院书记员制作的记载全部法庭审判活动的诉讼文书。它不仅是合议庭讨论、评议和对案件作出处理决定的重要依据，而且是第二审人民法院和再审人民法院审查一审庭审活动是否合法的重要依据。因而，法庭审判笔录必须认真、细致地制作，做到记载清楚、准确，能够如实反映审判活动的全部情况。

法庭审判笔录一般按照庭审活动的顺序进行记录。同时，根据《刑事诉讼法》第 207 条及最高人民法院《解释》第 292、293 条的规定，法庭审判笔录还应符合下列要求：(1) 书记员将开庭审理的全部活动制作成笔录，交由审判长审阅后，由审判长和书记员签名。(2) 法庭笔录应当在庭审后交由当事人、法定代理人、辩护人、诉讼代理人阅读或者向其宣读。

法庭笔录中的出庭证人、鉴定人、有专门知识的人、调查人员、侦查人员或者其他人员的证言、意见部分，应当在庭审后分别交由有关人员阅读或者向其宣读。前述所列人员认为记录有遗漏或者差错的，可以请求补充或者改正；确认无误后，应当签名；拒绝签名的，应当记录在案；要求改变庭审中陈述的，不予准许。

（二）法庭秩序

法庭秩序是指在人民法院开庭审判案件时，所有的诉讼参与人和旁听人员都必须遵守的秩序和纪律。法庭审判是人民法院代表国家行使审判权的严肃法律行为，任何诉讼参与人、旁听人员或者采访的记者都必须维护法庭尊严，不得有妨碍法庭秩序的行为。

在押被告人出庭受审时，不着监管机构的识别服。庭审期间不得对被告人使用戒具，但法庭认为其人身危险性大，可能危害法庭安全的除外。

依据最高人民法院《解释》第306条的规定，庭审期间，全体人员应当服从法庭指挥，遵守法庭纪律，尊重司法礼仪，不得实施下列行为：（1）鼓掌、喧哗、随意走动；（2）吸烟、进食；（3）拨打、接听电话，或者使用即时通讯工具；（4）对庭审活动进行录音、录像、拍照或者使用即时通讯工具等传播庭审活动；（5）其他危害法庭安全或者扰乱法庭秩序的行为。旁听人员不得进入审判活动区，不得随意站立、走动，不得发言和提问。记者经许可实施第四项规定的行为，应当在指定的时间及区域进行，不得干扰庭审活动。

依据《刑事诉讼法》第199条和最高人民法院《解释》第307～310条的规定，有关人员危害法庭安全或者扰乱法庭秩序的，审判长应当按照下列情形分别处理：（1）情节较轻的，应当警告制止；根据具体情况，也可以进行训诫。（2）训诫无效的，责令退出法庭；拒不退出的，指令法警强行带出法庭。（3）情节严重的，报经院长批准后，可以对行为人处1000元以下的罚款或者15日以下的拘留。

未经许可对庭审活动进行录音、录像、拍照或者使用即时通信工具等传播庭审活动的，可以暂扣相关设备及存储介质，删除相关内容。

有关人员对罚款、拘留的决定不服的，可以直接向上一级人民法院申请复议，也可以通过决定罚款、拘留的人民法院向上一级人民法院申请复议。通过决定罚款、拘留的人民法院申请复议的，该人民法院应当自收到复议申请之日起3日以内，将复议申请、罚款或者拘留决定书和有关事实、证据材料一并报上一级人民法院复议。复议期间，不停止决定的执行。

担任辩护人、诉讼代理人的律师严重扰乱法庭秩序，被强行带出法庭或者被处以罚款、拘留的，人民法院应当通报司法行政机关，并可以建议依法给予相应处罚。

实施下列行为之一，危害法庭安全或者扰乱法庭秩序，构成犯罪的，依法追究刑事责任：（1）非法携带枪支、弹药、管制刀具或者爆炸性、易燃性、毒害性、放射性以及传染病病原体等危险物质进入法庭；（2）哄闹、冲击法庭；（3）侮辱、诽谤、威胁、殴打司法工作人员或者诉讼参与人；（4）毁坏法庭设施，抢夺、损毁诉讼文书、证据；（5）其他危害法庭安全或者扰乱法庭秩序的行为。

辩护人严重扰乱法庭秩序，被责令退出法庭、强行带出法庭或者被处以罚款、拘留，被告人自行辩护的，庭审继续进行；被告人要求另行委托辩护人，或者被告人属于应当提供法律援助情形的，应当宣布休庭。

辩护人、诉讼代理人被责令退出法庭、强行带出法庭或者被处以罚款后，具结保证书，保证服从法庭指挥、不再扰乱法庭秩序的，经法庭许可，可以继续担任辩护人、诉讼代理人。

辩护人、诉讼代理人具有下列情形之一的，不得继续担任同一案件的辩护人、诉讼代理人：(1) 擅自退庭的；(2) 无正当理由不出庭或者不按时出庭，严重影响审判顺利进行的；(3) 被拘留或者具结保证书后再次被责令退出法庭、强行带出法庭的。

(三) 延期审理

延期审理是指在法庭审理过程中，由于遇到了影响审判继续进行的情况，法庭决定将案件的审理推迟，待影响审理进行的原因消失后，再继续开庭审理。

根据《刑事诉讼法》第 204 条的规定，延期审理主要有以下几种情况：(1) 需要通知新的证人到庭，调取新的物证，重新鉴定或者勘验的；(2) 检察人员发现提起公诉的案件需要补充侦查，提出建议的；(3) 由于当事人申请回避而不能进行审判的。

审判期间，公诉人发现案件需要补充侦查，建议延期审理的，合议庭可以同意，但建议延期审理不得超过 2 次。人民检察院将补充收集的证据移送人民法院的，人民法院应当通知辩护人、诉讼代理人查阅、摘抄、复制。补充侦查期限届满后，人民检察院未将补充的证据材料移送人民法院的，人民法院可以根据在案证据作出判决、裁定。

此外，人民检察院补充、追加或者变更起诉，需要给予被告人、辩护人必要时间进行辩护准备的，合议庭亦应宣布延期审理。所谓变更、追加起诉，是指根据最高人民检察院《规则》第 423 条的规定，人民法院宣告判决前，人民检察院发现被告人的真实身份或者犯罪事实与起诉书中叙述的身份或者指控犯罪事实不符的，或者事实、证据没有变化，但罪名、适用法律与起诉书不一致的，可以变更起诉。发现遗漏同案犯罪嫌疑人或者罪行的，应当要求公安机关补充移送起诉或者补充侦查；对于犯罪事实清楚，证据确定、充分的，可以直接追加、补充起诉。最高人民法院《解释》第 297 条第 1 款规定，审判期间，人民法院发现新的事实，可能影响定罪量刑的，或者需要补查补证的，应当通知人民检察院，由其决定是否补充、变更、追加起诉或者补充侦查。此外，依据最高人民检察院《规则》第 420 条第 1 款第 8 项的规定，公诉人对证据收集的合法性进行证明，需要调查核实的，公诉人可以建议法庭延期审理。最高人民检察院《规则》第 436 条规定，转为普通程序审理的案件，公诉人需要为出席法庭进行准备的，可以建议人民法院延期审理。

延期审理的开庭日期，可以当庭确定，也可以另行确定。当庭确定的，应公开宣布下次开庭的时间。当庭不能确定的，可以另行确定并通知公诉人、当事人和其他诉讼参与人。

(四) 中止审理

中止审理是指人民法院在审判案件过程中，因发生某种情况影响了审判的正常进行，而决定暂停审理，待其消失后，再行开庭审理。

根据《刑事诉讼法》第 206 条的规定，在审判过程中，有下列情形之一，致使案件在较长时间内无法继续审理的，可以中止审理：(1) 被告人患有严重疾病，无法出庭的；(2) 被告人脱逃的；(3) 自诉人患有严重疾病，无法出庭，未委托诉讼代理人出庭的；(4) 由于不能抗拒的原因。中止审理的原因消失后，应当恢复审理。中止审理的期间不计入审理期限。

有多名被告人的案件，部分被告人具有上述规定情形的，人民法院可以对全案中止审理；根据案件情况，也可以对该部分被告人中止审理，对其他被告人继续审理。对中止审理的部分被告人，可以根据案件情况另案处理。

中止审理与延期审理不同，二者的主要区别是：(1) 时间不同。延期审理仅适用于法庭审理过程中，而中止审理适用于人民法院受理案件后至作出判决前。（2）原因不同。延期审理的原因是诉讼自身出现了障碍，其消失依赖于某种诉讼活动的完成，因此，延期审理不能停止法庭审理以外的诉讼活动；而中止审理的原因是出现了不能抗拒的情况，其消除与诉讼本身无关，因此，中止审理将暂停一切诉讼活动。（3）再行开庭的可预见性不同。延期审理的案件，再行开庭的时间可以预见，甚至当庭即可决定；但中止审理的案件，再行开庭的时间往往无法预见。

第三节　自诉案件的第一审程序

自诉案件的第一审程序，是指人民法院在自诉人、被告人及其他诉讼参与人的参加下，依法处理自诉案件的方式、方法和步骤。自诉案件的第一审程序，总体上与公诉案件第一审程序基本相同，但由于自诉案件本身性质上主要是侵害公民个人合法权益的轻微刑事案件，因而其第一审程序也有一些特殊的地方。具体而言，自诉案件第一审程序有以下几个特点：（1）参加诉讼的国家机关一般来说只有法院，公安机关、人民检察院不予介入；（2）诉讼阶段较少，没有专门的侦查程序；（3）当事人对于诉讼程序的开始和终止具有一定的决定作用。

一、自诉案件的受理

自诉人提起自诉后，案件要经过人民法院审查，符合条件的才能受理和进行审判。自诉案件的受理条件和提起自诉的条件相同，二者的区别在于，前者是从人民法院的角度予以界定，而后者是从自诉人的角度界定。

根据最高人民法院《解释》第320条的规定，对自诉案件，人民法院应当在15日以内审查完毕。经审查，符合受理条件的，应当决定立案，并书面通知自诉人或者代为告诉人。具有下列情形之一的，应当说服自诉人撤回起诉；自诉人不撤回起诉的，裁定不予受理：（1）不属于自诉案件范围的；（2）缺乏罪证的；（3）犯罪已过追诉时效期限的；（4）被告人死亡的；（5）被告人下落不明的；（6）除因证据不足而撤诉的以外，自诉人撤诉后，就同一事实又告诉的；（7）经人民法院调解结案后，自诉人反悔，就同一事实再行告诉的；（8）属于该解释第1条第2项规定的案件，公安机关正在立案侦查或者人民检察院正在审查起诉的；（9）不服人民检察院对未成年犯罪嫌疑人作出的附条件不起诉决定或者附条件不起诉考验期满后作出的不起诉决定，向人民法院起诉的。

自诉案件的受理有以下几点需予以注意。

1. 对已经立案，经审查缺乏罪证的自诉案件，自诉人提不出补充证据的，人民法院应当说服其撤回起诉或者裁定驳回起诉；自诉人撤回起诉或者被驳回起诉后，又提出了新的足以证明被告人有罪的证据，再次提起自诉的，人民法院应当受理。

2. 自诉人对不予受理或者驳回起诉的裁定不服的，可以提起上诉。第二审人民法院查明第一审人民法院作出的不予受理裁定有错误的，应当在撤销原裁定的同时，指令第一审人民法院立案受理；查明第一审人民法院驳回起诉裁定有错误的，应当在撤销原裁定的同时，指令第一审人民法院进行审理。

3. 自诉人明知有其他共同侵害人，但只对部分侵害人提起自诉的，人民法院应当受理，并告知其放弃告诉的法律后果；自诉人放弃告诉，判决宣告后又对其他共同侵害人就同一事实提起自诉的，人民法院不予受理。共同被害人中只有部分人告诉的，人民法院应当通知其他被害人参加诉讼，并告知其不参加诉讼的法律后果。被通知人接到通知后表示不参加诉讼或者不出庭的，视为放弃告诉。第一审宣判后，被通知人就同一事实又提起自诉的，人民法院不予受理。但是，当事人另行提起民事诉讼的，不受此限制。

4. 被告人实施两个以上犯罪行为，分别属于公诉案件和自诉案件，人民法院可以一并审理。对自诉部分的审理，适用自诉案件审理的规定。

二、自诉案件审理的特点

人民法院对于决定受理的自诉案件，应当开庭审判。除适用简易程序审理的外，审判程序参照公诉案件第一审普通程序进行。

如前所述，由于自诉案件本身具有特殊性，因而自诉案件的审理程序也有一些不同于公诉案件第一审普通程序的特点，根据《刑事诉讼法》第 211 条至第 213 条以及最高人民法院《解释》第 325 条至第 334 条的规定，自诉案件第一审程序具有以下特征。

1. 对犯罪事实清楚，有足够证据的自诉案件，应当开庭审理。

2. 人民法院对告诉才处理的案件和被害人有证据证明的轻微刑事案件，可以在查明事实、分清是非的基础上，根据自愿、合法的原则进行调解。调解达成协议的，应当制作刑事调解书，由审判人员、法官助理、书记员署名，并加盖人民法院印章。调解书经双方当事人签收后，即具有法律效力。调解没有达成协议，或者调解书签收前当事人反悔的，应当及时作出判决。对《刑事诉讼法》第 210 条第 3 项规定的自诉案件，即被害人有证据证明对被告人侵犯自己人身、财产权利的行为应当依法追究刑事责任，而公安机关或者人民检察院不予追究被告人刑事责任的案件，不适用调解。

3. 判决宣告前，自诉案件的当事人可以自行和解，自诉人可以撤回自诉。自行和解和撤回起诉是《刑事诉讼法》赋予自诉人的一项重要诉讼权利。人民法院经审查，认为和解、撤回自诉确属自愿的，应当裁定准许；认为系被强迫、威吓等，并非自愿的，不予准许。裁定准许撤诉的自诉案件，被告人被采取强制措施的，人民法院应当立即解除。自诉人经 2 次传唤，无正当理由拒不到庭，或者未经法庭准许中途退庭的，人民法院应当裁定按撤诉处理。部分自诉人撤诉或者被裁定按撤诉处理的，不影响案件的继续审理。

4. 自诉案件当事人因客观原因不能取得的证据，申请人民法院调取的，应当说明理由，并提供相关线索或者材料。人民法院认为有必要的，应当及时调取。对通过信息网络实施的侮辱、诽谤行为，被害人向人民法院告诉，但提供证据确有困难的，人民法院可以要求公安机关提供协助。

5. 被告人在自诉案件审判期间下落不明的，人民法院可以裁定中止审理；符合条件的，可以对被告人依法决定逮捕。对自诉案件，应当参照《刑事诉讼法》及最高人民法院《解释》有关公诉案件判决的规定作出判决。对依法宣告无罪的案件，有附带民事诉讼的，其附带民事部分可以依法进行调解或者一并作出判决，也可以告知附带民事诉讼原告人另行提起民事诉讼。

6. 告诉才处理和被害人有证据证明的轻微刑事案件的被告人或者其法定代理人在诉讼过程中，可以对自诉人提起反诉。反诉是指在自诉案件审理过程中，自诉案件的被告作为被害人向受理自诉案件的人民法院控告自诉人犯有与本案有关联的犯罪行为，要求人民法院追究其刑事责任的诉讼。反诉必须符合下列条件：（1）反诉的对象必须是本案自诉人；（2）反诉的内容必须是与本案有关的行为；（3）反诉的案件必须是告诉才处理的案件和人民检察院没有提起公诉，但被害人有证据证明的轻微刑事案件。反诉以自诉存在为前提，但反诉本身不是对自诉的答辩，而是一个独立的诉讼。因而，如果原自诉人撤诉，不影响反诉案件的继续审理。反诉案件的审理适用自诉案件的规定，并应当与自诉案件一并审理。

人民法院审理自诉案件的期限，被告人被羁押的，适用公诉案件普通程序的审理期限的规定。未被羁押的，应当在受理后6个月以内宣判。

第四节　简易程序

一、简易程序的概念和意义

简易程序，是指基层人民法院审理某些案件事实清楚、证据充分、被告人承认自己所犯罪行，对指控的犯罪事实没有异议的，被告人对适用简易程序没有异议的刑事案件所适用的比普通程序相对简化的第一审程序。

在犯罪不断增加，而普通诉讼程序烦琐、难于应付的情况下，世界各国均根据本国国情采用形式不同的简易程序提高诉讼效率，简易程序的增设是世界刑事诉讼制度发展的大势所趋。我国1979年《刑事诉讼法》中没有规定简易程序，1996年《刑事诉讼法》修改时，在第一审程序中以专节形式增设了“简易程序”。2012年《刑事诉讼法》再修改，根据试行“被告人认罪案件”普通程序简化审中取得的经验，吸收最高人民法院、最高人民检察院、司法部联合发布的《关于适用普通程序审理“被告人认罪案件”的若干意见（试行）》（已失效）中运行成熟的规范，扩大了简易程序的适用范围，依据可能判处的不同的刑罚，规定了相应的审判组织、审理期限；明确规定适用简易程序的公诉案件，检察院应当派员出庭，健全了简易程序中的三方诉讼结构。简易程序的增设和改革不仅符合当今世界各国刑事诉讼制度改革的趋势，而且是我国司法实践的客观需要，具有重要意义。

首先，简易程序有利于合理配置审判资源，提高人民法院的审判效率，缓解人民法院面临的日益繁重的审判任务。目前，我国处于社会转型时期，人民法院受理的刑事案件数量迅速增长。单一审判程序已不能适应人民法院处理各类刑事案件的需要。因此，对那些案件事实清楚、证据充分、控辩双方无争议的刑事案件，以简易程序审理，可以及时、尽早结案，降低成本，使人民法院可以集中人力、物力、财力投入重大或复杂案件中去，从而提高了审判效率，缓解了案件积压矛盾。

其次，简易程序有利于保护当事人合法权益。审判迅速本身是刑事审判的一项基本要求，采用简易程序一方面能使犯罪嫌疑人、被告人早日摆脱缠讼之苦，另一方面也使自诉人能以简便有效的方式行使自诉权来维护自己的实体权益，不致因程序的烦琐望而却步，牺牲实体权益。

最后，简易程序使刑事审判程序更加科学化、合理化。从刑事案件本身的情况看，繁简轻重存在很大差异，对不同案件适用不同程序进行审理，才能使审判更为科学、合理。因而，采用简易程序处理那些案件事实清楚、证据充分、争议不大的案件，无疑会促进刑事审判程序的科学化、合理化。

二、简易程序的适用范围

根据《刑事诉讼法》第 214、215 条及最高人民法院《解释》第 359、360 条的规定，基层人民法院管辖的案件，符合下列条件的，可以适用简易程序审判：（1）案件事实清楚、证据充分的；（2）被告人承认自己所犯罪行，对指控的犯罪事实没有异议的；（3）被告人对适用简易程序没有异议的。人民检察院在提起公诉的时候，可以建议人民法院适用简易程序。

适用简易程序能够简化程序，提高诉讼效率，使案件得到及时、公正处理。不符合条件的，不能适用简易程序。有下列情形之一的，不适用简易程序：（1）被告人是盲、聋、哑人的；（2）被告人是尚未完全丧失辨认或者控制自己行为能力的精神病人的；（3）案件有重大社会影响的；（4）共同犯罪案件中部分被告人不认罪或者对适用简易程序有异议的；（5）辩护人作无罪辩护的；（6）被告人认罪但经审查认为可能不构成犯罪的；（7）不宜适用简易程序审理的其他情形。

三、简易审判程序的特点

根据《刑事诉讼法》以及相关司法解释的规定，简易程序作为对第一审普通程序的简化程序，与普通程序相比，具有以下特点。

1. 简易程序只适用于基层人民法院。基层人民法院管辖案情简单、影响较小、处罚较轻的案件。只有这些案件才具有适用简易程序审判的条件。

2. 简易程序的审判组织相对简单。《刑事诉讼法》第 183 条第 1 款规定，基层人民法院、中级人民法院审判第一审案件，应当由审判员 3 人或者由审判员和人民陪审员共 3 人或者 7 人组成合议庭进行，但是基层人民法院适用简易程序、速裁程序的案件可以由审判员一人独任审判。由此规定可看出，在审判组织上，人民法院一般采用合议庭形式，但适用简易程序审理案件，对可能判处 3 年有期徒刑以下刑罚的，可以组成合议庭进行审判，也可以由审判员一人独任审判；对可能判处的有期徒刑超过 3 年的，应当组成合议庭进行审判。适用简易程序独任审判过程中，发现对被告人可能判处的有期徒刑超过 3 年的，应当转由合议庭审理。

3. 简化法庭调查和法庭辩论程序。根据《刑事诉讼法》第 219 条的规定，适用简易程序审理案件，不受公诉案件第一审普通程序中送达期限、讯问被告人、询问证人和鉴定人、出示证据、法庭辩论程序规定的限制。但是，从保障被告人权益出发，《刑事诉讼法》规定，适用简易程序审理的案件，无论是公诉案件还是自诉案件，在判决宣告以前，应当听取被告人的最后陈述意见。

4. 简易程序在必要时，应当变更为普通程序。适用简易程序审理案件，在审理过程中，发现不宜适用简易程序的应当按照第一审普通程序的规定重新审理。适用简易程序审理案件应当符合《刑事诉讼法》规定的适用简易程序的条件，能够实现立法初衷，因而发现不宜适用简易程序的，就不应当继续适用简易程序审理。根据《刑事诉讼法》第 221 条和最高人民法院《解释》第 368 条的规定，人民法院在适用简易程序审理过程中，具有下列情形之一的，应当转为普通程序审理：（1）被告人的行为可能不构成犯罪的；（2）被告人可能不负刑事责任的；（3）被告人当庭对起诉指控的犯罪事实予以否认的；（4）案件事实不清、证据不足的；（5）不应当或者不宜适用简易程序的其他情形。

决定转为普通程序审理的案件，审理期限应当从作出决定之日起计算。对于自诉案件，按照自诉案件审理程序审理，并且自诉案件由简易程序向普通程序转化时，原起诉仍然有效，自诉人不必另行提起诉讼，只要人民法院将适用第一审普通程序审判的决定通知自诉人即可。

四、简易程序的决定适用和审判程序

（一）简易程序的决定适用程序

基层人民检察院审查案件，认为案件事实清楚、证据充分的，应当在讯问犯罪嫌疑人时，了解其是否承认自己所犯罪行，对指控的犯罪事实有无异议，告知其适用简易程序的法律规定，确认其是否同意适用简易程序。人民检察院在审查起诉过程中，对案件事实清楚、证据充分的，被告人承认自己所犯罪行，对起诉书指控的犯罪事实没有异议的，被告人对适用简易程序没有异议的案件，办案人员认为可以建议适用简易程序的，应当在审查报告中提出适用简易程序的意见，按照提起公诉的审批程序报请决定。人民检察院建议适用简易程序的，应当制作适用简易程序建议书，在提起公诉时，连同全案卷宗、证据材料、起诉书一并移送人民法院。

基层人民法院受理公诉案件后，经审查认为案件事实清楚、证据充分的，在将起诉书副本送达被告人时，应当询问被告人对指控的犯罪事实的意见，告知其适用简易程序的法律规定。被告人对指控的犯罪事实没有异议并同意适用简易程序的，可以决定适用简易程序，并在开庭前通知人民检察院和辩护人。对人民检察院建议或者被告人及其辩护人申请适用简易程序审理的案件，依照前述规定处理；不符合简易程序适用条件的，应当通知人民检察院或者被告人及其辩护人。对未成年人刑事案件，人民法院决定适用简易程序审理的，应当征求未成年被告人及其法定代理人、辩护人的意见。上述人员提出异议的，不适用简易程序。对人民检察院建议适用简易程序审理的案件，依照前述规定处理；不符合简易程序适用条件的，应当通知人民检察院。

自诉案件，人民法院应当审查是否有明确的被告人；是否事实清楚、证据充分；被告人是否承认自己所犯罪行，对起诉书指控的犯罪事实有没有异议的，被告人对适用简易程序有没有异议。凡审查符合条件的，决定适用简易程序。

适用简易程序审理案件，人民法院应当在开庭前将开庭的时间、地点通知人民检察院、自诉人、被告人、辩护人，也可以通知其他诉讼参与人。通知可以采用简便方式，但应当记录在案。

（二）简易程序的审判程序

适用简易程序审理的案件，符合刑事诉讼法规定的法律援助条件的，人民法院应当告知被告人及其近亲属可以申请法律援助。

适用简易程序审理公诉案件，人民检察院应当派员出席法庭。人民检察院可以对适用简易程序的案件相对集中提起公诉，建议人民法院相对集中审理。

适用简易程序审理案件，被告人有辩护人的，应当通知其出庭。

适用简易程序审理的公诉案件，独任审判员或者审判长宣布开庭，传被告人到庭后，应当查明被告人的基本情况，然后依次宣布案由、独任审判员、书记员、公诉人、被害人、辩护人、诉讼代理人和翻译人员的名单，并告知各项诉讼权利。

适用简易程序审理公诉案件，审判长或者独任审判员应当当庭询问被告人对指控的犯罪事实的意见，告知被告人适用简易程序审理的法律规定，确认被告人是否同意适用简易程序。

适用简易程序审理公诉案件，被告人可以就起诉书指控的犯罪进行陈述和辩护。经审判人员许可，被告人及其辩护人可以同公诉人、自诉人及其诉讼代理人互相辩论。

适用简易程序审理案件，不受公诉案件第一审普通程序关于送达期限、讯问被告人、询问证人和鉴定人、出示证据、法庭辩论程序规定的限制。可以对庭审作如下简化：(1) 公诉人可以摘要宣读起诉书 。(2) 公诉人、辩护人、审判人员对被告人的讯问、发问可以简化或者省略。(3) 对控辩双方无异议的证据，可以仅就证据的名称及所证明的事项作出说明；对控辩双方有异议，或者法庭认为有必要调查核实的证据，应当出示，并进行质证。(4) 控辩双方对与定罪量刑有关的事实、证据没有异议的，法庭审理可以直接围绕罪名确定和量刑问题进行。适用简易程序审理案件，判决宣告前应当听取被告人的最后陈述。

适用简易程序审理案件，裁判文书可以简化，一般应当当庭宣判，并在 5 日内将判决书送达被告人和提起公诉的人民检察院。

适用简易程序审理的自诉案件，自诉人宣读起诉书后，被告人可以就起诉书指控的犯罪事实进行陈述，并自行辩护。自诉人应当出示主要证据。被告人有证据出示的，审判员应当准许。经审判员准许，被告人及其辩护人可以同自诉人及其诉讼代理人进行辩论。适用简易程序审理的案件，将普通程序中的许多程序予以简化，唯独被告人最后陈述这一程序未予简化。被告人可以就起诉书所指控的犯罪事实、性质和情节、所适用的法律以及对法庭的请求等进行陈述。被告人作出最后陈述后，人民法院一般应当当庭宣判。

依据《刑事诉讼法》第 220 条的规定，适用简易程序审理案件，人民法院应当在受理后 20 日以内审结；对可能判处的有期徒刑超过 3 年的，可以延长至 1 个半月。

第五节　速裁程序

为进一步完善刑事诉讼程序，合理配置司法资源，提高审理刑事案件的质量与效率，维护当事人的合法权益，2014 年 6 月 27 日，第十二届全国人民代表大会常务委员会第九次会议通过的《关于授权最高人民法院、最高人民检察院在部分地区开展刑事案件速裁程序试点工作的决定》授权最高人民法院、最高人民检察院在北京等 18 个市开展刑事案件速裁程序试点工作。刑事案件速裁程序独立于简易程序和普通程序。我国刑事案件速裁程序借鉴了大陆法系国家的处罚令程序和英美法系国家的辩诉交易制度，是在我国刑事简易程序基础上进一步简化而成的，它标志着我国刑事简易程序走向多元化。为了保障刑事案件速裁程序试点的顺利进行，最高人民法院、最高人民检察院、公安部、司法部制定了《关于在部分地区开展刑事案件速裁程序试点工作的办法》。2018年《刑事诉讼法》修改，总结了试点工作中行之有效的做法，规定了速裁程序。

一、速裁程序适用的案件范围和条件

依据《刑事诉讼法》第222条的规定，基层人民法院管辖的可能判处3年有期徒刑以下刑罚的案件，案件事实清楚，证据确实、充分，被告人认罪认罚并同意适用速裁程序的，可以适用速裁程序。人民检察院在提起公诉的时候，可以建议人民法院适用速裁程序。

有下列情形之一的，不适用速裁程序：(1) 被告人是盲、聋、哑人的；(2) 被告人是尚未完全丧失辨认或者控制自己行为能力的精神病人的；(3) 被告人是未成年人的；(4) 案件有重大社会影响的；(5) 共同犯罪案件中部分被告人对指控的犯罪事实、罪名、量刑建议或者适用速裁程序有异议的；(6) 被告人与被害人或者其法定代理人没有就附带民事诉讼赔偿等事项达成调解、和解协议的；(7) 辩护人作无罪辩护的；(8) 其他不宜适用速裁程序的情形。此外，依据《刑事诉讼法》第226条的规定，被告人的行为不构成犯罪或者不应当追究其刑事责任、被告人违背意愿认罪认罚、被告人否认指控的犯罪事实或者其他不宜适用速裁程序审理的情形的，也不得适用速裁程序。

二、速裁案件的审理程序

对人民检察院在提起公诉时建议适用速裁程序的案件，基层人民法院经审查认为案件事实清楚，证据确实、充分，可能判处3年有期徒刑以下刑罚的，在将起诉书副本送达被告人时，应当告知被告人适用速裁程序的法律规定，询问其是否同意适用速裁程序。被告人同意适用速裁程序的，可以决定适用速裁程序，并在开庭前通知人民检察院和辩护人。

对人民检察院未建议适用速裁程序的案件，人民法院经审查认为符合速裁程序适用条件的，可以决定适用速裁程序，并在开庭前通知人民检察院和辩护人。

适用速裁程序审理案件，人民法院应当在开庭前将开庭的时间、地点通知人民检察院、被告人、辩护人，也可以通知其他诉讼参与人。通知可以采用简便方式，但应当记录在案。

适用速裁程序的案件，由审判员一人独任审判。

适用速裁程序审理案件，可以集中开庭，逐案审理。公诉人简要宣读起诉书后，审判人员应当当庭询问被告人对指控事实、证据、量刑建议以及适用速裁程序的意见，核实认罪认罚具结书签署的自愿性、真实性、合法性，并核实附带民事诉讼赔偿等情况。

适用速裁程序审理案件，不受刑事诉讼法关于普通程序规定的送达期限的限制，一般不进行法庭调查、法庭辩论，但在判决宣告前应当听取辩护人的意见和被告人的最后陈述。

适用速裁程序审理案件，裁判文书可以简化，应当当庭宣判。

为了提高速裁案件的诉讼效率，适用速裁程序审理案件，人民法院应当在受理后10日以内审结；对可能判处的有期徒刑超过1年的，可以延长至15日。

三、速裁程序转为普通程序、简易程序

适用速裁程序审理案件，在法庭审理过程中，具有下列情形之一的，应当转为普通程序或者简易程序审理：(1) 被告人的行为可能不构成犯罪或者不应当追究刑事责任的；(2) 被告人违背意愿认罪认罚的；(3) 被告人否认指控的犯罪事实的；(4) 案件疑难、复杂或者对适用法律有重大争议的；(5) 其他不宜适用速裁程序的情形。决定转为普通程序或者简易程序审理的案件，审理期限应当从作出决定之日起计算。

第六节　量刑程序

为深入推进以审判为中心的刑事诉讼制度改革，落实认罪认罚从宽制度，进一步规范量刑程序，确保量刑公开公正，最高人民法院、最高人民检察院、公安部、国家安全部、司法部于 2020 年 11 月 5 日颁布了修订的《关于规范量刑程序若干问题的意见》（以下简称《量刑程序意见》）。该意见进一步明确了庭审量刑程序的相对独立性，规范了量刑建议，明确了量刑事实的调查取证以及量刑事实的调查核实，明确了被告人、被害人诉讼权利的保障，强化了量刑说理，增强量刑的公开性和透明度。

一、量刑活动与量刑证据

《量刑程序意见》第 1 条第 1 款规定，人民法院审理刑事案件，在法庭审理中应当保障量刑程序的相对独立性。所谓“相对独立性”是指在法庭调查与法庭辩论两个法定阶段将量刑问题放在相对独立的阶段中处理，从而突出量刑程序在刑事审判中的应有意义与价值，克服我国刑事诉讼实践中“重定罪、轻量刑”的倾向。

《量刑程序意见》第 2 条规定，侦查机关、人民检察院应当依照法定程序，全面收集、审查、移送证明犯罪嫌疑人、被告人犯罪事实、量刑情节的证据。对于法律规定并处或者单处财产刑的案件，侦查机关应当根据案件情况对被告人的财产状况进行调查，并向人民检察院移送相关证据材料。人民检察院应当审查并向人民法院移送相关证据材料。人民检察院在审查起诉时发现侦查机关应当收集而未收集量刑证据的，可以退回侦查机关补充侦查，也可以自行侦查。人民检察院退回补充侦查的，侦查机关应当按照人民检察院退回补充侦查提纲的要求及时收集相关证据。

《量刑程序意见》第 3 条规定，对于可能判处管制、缓刑的案件，侦查机关、人民检察院、人民法院可以委托社区矫正机构或者有关社会组织进行调查评估，提出意见，供判处管制、缓刑时参考。社区矫正机构或者有关社会组织收到侦查机关、人民检察院或者人民法院调查评估的委托后，应当根据委托机关的要求依法进行调查，形成评估意见，并及时提交委托机关。对于没有委托进行调查评估或者判决前没有收到调查评估报告的，人民法

院经审理认为被告人符合管制、缓刑适用条件的，可以依法判处管制、宣告缓刑。

依据最高人民法院《解释》第276条的规定，法庭审理过程中，对与量刑有关的事实、证据，应当进行调查。人民法院除应当审查被告人是否具有法定量刑情节外，还应当根据案件情况审查以下影响量刑的情节：（1）案件起因；（2）被害人有无过错及过错程度，是否对矛盾激化负有责任及责任大小；（3）被告人的近亲属是否协助抓获被告人；（4）被告人平时表现，有无悔罪态度；（5）退赃、退赔及赔偿情况；（6）被告人是否取得被害人或者其近亲属谅解；（7）影响量刑的其他情节。

二、量刑建议和量刑意见

为了保证控辩双方充分参与量刑程序，《量刑程序意见》和最高人民检察院《规则》不仅明确了检察机关的量刑建议权及其行使方式，而且对当事人提出量刑意见的权利加以规定。

侦查机关在移送审查起诉时，可以根据犯罪嫌疑人涉嫌犯罪的情况，就宣告禁止令和从业禁止向人民检察院提出意见。

人民检察院在提起公诉时，可以提出宣告禁止令和从业禁止的建议。被告人及其辩护人、被害人及其诉讼代理人可以就是否对被告人宣告禁止令和从业禁止提出意见，并说明理由。

人民法院宣告禁止令和从业禁止，应当根据被告人的犯罪原因、犯罪性质、犯罪手段、悔罪表现、个人一贯表现等，充分考虑与被告人所犯罪行的关联程度，有针对性地决定禁止从事特定的职业、活动，进入特定区域、场所，接触特定的人等。

符合下列条件的案件，人民检察院提起公诉时可以提出量刑建议；被告人认罪认罚的，人民检察院应当提出量刑建议：（1）犯罪事实清楚，证据确实、充分；（2）提出量刑建议所依据的法定从重、从轻、减轻或者免除处罚等量刑情节已查清；（3）提出量刑建议所依据的酌定从重、从轻处罚等量刑情节已查清。

量刑建议包括主刑、附加刑、是否适用缓刑等。主刑可以具有一定的幅度，也可以根据案件具体情况，提出确定刑期的量刑建议。建议判处财产刑的，可以提出确定的数额。

对常见犯罪案件，人民检察院应当按照量刑指导意见提出量刑建议。对新类型、不常见犯罪案件，可以参照相关量刑规范提出量刑建议。提出量刑建议，应当说明理由和依据。

人民检察院指控被告人犯有数罪的，应当对指控的个罪分别提出量刑建议，并依法提出数罪并罚后决定执行的刑罚的量刑建议。

对于共同犯罪案件，人民检察院应当根据各被告人在共同犯罪中的地位、作用以及应当承担的刑事责任分别提出量刑建议。

人民检察院提出量刑建议，可以制作量刑建议书，与起诉书一并移送人民法院；对于案情简单、量刑情节简单的适用速裁程序的案件，也可以在起诉书中写明量刑建议。

量刑建议书中应当写明人民检察院建议对被告人处以的主刑、附加刑、是否适用缓刑等及其理由和依据。

人民检察院以量刑建议书方式提出量刑建议的，人民法院在送达起诉书副本时，应当将量刑建议书一并送达被告人。

犯罪嫌疑人认罪认罚的，人民检察院应当就主刑、附加刑、是否适用缓刑等提出量刑建议。量刑建议一般应当为确定刑。对新类型、不常见犯罪案件，量刑情节复杂的重罪案件等，也可以提出幅度刑量刑建议。对认罪认罚案件，人民检察院向人民法院提起公诉时，应当提出量刑建议，在起诉书中写明被告人认罪认罚情况，并移送认罪认罚具结书等材料。量刑建议可以另行制作文书，也可以在起诉书中写明。

在刑事诉讼中，自诉人、被告人及其辩护人、被害人及其诉讼代理人可以提出量刑意见，并说明理由，人民检察院、人民法院应当记录在案并附卷。

三、量刑的具体程序

为了保证量刑公正，同时兼顾诉讼效率，《量刑程序意见》和最高人民法院《解释》对适用不同程序审理的案件的量刑程序作了区别规定。

适用速裁程序审理的案件，在确认被告人认罪认罚的自愿性和认罪认罚具结书内容的真实性、合法性后，一般不再进行法庭调查、法庭辩论，但在判决宣告前应当听取辩护人的意见和被告人的最后陈述意见。

适用简易程序审理的案件，在确认被告人对起诉书指控的犯罪事实和罪名没有异议，自愿认罪且知悉认罪的法律后果后，法庭审理可以直接围绕量刑进行，不再区分法庭调查、法庭辩论，但在判决宣告前应当听取被告人的最后陈述意见。

适用普通程序审理的被告人认罪案件，在确认被告人了解起诉书指控的犯罪事实和罪名，自愿认罪且知悉认罪的法律后果后，法庭审理主要围绕量刑和其他有争议的问题进行，可以适当简化法庭调查、法庭辩论程序。

对于被告人不认罪或者辩护人做无罪辩护的案件，法庭调查和法庭辩论分别进行。

在法庭调查阶段，应当在查明定罪事实的基础上，查明有关量刑事实，被告人及其辩护人可以出示证明被告人无罪或者罪轻的证据，当庭发表质证意见。

在法庭辩论阶段，审判人员引导控辩双方先辩论定罪问题。在定罪辩论结束后，审判人员告知控辩双方可以围绕量刑问题进行辩论，发表量刑建议或者意见，并说明依据和理由。被告人及其辩护人参加量刑问题的调查的，不影响作无罪辩解或者辩护。

在法庭调查中，公诉人可以根据案件的不同种类、特点和庭审的实际情况，合理安排和调整举证顺序。定罪证据和量刑证据分开出示的，应当先出示定罪证据，后出示量刑证据。

对于有数起犯罪事实的案件的量刑证据，可以在对每起犯罪事实举证时分别出示，也可以对同类犯罪事实一并出示；涉及全案综合量刑情节的证据，一般应当在举证阶段最后出示。

在法庭调查中，人民法院应当查明对被告人适用具体法定刑幅度的犯罪事实以及法定或者酌定量刑情节。

人民法院、人民检察院、侦查机关或者辩护人委托有关方面制作涉及未成年人的社会调查报告的，调查报告应当在法庭上宣读，并进行质证。

在法庭审理中，审判人员对量刑证据有疑问的，可以宣布休庭，对证据进行调查核实，必要时也可以要求人民检察院补充调查核实。人民检察院补充调查核实有关证据，必要时可以要求侦查机关提供协助。

对于控辩双方补充的证据，应当经过庭审质证才能作为定案的根据。但是，对于有利于被告人的量刑证据，经庭外征求意见，控辩双方没有异议的除外。

被告人及其辩护人、被害人及其诉讼代理人申请人民法院调取在侦查、审查起诉阶段收集的量刑证据材料，人民法院认为确有必要的，应当依法调取；人民法院认为不需要调取的，应当说明理由。

在法庭辩论中，量刑辩论按照以下顺序进行：(1) 公诉人发表量刑建议，或者自诉人及其诉讼代理人发表量刑意见；(2) 被害人及其诉讼代理人发表量刑意见；(3) 被告人及其辩护人发表量刑意见。

在法庭辩论中，出现新的量刑事实，需要进一步调查的，应当恢复法庭调查，待事实查清后继续法庭辩论。

对于人民检察院提出的量刑建议，人民法院应当依法审查。对于事实清楚，证据确实、充分，指控的罪名准确，量刑建议适当的，人民法院应当采纳。

人民法院经审理认为，人民检察院的量刑建议不当的，可以告知人民检察院。人民检察院调整量刑建议的，应当在法庭审理结束前提出。人民法院认为人民检察院调整后的量刑建议适当的，应当予以采纳；人民检察院不调整量刑建议或者调整量刑建议后仍不当的，人民法院应当依法作出判决。

有下列情形之一，被告人当庭认罪，愿意接受处罚的，人民法院应当根据审理查明的事实，就定罪和量刑听取控辩双方意见，依法作出裁判：(1) 被告人在侦查、审查起诉阶段认罪认罚，但人民检察院没有提出量刑建议的；(2) 被告人在侦查、审查起诉阶段没有认罪认罚的；(3) 被告人在第一审程序中没有认罪认罚，在第二审程序中认罪认罚的；(4) 被告人在庭审过程中不同意量刑建议的。人民法院、人民检察院、侦查机关应当告知犯罪嫌疑人、被告人申请法律援助的权利，对符合法律援助条件的，依法通知法律援助机构指派律师为其提供辩护或者法律帮助。

四、量刑说理

为了保证量刑程序与裁判文书的公开与透明，《量刑程序意见》第 25 条规定，人民法院应当在刑事裁判文书中说明量刑理由。量刑说理主要包括：

(1) 已经查明的量刑事实及其对量刑的影响；

(2) 是否采纳公诉人、自诉人、被告人及其辩护人、被害人及其诉讼代理人发表的量刑建议、意见及理由；

(3) 人民法院判处刑罚的理由和法律依据。

对于适用速裁程序审理的案件，可以简化量刑说理。

此外，《量刑程序意见》还明确了二审和再审案件的量刑程序问题。《量刑程序意见》第 26 条规定，对于开庭审理的二审、再审案件的量刑活动，依照有关法律规定进行。法律没有规定的，参照依据《量刑程序意见》进行。对于不开庭审理的二审、再审案件，审判人员在阅卷、讯问被告人、听取自诉人、辩护人、被害人及其诉讼代理人的意见时，应当注意审查量刑事实和证据。

第七节　判决、裁定和决定

公安司法机关在办理刑事案件的过程中，依据事实和法律，对有关案件的实体问题和程序问题所作的对当事人及其他个人或单位具有拘束力的决定，称为刑事裁判。我国刑事诉讼中的裁判包括判决、裁定和决定。

一、判决

（一）判决的概念和种类

判决是人民法院对案件实体问题作出的处理决定。它是人民法院代表国家行使审判权，在个案适用法律上的具体体现。根据《刑事诉讼法》第200条的规定，人民法院所作的刑事判决分为有罪判决和无罪判决两种。

有罪判决是人民法院在案件事实清楚，证据确实、充分，依据法律认定被告人有罪时作出的判决。进一步划分，有罪判决又可分为定罪处刑判决和定罪免刑判决。定罪处刑判决是指人民法院作出的在认定被告人的行为构成犯罪的基础上，给予适当刑事处罚的判决；定罪免刑判决是人民法院作出的确认被告人的行为构成犯罪，同时又基于被告人具有法定免除处罚情节而宣布对被告人免除刑事处罚的判决。

无罪判决是人民法院作出的确认被告人的行为不构成犯罪或者因证据不足，不能认定被告人有罪的判决。无罪判决有两种：一种是案件事实清楚，证据确实、充分，依据法律认定被告人无罪的无罪判决；另一种是因证据不足，不能认定被告人有罪时作出的证据不足，指控的犯罪不能成立的无罪判决。后一种无罪判决是《刑事诉讼法》贯彻疑罪从无原则的具体体现。

另外，根据有无附带民事诉讼，判决还可以分为刑事判决和刑事附带民事判决两种。

（二）判决书的制作要求和内容

判决是人民法院行使国家审判权和执行国家法律的具体结果，具有权威性、强制性和严肃性、稳定性。因此，判决书作为判决的书面表现形式，必须严格按照规定的格式和要求制作。总的要求是：格式规范；事实叙述清楚、具体，层次清楚，重点突出；说理透彻，论证充分；结论明确，法律条文的引用正确、无误；逻辑结构严谨，无前后矛盾之处；行文通俗易懂，繁简得当，标点符号正确。《刑事诉讼法》第53条规定，人民法院判决书，必须忠实于事实真相。故意隐瞒事实真相的，应当追究责任。

具体而言，根据1999年4月6日最高人民法院审判委员会第1051次会议通过的《法院刑事诉讼文书样式（样本）》的规定，判决书的制作要求和内容有以下几方面。

1. 首部。

首部包括人民法院名称、判决书类别、案号；公诉机关和公诉人、当事人、辩护人、诉讼代理人基本情况；案由和案件来源；开庭审理、审判组织的情况；等等。

2. 事实部分。

事实是判决的基础，是判决理由和判决结果的根据。这部分包括四个方面的内容：人民检察院指控被告人犯罪的事实和证据，被告人的供述、辩护和辩护人的辩护意见，经法庭审理查明的事实，以及据以定案的证据。其中，对认定事实的证据必须做到：（1）依法公开审理的案件，除无须举证的事实外，证明案件事实的证据必须是指经过法庭公开举证、质证的，未经法庭公开举证、质证的不能认证；（2）要通过对证据的具体分析、认证来证明判决所确认的犯罪事实，防止并杜绝用“以上事实、证据充分，被告人也供认不讳，足以认定”等抽象、笼统的说法或简单地罗列证据的方法来代替对证据的具体分析、认证，法官认证和采证的过程应当在判决书中充分体现出来；（3）证据的叙写要尽可能明确、具体。此外，叙述证据时，还应当注意保守国家秘密，保护报案人、控告人、举报人、被害人、证人的安全和名誉。

3. 理由部分。

理由是判决的灵魂，是将事实和判决结果有机联系在一起的纽带，是判决书说服力的基础。其核心内容是针对具体案件的特点，运用法律规定、犯罪构成和刑事诉讼理论，阐明控方的指控是否成立，被告人的行为是否构成犯罪、犯什么罪、情节轻重与否，依法应当如何处理。书写判决理由时应注意：（1）理由的论述要结合具体案情，有针对性和个性，说理力求透彻，使理由具有较强的思想性和说服力。切忌说空话、套话。（2）罪名确定准确。一人犯数罪的，一般先定重罪，后定轻罪；共同犯罪案件应在分清各被告人在共同犯罪中的地位、作用和刑事责任的前提下，依次确定首要分子、主犯、从犯或者胁从犯、教唆犯的罪名。（3）被告人具有从轻、减轻、免除处罚或从重处罚情节的，应当分别或者综合予以认定。（4）控辩双方适用法律方面的意见应当有分析地表明是否予以采纳，并阐明理由。（5）法律条文（包括司法解释）的引用要完整、准确、具体。

4. 结果部分。

判决结果是依照有关法律的具体规定，对被告人作出的定性处理的结论。书写时应当字斟句酌、认真推敲，力求文字精练、表达清楚、准确无误。其中有罪判决应写明判处的罪名、刑种、刑期或者免除刑罚；数罪并罚的应分别写明各罪判处的刑罚和决定执行的刑罚；被告人已被羁押的，应写明刑期折抵情况和实际执行刑期的起止时间；缓刑的应写明缓刑考验期限；附带民事诉讼案件，应写明附带民事诉讼的处理情况；有赃款赃物的，应写明处理情况。无罪判决要写明认定被告人无罪以及所根据的事实和法律依据；对证据不足，不能认定被告人有罪的，应写明证据不足、指控的犯罪不能成立，并宣告无罪。

5. 尾部。

这部分写明被告人享有上诉权利、上诉期限、上诉法院、上诉方式和途径；合议庭组成人员或独任审判员、法官助理、书记员姓名；判决书制作、宣判日期。最后要加盖人民法院印章。

二、裁定

（一）裁定的概念和特征

裁定是人民法院在审理案件过程中和判决执行过程中，对诉讼程序问题和部分案件的实体问题所作的决定。

裁定与判决的法律性质和特点基本相同，但二者也有不同之处，具体表现在：(1) 在适用对象上，判决只解决案件的实体性问题，而裁定主要解决程序问题，只解决部分实体问题。(2) 在适用范围上，裁定比判决的适用要广泛得多。判决只适用于审判程序终结时，包括第一审、第二审和审判监督程序，裁定则适用于整个审判程序和执行程序。(3) 在适用的方式上，判决必须采用书面形式，裁定则可采用书面和口头两种形式。(4) 在上诉、抗诉的期限上，不服判决的上诉、抗诉期限为 10 日，而不服裁定的上诉、抗诉期限为 5 日。

裁定可根据不同标准进行分类。根据裁定解决的问题划分，裁定可分为程序性裁定和实体性裁定；根据诉讼阶段划分，可分为一审裁定、二审裁定、再审裁定和核准死刑裁定等；根据其适用方式划分，可分为口头裁定和书面裁定。

(二) 裁定的适用

根据《刑事诉讼法》的规定，裁定适用于解决程序性问题，主要包括是否恢复诉讼期限、中止审理、维持原判、撤销原判并发回重审、驳回公诉或自诉、核准死刑等。适用裁定解决部分实体性问题，主要包括在执行期间，人民法院依法减刑、假释、撤销缓刑、减免罚金等。

裁定书是与判决书同等重要的法律文书，其制作要求、格式与判决书基本相同。但在内容上较判决书简单一些，因为裁定往往解决的问题比较单一，要么是一个专门的程序性问题，要么是一个较为简单的实体性问题。

三、决定

(一) 决定的概念和分类

决定是公安机关、人民检察院、人民法院在诉讼过程中，依法就有关诉讼程序问题所作的一种处理。决定和判决、裁定的不同之处在于是否涉及上诉、抗诉问题。一般情况下，决定一经作出，立即发生效力，不能上诉或者抗诉。某些决定，如不起诉的决定、回避的决定、强制医疗的决定，为保护当事人的合法权益，纠正可能出现的错误，法律允许当事人或有关机关申请复议、复核。但判决、裁定则是在法定期限内可以上诉、抗诉的。

决定以其表现形式不同可分为口头决定和书面决定。书面决定应制作决定书，写明处理结论及理由。口头决定应记入笔录，它与书面决定具有同等效力。

(二) 决定的适用

根据《刑事诉讼法》的规定，决定主要适用于解决以下一些问题：是否回避的决定；立案或不立案的决定；采取各种强制措施或变更强制措施的决定；实施各种侦查行为的决定；撤销案件的决定；延长侦查中羁押犯罪嫌疑人的期间的决定；起诉或不起诉决定；开庭审判的决定；庭审中解决当事人和辩护人、诉讼代理人申请通知新的证人到庭、调取新的物证、申请重新鉴定或勘验的决定；抗诉的决定；提起审判监督程序的决定；强制医疗的决定等。

决定一经作出，立即生效，不准上诉、抗诉。某些决定，如《刑事诉讼法》第 31 条规定的驳回申请回避的决定，允许当事人及其法定代理人、辩护人、诉讼代理人申请复议一次。

决定一般是用口头宣布，记入笔录的，但也可以采用书面形式。书面决定应当制作决定书。

【问题与思考】

1. 谈谈第一审程序与第二审程序的区别。
2. 如何理解我国公诉案件审查程序存在的缺陷及完善对策？
3. 试评我国的庭前会议制度。
4. 论述我国法庭调查的特点。
5. 如何理解我国交叉询问制度的现状及不足？
6. 专家辅助人与证人、鉴定人有何异同点？
7. 我国法官庭外调查权是否应当保留？为什么？
8. 请分析合议庭评议规则存在的问题及完善对策。
9. 如何理解我国刑事简易程序的缺陷及完善对策？
10. 试比较简易程序与速裁程序的异同。
11. 在刑事审判中，量刑程序是否应与定罪程序相分离？为什么？
12. 分析我国单位犯罪案件审理程序存在的问题。
13. 法庭调查与法庭辩论程序能否合二为一？为什么？
14. 论述庭审实质化的意义及实现路径。
15. 谈谈你对以审判为中心的诉讼制度改革的理解和认识。

【推荐参考论著】

1. 汪建成．以效率为价值导向的刑事速裁程序论纲．政法论坛，2016（1）.
2. 龙宗智．庭审实质化的路径和方法．法学研究，2015（5）.
3. 宋英辉．我国刑事简易程序的重大改革．中国刑事法杂志，2012（7）.
4. 汪建成．刑事审判程序的重大变革及其展开．法学家，2012（3）.
5. 陈光中．《中华人民共和国刑事诉讼法》修改条文释义与点评．北京：人民法院出版社，2012.
6. 宋英辉．中华人民共和国刑事诉讼法精解．北京：中国政法大学出版社，2012.
7. 卞建林．扩大适用简易程序：追求效率 不牺牲公正．检察日报，2012-03-29.
8. 熊选国．《人民法院量刑指导意见》与“两高三部”《关于规范量刑程序若干问题的意见》理解与适用．北京：法律出版社，2010.
9. 汪建成．冲突和平衡——刑事程序理论的新视角．北京：北京大学出版社，2007.
10. 棚濑孝雄．纠纷解决与审判制度．王亚新，译．北京：中国政法大学出版社，1994.
11. 陈瑞华．刑事审判原理论．北京：北京大学出版社，1997.
12. 龙宗智．刑事庭审制度研究．北京：中国政法大学出版社，2001.
13. 左卫民，等．简易刑事程序研究．北京：法律出版社，2005.
14. 许兰亭．刑事一审程序理论与实务．北京：中国人民公安大学出版社，2002.
15. 孙长永．刑事庭审方式改革出现的问题评析．中国法学，2002（3）.
16. 刘广三，李艳霞．我国刑事速裁程序试点的反思与重构．法学，2016（2）.

第二十二章

第二审程序

内容导读

第二审程序是我国刑事诉讼中的普通救济程序。本章在分析两审终审制的概念、例外情况、理论根据、意义的基础上，对我国刑事诉讼第二审程序的概念、特点、任务、意义，提起第二审程序的主体，上诉、抗诉的概念、理由、期限、方式、程序，第二审程序的审理原则、方式、程序、期限、裁判，上诉不加刑原则的概念、意义、适用，以及对涉案财物的处理等问题进行了详细阐述。

第一节 第二审程序概述

一、两审终审制

(一) 两审终审制的概念

根据《刑事诉讼法》第10条的规定，人民法院审判案件，实行两审终审制。所谓两审终审制，是指一个案件经过两级人民法院审判即告终结的制度，对于第二审人民法院作出的终审判决、裁定，当事人等不得再提出上诉，人民检察院不得按照上诉审程序提出抗诉。

我国人民法院的设置分为四级，即最高人民法院、高级人民法院、中级人民法院和基层人民法院。下级人民法院的审判工作要受上级人民法院的监督，二者之间是一种审级监督的关系。为了防范刑事冤假错案和强化上级法院的监督，最高人民法院于2013年10月9日印发的《关于建立健全防范刑事冤假错案工作机制的意见》第19条明确规定，不得通过降低案件管辖级别规避上级人民法院的监督。不得就事实和证据问题请示上级人民法院。

根据两审终审制的要求，地方各级人民法院按照第一审程序对案件审理后所作的判决、裁定，尚不能立即发生法律效力，只有在法定期限内，有上诉权的人没有提起上诉，同级人民检察院也没有提出抗诉，第一审法院所作出的判决、裁定才发生法律效力。在法定的期限内，如果有上诉权的人提出了上诉，或者同级人民检察院提出了抗诉，上一级人民法院应当对该案件再进行审判。在通常情况下，上一级人民法院审理第二审案件作出的判决、裁定，都是终审判决、裁定，立即发生法律效力。在这样两级法院对案件进行审判后，该案的审判即告终结，故又称四级两审终审制。

（二）两审终审制的特殊和例外情况

两审终审制作为一项基本的审级制度，也存在特殊和例外情况。

一方面，由于是否提起上诉是当事人的权利，以及存在死刑案件这类特殊的刑事案件，所以，在刑事诉讼进行过程中，有些案件实际并不需要经过两审就发生法律效力，而有些案件即使经两审终审也不能立即发生法律效力，交付执行。其一，合法的上诉或抗诉是启动第二审程序必须具备的前提，如果不存在这个前提，即在法定期限内，有上诉权或抗诉权的人或机关没有提出上诉或抗诉，那么地方各级法院审判第一审案件所作出的一审裁判应发生法律效力，交付执行，而不应再适用两审终审制。这与两审终审制原则并不矛盾，只不过是有上诉权或抗诉权的人或机关根据自己的意志，自愿地选择放弃行使权利。其二，两审终审制是就刑事诉讼中的普通程序而言，而死刑案件是特殊的案件，为确保审判质量，必须依法经过死刑复核的特殊诉讼程序后，始发生法律效力。但它们同样属于两审终审，因为最高人民法院、高级人民法院对这类案件的复核，并不属于一个审级，有上诉权或抗诉权的人或机关不能对这类案件的二审裁判提起上诉或抗诉。

另一方面，两审终审制的唯一例外是，最高人民法院审理的第一审案件为一审终审，即两审终审制只适用于地方各级人民法院审判的第一审案件，而不适用于最高人民法院审判的第一审案件。因为最高人民法院是我国的最高审判机关，经它审判的一切案件，宣判后均立即生效，不存在按照上诉审程序提出上诉、抗诉的问题。

（三）两审终审制的理论根据

在现代各国刑事诉讼中，主要有两种审级制度，即三审终审制和两审终审制。二者最大的区别在于，在三审终审制中，当事人有两次上诉的机会，而在两审终审制中，当事人只有一次上诉的机会。是实行三审终审制还是实行两审终审制，是由各个国家的具体国情所决定的。我国不采用三审终审制，而实行两审终审制，是充分考虑了我们的国情和司法的实际需要的。一般认为，我国实行两审终审制的理论根据主要体现在如下三个方面：（1）我国幅员辽阔，人口众多，交通尚不发达，实行两审终审制，可以防止诉讼拖延，保证准确、及时地打击犯罪，节省司法资源，便利公民诉讼。（2）我国上下级人民法院之间是审级监督关系，二审法院通过审判上诉、抗诉案件，可以使错误的一审判决、裁定在尚未发生法律效力之前得到及时的纠正；上级法院可以通过二审程序了解下级人民法院的审判工作情况，改进审判工作，保证案件审理的公平、公开、公正。（3）我国刑事诉讼中有较完备的级别管辖制度、审查起诉制度，对死刑案件还设有死刑复核程序，能够确保办案的质量。即使极少数刑事案件的判决、裁定可能出现错误，也可以通过审判监督程序予以纠正。

（四）两审终审制的意义

实行两审终审制是根据我国国情和司法的实际需要确定的，其意义如下。

1. 可以使错误的一审判决、裁定，在发生法律效力之前，得到及时的纠正，从而有利于法律的正确执行，确保办案质量。

2. 上级人民法院通过审判上诉、抗诉案件，可以了解下级人民法院的审判工作情况，有利于发挥审级监督的作用，改进审判工作。

3. 可以防止诉讼拖延，保证准确、及时地打击犯罪分子，节省人力、财力，便利公民诉讼。

二、第二审程序的概念和特点

第二审程序又称上诉审程序，是第二审人民法院根据上诉人的上诉或者人民检察院的抗诉，就第一审人民法院尚未发生法律效力的判决或裁定认定的事实和适用的法律进行审理时所应当遵循的步骤、方式和方法。它是刑事诉讼中一个独立的诉讼阶段。

正确理解上述概念，要注意以下三点：（1）不能简单地认为第二审程序就是对同一案件进行第二次审理的程序。因为对同一案件的第二次审理可能是第二审程序，也可能是第一审程序，甚至可能是审判监督程序。例如，上一级法院认为下级法院审理、裁判了应该由它作为第一审法院审理的案件，有权依法撤销原裁判、变更管辖，将该案收归自己作第一审审判。变更管辖后的审理，从审理次数来说是第二次，但从审判程序上说仍是第一审程序。（2）第二审程序并不是审理刑事案件的必经程序。一个案件是否经过第二审程序，关键在于上诉人或检察机关是否依法提起了上诉或抗诉。提起上诉或抗诉的，该案就应由上一级人民法院依第二审程序再次审理，否则，就不会产生第二审程序。（3）除基层人民法院以外的各级人民法院，都可以成为上级人民法院。因此，中级人民法院、高级人民法院和最高人民法院对于它的下一级人民法院来说，都是第二审人民法院，对于不服下一级人民法院第一审判决或裁定而提出上诉或抗诉的，都要适用第二审程序审理、裁判。

三、第二审程序的任务和意义

第二审程序的任务是，第二审人民法院对第一审人民法院作出的判决或裁定所认定的事实是否清楚，证据是否确实、充分，适用法律是否正确，诉讼程序是否合法，进行全面审查和审理，并依法作出判决或裁定，以维持正确的一审判决和裁定，纠正错误的一审判决和裁定。

第二审程序的意义是多方面的，主要方面如下。

1. 通过第二审程序，维护一审法院的正确裁判。有的被告人存在侥幸心理，甚至利用法律关于上诉不加刑的原则，妄图通过第二审审判减轻自己的罪责或逃避法律的制裁，而对第一审法院正确的裁判提出上诉。第二审人民法院通过第二审审理，进一步揭露和证实犯罪，依法驳回被告人的无理上诉，从而维护第一审法院正确的判决或裁定。

2. 通过第二审程序，纠正一审法院的错误裁判，准确地惩罚犯罪分子，保护被告人的合法权益。犯罪现象是十分复杂的，要把案件事实彻底查清楚，是一项艰难的任务。有时由于某些客观原因，或者审判人员认识上的片面性，或工作上的粗枝大叶，裁判可能发生错误。无论是误将有罪判无罪、重罪判轻罪，还是误将无罪判有罪、轻罪判重罪，都违背了“以事实为根据，以法律为准绳”的诉讼原则，都必然损害国家和人民的利益。所以，通过第二审程序可以及时纠正第一审法院的错误裁判，保证生效判决的正确性。这样做既有利于准确地惩罚犯罪分子，保护被害人的人身权利和其他权益，又能使无罪的人免受刑罚处罚，有效地保护被告人的合法权益。

3. 有利于上级人民法院监督和指导下级人民法院的审判工作，保证办案质量。第二审程序是上级人民法院对下级人民法院审判工作实行监督的有效方法。上级人民法院撤销、变更下级人民法院所作的错误裁判，指出下级人民法院审判工作中存在的问题和缺点，或者维护下级人民法院的正确判决，肯定下级人民法院审判工作中的正确方面，有利于下级人民法院总结经验教训，发扬成绩，改进审判工作，提高办案质量，保证人民法院审判权的正确行使。

第二节　第二审程序的提起

一、提起第二审程序的主体

根据《刑事诉讼法》第 227 条的规定，有权提出上诉的主体是：自诉人、被告人或者他们的法定代理人，以及经被告人同意的辩护人、近亲属，还有附带民事诉讼的当事人及其法定代理人。有权提出抗诉的机关是地方各级人民检察院。

上诉权主要是被告人享有的一项诉讼权利。上诉制度是确保人民法院既能及时、正确地惩罚犯罪，又能保护无辜、维护被告人合法权益的重要制度。由于各种上诉人在刑事诉讼中所处的地位不同，《刑事诉讼法》对他们的上诉权限也作了不同的规定。

1. 自诉人、被告人在诉讼活动中，分别处于原告和被告一方，人民法院审理该案件所作出的判决、裁定与他们都有切身的利害关系，所以，法律规定他们有独立的上诉权，只要他们之中有人依法提出上诉，就引起第二审程序。

2. 法定代理人作为未成年人或者精神病人这类不能进行正常诉讼活动的自诉人、被告人的合法权益的维护者，法律赋予他们独立的上诉权，他们的上诉，即使被告人、自诉人不同意，也是有效的。

3. 被告人的辩护人和近亲属不具有独立的上诉权，而是有条件地享有上诉权。即被告人的辩护人和近亲属，只有在征得被告人同意后，才可以提出上诉。被告人对自己是否犯罪以及罪行轻重是最清楚的，法院作出的判决与其有切身的利害关系，而不仅被告人的辩护人和近亲属不完全了解被告人的犯罪情节，而且法院判决不直接涉及他们的人身权利和其他权益，所以，法律没有赋予他们独立的上诉权利，而以取得被告人同意作为他们提起上诉的条件。

4. 附带民事诉讼的当事人和他们的法定代理人享有部分的上诉权，他们可以对判决、裁定中的附带民事诉讼部分提出上诉。附带民事诉讼的当事人及其法定代理人作为附带民事诉讼的原告或被告，有权对附带民事诉讼部分提出上诉，但无权就判决、裁定中的刑事部分提出上诉。而且，这种上诉并不影响刑事判决、裁定在上诉期满后发生法律效力和执行。

为了保证被告人行使上诉权，《刑事诉讼法》第 227 条第 3 款明确规定，对被告人的上诉权，不得以任何借口加以剥夺。上诉权是被告人依法享有的重要诉讼权利之一，保护被告人的上诉权，有利于司法机关公正执法，有利于提高办案质量，有利于维护被告人的合法权益，所以法律规定，不得以任何借口、方式剥夺、侵犯或限制被告人的上诉权。剥夺或者侵犯被告人的上诉权的行为属于严重违反诉讼程序的行为，既是被告人及其近亲属依法提出申诉和控告的理由，也是第二审人民法院撤销原判的法定依据。根据最高人民法院《解释》第378条的规定，地方各级人民法院在宣告第一审判决、裁定时，应当告知被告人、自诉人及其法定代理人不服判决和准许撤回起诉、终止审理等裁定的，有权在法定期限内以书面或者口头形式，通过本院或者直接向上一级人民法院提出上诉；被告人的辩护人、近亲属经被告人同意，也可以提出上诉；附带民事诉讼当事人及其法定代理人，可以对判决、裁定中的附带民事部分提出上诉。被告人、自诉人、附带民事诉讼当事人及其法定代理人是否提出上诉，以其在上诉期满前最后一次的意思表示为准。

根据《刑事诉讼法》第228条的规定，地方各级人民检察院认为本级人民法院第一审的判决、裁定确有错误的时候，应当向上一级人民法院提出抗诉。人民检察院是国家法律监督机关，对于人民法院的审判活动是否合法，应当实行监督。对于被告人有利和不利的错误判决、裁定，人民检察院都应当提起抗诉。

二、被害人向人民检察院申请抗诉

虽然公诉案件中的被害人及其法定代理人具有当事人的诉讼地位，但是法律并未赋予其上诉的权利，而是给予其请求抗诉的权利。根据《刑事诉讼法》第229条的规定，被害人及其法定代理人不服地方各级人民法院第一审的判决的，自收到判决书后5日以内，有权请求人民检察院提出抗诉。对此，人民检察院应当立即对请求人的资格、请求的时间和理由进行审查，并自收到请求后5日内作出是否抗诉的决定，答复请求人。根据最高人民检察院《规则》第588条的规定，被害人及其法定代理人不服地方各级人民法院第一审的判决，在收到判决书后5日以内请求人民检察院提出抗诉的，人民检察院应当立即进行审查，在收到被害人及其法定代理人的请求后5日以内作出是否抗诉的决定，并且答复请求人。经审查认为应当抗诉的，适用该规则第584条至第587条的规定办理。被害人及其法定代理人在收到判决书5日以后请求人民检察院提出抗诉的，由人民检察院决定是否受理。

三、上诉、抗诉的理由

《刑事诉讼法》对于提出上诉的理由没有规定任何限制，因此，上诉人在法定期限内提出上诉，不论理由是否充分，均应允许。根据《刑事诉讼法》第228条的规定，人民检察院只有在有充分的根据认定原判决、裁定“确有错误”时，才能提出抗诉。无论上诉还是抗诉，二审法院都应着重查明上诉或抗诉有无理由。上诉人或人民检察院不仅可以在上诉状或抗诉书中提出上诉、抗诉的根据和理由，而且在提出上诉或抗诉后，甚至在二审法院审理过程中，仍可作补充阐述或提出新的根据和理由，第二审法院不应加以限制。

根据最高人民检察院《规则》第584条的规定，人民检察院认为同级人民法院第一审判决、裁定具有下列情形之一的，应当提出抗诉：（1）认定的事实确有错误或者据以定罪量刑的证据不确实、不充分的；（2）有确实、充分证据证明有罪判无罪，或者无罪判有罪的；（3）重罪轻判，轻罪重判，适用刑罚明显不当的；（4）认定罪名不正确，一罪判数罪、数罪判一罪，影响量刑或者造成严重社会影响的；（5）免除刑事处罚或者适用缓刑、禁止令、限制减刑等错误的；（6）人民法院在审理过程中严重违反法律规定的诉讼程序的。

四、上诉、抗诉的期限

对地方各级人民法院第一审判决、裁定的上诉或者抗诉，应当在法定的上诉或抗诉期间内提出。根据《刑事诉讼法》第230条、最高人民法院《解释》第380条的规定，上诉、抗诉必须在法定期限内提出。不服判决的上诉和抗诉的期限为10日；不服裁定的上诉和抗诉的期限为5日。上诉、抗诉的期限，从接到判决书、裁定书的第2日起算。对附带民事判决、裁定的上诉、抗诉期限，应当按照刑事部分的上诉、抗诉期限确定。附带民事部分另行审判的，上诉期限也应当按照刑事诉讼法规定的期限确定。法律规定上诉期限的目的，一方面是让上诉人等有一定的期间充分考虑是否提出上诉和准备上诉的理由，以保障他们行使上诉权；另一方面是保证上级人民法院能够迅速地审判上诉、抗诉案件，使确有错误的判决、裁定能及时得到纠正，以免拖延诉讼。

五、上诉、抗诉的方式和程序

上诉既可以书状提出，也可以口头提出，用口头形式提出上诉的，人民法院应制成笔录，在上诉人阅读或者向他宣读后，上诉人应当签名或者盖章。根据最高人民法院《解释》第379条的规定，人民法院受理的上诉案件，一般应当有上诉状正本及副本。上诉状内容一般包括：第一审判决书、裁定书的文号和上诉人收到的时间，第一审法院的名称，上诉的请求和理由，提出上诉的时间。被告人的辩护人、近亲属经被告人同意提出上诉的，还应当写明其与被告人的关系，并应当以被告人作为上诉人。根据《刑事诉讼法》第231条、最高人民法院《解释》第381、382条的规定，上诉人上诉既可以通过原审人民法院提出，也可以直接向第二审人民法院提出。上诉人通过原审人民法院提出上诉的，第一审人民法院应当审查。上诉符合法律规定的，原审人民法院应当在上诉期满后3日以内将上诉状连同案卷、证据移送上一级人民法院，同时将上诉状副本送交同级人民检察院和对方当事人。上诉人直接向第二审人民法院提出上诉的，第二审人民法院应当在收到上诉状后3日以内将上诉状交原审人民法院。原审人民法院应当审查上诉是否符合法律规定。符合法律规定的，应当在接到上诉状后3日以内将上诉状连同案卷、证据移送上一级人民法院，并将上诉状副本送交同级人民检察院和对方当事人。

根据《刑事诉讼法》第232条和最高人民法院《解释》第384条的规定，地方各级人民检察院对同级人民法院第一审判决、裁定的抗诉，应当通过原审人民法院提出抗诉书，并且将抗诉书抄送上一级人民检察院。原审人民法院应当在抗诉期满后3日以内将抗诉书连同案卷、证据移送上一级人民法院，并且将抗诉书副本送交当事人。上级人民检察院如果认为抗诉不当，可以向同级人民法院撤回抗诉，并且通知下级人民检察院。

根据最高人民法院《解释》第383条的规定，上诉人在上诉期限内要求撤回上诉的，人民法院应当准许。但是，如果上诉人在上诉期满后要求撤回上诉，应当由第二审人民法院进行审查。第二审人民法院经过审查，如果认为原判决认定事实和适用法律正确，量刑适当，应当裁定准许撤回上诉；如果认为原判确有错误，应当不准许撤回上诉，继续按照上诉程序进行审理。被判处死刑立即执行的被告人提出上诉，在第二审开庭后宣告裁判前申请撤回上诉的，应当不予准许，继续按照上诉案件审理。根据最高人民法院《解释》第385、386条的规定，人民检察院在抗诉期限内要求撤回抗诉的，人民法院应当准许。人民检察院在抗诉期满后要求撤回抗诉的，第二审人民法院可以裁定准许，但是认为原判存在将无罪判为有罪、轻罪重判等情形的，应当不予准许，继续审理。上级人民检察院认为下级人民检察院抗诉不当，向第二审人民法院要求撤回抗诉的，适用这些规定。在上诉、抗诉期满前撤回上诉、抗诉的，第一审判决、裁定在上诉、抗诉期满之日起生效。在上诉、抗诉期满后要求撤回上诉、抗诉，第二审人民法院裁定准许的，第一审判决、裁定应当自第二审裁定书送达上诉人或者抗诉机关之日起生效。根据《刑事诉讼法》第232条、最高人民检察院《规则》第585～590条的规定，人民检察院应当按照下列规定提起二审抗诉：（1）人民检察院在收到人民法院第一审判决书或者裁定书后，应当及时审查。对于需要提出抗诉的案件，应当报请检察长决定。（2）人民检察院对同级人民法院第一审判决的抗诉，应当在接到判决书后第2日起至第10日止提出；对第一审裁定的抗诉，应当在接到裁定书后第2日起至第5日止提出。（3）人民检察院对同级人民法院第一审判决、裁定的抗诉，应当制作抗诉书，通过原审人民法院向上一级人民法院提出，并将抗诉书副本连同案卷材料报送上一级人民检察院。（4）上一级人民检察院对下级人民检察院按照第二审程序提出抗诉的案件，认为抗诉正确的，应当支持抗诉。上一级人民检察院认为抗诉不当的，应当听取下级人民检察院的意见。上一级人民法院听取意见后，仍然认为抗诉不当的，应当向同级人民法院撤回抗诉，并且通知下级人民检察院。上一级人民检察院在上诉、抗诉期限内，发现下级人民检察院应当提出抗诉而没有提出抗诉的案件，可以指令下级人民检察院依法提出抗诉。上一级人民检察院支持或者部分支持抗诉意见的，可以变更、补充抗诉理由，及时制作支持抗诉意见书，并通知提出抗诉的人民检察院。（5）第二审人民法院发回原审人民法院按照第一审程序重新审判的案件，如果人民检察院认为重新审判的判决、裁定确有错误，可以按照第二审程序提出抗诉。

另外，根据最高人民法院《解释》第397条的规定，人民法院开庭审理上诉、抗诉的公诉案件，应当通知同级人民检察院派员出庭。对接到开庭通知后人民检察院不派员出庭的抗诉案件，而且未说明原因的，人民法院可以裁定按人民检察院撤回抗诉处理。

第三节　第二审程序的审判

一、对上诉、抗诉案件的审查

根据最高人民法院《解释》第387条的规定，第二审人民法院对第一审人民法院移送上诉、抗诉的案卷、证据，应当审查是否包括下列内容：（1）移送上诉、抗诉案件函；（2）上诉状或者抗诉书；（3）第一审判决书或者裁定书8份（每增加1名被告人增加1份）及其电子文本；（4）全部案卷材料和证据，包括案件审理报告和其他应当移送的材料。如果上述材料齐备，第二审人民法院应当收案；材料不齐备的，应当通知第一审人民法院及时补送。

二、全面审理原则

根据《刑事诉讼法》第183条和第234条的规定，第二审人民法院审判上诉、抗诉案件一律由合议庭进行，而且合议庭的组成人员都必须为审判员，人数为3人或者5人。合议庭由院长或庭长指定审判员一人担任审判长。院长或庭长参加合议庭审判案件的时候，自己担任审判长。合议庭的组织与活动，依据权利平等原则实行民主集中制。根据《刑事诉讼法》第233条、最高人民法院《解释》第388条的规定，第二审人民法院审理上诉、抗诉案件，应当就第一审判决、裁定认定的事实和适用法律进行全面审查，不受上诉或者抗诉范围的限制。共同犯罪的案件只有部分被告人上诉的，应当对全案进行审查，一并处理。这就是我国第二审人民法院全面审理的法定原则。第二审人民法院对案件全面审理，就是指不仅要对上诉或者抗诉所提出的内容进行审理，而且要对上诉或者抗诉没有提出而为第一审判决所认定的事实、适用的法律以及审判活动是否遵守了诉讼程序进行审理。

根据最高人民法院《解释》第389、390条的规定，共同犯罪案件，只有部分被告人提出上诉的，或者自诉人只对部分被告人的判决提出上诉，或者人民检察院只对部分被告人的判决提出抗诉的，第二审人民法院应当对全案进行审查，一并处理。共同犯罪案件，上诉的被告人死亡，其他被告人未上诉的，第二审人民法院应当对死亡的被告人终止审理；但有证据证明被告人无罪，经缺席审理确认无罪的，应当判决宣告被告人无罪。具有前述规定的情形，第二审人民法院仍应对全案进行审查，对其他同案被告人作出判决、裁定。根据最高人民法院《解释》第409条的规定，第二审人民法院审理对附带民事部分提出上诉，刑事部分已经发生法律效力的案件，应当对全案进行审查，并按照下列情形分别处理：第一审判决的刑事部分并无不当的，只需就附带民事部分作出处理；第一审判决的刑事部分确有错误的，依照审判监督程序对刑事部分进行再审，并将附带民事部分与刑事部分一并审理。

根据最高人民法院《解释》第391条的规定，第二审人民法院审查上诉、抗诉案件时，应该着重审查下列内容：（1）第一审判决认定的事实是否清楚，证据是否确实、充分；（2）第一审判决适用法律是否正确，量刑是否适当；（3）在调查、侦查、审查、起诉、第一审程序中，有无违反法律规定的诉讼程序的情形；（4）上诉、抗诉是否提出了新的事实和证据；（5）被告人的供述、辩解情况；（6）辩护人的辩护意见及采纳情况；（7）附带民事部分的判决、裁定是否合法、适当；（8）对涉案财物的处理是否正确；（9）第一审法院合议庭、审判委员会讨论的意见。

第二审人民法院在全面审理的基础上，对案件要作出全面处理，即通盘考虑上诉、抗诉的理由是否充分，第一审判决、裁定是否正确，程序是否合法，从而使上诉状或抗诉书已指出的和未指出的、涉及已上诉或未上诉的被告人的错误判决、裁定都得到纠正。如第一审判决、裁定对上诉人认定事实和适用法律正确，而对未上诉的人认定事实和适用法律不正确、量刑不当的，应裁定驳回上诉人的上诉，同时对未上诉而存在错误裁判的人要撤销原审有关的判决或裁定，予以改判。

总之，全面审理的原则，充分体现了我国《刑事诉讼法》的实事求是及以事实为根据、以法律为准绳的基本原则和对人民高度负责的精神。

三、对第二审案件的审判方式和程序

根据《刑事诉讼法》第 234 条第 1 款和最高人民法院《解释》第 393 条的规定，第二审人民法院对于下列案件，应当组成合议庭，开庭审理：（1）被告人、自诉人及其法定代理人对第一审认定的事实、证据提出异议，可能影响定罪量刑的上诉案件；（2）被告人被判处死刑的上诉案件；（3）人民检察院抗诉的案件；（4）其他应当开庭审理的案件。对于被判处死刑的被告人没有上诉，同案的其他被告人上诉的案件，第二审人民法院应当开庭审理。

最高人民法院《解释》第 394 条规定，对上诉、抗诉案件，第二审人民法院经审查，认为原判事实不清、证据不足，或者具有《刑事诉讼法》第 238 条规定的违反法定诉讼程序情形，需要发回重新审判的，可以不开庭审理。根据《刑事诉讼法》第 234 条第 2 款和最高人民法院《解释》第 400 条的规定，第二审人民法院依法不开庭审理的，应当讯问被告人，听取其他当事人、辩护人、诉讼代理人的意见。合议庭全体成员应当阅卷，必要时应当提交书面阅卷意见。上述条款表明，我国第二审程序对上诉案件和抗诉案件的审理方式作了不同的规定，即对于抗诉案件，二审法院必须开庭审理，而对于除《刑事诉讼法》第 234 条第 1 款和最高人民法院《解释》第 393 条规定的上诉案件以外的案件，第二审人民法院对于是否开庭审理具有一定的自由裁量权。但是，对于依法决定不开庭审理的上诉案件，第二审人民法院必须讯问被告人，听取其他当事人、辩护人、诉讼代理人的意见。

（一）开庭审理的方式

开庭审理，是指第二审人民法院在合议庭的主持下，由检察人员和诉讼参与人参加，通过法庭调查和辩论、评议、宣判的方式审理案件。适用开庭审理的案件主要有两类：一类是需要开庭审理的上诉案件；另一类是人民检察院依法提起抗诉的案件。

第二审人民法院开庭审理的程序，由于是在一审程序的基础上进行的，所以，《刑事诉讼法》第 242 条规定，除法律已有规定的以外，参照第一审程序的规定进行。但是，第二审程序又不完全等同于第一审程序，它还有其自身的一些特点，因而第二审人民法院在开庭审理上诉或者抗诉案件时，除参照第一审程序的规定外，还具有自己的特点。根据最高人民法院《解释》第 392～399 条的规定，第二审人民法院除参照第一审程序之外，还应当遵守以下规定。

1. 被告人除自行辩护外，还可以继续委托第一审辩护人或者另行委托辩护人辩护。共同犯罪案件，只有部分被告人提出上诉，或者自诉人只对部分被告人的判决提出上诉，或者人民检察院只对部分被告人的判决提出抗诉的，其他同案被告人也可以委托辩护人辩护。

2. 人民检察院或者被告人及其辩护人提交新证据的，人民法院应当及时通知对方查阅、摘抄或者复制。

3. 开庭审理第二审公诉案件，应当在决定开庭审理后及时通知人民检察院查阅案卷。自通知后的第 2 日起，人民检察院查阅案卷的时间不计入审理期限。

4. 法庭调查阶段，审判人员宣读第一审判决书、裁定书后，上诉案件由上诉人或者辩护人先宣读上诉状或者陈述上诉理由，抗诉案件由检察员先宣读抗诉书；既有上诉又有抗诉的案件，先由检察员宣读抗诉书，再由上诉人或者辩护人宣读上诉状或者陈述上诉理由。

5. 法庭辩论阶段，上诉案件先由上诉人、辩护人发言，后由检察员、诉讼代理人发言；抗诉案件先由检察员、诉讼代理人发言，后由被告人、辩护人发言；既有上诉又有抗诉的案件，先由检察员、诉讼代理人发言，后由上诉人、辩护人发言。

6. 开庭审理上诉、抗诉案件，可以重点围绕对第一审判决、裁定有争议的问题或者有疑问的部分进行。根据案件情况，可以按照下列方式审理：（1）宣读第一审判决书，可以只宣读案由、主要事实、证据名称和判决主文等。（2）法庭调查应当重点围绕对第一审判决提出异议的事实、证据以及新的证据等进行；对没有异议的事实、证据和情节，可以直接确认。（3）对同案审理案件中未上诉的被告人，未被申请出庭或者人民法院认为没有必要到庭的，可以不再传唤到庭。（4）被告人犯有数罪的案件，对其中事实清楚且无异议的犯罪，可以不在庭审时审理。同案审理的案件，未提出上诉、人民检察院也未对其判决提出抗诉的被告人要求出庭的，应当准许。出庭的被告人可以参加法庭调查和辩论。

鉴于开庭审理的方式是在检察人员、当事人和其他诉讼参与人的参加下，当庭核实证据，充分听取诉讼双方的意见，便于合议庭全面弄清案件事实真相，通盘考虑定罪量刑，确保审判质量，所以，第二审法院应尽量采用开庭审理的方式。根据《刑事诉讼法》第234条第3款的规定，二审法院开庭审理上诉、抗诉案件，既可以在第二审人民法院所在地进行，也可以到案件发生地或者原审人民法院所在地进行。这是充分考虑到我国地域辽阔，一些边远地区交通不便，有的一审、二审法院相去甚远等实际情况，从方便诉讼参与人参加诉讼，有利于正确、及时地处理案件的目的出发，作出了这样变通、灵活的规定。

另外，值得一提的是，为了进一步加强刑事被告人人权保障，彰显现代司法文明，最高人民法院、公安部于2015年2月10日联合印发的《关于刑事被告人或上诉人出庭受审时着装问题的通知》指出，人民法院开庭时，上诉人不再穿着看守所的识别服出庭受审。人民法院到看守所提解在押上诉人的，看守所应当将穿着正装或便装的在押上诉人移交人民法院。最高人民法院于2016年4月13日公布的《人民法院法庭规则》第13条进一步规定，在押上诉人出庭受审时，着正装或便装，不着监管机构的识别服。人民法院在庭审活动中不得对上诉人使用戒具，但认为其人身危险性大，可能危害法庭安全的除外。

（二）不开庭的审理方式

不开庭的审理方式，又称调查讯问的审理方式，是指第二审人民法院的合议庭对于除《刑事诉讼法》第234条第1款和最高人民法院《解释》第393条规定的必须开庭审理的上诉案件以外的上诉案件，决定不开庭审理，通过讯问被告人以及听取其他当事人、辩护人、诉讼代理人的意见等方式，作出判决或裁定的审理方式。对于第二审人民法院决定不开庭审理的依据，新刑事诉讼法并没有作出明确规定。在以往的司法实践中，不开庭的审理方式通常适用于那些事实清楚的上诉案件。而对于事实清楚的判断标准，法律也未加以明确规定，理论上应理解为第二审人民法院的合议庭经过阅卷、调查、讯问，认为一审认定的事实清楚，证据确实、充分，从诉讼经济的方面考虑，可以对这类案件不开庭审理。这样做有利于提高二审法院的办案效率，在保证办案质量的前提下，其成为开庭审理方式的必要补充。

采用调查讯问的方式审理案件，应当遵循下列程序。

1. 根据《刑事诉讼法》第183条第4款的规定，由审判员3人至5人组成合议庭进行。

2. 合议庭成员共同阅卷，并制作阅卷笔录。阅卷的目的是全面了解案件事实、情节和相关证据，以便查明案件事实是否清楚，证据是否确实、充分，一审适用法律是否正确，定罪量刑是否适当，诉讼程序是否合法。

3. 讯问被告人。合议庭直接讯问和听取被告人对一审判决的意见以及对案件事实的供述和辩解，应注意分析被告人前后供述、辩解中的矛盾点和疑点，运用事实和证据核查被告人的口供。

4. 听取诉讼参与人的意见。合议庭既要认真听取案中其他当事人、辩护人、诉讼代理人的意见，也要听取检察人员的意见；既包括案件事实和证据方面的意见，也包括一审法院对被告人定罪量刑方面的意见。

5. 合议庭经评议，认为案件事实与一审认定的没有变化，证据确实、充分的，可以不开庭审理即作出相应的处理决定。

四、对第二审案件的处理

（一）对上诉、抗诉案件的处理

根据《刑事诉讼法》第 236、238 条以及最高人民法院《解释》第 402～406 条的规定，第二审法院对不服第一审判决的上诉、抗诉案件进行审理后，应按下列情形分别作出处理。

1. 原判决认定事实正确和适用法律正确、量刑适当的，应当裁定驳回上诉或抗诉，维持原判。

2. 原判决认定事实没有错误，但适用法律有错误或者量刑不当的，例如，混淆了罪与非罪的界限，认定犯罪性质不准、罪名不当，量刑畸轻、畸重，或者重罪轻判、轻罪重判等，第二审法院应当撤销原判，重新判决，并在判决中阐明改判的根据和理由。

3. 原判决事实不清楚或者证据不足的，既可以由二审法院查清事实后改判，也可以裁定撤销原判，发回原审人民法院重新审判。有多名被告人的案件，部分被告人的犯罪事实不清、证据不足或者有新的犯罪事实需要追诉，且有关犯罪与其他同案被告人没有关联的，第二审人民法院根据案件情况，可以对该部分被告人分案处理，将该部分被告人发回原审人民法院重新审判。原审人民法院重新作出判决后，被告人上诉或者人民检察院抗诉，其他被告人的案件尚未作出第二审判决、裁定的，第二审人民法院可以并案审理。原判事实不清、证据不足，第二审人民法院发回重新审判的案件，原审人民法院重新作出判决后，被告人上诉或者人民检察院抗诉的，第二审人民法院应当依法作出判决、裁定，不得再发回重新审判。

4. 发现一审法院有下列违反法律规定的诉讼程序的情形之一的，应当裁定撤销原判，发回原审人民法院重新审判：（1）违反法律有关公开审判的规定的；（2）违反回避制度的；（3）剥夺或者限制了当事人的法定诉讼权利，可能影响公正审判的；（4）审判组织的组成不合法的；（5）其他违反法律规定的诉讼程序，可能影响公正审判的。

5. 根据《刑事诉讼法》第 239 条的规定，原审人民法院对于发回重新审判的案件，应当另行组成合议庭，依照第一审程序进行审判。对于重新审判后的判决，依照《刑事诉讼法》第 227～229 条的规定可以上诉、抗诉。如果第二审人民法院发现原审人民法院违反此规定，应当裁定撤销原判，发回重新审判。

第二审人民法院作出的判决或者裁定，除死刑案件外，均是终审的判决和裁定，一经宣告即发生法律效力，上诉人及其法定代理人等不得再行上诉，人民检察院也不得再按二审程序提起抗诉。第二审人民法院可以自行宣告裁判，也可以委托原审人民法院代为宣告。根据最高人民法院《解释》第 413 条的规定，第二审人民法院可以委托第一审人民法院代为宣判，并向当事人送达第二审判决书、裁定书。第一审人民法院应当在代为宣判后 5 日内将宣判笔录送交第二审人民法院，并在送达完毕后及时将送达回证送交第二审人民法院。委托宣判的，第二审人民法院应当直接向同级人民检察院送达第二审判决书、裁定书。第二审判决、裁定是终审的判决、裁定的，自宣告之日起发生法律效力。

（二）对附带民事诉讼案件的处理

根据《刑事诉讼法》第 227、231、243 条，以及最高人民法院《解释》第 378、380、407～410 条的规定，第二审人民法院处理附带民事诉讼案件时应当遵守下列规定。

1. 附带民事诉讼当事人及其法定代理人，可以对判决、裁定中的附带民事部分提出上诉。被告人、自诉人、附带民事诉讼当事人及其法定代理人是否提出上诉，以其在上诉期满前最后一次的意思表示为准。对附带民事判决、裁定的上诉、抗诉期限，应当按照刑事部分的上诉、抗诉期限确定。附带民事部分另行审判的，上诉期限也应当按照刑事诉讼法规定的期限确定。

2. 第二审人民法院审理对刑事部分提出上诉、抗诉，附带民事部分已经发生法律效力的案件，发现第一审判决、裁定中的附带民事部分确有错误的，应当依照审判监督程序对附带民事部分予以纠正。

3. 第二审人民法院审理对附带民事部分提出上诉，刑事部分已经发生法律效力的案件，应当对全案进行审查，并按照下列情形分别处理：（1）第一审判决的刑事部分并无不当的，只需就附带民事部分作出处理；（2）第一审判决的刑事部分确有错误的，依照审判监督程序对刑事部分进行再审，并将附带民事部分与刑事部分一并审理。

4. 第二审期间，第一审附带民事诉讼原告人增加独立的诉讼请求或者第一审附带民事诉讼被告人提出反诉的，第二审人民法院可以根据自愿、合法的原则进行调解。调解不成的，告知当事人另行起诉。

5. 刑事附带民事诉讼案件，只有附带民事诉讼当事人及其法定代理人上诉的，第一审刑事部分的判决在上诉期满后即发生法律效力。应当送监执行的第一审刑事被告人是第二审附带民事诉讼被告人的，在第二审附带民事诉讼案件审结前，可以暂缓送监执行。

（三）对自诉案件的处理

根据《刑事诉讼法》第 227、231、237 条以及最高人民法院《解释》第 378、389、392、401、402、411、412 条的规定，第二审人民法院处理自诉案件时应当遵守下列规定。

1. 自诉人及其法定代理人不服判决和准许撤回起诉、终止审理等裁定的，有权在法定期限内以书面或者口头形式，通过一审人民法院或者直接向上一级人民法院提出上诉。自诉人及其法定代理人是否提出上诉，以其在上诉期满前最后一次的意思表示为准。

2. 对于共同犯罪案件，如果自诉人只对部分被告人的判决提出上诉，其他同案被告人也可以委托辩护人辩护，而且第二审人民法院应当对全案进行审查，一并处理。

3. 第二审人民法院审理被告人或者其法定代理人、辩护人、近亲属提出上诉的案件，应当遵循上诉不加刑原则。但是，自诉人上诉的案件不受上诉不加刑原则的限制。而且，人民检察院只对部分被告人的判决提出抗诉，或者自诉人只对部分被告人的判决提出上诉的，第二审人民法院不得对其他同案被告人加重刑罚。

4. 对第二审自诉案件，必要时可以调解，当事人也可以自行和解。调解结案的，应当制作调解书，第一审判决、裁定视为自动撤销。当事人自行和解的，依照最高人民法院《解释》第 329 条的规定处理；裁定准许撤回自诉的，应当撤销第一审判决、裁定。

5. 第二审期间，自诉案件的当事人提出反诉的，应当告知其另行起诉。

（四）对认罪认罚案件的处理

根据最高人民法院《解释》第357条的规定，对被告人在第一审程序中未认罪认罚，在第二审程序中认罪认罚的案件，应当根据其认罪认罚的具体情况决定是否从宽，并依法作出裁判。确定从宽幅度时应当与第一审程序认罪认罚有所区别。

五、第二审案件的审判期限

根据《刑事诉讼法》第243条的规定，第二审人民法院受理上诉、抗诉案件，应当在2个月以内审结。对于可能判处死刑的案件或者附带民事诉讼的案件，以及有《刑事诉讼法》第158条规定情形之一的，经省、自治区、直辖市高级人民法院批准或者决定，可以延长2个月；因特殊情况还需要延长的，报请最高人民法院批准。最高人民法院受理上诉、抗诉案件的审理期限，由最高人民法院决定。根据《刑事诉讼法》第241条的规定，第二审人民法院发回原审人民法院重新审判的案件，原审人民法院从收到发回的案件之日起，重新计算审理期限。

第四节　上诉不加刑原则

一、上诉不加刑的概念和意义

（一）上诉不加刑的概念

我国的上诉不加刑原则，是指第二审人民法院审判被告人一方上诉的案件，不得以任何理由加重被告人刑罚的一项审判原则。根据《刑事诉讼法》第237条第1款的规定，第二审人民法院审理被告人或者他的法定代理人、辩护人、近亲属上诉的案件，不得加重被告人的刑罚。第二审人民法院发回原审人民法院重新审判的案件，除有新的犯罪事实，人民检察院补充起诉的以外，原审人民法院也不得加重被告人的刑罚。这是我国上诉不加刑原则在法律上的具体体现。法律规定的这一上诉不加刑原则的具体含义如下。

1. 上诉是被告人的合法权利，不论上诉理由是否得当，都不能以被告人不服判决或态度不好而在二审判决中加重原判刑罚。

2. 对于仅有被告人一方上诉的案件，二审法院审理后确认应按《刑事诉讼法》第236条第1款第2项进行改判时，即使原判量刑畸轻，也不得加重被告人的刑罚。

3. 对于仅有被告人一方上诉的案件，二审法院审理后，按照《刑事诉讼法》第236条第1款第3项，在查清事实以后直接改判的，不得加重被告人的刑罚。但是，按照《刑事诉讼法》第236条第1款第3项，对于第二审人民法院发回原审人民法院重新审判的案件，经过重新审理之后，在发现具有新的犯罪事实、人民检察院补充起诉的情况下，原审人民法院可以加重被告人的刑罚。否则，原审人民法院也不得加重被告人的刑罚。

上诉不加刑并不是在任何情况下第二审法院都不得加重被告人的刑罚。根据《刑事诉讼法》第237条第2款的规定，人民检察院提出抗诉的案件或自诉人提出上诉的案件，如果第一审判决确属量刑过轻的，第二审人民法院可以改判加重被告人的刑罚。

（二）上诉不加刑原则的意义

在刑事诉讼中坚持上诉不加刑原则具有重要意义。

1. 有利于保障被告人依法行使上诉权。我国《宪法》第130条规定，被告人有权获得辩护。上诉不加刑原则，正是被告人在审判阶段行使辩护权的重要保障。被告人一方上诉的目的，是申明被告人无罪或罪轻，要求上级法院纠正他们认为的原审法院判决存在的错误，宣告无罪或从轻定罪量刑。如果他们提出上诉后，二审法院不仅没有宣告无罪或减刑反而加重了刑罚，则必然增加被告人一方上诉的思想顾虑，甚至在一审法院判决确有错误的情况下也不敢上诉。这样，在客观上就会限制被告人行使上诉权，也使确有错误的一审判决不能得到及时的纠正。实行上诉不加刑原则，可以消除被告人的顾虑，使他按照自己的意志依法行使法律赋予他的上诉权利。

2. 有利于维护上诉制度，保证人民法院正确行使审判权。上诉不加刑原则，可以消除被告人的思想顾虑，使其大胆申明上诉理由，保证上诉制度的切实执行。这样，就有利于二审法院全面审查一审判决是否存在错误，维持正确的判决，纠正错误的判决，保证国家审判权的正确行使。

3. 有利于促使人民检察院履行审判监督职责。人民检察院是国家的法律监督机关，法律确立了被告人一方上诉不加刑的原则，这就要求人民检察院认真履行审判监督、依法抗诉的职责。

二、上诉不加刑的适用问题

长期以来，由于刑事诉讼法对上诉不加刑的规定比较原则，因而对于如何理解和具体适用这一原则，理论界和从事司法实务工作的人士都有不同看法。为了解决理论界与实务界在上诉不加刑原则适用过程中所遇到的各种争议和分歧，最高人民法院的司法解释对上诉不加刑原则作出较为细致的规定。

根据最高人民法院《解释》第401条的规定，审理被告人或者其法定代理人、辩护人、近亲属提出上诉的案件，不得对被告人的刑罚作出实质不利的改判，并应当执行下列规定：(1) 同案审理的案件，只有部分被告人上诉的，既不得加重上诉人的刑罚，也不得加重其他同案被告人的刑罚。(2) 原判认定的罪名不当的，可以改变罪名，但不得加重刑罚或者对刑罚执行产生不利影响。(3) 原判认定的罪数不当的，可以改变罪数，并调整刑罚，但不得加重决定执行的刑罚或者对刑罚执行产生不利影响。(4) 原判对被告人宣告缓刑的，不得撤销缓刑或者延长缓刑考验期。(5) 原判没有宣告职业禁止、禁止令的，不得增加宣告；原判宣告职业禁止、禁止令的，不得增加内容、延长期限。(6) 原判对被告人判处死刑缓期执行没有限制减刑、决定终身监禁的，不得限制减刑、决定终身监禁。(7) 原判判处的刑罚不当、应当适用附加刑而没有适用的，不得直接加重刑罚、适用附加刑。原判判处的刑罚畸轻，必须依法改判的，应当在第二审判决、裁定生效后，依照审判监督程序重新审判。人民检察院抗诉或者自诉人上诉的案件，不受前述规定的限制。

根据最高人民法院《解释》第402条的规定，人民检察院只对部分被告人的判决提出抗诉，或者自诉人只对部分被告人的判决提出上诉的，第二审人民法院不得对其他同案被告人加重刑罚。

根据最高人民法院《解释》第403条的规定，被告人或者其法定代理人、辩护人、近亲属提出上诉，人民检察院未提出抗诉的案件，第二审人民法院发回重新审判后，除有新的犯罪事实且人民检察院补充起诉的以外，原审人民法院不得加重被告人的刑罚。对前述规定的案件，原审人民法院对上诉发回重新审判的案件依法作出判决后，人民检察院抗诉的，第二审人民法院不得改判为重于原审人民法院第一次判处的刑罚。

第五节　对涉案财物的处理

根据《刑事诉讼法》第245条第1款的规定，公安机关、人民检察院和人民法院对查封、扣押、冻结犯罪嫌疑人、被告人的财物及其孳息，应当妥善保管，以供核查，并制作清单，随案移送。任何单位和个人不得挪用或者自行处理。这些规定有利于公安司法机关公正执法，准确、及时地打击犯罪，保护被害人的合法权益。

根据《刑事诉讼法》第245条的规定，公检法三机关对查封、扣押、冻结财物的处理应该遵循如下几个原则：(1) 对于查封、扣押、冻结犯罪嫌疑人、被告人的财物及其孳息，应当妥善保管，以供核查，并制作清单，随案移送。任何单位和个人不得挪用或者自行处理。(2) 对被害人的合法财产，应当及时返还。对违禁品或者不宜长期保存的物品，应当依照国家有关规定处理。(3) 对作为证据使用的实物应当随案移送，对不宜移送的，应当将其清单、照片或者其他证明文件随案移送。(4) 人民法院作出的判决，应当对查封、扣押、冻结的财物及其孳息作出处理。人民法院作出的判决生效以后，有关机关应当根据判决对查封、扣押、冻结的财物及其孳息进行处理。对查封、扣押、冻结的赃款赃物及其孳息，除依法返还被害人的以外，一律上缴国库。为了保障公安机关、人民检察院和人民法院正确处理查封、扣押、冻结的财物及其孳息，《刑事诉讼法》第245条还明确规定，司法工作人员贪污、挪用或者私自处理查封、扣押、冻结的财物及其孳息的，依法追究刑事责任；不构成犯罪的，给予处分。

具体说来，根据最高人民法院《解释》第437～450条的规定，人民法院应当按照下列程序处理涉案财物。

1. 妥善保管涉案财物。人民法院对查封、扣押、冻结的涉案财物及其孳息，应当妥善保管，并制作清单，附卷备查；对人民检察院随案移送的实物，应当根据清单核查后妥善保管。任何单位和个人不得挪用或者自行处理。查封不动产、车辆、船舶、航空器等财物，应当扣押其权利证书，经拍照或者录像后原地封存，或者交持有人、被告人的近亲属保管，登记并写明财物的名称、型号、权属、地址等详细信息，并通知有关财物的登记、管理部门办理查封登记手续。扣押物品，应当登记并写明物品名称、型号、规格、数量、重量、质量、成色、纯度、颜色、新旧程度、缺损特征和来源等。扣押货币、有价证券，应当登记并写明货币、有价证券的名称、数额、面额等，货币应当存入银行专门账户，并登记银行存款凭证的名称、内容。扣押文物、金银、珠宝、名贵字画等贵重物品以及违禁品，应当拍照，需要鉴定的，应当及时鉴定。对扣押的物品应当根据有关规定及时估价。冻结存款、汇款、债券、股票、基金份额等财产，应当登记并写明编号、种类、面值、张数、金额等。

2. 返还被害人合法财产。对被害人的合法财产，权属明确的，应当依法及时返还，但须经拍照、鉴定、估价，并在案卷中注明返还的理由，将原物照片、清单和被害人的领取手续附卷备查；权属不明的，应当在人民法院判决、裁定生效后，按比例返还被害人，但已获退赔的部分应予扣除。

3. 先行处置特定涉案财物。审判期间，对不宜长期保存、易贬值或者市场价格波动大的财产，或者有效期即将届满的票据等，经权利人申请或者同意，并经院长批准，可以依法先行处置，所得款项由人民法院保管。涉案财物先行处置应当依法、公开、公平。

4. 随案移送作为证据使用的涉案实物。对作为证据使用的实物，应当随案移送。第一审判决、裁定宣告后，被告人上诉或者人民检察院抗诉的，第一审人民法院应当将上述证据移送第二审人民法院。

5. 审查未被移送的涉案实物。对实物未随案移送的，应当根据情况，分别审查以下内容：(1) 大宗的、不便搬运的物品，是否随案移送查封、扣押清单，并附原物照片和封存手续，注明存放地点等；(2) 易腐烂、霉变和不易保管的物品，查封、扣押机关变卖处理后，是否随案移送原物照片、清单、变价处理的凭证（复印件）等；(3) 枪支弹药、剧毒物品、易燃易爆物品以及其他违禁品、危险物品，查封、扣押机关根据有关规定处理后，是否随案移送原物照片和清单等。上述未随案移送的实物，应当依法鉴定、估价的，还应当审查是否附有鉴定、估价意见。对查封、扣押的货币、有价证券等，未移送实物的，应当审查是否附有原物照片、清单或者其他证明文件。

6. 法庭审查涉案财物。法庭审理过程中，应当依照最高人民法院《解释》第 279 条的规定，依法对查封、扣押、冻结的财物及其孳息进行审查。

7. 追缴涉案财物。被告人将依法应当追缴的涉案财物用于投资或者置业的，对因此形成的财产及其收益，应当追缴。被告人将依法应当追缴的涉案财物与其他合法财产共同用于投资或者置业的，对因此形成的财产中与涉案财物对应的份额及其收益，应当追缴。

8. 判决中写明涉案财物的基本情况。对查封、扣押、冻结的财物及其孳息，应当在判决书中写明名称、金额、数量、存放地点及其处理方式等。涉案财物较多，不宜在判决主文中详细列明的，可以附清单。判决追缴违法所得或者责令退赔的，应当写明追缴、退赔的金额或者财物的名称、数量等情况；已经发还的，应当在判决书中写明。

9. 处置涉案财物。查封、扣押、冻结的财物及其孳息，经审查，确属违法所得或者依法应当追缴的其他涉案财物的，应当判决返还被害人，或者没收上缴国库，但法律另有规定的除外。对判决时尚未追缴到案或者尚未足额退赔的违法所得，应当判决继续追缴或者责令退赔。判决返还被害人的涉案财物，应当通知被害人认领；无人认领的，应当公告通知；公告满 1 年无人认领的，应当上缴国库；上缴国库后有人认领，经查证属实的，应当申请退库予以返还；原物已经拍卖、变卖的，应当返还价款。对侵犯国有财产的案件，被害单位已经终止且没有权利义务继受人，或者损失已经被核销的，查封、扣押、冻结的财物及其孳息应当上缴国库。

10. 二审程序和判决生效后对涉案财物的处理。第二审期间，发现第一审判决未对随案移送的涉案财物及其孳息作出处理的，可以裁定撤销原判，发回原审人民法院重新审判，由原审人民法院依法对涉案财物及其孳息一并作出处理。判决生效后，发现原判未对随案移送的涉案财物及其孳息作出处理的，由原审人民法院依法对涉案财物及其孳息另行作出处理。

11. 涉案财物的处理程序。随案移送的或者人民法院查封、扣押的财物及其孳息，由第一审人民法院在判决生效后负责处理。实物未随案移送、由扣押机关保管的，人民法院应当在判决生效后 10 日以内，将判决书、裁定书送达扣押机关，并告知其在 1 个月以内将执行回单送回，确因客观原因无法按时完成的，应当说明原因。

12. 没收金融财产。对冻结的存款、汇款、债券、股票、基金份额等财产判决没收的，第一审人民法院应当在判决生效后，将判决书、裁定书送达相关金融机构和财政部门，通知相关金融机构依法上缴国库并在接到执行通知书后 15 日以内，将上缴国库的凭证、执行回单送回。

13. 处理无关财物。查封、扣押、冻结的财物与本案无关但已列入清单的，应当由查封、扣押、冻结机关依法处理。查封、扣押、冻结的财物属于被告人合法所有的，应当在赔偿被害人损失、执行财产刑后及时返还被告人。

【问题与思考】

1. 两审终审制具有哪些优点和缺点？
2. 我国刑事第二审程序的功能是什么？
3. 我国刑事第二审程序的构造是什么？
4. 什么是三审终审制？三审终审制具有哪些优点和缺点？
5. 我国刑事第二审程序存在的主要问题和缺陷是什么？
6. 被害人、辩护律师是否应该享有上诉权？为什么？
7. 我国是否应该构建三审终审制？为什么？

【推荐参考论著】

1. 陈卫东．刑事二审程序论．北京：中国方正出版社，1997.
2. 陈瑞华．对两审终审制的反思——从刑事诉讼角度的分析．法学，1999 (12).
3. 卢埃林．普通法传统．陈绪纲，等译．北京：中国政法大学出版社，2002.
4. 顾永忠．刑事上诉程序研究．北京：中国人民公安大学出版社，2003.
5. 陈卫东，李奋飞．刑事二审“发回重审”制度之重构．法学研究，2004 (1).
6. 尹丽华．刑事上诉制度研究：以三审终审为基础．北京：中国法制出版社，2006.
7. 朱立恒．刑事审级制度研究．北京：法律出版社，2008.
8. 王超．虚置的程序：对刑事二审功能的实践分析．中外法学，2007 (2).
9. 王超．刑事上诉制度的功能与构造．北京：中国人民公安大学出版社，2008.
10. 王超．刑事审级制度的多维视角．北京：法律出版社，2016.

第二十三章 死刑复核程序

内容导读

死刑复核程序是为了保障死刑案件质量而特别设置的一种审判程序。本章重点阐述了死刑复核程序设置的基本特点、死刑核准权统一行使的内在原因、死刑立即执行案件复核程序中的重要程序环节、如此设置的原因、死刑缓期执行案件的程序内容。

第一节 死刑复核程序概述

一、死刑复核程序的概念与特点

死刑复核程序是法院对依法需要核准的死刑案件予以审查核准的一种特殊审判程序。它包括对判处死刑立即执行案件的复核程序和对判处死刑缓期二年执行案件的复核程序。

作为一种特殊的审判程序，死刑复核程序具有如下特点。

1. 案件范围的狭隘性。这一审判程序与其他普通程序或者特别程序都不同，其适用的案件范围只限于死刑案件。可见，这一程序所适用的案件范围是所有审判程序中适用案件的范围最狭隘的。

2. 特定案件的终局性。我国实行两审终审制，一般刑事案件最多经过两级人民法院的审判就宣告终结。死刑案件则不同，除享有死刑核准权的法院判决的死刑案件外，其他死刑案件即使经过普通的两级人民法院的审判，还必须经过拥有死刑核准权的法院的复核，裁判方能生效。对这些必须经过死刑复核方能够生效的裁判而言，死刑复核程序是这部分案件的终局性程序。

3. 适用主体的专属性。按照《刑事诉讼法》第246、248条规定，死刑由最高人民法院核准。中级人民法院判处死刑缓期二年执行的案件，由高级人民法院核准。可见，适用死刑复核程序的主体只有最高人民法院和高级人民法院。

4. 程序启动的自主性。基于司法的被动性，法院一般不能主动启动审判程序。鉴于此，第一审程序需要根据起诉方的起诉书或者起诉状才能启动，第二审程序需要根据上诉状或者抗诉书才能启动。与此不同，死刑复核程序可以由下级人民法院的主动上报启动。

5. 审判方式的行政性。按照审判程序的典型特点，审判程序的展开一般是法官在控辩双方在场的情况下进行审理，并在此基础上进行判决。这类典型的审判方式具有诉讼程序所惯常具有的多方在场性和对外的公开性。与此不同，死刑复核程序在进行过程中，尽管也听取被告人一方的意见，但是，并不经常性地采用控辩对抗的方式听取，也不采用集中对外公开进行的方式进行审查核准。

6. 裁判结论的非讼性。在普通审判程序中，裁判结论大致可以分为维持类和改判类。由于死刑复核程序是由享有死刑核准权的法院基于内部质量控制原理主动对下级法院审判的死刑案件进行审查的，所以，其结论不同于普通审判程序中所作出的裁判结论。按照《刑事诉讼法》第 247 条和第 250 条的规定，行使死刑核准权的法院尽管可以将案件提审或者发回重新审判，但是，不能直接作出改判，只是在不予核准的情况下才作出改判。这表明，死刑复核裁判方式有别于普通审判程序的裁判方式。

7. 预防错误的前瞻性。虽然死刑复核程序与审判监督程序都属于特殊审判程序的范畴，但是，二者存在重大差别：除审判监督程序具有诉讼性外，最为重要的就是死刑复核程序是为了防止未然错判而设的，审判监督程序则是为了纠正已经发生的错判而设的。

死刑复核程序作为一种保障死刑核准权正确运用的专门程序，继承了慎用死刑的历史传统，体现了精细司法的示范作用，彰显了法治文明的时代精神，重塑了死刑刑罚的进步观念。由于死刑具有不可分性和适用中难以绝对避免误用的缺陷，我国在保留死刑的前提下已经大幅减少死刑罪名。鉴于死刑罪名已经降至 46 个，进一步转变死刑观念，完善死刑复核程序，对于推动我国法治的进步具有重要意义。

二、办理死刑案件应当遵循的原则要求

根据《刑事诉讼法》和《确保死刑案件质量意见》的规定，死刑案件的办理应该贯彻如下几个原则。

(一) 坚持惩罚犯罪与保障人权相结合

我国已经全面建成小康社会、踏上了全面建设社会主义现代化国家的新征程，在全面推进依法治国的背景下，正确运用死刑治理最严重的犯罪不仅标志着国家治理能力的提升，还标志着国家法治文明的巨大进步。因此，在运用死刑过程中，还要全面落实“国家尊重和保障人权”的宪法原则，切实保障犯罪嫌疑人、被告人的合法权益。坚持依法惩罚犯罪和依法保障人权并重，坚持罪刑法定、罪刑相适应、适用刑法人人平等和审判公开、程序法定等基本原则，真正做到有罪依法惩处，无罪不受刑事追究。

(二) 坚持保留死刑，严格控制和慎重适用死刑

“保留死刑，严格控制死刑”是我国基本的死刑政策。实践证明，这一政策是完全正确的，必须继续贯彻执行。要完整、准确地理解和执行刑事政策，对极少数罪行极其严重的犯罪分子，坚决依法判处死刑。我国现在还不能废除死刑，但应逐步减少适用，凡是可杀可不杀的，一律不杀。办理死刑案件，必须根据法治国家、法治政府、法治社会一体建设

的要求，严谨审慎，既要保证根据证据正确认定案件事实，杜绝冤错案件的发生，又要保证定罪准确，量刑适当，做到少杀、慎杀。

（三）坚持程序公正与实体公正并重，保障犯罪嫌疑人、被告人的合法权利

人民法院、人民检察院和公安机关进行刑事诉讼，既要保证案件实体处理的正确性，也要保证刑事诉讼程序本身的正当性和合法性。在侦查、起诉、审判等各个阶段，必须始终坚持依法进行诉讼，坚决克服重实体、轻程序，重打击、轻保护的错误观念，尊重犯罪嫌疑人、被告人的诉讼地位，切实保障犯罪嫌疑人、被告人充分行使辩护权等诉讼权利，避免因剥夺或者限制犯罪嫌疑人、被告人的合法权利而发生冤错案件。

（四）坚持证据裁判原则，重证据、不轻信口供

办理死刑案件，要坚持重证据、不轻信口供的原则。只有被告人供述，没有其他证据的，不能认定被告人有罪；没有被告人供述，其他证据确实充分的，可以认定被告人有罪。刑讯逼供取得的犯罪嫌疑人供述、被告人供述和以暴力、威胁等非法方法收集的被害人陈述、证人证言，不能作为定案的根据。对被告人作出有罪判决的案件，必须严格按照《刑事诉讼法》第200条的规定，做到犯罪“事实清楚，证据确实、充分”。证据不足，不能认定被告人有罪的，应当作出证据不足、指控的犯罪不能成立的无罪判决。

（五）坚持宽严相济的刑事政策

对死刑案件适用刑罚时，既要防止重罪轻判，也要防止轻罪重判，做到罪刑相当，罚当其罪，重罪重判，轻罪轻判，无罪不罚。对罪行极其严重的被告人必须依法惩处，严厉打击；对具有法律规定“应当”从轻、减轻或者免除处罚情节的被告人，依法从宽处理；对具有法律规定“可以”从轻、减轻或者免除处罚情节的被告人，如果没有其他特殊情节，原则上依法从宽处理；对具有酌定从宽处罚情节的也依法予以考虑。对符合认罪认罚要求的，严格贯彻认罪认罚从宽制度的精神。

三、死刑复核程序的任务和意义

死刑复核程序作为一种独立的审判程序，无疑具有自己的特定任务。从总体看，该程序的任务是：依法享有死刑复核权或者核准权的人民法院对报请复核的死刑案件在认定事实和适用法律上是否正确进行全面审查，然后作出是否同意判处死刑或者是否核准死刑的决定。详言之，该任务包括两方面：一是对案件内容进行全面审查。这一内容主要包括审查原审判处死刑的犯罪罪名相关的案件事实是否清楚，证明该犯罪相关的案件事实的证据是否达到了法律关于死刑案件证明标准的要求，罪名是否准确，量刑是否适当，程序是否合法。二是依据事实和法律，作出是否同意判处死刑或者是否核准死刑的决定并制作相应的司法文书，以肯定正确的死刑裁判及阻止错误的死刑裁判生效。

死刑，由于其剥夺权利的极端重要性而在历史上备受各朝历代立法者的重视。毕竟生命的丧失比自由的丧失更能震撼人们的心灵。然而，死刑是一把“双刃剑”，使用得当，能够发挥刑法对犯罪的抑制作用，伸张社会正义；使用不当，则不仅会助长新的犯罪，而且会对社会的稳定造成新的威胁。基于此，我国《刑事诉讼法》中专设了死刑复核程序。这一程序的设置充分体现了我国一贯坚持的严肃与谨慎、慎杀与少杀相结合的死刑适用政策。长期以来的司法实践表明，死刑复核程序对死刑的恰当适用具有十分重要的意义。具体表现如下。

1. 死刑复核程序有利于保障死刑案件的质量。鉴于办案人员个体认识水平的差异，死刑案件尽管经过了侦查、审查起诉、一审程序、二审程序等诉讼环节，仍然有因为办案人员认识的原因而发生错误裁判的可能。同时，案件事实的某些客观情况本身存在一个逐渐暴露的过程。在死刑复核前的诉讼阶段，可能由于客观条件不具备，这些情况没有被办案人员所认识。虽然从诉讼原理看，最高人民法院客观上不具有最好的外在条件对案件事实进行把关，但是，从司法历史看，我国最高人民法院的确对死刑案件的事实认定质量起到了极为重要的把关作用。可见，立法上设置死刑复核程序，能够防止错判死刑，防止错杀无辜。

2. 死刑复核程序有利于统一适用死刑的尺度。司法人员对案件事实的认识属于对事物的定性认识而非对事物的定量认识。在定性认识范畴中，仅仅凭借人们认识的主观把握很难保证这种认识的精确性。显然，死刑裁判的主体越多，个体认识差异所带来的适用死刑的尺度差异就越大。差异越大，死刑适用的公正性就越得不到保障。死刑复核程序的设置将死刑缓期二年执行的案件的复核主体数减少到三十余个，将死刑立即执行的复核主体减少到 1 个，这就最大限度地统一了我国适用死刑的尺度。

3. 死刑复核程序有利于控制适用死刑的数量。死刑作为一种剥夺生命的刑罚，虽然能够消除已然的犯罪主体，但是，对未然的犯罪主体起到了不好的示范作用。死刑数量增多就意味着一个公民只要涉嫌犯罪是法定的死刑之罪，就极可能被判处死刑。这就告诉那些已经触犯死罪的公民，从犯罪一开始就只能同国家对抗到底，结果可能导致死刑适用越多，预防和惩罚严重犯罪的难度就越大。此外，废除死刑虽然在我国在可预见的时期内难以实现，但毕竟也是一种世界潮流；而世界范围内废除死刑的路径表明，从限制到废除是我国废除死刑的必经之路。鉴于此，我国一直坚持少杀、慎杀政策。根据这一政策，可杀可不杀的坚决不杀。死刑复核程序的设置将判处死刑立即执行的权力集中在最高人民法院，有利于最高人民法院在整体上控制我国死刑适用的数量。

第二节　死刑立即执行案件的复核程序

一、死刑立即执行案件的核准权

死刑立即执行案件的核准权关系到死刑复核程序的立法宗旨是否能够实现，因此，死刑核准权是死刑复核程序的核心问题。自 1949 年以来，我国法律对死刑立即执行案件核准权的规定经历了分散、相对集中、再分散直至最后集中上收的变动过程。1954 年以前，死刑的核准权由大行政区人民政府或者其主席，或者中央人民政府政务院行使。1954 年颁布的《人民法院组织法》第 11 条第 5 款规定，死刑案件的核准权一般由高级人民法院行使，当事人对高级人民法院作出的死刑案件终审裁定不服，申请上一级人民法院复核的，由最高人民法院核准。1957 年第一届全国人民代表大会第四次会议《关于死刑案件由最高人民法院判决或者核准的决议》指出："今后一切死刑案件，都由最高人民法院判决或者核准。"1958 年 5 月 29 日，最高人民法院发出《关于高级人民法院判处或者审核的"死缓"案件不再报送本院复核的通知》，将死刑缓期二年执行案件的核准权交给各高级人民法院行使。“文化大革命”开始后，死刑复核权被下放给各省、市、自治区革命委员会。1979 年 7 月第五届全国人民代表大会第二次会议通过的《人民法院组织法》第 13 条、《刑法》第 43 条第 2 款、《刑事诉讼法》第 144 条都规定，死刑除由最高人民法院判决的外，由最高人民法院核准，但这些规定实施不久，鉴于打击严重刑事犯罪的需要，死刑核准权又开始陆续下放。

1. 1980 年 3 月 16 日，第五届全国人民代表大会常务委员会第十三次会议作出决定，在 1980 年内，对现行的杀人、强奸、抢劫、放火等犯有严重罪行应当判处死刑的案件，最高人民法院可以授权省、自治区、直辖市高级人民法院核准。

2. 1981 年 6 月，第五届全国人民代表大会常务委员会第十九次会议通过了《关于死刑案件核准问题的决定》，其中规定：在 1981 年至 1983 年之间，对犯有杀人、抢劫、强奸、爆炸、投毒、决水和破坏交通、电力等设备的罪行，由省、自治区、直辖市高级人民法院终审判处死刑的，或者中级人民法院一审判处死刑，被告人不上诉，经高级人民法院核准的，以及高级人民法院一审判处死刑，被告人不上诉的，都不必报最高人民法院核准。

3. 1983 年 9 月 2 日，第六届全国人民代表大会常务委员会第二次会议通过了《关于修改〈中华人民共和国人民法院组织法〉的决定》，将该法第 13 条“死刑案件由最高人民法院判决或者核准”修改为“死刑案件除由最高人民法院判决的以外，应当报请最高人民法院核准。杀人、强奸、抢劫、爆炸以及其他严重危害公共安全和社会治安判处死刑的案件的核准权，最高人民法院在必要的时候，得授权省、自治区、直辖市的高级人民法院行使”。据此，同年 9 月 7 日，最高人民法院根据修改后的《人民法院组织法》的规定，发出了《关于授权高级人民法院核准部分死刑案件的通知》。该通知规定，在当前严厉打击刑事犯罪活动期间，为了及时严惩严重危害公共安全和社会治安的罪大恶极的刑事犯罪分子，除由最高人民法院判决的死刑案件外，各地对反革命案件和贪污等严重经济犯罪案件判处死刑的，仍应由高级人民法院复核同意后，报最高人民法院核准；对杀人、强奸、抢劫、爆炸以及其他严重危害公共安全和社会治安判处死刑的案件的核准权，最高人民法院依法授权由省、自治区、直辖市的高级人民法院和解放军军事法院行使。

4. 最高人民法院在 1991 年至 1997 年之间以通知形式分别授予云南、广东、广西、四川、甘肃和贵州高级人民法院对毒品犯罪判处死刑的案件的核准权（最高人民法院判决的及涉外毒品犯罪判处死刑的案件除外）。

最高人民法院授权各高级人民法院行使部分案件的死刑核准权，有力地打击了极其严重的刑事犯罪，顺应了当时社会治安形势的需要。但是，这一授权也存在一些负面影响，如最高人民法院对死刑核准权的执掌已名不符实，各高级人民法院对死刑标准的执行不统一，二审程序与死刑复核程序合二为一。这些现象导致死刑案件的把关不严，甚至出现少数冤假错案。鉴于此，1996 年和 1997 年分别修订的我国《刑事诉讼法》和《刑法》都明确规定，死刑除由最高人民法院判决的外，都应当报请最高人民法院核准。死刑缓期二年执行可以由高级人民法院判决或者核准。

虽然上述两个法律的位阶比《人民法院组织法》的位阶高，但是，基于打击严重刑事犯罪的需要，最高人民法院仍然根据《人民法院组织法》第 13 条的规定，于 1997 年 9 月 26 日发出了《关于授权高级人民法院和解放军军事法院核准部分死刑案件的通知》。该通知规定，自从 1997 年 10 月 1 日修订后的《刑法》正式实施之日起，除最高人民法院判处的死刑案件外，各地对《刑法》分则第一章规定的危害国家安全罪、第三章规定的破坏社会主义市场经济秩序罪、第八章规定的贪污贿赂罪判处死刑的案件，经高级人民法院、解放军军事法院二审或复核同意后，仍应报最高人民法院核准。对于涉及《刑法》分则第二章、第四章、第五章、第六章（毒品犯罪除外）、第七章、第十章规定的犯罪且判处死刑的案件（最高人民法院判决和涉外的除外）的核准权，最高人民法院依照《人民法院组织法》第13条的规定，仍授权由各省、自治区、直辖市的高级人民法院和解放军军事法院行使。但涉港、澳、台死刑案件在一审宣判前仍需报最高人民法院内核。对于毒品犯罪判处死刑案件，除已获得授权的高级人民法院可以行使部分案件核准权外，其他高级人民法院和解放军军事法院在二审或者复核同意后，仍应报最高人民法院核准。

进入21世纪以来，我国融入国际社会的步伐进一步加快。在“依法治国”方略和“国家尊重和保障人权”已经被《宪法》所肯定，我国已经签署或者批准有关保障人权公约的情况下，最高人民法院继续将大量死刑案件的核准权授予各高级人民法院行使显然不合时宜。为了落实《宪法》的精神，进一步提高刑事司法中人权保障的水平，2006年10月31日十届全国人大常委会二十四次会议表决通过了《关于修改〈中华人民共和国人民法院组织法〉的决定》，并明确自2007年1月1日起施行。该决定将《人民法院组织法》的第13条修改为：“死刑除依法由最高人民法院判决的以外，应当报请最高人民法院核准。”据此，最高人民法院于2006年12月28日公布了《关于统一行使死刑案件核准权有关问题的决定》（以下简称《死刑案件核准决定》），并明确自2007年1月1日起施行。该决定明确废止了以前最高人民法院所发布的授权行使死刑案件核准权的各种规定，同时明确死刑除依法由最高人民法院判决的以外，各高级人民法院和解放军军事法院依法判处和裁定的，应当报请最高人民法院核准。到此为止，死刑立即执行案件的核准权才真正由最高司法机关——最高人民法院行使，死刑缓期二年执行的案件则可以由各高级人民法院判决或者核准。死刑案件核准权的行使主体回到了1979年立法规定的状态，真正符合了死刑复核程序立法的精神。

二、判处死刑立即执行案件的报请复核

根据《刑事诉讼法》、最高人民法院《解释》及《死刑案件核准决定》等，死刑立即执行案件的报请复核程序的内容主要有如下一些。

1. 中级人民法院判处死刑的第一审案件，被告人不上诉、人民检察院不抗诉的，在上诉、抗诉期满后10日内报请高级人民法院复核。高级人民法院复核死刑案件，应当讯问被告人。高级人民法院同意判处死刑的，应当在依法作出裁定后10日以内，报请最高人民法院核准；认为原判认定的某一具体事实或者引用的法律条款等存在瑕疵，但判处被告人死刑并无不当的，可以在纠正后作出核准的判决、裁定；不同意判处死刑的，应当提审或者发回重新审判。高级人民法院提审的案件应当按照第二审程序进行审理，所作出的裁判是终审裁判。如果改判为死刑缓期二年执行，高级人民法院无须再对该案进行复核；如果直接改判死刑，需报请最高人民法院核准。对发回重新审判的案件，原审法院应当按照第一审程序进行审理，作出的判决是初审判决，当事人可以上诉，检察机关可以抗诉。对于仍然判处死刑的案件，如果当事人不上诉，检察机关不抗诉，原审法院应当依法报请核准。

2. 中级人民法院判处死刑的第一审案件，被告人提出上诉或者人民检察院提出抗诉，

高级人民法院终审裁定维持死刑判决的，应当在作出裁定后10日以内报请最高人民法院核准；高级人民法院不同意判处死刑的，可以直接改判或者发回重新审判。改判或者发回重新审判后的程序与上文所述程序相同。

3. 高级人民法院判处死刑的第一审案件，被告人不上诉、人民检察院不抗诉的，在上诉、抗诉期满后10日以内报请最高人民法院核准。高级人民法院改判为死刑的第二审案件，应当报请最高人民法院核准。判处死刑缓期二年执行的罪犯，在死刑缓期执行期间，如果故意犯罪，情节恶劣，查证属实，应当执行死刑，由高级人民法院报请最高人民法院核准。

4. 被告人所犯数罪中，或者共同犯罪案件部分被告人的罪行有被判处死刑立即执行的，必须将全案报请最高人民法院核准。

三、判处死刑立即执行案件报请复核的要求

中级人民法院和高级人民法院报请复核死刑案件的要求有两方面：（1）一案一报；（2）报送全案的诉讼材料。全案的诉讼材料包括报请复核的报告，第一、二审裁判文书，案件综合报告各5份以及全部案卷和证据；同案审理的案件，应当报送全案案卷和证据；曾经发回重新审判的案件，原第一、二审案卷应当一并报送。案件综合报告，第一、二审裁判文书和审理报告应当附送电子文本。具体内容包括如下三个方面。

1. 报请复核报告的内容有：（1）案由；（2）简要案情；（3）审理过程；（4）判决结果。

2. 死刑案件综合报告的内容有：（1）被告人、被害人的基本情况。被告人有前科或者曾受过行政处罚、处分的，应当写明。（2）案件的由来和审理经过。案件曾经发回重新审判的，应当写明发回重新审判的原因、时间、案号等。（3）案件侦破情况。通过技术调查、侦查措施抓获被告人、侦破案件，以及与自首、立功认定有关的情况，应当写明。（4）第一审审理情况。这包括控辩双方意见，第一审认定的犯罪事实，合议庭和审判委员会意见。（5）第二审审理或者高级人民法院复核情况。这包括上诉理由、人民检察院的意见，第二审审理或者高级人民法院复核认定的事实，证据采信情况及理由，控辩双方意见及采纳情况。（6）需要说明的问题。这包括共同犯罪案件中另案处理的同案犯的处理情况，案件有无重大社会影响，以及当事人的反应等情况。（7）处理意见。应写明合议庭和审判委员会的意见。

3. 诉讼案卷和证据的内容有：（1）拘留证、逮捕证、搜查证的复印件；（2）扣押赃款、赃物和其他在案物证的清单；（3）公安机关、国家安全机关的起诉意见书，或者人民检察院的侦查终结报告；（4）人民检察院的起诉书；（5）案件的审查报告、法庭审理笔录、合议庭评议笔录和审判委员会讨论决定笔录；（6）被告人上诉状、人民检察院抗诉书；（7）人民法院的判决书、裁定书和宣判笔录、送达回证；（8）能够证明案件具体情况并经过查证属实的各种肯定的和否定的证据，包括物证或者物证照片、书证、证人证言、被害人陈述、被告人供述和辩解、鉴定意见、勘验、检查、辨认、侦查实验等笔录和视听资料、电子数据。

四、判处死刑立即执行案件的复核

死刑复核程序尽管不是普通审判程序，但毕竟属于审判程序之列，也具有审判程序的

基本特征。详言之，死刑复核程序主要包括如下内容。

1. 复核组织。按照《刑事诉讼法》第 249 条的规定，最高人民法院复核死刑案件，应当由审判员 3 人组成合议庭进行。

2. 复核方式。2012 年修改前的法律没有就死刑复核方式作出明确的规定。2012 年修正后的《刑事诉讼法》对复核死刑案件过程中讯问被告人和听取辩护律师的意见作出了明确规定。从这些规定可以看出：死刑复核的审判方式既不是单纯的书面审，也不是普通审判程序中实行的开庭审判方式，而是调查讯问式。根据《刑事诉讼法》第 251 条的规定，调查讯问方式主要包括如下内容。

（1）讯问被告人。一般而言，被告人对自己是否实施及如何实施指控的犯罪事实应该是最清楚的。基于死刑复核的救济性考虑，从实体层面看，在死刑复核环节直接听取被告人的意见，可以避免诉讼过程中被告人表达的意见被错误传递；从程序层面看，被告人有机会直接面对死刑复核程序中的法官，被讯问是其通过表达自己意见影响案件结果的最佳方式，对于实现程序公正具有极为重要的意义。2012 年《刑事诉讼法》修订前，根据最高人民法院和各高级人民法院所担负的任务的特点的不同，最高人民法院只要求各高级人民法院将讯问被告人作为复核死刑案件的必经程序，为此，《确保死刑案件质量意见》第 42 条规定，高级人民法院复核死刑案件，应当讯问被告人。最高人民法院自己复核死刑案件，则采取“直接听取为原则，间接听取为例外”的方式听取被告人意见，即原则上应当讯问被告人。这里，“原则上应当讯问被告人”意味着部分被告人的意见没有能够被直接听取。为克服这一缺陷，修订后的《刑事诉讼法》要求最高人民法院复核死刑案件应该讯问被告人，以便直接听取被告人的意见，使被告人有充分反映意见的机会。

（2）听取辩护律师的意见。鉴于被告人法律素养普遍不高、人身自由受到限制、受刑事追诉后心理状态不适应及与控诉一方对抗等因素，辩护律师帮助反映案件事实极为重要。司法经验表明，某些有利于被告人的事实是律师发现并反馈到司法机关的；也正是律师的作用，某些死刑的错误适用才得以避免。因此，《确保死刑案件质量意见》第 40 条规定，死刑案件复核期间，被告人委托的辩护人提出听取意见要求的，应当听取辩护人的意见，并制作笔录附卷。辩护人提出书面意见的，应当附卷。最高人民法院《解释》第 434 条规定：“死刑复核期间，辩护律师要求当面反映意见的，最高人民法院有关合议庭应当在办公场所听取其意见，并制作笔录；辩护律师提出书面意见的，应当附卷。”办案人员应该与被告人委托的律师及时联系，通知他们及时提供有利于被告人的新证据、新意见。对于检察机关在复核阶段提出处理意见的，可以征求辩护人的意见。经过实践，听取辩护律师意见的做法已经成熟，《刑事诉讼法》第 251 条对此进行了肯定。

为了规范死刑复核期间听取辩护律师的意见活动，保障死刑复核案件被告人的辩护律师依法行使辩护权，确保死刑复核案件质量，最高人民法院制定了《关于办理死刑复核案件听取辩护律师意见的办法》。据此，律师接受被告人、被告人近亲属的委托或者法律援助机构的指派，担任死刑复核案件辩护律师的，应当在接受委托或者指派之日起 3 个工作日内向最高人民法院相关审判庭提交有关手续。同时，辩护律师应当在接受委托或者指派之日起 1 个半月内提交辩护意见。辩护律师提交委托手续、法律援助手续及辩护意见、证据等书面材料的，可以经高级人民法院同意后代收并随案移送，也可以寄送至最高人民法院承办案件的审判庭或者在书面反映意见时提交；对尚未立案的案件，辩护律师可以寄送至最高人民法院立案庭，由立案庭在立案后随案移送。辩护律师可以向最高人民法院立案庭查询立案信息。辩护律师查询时，应当提供本人姓名、律师事务所名称、被告人姓名、案由，以及报请复核的高级人民法院的名称及案号。最高人民法院立案庭能够立即答复的，应当立即答复，不能立即答复的，应当在 2 个工作日内答复，答复内容为案件是否立案及承办案件的审判庭。辩护律师可以到最高人民法院办公场所查阅、摘抄、复制案卷材料。但依法不公开的材料不得查阅、摘抄、复制。

辩护律师要求当面反映意见的，案件承办法官应当及时安排。一般由案件承办法官与书记员当面听取辩护律师意见，也可以由合议庭其他成员或者全体成员与书记员当面听取。辩护律师可以携带律师助理参加反映意见活动。当面听取意见的人员应当核实辩护律师和律师助理的身份。当面听取辩护律师意见时，应当制作笔录，由辩护律师签名后附卷。辩护律师提交相关材料的，应当接受并开列收取清单一式二份，一份交辩护律师，另一份附卷。当面听取辩护律师意见时，具备条件的人民法院应当指派工作人员全程录音、录像。其他在场人员不得自行录音、录像、拍照。复核终结后，受委托进行宣判的人民法院应当在宣判后 5 个工作日内将最高人民法院裁判文书送达辩护律师。

（3）听取检察机关的意见。2012 年《刑事诉讼法》修订前，死刑复核程序没有就检察机关监督的具体方式作出规定。在总结实践经验的基础上，《确保死刑案件质量意见》第 44 条规定，人民检察院按照法律规定加强对办理死刑案件的法律监督；第 34 条规定，最高人民法院复核死刑案件，高级人民法院复核死刑缓期二年执行的案件，对于疑难、复杂的案件，合议庭认为难以作出决定的，应当提请院长决定提交审判委员会讨论决定。审判委员会讨论案件，同级人民检察院检察长、受检察长委托的副检察长均可列席会议。鉴于死刑复核程序是死刑裁判生效的最后一个环节，明确检察机关监督的方式是加强法治建设的需要，《刑事诉讼法》第 251 条第 2 款规定："在复核死刑案件过程中，最高人民检察院可以向最高人民法院提出意见。最高人民法院应当将死刑复核结果通报最高人民检察院。"最高人民法院《解释》第 435 条规定："死刑复核期间，最高人民检察院提出意见的，最高人民法院应当审查，并将采纳情况及理由反馈最高人民检察院。"检察机关提出意见既是表达公诉方的看法，也是履行法律监督职责的表现，应该充分体现法律监督者的客观义务立场。为了回应检察机关的法律监督立场，保证《刑事诉讼法》第 251 条精神的落实，最高人民法院《解释》第 436 条规定："最高人民法院应当根据有关规定向最高人民检察院通报死刑案件复核结果。"

（4）审查、核实案卷材料。这应该是复核死刑案件的合议庭首先要做的工作。审判人员只有在这一工作的基础上，才能有效地进行上述工作。因此，《确保死刑案件质量意见》第 41 条规定，复核死刑案件，合议庭成员应当阅卷，并提出书面意见存查。对证据有疑问的，应当对证据进行调查核实，必要时到案发现场调查。这就要求，某些情况需要到案件发生地调查才能进行判断的，审判人员应该到案件发生地调查。

3. 复核内容。鉴于死刑复核程序的最后救济性，《确保死刑案件质量意见》第 39 条规定，复核死刑案件，应当对原审裁判的事实认定、法律适用和诉讼程序进行全面审查。根据最高人民法院《解释》，最高人民法院、最高人民检察院、公安部、国家安全部、司法部《关于办理死刑案件审查判断证据若干问题的规定》（简称《死刑案件证据规定》），最高人民法院、最高人民检察院、公安部、国家安全部、司法部《关于规范量刑程序若干问题的意见》（简称《量刑程序意见》），复核内容主要包括以下两个方面。

（1）审查、核实原审法院判处死刑的案件事实。这一工作是最核心的内容，主要审查如下几方面。

1）被告人的年龄，有无责任能力，是否是正在怀孕的妇女；审查被告人实施犯罪时是否已满18周岁或者75周岁或者审判时是否已经满75周岁，一般应当以户籍证明为依据；对户籍证明有异议，并有经查证属实的出生证明文件、无利害关系人的证言等证据证明被告人犯罪时不满18周岁或者已满75周岁或者审判时已满75周岁的，应认定被告人犯罪时不满18周岁或者已满75周岁或者审判时已满75周岁；没有户籍证明以及出生证明文件的，应当根据人口普查登记、无利害关系人的证言等证据综合进行判断，必要时，可以进行骨龄鉴定，并将结果作为判断被告人年龄的参考。未排除证据之间的矛盾，无充分证据证明被告人实施被指控的犯罪时已满18周岁或者不满75周岁或者审判时不满75周岁且确实无法查明的，不能认定其犯罪时已满18周岁或者不满75周岁或者审判时不满75周岁。

2）原审判决认定的事实是否清楚，证据是否确实、充分。《刑事诉讼法》第55条第2款规定："证据确实、充分，应当符合以下条件：（一）定罪量刑的事实都有证据证明；（二）据以定案的证据均经法定程序查证属实；（三）综合全案证据，对所认定事实已排除合理怀疑。"这种排除合理怀疑的标准一般适用于普通刑事案件。对于这里的证据是否确实、充分，《死刑案件证据规定》要求从如下几方面审查：定罪量刑的事实都有证据证明；每一个定案的证据均已经法定程序查证属实；证据与证据之间、证据与案件事实之间不存在矛盾或者矛盾得以合理排除；共同犯罪案件中，被告人的地位、作用均已查清；根据证据认定案件事实的过程符合逻辑和经验规则，由证据得出的结论为唯一结论。同时要求以下七个方面的事实的证明也需要达到证据确实、充分：被指控的犯罪事实的发生；被告人实施了犯罪行为与被告人实施犯罪行为的时间、地点、手段、后果以及其他情节；影响被告人定罪的身份情况；被告人有刑事责任能力；被告人的罪过；是否共同犯罪及被告人在共同犯罪中的地位、作用；对被告人从重处罚的事实。这种对死刑案件所适用的证据确实充分的标准，要求对案件的解释要没有其他解释余地。对于命案，应当审查是否通过被害人近亲属辨认、指纹鉴定、DNA鉴定等方式确定被害人身份。证据存疑的，应当调查核实，必要时到案发地调查。总之，认定对被告人适用死刑的事实证据不足的，不得判处死刑。

需要注意的是，没有直接证据证明犯罪行为系被告人实施，但同时符合下列条件的可以认定被告人有罪：据以定案的间接证据已经查证属实；据以定案的间接证据之间相互印证，不存在无法排除的矛盾和无法解释的疑问；据以定案的间接证据已经形成完整的证明体系；依据间接证据认定的案件事实，结论是唯一的，足以排除一切合理怀疑；运用间接证据进行的推理符合逻辑和经验判断。对于根据间接证据定案的，法院判处死刑应当特别慎重。同时，被告人及其辩护人在诉讼过程中提出排除非法证据申请而又没有得到办案机关依法回复的，审查时应该特别审查这一内容。对于采用刑讯逼供或者冻、饿、晒、烤、疲劳审讯等非法方法收集的被告人供述，应当排除。《刑事诉讼法》第123条特别要求侦查人员在讯问犯罪嫌疑人的时候应当对讯问过程进行录音或者录像。对犯罪嫌疑人供述审查时宜结合这类程序规范予以审查，注意录音或者录像是否完整，不完整的录音或者录像就必须查明具体情况。除情况紧急必须现场讯问以外，在规定的办案场所外讯问取得的供述，未依法对讯问进行全程录音录像取得的供述，以及不能排除以非法方法取得的供述，应当排除。

3）犯罪情节、后果及危害程度。审查这部分内容时，应注意科学评价犯罪情节、后果及危害程度分别在定罪方面和量刑方面的意义。特别是对原判死刑缓期二年执行的罪犯，在死刑缓期二年执行期间故意犯罪，情节恶劣，被报请核准执行死刑的，更要重点就其情节恶劣的内容进行审查，以准确执行死刑缓期二年执行变更为死刑立即执行的条件。

4）原审判决适用法律是否正确，是否必须判处死刑，是否必须立即执行。审查这部分内容时，应注意适用死刑尺度在全国范围内保持一致，这有利于死刑适用的统一。

5）有无法定、酌定从重、从轻或者减轻处罚的情节。在对被告人作出有罪认定后，人民法院认定被告人的量刑事实，除审查法定情节外，还应审查以下影响量刑的情节：案件起因；被害人有无过错及过错程度，是否对矛盾激化负有责任及责任大小；被告人的近亲属是否协助抓获被告人；被告人平时表现及有无悔罪态度；被害人附带民事诉讼赔偿情况，被告人是否取得被害人或者被害人近亲属谅解；其他影响量刑的情节。既有从轻、减轻处罚等情节，又有从重处罚等情节的，应当依法综合相关情节予以考虑。不能排除被告人具有从轻、减轻处罚等量刑情节的，判处死刑应当特别慎重。

6）诉讼程序是否合法。诉讼程序包括侦查阶段的诉讼程序、起诉阶段的诉讼程序和审判阶段的诉讼程序。任何一个诉讼阶段的诉讼程序如果存在瑕疵，就可能在实体上影响所收集证据的真实性，从而影响对案件事实的认定；还可能影响程序的公正性，从而影响案件的公正审理。因此，关注死刑案件的诉讼程序的合法性无疑具有基础性意义。特别是对原判死刑缓期二年执行的罪犯，在死刑缓期二年执行期间故意犯罪，情节恶劣，被报请核准执行死刑的，要审查死刑缓期二年执行期间所实施的故意犯罪是否经过了普通审判程序的审判。

7）其他应当审查的情况。审查这部分内容时，应注意下级人民法院在审判程序中是否体现了量刑活动的相对独立性；量刑事实的调查是否符合程序要求，例如，一方要求对于庭外调查获得的证据进行开庭调查的，法院对这部分证据是否开庭调查；量刑理由是否在判决书中得到了充分的论证；等等。此外，死刑案件由经验丰富的法官承办这一要求是否落实也需要注意。

最高人民法院《解释》第427条第2款规定："复核死刑、死刑缓期执行案件，应当重视审查被告人及其辩护人的辩解、辩护意见。"从法理层面看，这种重视不仅应该包括复核死刑的合议庭成员都对该辩解、辩护意见有了解，还应该包括这些成员都对具体意见有思考和回应，特别是在复核审理报告中有回应性论证。

（2）制作复核审理报告。该报告的内容包括如下几方面：1）案件的由来和审理经过；2）被告人和被害人简况；3）案件的侦破情况；4）原审判决要点和控辩双方意见；5）对事实和证据复核后的分析与认定；6）合议庭评议意见、审判委员会讨论决定意见；7）其他需要说明的问题。

4. 复核期限。法律没有规定复核期限，但是，这也不意味着该程序的运作是无限期的。毕竟审判程序没有期限限制就失去了审判程序的严肃性。基于案件事实复杂难易程度的差别，判处死刑的一般案件与特别复杂的案件在复核期限上应该有所不同。基于死刑案件本身的特殊性，目前法律没有就此作出明确的规定。不过，这也不意味着可以随意拖延。《确保死刑案件质量意见》第43条规定：人民法院在保证办案质量的前提下，要进一步提高办理死刑复核案件的效率，公正、及时地审理死刑复核案件。

5. 复核结果。《刑事诉讼法》第250条规定："最高人民法院复核死刑案件，应当作出核准或者不核准死刑的裁定。对于不核准死刑的，最高人民法院可以发回重新审判或者予以改判。”可见，从总体看，死刑复核裁定分为核准裁定和不核准裁定。死刑复核后可以分别按照如下几种情形处理。

（1）裁定予以核准。按照最高人民法院《解释》第429条之规定，原判认定事实和适用法律正确、量刑适当、诉讼程序合法的，裁定予以核准。此外，原判判处被告人死刑并无不当，但具体认定的某一事实或者引用的法律条款等不完全准确、规范的，可以在纠正后作出核准死刑的判决或者裁定。

（2）裁定不予核准。根据最高人民法院《解释》第429条之规定，裁定不予核准的情况包括如下几种：1）最高人民法院复核后，认为原判认定事实不清、证据不足的，裁定不予核准，并撤销原判，发回重新审判。2）复核期间出现新的影响定罪量刑的事实、证据的，应当裁定不予核准，并撤销原判，发回重新审判。3）原判认定事实正确、证据充分，但依法不应当判处死刑的，应当裁定不予核准，并撤销原判，发回重新审判；根据案件情况，必要时，也可以依法改判。4）复核后认为原审人民法院违反法定诉讼程序，可能影响公正审判的，裁定不予核准，并撤销原判，发回重新审判。

最高人民法院裁定不予核准死刑的，根据案件具体情形可以发回第二审人民法院或者第一审人民法院重新审判。对最高人民法院发回第二审人民法院重新审判的案件，第二审人民法院一般不得发回第一审人民法院重新审判。对于高级人民法院依照复核程序审理后报请最高人民法院核准死刑的案件，最高人民法院裁定不予核准死刑，发回高级人民法院重新审判的，高级人民法院可以依照第二审程序提审或者发回第一审人民法院重新审判。

对于发回第二审人民法院重新审判的案件，第二审人民法院可以直接改判；必须通过开庭审理查清事实、核实证据的，或者必须通过开庭审理纠正原审程序违法的，应当开庭审理。对于发回第一审人民法院重新审判的案件，第一审人民法院应当开庭审理。

除因为死刑复核期间出现新的影响定罪量刑的事实、证据和原判认定事实正确，但依法不应当判处死刑而裁定不予核准并撤销原判、发回重新审判的案件以外，原审人民法院对于其他发回重新审判的案件应当另行组成合议庭进行审理。

依照最高人民法院《解释》第430条、第431条发回重新审判的案件，第一审人民法院判处死刑的，上一级人民法院依照第二审程序或者复核程序审理后，应当依法作出判决或者裁定，不得再发回重新审判。但是，第一审人民法院有《刑事诉讼法》第238条规定的情形或者违反《刑事诉讼法》有关公开审判的规定的；违反回避制度的；剥夺或者限制了当事人的法定诉讼权利，可能影响公正审判的；审判组织的组成不合法的；其他违反法律规定的诉讼程序，可能影响公正审判的。《刑事诉讼法》第239条规定：“原审人民法院对于发回重新审判的案件，应当另行组成合议庭，依照第一审程序进行审判。对于重新审判后的判决，依照本法第二百二十七条、第二百二十八条、第二百二十九条的规定可以上诉、抗诉。”而《刑事诉讼法》第227、228、229条分别规定了上诉权、抗诉权和请求抗诉权。

五、检察机关对死刑复核的法律监督

加强对死刑复核程序运作过程的监督既是保证死刑案件质量的需要，也是新时期推进刑事法治建设的需要。《刑事诉讼法》明确了检察机关对死刑复核监督的具体内容。据此，检察机关有了监督死刑复核程序的具体依据。最高人民检察院《规则》第602条至第611条对监督的具体内容进行了规范。

（一）监督主体和审查不服死刑裁判的申诉主体

根据最高人民检察院《规则》第606条的规定，最高人民检察院死刑复核监督部门负责承办死刑复核法律监督工作。这同时也明确了当事人及其近亲属或者受委托的律师向最高人民检察院提出不服死刑裁判的申诉，由最高人民检察院死刑复核监督部门审查。

（二）最高人民检察院提出意见的案件范围

最高人民检察院作为法律监督机关，无疑应当对最高人民法院的死刑复核活动依法进行监督。但是，作为一项严肃的法律监督活动，提出法律监督意见需要体现相应的严肃性。为此，最高人民检察院明确了提出法律监督意见的案件范围为六个方面：一是认为适用死刑不当，或者案件事实不清、证据不足，依法不应当核准死刑的；二是认为不予核准死刑的理由不成立，依法应当核准死刑的；三是发现新的事实和证据，可能影响被告人定罪量刑的；四是严重违反法律规定的诉讼程序，可能影响公正审判的；五是司法工作人员在办理案件时，有贪污受贿、徇私舞弊、枉法裁判等行为的；六是其他需要提出检察意见的情形。

（三）省级检察机关的义务

根据最高人民检察院《规则》第605条和第607条的规定，省级检察机关承担提请监督报告和随时报告案件情况的义务。

1. 提请监督报告。省级人民检察院对于进入最高人民法院死刑复核程序的下列案件，应当制作提请监督报告并连同案件有关材料及时报送最高人民检察院：一是案件事实不清、证据不足，依法应当发回重新审判或者改判的；二是被告人具有从宽处罚情节，依法不应当判处死刑的；三是适用法律错误的；四是违反法律规定的诉讼程序，可能影响公正审判的；五是其他应当提请监督的情形。

2. 报告案情义务。省级人民检察院发现死刑复核案件被告人自首、立功、怀孕或者被告人家属与被害人家属达成赔偿谅解协议等新的情况，影响死刑适用的，应当及时向最高人民检察院报告。

（四）死刑复核监督案件的审查方式

根据最高人民检察院《规则》第609条的规定，对死刑复核监督案件可以采取下列方式进行审查。

1. 书面审查方式。这主要指仅仅审查案卷内容等书面材料的方式。这些材料包括人民法院移送的材料，下级人民检察院报送的相关案件材料，当事人及其近亲属或者受委托的律师提交的材料。

2. 听取意见方式。这主要指听取承办案件的省级检察机关的意见的审查方式，这里的听取意见方式也可以采用要求省级检察机关报送相关案件材料的方式进行。最高人民检察院《规则》第610条规定，审查死刑复核监督案件，具有下列情形之一的，应当听取下级人民检察院的意见：（1）对案件主要事实、证据有疑问的；（2）对适用死刑存在较大争议的；（3）可能引起司法办案重大风险的；（4）其他应当听取意见的情形。

3. 调查询问式。这主要指死刑复核检察部门在审阅案卷基础上，通过讯问被告人、核实主要证据或者委托核实主要证据以及调取相关案件材料的方式进行。调取材料主要包括向下级人民检察院调取案件审查报告、公诉意见书、出庭意见书等，了解案件相关情况；向人民法院调阅或者查阅案卷材料。核实主要证据方式包括就有关技术性问题向专门机构或者有专门知识的人咨询，或者委托进行证据审查。

(五) 死刑复核监督意见的提出

根据最高人民检察院《规则》第611条的规定，最高人民检察院经审查发现死刑复核案件具有下列情形之一的，应当经检察长决定，依法向最高人民法院提出检察意见：(1) 认为适用死刑不当，或者案件事实不清、证据不足，依法不应当核准死刑的；(2) 认为不予核准死刑的理由不成立，依法应当核准死刑的；(3) 发现新的事实和证据，可能影响被告人定罪量刑的；(4) 严重违反法律规定的诉讼程序，可能影响公正审判的；(5) 司法工作人员在办理案件时，有贪污受贿、徇私舞弊、枉法裁判等行为的；(6) 其他需要提出检察意见的情形。同意最高人民法院核准或者不核准意见的，应当经检察长批准，书面回复最高人民法院。对于省级人民检察院提请监督、报告重大情况的案件，最高人民检察院认为具有影响死刑适用情形的，应当及时将有关材料转送最高人民法院。

第三节 死刑缓期二年执行案件的复核程序

一、死刑缓期二年执行案件的核准权

死刑缓期二年执行案件尽管不是立即剥夺被告人生命的案件，但是，按照现行法律规定，只要被告人在缓期执行期间存在故意犯罪，缓期执行死刑的潜在可能性就变成了现实可能性。可见，死刑缓期二年执行案件的复核同样是十分重要的。换言之，行使这类案件的核准权的主体也必须严格把握。

我国死刑缓期二年执行案件的核准权行使主体也经历了一个变化过程。1954年颁布的《人民法院组织法》第11条第5款规定，死刑案件的核准权一般由高级人民法院行使。这一规定包括死刑缓期执行案件的核准权一般由高级人民法院行使。随后，鉴于全国形势较为稳定，死刑案件相对减少，1957年第一届全国人民代表大会第四次会议《关于死刑案件由最高人民法院判决或者核准的决议》指出："今后一切死刑案件，都由最高人民法院判决或者核准。"这就意味着，死刑缓期执行案件的核准权也由最高人民法院行使。鉴于后来死刑缓期执行案件实际上执行死刑的很少，即使执行死刑也还必须报请最高人民法院核准，所以，最高人民法院于1958年决定，凡由高级人民法院判决或者审核的死刑缓期执行案件，由高级人民法院核准。1979年通过的《刑法》《刑事诉讼法》，1996年、2012年及2018年修订的《刑事诉讼法》和1997年修订的《刑法》都肯定了这一内容。

死刑缓期执行案件的核准权由高级人民法院行使是适当的。这可以从两方面予以分析：一方面，死刑缓期执行案件实际上大多被改判为长期的徒刑，如果案件发生错误，还存在纠正的余地；另一方面，死刑缓期执行案件实际执行时还必须报请最高人民法院核准，因此，由各个高级人民法院行使死刑缓期执行案件的核准权，实际上能够达到保障当事人利益的目的。

二、死刑缓期二年执行案件的报请复核

根据《刑事诉讼法》第248条的规定，中级人民法院判处死刑缓期二年执行的案件，

由高级人民法院核准。同时，根据《刑法》第48条第2款的规定，死刑缓期执行的，可以由高级人民法院判决或者核准。可见，高级人民法院判决的死刑缓期二年执行案件，如果是一审，只要当事人不上诉、检察机关不抗诉，则该裁判可以直接生效；如果是二审，则该裁判直接生效。需要复核的是中级人民法院作为一审法院判处的死刑缓期二年执行案件。据此，中级人民法院判处的死刑缓期二年执行案件，被告人不上诉、检察机关不抗诉，在上诉、抗诉期满后3日内应报请高级人民法院核准。报请复核要求及所报送的材料内容与报请复核死刑立即执行案件相同。

三、死刑缓期二年执行案件的复核程序

死刑缓期执行案件的复核程序与判处死刑立即执行案件的复核程序在复核组织、复核方式、复核内容等方面相同。复核组织同样是由3名审判员组成合议庭进行复核；复核方式也同样是调查讯问式，即阅卷、调查和讯问被告人；复核内容主要是审查、核实原审法院判处死刑的案件事实。应该引起注意的是，根据最高人民法院《解释》第424条第2款的规定，高级人民法院核准死刑缓期二年执行案件，应该提审被告人。复核死刑缓期二年执行案件最核心的内容，主要包括如下几方面：（1）被告人的年龄，有无责任能力，是否是正在怀孕的妇女；（2）原审判决认定的事实是否清楚，证据是否确实、充分；（3）犯罪情节、后果及危害程度；（4）原审判决适用法律是否正确，是否必须判处死刑，是否必须立即执行；（5）有无法定、酌定从重、从轻或者减轻处罚的情节；（6）诉讼程序是否合法；（7）应当审查的其他情况。复核死刑缓期执行案件，应当重视审查被告人及其辩护人的辩解、辩护意见。

四、死刑缓期执行案件的复核结果

高级人民法院对于报请的死刑缓期二年执行的案件复核后，按照下列情形分别处理。

1. 原判认定事实和适用法律正确、量刑适当、诉讼程序合法的，裁定予以核准。此外，原判判处被告人死刑缓期执行并无不当，但具体认定的某一事实或者引用的法律条款等存在瑕疵的，可以在纠正后作出核准死刑缓期二年执行的判决或者裁定。

2. 原判事实不清、证据不足的，可以裁定不予核准，并撤销原判，发回重新审判，或者依法改判。

3. 原判认定事实正确，但适用法律有错误，或者量刑过重的，应当改判。

4. 复核期间出现新的影响定罪量刑的事实、证据的，可以裁定不予核准，并撤销原判，发回重新审判，或者依照最高人民法院《解释》第271条的规定审理后依法改判。

5. 原审违反法定诉讼程序，可能影响公正审判的，应当裁定不予核准，并撤销原判，发回重新审判。

高级人民法院核准死刑缓期二年执行的案件，应当作出核准或者不核准的决定，不能加重被告人的处罚，因此，即使改判也只能从轻处罚而不能加重，不能以提审的方式加重被告人的处罚。

【问题与思考】

1. 如何理解死刑复核程序的性质、意义？

2. 如何认识死刑立即执行案件核准权行使主体的历史变化?
3. 如何评价死刑复核程序的审理方式?
4. 如何评价死刑复核程序的审理内容?
5. 死刑立即执行案件的复核程序与死刑缓期二年执行案件的复核程序有何不同?

【推荐参考论著】

1. 肖胜喜．死刑复核程序论．北京：中国政法大学出版社，1989.
2. 胡常龙．死刑案件程序问题研究．北京：中国人民公安大学出版社，2003.
3. 赵秉志，邱兴隆．死刑的正当程序之探讨．北京：中国人民公安大学出版社，2005.
4. 杨正万．死刑的程序限制．北京：中国人民公安大学出版社，2008.
5. 杨文革．死刑程序控制研究．北京：中国人民公安大学出版社，2009.
6. 王敏远．如何看待新刑诉法完善死刑复核程序的规定．检察日报，2012-04-12.
7. 徐留成．死刑复核中法治理念研究．北京：中国方正出版社，2012.

第二十四章 执　行

内容导读

执行程序是刑事诉讼的最后一个环节，只有通过执行程序，已经生效的判决和裁定所确定的内容才能最终得以实现。执行是一种严肃的法律活动，应严格依照法律规定的程序进行：一方面，不同的判决、裁定有不同的执行程序，执行机关应当依法予以执行；另一方面，有些判决、裁定在执行过程中出现法律规定的情况，需要变更执行方法的，执行机关也必须严格依照法律进行。人民检察院作为法律监督机关，对执行机关的执行活动有权依法进行监督。

第一节　执行概述

一、执行的概念和特点

刑事诉讼中的执行，是指人民法院将已经发生法律效力的判决、裁定交付执行机关，将其所确定的内容依法付诸实施，以及解决实施中出现的变更执行等诉讼问题而进行的各种活动。

执行是刑事诉讼的最后一个程序，也是国家刑罚权得以实现的关键阶段。但并非判决、裁定的整个执行过程和一切活动都属于刑事诉讼的范围。属于刑事诉讼活动的，仅包括两个方面：一是人民法院将已经发生法律效力的判决和裁定交付执行；二是刑罚执行过程中的变更，如暂予监外执行、减刑、假释等。执行机关对罪犯的监管、教育、组织劳动等则不具有诉讼活动的性质，属于司法行政活动。

执行程序具有以下几个特点。

1. 执行的合法性。

执行的合法性体现在执行对象的合法性和执行活动的合法性两个方面。作为执行对象的只能是已经发生法律效力的判决和裁定。执行活动则必须依照法律规定的程序进行，如交付执行时，必须依照法律规定移交相应的法律文书、办理相应的法律手续；变更执行的，必须依照法律规定的条件和程序进行，不得任意变更或停止执行。

2. 执行的强制性。

执行的强制性是指已经生效的判决和裁定，必须严格依照判决和裁定所确定的内容加以执行。对于当事人而言，不论其是否同意，都必须予以执行；如果抗拒执行，将依法被追究法律责任。

3. 执行的及时性。

执行的及时性，是指人民法院的判决和裁定一经发生法律效力，就应当迅速执行，任何机关、团体和个人都无权阻止和拖延。只有及时执行生效的有罪裁判，才能尽快实现国家刑罚权，使犯罪分子受到应有惩罚，恢复被犯罪行为破坏的社会秩序，安抚被害人及其家属，同时对社会上潜在的犯罪分子也能起到很好的威慑作用；只有及时执行生效的无罪裁判，才能使无辜或者不应受到刑罚处罚的公民尽快被释放，恢复人身自由和名誉。因此，无论是为了有效惩罚犯罪，还是为了保障公民的合法权利，执行都应当及时进行。

二、执行的对象和机关

（一）执行对象

执行对象也称执行的客体。作为执行对象的必须是已经发生法律效力的判决和裁定。根据我国《刑事诉讼法》第 259 条、《刑法》第 63 条第 2 款的规定，发生法律效力的判决和裁定包括以下几种。

1. 已超过法定期限没有上诉、抗诉的一审判决和裁定。

2. 终审的判决和裁定，即中级、高级人民法院第二审案件的判决和裁定（死刑案件和在法定刑以下判处刑罚的案件除外）以及最高人民法院第一审和第二审作出的判决和裁定。

3. 最高人民法院核准的死刑判决和裁定、高级人民法院核准的死刑缓期二年执行的判决和裁定。

4. 最高人民法院核准的在法定刑以下判处刑罚的判决和裁定。

（二）执行机关

执行机关也称执行主体。生效判决和裁定的内容不同，执行机关也不相同。

1. 人民法院作为执行机关。

根据《刑事诉讼法》第 260、262、271、272 条的规定，死刑、罚金和没收财产的判决和裁定，以及无罪或免除刑罚的判决，均由人民法院自己执行。除作为上述判决和裁定的执行机关之外，作为生效裁判的制作者，人民法院也是所有生效裁判的交付执行机关，即人民法院根据已生效裁判所确定的内容及刑罚执行方式的不同，将生效裁判交由各执行机关执行。根据最高人民法院《解释》第 511 条的规定，发生法律效力的判决和裁定一般由第一审人民法院交付执行。

2. 监狱、看守所、未成年犯管教所作为执行机关。

根据《刑事诉讼法》第 264 条第 2、3 款的规定，对判处死刑缓期二年执行、无期徒刑、有期徒刑的罪犯，由公安机关依法将该罪犯送交监狱执行刑罚。对被判处有期徒刑的罪犯，在被交付执行刑罚前，剩余刑期在 3 个月以下的，由看守所代为执行。对被判处拘役的罪犯，由公安机关执行。对未成年犯应当在未成年犯管教所执行刑罚。

3. 公安机关作为执行机关。

根据《刑事诉讼法》第264条的规定，对于被判处拘役的罪犯，由公安机关执行；根据《刑事诉讼法》第270条的规定，剥夺政治权利的判决和裁定，由公安机关执行。

4. 社区矫正机构作为执行机关。

根据《刑事诉讼法》第269条的规定，对于被判处管制、宣告缓刑、假释或者暂予监外执行的罪犯，依法实行社区矫正，由社区矫正机构负责执行。

5. 人民检察院作为执行监督机关。

作为国家的法律监督机关，人民检察院虽然不直接负责生效裁判的执行，但应依法对执行活动的合法性进行监督。对此，《刑事诉讼法》第263条规定了人民法院在交付执行死刑前，应当通知同级人民检察院派员临场监督；第266、267、273条规定了人民检察院对决定暂予监外执行、减刑、假释以及罪犯在服刑期间又犯罪等情况实行监督；第275条规定，监狱和其他执行机关在刑罚执行中，如果认为判决有错误或者罪犯提出申诉，应当转请人民检察院或者原判人民法院处理；第276条还规定，人民检察院对执行机关执行刑罚的活动是否合法实行监督，如果发现有违法的情况，应当通知执行机关纠正；等等。

三、执行的意义

作为刑事诉讼的最后一个阶段，执行对于正确实现刑事诉讼目的和完成刑事诉讼任务具有十分重要的意义。这具体体现在以下几个方面。

1. 正确执行生效的判决和裁定，可以使犯罪分子受到应有的法律制裁。这既打击了他们的犯罪活动，保护了国家和人民利益，又可以通过惩罚和教育对被判处刑罚的犯罪分子本人进行改造，使其弃恶从善、自食其力，早日重返社会重新做人。

2. 正确执行生效的判决和裁定，能够有效地保护公民的合法权益。一方面，对犯罪分子执行刑罚以及财产刑和执行附带民事裁判，可以保障被害人的精神得到抚慰、财产损害得到补偿；另一方面，对无罪或者免刑判决的执行，可以使无罪或者被免除刑事处罚的在押被告人得到立即释放，特别是对被宣告无罪的人，可以使其名誉得到恢复、合法权益得到保障。

3. 正确执行生效的判决和裁定，有利于对公民进行法制教育，增强公民的法制观念，提高公民自觉同犯罪分子作斗争的积极性。同时，震慑、威胁那些正在犯罪、预备犯罪及社会不稳定分子，使之不敢轻易以身试法，以达到减少犯罪、预防犯罪的目的，有效推动社会治安综合治理方针的贯彻落实，实现社会的长治久安。

第二节　各种判决、裁定的执行程序

一、死刑立即执行判决的执行

死刑是我国刑罚体系中最严厉的刑种。为确保死刑的正确适用，防止错杀，我国《刑事诉讼法》和有关的司法解释对死刑执行程序进行了严格而周密的规定，其内容如下。

（一）死刑执行命令的签发

根据《刑事诉讼法》第261条第1款的规定，最高人民法院判处和核准的死刑立即执行的判决，应当由最高人民法院院长签发执行死刑的命令。

（二）死刑执行机关及执行期限

根据《刑事诉讼法》第262条和最高人民法院《解释》第499条的规定，最高人民法院的执行死刑命令，由高级人民法院交付第一审人民法院执行。第一审人民法院接到执行死刑命令后，应当在7日内执行。在死刑缓期执行期间故意犯罪，最高人民法院核准执行死刑的，由罪犯服刑地的中级人民法院执行。

（三）死刑执行前的准备工作

根据最高人民法院《解释》第508、510条的规定，执行死刑由人民法院的审判人员负责指挥。执行前，对罪犯验明正身，核实罪犯姓名、别名、性别、年龄、职业、拘留、逮捕时间等，旨在进一步核实是否确系应当执行的罪犯，防止错杀；还应讯问罪犯有无遗言、信札，并制作笔录，然后交付执行人员执行死刑。

（四）死刑罪犯同近亲属会见

在执行死刑前，罪犯能否同近亲属会见，《刑事诉讼法》没有规定。但是，最高人民法院《解释》第505条中规定：第一审人民法院执行死刑前，应当告知罪犯有权会见其近亲属。罪犯申请会见并提供具体联系方式的，人民法院应当通知其亲属。罪犯近亲属申请会见的，人民法院应当准许并及时安排。此外，本条还对罪犯或其近亲属拒绝会见、罪犯申请会见近亲属以外的亲友以及申请会见未成年子女等问题进行了规定，并且要求会见一般在罪犯羁押场所进行，会见情况应当记录在案，附卷存档。

（五）执行死刑的方法和场所

根据《刑事诉讼法》第263条第2款的规定，死刑采用枪决或者注射等方法执行。采用枪决、注射以外的其他方法执行死刑的，应当事先报请最高人民法院批准。这里应当注意，“采用其他方法”是指比枪决、注射更文明、人道、科学的方法。死刑采用枪决方法执行，人民法院有条件执行的，交由司法警察执行；没有条件执行的，交由武装警察执行。采用注射方法执行死刑应当在指定的刑场或羁押场所内执行，但由谁执行，法律未予规定，我们认为，应由法医或医师进行。

根据《刑事诉讼法》第263条第3款的规定，死刑可以在刑场或者指定的羁押场所内执行。所谓“刑场”，是指由执行机关设置的执行死刑的场所。刑场不得设在繁华地区、交通要道和旅游区附近。所谓“指定的羁押场所”，一般指人民法院指定的监狱或看守所。

（六）执行死刑应当公布，不应示众

根据《刑事诉讼法》第263条第5款的规定，执行死刑应当公布，不应示众。据此，执行死刑的布告要选择在适当范围内、在适当地点张贴，以便人民群众了解情况。但在司法实践中，有些地方为制造声势，增强法律的威慑效果，将死刑犯游街示众。这种做法是对罪犯人格的侮辱，违反了法律关于执行死刑不应示众的规定。为禁止这种行为，最高人民法院《解释》第508条第2款明确规定，“执行死刑应当公布，禁止游街示众或者其他有辱罪犯人格的行为”。

（七）死刑执行后的处理

死刑执行后，应当由法医验明罪犯确实死亡，在场的书记员制作笔录，负责执行的人

民法院应当在执行死刑后15日内将执行的情况，包括罪犯被执行死刑前后的照片，上报最高人民法院。负责执行的人民法院应办理以下事项。

1. 制作笔录。根据《刑事诉讼法》第263条第6款的规定，执行死刑后，在场书记员应当写成笔录。交付执行的人民法院应当将执行死刑情况报告最高人民法院。

2. 通知罪犯家属。根据《刑事诉讼法》第263条第7款的规定，执行死刑后，交付执行的人民法院应当通知罪犯家属。对罪犯生前遗物、遗款等应当查点清楚，并列出清单，交其家属领取，并将收条交执行的人民法院附卷。

3. 对遗书、遗言的处理。对于死刑罪犯的遗书、遗言笔录，人民法院应当及时进行审查，涉及财产继承、债务清偿、家事嘱托等内容的，将遗书、遗言笔录交给其家属，同时复制附卷备查。涉及案件线索等问题的，应当抄送有关机关。

4. 对罪犯尸体的处理。通知罪犯家属在限期内领取罪犯骨灰；没有火化条件的或者因为民族、宗教等原因不宜火化的，通知领取尸体。过期不予领取的，由人民法院通知有关单位处理，并要求有关单位出具处理情况的说明。对于罪犯骨灰或者尸体的处理情况，应当记录在案。罪犯虽然已经死亡，但其尸体应受到应有的尊重，根据《确保死刑案件质量意见》第48条的规定，禁止侮辱罪犯的尸体。

5. 对外国籍罪犯执行死刑后，通知外国驻华使领馆的程序和时限，依照有关规定办理。

（八）死刑执行的监督

根据《刑事诉讼法》第263条第1款的规定，人民法院在交付执行死刑前，应当通知同级人民检察院派员临场监督。为加强人民检察院对死刑执行的监督，最高人民法院《解释》第506条规定："第一审人民法院在执行死刑三日以前，应当通知同级人民检察院派员临场监督。"人民检察院收到通知后，应当做好如下监督工作。

1. 查明同级人民法院是否收到最高人民法院核准死刑的裁定或者作出的死刑判决、裁定和执行死刑的命令。

2. 检查执行死刑的场所、方法和执行死刑的活动是否合法。

3. 执行死刑前发现有《刑事诉讼法》规定的"应当停止执行"或"暂停执行"的情形后，应当建议人民法院停止执行。

4. 执行死刑过程中，根据需要可以进行拍照、摄像；执行死刑后，检查罪犯是否确已死亡，并填写死刑临场监督笔录，签名后入卷归档。

二、死刑缓期二年执行、无期徒刑、有期徒刑和拘役判决的执行

（一）交付执行程序

1. 交付执行应移送的法律文书。

根据《刑事诉讼法》第264条第1款的规定，罪犯被交付执行刑罚的时候，应当由交付执行的人民法院在判决生效后10日以内将有关的法律文书送达公安机关、监狱或者其他执行机关。对于一案有几名罪犯的，交付执行的人民法院应当按照他们的人数送达上述法律文书。根据《监狱法》第16条及有关法律的规定，人民法院交付执行时，应当交付下列四种法律文书：（1）人民检察院起诉书副本、自诉状复印件；（2）人民法院的判决书、裁定书；（3）人民法院的执行通知书；（4）人民法院的结案登记表。以上四种法律文书对于刑罚执行机关正确执行刑罚、对罪犯进行教育改造具有重要意义，四种法律文书必须同时

具备，缺一不可。“上述文件不齐全或者记载有误的，作出生效判决的人民法院应当及时补充齐全或者作出更正；对其中可能导致错误收监的，不予收监。”

2. 交付执行的期限。

根据《刑事诉讼法》第 264 条第 1 款的规定，罪犯被交付执行刑罚的时候，应当由交付执行的人民法院在判决生效后 10 日以内将有关的法律文书送达公安机关、监狱或者其他执行机关。根据《监狱法》第 15 条及最高人民法院司法解释的规定，人民法院对被判处死刑缓期二年执行、无期徒刑、有期徒刑的罪犯，应当将执行通知书、判决书送达羁押该罪犯的公安机关，公安机关应当自收到执行通知书、判决书之日起 1 个月内将该罪犯送交监狱执行刑罚。根据最高人民法院《解释》第 512 条的规定，同案审理的案件中，部分被告人被判处死刑，对未被判处死刑的同案被告人需要羁押执行刑罚的，应当在其判决、裁定生效后 10 日内交付执行。但是该同案被告人参与实施有关死刑之罪的，应当在复核讯问被判处死刑的被告人后交付执行。

3. 交付执行的场所。

交付执行的场所，根据《刑事诉讼法》第 264 条第 2、3 款的规定，对被判处死刑缓期二年执行、无期徒刑、有期徒刑的罪犯，由公安机关依法将该罪犯送交监狱执行刑罚。对被判处有期徒刑的罪犯，在被交付执行刑罚前，剩余刑期在 3 个月以下的，由看守所代为执行。对被判处拘役的罪犯，由公安机关执行。对未成年犯应当在未成年犯管教所执行刑罚。

法律规定交付执行前余刑在 3 个月以下的，由看守所代为执行，旨在减少手续、有利于罪犯改造。但应注意，在看守所执行刑罚的罪犯，应当同未决犯罪嫌疑人、被告人分别关押，区别对待。

法律规定，对于已满 12 周岁不满 18 周岁的未成年犯，应当在未成年犯管教所执行刑罚。这是因为：(1) 未成年犯管教所与监狱相比在监管上相对宽松，更能适应未成年犯在生理上、心理上的承受能力；(2) 将未成年罪犯与成年罪犯实行分押分管，可以防止成年罪犯对未成年犯进行传授、教唆活动，以免造成不良后果；(3) 未成年犯管教所在名称上与“监狱”相区别，这样可以避免给未成年犯造成过深的监狱烙印和心理伤害等。

(二) 刑罚执行程序

执行机关收押罪犯，应当对罪犯进行身体检查，对于不适合在监狱或其他执行场所执行的，可以暂不收监；但是如果对其暂予监外执行有社会危害性，应当收监。对罪犯进行收监时，应当严格检查其人身和所携带的物品。属非生活必需品的，由执行机关代为保管或者征得罪犯同意后退回其家属，对违禁品一律予以没收。

执行机关对罪犯收押后，应当将罪犯罪名、刑期、执行地址等自收监之日起 5 日以内通知罪犯家属。对于罪犯在服刑中死亡、调动、脱逃满 2 个月未捕回或捕回后有变动的，执行机关应当书面报告交付执行的人民法院及对该监所实行监督的人民检察院。

被判处有期徒刑、拘役的刑期，从判决执行之日起计算。判决前被拘留和逮捕的，羁押 1 日折抵刑期 1 日。服刑期满，执行机关应立即释放并发给释放证明。

对被判处死缓的罪犯的减刑，必须在 2 年期满后及时进行，执行机关不得任意拖延或者提前。对于在缓刑期间故意犯罪的，应当由人民检察院提起公诉，服刑地中级人民法院审判，所作判决可以上诉、抗诉。认定故意犯罪，情节恶劣，应当执行死刑的，在判决、裁定发生法律效力后，应当层报最高人民法院核准执行死刑。对故意犯罪未执行死刑的，不再报高级人民法院核准，死刑缓期执行的期间重新计算，并层报最高人民法院备案。备案不影响判决、裁定的生效和执行。最高人民法院经备案审查，认为原判不予执行死刑错误，确需改判的，应当依照审判监督程序予以纠正。经最高人民法院核准执行死刑的，由罪犯服刑地中级人民法院执行。但如果罪犯在2年期满后故意犯罪，不能执行死刑，只能依法对所犯新罪作出判决，把前罪没有执行的刑罚和后罪所判处的刑罚，依照数罪并罚原则，决定应执行的刑罚。

三、有期徒刑缓刑、拘役缓刑的执行

缓刑是指在具备一定的法定条件下，对被判处一定刑罚的罪犯，在一定期间内暂缓执行刑罚，若其在暂缓执行期间未犯新罪，则原判刑罚不再执行的一种制度。缓刑不是刑种，而是刑罚运用的一种特殊执行方式。根据《刑法》第72条和第74条的规定，人民法院对于被判处拘役、3年以下有期徒刑的犯罪分子，同时符合犯罪情节较轻、有悔罪表现、没有再犯罪的危险、宣告缓刑对所居住社区没有重大不良影响的条件的，可以宣告缓刑；对其中不满18周岁的人、怀孕的妇女和已满75周岁的人，应当宣告缓刑。但对累犯和犯罪集团的首要分子，不适用缓刑。因此，缓刑包括拘役缓刑和有期徒刑缓刑。根据《刑事诉讼法》第269条的规定，对宣告缓刑的罪犯，依法实行社区矫正，由社区矫正机构负责执行。另外，一审法院判处拘役或者有期徒刑宣告缓刑的，判决尚未生效时不能将被告人交付执行，但是，如果被宣告缓刑人在押，一审法院应当先行变更强制措施为取保候审或监视居住，并通知公安机关。

对于被判处有期徒刑、拘役宣告缓刑的罪犯，在宣告缓刑时，应当同时宣告缓刑考验期。根据《刑法》第73条的规定，拘役的缓刑考验期限为原判刑期以上1年以下，但是不能少于2个月。有期徒刑的缓刑考验期限为原判刑期以上5年以下，但是不能少于1年。缓刑考验期限，从判决确定之日起计算。判决确定前先行羁押的日期，不能折抵缓刑考验期。如果又犯新罪或发现未被判处的漏罪，则应撤销缓刑，判处实刑，已执行的缓刑考验期不能折抵刑期，但判决前先行羁押的日期，应予折抵刑期。

根据《刑法》第75条的规定被宣告缓刑的罪犯，应当遵守下列规定：（1）遵守法律、行政法规，服从监督；（2）按照考察机关的规定报告自己的活动情况；（3）遵守考察机关关于会客的规定；（4）离开所居住的市、县或者迁居，应当报告考察机关批准。根据《刑法》第72条第2款的规定，宣告缓刑，可以根据犯罪情况，同时禁止犯罪分子在缓刑考验期限内从事特定活动，进入特定区域、场所，接触特定的人。被宣告缓刑的犯罪分子，如果被判处附加刑的，附加刑仍需执行。被宣告缓刑的罪犯，没有附加剥夺政治权利的，缓刑期间不应限制其政治权利；参加劳动的，实行同工同酬。罪犯如果在考验期内没有违反上述规定及人民法院判决中的禁止令，缓刑考验期满，原判刑罚不再执行，并向群众公开宣告。如果罪犯在缓刑考验期限内犯新罪或者被发现在判决宣告前还有其他罪没有判决，应当撤销缓刑，由审判新罪的人民法院撤销原判决、裁定宣告的缓刑，并书面通知原审人民法院和执行机关。罪犯在缓刑考验期限内，违反法律、行政法规或者国务院有关部门关于缓刑的监督管理规定，或者违反人民法院判决中的禁止令，情节严重的，应当撤销缓刑，执行原判刑罚。

四、管制、剥夺政治权利的执行

（一）管制的执行

管制是一种适用于罪行较轻的犯罪分子的刑罚。它是指对犯罪分子不予关押，在公安机关管束和社会公众的监督下实行改造，并限制其一定自由的刑罚方法。

根据《刑事诉讼法》第 269 条的规定，对被判处管制的罪犯，依法实行社区矫正，由社区矫正机构负责执行。据此，对于被判处管制的犯罪分子，在判决发生法律效力后，由人民法院交付社区矫正机构执行。第一审人民法院判决被告人管制，宣判时如果被告人在押的，应当通知公安机关变更强制措施，待判决生效后，将有关的法律文书送达公安机关执行。公安机关应当根据人民法院的判决书、执行通知书，将罪犯交社区矫正机构执行管制刑。

根据《刑法》第 39 条的相关规定，被判处管制的犯罪分子，在执行期间，应当遵守下列规定：（1）遵守法律、行政法规，服从监督；（2）未经执行机关批准，不得行使言论、出版、集会、结社、游行、示威自由的权利；（3）按执行机关规定报告自己的活动情况；（4）遵守执行机关关于会客的规定；（5）离开所居住的市、县或迁居，应当经执行机关批准。罪犯在被管制期间，有权参加劳动并得到同工同酬待遇。另外，根据《刑法修正案（八）》第 2 条的规定，判处管制，可以根据犯罪情况，同时禁止犯罪分子在执行期间从事特定活动，进入特定区域、场所，接触特定的人。违反该禁止令的，由公安机关依照《治安管理处罚法》的规定处罚。

管制的期限为 3 个月以上 2 年以下。管制的刑期，从判决执行之日起计算；判决执行以前先行羁押的，羁押 1 日折抵刑期 2 日。管制期满，执行机关应当及时解除，附加剥夺政治权利的，应同时宣布恢复其政治权利。此外，根据《刑法》第 69 条第 2 款的规定，数罪中有判处有期徒刑和管制，或者拘役和管制的，有期徒刑、拘役执行完毕后，管制仍须执行。

（二）剥夺政治权利的执行

剥夺政治权利是我国《刑法》规定的一种附加刑，也可以单独适用。根据《刑法》第 54 条的规定，对罪犯剥夺政治权利，主要是指剥夺其选举权、被选举权，言论、出版、集会、结社、游行、示威自由权，担任国家机关职务权，担任国有公司、企事业单位和人民团体领导职务等权利。上述范围应严格执行，对于不属于政治权利范围的其他权利不能剥夺。

根据《刑事诉讼法》第 270 条的规定，对被剥夺政治权利的罪犯，由公安机关执行。根据公安部《规定》第 311 条和第 312 条的规定，负责执行剥夺政治权利的派出所应当按照人民法院的判决，向罪犯及其所在单位、居住地基层组织宣布其犯罪事实、被剥夺政治权利的期限，以及罪犯在执行期间应当遵守的规定。被剥夺政治权利的罪犯在执行期间应该遵守以下规定：（1）遵守国家法律、行政法规和公安部制定的有关规定，服从监督管理；（2）不得享有选举权和被选举权；（3）不得组织或者参加集会、游行、示威、结社活动；（4）不得出版、制作、发行书籍和音像制品；（5）不得接受采访，发表演说；（6）不得在境内发表有损国家荣誉、利益或者其他具有社会危害性的言论；（7）不得担任国家机关职务；（8）不得担任国有公司、企业、事业单位和人民团体的领导职务。

剥夺政治权利的刑期，从徒刑、拘役执行完毕之日或者从假释之日起计算，其效力当然适用于主刑执行期间。判处管制附加剥夺政治权利的，剥夺政治权利的期限与管制期限相等，同时执行。根据《刑事诉讼法》第270条的规定，执行期满，应当由执行机关书面通知本人及其所在单位、居住地基层组织。

五、罚金、没收财产的执行

（一）罚金的执行

罚金是人民法院依法判决犯罪公民或犯罪单位向国家缴纳一定数额金钱的一种刑罚。根据《刑事诉讼法》第271条的规定，罚金判决由人民法院负责执行。

被判处罚金的罪犯或犯罪单位，应按照判决确定的数额，在判决规定的期限内一次或者分期缴纳。期满无故不缴纳的，人民法院应当强制缴纳：对于被判处罚金的自然人，期满无故不缴纳的，人民法院可以通知其所在单位扣发工资或采取查封、变卖罪犯个人财产等方式执行；对于被判处罚金的犯罪单位，人民法院可以通知银行从其账户上直接划拨。经强制缴纳仍不能全部缴纳的，人民法院在任何时候，包括在判处的主刑执行完毕后，发现被执行人有可以执行的财产的，应当随时追缴。根据最高人民法院《解释》第526条的规定，执行财产刑，应当参照被扶养人住所地政府公布的上年度当地居民最低生活费标准，保留被执行人及其所扶养人的生活必需费用。

根据《刑事诉讼法》第271条，最高人民法院《解释》第523、524条和《刑法》第64条的规定，被判处罚金的罪犯，由于遭遇不能抗拒的灾祸等原因缴纳确实有困难的，经人民法院裁定，可以延期缴纳、酌情减少或者免除。因遭遇不能抗拒的灾祸等原因缴纳罚金确有困难，被执行人申请延期缴纳、酌情减少或者免除罚金的，应当提交相关证明材料。人民法院应当在收到申请后1个月以内作出裁定。符合法定条件的，应当准许；不符合条件的，驳回申请。行政机关对被告人就同一事实已经处以罚款的，人民法院判处罚金时应当折抵，扣除行政处罚已执行的部分。对于罪犯缴纳的罚金，应当按照规定及时上缴国库，任何机关、单位和个人都不得挪用或者私分。

（二）没收财产的执行

没收财产，是指将犯罪分子个人所有财产的一部或全部依法无偿地收归国有的一种刑罚。没收财产可以附加适用，也可以独立适用。

根据《刑事诉讼法》第272条的规定，没收财产的判决，无论附加适用或者独立适用，都由人民法院执行；在必要的时候，可以会同公安机关执行。为了防止没收财产判决在执行前因罪犯或其他人转移财产影响执行，第一审人民法院可以先行查封、扣押和冻结被告人财产。

根据《关于刑事裁判涉财产部分执行的若干规定》第9条的规定，判处没收财产的，应当执行刑事裁判生效时被执行人合法所有的财产。执行没收财产刑，应当参照被扶养人住所地政府公布的上年度当地居民最低生活费标准，保留被执行人及其所扶养家属的生活必需费用。此外，根据该规定第13条，被执行人在执行中同时承担刑事责任、民事责任，其财产不足以支付的，按照下列顺序执行：（1）人身损害赔偿中的医疗费用；（2）退赔被害人的损失；（3）其他民事债务；（4）罚金；（5）没收财产。债权人对执行标的依法享有优先受偿权，其主张优先受偿的，人民法院应当在前述第一项规定的医疗费用受偿后，予以支持。对于没收的财产，人民法院应当按照有关规定及时上缴国库或财政部门，任何机关、单位和个人都不得私用、调换及压价拍卖或变相私分。

(三) 财产刑的执行异议和执行终结

根据最高人民法院《解释》第528条的规定，执行财产刑过程中，当事人、利害关系人认为执行行为违反法律规定，或者案外人对被执行标的书面提出异议的，人民法院应当参照民事诉讼法的有关规定处理。

根据最高人民法院《解释》第529条的规定，执行财产刑过程中，具有下列情形之一的，人民法院应当裁定终结执行：(1) 据以执行的判决、裁定被撤销的；(2) 被执行人死亡或者被执行死刑，且无财产可供执行的；(3) 被判处罚金的单位终止，且无财产可供执行的；(4) 依照《刑法》第53条规定免除罚金的；(5) 应当终结执行的其他情形。裁定终结执行后，发现被执行人的财产有被隐匿、转移等情形的，应当追缴。

人民法院办理刑事裁判涉财产部分执行案件，刑法、刑事诉讼法及有关刑事司法解释没有相应规定的，参照适用民事执行的有关规定。

六、无罪判决和免除刑罚判决的执行

无罪判决，是指人民法院依法确认被告人的行为不构成犯罪或者依法不追究刑事责任的判决。根据我国《刑事诉讼法》第200条的规定，无罪判决包括被告人行为不构成犯罪、具有法定不应追究刑事责任情形的无罪和证据不足、指控的犯罪不能成立的无罪三种情况。免除刑罚判决是人民法院依法作出的确认被告人有罪但因具有法定免除刑罚情形而免予刑事处罚的判决。

根据《刑事诉讼法》第260条的规定，第一审人民法院判决被告人无罪、免除刑事处罚的，如果被告人在押，在宣判后应当立即释放。据此，无罪、免刑判决在其发生法律效力之前，就应当释放在押被告人。即使在判决宣告后当事人提出上诉或者人民检察院提出抗诉，人民法院也应当将判决连同执行通知书送交看守所，看守所接到上述法律文书后，应当立即释放被告人。这是法律针对无罪判决和免刑判决的执行问题所作出的特殊规定，目的是及时恢复无罪公民的人身自由和名誉，维护其人格尊严，保障其基本人权；对于有罪但应当免除刑事处罚的人，则可以使其避免继续被剥夺人身自由，保护其合法权利。

对被判无罪或免除刑罚的被告人立即释放，在性质上其是否属于执行，理论上尚存在争议。《刑事诉讼法》将第260条规定放在“执行”一章，从而在法律上将其视为“判决和裁定在发生法律效力后执行”这一规定的一种特殊情况。但也有观点认为，这种情况下释放被告人不属于执行，而属于撤销逮捕决定，因为在无罪或者免除刑罚判决作出后，对原采用取保候审或监视居住措施的，并不具有撤销效力。而实践中，为了保障第二审程序顺利进行，第一审人民法院对在押被告人通知公安机关立即释放以后，往往同时又让被告人或其家属填写取保候审保证书。据此，这种观点认为，“将第260条规定的内容设立在第一审程序之中更为适宜”①。本教材赞同此种观点。

① 陈光中．刑事诉讼法．2版．北京：北京大学出版社，高等教育出版社，2005：405.

第三节　执行的变更及其他处理

一、死刑执行的变更

《刑事诉讼法》第 262 条和第 263 条规定了死刑的两种变更执行方法，即“停止执行死刑”与“暂停执行死刑”。这两条规定对于防止错杀，保证死刑的正确适用具有十分重要的意义，体现了我国一贯坚持的“慎重适用死刑”的刑事政策。

关于“停止执行死刑”，《刑事诉讼法》第 262 条第 1 款规定：下级人民法院接到最高人民法院执行死刑的命令后，应当在 7 日以内交付执行。但是发现有下列情形之一的，应当停止执行，并且立即报告最高人民法院，由最高人民法院作出裁定：(1) 在执行前发现判决可能有错误的；(2) 在执行前罪犯揭发重大犯罪事实或者有其他重大立功表现，可能需要改判的；(3) 罪犯正在怀孕。最高人民法院的《解释》第 500 条将上述三种情况细化为六种情形。根据该条规定，下级人民法院在接到执行死刑命令后、执行前，发现有下列情形之一的，应当暂停执行，并立即将请求停止执行死刑的报告和相关材料层报最高人民法院：(1) 罪犯可能有其他犯罪的；(2) 共同犯罪的其他犯罪嫌疑人到案，可能影响罪犯量刑的；(3) 共同犯罪的其他罪犯被暂停或者停止执行死刑，可能影响罪犯量刑的；(4) 罪犯揭发重大犯罪事实或者有其他重大立功表现，可能需要改判的；(5) 罪犯怀孕的；(6) 判决、裁定可能有影响定罪量刑的其他错误的。最高人民法院经审查，认为可能影响犯罪定罪量刑的，应当裁定停止执行死刑；认为不影响的，应当决定继续执行死刑。

对于《刑事诉讼法》和最高人民法院的司法解释，应作正确理解。首先，判决“可能有错误”，是指可能而非确定有错误，即发现判决在认定事实或者适用法律上可能有错误，这种错误足以影响死刑判决的正确性的，都应当由执行死刑的人民法院决定停止执行死刑，然后上报有核准权的法院。这种可能性需要一定的时间去查证，先停止执行死刑体现了法律对死刑执行的慎重要求。这些错误就包括了最高人民法院《解释》第 500 条中第 1、2、3、6 项的规定。其次，“在执行前罪犯揭发重大犯罪事实或者有其他重大立功表现”，是指罪犯在被处决前良心未泯，幡然醒悟，或由于求生欲望揭发重大犯罪事实或实施重大立功行为等。对此，法律应当予以支持和鼓励，只要经查证属实，就可以依法予以改判。这有利于调动一切积极因素，最大限度地孤立和打击罪大恶极的犯罪分子。最后，“罪犯正在怀孕”是指罪犯从被羁押到执行死刑前正在怀孕，对于怀孕罪犯在羁押期间人工流产的，应视同正在怀孕。我国《刑法》第 49 款规定，对于正在怀孕的妇女不得适用死刑，因此《刑事诉讼法》的这一规定，正是刑法人道主义精神的体现。

关于“暂停执行死刑”，《刑事诉讼法》第 263 条第 4 款规定：指挥执行的审判人员，对罪犯应当验明正身，讯问有无遗言、信札，然后交付执行人员执行死刑。在执行前，如果发现可能有错误，应当暂停执行，报请最高人民法院裁定。这里的“执行前”，是指从验明正身到行刑前这段时间，所以将“暂停执行死刑”的权力交给执行人员。“可能有错误”应包括《刑事诉讼法》第 262 条所规定的三种情形在内的一切可能的错误，如验明正身时发现“张冠李戴”、行刑前听见罪犯喊冤等。这些情形，一经发现，负责指挥的审判人员及临场监督的检察人员，都应当立即决定和建议停止执行，报请最高人民法院裁定。

根据最高人民法院《解释》，下级人民法院在接到最高人民法院执行死刑命令后、执行前，发现有《刑事诉讼法》规定的停止执行情形的，应当暂停执行死刑，并立即将请求停止执行死刑的报告和相关材料层报最高人民法院。对于下级人民法院报送的请求停止执行死刑的报告及相关材料，由最高人民法院作出核准死刑裁判的原合议庭负责审查，必要时，依法另行组成合议庭进行审查。最高人民法院经审查，认为可能影响罪犯定罪量刑的，应当裁定停止执行死刑；认为不影响的，应当决定继续执行死刑。下级人民法院停止执行后，应当会同有关部门调查核实，并及时将调查结果和意见层报最高人民法院审核。此外，最高人民法院在执行死刑命令签发后、执行前，发现有《刑事诉讼法》规定的情形的，应当立即裁定下级人民法院停止执行死刑，并将有关材料移交下级人民法院。下级人民法院会同有关部门调查核实后，应当及时将调查结果和意见层报最高人民法院审核。

根据最高人民法院《解释》第 504 条的规定，最高人民法院对于依法已停止执行死刑的案件，依照下列情形分别处理：（1）确认罪犯正在怀孕的，应当改判；（2）确认罪犯有其他犯罪，依法应当追诉的，应当裁定不予核准死刑，撤销原判，发回重新审判；（3）确认原判决、裁定有错误或者罪犯有重大立功表现，需要改判的，应当裁定不予核准死刑，撤销原判，发回重新审判；（4）确认原判决、裁定没有错误，罪犯没有重大立功表现，或者重大立功表现不影响原判决、裁定执行的，应当裁定继续执行死刑，并由院长重新签发执行死刑的命令。

二、死刑缓期二年执行的变更

死刑缓期二年执行不是一种独立的刑种，而是死刑的一种执行方法，是指对于罪该判处死刑的犯罪分子，如果不是必须立即执行，在判处死刑的同时宣告缓期二年执行，实行监督改造，以观后效的一种制度。死刑缓期二年执行必然产生减刑或者执行死刑两种结果中的一种，无论出现哪一种结果，都涉及执行的变更。

《刑法》第 50 条规定：“判处死刑缓期执行的，在死刑缓期执行期间，如果没有故意犯罪，二年期满以后，减为无期徒刑；如果确有重大立功表现，二年期满以后，减为二十五年有期徒刑；如果故意犯罪，情节恶劣的，报请最高人民法院核准后执行死刑；对于故意犯罪未执行死刑的，死刑缓期执行的期间重新计算，并报最高人民法院备案。”《刑事诉讼法》第 261 条第 2 款规定：“被判处死刑缓期二年执行的罪犯，在死刑缓期执行期间，如果没有故意犯罪，死刑缓期执行期满，应当予以减刑的，由执行机关提出书面意见，报请高级人民法院裁定；如果故意犯罪，情节恶劣，查证属实，应当执行死刑的，由高级人民法院报请最高人民法院核准；对于故意犯罪未执行死刑的，死刑缓期执行的期间重新计算，并报最高人民法院备案。”据此，判断死刑缓期执行期满应当减刑还是执行死刑的标准是罪犯在二年考验期内有无故意犯罪、情节是否恶劣。罪犯故意犯罪，情节恶劣的，经查证属实，依法执行死刑；如果罪犯故意犯罪但未达到情节恶劣的程度，则应重新计算死刑缓期执行的期间。反之，在缓期执行期间没有故意犯罪的，应依法减为无期徒刑或者有期徒刑。为了加大对被判处死刑缓期执行的累犯以及严重暴力犯罪的犯罪分子的惩处和改造力度，《刑法》第 50 条第 2 款规定“对被判处死刑缓期执行的累犯以及因故意杀人、强奸、抢劫、绑架、放火、爆炸、投放危险物质或者有组织的暴力性犯罪被判处死刑缓期执行的犯罪分子，人民法院根据犯罪情节等情况可以同时决定对其限制减刑”。

为贯彻上述规定，最高人民法院于2011年4月25日公布了《关于死刑缓期执行限制减刑案件审理程序若干问题的规定》。根据该规定，对于符合《刑法》第50条第2款规定的犯罪分子，人民法院根据犯罪情节、人身危险性等情况，可以在作出裁判的同时决定对其限制减刑。被告人对第一审人民法院作出的限制减刑判决不服的，可以提出上诉。被告人的辩护人和近亲属，经被告人同意，也可以提出上诉。高级人民法院审理或者复核判处死刑缓期执行并限制减刑的案件，认为原判对被告人判处死刑缓期执行适当，但判决限制减刑不当的，应当改判，撤销限制减刑。高级人民法院审理判处死刑缓期执行没有限制减刑的上诉案件，认为原判事实清楚、证据充分，但应当限制减刑的，不得直接改判，也不得发回重新审判；确有必要限制减刑的，应当在第二审判决、裁定生效后，按照审判监督程序重新审判。高级人民法院复核判处死刑缓期执行没有限制减刑的案件，认为应当限制减刑的，不得以提高审级等方式对被告人限制减刑。人民法院对被判处死刑缓期执行的被告人所作的限制减刑决定，应当在判决书主文部分单独作为一项予以宣告。

对于依以上程序被判决限制减刑的犯罪分子，执行机关应依照判决书所确定的限制减刑期限提出减刑的书面意见，报请法院依法裁定。

关于死缓罪犯报请减刑的程序，根据法律规定，罪犯在死刑缓期执行期间没有故意犯罪，2年期满，由执行机关提出减刑书面建议，报经省、自治区、直辖市司法厅（局）监狱管理部门审核后，提交当地高级人民法院依法裁定。减刑裁定书应当发给罪犯及交付执行机关，并将副本送达原审人民法院和对执行机关实行监督的人民检察院。

死刑缓期执行变更执行的期限：死刑缓期执行的考验期，自判决确定之日起计算，判决前羁押的日期，不能折抵考验期，因此，减刑必须待2年考验期满以后才能进行。人民法院应在收到执行机关的减刑建议书之日起1个月内审理裁定，案情复杂或有特殊情况的，可以延长1个月。但是，罪犯故意犯罪、情节恶劣的，可在考验期内的任何时间进行追究，只要经查证属实，都应当执行死刑。如果罪犯在缓期2年执行期满后尚未裁定减刑前故意犯罪，则不应当视为缓刑期间犯罪。对这种情况，应当对新罪依法另行起诉，经人民法院审理，依照《刑法》第69条的规定，数罪并罚后决定执行的刑罚。新罪应判死刑的，才能执行死刑。

对于死缓罪犯需要执行死刑的程序，法律规定，罪犯在死刑缓期执行期间故意犯罪的，由罪犯服刑的监狱进行侦查，侦查终结后移送人民检察院审查起诉并向服刑地的中级人民法院提起公诉，人民法院经审理所作的判决，可以上诉、抗诉；待裁判生效后，应当执行死刑的，由高级人民法院报请最高人民法院核准。最高人民法院核准死刑后，应当由该院院长签发执行死刑命令，交罪犯服刑地的中级人民法院依照法定程序和方式执行死刑。

三、暂予监外执行

暂予监外执行，是指对被判处有期徒刑、拘役或者无期徒刑的罪犯，本应在监狱或其他执行场所服刑，但因出现某种法定特殊情形不宜在监内执行时，暂时采取的一种变通执行方法。

(一) 暂予监外执行的适用条件

根据《刑事诉讼法》第 265 条第 1 款的规定，对被判处有期徒刑或者拘役的罪犯，有下列情形之一的，可以暂予监外执行：(1) 有严重疾病需要保外就医的；(2) 怀孕或者正在哺乳自己婴儿的妇女；(3) 生活不能自理，适用暂予监外执行不致危害社会的。根据该条第 2 款的规定，对被判处无期徒刑的罪犯，有前述第二项规定情形的，可以暂予监外执行。根据上述规定，暂予监外执行的适用条件如下。

1. 暂予监外执行只能适用于被判处有期徒刑、拘役的罪犯，被判处无期徒刑的罪犯只有属于怀孕或者正在哺乳自己婴儿的妇女，才能适用暂予监外执行。被判处其他刑罚的罪犯，即便具有《刑事诉讼法》第 265 条规定的三种情形的，也不能适用暂予监外执行。此外，根据最高人民法院、最高人民检察院、公安部、司法部、国家卫生计生委于 2014 年 10 月联合制定的《暂予监外执行规定》第 7 条的规定，对需要保外就医或者属于生活不能自理的累犯以及故意杀人、强奸、抢劫、绑架、放火、爆炸、投放危险物质或者有组织的暴力性犯罪的罪犯，原被判处死刑缓期二年执行或者无期徒刑的，应当在减为有期徒刑后执行有期徒刑 7 年以上方可适用暂予监外执行；原被判处 10 年以上有期徒刑的，应当执行原判刑期 1/3 以上方可适用暂予监外执行。对未成年罪犯、65 周岁以上的罪犯、残疾人罪犯，适用前述规定可以适度从宽。但是，对患有该规定所附《保外就医严重疾病范围》的严重疾病，短期内有生命危险的罪犯，可以不受前述规定关于执行刑期的限制。

2. 被判处有期徒刑、拘役的罪犯只有在具备下列三种情形之一时，才能被暂予监外执行；被判处无期徒刑的罪犯，只有具备下列第二种情形才能被暂予监外执行。

(1) 有严重疾病需要保外就医的。它是指罪犯病危或者患有恶性传染病、不治之症等，不宜在监狱或其他执行机关的医院治疗而由罪犯提出、保证人担保其在监外执行兼治病期间不违反有关规定的制度。为严格限制严重疾病的范围，根据《暂予监外执行规定》第 5 条第 1 款的规定，只有“患有属于本规定所附《保外就医严重疾病范围》的严重疾病，需要保外就医的”，才可暂予监外执行。同时，为了防止罪犯在监外危害社会和保外就医被滥用，《刑事诉讼法》第 265 条第 3 款以及《暂予监外执行规定》第 6 条作了限制性规定，即对适用保外就医可能有社会危险性的罪犯，或者自伤自残，或者不配合治疗的罪犯，不得保外就医；对职务犯罪、破坏金融管理秩序和金融诈骗犯罪、组织（领导、参加、包庇、纵容）黑社会性质组织犯罪的罪犯适用保外就医应当从严审批，对患有高血压、糖尿病、心脏病等严重疾病，但经诊断短期内没有生命危险的，不得暂予监外执行；对在暂予监外执行期间因违法违规被收监执行或者因重新犯罪被判刑的罪犯，需要再次适用暂予监外执行的，应当从严审批。

(2) 怀孕或者正在哺乳婴儿的妇女。哺乳婴儿一般自分娩之日起到婴儿 1 周岁以前。只要该罪犯不致危害社会，原则上都可以对其决定暂予监外执行。

(3) 生活不能自理的。它是指罪犯老、弱、病、残，缺乏生活自理能力，必须依靠他人照顾的情况。对这部分人实行监外执行，既有利于罪犯的生活便利，也可以减轻监狱等执行机关的工作负担。

应当提出的是，罪犯是否具有以上三种情形之一必须经过法定的鉴别程序。根据《暂予监外执行规定》第 8 条和第 9 条的规定，对在监狱、看守所服刑的罪犯需要暂予监外执行的，监狱、看守所应当组织对罪犯进行病情诊断、妊娠检查或者生活不能自理的鉴别。对罪犯的病情诊断或者妊娠检查，应当委托省级人民政府指定的医院进行。医院出具的病情诊断或者检查证明文件，应当由2名具有副高以上专业技术职称的医师共同作出，经主管业务院长审核签名，加盖公章，并附化验单、影像学资料和病历等有关医疗文书复印件。对罪犯生活不能自理情况的鉴别，由监狱、看守所组织有医疗专业人员参加的鉴别小组进行。鉴别意见由组织鉴别的监狱、看守所出具，参与鉴别的人员应当签名，监狱、看守所的负责人应当签名并加盖公章。对罪犯进行病情诊断、妊娠检查或者生活不能自理的鉴别，与罪犯有亲属关系或者其他利害关系的医师、人员应当回避。

（二）暂予监外执行的程序

暂予监外执行的程序分为两部分：暂予监外执行的决定程序和暂予监外执行决定的执行程序。

1. 暂予监外执行的决定程序。

根据《刑事诉讼法》第265条的规定，暂予监外执行决定的作出有两种情况：一种是在交付执行前，罪犯具有上述法定情形的，由人民法院在宣告判决的同时，作出暂予监外执行决定；另一种是在交付执行后，暂予监外执行由监狱或者看守所提出书面意见，报省级以上监狱管理机关或者设区的市一级以上公安机关批准。因此，暂予监外执行的决定程序可以分为人民法院决定暂予监外执行程序和刑罚执行机关的上级主管部门决定暂予监外执行程序。

（1）人民法院决定暂予监外执行程序。

根据全国人民代表大会常务委员会《关于〈中华人民共和国刑事诉讼法〉第二百五十四条第五款、第二百五十七条第二款的解释》和《暂予监外执行规定》第17条和第18条的规定，对符合暂予监外执行条件的，被告人及其辩护人有权向人民法院提出暂予监外执行的申请，看守所可以将有关情况通报人民法院。对被告人、罪犯的病情诊断、妊娠检查或者生活不能自理的鉴别，由人民法院依照本规定程序组织进行。

人民法院应当在执行刑罚的有关法律文书依法送达前，作出是否暂予监外执行的决定。人民法院在作出暂予监外执行决定前，应当征求人民检察院的意见。

（2）刑罚执行机关的上级主管部门决定暂予监外执行程序。

根据《暂予监外执行规定》第10～14条的规定，由刑罚执行机关的上级主管部门决定暂予监外执行具体包括以下三个程序。

一是提出保证人程序。罪犯需要保外就医的，应当由罪犯本人或者其亲属、监护人提出保证人，保证人由监狱、看守所审查确定。罪犯没有亲属、监护人的，可以由其居住地的村（居）民委员会、原所在单位或者社区矫正机构推荐保证人。保证人应当向监狱、看守所提交保证书。保证人应当同时具备下列条件：1）具有完全民事行为能力，愿意承担保证人义务；2）人身自由未受到限制；3）有固定的住处和收入；4）能够与被保证人共同居住或者居住在同一市、县。罪犯在暂予监外执行期间，保证人应当履行下列义务：1）协助社区矫正机构监督被保证人遵守法律和有关规定；2）发现被保证人擅自离开居住的市、县或者变更居住地，或者有违法犯罪行为，或者需要保外就医情形消失，或者被保证人死亡的，立即向社区矫正机构报告；3）为被保证人的治疗、护理、复查以及正常生活提供帮助；4）督促和协助被保证人按照规定履行定期复查病情和向社区矫正机构报告的义务。

二是刑罚执行机关审议和提请程序。监狱、看守所应当就是否对罪犯提请暂予监外执行进行审议。经审议决定对罪犯提请暂予监外执行的，应当在监狱、看守所内进行公示。对病情严重必须立即保外就医的，可以不公示，但应当在保外就医后3个工作日以内在监狱、看守所内公告。公示无异议或者经审查异议不成立的，监狱、看守所应当填写暂予监外执行审批表，连同有关诊断、检查、鉴别材料、保证人的保证书，提请省级以上监狱管理机关或者设区的市一级以上公安机关批准。已委托进行核实、调查的，还应当附县级司法行政机关出具的调查评估意见书。监狱、看守所审议暂予监外执行前，应当将相关材料抄送人民检察院。决定提请暂予监外执行的，监狱、看守所应当将提请暂予监外执行书面意见的副本和相关材料抄送人民检察院。人民检察院可以向决定或者批准暂予监外执行的机关提出书面意见。

三是审批程序。批准机关应当自收到监狱、看守所提请暂予监外执行材料之日起 15 个工作日以内作出决定。批准暂予监外执行的，应当在 5 个工作日以内将暂予监外执行决定书送达监狱、看守所，同时抄送同级人民检察院、原判人民法院和罪犯居住地社区矫正机构。暂予监外执行决定书应当上网公开。不予批准暂予监外执行的，应当在 5 个工作日以内将不予批准暂予监外执行决定书送达监狱、看守所。

2. 暂予监外执行决定的执行程序。

根据《刑事诉讼法》第 268、269 条以及《暂予监外执行规定》第 15～28 条的规定，暂予监外执行决定的执行具体包括交付执行、社区矫正、收监执行等程序。

（1）交付执行程序。

根据《刑事诉讼法》第 269 条的规定，对被判处暂予监外执行的罪犯，依法实行社区矫正，由社区矫正机构负责执行。

对于由人民法院决定暂予监外执行的，应当制作暂予监外执行决定书，写明罪犯基本情况、判决确定的罪名和刑罚、决定暂予监外执行的原因和依据等，在判决生效后 7 日以内将暂予监外执行决定书送达看守所或者执行取保候审、监视居住的公安机关和罪犯居住地社区矫正机构，并抄送同级人民检察院。人民法院决定暂予监外执行，罪犯被羁押的，应当通知罪犯居住地社区矫正机构，社区矫正机构应当派员持暂予监外执行决定书及时与看守所办理交接手续，接收罪犯档案；罪犯被取保候审、监视居住的，由社区矫正机构与执行取保候审、监视居住的公安机关办理交接手续。

对于由刑罚执行机关的上级主管部门决定暂予监外执行的，监狱、看守所应当向罪犯发放暂予监外执行决定书，及时为罪犯办理出监、出所相关手续。在罪犯离开监狱、看守所之前，监狱、看守所应当核实其居住地，书面通知其居住地社区矫正机构，并对其进行出监、出所教育，书面告知其在暂予监外执行期间应当遵守的法律和有关监督管理规定。罪犯应当在告知书上签名。监狱、看守所应当派员持暂予监外执行决定书及有关文书材料，将罪犯押送至居住地，与社区矫正机构办理交接手续。罪犯原服刑地与居住地不在同一省、自治区、直辖市，需要回居住地暂予监外执行的，原服刑地的省级以上监狱管理机关或者设区的市一级以上公安机关监所管理部门应当书面通知罪犯居住地的监狱管理机关、公安机关监所管理部门，由其指定一所监狱、看守所接收罪犯档案，负责办理罪犯收监、刑满释放等手续，并及时书面通知罪犯居住地社区矫正机构。

（2）社区矫正程序。

社区矫正机构应当及时掌握暂予监外执行罪犯的身体状况以及疾病治疗等情况，每 3 个月审查保外就医罪犯的病情复查情况，并根据需要向批准、决定机关或者有关监狱、看守所反馈情况。罪犯暂予监外执行后，刑期即将届满的，社区矫正机构应当在罪犯刑期届满前 1 个月以内，书面通知罪犯原服刑或者接收其档案的监狱、看守所按期办理刑满释放手续。人民法院决定暂予监外执行罪犯刑期届满的，社区矫正机构应当及时解除社区矫正，向其发放解除社区矫正证明书，并将有关情况通报原判人民法院。罪犯在暂予监外执行期间死亡的，社区矫正机构应当自发现之日起5日以内，书面通知决定或者批准机关，并将有关死亡证明材料送达罪犯原服刑或者接收其档案的监狱、看守所，同时抄送罪犯居住地同级人民检察院。

(3) 收监执行程序。

根据《刑事诉讼法》第268条的规定，对于暂予监外执行的罪犯，有下列情形之一的，应当及时收监：1）发现不符合暂予监外执行条件的；2）严重违反有关暂予监外执行监督管理规定的；3）暂予监外执行的情形消失后，罪犯刑期未满的。最高人民法院《解释》第516条对上述三种情形进行了细化：1）不符合暂予监外执行条件的；2）未经批准离开所居住的市、县，经警告拒不改正，或者拒不报告行踪，脱离监管的；3）因违反监督管理规定受到治安管理处罚，仍不改正的；4）受到执行机关两次警告，仍不改正的；5）保外就医期间不按规定提交病情复查情况，经警告拒不改正的；6）暂予监外执行的情形消失后，刑期未满的；7）保证人丧失保证条件或者因不履行义务被取消保证人资格，不能在规定期限内提出新的保证人的；8）违反法律、行政法规和监督管理规定，情节严重的其他情形。

社区矫正机构发现暂予监外执行罪犯依法应予收监执行的，应当提出收监执行的建议，经县级司法行政机关审核同意后，报决定或者批准机关。决定或者批准机关应当进行审查，作出收监执行决定的，将有关的法律文书送达罪犯居住地县级司法行政机关和原服刑或者接收其档案的监狱、看守所，并抄送同级人民检察院、公安机关和原判人民法院。

人民法院对暂予监外执行罪犯决定收监执行的，应当在收到社区矫正机构的收监执行建议书后30日以内作出决定。决定暂予监外执行时剩余刑期在3个月以下的，由居住地公安机关送交看守所收监执行；决定暂予监外执行时剩余刑期在3个月以上的，由居住地公安机关送交监狱收监执行。监狱管理机关对暂予监外执行罪犯决定收监执行的，原服刑或者接收其档案的监狱应当立即赴羁押地将罪犯收监执行。公安机关对暂予监外执行罪犯决定收监执行的，由罪犯居住地看守所将罪犯收监执行。

监狱、看守所将罪犯收监执行后，应当将收监执行的情况报告决定或者批准机关，并告知罪犯居住地县级人民检察院和原判人民法院。

被决定收监执行的罪犯在逃的，由罪犯居住地县级公安机关负责追捕。公安机关将罪犯抓捕后，依法送交监狱、看守所执行刑罚。罪犯在暂予监外执行期间脱逃的，脱逃的期间不计入执行刑期。被收监执行的罪犯有法律规定的不计入执行刑期情形的，社区矫正机构应当在收监执行建议书中说明情况，并附有关证明材料。批准机关进行审核后，应当及时通知监狱、看守所向所在地的中级人民法院提出不计入执行刑期的建议书。人民法院应当自收到建议书之日起1个月以内依法对罪犯的刑期重新计算作出裁定。人民法院决定暂予监外执行的，在决定收监执行的同时应当确定不计入刑期的期间。

四、减刑和假释

(一) 减刑

减刑是指被判处管制、拘役、有期徒刑和无期徒刑的罪犯在执行期间，如果认真遵守监规，接受教育改造，确有悔改或立功表现，则可以依法减轻其刑罚的一种制度。减刑既可以减少原判刑期，也可以将原判较重的刑种改为较轻的刑种。但是，根据《刑法》第78条的规定，减刑以后实际执行的刑期不能少于下列期限：判处管制、拘役、有期徒刑的，不得少于原判刑期的1/2，判处无期徒刑的，不能少于13年。无期徒刑减为有期徒刑后的刑期，从裁定减刑之日起计算，已执行的刑期，不计入减刑后的刑期之内，而其他刑罚的刑期，原判刑期已执行部分，则应计入减刑后的刑期。附加剥夺政治权利的无期徒刑减为有期徒刑时，应当把附加剥夺政治权利的期限改为3年以上10年以下；有期徒刑、拘役、管制减刑时，可以酌减附加剥夺政治权利的期限。根据《刑事诉讼法》第273条第2款、最高人民法院《解释》第534条和《监狱法》第30～33条的有关规定，被判处管制、拘役、有期徒刑或者无期徒刑的罪犯，在执行期间确有悔改或者立功表现，应当依法予以减刑、假释的时候，由执行机关提出建议书，根据原判刑罚的不同，分别报请不同级别的人民法院审核裁定。

1. 对被判处死刑缓期执行的罪犯的减刑，由罪犯服刑地的高级人民法院根据同级监狱管理机关审核同意的减刑建议书裁定。

2. 对被判处无期徒刑的罪犯的减刑、假释，由罪犯服刑地的高级人民法院作出裁定。

3. 对被判处有期徒刑和被减为有期徒刑的罪犯的减刑、假释，由罪犯服刑地的中级人民法院作出裁定。

4. 对被判处拘役、管制的罪犯的减刑，由罪犯服刑地中级人民法院作出裁定。

5. 对社区矫正对象的减刑，由社区矫正执行地的中级以上人民法院在收到社区矫正机构减刑建议书后作出裁定。

（二）假释

假释是指对被判处有期徒刑的罪犯，原判刑期已执行1/2以上，被判处无期徒刑的罪犯，实际执行刑期13年以上，如果认真遵守监规，接受教育改造，确有悔改表现且不致再危害社会，则将其附条件地予以提前释放的制度。对累犯以及因杀人、爆炸、抢劫、强奸、绑架等暴力性犯罪被判处10年以上有期徒刑、无期徒刑的犯罪分子，不得假释。有期徒刑的假释考验期为没有执行完的刑期，无期徒刑的假释考验期为10年。假释考验期自假释之日起计算。原判决附加剥夺政治权利的，应当自假释之日起执行。

假释的程序与减刑程序基本相同。

根据《刑事诉讼法》第269条的规定，对被假释的罪犯，由社区矫正机构依法实行社区矫正。在假释考验期内，没有犯新罪和未发现有遗漏罪行的，考验期满，则认为原判刑罚执行完毕，并公开宣布，无须办理释放手续。罪犯在假释考验期内犯新罪的，应当撤销假释，实行数罪并罚，对决定执行的刑罚，收监执行；在考验期内，发现被假释的犯罪分子在判决宣告以前还有其他罪行没有判决的，应当撤销假释，实行数罪并罚，对决定执行的刑罚，收监执行。罪犯在假释考验期内，有违反法律、行政法规或者国务院有关部门关于假释的监督管理规定的行为，尚未构成犯罪的，应当依法撤销假释，收监执行未执行完毕的刑罚。

（三）减刑、假释的审理程序

根据最高人民法院2014年4月公布、2014年6月1日起施行的《关于减刑、假释案件审理程序的规定》、最高人民检察院2014年7月通过的《人民检察院办理减刑、假释案件规定》及有关法律、司法解释的规定，减刑、假释案件的审理程序包括以下几个方面的内容。

1. 案件材料的移送。

根据《关于减刑、假释案件审理程序的规定》第 2 条的规定，人民法院受理减刑、假释案件，应当审查执行机关是否移送下列材料：（1）减刑或者假释建议书；（2）终审法院的裁判文书、执行通知书、历次减刑裁定书的复印件；（3）罪犯确有悔改或者立功、重大立功表现的具体事实的书面证明材料；（4）罪犯评审鉴定表、奖惩审批表等；（5）其他根据案件的审理需要移送的材料。报请假释的，应当附有社区矫正机构或者基层组织关于罪犯假释后对所居住社区影响的调查评估报告。人民检察院对报请减刑、假释案件提出检察意见的，执行机关应当一并移送受理减刑、假释案件的人民法院。经审查，材料齐备的，应当立案；材料不齐的，应当通知执行机关在 3 日内补送，逾期未补送的，不予立案。

2. 减刑、假释案件的公示。

根据《关于减刑、假释案件审理程序的规定》第 3 条的规定，人民法院审理减刑、假释案件，应当在立案后 5 日内将执行机关报请减刑、假释的建议书等材料依法向社会公示。公示内容应当包括罪犯的个人情况、原判认定的罪名和刑期、罪犯历次减刑情况、执行机关的建议及依据。公示应当写明公示期限和提出意见的方式。公示期限为 5 日。

3. 审理组织及审查内容。

根据《关于减刑、假释案件审理程序的规定》第 4 条和第 5 条的规定，人民法院审理减刑、假释案件，应当依法由审判员或者由审判员和人民陪审员组成合议庭进行。

人民法院审理减刑、假释案件，除应当审查罪犯在执行期间的一贯表现外，还应当综合考虑犯罪的具体情节、原判刑罚情况、财产刑执行情况、附带民事裁判履行情况、罪犯退赃退赔等情况。人民法院审理假释案件，除应当审查前述所列情形外，还应当综合考虑罪犯的年龄、身体状况、性格特征、假释后生活来源以及监管条件等影响再犯罪的因素。执行机关以罪犯有立功表现或重大立功表现为由提出减刑的，应当审查立功或重大立功表现是否属实。涉及发明创造、技术革新或者其他贡献的，应当审查该成果是否系罪犯在执行期间独立完成，并经有关主管机关确认。

4. 审理方式。

根据最高人民法院《解释》第 538 条的规定，审理减刑、假释案件，应当组成合议庭，可以采用书面审理的方式，但下列案件应当开庭审理：（1）因罪犯有重大立功表现提请减刑的；（2）提请减刑的起始时间、间隔时间或者减刑幅度不符合一般规定的；（3）被提请减刑、假释罪犯系职务犯罪罪犯，组织、领导、参加、包庇、纵容黑社会性质组织罪犯，破坏金融管理秩序罪犯或者金融诈骗罪犯的；（4）社会影响重大或者社会关注度高的；（5）公示期间收到不同意见的；（6）人民检察院提出异议的；（7）有必要开庭审理的其他案件。

5. 审理程序。

（1）开庭审理程序。

根据《关于减刑、假释案件审理程序的规定》第 7～13 条的规定，人民法院开庭审理减刑、假释案件需遵循以下程序。

1）确定开庭审理的地点。开庭审理应当在罪犯刑罚执行场所或者人民法院确定的场所进行。有条件的人民法院可以采取视频开庭的方式进行。在社区执行刑罚的罪犯因重大立功被报请减刑的，可以在罪犯服刑地或者居住地开庭审理。

2）通知参加庭审及公告。人民法院对于决定开庭审理的减刑、假释案件，应当在开庭 3 日前将开庭的时间、地点通知人民检察院、执行机关和被报请减刑、假释的罪犯参加庭审。人民法院根据需要，可以通知证明罪犯确有悔改表现或者立功、重大立功表现的证人，公示期间提出不同意见的人，以及鉴定人、翻译人员等其他人员参加庭审，并于开庭3日前进行公告。

3）庭审程序。减刑、假释案件的开庭审理由审判长主持，应当按照以下程序进行：审判长宣布开庭，核实被报请减刑、假释罪犯的基本情况；审判长宣布合议庭组成人员、检察人员、执行机关代表及其他庭审参加人；执行机关代表宣读减刑、假释建议书，并说明主要理由；检察人员发表检察意见；法庭对被报请减刑、假释罪犯确有悔改表现或立功表现、重大立功表现的事实以及其他影响减刑、假释的情况进行调查核实；被报请减刑、假释罪犯作最后陈述；审判长对庭审情况进行总结并宣布休庭评议。庭审过程中，合议庭人员对报请理由有疑问的，可以向被报请减刑、假释的罪犯和证人、执行机关代表、检察人员提问。庭审过程中，检察人员对报请理由有疑问的，在经审判长许可后，可以出示证据，申请证人到庭，向被报请减刑、假释罪犯及证人提问并发表意见。被报请减刑、假释罪犯对报请理由有疑问的，在经审判长许可后，可以出示证据，申请证人到庭，向证人提问并发表意见。庭审过程中，合议庭对证据有疑问需要进行调查核实，或者检察人员、执行机关代表提出申请的，可以宣布休庭。

4）宣判。人民法院开庭审理减刑、假释案件，能够当庭宣判的应当当庭宣判；不能当庭宣判的，可以择期宣判。

（2）书面审理程序。

根据《关于减刑、假释案件审理程序的规定》第14、15条的规定，人民法院书面审理减刑、假释案件，可以就被报请减刑、假释罪犯是否符合减刑、假释条件进行调查核实或听取有关方面意见。人民法院书面审理减刑案件，可以提讯被报请减刑罪犯；书面审理假释案件，应当提讯被报请假释罪犯。

6.裁判方式。

经法庭审理，具备减刑、假释条件的，依法作出裁定，制作裁定书。根据《关于减刑、假释案件审理程序的规定》第16～19条的规定，人民法院审理减刑、假释案件作出的裁定包括以下三种情形：（1）被报请减刑、假释罪犯符合法律规定的减刑、假释条件的，作出予以减刑、假释的裁定；（2）被报请减刑的罪犯符合法律规定的减刑条件，但执行机关报请的减刑幅度不适当的，对减刑幅度作出相应调整后作出予以减刑的裁定；（3）被报请减刑、假释罪犯不符合法律规定的减刑、假释条件的，作出不予减刑、假释的裁定。减刑、假释裁定书应当写明罪犯原判和历次减刑情况，确有悔改表现或者立功、重大立功表现的事实和理由，以及减刑、假释的法律依据。裁定减刑的，应当注明刑期的起止时间；裁定假释的，应当注明假释考验期的起止时间。

裁定调整减刑幅度或者不予减刑、假释的，应当在裁定书中说明理由。人民法院作出减刑、假释裁定后，应当在7日内送达报请减刑、假释的执行机关、同级人民检察院以及罪犯本人。作出假释裁定的，还应当送达社区矫正机构或者基层组织。减刑、假释裁定书应当通过互联网依法向社会公布。

7.审理期限。

根据《关于减刑、假释案件审理程序的规定》第1条以及最高人民法院《解释》第534条的规定，人民法院审理减刑、假释案件应遵循以下期限。

（1）对被判处死刑缓期执行的罪犯的减刑，由罪犯服刑地的高级人民法院在收到同级监狱管理机关审核同意的减刑建议书后1个月以内作出裁定。

（2）对被判处无期徒刑的罪犯的减刑、假释，由罪犯服刑地的高级人民法院在收到同级监狱管理机关审核同意的减刑、假释建议书后1个月以内作出裁定，案情复杂或者情况特殊的，可以延长1个月。

（3）对被判处有期徒刑和被减为有期徒刑的罪犯的减刑、假释，由罪犯服刑地的中级人民法院在收到执行机关提出的减刑、假释建议书后1个月以内作出裁定，案情复杂或者情况特殊的，可以延长1个月。

（4）对被判处拘役、管制的罪犯的减刑，由罪犯服刑地中级人民法院在收到同级执行机关审核同意的减刑、假释建议书后1个月以内作出裁定。

（5）对社区矫正对象的减刑，由社区矫正执行地的中级以上人民法院在收到社区矫正机构减刑建议书后30日以内作出裁定。

8. 减刑、假释案件的再审。

根据《关于减刑、假释案件审理程序的规定》第20、21条以及《人民检察院办理减刑、假释案件规定》第20～22条的规定，人民检察院认为人民法院减刑、假释裁定不当的，应当在收到裁定书副本后20日以内，依法向作出减刑、假释裁定的人民法院提出书面纠正意见。人民法院应当在收到纠正意见后另行组成合议庭审理，并在1个月内作出裁定。

人民检察院发现人民法院已经生效的减刑、假释裁定确有错误的，应当向人民法院提出书面纠正意见，提请人民法院按照审判监督程序依法另行组成合议庭重新审理并作出裁定。人民法院发现本院已经生效的减刑、假释裁定确有错误的，应当依法重新组成合议庭进行审理并作出裁定；上级人民法院发现下级人民法院已经生效的减刑、假释裁定确有错误的，应当指令下级人民法院另行组成合议庭审理，也可以自行依法组成合议庭进行审理并作出裁定。

五、缓刑、假释的撤销

被人民法院依法判处缓刑或者裁定假释的罪犯，如果在缓刑考验期内犯新罪或者被发现在判决宣告前还有其他罪没有判决的，或者在缓刑考验期内违反相关规定的，都会导致缓刑、假释的撤销。根据最高人民法院《解释》第542、543条的规定，缓刑、假释撤销的情形包括下列内容。

罪犯在缓刑、假释考验期限内犯新罪或者被发现在判决宣告前还有其他罪没有判决，应当撤销缓刑、假释的，由审判新罪的人民法院撤销原判决、裁定宣告的缓刑、假释，并书面通知原审人民法院和执行机关。

人民法院收到社区矫正机构的撤销缓刑建议书后，经审查，确认罪犯在缓刑考验期限内具有下列情形之一的，应当作出撤销缓刑的裁定：（1）违反禁止令，情节严重的；（2）无正当理由不按规定时间报到或者接受社区矫正期间脱离监管，超过1个月的；（3）因违反监督管理规定受到治安管理处罚，仍不改正的；（4）受到执行机关2次警告仍不改正的；（5）违反有关法律、行政法规和监督管理规定，情节严重的其他情形。人民法院收到社区矫正机构的撤销假释建议书后，经审查，确认罪犯在假释考验期限内具有前述第二、四项情形之一，或者有其他违反监督管理规定的行为，尚未构成新的犯罪的，应当作出撤销假释的裁定。

被提请撤销缓刑、假释的罪犯可能逃跑或者可能发生社会危险，社区矫正机构在提出撤销缓刑、假释建议的同时，提请人民法院决定对其予以逮捕的，人民法院应当在48小时以内作出是否逮捕的决定。决定逮捕的，由公安机关执行。逮捕后的羁押期限不得超过30日。

人民法院应当在收到社区矫正机构的撤销缓刑、假释建议书后30日以内作出裁定。撤销缓刑、假释的裁定一经作出，立即生效。人民法院应当将撤销缓刑、假释裁定书送达社区矫正机构和公安机关，并抄送人民检察院，由公安机关将罪犯送交执行。执行以前被逮捕的，羁押1日折抵刑期1日。

六、对新罪或漏罪的追究

新罪，是指罪犯在服刑期间又犯的新罪行。漏罪，是指判决生效后、在执行的过程中发现的罪犯在判决宣告以前所犯的尚未判决的罪行。

根据《刑事诉讼法》第273条和《监狱法》第60条的规定，对服刑罪犯犯新罪或者发现漏罪的，应当分别不同的情况，予以追究。

1. 在刑罚执行期间，发现了漏罪或新罪的，由监狱等执行机关进行侦查，侦查终结后，移送人民检察院审查决定，向有管辖权的人民法院提起公诉。人民法院应依法进行审判，将罪犯的新罪或漏罪所判处的刑罚与原判决所确定的刑罚，按数罪并罚原则，决定应当执行的刑罚。

2. 对罪犯脱逃后又犯新罪的，应当分别情况处理。如果新罪是在被追捕回来以后发现的，按上述管辖和处理程序进行追究；如果罪犯所犯罪行是在犯罪地发现的，由犯罪地的公安机关、人民检察院、人民法院按照管辖范围和法定程序进行处理。判决后，原则上仍应将罪犯送回原所在监狱或其他执行场所执行。

人民法院对人民检察院提起公诉的新罪、漏罪审理后，作出的判决除送达罪犯外，还应当将副本送达原审人民法院、人民检察院和执行机关。

七、对错判和申诉的处理

根据《刑事诉讼法》第275条的规定，监狱和其他执行机关在刑罚执行中，如果认为判决有错误或者罪犯提出申诉，应当转请人民检察院或者原判人民法院处理。根据该条规定，在刑罚执行过程中，监狱和其他执行机关如果发现判决可能有错误，应本着高度负责的精神，及时将有关情况及意见向人民检察院或原判人民法院反映。在执行刑罚过程中，罪犯本人认为生效裁判有错误的，也可以向人民检察院或原判人民法院提出申诉，要求撤销或者变更原判刑罚。对于罪犯的申诉材料，监狱和其他执行机关应当及时转递，不得扣留。

人民检察院、人民法院接到执行机关认为有错误的材料和意见，或者罪犯的申诉后，应当及时进行审查。对于确有错误的，应依法提起审判监督程序，对案件进行再审；对于不符合再审条件的，可以驳回申诉，并将处理结果通知申诉人和有关执行机关。根据《监狱法》第24条的规定，人民检察院或人民法院应当自收到监狱提请处理意见书之日起6个月内将处理结果通知监狱。

第四节 人民检察院对执行的监督

一、对执行死刑的监督

根据《刑事诉讼法》第263条第1款的规定，人民法院在交付执行死刑前，应当通知同级人民检察院派员临场监督。实践中，人民法院通常在交付执行死刑3日以前，通知同级检察院派员监督。根据最高人民检察院《规则》第647条的规定，被判处死刑立即执行的罪犯在被执行死刑时，人民检察院应当指派检察官临场监督。死刑执行临场监督由人民检察院负责执行检察的部门承担，人民检察院派驻看守所、监狱的检察人员应当予以协助，负责捕诉的部门应当提供有关情况。人民检察院派员进行临场监督的主要内容是：依法监督有无执行死刑命令或者该命令是否由有死刑核准权的人民法院院长签发，以及签发的具体时间；执行死刑的指挥人员、执行人员以及执行死刑的场所、方法和执行活动是否合法；有无法律规定的"停止执行"和"暂停执行"死刑的情形，如有则应当建议人民法院停止执行；对执行死刑现场的情况进行拍照录像，检查罪犯是否确以死亡，并填写死刑执行临场监督笔录。如果发现执行活动有违法情况发生，人民检察院应当及时提出纠正意见。

对于判处被告人死刑缓期二年执行的判决、裁定在执行过程中，人民检察院监督的内容主要包括：死刑缓期执行期满，符合法律规定应当减刑的监狱是否及时提出减刑建议提请人民法院裁定以及人民法院是否依法裁定；罪犯在缓期执行期间故意犯罪的，监狱是否依法侦查和移送起诉，罪犯确系故意犯罪，情节恶劣，查证属实，应当执行死刑的，人民法院是否依法核准或者裁定执行死刑。人民检察院发现人民法院对被判处死刑缓期执行的罪犯减刑不当的，应当向人民法院提出纠正意见。罪犯在死刑缓期执行期间故意犯罪，人民法院依然予以减刑的，人民检察院应当向人民法院提出抗诉。

二、对暂予监外执行的监督

根据《刑事诉讼法》第266、267条，最高人民检察院《规则》第630条和《暂予监外执行规定》第13条的相关规定，监狱、看守所提出暂予监外执行的书面意见的，应当将书面意见的副本抄送人民检察院。人民检察院收到监狱、看守所抄送的暂予监外执行书面意见副本后，应当逐案进行审查，发现罪犯不符合暂予监外执行法定条件或者提请暂予监外执行违反法定程序的，应当在10日以内向决定或者批准机关提出书面检察意见，同时抄送执行机关。

根据最高人民法院《解释》第515条第2款的规定，人民法院在作出暂予监外执行决定前，应当征求人民检察院的意见。根据最高人民检察院《规则》第631条的规定，人民检察院接到决定或者批准机关抄送的暂予监外执行决定书后，应当及时审查下列内容：（1）是否属于被判处有期徒刑或者拘役的罪犯；（2）是否属于有严重疾病需要保外就医的罪犯；

(3) 是否属于怀孕或者正在哺乳自己婴儿的妇女;(4) 是否属于生活不能自理，适用暂予监外执行不致危害社会的罪犯;(5) 是否属于适用保外就医可能有社会危险性的罪犯，或者自伤自残的罪犯;(6) 决定或者批准机关是否符合《刑事诉讼法》第 265 条第 5 款的规定;(7) 办理暂予监外执行是否符合法定程序。检察人员审查暂予监外执行决定，可以向罪犯所在单位和有关人员调查、向有关机关调阅有关材料。人民检察院认为暂予监外执行不当的，应当自接到决定书之日起 1 个月以内将书面意见送交决定或者批准暂予监外执行的机关，决定或者批准暂予监外执行的机关接到人民检察院的书面意见后，应当立即对该决定进行重新核查。人民检察院向决定或者批准暂予监外执行的机关提出不同意暂予监外执行的书面意见后，应当监督其对决定或者批准暂予监外执行的结果进行重新核查，并监督重新核查的结果是否符合法律规定。对核查不符合法律规定的，应当依法提出纠正意见，并向上一级人民检察院报告。

根据最高人民检察院《规则》第 629、632 条的规定，人民检察院发现人民法院、监狱、看守所、公安机关暂予监外执行的活动具有下列情形之一的，应当依法提出纠正意见：(1) 将不符合法定条件的罪犯提请、决定暂予监外执行的;(2) 提请、决定暂予监外执行的程序违反法律规定或者没有完备的合法手续，或者对于需要保外就医的罪犯没有省级人民政府指定医院的诊断证明和开具的证明文件的;(3) 监狱、看守所提出暂予监外执行书面意见，没有同时将书面意见副本抄送人民检察院的;(4) 罪犯被决定或者批准暂予监外执行后，未依法交付罪犯居住地社区矫正机构实行社区矫正的;(5) 对符合暂予监外执行条件的罪犯没有依法提请暂予监外执行的;(6) 人民法院在作出暂予监外执行决定前，没有依法征求人民检察院意见的;(7) 发现罪犯不符合暂予监外执行条件，在暂予监外执行期间严重违反暂予监外执行监督管理规定，或者暂予监外执行的条件消失且刑期未满，应当收监执行而未及时收监执行的;(8) 人民法院决定将暂予监外执行的罪犯收监执行，并将有关法律文书送达公安机关、监狱、看守所后，监狱、看守所未及时收监执行的;(9) 对不符合暂予监外执行条件的罪犯通过贿赂、欺骗等非法手段被暂予监外执行以及在暂予监外执行期间脱逃的罪犯，监狱、看守所未建议人民法院将其监外执行期间、脱逃期间不计入执行刑期或者对罪犯执行刑期计算的建议违法、不当的;(10) 暂予监外执行的罪犯刑期届满，未及时办理释放手续的;(11) 其他违法情形。人民检察院经审查认为暂予监外执行不当的，应当自接到通知之日起 1 个月以内，向决定或者批准暂予监外执行的机关提出纠正意见。下级人民检察院认为暂予监外执行不当的，应当立即层报决定或者批准暂予监外执行的机关的同级人民检察院，由其决定是否向决定或者批准暂予监外执行的机关提出纠正意见。

根据《暂予监外执行规定》第 23 条第 2 款的规定，人民检察院发现暂予监外执行罪犯依法应予收监执行而未收监执行的，由决定或者批准机关同级的人民检察院向决定或者批准机关提出收监执行的检察建议。

三、对减刑、假释的监督

根据《人民检察院办理减刑、假释案件规定》以及最高人民检察院《规则》，人民检察院对减刑、假释活动的监督包括对执行机关提请减刑、假释和人民法院审理、裁定减刑、假释进行的监督。

（一）对执行机关提请减刑、假释活动的监督

根据《人民检察院办理减刑、假释案件规定》第3～9条、最高人民检察院《规则》第635、636条的规定，人民检察院对减刑、假释案件提请活动的监督包括以下内容。

1. 监督主体。对减刑、假释案件提请活动的监督，由对执行机关承担检察职责的人民检察院负责。

2. 材料审查。人民检察院收到执行机关移送的下列减刑、假释案件材料后，应当及时进行审查：（1）执行机关拟提请减刑、假释意见；（2）终审法院裁判文书、执行通知书、历次减刑裁定书；（3）罪犯确有悔改表现、立功表现或者重大立功表现的证明材料；（4）罪犯评审鉴定表、奖惩审批表；（5）其他应当审查的案件材料。对拟提请假释案件，还应当审查社区矫正机构或者基层组织关于罪犯假释后对所居住社区影响的调查评估报告。

3. 应当调查核实的情形。具有下列情形之一的，人民检察院应当进行调查核实：（1）拟提请减刑、假释罪犯系职务犯罪罪犯，破坏金融管理秩序和金融诈骗犯罪罪犯，黑社会性质组织犯罪罪犯，严重暴力恐怖犯罪罪犯，或者其他在社会上有重大影响、社会关注度高的罪犯；（2）因罪犯有立功表现或者重大立功表现拟提请减刑的；（3）拟提请减刑、假释罪犯的减刑幅度大、假释考验期长、起始时间早、间隔时间短或者实际执行刑期短的；（4）拟提请减刑、假释罪犯的考核计分高、专项奖励多或者鉴定材料、奖惩记录有疑点的；（5）收到控告、举报的；（6）其他应当进行调查核实的。

4. 调查核实的方式及内容。人民检察院可以采取调阅复制有关材料、重新组织诊断鉴别、进行文证鉴定、召开座谈会、个别询问等方式，对下列情况进行调查核实：（1）拟提请减刑、假释罪犯在服刑期间的表现情况；（2）拟提请减刑、假释罪犯的财产刑执行、附带民事裁判履行、退赃退赔等情况；（3）拟提请减刑罪犯的立功表现、重大立功表现是否属实，发明创造、技术革新是否系罪犯在服刑期间独立完成并经有关主管机关确认；（4）拟提请假释罪犯的身体状况、性格特征、假释后生活来源和监管条件等影响再犯罪的因素；（5）其他应当进行调查核实的情况。

5. 调查核实的结果。人民检察院经调查核实发现减刑、假释建议不当或者提请减刑、假释违反法定程序的，应当在10日以内经检察长批准，向审理减刑、假释案件的人民法院提出书面检察意见，同时也可以向执行机关提出书面纠正意见。案情复杂或者情况特殊的，可以延长10日。

人民检察院发现监狱等执行机关提请人民法院裁定减刑、假释的活动具有下列情形之一的，应当依法提出纠正意见：（1）将不符合减刑、假释法定条件的罪犯，提请人民法院裁定减刑、假释的；（2）对依法应当减刑、假释的罪犯，不提请人民法院裁定减刑、假释的；（3）提请对罪犯减刑、假释违反法定程序，或者没有完备的合法手续的；（4）提请对罪犯减刑的减刑幅度、起始时间、间隔时间或者减刑后又假释的间隔时间不符合有关规定的；（5）被提请减刑、假释的罪犯被减刑后实际执行的刑期或者假释考验期不符合有关法律规定的；（6）其他违法情形。

此外，人民检察院可以派员列席执行机关提请减刑、假释评审会议，了解案件有关情况，根据需要发表意见。人民检察院发现罪犯符合减刑、假释条件，但是执行机关未提请减刑、假释的，可以建议执行机关提请减刑、假释。

（二）对人民法院审理、裁定减刑、假释活动进行监督

根据《人民检察院办理减刑、假释案件规定》第3条、第11～24条以及最高人民检察

院《规则》第637～641条的规定，人民检察院对人民法院审理、裁定减刑、假释案件的监督包括以下内容。

1. 监督主体。对减刑、假释案件审理、裁定活动的监督，由人民法院的同级人民检察院负责；同级人民检察院对执行机关不承担检察职责的，可以根据需要指定对执行机关承担检察职责的人民检察院派员出席法庭；下级人民检察院发现减刑、假释裁定不当的，应当及时向作出减刑、假释裁定的人民法院的同级人民检察院报告。

2. 对人民法院审理减刑、假释活动的监督。人民法院开庭审理减刑、假释案件的，人民检察院应当指派检察人员出席法庭，发表检察意见，并对法庭审理活动是否合法进行监督。出席法庭的检察人员不得少于2人，其中至少1人具有检察官职务。庭审开始后，在执行机关代表宣读减刑、假释建议书并说明理由之后，检察人员应当发表检察意见。庭审过程中，检察人员对执行机关提请减刑、假释有疑问的，经审判长许可，可以出示证据，申请证人出庭作证，要求执行机关代表出示证据或者作出说明，向被提请减刑、假释的罪犯及证人提问并发表意见。法庭调查结束时，在被提请减刑、假释罪犯作最后陈述之前，经审判长许可，检察人员可以发表总结性意见。庭审过程中，检察人员认为需要进一步调查核实案件事实、证据，需要补充鉴定或者重新鉴定，或者需要通知新的证人到庭的，应当建议休庭。检察人员发现法庭审理活动违反法律规定的，应当在庭审后及时向本院检察长报告，依法向人民法院提出纠正意见。

3. 对人民法院减刑、假释裁定的监督。人民检察院收到人民法院减刑、假释裁定书副本后，应当及时审查下列内容：（1）人民法院对罪犯裁定予以减刑、假释，以及起始时间、间隔时间、实际执行刑期、减刑幅度或者假释考验期是否符合有关规定；（2）执行机关提请减刑、假释的程序是否合法；（3）人民法院审理、裁定减刑、假释的程序是否合法；（4）人民法院对罪犯裁定不予减刑、假释是否符合有关规定；（5）人民法院减刑、假释裁定书是否依法送达执行并向社会公布。

人民检察院经审查认为人民法院减刑、假释裁定不当的，应当在收到裁定书副本后20日以内，依法向作出减刑、假释裁定的人民法院提出书面纠正意见。人民检察院对人民法院减刑、假释裁定提出纠正意见的，应当监督人民法院在收到纠正意见后1个月以内重新组成合议庭进行审理并作出最终裁定。人民检察院发现人民法院已经生效的减刑、假释裁定确有错误的，应当向人民法院提出书面纠正意见，提请人民法院按照审判监督程序依法另行组成合议庭重新审理并作出裁定。

四、对执行机关执行刑罚活动的监督

根据《刑事诉讼法》第276条的规定，人民检察院对执行机关执行刑罚的活动是否合法实行监督。如果发现有违法的情况，应当通知执行机关纠正。根据该条规定，最高人民检察院《规则》对人民检察院对执行机关交付执行活动和刑罚执行活动的监督进行了规定。

（一）对交付执行活动的监督

最高人民检察院《规则》第625条规定："人民检察院发现人民法院、公安机关、看守所等机关的交付执行活动具有下列情形之一的，应当依法提出纠正意见：（一）交付执行的第一审人民法院没有在法定期间内将判决书、裁定书、人民检察院的起诉书副本、自诉状复印件、执行通知书、结案登记表等法律文书送达公安机关、监狱、社区矫正机构等执行机关的；（二）对被判处死刑缓期二年执行、无期徒刑或者有期徒刑余刑在三个月以上的罪犯，公安机关、看守所自接到人民法院执行通知书等法律文书后三十日以内，没有将成年罪犯送交监狱执行刑罚，或者没有将未成年罪犯送交未成年犯管教所执行刑罚的；（三）对需要收监执行刑罚而判决、裁定生效前未被羁押的罪犯，第一审人民法院没有及时将罪犯收监送交公安机关，并将判决书、裁定书、执行通知书等法律文书送达公安机关的；（四）公安机关对需要收监执行刑罚但下落不明的罪犯，在收到人民法院的判决书、裁定书、执行通知书等法律文书后，没有及时抓捕、通缉的；（五）对被判处管制、宣告缓刑或者人民法院决定暂予监外执行的罪犯，在判决、裁定生效后或者收到人民法院暂予监外执行决定后，未依法交付罪犯居住地社区矫正机构执行，或者对被单处剥夺政治权利的罪犯，在判决、裁定生效后，未依法交付罪犯居住地公安机关执行的，或者人民法院依法交付执行，社区矫正机构或者公安机关应当接收而拒绝接收的；（六）其他违法情形。”

（二）对刑罚执行活动的监督

根据最高人民检察院《规则》的规定，人民检察院应当对监狱、看守所、公安机关、人民法院、社区矫正机构的刑罚执行活动进行监督。

人民检察院发现看守所收押活动和监狱收监活动中具有下列情形之一的，应当依法提出纠正意见：(1) 没有收押、收监文书、凭证，文书、凭证不齐全，或者被收押、收监人员与文书、凭证不符的；(2) 依法应当收押、收监而不收押、收监，或者对依法不应当关押的人员收押、收监的；(3) 未告知被收押、收监人员权利、义务的；(4) 其他违法情形。

对监狱依法应当收监执行而拒绝收押罪犯的，送交执行的公安机关、看守所所在地的人民检察院应当及时建议承担监督该监狱职责的人民检察院向监狱提出书面纠正意见。

人民检察院发现监狱、看守所等执行机关在管理、教育改造罪犯等活动中有违法行为的，应当依法提出纠正意见。

人民检察院发现监狱、看守所对服刑期满或者依法应当予以释放的人员没有按期释放，对被裁定假释的罪犯依法应当交付罪犯居住地社区矫正机构实行社区矫正而不交付，对主刑执行完毕仍然需要执行附加剥夺政治权利的罪犯依法应当交付罪犯居住地公安机关执行而不交付，或者对服刑期未满又无合法释放根据的罪犯予以释放等违法行为的，应当依法提出纠正意见。

人民检察院依法对公安机关执行剥夺政治权利的活动实行监督，发现公安机关未依法执行或者剥夺政治权利执行期满未书面通知本人及其所在单位、居住地基层组织等违法情形的，应当依法提出纠正意见。

人民检察院依法对人民法院执行刑事裁判涉财产部分的活动实行监督，发现人民法院有下列情形之一的，应当提出纠正意见：(1) 执行立案活动违法的；(2) 延期缴纳、酌情减少或者免除罚金违法的；(3) 中止执行或者终结执行违法的；(4) 被执行人有履行能力，应当执行而不执行的；(5) 损害被执行人、被害人、利害关系人或者案外人合法权益的；(6) 刑事裁判全部或者部分被撤销后未依法返还或者赔偿的；(7) 执行的财产未依法上缴国库的；(8) 其他违法情形。

人民检察院依法对社区矫正执法活动进行监督，发现有下列情形之一的，应当依法向社区矫正机构提出纠正意见：(1) 社区矫正对象报到后，社区矫正机构未履行法定告知义务，致使其未按照有关规定接受监督管理的；(2) 违反法律规定批准社区矫正对象离开所居住的市、县，或者违反人民法院禁止令的内容批准社区矫正对象进入特定区域或者场所的；（3）没有依法监督管理而导致社区矫正对象脱管的；（4）社区矫正对象违反监督管理规定或者人民法院的禁止令，未依法予以警告、未提请公安机关给予治安管理处罚的；（5）对社区矫正对象有殴打、体罚、虐待、侮辱人格、强迫其参加超时间或者超体力社区服务等侵犯其合法权利行为的；（6）未依法办理解除、终止社区矫正的。人民检察院发现对社区矫正对象的刑罚变更执行活动具有下列情形之一的，应当依法提出纠正意见：（1）社区矫正机构未依法向人民法院、公安机关、监狱管理机关提出撤销缓刑、撤销假释建议或者对暂予监外执行的收监执行建议，或者未依法向人民法院提出减刑建议的；（2）人民法院、公安机关、监狱管理机关未依法作出裁定、决定，或者未依法送达的；（3）公安机关未依法将罪犯送交看守所、监狱，或者看守所、监狱未依法收监执行的；（4）公安机关未依法对在逃的罪犯实施追捕的；（5）其他违法情形。

（三）监督方式

为强化检察机关对刑罚执行活动监督的效力，最高人民检察院《规则》第622～624条规定，人民检察院根据工作需要，可以对监狱、看守所等场所采取巡回检察、派驻检察等方式进行监督。人民检察院对监狱、看守所等场所进行监督，除可以采取最高人民检察院《规则》第551条规定的调查核实措施外，还可以采取实地查看禁闭室、会见室、监区、监舍等有关场所，列席监狱、看守所有关会议，与有关监管民警进行谈话，召开座谈会，开展问卷调查等方式。人民检察院对刑罚执行和监管执法活动实行监督，可以根据下列情形分别处理：（1）发现执法瑕疵、安全隐患，或者违法情节轻微的，口头提出纠正意见，并记录在案；（2）发现严重违法，发生重大事故，或者口头提出纠正意见后7日以内未予纠正的，书面提出纠正意见；（3）发现存在可能导致执法不公问题，或者存在重大监管漏洞、重大安全隐患、重大事故风险等问题的，提出检察建议。

【问题与思考】

1. 针对实践中财产刑“执行难”的问题，应如何通过完善财产刑的执行程序以确保其得以有效执行？
2. 如何加强检察机关对执行活动的监督？
3. 如何完善法律规定以保证减刑、假释等的公正性？
4. 在死刑执行程序中如何贯彻人道主义精神？

【推荐参考论著】

1. 王顺安．刑事执行法学．北京：群众出版社，2001.
2. 俞静尧．刑事执行权机制研究．北京：群众出版社，2005.
3. 李忠诚．刑事执行功能研究．中国法学，2003（3）.
4. 储槐植，汪永乐．论刑事执行主体的合理配置．犯罪与改造研究，2000（10）.
5. 杨正万．论被害人的刑事执行程序参与权．云南大学学报（法学版），2002（2）.

第二十五章 审判监督程序

内容导读

审判监督程序是我国刑事诉讼中的一项特殊救济程序。本章在分析审判监督程序的概念、性质、特征、任务、意义等基本理论的基础上，对我国审判监督程序的立法与实践进行了概括性的解释，如提起审判监督程序的材料来源、申诉案件的受理与审查，提起审判监督程序的条件、主体，审判监督程序的启动、审判组织、审理原则、审理方式、审理期限、处理方式等。

第一节 审判监督程序概述

一、审判监督程序的概念与性质

在刑事诉讼中，审判监督程序，是指人民法院、人民检察院对已经发生法律效力的判决和裁定，发现在认定事实或适用法律上确有错误，依法提起并对案件进行重新审判的一种特别审判程序。审判监督程序是对裁判已经发生法律效力的案件进行重新审理的程序，因此，审判监督程序通常被称为再审程序。也有少数学者认为审判监督程序不宜简称为再审程序。[①] 笔者认为，将审判监督程序称为再审程序并无不妥。尽管审判监督程序和西方国家（主要是大陆法系国家）的再审程序在诸多细节问题上存在诸多差别，但二者毕竟都是对生效裁判案件进行的重新审理。实际上，我国之所以将再审程序称为审判监督程序，主要是因为苏联法律监督理论的影响。

审判监督程序与审判监督既有联系又有区别。审判监督具有广义和狭义之分。广义的审判监督泛指人民群众、人民代表大会等有关机关、人民团体以及新闻媒体对人民法院的

① 陈光中．刑事诉讼法．2 版．北京：北京大学出版社，高等教育出版社，2005：381.

审判工作进行的监督。狭义的审判监督则是指最高人民法院对各级人民法院的审判工作、上级人民法院对下级人民法院的审判工作实施的一种监督，以及人民检察院对人民法院的审判工作实施的法律监督。法院系统内部的审判监督方式不仅包括最高人民法院通过司法解释、批复、总结审判经验与教训、指导审判等方式对全国地方各级人民法院进行的监督，而且包括上级人民法院通过第二审程序、死刑复核程序（只有最高人民法院和高级人民法院才能采取这种监督方式）、审判监督程序以及受理申诉、来访、来信等方式对下级人民法院实施的监督。人民检察院对人民法院的审判监督不仅包括人民检察院派员出席法庭，由公诉人员在支持公诉活动中对人民法院的审判活动是否合法进行监督，而且包括按照第二审程序提起的抗诉、按照审判监督程序提起的抗诉、派员监督死刑的执行、处理对生效裁判的申诉等。由此可见，审判监督程序仅仅是审判监督的一种表现形式或者一个方面，二者在监督主体、监督方式、监督对象方面存在明显区别。不仅如此，二者还在监督的法律后果方面存在一定的差异。因为，按照审判监督程序，负责再审的法院有权纠正已经发生错误的原审生效裁判。而在普通的审判监督中，很多监督方式在性质上都属于一种社会监督，并不产生这样的法律后果。

审判监督程序的性质体现在如下三个方面：首先，审判监督程序属于审判程序，具有审判程序的一般特点。我国《刑事诉讼法》第三编将审判监督程序放在审判当中进行规范已经充分地说明了这一点。其次，审判监督程序是刑事审判体系中的一个独立程序。在整个刑事审判体系当中，审判监督程序独立存在，它具有特定的审判对象和审判任务，不从属于第一审程序、第二审程序和死刑复核程序。尽管审判监督程序是一项独立的诉讼程序，但是它在刑事诉讼中并不是每一个案件的必经程序。根据我国《刑事诉讼法》的有关规定，只有在满足特殊条件的情况下，法院才会按照审判监督程序对案件进行重新审理。最后，审判监督程序属于特殊救济程序。在刑事诉讼中，尽管审判监督程序和上诉程序都具有救济的功能，但是，理论界一般将审判监督程序称为特殊的救济程序，而将上诉程序称为普通的救济程序。这是因为，审判监督程序救济的对象是已经发生法律效力的裁判，而上诉程序救济的对象却是尚未发生法律效力的裁判。

审判监督程序是贯彻落实实事求是、有错必纠指导思想的一种重要体现。实事求是、有错必纠既是党和国家一贯坚持的基本方针和政策，又是我国社会主义法治的一项基本原则。在司法工作中坚持实事求是、有错必纠原则，既是中国共产党实事求是的基本思想路线的必然要求，又同以事实为根据、以法律为准绳的社会主义法治原则具有内在一致性。如果公安司法机关办理的案件存在错误而不予以纠正，就会损害法律的严肃性和权威性，侵犯当事人的合法权益，不利于维护社会主义法制的统一，有悖于通过司法保护当事人合法权益和实现社会公正这一诉讼制度的根本目的。审判监督程序充分体现了实事求是、有错必纠指导思想的基本精神。例如，对于确有错误的刑事生效裁判，不仅人民法院应当主动予以纠正，而且人民检察院有权提起审判监督程序，当事人也有权向人民法院或者人民检察院提出申诉。再如，我国并没有像某些西方国家那样禁止启动不利于被告人的刑事再审，而是本着实事求是的精神和对人民高度负责的态度，对错误的生效裁判进行全面的纠正，而不管这种错误是有利于被告人还是不利于被告人。

二、审判监督程序的特征

根据我国《刑事诉讼法》的有关规定，审判监督程序具有如下几个特征：（1）有权提起审判监督程序的主体是人民法院和人民检察院；（2）审判监督程序的审理对象是已经发生法律效力的判决和裁定；（3）提起审判监督程序必须具备法定理由，即生效判决和裁定在认定事实或者适用法律上确有错误；（4）重新审判案件的人民法院以及具体程序，根据提起审判监督程序的主体和案件的不同而有所区别。这决定了审判监督程序与第二审程序以及死刑复核程序既有联系，又有区别。

审判监督程序和第二审程序都是法院对案件进行重新审判的审判程序，都是对原判决和裁定所认定的事实和适用法律进行全面审查，使错误裁判得以纠正的程序。二者的区别主要表现如下。

（1）审理的对象不同。审判监督程序审理的对象是已经发生法律效力的裁判，包括正在执行和已经执行完毕的裁判。而第二审程序审理的对象仅限于尚未发生法律效力的裁判，不存在停止或者中止执行问题。

（2）提起的主体不同。审判监督程序应当由最高人民法院、上级人民法院以及各级人民法院院长提交审判委员会讨论决定提起，或者由最高人民检察院、上级人民检察院抗诉提起。第二审程序则由当事人（被害人除外）及其法定代理人或经其同意的辩护人、近亲属的上诉引起，或者由同级人民检察院的抗诉引起。

（3）提起的条件不同。提起审判监督程序具有严格的条件限制，即只有在经过法定主体审查之后，有充分的根据和理由认定已经生效的裁判确有错误时，才能由法定的主体提起审判监督程序。而只要具有合法的上诉或者抗诉，就能引起第二审程序，而不论上诉有无理由，或者抗诉理由是否充分，原审法院的上一级法院都必须按照第二审程序对案件进行审理。

（4）有无提起的法定期限不同。提起审判监督程序没有法定期限，它只有在发现新罪或者需要将无罪判决改为有罪时，才受追诉时效期限的限制，对有罪改为无罪的，法律未规定任何期限限制。尽管不受限制的再审提起期限有助于纠正错误的生效裁判，但是这种为了纠正错误生效裁判而没有任何期限限制的做法，必然是以牺牲司法裁判的稳定性、权威性和终结性作为代价的。值得注意的是，为了改变申诉无限的状况，最高人民法院的司法解释对当事人的申诉期限作出了明确的限制，即根据《关于规范人民法院再审立案的若干意见（试行)》第10条的规定，除特殊情况以外，人民法院对刑事案件的申诉人在刑罚执行完毕后2年内提出的申诉才予以受理。根据我国《刑事诉讼法》的有关规定，引起第二审程序的上诉和抗诉则必须在法定期限内提出。对于超过法定期限的上诉或者抗诉，不论有无理由，原审人民法院的上一级人民法院都不能按照第二审程序进行受理。

（5）审理案件的法院不同。按照审判监督程序审理案件的法院，既可以是原一审人民法院或者第二审人民法院，也可以是提审的任何上级人民法院，还可以是由上级人民法院依法指令再审的人民法院。按照第二审程序审理案件的法院，只能是原审人民法院的上一级人民法院。

（6）适用刑罚有无加刑限制不同。对于按照审判监督程序重新审理的案件，我国《刑事诉讼法》一直没有明确规定人民法院能否加重原审被告人的刑罚。最高人民法院《解释》第469条规定，除人民检察院抗诉的以外，再审一般不得加重原审被告人的刑罚。再审决定书或者抗诉书只针对部分原审被告人的，不得加重其他同案原审被告人的刑罚。而按照第二审程序审理的案件，《刑事诉讼法》明确规定第二审法院必须严格遵守上诉不加刑原则，即在只有被告人一方提出上诉的情况下，第二审人民法院不得加重被告人的刑罚。

（7）作出裁判的法律效力不同。按照审判监督程序所作出的裁判的法律效力取决于审判监督程序所适用的程序和审级。如果生效裁判的案件原来是第一审案件，审判监督程序应当依照第一审程序进行审判，所作新裁判允许有关主体在法定期限向第二审人民法院提起上诉或者抗诉。如果生效裁判的案件原来是第二审案件，或者是上级人民法院提审的案件，审判监督程序应当按照第二审程序进行审判，所作新裁判是终审裁判，不允许上诉或者抗诉。而按照第二审程序作出的裁判，除了法律规定需要复核的死刑裁判，一经作出，立即产生法律效力。

尽管审判监督程序与死刑复核程序都是普通程序以外的一种特殊救济程序，都是审判监督的重要方式，但是二者在以下几个方面存在明显差异。

（1）适用对象不同。审判监督程序适用的对象是一切确有错误而且已经发生法律效力的裁判，死刑复核程序的适用对象则是尚未发生法律效力的死刑裁判。

（2）出发点不同。审判监督程序是为了纠正错误裁判，死刑复核程序则是为了防止发生错误裁判。

（3）有权受理的法院不同。按照审判监督程序，有权重新审理案件的法院包括最高人民法院和地方各级人民法院。而按照死刑复核程序，只有最高人民法院和高级人民法院有权对死刑案件进行复核。

（4）程序的启动方式不同。审判监督程序应当由最高人民法院、上级人民法院以及各级人民法院院长提交审判委员会讨论决定提起，或者由最高人民检察院、上级人民检察院抗诉提起。而死刑复核程序是由下级人民法院将判处被告人死刑的案件主动报请有核准权的上级人民法院核准。

（5）两种程序所作的裁判的法律效力不同。如前文所述，法院按照审判监督程序所作裁判的法律效力取决于原审裁判的程序和审级。而按照死刑复核程序所作的裁判都是生效裁判，应当交付执行。

（6）是否属于必经程序不同。死刑复核程序是死刑案件的必经程序，而审判监督程序则并非每一个案件的必经程序，而是在一定条件下才能采用的一种特殊程序。

三、审判监督程序的任务与意义

一般认为，审判监督程序的任务是，正确认定案件事实和适用法律，纠正确有错误的生效裁判，做到既准确有效地惩罚犯罪分子，又保障无罪的人不受刑事追究。在刑事司法实践中，审判监督程序的意义主要体现在如下几个方面。

首先，审判监督程序有助于纠正错误裁判，确保法律得到正确的实施。通过审判监督程序，再审法院可以发现原审法院在认定事实和适用法律方面存在的问题和缺陷，并按照重新查明的案件事实，正确地对案件作出相应的处理，从而纠正原审确有错误的裁判。

其次，审判监督程序有助于审判监督，提高审判工作的质量。通过审判监督程序，最高人民法院可以发现地方各级人民法院以及上级人民法院发现下级人民法院在审判工作中存在的问题，帮助其总结经验和教训，提升审判技艺，改进审判方法，提高审判人员的政策水平、法律水平，提高办案质量。

再次，审判监督程序有助于防止司法腐败，提升司法的廉洁性。审判监督程序可以在一定程度上使原审法官的审判行为受到再审法官的制约和监督，从而有助于防止司法腐败行为的发生。

最后，审判监督程序有助于保障当事人的合法权益。在刑事诉讼中，由于种种原因，案件在经过审判以后，难免发生错误。而错误的裁判往往对当事人尤其是被告人的生命、自由、政治或者财产等权利造成一定侵害。审判监督程序可以纠正确有错误的裁判，从而使当事人的合法权益获得相应的救济。

第二节 审判监督程序的提起

一、提起审判监督程序的材料来源及其审查

提起审判监督程序的材料来源，是指对发生法律效力的判决、裁定发现有错误而提出有关证据及资料等的渠道、来源。根据《刑事诉讼法》的规定和司法实践，这些材料来源主要有：（1）申诉人的申诉；（2）司法机关对错案的发现；（3）有关机关、团体、单位以及新闻媒体等对生效裁判提出的意见；（4）人民代表的议案、情况反映、个案监督等；（5）人民群众的来信、来访。在司法实践中，申诉人的申诉是我国提起审判监督程序最主要的材料来源。这主要是因为，当事人及其法定代理人、近亲属不仅是这些判决、裁定的直接、间接利害关系人，而且是最了解案件情况、最有条件提出申诉的人。有鉴于此，本章仅以申诉为例，说明我国提起审判监督程序的材料来源及其审查。

（一）申诉的概念

审判监督程序中的申诉，是指申诉人对已经发生法律效力的裁判不服，以书面或口头的方式向人民法院或者人民检察院提出该裁判在认定事实或适用法律上的错误，并要求重新审判的一种请求。根据《刑事诉讼法》第 252 条，当事人及其法定代理人、近亲属，对已经发生法律效力的判决、裁定，可以向人民法院或者人民检察院提出申诉，但是不能停止判决、裁定的执行。刑事申诉既是刑事诉讼法赋予申诉人的一项诉讼权利，也是公民行使宪法权利的一种体现，但是它不具有诉权的性质。为了保障公民的申诉权，我国《宪法》第 41 条第 2 款规定，对于公民的申诉、控告或者检举，有关国家机关必须查清事实，负责处理，任何人不得压制和打击报复。为此，人民法院和人民检察院均设立了控告申诉部门，专门负责受理、审查和处理申诉业务。根据《刑事诉讼法》第 252 条的规定，申诉人既可以向人民法院提出申诉，也可向人民检察院提出申诉。对于申诉，人民法院和人民检察院应当积极受理，认真对待，不能推诿。

申诉与上诉既有一定的联系，又存在明显的区别。上诉和申诉的共同点在于它们都是当事人为了保护自己的合法权益而向司法机关提出的救济方式。二者的区别主要表现在：第一，行为性质不同。根据现行法律的规定，当事人提出上诉是一种重要的诉讼行为，是公民行使诉权的一种方式，而申诉人提出申诉不是一种诉讼行为，而是公民行使宪法权利的一种表现。而且，上诉引起的上诉审程序是一种普通救济程序，申诉引起的审判监督程序则属于一种特殊救济程序。第二，提起时间、对象、程序等不同。上诉是当事人在刑事诉讼过程中，针对一审法院尚未发生法律效力的判决和裁定，在法定的上诉期间内向上一

级人民法院提起诉讼的活动。而申诉是申诉人在案件的诉讼程序已经结束、人民法院的裁判已经发生法律效力并正在执行或者已经执行完毕的情况下，向人民法院或人民检察院提出请求的活动。第三，法律效力与法律后果不同。只要当事人提出上诉，不管当事人提出的上诉理由是否充分，或者有无理由，上诉将必然引起上诉审程序，并使一审裁判不能发生法律效力和执行。因此，上诉既可以阻止一审裁判生效，又可以启动上诉审程序。申诉则不同，它仅仅是人民法院和人民检察院提起审判监督程序的材料来源，既不能直接和必然引起审判监督程序，也不能阻止生效裁判的执行。

申诉与大陆法系国家规定的再审之诉也存在一定的联系和区别。申诉与再审之诉的共同点在于它们都是一种特殊的救济方式。但是申诉不具有诉权的性质，司法机关审查申诉的自由度较大，它往往无法达到权利救济的目的；而再审之诉是一种诉权，申请人一旦提出再审之诉，无论有无理由，或者其申请理由是否充分，有关机构都应当通过一定的诉讼程序进行审查，并作出相应的结论且给出理由。

（二）申诉的效力与时效

申诉的效力，是指在申诉人提出刑事申诉以后，对原生效裁判产生停止执行的效力。根据《刑事诉讼法》第252条的规定，尽管当事人及其法定代理人、近亲属对已经发生法律效力的判决、裁定有权向人民法院或者人民检察院提出申诉，但是不能停止判决、裁定的执行。这是维护人民法院生效判决、裁定的严肃性、稳定性和权威性的客观需要。根据《刑事诉讼法》第257条第2款、最高人民法院《解释》第464条的规定，即使是在刑事再审期间，人民法院通常也不会停止原判决、裁定的执行，只有在刑事申诉同时满足如下条件的情况下，人民法院才有可能在刑事再审期间作出中止原判决、裁定执行的决定：（1）刑事申诉符合法定条件，引起人民法院按照审判监督程序对案件重新进行审理；（2）被告人可能经再审改判无罪，或者可能经再审减轻原判刑罚而致刑期届满。在决定中止原判决、裁定的执行后，人民法院在必要时可以对被告人采取取保候审、监视居住措施。

申诉的时效，是指申诉人向人民法院、人民检察院提出申诉的时间限制。申诉的时效不仅有助于促使申诉人及时行使其申诉权，而且有助于人民法院正确处理刑事再审案件和及时纠正错误裁判。从理论上讲，刑事申诉受到的时间限制越少，或者说刑事申诉的时效越长，越有助于当事人行使其申诉权。但是，过长的刑事申诉时效可能会破坏刑事裁判的稳定性，不利于人民法院纠正错误的生效裁判。我国刑事诉讼法对刑事申诉的时效一直缺乏规定。但是，根据最高人民法院于2002年9月10日印发的《关于规范人民法院再审立案的若干意见（试行）》第10条，人民法院对刑事案件的申诉人在刑罚执行完毕后2年内提出的申诉，应当受理；超过2年提出申诉，具有下列情形之一的，应当受理：（1）可能对原审被告人宣告无罪的；（2）原审被告人在本条规定的期限内向人民法院提出申诉，人民法院未受理的；（3）属于疑难、复杂、重大案件的。不符合以上规定的，人民法院不予受理。这意味着申诉人向人民法院提出刑事申诉的时效原则上为2年，从刑罚执行完毕后开始计算。只有在特殊情形下，刑事申诉才不受2年的时间限制。

（三）申诉人及其代理人

申诉人，是指有权以自己的名义对已经发生法律效力的刑事判决、裁判提出申诉，要求人民法院或者人民检察院提起审判监督程序，由人民法院对案件进行重新审判的人员。根据《刑事诉讼法》第252条的规定，刑事申诉人包括当事人及其法定代理人、近亲属。这里的当事人是指被害人、自诉人、刑事被告人、附带民事诉讼的原告人和被告人；法定代理人是指当事人的父母、养父母、监护人和负有保护责任的机关、团体的代表；近亲属是指与当事人具有夫、妻、父、母、子、女、同胞兄弟姊妹关系的人员。我国刑事诉讼法之所以赋予当事人及其法定代理人、近亲属以申诉人身份，主要是因为他们与案件裁判结果具有直接利害关系，裁判结果对他们具有直接的影响。尤其是在当事人服刑等不便行使申诉权的情况下，赋予当事人的法定代理人或者近亲属以申诉权，既能够切实维护当事人的合法权益，又有助于纠正错误的裁判。

为了满足司法实践的需要，最高人民法院扩大了刑事诉讼法规定的申诉人范围，将案外人也纳入申诉人的范围。所谓案外人，是指认为已经发生法律效力的判决、裁定侵害其合法权益的人员。根据最高人民法院《解释》第 451 条第 2 款，案外人认为已经发生法律效力的判决、裁定侵害其合法权益，提出申诉的，人民法院应当审查处理。案外人虽然不属于狭义的申诉人，但是案件的处理结果与其也存在一定的利害关系。允许合法权益受到生效裁判侵害但不属于狭义申诉人范围的案外人提出申诉，既有助于维护司法公正，又能够保护公民的合法权益免受错误裁判的侵犯。

申诉代理人，是指接受申诉人的委托，代为申诉人提出申诉的律师。在以往的刑事诉讼立法中，我国并没有确立律师代理申诉的制度。在司法实践中，代理申诉也没有被列入律师的业务范围之中。例如，司法部在 1983 年 5 月 11 日发布的《关于律师可否担任刑事案件申诉代理人的批复》中就曾经明确提出，律师只能为当事人代写申诉书，但是不宜把代理申诉列入律师的业务范围，即律师不能担任刑事案件申诉代理人。尽管 1996 年制定的《律师法》（已失效）第 25 条明确规定律师有权代理各类诉讼案件的申诉，但是最高人民法院《关于执行〈中华人民共和国刑事诉讼法〉若干问题的解释》（已失效）第 296 条在规定申诉主体的范围时并没有将律师纳入申诉主体的范围之中。为了呼应《律师法》关于律师代理申诉案件的规定，最高人民法院《解释》第 451 条第 3 款明确规定，申诉可以委托律师代为进行。最高人民检察院于 2020 年 9 月 22 日印发的《人民检察院办理刑事申诉案件规定》第 12 条也规定，在符合刑事申诉条件的情况下，申诉人委托律师代理申诉，人民检察院应当受理。最高人民法院、最高人民检察院、司法部于 2017 年 4 月 1 日联合印发的《关于逐步实行律师代理申诉制度的意见》甚至提出，实行律师代理申诉制度，是保障当事人依法行使申诉权利，实现申诉法治化，促进司法公正，提高司法公信，维护司法权威的重要途径；对不服司法机关生效裁判和决定的申诉，逐步实行由律师代理制度；当事人对人民法院、人民检察院作出的生效裁判、决定不服，提出申诉的，可以自行委托律师；人民法院、人民检察院可以引导申诉人、被申诉人委托律师代为进行。申诉人因经济困难没有委托律师的，甚至可以向法律援助机构提出申请。

（四）申诉的受理与审查

根据我国《刑事诉讼法》的规定，申诉只是提起审判监督程序的一种材料来源，并不能直接引起审判监督程序。申诉是否引起审判监督程序，取决于申诉是否符合法律规定的条件。有鉴于此，申诉人在提出申诉时，通常需要向人民法院或者人民检察院提出一定的证据或者理由。但是，这并不意味着申诉人应当承担证明责任①，而是在于为人民法院或者人民检察院审查生效裁判是否确有错误提供线索，至于生效裁判是否确有错误，还要经过

---

① 在我国，申诉只是引起审判监督程序的一种来源，它不同于诉讼主张，申诉人在申诉过程中提不出充分的证据，并不导致对己不利的法律后果或者风险。

人民法院或者人民检察院审查核实后才能确定。

1. 人民检察院对申诉的受理与审查。

根据最高人民检察院于 2013 年 3 月 22 日发布的《关于加强和改进刑事申诉检察工作的意见》，刑事申诉检察是人民检察院依法办理刑事申诉、国家赔偿和刑事被害人救助案件的职能活动，是检察机关法律监督职能的重要组成部分，是司法救济程序的重要环节，承担着权利救济保障、司法活动监督、自身执法监督、社会矛盾化解等多重职能。为了充分发挥刑事申诉检察职能，更好地保障公民合法权益、促进司法公正廉洁、维护社会和谐稳定，最高人民检察院对人民检察院如何开展刑事申诉检察工作作出了非常详细的规定，如《人民检察院刑事申诉案件公开审查程序规定》（2012 年 1 月 11 日印发）、《关于办理不服人民法院生效刑事裁判申诉案件若干问题的规定》（2012 年 1 月 19 日印发）、《关于加强和改进刑事申诉检察工作的意见》（2013 年 3 月 22 日印发）、《关于切实履行检察职能防止和纠正冤假错案的若干意见》（2013 年 9 月 9 日印发）、《人民检察院复查刑事申诉案件规定》（2014 年 10 月 27 日印发，现已失效）、《人民检察院受理控告申诉依法导入法律程序实施办法》（2014 年 11 月 7 日印发），以及《人民检察院办理刑事申诉案件规定》（2020 年 9 月 22 日印发）等。下面仅仅根据最高人民检察院《规则》第 593 条至第 596 条的规定，就人民检察院对申诉的受理与审查进行简要的分析。

（1）受理与审查申诉的主体。当事人及其法定代理人、近亲属认为人民法院已经发生法律效力的判决、裁定确有错误，向人民检察院申诉的，由作出生效判决、裁定的人民法院的同级人民检察院依法办理。当事人及其法定代理人、近亲属直接向上级人民检察院申诉的，上级人民检察院可以交由作出生效判决、裁定的人民法院的同级人民检察院受理；案情重大、疑难、复杂的，上级人民检察院可以直接受理。当事人及其法定代理人、近亲属对人民法院已经发生法律效力的判决、裁定提出申诉，经人民检察院复查决定不予抗诉后继续提出申诉的，上一级人民检察院应当受理。

（2）对申诉的处理。对不服人民法院已经发生法律效力的判决、裁定的申诉，经两级人民检察院办理且省级人民检察院已经复查的，如果没有新的证据，人民检察院不再复查，但原审被告人可能被宣告无罪或者判决、裁定有其他重大错误可能的除外。人民检察院对已经发生法律效力的判决、裁定的申诉复查后，认为需要提请或者提出抗诉的，报请检察长决定。地方各级人民检察院对不服同级人民法院已经发生法律效力的判决、裁定的申诉复查后，认为需要提出抗诉的，应当提请上一级人民检察院抗诉。上级人民检察院对下一级人民检察院提请抗诉的申诉案件审查后，认为需要提出抗诉的，应当向同级人民法院提出抗诉。人民法院开庭审理时，同级人民检察院应当派员出席法庭。

（3）告知申诉结果。人民检察院对不服人民法院已经发生法律效力的判决、裁定的申诉案件复查终结后，应当制作刑事申诉复查通知书，在 10 日以内通知申诉人。经复查向上一级人民检察院提请抗诉的，应当在上一级人民检察院作出是否抗诉的决定后制作刑事申诉复查通知书。

2. 人民法院对申诉的受理与审查。

根据最高人民法院《解释》第 451 条至第 459 条及其相关司法解释的有关规定，人民法院对申诉的受理与审查应该按照下列规定办理。

（1）人民法院对刑事申诉的受理。这是指人民法院在接受申诉人提交的申诉材料以后，对刑事申诉作出立案审查决定的一种诉讼活动。人民法院在受理刑事申诉时只是进行程序性的审查，不对申诉理由是否成立进行实质性的审查。根据最高人民法院于2002年9月10日印发的《关于规范人民法院再审立案的若干意见（试行）》第10条、第13条、第15条、第16条，人民法院对刑事申诉的受理需要注意以下问题：1）刑事申诉应当符合刑事申诉时效的要求，否则，人民法院不予受理；2）人民法院对不符合法定主体资格的再审申请或申诉，不予受理；3）上级人民法院对经终审法院的上一级人民法院依照审判监督程序审理后维持原判或者经两级人民法院依照审判监督程序复查均驳回的申请再审或申诉案件，一般不予受理。但申诉人提出新的理由，且符合法定申诉情形的，以及刑事案件的原审被告人可能被宣告无罪的除外；最高人民法院再审裁判或者复查驳回的案件，再审申请人或申诉人仍不服提出再审申请或申诉的，不予受理。

（2）申诉材料。向人民法院申诉，应当提交以下材料：写明当事人的基本情况、联系方式以及申诉的事实与理由的申诉状；原一、二审判决书、裁定书等法律文书，经过人民法院复查或者再审的，还应当附有驳回通知书、再审决定书、再审判决书、裁定书；以有新的证据证明原判决、裁定认定的事实确有错误为由申诉的，应当同时附有相关证据材料；申请人民法院调查取证的，应当附有相关线索或者材料。申诉符合以上规定的，人民法院应当出具收到申诉材料的回执。如果申诉材料不符合规定的，人民法院应当告知申诉人补充材料。申诉人拒绝补充必要材料且无正当理由的，人民法院不予审查。

（3）人民法院对刑事申诉的审查。这是指人民法院在受理刑事申诉以后对申诉是否具备法定理由进行审查，以便决定对案件是否进行重新审判的一种诉讼活动。申诉原则上应当由终审人民法院审查处理。这主要是因为刑事申诉的对象是由终审人民法院最终作出的生效裁判。由终审人民法院审查处理刑事申诉，有助于解决问题。但是，第二审人民法院裁定准许撤回上诉的案件，申诉人对第一审判决提出申诉的，可以由第一审人民法院审查处理。这主要是考虑到，在这种情况下，虽然第二审人民法院是终审法院，但是它实际上未对案件的实体问题进行实质性的审理。为了防止越级申诉或者贯彻终审人民法院审查处理原则，上一级人民法院对未经终审人民法院审查处理的申诉，可以告知申诉人向终审人民法院提出申诉，或者直接交终审人民法院审查处理，并告知申诉人；案件疑难、复杂、重大的，也可以直接审查处理；对未经终审人民法院及其上一级人民法院审查处理，直接向上级人民法院申诉的，上级人民法院应当告知申诉人向下级人民法院提出。最高人民法院或者上级人民法院可以指定终审人民法院以外的人民法院对申诉进行审查。被指定的人民法院审查后，应当制作审查报告，提出处理意见，层报最高人民法院或者上级人民法院审查处理。对死刑案件的申诉，可以由原核准的人民法院直接审查处理，也可以交由原审人民法院审查。原审人民法院应当写出审查报告，提出处理意见，层报原核准的人民法院审查处理。这主要是考虑到，一方面，核准的人民法院（即高级人民法院和最高人民法院）是处理死刑案件的最终审理法院，由其审查处理申诉有助于严格控制和慎重适用死刑。另一方面，为了提高诉讼效率，减轻核准人民法院的案件负担，核准人民法院也可以将刑事申诉交由原审人民法院进行审查。但是原审人民法院只是接受核准人民法院的委托进行审查，不对刑事申诉决定最终的处理意见，而是就审查情况写出审查报告和提出处理意见，层报原核准的人民法院作出最终的审查处理决定。

（4）人民法院对申诉的处理。对立案审查的申诉案件，人民法院可以听取当事人和原办案单位的意见，也可以对原判据以定罪量刑的证据和新的证据进行核实；必要时，可以进行听证。人民法院对立案审查的申诉案件，应当在3个月内作出决定，至迟不得超过6

个月。因案件疑难、复杂、重大或者其他特殊原因需要延长审查期限的，参照最高人民法院《解释》的规定处理。为了既能够维护生效裁判的稳定性和权威性，确保正确的生效裁判得到执行，又能够维护申诉人的合法权益，纠正错误的生效裁判，最高人民法院《解释》第 457 条明确规定，经审查，符合法定申诉理由的，人民法院应当决定重新审判；如果申诉不符合法定申诉理由，人民法院应当说服申诉人撤回申诉。如果申诉人仍然坚持申诉，人民法院应当书面通知驳回。

(五) 刑事申诉中的救济

刑事申诉中的救济包括两种情形：一种是对申诉人被驳回申诉的救济，另一种是对申诉人经复查决定不予抗诉的救济。对申诉人被驳回申诉的救济，是指在人民法院驳回申诉的情况下，申诉人向上一级人民法院进一步提出申诉。在刑事再审司法实践中，多次申诉甚至无限申诉曾经是困扰人民法院多年的一个难题。为了解决这个问题，最高人民法院曾经对申诉次数作出了一定限制，即根据最高人民法院《关于执行〈中华人民共和国刑事诉讼法〉若干问题的解释》(已失效) 第 303 条，经两级人民法院处理后又提出申诉的，如果没有新的充分理由，人民法院可以不再受理。但是，刑事申诉案件在实践中情况复杂，过于机械地限制申诉次数未必能够满足维护申诉人合法权益和纠正错误裁判的客观需要，而且与我国实事求是、有错必纠的指导思想相违背。

为了充分保障当事人的申诉权，最高人民法院《解释》第 459 条取消了对刑事申诉次数的限制，明确赋予申诉人对驳回申诉的救济权利，即申诉人对驳回申诉不服的，可以向上一级人民法院申诉；上一级人民法院经审查认为申诉不符合法定申诉理由的，应当说服申诉人撤回申诉；如果申诉人仍然坚持申诉，上一级人民法院应当驳回或者通知不予重新审判。这实际上意味着，在经过两级人民法院驳回申诉以后，申诉人仍然可以继续提出申诉，从而导致人民法院对同一个刑事案件的再审次数有可能超过 2 次。但是值得注意的是，基于最高人民法院的特殊地位，《关于规范人民法院再审立案的若干意见（试行)》第 16 条明确规定，对于最高人民法院再审裁判或者复查驳回的案件，申诉人仍不服提出再审申请或申诉的，人民法院不予受理。

对申诉人经复查决定不予抗诉的救济，是指在人民检察院经过立案复查作出不予再审抗诉的决定以后，申诉人向上一级人民检察院进一步提出申诉。申诉是当事人享有的一项宪法权利和重要诉讼权利。为了更好地维护当事人的合法权益，在刑事申诉没有被人民检察院接受的情况下，很有必要赋予申诉人进一步寻求救济的权利。根据最高人民检察院《规则》第 593 条第 3 款、《关于办理不服人民法院生效刑事裁判申诉案件若干问题的规定》第 2 条，当事人及其法定代理人、近亲属对人民法院已经发生法律效力的判决、裁定的申诉，经人民检察院复查决定不予抗诉后继续提出申诉的，上一级人民检察院应当受理。

(六) 申诉案件的办理期限

人民法院、人民检察院办理刑事申诉案件，开始于受理刑事申诉，终结于人民法院决定重新审判或者驳回申诉，或者人民检察院复查终结。根据最高人民法院《解释》第 457 条第 1 款，对立案审查的申诉案件，原则上应当在 3 个月内作出决定，至迟不得超过 6 个月。但因案件疑难、复杂、重大或者其他特殊原因需要延长审查期限的，参照该解释第 210 条的规定处理。

根据《人民检察院办理刑事申诉案件规定》第 23 条，控告申诉检察部门审查刑事申诉案件，应当自受理之日起 3 个月以内作出审查结案或者移送刑事检察部门办理的决定，并告知申诉人。刑事检察部门对移送的刑事申诉案件，应当自收到案件之日起3个月以内作出审查结案或者进行复查的决定，并告知申诉人。重大、疑难、复杂案件，报检察长决定，可以适当延长办理期限。调取卷宗期间不计入办案期限。根据《人民检察院办理刑事申诉案件规定》第36条，人民检察院复查刑事申诉案件，应当自决定复查之日起3个月以内办结。3个月以内不能办结的，报检察长决定，可以延长3个月，并告知申诉人。重大、疑难、复杂案件，在前述规定期限内仍不能办结，确需延长办理期限的，报检察长决定延长办理期限。根据《人民检察院办理刑事申诉案件规定》第37条第2款，人民检察院对交办的刑事申诉案件，应当自收到交办文书之日起3个月以内办结。确需延长办理期限的，应当报检察长决定，延长期限不得超过3个月。延期办理的，应当向交办的上级人民检察院书面说明情况。

二、提起审判监督程序的条件

提起审判监督程序的条件又称提起审判监督程序的理由，是指在什么条件下或者情况下，或者具备什么样的理由，才可以而且应当依法提起审判监督程序。由于引起审判监督程序的方式不同，提起审判监督程序的条件有所差别。

根据《刑事诉讼法》第254条的规定，如果人民法院主动提起审判监督程序，或者人民检察院以抗诉的方式引起审判监督程序，那么提起审判监督程序的条件是生效裁判在认定事实上或者在适用法律上确有错误。生效裁判在认定事实上的错误主要包括事实不清和证据不确实、充分两个方面。所谓事实不清，是指生效裁判所认定的主要犯罪事实不清或者影响定罪量刑的重大情节不清楚，或者是一罪还是数罪不清，以及共同犯罪中各被告人的罪责相混淆等。证据不确实、充分，是指生效裁判认定案件事实的证据不客观真实，或者证据与案件事实之间无客观联系，或者证据之间有矛盾且矛盾不能得以合理排除，或者所得的结论显然不能排除其他可能等。生效裁判在适用法律上的错误既包括适用实体法上的错误，又包括适用程序法上的错误。前者如定性不准，混淆罪与非罪的界限，将轻罪定为重罪、重罪定为轻罪或无罪判有罪、有罪判无罪等。后者主要是指原审人民法院严重违反刑事诉讼程序，影响案件的正确裁判。但是，值得注意的是，上述错误只是人民法院和人民检察院的初步判断，是否真的存在错误，还需要经过重新审理之后，才能最终加以确定。

根据最高人民检察院《规则》第591条的规定，人民检察院认为人民法院已经发生法律效力的判决、裁定确有错误，具有下列情形之一的，应当按照审判监督程序向人民法院提出抗诉：（1）有新的证据证明原判决、裁定认定的事实确有错误，可能影响定罪量刑的；（2）据以定罪量刑的证据不确实、不充分的；（3）据以定罪量刑的证据依法应当予以排除的；（4）据以定罪量刑的主要证据之间存在矛盾的；（5）原判决、裁定的主要事实依据被依法变更或者撤销的；（6）认定罪名错误且明显影响量刑的；（7）违反法律关于追诉时效期限的规定的；（8）量刑明显不当的；（9）违反法律规定的诉讼程序，可能影响公正审判的；（10）审判人员在审理案件的时候有贪污受贿、徇私舞弊、枉法裁判行为的。对于同级人民法院已经发生法律效力的判决、裁定，人民检察院认为可能有错误的，应当另行指派检察官或者检察官办案组进行审查。经审查，认为有前述规定情形之一的，应当提请上一级人民检察院提出抗诉。

值得注意的是，为了减少和控制死刑，最高人民检察院的司法解释对死缓案件的再审抗诉作出了明确的限制。根据最高人民检察院《规则》第592条的规定，对于高级人民法院判处死刑缓期二年执行的案件，省级人民检察院认为确有错误提请抗诉的，一般应当在收到生效判决、裁定后3个月以内提出，至迟不得超过6个月。根据《关于加强和改进刑事抗诉工作的意见》第13条，人民法院判处被告人死刑缓期二年执行的案件，具有下列情形之一，除原判决认定事实、适用法律有严重错误或者社会反响强烈的以外，一般不应当提出判处死刑立即执行的抗诉：（1）被告人有自首、立功等法定从轻、减轻处罚情节的；（2）定罪的证据确实、充分，但影响量刑的主要证据存有疑问的；（3）因婚姻家庭、邻里纠纷等民间矛盾激化引发的案件，因被害方的过错行为引起的案件，案发后被告人真诚悔罪、积极赔偿被害方经济损失并取得被害方谅解的；（4）罪犯被送交监狱执行刑罚后，认罪服法，狱中表现较好，且死缓考验期限将满的。这意味着，对于已经发生法律效力的死刑缓期二年执行判决、裁定，除原判决认定事实、适用法律有严重错误或者社会反响强烈的以外，人民检察院在按照审判监督程序提起抗诉时不能以加重被告人的刑罚（即不能以提出判处死刑立即执行）为出发点。以上规定无疑体现了慎用死刑的刑事政策，在一定程度上有助于减少和控制死刑的适用。

根据《刑事诉讼法》第253条的规定，申诉只有在满足下列条件之一的情况下，人民法院才应当启动审判监督程序：（1）有新的证据证明原判决、裁定认定的事实确有错误，可能影响定罪量刑的。所谓新的证据是指在判决、裁定发生法律效力后，发现了原审过程中没有掌握的证据，而这些证据能够证明原裁判认定的事实与实际不符。（2）据以定罪量刑的证据不确实、不充分、依法应当予以排除，或者证明案件事实的主要证据之间存在矛盾的。（3）原判决、裁定适用法律确有错误的。这主要是指，定罪有错误，即将无罪作为有罪判处，或者将有罪作为无罪判处；适用刑罚有错误，即重罪轻判或者轻罪重判等。（4）违反法律规定的诉讼程序，可能影响公正审判的。（5）审判人员在审理该案件的时候，有贪污受贿、徇私舞弊、枉法裁判行为的。

根据最高人民法院《解释》第457条第2款的规定，经过审查，具有下列情形之一的，应当根据《刑事诉讼法》第253条的规定，决定重新审判：（1）有新的证据证明原判决、裁定认定的事实确有错误，可能影响定罪量刑的；（2）据以定罪量刑的证据不确实、不充分、依法应当排除的；（3）证明案件事实的主要证据之间存在矛盾的；（4）主要事实依据被依法变更或者撤销的；（5）认定罪名错误的；（6）量刑明显不当的；（7）对违法所得或者其他涉案财物的处理确有明显错误的；（8）违反法律关于溯及力规定的；（9）违反法律规定的诉讼程序，可能影响公正裁判的；（10）审判人员在审理该案件时有贪污受贿、徇私舞弊、枉法裁判行为的。根据最高人民法院《解释》第458条的规定，《刑事诉讼法》第253条规定的“新的证据”是指具有下列情形之一，可能改变原判决、裁定据以定罪量刑的事实的证据：（1）原判决、裁定生效后新发现的证据；（2）原判决、裁定生效前已经发现，但未予收集的证据；（3）原判决、裁定生效前已经收集，但未经质证的证据；（4）原判决、裁定所依据的鉴定意见，勘验、检查等笔录或者其他证据被改变或者否定的；（5）原判决、裁定所依据的被告人供述、证人证言等证据发生变化，影响定罪量刑，且有合理理由的。

三、提起审判监督程序的主体

提起审判监督程序的主体，是指在法定情形下，能够引起人民法院启动审判监督程序的主体。考虑到审判监督程序重新审理的对象是已经发生法律效力甚至已经得到执行的裁判，我国对审判监督程序的主体进行了严格限制。根据我国《刑事诉讼法》及其司法解释的规定，有权提起审判监督程序的主体包括如下几个方面。

（一）各级人民法院院长和审判委员会

根据《刑事诉讼法》第254条第1款的规定，各级人民法院院长对本院已经发生法律效力的判决和裁定，如果发现在认定事实上或者在适用法律上确有错误，必须提交审判委员会处理。理解该条规定需要强调以下几点。

1. 对于本院已经发生法律效力的裁判提起审判监督程序的权力只能由各级人民法院院长和审判委员会共同行使，即各级人民法院院长负责将拟提起审判监督程序的本院生效裁判提交审判委员会进行讨论，由审判委员会决定是否对案件进行重新审理。

2. 各级人民法院院长和审判委员会提起审判监督程序的对象只能是本院的生效裁判，而不能是上级或者其他法院的生效裁判。如果院长发现原属本院第一审，但后来又经过上级法院第二审的裁判确有错误，那么第一审法院院长只能向第二审法院提出意见，由第二审法院决定是否提起再审。第二审法院决定提起再审的，既可以由本院重新审判，也可以发回原审人民法院重新审判。

3. 各级人民法院对本院生效裁判提起审判监督程序的次数，法律没有限制性规定。对于已经依照审判监督程序重新审结的案件，各级人民法院院长如果发现仍然确有错误，既可以提交审判委员会处理，也可以报请上一级人民法院依照审判监督程序处理。值得注意的是，各级人民法院自行启动审判监督程序的案件应当局限于法院发现或者已经报请院长认可的生效裁判确有错误的案件，而不包括刑事申诉案件在内。也就是说，各级人民法院对于符合法定理由的刑事申诉提起审判监督程序时，只需要由院长作出决定即可，而不一定必须由院长提请审判委员会讨论决定。

（二）最高人民法院和其他上级人民法院

根据《刑事诉讼法》第254条第2款的规定，最高人民法院对各级人民法院已经发生法律效力的判决和裁定，上级人民法院对下级人民法院已经发生法律效力的判决和裁定，如果发现确有错误，有权提审或者指令下级人民法院再审。理解该条规定需要强调以下几点。

1. 最高人民法院对于各级人民法院的生效裁判，如果发现确有错误，都有权提起审判监督程序，而其他上级人民法院只能对其所属的下级人民法院行使审判监督权，即只有当发现自己所属下级人民法院生效裁判确有错误时，才能提起审判监督程序。

2. 提审和指令下级人民法院再审，是最高人民法院和其他上级人民法院对下级人民法院生效裁判行使审判监督权以及提起审判监督程序的两种方式。根据《刑事诉讼法》第254条的规定，提审是指最高人民法院或者上级人民法院认为确有错误的案件不需要或者不宜由原审法院重新审判而由自己审理的方式。根据《刑事诉讼法》第254、255条的规定，指令再审是指最高人民法院和上级人民法院依法指令原审人民法院或者原审人民法院以外的下级人民法院按照审判监督程序进行重新审理的方式。根据《刑事诉讼法》第255条的规定，上级人民法院指令下级人民法院再审的，应当指令原审人民法院以外的下级人民法院审理；由原审人民法院审理更为适宜的，也可以指令原审人民法院审理。无论是提审还是指令再审，都不同于一般的通知或者函件。下级人民法院收到最高人民法院或者其上级人民法院的提审或者指令再审决定书后，必须将案件依法移送或组成合议庭进行重新审理，而无须由审判委员会对此再作讨论。

提审和指令再审的区别主要表现在：(1) 审理的法院不同。提审是由最高人民法院或者原审人民法院的上级人民法院进行重新审理，而指令再审是由原审人民法院或者上级人民法院指定的原审人民法院以外的下级人民法院进行重新审理。(2) 产生原因不同。根据《刑事诉讼法》第254条第4款和最高人民法院《解释》第463条的规定，对人民检察院依照审判监督程序提出抗诉的案件，接受抗诉的人民法院应当组成合议庭重新审理。对原判事实不清、证据不足，包括有新的证据证明原判可能有错误，需要指令下级人民法院再审的，应当在立案之日起1个月内作出决定，并将指令再审决定书送达抗诉的人民检察院。根据最高人民法院《解释》第461条的规定，上级人民法院发现下级人民法院已经发生法律效力的判决、裁定确有错误的，可以指令下级人民法院再审；原判决、裁定认定事实正确但适用法律错误，或者案件疑难、复杂、重大，或者有不宜由原审人民法院审理情形的，也可以提审。上级人民法院指令下级人民法院再审的，一般应当指令原审人民法院以外的下级人民法院审理；由原审人民法院审理更有利于查明案件事实、纠正裁判错误的，可以指令原审人民法院审理。

(三) 最高人民检察院和其他上级人民检察院

根据《刑事诉讼法》第254条第3款的规定，最高人民检察院对各级人民法院已经发生法律效力的判决和裁定，上级人民检察院对下级人民法院已经发生法律效力的判决和裁定，如果发现确有错误，有权按照审判监督程序向同级人民法院提出抗诉。理解该条规定需要强调以下几点。

1. 按照审判监督程序提起抗诉的机关只能是最高人民检察院和原审人民法院的上级人民检察院。根据最高人民检察院《规则》第597条的规定，最高人民检察院发现各级人民法院已经发生法律效力的判决或者裁定，上级人民检察院发现下级人民法院已经发生法律效力的判决或者裁定确有错误时，可以直接向同级人民法院提出抗诉，或者指令作出生效判决、裁定人民法院的上一级人民检察院向同级人民法院提出抗诉。由此可见，地方各级人民检察院和下级人民检察院发现同级人民法院或上级人民法院的判决、裁定确有错误的，无权直接向这些法院提出抗诉，而只能向其上级人民检察院提出提请抗诉报告书，请求上级人民检察院向同级人民法院提出抗诉，是否提出抗诉，由接到请求的人民检察院决定。在司法实践中，地方各级人民检察院在向上级人民检察院提出提请抗诉报告书的同时，也可以向同级人民法院提出启动审判监督程序的建议。但是，这种建议不具备抗诉的法律效力，只能作为法院提起审判监督程序的一种材料来源。

2. 根据最高人民检察院《规则》第599条的规定，对按照审判监督程序提出抗诉的案件，人民检察院认为人民法院再审作出的判决、裁定仍然确有错误的，如果案件是依照第一审程序审判的，同级人民检察院应当按照第二审程序向上一级人民法院提出抗诉；如果案件是依照第二审程序审判的，上一级人民检察院应当按照审判监督程序向同级人民法院提出抗诉。

3. 人民检察院按照审判监督程序提起的抗诉与申诉人的申诉在法律效力上存在明显不同，即前者一经提出，能够直接引起审判监督程序，人民法院必须对案件进行重新审理，后者却不一定，是否启动审判监督程序，由人民法院审查以后，视申诉案件是否满足提起审判监督程序的条件而定。这决定了人民法院对人民检察院的再审抗诉只能进行程序性的审查，而不能对再审抗诉是否具备足够根据进行实质性的审查。值得注意的是，根据最高人民法院《解释》第462条的规定，对人民检察院依照审判监督程序提出抗诉的案件，人民法院应当在收到抗诉书后1个月内立案。但是，有下列情形之一的，应当区别情况予以处理：（1）对不属于本院管辖的，应当将案件退回人民检察院。（2）按照抗诉书提供的住址无法向被抗诉的原审被告人送达抗诉书的，应当通知人民检察院在3日内重新提供原审被告人的住址；逾期未提供的，将案件退回人民检察院。（3）以有新的证据为由提出抗诉，但未附相关证据材料或者有关证据不是指向原起诉事实的，应当通知人民检察院在3日内补送相关材料；逾期未补送的，将案件退回人民检察院。决定退回的抗诉案件，人民检察院经补充相关材料后再次抗诉，经审查符合受理条件的，人民法院应当受理。

4. 审判监督程序中的抗诉和第二审程序中的抗诉的区别与联系。虽然二者都是人民检察院对法院审判的法律监督活动，但是二者在以下几个方面存在区别：（1）抗诉的对象不同。审判监督程序中的抗诉对象是已经发生法律效力的一审或者二审生效裁判。对最高人民法院的裁判，或者最高人民法院核准死刑的判决以及高级人民法院核准死刑缓期二年执行的判决的抗诉，不能采用二审程序中的抗诉提出，只能依照审判监督程序中的抗诉提出。而第二审程序中的抗诉对象是地方各级人民法院第一审尚未生效的裁判。（2）有权抗诉的机关不同。第二审程序中的抗诉，是第一审人民法院同级的人民检察院的权力和职责，但仅限于地方各级人民检察院。最高人民检察院对最高人民法院第一审裁判无权按照第二审程序提出抗诉。而审判监督程序中的抗诉，除最高人民检察院对各级人民法院的生效裁判有权提出外，上级人民检察院对下级人民法院的生效裁判也有权向同级人民法院提出。但是地方各级人民检察院对同级人民法院的生效裁判不能像第二审程序那样直接提出抗诉。（3）抗诉的期限。第二审程序中的抗诉必须在法定期限内提出，人民法院不能接受逾期的抗诉。而审判监督程序中的抗诉一般没有期限限制，人民检察院只要发现生效裁判确有错误，不论是在裁判的执行中，还是在执行完毕之后，均可以提出抗诉。但是，如果原裁判是无罪裁判，人民检察院提起审判监督程序是要求改为有罪裁判，那么应当遵守《刑法》关于追诉时效的规定。（4）接受抗诉的人民法院不同。接受审判监督程序抗诉的是提出抗诉的同级人民法院。但是，依照审判监督程序审理案件的法院，不受两审终审制的限制，可以是原来的第一审法院或者第二审法院，也可以是任何上级人民法院。而接受第二审程序抗诉的是提出抗诉的人民检察院的上一级人民法院，不能由原审人民法院审判。（5）抗诉的作用与后果不同。审判监督程序中的抗诉主要是为了纠正已经执行或者正在执行的错误裁判。其抗诉结果是引起审判监督程序。而第二审程序中的抗诉主要是为了阻止第一审法院的裁判生效，避免将人民检察院认为有错误的判决交付执行。其抗诉的结果是引起第二审程序。

值得注意的是，除了直接按照审判监督程序提起抗诉，人民检察院在发现已经发生法律效力的判决、裁定确有错误的情况下，还可以向人民法院提出检察建议，由人民法院自行启动审判监督程序。根据最高人民检察院于2019年2月26日印发的《人民检察院检察建议工作规定》第8条的规定，人民检察院发现同级人民法院已经发生法律效力的判决、裁定具有法律规定的应当再审情形的，或者发现调解书损害国家利益、社会公共利益的，可以向同级人民法院提出再审检察建议。根据《人民检察院办理刑事申诉案件规定》第45、46条的规定，在刑事申诉案件复查过程中，如果人民检察院认为人民法院已经发生法律效力的刑事判决、裁定确有错误，符合启动审判监督程序的条件，经检察长决定，可以向人民法院提出再审检察建议。再审检察建议未被人民法院采纳的，可以提请上一级人民检察院抗诉。经复查认为需要向同级人民法院提出抗诉或者提出再审检察建议的，承办检察官应当提出意见，报检察长决定。这意味着，地方各级人民检察院在复查刑事申诉的过程中，如果发现生效裁判确有错误而且符合再审抗诉条件，既可以直接按照审判监督程序提起抗诉，也可以提出再审检察建议，由人民法院自行决定启动审判监督程序。也就是说，人民检察院提出的再审检察建议只是人民法院决定重新审判案件的一个材料来源，并不能必然引起审判监督程序。这是其与人民检察院按照审判监督程序提起抗诉的最大区别。

第三节　依照审判监督程序对案件的重新审判

一、重新审判的程序

（一）审判监督程序的启动

审判监督程序的启动，是指对于生效裁判确有错误的案件，人民法院依法开始按照审判监督程序予以重新审判。基于不同的案件来源，刑事审判监督程序的启动分两种情况。一种是人民法院在自行决定提起审判监督程序或者在刑事申诉符合法定理由的情况下，通过制作再审决定书启动审判监督程序。根据最高人民法院《关于刑事再审案件开庭审理程序的具体规定》第 9 条，人民法院根据再审决定书启动审判监督程序时应当将再审决定书副本至迟在开庭 30 日前，重大、疑难案件至迟在开庭 60 日前送达同级人民检察院。另一种是人民法院在人民检察院按照审判监督程序提起抗诉的情况下启动审判监督程序。根据最高人民法院《解释》第 463 条的规定，在人民检察院按照审判监督程序提起抗诉的情况下，人民法院应当制作再审决定书，组成合议庭对案件进行重新审理。对于人民检察院按照审判监督程序提出的刑事抗诉案件，如果原判事实不清、证据不足，包括有新的证据证明原判可能有错误，需要指令下级人民法院再审时，人民法院应当在立案之日起 1 个月内作出决定，并将指令再审决定书送达抗诉的人民检察院。

（二）重新审判的审判组织

根据《刑事诉讼法》第 183 条第 4 款，人民法院审判抗诉案件，应当由审判员 3 人或者 5 人组成合议庭进行。根据《刑事诉讼法》第 256 条、最高人民法院《解释》第 463 条及第 466 条第 1 款的规定，对人民检察院依照审判监督程序提出抗诉的案件，接受抗诉的人民法院应当组成合议庭审理；原审人民法院审理依照审判监督程序重新审判的案件，应当另行组成合议庭。根据最高人民法院《关于刑事再审案件开庭审理程序的具体规定（试行）》第 4 条的规定，参与过本案第一审、第二审、复核程序审判的合议庭组成人员，不得参与本案的再审程序的审判。

（三）重新审判的原则

根据最高人民法院《解释》第 465 条的规定，依照审判监督程序重新审判的案件，人民法院应当重点针对申诉、抗诉和决定再审的理由进行审理。必要时，应当对原判决、裁定认定的事实、证据和适用法律进行全面审查。这表明，依照审判监督程序重新审判案件时，人民法院应当采取重点审查和全面审查相结合的原则。人民法院的重点审查有助于提高刑事再审的效率和节约诉讼成本，全面审查则有利于维护当事人的合法权益和纠正错误裁判。为了保障被告人的利益，充分体现审判监督程序的救济性，最高人民法院确立了再审不加刑原则。所谓再审不加刑原则，是指在只有被告方提出再审申请或者为了被告人利益而提出再审申请的情况下，再审法院在重新审判案件时，不得作出不利于被告人的变更。一般认为，再审不加刑原则实际上是禁止不利益变更原则在刑事再审程序的延续。刑事再审程序也应该像刑事上诉程序一样遵循禁止不利益变更原则，一个重要的原因在于，如果不作出这样的规定，那么在刑事上诉程序中的禁止不利益变更原则就有可能因为再审程序之中的再审加刑而失去应有的价值。长期以来，我国刑事诉讼法一直没有规定再审不加刑原则。但是为了更好地保障被判刑人的利益，充分体现审判监督程序的救济性，最高人民法院通过司法解释明确规定了再审不加刑原则。进一步而言，根据《关于刑事再审案件开庭审理程序的具体规定（试行）》第 8 条，除人民检察院抗诉的以外，再审一般不得加重原审被告人（原审上诉人）的刑罚，对于不开庭审理的或者可以不出庭参加诉讼的，不得加重未出庭原审被告人（原审上诉人）、同案原审被告人（同案原审上诉人）的刑罚。最高人民法院《解释》第 469 条也规定，除人民检察院抗诉的以外，再审一般不得加重原审被告人的刑罚。再审决定书或者抗诉书只针对部分原审被告人的，不得加重其他同案原审被告人的刑罚。

（四）重新审判采取的诉讼程序

尽管刑事审判监督程序属于独立的审判程序，但是现行法律并没有对刑事再审案件规定专门的审理程序。根据《刑事诉讼法》第 256 条第 1 款，最高人民法院《解释》第 461、466 条第 2 款和《关于审理人民检察院按照审判监督程序提出的刑事抗诉案件若干问题的规定》第 5 条，人民法院在按照审判监督程序重新审判案件时所采用的审理程序分四种情况：(1) 在上级人民法院提审的情况下，应当按照第二审程序进行审判，所作的判决、裁定，是终审的判决、裁定。(2) 在指令再审的情况下，如果原来是第一审案件，接受抗诉的人民法院应当指令第一审人民法院依照第一审程序进行审判，所作的判决、裁定，可以上诉、抗诉；如果原来是第二审案件，接受抗诉的人民法院应当指令第二审人民法院依照第二审程序进行审判，所作的判决、裁定，是终审的判决、裁定。(3) 在原审人民法院审理再审案件的情况下，再审程序取决于原审生效裁判所采用的审理程序，即原来是第一审案件，应当依照第一审程序进行审判，所作的判决、裁定可以上诉、抗诉；原来是第二审案件，应当依照第二审程序进行审判，所作的判决、裁定是终审的判决、裁定。(4) 符合《刑事诉讼法》第 296、297 条规定的，可以缺席审判。

（五）重新审判的方式

由于审判监督程序要么按照第一审程序进行审理，要么按照第二审程序进行审理，而第一审程序必须实行开庭审理，第二审程序既可以实行开庭审理，也可以不实行开庭审理，因此，审判监督程序的审理方式也应当包括开庭审理和不开庭审理两种。

1. 刑事再审案件的开庭审理。

刑事再审案件的开庭审理，是指人民法院在启动审判监督程序以后，以开庭的方式对刑事再审案件予以重新审判。根据《关于刑事再审案件开庭审理程序的具体规定（试行）》第 5 条的规定，人民法院审理下列再审案件，应当依法开庭审理：(1) 依照第一审程序审理的；(2) 依照第二审程序需要对事实或者证据进行审理的；(3) 人民检察院按照审判监督程序提出抗诉的；(4) 可能对原审被告人（原审上诉人）加重刑罚的；(5) 有其他应当开庭审理情形的。根据《关于刑事再审案件开庭审理程序的具体规定（试行）》的有关规定，人民法院开庭审理再审案件时，采用的审理程序与一审开庭审理程序大致相同，也包括开庭、法庭调查、法庭辩论、(原审被告人）最后陈述、评议和宣判等几个主要阶段。但是，根据《关于刑事再审案件开庭审理程序的具体规定（试行)》第 7 条的有关规定，人民法院审理共同犯罪再审案件，人民法院再审决定书或者人民检察院抗诉书只对部分同案原审被告人（同案原审上诉人）提起再审，其他未涉及的同案原审被告人（同案原审上诉人）不出庭不影响案件审理的，其可以不出庭参与诉讼；部分同案原审被告人（同案原审上诉人）具有该规定第 6 条第 3、4 项规定情形不能出庭的，不影响案件的开庭审理。根据最高人民法院《解释》第 471 条的规定，开庭审理的再审案件，系人民法院决定再审的，由合议庭组成人员宣读再审决定书；系人民检察院抗诉的，由检察人员宣读抗诉书；系申诉人申诉的，由申诉人或者其辩护人、诉讼代理人陈述申诉理由。

对于开庭审理的刑事再审案件，人民法院应当在开庭审理之前做好各项准备活动。根据《关于刑事再审案件开庭审理程序的具体规定（试行)》第 9 条，人民法院在开庭审理前，应当进行下列工作：(1) 确定合议庭的组成人员；(2) 将再审决定书，申诉书副本至迟在开庭 30 日前，重大、疑难案件至迟在开庭 60 日前送达同级人民检察院，并通知其查阅案卷和准备出庭；(3) 将再审决定书或抗诉书副本至迟在开庭 30 日以前送达原审被告人(原审上诉人)，告知其可以委托辩护人，或者依法为其指定承担法律援助义务的律师担任辩护人；(4) 至迟在开庭 15 日前，重大、疑难案件至迟在开庭 60 日前，通知辩护人查阅案卷和准备出庭；(5) 将开庭的时间、地点在开庭 7 日以前通知人民检察院；(6) 传唤当事人，通知辩护人、诉讼代理人、证人、鉴定人和翻译人员，传票和通知书至迟在开庭 7 日以前送达；(7) 公开审判的案件，在开庭 7 日以前先期公布案由、原审被告人（原审上诉人）姓名、开庭时间和地点。

根据《关于刑事再审案件开庭审理程序的具体规定（试行)》第 13 条、第 14 条，人民法院在进行开庭准备时还应当遵守下列规定：(1) 人民法院应当在开庭 30 日前通知人民检察院、当事人或者辩护人查阅、复制双方提交的新证据目录及新证据复印件、照片。人民法院应当在开庭 15 日前通知控辩双方查阅、复制人民法院调取的新证据目录及新证据复印件、照片等证据。(2) 控辩双方收到再审决定书或抗诉书后，人民法院通知开庭之日前，可以提交新的证据。开庭后，除对原审被告人（原审上诉人）有利的外，人民法院不再接纳新证据。值得注意的是，根据最高人民法院《解释》第 468 条，在人民法院开庭审理的再审案件中，再审决定书或者抗诉书只针对部分原审被告人，其他同案原审被告人不出庭不影响审理的，可以不出庭参加诉讼。

根据《关于刑事再审案件开庭审理程序的具体规定（试行)》第 15 条、第 16 条，开庭审理前，合议庭应当核实原审被告人（原审上诉人）何时因何案被人民法院依法裁判，在服刑中有无重新犯罪，有无减刑、假释，何时刑满释放等情形。原审被告人（原审上诉人）到达开庭地点后，合议庭应当查明原审被告人（原审上诉人）基本情况，告知原审被告人(原审上诉人）享有辩护权和最后陈述权，制作笔录后，分别由该合议庭成员和书记员签名。

根据最高人民法院《解释》第 471 条和《关于刑事再审案件开庭审理程序的具体规定(试行)》第 17 条至第 24 条，刑事再审案件的开庭审理应当遵守下列规定：(1) 审判长宣布合议庭组成人员及书记员，公诉人、辩护人、鉴定人和翻译人员的名单，并告知当事人、法定代理人享有申请回避的权利。(2) 在宣布开庭和告知权利以后，对于人民法院决定再审的案件，由合议庭组成人员宣读再审决定书；根据人民检察院提出抗诉进行再审的案件，由公诉人宣读抗诉书；当事人及其法定代理人、近亲属提出申诉的案件，由申诉人或者其辩护人、诉讼代理人陈述申诉理由。(3) 在审判长主持下，控辩双方应就案件的事实、证据和适用法律等问题分别进行陈述；合议庭对控辩双方无争议和有争议的事实、证据及适用法律问题进行归纳，予以确认；控辩双方就控辩双方有争议的问题，进行法庭调查和辩论。(4) 在审判长主持下，控辩双方对提出的新证据或者有异议的原审据以定罪量刑的证据进行质证。(5) 进入辩论阶段，原审被告人（原审上诉人）及其法定代理人、近亲属提出申诉的，先由原审被告人（原审上诉人）及其辩护人发表辩护意见，然后由公诉人发言，被害人及其代理人发言。被害人及其法定代理人、近亲属提出申诉的，先由被害人及其代理人发言，公诉人发言，然后由原审被告人（原审上诉人）及其辩护人发表辩护意见。人民检察院提出抗诉的，先由公诉人发言，被害人及其代理人发言，然后由原审被告人（原审上诉人）及其辩护人发表辩护意见。既有申诉又有抗诉的，先由公诉人发言，后由申诉方当事人及其代理人或者辩护人发言或者发表辩护意见，然后由对方当事人及其代理人或辩护人发言或者发表辩护意见。公诉人、当事人和辩护人、诉讼代理人经审判长许可，可以互相辩论。(6) 合议庭根据控辩双方举证、质证和辩论情况，可以当庭宣布认证结果。(7) 再审改判宣告无罪并依法享有申请国家赔偿权利的当事人，宣判时合议庭应当告知其该判决发生法律效力后即有申请国家赔偿的权利。

另外，根据最高人民法院《解释》第 467 条的规定，对依照审判监督程序重新审判的案件，人民法院在依照第一审程序进行审判的过程中，发现原审被告人还有其他犯罪的，一般应当并案审理，但分案审理更为适宜的，可以分案审理。根据最高人民检察院《规则》第 454 条、第 595 条第 4 款，无论是人民检察院按照审判监督程序提起抗诉的刑事再审案件，还是人民法院自行启动或者根据刑事申诉或者再审检察建议启动审判监督程序的刑事再审案件，只要人民法院采取开庭审理的方式，同级人民检察院都应当派员出席法庭，并对人民法院再审活动实施法律监督。

2. 刑事再审案件的不开庭审理。

刑事再审案件的不开庭审理，是指人民法院在启动审判监督程序以后，通过阅卷、讯问原审被告人、庭外听取意见等方式对刑事再审案件予以重新审判。根据《关于刑事再审案件开庭审理程序的具体规定（试行）》第 6 条的规定，下列刑事再审案件可以不开庭审理：(1) 原判决、裁定认定事实清楚，证据确实、充分，但适用法律错误，量刑畸重的。(2) 1979 年《刑事诉讼法》施行以前裁判的。(3) 原审被告人（原审上诉人）、原审自诉人已经死亡或者丧失刑事责任能力的。(4) 原审被告人（原审上诉人）在交通十分不便的边远地区监狱服刑，提押到庭确有困难的；但人民检察院提出抗诉的，人民法院应征得人民检察院的同意。(5) 人民法院按照审判监督程序决定再审，按该规定第 9 条第 5 项规定，经两次通知，人民检察院不派员出庭的。除以上情形以外，人民法院在审理刑事再审案件时应当采取开庭的审理方式。但值得注意的是，根据最高人民法院《解释》第 466 条第 3 款的规定，在以下两种情况下，可以缺席审判：(1) 因被告人患有严重疾病无法出庭，中止审理超过 6 个月，被告人仍无法出庭，被告人及其法定代理人、近亲属申请或者同意恢复审理的，人民法院可以在被告人不出庭的情况下缺席审理；(2) 人民法院按照审判监督程序重新审判的案件，被告人死亡的，人民法院可以缺席审理。由于刑事再审案件的不开庭审理只能适用于按照第二审程序审理的刑事再审案件，因此，刑事再审案件的不开庭审理实际上就是第二审程序的书面审理方式。也就是说，对于不需开庭审理的刑事再审案件，再审人民法院应当根据最高人民法院《解释》第400条的规定讯问被告人，听取其他当事人、辩护人、诉讼代理人的意见；合议庭全体成员应当阅卷，必要时应当提交书面阅卷意见。

（六）抗诉和申诉的撤回

根据最高人民法院《解释》第470条、《关于刑事再审案件开庭审理程序的具体规定（试行）》第10条的规定，人民法院审理人民检察院抗诉的再审案件，人民检察院在开庭审理前撤回抗诉的，应当裁定准许；人民检察院接到出庭通知后不派员出庭，且未说明原因的，可以裁定按撤回抗诉处理，并通知诉讼参与人。人民法院审理申诉人申诉的再审案件，申诉人在再审期间撤回申诉的，可以裁定准许；但认为原判确有错误的，应当不予准许，继续按照再审案件审理。申诉人经依法通知无正当理由拒不到庭，或者未经法庭许可中途退庭的，可以裁定按撤回申诉处理，但申诉人不是原审当事人的除外。以上规定既有助于维护人民检察院的撤回抗诉权和申诉人的撤回申诉权，又有利于人民法院在人民检察院或者申诉人不按规定参加再审案件的审理活动时确保案件得到适当处理。

二、重新审判的审理期限

根据《刑事诉讼法》第258条第1款的规定，人民法院按照审判监督程序重新审判的案件，应当在作出提审、再审决定之日起3个月以内审结，需要延长期限的，不得超过6个月。根据《刑事诉讼法》第258条第2款的规定，接受抗诉的人民法院按照审判监督程序审理抗诉的案件，审理期限适用前述规定；对需要指令下级人民法院再审的，应当自接受抗诉之日起1个月以内作出决定，下级人民法院审理案件的期限适用前述规定。值得注意的是，由于在人民检察院按照审判监督程序提出抗诉的情况下，人民法院无须作出再审决定书，因而其期限应当从人民法院收到人民检察院抗诉书的次日起开始计算。

三、重新审判的处理方式

根据最高人民法院《解释》第472条的规定，再审案件经过重新审理后，应当按照下列情形分别处理：（1）原判决、裁定认定事实和适用法律正确、量刑适当的，应当裁定驳回申诉或者抗诉，维持原判决、裁定。（2）原判决、裁定定罪准确、量刑适当，但在认定事实、适用法律等方面有瑕疵的，应当裁定纠正并维持原判决、裁定。（3）原判决、裁定认定事实没有错误，但适用法律有错误，或者量刑不当的，应当撤销原判决、裁定，依法改判。（4）按照第二审程序审理的案件，原判决、裁定认定事实不清或者证据不足的，可以在查清事实后改判，也可以裁定撤销原判，发回原审人民法院重新审判。（5）原判决、裁定认定事实不清或者证据不足，经审理事实已经查清的，应当根据查清的事实依法裁判；事实仍无法查清，证据不足，不能认定被告人有罪的，应当撤销原判决、裁定，判决宣告被告人无罪。

《刑事诉讼法》第297条第2款规定，人民法院按照审判监督程序重新审判的案件，被告人死亡的，人民法院可以缺席审理，依法作出判决。值得注意的是，根据《刑事诉讼法》第256条的规定，人民法院按照审判监督程序重新审判的案件，如果原来是第一审案件，应当依照第一审程序进行审判，所作的判决、裁定，可以上诉、抗诉；如果原来是第二审案件，或者是上级人民法院提审的案件，应当依照第二审程序进行审判，所作的判决、裁定，是终审的判决、裁定。

根据最高人民法院《解释》第 473 条的规定，原判决、裁定认定被告人姓名等身份信息有误，但认定事实和适用法律正确、量刑适当的，作出生效判决、裁定的人民法院可以通过裁定对有关信息予以更正。根据最高人民法院《解释》第 474 条的规定，对再审改判宣告无罪并依法享有申请国家赔偿权利的当事人，人民法院宣判时，应当告知其在判决发生法律效力后可以依法申请国家赔偿。

另外，根据《关于审理人民检察院按照审判监督程序提出的刑事抗诉案件若干问题的规定》第 9 条，人民法院作出裁判后，当庭宣告判决的，应当在 5 日内将裁判文书送达当事人、法定代理人、诉讼代理人、提出抗诉的人民检察院、辩护人和原审被告人的近亲属；定期宣告判决的，应当在判决宣告后立即将裁判文书送达当事人、法定代理人、诉讼代理人、提出抗诉的人民检察院、辩护人和原审被告人的近亲属。

四、刑事再审案件中强制措施的适用

根据《刑事诉讼法》第 257 条第 1 款的规定，人民法院决定再审的案件，需要对被告人采取强制措施的，由人民法院依法决定；人民检察院提出抗诉的再审案件，需要对被告人采取强制措施的，由人民检察院依法决定。根据最高人民法院《解释》第 464 条，如果被告人可能经再审改判无罪，或者可能经再审减轻原判刑罚而致刑期届满，人民法院在再审期间可以决定中止原判决、裁定的执行，在必要时可以对被告人采取取保候审、监视居住措施。

根据《关于刑事再审案件开庭审理程序的具体规定（试行）》第 11 条第 2 款、第 3 款，原审被告人（原审上诉人）在押，再审可能改判宣告无罪的，人民法院裁定中止执行原裁决后，可以取保候审；原审被告人（原审上诉人）不在押，确有必要采取强制措施并符合法律规定采取强制措施条件的，人民法院裁定中止执行原裁决后，依法采取强制措施。根据最高人民检察院《规则》第 600 条，人民检察院办理按照审判监督程序抗诉的案件，认为需要对被告人采取强制措施的，应当参照该规则相关规定，经检察长批准。

【问题与思考】

1. 审判监督程序的理论基础是什么？
2. 如何理解审判监督与审判独立之间的关系？
3. 我国审判监督程序与大陆法系国家再审程序有何异同？
4. 如何处理实事求是、有错必纠与禁止双重危险原则之间的关系？
5. 人民法院是否应该主动提起审判监督程序？为什么？
6. 人民法院按照审判监督程序重新审判案件以后能否加重被告人的刑罚？为什么？
7. 如何修改和完善我国审判监督程序？
8. 如何理解刑事生效裁判的既判力？
9. 禁止双重危险原则与一事不再理原则有什么区别与联系？

【推荐参考论著】

1. 张毅．刑事诉讼中的禁止双重危险原则．北京：中国人民公安大学出版社，2004.

2. 陈卫东．刑事审判监督程序研究．北京：法律出版社，2001.

3. 陈光中．刑事再审程序与人权保障．北京：北京大学出版社，2005.

4. 汪建成．刑事诉讼监督程序专论．北京：群众出版社，1990.

5. 格罗津斯基．苏维埃刑事诉讼中的上诉审和监督审程序．沈其昌，译．北京：中国人民大学出版社，1957.

6. 陈瑞华．刑事再审程序研究．政法论坛，2000（6）.

7. 陈瑞华．刑事诉讼中的重复追诉问题．政法论坛，2002（5）.

8. 何兵，潘剑锋．司法之根本：最后的审判抑或最好的审判？——对我国再审制度的再审视．比较法研究，2000（4）.

9. 陈光中．论我国刑事审判监督程序之改革．中国法学，2005（2）.

10. 邓思清．论审判监督的理论基础．法律科学，2003（3）.

11. 陈卫东，杜磊．再审程序的理解与适用——兼评《刑事诉讼法》关于再审程序的修改．法学杂志，2012（5）.

第二十六章 刑事赔偿程序

内容导读

刑事赔偿制度是国家赔偿制度的重要组成部分。刑事赔偿是刑事司法机关行使职权侵犯公民合法权益而承担的一种国家责任。刑事赔偿对于救济公民权利和促进司法机关依法行使职权，具有十分重要的意义。刑事赔偿的范围包括对侵犯人身权的赔偿和对侵犯财产权的赔偿。刑事赔偿的主体涉及刑事赔偿请求人和刑事赔偿义务机关。刑事赔偿程序一般分为赔偿请求提起程序、赔偿请求处理程序、赔偿复议程序和人民法院赔偿委员会决定程序几个阶段。刑事赔偿要遵守法定的赔偿方式和计算标准。

第一节 刑事赔偿概述

一、刑事赔偿的概念与法律依据

国家赔偿制度包括司法赔偿和行政赔偿两部分，刑事赔偿属于司法赔偿的内容。刑事赔偿是指刑事诉讼过程中，行使侦查、检察、审判职权的机关以及看守所、监狱管理机关及其工作人员在行使职权时，侵犯公民、法人和其他组织的人身权或者财产权等合法权益，给公民、法人或者其他组织造成损害的，受害人有权依法取得国家赔偿，国家依法予以赔偿的制度。

刑事赔偿成为一项专门的法律制度在我国经历了一个发展的过程。1982 年《宪法》第 41 条第 3 款规定："由于国家机关和国家工作人员侵犯公民权利而受到损失的人，有依照法律规定取得赔偿的权利"，确立了国家赔偿的宪法原则。1986 年《民法通则》第 121 条规定："国家机关或者国家机关工作人员在执行职务中，侵犯公民、法人的合法权益造成损害的，应当承担民事责任。"从民事责任的角度规定了国家机关的赔偿义务。1994 年八届全国人大常委会七次会议通过《国家赔偿法》，这是中华人民共和国第一部专门就国家赔偿问题制定的法律。2010 年全国人大常委会对《国家赔偿法》进行第一次修订，随后最高人民检察院发布《人民检察院国家赔偿工作规定》，2011 年最高人民法院发布《关于人民法院赔偿委员会审理国家赔偿案件程序的规定》。2012 年全国人大常委会对《国家赔偿法》进行第二次修订。2014 年最高人民法院发布《关于人民法院赔偿委员会审理国家赔偿案件适用精神损害赔偿若干问题的意见》。2015 年最高人民法院、最高人民检察院发布《关于办理刑事赔偿案件适用法律若干问题的解释》。最高人民法院于 2017 年发布《关于国家赔偿监督程序若干问题的规定》，2021 年发布《关于审理国家赔偿案件确定精神损害赔偿责任适用法律若干问题的解释》。这些法律和司法解释构成了我国刑事赔偿的基本法律依据，标志着我国刑事赔偿制度进入法律化、规范化、专门化阶段。

二、刑事赔偿责任的构成要件

刑事赔偿责任的构成要件，是指国家承担刑事赔偿责任时必须具备的条件。根据《国家赔偿法》第 2 条第 1 款规定，“国家机关和国家机关工作人员行使职权，有本法规定的侵犯公民、法人和其他组织合法权益的情形，造成损害的，受害人有依照本法取得国家赔偿的权利”。根据这一规定，构成刑事赔偿责任要具备以下条件。

1. 刑事损害赔偿是由行使侦查、检察、审判职权的机关以及看守所、监狱管理机关及其工作人员的行为引起的。

这是刑事损害赔偿责任的主体要件。国家承担赔偿责任是由代表国家行使职权的国家机关及其工作人员的行为所引起的后果。因此，就刑事赔偿而言，只有具有侦查、检察、审判职权的机关以及看守所、监狱管理机关及其工作人员的行为才能引起，由其他任何公民、法人和其他组织的行为所造成的损害都不是刑事损害赔偿中的损害。

2. 刑事损害是由有侦查、检察、审判职权的机关以及看守所、监狱管理机关及其工作人员行使职权造成的。

这是刑事赔偿的行为要件。刑事赔偿只能由具有侦查、检察、审判职权的机关以及看守所、监狱管理机关及其工作人员行使职权的行为所引起，由与行使职权无关的个人行为、民事行为所造成的损害，不在刑事赔偿之列。在此需要注意的是，职权行为应理解为有关机关及其工作人员行使的与职权有关的行为，而不能仅仅理解为职权内的行为。

3. 公民合法权益受到损害。

这是刑事损害赔偿的损害结果要件。国家承担刑事损害赔偿责任必须以损害事实的存在为前提。没有损害后果，就无须赔偿。刑事诉讼中具有侦查、检察、审判职权的机关以及看守所、监狱管理机关及其工作人员行使职权造成的损害可能是多方面的，损害事实既可以是对公民人身的损害，如剥夺人身自由、伤残身体、导致公民死亡，也可以是对财产造成的损害，如使当事人合法财产丧失。我国宪法和法律规定了公民享有广泛的权利和对这些权利的保障，但如果公民行为违法，其权利会受到一定限制。基于刑事诉讼的特殊性，即使由于涉嫌犯罪，刑事被追诉人的权利受到一定限制，但其享有的其他合法权利仍然受到保护，不受任意侵犯。这些权利受到国家机关的侵害，符合国家赔偿法规定的，刑事被追诉人也有权获得刑事赔偿。

4. 损害事实的发生与行使职权的行为之间具有因果关系。

这是刑事损害赔偿的因果关系要件。引起刑事赔偿的损害必须是由有侦查、检察、审判职权的机关以及看守所、监狱管理机关及其工作人员行使职权所致，即行使职权行为与损害结果之间存在因果关系。如果受害人自己的行为导致损害发生，例如当事人故意虚假陈述，造成错误追诉而发生损害事实的，或者案件当事人自伤自残造成身体损害的，国家没有赔偿义务。

三、刑事赔偿的意义

根据《国家赔偿法》第1条的规定，“为保障公民、法人和其他组织享有依法取得国家赔偿的权利，促进国家机关依法行使职权，根据宪法，制定本法”。这条规定明确指出了国家赔偿法制定的依据和国家赔偿所要达到的目的。

（一）刑事赔偿能够保障公民的合法权利

保护公民、法人和其他组织的合法权益，是民主制度的重要标志，是各个法律部门的共同任务。在刑事诉讼中，司法机关担负着惩罚犯罪、保障无罪的人不受刑事追究的任务。这不仅要求司法机关对于一切刑事犯罪必须依法惩治，还要求司法机关在办案过程中要确保公民的合法权益不受侵犯。由于刑事案件的客观复杂性和司法人员的主观过错，错案的发生难以避免，而错案可能严重侵害公民人身权利、财产权利和其他权利。这就要求在刑事诉讼过程中，一方面，国家要通过法律保证公民、法人和其他组织的合法权益不受侵犯；另一方面，在公民、法人和其他组织合法权益受到侵害的时候，国家应采取相应的措施使之能够得到恢复和补救。刑事赔偿的本质就是当发生公权力侵权行为时国家对公民的权利予以救济，刑事赔偿以权利救济为核心。刑事赔偿是对宪法关于公民权利的保护在刑事诉讼中的具体落实，也是现代文明国家走向法治化、民主化的重要标志之一。

（二）刑事赔偿能够促进司法机关及其工作人员依法行使职权

建立刑事损害赔偿制度，对公民、法人和其他组织来说，可以保障其实现刑事赔偿请求权；对司法机关来说，可以起到制约其权力，促进其依法行使职权的作用。刑事赔偿在性质上是一种国家赔偿责任，它一般是由行使国家侦查、检察、审判职权的机关以及看守所、监狱管理机关及其工作人员在行使国家职权过程中的错误行为造成的。这些机关代表国家行使职权，其职权行为具有强制力，一旦发生错误，很容易侵害公民合法权益，因而司法机关及其工作人员在刑事诉讼中的执法水平如何，直接影响到国家与公民之间的关系，影响着司法机关的威信。刑事赔偿制度的确立是对滥用国家权力的有效制约，有利于提高司法机关工作人员的责任心，有利于促进刑事司法机关严格执法，提高其执法水平。

第二节　刑事赔偿范围

刑事赔偿范围是指导致国家承担刑事赔偿责任的行为的范围，也就是国家承担刑事赔偿责任应当界定在哪些事项上。明确刑事赔偿范围，对国家侵权行为的受害人来说，即明确了其享有的刑事赔偿请求权的范围；对刑事赔偿义务机关来说，即明确了其承担赔偿义务的范围。根据《国家赔偿法》第17、18条的规定，国家应当承担刑事赔偿的事项主要包括两大类，即侵犯人身权的事项和侵犯财产权的事项。

一、侵犯人身权的赔偿范围

人身权是公民享有的基本权利，《国家赔偿法》第17条以及有关司法解释规定了国家对以下几种行使司法职权侵犯公民人身权的行为承担刑事赔偿责任。

（一）违法刑事拘留或超期刑事拘留的

刑事诉讼中的拘留是侦查机关在紧急情况下依法临时剥夺现行犯或重大嫌疑分子人身自由的一种强制措施。刑事拘留的目的在于防止逃避或者妨碍诉讼活动的各种行为的发生，其既非一种处罚，也不是对案件的实体处理，对犯罪嫌疑人来说，刑事拘留并非对其有罪的最终认定和宣告。对公民采取刑事拘留措施后终止追究刑事责任，国家承担赔偿责任的情形包括：一是违反刑事诉讼法规定的条件对公民采取拘留措施的；二是违反刑事诉讼法规定的程序对公民采取拘留措施的；三是依照刑事诉讼法规定的条件和程序对公民采取拘留措施，但是拘留时间超过刑事诉讼法规定的时限，其后决定撤销案件、不起诉或者判决宣告无罪终止追究刑事责任的。我国对刑事拘留的国家赔偿以适用违法归责原则为主。对于依法采取拘留措施，并且在法定期间内进行侦查取证活动，没有超过期限，其后予以释放的，国家不承担赔偿责任。

（二）采取逮捕措施后决定撤销案件、不起诉或者判决宣告无罪的

逮捕是指经人民检察院批准或决定，或人民法院决定，由有权执行逮捕的公安机关对犯罪嫌疑人、被告人实行羁押，限制其人身自由的一种强制措施。《刑事诉讼法》对逮捕的条件和程序作了明确规定。对公民采取逮捕措施后，国家承担赔偿责任包括以下三种情形：一是撤销案件终止追究刑事责任的。撤销案件，是指侦查机关在侦查过程中，发现不应对犯罪嫌疑人追究刑事责任的，对已经立案侦查的案件作出依法予以撤销的处理决定。二是作出不起诉决定终止追究刑事责任的。不起诉是指人民检察院对经过侦查的案件进行审查后，认为犯罪嫌疑人的行为不符合起诉条件，而依法作出的不将犯罪嫌疑人提交人民法院进行审判，终止刑事程序的处理决定。需要注意的是，国家承担赔偿责任只针对《刑事诉讼法》第175条第4款规定的内容，即对于二次补充侦查的案件，人民检察院仍然认为证据不足，不符合起诉条件的，应当作出不起诉决定。三是判决宣告无罪终止追究刑事责任的。经过法院审判，被告人被宣告无罪。无罪判决包括两种情况：一为明确的无罪判决；二为证据不足，指控罪名不能成立的无罪判决。有以上三种情形，公民被采取逮捕强制措施的，有权取得赔偿。

（三）依照审判监督程序再审改判无罪，原判刑罚已经执行的

行为人的行为不构成犯罪，但由于法院的错判，使其被判决确定为有罪。如果有罪判决被全部或部分执行，必然使该人的合法权益受到行使审判权的司法机关职权行为的侵犯，使其人身权受到损害，国家应对此承担赔偿责任。这里需要明确以下几点：第一，改判必须是依据审判监督程序由再审法院对生效判决作出的。依据任何其他程序认定的“错判”或者判决不当都不属于国家赔偿范围。第二，必须是再审改判无罪。国家只有在对无罪的人错判，而依审判监督程序改判无罪的情况下才承担赔偿责任。被告人的行为已经构成犯

罪，只是量刑不当引起再审程序而改判的，原判决虽然错误，但不属于刑事赔偿的范围。第三，原判刑罚已经执行完毕或部分执行。原判刑罚尚未执行，被告人的人身自由未受到损害的，国家不承担赔偿责任。数罪并罚的案件经再审改判部分罪名不成立，监禁期限超出再审判决确定的刑期，公民对超期监禁申请国家赔偿的，应当决定予以赔偿。

（四）刑讯逼供或者以殴打、虐待等行为或者唆使、放纵他人以殴打、虐待等行为造成公民身体伤害或者死亡的

刑讯逼供是指司法机关工作人员在办理刑事案件过程中，对犯罪嫌疑人或被告人使用肉刑或变相肉刑逼取口供的行为。殴打、虐待等行为是指行使侦查、检察、审判职权的机关以及看守所、监狱管理机关及其工作人员在执行职务过程中，对犯罪嫌疑人、被告人、罪犯或者其他公民实施殴打、虐待等行为。刑事司法机关工作人员在执行职务过程中存在这些行为或者唆使、放纵他人有这样的行为，造成公民身体伤害或者死亡的，国家承担赔偿责任。

（五）违法使用武器、警械造成公民身体伤害或者死亡的

武器、警械是指枪支、警棍、手铐和其他警械。关于武器、警械的使用条件及其强度，《人民警察使用警械和武器条例》以及最高人民法院、最高人民检察院、公安部、国家安全部、司法部《关于人民警察执行职务中实行正当防卫的具体规定》等文件都作了明确而严格的规定。行使侦查、检察、审判职权的机关以及看守所、监狱管理机关的工作人员在执行职务过程中违反有关法律规定使用武器、警械造成公民身体伤害或者死亡的，国家应当予以赔偿。

二、侵犯财产权的赔偿范围

根据《国家赔偿法》第18条的规定，行使侦查、检察、审判职权的机关以及看守所、监狱管理机关及其工作人员在行使职权时，有下列侵犯财产权情形之一的，受害人有取得赔偿的权利。

（一）违法对财产采取查封、扣押、冻结、追缴等措施的

在刑事诉讼过程中，对财产采取查封、扣押、冻结、追缴等措施，是法律赋予公安司法机关的职权，其目的在于保证刑事诉讼活动的顺利进行。但同时，财产权是公民享有的基本权利，因此法律对限制公民财产权的措施规定了严格的条件和程序。例如，采取查封、扣押、冻结、追缴措施的机关必须具有该项职权；查封、扣押、冻结、追缴的对象，必须是与刑事案件有关的财物；必须符合法定程序；等等。违法对财产采取查封、扣押、冻结、追缴等措施包括行使侦查权、检察权、审判权的机关在刑事诉讼中查封、扣押、冻结了与案件无关的财物或存款，超出法定范围查封、扣押财物或冻结存款，追缴的财物不是犯罪分子的违法所得，而是其合法的收入等情形。这些行为造成公民、法人或者其他组织合法财产权损害的，国家应当承担赔偿责任。需要指出的是，国家机关及其工作人员违法采取查封、扣押、冻结、追缴措施，可能侵犯犯罪人的合法财产权，也可能侵害其他公民的合法财产权，只要公民合法财产权受到损害，国家就应承担赔偿责任。

（二）依照审判监督程序再审改判无罪，原判罚金、没收财产已经执行的

罚金和没收财产均是我国《刑法》中规定的附加刑的刑种。如果依照审判监督程序再审改判被告人无罪，则说明法院判处的罚金或者没收财产也是不正确的。此类国家刑事赔

偿的前提是案件经过审判监督程序，而且在审判监督程序中，生效的判决确定被告人无罪。如果在原判决中有罚金、没收财产的处罚，而且已经执行，那么，就应当退还罚金或没收的财产，并且国家还应赔偿公民、法人和其他组织因此所遭受的损失。

三、刑事赔偿的免责范围

在有些情形下，受害人的人身权或者财产权等合法权益虽然受到了侵犯，但由于某些原因或者法律规定，国家不承担赔偿责任，即存在国家赔偿责任的免除或者国家赔偿责任的例外。根据《国家赔偿法》第 19 条及有关司法解释的规定，我国刑事免责事项有以下几种情形。

(一) 因公民自己故意作虚伪供述，或者伪造其他有罪证据被羁押或者被判处刑罚的

这种情形是指公民在意志自由的情况下故意作虚假的有罪供述，或者伪造其他有罪证据而被刑事司法机关羁押或者判处刑罚。作虚假有罪供述或伪造其他有罪证据的目的，或者是使侦查、起诉、审判发生错误，或者是为他人承担罪责，使真正的犯罪人逃脱法律制裁。在这种情况下，司法机关的错误羁押或错误裁判行为完全是由当事人的故意伪证或故意诱导所造成，司法机关没有违法可言，不应承担任何责任。而且当事人的这种行为是一种扰乱国家司法机关正常工作秩序的行为，当然不应该对这种行为进行国家赔偿。

(二) 依照《刑法》第 17、18 条规定不负刑事责任的人被羁押的

依照《刑法》第 17 条的规定，不满 12 周岁的人犯罪，或者已满 12 周岁不满 14 周岁的人实施了除故意杀人、故意伤害罪，致人死亡或者以特别残忍手段致人重伤造成严重残疾，情节恶劣，经最高人民检察院核准追诉的以外的犯罪或者已满 14 周岁不满 16 周岁的人实施了除故意杀人、故意伤害致人重伤或者死亡、强奸、抢劫、贩卖毒品、放火、爆炸、投放危险物质罪以外的犯罪行为的，都不负刑事责任。《刑法》第 18 条规定，精神病人在不能辨认或者不能控制自己行为的时候造成危害结果，经法定程序鉴定确认的，不负刑事责任。这种情况下，这些人本身有犯罪行为，不追究行为人的刑事责任是由于他们或者没有达到刑事责任年龄，或者因精神有缺陷不具备刑事责任能力。司法机关在刑事诉讼过程中对他们羁押并没有错误，是法律出于人道主义的考虑豁免了他们的刑事责任，而最终对其予以释放。

(三) 依照《刑事诉讼法》第 16 条、第 177 条第 2 款、第 284 条第 2 款、第 290 条规定不追究刑事责任的人被羁押的

有《刑事诉讼法》第 16 条规定情形的，即情节显著轻微，危害不大，不认为是犯罪的；犯罪已过追诉时效的；经特赦令免除刑罚的；依照刑法规定告诉才处理，没有告诉或撤回告诉的；犯罪嫌疑人、被告人死亡的；其他法律规定免予追究刑事责任的，不追究刑事责任，已经追究的，应当撤销案件，或者不起诉，或者终止审理，或者宣告无罪。符合这样条件的人曾被羁押的，国家不予赔偿。其理由在于，这种羁押是司法机关依法进行的，无错误可言。一方面，司法机关必须进行审查才能发现是否属于这些情况；另一方面，其中有些情形并不是一开始就出现的，例如被告人死亡、告诉人撤诉等，是在诉讼过程中发生的，国家先前对犯罪嫌疑人、被告人的羁押并没有错误，国家对此种羁押不予赔偿是合理的。

检察机关根据《刑事诉讼法》第 177 条第 2 款规定作出不起诉决定的，即检察机关对

于犯罪情节轻微，依照《刑法》规定不需要判处刑罚或者免除刑罚的人作出不起诉决定，被不起诉人曾被羁押的，国家不予赔偿。其理由在于，被不起诉人的行为在事实上已经构成了犯罪，只是犯罪情节轻微，基于刑罚功能和刑事诉讼目的的考量，对其不需要判处刑罚或者可以免除刑罚，因而国家先前对其的羁押没有错误，不属于国家赔偿的情形。

根据《刑事诉讼法》第 284 条第 2 款的规定，被附条件不起诉的未成年犯罪嫌疑人，在考验期内没有违反法律规定的情形，考验期满的，人民检察院应当作出不起诉的决定。被附条件不起诉的未成年人曾被羁押的，国家不予赔偿。其理由在于，附条件不起诉是对未成年犯罪嫌疑人适用的一种特殊措施，这类案件本来符合起诉条件，但基于未成年犯罪嫌疑人有悔罪表现，为了更好地贯彻对未成年犯罪人教育、感化、挽救方针而对其做不起诉处理，因而不属于国家赔偿情形。

根据《刑事诉讼法》第 290 条的规定，达成和解协议的案件，犯罪情节轻微，不需要判处刑罚的，人民检察院可以作出不起诉的决定。被不起诉人曾被羁押的，国家不予赔偿。其理由在于，犯罪嫌疑人的行为在事实上已经构成犯罪，只是因为达成刑事和解，犯罪嫌疑人认罪悔罪，取得被害人谅解，加之犯罪情节轻微，不需要判处刑罚，检察机关作出从轻处理。国家机关不存在过错，不属于国家赔偿的情形。

（四）行使侦查、检察、审判职权的机关以及看守所、监狱管理机关的工作人员与行使职权无关的个人行为

国家司法机关行使侦查、检察、审判、监狱管理职权必须通过其工作人员来实施。行使国家职权的行为，无论其正确与否，都是代表国家实施的，因而均应由国家承担后果。司法机关工作人员行使与职权无关的个人行为，无论正确与否，都是个人意志的体现，应当由个人承担后果。刑事赔偿在本质上是国家责任，因此，这种责任的承担，必须是国家行为引起的，个人行为不能引起国家赔偿责任。

（五）公民自伤、自残等故意行为致使损害发生的

所谓自伤、自残等故意行为，是指公民故意对自己的身体实施伤害，导致损害发生或者扩大的行为。若公民的身体受到损害是公民自己的自伤、自残等故意行为造成的，由于这种损害的发生直接由公民自己的故意行为所致，与国家司法机关的职权行为没有因果联系，或者说没有直接因果联系，因此，国家不承担赔偿责任。

（六）法律规定的其他情形

这是一个概括性条款，即除《国家赔偿法》规定的刑事赔偿免责事由外，其他法律规定免除国家赔偿的事项也不属于刑事赔偿范围。

第三节　刑事赔偿的程序

一、刑事赔偿请求人和刑事赔偿义务机关

（一）刑事赔偿请求人

刑事赔偿请求人，是指在刑事诉讼中因为行使侦查、检察、审判职权的机关以及看守

所、监狱管理机关及其工作人员在行使职权时侵犯其人身权或财产权，所以依照法律规定有权提起刑事赔偿请求的人，包括公民、法人和其他组织。《国家赔偿法》第 6 条规定："受害的公民、法人和其他组织有权要求赔偿。受害的公民死亡，其继承人和其他有扶养关系的亲属有权要求赔偿。受害的法人或者其他组织终止的，其权利承受人有权要求赔偿。"根据此条规定，刑事赔偿请求人的范围如下。

1. 受害的公民本人有权要求得到赔偿。如果受害的公民为无民事行为能力或者限制民事行为能力人，由其法定代理人或者监护人代为行使赔偿请求权。

2. 受害公民死亡的，其继承人和其他有抚养关系的亲属有权要求得到赔偿。

3. 受害的法人和其他组织有权要求得到赔偿。

4. 受害的法人或者其他组织终止的，其权利承受人有权要求得到赔偿。

（二）刑事赔偿义务机关

刑事赔偿义务机关是指接受刑事赔偿请求人的赔偿请求，承担赔偿责任的国家机关。通常情况下，刑事赔偿义务机关与侵权行为机关是一致的，即哪个机关及其工作人员行使职权造成侵权损害的，哪个机关即为刑事赔偿义务机关。《国家赔偿法》第 21 条第 1 款规定："行使侦查、检察、审判职权的机关以及看守所、监狱管理机关及其工作人员在行使职权时侵犯公民、法人和其他组织的合法权益造成损害的，该机关为赔偿义务机关。"这是确定刑事赔偿义务机关的一般原则，体现了谁侵权、谁承担赔偿义务的精神。这样规定有利于刑事司法机关及时发现并纠正工作中存在的问题；同时也便于受害人行使赔偿请求权，以维护其合法权益。具体来说，刑事赔偿义务机关按下列原则予以确定。

1. 作出拘留决定的机关为赔偿义务机关。

《国家赔偿法》第 21 条第 2 款规定："对公民采取拘留措施，依照本法的规定应当给予国家赔偿的，作出拘留决定的机关为赔偿义务机关。"依照我国有关法律、法规的规定，有权在侦查犯罪过程中作出刑事拘留决定的机关分别是公安机关、国家安全机关、军队保卫部门、监狱、中国海警局以及人民检察院。违反《刑事诉讼法》的规定对公民采取拘留措施，或者拘留时间超过《刑事诉讼法》规定时限，其后决定撤销案件、不起诉或者判决宣告无罪终止追究刑事责任的，作出拘留决定的机关为赔偿义务机关。

2. 作出逮捕决定的机关为赔偿义务机关。

《国家赔偿法》第 21 条第 3 款规定："对公民采取逮捕措施后决定撤销案件、不起诉或者判决宣告无罪的，作出逮捕决定的机关为赔偿义务机关。"在我国，有权作出逮捕决定的机关只有人民检察院和人民法院。如果逮捕是由人民法院决定的，人民法院是赔偿义务机关；如果逮捕是由人民检察院批准或者决定的，人民检察院为赔偿义务机关。对公民采取拘留措施后又采取逮捕措施，国家承担赔偿责任的，作出逮捕决定的机关为赔偿义务机关。

3. 作出原生效判决的人民法院或者作出一审判决的人民法院为赔偿义务机关。

《国家赔偿法》第 21 条第 4 款规定："再审改判无罪的，作出原生效判决的人民法院为赔偿义务机关。二审改判无罪，以及二审发回重审后作无罪处理的，作出一审有罪判决的人民法院为赔偿义务机关。"刑罚只能由人民法院的判决作出，因此错误判处刑罚的，行使该审判权的人民法院负有赔偿义务。具体而言，原一审人民法院作出判决后，被告人没有上诉、人民检察院也没有抗诉，判决发生法律效力的，经再审改判无罪后，原一审人民法院为赔偿义务机关；被告人上诉或者人民检察院抗诉，原二审人民法院维持一审有罪判决或者维持有罪认定但对一审人民法院判处刑罚予以改判发生法律效力的，原二审人民法院为赔偿义务机关；二审改判无罪，以及二审发回重审后作无罪处理的，作出一审判决的人民法院为赔偿义务机关。

4. 看守所的主管机关为赔偿义务机关。

《关于办理刑事赔偿案件适用法律若干问题的解释》第 10 条规定："看守所及其工作人员在行使职权时侵犯公民合法权益造成损害的，看守所的主管机关为赔偿义务机关。"在我国，看守所是羁押依法被逮捕、刑事拘留的犯罪嫌疑人的机关。被判处有期徒刑的罪犯，在被交付执行前，剩余刑期在 3 个月以下的，由看守所代为执行。犯罪嫌疑人、被判刑人在看守所被羁押期间，看守所及其工作人员行使职权侵犯其合法权益造成损害的，看守所的主管机关为赔偿义务机关。

二、刑事赔偿程序

刑事赔偿程序是国家司法机关依法解决刑事赔偿案件的步骤和方法。《国家赔偿法》除规定了刑事赔偿的范围和主体外，还规定了相应的赔偿程序。

（一）刑事赔偿请求的提起

根据《国家赔偿法》第 22 条的规定，赔偿请求人要求赔偿，应当先向赔偿义务机关提出。赔偿请求人根据受到的不同损害，可以同时提出数项赔偿要求。

赔偿请求人要求赔偿义务机关赔偿应当递交申请书。赔偿请求人书写申请书有困难的，可以委托他人代书；也可以口头申请，由赔偿义务机关记入笔录。赔偿请求人不是受害者本人的，应当说明与受害人的关系，并提供相应证明。申请书应当载明下列事项：（1）受害者的姓名、性别、年龄、工作单位和住所，法人或者其他组织的名称、住所和法定代表人或者主要负责人的姓名、职务；（2）具体的要求、事实根据和理由；（3）申请的年、月、日。

根据《国家赔偿法》第 39 条的规定，刑事赔偿请求人请求国家赔偿的时效为 2 年，自其知道或者应当知道国家机关及其工作人员行使职权时的行为侵犯其人身权、财产权之日起计算，但被羁押等限制人身自由期间不计算在内。

（二）赔偿义务机关对刑事赔偿请求的处理

根据《国家赔偿法》第 23 条的规定，赔偿义务机关应当自收到申请之日起 2 个月内，作出是否赔偿的决定。赔偿义务机关作出赔偿决定，应当充分听取赔偿请求人的意见，并可以与赔偿请求人就赔偿方式、赔偿项目和赔偿数额依照相关规定进行协商。赔偿义务机关决定赔偿的，应当制作赔偿决定书，并自作出决定之日起 10 日内送达赔偿请求人。赔偿义务机关决定不予赔偿的，应当自作出决定之日起 10 日内书面通知赔偿请求人，并说明不予赔偿的理由。

（三）刑事赔偿的复议

刑事赔偿的复议，是指刑事赔偿请求人向赔偿义务机关提出赔偿请求后，赔偿义务机关在规定期限内未作出是否赔偿的决定，决定不予赔偿或者赔偿请求人对赔偿的方式、项目、数额有异议时，赔偿请求人向赔偿义务机关的上一级机关提出复议申请，由复议机关对赔偿争议作出决定。

1. 刑事赔偿复议程序的提起。

赔偿义务机关是公安机关、国家安全机关、检察机关和监狱管理机关的，刑事赔偿请求人可以向赔偿义务机关的上一级机关申请复议。赔偿义务机关是人民法院的，赔偿请求人可以不申请复议，而直接向其上一级人民法院赔偿委员会申请作出赔偿决定。

根据《国家赔偿法》第24条的规定，赔偿请求人对赔偿义务机关在规定期限内未作出是否赔偿的决定，决定不予赔偿或者对赔偿的方式、项目、数额有异议的，可以自期限届满之日、赔偿义务机关作出赔偿或不予赔偿决定之日起30日内向其上一级机关申请复议。

根据《关于办理刑事赔偿案件适用法律若干问题的解释》第4条的规定，赔偿义务机关作出赔偿决定，应当依法告知赔偿请求人有权在30日内向赔偿义务机关的上一级机关申请复议。赔偿义务机关未依法告知，赔偿请求人收到赔偿决定之日起2年内提出复议申请的，复议机关应当受理。人民法院赔偿委员会处理赔偿申请，适用该规定。

2. 刑事赔偿复议机关的审查和决定。

复议机关受理复议申请后进行审查并作出复议决定。对于赔偿义务机关认定事实清楚，适用法律正确，赔偿方式、数额适当的，予以维持；对于认定事实错误、适用法律错误以及赔偿方式、数额不当的，予以变更；对于赔偿义务机关逾期未作出决定的，依法作出决定。

根据《国家赔偿法》第25条的规定，复议机关应当自收到申请之日起2个月内作出决定。

（四）人民法院赔偿委员会的决定

人民法院赔偿委员会的决定程序是指赔偿委员会根据刑事赔偿请求人的申请，对赔偿义务机关不予赔偿的，或者赔偿请求人对复议机关作出的赔偿处理决定不服的刑事赔偿案件进行审理并作出决定的一种刑事赔偿程序。这是解决刑事赔偿的最终程序。根据《国家赔偿法》第29条的规定，中级以上的人民法院设立赔偿委员会，由人民法院3名以上审判员组成，组成人员的人数应当为单数。

1. 人民法院赔偿委员会决定程序的提起。

根据《国家赔偿法》第24、25条的规定，赔偿请求人不服复议决定的，可以在收到复议决定之日起30日内向复议机关所在地的同级人民法院赔偿委员会申请作出赔偿决定；复议机关逾期不作决定的，赔偿请求人可以自期间届满之日起30日内向复议机关所在地的同级人民法院赔偿委员会申请作出赔偿决定。人民法院作为赔偿义务机关逾期不予赔偿或刑事赔偿请求人对赔偿事项有异议的，赔偿请求人可以自期间届满之日起30日内向其上一级人民法院赔偿委员会申请作出赔偿决定。

2. 人民法院赔偿委员会的审查和决定。

人民法院赔偿委员会处理赔偿请求，赔偿请求人和赔偿义务机关对自己提出的主张，应当提供证据。被羁押人在羁押期间死亡或者丧失行为能力的，对于赔偿义务机关的行为与被羁押人的死亡或者丧失行为能力是否存在因果关系，赔偿义务机关应当提供证据。

人民法院赔偿委员会处理赔偿请求，采取书面审查的办法；必要时，可以向有关单位和人员调查情况、收集证据。赔偿请求人与赔偿义务机关对损害事实及因果关系有争议的，赔偿委员会可以听取赔偿请求人和赔偿义务机关的陈述和申辩，并可以进行质证。

赔偿委员会讨论案件，实行少数服从多数的原则。

赔偿委员会审理的案件，应当分别根据下列情形作出决定：（1）赔偿义务机关的决定或者复议机关的复议决定认定事实清楚，适用法律正确的，依法予以维持；（2）赔偿义务机关的决定、复议机关的复议决定认定事实清楚，但适用法律错误的，依法重新决定；（3）赔偿义务机关的决定、复议机关的复议决定认定事实不清、证据不足的，查清事实后依法重新决定；（4）赔偿义务机关、复议机关逾期未作决定的，查清事实后依法作出决定。

赔偿委员会对赔偿案件作出决定后，应当制作决定书。赔偿委员会的决定，一经作出，即发生法律效力，必须执行。赔偿义务机关应当按照赔偿委员会的决定及时赔偿。

人民法院赔偿委员会应当自收到赔偿申请之日起3个月内作出决定；属于疑难、复杂、重大案件的，经本院院长批准，可以延长3个月。

3. 对人民法院赔偿委员会决定的救济。

赔偿请求人或者赔偿义务机关对赔偿委员会作出的决定，认为确有错误的，可以向上一级人民法院赔偿委员会提出申诉。

赔偿委员会作出的赔偿决定生效后，如发现赔偿决定违反《国家赔偿法》规定的，经本院院长决定或者上级人民法院指令，赔偿委员会应当在2个月内重新审查并依法作出决定，上一级人民法院赔偿委员会也可以直接审查并作出决定。

最高人民检察院对各级人民法院赔偿委员会作出的决定，上级人民检察院对下级人民法院赔偿委员会作出的决定，发现违反《国家赔偿法》规定的，应当向同级人民法院赔偿委员会提出意见，同级人民法院赔偿委员会应当在2个月内重新审查并依法作出决定。

（五）刑事追偿

刑事追偿是指刑事赔偿义务机关向刑事赔偿请求人支付赔偿费用后，依法责令行使国家侦查、检察、审判职权的国家机关工作人员以及看守所、监狱管理机关工作人员承担全部或部分赔偿费用的法律制度。刑事追偿制度的确立，有利于督促刑事司法工作人员严格执行法律，增强责任感和负责精神；同时，防止其滥用权力，减少对公民合法权益的损害。

并不是对一切造成国家赔偿责任的刑事司法人员都要进行刑事追偿，我国的刑事追偿范围是有限的，只对刑事司法人员在行使职权时有故意或重大过失行为造成损害的行使追偿权。根据《国家赔偿法》第31条的规定，刑事赔偿义务机关赔偿后，应当向有下列情形之一的工作人员追偿部分或全部赔偿费用：（1）刑事司法机关工作人员在行使职权时，刑讯逼供或者以殴打、虐待等行为或者唆使、放纵他人以殴打、虐待等行为造成公民身体伤害或者死亡的。（2）刑事司法机关工作人员在行使职权时，违法使用武器、警械造成公民身体伤害或者死亡的。（3）刑事司法机关工作人员在处理案件中有贪污受贿、徇私舞弊、枉法裁判行为的。

三、刑事赔偿方式和计算标准

（一）刑事赔偿方式

刑事赔偿方式是指国家对刑事司法机关及其工作人员行使职权行为承担赔偿责任的具体方式。《国家赔偿法》第32条规定，国家赔偿以支付赔偿金为主要方式。能够返还财产或者恢复原状的，予以返还财产或者恢复原状。根据这一规定，刑事赔偿的方式主要有以下几种。

1. 支付赔偿金。支付赔偿金是指刑事赔偿义务机关以支付货币的形式向受害人履行赔偿义务。支付赔偿金是我国国家赔偿中的主要方式，这是由金钱赔偿方式的特点所决定的，支付赔偿金适用范围广泛，而且支付赔偿金便于实施。支付赔偿金适用于对人身造成损害的赔偿以及大部分对财产造成损害的赔偿。

2. 返还财产。返还财产是指刑事赔偿义务机关将违法占有的财产返还给受害人的赔偿方式。返还财产只适用于物质损害，而且以原财产存在为前提。在刑事诉讼中，判处罚金、没收财产的情形应当返还财产。

3. 恢复原状。恢复原状是指刑事赔偿义务机关对因侵权行为而受到侵害的财产进行修复，使之恢复到未受损害时的原本状态的赔偿方式。在刑事诉讼中主要是指查封、扣押、冻结财产的，解除对财产的查封、扣押、冻结，造成财产损坏的，能够恢复原状的也应当恢复原状。恢复原状的赔偿方式以受到损害的财产能够恢复原状为条件。

4. 其他方式。刑事赔偿除支付赔偿金、返还财产和恢复原状以外，还有为受害人消除影响、恢复名誉和赔礼道歉；造成严重后果的，应当支付相应的精神损害抚慰金。这主要适用于刑事司法机关行使职权侵犯公民人身权的情形。其中有关精神损害抚慰金的规定，实现了我国国家赔偿中精神损害赔偿制度的重大发展。人民法院赔偿委员会适用精神损害赔偿条款，以公民的人身权益遭受侵犯为前提条件，并符合以下责任构成要件：行使侦查、检察、审判职权的机关以及看守所、监狱管理机关及其工作人员在行使职权时有《国家赔偿法》第 17 条规定的侵权行为；致人精神损害；侵权行为与精神损害事实及后果之间存在因果关系。根据最高人民法院《关于人民法院赔偿委员会审理国家赔偿案件适用精神损害赔偿若干问题的意见》的规定，侵权行为致人精神损害但未造成严重后果的，人民法院赔偿委员会应当根据案件具体情况决定由赔偿义务机关为受害人消除影响、恢复名誉或者向其赔礼道歉。侵权行为致人精神损害且造成严重后果的，人民法院赔偿委员会除依照前述规定决定由赔偿义务机关为受害人消除影响、恢复名誉或者向其赔礼道歉外，还应当决定由赔偿义务机关支付相应的精神损害抚慰金。

刑事赔偿义务机关进行赔偿时，应根据受害人受到损害的情况，或采用一种赔偿方式，或采用两种或多种赔偿方式。

（二）计算标准

刑事赔偿的计算标准是指刑事赔偿义务机关赔偿受害人支付赔偿金时的适用标准。不同的刑事赔偿事项，计算标准不同。

1. 人身权损害赔偿的计算标准。

（1）人身自由权损害赔偿的计算标准。

人身自由权受到损害的赔偿计算标准是按日支付赔偿金，每日的赔偿金按照国家上年度职工日平均工资计算。

（2）生命健康权损害赔偿的计算标准。

第一，造成身体一般伤害的，应当支付医疗费、护理费，以及赔偿因误工减少的收入。减少的收入每日的赔偿金按照国家上年度职工日平均工资计算，最高额为国家上年度职工年平均工资的 5 倍。

第二，造成部分或者全部丧失劳动能力的，应当支付医疗费、护理费、残疾生活辅助具费、康复费等因残疾而增加的必要支出和继续治疗所必需的费用，以及残疾赔偿金。残疾赔偿金根据丧失劳动能力的程度，按照国家规定的伤残等级确定，最高不超过国家上年度职工年平均工资的 20 倍。造成全部丧失劳动能力的，对其扶养的无劳动能力的人，还应当支付生活费。

第三，造成死亡的，应当支付死亡赔偿金、丧葬费，总额为国家上年度职工年平均工资的 20 倍。对死者生前扶养的无劳动能力的人，还应当支付生活费。

被扶养的人是未成年人的，生活费给付至18周岁止；其他无劳动能力的人，生活费给付至死亡时止。

（3）精神损害赔偿的计算标准。

刑事司法机关及其工作人员行使职权侵犯公民人身权，且行使职权行为造成严重后果的，应当支付相应的精神损害抚慰金。根据最高人民法院《关于审理国家赔偿案件确定精神损害赔偿责任适用法律若干问题的解释》第8条规定，致人精神损害，造成严重后果的，精神损害抚慰金一般应当在《国家赔偿法》第33条、第34条规定的人身自由赔偿金、生命健康赔偿金总额的50%以下（包括本数）酌定；后果特别严重的，虽然不能被认定为后果特别严重，但是确有证据证明前述标准不足以抚慰的，可以在50%以上酌定。精神损害抚慰金的具体数额，应当在兼顾社会发展整体水平的同时，参考下列因素合理确定：精神受到损害以及造成严重后果的情况；侵权行为的目的、手段、方式等具体情节；侵权机关及其工作人员的违法、过错程度、原因力比例；原错判罪名、刑罚轻重、羁押时间；受害人的职业、影响范围；纠错的事由以及过程；其他应当考虑的因素。

2. 财产权损害赔偿的计算标准。

（1）查封、扣押、冻结的财产，已经损坏且又不能恢复原状的，按照损害程度给付相应的赔偿金；查封、扣押、冻结的财产已经灭失的，给付相应的赔偿金。

（2）应当返还的财产已经损坏且又不能恢复原状的，按照损害程度给付相应的赔偿金；应当返还的财产灭失的，给付相应的赔偿金。

（3）财产已经拍卖或者变卖的，给付拍卖或者变卖所得的价款，变卖的价款明显低于财产价值的，应当支付相应的赔偿金。

（4）吊销许可证和执照、责令停产停业的，赔偿停产停业期间必要的经常性费用开支。

（5）返还执行的罚款或者罚金、追缴或者没收的金钱，解除冻结的存款或者汇款的，应当支付银行同期存款利息。

（6）对财产权造成其他损害的，按照直接损失给予赔偿。

【问题与思考】

1. 什么是刑事赔偿？刑事赔偿的构成要件有哪些？
2. 刑事赔偿的范围有哪些？精神损害列入刑事赔偿范围有何意义？
3. 刑事赔偿请求人和刑事赔偿义务机关如何确定？
4. 刑事赔偿要经过哪些程序？
5. 刑事赔偿的方式和计算标准如何确定？

【推荐参考论著】

1. 何君，唐明，赵振屏．刑事赔偿原理与实务．北京：法律出版社，2018.
2. 上官丕亮．国家赔偿法研究述评．北京：法律出版社，2017.
3. 胡锦光，余凌云，吴鹏．国家赔偿法．3版．北京：中国人民大学出版社，2017.
4. 沈岿．国家赔偿法：原理与案例．2版．北京：北京大学出版社，2017.
5. 皮纯协，冯军．国家赔偿法释论．3版．北京：中国法制出版社，2010.
6. 马怀德．国家赔偿法律问题研究．北京：法律出版社，2006.
7. 杨小君．国家赔偿法律问题研究．北京：北京大学出版社，2005.

第二十七章
涉外刑事诉讼程序与刑事司法协助

内容导读

本章分为两个部分：一是涉外刑事诉讼程序，包括涉外刑事诉讼程序的概念、特点及立法、涉外刑事诉讼的特有原则、涉外刑事案件的诉讼程序。二是刑事司法协助，包括刑事司法协助的概念、立法、机关、内容和基本程序。

第一节　涉外刑事诉讼程序与刑事司法协助概述

一、涉外刑事诉讼程序的概念及特点

涉外刑事诉讼程序，是指公安司法机关依法办理具有涉外因素的刑事案件时所适用的诉讼程序。

涉外刑事诉讼与一般刑事诉讼的不同之处在于其具有的“涉外因素”。这里所说的“涉外因素”，主要是指刑事诉讼当事人涉及外国人，或者刑事案件发生在国外。

根据最高人民法院《解释》第 475 条的规定，涉外刑事案件是指以下四类案件：（1）在中华人民共和国领域内，外国人犯罪或者我国公民对外国、外国人犯罪的案件；（2）符合《刑法》第 7 条、第 10 条规定情形的我国公民在中华人民共和国领域外犯罪的案件；（3）符合《刑法》第 8 条、第 10 条规定情形的外国人犯罪的案件；（4）符合《刑法》第 9 条规定情形的中华人民共和国在所承担国际条约义务范围内行使管辖权的案件。

“中华人民共和国领域内”，是指在我国的领土（领陆、领空、领水）和我国的船舶、航空器之内。

“外国人”，是指不具有中国国籍的人，包括拥有外国国籍的人及无国籍人。但享有外交特权和豁免权的外国人的刑事责任通过外交途径解决。“外国人犯罪”，除自然人犯罪外，还包括外国法人或者组织的单位犯罪。

根据《刑事诉讼法》的规定，第一审涉外刑事案件原则上由基层人民法院管辖。最高人民法院《解释》第476条规定："第一审涉外刑事案件，除刑事诉讼法第二十一条至第二十三条规定的以外，由基层人民法院管辖。必要时，中级人民法院可以指定辖区内若干基层人民法院集中管辖第一审涉外刑事案件，也可以依照刑事诉讼法第二十四条的规定，审理基层人民法院管辖的第一审涉外刑事案件。"据此，除可能判处无期徒刑、死刑，或者案件是全省（自治区、直辖市）性，甚至全国性的重大涉外刑事案件的第一审，依法应由中级以上人民法院管辖以外，第一审涉外刑事案件原则上应由基层人民法院管辖。对于相对复杂、敏感的涉外刑事案件，中级人民法院可以根据辖区内基层人民法院的审判能力和经验等，指定若干基层人民法院集中管辖第一审涉外刑事案件。必要时，中级人民法院也可以依照《刑事诉讼法》第24条的规定，向基层人民法院下达改变管辖决定书，直接审理基层人民法院管辖的第一审涉外刑事案件。

第一审涉外刑事案件的管辖经历了由中级人民法院管辖逐步改革为由基层人民法院管辖的过程。1979年《刑事诉讼法》第15条规定，外国人犯罪或者我国公民侵犯外国人合法权利的第一审刑事案件由中级人民法院管辖。1996年《刑事诉讼法》修改为外国人犯罪的第一审刑事案件由中级人民法院管辖；中国公民侵犯外国人合法权益的刑事案件原则上由基层人民法院审理。2012年修改后的《刑事诉讼法》删除了对于外国人犯罪的刑事案件由中级人民法院作为第一审法院进行审理的规定。自此，外国人犯罪与本国公民犯罪适用同样的审级制度与程序，从而与国际条约的一般原则保持一致。该立法的发展过程直接反映了社会的发展进程。1979年制定《刑事诉讼法》时，来华的外国人还很少，涉外刑事案件则更少，加之观念上对涉外刑事案件比较重视，以及考虑到基层法院审判人员的司法素质问题，因此规定涉外案件由中级法院管辖第一审。但是，随着改革开放和社会经济的发展，一方面，犯罪形势发生了较大变化；另一方面，司法人员素质得以提高，基层法院的审判能力进一步加强，可以保证审理质量。随着观念上的转变，最终促使2012年修改刑事诉讼法时删除了对外国人犯罪刑事案件管辖的特别规定。

由于公安司法机关办理涉外刑事案件，既涉及国家主权，也涉及国家的对外关系，因而涉外刑事诉讼除依据国内法以外，还要承担履行我国缔结或者参加的相关国际条约、协定所规定的义务。根据一般原则和国际惯例，当国内法同该国所缔结或者参加的国际条约的规定相冲突时，应当遵循国际条约优于国内法的原则，适用国际条约的有关规定。

在涉外刑事诉讼过程中，我国的司法机关可以和外国司法机关相互请求司法协助，包括引渡、代为送达司法文书、法律情报交换和代为调查取证等。关于刑事司法协助的内容将在本章第四节中予以概述。

二、涉外刑事诉讼程序的立法

在言及涉外刑事诉讼程序的立法之前，有必要先论述一下外国人在我国的法律地位。首先，在我国的宪法中，对于外国人合法权利的保护作了明确的规定。《宪法》第32条第1款规定："中华人民共和国保护在中国境内的外国人的合法权利和利益，在中国境内的外国人必须遵守中华人民共和国的法律。"其次，我国《出境入境管理法》第3条第2款规定："在中国境内的外国人的合法权益受法律保护。在中国境内的外国人应当遵守中国法律，不得危害中国国家安全、损害社会公共利益、破坏社会公共秩序。"由此可见，我国的法律明文规定了对外国人的合法权利和利益的保护，同时要求在我国境内的外国人也要遵守我国的法律。

涉外刑事诉讼程序在我国没有自成体系、相对独立的立法，而是在《刑事诉讼法》中有原则性的规定。同时，为了适应司法实践中办理涉外刑事案件的需要，使涉外刑事诉讼有法可依，我国通过发布规定、司法解释以及缔结或者参加国际公约等方式，使涉外刑事诉讼程序逐步规范化、制度化。归纳起来，主要有以下四个方面。

（一）《刑事诉讼法》中的规定

《刑事诉讼法》第 17 条规定："对于外国人犯罪应当追究刑事责任的，适用本法的规定。对于享有外交特权和豁免权的外国人犯罪应当追究刑事责任的，通过外交途径解决。"由于《刑事诉讼法》中没有涉外刑事诉讼程序的特别规定，外国人在我国境内犯罪的诉讼程序，按照国际条约的一般原则，特别是国民待遇原则的规定，同我国公民犯罪适用的刑事诉讼程序相同，适用我国《刑事诉讼法》的规定。

《刑事诉讼法》第 18 条规定："根据中华人民共和国缔结或者参加的国际条约，或者按照互惠原则，我国司法机关和外国司法机关可以相互请求刑事司法协助。"

（二）《刑法》中的规定

《刑法》第一编"总则"中的第 6 条至第 11 条，对涉外刑事案件的法律适用及管辖权等作了原则上的规定。例如，《刑法》第 6 条规定了我国的犯罪管辖权，即"凡在中华人民共和国领域内犯罪的，除法律有特别规定的以外，都适用本法。凡在中华人民共和国船舶或者航空器内犯罪的，也适用本法。犯罪的行为或者结果有一项发生在中华人民共和国领域内的，就认为是在中华人民共和国领域内犯罪"。根据该条规定，外国人犯罪的涉外刑事案件适用我国《刑法》。

（三）我国其他有关涉外刑事诉讼的法规及司法解释等

1. 1981 年 6 月 19 日公安部、外交部、最高人民法院、最高人民检察院《关于处理会见在押外国籍案犯以及外国籍案犯与外界通信问题的通知》规定了会见外国籍案犯的原则、范围、规则及通信的规则等问题。

2. 1986 年 9 月 5 日通过并施行的《外交特权与豁免条例》规定了有关外交特权和豁免权的内容。

3. 1987 年 8 月 27 日外交部、最高人民法院、最高人民检察院、公安部、国家安全部、司法部《关于处理涉外案件若干问题的规定》规定了办理涉外案件的原则、通知外国驻华使领馆以及通知的时限、驻华使领馆要求探视被拘留或者逮捕的本国公民等问题。

4. 2000 年 12 月 28 日生效的《引渡法》集中、全面地通过特别法的形式规定了司法协助方面的引渡制度。

5. 2020 年 7 月 20 日通过的公安部《规定》第十二章规定了外国人犯罪案件的办理，第十三章规定了刑事司法协助和警务合作。

6. 2019 年 12 月 2 日通过的最高人民检察院《规则》第 294 条规定了对外国犯罪嫌疑人的逮捕批准程序，第十六章规定了刑事司法协助。

7. 2021 年 2 月 4 日发布的最高人民法院《解释》第二十章规定了涉外刑事案件的审理和刑事司法协助。

8. 其他散见于司法解释等中的规定。例如：2013 年 10 月 23 日最高人民法院、最高人民检察院、公安部、司法部发布的《关于依法惩治性侵害未成年人犯罪的意见》第 29 条规定了对于外国人实施强奸、猥亵未成年人等犯罪行为时的驱逐出境的适用，即“外国人在我国领域内实施强奸、猥亵未成年人等犯罪的，应当依法判处，在判处刑罚时，可以独立适用或者附加适用驱逐出境。对于尚不构成犯罪但构成违反治安管理行为的，或者因实施性侵害未成年人犯罪不适宜在中国境内继续停留居留的，公安机关可以依法适用限期出境或者驱逐出境”。

（四）我国缔结或者参加的国际条约

我国缔结、参加了诸多涉及刑事诉讼程序方面的国际条约，例如：

1. 1988年12月20日签署、1990年11月1日生效的《联合国禁止非法贩运麻醉品和精神药物公约》；

2. 1992年加入的《反对劫持人质国际公约》；

3. 2003年加入的《联合国打击跨国有组织犯罪公约》；

4. 1998年10月5日签署的《公民权利和政治权利国际公约》；

5. 2003年12月10日签署的《联合国反腐败公约》；等。

第二节　涉外刑事诉讼的特有原则

涉外刑事诉讼具有的涉外因素，决定了公安司法机关和诉讼参与人在涉外刑事诉讼中除必须遵循我国《刑事诉讼法》规定的一般刑事诉讼的基本原则外，还必须遵循涉外刑事诉讼的特有原则。现将其分述如下。

一、国家主权原则

国家主权原则又称为追究外国人犯罪适用中国法律的原则，是指公安机关、人民检察院和人民法院办理涉外刑事案件适用中国法律的原则。《刑法》第6条至第10条规定了在中华人民共和国领域内及领域外犯罪，需要依照中国刑法追究刑事责任的，均适用中国刑法。《刑事诉讼法》第17条规定了除享有外交特权和豁免权的外国人以外的外国人犯罪应当追究刑事责任的，适用《刑事诉讼法》。

国家主权是一个国家独立自主地处理对内和对外事务的最高权力。我国是一个主权独立的国家，作为国家主权的重要组成部分的司法权也理应独立。因此，我国公安机关、人民检察院和人民法院独立行使侦查权、检察权和审判权。在办理涉外刑事案件时，除我国法律有特别规定外，一律适用我国法律，不受任何外来势力的干涉和影响，不允许在我国境内存在治外法权及领事裁判权。

涉外刑事诉讼中的国家主权原则，主要表现在以下几个方面。

1. 外国人在我国境内进行刑事诉讼，一律适用我国的法律，依照我国法律规定的刑事诉讼程序进行刑事诉讼。

2. 依法应由我国管辖的涉外刑事案件，一律由我国的专门机关受理，外国的警察机关和司法机关无权管辖。

3. 未经我国人民法院承认的外国法院的刑事裁判，在我国境内不发生法律效力。只有经过我国人民法院按照我国《刑事诉讼法》以及我国缔结或者参加的有关国际条约、双边协定的规定予以承认的，方能在我国境内发生法律效力，进行委托办理或者协助执行。

二、诉讼权利平等原则

诉讼权利平等原则在国际上被称为“国民待遇原则”，是指外国人在我国参加刑事诉讼，与我国公民一样，享有我国法律规定的诉讼权利并承担相应的诉讼义务的原则。《刑事诉讼法》第14条规定的公安机关、人民检察院和人民法院应当保障诉讼参与人依法享有的诉讼权利，第17条规定的外国人犯罪适用我国《刑事诉讼法》，体现了诉讼权利平等的原则。同时，公安部《规定》第358条和最高人民法院《解释》第478条均明确规定了外国人犯罪嫌疑人、被告人在刑事诉讼中，享有我国法律规定的诉讼权利并承担相应的诉讼义务。

在国际关系中，我国一贯奉行独立自主的外交方针，坚持在“和平共处”五项原则的基础上发展与各国的友好关系。对于涉外刑事诉讼而言，具体地体现在国家保障外国当事人和其他诉讼参与人依照我国法律享有与我国公民平等的诉讼权利及承担相应的诉讼义务上，既不享有任何特权，也不受任何歧视或者不平等待遇。

三、恪守国际条约原则

恪守国际条约原则，是指公安司法机关在办理涉外刑事案件时，凡是我国缔结或者参加的国际条约中有规定的，除我国声明保留的条款外，都必须严格遵守的原则。相对于国家主权原则，恪守国际条约是我国在涉外刑事诉讼中所应承担的国际义务。

国际条约是主权国家之间订立的，以国际法为准则，确立权利义务关系的一种国际书面协议。按照订立的方式分为缔结和参加两种。按照条约的名称或者形式，一般包括条约、公约、宪章、盟约、协定及宣言等。按照缔约者的多少，通常分为双边条约和多边条约。在国际法上，有所谓的“条约必须遵守”原则，它是指条约生效后，各方必须按照条约的规定行使权利、履行义务，不得违反。

我国《刑事诉讼法》虽然对恪守国际条约原则没有进行明确规定，但是在1995年6月20日由外交部、最高人民法院、最高人民检察院、公安部、国家安全部、司法部联合颁布的《关于处理涉外案件若干问题的规定》中明确指出，涉外案件应依照我国法律规定办理，以维护我国主权。同时亦应恪守我国参加和签订的多边或双边条约的有关规定。当国内法以及某些内部规定同我国所承担的条约义务发生冲突时，应适用国际条约的有关规定。依照此原则，我国历来信守自己缔结或者参加的国际条约。

关于国内法与国际条约的关系问题，在法学理论上有三种主张：一是国内法优于国际条约；二是国际条约优于国内法；三是国内法与国际条约自成体系，不相统属。

对于贯彻恪守国际条约原则，世界各国大致采用两种方式：一是承认有关国际条约，即在国内立法中制定专门法律来实施国际条约的内容；二是在国内法中规定承认国际条约的原则，将该国际条约的内容变通为国内法，在本国领域内实施。我国《刑事诉讼法》对此没有明文规定。而对于该问题，我国《民事诉讼法》第260条作出了明确规定：“中华人民共和国缔结或者参加的国际条约同本法有不同规定的，适用该国际条约的规定，但中华人民共和国声明保留的条款除外。”《刑事诉讼法》亦应对此作出明文规定。

四、使用我国通用的语言文字进行诉讼原则

使用我国通用的语言文字进行诉讼原则，是指公安机关、人民检察院和人民法院在办理涉外刑事案件的过程中，应当使用我国通用的语言及文字，对于不通晓我国语言文字的外国籍犯罪嫌疑人、被告人以及其他外国籍诉讼参与人应当为其提供翻译的原则。

外国人参加刑事诉讼使用审判法院国家的语言文字，是世界各国公认的通行做法。公安部《规定》第362条规定，公安机关办理外国人犯罪案件，使用中华人民共和国通用的语言文字。犯罪嫌疑人不通晓我国语言文字的，公安机关应当为他翻译；犯罪嫌疑人通晓我国语言文字，不需要他人翻译的，应当出具书面声明。最高人民法院《解释》第484条规定：“人民法院审判涉外刑事案件，使用中华人民共和国通用的语言、文字，应当为外国籍当事人提供翻译。翻译人员应当在翻译文件上签名。人民法院的诉讼文书为中文本。外国籍当事人不通晓中文的，应当附有外文译本，译本不加盖人民法院印章，以中文本为准。外国籍当事人通晓中国语言、文字，拒绝他人翻译，或者不需要诉讼文书外文译本的，应当由本人出具书面声明。拒绝出具书面声明的，应当记录在案；必要时，应当录音录像。”

值得注意的是，有关翻译费用的问题。根据《公民权利和政治权利国际公约》第14条第3款的规定，在判定对被告人提出任何刑事指控时，“如他不懂或者不会说法庭上所用的语言，能免费获得译员的帮助”。这一规定，是对被刑事指控的人完全平等地有资格享受权利的最低限度的保证。

五、委托中国律师参加诉讼原则

委托中国律师参加诉讼原则，是指外国籍被告人委托律师辩护或者外国籍当事人委托律师代理诉讼的，只能委托中国律师的原则。公安部《规定》第369条规定：“外国籍犯罪嫌疑人委托辩护人的，应当委托在中华人民共和国的律师事务所执业的律师。”最高人民法院《解释》第485条第1款规定：“外国籍被告人委托律师辩护，或者外国籍附带民事诉讼原告人、自诉人委托律师代理诉讼的，应当委托具有中华人民共和国律师资格并依法取得执业证书的律师。”以上规定表明，外国律师不得在中国参加刑事诉讼活动，涉外刑事诉讼只能委托中国律师参加诉讼。

律师制度是国家司法制度的重要组成部分，一国的司法制度应当只能在本国领域内适用。因此，各国一般都不允许外国律师在本国执行律师职务和出庭参加诉讼活动。我国2002年1月1日施行的《外国律师事务所驻华代表机构管理条例》规定，代表机构及其代表不得从事中国法律事务。2002年9月1日施行的司法部《关于执行〈外国律师事务所驻华代表机构管理条例〉的规定》中进一步明确，以律师身份在中国境内参与诉讼活动应当认定为“中国法律事务”。也就是说，外国律师在我国不得以律师身份参与诉讼活动。

因此，外国律师即使依照我国《刑事诉讼法》第33条的规定作为“犯罪嫌疑人、被告人的监护人、亲友”得以参加诉讼，也只能作为一般的辩护人，不得以律师的名义或者身份出现，不享有中国法律赋予律师的权利。

第三节　涉外刑事案件的诉讼程序

办理涉外刑事案件，适用我国的《刑事诉讼法》，原则上与一般刑事案件在诉讼程序上不存在差异。但是，基于涉外刑事案件具有的“涉外因素”，使得涉外刑事诉讼也必然有一些特别的规定。根据我国《刑事诉讼法》和相关司法解释，以及我国缔结或者参加的国际条约中的相关具体规定，下面就其主要内容进行概述。

一、外国人的国籍确认

涉外刑事案件中犯罪嫌疑人、被告人或者被害人是外国人的，必须首先确认其国籍，以便确定诉讼程序的采用和法律的适用。

公安部《规定》第 359 条规定，外国籍犯罪嫌疑人的国籍，以其在入境时持用的有效证件予以确认；国籍不明的，由出入境管理部门协助予以查明。国籍确实无法查明的，以无国籍人对待。公安部《规定》第 360 条规定，确认外国籍犯罪嫌疑人身份，可以依照有关国际条约或者通过国际刑事警察组织、警务合作渠道办理。确实无法查明的，可以按其自报的姓名移送人民检察院审查起诉。最高人民法院《解释》第 477 条规定，外国人的国籍，根据其入境时持用的有效证件确认；国籍不明的，根据公安机关或者有关国家驻华使领馆出具的证明确认。国籍无法查明的，以无国籍人对待，适用涉外刑事案件的审理规定，在裁判文书中写明“国籍不明”。因此，外国人的国籍是以其进入我国国境时持用的有效证件的记载为准；国籍不明的，根据公安机关或者有关国家驻华使领馆出具的证明确认，国籍无法查明的，视为无国籍人，依然适用涉外刑事案件的相关规定，在裁判文书中写明“国籍不明”。

在司法实践中，犯罪嫌疑人、被告人以及被害人的国籍需要确认的，在被确认以前，可以适用《刑事诉讼法》规定的一般程序。一旦外国人国籍被确认，则要遵守涉外刑事诉讼的特别规定，及时将案件转入涉外刑事诉讼程序。此外，还应当注意以下几点。

1. 对外国籍犯罪嫌疑人、被告人通过海关进入我国境内，但其拥有两国甚至多国护照的，应当以其通关时所持的护照确认其国籍。未经海关偷越国（边）境的，以其所持真实有效的证件确认其国籍，必要时需与外国使领馆联系，根据外国使领馆出具的证明确认其国籍。

2. 根据《国籍法》第 3 条的规定，中华人民共和国不承认中国公民具有双重国籍。对中国公民取得外国国籍且未申请退出中国国籍的，应当根据《国籍法》第 9 条的规定确认其国籍。即中国公民必须同时具备定居国外，以及自愿加入或者取得外国国籍两个条件，才自动丧失中国国籍，如非同时具备，则不能认定其具有外国国籍，而仍应认定其属于中国公民。国家工作人员和现役军人不得退出中国国籍。

3. 港澳居民具有中国国籍，同时持有英国、葡萄牙等国护照的，依据全国人民代表大会常务委员会《关于〈中华人民共和国国籍法〉在香港特别行政区实施的几个问题的解释》

和《关于〈中华人民共和国国籍法〉在澳门特别行政区实施的几个问题的解释》等确认国籍。

二、涉外刑事诉讼的管辖

（一）立案管辖

依照公安部《规定》第363～365条的规定，对外国人犯罪的案件，分别由以下的公安机关管辖。

1. 外国人犯罪案件，由犯罪地的县级以上公安机关立案侦查。

2. 外国人犯中华人民共和国缔结或者参加的国际条约规定的罪行后进入我国领域内的，由该外国人被抓获地的设区的市一级以上公安机关立案侦查。

3. 外国人在中华人民共和国领域外对中华人民共和国国家或者公民犯罪，应当受刑罚处罚的，由该外国人入境地或者入境后居住地的县级以上公安机关立案侦查；该外国人未入境的，由被害人居住地的县级以上公安机关立案侦查；没有被害人或者是对中华人民共和国国家犯罪的，由公安部指定管辖。

（二）审判管辖

2012年《刑事诉讼法》删除了对外国人犯罪的第一审刑事案件由中级人民法院管辖的规定。第一审涉外刑事案件除可能判处无期徒刑、死刑，或者案件是全省（自治区、直辖市）性，甚至全国性的重大刑事案件，依法应由中级以上人民法院管辖以外，原则上与本国公民犯罪同样，由基层人民法院管辖。最高人民法院《解释》第12条规定：“对中华人民共和国缔结或者参加的国际条约所规定的罪行，中华人民共和国在所承担条约义务的范围内行使刑事管辖权的，由被告人被抓获地、登陆地或者入境地的人民法院管辖。”

此外，必要时，中级人民法院也可以依照《刑事诉讼法》第24条的规定，向基层人民法院下达改变管辖决定书，直接审理基层人民法院管辖的第一审涉外刑事案件。

三、涉外刑事诉讼中的强制措施的适用

为了保障刑事诉讼活动的顺利进行，公安机关、人民检察院和人民法院在办理涉外刑事案件过程中，可以依法对外国籍犯罪嫌疑人、被告人采取强制措施。公安部《规定》、最高人民检察院《规则》和最高人民法院《解释》均对此作出了具体的规定。

对外国籍犯罪嫌疑人依法作出取保候审、监视居住决定或者执行拘留、逮捕后，应当在48小时以内层报省级公安机关，同时通报同级人民政府外事办公室。重大涉外案件应当在48小时以内层报公安部，同时通报同级人民政府外事办公室。

对外国籍犯罪嫌疑人依法作出取保候审、监视居住决定或者执行拘留、逮捕后，由省级公安机关根据有关规定，将外国人的姓名、性别、入境时间、护照或者证件号码及案件发生的时间、地点，涉嫌犯罪的主要事实，已采取的强制措施及其法律依据等，通知该外国人所属国家的驻华使馆、领事馆，同时报告公安部。经省级公安机关批准，领事通报任务较重的副省级城市公安局可以直接行使领事通报职能。外国人在公安机关侦查或者执行刑罚期间死亡的，有关省级公安机关应当通知该外国人国籍国的驻华使馆、领事馆，同时报告公安部。未在华设立使馆、领事馆的国家，可以通知其代管国家的驻华使馆、领事馆；

无代管国家或者代管国家不明的，可以不予通知。

公安机关侦查终结前，外国驻华外交、领事官员要求探视被监视居住、拘留、逮捕或者正在看守所服刑的本国公民的，应当及时安排有关探视事宜。犯罪嫌疑人拒绝其国籍国驻华外交、领事官员探视的，公安机关可以不予安排，但应当由其本人提出书面声明。同时，在公安机关侦查羁押期间，经公安机关批准，外国籍犯罪嫌疑人可以与其近亲属、监护人会见，与外界通信。

外国人、无国籍人涉嫌危害国家安全犯罪的案件或者涉及国与国之间政治、外交关系的案件以及在适用法律上确有疑难的案件，需要逮捕犯罪嫌疑人的，按照《刑事诉讼法》关于管辖的规定，分别由基层人民检察院或者设区的市级人民检察院审查并提出意见，层报最高人民检察院审查。最高人民检察院认为需要逮捕的，经征求外交部的意见后，作出批准逮捕的批复；认为不需要逮捕的，作出不批准逮捕的批复。基层人民检察院或者设区的市级人民检察院根据最高人民检察院的批复，依法作出批准或者不批准逮捕的决定。层报过程中，上级人民检察院认为不需要逮捕的，应当作出不批准逮捕的批复，报送的人民检察院根据批复依法作出不批准逮捕的决定。基层人民检察院或者设区的市级人民检察院认为不需要逮捕的，可以直接依法作出不批准逮捕的决定。外国人、无国籍人涉嫌其他犯罪案件，决定批准逮捕的人民检察院应当在作出批准逮捕决定后 48 小时以内报上一级人民检察院备案，同时向同级人民政府外事部门通报。上一级人民检察院经审查发现批准逮捕决定错误的，应当依法及时纠正。

对涉外刑事案件的被告人，可以决定限制出境；对开庭审理案件时必须到庭的证人，可以要求暂缓出境。作出限制出境的决定，应当通报同级公安机关或者国家安全机关；限制外国人出境的，应当同时通报同级人民政府外事主管部门和当事人国籍国驻华使领馆。

人民法院决定限制外国人和中国公民出境的，应当书面通知被限制出境的人在案件审理终结前不得离境，并可以采取扣留护照或者其他出入境证件的办法限制其出境；扣留证件的，应当履行必要手续，并发给本人扣留证件的证明。

需要对外国人和中国公民在口岸采取边控措施的，受理案件的人民法院应当按照规定制作边控对象通知书，并附有关法律文书，层报高级人民法院办理交控手续。紧急情况下，需要采取临时边控措施的，受理案件的人民法院可以先向有关口岸所在地出入境边防检查机关交控，但应当在 7 日以内按照规定层报高级人民法院办理手续。

四、涉外刑事诉讼被告人享有的权利

根据《刑事诉讼法》和相关司法解释、《维也纳领事关系公约》及我国与有关国家签订的双边条约的规定，涉外刑事案件中，外国籍被告人享有一些特殊的权利，包括与其国籍国驻华使领馆联系，与其监护人、近亲属会见、通信，以及享有由人民法院提供翻译的权利。人民法院受理涉外刑事案件后，如果外国籍被告人在押的，应当及时告知其享有上述权利。此外，还应当告知外国籍被告人有权委托辩护人或者获得法律援助，告知外国籍当事人有权申请回避、要求复议等。

涉外刑事案件审判期间，外国籍被告人在押，其国籍国驻华使领馆官员要求探视的，可以向受理案件的人民法院所在地的高级人民法院提出。人民法院应当根据我国与被告人国籍国签订的双边领事条约规定的时限予以安排；没有条约规定的，根据互惠原则、参照国际惯例，也应当尽快安排。必要时，可以请人民政府外事主管部门协助。

涉外刑事案件审判期间，外国籍被告人在押，其监护人、近亲属申请会见的，可以向受理案件的人民法院所在地的高级人民法院提出，并提供与被告人关系的证明。证明必须经所在国公证机关证明，所在国中央外交主管机关或者其授权机关认证，并经中华人民共和国驻该国使领馆认证，或者履行中华人民共和国与该所在国订立的有关条约中规定的证明手续，但我国与该国之间有互免认证协定的除外。对外国籍被告人的监护人、近亲属提出的会见申请，人民法院经审查认为不妨碍案件审判的，可以批准。

外国籍被告人拒绝接受国籍国驻华使领馆官员探视或者拒绝会见其监护人、近亲属的，应当由其本人出具书面声明。拒绝出具书面声明的，应当记录在案；必要时，应当录音录像。探视、会见被告人应当遵守我国法律的规定。

五、涉外刑事诉讼的审判

（一）相关事项的通报与通知

涉外刑事案件涉及外国籍当事人，为了保障相关当事人的合法权益，保证案件审理过程的顺利进行，需要向人民政府外事主管部门通报有关事项。此外，根据《维也纳领事关系公约》和我国与相关国家签订的双边领事条约的规定，我国承担向外国籍当事人国籍国驻华使领馆通知有关事项的义务。这是涉外刑事案件审理中的一项重要工作。

涉外刑事案件审判期间，人民法院应当将下列事项及时通报同级人民政府外事主管部门，并依照有关规定通知有关国家驻华使领馆：

1. 人民法院决定对外国籍被告人采取强制措施的情况，包括外国籍当事人的姓名（包括译名）、性别、入境时间、护照或者证件号码、采取的强制措施及法律依据、羁押地点等；

2. 开庭的时间、地点、是否公开审理等事项；

3. 宣判的时间、地点。

此外，涉外刑事案件宣判后，应当将处理结果及时通报同级人民政府外事主管部门。对外国籍被告人执行死刑的，死刑裁决下达后执行前，应当通知其国籍国驻华使领馆。外国籍被告人在案件审理中死亡的，应当及时通报同级人民政府外事主管部门，并通知有关国家驻华使领馆。

需要向有关国家驻华使领馆通知有关事项的，应当层报高级人民法院，由高级人民法院负责通知。必要时，高级人民法院可以请人民政府外事主管部门协助。通知按照下列规定办理。

1. 外国籍当事人国籍国与我国签订双边领事条约的，根据条约规定办理；未与我国签订双边领事条约，但参加《维也纳领事关系公约》的，根据公约规定办理；未与我国签订领事条约，也未参加《维也纳领事关系公约》，但与我国有外交关系的，可以根据外事主管部门的意见，按照互惠原则，根据有关规定和国际惯例办理。

2. 在外国驻华领馆领区内发生的涉外刑事案件，通知有关外国驻该地区的领馆；在外国领馆领区外发生的涉外刑事案件，通知有关外国驻华使馆；与我国有外交关系，但未设使领馆的国家，可以通知其代管国家驻华使领馆；无代管国家或者代管国家不明的，可以不通知。

3. 双边领事条约规定通知时限的，应当在规定的期限内通知；没有规定的，应当根据或者参照《维也纳领事关系公约》和国际惯例尽快通知，至迟不得超过7日。

4. 双边领事条约没有规定必须通知，外国籍当事人要求不通知其国籍国驻华使领馆的，可以不通知，但应当由其本人出具书面声明。

此外，根据我国与其他国家签订的双边领事条约，对外通知有强制性通知和非强制性通知之分。所谓强制性通知，是指涉外案件发生后，有关单位无须询问涉案人的意见，即通知其国籍国驻华使领馆。所谓非强制性通知，是指在我国与有关国家签订的双边领事条约中没有规定必须通知，如有关国家的公民涉案，其本人不希望通知，则我国可不予通知，但需由本人出具《关于领事通报的声明书》。[①]

（二）驻华使领馆官员的旁听

对于公开审理的涉外刑事案件，外国籍当事人国籍国驻华使领馆官员要求旁听的，可以向受理案件的人民法院所在地的高级人民法院提出申请，人民法院应当安排。对于依照《刑事诉讼法》规定不公开审理的涉外刑事案件，任何人不得旁听，外国驻华使领馆官员要求旁听的，也应当不予安排。

（三）来自境外的证据材料的审查和认定

根据《刑事诉讼法》第50条第1款的规定，可以用于证明案件事实的材料，都是证据。来自境外的证据材料，只要该证据能够证明案件事实且符合《刑事诉讼法》的规定，就可以在刑事诉讼中作为证据使用。

对来自境外的证据材料，人民检察院应当随案移送有关材料来源、提供人、提取人、提取时间等情况的说明。经人民法院审查，相关证据能够证明案件事实且符合刑事诉讼法规定的，可以作为证据使用，但提供人或者我国与有关国家签订的双边条约对材料的使用范围有明确限制的除外；材料来源不明或者其真实性无法确认的，不得作为定案的根据。

当事人及其辩护人、诉讼代理人提供来自境外的证据材料的，该证据材料应当经所在国公证机关证明，所在国中央外交主管机关或者其授权机关认证，并经中华人民共和国驻该国使领馆认证，或者履行中华人民共和国与该所在国订立的有关条约中规定的证明手续，但我国与该国之间有互免认证协定的除外。

来自境外的证据材料，应当与其他证据一样，接受控辩双方质证。只有经法庭依法定查证属实的，才能作为定案的根据。如经法庭调查，材料来源不明或者其真实性无法确认的，不得作为定案的根据。

六、涉外刑事诉讼文书的送达

根据最高人民法院《解释》第495条的规定，人民法院向在中华人民共和国领域外居住的当事人送达刑事诉讼文书，可以采用下列方式。

1. 根据受送达人所在国与中华人民共和国缔结或者共同参加的国际条约规定的方式送达。

2. 通过外交途径送达。人民法院通过外交途径向在中华人民共和国领域外居住的受送达人送达刑事诉讼文书的，所送达的文书应当经高级人民法院审查后报最高人民法院审核。

① 张军，江必新．新刑事诉讼法及司法解释适用解答．北京：人民法院出版社，2013：373.

最高人民法院认为可以发出的，由最高人民法院交外交部主管部门转递。

3. 对中国籍当事人，所在国法律允许或者经所在国同意的，可以委托我国驻受送达人所在国的使领馆代为送达。

4. 当事人是自诉案件的自诉人或者附带民事诉讼原告人的，可以向有权代其接受送达的诉讼代理人送达。

5. 当事人是外国单位的，可以向其在中华人民共和国领域内设立的代表机构或者有权接受送达的分支机构、业务代办人送达。

6. 受送达人所在国法律允许的，可以邮寄送达；自邮寄之日起满 3 个月，送达回证未退回，但根据各种情况足以认定已经送达的，视为送达。

7. 受送达人所在国法律允许的，可以采用传真、电子邮件等能够确认受送达人收悉的方式送达。

涉外刑事案件宣判后，外国籍当事人国籍国驻华使领馆也可以要求人民法院提供裁判文书。外国籍当事人国籍国驻华使领馆可以向受理案件的人民法院所在地的高级人民法院提出，人民法院可以提供。

七、涉外刑事案件的执行

涉外刑事案件的执行与一般案件相同。此外，根据《刑法》第 35 条的规定，对于犯罪的外国人，可以独立适用或者附加适用驱逐出境。

按照公安部《规定》第 371 条的规定，对判处独立适用驱逐出境刑罚的外国人，省级公安机关在收到人民法院的刑事判决书、执行通知书的副本后，应当指定该外国人所在地的设区的市一级公安机关执行。被判处徒刑的外国人，主刑执行期满后应当执行驱逐出境附加刑的，省级公安机关在收到执行监狱的上级主管部门转交的刑事判决书、执行通知书副本或者复印件后，应当通知该外国人所在地的设区的市一级公安机关或者指定有关公安机关执行。我国政府已按照国际条约或者《外交特权与豁免条例》的规定，对实施犯罪，但享有外交或者领事特权和豁免权的外国人宣布为不受欢迎的人，或者不可接受并拒绝承认其外交或者领事人员身份，责令限期出境的人，无正当理由逾期不自动出境的，由公安部凭外交部公文指定该外国人所在地的省级公安机关负责执行或者监督执行。

第四节　刑事司法协助

一、刑事司法协助的概念及刑事司法协助立法

司法协助，是指不同国家的司法机关之间，根据本国缔结或者参加的国际条约，或者按照互惠原则，彼此相互协助，代为进行一定的诉讼行为。

刑事司法协助的概念因对刑事司法协助的范围的理解不同而有不同解释。关于刑事司法协助的范围有三种观点。

第一，狭义的刑事司法协助，又称为“次要的司法协助”“小司法协助”。这种刑事司法协助仅仅是指文书、证据方面的协助，其范围为代为送达司法文书、法律情报交换和代为调查取证，如讯问被告，询问证人，进行勘验、检查或者鉴定。

第二，广义的刑事司法协助。其范围包括引渡和前述狭义的司法协助的内容。

第三，最广义的刑事司法协助。这种刑事司法协助的范围除引渡和狭义的司法协助外，还包括刑事诉讼移管及外国刑事判决的承认和执行。

一般来说，国际公约或者双边条约都将刑事司法协助限定在狭义的概念范围内。这是因为通行的做法是将涉及国际刑事司法合作的有关事项单独规定。国家间签署的有关刑事司法合作条约都是将刑事司法协助和引渡、移管被判刑人等分别规定的。联合国大会也分别制定了与刑事司法合作相关的示范条约。

我国于 2000 年 12 月 28 日通过并开始实施《引渡法》，对引渡合作进行了规范。而刑事司法协助一直以来只在《刑事诉讼法》第 18 条有原则性规定，即“根据中华人民共和国缔结或者参加的国际条约，或者按照互惠原则，我国司法机关和外国司法机关可以相互请求刑事司法协助”。而对于刑事司法协助的具体合作内容、要件以及执行程序等未予明确。随着国家间交往的日益频繁，人员流动的增多，跨国犯罪也呈现出增长的趋势。为了落实国家全面推进依法治国、推进反腐败国家立法、推进国际追逃追赃工作的需要，2018 年 10 月 26 日通过并开始施行《国际刑事司法协助法》（以下简称《国际刑事司法协助法》。）该法为我国打击跨国犯罪，履行国际条约义务提供了法律依据。

《国际刑事司法协助法》共 9 章、70 条。第一章“总则”，有 8 条，规定了立法目的、定义；开展协助的原则、依据、对外联系机关、主管机关和办案机关；经费保障和费用承担等。第二章“刑事司法协助请求的提出、接收和处理”，有 2 节、11 条，分别规定了在我国向外国请求刑事司法协助和外国向我国请求刑事司法协助的两种情况下，提出、接收和处理刑事司法协助请求的程序、请求书要件、我国拒绝提供协助的情形、附加条件、结果通知等。第三章“送达文书”，有 2 节、5 条，分别规定了我国向外国请求送达文书和外国向我国请求送达文书的程序，以及送达文书请求书的内容和送达文书的范围等。第四章“调查取证”，有 2 节、6 条，分别规定了我国向外国请求调查取证和外国向我国请求调查取证的事项和调查取证请求书的要件、派员到场、证据材料和物品的返还等。第五章“安排证人作证或者协助调查”，有 2 节、8 条，规定了我国向外国请求安排证人作证或者协助调查请求的程序、请求书要件，证人、鉴定人的保护及补助，以及移送在押人员作证等；规定了外国向我国请求安排证人作证或者协助调查、请求移送在押人员作证的程序，请求书要件等。第六章“查封、扣押、冻结涉案财物”，有 2 节、8 条，规定了我国向外国请求查封、扣押、冻结涉案财物的程序、请求书要件等；规定了外国向我国请求查封、扣押、冻结涉案财物及其执行的程序，以及赔偿等。第七章“没收、返还违法所得及其他涉案财物”，有 2 节、8 条，规定了我国向外国请求没收、返还违法所得及其他涉案财物的程序、请求书要件，财物移交及分享比例等；规定了外国向我国请求没收、返还违法所得及其他涉案财物的请求书要件及其审查和拒绝，以及费用扣除及分享比例等。第八章“移管被判刑人”，有 2 节、12 条，分别规定了我国向外国、外国向我国请求移管被判刑人的条件、请求书要件及程序等。第九章“附则”，有 4 条。

根据《国际刑事司法协助法》第 2 条的规定，国际刑事司法协助，是指中华人民共和国和外国在刑事案件调查、侦查、起诉、审判和执行等活动中相互提供协助，包括送达文书，调查取证，安排证人作证或者协助调查，查封、扣押、冻结涉案财物，没收、返还违法所得及其他涉案财物，移管被判刑人以及其他协助。

我国和外国之间开展刑事司法协助依照《国际刑事司法协助法》。执行外国提出的刑事司法协助请求适用《国际刑事司法协助法》、《刑事诉讼法》及其他相关法律的规定。

二、刑事司法协助的机关

（一）对外联系机关

我国与外国之间开展刑事司法协助通过对外联系机关联系。司法部是刑事司法协助的主要对外联系机关，负责提出、接收和转递刑事司法协助请求，处理其他与国际刑事司法协助相关的事务。

（二）主管机关

我国开展国际刑事司法协助的主管机关是国家监察委员会、最高人民法院、最高人民检察院、公安部、国家安全部和司法部等部门。各主管机关按照职责分工，审核向外国提出的刑事司法协助请求，审查处理对外联系机关转递的外国提出的刑事司法协助请求，承担其他与国际刑事司法协助相关的工作。在移管被判刑人案件中，司法部按照职责分工，承担相应的主管机关职责。

办理刑事司法协助相关案件的机关是国际刑事司法协助的办案机关，其负责向所属主管机关提交需要向外国提出的刑事司法协助请求、执行所属主管机关交办的外国提出的刑事司法协助请求。

三、刑事司法协助的内容

根据《国际刑事司法协助法》的规定，刑事司法协助包括以下内容。

1. 送达文书。这包括相互代为送达传票、通知书、起诉书、判决书和其他司法文书。我国协助送达司法文书，不代表我国承认外国司法文书的法律效力。

2. 调查取证。这包括相互代为查找、辨认有关人员；查询、核实涉案财物、金融账户信息；获取并提供有关人员的证言或者陈述；获取并提供有关文件、记录、电子数据和物品；获取并提供鉴定意见；勘验或者检查场所、物品、人身、尸体；搜查人身、物品、住所和其他有关场所等事项。

3. 安排证人作证或者协助调查。这是指相互代为安排证人、鉴定人作证或者协助调查。证人、鉴定人可以赴对方国家作证，也可以通过视频、音频作证或者协助调查。

4. 查封、扣押、冻结涉案财物。这包括相互代为查封、扣押、冻结及解除查封、扣押、冻结在本国境内的涉案财物。

5. 没收、返还违法所得及其他涉案财物。这包括相互代为没收、返还违法所得及其他涉案财物以及分享事宜。

6. 移管被判刑人。这包括外国向我国请求移管外国籍被判刑人，我国向外国请求移管外国籍被判刑人；我国向外国请求移管中国籍被判刑人，外国请求我国移管中国籍被判刑人。

7. 其他协助。

四、刑事司法协助的基本程序

刑事司法协助的基本程序，包括刑事司法协助请求、刑事司法协助的审查、刑事司法协助请求的拒绝、刑事司法协助请求的受理和执行、刑事司法协助的终止和撤销等程序。这里仅就刑事司法协助请求、请求的拒绝和有关程序性问题加以说明。

(一) 刑事司法协助请求

任何一个国家需要他国在刑事司法领域给予某种协助，无一例外地都要向当事国提出请求。被请求国也只有在接到请求书后方可进行必要的司法协助活动。这种请求必须具备以下特征：(1) 请求是由一国的有权作出司法协助请求的主管当局提出的；(2) 这种司法协助请求必须是一国真实意愿的表示，而且是自愿提出的，不是被强迫的结果；(3) 这种司法协助请求是为了特定的司法问题的解决而要求给予某种帮助，而不是漫无目的的索求；(4) 提出的司法协助请求必须是通过适当的途径向被请求国的主管当局送达，否则视为无效。

刑事司法协助请求的提出，必须以请求书的形式向被请求国送达。请求书亦称委托书，是一国向另一国委托代办一定司法事务的书面文件。被请求国只有在接到请求国的委托书后才能与请求国形成一种委托关系。

请求书必须具有基本格式和内容。一般来说，主要包括：请求书出具机关的名称、受委托机关的名称、请求提供刑事司法协助的事项、有关当事人的基本情况（如犯罪嫌疑人、被告人、被判刑人的姓名、性别、国籍、身份信息等)、委托内容和理由、犯罪分子或者嫌疑人实施犯罪行为的认定、犯罪的性质、手段、过程、结果及有关事实、请求书的效力、出具请求书的官方签字和印章、请求书签发的日期和其他相关的附件等。

(二) 刑事司法协助请求的拒绝

刑事司法协助是有条件的。如果某项请求不符合被请求国要求的条件，被请求国将拒绝执行。拒绝执行刑事司法协助的理由，一般都在各国间刑事司法协助条约中采取列举的方式载明。各国一致公认的理由主要有：

1. 协助请求不得有损被请求国的主权、安全及公共程序；
2. 协助请求不得违反被请求国的法律的基本原则；
3. 刑事司法协助请求不涉及政治、军事、宗教及种族性质的事务。

以此为基础，各国各自引申出各种具体的含义，并用法律形式加以确认。

例如，我国《国际刑事司法协助法》第 14 条规定："外国向中华人民共和国提出的刑事司法协助请求，有下列情形之一的，可以拒绝提供协助：(一) 根据中华人民共和国法律，请求针对的行为不构成犯罪；(二) 在收到请求时，在中华人民共和国境内对于请求针对的犯罪正在进行调查、侦查、起诉、审判，已经作出生效判决，终止刑事诉讼程序，或者犯罪已过追诉时效期限；(三) 请求针对的犯罪属于政治犯罪；(四) 请求针对的犯罪纯属军事犯罪；(五) 请求的目的是基于种族、民族、宗教、国籍、性别、政治见解或者身份等方面的原因而进行调查、侦查、起诉、审判、执行刑罚，或者当事人可能由于上述原因受到不公正待遇；(六) 请求的事项与请求协助的案件之间缺乏实质性联系；(七) 其他可以拒绝的情形。"据此，最高人民法院《解释》第 492 条规定了可以不予协助的情形："外国法院请求的事项有损中华人民共和国的主权、安全、社会公共利益以及违反中华人民共和国法律的基本原则的，人民法院不予协助；属于有关法律规定的可以拒绝提供刑事司法协助情形的，可以不予协助。”

（三）司法协助的有关程序性问题

1. 请求和提供司法协助的联系途径。

根据《国际刑事司法协助法》第5条的规定，我国和外国之间开展刑事司法协助，通过对外联系机关联系。司法部等对外联系机关负责提出、接收和转递刑事司法协助请求，处理其他与国际刑事司法协助相关的事物。我国与外国之间没有缔结刑事司法协助条约的，通过外交途径进行。

2. 司法协助使用的语言文字。

司法协助中使用何种语言文字，涉及相互尊重主权的问题。联合国《刑事事件互助示范条约》中规定，应使用“被请求国语文或该国可以接受的另一种语文提出的译文”。

《国际刑事司法协助法》规定，我国向外国请求刑事司法协助，“请求书及所附材料应当以中文制作，并附有被请求国官方文字的译文”。外国向我国请求刑事司法协助，“请求书及所附材料应当附有中文译文”。

此外，最高人民检察院《规则》和最高人民法院《解释》也均对此作出了具体的规定：请求外国提供司法协助的请求书及其所附文件，应当依照刑事司法协助条约的规定提出；没有条约或者条约没有规定的，应当载明法律规定的相关信息并附相关材料。请求书及其所附材料应当以中文制作，并附有被请求国官方文字的译本。外国有关机关请求我国提供司法协助的请求书，应当依照刑事司法协助条约的规定提出；没有条约或者条约没有规定的，应当载明我国法律规定的相关信息并附相关材料。请求书及所附材料应当附有中文译本。

3. 司法协助的费用。

根据联合国《刑事事件互助示范条约》第20条的规定，司法协助的费用除缔约国另有协议外，执行请求的一般费用应由被请求国负担。如果执行该项请求将涉及大笔或者特殊性质的开支，缔约国应事先进行协商，以确定执行该项请求的条件和承付费用的方式。

《国际刑事司法协助法》第8条规定，我国与外国相互执行刑事司法协助请求产生的费用，有条约规定的，按照条约承担；没有条约或者条约没有规定的，按照平等互惠原则通过协商解决。

【问题与思考】

1. 涉外刑事诉讼程序的概念是什么？
2. 哪些案件属于涉外刑事案件？
3. 涉外刑事诉讼有哪些特有原则？
4. 我国的法律、法规对涉外刑事诉讼的管辖是如何规定的？
5. 刑事司法协助的概念是什么？

【推荐参考论著】

1. 齐文远，刘代华．国际犯罪与跨国犯罪研究．北京：北京大学出版社，2004.
2. 黄风．引渡问题研究．北京：中国政法大学出版社，2006.

第二十八章
未成年人案件诉讼程序

内容导读

与成年人犯罪相比，未成年人犯罪有其自身的特点，因此，较之刑事诉讼中的普通程序，未成年人案件诉讼程序有自己的特殊方针、原则和方法。同时，未成年犯罪嫌疑人、被告人在刑事诉讼中也有区别于成年犯罪嫌疑人、被告人的特殊待遇。我国《刑事诉讼法》及相关的司法解释针对未成年人的特点对未成年犯罪嫌疑人、被告人规定了特殊的诉讼原则和程序设置。本章重点介绍未成年人案件诉讼程序的概念、特点，应遵循的方针和原则，以及具体的立案、侦查、起诉、审判、执行等程序。

第一节　未成年人案件诉讼程序概述

一、未成年人案件的概念及特点

未成年人案件，在本章特指未成年人犯罪案件。所谓未成年人犯罪，是指已满 12 周岁、不满 18 周岁的人实施了危害社会、应受刑罚处罚的行为。

虽然未成年人犯罪同样具有社会危害性，但与成年人犯罪相比，未成年人犯罪有其自身的特点，即未成年人具有不同于成年人的生理和心理特点：他们正值青春发育期，生理变化显著，思想不稳定，欠缺社会经验，不能很好地辨别是非曲直，特别是对社会流行的价值观念缺乏辨别力，好奇心强，对一些不良行为容易模仿和盲从；对事物反应快，却极容易感情冲动，缺乏对自己行为的控制能力，行为往往具有突发性和盲目性，易于实施危害社会的行为，其中包括实施犯罪行为。对于未成年人犯罪而言，外界环境因素的影响和刺激是一个主要诱因，因此，在处理未成年人案件时，分析其所处的家庭和社会环境，对于分析其如何走上犯罪道路以及制订相应的矫正方案具有极为重要的意义。

基于未成年人案件的上述特点，处理此类案件应注意教育和挽救。因为未成年人的人生道路还很长，通过教育和挽救使之成为新人，重返社会，对于其个人和社会都具有积极意义。同时，由于未成年人思想尚未定型，可塑性大，对其进行教育和挽救，较之成年人更为有效，所以，对于未成年人犯罪，刑事法律除了在实体法的适用上有区别对待的规定，在程序法方面也应有区别对待的规定，即适用特别程序来处理未成年人案件。

二、未成年人案件诉讼程序的概念、适用范围及法律渊源

未成年人案件诉讼程序是刑事诉讼中的特别程序，它是指对未成年人犯罪案件依法追究刑事责任时所适用的立案、侦查、起诉、审判、执行等一系列诉讼程序。

较之刑事诉讼中的普通程序，未成年人案件诉讼程序有自己的特殊方针、原则和方法，同时，未成年犯罪嫌疑人、被告人也有区别于其他犯罪嫌疑人、被告人的特殊待遇。因此，未成年人案件诉讼程序的适用范围必须清楚而明确。基于我国实体法与程序法的区分，未成年人案件涉及两个年龄标准：一是犯罪时的年龄，二是处理案件时的年龄。对这一问题，《刑事诉讼法》未予以明确，最高人民法院《解释》第550条则作出了进一步规定："被告人实施被指控的犯罪时不满十八周岁、人民法院立案时不满二十周岁的案件，由未成年人案件审判组织审理。下列案件可以由未成年人案件审判组织审理：（一）人民法院立案时不满二十二周岁的在校学生犯罪案件；（二）强奸、猥亵、虐待、遗弃未成年人等侵害未成年人人身权利的犯罪案件；（三）由未成年人案件审判组织审理更为适宜的其他案件。共同犯罪案件有未成年被告人的或者其他涉及未成年人的刑事案件，是否由未成年人案件审判组织审理，由院长根据实际情况决定。"根据本条规定，未成年人案件的审理程序一般适用于被告人实施被指控的犯罪时不满18周岁、人民法院立案时不满20周岁的案件。但是，根据最高人民检察院《规则》第489条的规定，未成年犯罪嫌疑人，是指在诉讼过程中未满18周岁的人。犯罪嫌疑人实施涉嫌犯罪行为时未满18周岁，在诉讼过程中已满18周岁的，人民检察院可以根据案件的具体情况适用上述规定。因此，我国最高司法机关在未成年人案件诉讼程序的适用范围问题上尚未形成一致意见，从未成年人案件诉讼程序所具有的保护功能来看，适当扩大该程序的适用范围更有利于未成年人或虽已经年满18周岁但心智尚未完全发育成熟的涉罪年轻人回归社会，而且最高人民检察院《规则》也并未完全排除已满18周岁的犯罪嫌疑人适用未成年人诉讼程序的可能性。

我国调整未成年人案件诉讼程序的法律，主要包括以下几种。

（一）有关的法律

2012年，我国《刑事诉讼法》进行了较大幅度修改，其中最大的变化之一，就是将"未成年人刑事案件诉讼程序"作为特别程序列在第五编第一章。从内容上看，该法将1996年《刑事诉讼法》所有涉及未成年人犯罪诉讼程序的内容，比如法定代理人到场、不公开审理、指定辩护等等，均规定在本章之中，而且增加规定了全面调查原则、合适成年人讯问时到场、附条件不起诉、犯罪记录封存制度等等，使之成为一套系统、完整、独立的处理未成年人刑事案件的专门程序。除《刑事诉讼法》之外，我国于1992年1月1日起施行，并于2020年10月修订的《未成年人保护法》第七章"司法保护"中对未成年人案件的处理也作了专门规定。此外，我国于1999年11月1日起实施、2020年12月修订的《预防未成年人犯罪法》也对未成年人犯罪案件的预防和处理进行了规定。

（二）有关的司法解释和部门规章、规定、通知、意见等

为贯彻上述法律规定，1991 年最高人民法院制定并发布了《关于办理少年刑事案件的若干规定（试行）》。1991 年 4 月，最高人民法院、国家教育委员会、共青团中央委员会、中华全国总工会、中华全国妇女联合会发布了《关于审理少年刑事案件聘请特邀陪审员的联合通知》，6 月，最高人民法院、最高人民检察院、公安部、司法部发布了《关于审理少年刑事案件建立相应配套工作体系的通知》。1995 年 5 月，最高人民法院又发布了《关于办理未成年人刑事案件适用法律的若干问题的解释》。2001 年 4 月最高人民法院发布了《关于审理未成年人刑事案件的若干规定》（以下简称《若干规定》），吸收了多年来我国办理未成年人刑事案件的立法和司法经验，对审理未成年人案件应遵循的特有原则、审判组织、少年法庭的受案范围、开庭前的准备工作、审判和执行中不同于成年人刑事案件的内容都作了比较详细的规定。2006 年 1 月 11 日，最高人民法院又颁布了《关于审理未成年人刑事案件具体应用法律若干问题的解释》，取代了 1995 年的《关于办理未成年人刑事案件适用法律的若干问题的解释》，对人民法院办理未成年人案件过程中适用有关实体法的问题，特别是定罪量刑问题，进行了进一步规定。2006 年 12 月 28 日，最高人民检察院通过了《人民检察院办理未成年人刑事案件的规定》（2013 年 12 月修订），对未成年人刑事案件的审查批捕、审查起诉与出庭支持公诉、法律监督以及申诉检察工作的原则和程序进行了较为详尽的规定。2020 年实施的公安部《规定》、2019 年实施的最高人民检察院《规则》、2021 年实施的最高人民法院《解释》等将《刑事诉讼法》中有关未成年人案件诉讼程序的规定予以细化，是公安司法机关办理未成年人刑事案件的主要依据。

（三）有关的国际准则

关于对未成年人案件适用的特别程序，联合国等国际组织通过一系列法律文件进行了规定，这包括《联合国少年司法最低限度标准规则》（即《北京规则》）、《联合国预防少年犯罪准则》（即《利雅得准则》）、《儿童权利公约》、《联合国保护被剥夺自由少年规则》等。这些公约中所确立的处理未成年人案件的原则、标准和规范，只要是我国已经签署和加入的公约所规定的，我国都应当加以遵循。

第二节　未成年人案件诉讼程序的方针和原则

一、教育、感化、挽救方针

教育、感化、挽救方针，是指公安司法机关在未成年人案件诉讼程序中，应当坚持以教育为主、惩罚为辅的原则，对犯罪的未成年人动之以情、晓之以理，促使犯罪的未成年人认识到其罪行的严重性，促其悔罪服法，重新做人。

教育、感化、挽救方针的法律依据是我国《刑事诉讼法》第 277 条和《未成年人保护法》第 113 条和《预防未成年人犯罪法》第 50 条。贯彻这一方针，要求公安司法工作人员要像父母对待子女、老师对待学生、医生对待病人那样，帮助犯罪的未成年人分清是非，促使其同犯罪行为划清界限；并在诉讼中依法保障其享有的诉讼权利。同时，还要正确处

理好打击、惩罚犯罪与教育、感化、挽救的关系，感化、挽救并不意味着对其所犯罪行可以不处罚，相反，为保护公共利益，维护社会法制，对未成年人犯罪行为要依法处罚。贯彻这一方针还必须认识到：惩罚和教育并不是矛盾的，对犯罪的未成年人进行教育和感化，并不是说对应当追究刑事责任的不予追究刑事责任，或无原则地不予处罚，但应当坚持教育为主、惩罚为辅的原则，可罚可不罚的尽量不罚，以利于犯罪的未成年人今后改过自新，重返社会。

二、分案处理原则

分案处理原则，是指公安司法机关在刑事诉讼过程中应当对未成年人案件与成年人案件实行诉讼程序分离、分案处理，对犯罪的未成年人与犯罪的成年人分别关押、分别执行。

分案处理原则的法律依据是《预防未成年人犯罪法》第 53 条和《刑事诉讼法》第 280 条第 2 款的规定，即对被拘留、逮捕和执行刑罚的未成年人与成年人应当分别关押、分别管理、分别教育。该原则的内容大致包括三个方面：一是在刑事诉讼中运用拘留、逮捕等强制措施关押未成年犯罪嫌疑人时，必须将未成年犯罪嫌疑人与成年犯罪嫌疑人分开看管；二是在处理未成年人与成年人共同犯罪或者有牵连的案件时，尽量适用不同的诉讼程序，在不妨碍审理的前提下，坚持分案处理；三是在未成年人案件处理完毕、交付执行阶段，不得使未成年罪犯与成年罪犯同处一个监所。确立分案处理原则的目的，是充分保护进入诉讼阶段的未成年人，使其免受来自成年犯罪人的不良影响。

三、保障未成年犯罪嫌疑人、被告人依法享有的诉讼权利原则

保障未成年犯罪嫌疑人、被告人依法享有的诉讼权利原则，是指公安司法机关在处理未成年人刑事案件的过程中，应当充分保障未成年犯罪嫌疑人、被告人依法享有的各项诉讼权利。在刑事诉讼中，未成年犯罪嫌疑人、被告人除享有成年犯罪嫌疑人、被告人享有的各项诉讼权利外，基于其身份特点，还享有一些特殊的权利，比如《刑事诉讼法》第 281 条规定的讯问和审判未成年犯罪嫌疑人、被告人时应当通知法定代理人到场，以及第 278 条规定的未成年犯罪嫌疑人、被告人没有委托辩护人的，人民法院、人民检察院、公安机关应当通知法律援助机构指派律师为其提供辩护，等等，对于这些权利，公安司法机关应当予以保障。

关于未成年犯罪嫌疑人、被告人有获得指定辩护这一权利，需要注意的是，此处的未成年人是指到案时和审判时不满 18 周岁的犯罪嫌疑人、被告人，而非所有未成年人案件的犯罪嫌疑人、被告人。

四、审理不公开原则

审理不公开原则，是指人民法院在开庭审理未成年人刑事案件时，不允许群众旁听，不允许记者采访，报纸等印刷品不得刊登未成年被告人的姓名、年龄、职业、住址及照片等。

该原则的法律依据是《刑事诉讼法》第 285 条、《未成年人保护法》第 103 条的规定。《刑事诉讼法》第 285 条规定：审判的时候被告人不满 18 周岁的案件，不公开审理。但是，经未成年被告人及其法定代理人同意，未成年被告人所在学校和未成年人保护组织可以派

代表到场。《未成年人保护法》第103条规定：公安机关、人民检察院、人民法院司法行政部门以及其他组织和个人不得披露有关案件中未成年人的姓名、影像、住所、就读学校以及其他可能识别出其身份的信息，但查找失踪、被拐卖未成年人等情形除外。不公开审理的未成年人刑事案件不得以任何方式公开被告人的信息。

审理不公开原则的意义在于维护未成年人的名誉，防止公开审理对其造成精神创伤，进而导致不利于教育改造的不良后果。因此，审理不公开原则也是教育、感化、挽救方针的体现。

贯彻这一原则时应注意只是审理过程不公开。按照《刑事诉讼法》的规定，对于审理不公开的案件，宣告判决仍将公开进行。

五、全面调查原则

全面调查原则，是指公安司法机关在办理未成年人刑事案件的过程中，不仅要调查案件事实，还要对未成年犯罪嫌疑人、被告人的生理与心理特征、性格特点及生活环境进行调查，必要时还要进行医疗检查和心理学、精神病学的调查分析。

《刑事诉讼法》第279条对全面调查原则进行了规定：公安机关、人民检察院、人民法院办理未成年人刑事案件，根据情况可以对未成年犯罪嫌疑人、被告人的成长经历、犯罪原因、监护教育等情况进行调查。根据该条规定，全面调查的主体应当是公、检、法机关，调查的内容包括未成年犯罪嫌疑人、被告人的成长经历、犯罪的原因以及监护教育等情况。

全面调查原则的目的在于通过对未成年犯罪嫌疑人、被告人的人格、素质、生活经历和所处环境进行调查分析，查清未成年犯罪嫌疑人、被告人走上犯罪道路的原因和条件，为教育、改造未成年犯罪人确定有针对性的改造方案和方法，以取得良好的教育改造效果。

六、迅速简易原则

迅速是指在诉讼进行的每一个阶段，都应当尽可能地争取时间，迅速侦查、起诉和审判。简易则是指整个诉讼程序尽可能从简进行。迅速和简易是互相联系的，简易是迅速的前提，迅速是简易所要达到的目的和效果。

实行迅速简易原则，是由未成年人的特征决定的。从速结案，尽力缩短未成年犯罪嫌疑人、被告人在诉讼中所停留的时间，以解除未成年犯罪嫌疑人、被告人进入诉讼后所产生的紧张、抵触等思想障碍，有利于其以后的教育改造。

第三节　未成年人案件诉讼程序

一、立案程序

未成年人案件的立案程序有其自身的特点。在审查未成年人案件的立案材料时，要特别注意两个方面的问题：一是将其出生的年、月、日作为审查的重点；二是注意审查未成年人是否被教唆犯罪，未成年人的生活环境、经历以及心理、生理特征等材料。

经过审查，对于不符合立案条件，如情节显著轻微、危害不大，不认为是犯罪的，可将案件材料转交有关部门，作出适当处理，或通知其监护人严加监护、教育，并且要协调各方，落实帮教措施；对于符合立案条件的，制作立案报告，除写明立案材料的来源、发案的时间与地点、犯罪事实、现有的证据材料、立案的法律依据和初步的意见外，应当着重写明犯罪嫌疑人、被告人的确切出生时间、生活/居住环境、心理/性格特征、走上犯罪道路的原因等有关情况。

二、侦查程序

侦查未成年人案件，应注意以下几个方面。

（一）贯彻全面调查原则，扩大侦查范围

对未成年人刑事案件的侦查除与成年人刑事案件一样要查明案情、收集证据和查获犯罪人外，还应当坚持全面调查的原则，查明未成年犯罪嫌疑人、被告人的准确年龄、生活/教育条件、作案动机、走上犯罪道路的原因、生理和心理素质，特别应注意查明那些能全面地说明未成年违法者个性的材料，从而为教育、挽救、改造服务。公安部《规定》第322条对此提出了要求："公安机关办理未成年人刑事案件，根据情况可以对未成年犯罪嫌疑人的成长经历、犯罪原因、监护教育等情况进行调查并制作调查报告。"

（二）慎重适用强制措施

对未成年犯罪嫌疑人、被告人采取强制措施时，要慎重对待，尽量不采用或少采用强制措施，针对未成年犯罪嫌疑人、被告人的特点，可以将其交由父母、老师或监护人看管。根据《刑事诉讼法》第280条第1款的规定，对未成年犯罪嫌疑人、被告人应当严格限制适用逮捕措施。为确保对未成年犯罪嫌疑人、被告人慎用逮捕措施，最高人民检察院《规则》第462、463条则对未成年犯罪嫌疑人适用逮捕措施的原则和条件进行了细化：人民检察院对未成年犯罪嫌疑人审查逮捕，应当根据未成年犯罪嫌疑人涉嫌犯罪的性质、情节、主观恶性、有无监护与社会帮教条件、认罪认罚等情况，综合衡量其社会危险性，严格限制适用逮捕措施。对于罪行较轻，具备有效监护条件或者社会帮教措施，没有社会危险性或者社会危险性较小的未成年犯罪嫌疑人，应当不批准逮捕。对于罪行比较严重，但主观恶性不大，有悔罪表现，具备有效监护条件或者社会帮教措施，具有下列情形之一，不逮捕不致发生社会危险性的未成年犯罪嫌疑人，可以不批准逮捕：（1）初次犯罪、过失犯罪的；（2）犯罪预备、中止、未遂的；（3）防卫过当、避险过当的；（4）有自首或者立功表现的；（5）犯罪后认罪认罚，或者积极退赃，尽力减少和赔偿损失，被害人谅解的；（6）不属于共同犯罪的主犯或者集团犯罪中的首要分子的；（7）属于已满14周岁不满16周岁的未成年人或者系在校学生的；（8）其他可以不批准逮捕的情形。对于没有固定住所、无法提供保证人的未成年犯罪嫌疑人适用取保候审的，可以指定合适的成年人作为保证人。

此外，为严格限制逮捕措施的适用，2013年12月修订的《人民检察院办理未成年人刑事案件的规定》对审查逮捕未成年犯罪嫌疑人的程序也进行了规范：审查逮捕未成年犯罪嫌疑人，应当审查公安机关依法提供的证据和社会调查报告等材料。公安机关没有提供社会调查报告的，人民检察院根据案件情况可以要求公安机关提供，也可以自行或者委托有

关组织和机构进行调查。人民检察院办理未成年犯罪嫌疑人审查逮捕案件，应当讯问未成年犯罪嫌疑人，听取辩护律师的意见，并制作笔录附卷。对于不予批准逮捕的案件，应当说明理由，连同案卷材料送达公安机关执行。需要补充侦查的，应当同时通知公安机关。必要时可以向被害方作说明解释。在作出不批准逮捕决定前，应当审查其监护情况，参考其法定代理人、学校、居住地公安派出所及居民委员会、村民委员会的意见，并在审查逮捕意见书中对未成年犯罪嫌疑人是否具备有效监护条件或者社会帮教措施进行具体说明。对未成年犯罪嫌疑人作出批准逮捕决定后，应当依法进行羁押必要性审查。对不需要继续羁押的，应当及时建议予以释放或者变更强制措施。

（三）采取适当的传唤、讯问方法

传唤未成年犯罪嫌疑人、被告人，可以采用较为缓和的方式，比如通过其父母、监护人进行。讯问时，可以选择其较为熟悉的场所，通知其法定代理人到场，并可以邀请其熟悉的亲友、教师参加。讯问时要使用符合未成年人的语言和方式，以减轻其心理负担，消除对立情绪。《刑事诉讼法》第 281 条及有关司法解释对讯问未成年犯罪嫌疑人、被告人的程序进行了具体规定：对于未成年人刑事案件，在讯问和审判的时候，应当通知未成年犯罪嫌疑人、被告人的法定代理人到场。无法通知、法定代理人不能到场或者法定代理人是共犯的，也可以通知未成年犯罪嫌疑人、被告人的其他成年亲属，所在学校、单位、居住地基层组织或者未成年人保护组织的代表到场，并将有关情况记录在案。到场的法定代理人可以代为行使未成年犯罪嫌疑人、被告人的诉讼权利，行使时不得侵犯未成年犯罪嫌疑人的合法权益。未成年犯罪嫌疑人明确拒绝法定代理人以外的合适成年人到场，且有正当理由的，人民检察院可以准许，但应当在征求其意见的基础上另行通知其他合适成年人到场。到场的法定代理人或者其他人员认为办案人员在讯问、审判中侵犯未成年人合法权益的，可以提出意见，人民检察院应当记录在案。对合理意见，应当接受并纠正。讯问笔录、法庭笔录应当交给到场的法定代理人或者其他人员阅读或者向他宣读，并由其在笔录上签字、盖章或者捺指印确认。讯问女性未成年犯罪嫌疑人，应当有女工作人员在场。讯问未成年犯罪嫌疑人应当采取适合未成年人的方式，耐心细致地听取其供述或者辩解，认真审核、查证与案件有关的证据和线索，并针对其思想顾虑、恐惧心理、抵触情绪进行疏导和教育。讯问未成年犯罪嫌疑人应当保护其人格尊严。讯问未成年犯罪嫌疑人一般不得使用戒具。对于确有人身危险性，必须使用戒具的，在现实危险消除后，应当立即停止使用。

上述讯问程序符合未成年犯罪嫌疑人、被告人的身心特点，对于保障未成年犯罪嫌疑人的合法权利具有极为重要的意义，公安机关应当参照执行。

（四）依法保障未成年犯罪嫌疑人、被告人聘请律师的权利

根据《刑事诉讼法》第 278 条的规定，未成年犯罪嫌疑人、被告人没有委托辩护人的，人民法院、人民检察院、公安机关应当通知法律援助机构指派律师为其提供辩护。根据该条规定，在侦查、起诉、审判阶段，只要未成年犯罪嫌疑人、被告人没有委托辩护人，公、检、法机关就有义务通知法律援助机构指定律师为其提供辩护，不论该未成年人是否因经济困难而没有委托辩护人。

三、起诉程序

根据《刑事诉讼法》和最高人民检察院《规则》、《人民检察院办理未成年人刑事案件

的规定》，未成年人案件的起诉程序具有以下几个特点。

（一）工作机构和工作人员专门化

人民检察院一般应当设立专门工作机构或者专门工作小组办理未成年人刑事案件，不具备条件的，应当指定专人办理。未成年人刑事案件一般应当由熟悉未成年人身心发展特点，善于做未成年人思想教育工作的检察人员承办。

（二）通知法律援助

人民检察院受理案件后，应当向未成年犯罪嫌疑人及其法定代理人了解其委托辩护人的情况，并告知其有权委托辩护人。未成年犯罪嫌疑人没有委托辩护人的，人民检察院应当书面通知法律援助机构指派律师为其提供辩护。

（三）制作社会调查报告

人民检察院根据情况可以对未成年犯罪嫌疑人的成长经历、犯罪原因、监护教育等情况进行调查，并制作社会调查报告，作为办案和教育的参考。人民检察院开展社会调查，可以委托有关组织和机构进行。开展社会调查应当尊重和保护未成年人隐私，不得向不知情人员泄露未成年犯罪嫌疑人的涉案信息。人民检察院应当对公安机关移送的社会调查报告进行审查。必要时，可以进行补充调查。人民检察院制作的社会调查报告应当随案移送人民法院。

（四）听取有关人员的意见、讯问未成年犯罪嫌疑人

人民检察院审查起诉未成年犯罪嫌疑人，应当听取其父母或者其他法定代理人、辩护人、未成年被害人及其法定代理人的意见；应当讯问未成年犯罪嫌疑人的，讯问程序与审查批捕时的讯问程序相同。

（五）安排会见、通话

移送审查起诉的案件具备以下条件之一，且其法定代理人、近亲属等与本案无牵连的，经公安机关同意，检察人员可以安排在押的未成年犯罪嫌疑人与其法定代理人、近亲属等进行会见、通话：（1）案件事实已基本查清，主要证据确实、充分，安排会见、通话不会影响诉讼活动正常进行；（2）未成年犯罪嫌疑人有认罪、悔罪表现，或者虽尚未认罪、悔罪，但通过会见、通话有可能促使其转化，或者通过会见、通话有利于社会、家庭稳定；（3）未成年犯罪嫌疑人的法定代理人、近亲属对其犯罪原因、社会危害性以及后果有一定的认识，并能配合司法机关进行教育。在押的未成年犯罪嫌疑人同其法定代理人、近亲属等进行会见、通话时，检察人员应当告知其会见、通话不得有串供或者其他妨碍诉讼的内容。会见、通话时检察人员可以在场。会见、通话结束后，检察人员应当将有关内容及时整理并记录在案。

（六）认罪认罚程序

未成年犯罪嫌疑人认罪认罚的，人民检察院应当告知本人及其法定代理人享有的诉讼权利和认罪认罚的法律规定，并依照《刑事诉讼法》第173条的规定，听取、记录未成年犯罪嫌疑人及其法定代理人、辩护人、被害人及其诉讼代理人的意见。未成年犯罪嫌疑人认罪认罚的，应当在法定代理人、辩护人在场的情况下签署认罪认罚具结书。法定代理人、辩护人对认罪认罚有异议的，不需要签署认罪认罚具结书。因未成年犯罪嫌疑人的法定代理人、辩护人对其认罪认罚有异议而不签署认罪认罚具结书的，人民检察院应当对未成年人认罪认罚情况，法定代理人、辩护人的异议情况如实记录。提起公诉的，应当将该材料与其他案卷材料一并移送人民法院。未成年犯罪嫌疑人的法定代理人、辩护人对认罪认罚

有异议而不签署认罪认罚具结书的，不影响从宽处理。法定代理人无法到场的，合适成年人可以代为行使到场权、知情权、异议权等。法定代理人未到场的原因以及听取合适成年人意见等情况应当记录在案。

（七）酌定不起诉的适用

人民检察院在审查未成年人刑事案件时，可以依法适用法定不起诉、酌定不起诉和证据不足不起诉制度。为体现对未成年犯罪嫌疑人的利益保护，《人民检察院办理未成年人刑事案件的规定》对未成年人刑事案件适用酌定不起诉进行了特别规定。

根据该规定第 26 条，对于犯罪情节轻微，具有下列情形之一，依照刑法规定不需要判处刑罚或者免除刑罚的未成年犯罪嫌疑人，一般应当依法作出不起诉决定：（1）被胁迫参与犯罪的；（2）犯罪预备、中止、未遂的；（3）在共同犯罪中起次要或者辅助作用的；（4）系又聋又哑的人或者盲人的；（5）因防卫过当或者紧急避险过当构成犯罪的；（6）有自首或者立功表现的；（7）其他依照刑法规定不需要判处刑罚或者免除刑罚的情形。相对于成年人刑事案件中的酌定不起诉制度，上述规定对人民检察院的自由裁量权进行了较为严格的限制，即只要具有第 26 条规定的七种情形之一，人民检察院一般“应当”作出不起诉的决定，而不是“可以”作出不起诉的决定。

根据该规定第 27 条，对于未成年人实施的轻伤害案件、初次犯罪、过失犯罪、犯罪未遂的案件以及被诱骗或者被教唆实施的犯罪案件等，情节轻微，犯罪嫌疑人确有悔罪表现，当事人双方自愿就民事赔偿达成协议并切实履行或者经被害人同意并提供有效担保，符合《刑法》第 37 条规定的，人民检察院可以依照《刑事诉讼法》第 177 条第 2 款的规定作出不起诉决定，并可以根据案件的不同情况，予以训诫或者责令具结悔过、赔礼道歉、赔偿损失，或者由主管部门予以行政处罚。与成年人刑事案件中的和解制度相比，未成年人刑事案件中的和解不起诉可以适用的案件范围并不受《刑事诉讼法》第 288 条的限制。

（八）附条件不起诉的适用条件与程序

人民检察院在审查未成年人刑事案件时，除了可以依法适用法定不起诉、酌定不起诉和证据不足不起诉制度，还可以适用专门针对未成年人案件的附条件不起诉制度。《刑事诉讼法》第 282～284 条、最高人民检察院《规则》第 469～480 条以及《人民检察院办理未成年人刑事案件的规定》第 29～50 条对未成年人犯罪案件适用附条件不起诉制度进行了规定。

1. 关于附条件不起诉的适用条件。对于不满 18 周岁的未成年人涉嫌实施《刑法》分则第四章、第五章、第六章规定的犯罪，可能判处 1 年有期徒刑以下刑罚，犯罪事实清楚，证据确实、充分，符合起诉条件，但有悔罪表现的，人民检察院可以作出附条件不起诉的决定。

2. 关于附条件不起诉的决定程序。人民检察院在作出附条件不起诉的决定以前，应当听取公安机关、被害人、未成年犯罪嫌疑人的法定代理人、辩护人的意见，并制作笔录附卷。被害人是未成年人的，还应当听取被害人的法定代理人、诉讼代理人的意见。未成年犯罪嫌疑人及其法定代理人对拟作出附条件不起诉决定提出异议的，人民检察院应当提起公诉。但是，未成年犯罪嫌疑人及其法定代理人提出无罪辩解，人民检察院经审查认为无罪辩解理由成立的，应当按照《规则》第 365 条的规定作出不起诉决定。未成年犯罪嫌疑人及其法定代理人对案件作附条件不起诉处理没有异议，仅对所附条件及考验期有异议的，人民检察院可以依法采纳其合理的意见，对考察的内容、方式、时间等进行调整；其意见不利于对未成年犯罪嫌疑人帮教，人民检察院不采纳的，应当进行释法说理。人民检察院作出起诉决定前，未成年犯罪嫌疑人及其法定代理人撤回异议的，人民检察院可以依法作出附条件不起诉决定。

3. 附条件不起诉决定的监督程序。人民检察院作出附条件不起诉的决定后，应当制作附条件不起诉决定书，并在3日以内送达公安机关、被害人或者其近亲属及其诉讼代理人、未成年犯罪嫌疑人及其法定代理人、辩护人。送达时，应当告知被害人或者其近亲属及其诉讼代理人，如果对附条件不起诉决定不服，可以自收到附条件不起诉决定书后7日以内向上一级人民检察院申诉。

公安机关认为附条件不起诉决定有错误，要求复议的，人民检察院应当在收到要求复议意见书后的30日以内作出复议决定，通知公安机关。上一级人民检察院收到公安机关对附条件不起诉决定提请复核的意见书后，应当在30日以内作出决定，制作复核决定书送交提请复核的公安机关和下级人民检察院。经复核改变下级人民检察院附条件不起诉决定的，应当撤销下级人民检察院作出的附条件不起诉决定，交由下级人民检察院执行。

被害人不服附条件不起诉决定，在收到附条件不起诉决定书后7日以内申诉的，由作出附条件不起诉决定的人民检察院的上一级人民检察院未成年人刑事检察机构立案复查。上级人民检察院经复查作出起诉决定的，应当撤销下级人民检察院的附条件不起诉决定，由下级人民检察院提起公诉，并将复查决定抄送移送审查起诉的公安机关。被害人不服附条件不起诉决定的，应当告知其不适用《刑事诉讼法》第180条关于被害人可以向人民法院起诉的规定，并做好释法说理工作。因此，被害人不服附条件不起诉决定的，不能直接向人民法院起诉，将公诉案件转化为自诉案件。

此外，人民检察院在作出附条件不起诉决定后，应当在10日内将附条件不起诉决定书报上级人民检察院主管部门备案。上级人民检察院认为下级人民检察院作出的附条件不起诉决定不适当的，应当及时撤销下级人民检察院作出的附条件不起诉决定，下级人民检察院应当执行。

4. 关于对被附条件不起诉的未成年犯罪嫌疑人的监督、考察程序。人民检察院决定附条件不起诉的，应当确定考验期。考验期为6个月以上1年以下，从人民检察院作出附条件不起诉的决定之日起计算。考验期不计入案件审查起诉期限。考验期的长短应当与未成年犯罪嫌疑人所犯罪行的轻重、主观恶性的大小和人身危险性的大小、一贯表现及帮教条件等相适应，根据未成年犯罪嫌疑人在考验期的表现，考验期可以在法定期限范围内适当缩短或者延长。

被附条件不起诉的未成年犯罪嫌疑人，应当遵守下列规定：（1）遵守法律法规，服从监督；（2）按照考察机关的规定报告自己的活动情况；（3）离开所居住的市、县或者迁居，应当报经考察机关批准；（4）按照考察机关的要求接受矫治和教育。

人民检察院可以要求被附条件不起诉的未成年犯罪嫌疑人接受下列矫治和教育：（1）完成戒瘾治疗、心理辅导或者其他适当的处遇措施；（2）向社区或者公益团体提供公益劳动；（3）不得进入特定场所、与特定的人员会见或者通信、从事特定的活动；（4）向被害人赔偿损失、赔礼道歉等；（5）接受相关教育；（6）遵守其他保护被害人安全以及预防再犯的禁止性规定。

在附条件不起诉的考验期内，人民检察院应当对被附条件不起诉的未成年犯罪嫌疑人进行监督考察。未成年犯罪嫌疑人的监护人应当对未成年犯罪嫌疑人加强管教，配合人民检察院做好监督考察工作。人民检察院可以会同未成年犯罪嫌疑人的监护人、所在学校、单位、居住地的村民委员会、居民委员会、未成年人保护组织等的有关人员定期对未成年犯罪嫌疑人进行考察、教育，实施跟踪帮教。未成年犯罪嫌疑人经批准离开所居住的市、县或者迁居，作出附条件不起诉决定的人民检察院可以要求迁入地的人民检察院协助进行考察，并将考察结果函告作出附条件不起诉决定的人民检察院。

5. 关于附条件不起诉的适用结果。根据《刑事诉讼法》第 284 条及最高人民检察院《规则》第 479 条的规定，被附条件不起诉的未成年犯罪嫌疑人，在考验期内有下列情形之一的，人民检察院应当撤销附条件不起诉的决定，提起公诉：(1) 实施新的犯罪的；(2) 发现决定附条件不起诉以前还有其他犯罪需要追诉的；(3) 违反治安管理规定，造成严重后果，或者多次违反治安管理规定的；(4) 违反考察机关有关附条件不起诉的监督管理规定，造成严重后果，或者多次违反考察机关有关附条件不起诉的监督管理规定的。对于未成年犯罪嫌疑人在考验期内实施新的犯罪或者在决定附条件不起诉以前还有其他犯罪需要追诉的，人民检察院应当移送侦查机关立案侦查。附条件不起诉的未成年犯罪嫌疑人，在考验期内没有上述情形，考验期满的，人民检察院应当作出不起诉的决定。

(九) 分案起诉

人民检察院审查未成年人与成年人共同犯罪案件时，一般应当将未成年犯罪嫌疑人与成年犯罪嫌疑人分案起诉，但是具有下列情形之一的，可以不分案起诉：(1) 未成年人系犯罪集团的组织者或者其他共同犯罪中的主犯的；(2) 案件重大、疑难、复杂，分案起诉可能妨碍案件审理的；(3) 涉及刑事附带民事诉讼，分案起诉妨碍附带民事诉讼部分审理的；(4) 具有其他不宜分案起诉情形的。对于分案起诉的未成年人与成年人共同犯罪案件，一般应当同时移送人民法院。对于需要补充侦查的，如果补充侦查事项不涉及未成年犯罪嫌疑人所参与的犯罪事实，不影响对未成年犯罪嫌疑人提起公诉的，应当对未成年犯罪嫌疑人先予提起公诉。人民检察院对未成年人与成年人共同犯罪案件分别提起公诉后，在诉讼过程中出现不宜分案起诉情形的，可以建议人民法院并案审理。

(十) 起诉书的制作以及移送起诉的材料

人民检察院制作的起诉书中应当注明未成年犯罪嫌疑人的出生年、月、日。对未成年犯罪嫌疑人的有关情况和办案人员开展教育、感化工作的情况，应当记录在卷，随案移送。对未成年犯罪嫌疑人提起公诉的，应当将有效证明该未成年人年龄的材料作为证据材料之一移送人民法院。

四、审判程序

根据《刑事诉讼法》和最高人民法院《解释》等司法解释，未成年人案件的审判程序具有下列几个特点。

(一) 审理未成年人案件的一般规定

1. 审判组织和审判人员专门化 。根据最高人民法院《解释》第 549 条的规定，人民法院应当确定专门机构或者指定专门人员，负责审理未成年人刑事案件。审理未成年人刑事案件的人员应当经过专门培训，熟悉未成年人身心特点、善于做未成年人思想教育工作。参加审理未成年人刑事案件的人民陪审员，可以从熟悉未成年人身心特点、关心未成年人保护工作的人民陪审员名单中随机抽取确定。

2. 通知法定代理人到场。根据最高人民法院《解释》第555条的规定，人民法院审理未成年人刑事案件，在讯问和开庭时，应当通知未成年被告人的法定代理人到场。法定代理人无法通知、不能到场或者是共犯的，也可以通知合适成年人到场，并将有关情况记录在案。到场的法定代理人或其他人员，除依法行使《刑事诉讼法》第281条第2款规定的权利外，经法庭同意，可以参与对未成年被告人的法庭教育等工作。上述规定同样适用于简易程序和询问未成年被害人、证人程序。

3. 不公开审理原则。根据《刑事诉讼法》第285条的规定，审判的时候被告人不满18周岁的案件，不公开审理。但是，经未成年被告人及其法定代理人同意，未成年被告人所在学校和未成年人保护组织可以派代表到场。根据最高人民法院《解释》第557条的规定，到场代表的人数和范围，由法庭决定。到场代表经法庭同意，可以参与对未成年被告人的法庭教育工作。对依法公开审理，但可能需要封存犯罪记录的案件，不得组织人员旁听；有旁听人员的，应当告知其不得传播案件信息。

4. 未成年被害人、证人出庭作证。根据最高人民法院《解释》第558条的规定，开庭审理涉及未成年人的刑事案件，未成年被害人、证人一般不出庭作证；必须出庭的，应当采取保护其隐私的技术手段和心理干预等保护措施。

5. 未成年人案件保密原则。根据最高人民法院《解释》第559条的规定，审理涉及未成年人的刑事案件，不得向外界披露该未成年人的姓名、住所、照片以及可能推断出该未成年人身份的其他资料。查阅、摘抄、复制的案卷材料，涉及未成年人的，不得公开和传播。

6. 提出司法建议。根据最高人民法院《解释》第560条的规定，人民法院发现有关单位未尽到未成年人教育、管理、救助、看护等保护职责的，应当向该单位提出司法建议。

7. 法治宣传教育。根据最高人民法院《解释》第561条的规定，人民法院应当结合实际，根据涉及未成年人刑事案件的特点，开展未成年人法治宣传教育工作。

（二）做好开庭前的准备工作

根据最高人民法院《解释》第563条至第570条的规定，人民法院在开庭审理未成年人案件之前应做好以下开庭准备工作。

1. 人民法院向未成年被告人送达起诉书副本时，应当向其讲明被指控的罪行和有关法律规定，并告知其审判程序和诉讼权利、义务。

2. 审判时不满18周岁的未成年被告人没有委托辩护人的，人民法院应当通知法律援助机构指派熟悉未成年人身心特点的律师为其提供辩护。未成年被害人及其法定代理人因经济困难或者其他原因没有委托诉讼代理人的，人民法院应当帮助其申请法律援助。

3. 对未成年人刑事案件，人民法院决定适用简易程序审理的，应当征求未成年被告人及其法定代理人、辩护人的意见。上述人员提出异议的，不适用简易程序。

4. 被告人实施被指控的犯罪时不满18周岁，开庭时已满18周岁、不满20周岁的，人民法院开庭时，一般应当通知其近亲属到庭。经法庭同意，近亲属可以发表意见。近亲属无法通知、不能到场或者是共犯的，应当记录在案。

5. 对人民检察院移送的关于未成年被告人性格特点、家庭情况、社会交往、成长经历、犯罪原因、犯罪前后的表现、监护教育等情况的调查报告，以及辩护人提交的反映未成年被告人上述情况的书面材料，法庭应当接受。必要时，人民法院可以委托社区矫正机构、共青团、社会组织等对未成年被告人的上述情况进行调查，或者自行调查。

6. 人民法院根据情况，可以对未成年被告人、被害人、证人进行心理疏导；根据实际需要并经未成年被告人及其法定代理人同意，也可以对未成年被告人进行心理测评。心理疏导、心理测评可以委托专门机构、专业人员进行。心理测评报告可以作为办理案件和教育未成年人的参考。

7. 开庭前和休庭时，法庭根据情况，可以安排未成年被告人与其法定代理人或者合适成年人会见。

(三) 法庭审理程序的特点

最高人民法院《解释》第 571 条至第 579 条对未成年人案件的审理程序的特殊要求进行了规定。

1. 法庭的设置。人民法院应当在辩护台靠近旁听区一侧为未成年被告人的法定代理人或者合适成年人设置席位。审理可能判处 5 年有期徒刑以下刑罚或者过失犯罪的未成年人刑事案件，可以采取适合未成年人特点的方式设置法庭席位。

2. 拒绝辩护。未成年被告人或者其法定代理人当庭拒绝辩护人辩护的，适用最高人民法院《解释》第 311 条第 2、3 款的规定。重新开庭后，未成年被告人或者其法定代理人再次当庭拒绝辩护人辩护的，不予准许。重新开庭时被告人已满 18 周岁的，可以准许，但不得再另行委托辩护人或者要求另行指派律师，由其自行辩护。

3. 庭审语言。法庭审理过程中，审判人员应当根据未成年被告人的智力发育程度和心理状态，使用适合未成年人的语言表达方式。发现有对未成年被告人威胁、训斥、诱供或者讽刺等情形的，审判长应当制止。

4. 量刑建议。控辩双方提出对未成年被告人判处管制、宣告缓刑等量刑建议的，应当向法庭提供有关未成年被告人能够获得监护、帮教以及对所居住社区无重大不良影响的书面材料。

5. 调查报告的使用。对未成年被告人情况的调查报告，以及辩护人提交的有关未成年被告人情况的书面材料，法庭应当审查并听取控辩双方意见。上述报告和材料可以作为办理案件和教育未成年人的参考。人民法院可以通知作出调查报告的人员出庭说明情况，接受控辩双方和法庭的询问。

6. 法庭教育。法庭辩论结束后，法庭可以根据未成年人的生理、心理特点和案件情况，对未成年被告人进行教育；判决未成年被告人有罪的，宣判后，应当对未成年被告人进行教育。对未成年被告人进行教育，其法定代理人以外的成年亲属或者教师、辅导员等参与有利于感化、挽救未成年人的，人民法院应当邀请其参加有关活动。适用简易程序审理的案件，对未成年被告人进行法庭教育，适用上述规定。

7. 法定代理人的补充陈述。未成年被告人最后陈述后，法庭应当询问其法定代理人是否补充陈述。

8. 宣判。对未成年人刑事案件，宣告判决应当公开进行。对依法应当封存犯罪记录的案件，宣判时，不得组织人员旁听；有旁听人员的，应当告知其不得传播案件信息。定期宣告判决的未成年人刑事案件，未成年被告人的法定代理人无法通知、不能到庭或者是共犯的，法庭可以通知合适成年人到庭，并在宣判后向未成年被告人的成年亲属送达判决书。

9. 第二审程序一律采用直接审理的方式，禁止书面审理。对维持或改变原判决、裁定的，二审法院应当向上诉人讲明维持或改判的理由和根据。对经二审判决、裁定确定有罪的，可以在宣判后组织法庭教育，继续做好未成年罪犯的教育工作。

五、执行程序

最高人民法院《解释》第580条至第586条对未成年罪犯执行程序中的特殊要求进行了规定。

1. 交付执行。将未成年罪犯送监执行刑罚或者送交社区矫正时，人民法院应当将有关未成年罪犯的调查报告及其在案件审理中的表现材料，连同有关法律文书，一并送达执行机关。

2. 帮教考察。人民法院可以与未成年罪犯管教所等服刑场所建立联系，了解未成年罪犯的改造情况，协助做好帮教、改造工作，并可以对正在服刑的未成年罪犯进行回访考察。人民法院认为必要时，可以督促被收监服刑的未成年罪犯的父母或者其他监护人及时探视。对被判处管制、宣告缓刑、裁定假释、决定暂予监外执行的未成年罪犯，人民法院可以协助社区矫正机构制定帮教措施。人民法院可以适时走访被判处管制、宣告缓刑、免除刑事处罚、裁定假释、决定暂予监外执行等的未成年罪犯及其家庭，了解未成年罪犯的管理和教育情况，引导未成年罪犯的家庭承担管教责任，为未成年罪犯改过自新创造良好环境。

3. 就学、就业安置。被判处管制、宣告缓刑、免除刑事处罚、裁定假释、决定暂予监外执行等的未成年罪犯，具备就学、就业条件的，人民法院可以就其安置问题向有关部门提出司法建议，并附送必要的材料。

六、未成年人犯罪记录的封存和保密工作

为防止服刑期满、羁押释放的未成年人在复学、升学、就业时受到歧视，根据《刑法》第100条的规定，犯罪的时候不满18周岁被判处5年有期徒刑以下刑罚的人，在入伍、就业的时候，免除其向有关单位报告自己曾受过刑事处罚的义务。为与此规定相适应，《刑事诉讼法》第286条对未成年人犯罪记录的封存和保密工作进行了规定，根据该条规定，犯罪的时候不满18周岁，被判处5年有期徒刑以下刑罚的，应当对相关犯罪记录予以封存。犯罪记录被封存的，不得向任何单位和个人提供，但司法机关为办案需要或者有关单位根据国家规定进行查询的除外。依法进行查询的单位，应当对被封存的犯罪记录的情况予以保密。

为贯彻刑事诉讼法的规定，公安部《规定》、最高人民检察院《规则》和《人民检察院办理未成年人刑事案件的规定》、最高人民法院《解释》对本部门各自掌握的未成年人犯罪记录应如何封存进行了更为细化的规定：

根据公安部《规定》第331条，未成年人犯罪的时候不满18周岁，被判处5年有期徒刑以下刑罚的，公安机关应当依据人民法院已经生效的判决书，将该未成年人的犯罪记录予以封存。犯罪记录被封存的，除司法机关为办案需要或者有关单位根据国家规定进行查询外，公安机关不得向其他任何单位和个人提供。被封存犯罪记录的未成年人，如果发现漏罪，合并被判处5年有期徒刑以上刑罚的，应当对其犯罪记录解除封存。

根据最高人民检察院《规则》第482～487条和《人民检察院办理未成年人刑事案件的规定》第62～66条的规定，犯罪的时候不满18周岁，被判处5年有期徒刑以下刑罚的，人民检察院应当在收到人民法院生效判决、裁定后，对犯罪记录予以封存。生效判决、裁

定由第二审人民法院作出的，同级人民检察院依照前述规定封存犯罪记录时，应当通知下级人民检察院对相关犯罪记录予以封存。人民检察院应当将拟封存的未成年人犯罪记录、卷宗等相关材料装订成册，加密保存，不予公开，并建立专门的未成年人犯罪档案库，执行严格的保管制度。除司法机关为办案需要或者有关单位根据国家规定进行查询的以外，人民检察院不得向任何单位和个人提供封存的犯罪记录，并不得提供未成年人有犯罪记录的证明。司法机关或者有关单位需要查询犯罪记录的，应当向封存犯罪记录的人民检察院提出书面申请，人民检察院应当在 7 日以内作出是否许可的决定。对被封存犯罪记录的未成年人，符合下列条件之一的，应当对其犯罪记录解除封存：(1) 实施新的犯罪，且新罪与封存记录之罪数罪并罚后被决定执行 5 年有期徒刑以上刑罚的；(2) 发现漏罪，且漏罪与封存记录之罪数罪并罚后被决定执行 5 年有期徒刑以上刑罚的。人民检察院对未成年犯罪嫌疑人作出不起诉决定后，应当对相关记录予以封存。除司法机关为办案需要进行查询外，不得向任何单位和个人提供。具体程序参照上述规定。

根据最高人民法院《解释》第 581 条的规定，犯罪时不满 18 周岁，被判处 5 年有期徒刑以下刑罚以及免予刑事处罚的未成年人的犯罪记录，应当封存。司法机关或者有关单位向人民法院申请查询封存的犯罪记录的，应当提供查询的理由和依据。对查询申请，人民法院应当及时作出是否同意的决定。

七、未成年人案件的法律监督

《人民检察院办理未成年人刑事案件的规定》第四章专门对未成年人案件的法律监督工作进行了规定，根据该规定，未成年人案件的法律监督具有以下几个特点。

（一）侦查监督

人民检察院审查批准逮捕、审查起诉未成年犯罪嫌疑人，应当同时依法监督侦查活动是否合法，发现有下列违法行为的，应当提出纠正意见；构成犯罪的，依法追究刑事责任。(1) 违法对未成年犯罪嫌疑人采取强制措施或者采取强制措施不当的；(2) 未依法实行对未成年犯罪嫌疑人与成年犯罪嫌疑人分别关押、管理的；(3) 对未成年犯罪嫌疑人采取刑事拘留、逮捕措施后，在法定时限内未进行讯问，或者未通知其家属的；(4) 讯问未成年犯罪嫌疑人或者询问未成年被害人、证人时，未依法通知其法定代理人或者合适成年人到场的；(5) 讯问或者询问女性未成年人时，没有女性检察人员参加；(6) 未依法告知未成年犯罪嫌疑人有权委托辩护人的；(7) 未依法通知法律援助机构指派律师为未成年犯罪嫌疑人提供辩护的；(8) 对未成年犯罪嫌疑人威胁、体罚、侮辱人格、游行示众，或者刑讯逼供、指供、诱供的；(9) 利用未成年人认知能力低而故意制造冤、假、错案的；(10) 对未成年被害人、证人以暴力、威胁、诱骗等非法手段收集证据或者侵害未成年被害人、证人的人格尊严及隐私权等合法权益的；(11) 违反羁押和办案期限规定的；(12) 已作出不批准逮捕、不起诉决定，公安机关不立即释放犯罪嫌疑人的；(13) 在侦查中有其他侵害未成年人合法权益行为的。

（二）审判监督

对依法不应当公开审理的未成年人刑事案件公开审理的，人民检察院应当在开庭前提出纠正意见。公诉人出庭支持公诉时，发现法庭审判有下列违反法律规定的诉讼程序的情形之一的，应当在休庭后及时向本院检察长报告，由人民检察院向人民法院提出纠正意见：

（1）开庭或者宣告判决时未通知未成年被告人的法定代理人到庭的。（2）人民法院没有给聋哑或者不通晓当地通用的语言文字的未成年被告人聘请或者指定翻译人员的。（3）未成年被告人在审判时没有辩护人的；对未成年被告人及其法定代理人依照法律和有关规定拒绝辩护人为其辩护，合议庭未另行通知法律援助机构指派律师的。（4）法庭未告知未成年被告人及其法定代理人依法享有的申请回避、辩护、提出新的证据、申请重新鉴定或者勘验、最后陈述、提出上诉等诉讼权利的。（5）其他违反法律规定的诉讼程序的情形。

（三）执行监督

人民检察院发现有关机关对未成年人犯罪记录应当封存而未封存的，不应当允许查询而允许查询的或者不应当提供犯罪记录而提供的，应当依法提出纠正意见。

人民检察院依法对未成年犯管教所实行驻所检察。在刑罚执行监督中，发现关押成年罪犯的监狱收押未成年罪犯的，或者对年满18周岁后余刑在2年以上的罪犯没有转送监狱的，应当依法提出纠正意见。

人民检察院在看守所检察中，发现没有对未成年犯罪嫌疑人、被告人与成年犯罪嫌疑人、被告人分管、分押或者对未成年罪犯留所服刑的，应当依法提出纠正意见。

人民检察院依法对未成年人的社区矫正进行监督，发现有下列情形之一的，应当依法向公安机关、人民法院、监狱、社区矫正机构等有关部门提出纠正意见：（1）没有将未成年人的社区矫正与成年人分开进行的；（2）对实行社区矫正的未成年人脱管、漏管或者没有落实帮教措施的；（3）没有对未成年社区矫正人员给予身份保护，其矫正宣告公开进行，矫正档案未进行保密，公开或者传播其姓名、住所、照片等可能推断出该未成年人的其他资料以及矫正资料等情形的；（4）未成年社区矫正人员的矫正小组没有熟悉青少年成长特点的人员参加的；（5）没有针对未成年人的年龄、心理特点和身心发育需要等特殊情况采取相应的监督管理和教育矫正措施的；（6）其他违法情形。

人民检察院依法对未成年犯的减刑、假释、暂予监外执行等活动实行监督。对符合减刑、假释、暂予监外执行法定条件的，应当建议执行机关向人民法院、监狱管理机关提请；发现提请或者裁定、决定不当的，应当依法提出纠正意见；对徇私舞弊减刑、假释、暂予监外执行等构成犯罪的，依法追究刑事责任。

【问题与思考】

1. 法律对未成年人案件的刑事诉讼程序有哪些特别规定？

2. 在未成年人案件诉讼程序中，应如何保障未成年人的权益？为此应当如何进一步完善法律？

【推荐参考论著】

1. 宋英辉，何挺，王贞会，等．未成年人刑事司法改革研究．北京：北京大学出版社，2013.

2. 张丽丽．从“封存”到“消灭”——未成年人轻罪犯罪记录封存制度之解读与评价．法律科学，2013（2）.

3. 何挺．“合适成年人”参与未成年人刑事诉讼程序实证研究．中国法学，2012（6）.

4. 宋英辉，甄贞．未成年人犯罪诉讼程序研究．北京：北京师范大学出版社，2011.

第二十九章
当事人和解的公诉案件诉讼程序

内容导读

当事人和解的公诉案件诉讼程序是一种区别于传统办案方式，通过鼓励当事人和解来对犯罪嫌疑人、被告人作出宽缓处理的案件处理方式。当事人和解程序与刑事自诉案件和解、刑事附带民事诉讼和（调）解、恢复性司法和辩诉交易都存在区别。《刑事诉讼法》规定了当事人和解的公诉案件诉讼程序适用的条件、范围、具体程序，以及如何对当事人和解的公诉案件作出处理。

第一节　当事人和解的公诉案件诉讼程序概述

当事人和解的公诉案件诉讼程序（以下简称“当事人和解程序”）是2012年刑事诉讼法修改新增的一种特别程序。《刑事诉讼法》增订这一特别程序是在构建和谐社会和贯彻宽严相济刑事政策的背景下，对多年来许多地方的公、检、法机关探索在公诉案件中鼓励当事人和解办案方式（一般称为“刑事和解”）的肯定，有着深厚的立法背景。当事人和解程序无论在理念基础和指导思想方面，还是在具体操作方面，都有其自身的特点。

一、当事人和解程序的概念与特征

当事人和解程序是指在刑事诉讼程序中，犯罪嫌疑人、被告人以真诚悔罪、赔偿损失、赔礼道歉等方式取得被害人谅解且双方达成和解协议后，办案机关在审查和解的自愿性、合法性等内容的基础上，根据案件具体情况作出不起诉或者从轻、减轻或免予处罚等宽缓处理的一种案件处理方式。

当事人和解程序具有以下几个方面的特征。

1. 当事人和解程序是在公安司法机关的主导下进行的。公安司法机关的主导作用主要体现在以下几个方面：决定哪些案件可以适用和解程序；参与、主持和解程序或对和解程序进行监督指导；对和解的结果予以确认并将和解的结果体现在司法机关对刑事案件的最终处理上。公安司法机关的主导作用是当事人和解程序区别于“私了”的最重要特征，也是保证和解程序规范运作以保障当事人合法权益的重要前提。

2. 当事人的意愿对于和解的进程和结果具有决定性的影响。和解是加害人与被害人之间自愿进行的商谈和沟通，只有双方都有和解的意愿才能启动和解程序，在和解过程中任何一方都可以单方面退出，从而终结和解程序。同样，达成和解的前提也是双方达成一致。公安司法机关的主导作用只体现在对和解过程和内容的监督与审查之上，而不能替代当事人的自主意愿。

3. 当事人在符合案件事实清楚、加害人认罪、悔罪且双方自愿等条件的前提下和解。和解建立在加害人真心悔过的基础之上，而不是简单地以经济赔偿换取宽缓处理。

4. 当事人和解的过程主要体现为一种加害人与被害人双方之间的商谈。加害人通过赔礼道歉、经济赔偿、提供劳务等取得被害人谅解，被害人对加害人表示宽恕，从而达成和解，化解加害人与被害人之间的矛盾、修复被犯罪破坏的社会关系。

5. 当事人和解的内容不仅仅是民事部分，也包括刑事部分，而且当事人的和解会对案件的最终处理产生影响。虽然当事人直接处分的是他们的民事权利，但和解的内容并不限于此。当事人和解发生在刑事诉讼过程中，依附于刑事案件，和解的内容包括当事人对刑事部分的忏悔和谅解；同时，当事人还表达了对刑事部分处理的意见。虽然当事人不能直接处分国家刑罚权，但上述和解的内容会对刑事案件的最终处理产生一定的影响，办案机关在当事人达成和解的基础上，综合案件情况，特别是考虑犯罪的危害性、加害人悔过、赔偿情况及被害人态度等因素，对加害人作出相对较为宽缓的处理，包括不起诉、定罪免刑及从轻、减轻处刑。此外，在刑事诉讼过程中，当事人达成和解也可能对程序处理产生影响。例如，检察机关在进行羁押必要性审查时，可以对已经与被害方依法自愿达成和解协议且已经履行或者提供担保的犯罪嫌疑人、被告人提出释放或者变更强制措施的建议。再如，在认罪认罚从宽制度的适用中，对因民间矛盾引发的犯罪，犯罪嫌疑人、被告人自愿认罪、真诚悔罪并与被害方达成和解、尚未严重影响人民群众安全感的，可以更为积极地对其适用认罪认罚从宽制度，而且被告人是否与被害方达成和解协议、调解协议或者赔偿被害方损失，取得被害方谅解，同样也是是否从宽处罚的重要考虑因素。

二、当事人和解程序的价值与功能

当事人和解的产生源于司法实践的现实需要和对传统办案方式的反思。我国传统办理刑事案件方式以确定犯罪者的刑事责任和对犯罪者适用刑罚为核心，在有效打击犯罪、维护社会秩序方面发挥积极作用的同时，也面临诸多问题：案件处理后，原有矛盾难以化解，当事人之间的关系难以修复，有时甚至激化矛盾，酿成更严重的案件；被害人因犯罪所遭受的心理创伤难以抚慰，物质损失难以及时弥补；关押场所交叉感染，导致重新犯罪和更为严重犯罪；办案机关不堪重负；等等。

当事人和解程序在许多方面能够弥补或缓解传统办案方式的上述问题。实践证明，适用当事人和解程序来办理适合的公诉案件有着明显的法律效果和社会效果。首先，有效化解当事人之间的纠纷和矛盾，降低刑事发案率。大多数的轻微刑事案件，都是发生在邻里、亲友之间，并且多为初犯、偶犯，主观恶性不大，如果不能恰当、稳妥地处理这些案件，可能会加深加害人和被害人之间的矛盾，甚至诱发新的犯罪。在当事人和解程序中，通过赔礼道歉、赔偿损失和社区帮教等方式教育、改造犯罪行为人，消除其人身危险性，在一定程度上能降低诱发重新犯罪的因素和可能性。其次，切实保护了被害人的权益，教育、挽救犯罪行为人。通过适用和解，加害人及时向被害人作出赔偿，修复被害人因加害人的犯罪行为而承受的物质损失和精神创伤，有效保护被害人的利益。同时，通过与被害人面对面地进行交谈，犯罪行为人更容易认识到自己行为的危害性，从而有利于教育、挽救犯罪行为人。最后，降低了诉讼成本，节约司法资源，进而提高了诉讼效率。通过当事人和解程序对部分公诉案件实施轻缓刑事政策，对案件进行繁简分流，避免了烦琐的诉讼程序给当事人带来的诉累，也减轻了检察院、法院和监管场所等的工作压力。

三、当事人和解程序的立法背景

《刑事诉讼法》规定当事人和解程序，有着深厚的立法背景。

1. 构建和谐社会理论是当事人和解程序入法在指导思想方面的背景。中央提出“构建社会主义和谐社会”的理念，要求“……更加积极主动地正视矛盾、化解矛盾，最大限度地增加和谐因素，最大限度地减少不和谐因素，不断促进社会和谐”，并对司法制度提出“完善司法体制机制，加强社会和谐的司法保障”的具体要求。[①] 当事人和解程序所体现的修复关系、消除矛盾和多元化的案件处理方式，与构建和谐社会理论所要求的价值多元化和化解矛盾相契合。当事人和解程序具有传统办案方式所不具有的促使加害人与被害人达成谅解、化解矛盾与冲突等方面的功能，是实现社会和谐的重要方式。

2. 宽严相济刑事政策是当事人和解程序入法的司法政策背景。宽严相济刑事政策强调区别对待、全面衡量、依法从宽或者从严、注重修复关系与社会和谐、强调办案的社会效果，以及在案件处理方式上的多元化，都为当事人和解公诉案件的正当性提供了刑事政策支持。当事人和解程序则为宽严相济刑事司法政策的贯彻提供了有效的途径。

3. 长期实践探索是当事人和解程序入法的实践背景。当事人和解程序的产生源于司法实践的现实需要。自 2005 年前后开始，北京、上海、重庆、河北、河南、浙江、江苏、江西、山西、山东、安徽、湖南、云南、海南等诸多省市的公、检、法机关开始探索运用刑事和解办理公诉案件，许多地方还制定了相应的规范性文件。长期的实践探索不但充分暴露了当事人和解在实践中可能遇到的问题，更重要的是，当事人和解程序的多方面价值在实践中得以充分体现。

4. 恢复性司法的兴起与联合国刑事司法准则的倡导是当事人和解程序入法的国际背景。运用当事人和解程序处理刑事案件符合刑事司法发展的国际趋势。美国、加拿大和澳大利亚等英美法系国家通过恢复性司法来促使加害人与被害人之间修复被犯罪所破坏的关系，进而减少甚至消除犯罪对社会所造成的冲击。法国、德国等大陆法系国家则确立“刑事和解”“犯罪人-被害人和解”程序。例如，德国刑事诉讼法增订了第 155a 条，规定：“检察官与法官，在刑事程序的任何阶段，应该随时检验被害人与犯罪人有无达成和解之可能性。在适当情形下，检察官与法官应该促成和解。但不得违反被害人的明示的意思。”

---

① 中共中央关于构建社会主义和谐社会若干重大问题的决定.

2002年12月联合国经济与社会理事会作出了《关于在刑事事项中采用恢复性司法方案的基本原则》的决议，鼓励各会员国利用恢复性司法处理刑事案件。

四、当事人和解程序的理论争议

（一）当事人和解是否会导致“以钱赎刑”

有种观点认为，有些当事人和解案件通过赔偿，终止了追诉或者从轻、减轻了刑罚，就是“以钱赎刑”。事实上，“以钱赎刑”是金钱与刑罚的交易，当事人和解程序建立在加害人真心悔过的基础之上，而不是简单地以经济赔偿换取宽缓处理。从实践看，一些案件和解后之所以对加害人不起诉或从轻、减轻处罚，并非主要是因为加害人对被害人作出了赔偿，而主要是因为考虑到加害人悔过情况好、主观恶性和人身危险性较小等情况，并不是金钱与刑事处罚的交易。公诉案件当事人在和解中直接处分的是他们的民事权利，和解也涉及刑事部分的悔过与谅解，但他们不能直接处分刑罚权，案件的最终处理是由办案机关根据案件的具体情况作出的。

（二）当事人和解是否违背公民适用法律一律平等的原则

有种观点认为，有经济能力的人可以通过和解进行赔偿而获得较为宽缓的处理，没有经济能力的人由于无力赔偿而无法和解，这导致了不公平，背离了公民适用法律一律平等的原则。这种观点有一定道理，但需要指出的是，这种不公平是事实上的不公平，而不是法律机会上的不公平，一些现存的刑事诉讼制度也会带来事实上的不公平。例如，没有经济能力的人不能适用保证金保证，也不能聘请律师为其辩护。我们不能因此否认保证金保证和委托辩护制度，而是需要通过相关制度的建设来弥补其不足，以为所有人提供避免审前羁押和获得律师帮助的机会，如通过保证人保证和法律援助等。[①] 因此，问题的关键在于如何完善相关配套措施，尤其是要对和解方式与内容进行合理化，防止过于重视一次性的经济赔偿，使更多的适格案件可以适用当事人和解程序。例如，应当建立多元化、因案制宜、因人制宜的经济赔偿方式，包括：一次性赔偿，分次、分期赔偿，劳务补偿，让加害人从事一定公益劳动（部分案件可以由政府和办案机关先行给予被害人经济救助）。国家和社会应当为加害人向被害人支付经济赔偿提供便利，例如为适当的加害人提供无息贷款或者为适当的加害人提供工作的机会以便其通过工作赚取赔偿款等。这些都有待司法实践的进一步探索。

第二节　当事人和解程序与相关范畴

传统的公诉案件办案方式以确定犯罪者的刑事责任和对犯罪者适用刑罚为核心内容，以控辩对抗为主要形式。与此相比，当事人和解程序中，国家通过其刑罚权的有条件的部分退让，促使加害人与被害人通过和解的方式化解他们之间的刑事纠纷并在此基础上处理

---

① 宋英辉．刑事和解实证研究．北京：北京大学出版社，2010：132.

刑事案件。除与传统公诉案件办案方式有区别外，当事人和解程序与一系列其他相关范畴也存在区别。

一、当事人和解程序与刑事自诉案件和解

当事人和解程序与刑事自诉案件和解的相同之处在于双方当事人和解的内容既包括民事部分也包括刑事部分，另一个相似之处在于适用的案件范围。《刑事诉讼法》第 212 条中规定："人民法院对自诉案件，可以进行调解；自诉人在宣告判决前，可以同被告人自行和解或者撤回自诉。"根据《刑事诉讼法》第 210 条的规定，自诉案件包括三种：(1) 告诉才处理的案件，即侮辱、诽谤案件（严重危害社会秩序和国家利益的除外）、暴力干涉婚姻自由案件、虐待案件和侵占案件。(2) 被害人有证据证明的轻微刑事案件。[①] (3) 被害人有证据证明对被告人侵犯自己人身、财产权利的行为应当依法追究刑事责任，而公安机关或者人民检察院不予追究被告人刑事责任的案件。通过比较刑事自诉案件和《刑事诉讼法》第 288 条所规定的允许当事人和解的公诉案件范围可以发现，除部分遗弃案件[②]，生产、销售伪劣商品案件和侵犯知识产权案件外，允许当事人和解的公诉案件的范围已经覆盖了绝大多数自诉案件。但是，当事人和解的公诉案件范围还包括了自诉案件所无法全面涵括的可能判处 7 年有期徒刑以下刑罚的过失犯罪案件。

当事人和解程序与刑事自诉案件和解的区别在于：(1) 依附的程序不同，参与的办案机关也不同。当事人和解程序所依附的是公诉案件诉讼程序，公、检、法三机关根据和解所处的诉讼阶段不同都可以参与；刑事自诉案件直接起诉到法院，只有人民法院可能参与和解。(2) 能否直接处分刑罚权不同。当事人和解程序中当事人可以对刑事部分的处理发表意见，但不能直接处分刑罚权，需要由办案机关根据案件情况作出最后的处理，既可以通过不起诉终止诉讼程序，也可以由法院作出从轻、减轻或免予处罚的判决；刑事自诉案件和解中当事人可以直接就刑事部分达成和解，自诉人（被害人）大多在达成和解后直接撤回起诉，从而终止诉讼程序。

二、当事人和解程序与附带民事诉讼和（调）解

当事人和解程序与附带民事诉讼和（调）解在和解内容上有重大区别。在附带民事诉讼中，当事人和解的是民事部分，即涉嫌犯罪的行为对被害人所造成的物质损失如何予以弥补与赔偿的问题，物质损失的弥补与赔偿是附带民事诉讼和解的唯一内容，被告人愿意向被害人赔偿物质损失并不一定意味着被告人对刑事部分的认罪悔过。民事部分虽然在程序上依附于刑事部分，但实质上独立于刑事部分，可以独立成诉，民事部分的和解并不必然影响到刑事部分的处理。当事人和解程序中，犯罪嫌疑人、被告人与被害人之间和解的内容不仅包括民事部分，还包括刑事部分，犯罪嫌疑人、被告人首先就自己的行为真诚悔

---

① 根据最高人民法院《解释》第 1 条的规定，这一类案件包括：故意伤害案件（《刑法》第 234 条第 1 款规定，可能判处 3 年有期徒刑以下刑罚的），非法侵入住宅案件，侵犯通信自由案件，重婚案件，遗弃案件，生产、销售伪劣商品案件（严重危害社会秩序和国家利益的除外），侵犯知识产权案件（严重危害社会秩序和国家利益的除外），《刑法》分则第四章和第五章规定的对被告人可能判处 3 年有期徒刑以下刑罚的案件。

② 根据《刑法》第 261 条的规定，遗弃罪的法定刑为 5 年以下有期徒刑、拘役或者管制。

罪，之后获得被害人就其行为的谅解。虽然很多公诉案件的当事人和解会涉及赔偿损失，但赔偿物质损失不是当事人和解的唯一内容，当事人和解的核心内容是如何通过各种弥补的方法来消除犯罪嫌疑人、被告人实施的涉嫌犯罪的行为给被害人和社会造成的各方面负面影响。对于侮辱、诽谤等可能不会造成物质损失的犯罪，当事人和解甚至可能不会涉及实质上的物质损失赔偿。

三、当事人和解程序与恢复性司法

恢复性司法是20世纪70年代在西方国家产生并蓬勃发展起来的一种司法实践，被认为是西方国家对目前占主流地位的刑事司法制度存在的天然缺陷及其所引发的社会危机的反应和变革。"恢复性司法被视为刑事司法的一个替代模式。它被认为是对犯罪作出的一种独特反应，有别于改造性的和报复性（只是惩罚）的反应。它实行的一种办法是'在一项具体犯罪中有利害关系的所有各方聚在一起，共同决定如何消除这项犯罪的后果及其对未来的影响'。"[①] 恢复性司法不但能用于处理刑事案件，也可以用于处理其他的违法案件，在世界各国有着丰富多样的实践，例如被害人-加害人会谈模式（Victim-Offender Mediation）、家庭小组会议模式（Family Group Conferencing）和圆桌会议模式（Sentencing/Peace-Making Circles，也称量刑圈模式）等。一般而言，恢复性司法具备以下五个要素：(1) 恢复性司法鼓励充分的参与和协商，包括被害人、犯罪人以及那些利益受到犯罪影响的人的参与和协商。(2) 恢复性司法寻求愈合因犯罪而造成的创伤。(3) 恢复性司法寻求充分和直接的责任。犯罪者必须面对他们伤害的人，看看他们的行为是如何损害别人的；要求他们对其犯罪行为进行解释，寻求与被害人和社区的沟通；并要求他们能够采取尽可能的措施弥补这种损害。(4) 恢复性司法寻求整合已经造成的分裂。恢复性司法追求被害人与犯罪人的和解，以及被害人与犯罪人双方共同融入社区。(5) 恢复性司法寻求强化社区以预防进一步的伤害。[②]

可见，当事人和解程序与恢复性司法都是对传统报应性正义的一种反思，都基于修复关系、鼓励当事人参与和国家刑罚权部分退让等理念，我国刑事和解在实践中的起源与探索也受到了恢复性司法的影响。但是，我国刑事诉讼法所确立的当事人和解程序是一项法定的程序，与恢复性司法所提倡的理念与多样化的实践不同，在适用的案件范围，公、检、法办案机关的参与程度以及如何对案件作出最终的处理等方面都有着重大的区别。

第三节　当事人和解程序适用的条件与案件范围

一、当事人和解程序适用的条件

根据《刑事诉讼法》第288条的规定，适用当事人和解程序，应当符合以下三个方面

---

① 联合国第10届预防犯罪和罪犯待遇大会《讨论指南》，2004年4月10～17日，维也纳．

② 王平．恢复性司法论坛（2006年卷）．北京：群众出版社，2006：卷首语．

的条件。

(一) 犯罪嫌疑人、被告人真诚悔罪

当事人和解并非简单地以赔偿换取宽缓的处理，而是要充分关注加害人回归社会，以及修复当事人之间的关系，应以犯罪嫌疑人、被告人真诚悔罪为必要条件。所谓真诚，是指由衷地、发自内心地，而非在外部各种压力的作用下违背真实意愿认罪、悔罪。犯罪嫌疑人、被告人应当在深刻认识到自己所实施的行为对被害人所造成的伤害的基础上，对当初实施的行为后悔不已。犯罪嫌疑人、被告人真诚悔罪还需要通过一定的形式表现出来，例如向被害人赔礼道歉，通过各种方式向被害人赔偿损失，弥补被害人及其亲属因犯罪行为所遭受的伤害，使被害人走出被害的阴影，恢复之前的正常生活。

(二) 案件事实清楚，证据确实、充分

案件事实清楚，证据确实、充分对适用当事人和解程序提出了事实和证据方面的较高要求，即等同于认定有罪的标准。之所以要求案件事实清楚，证据确实、充分，是因为当事人和解的案件需要由人民检察院和人民法院作出最终的处理，包括不起诉和从轻、减轻或免予处罚。基于“以事实为根据，以法律为准绳”的原则，人民检察院和人民法院作出不起诉决定和有罪判决必须建立在案件事实查清的基础之上。同时，只有案件事实查清后，人民检察院和人民法院才能确定加害人所应当承担的责任，当事人才能进行和解。

(三) 犯罪嫌疑人、被告人获得被害人谅解且被害人自愿和解

无论是民事诉讼中的和解还是刑事诉讼中的和解，和解双方的意愿决定了和解能否达成。刑事案件的特殊情况决定了和解双方表达意愿的特殊方式：犯罪嫌疑人、被告人通过真诚悔罪和赔礼道歉、赔偿损失等方式表达和解意愿，被害人则通过是否谅解表达和解意愿。被害人作为犯罪行为的受害方，是和解过程中权利首先需要得到弥补和保障的一方，被害人和解的意愿必须得到充分的尊重，因此，被害人谅解犯罪嫌疑人、被告人是和解成功最重要的，也是不可或缺的条件。而且，被害人对犯罪嫌疑人、被告人的谅解也必须是被害人自愿作出的，办案机关、犯罪嫌疑人、被告人及其他任何人都不能采用任何方式强迫被害人表示谅解和愿意和解。除此之外，犯罪嫌疑人、被告人也应当在真诚悔罪的基础上自愿和解。

二、当事人和解程序适用的案件范围

合理划定当事人和解程序适用的案件范围是一个非常重要的问题。如果案件范围过宽，可能影响国家刑罚权的有效实现，不利于打击犯罪和维护社会秩序；如果案件范围过窄，则不利于充分发挥当事人和解程序的价值。

《刑事诉讼法》第288条从正、反两个方面对当事人和解程序适用的案件范围作出了规定，可以适用的案件包括以下几类。

1. 因民间纠纷引发，涉嫌《刑法》分则第四章规定的“侵犯公民人身权利、民主权利罪”和第五章规定的“侵犯财产罪”，并且可能判处3年有期徒刑以下刑罚的案件。所谓民间纠纷，指的是公民之间有关人身、财产权益、家庭关系的纠纷以及其他日常生活中发生的纠纷。在一些情况下，这些民间纠纷可能激化，进而引发刑事案件，例如农村常见的邻里之间因宅基地纠纷而导致的故意伤害案件。如果因这些民间纠纷引发的案件涉嫌构成刑

法分则第四章规定的“侵犯公民人身权利、民主权利罪”和第五章规定的“侵犯财产罪”，并且可能判处的刑罚是3年以下有期徒刑、拘役、管制或者独立适用附加刑，则可以适用当事人和解程序。需要指出的是，对民间纠纷应作相对广义的理解。有一种观点认为，民间纠纷指的是熟人之间发生的纠纷，只有这种纠纷引发的刑事案件才能适用当事人和解程序。这种观点对民间纠纷理解过于狭窄，不利于当事人和解程序积极作用的发挥。从确立当事人和解程序以化解矛盾的初衷来看，没有必要将其限制得过于严格。根据公安部《规定》第334条，下列情形不属于因民间纠纷引起的犯罪案件：（1）雇凶伤害他人的；（2）涉及黑社会性质组织犯罪的；（3）涉及寻衅滋事的；（4）涉及聚众斗殴的；（5）多次故意伤害他人身体的；（6）其他不宜和解的。

2. 除渎职犯罪以外的可能判处7年有期徒刑以下刑罚的过失犯罪案件。与故意犯罪相比，过失犯罪的社会危害性较小，加害人多为无心之失，被害人谅解的可能性也较大。从恢复社会关系、保障被害人权利和促使加害人重新回归社会的角度，应当允许一些造成的后果相对严重，可能判处的刑罚相对较高的过失犯罪案件适用当事人和解程序。除刑法分则第九章规定的“渎职罪”以外，可能判处7年有期徒刑以下刑罚的过失犯罪案件也可以适用当事人和解程序。由于过失犯罪的法定最高刑一般都在7年有期徒刑以下，这一规定实际上已将绝大部分过失犯罪纳入了当事人和解程序可以适用的范围。①

《刑事诉讼法》第288条还规定了不得适用当事人和解程序的情形：即使犯罪嫌疑人、被告人涉嫌的犯罪属于上述两种情况，但如果犯罪嫌疑人、被告人在5年以内曾经故意犯罪的，则不能适用当事人和解程序。这里所说的“5年内”，指的是犯罪嫌疑人、被告人实施此次涉嫌犯罪的行为之日起前5年内。之所以作出这样的规定，是因为如果犯罪嫌疑人、被告人在5年以内曾故意犯罪，即使此次实施的是非常轻微的犯罪或过失犯罪，其社会危险性也相对较高，不宜通过当事人和解程序从宽处理。根据最高人民检察院《规则》第492条第4款的规定，无论5年内的故意犯罪是否已经追究，均应当认定为5年以内曾经故意犯罪。

《刑事诉讼法》第288条所指的“可能判处三年有期徒刑以下刑罚”“可能判处七年有期徒刑以下刑罚”，指的是依据犯罪嫌疑人、被告人实施犯罪的具体情况，根据刑法所确定的法定刑和量刑幅度，可能判处3年或7年有期徒刑以下刑罚，而不是指该罪名的最高法定刑为3年或7年有期徒刑。例如，对于故意伤害案件，《刑法》第234条规定了三种量刑幅度，分别为3年以下有期徒刑、拘役或者管制，3年以上、10年以下有期徒刑和10年以上有期徒刑、无期徒刑或者死刑。考虑某一故意伤害案件是否能适用当事人和解程序，应当依据犯罪实施和犯罪嫌疑人、被告人的具体情况以及是否具有法定从轻、减轻处罚的情节，来判断是否可能判处3年有期徒刑以下刑罚。

此外，能够适用当事人和解程序的案件应当属于侵害特定被害人的故意犯罪或者有直接被害人的过失犯罪。最高人民检察院《规则》第492条明确规定了这一条件。这是对案件主体方面的要求，即双方当事人是确定的，否则无法进行“双方”当事人的协商，也就无法达成“双方”当事人的和解。

---

① 《刑法》分则规定的过失犯罪中可能判处7年有期徒刑以上刑罚的罪名极少，例如，《刑法》第137条规定的“工程重大安全事故罪”和第432条规定的“过失泄露军事秘密罪”。这些罪名本身也不适宜进行刑事和解。

第四节　当事人和解的具体程序与对案件的处理

一、当事人和解的具体程序

当事人和解程序适用于从立案后到法院作出最终判决的整个刑事诉讼程序。在不同的诉讼阶段，由不同的办案机关负责具体工作，即在侦查阶段由公安机关负责，在审查起诉阶段由人民检察院负责，起诉到法院后则由人民法院负责。而且，当事人和解程序既可以在一审程序中适用，也可以在二审程序中适用。

当事人和解程序主要包括以下几个步骤。

（一）当事人通过协商达成和解

根据《刑事诉讼法》第289条的规定，双方当事人达成和解后，公、检、法办案机关进行听取意见、审查和解的自愿性与合法性并主持制作和解协议书的工作。可见，当事人通过协商达成和解是当事人和解程序的开端。

双方和解的主体主要包括犯罪嫌疑人、被告人与被害人。被害人死亡的，其近亲属可以与犯罪嫌疑人和解，近亲属有多人的，达成和解协议，应当经处于最先继承顺序的所有近亲属同意。被害人系无行为能力或者限制行为能力人的，其法定代理人可以代为和解。犯罪嫌疑人、被告人系限制行为能力人的，其法定代理人可以代为和解，犯罪嫌疑人、被告人在押的，经其同意，法定代理人、近亲属可以代为和解。根据案件情况，办案机关也可以邀请人民调解员、辩护人、诉讼代理人、当事人亲友等参与促成双方当事人和解。

双方当事人协商的内容既应当包括对犯罪与被害情况的交流，也应当包括犯罪嫌疑人、被告人如何通过各种方式来弥补其行为对被害人所造成的伤害及消除对社会的负面影响。双方当事人可以就赔偿损失、赔礼道歉等民事责任事项进行和解，并且可以就被害人及其法定代理人或者近亲属是否要求或者同意公安机关、人民检察院、人民法院对犯罪嫌疑人依法从宽处理进行协商，但不得对案件的事实认定、证据采信、法律适用和定罪量刑等依法属于公安机关、人民检察院、人民法院职权范围的事宜进行协商。

当事人达成和解可以采用多种形式：有的案件可以由犯罪嫌疑人、被告人与被害人直接商谈或自行达成和解；有的案件由双方当事人直接接触不合适的，可以由双方的近亲属或聘请的律师先行商谈，之后再由双方当事人会面商谈；有的案件还可以由双方当事人所共同熟悉或信任的第三人或民间调解组织，如人民调解委员会、村民委员会、居民委员会、当事人所在单位或者同事、亲友等居中调解。

关于办案机关能否及如何具体参与当事人和解，应当区分不同的办案机关：作为刑事诉讼居中裁判者的法院，可以主持双方当事人协商以达成和解。在刑事诉讼中作为侦控机关的公安机关和检察机关则不应过于积极主动对当事人双方进行调解和主持和解，但也可以根据具体情况进行一些促和的工作。例如，可以建议当事人进行和解，并告知相应的权利义务，向当事人双方转达对方和解的意愿，为当事人双方面对面会谈、沟通创造条件，必要时可以提供法律咨询。

（二）办案机关听取当事人和其他有关人员的意见

当事人达成和解后，公、检、法办案机关需要听取当事人和其他有关人员的意见。首先需要听取双方当事人的意见，了解案件发生的前因后果、双方产生和解意愿和达成和解意向的过程，掌握双方当事人对于案件本身与和解过程、内容的态度。根据案件情况，公、检、法机关听取当事人意见可以单独进行，也可以召集双方当事人共同、当面进行，以促使双方当事人之间的互动。公、检、法机关还应当听取其他有关人员的意见。这里的有关人员应当作广义理解，凡是受到涉嫌犯罪行为影响和与案件处理有关的人员，都可以酌情听取他们的意见，例如，未成年当事人的监护人与法定代理人、双方当事人的亲友及其他支持者（如相应的保护组织代表）、双方当事人所聘请的律师、当地居民委员会或者村民委员会人员以及其他了解案件情况的相关人员等。在审查起诉阶段当事人自行和解的，还需要听取公安机关具体办案人员的意见；在审判阶段和解的，还需要听取检察机关的意见。需要指出的是，对于一些涉嫌犯罪的行为有较多的间接受害者或对社区整体安全有较大影响的案件，例如在小区内针对不特定对象故意毁坏财物的案件，可以听取受到犯罪间接影响的人和社区代表的意见。受到犯罪间接影响的人和社区代表参与和解过程，对于扩展和解积极效应的影响面、巩固和解的积极效果、提高整个社区的安全感和应对犯罪的能力具有非常重要的作用。

（三）办案机关审查和解的自愿性与合法性

所谓自愿，指的是发自内心的愿意，而非在外部各种压力的作用下的愿意。审查当事人达成和解是否自愿应考察当事人达成和解是否受到外部的压力。当然，压力的存在不可避免，因此，审查是否自愿的关键不在于考察当事人是否面临压力，而在于考察这种压力是否已经超越其内心的自主意愿而成为达成和解的主导因素。所谓合法，指的是犯罪嫌疑人、被告人与被害人之间达成和解的过程与和解的内容应当符合法律的规定。不但和解的内容不得有违反法律规定的事项，而且和解的过程也应当遵循法律规定。

对和解的自愿性、合法性进行审查，应重点针对以下内容：（1）双方当事人是否自愿和解；（2）犯罪嫌疑人是否真诚悔罪，是否向被害人赔礼道歉，赔偿数额与其所造成的损害和赔偿能力是否相适应；（3）被害人及其法定代理人或者近亲属是否明确表示对犯罪嫌疑人予以谅解；（4）是否符合法律规定；（5）是否损害国家、集体和社会公共利益或者他人的合法权益；（6）是否符合社会公德。

在刑事诉讼的不同阶段，对前一阶段达成的和解协议，当事人提出异议的，后一阶段的办案机关经审查认为和解自愿、合法的，予以确认；和解违反自愿、合法原则的，应当认定无效。和解协议被认定无效后，双方当事人可以重新达成和解。

（四）办案机关主持制作和解协议书

经过听取意见和审查，如果认为和解的达成与内容符合自愿、合法的原则，公、检、法机关应当召集双方当事人，主持制作和解协议书。和解协议书应当包括下列内容：（1）双方当事人的基本情况。（2）案件的主要事实。（3）犯罪嫌疑人、被告人真诚悔罪，承认自己所犯罪行，对犯罪事实没有异议。（4）犯罪嫌疑人、被告人向被害人赔偿损失、赔礼道歉等；赔偿损失的，应当写明赔偿的数额、履行的方式、期限等；提起附带民事诉讼的，由附带民事诉讼原告人撤回起诉。（5）被害人及其法定代理人或者近亲属对犯罪嫌疑人予以谅解，自愿和解，并请求或者同意公安机关、人民检察院、人民法院对犯罪嫌疑人依法从宽处理。

和解协议书应由双方当事人签名。基于不同办案机关在刑事诉讼中的不同地位，并与不同机关办案人员能否主持和解过程相一致，办案人员是否在和解协议上签字亦有所不同：公安人员和检察人员基于其控方地位，不应当在当事人和解协议书上签名，也不加盖办案机关印章；审判人员基于其中立地位，应当在和解协议书上签名，但也不加盖人民法院印章。和解协议书一式三份，双方当事人各持一份，另一份交办案机关附卷备查。

（五）和解协议的履行、反悔与无效

和解协议所约定的赔偿损失的内容，一般应当在协议签署后即时一次性履行。根据最高人民检察院《规则》第499条的规定，犯罪嫌疑人、被告人确实难以一次性履行的，在提供有效担保并且被害人同意的情况下，也可以分期履行。在提供有效担保的情况下，检察机关也可以在全部履行完毕之前作出不起诉的处理

在审查起诉阶段，对于拟做不起诉处理的案件，当事人在不起诉决定作出之前反悔的，可以另行达成和解。不能另行达成和解的，人民检察院应当依法作出起诉或者不起诉决定。当事人在不起诉决定作出之后反悔的，人民检察院不撤销原决定，但有证据证明和解违反自愿、合法原则的除外。在法院审理阶段，和解协议已经全部履行，当事人反悔的，人民法院不予支持，但有证据证明和解违反自愿、合法原则的除外。

此外，犯罪嫌疑人、被告人或者其亲友等以暴力、威胁、欺骗或者其他非法方法强迫、引诱被害人和解，或者在协议履行完毕之后威胁、报复被害人的，应当认定和解协议无效。对犯罪嫌疑人、被告人已经作出的宽缓处理应当撤销，并按照法律规定重新进行刑事诉讼程序。

二、当事人和解公诉案件的处理

当事人和解程序的一个重要特征是在当事人达成和解后对犯罪嫌疑人、被告人作出相对宽缓的处理。《刑事诉讼法》第290条规定了对于当事人和解公诉案件从宽处理的具体方法，根据达成和解协议的诉讼阶段不同而采用不同的方式。

（一）侦查阶段达成和解协议

对于在侦查阶段达成和解协议的案件，公安机关可以向人民检察院提出从宽处理的建议。从宽处理的建议包括建议检察机关作出不起诉处理，或建议检察机关向人民法院提出从宽处罚的建议。需要指出的是，即使是犯罪情节轻微，根据刑法规定不需要判处刑罚或免除处罚的案件，当事人达成和解协议后，公安机关也不能直接作出撤销案件的决定，只能向检察机关建议不起诉，由检察机关通过不起诉的方式作出最后的处理。在《刑事诉讼法》修改之前的司法实践中，大量在侦查阶段和解或在审查起诉阶段和解的案件，都通过公安机关直接撤销案件或检察机关退回公安机关撤销案件的方式作出最终的处理。这种处理方式是一种程序倒流，缺乏法律根据，有损法律权威，而且在侦查阶段达成和解后由公安机关自行撤销案件，会使和解失去监督，可能导致风险。此外，侦查过程中，检察机关在审查批捕时，双方当事人达成和解协议的，可以作为有无社会危险性或者社会危险性大小的因素予以考虑，经审查认为不需要逮捕的，可以作出不批准逮捕的决定；在审查起诉阶段可以依法变更强制措施。

（二）审查起诉阶段达成和解协议

人民检察院对于公安机关移送审查起诉的案件，可以将双方当事人达成和解协议作为

是否需要判处刑罚或者免除刑罚的因素予以考虑，符合法律规定的不起诉条件的，可以决定不起诉。对于依法应当提起公诉的，则向人民法院提起公诉，并提出从宽处罚的量刑建议。对于未成年人犯罪案件，如果既符合《刑事诉讼法》及司法解释所规定的当事人和解公诉案件诉讼程序的案件范围，又符合《刑事诉讼法》第282条关于附条件不起诉的案件范围，人民检察院可以根据案件具体情况作出附条件不起诉的决定。

（三）审判阶段达成和解协议

对达成和解协议的案件，人民法院应当对被告人从轻处罚；符合非监禁刑适用条件的，应当适用非监禁刑；判处法定最低刑仍然过重的，可以减轻处罚；综合全案认为犯罪情节轻微不需要判处刑罚的，可以免予刑事处罚。共同犯罪案件，部分被告人与被害人达成和解协议的，可以依法对该部分被告人从宽处罚，但应当注意全案的量刑平衡。

【问题与思考】

1. 如何理解当事人和解程序与传统办案方式的区别？
2. 当事人和解的内容是否包括刑事部分？当事人和解刑事部分的具体方式是什么？
3. 如何理解当事人和解程序与附带民事诉讼和（调）解的区别？
4. 适用当事人和解程序应当符合哪些条件？
5. 适用当事人和解程序的案件包括哪些？
6. 为什么公、检、法办案机关要参与到当事人和解程序？它们参与的具体形式是什么？
7. 在不同诉讼阶段达成和解的案件如何处理？

【推荐参考论著】

1. 陈光中，葛琳．刑事和解初探．中国法学，2006（5）．
2. 陈瑞华．刑事诉讼的私力合作模式——刑事和解在中国的兴起．中国法学，2006（5）．
3. 宋英辉，等．公诉案件刑事和解实证研究．法学研究，2009（3）．
4. 葛琳．刑事和解研究．北京：中国人民公安大学出版社，2008．
5. 宋英辉．刑事和解制度研究．北京：北京大学出版社，2011．
6. 陈晓明．刑事和解原论．北京：法律出版社，2011．
7. 何挺．现代刑事纠纷及其解决．北京：中国人民公安大学出版社，2011．
8. 黄京平．刑事和解的政策性运行到法制化运行——以当事人和解的轻伤害案件为样本的分析．中国法学，2013（3）．

第三十章 缺席审判程序

内容导读

缺席审判程序是2018年10月《刑事诉讼法》修改新增的一种特别程序。它是党中央高度重视反腐败和国际追逃追赃工作及相关法律制度建设的成果。作为一项特殊的刑事审判制度，缺席审判与公正审判、程序参与等刑事诉讼基本原则存在冲突，因此只能作为被告人审判时应当在场的例外而存在，其适用情形和适用条件应该受到法律的严格限制。本章重点介绍缺席审判程序的概念、特征、种类和适用条件，以及缺席审判的具体程序设置等内容。

第一节 缺席审判程序概述

一、缺席审判程序的概念及特征

缺席审判是指在特定的刑事案件中对不在场的被告人所进行的特殊审判，以解决其刑事责任问题。[①] 与普通审判程序相比，缺席审判程序具有以下几个方面的特征。

(一) 被告人审判时不在场

虽然我国《刑事诉讼法》没有明确规定刑事被告人有审判时在场的权利，但无论是公诉案件还是自诉案件，无论是第一审普通程序还是简易程序，都以被告人在场为前提，而讯问/询问被告人以及被告人最后陈述更是不可省略的法庭审判环节，因此可以说被告人审判时在场是我国刑事诉讼法的一项基本要求。缺席审判的最大特点就是在被告人不在场的情况下对案件进行审理和判决。被告人不在场，就不能对自己的定罪量刑问题发表意见，也不能与不利于己的证人进行对质，其在法庭上的权利只能通过辩护人来行使，从而使缺

① 王敏远．刑事缺席审判制度研究．法学杂志，2018（8）．

席审判程序呈现出与普通审判程序不同的面貌。不仅如此，缺席审判程序在审前的文书送达以及审后的救济程序等方面均具有不同于普通程序的特殊性。

（二）缺席审判是为了解决被告人的刑事责任问题

我国民事诉讼中也存在缺席判决制度。我国《民事诉讼法》第144条规定："被告经传票传唤，无正当理由拒不到庭的，或者未经法庭许可中途退庭的，可以缺席判决。"此外，我国《刑事诉讼法》于2012年修改时新增的"犯罪嫌疑人、被告人逃匿、死亡案件违法所得的没收程序"，也是以犯罪嫌疑人、被告人不在场为前提而进行的特殊处理程序。然而无论是民事缺席判决程序还是刑事违法所得没收程序，都不涉及被告人的刑事责任问题，前者解决的是被告人的民事责任问题，而后者解决的是犯罪嫌疑人、被告人涉案财产的归属问题。刑事缺席审判解决的则是被告人的刑事责任问题，即被告人是否有罪、应否处刑以及应处何种刑罚的问题。

（三）缺席审判只能适用于特定的刑事案件

由于缺席审判程序以被告人审判时不在场为前提，其与被告人在场权、公正审判、程序参与等基本权利或者原则相冲突，因而只能作为例外情况存在，其适用应受到法律的严格限制。法律应当对缺席审判适用的案件范围进行明确规定，除这些案件之外，其他刑事案件即便被告人在审判时不能到场，也不能适用缺席审判程序，而只能视案件的具体情况采取中止审理或者延期审理措施。

二、缺席审判程序的理论争议[①]

对于缺席审判程序存在的合理性与正当性在国内外都有较大争议。许多学者对此程序持反对意见，认为这一程序既不利于查清案件事实真相，也不利于公平审判原则的实现；但也有很多学者认为缺席审判程序有其存在的独特价值。

（一）反对缺席审判程序的观点及理由

1. 缺席审判不利于查清事实。

美国学者兰博约在其著作《对抗制刑事审判的起源》一书中认为："被告人在刑事审判中几乎总是最为有效的潜在的证人"[②]，"一个人通过单纯、无邪，没有任何雕饰的、真诚的行为使得用道德良知来使自己脱罪要远较那些不是为自己阐述的雄辩理由更加打动人心并具有说服力"[③]。这也是说为什么对于控辩双方而言，被告人在场是最为重要的，因为他可能是最了解事实真相的。相反，如果被告人无法把自己的叙述展现给法庭，真实性也就无法被检测。[④] 如果被告人没有在庭上对于指控提出异议，很难知道他究竟是有罪的还是无罪的，尤其是没有阅读案卷的陪审团更无法判断他的罪过。[⑤] 在英国的女王诉琼斯案中，有一种观点非常具有影响力，即如果被告人没有出席审判，或者故意不出席审判，法庭往往就

---

① 本部分内容主要参考宋英辉教授主持的全国人大法工委委托项目"刑事缺席审判制度研究"的研究报告。

② J. LANGBEIN. The origins of adversary criminal trial. Oxford：Oxford University Press，2003：21.

③ J. LANGBEIN. The origins of adversary criminal trial. Oxford：Oxford University Press，2003：3 citing W HAWKINS. A treatise of the pleas of the crown 400：2 vols. London：1716，1721.

④ Atwood v. Welton 7 Conn 66，72（1828）.

⑤ Oaths Ac Act 1978，s. 1（1）.

会认为被告人是有罪的。[①] 在大陆法系，也有相似的观点存在。我国台湾地区的林钰雄教授提出，法官除了亲自讯问证人、鉴定人，也必须讯问被告人，“听其言、观其行”，以便获得对于被告人个人的直接印象，纵使被告自始至终保持缄默，也不因而解除法官亲自接触被告的必要性。[②]

2. 缺席审判不利于公平审判原则的实现。

缺席审判不利于公平审判原则的观点在反对的声音中较为普遍，这主要体现在下列方面。

（1）缺席审判违反了被告人在场权及对质的义务。被告人既享有在法庭审理时到场的权利，同时，从追求发现实体真实的刑事程序目的出发，法庭审理时到场也是被告人所应当承担的义务。英国的宾厄姆大法官说：很多年来，英国法认可了被告人在起诉书审判中，有参加审判的权利，并且在陪审团审理案件时将之规定为一种义务。[③] 不仅如此，宾厄姆法官还声明被告无论陈述与否都不能解除其对质义务，而到场是对质的前提。[④] 在前南法庭设立之初，联合国就态度鲜明地否定了纽伦堡法庭的缺席审判制度，联合国秘书长特别提出：“在被告人亲自出现在法庭之前不能开始进行审判。缺席审判不能出现在前南法庭规约之中，因为其与《公民权利和政治权利国际公约》第 14 条所要求的被告人在场权相冲突。”[⑤]

（2）缺席审判损害了当事人被听取的权利。兰斯塔夫大法官总结了公平审判的核心含义：“公平听证的原则体现在双方当事人都有权被听取。它也叫听取另一方理由原则（audi alteram partem principle）。”[⑥] 争议双方被听取并且有机会参与是自然正义的根本原则。[⑦] 如果法院允许被告人没有权利被听取，却被判处刑罚，法院就犯了不可宽恕的错误。[⑧] 他不知道对他的惩罚是什么，也就不知道法庭将会如何处置他。如果被告人不能够在场对控方的指控予以答辩，那么司法不公就会产生。[⑨]在大陆法系，也存在相似的观点，例如，我国台湾地区的林钰雄教授提出，听审原则系现今法治国刑事诉讼程序的基础原则，任何人皆不得在未经依法听审之前受不利之判决。被告人到场通常是审判程序合法进行的前提。[⑩] 由此可见，缺席审判损害了当事人被听取的权利。

（3）缺席审判容易使得控辩双方实力失衡。法庭缺席审判的压制性特征非常明显，否定了被告人被听取的权利。如果这种情况得以延续，控诉方将永远在法庭的战场上占据绝对上风。此外，如果被告人不在场，则量刑必然倾向于国家，因为被告人没有绝对的辩护权来保证自身的利益。这种审判方式使得被告人没有准备，违反了武器平等的原则。当然被告人自愿离席，也不能完全说审判就是公平的。在这种情况下正义的天平往往也会倾向

---

① R v. Jones [2003] 1 AC 1 at [69] (Lord Rodger of Earlsferry).

② 林钰雄．被告缺席审判与非常上诉．台湾本土法学杂志，2000（14）.

③ R v. Jones [2003] 1 AC 1 at [6] (Lord Bingham).

④ R v. Jones [2003] 1 AC 1 at [6] (Lord Bingham).

⑤ The Secretary-General, Report of the Secretary-General Pursuant to Paragraph 2 of Security Council Resolution 808 (1993), 101, U. N. Doc. S/25704 (May 3, 1993).

⑥ [2009] EWHC 2874 (Admin).

⑦ R v. Lopez (Junior Clarke) [2014] Crim LR 384 at 386, commentary by N. Taylor.

⑧ 《大宪章》第 39 条规定：“任何自由人，如未经其同级贵族之依法裁判，或经国法判决，皆不得被逮捕，监禁，没收财产，剥夺法律保护权，流放，或加以任何其他损害。”

⑨ R v. Jones [2003] 1 AC 1 at [69] (Lord Rodger of Earlsferry).

⑩ 林钰雄．刑事诉讼法：上．台北：元照出版有限公司，2006：154－155.

于检察官、被害人和国家，使得被告人不可能获得平等对待。由此可见，缺席审判容易使得控辩双方实力失衡。

3. 缺席审判损害了刑事诉讼程序的完整性和顺畅性。

缺席审判的上述副作用实际上都间接导致了刑事诉讼程序的完整性和顺畅性遭受严重损害。美国阿拉斯加上诉法院在 Flood v. State 案中认为，被告人出席法庭对于以下几方面尤为重要：控方证人可以在法庭上通过脸部而不是姓名认出被告人；让陪审团有机会看到被告人；让被告人在挑选陪审团和审判中有能力与其辩护律师协商。[①] 夏威夷法院也在 State v. Kaulia 案中提出：社会一般排斥被告人缺席的刑事审判。[②] 夏威夷法院认为，被告人在整个审判中出庭时，司法制度运行得最好，被告人能与辩护人沟通，参与审判策略，有助于提供辩护，帮助交叉询问。[③] 这些实际上都与刑事诉讼的完整性和顺畅性息息相关，因此缺席审判造成了刑事诉讼程序的不完整和不顺畅。

4. 缺席审判不利于被告人悔罪。

缺席审判不利于被告人悔罪，也间接使得社会关系无法得到及时修复。兰博约提出：英国在传统上认为如果被告人不能出庭提出自己的证词，他没有机会对被害人以及他犯罪所在的社群表示忏悔，也不能在被害人以及所侵害的机构前直面自己所作出的伤害行为。被告人从刑事诉讼程序的开始到结束都是程序版图上最重要的部分。在量刑中，被告人的在场更是强制性的，因为他可以展示自己的懊悔，向法官和法庭表明自己真的在悔罪。这些会影响量刑以及诉讼中的其他变量。[④] 由此可见，从真诚悔罪和修复社会关系的角度看，缺席审判也是不可取的。

（二）支持缺席审判的观点及理由

针对反对缺席审判的观点和理由，支持该制度的学者提出了以下几点驳斥的理由。

1. 缺席审判是诉讼公正与效率价值的权衡。

刑事诉讼的价值目标是公正与效率的统一，在公正与效率的权衡关系中，虽然通常以公正为首要目标并兼顾效率，但当两者不能完全兼顾甚至矛盾冲突时，完全考虑公正的需求而不顾及效率的选择也不一定具有绝对的正当性与合理性。确立缺席审判制度就是建立在公正与效率价值权衡的基础之上的。司法实践中，被告人由于逃跑、严重疾病或者主观意愿等各种原因不能或不愿出庭就审，如果单纯考虑公正，则不应当允许缺席审判，因为被告人在就其涉嫌犯罪的行为进行审理时在场是法庭审理符合程序公正的最基本要求。但绝对排斥缺席审判这种单一追求程序公正的选择必然导致诉讼效率的大幅下降，并使被告人缺席的案件久拖不决，被犯罪所破坏的社会关系难以恢复。很多国家和地区允许在一些轻微案件或特定情形案件中适用缺席审判就是在程序公正与效率价值之间权衡的结果。因此，从更好地对刑事诉讼公正与效率价值进行权衡出发，可以允许缺席审判在特定情形下适用。

2. 缺席审判与程序参与原则。

有关缺席审判是否合理的争议之一在于缺席审判会破坏刑事审判的程序参与原则。但

① Flood v. State，2013 WL 3242374.

② State v. Kaulia，2013 WL 68332.

③ State v. Kaulia，2013 WL 68332.

④ J LANGBEIN. The origins of adversary criminal trial. Oxford：Oxford University Press，2003：21.

如果进行深入的分析可以发现，如果将缺席审判限定在一定的情形下并规定相应的救济措施，并不会对程序参与原则构成实质性的破坏。

一方面，程序参与原则要求的是给予被告人或其代表顺畅的途径与机会参与法庭审理并发表意见，被告人主动缺席或者基于自愿的缺席审判并非限制这样的机会和途径，而是在被告人出现逃跑等自愿放弃出庭机会的情况下适用的。根据联合国人权事务委员会对《公民权利和政治权利国际公约》第 14 条的第 32 号一般评论，在被告人已经被给予一切必要的通知，包括告知审判时间和地点等，以及被要求出席法庭审判，但被告人自己决定不出席审判的情况下，进行刑事缺席审判并不违背《公民权利和政治权利国际公约》第 14 条第 3 款丁项的有关规定。[①]

另一方面，被告人对于刑事审判的参与可以细分为以下三方面内容：(1) 能够知悉法庭审理的时间地点等事项，这是参与的前提；(2) 能够在法庭审理时在场，这是一种形式上的参与；(3) 能够在法庭审理过程中发表意见并影响最终的裁判，这是一种实质上的参与。如果通过相应的制度设计，使缺席审判的进行能够满足前述 (1) 和 (3) 的要求，即使被告人在法庭审理时未在场，也只是缺失了形式上的参与要素，并未违反实质上的参与要求。因此，如果能够通过送达等制度的设计确保被告人对审理相关事项的知悉，同时又能通过辩护人出庭或被告人不出庭但有其他途径提出意见的制度设计确保被告人能够在审理过程中发表意见，缺席审判就不会对程序参与造成实质性的破坏。

3. 缺席审判与被告人审判时的在场权。

被告人享有在场权是程序参与原则的要求，也是被告人在庭审过程中享有的其他一系列权利（如提出证据权、对质权等）的基础和前提。美国哲学家戈尔丁认为，“纠纷解决者应只在另一方在场的情况下听取一方意见”是程序公正的标准之一。[②] 因此在原则上，只有在被告人在场的情况下，法庭审理有关被告人的案件才被视为符合程序公正。

被告人在场权虽然在价值上具有不容置喙的正当性，但是在一定情形下，尤其是在被告人主动不出庭时，保障其在场权可能会损害其他更为重要的法益，如迅速惩罚犯罪的利益、等待再次审理或重新组织审理导致的司法资源的浪费等。此时经过权衡，对被告人在场权的保障并非在任何时候都是首先需要维护的利益。缺席审判正是在特定情形权衡之下将被告人在场权让位于其他更为重要的利益的选择。美国宾夕法尼亚州最高法院认为，被告人在宪法上享有的出席法庭受审的权利不是绝对的。[③] 我国台湾地区学者也认为，被告人的到场权与对质诘问权的性质并非不可抛弃，被告人的对质诘问权亦非永远高于证人的权益和妥适运用司法资源的重要性。[④]

基于以上，缺席审判侵犯被告人法庭审理时在场权并不能作为反对缺席审判的必然理由，关键的问题在于：在何种情形下，被告人的在场权需要让位于其他更为重要的法益并如何对其在场权进行弥补。这就涉及适用缺席审判具体情形的确定与救济措施的选择。

---

① 张毅．论《打击跨国有组织犯罪公约》和《反腐败公约》与我国刑事诉讼制度改革//陈光中．21 世纪域外刑事诉讼立法最新发展．北京：中国政法大学出版社，2004：77.

② 戈尔丁．法律哲学．齐海滨，译．北京：生活・读书・新知三联书店，1987：240－241.

③ Com. v. Kelly，78 A. 3d 1136.

④ 吴巡龙．被告人不到场的审判程序及被告与证人间如何隔离讯问．法学丛刊，2005 (3).

三、我国确立缺席审判程序的背景

（一）国际背景

缺席审判程序在正当性方面存在的争议导致了各国对该程序的态度不一以及千差万别的立法和司法实践。大多数国家对轻罪案件的缺席审判程序持较为宽容的态度，但对重罪案件的缺席审判程序有着不同的做法：有的国家允许重罪案件在被告人无正当理由不出庭的情形下，对被告人缺席审判；有的国家允许在被告人自愿缺席的情形下对重罪案件的被告人进行缺席审判；有的国家和地区则只是允许在被告人严重破坏法庭秩序、因健康原因无法出庭、故意或者过失招致无就审能力的情形下，对重罪案件的被告人缺席审判。

《公民权利和政治权利国际公约》第 14 条第 3 款丁项明确规定被告人有权“出席受审并亲自替自己辩护或经由他自己所选择的法律援助进行辩护”，即被告人审判时的在场权。但联合国人权事务委员会在 1983 年的孟班戈（Mbenge）诉扎伊尔案[①]以及 1999 年的马拉奇（Maleki）诉意大利案[②]中，并没有对缺席审判本身予以否定。这一立场在人权事务委员会于 2007 年 7 月发布的关于《公民权利和政治权利国际公约》第 14 条的第 32 号一般评论中再次予以明确。根据此评论第五部分第 6 段，人权事务委员会认为：公约第 14 条第 3 款丁项规定要求赋予被告人审判时在场的权利，但是缺席审判在司法利益有此需要的情况下有时也是可以允许的，比如尽管事先已及时将审判告知被告人，但被告人拒绝行使出庭权利。因此，只有采取必要措施及时传唤被告并事先通知其审判的日期和地点，请其出庭，这类审判才符合第 14 条第 3 款丁项的要求。[③] 由此观之，人权事务委员会对缺席审判程序采取了容忍的态度，但前提是必须保障被告人享有第 14 条第 3 款所规定的正当程序权利。

（二）国内背景

我国引入缺席审判程序首先主要是新时期反腐败工作的要求。反腐败是我们党一项极其重要的任务，近年来我国在国际追赃追逃工作中取得了非常引人注目的成绩：2014 年至 2019 年，全国共从 120 多个国家和地区追回外逃人员 7 242 人，其中党员和国家工作人员 1 923 人、“百名红通人员” 60 人，追回赃款 185.76 亿元。[④] 但是，当前反腐败斗争形势依然复杂严峻，反腐败斗争仍要深入推进。尤其是在海外追逃工作中，尚存在一系列的制度性问题，最为突出的即对潜逃海外腐败分子的追捕。党的十九大报告已郑重宣示：“不管腐败分子逃到哪里，都要缉拿归案、绳之以法。”[⑤]这对反腐败的制度建设提出了新的要求，刑事缺席审判程序的构建则能有效促进此项工作的开展。虽然违法所得没收程序一定程度上解决了海外追赃的问题，但不论是反腐败斗争还是刑事诉讼，目的皆为将腐败犯罪分子缉

---

① Daniel Monguya Mbenge v. Zaire，Communication No. 16/1977，U. N. Doc. Supp. No. 40（A/38/40）at 134（1983）.

② Ali Maleki（represented by his son，Kambiz Maleki）v. Italy，Communication No. 699/1996，U. N. Doc. CCPR/C/66/D/699/1996（27 July 1999）.

③ Human Rights Committee，General Comment No. 32，Article 14：Right to equality before courts and tribunals and to a fair trial，U. N. Doc. CCPR/C/GC/32（2007）.

④ 朱基钗，孙少龙．织牢织密追逃追赃“天网”——新时代反腐败国际追逃追赃工作纵深发展回眸．新华社，2020-08-07 [2021-09-08]．https://www.ccdi.gov.cn/yaowen/202008/t20200807_223399.html.

⑤ 习近平．决胜全面建成小康社会　夺取新时代中国特色社会主义伟大胜利——在中国共产党第十九次全国代表大会上的报告．北京：人民出版社，2017：67.

拿归案、绳之以法，使之受到法律的制裁，而仅对涉案财物予以没收，显然无法彻底实现反腐败斗争与刑事诉讼的目的。当下，如何在国际协议的框架下实现犯罪人员的引渡与遣返，是实现上述目的的关键。刑事缺席审判制度建立后，我国法院可依法对外逃腐败分子进行审判并作出判决，从而根据该条款的规定要求被请求缔约国履行“或引渡或执行刑罚”的义务，这将对腐败分子产生极大的震慑作用。[①] 正是基于以上背景，全国人大常委会于2018年修改《刑事诉讼法》，专门增加规定了针对贪污贿赂等案件中逃往境外的犯罪嫌疑人、被告人的缺席审判程序。

其次，在我国刑事司法实践中还存在被告人因患有严重疾病导致庭审无法正常进行的情形。虽然我国《刑事诉讼法》规定了中止审理制度，即中止案件审理活动，待这些情形消失后再恢复审理；但是这一规定过于笼统，未对被告人不能到庭的原因进行细化，也未充分尊重被告人的程序选择权。比如对于被告人以自杀、自残方式导致自己不能出庭接受审判的情形，实践中与被告人患有严重疾病无法出庭的情形一样，一概采取中止审理的方式加以处理，这无疑会在一定程度上纵容类似行为的发生，有损我国刑事审判活动的严肃性和权威性。而对于被告人患有严重疾病无法出庭的情形，则根本不考虑被告人的主观意愿，一概采取中止审理的方式，这既不能满足诉讼效率的要求，也有损被告人的程序选择权。在以上情形下设立缺席审判制度，一方面可以杜绝被告人故意拖延审判以求逃避法律制裁的侥幸心理，增强审判活动的严肃性和权威性；另一方面也有利于在尊重被告人程序选择权的前提下提高诉讼效率。

最后，我国《刑事诉讼法》第16条规定了法定不追究刑事责任的几种情形，其中包括犯罪嫌疑人、被告人死亡的情形，对这种情形法律要求公安司法机关做撤销案件、不起诉、终止审理或者宣告无罪的处理。在司法实务个案中确实存在如下特殊情形：被告人死亡时，庭审已经基本进行完毕，证据和事实亦已调查清楚，能够确认被告人无罪，此时若仍按律终止审理，实质对被告人不利，亦与我国自古以来“盖棺论定”的传统习俗不符，故最高人民法院2013年《解释》第241条第1款第9项明确规定：“被告人死亡的，应当裁定终止审理；根据已查明的案件事实和认定的证据，能够确认无罪的，应当判决宣告被告人无罪。”[②] 但一直以来，我国并没有与此种情形相适应的审理程序，导致法院对确实无罪的被告人进行审理和判决没有相应的法律程序可依，因此增设此种情形下的缺席审判程序是极为必要的。

第二节　缺席审判程序的种类及其适用条件

根据《刑事诉讼法》第291～297条的规定，我国共确立了三种情形下的缺席审判，即针对潜逃境外的被告人进行的缺席审判、针对患有严重疾病的被告人进行的缺席审判以及

---

① 陈卫东．论中国特色刑事缺席审判制度．中国刑事法杂志，2018（3）．

② 万毅．刑事缺席审判制度立法技术三题——以《中华人民共和国刑事诉讼法（修正草案）》为中心．中国刑事法杂志，2018（3）．

针对死亡被告人进行的缺席审判。

一、针对潜逃境外的被告人进行的缺席审判

并非所有潜逃的刑事案件被告人都可以适用缺席审判程序进行审理，根据《刑事诉讼法》第 291 条的规定，此种情形下的缺席审判必须同时符合以下三个方面的条件。

（一）案件范围条件

此种情形的缺席审判只能适用于两类案件：一是贪污贿赂犯罪案件；二是需要及时进行审判，经最高人民检察院核准的严重危害国家安全犯罪、恐怖活动犯罪案件。对前一类案件被告人适用缺席审判是出于打击腐败犯罪行为的需要。而对后一类案件被告人适用缺席审判是因为危害国家安全犯罪和恐怖活动犯罪这两类案件严重威胁国家安全和社会秩序的稳定，对这类犯罪适用缺席审判一方面可以通过及时的审理和判决尽快恢复被犯罪破坏的生产生活秩序，安抚受到犯罪行为伤害的被害人及其家庭，展现国家打击此类严重犯罪的效率和决心；另一方面也可以通过生效的法院判决积极寻求国际社会的司法合作，实现逃往境外犯罪人员的引渡与遣返，以追究其所应承担的刑事责任。

（二）被告人潜逃境外

对于涉嫌实施贪污贿赂犯罪和危害国家安全犯罪、恐怖活动犯罪的被告人，只有在其潜逃境外的情况下，才能对其适用缺席审判程序。法律之所以将范围界定于潜逃境外的被告人，而非所有潜逃被告人，主要是因为目前设置缺席审判程序的主要目的在于在打击腐败犯罪以及危害国家安全犯罪、恐怖活动犯罪方面寻求国际社会的司法合作，以求将潜逃境外的犯罪人员引渡回国接受法律制裁。对于国内潜逃人员，公安司法机关可以通过通缉等侦查措施将其缉拿归案，如果对其一概适用缺席审判程序追究刑事责任，则有可能导致公安司法人员怠于采取积极措施并导致缺席审判程序的泛滥适用，从而影响刑事诉讼程序的公正性。对于潜逃境外的被告人，人民检察院在提起公诉时应当有证据确认犯罪嫌疑人、被告人在境外，才符合缺席审判的适用条件。①

（三）证据条件

对于符合上述案件范围且被告人潜逃境外的案件，监察委员会、公安机关移送人民检察院审查起诉，人民检察院认为犯罪事实已经查清，证据确实、充分，依法应当追究刑事责任的，可以向人民法院提起公诉。人民法院进行审查后，对于起诉书中有明确的指控犯罪事实，符合缺席审判程序适用条件的，应当决定开庭审判。因此，适用缺席审判程序的案件，必须符合法定的侦查终结、提起公诉的证据条件，即犯罪事实已经查清，证据确实、充分。

二、针对患有严重疾病的被告人的缺席审判

此种情形下的缺席审判是一种非典型的缺席审判，与上述第一种缺席审判有很大区别，根据《刑事诉讼法》第 296 条和最高人民法院《解释》第 605 条的规定，这具体体现在：此种情形下的被告人是在案的，对案情、证据情况以及不出庭的法律后果有充分的认识，

---

① 李寿伟．中华人民共和国刑事诉讼法解读．北京：中国法制出版社，2018：718.

且此种情况下的缺席审判不是强制适用的，被告人及其法定代理人、近亲属有选择权。此种缺席审判需满足以下条件方可进行。

(一) 被告人患有严重疾病无法出庭

被告人患有严重疾病导致其无法出庭接受审判，是此种情形下适用缺席审判的前提条件。根据我国《刑事诉讼法》第 206 条的规定，在审判过程中，被告人患有严重疾病无法出庭，致使案件在较长时间内无法继续审理的，可以中止审理。这里的患有严重疾病无法出庭主要指的是“因患病无法辨认、控制自己的行为，无法表达自己的真实意思，也包括出庭可能影响其生命健康等，而不是一患重病就中止审理”①。因此，对于患有严重疾病无法出庭的被告人，人民法院应先作出中止审理的决定，而不能直接决定进行缺席审判。

(二) 中止审理超过 6 个月被告人仍无法出庭

人民法院作出中止审理的决定之后，如果被告人在 6 个月内身体恢复能够出庭接受审判，人民法院应当恢复法庭审理；如果超过 6 个月被告人仍不能出庭受审，人民法院可以适用缺席审判程序，在被告人不出庭的情况下依法作出判决。

(三) 被告人及其法定代理人、近亲属申请或者同意恢复审理的

中止审理超过 6 个月适用缺席审判程序，可以基于两种方式启动：一种是被告人及其法定代理人、近亲属申请法院缺席审理案件，人民法院经过审查认为符合缺席审理条件的，可以缺席审理和判决；另一种是人民法院认为可以适用缺席审判程序的，应征求被告人及其法定代理人、近亲属的意见，上述人员同意恢复审理的，人民法院可以适用缺席审判程序。因此，在被告人患有严重疾病无法出庭的情形下，被告人及其法定代理人、近亲属有权决定是否接受缺席审理，如果其拒绝接受缺席审理，则人民法院不能强行适用缺席审判程序。根据最高人民法院《解释》第 605 条的规定，被告人无法表达意愿的，其法定代理人、近亲属可以代为申请或同意恢复审理。

三、针对死亡被告人的缺席审判

根据《刑事诉讼法》第 297 条的规定，此种缺席审判有两种情形，一种是在普通审判程序中，被告人死亡的，如果有证据证明被告人无罪，人民法院经缺席审理可以确认被告人无罪的，应依法作出判决。在这种情形下的缺席审判必须同时符合被告人死亡以及有证据证明被告人无罪这两个条件。根据最高人民法院《解释》第 606 条的规定，这里的“有证据证明被告人无罪”包括案件事实清楚，证据确实、充分，依据法律认定被告人无罪以及证据不足，不能认定被告人有罪这两种情形。值得提出的是，此种情况下的缺席审判适用前提是被告人在法庭审理阶段死亡，如果被告人在开庭审理案件之前的侦查或审查起诉阶段死亡的，根据《刑事诉讼法》第 16 条的规定，应当由公安机关撤销案件或者人民检察院作出法定不起诉的处理。

另一种情形是人民法院依照审判监督程序重新审理的案件中，被告人死亡的，人民法院可以缺席审理，依法作出判决。这种情形下的缺席审判只需符合被告人死亡的条件。与前一种情形不同，再审案件是在发现原生效裁判确有错误等法定情形下提起的，因此，人民法院经过缺席审判后，需要根据案件的实际情况作出判决，而不是一律都判决无罪。根

---

① 李寿伟．中华人民共和国刑事诉讼法解读．北京：中国法制出版社，2018：738.

据最高人民法院《解释》第607条的规定，有证据证明被告人无罪，经缺席审理确认被告人无罪的，应当判决宣告被告人无罪；虽然构成犯罪，但原判量刑畸重的，应当依法作出判决。

第三节 缺席审判的具体程序

针对不同类型的缺席审判，《刑事诉讼法》规定了不同的程序要求。为确保针对潜逃境外的被告人的缺席审判程序的公正性，《刑事诉讼法》第291～295条规定了极为严格的适用程序。针对患有严重疾病的被告人所采取的缺席审判本身就是被告人自愿选择的结果，被告人的辩护权、上诉权与普通审判程序并无不同，在法庭审理过程中，如果被告人身体好转而申请出庭的，人民法院应当允许其出庭。而针对死亡被告人的缺席审判在本质上属于衔接性规定，且其适用一般都有利于被告人，因此并无程序上的特殊要求，但被告人的法定代理人、近亲属及其委托的辩护人有权参加缺席审判程序，有权提出有利于被告人的事实、证据和意见。综上，本节主要探讨针对潜逃境外的被告人的缺席审判程序。

一、缺席审判案件的管辖和审判组织

根据《刑事诉讼法》第291条第2款的规定，针对被告人潜逃境外的贪污贿赂犯罪等案件由犯罪地、被告人离境前居住地或者最高人民法院指定的中级人民法院组成合议庭审理。该款规定了此类案件的级别管辖和地域管辖。一方面，在级别管辖上由中级人民法院管辖。这与中级人民法院负责管辖危害国家安全案件、恐怖活动案件和可能判处无期徒刑、死刑以上刑罚的案件的规定是相一致的，同时由于缺席审判是一项新制度，在证据、程序、被告人的权利保障等方面有更高的要求，由中级人民法院负责审理有利于案件公正审理、妥当处理。另一方面，在地域管辖上，由犯罪地、被告人离境前居住地或最高人民法院指定的中级人民法院负责管辖，这与《刑事诉讼法》第25条和第27条关于地域管辖和指定管辖的规定相一致。此外，根据该款规定，缺席审判应当由管辖法院组成合议庭审理。根据《刑事诉讼法》第183条的规定，中级人民法院审判第一审刑事案件，应当由审判员3人或者由审判员和人民陪审员共3人或者7人组成合议庭进行。

二、人民法院审查案件程序

根据《刑事诉讼法》第291条第1款、最高人民检察院《规则》和最高人民法院《解释》的有关规定，缺席审判案件由监察机关、公安机关移送起诉。对于监察机关移送的贪污贿赂犯罪案件，人民检察院经过审查认为犯罪事实已经查清、证据确实充分，依法应当追究刑事责任，犯罪嫌疑人在境外，需要进行缺席审判的，向人民法院依法提起公诉。对于公安机关（国家安全机关）移送的危害国家安全犯罪案件和恐怖活动犯罪案件，人民检察院经过审查认为犯罪事实已经查清，证据确实、充分，依法应当追究刑事责任，犯罪嫌

疑人在境外，需要进行缺席审判的，应当在报请最高人民检察院核准后，向人民法院提起公诉，起诉书中应当载明经最高人民检察院核准的内容。

对于检察院提起公诉的案件人民法院应当对以下内容进行审查：（1）是否属于可以适用缺席审判程序的案件范围；（2）是否属于本院管辖；（3）是否写明被告人的基本情况，包括明确的境外居住地、联系方式等；（4）是否写明被告人涉嫌有关犯罪的主要事实，并附证据材料；（5）是否写明被告人有无近亲属以及近亲属的姓名、身份、住址、联系方式等情况；（6）是否列明违法所得及其他涉案财产的种类、数量、价值、所在地等，并附证据材料；（7）是否附有查封、扣押、冻结违法所得及其他涉案财产的清单和相关法律手续。前述规定的材料需要翻译件的，人民法院应当要求人民检察院一并移送。

人民法院审查后，应当按照下列情形分别处理：（1）符合缺席审判程序适用条件，属于本院管辖，且材料齐全的，应当受理。（2）不属于可以适用缺席审判程序的案件范围、不属于本院管辖或者不符合缺席审判程序的其他适用条件的，应当退回人民检察院。（3）材料不全的，应当通知人民检察院在 30 日以内补送；30 日以内不能补送的，应当退回人民检察院。

三、传票和起诉状副本的送达方式

送达是刑事诉讼中的一项重要诉讼活动，它直接关系到被追诉人的诉讼知情权和刑事诉讼活动的顺利进行。在缺席审判程序中，能否向缺席被告人送达相关法律文书是关系到该程序正当与否的前提条件。根据最高人民法院《解释》第 600 条的规定，对人民检察院依照《刑事诉讼法》第 291 条第 1 款的规定提起公诉的案件，人民法院立案后，应当将传票和起诉书副本送达被告人，传票应当载明被告人到案期限以及不按要求到案的法律后果等事项；应当将起诉书副本送达被告人近亲属，告知其有权代为委托辩护人，并通知其敦促被告人归案。根据《刑事诉讼法》第 292 条的规定，人民法院应当通过有关国际条约规定的或者外交途径提出的司法协助方式，或者被告人所在地法律允许的其他方式，将传票和人民检察院的起诉书副本送达被告人。据此，向缺席被告人送达传票和起诉书副本有以下三种方式。

（一）有关国际条约中规定的司法协助方式

国际条约是指我国与外国签订的有关刑事司法协助的双边条约、多边条约以及我国已经批准和加入的包含有刑事司法协助内容的国际公约，比如《联合国反腐败公约》《联合国打击跨国有组织犯罪公约》等。这些条约或者公约一般都对送达文书作了专门规定。根据我国《国际刑事司法协助法》第 20、21 条的规定，人民法院缺席审判请求外国送达法律文书的，应当制作刑事司法协助请求书并附相关材料，经最高人民法院审核同意后，由对外联系机关及时向外国提出请求。向外国请求送达文书的，请求书应当载明受送达人的姓名或者名称、送达的地址以及需要告知受送达人的相关权利和义务。

（二）外交途径提出的司法协助方式

这种方式是针对双方国家未签订国际刑事司法协助条约，但需要进行国际刑事司法合作的情况。根据《国际刑事司法协助法》第 5 条的规定，我国和外国之间没有刑事司法协助条约的，通过外交途径联系。通过外交途径联系送达开庭传票、起诉书副本的，应当按照双方协商确定的具体方式和要求进行。

（三）被告人所在地法律允许的其他方式

送达文书属于一国的司法主权事务，一般来说需要请求被告人所在地国家协助送达。同时由于各国法律制度和刑事司法协助实践的情况不同，也不排除有的国家法律规定在一定条件下允许其他方式送达，比如领事送达。因此，规定被告人所在地法律允许的其他方式是考虑到了各种其他情况，所作的留有空间的规定。

通过以上方式送达传票或起诉书副本后，被告人未按要求到案的，人民法院应当开庭审理，依法作出判决，并对违法所得及其他涉案财产作出处理。

四、缺席审判中的辩护

辩护权是犯罪嫌疑人、被告人最重要的诉讼权利，在缺席审判案件中，被告人不出庭，不能进行自我辩护，为保障其辩护权的实现，《刑事诉讼法》第 293 条规定了缺席审判中的委托辩护和指定辩护问题。根据该条规定，人民法院缺席审判案件，被告人有权委托辩护人，被告人的近亲属可以代为委托辩护人。被告人及其近亲属没有委托辩护人的，人民法院应当通知法律援助机构指派律师为其提供辩护。

（一）缺席审判中的委托辩护

根据《刑事诉讼法》第一编第四章的规定，犯罪嫌疑人、被告人有权在刑事诉讼过程中委托辩护人为其提供辩护，缺席审判案件的被告人也不例外，其可以委托辩护人为其辩护。同时，考虑到被告人身在境外，在挑选辩护人、办理委托手续等方面可能存在困难或者不便，法律还专门规定了被告人的近亲属可以代为委托辩护人。人民法院应当通知被告人或者被告人的近亲属有权委托辩护人。根据最高人民法院《解释》第 601 条的规定，人民法院审理人民检察院依照《刑事诉讼法》第 291 条第 1 款的规定提起公诉的案件，被告人有权委托或者由近亲属代为委托 1 至 2 名辩护人。委托律师担任辩护人的，应当委托具有中华人民共和国律师资格并依法取得执业证书的律师；在境外委托的，应当依照本解释第 486 条的规定对授权委托进行公证、认证。

（二）缺席审判中的指定辩护

缺席审判的指定辩护是为了保证诉讼程序的公正性、保障被告人人权而规定的。与其他指定辩护不同，辩护律师是在被告人完全不在场的情况下进行辩护，不能事先会见被告人以了解案件情况，但辩护律师应当积极行使其他诉讼权利，比如阅卷权、调查取证权及参与法庭调查、法庭辩论等权利，尽职尽责，根据事实和法律提出被告人无罪、罪轻或者减轻、免除被告人刑事责任的材料和意见，维护被告人合法权益。人民法院应当为辩护律师依法履行辩护职责提供便利。根据最高人民法院《解释》第 601 条的规定，被告人及其近亲属没有委托辩护人的，人民法院应当通知法律援助机构指派律师为被告人提供辩护。被告人及其近亲属拒绝法律援助机构指派的律师辩护的，人民法院应当查明原因。理由正当的，应当准许，但被告人应当在 5 日以内另行委托辩护人；被告人未另行委托辩护人的，人民法院应当在 3 日以内通知法律援助机构另行指派律师为其提供辩护。

五、缺席审判的审理程序

根据最高人民法院《解释》第 603 条的规定，人民法院审理人民检察院依照《刑事诉讼法》第 291 条第 1 款的规定提起公诉的案件，参照适用公诉案件第一审普通程序的有关规定。与普通程序有所不同的是，根据最高人民法院《解释》第 602 条的规定，被告人的近亲属有权申请参加诉讼。被告人的近亲属申请参加诉讼的，应当在收到起诉书副本后、第一审开庭前提出，并提供与被告人关系的证明材料。有多名近亲属的，应当推选 1 至 2 人参加诉讼。对被告人的近亲属提出申请的，人民法院应当及时审查决定。被告人的近亲属参加诉讼的，可以发表意见，出示证据，申请法庭通知证人、鉴定人等出庭，进行辩论。

根据最高人民法院《解释》第 604 条的规定，对人民检察院依照《刑事诉讼法》第 291 条第 1 款的规定提起公诉的案件，人民法院审理后应当参照《解释》第 295 条的规定作出判决、裁定。作出有罪判决的，应当达到证据确实、充分的证明标准。经审理认定的罪名不属于《刑事诉讼法》第 291 条第 1 款规定的罪名的，应当终止审理。适用缺席审判程序审理案件，可以对违法所得及其他涉案财产一并作出处理。

六、缺席审判的上诉程序

上诉权是法律赋予被告人的一项重要诉讼权利，根据《刑事诉讼法》第 227 条第 1 款的规定，被告人不服地方各级人民法院第一审的判决、裁定，有权用书状或者口头向上一级人民法院上诉。被告人的辩护人和近亲属，经被告人同意，可以提出上诉。缺席审判中虽然被告人不在场，但法律依然保障其提起上诉的权利。根据《刑事诉讼法》第 294 条的规定，人民法院应当将判决书送达被告人及其近亲属、辩护人。被告人或者其近亲属不服判决的，有权向上一级人民法院上诉。辩护人经被告人或者其近亲属同意，可以提出上诉。

与普通审判程序相比，缺席审判的上诉权有两个特点：一是判决书的送达比普通程序更为严格。法律不仅要求缺席审判的判决书应当送达被告人、辩护人，而且要求送达被告人的近亲属。这是因为被告人在境外，可能需要其近亲属帮助其行使上诉权等诉讼权利。对在境外的被告人送达判决书，也应当通过《刑事诉讼法》第 292 条规定的三种方式送达。二是享有独立上诉权的主体比普通程序更多。对于缺席审判的判决书，被告人或其近亲属都有独立的上诉权，即近亲属可以不经被告人同意直接提起上诉，而辩护人也可以经过被告人、近亲属的同意提出上诉。这里法律赋予了近亲属与被告人同等的上诉权，也是考虑到被告人在境外不方便行使诉讼权利，赋予其近亲属独立的上诉权，有利于保障被告人诉讼权利的实现。

此外，根据《刑事诉讼法》第 294 条第 2 款的规定，人民检察院认为人民法院的判决确有错误的，应当向上一级人民法院提出抗诉。抗诉权是法律赋予人民检察院代表国家行使检察权的一项重要内容，缺席审判的案件如果存在认定事实或者适用法律上的错误，人民检察院有权力也有义务提出抗诉。

七、缺席审判的重新审理程序

由于缺席审判是在被告人不在场的情况下进行的，实践中有可能出现法院审理案件的过程中被告人自动投案或者被抓获，或者生效判决、裁定在执行过程中罪犯到案，此时如果继续进行缺席审判程序或者直接将被告人交付执行刑罚，不利于保障被告人就自己的案件发表意见的权利。对此，《刑事诉讼法》第 295 条规定了重新审理程序，具体包括两种情形。

第一种情形是被告人在缺席审理的过程中自动投案或者被抓获的，人民法院应当重新审理案件。此种情形下的重新审理无须被告人提出申请，只要被告人到案，法院就应当重新审理案件。根据最高人民检察院《规则》第510条的规定，提起公诉后被告人到案，人民法院拟重新审理的，人民检察院应当商请人民法院将案件撤回并重新审查。

第二种情形是在缺席判决、裁定发生法律效力后，罪犯到案的，人民法院应当将其交付执行刑罚。在交付执行刑罚前，人民法院应当告知罪犯有权对判决、裁定提出异议。对于罪犯提出异议的，人民法院应当重新审理案件。此种情形下的重新审理需符合两个条件：一是罪犯针对已生效的判决、裁定提出异议。人民法院应当告知罪犯有提出异议的权利。该异议既可以针对生效裁判认定的事实问题提出，也可以针对法律适用问题提出。如果罪犯不提出异议，法院不能重新审理案件。二是罪犯在交付执行刑罚前提出异议。这是罪犯提出异议的时间节点，如果罪犯在交付执行刑罚之后才对生效裁判提出异议，则只能按照审判监督程序处理，而不能适用重新审理程序。

以上两种情形下的重新审理均应适用一审普通程序，对于经过重新审理的案件，人民法院如果发现原来的缺席判决或者裁定确有错误，应当依法重新作出判决或者裁定，针对此判决或裁定，被告人有权提起上诉，人民检察院有权提出抗诉。如果依照原缺席判决或裁定对被告人的财产作出错误处理，比如对查封、扣押、冻结的财物及其孳息作出的处理，对违法所得的追缴和退赔被害人，对附带民事判决、裁定的财产部分的执行，对罚金或者没收财产等刑罚的执行等等，人民法院应当根据《刑事诉讼法》第295条第3款的规定依法予以返还或者赔偿。

【问题与思考】

1. 我国《刑事诉讼法》为什么规定缺席审判程序？
2. 在针对潜逃境外的被告人进行的缺席审判程序中，我国法律规定了哪些诉讼权利保障措施？

【推荐参考论著】

1. 李寿伟．中华人民共和国刑事诉讼法解读．北京：中国法制出版社，2018.
2. 黄风．对外逃人员缺席审判需注意的法律问题．法治研究，2018（4）.
3. 王敏远．刑事缺席审判制度研究．法学杂志，2018（8）.
4. 陈卫东．论中国特色刑事缺席审判制度．中国刑事法杂志，2018（3）.

第三十一章
犯罪嫌疑人、被告人逃匿、死亡案件违法所得的没收程序

内容导读

我国刑事诉讼法针对犯罪嫌疑人、被告人逃匿、死亡案件违法所得规定了特别的没收程序。它是具有准司法性质的刑事诉讼程序，包括启动、受理、公告、审理、裁定、上诉/抗诉、请求协助执行、回转八个具体程序。

第一节　没收违法所得程序概述

在以往的刑事司法实践中，常常出现贪污贿赂、恐怖活动犯罪案件犯罪嫌疑人、被告人逃匿或者死亡后，其违法所得无法追缴的法律障碍问题。违法所得的对立物是合法财产。违法所得是行为人通过法律禁止的手段获取的具有经济价值的物质实体，即赃款、赃物，这些财产往往是犯罪行为所得。因此，对这些财产的追缴必须通过刑事诉讼程序。

根据1996年《刑事诉讼法》第15条的规定，对于已经死亡的犯罪嫌疑人和被告人，不追究其刑事责任，已经追究的，应当撤销案件，或者不起诉，或者终止审理，或者宣告无罪。对于死亡、逃匿的犯罪嫌疑人和被告人的违法所得如何处理，1996年《刑事诉讼法》没有作出规定。

我国司法解释对侦查、审查起诉中犯罪嫌疑人死亡后已冻结的犯罪嫌疑人存款、汇款的没收作出了规定。根据1998年六机关《规定》第19条、1998年公安部《规定》第231条、1999年最高人民检察院《规则》第239条、1998年最高人民法院《解释》第294条，人民检察院、公安机关可以申请人民法院裁定通知冻结犯罪嫌疑人存款、汇款的金融机构上缴国库或者返还被害人。这些很明显限于正在进行的案件，那些尚未起诉的案件并不可以启动上缴国库或者返还被害人程序。

另外，我国1996年《刑事诉讼法》没有规定缺席审判，因此，当犯罪嫌疑人逃匿或者死亡而无法到案时，诉讼程序就无法启动，使得涉案非法财产长期无法得到追缴。这些无

法追缴的赃款、赃物往往为犯罪嫌疑人、被告人的家属以及其他利害关系人所得，致使大量国有资产流失，同时使得被害人的损失无法受偿。

我国2012年修正后的《刑事诉讼法》第五编“特别程序”第三章“犯罪嫌疑人、被告人逃匿、死亡案件违法所得的没收程序”共规定了4个条文。作为《刑事诉讼法》修正后新增的一项特别程序，没收违法所得程序，解决了犯罪嫌疑人、被告人不到案，无法通过正常的刑事司法渠道追缴其违法所得的问题。2012年六机关《规定》第36～39条、公安部《规定》第339～341条、最高人民检察院《规则》第512～533条和最高人民法院《解释》第609～629条对于违法所得没收程序作出了详细的解释。2017年1月5日施行的最高人民法院、最高人民检察院《关于适用犯罪嫌疑人、被告人逃匿、死亡案件违法所得没收程序若干问题的规定》（以下简称“两高《规定》”）明确了违法所得没收程序适用的罪名范围、概念认定、证明标准，对没收申请的审查、一审开庭、二审裁定、利害关系人参加诉讼方式、请求境外协助执行等程序作了更为具体的规定。该两高《规定》共25个条文，是目前最为系统的解释违法所得没收程序的司法文件。

没收违法所得是指司法机关依法运用国家法律、法规赋予的强制措施，对违法行为人违法所得财物的所有权予以强制性剥夺。《刑事诉讼法》第298条第1款规定的“违法所得及其他涉案财产”既包括实施犯罪行为所取得的财物及其孳息，也包括被告人非法持有的违禁品、供犯罪所用的本人财物。

第二节　没收违法所得程序的功能和性质

一、没收违法所得程序的功能

作为新增的一项特别程序，没收违法所得程序，解决了犯罪嫌疑人、被告人不到案，无法通过正常的刑事司法渠道追缴其违法所得的问题。司法机关即使无法对犯罪嫌疑人、被告人进行刑事追责，也可以先期部分地对这些违法者作出没收违法所得的惩罚，亦即“未定罪的没收”（Confiscation without Conviction）。国家可以根据该程序请求犯罪嫌疑人、被告人潜逃或财产所在地国家或地区加以司法协助，维护被害人和国家的利益。没收违法所得程序使得犯罪嫌疑人、被告人通过逃匿或自杀而逃脱追缴，将财产留给包括近亲属在内的利害关系人的愿望落空，部分地实现惩罚功能，从而部分地实现正义；还使得潜在的犯罪分子认识到，犯罪所得无论处于何处，均存在被没收的可能性，这种可能性对有贪利动机的犯罪，尤其是腐败犯罪，起到威慑和遏制的一般预防的作用。

二、没收违法所得程序的性质

犯罪嫌疑人、被告人逃匿、死亡案件违法所得的没收程序不是一种纯粹行政性的处理程序，而是具有一定的司法性质的特别程序。这体现在下列几个方面：第一，该特别程序是由人民检察院提出申请，人民法院进行审理的，符合控审分离原则，体现了司法职权的合理配置。第二，审理的方式是人民法院组成合议庭进行审理，审理遵循着证据裁判主义原则，没有足够的证据，不可以裁定没收犯罪嫌疑人、被告人的财产。第三，犯罪嫌疑人、被告人的近亲属和其他利害关系人有权申请参加诉讼，也可以委托诉讼代理人参加诉讼。利害关系人参加诉讼的，人民法院应当开庭审理。第四，对于没收违法所得的申请，人民法院以裁定的形式予以没收或者解除查封、扣押、冻结措施。第五，利害关系人或者人民检察院可以对人民法院作出的裁定提出上诉、抗诉。第六，审理申请没收违法所得案件的期限，参照公诉案件第一审普通程序和第二审程序的审理期限执行。因此，没收违法所得程序是具备一些司法的基本要素的。

同时，没收违法所得程序又不是严格的审判程序。没收违法所得并不是以根据犯罪嫌疑人、被告人的特定事实确定刑罚权为目的的，而是不定罪的财产没收程序。没收违法所得程序与缺席审判也不同，它是一种在刑事诉讼法中设置的将定罪与违法所得分离处理的特别程序。没收违法所得程序的管辖法院往往不是犯罪本身的管辖法院。在地域管辖上，该类案件由犯罪地或者犯罪嫌疑人、被告人居住的中级人民法院受理。这也与《刑事诉讼法》第 25 条规定的以犯罪地的人民法院管辖为主，以被告人居住地的人民法院管辖为辅的地域管辖原则有所差别。没收违法所得程序从形式来看是一种特别程序，没有具备普通程序的所有内容，相关的规定过于简略，是一种旨在提高诉讼效率、减少诉讼拖延的程序。它在某种意义上抛弃了刑事司法的一些基本原则，例如无罪推定原则，因此，这一程序是对正当程序的有限减损。根据这些特点，不能严格以审判程序的标准对该特别程序加以评价。准确地说，该特别程序应当是具有准司法性质的刑事诉讼程序。

第三节　没收违法所得程序的域外规定

一、《联合国反腐败公约》的规定

《联合国反腐败公约》第 54 条第 1 款第 3 项规定，为了通过没收事宜的国际合作追回资产，各缔约国应当根据本国法律，“考虑采取必要的措施，以便在因为犯罪人死亡、潜逃或者缺席而无法对其起诉的情形或者其他有关情形下，能够不经过刑事定罪而没收这类财产”。由此可见，犯罪嫌疑人、被告人逃匿、死亡案件违法所得的没收程序减少了不必要的诉讼拖延，提高了诉讼效率，更好地履行了国际公约下的义务。

二、英美法系的立法

英美法系国家可以采取民事没收的方式来应对犯罪嫌疑人、被告人潜逃等情形。在英国，根据《2002 年犯罪赃款赃物法案》第 28 条，当潜逃的犯罪嫌疑人、被告人既没有定罪又没有被宣告无罪时，检察官或资产追缴处主管可以向刑事法院根据第 6 条申请对赃款赃物适用没收令（confiscation order），法院觉得适合的情况下也可以自行没收。任何认为受到该令影响的人有权出庭并且陈述。根据该法第 29 条的规定，一旦在逃的犯罪嫌疑人、被告人自动投案或者被抓获，他认为交纳的数额太大，法院可以根据证据更改没收的数额。根据该法第31条的规定，如果检察官或者资产追缴处主管对刑事法院作出的没收或不没收的裁定不满，可以向上诉法院提起上诉。根据该法第32条的规定，法院可以根据上诉申请确认、撤销或更改没收令。这些规定与我国《刑事诉讼法》中增加的没收违法所得程序规定具有异曲同工之妙。

三、大陆法系的立法

大陆法系国家也往往存在独立的没收财产程序。在德国，《德国刑事诉讼法》第六编“特别种类程序”第三章第440、441条规定了客观的追征、没收财产的诉讼程序。根据《德国刑事诉讼法》第440条的规定，在犯罪嫌疑人、被告人逃亡或不为人知时，检察院、自诉人可以提出自主没收的申请，申请应当写明标的物以及说明准许自主没收所依据的事实。根据该法第441条的规定，独立没收的裁判由第一审法院作出，如果是对特定人员进行刑事追诉，由有管辖权的法院裁判。标的物查封地属地法院，对是否准许自主没收的裁判也有地域管辖权。该特别程序采取言词审理原则，法院以裁定的形式加以裁判，不服裁定时准许立即提起抗告。如果不服判决，已提起合法的第二审上诉，则不可以再提起第三审上诉。这些规定与我国《刑事诉讼法》中增加的没收违法所得程序规定在很多方面也非常相近。

第四节　没收违法所得程序的适用范围及管辖

一、没收违法所得程序的案件类型

我国《刑事诉讼法》第298条第1款规定，对于贪污贿赂犯罪、恐怖活动犯罪等重大犯罪案件，犯罪嫌疑人、被告人逃匿，在通缉1年后不能到案，或者犯罪嫌疑人、被告人死亡，依照刑法规定应当追缴其违法所得及其他涉案财产的，人民检察院可以向人民法院提出没收违法所得的申请。需要注意的是，依据最高人民检察院《规则》第528条的规定，在人民检察院审查起诉过程中，犯罪嫌疑人死亡，或者贪污贿赂犯罪、恐怖活动犯罪等重大犯罪案件的犯罪嫌疑人逃匿，在通缉1年后不能到案，依照刑法规定应当追缴其违法所得及其他涉案财产的，人民检察院可以直接提出没收违法所得的申请。在人民法院审理案件过程中，被告人死亡而裁定终止审理，或者被告人脱逃而裁定中止审理，人民检察院可以依法另行向人民法院提出没收违法所得的申请。由此可见，在犯罪嫌疑人、被告人死亡的情形下，其适用的案件范围不受限制。

对于《刑事诉讼法》第298条第1款规定的“犯罪案件”，最高人民法院《解释》第609条作了清晰的认定：(1) 贪污贿赂、失职渎职等职务犯罪案件；(2) 刑法分则第二章规定的相关恐怖活动犯罪案件，以及恐怖活动组织、恐怖活动人员实施的杀人、爆炸、绑架等犯罪案件；(3) 危害国家安全、走私、洗钱、金融诈骗、黑社会性质组织、毒品犯罪案件；（4）电信诈骗、网络诈骗犯罪案件。《刑事诉讼法》第 298 条第 1 款所规定的“重大”是指在本省、自治区、直辖市或者全国范围内具有较大影响的，或者犯罪嫌疑人、被告人逃匿境外的犯罪案件。

两高《规定》第 3 条规定了“逃匿”的认定标准，即犯罪嫌疑人、被告人为逃避侦查和刑事追究潜逃、隐匿，或者在刑事诉讼过程中脱逃的，应当认定为“逃匿”。犯罪嫌疑人、被告人因意外事故下落不明满 2 年，或者因意外事故下落不明，经有关机关证明其不可能生存的，也应当作为“逃匿”处理。如此，两高《规定》从客观和主观两个维度对“逃匿”作了全面的规定。

违法所得没收程序不仅适用于个人，也适用于单位犯罪，两高《规定》第 24 条明确了单位实施犯罪后被撤销、注销，单位直接负责的主管人员和其他直接责任人员逃匿、死亡，导致案件无法适用刑事诉讼普通程序进行审理的，也适用违法所得没收程序。

两高《规定》第 6 条对“违法所得”的认定标准作了规定。通过实施犯罪直接或者间接产生、获得的任何财产都应当认定为“违法所得”。违法所得已经部分或者全部转变、转化为其他财产的，转变、转化后的财产应当视为“违法所得”。来自违法所得转变、转化后的财产收益，或者来自已经与违法所得相混合财产中违法所得相应部分的收益，同样应作为“违法所得”处理。

二、没收违法所得程序的适用条件

根据《刑事诉讼法》第 298 条的规定，没收违法所得程序在下列两种情况下适用：（1）犯罪嫌疑人、被告人逃匿，在通缉 1 年后不能到案；（2）犯罪嫌疑人、被告人死亡。这两种情况都要求依照刑法规定追缴犯罪嫌疑人、被告人违法所得及其他涉案的财产。

对于犯罪嫌疑人、被告人逃匿的情况，要求必须在通缉 1 年后不能到案。根据两高《规定》第 5 条规定，公安机关发布通缉令或者公安部通过国际刑警组织发布红色国际通报，应当认定为“通缉”。并不是只要犯罪嫌疑人、被告人逃匿，人民检察院就可以提起违法所得没收申请。此时，犯罪嫌疑人、被告人仍然可能被缉拿归案，应按照普通刑事诉讼程序处理犯罪嫌疑人、被告人的违法所得，即根据《刑事诉讼法》第 101 条，由被害人或者其法定代理人、近亲属提起附带民事诉讼，如果是国家财产、集体财产遭受损失的，则由人民检察院提起附带民事诉讼；根据《刑事诉讼法》第 245 条第 3、4 款的规定，人民法院的判决应当对查封、扣押、冻结的财物及其孳息作出处理，有关机关必须执行，除依法返还被害人的以外，一律没收，上缴国库。如果通缉 1 年不能到案，则可以推定犯罪嫌疑人、被告人无法到案，依法必须及时地对违法所得作出处理，从而有效维护国家以及相关当事人的利益。

对于犯罪嫌疑人、被告人死亡的情况，则没有附期限要求。根据《刑事诉讼法》第 16 条第 5 项的规定，犯罪嫌疑人、被告人死亡的，不追究刑事责任，已经追究的，应当撤销案件，或者不起诉，或者终止审理，或者宣告无罪。尽管犯罪嫌疑人、被告人不需要承担任何刑事责任，但他们的违法所得有必要及时处理。没收违法所得程序弥补了通过普通刑事诉讼程序处理违法所得时间、程序成本较高的缺陷，在不需要判决行为人有罪的情况下即可追缴违法所得或者将其返还给被害人。

适用该特殊程序的犯罪嫌疑人、被告人死亡或逃匿情况可以发生在任何阶段。即便在审理案件过程中，被告人死亡或者脱逃，符合《刑事诉讼法》第 298 条第 1 款规定的，人民检察院可以向人民法院提出没收违法所得的申请。

三、没收违法所得案件的管辖

从广义来看，管辖包括职能管辖和审判管辖，后者又包括级别管辖、地域管辖、指定管辖和专门管辖。首先必须理解在处理犯罪嫌疑人、被告人逃匿、死亡时违法所得案件中各机关的职权划分，即职权管辖。《刑事诉讼法》第 298 条第 1 款规定，“人民检察院可以向人民法院提出没收违法所得的申请”，因此，人民检察院具有启动没收程序的职权。该条第 2 款规定，公安机关认为需要没收犯罪嫌疑人、被告人违法所得的情形的，应当写出没收财产意见书，移送人民检察院，因此，公安机关只具有提出意见的权力，不具备实质上的启动没收程序的职权。

在审判管辖上，我国《刑事诉讼法》对于犯罪嫌疑人、被告人逃匿、死亡时违法所得案件只规定了级别管辖和地域管辖。没收违法所得及其他涉案财产的申请，在级别管辖上，由中级人民法院进行第一审。在适用的案件类型上，关于该特殊程序的管辖的规定与中级人民法院管辖的第一审刑事案件的一般性规定并不完全一致。《刑事诉讼法》第 21 条规定：“中级人民法院管辖下列第一审刑事案件：（一）危害国家安全、恐怖活动案件；（二）可能判处无期徒刑、死刑的案件。”根据最高人民法院《解释》第 609 条和最高人民检察院《规则》第 512 条的规定，适用犯罪嫌疑人、被告人逃匿案件违法所得的没收程序必须是“贪污贿赂犯罪、恐怖活动犯罪等”重大犯罪案件。此外，第 22 条的规定只是一般性的、最低限度的，如果这些案件是全省（自治区、直辖市）性的重大刑事案件，则应当根据第 22 条由高级人民法院管辖；如果这些案件是全国性的重大刑事案件，则应当根据第 23 条由最高人民法院管辖。然而，根据《刑事诉讼法》第 299 条，犯罪嫌疑人、被告人逃匿、死亡案件没收违法所得及其他涉案财产的申请，必须由中级人民法院进行第一审。根据相关司法解释的规定，没收违法所得的申请，应当由与有管辖权的中级人民法院相对应的人民检察院提出。公安机关向人民检察院移送没收违法所得意见书，应当由有管辖权的人民检察院的同级公安机关移送。

在地域管辖上，该类案件由犯罪地或者犯罪嫌疑人、被告人居住地的法院受理。这就意味着，在处理犯罪嫌疑人、被告人逃匿、死亡案件的违法所得时，法院可以根据案情的需要来决定由犯罪地或者犯罪嫌疑人、被告人居住地管辖。

对于那些在审理案件过程中，被告人死亡或者逃脱的，人民检察院可以向原受理案件的人民法院提出申请，并可以由同一审判组织依据该违法所得没收程序审理，不需要对案件予以回避。

第五节　没收违法所得的具体程序

根据《刑事诉讼法》的相关规定，没收违法所得的程序可以划分为启动、受理、公告、审理、裁定、上诉/抗诉、请求协助执行、回转八个具体程序。

一、启动程序

依据公安部《规定》第339～341条的规定，有下列情形之一，依照刑法规定应当追缴其违法所得及其他涉案财产的，经县级以上公安机关负责人批准，公安机关应当写出没收违法所得意见书，连同相关证据材料一并移送同级人民检察院：（1）恐怖活动犯罪等重大犯罪案件，犯罪嫌疑人逃匿，在通缉1年后不能到案的；（2）犯罪嫌疑人死亡的。犯罪嫌疑人死亡，现有证据证明其存在违法所得及其他涉案财产应当予以没收的，公安机关可以进行调查。公安机关进行调查，可以依法进行查封、扣押、查询、冻结。

没收违法所得意见书应当包括以下内容：（1）犯罪嫌疑人的基本情况；（2）犯罪事实和相关的证据材料；（3）犯罪嫌疑人逃匿、被通缉或者死亡的情况；（4）犯罪嫌疑人的违法所得及其他涉案财产的种类、数量、所在地；（5）查封、扣押、冻结的情况等。公安机关将没收违法所得意见书移送人民检察院后，在逃的犯罪嫌疑人自动投案或者被抓获的，公安机关应当及时通知同级人民检察院。

依据最高人民检察院《规则》第518条的规定，人民检察院审查监察机关或者公安机关移送的没收违法所得意见书，向人民法院提出没收违法所得的申请以及对违法所得没收程序中调查活动、审判活动的监督，由负责捕诉的部门办理。依据最高人民检察院《规则》第522条的规定，人民检察院审查监察机关或者公安机关移送的没收违法所得意见书，应当审查下列内容：（1）是否属于本院管辖；（2）是否符合《刑事诉讼法》第298条第1款规定的条件；（3）犯罪嫌疑人基本情况，包括姓名、性别、国籍、出生年月日、职业和单位等；（4）犯罪嫌疑人涉嫌犯罪的事实和相关证据材料；（5）犯罪嫌疑人逃匿、下落不明、被通缉或者死亡的情况，通缉令或者死亡证明是否随案移送；（6）违法所得及其他涉案财产的种类、数量、所在地以及查封、扣押、冻结的情况，查封、扣押、冻结的财产清单和相关法律手续是否随案移送；（7）违法所得及其他涉案财产的相关事实和证据材料；（8）有无近亲属和其他利害关系人以及利害关系人的姓名、身份、住址、联系方式。对于与犯罪事实、违法所得及其他涉案财产相关的证据材料，不宜移送的，应当审查证据的清单、复制件、照片或者其他证明文件是否随案移送。

依据最高人民检察院《规则》第523条的规定，人民检察院应当在接到监察机关或者公安机关移送的没收违法所得意见书后30日以内作出是否提出没收违法所得申请的决定。30日以内不能作出决定的，可以延长15日。对于监察机关或者公安机关移送的没收违法所得案件，经审查认为不符合《刑事诉讼法》第298条第1款规定条件的，应当作出不提出没收违法所得申请的决定，并向监察机关或者公安机关书面说明理由；认为需要补充证据的，应当书面要求监察机关或者公安机关补充证据，必要时也可以自行调查。监察机关或者公安机关补充证据的时间不计入人民检察院办案期限。依据最高人民检察院《规则》第524条的规定，人民检察院发现公安机关应当启动违法所得没收程序而不启动的，可以要求公安机关在7日以内书面说明不启动的理由。经审查，认为公安机关不启动理由不能成立的，应当通知公安机关启动程序。依据最高人民检察院《规则》第525条的规定，人民检察院发现公安机关在违法所得没收程序的调查活动中有违法情形的，应当向公安机关提出纠正意见。依据最高人民检察院《规则》第526条的规定，在审查监察机关或者公安机关关移送的没收违法所得意见书的过程中，在逃的犯罪嫌疑人、被告人自动投案或者被抓获的，人民检察院应当终止审查，并将案卷退回监察机关或者公安机关处理。

依据最高人民检察院《规则》第527条的规定，人民检察院直接受理侦查的案件，犯罪嫌疑人死亡而撤销案件，符合《刑事诉讼法》第298条第1款规定条件的，负责侦查的部门应当启动违法所得没收程序进行调查。负责侦查的部门进行调查应当查明犯罪嫌疑人涉嫌的犯罪事实，犯罪嫌疑人死亡的情况，以及犯罪嫌疑人的违法所得及其他涉案财产的情况，并可以对违法所得及其他涉案财产依法进行查封、扣押、查询、冻结。负责侦查的部门认为符合《刑事诉讼法》第298条第1款规定条件的，应当写出没收违法所得意见书，连同案卷材料一并移送有管辖权的人民检察院负责侦查的部门，并由有管辖权的人民检察院负责侦查的部门移送本院负责捕诉的部门。负责捕诉的部门对没收违法所得意见书进行审查，作出是否提出没收违法所得申请的决定，具体程序按照最高人民检察院《规则》第522、523条的规定办理。

依据最高人民检察院《规则》第528条的规定，在人民检察院审查起诉过程中，犯罪嫌疑人死亡，或者贪污贿赂犯罪、恐怖活动犯罪等重大犯罪案件的犯罪嫌疑人逃匿，在通缉1年后不能到案，依照刑法规定应当追缴其违法所得及其他涉案财产的，人民检察院可以直接提出没收违法所得的申请。在人民法院审理案件过程中，被告人死亡而裁定终止审理，或者被告人脱逃而裁定中止审理，人民检察院可以依法另行向人民法院提出没收违法所得的申请。

依据最高人民检察院《规则》第520、521条及两高《规定》第8条的规定，人民检察院向人民法院提出没收违法所得的申请，应当制作没收违法所得申请书。没收违法所得申请书应当载明以下内容：（1）犯罪嫌疑人、被告人的基本情况，包括姓名、性别、出生年月日、出生地、户籍地、居民身份证号码、民族、文化程度、职业、工作单位及职务、住址等；（2）案由及案件来源；（3）犯罪嫌疑人、被告人的犯罪事实及相关证据材料；（4）犯罪嫌疑人、被告人逃匿、被通缉或者死亡的情况；（5）申请没收的财产的种类、数量、价值、所在地以及查封、扣押、冻结财产清单和相关法律手续；（6）申请没收的财产属于违法所得及其他涉案财产的相关事实及证据材料；（7）提出没收违法所得申请的理由和法律依据；（8）有无近亲属和其他利害关系人以及利害关系人的姓名、身份、住址、联系方式；（9）其他应该写明的内容。没收违法所得的申请，应当由与有管辖权的中级人民法院相对应的人民检察院提出。

二、受理程序

《刑事诉讼法》第299条第1款规定："没收违法所得的申请，由犯罪地或者犯罪嫌疑人、被告人居住地的中级人民法院组成合议庭进行审理。"此即没收违法所得的申请，由犯罪地或犯罪嫌疑人、被告人居住地中级人民法院受理。在审判方式上，不可以采取独任制，必须要组成合议庭进行审理，这就意味着程序具有相当的正式性，需要裁判主体在慎重讨论后加以定夺。

最高人民法院《解释》第612条规定，对人民检察院提出的没收违法所得申请，人民法院应当审查以下内容：（1）是否属于可以适用违法所得没收程序的案件范围；（2）是否属于本院管辖；（3）是否写明犯罪嫌疑人、被告人基本情况，以及涉嫌有关犯罪的情况，并附证据材料；（4）是否写明犯罪嫌疑人、被告人逃匿、被通缉、脱逃、下落不明、死亡等情况，并附证据材料；（5）是否列明违法所得及其他涉案财产的种类、数量、价值、所在地等，并附证据材料；（6）是否附有查封、扣押、冻结违法所得及其他涉案财产的清单和法律手续；（7）是否写明犯罪嫌疑人、被告人有无利害关系人，利害关系人的姓名、身份、住址、联系方式及其要求等情况；（8）是否写明申请没收的理由和法律依据；（9）其他依法需要审查的内容和材料。这些材料需要翻译件的，人民法院应当要求人民检察院一并移送。

依据两高《规定》第 9 条的规定，对于没收违法所得的申请，人民法院应当在 30 日内审查完毕，并按照下列情形分别处理：（1）属于没收违法所得申请受案范围和本院管辖，且材料齐全、有证据证明有犯罪事实的，应当受理；（2）不属于没收违法所得申请受案范围或者本院管辖的，应当退回人民检察院；（3）没收违法所得申请不符合“有证据证明有犯罪事实”标准要求的，应当通知人民检察院撤回申请，人民检察院应当撤回；（4）材料不全的，应当通知人民检察院在 7 日内补送，7 日内不能补送的，应当退回人民检察院。

人民检察院尚未查封、扣押、冻结申请没收的财产或者查封、扣押、冻结期限即将届满，涉案财产有被隐匿、转移或者毁损、灭失危险的，人民法院可以查封、扣押、冻结申请没收的财产。

三、公告程序

根据《刑事诉讼法》第 299 条第 2 款、最高人民法院《解释》第 614 条及两高《规定》第 11 条的规定，人民法院受理没收违法所得的申请后，应当在 15 日以内发出公告。公告应当载明以下内容：（1）案由、案件来源；（2）犯罪嫌疑人、被告人的基本情况；（3）犯罪嫌疑人、被告人涉嫌犯罪的事实；（4）犯罪嫌疑人、被告人逃匿、被通缉、脱逃、下落不明、死亡等情况；（5）申请没收财产的种类、数量、价值、所在地等以及已查封、扣押、冻结财产的清单和法律手续；（6）申请没收的财产属于违法所得及其他涉案财产的相关事实；（7）申请没收的理由和法律依据；（8）利害关系人申请参加诉讼的期限、方式以及未按照该期限、方式申请参加诉讼可能承担的不利法律后果；（9）其他应当公告的情况。

公告应当在全国公开发行的报纸、信息网络媒体和最高人民法院的官方网站发布，并在人民法院公告栏发布。必要时，公告可以在犯罪地或者犯罪嫌疑人、被告人居住地或者被申请没收财产所在地发布。最后发布的公告的日期为公告日期。发布公告的，应当采取拍照、录像等方式记录发布过程。人民法院已经掌握境内利害关系人联系方式的，应当直接送达含有公告内容的通知；直接送达有困难的，可以委托代为送达、邮寄送达。经受送达人同意的，可以采用传真、电子邮件等能够确认其收悉的方式告知公告内容，并记录在案；人民法院已经掌握境外犯罪嫌疑人、被告人、利害关系人联系方式，经受送达人同意的，可以采用传真、电子邮件等能够确认其收悉的方式告知其公告内容，并记录在案；受送达人未表示同意，或者人民法院未掌握境外犯罪嫌疑人、被告人、利害关系人联系方式，其所在国、地区的主管机关明确提出应当向受送达人送达含有公告内容的通知的，人民法院可以决定是否送达。决定送达的，应当将公告内容层报最高人民法院，由最高人民法院依照刑事司法协助条约、多边公约，或者按照对等互惠原则，请求受送达人所在国、地区的主管机关协助送达。

公告期间为6个月。公告期间不适用中止、中断、延长的规定。在这6个月中，犯罪嫌疑人、被告人的近亲属和其他利害关系人有权申请参加诉讼，也可以委托诉讼代理人参加诉讼。该公告期间的规定可以使犯罪嫌疑人、被告人的近亲属和其他利害关系人有足够的时间了解案情，对没收程序提出异议，提供相关的证据材料、说明原因，从而使审判者有机会更加全面、客观地审查与犯罪事实、违法所得相关的证据材料，财产的种类、数量、所在地以及是否应当查封、扣押、冻结这些财产。不仅如此，其还能使犯罪嫌疑人、被告人的近亲属和其他利害关系人有权委托诉讼代理人维护利益。具体而言，犯罪嫌疑人、被告人的近亲属应当提供其与犯罪嫌疑人、被告人关系的证明材料，其他利害关系人应当提供申请没收的财产系其所有的证据材料。犯罪嫌疑人、被告人的近亲属和其他利害关系人在公告期满后申请参加诉讼，能够合理说明原因，并提供证明申请没收的财产系其所有的证据材料的，人民法院应当准许。

犯罪嫌疑人、被告人逃匿境外，委托诉讼代理人申请参加诉讼，且违法所得或者其他涉案财产所在国、地区主管机关明确提出意见予以支持的，人民法院可以准许。人民法院准许参加诉讼的，犯罪嫌疑人、被告人的诉讼代理人可以依照司法解释关于利害关系人的诉讼代理人的规定行使诉讼权利。

四、审理程序

《刑事诉讼法》第299条第3款规定："人民法院在公告期满后对没收违法所得的申请进行审理。利害关系人参加诉讼的，人民法院应当开庭审理。"最高人民法院《解释》第619条和两高《规定》第14条对之加以补充，公告期满后，人民法院应当组成合议庭对申请没收违法所得的案件进行审理。利害关系人申请参加诉讼及委托诉讼代理人参加诉讼的，人民法院应当开庭审理。利害关系人及其诉讼代理人接到通知后无正当理由拒不到庭，或者未经法庭许可中途退庭的，且无其他利害关系人和其他诉讼代理人参加诉讼的，人民法院可以不开庭审理。人民法院确定开庭日期后，应当将开庭的时间、地点通知人民检察院、利害关系人及其诉讼代理人、证人、鉴定人、翻译人员。通知书应当至迟在开庭审理3日前送达；受送达人在境外的，至迟在开庭审理30日前送达。

开庭审理申请没收违法所得的案件，具体应当按照下列程序进行：(1) 审判长宣布法庭调查开始后，先由检察员宣读申请书，后由利害关系人、诉讼代理人发表意见。(2) 法庭应当依次就犯罪嫌疑人、被告人是否实施了贪污贿赂犯罪、恐怖活动犯罪等重大犯罪并已经通缉1年不能到案，或者是否已经死亡，以及申请没收的财产是否依法应当追缴进行调查；调查时，先由检察员出示证据，后由利害关系人、诉讼代理人出示证据，并进行质证；利害关系人及其诉讼代理人对申请没收的财产属于违法所得及其他涉案财产等相关事实及证据有异议的，可以提出意见；对申请没收的财产主张权利的，应当出示证据；对于确有必要出示但可能妨碍正在或者即将进行的刑事侦查的证据，针对该证据的法庭调查不公开进行。(3) 法庭辩论阶段，先由检察员发言，后由利害关系人、诉讼代理人发言，并进行辩论。

人民法院对没收违法所得的申请进行审理，人民检察院应当承担举证责任。人民法院对没收违法所得的申请开庭审理的，人民检察院应当派员出席法庭。审理申请没收违法所得案件的期限，参照公诉案件第一审普通程序和第二审程序的审理期限执行。公告期间和请求刑事司法协助的时间不计入审理期限。

五、裁定程序

根据《刑事诉讼法》第300条的规定，人民法院经审理，对于经查证案件事实清楚，证据确实、充分，申请没收的财产属于违法所得的财产及其他涉案财产的，有两种处理方式：(1) 对于被害人的财产，应当依法返还被害人；(2) 除此以外，应当裁定予以没收。没收违法所得程序的适用条件不能成立的，人民法院应当裁定驳回申请。人民法院经审理，不能认定是违法所得的，应当裁定解除查封、扣押、冻结措施。两高《规定》第16条规定，人民法院审理后，发现申请没收的财产属于违法所得及其他涉案财产的，除依法返还被害人的以外，应当裁定没收。不符合《刑事诉讼法》第298条第1款规定的条件的，应当裁定驳回申请，解除查封、扣押、冻结措施。这里的证明标准并非“案件事实清楚，证据确实、充分”；两高《规定》第17条规定申请没收的财产具有高度可能属于违法所得及其他涉案财产的，应当认定“申请没收的财产属于违法所得及其他涉案财产”。巨额财产来源不明犯罪案件中，没有利害关系人对违法所得及其他涉案财产主张权利，或者利害关系人对违法所得及其他涉案财产虽然主张权利但提供的相关证据没有达到相应证明标准的，应当视为“申请没收的财产属于违法所得及其他涉案财产”。

由于人民法院并没有对被告是否犯罪、所犯何罪作出认定，所以审理的结果不可以是判决。此外，由于处理的结果是可以上诉、抗诉的，因此，即使其有行政性处理的特征，也不能认为是决定，而只能是裁定。具体而言，依法返还被害人财产和予以没收的裁定属于实体性裁定，而解除查封、扣押、冻结措施是程序性裁定。

六、上诉、抗诉程序

根据《刑事诉讼法》第300条、最高人民法院《解释》第622条的规定，对于人民法院作出的裁定，犯罪嫌疑人、被告人的近亲属和其他利害关系人可以提出上诉，人民检察院可以提出抗诉。这表明，该类案件的裁定与定罪量刑的判决一样，具有可救济性，救济的渠道也与普通刑事诉讼程序一致，即可以通过利害关系人上诉、检察院抗诉的形式寻求对裁定的准确性和公正性再次审查。上诉和抗诉的期间为5日。

根据两高《规定》第20条的规定，人民检察院、利害关系人对第一审裁定认定的事实、证据没有争议的，第二审人民法院也可以不开庭审理。第二审人民法院决定开庭审理的，应当将开庭的时间、地点书面通知同级人民检察院和利害关系人。第二审人民法院应当就上诉、抗诉请求的有关事实和适用法律进行审查。

对不服第一审没收违法所得或者驳回申请裁定的上诉、抗诉案件，第二审人民法院经审理，应当按照下列情形分别作出处理：(1) 第一审裁定认定事实清楚和适用法律正确的，应当驳回上诉或者抗诉，维持原裁定；(2) 第一审裁定认定事实清楚，但适用法律有错误的，应当改变原裁定；(3) 第一审裁定认定事实不清的，可以在查清事实后改变原裁定，也可以撤销原裁定，发回原审人民法院重新审判；(4) 第一审裁定违反法定诉讼程序，可能影响公正审判的，应当撤销原裁定，发回原审人民法院重新审判。第一审人民法院对于前三项发回重新审判的案件作出裁定后，第二审人民法院对不服第一审人民法院裁定的上诉、抗诉，应当依法作出裁定，不得再发回原审人民法院重新审判；但是，第一审人民法院在重新审判过程中违反法定诉讼程序，可能影响公正审判的除外。

最高人民检察院、省级人民检察院认为下级人民法院按照违法所得没收程序所作的已经发生法律效力的裁定确有错误的，应当按照审判监督程序向同级人民法院提出抗诉。两高《规定》第18条还规定了利害关系人非因故意或者重大过失在第一审期间未参加诉讼，在第二审期间申请参加诉讼的，人民法院应当准许，并发回原审人民法院重新审判。另根据《解释》第625、626条的规定，在审理申请没收违法所得的案件过程中，在逃的犯罪嫌疑人、被告人到案的，人民法院应当裁定终止审理。人民检察院向原受理申请的人民法院提起公诉的，可以由同一审判组织审理。在审理案件过程中，被告人脱逃或者死亡，符合《刑事诉讼法》第298条第1款规定的，人民检察院可以向人民法院提出没收违法所得的申请；符合《刑事诉讼法》第291条第1款规定的，人民检察院可以按照缺席审判程序向人民法院提起公诉。人民检察院向原受理案件的人民法院提出没收违法所得申请的，可以由同一审判组织审理。

七、请求协助执行程序

违法所得没收很可能涉及境外的财产，此时需要境外主管机关的协助。根据两高《规定》第22条规定，违法所得或者其他涉案财产在境外的，负责立案侦查的公安机关、人民检察院等侦查机关应当制作查封、扣押、冻结的法律文书以及协助执行查封、扣押、冻结的请求函，层报公安、检察院等各系统最高上级机关后，由公安、检察院等各系统最高上级机关依照刑事司法协助条约、多边公约，或者按照对等互惠原则，向违法所得或者其他涉案财产所在地国（区）的主管机关请求协助执行。被请求国（区）的主管机关提出，查封、扣押、冻结法律文书的制发主体必须是法院的，负责立案侦查的公安机关、人民检察院等侦查机关可以向同级人民法院提出查封、扣押、冻结的申请，人民法院经审查同意后制作查封、扣押、冻结令以及协助执行查封、扣押、冻结令的请求函，层报最高人民法院后，由最高人民法院依照刑事司法协助条约、多边公约，或者按照对等互惠原则，向违法所得或者其他涉案财产所在地国（区）的主管机关请求协助执行。

请求函应当载明以下内容：(1) 案由以及查封、扣押、冻结法律文书的发布主体是否具有管辖权；(2) 犯罪嫌疑人、被告人涉嫌犯罪的事实及相关证据，但可能妨碍正在或者即将进行的刑事侦查的证据除外；(3) 已发布公告的，发布公告情况、通知利害关系人参加诉讼以及保障诉讼参与人依法行使诉讼权利等情况；(4) 请求查封、扣押、冻结的财产的种类、数量、价值、所在地等情况以及相关法律手续；(5) 请求查封、扣押、冻结的财产属于违法所得及其他涉案财产的相关事实及证据材料；(6) 请求查封、扣押、冻结财产的理由和法律依据；(7) 被请求国（区）要求载明的其他内容。

同理，根据两高《规定》第23条的规定，违法所得或者其他涉案财产在境外，受理没收违法所得申请案件的人民法院经审理裁定没收的，应当制作没收令以及协助执行没收令的请求函，层报最高人民法院后，由最高人民法院依照刑事司法协助条约、多边公约，或者按照对等互惠原则，向违法所得或者其他涉案财产所在地国（区）的主管机关请求协助执行。

请求函应当载明以下内容：(1) 案由以及没收令发布主体具有管辖权；(2) 属于生效

裁定；（3）犯罪嫌疑人、被告人涉嫌犯罪的事实及相关证据，但可能妨碍正在或者即将进行的刑事侦查的证据除外；（4）犯罪嫌疑人、被告人逃匿、被通缉、脱逃、死亡的基本情况；（5）发布公告情况、通知利害关系人参加诉讼以及保障诉讼参与人依法行使诉讼权利等情况；（6）请求没收违法所得及其他涉案财产的种类、数量、价值、所在地等情况以及查封、扣押、冻结相关法律手续；（7）请求没收的财产属于违法所得及其他涉案财产的相关事实及证据材料；（8）请求没收财产的理由和法律依据；（9）被请求国（区）要求载明的其他内容。

八、回转程序

《刑事诉讼法》第301条规定了回转程序："在审理过程中，在逃的犯罪嫌疑人、被告人自动投案或者被抓获的，人民法院应当终止审理。没收犯罪嫌疑人、被告人财产确有错误的，应当予以返还、赔偿。"没收违法所得程序是在犯罪嫌疑人、被告人没有参与庭审的情况下进行的，缺乏本人的直接辩护，所以，没收的裁定有可能是错误的。在犯罪嫌疑人、被告人归案后，适用该特别程序的条件不再成立，人民法院应当终止没收违法所得程序，与对犯罪嫌疑人、被告人的刑事案件一并依据普通刑事诉讼程序审理，从而更加准确地认定案件的事实，作出公正的判决，妥善地处理违法所得问题，周全地保障犯罪嫌疑人、被告人的合法权益。人民检察院在该等终止审理的情况下，应当将案卷退回侦查机关处理。如果人民检察院向原受理申请的人民法院提起公诉，可以由同一审判组织审理。当然，如果在审理案件过程中，被告人死亡或者脱逃，符合《刑事诉讼法》第299条第1款规定的，人民检察院可以向人民法院提出没收违法所得的申请。同理，人民检察院向原受理案件的人民法院提出申请的，可以由同一审判组织依照违法所得没收程序审理。

没收违法所得裁定生效后，犯罪嫌疑人、被告人到案并对没收裁定提出异议，人民检察院向原作出裁定的人民法院提起公诉的，可以由同一审判组织审理。人民法院经审理，应当按照下列情形分别处理：（1）原裁定正确的，予以维持，不再对涉案财产作出判决；（2）原裁定确有错误的，应当撤销原裁定，并在判决中对有关涉案财产一并作出处理。人民法院生效的没收裁定确有错误的，应当依照审判监督程序予以纠正。这表明：诉讼的过程具有一定的不可知性和动态多变性，人民法院对案件事实的认识也可能发生变化，没收犯罪嫌疑人、被告人的财产可能存在错误。而没收的客体是财产，不是人身权利，没收的财产本身可以量化为货币，因此具有可回溯性，返还或者赔偿的救济方式具有可操作性。

【问题与思考】

1. 犯罪嫌疑人、被告人逃匿、死亡案件违法所得的没收程序是在何种背景下增设的？

2. 犯罪嫌疑人、被告人逃匿、死亡案件违法所得的没收程序适用于哪些类型的案件？在什么条件下才能适用该程序？此类案件的级别管辖是如何设置的？

3. 犯罪嫌疑人、被告人逃匿、死亡案件违法所得的没收具体包含哪几个程序？

4. 犯罪嫌疑人、被告人逃匿、死亡案件违法所得的没收程序的功能是什么？如何对该程序加以定性？

【推荐参考论著】

1. 毛兴勤．违法所得特别没收程序研究．北京：中国检察出版社，2014.

2. 陈卫东，李响．论违法所得没收特别程序中的利害关系人．政法论坛，2015 (1).

3. 张吉喜．违法所得没收程序适用中的相关问题研究．现代法学，2019 (1).

4. 程雷．论我国违法所得没收程序司法认定若干法律适用问题研究．法治研究，2015 (4).

5. 朱孝清．违法所得没收程序的几个问题．人民检察，2014 (15).

6. 印波．犯罪嫌疑人、被告人逃匿、死亡案件违法所得没收程序的定性分析．中国检察官，2012 (3).

第三十二章
依法不负刑事责任的精神病人的强制医疗程序

内容导读

本章重点阐释了依法不负刑事责任的精神病人的强制医疗程序，介绍了强制医疗程序的概念与特征，分析了强制医疗的适用对象以及强制医疗程序的申请与管辖、审查与处理、审理与裁判、救济与监督。在我国，依法不负刑事责任的精神病人的强制医疗程序，是指针对实施暴力行为，危害公共安全或者严重危害公民人身安全，经法定程序鉴定依法不负刑事责任且有继续危害社会可能的精神病人，司法机关强制其进行医疗的诉讼活动。强制医疗程序的价值目标是安全与自由并重、防卫社会与精神病人回归社会并重。

第一节　强制医疗程序概述

精神病人是现实社会中很特殊的一类弱势群体。我国精神病人的绝对数量较大。在司法实践中，精神病人实施暴力行为的案件频发。在《刑事诉讼法》中增加依法不负刑事责任的精神病人的强制医疗程序具有多方面的原因。长期以来，强制医疗程序的缺位至少在刑事司法领域乃至社会治理领域中引发了一系列突出问题。例如，由于长期以来政府对精神病人强制医疗的投入有限与立法不健全，多数精神病人游离在社会当中，处于政府、社会与家属三不管的状态下，屡屡实施危害社会、损害公共秩序的行为，却难以被有效管制。又如，媒体陆续曝光了一系列正常人“被精神病”的事件。这些典型反面个案反映出强制医疗法律规范的模糊已经导致这种剥夺公民自由的措施被个别人、个别地方恣意滥用。[①] 2010 年，多起震惊全国的疑似精神病人杀害在校学生案件的发生，对我国精神病防治体系提出了严峻的挑战。

---

① 陈卫东．构建中国特色刑事特别程序．中国法学，2011（6）．

我国《刑事诉讼法》增设这一兼具医疗救助与社会防卫功能的特别程序，主要是基于以下考虑：一是保障公众安全，维护社会秩序。虽然经法定程序鉴定依法不负刑事责任且有继续危害社会可能的精神病人，具有阻却犯罪成立的责任能力要件，不能适用通常意义的刑罚措施，但也不能对其"置之不管"，在一定条件下对其实施强制医疗，可以防止其危害社会和自伤自残。国家必须提供必要的条件和环境对他们进行医疗，并最终促使他们回归社会。二是保障精神病人的基本权利。强制医疗程序涉及干预他人人身自由权等基本权利，需要依法予以严格规范。强制医疗程序既要防止对正常人错误地决定实施强制医疗，又要防止需要强制医疗的精神病人规避这一法律，继续危害社会。

从世界范围来看，为保障公众安全、维护社会秩序，对严重危害社会治安的精神病人由国家进行强制医疗，是各国的通常做法。依法不负刑事责任的精神病人的强制医疗程序，一般是指针对经法定程序鉴定依法不负刑事责任且有继续危害社会可能的精神病人，司法机关强制其进行医疗的诉讼活动。强制医疗的基本措施是把精神病人限制在专门的医疗机构，对其进行隔离式看护与治疗。这是对精神病人人身自由的一种特殊限制。目前，许多人认为，强制医疗在性质上是一种特殊的社会防卫措施，而非一种刑罚措施；强制医疗程序不是解决被告人的定罪与量刑问题，而是消除精神病人的人身危险性，防止其再犯，进而防卫社会。

从国外的情况来看，强制医疗基本上都是通过司法程序而非单方决策的行政程序作出的。在美国，针对精神病人的救助、管理经过了复杂的演变过程，目前，其相应的制度是司法化的民事收容制度，即由法院对民事收容精神病人进行审查，然后作出收容与否的决定。在具有大陆法系传统的一些国家，强制医疗属于用于补充、替代刑罚制裁的保安处分制度的范畴①，其目的在于预防精神病人再次实施危害社会的行为，同时避免精神病人自我伤害。在德国、意大利，强制医疗在适用时除需要符合适用保安处分的一般要件外，如行为人实施了法律规定的犯罪行为，且具有社会危险性、可能继续危害社会，还需要符合适用强制医疗的特殊要件，即行为人在特定期间因患精神病导致刑事责任能力或者诉讼行为能力欠缺。在俄罗斯，"医疗性强制方法"的适用对象包括四类人：在无刑事责任能力状态下实施犯罪行为的，因实施犯罪之后患精神病而无法对其处刑或执行刑罚的，实施犯罪并患有不排除刑事责任能力的精神病的，以及实施犯罪并被认定需要进行醒酒或戒毒治疗的。在具体程序上，强制医疗一般遵循控辩平等、法院居中裁判原则。如在德国，保安处分程序一般准用刑事诉讼程序的有关规定：先由检察官提出申请，法院经过审理以后，或判处保安处分措施，或驳回申请。如果在审判程序中发现被告人在实施犯罪时具有刑事责任能力，保安处分程序即转换为普通诉讼程序继续进行。

此外，对于强制医疗，各国通过限制期限、司法复查等方式保障被强制医疗人的合法权益：有的对强制医疗限定最高期限；有的将强制医疗的期限与精神正常时可能判处的自由刑的刑期挂钩，如葡萄牙刑法规定，收容时间不能超过对不可归责人所实施的犯罪构成要件所可判处的最高刑。在司法程序中，法官往往通过比例原则具体裁量强制医疗的期限。在行为人被交付强制医疗后，许多国家规定法院必须进行定期复查。如意大利刑法规定，

① 大陆法系的保安处分有一元论和二元论之分。前者认为，保安处分和刑罚没有质的区别，只有量的不同，保安处分被统一于刑罚体系中，属于刑事法的范畴。后者认为，保安处分既可以适用于罪犯，也可以适用于具有社会危险性但其行为不构成犯罪的人，而刑罚只能适用于罪犯。

法律为各种保安处分规定的最短持续期限经过后，法官应当对被适用保安处分者的情况重新进行审查，以确定该人是否仍然具有社会危险性。经审查，法官应分别作出变更、延长、撤销或终止有关措施的裁判。

第二节　强制医疗程序的适用对象

从某种意义上说，对精神病患者合法权益的保障是一个社会文明程度的重要标志。我国《立法法》第 8 条规定，对公民政治权利的剥夺、限制人身自由的强制措施与处罚，只能制定法律。作为一种国家公权力对公民个人自由进行干预的措施，强制医疗程序的适用必须遵守法律保留原则，即只有在法律明确规定的情况下，才能适用强制医疗。

根据我国《刑法》第 18 条第 1 款的规定，精神病人在不能辨认或者不能控制自己行为的时候造成危害结果，经法定程序鉴定确认的，不负刑事责任，但是应当责令他的家属或者监护人严加看管和医疗；在必要的时候，由政府强制医疗。《刑事诉讼法》第 302 条规定，实施暴力行为，危害公共安全或者严重危害公民人身安全，经法定程序鉴定依法不负刑事责任的精神病人，有继续危害社会可能的，可以予以强制医疗。最高人民法院《解释》第 630 条，增加了“社会危害性已经达到犯罪程度”的要件。

究竟什么是精神病人？一般而言，精神病是由于人体丘脑、大脑功能的紊乱，导致人在感知、思维、情感和行为等方面出现的持久的明显的异常。精神病主要包括以下种类：脑器质性精神障碍、躯体疾病伴发的精神障碍、酒依赖或酒精中毒性精神障碍、鸦片类及其他精神活性物质伴发的精神障碍、中毒性精神障碍、精神分裂症、偏执型精神病、情感障碍、心因性精神障碍、与文化相关的精神障碍、人格障碍、性心理障碍、精神发育迟滞等。不同类型的精神病具有不同的临床表现，治疗方法也各不相同。精神病人通常有以下特征：不能正常地学习、工作、生活；动作行为难以被一般人理解；在病态心理的支配下，有自杀或攻击、伤害他人的动作行为。精神病人在心理障碍程度上有轻重之分，其行为能力、责任能力也有所差别。其中，依据《刑法》，精神病人在不能辨认或者不能控制自己行为的时候造成危害结果的，不负刑事责任。这里需要注意的是，精神病与神经病是不同的概念。神经病，又称神经系统疾病，是指中枢神经系统和周围神经的器质性病变。常见的神经病有：脑炎、脑膜炎、脑囊虫病、脑出血、脑梗死、癫痫、脑肿瘤、重症肌无力等。在强制医疗程序中，切不可将神经病患者等同于精神病人。

依法不负刑事责任的精神病人的强制医疗程序的对象是特定的精神病人。在《刑事诉讼法》第 302 条中规定的精神病人是指实施暴力行为，危害公共安全或者严重危害公民人身安全，经法定程序鉴定依法不负刑事责任的、有继续危害社会可能的精神病人。适用强制医疗程序的精神病人具有以下三个方面的条件。

1. 行为事实要求，即“实施暴力行为，危害公共安全或者严重危害公民人身安全”。该要求包括两方面含义：行为方式上，强制医疗对象的行为属于“暴力”型；行为结果上，以严重威胁或损害特定公民或不特定多数人的人身安全为特征。需要注意的是，该条在表述上突出对公共安全和人身安全的危害，没有明确列举对公共财产或公民个人财产的危害。

这里的社会危害性要求已经达到犯罪程度。

2. 责任能力要求，即“经法定程序鉴定依法不负刑事责任的精神病人”。判断精神病人是否承担刑事责任，必须经过专门的司法精神病鉴定。鉴定的关键内容是判断精神病人是否在不能辨认或者不能控制自己行为的时候造成危害结果。司法精神病鉴定是强制医疗程序得以启动和运行的最为核心的证据基础。

3. 社会危险性要求，即“有继续危害社会的可能”。该项要求是从行为人已经作出的行为来判断其将来预期的行为倾向，如继续实施达到刑法意义上犯罪构成要件的行为。

符合上述条件的精神病人，也不必然送交强制医疗。《刑事诉讼法》第 302 条规定的是“可以”强制医疗，而非“应当”强制医疗。

《刑事诉讼法》严格限定了强制医疗的对象，其最主要的目的是防止将不符合上述条件的公民错误地送交强制医疗。当然，针对不同的强制医疗对象是否适用有针对性的强制医疗方法，我国《刑事诉讼法》没有明确规定。在西方国家，经过多年发展，形成了多样性、层次性的强制医疗方法。如在俄罗斯，医疗性强制方法包括四个不同的层次：强制性门诊监管并接受精神病医生治疗，在普通精神病院进行强制治疗，在专门精神病院进行强制治疗，以及在加强监管的专门精神病院进行强制治疗。确立并规范多样性、层次性的强制医疗方法，有利于提高强制医疗的针对性和有效性。

第三节　强制医疗的适用程序

强制医疗是通过行政程序还是司法程序作出，对于精神病人而言关系重大。在《刑事诉讼法》修改过程中，社会各界对这一问题存在一定争议。有人主张：对精神病人实行强制医疗不是刑事诉讼行为，而是行政强制行为；这不是刑事诉讼法应该调整的，应该在有关的行政法中规定，或者由国家制定单行的行政强制类的法律规定，也可以由国务院制定强制性规定来进行具体规定。①

从以往的司法实践来看，采用行政化的程序适用强制医疗，由于缺乏权力制约，蕴含侵犯他人合法权益的风险，也发生了一些“被精神病”的恶性案件。从世界范围来看，强制医疗基本上都是通过司法程序作出的。我国《刑事诉讼法》规定依法不负刑事责任的精神病人的强制医疗程序，赋予了人民法院以决定权，体现了立法者对人权问题的尊重和保障。同时，这也说明，其在性质上属于司法程序，而非行政程序。

一、申请与管辖

为避免强制医疗程序的滥用，根据《刑事诉讼法》的规定，强制医疗程序的申请需要由专门机关依法进行，也就是说，公民个人无权申请启动强制医疗程序。《刑事诉讼法》第 303 条第 2 款规定：公安机关发现精神病人符合强制医疗条件的，应当写出强制医疗意见

---

① 陈丽平．强制医疗应当是行政强制行为．法制日报，2011－09－28.

书，移送人民检察院。对于公安机关移送的或者在审查起诉过程中发现的精神病人符合强制医疗条件的，人民检察院应当向人民法院提出强制医疗的申请。人民法院在审理案件过程中发现被告人符合强制医疗条件的，可以作出强制医疗的决定。根据《刑事诉讼法》及相关司法解释，强制医疗程序的申请可区分为两种类型。

1. 检察机关申请。其具体又包括两种情况。

一是公安机关在侦查阶段，发现符合强制医疗条件后，向检察机关移送强制医疗意见书，由检察机关审查后向法院提出申请。对经法定程序鉴定依法不负刑事责任的精神病人，有继续危害社会可能，符合强制医疗条件的，公安机关应当在 7 日以内写出强制医疗意见书，经县级以上公安机关负责人批准，连同相关证据材料和鉴定意见一并移送同级人民检察院。人民检察院应当在接到公安机关移送的强制医疗意见书后 30 日以内作出是否提出强制医疗申请的决定。对于公安机关移送的强制医疗案件，经审查认为不符合《刑事诉讼法》第 302 条规定条件的，应当作出不提出强制医疗申请的决定，并向公安机关书面说明理由；认为需要补充证据的，应当书面要求公安机关补充证据，必要时也可以自行调查。公安机关补充证据的时间不计入人民检察院办案期限。人民检察院发现公安机关应当启动强制医疗程序而不启动的，可以要求公安机关在 7 日以内书面说明不启动的理由。经审查，认为公安机关不启动理由不能成立的，应当通知公安机关启动强制医疗程序。公安机关收到启动强制医疗程序通知书后，未按要求启动强制医疗程序的，人民检察院应当提出纠正意见。

二是检察机关在审查起诉阶段自行发现符合强制医疗条件后，向法院申请强制医疗。人民检察院提出强制医疗的申请以及对强制医疗决定的监督，由负责捕诉的部门办理。

2. 人民法院主动发现后自行决定强制医疗，无须第三方申请。

人民检察院申请对依法不负刑事责任的精神病人强制医疗的案件，由被申请人实施暴力行为所在地的基层人民法院管辖；由被申请人居住地的人民法院审判更为适宜的，可以由被申请人居住地的基层人民法院管辖。

为了保障人权，尤其是防止冤假错案，强制医疗中的刑事诉讼法律援助工作应当得到规范和加强。人民法院自受理强制医疗申请或者发现被告人符合强制医疗条件之日起 3 日内，对于被申请人或者被告人没有委托诉讼代理人的，应当向法律援助机构送交通知代理公函，通知其指派律师担任被申请人或被告人的诉讼代理人，为其提供法律帮助。人民检察院申请强制医疗的，人民法院应当将强制医疗申请书副本一并送交法律援助机构。通知代理公函应当载明被申请人或者被告人的姓名、法定代理人的姓名和联系方式、办案机关联系人的姓名和联系方式。

二、审查与处理

强制医疗程序的价值目标是安全与自由并重、防卫社会与精神病人回归社会并重。尤其需要注意的是，强制医疗不仅涉及公民的人身自由权限制，还影响公民的名誉权、人格权等。因此，对于强制医疗程序决定权的归属，立法机关应该慎之又慎。

在我国，依法不应负刑事责任的精神病人的强制医疗的决定权只能由人民法院行使，其决定权包括适用该程序的决定权和解除该程序的决定权两个方面。这一权力配置被认为有利于保障强制医疗程序在程序上和实体上的公正性和准确性。对人民检察院提出的强制医疗申请，人民法院应当在 7 日以内审查完毕，并按照下列情形分别处理：（1）属于强制医疗程序受案范围和本院管辖，且材料齐全的，应当受理。(2) 不属于本院管辖的，应当退回人民检察院。(3) 材料不全的，应当通知人民检察院在3日以内补送；3日以内不能补送的，应当退回人民检察院。

作为配套措施，对实施暴力行为的精神病人，在人民法院决定强制医疗前，经县级以上公安机关负责人批准，公安机关可以采取临时的保护性约束措施。必要时，可以将其送精神病医院接受治疗。保护性约束措施只是临时的，而且要保障精神病人的合法权益免受非法侵犯。采取临时的保护性约束措施时，应当对精神病人严加看管，并注意约束的方式、方法和力度，以避免和防止危害他人和精神病人的自身安全为限度。

公安机关应当采取临时保护性约束措施而尚未采取的，人民检察院应当建议公安机关采取临时保护性约束措施。对于精神病人已没有继续危害社会可能，解除约束后不致发生社会危险性的，公安机关应当及时解除保护性约束措施。

三、审理与裁判

审理强制医疗案件，没有特别规定的，参照适用公诉案件第一审普通程序和第二审程序的有关规定。要贯彻强制医疗程序中的人权保障，防止程序滥用，应当贯彻以审判为中心，避免对于侦查结果和鉴定意见的依赖，强化被申请人或者被告人的程序参与及法律援助，促进庭审的实质化。

(一) 审理组织

合议庭是强制医疗案件法定审判组织。根据《刑事诉讼法》第304条、最高人民法院《解释》第635条的规定，人民法院受理强制医疗的申请后，应当组成合议庭，开庭审理。但是，被申请人、被告人的法定代理人请求不开庭审理，并经人民法院审查同意的除外。审理人民检察院申请强制医疗的案件，应当会见被申请人。在原则上规定由合议庭进行审理，有助于确保案件的质量。判断一个人是否患有精神病、是否对精神病人采取强制医疗措施往往涉及专业性极强的一些问题。在合议庭中，法院可以吸纳一些具有心理学、精神病学、社会学等专业知识的陪审员参加。

(二) 庭审程序

人民法院审理强制医疗案件，应当通知被申请人或者被告人的法定代理人到场；被申请人或者被告人的法定代理人经通知未到场的，可以通知被申请人或者被告人的其他近亲属到场。被申请人或者被告人没有委托诉讼代理人的，应当自受理强制医疗申请或者发现被告人符合强制医疗条件之日起3日以内，通知法律援助机构指派律师担任其诉讼代理人，为其提供法律帮助。这主要是考虑到被申请人或者被告人是精神病人时，无诉讼行为能力，通知其法定代理人到场、实施法律援助等措施可更好地维护其合法权益。

审理强制医疗案件，应当组成合议庭，开庭审理。但是，被申请人、被告人的法定代理人请求不开庭审理，并经人民法院审查同意的除外。审理强制医疗案件，应当会见被申请人，听取被害人及其法定代理人的意见。

开庭审理申请强制医疗的案件，按照下列程序进行：(1) 审判长宣布法庭调查开始后，先由检察员宣读申请书，后由被申请人的法定代理人、诉讼代理人发表意见。(2) 法庭依次就被申请人是否实施了危害公共安全或者严重危害公民人身安全的暴力行为、是否属于依法不负刑事责任的精神病人、是否有继续危害社会的可能进行调查；调查时，先由检察员出示证据，后由被申请人的法定代理人、诉讼代理人出示证据，并进行质证；必要时，可以通知鉴定人出庭对鉴定意见作出说明。(3) 法庭辩论阶段，先由检察员发言，后由被申请人的法定代理人、诉讼代理人发言，并进行辩论。被申请人要求出庭，人民法院经审查其身体和精神状态，认为可以出庭的，应当准许。出庭的被申请人，在法庭调查、辩论阶段，可以发表意见。检察员宣读申请书后，被申请人的法定代理人、诉讼代理人无异议的，法庭调查可以简化。其中，鉴于刑事司法精神病鉴定在强制医疗审理中的重要性，应当强化鉴定人的出庭作证。

（三）裁判与执行

人民法院经审理，对于被申请人或者被告人符合强制医疗条件的，应当在 1 个月以内作出强制医疗的决定。这一审理期限可促使人民法院及时作出决定。对于那些被公安机关采取保护性约束措施的精神病人而言，这一期限规定可使其避免长期处于"不确定"的状态。

对申请强制医疗的案件，人民法院审理后，应当按照下列情形分别处理：(1) 符合《刑事诉讼法》第 302 条规定的强制医疗条件的，应当作出对被申请人强制医疗的决定。(2) 被申请人属于依法不负刑事责任的精神病人，但不符合强制医疗条件的，应当作出驳回强制医疗申请的决定；被申请人已经造成危害结果的，应当同时责令其家属或者监护人严加看管和医疗。(3) 被申请人具有完全或者部分刑事责任能力，依法应当追究刑事责任的，应当作出驳回强制医疗申请的决定，并退回人民检察院依法处理。

第一审人民法院在审理刑事案件过程中发现被告人可能符合强制医疗条件的，经过精神鉴定决定适用强制医疗程序的，对案件进行审理。人民法院审理后，应当按照下列情形分别处理：(1) 被告人符合强制医疗条件的，应当判决宣告被告人不负刑事责任，同时作出对被告人强制医疗的决定。(2) 被告人属于依法不负刑事责任的精神病人，但不符合强制医疗条件的，应当判决宣告被告人无罪或者不负刑事责任；被告人已经造成危害结果的，应当同时责令其家属或者监护人严加看管和医疗。(3) 被告人具有完全或者部分刑事责任能力，依法应当追究刑事责任的，应当依照普通程序继续审理。对上述判决、决定，人民检察院提出抗诉，同时被决定强制医疗的人、被害人及其法定代理人、近亲属申请复议的，上一级人民法院应当依照第二审程序一并处理。

第二审人民法院在审理刑事案件过程中，发现被告人可能符合强制医疗条件的，可以依照强制医疗程序对案件作出处理，也可以裁定发回原审人民法院重新审判。人民法院决定强制医疗的，应当在作出决定后 5 日以内，向公安机关送达强制医疗决定书和强制医疗执行通知书，由公安机关将被决定强制医疗的人送交强制医疗。

第四节　强制医疗的救济与监督程序

强制医疗的执行应当坚持人道主义原则、治疗与监管相结合原则，而且要动态地进行诊断评估。没有救济就没有权利。强制医疗程序适用错误，可能出现两种情况：一是将正常人当作精神病人错误地适用强制医疗，二是需要强制医疗的精神病人规避法律并继续危害社会。当事人的救济、检察机关的监督，可以促进强制医疗程序的申请、审理、决定等依法进行。

为纠正错误的强制医疗决定，刑事诉讼法赋予有关当事人包括申请复议、申请解除在内的一系列救济性权利，同时，还规定了强制医疗机构定期评估、诊断的义务，针对不需要继续强制医疗者及时提出“解除意见”的义务。

一、申请复议

被决定强制医疗的人、被害人及其法定代理人、近亲属对强制医疗决定不服的，可以自收到决定书第2日起5日以内向上一级人民法院申请复议。复议期间不停止执行强制医疗的决定。可见，对于强制医疗的救济申请方式是由上一级法院复议。

据此，申请复议权的主体包括：被决定强制医疗的人、被害人及其法定代理人、近亲属。如此规定，主要是考虑到当事人本人诉讼行为能力的欠缺，允许法定代理人、近亲属申请复议，可帮助其维护合法权益。

对不服强制医疗决定的复议申请，上一级人民法院应当组成合议庭审理，并在1个月以内按照下列情形分别作出复议决定：（1）被决定强制医疗的人符合强制医疗条件的，应当驳回复议申请，维持原决定；（2）被决定强制医疗的人不符合强制医疗条件的，应当撤销原决定；（3）原审违反法定诉讼程序，可能影响公正审判的，应当撤销原决定，发回原审人民法院重新审判。

二、诊断评估与申请解除

精神病人的病情可能因为治疗等得以缓解，甚至治愈。强制医疗机构应当定期对被强制医疗的人进行诊断评估。强制医疗机构是治疗精神病人的主体，规定其定期诊断、评估，具有极大的便利性和可行性。这些诊断和评估是查明精神病人的康复情况，准确判断是否应当解除强制医疗的重要依据。

对于已不具有人身危险性，不需要继续强制医疗的，强制医疗机构应当及时提出解除意见。也就是说，解除强制医疗的条件有二：一是被强制医疗的人已不具有人身危险性，二是其不需要继续强制医疗。解除强制医疗并不要求精神病的彻底治愈。

被强制医疗的人及其近亲属有权申请解除强制医疗。被强制医疗的人及其近亲属申请解除强制医疗的，应当向决定强制医疗的人民法院提出。被强制医疗的人及其近亲属提出的解除强制医疗申请被人民法院驳回，6个月后再次提出申请的，人民法院应当受理。这一规定可以保证强制医疗机构一旦不作为，被强制医疗的人及其近亲属仍有救济渠道。是否解除强制医疗，由决定强制医疗的人民法院负责批准。

强制医疗机构提出解除强制医疗意见，或者被强制医疗的人及其近亲属申请解除强制医疗的，人民法院应当组成合议庭进行审查，并在1个月以内，按照下列情形分别处理：（1）被强制医疗的人已不具有人身危险性，不需要继续强制医疗的，应当作出解除强制医疗的决定，并可责令被强制医疗的人的家属严加看管和医疗；（2）被强制医疗的人仍具有人身危险性，需要继续强制医疗的，应当作出继续强制医疗的决定。对前述规定的案件，必要时，人民法院可以开庭审理，通知人民检察院派员出庭。

人民法院应当在作出决定后 5 日以内，将决定书送达强制医疗机构、申请解除强制医疗的人、被决定强制医疗的人和人民检察院。决定解除强制医疗的，应当通知强制医疗机构在收到决定书的当日解除强制医疗。

三、法律监督

检察机关是我国专门的法律监督机关，有权对刑事诉讼进行全面的法律监督。人民检察院对强制医疗的决定和执行实行监督。

犯罪嫌疑人、被告人及其近亲属、法定代理人，强制医疗案件中的被申请人、被告人的法定代理人认为公安机关、人民检察院、人民法院应当告知其可以向法律援助机构申请法律援助而没有告知，或者应当通知法律援助机构指派律师为其提供辩护或者诉讼代理而没有通知的，有权向同级或者上一级人民检察院申诉或者控告。人民检察院应当对申诉或者控告及时进行审查，情况属实的，通知有关机关予以纠正。

人民检察院发现公安机关对涉案精神病人进行鉴定的程序违反法律或者采取临时保护性约束措施不当的，应当提出纠正意见。人民检察院发现公安机关对涉案精神病人采取临时保护性约束措施时有体罚、虐待等违法情形的，应当提出纠正意见。

人民法院对强制医疗案件开庭审理的，人民检察院应当派员出席法庭。出席法庭的检察官发现人民法院或者审判人员审理强制医疗案件违反法律规定的诉讼程序的，应当记录在案，并在休庭后及时向检察长报告，由人民检察院在庭审后向人民法院提出纠正意见。人民检察院认为强制医疗决定或者解除强制医疗决定不当，在收到决定书后 20 日以内提出书面纠正意见的，人民法院应当另行组成合议庭审理，并在 1 个月以内作出决定。人民法院在审理案件过程中发现被告人符合强制医疗条件，适用强制医疗程序对案件进行审理的，人民检察院应当在庭审中发表意见。

刑事执行检察是检察机关的一项基础业务。检察机关在强制医疗执行监督中的主要工作是，以被执行人权利保护为切入点，重点加强对约束性保护措施、交付执行、监管医疗活动、解除强制医疗等执法活动的监督。

【问题与思考】

1. 为何由法院决定对依法不负刑事责任的精神病人实施强制医疗?
2. 检察机关如何对强制医疗程序进行监督?
3. 如何保障强制医疗机构客观评估和诊断?

【推荐参考论著】

1. 秦宗文．刑事强制医疗程序研究．华东政法大学学报，2012 (5).
2. 王君炜．我国刑事强制医疗程序研究．北京：社会科学文献出版社，2018.
3. 汪建成．论强制医疗程序的立法构建和司法完善．中国刑事法杂志，2012 (4).
4. 李娜玲．刑事强制医疗程序研究．北京：中国检察出版社，2011.
5. 陈卫东．构建中国特色刑事特别程序．中国法学，2011 (6).
6. 陈卫东，等．司法精神病鉴定刑事立法与实务改革研究．北京：中国法制出版社，2011.
7. 赵春玲．刑事强制医疗程序研究．北京：中国人民公安大学出版社，2014.
8. 陈光中，王迎龙．创建刑事强制医疗程序　促进社会安定有序．检察日报，2012-04-11.

第五编

港澳台地区刑事诉讼

第三十三章
香港特别行政区刑事诉讼

内容导读

香港是我国特别行政区之一。依据《中华人民共和国香港特别行政区基本法》（以下简称《香港基本法》）的规定，香港原有法律除同基本法相抵触或经特别行政区立法机关作出修改者以外，基本上予以保留，因此，香港特别行政区有关刑事诉讼原则、制度及程序的具体规定也沿袭了英美法系的诸多传统，如遵循先例原则、陪审团制度、庭审中的交叉询问制度等。

香港是我国特别行政区之一，面积为 1 104 平方公里，由香港岛、九龙半岛和新界（包括 262 个离岛）组成。

香港自古以来就是中国领土不可分割的一部分。1840 年英国发动鸦片战争，先后强迫中国清政府签署了三个不平等条约，对香港进行了强行割占和租借。1984 年 12 月 19 日，中英两国政府经过谈判达成协议，签署了《中华人民共和国政府和大不列颠及北爱尔兰联合王国政府关于香港问题的联合声明》；1997 年 7 月 1 日，中华人民共和国恢复对香港行使主权，香港成为中华人民共和国特别行政区。根据 1990 年 4 月 4 日第七届全国人民代表大会第三次会议正式通过和颁布的《香港基本法》关于“一国两制”方针的规定，香港特别行政区不实行社会主义制度和政策，保持原有的资本主义制度和生活方式，50 年不变。

由于历史的原因，香港传统上承袭普通法制度，其法律制度具有明显的英美法系特征。香港回归以后，根据《香港基本法》第 8 条的规定，香港原有的普通法、衡平法、条例、附属立法和习惯法，除同香港基本法相抵触或经香港特别行政区立法机关作出修改者以外，予以保留。《香港基本法》第 18 条第 1 款规定：“在香港特别行政区实行的法律为本法以及本法第八条规定的香港原有法律和香港特别行政区立法机关制定的法律。”可见，香港特别行政区的法律渊源包括了香港基本法、原有法律[①]和特别行政区立法机关制度的法律。在刑事诉讼制度方面，其成文法方面的渊源主要包括：《刑事诉讼程序条例》、《证据条例》、《高

① 所谓“原有法律”，是指 1984 年中英联合声明前在香港适用的法律。“原有法律”保留的前提是不同《香港基本法》相抵触，并且未经过香港特别行政区立法机关修改，否则不属于“原有法律”的范围。另外，1997 年 7 月 1 日以后，随着英国对香港的殖民统治的终结，原本适用于香港的英国法律，如英王制诰、王室训令、义律公告、殖民条例等，不再适用于香港。

等法院条例》、《地方法院条例》、《裁判官条例》和《陪审团条例》等。

2020 年 6 月 30 日，第十三届全国人民代表大会常务委员会第二十次会议通过了《中华人民共和国香港特别行政区维护国家安全法》（以下简称《香港特别行政区维护国安法》），其中也包含案件管辖、法律适用和程序等刑事程序法规定，因此也成为香港特别行政区刑事诉讼制度的法律渊源之一。同时，《香港特别行政区维护国安法》第 57 条规定：根据该法第 55 条规定管辖案件的立案侦查、审查起诉、审判和刑罚的执行等诉讼程序事宜，适用《刑事诉讼法》等相关法律的规定。因此，在特定犯罪的刑事诉讼程序中，也存在适用《刑事诉讼法》的情况。

第一节　香港地区刑事诉讼的原则和制度

香港地区刑事诉讼的原则和制度与英美法系其他国家与地区的大体相同，主要有无罪推定、审判独立、审判公开、被告人（犯罪嫌疑人）有权进行辩护和获得法律帮助、遵循先例、陪审团审判等原则和制度。这些原则和制度，也在《香港基本法》中得到体现。以下仅就香港地区较具特色的刑事诉讼原则和制度加以介绍。

一、无罪推定原则

无罪推定原则是现代法治国家普遍承认的一项刑事诉讼基本原则。所谓无罪推定，是指任何人在被法院的最终判决确定为有罪之前，在法律上应被假定或认为是无罪的人。《香港基本法》第 87 条第 2 款也明确规定了无罪推定原则："任何人在被合法拘捕后，享有尽早接受司法机关公正审判的权利，未经司法机关判罪之前均假定无罪。"

在香港地区刑事诉讼程序中，无罪推定原则具体体现在以下几个方面：（1）证明被告人有罪的责任由控诉方承担。（2）被告人没有证明自己无罪的义务①，也不能因为其不能证明自己无罪而对其作出有罪的认定；不得强迫被告人证明自己有罪，即被告人享有沉默的权利。（3）控诉方承担的证明责任必须达到法律规定的程度，如果不能证明被告人有罪，或证明程度达不到法律的要求，则被告人无罪。（4）对认定被告人有罪的证据有合理怀疑时，应作有利于被告人的解释；对被告人罪重罪轻有合理怀疑时，应作轻罪判决。

二、审判独立原则

审判独立原则是一项重要的刑事诉讼原则。审判独立的基本含义是：法院是行使审判权的唯一机关，其行使审判权的过程不受行政机关、立法机关及其他机构或个人的干预；

---

① 除非他以不在犯罪现场、神志不清或者自卫等作为辩护理由，在这些情况下，被告人须提出支持辩解的事实证据。另外，只有在某些特定情况下，才可根据一定的事实（如被告人的生活水准不合常情、超出其收入水平或被告人持有毒品等）例外地推定被告人有罪，此时才由被告人负担证明自己无罪的责任。

法院进行审判活动不受另一法院的干预，上级法院也只能依照法定程序变更下级法院的判决；法官在审判活动中依法独立认定案件事实、适用法律，独立于其同事和上级法院。

香港地区在刑事诉讼中实行审判独立原则。《香港基本法》明确规定了审判独立原则，并赋予香港地区法院独立的司法权和终审权。1997 年 7 月 1 日，依据《香港终审法院条例》设立的香港终审法院成为香港上诉案件的最终裁判者。自此，审判独立原则在香港有了更加完整的体现。

三、公开审判原则

公开审判原则是资产阶级反对封建专制的秘密审判、司法专横与法官擅断的产物。18 世纪，被誉为刑法之父的贝卡里亚首先提出了“审判应当公开，犯罪的证据应当公开，以便使或许是社会唯一制约手段的舆论能够约束强力和欲望”① 的理论。其后，公开审判原则逐渐成为现代法治国家（地区）普遍确立的法律原则之一，香港也确立了审判公开原则。

在香港地区刑事审判程序中，公众不用预约便可进入除少年法庭外的所有法庭旁听案件审理；新闻媒体可以旁听庭审过程并进行记录，也可以对审讯内容进行报道。不过，在法律规定的特殊情况下，香港的审判公开原则也有不予适用的例外情形。例如，根据《刑事诉讼程序条例》第 122 条的规定，在不违反《香港人权法案条例》的前提下，处理刑事案件的法庭如觉得司法公正、公安和安全有此需要时，可以命令整项法律程序或其任何适当部分在非公开的法庭进行；但这样的命令不适用于对被告人的公诉提控、宣读有关被告人的案情摘要、法庭或陪审团宣告裁决、法庭宣告刑罚等环节。同时，法庭也可根据同样的需要，不准向任何指明的证人提出其答案会引致或倾向于引致披露该法律程序中的任何证人的姓名或地址的问题；但法庭可要求任何上述证人以书面记录该法律程序中的任何证人的姓名及地址，并交付法庭保管。香港的法律对于媒体报道刑事案件也有一定的限制，例如，根据《刑事诉讼程序条例》和《裁判官条例》的规定，媒体在有关交付或保释程序聆讯内容的报道中，不能报道支持控罪的证据或证供的内容，而只能对法官的姓名、被告人的姓名、出庭人员的姓名、法律代表的姓名、控罪书的内容、聆讯的决定及押后聆讯的日期和地点等内容进行报道。此外，在性犯罪、少年犯罪等案件的审理中，公开审判原则还受到更为严格的限制。

四、遵循先例原则

遵循先例原则，又称先例具有约束力原则，是英美法系一项重要的诉讼原则。遵循先例原则的基本要求是，法官在审判案件时，不仅要考虑其他法官在已决案件中对与此相同或非常相关的问题所作判决中所适用的原则（即先例），还要在一定条件下受到已有判决的约束，接受并遵循特定先例所确定的原则。

先例的拘束力大体分为纵向和横向两个方面。纵向的先例拘束力是指在上下级法院之间，下级法院必须严格遵守上级法院的先前判例；横向的拘束力是指同一法院或同一级法院先例的效力问题。遵循先例原则有利于法律适用的统一性和可预测性，也有利于约束法

---

① 贝卡里亚．论犯罪与刑罚．北京：中国大百科全书出版社，1993：20.

官的专断，但可能导致司法裁判的僵化。英国贵族院在1966年发布的“惯例声明”放松了对遵循先例原则的要求，该声明中指出：过于僵化地附和先例可能在特定案件中导致不公，也会不适当地阻碍法律正常发展，因而建议修正目前的惯例，将贵族院的先前判决视为通常情况下具有约束力，但在他们看来正确之时，可以背离一项先前判决。[①] 此后，英国逐渐把判例分为有约束力的和有说服力的两种，后者只作为参考，并不需要遵循。

在1997年7月1日之前，香港作为英联邦成员之一，对英国及英联邦国家的判例，甚至对美国的判例，都非常重视并加以引用。香港最高法院上诉庭在1965年一项判决中还重申了遵循先例原则，认为法院有责任尽力参考一切令人信服的判例。在实践中，英国高等法院的判决对香港全部法院都有一定拘束力，枢密院司法委员会对上诉案件的判决则具有绝对的拘束力；在香港法院系统中，最高法院上诉庭的判例对各级法院都有拘束力；在最高法院上诉庭内部，所有法官都要服从其他法官行使共同管辖权所作出的判例，地方法院的法官只遵循最高法院上诉庭的判例，裁判法院只受最高法院原讼法庭和上诉庭判例的约束。

遵循先例原则在《香港基本法》中被保留，但从1997年7月1日起，该原则的具体适用与之前有所不同。根据《香港基本法》第84条的规定，“香港特别行政区法院依照本法第十八条所规定的适用于香港特别行政区的法律审判案件，其他普通法适用地区的司法判例可作参考”。也就是说，其他普通法适用地区的司法判例对香港地区不再有绝对约束力，而只是发挥参考作用。

五、陪审团制度

香港也采用了英美法系的陪审团制度，但在具体的规定上和英国的有不同之处。根据香港《陪审团条例》的规定，满足以下条件的香港居民，均有资格出任陪审员：年满21岁但未满65岁；精神健全而无任何使他不能出任陪审员的失明、失聪或其他无行为能力的情况；品格良好；对在有关的法律程序进行时将予采用的语言所具有的知识，足以令他明白该等法律程序。为了防止因职业关系产生偏见，行政会议或立法会议员、法官等公职人员，实际执业的大律师、律师及文员，注册医师等从业人员豁免出任陪审员。香港高等法院司法常务官每星期以随机抽选的方式从每两年编制一次的陪审员临时名单及增补名单中抽选若干数目的陪审员，并通知其到庭参加陪审。

在最严重的刑事案件，如谋杀、误杀、强奸、持械行劫、某些涉及毒品和商业诈骗的案件中，均由1名原讼法庭法官及7名陪审员参加聆讯；在某些特殊情况下，法官也可下令将陪审员人数增至9名。如果陪审员是法律规定不可作陪审者或者已被剥夺陪审权的人，或者陪审员是当事人的亲属以及有具体事实证明其有可能影响公正裁决案件的，控方和被告人及其律师都有权在陪审员宣誓前要求其回避，陪审员也可自行回避。被告人及其律师有权对7名陪审员中的5名要求无因回避；如果超过5名，则必须提出理由并经法庭同意。在刑事案件审讯中，陪审员的职责是根据案件中的事实决定被告人是否有罪。一般的刑事案件的有罪判决需要5名陪审员同意，而死刑案件的有罪判决则要求陪审团全体成员一致通过。被挑选在案件审讯时出任为陪审员的人，可根据《香港陪审团条例》第31条第1款

---

① 毛国权．英国法中先例原则的发展．北大法律评论，1998（1）．

获发津贴。

2020 年《香港特别行政区维护国安法》第 46 条规定：对高等法院原讼法庭进行的就危害国家安全犯罪案件提起的刑事检控程序，律政司长可基于保护国家秘密、案件具有涉外因素或者保障陪审员及其家人的人身安全等理由，发出证书指示相关诉讼无须在有陪审团的情况下进行审理。凡律政司长发出上述证书，高等法院原讼法庭应当在没有陪审团的情况下进行审理，并由 3 名法官组成审判庭。凡律政司长发出前款规定的证书，适用于相关诉讼的香港特别行政区任何法律条文关于"陪审团"或者"陪审团的裁决"，均应当理解为指法官或者法官作为事实裁断者的职能。

第二节　香港地区刑事诉讼的专门机关和诉讼参与人

一、专门机关

（一）警队和廉政公署

在香港，负责刑事案件侦查的主要有特别行政区警队和廉政公署。[①] 此外，海关、人民入境事务处、劳工处及环境保护署等机构也对某些案件享有侦查权。

警队是香港特别行政区政府打击犯罪、维护社会治安的机构，也是刑事诉讼中的重要机关之一。香港警队正式成立于 1844 年 5 月 1 日。经过一百多年的发展，香港警队成为世界上最大规模的城市警队之一。在刑事诉讼程序中，警队具有以下职责：预防及侦查刑事犯罪及其他罪行；在有足够理由的情况下逮捕可以合法逮捕之人；执行法院发出的传票，传召出庭令、拘捕令、扣押令和法院下令作出的其他程序；展示证供；进行律政司授权的轻罪案件的起诉；护送并监管囚犯；等等。警队在机构上分四层设置，即警察总部、区警察总局、警察分局和警署。各警署都设有刑事侦缉处，负责侦查一般性的中小案件；较大或有特殊意义的案件，由警察总部负责侦查。警察总部即警务处，是香港最高的警务机关，其长官称警务处处长。警务处下设行动处、刑事及保安处、人事及训练处、监管处和财物、政务及策划处等部门。除全职警员外，香港还设有辅警制度，由市民中的志愿人士参加某些方面的执法工作，以支援正规警察。目前，香港每日有超过 1 000 名辅警当值，在当值时，他们的权力和职责与一般警务人员的无异。

香港廉政公署成立于 1974 年，其目标在于以有效的方式调查和检控贪污，积极推行防贪措施以杜绝贪污机会，教育市民认识贪污的祸害及争取他们对肃贪倡廉工作的支持。1997 年 7 月 1 日以后，廉政公署直接受特别行政区行政长官领导。在机构方面，廉政公署下设执行处、防止贪污处、社区关系处三个专责部分，公署内部行政工作则由行政总部负责。在刑事诉讼中，廉政公署的职责是接受及考虑指控贪污行为的举报，并在其认为可行的范围内予以调查；调查任何被指控或涉嫌触犯香港《廉政公署条例》、《防止贿赂条例》

① 1997 年 7 月 1 日之前，分别称为"皇家香港警察队"和"总督特派廉政专员公署"。

或《行政长官选举条例》规定的罪行，任何被指控或涉嫌串谋触犯《防止贿赂条例》之罪行，以及政府雇员被指控或涉嫌因滥用职权而触犯勒索罪名。廉政公署官员在履行职责时，依法享有广泛的调查、搜查、逮捕、扣押、批准保释等权力。廉政公署对于查办的案件有决定是否起诉的权力，决定起诉的案件由廉政公署向法院提出检控，律政司给予法律指导。

根据2020年《香港特别行政区维护国安法》第16条、第17条的规定，香港特别行政区政府警务处设立维护国家安全的部门，配备执法力量，该部门的职责包括调查危害国家安全犯罪案件、进行反干预调查和开展国家安全审查等多个方面。因此，在危害国家安全犯罪案件的侦查中，由警务处下设的维护国家安全的部门享有侦查权。

（二）律政司

律政司是隶属于香港特别行政区政府的行政机关，其职责主要包括对刑事被告人提起诉讼、草拟政府提出的所有法例、为政府各决策局和部门提供法律服务三个方面。律政司下设五个法律科别，分别是刑事检控科、民事法律科、法律政策科、法律草拟科、国际法律科，另设有政务及发展科处理行政事务，并为上述五个法律科别提供一般辅助。律政司司长①是律政司最高长官，他是特别行政区行政长官、政府、个别政府部门及机构的首要法律顾问，也是行政会议成员和立法会议员，同时兼任香港法律改革委员会、执业律师联络委员会主席等职务。律政司司长除了负责刑事案件的检控，也在所有控告政府的民事诉讼中以被告人身份参与诉讼，并在法庭上代表政府及公众利益。

根据《香港基本法》第63条的规定，香港特别行政区律政司主管刑事检察工作，不受任何干涉。律政司的刑事检控职责具体由刑事检控科实施。刑事检控科负责在审讯中代表香港特别行政区进行检控和处理上诉，向执法机关提供有关调查工作的法律指引，并且通常代表律政司司长行使酌情权，决定是否在香港特别行政区展开刑事法律程序。此外，刑事检控科的律师也向政府各决策局和部门，就立法建议中涉及刑事法律的范畴提供意见和协助。律政司仅负责较严重犯罪的检控，轻罪案件则由律政司司长授权警署，由经过律政司相应法律训练的警方人员提起检控；贪污贿赂等案件则由廉政公署进行主控，律政司给予法律指导。在由律政司负责检控的案件中，是否提出检控和以什么罪名提控的决定，由律政司司长或由刑事检控科的律师代表律政司司长作出，而司长则为所有检控决定负最终责任。

2020年《香港特别行政区维护国安法》第18条第1款规定：香港特别行政区律政司设立专门的国家安全犯罪案件检控部门，负责危害国家安全犯罪案件的检控工作和其他相关法律事务。该部门检控官由律政司长征得香港特别行政区维护国家安全委员会同意后任命。因此，对于危害国家安全犯罪案件的检控工作由律政司下设的专门部门负责。

（三）法院

根据《香港基本法》第80、81条的规定，香港特别行政区各级法院是香港特别行政区的司法机关，行使香港特别行政区的审判权；香港特别行政区设立终审法院、高等法院、区域法院、裁判署法庭和其他专门法庭；高等法院设上诉法庭和原讼法庭。② 根据上述规

① 1997年7月1日之前，律政司被称为“律政司署”，其长官被称为“律政司”。

② 自1997年7月1日起，原香港最高法院改称为高等法院，地方法院改称为区域法院，裁判法院改称为裁判署法庭，原最高法院原讼法庭（又称高等法院）改称高等法院原讼法庭，原最高法院上诉法庭（又称上诉法院）改称为高等法院上诉法庭。

定，在香港特别行政区拥有刑事案件审判权的法院包括终审法院、高等法院、区域法院、裁判署法庭和其他专门法庭。

1. 终审法院。

根据《香港基本法》第 81 条和 1995 年制定、1997 年 7 月 1 日生效的《香港终审法院条例》建立的香港终审法院，于 1997 年 7 月 1 日取代英国枢密院司法委员会，成为香港特别行政区上诉案件的终审法院。

香港终审法院的法官包括首席法官和常任法官，还可根据需要邀请非常任香港法官、其他普通法适用地区法官作为终审法院的成员参加其审判。根据《香港终审法院条例》的规定，如果首席法官患病或因任何缘由缺勤，行政长官须委任一名有资格获委任为首席法官且在首席法官之下资历最高的常任法官担任署理首席法官，并在署理期间拥有首席法官的所有权力及职能。终审法院常任法官的人数不少于 3 名；如果常任法官去世或因其他原因而出缺，以致常任法官人数减至不足 3 名，行政长官必须根据司法工作人员推荐委员会的推荐，在合理、可能的范围内尽快委任另一名常任法官填补该空缺。常任法官，高等法院首席法官、上诉法庭法官或原讼法庭法官，在香港以大律师或律师身份执业最少 10 年的大律师，有资格被委任为首席法官；高等法院首席法官、上诉法庭法官及原讼法庭法官，在香港以大律师或律师身份执业最少 10 年的大律师，有资格被委任为常任法官；已退休的高等法院首席法官、已退休的终审法院首席法官、已退休的终审法院常任法官、现职或已退休的上诉法庭法官、在香港以大律师或律师身份执业最少 10 年的大律师，有资格被委任为非常任香港法官，但担任非常任法官职位的总人数不得超过 30 名；属其他普通法适用地区的民事或刑事司法管辖权不设限的法院的现职或已退休法官者，且通常居住于香港以外地方，并从未在香港担任过高等法院法官、区域法院法官或常任裁判官的人士，有资格被委任为其他普通法适用地区法官。

香港终审法院拥有《香港终审法院条例》及其他法律赋予其的司法管辖权，但是对国防、外交等国家行为无司法管辖权。在具体的管辖权方面，终审法院有权审理高等法院上诉法庭的最终决定，以及不能向上诉法庭提出上诉的高等法院原讼法庭的最终决定（不包括陪审团的裁决和裁定）。在向终审法院上诉前，上诉人必须得到终审法院上诉委员会的许可。该委员会由首席大法官和 2 名或 3 名常任法官组成，负责行使聆讯及决定是否接纳上诉许可申请的权力。上诉委员会的决定为最终决定，对其不得提出上诉。

终审法院在审理上诉案件时，由 5 名法官组成法庭进行，包括首席大法官、3 名常任法官、1 名非常任法官或者 1 名来自其他普通法司法管辖权地区的法官。在审理时，如果 1 名法官在审理开始后、作出决定前因故缺席，则经参与各方同意，可由另外 4 名法官继续审理。终审法院的判决以多数法官的意见作出；如果达不到多数意见，法庭必须命令重新审理。

终审法院可以确认、推翻或更改上诉所针对的法院决定，或将有关事项发还该法院处理并附上终审法院的指引意见，或对有关事项作出它认为适当的其他命令，包括就诉讼费用作出命令。为处理上诉，终审法院可行使上诉所针对的法院所具有的任何权力（包括命令重审的权力）。

2. 高等法院。

根据香港《高等法院条例》的规定，高等法院由原讼法庭和上诉法庭组成。高等法院原讼法庭具有上诉及原讼司法管辖权。具体而言，原讼法庭既可以审理裁判署法庭的刑事上诉案件，也可以审理谋杀、误杀、强奸、持械行劫、贩运大量危险药物及复杂的商业诈骗等严重的刑事罪行，后者通常在裁判署法庭完成初级侦讯后移交原讼法庭。所有原讼法庭审理的刑事案件，均由高等法院大法官主审，并实行陪审团制度。原讼法庭可以判处最严厉的刑罚，即终身监禁。

高等法院上诉法庭是香港地区除终审法院外最高级的上诉法院，专门处理来自原讼法庭、区域法院和土地审裁处的上诉案件。上诉法庭由不少于 3 名的上诉法庭法官组成，首席大法官是其当然庭长。上诉法庭的裁决必须以多数票作出。

3. 区域法院。

区域法院享有民事及刑事司法管辖权，其审判的刑事案件主要由裁判署法庭移交，案件的严重程度介于高等法院原讼法庭和裁判署法庭审判的案件的难度之间。区域法院的审理大体采用与高等法院原讼法庭相同的程序和常规，但区域法院不实行陪审团制度，而一般由一名单独开庭的法官进行聆讯及处置相关事务。区域法院能够判处的最高刑一般是 7 年监禁，如果有条例规定了更轻的监禁刑限制，则适用该条例规定。

4. 裁判署法庭。

裁判署法庭又称裁判法院，香港共有 7 所裁判署法庭。裁判署法庭享有初审管辖权，其管辖的案件既包括简易程序罪行也包括可公诉罪行，较严重的可公诉罪行一般会移交区域法院或高等法院原讼法庭审理。除裁判署法庭管辖的案件外，其他所有刑事案件的程序也都是在裁判署法庭开始的，都需要在裁判署法庭提出起诉并由律政司司长根据案情严重程度而申请将案件移交区域法院或者高等法院原讼法庭。

裁判署法庭的法官分常任裁判法官和特委裁判法官两种。常任裁判法官对可公诉罪行的判刑权限为 2 年以下监禁和 10 万港元以下罚款，但其他条例可明确订立更重或更轻的刑罚。特委裁判法官对可公诉罪行可以判处 6 个月以下监禁和 5 万港元以下罚款，但其他条例可以明确订立较轻的刑罚。当同时处理 2 项或 2 项以上的可公诉罪行时，常任裁判法官可判处最高 3 年的刑期，特委裁判法官可判处最高 12 个月的刑期。

5. 少年法庭。

香港共有 5 所少年法庭。少年法庭负责审理 14 岁以下儿童或已满 14 岁不满 16 岁的少年人所犯案件，但杀人罪行除外。在香港，10 岁以下的儿童被视为未达到刑事责任年龄，因此，任何法庭都无权审判 10 岁以下的儿童所犯案件。根据香港《少年犯条例》的规定，任何并非少年法庭的法庭，如裁断一名儿童或少年人犯杀人罪行以外的罪行，除非该法庭信纳不宜将该案件移交到少年法庭，否则应当将案件交到少年法庭，由少年法庭来决定对该儿童或少年人应处刑罚及其他处理方法。但该条例同时规定，针对一名儿童或少年人及一名年满 16 岁的人提出的共同检控，必须由具有简易司法管辖权但非少年法庭的法庭进行聆讯。

少年法庭由终审法院首席法官所委任的一名常任裁判法官组成。为了维护儿童和少年人的利益并照顾其特殊需要，少年法庭的审判活动并不公开进行，普通民众一律不能参与少年法庭案件的旁听；在有需要的情况下，报社或新闻机构的代表也可被拒绝出庭旁听。

此外，香港还设有死因裁判法庭，负责对若干类死亡个案展开调查，确定死因及肇事情况。死因裁判官属于司法官员，有权发出死体解剖等命令，也有权命令警方调查死亡个案。

2020 年《香港特别行政区维护国安法》第 44 条规定：香港特别行政区行政长官应当从

裁判官、区域法院法官、高等法院原讼法庭法官、上诉法庭法官以及终审法院法官中指定若干名法官，也可从暂委或者特委法官中指定若干名法官，负责处理危害国家安全犯罪案件。行政长官在指定法官前可征询香港特别行政区维护国家安全委员会和终审法院首席法官的意见。上述指定法官任期1年。凡有危害国家安全言行的，不得被指定为审理危害国家安全犯罪案件的法官。在获任指定法官期间，如有危害国家安全言行的，终止其指定法官资格。在裁判法院、区域法院、高等法院和终审法院就危害国家安全犯罪案件提起的刑事检控程序应当分别由各该法院的指定法官处理。

除了上述专门机关，2020年《香港特别行政区维护国家安全法》还就办理特定范围危害国家安全犯罪案件的专门机关作出了规定。该法第55条规定：有以下情形之一的，经香港特别行政区政府或者驻香港特别行政区维护国家安全公署提出，并报中央人民政府批准，由驻香港特别行政区维护国家安全公署对本法规定的危害国家安全犯罪案件行使管辖权：（1）案件涉及外国或者境外势力介入的复杂情况，香港特别行政区管辖确有困难的；（2）出现香港特别行政区政府无法有效执行本法的严重情况的；（3）出现国家安全面临重大现实威胁的情况的。第56条规定，根据本法第55条规定管辖有关危害国家安全犯罪案件时，由驻香港特别行政区维护国家安全公署负责立案侦查，最高人民检察院指定有关检察机关行使检察权，最高人民法院指定有关法院行使审判权。因此，在这一类特定范围的危害国家安全犯罪案件诉讼程序中，其专门机关包括驻香港特别行政区维护国家安全公署、最高人民检察院指定的有关检察机关以及最高人民法院指定的有关法院。

二、诉讼参与人

由于香港实行当事人主义诉讼结构，刑事诉讼中的控方当事人称为主控人，被指控犯有某种罪行的人称为被控人或被告人，法官和陪审团处于裁判者位置。因此，香港刑事程序中的诉讼参与人包括主控人、被控人、证人、辩护人、法官、陪审团等。

（一）主控人

主控人是指在刑事案件中代表香港地区政府向法院提出控诉的人。在原讼法庭及区域法院审理的刑事案件中，大部分由律政司刑事检控科的政府律师负责检控；由裁判官审理的案件，如果属于重要的案件或涉及艰深的法律论点，刑事检控科的政府律师也会出庭；裁判官审理的其他案件，则大部分由法庭检控主任负责检控。

另外，香港《裁判官条例》保留了私人提起刑事诉讼以及亲自或通过代表提起检控的权利，同时也赋予了律政司司长依职权接手私人起诉案件的权力。在司法实践中，私人起诉的刑事案件非常少见。

（二）被控人

被控人是指在刑事诉讼中被指控犯有某种罪行的人。基于无罪推定原则和人权保障的需要，被控人在刑事诉讼程序中享有广泛的权利：在拘留期间有权知道被拘捕的理由；有获得保释的权利；有权同家人和律师会见；有权获得法律援助；有权保持沉默和拒绝陈述；在庭审期间无须证明自己无罪；有权与控方及其证人进行对质；有权提出自己的证人和证据；有权充分陈述自己的意见；等等。

（三）证人

香港的证人范围较广，知悉案件真实情况的人一般都具有证人资格。被害人、鉴定人都属于证人的范围，放弃沉默权的被控人也可以作为辩方证人出庭作证。目前有关作证资格的限制主要是香港《证据条例》第3条第2款的规定，该款规定："只有以下的人没有资格在任何法律程序中提供证据……精神不健全而在接受讯问之时看似不能对讯问所关乎的事实得到确当的印象或如实叙述该等事实的人；并且在传召任何已知为精神不健全的人到某人或法庭席前作证人前，须先取得该人或法庭的同意。"香港《证据条例》也对证人作证义务、证人宣誓制度以及夫妻之间的拒绝作证权等内容作了规定。

（四）辩护人

辩护人是指根据委托或法律援助制度被指定为被控人进行辩护的人。香港法律规定，辩护人只能由律师担任。在警方拘捕被控人时，辩护人即可介入案件，与当事人会见、为当事人提供法律帮助并申请保释。辩护人在开庭前有调查取证权，在开庭时有进行质证、辩论的权利。在香港，律师分为事务律师（又称诉状律师）和大律师（又称出庭律师）两类，其中，大律师可以在各级法院出庭，并且不与当事人直接接触，而是接受事务律师的聘请并且根据其介绍的案件及拟好的法律文件出庭辩护；而事务律师只能在裁判署法庭和区域法院出庭辩护。

2020年《香港特别行政区维护国安法》第58条第1款规定，根据该法第55条规定管辖案件时，犯罪嫌疑人自被驻香港特别行政区维护国家安全公署第一次讯问或者采取强制措施之日起，有权委托律师作为辩护人；辩护律师可以依法为犯罪嫌疑人、被告人提供法律帮助。

第三节　香港地区刑事诉讼程序

一、侦查

由于承袭英美法系的传统，香港将刑事案件的侦查视为行政活动，有关侦查程序的规定较为少见和零散。

实践中，刑事侦查工作多数由警队负责，廉政公署、海关、入境事务处、劳工处以及环境保护署等执法机构依照有关法例也有权对某些案件进行侦查。在刑事案件的侦查中，警队拥有广泛的职权，可以询问任何人并要求证人到警察署提供证言，可以对可疑的人进行截停、搜查、扣留以至拘捕；对于被逮捕的人，警察可以强制拍摄照片、套取指纹掌印、量度体重身高，并有权在某些条件下采集被控人的体内或体外样本。但是，警察在行使职权的时候，也受到普通法、成文法以及一些行政指令的限制，主要包括：（1）警察必须在执行逮捕时或在执行逮捕后尽快告知被捕人被逮捕的原因，并尽快将被捕人送到主管警署的人员或经处长授权此项权力的警务人员面前接受调查；（2）警察查问或对待被捕人，必须遵守保安司向各执法机关发出的详细指引；（3）在一般情况下，警察要在逮捕被捕人时向其提出忠告，使被捕人知道自己在法律上的权利，包括沉默的权利；（4）被捕人有权获得保释，如果认为应当扣留羁押被捕人，则必须在切实可行的范围内将其尽快带到裁判官席前，一般从拘捕时起算不得超过48小时；（5）被控人享有沉默权，警务人员不得强迫或者诱导被捕人回答任何问题，任何通过欺骗、强迫或者不公正手段从被捕人获取的供述，都不具有证据可采性。

2020年《香港特别行政区维护国安法》第43条规定，香港特别行政区政府警务处维护国家安全部门办理危害国家安全犯罪案件时，可以采取香港特别行政区现行法律准予警方等执法部门在调查严重犯罪案件时采取的各种措施，并可以采取以下措施：（1）搜查可能存有犯罪证据的处所、车辆、船只、航空器以及其他有关地方和电子设备；（2）要求涉嫌实施危害国家安全犯罪行为的人员交出旅行证件或者限制其离境；（3）对用于或者意图用于犯罪的财产、因犯罪所得的收益等与犯罪相关的财产，予以冻结，申请限制令、押记令、没收令以及充公；（4）要求信息发布人或者有关服务商移除信息或者提供协助；（5）要求外国及境外政治性组织，外国及境外当局或者政治性组织的代理人提供资料；（6）经行政长官批准，对有合理理由怀疑涉及实施危害国家安全犯罪的人员进行截取通讯和秘密监察；（7）对有合理理由怀疑拥有与侦查有关的资料或者管有有关物料的人员，要求其回答问题和提交资料或者物料。同时，该法第42条第2款规定：对犯罪嫌疑人、被告人，除非法官有充足理由相信其不会继续实施危害国家安全行为的，不得准予保释。

二、检控

在香港，大多数案件由律政司负责提起诉讼，警队和廉政公署负责一小部分案件的检控工作。

根据香港《刑事诉讼程序条例》第15条第1款的规定，在任何案件中，如果律政司认为为了社会公正而不需要其介入，则不一定要检控案中被告人。也就是说，律政司对是否检控某一刑事案件享有自由裁量权。除非明显不当和极不公正，否则对律政司是否提出检控的决定不能提出司法复查。

一般来讲，检控人员在决定是否作出检控时必须考虑以下两点：第一，是否有充分证据支持提出或继续进行法律程序。除非检控人员认为已有可接纳的、实质的及可靠的证据，足以证明一名可识别身份的人曾经犯有一项法律上已知的刑事罪行，否则不该提出或继续检控。检控人员在评估证据时，需要考虑证人是否可以出庭作证、证人的作证能力及资格、证人证言的可信程度、法庭对证人的印象，以及指证被告的证据的可接纳性等因素。第二，假使证据充分，提出检控是否符合公众利益。如果检控人员确信证据本身足以支持提出指控，亦即有合理机会达到定罪，就需要考虑提出检控是否符合公众利益。在权衡公众利益时，检控人员需要考虑罪行的轻重程度、罪行的实际影响、疑犯的个人情况及态度、检控决定对其他人的影响、检控带来的后果与罪行的严重程度或法庭可能判处的刑罚是否相称等问题，其中被害人的利益是其中重要的考虑因素。例如，对于年老或者体弱的被告人，除非其很有可能再犯或者罪行十分严重，检控人员可不提出指控；如果犯罪嫌疑人已承认控罪，真正表示悔意，并愿意改过自新，检控人员须审慎地作出是否指控的决定；等等。不过，对于律政司司长或者警方已经决定不提出指控的案件，任何人均可以通过自诉的方式提起诉讼，只是这种自诉必须先向裁判署法庭提出申请，而且律政司司长可以在诉讼的任何阶段介入并接管自诉，或者终止该诉讼。

在香港地区，所有的案件最初都必须在裁判署法庭提起诉讼。在裁判署法庭受理案件后，控方才能根据案件具体情况申请把案件移交区域法院或高等法院原讼法庭审判。被告人在审讯后可能被判处的刑罚，是检控人员选择审讯法院时必须考虑的重要因素。裁判署法庭判处的大部分案件最高刑罚为监禁 2 年，区域法院可判处的最高刑罚为监禁 7 年，高等法院原讼法庭可判处的最高刑罚可达终身监禁。

在起诉期限上，依简易程序起诉的期限是自犯罪时起 6 个月，除非个别法例规定延长期限。可公诉罪行没有起诉的期限，但控方不得无故延迟。

三、审判

（一）公诉罪审判程序

在香港地区，除适用简易程序审理的案件外，由区域法院或高等法院原讼法庭按照普通程序对公诉罪案件进行审判。

就高等法院原讼法庭管辖的一审案件而言，其审判程序分为初级聆讯和正式审判两个阶段。初级聆讯的具体程序同轻微罪行的审判程序大体相同，一般在裁判署法庭公开进行，但初级聆讯并不具有实体审判的性质，只是审查是否具有足够的证据证明被告人犯有被指控的罪行，从而作出是否将被告人移送区域法院或高等法院审判的决定。在初级聆讯中，先由控方提供犯罪证据，传唤证人，被告人及其律师可以对证人进行质问。其后，被告人的律师可向法庭提出指控的罪行不能成立，其当事人可以不作为刑事被告人进行答辩的意见。如果法庭不接受辩方律师的意见，应提醒被告人注意，他并不一定要发言，但如果发言，其发言内容将被记录在案并在正式审判时作为证据使用。如果法庭认为没有足够的证据证明被告人犯有被指控的罪行，可以下令不予起诉；如果法庭认为从表面上看指控证据确凿时，即可决定将案件移送区域法院或高等法院原讼法庭审判。

在决定将被告人提交普通程序审判后，裁判署法庭应当尽快将控告书、检控方陈述、双方证人的陈述、被告人的陈述以及裁判署法庭签署的有关文件等送交受理的法院。上述文件的副本需要送交律政司，其后律政司必须向受理法院提交正式签署的书面检控书。

在高等法院原讼法庭进行的刑事案件普通程序审判中，法官宣布开庭后，首先传讯被告人到庭就检控书内容进行答辩。只有被告人进行答辩后，才能确定是否继续进行审判以及采用何种审判程序。如果被告人作有罪答辩，而且法庭确信被告人是在真实、自愿的情况下作出这种答辩的，就不必召集陪审团进行听证，法庭在听取辩护律师的意见以及被告人的最后陈述后即可作出判决。如果被告人作无罪答辩[①]，法庭应当立即召集陪审团进行听证和辩论。在被告人不作出答辩的情况下，如果法官判断被告人是具有行为能力的人，则视被告人作了无罪答辩。被告人在答辩时，还可以提出受理法院无案件管辖权、检控的犯罪事实不明确、检控的罪行之前已被定罪处罚等异议，并可据此向法庭提出撤销检控书的申请。

在被告人不认罪的情形下，陪审团进入法庭就座并宣誓。在陪审团宣誓前，控方和被告人及其律师有权要求回避，陪审员也可申请自行回避。陪审团宣誓就职、主审法官向陪审团说明各方职责之后，法庭审判即进入听证、辩论阶段。在此阶段主要采用交叉询问的方式。首先，由控方向陪审团简单陈述案情及将要提出的证据，然后控方传唤本方证人在法庭上接受其主询问，并呈递有关证物，指证被告人的罪行。对于控方的证人，辩方律师

① 被告人对全部指控、多项指控中的某几项或某一项指控或者对某一项指控的某些部分不予承认等情形都属于无罪答辩。

有权就一切与案情有关联的证供对其进行反询问和质疑。在辩方询问控方证人后，控方可以对证人进行再询问，但控方的再询问仅限于澄清在反询问期间证人回答辩方律师时的某些含糊答复，并不能就其他内容再向证人发问。当控方传召了所有本方证人并提交了所有证据后，辩方律师可以以控方"表面证据不足"为由向法官申请终止审理和撤销指控罪行。如果法官认为控方表面证据不足，则应引导陪审团作出撤销案件的裁决；如果法官认为控方证据已经达到"表面证据成立"，则诉讼继续进行。

在控方举证完以后，轮到辩方进行陈述和举证。辩方的证人首先由本方进行主询问，再由控方进行反询问，辩方也可进行再询问。被告人在庭审中享有沉默权，如果其放弃沉默而在法庭上作证，则必须接受控方律师的盘问。

在庭审中，法官并不加入控辩任何一方中对证人进行询问，但法官有权传唤双方证人（包括双方未传唤的证人）进行询问。

在控辩双方陈述和举证之后，均有权向陪审团进行再次陈述，辩方有权最后发言。其后，法官对案情进行总结，并向陪审团解释适用的法律，由陪审团作出裁决并公开宣告。陪审团要在形成无合理怀疑的确信时，才能裁定被告人被指控的罪名成立；一旦存在合理怀疑，就不应裁定被告人有罪，而必须立即释放被告人。被告人被裁定有罪后，辩方律师可以进行求情，最后由法官宣告判刑。

（二）简易审判程序

在香港地区，由裁判署法庭负责简易程序罪或者公诉罪以简易程序审理案件[①]的审判。所有的简易程序罪都由一个裁判官单独审理。

裁判署法庭受理刑事案件后，依法确定开庭日期，然后传唤被告人出席法庭审判。如果被告人出庭（不论是根据传票出庭还是逮捕后被押上法庭）的，裁判官应当在公开开庭时向被告人宣读控诉书的内容，并要求被告人对此进行答辩。被告人可以作认罪答辩、不认罪答辩或者提出特别的答辩，例如对法院的司法管辖权提出异议等。如果被告人特别的答辩被法庭认可，则诉讼终止；如果未被法庭认可，则庭审继续进行。被告人作认罪答辩的，法庭只需依照被告人犯罪的事实和有关的法律规定依法判处刑罚即可。被告人作不认罪答辩的，由控辩双方进行交叉询问。在控方所有证人传唤完毕后，被告人可以提出本案无须答辩。如果裁判官认为控方出具的证据均未能证明犯罪成立，或者控方出具的证据太过薄弱以致在法律上不能作出有罪判决的，则可以判决被告人的这一主张成立，对被告人宣告无罪并予以释放。即使被告人没有提出无须答辩的主张，裁判官也需要考虑案件是否需要答辩。如果裁判官认为被告人须对案件进行答辩的，则庭审继续进行，由辩方传唤本方证人并接受控方的反询问。在举证结束后，控辩双方均有权向法庭作结案陈词。裁判官对所有证据进行考虑，如果确定控方已无合理怀疑地证明了指控的罪行，应宣告被告人有罪；否则，应判决被告人无罪并立即释放。在宣告被告人有罪后，裁判官在听取控辩双方有关量刑的意见后，对被告人判处刑罚。

四、上诉

对裁判署法庭的判决不服的，辩方、控方、律政司以及因裁判官的判决而受损害的任

① 当控方同意公诉罪依简易程序审理时，起诉将依简易程序进行。如果控方不同意，或者该罪行并非是可循简易程序审理的公诉罪，则该案件可以移交区域法院，或依初级聆讯方式处理。

何人，均可以上诉至高等法院原讼法庭，并由1名法官独任审理上诉案件。如果上诉引起重要或者复杂的法律问题，或者由高等法院上诉法庭裁判更符合公众利益，高等法院原讼法庭法官有权将案件的全部或一部分保留给上诉法庭审理。一般情况下，上诉人必须在判决后14日内提交上诉申请书或者上诉通知书。除补偿令外，原判决的执行通常不因上诉而中止。上诉审不是对原案的重审，而是对案件证据和裁判官作出的判决理由进行复查。对裁判署法庭的判决进行上诉审理后，法官可以确认、撤销或者修订裁判官的判决，可以命令将案件发回重审，也可以附加意见后发还原审裁判官。高等法院法官作出的判决是最终判决，但其有权将该上诉案件移送到上诉法庭进行审理。

对区域法院或高等法院原讼法庭一审定罪不服的被告人，可以向高等法院上诉法庭就法律问题提起上诉；如果上诉既涉及事实问题，又涉及法律问题，则通常是向上诉法庭提出申请，如果上诉法庭裁定批准申请，则可以由上诉法庭审理该案件。如果上诉法庭推定有以下情形，则必须批准上诉：（1）根据案件的全部情节，定罪是不可靠的或者不令人满意的，因此应撤销定罪的；（2）原审法院对法律问题作了错误的决定，因此应撤销原审法院判决的；（3）在审讯中存在严重程序不当的。上诉法庭经审理后，可以根据不同情况作出驳回上诉或命令重审的裁决。同时，根据公诉书被定罪的人也可以就量刑提起上诉，不论该刑罚是在定罪后还是在随后的诉讼程序中被判处的。但是，针对量刑的上诉，必须经过上诉法庭的批准才可提起。经过上诉审理，如果上诉法庭认为对上诉人应判处不同于下级法院的刑罚，就可以推翻上诉所针对的量刑或者命令，并判处其认为恰当的刑罚或命令（可以比原判刑重，也可以比原判刑轻），但该刑罚或命令必须是该下级法院有权判处或作出的。此外，律政司司长有权就案件的撤销或区域法院的无罪裁决向上诉法庭提起上诉，但不可以就高等法院原讼法庭陪审团的无罪裁决提起上诉。上诉法庭的裁决由不少于3人且为奇数数量的上诉法官作出，但对量刑的上诉可以由2名上诉法官进行审理。

依据香港地区的法律，不论是对裁判署法庭依简易程序审判的案件，还是对区域法院或高等法院原讼法庭依公诉罪审判程序审判的案件提起上诉，被告人如果在一审法院审判中作认罪答辩，就不得对判决中的定罪提出异议，其上诉只能针对量刑提出；如果被告人在一审法院审判中没有认罪，其上诉可以既针对定罪也针对量刑提出。

如果对高等法院上诉法庭的判决仍然不服，被告人可以向香港终审法院提起上诉。但这种上诉有严格的条件限制，只有得到上诉法庭的同意且经过终审法院的批准方能提起。终审法院只对上诉案件适用法律是否正确或诉讼程序是否得当进行审查，而不审查案件事实问题。

【问题与思考】

1. 香港地区刑事诉讼程序的主要特点是什么？
2. 谈谈香港地区刑事诉讼程序的基本内容。

【推荐参考论著】

1. 赵秉志．香港刑事诉讼程序法．北京：北京大学出版社，1996.
2. 赵秉志．香港刑事诉讼程序法纲要．北京：北京大学出版社，1997.
3. 郭天武，何邦武．香港刑事诉讼法专论．北京：北京大学出版社，2009.
4. 刘玫，卢莹．香港与内地刑事诉讼制度比较研究．北京：中国人民公安大学出版社，2015.

第三十四章
澳门特别行政区刑事诉讼

内容导读

澳门是我国特别行政区之一。由于历史的原因，澳门刑事诉讼制度脱胎于葡萄牙刑事诉讼制度，具有大陆法系职权主义诉讼结构的诸多特点，例如法官在审判中居于主导地位，实行预审制度等。另外，澳门地区刑事诉讼程序在被害人保护、上诉制度、简易程序等方面也颇具特色。

第一节　澳门地区刑事诉讼概述

澳门特别行政区包括澳门半岛、氹仔和路环两个离岛，面积约 28.2 平方公里。澳门自古以来就是中国的领土，16 世纪中叶以后被葡萄牙逐步占领。1987 年 4 月 13 日，中葡两国政府签署了关于澳门问题的联合声明，确定中华人民共和国政府于 1999 年 12 月 20 日对澳门恢复行使主权。自此，澳门进入一个新的历史时期。

1997 年 4 月以前，澳门一直沿用 1929 年的《葡萄牙刑事诉讼法》。从 1990 年开始，澳门立法机关着手进行《澳门刑事诉讼法典》的制定工作。经过 6 年的起草、制定和翻译等工作，《澳门刑事诉讼法典》于 1996 年获得核准，并于 1997 年 4 月 1 日起正式生效施行。

1996 年《澳门刑事诉讼法典》除“引则及一般规定”外，分两大部分 11 卷，共 499 条，采用中葡双语的形式加以规定。法典第一部分为总则性规定，有五卷：第一卷为“诉讼主体”，规定法官、检察院、刑事警察机关及诉讼参与人的权利和义务；第二卷为“诉讼行为”，规定各种诉讼行为的方式、时间、无效等；第三卷为“证据”；第四卷为“强制措施及财产担保”；第五卷为“与本地区以外当局之关系”，规定澳门与澳门以外地区的刑事司法协助问题。第二部分规定了刑事诉讼从犯罪检举到侦查、起诉、审判和执行等各阶段的具体程序，有 6 卷，分别是：第六卷“初步阶段”，规定检举、侦查、预审；第七卷“审判”，规定先前行为、听证、判决；第八卷“特别诉讼程序”，规定三种简易程序；第九卷

“上诉”，规定平常上诉和非常上诉；第十卷“执行”，规定刑罚的执行和保安处分的执行；第十一卷“司法税及诉讼费用之责任”，规定刑事诉讼的败诉方交纳司法税和诉讼费的责任。该法典体现了《中葡联合声明》以及《中华人民共和国澳门特别行政区基本法》[①]（以下简称《澳门基本法》）的具体精神，吸收了欧洲大陆司法改革的相关成果，贯彻了无罪推定、审检分立、审判公开、直接言词审理、证据合法等诉讼原则；严格划分了检察院、预审法官和审判法官之间的职责；赋予了被害人等其他诉讼参与人诉讼主体地位，力求实现有效打击犯罪与保障人权，保护澳门社会及其根本价值，尤其是维护社会秩序、安宁以及法律上的安定等目标。

随着澳门地区刑事领域的案发量不断攀升，刑事案件办理效率不高，由此导致积案情况严重。而且，由于社会各方面的飞速发展，1997年《澳门刑事诉讼法典》的不少规定已难以满足社会发展的多元需要，也不符合国际刑事司法的潮流。鉴于此，澳门立法部门启动了刑事诉讼法典的全面修订工作。经过广泛的讨论、交流及意见咨询，新修订的《澳门刑事诉讼法典》于2013年11月5日正式公布，并于2014年1月1日起正式生效。此次修订，《澳门刑事诉讼法典》共修改了56条条文，增加了8条新条文。较之旧刑事诉讼法典，新法典在人权保障条款、特别诉讼程序、审判制度和上诉制度等方面进行了修改，旨在更好地强化诉讼中的人权保障、优化诉讼程序并提高诉讼效率。在强化诉讼参与人的权利方面，此次修法主要涉及11个方面的内容，包括：将盲人及未成年人纳入强制辩护的范围、为诉讼主体提供查阅笔录的副本、将嫌犯为非本地居民的诉讼案件定性为紧急程序等；在革新特别诉讼程序方面，为了充分发挥特别诉讼程序在提高诉讼效率方面的优势，适当放宽了简易诉讼程序和最简易诉讼程序的适用范围，并优化了最简易诉讼程序的流程；在简化审判制度方面，改良了导致诉讼程序延长的听证押后制度，对嫌犯未出席审讯作出的判决提起上诉的规定作出了修改；在完善上诉制度方面，延长了提起上诉的期间，并修改了属口头裁判上诉期间的计算；同时，分别调整了裁判书制作人的权限，减少了评议会审理的事宜以及限制开庭审理上诉的情况。

第二节　澳门地区刑事诉讼的诉讼主体

《澳门刑事诉讼法典》第一部分第一卷对诉讼主体作了明确的规定。所谓诉讼主体，是指参与诉讼过程并与诉讼本身建立一种刑事诉讼法律关系的机关和个人。根据《澳门刑事诉讼法典》的规定，刑事诉讼中的诉讼主体包括法院、检察院、刑事警察机关、嫌犯及其辩护人、辅助人和民事当事人。

《澳门基本法》第59条规定：“澳门特别行政区设立廉政公署，独立工作。廉政专员对

---

① 《中华人民共和国澳门特别行政区基本法》是澳门特别行政区的宪制性文件，于1993年3月31日经第八届全国人民代表大会第一次会议通过，1999年12月20日起开始实施。澳门特别行政区的制度和政策，包括社会、经济制度、有关保障居民基本权利和自由的制度、行政管理、立法和司法方面的制度，以及有关政策，均以该法的规定为依据。

行政长官负责。”据此，澳门回归后设立了廉政公署。廉政公署享有刑事诉讼中的侦查、调查权限，因此也具有诉讼主体地位。

一、法院

法院在刑事诉讼中承担审判职能，只有法院有权对刑事案件作出裁判、科处刑罚与保安处分。

澳门回归祖国后，根据《澳门基本法》第 84、85、86 条的规定，设立了初级法院、行政法院、中级法院和终审法院。初级法院是第一审法院；中级法院既是初级法院和行政法院的上诉法院，也是较严重案件的第一审法院；终审法院是澳门特别行政区最高等级的法院，行使《澳门基本法》赋予澳门特别行政区的终审权，也有权审理个别重大的第一审刑事案件。刑事预审法院的预审权限在回归后予以保留，名称改为刑事起诉法庭。虽然刑事起诉法庭属于初级法院的组成部分，但是，如果有关刑事案件的第一审法院为中级法院或终审法院，则刑事起诉法庭的权限转由相应级别的法院行使。[①] 初级法院可根据需要设置若干分庭；各级法院设法院办事处，负责司法行政事务。各级法院的法官，根据当地法官、律师和知名人士组成的独立委员会进行推荐，由行政长官任命；终审法院法官的任命和免职须报全国人民代表大会常务委员会备案。各级法院的院长，由行政长官从法官中选任，其中终审法院院长由澳门特别行政区永久性居民中的中国公民担任。

二、检察院

与法院不同，澳门的检察院不分级别，只设置一个澳门特别行政区检察院，实行检察一体的原则。

澳门特别行政区检察院独立行使法律赋予的检察职能，不受任何干涉。依据《澳门刑事诉讼法典》第 42 条的规定，检察院在刑事诉讼程序中有权协助法官发现事实真相及体现法律，其在诉讼程序上的一切参与均须遵守严格的客观准则。在具体的组织结构上，检察院实行检察长、助理检察长和检察官三级司法官制，对应法院的三个等级，以保证法院同检察院平等、和谐地共同履行司法职责。检察院设检察长 1 人，由澳门特别行政区永久性居民中的中国公民担任，由行政长官提名，报中央人民政府任命；检察官由检察长提名，行政长官任命。

在刑事诉讼中，检察院拥有以下权限：(1) 接收检举及告诉，以及就是否继续处理检举及告诉作出审查；(2) 领导侦查；(3) 提出控诉，并在预审及审判中确实支持该控诉；(4) 提起上诉，即使专为辩方之利益；(5) 促进刑罚及保安处分的执行。

三、刑事警察机关

澳门回归祖国前，澳门的刑事警察分别属于司法事务政务司和保安事务政务司。其中，司法警察管辖严重的刑事犯罪，治安警察负责管辖轻微的刑事犯罪。澳门特别行政区政府

---

① 徐京辉．澳门刑事起诉法庭制度探析．澳门检察，2006 (3).

成立以后，将两个司合并为保安司，统一负责对警察的调度和指挥。澳门保安司下辖澳门特区警察总局、保安部队事务局、治安警察局、司法警察局、澳门监狱、海关、消防局及保安部队高等学校等部门。

在澳门，刑事警察的警种有：治安警察（CPST）、水上警察（PMT）、司法警察（PJ）。其中治安警察的职责主要是维护社会治安和调查轻微犯罪；水上警察主要负责反偷渡和打击走私犯罪；司法警察的职责是预防、调查有组织犯罪和其他严重犯罪，协助司法当局。

根据《澳门刑事诉讼法典》第 44 条的规定，刑事警察机关有权限协助司法当局，以实现诉讼程序之目的；刑事警察机关特别有权限收集犯罪消息并尽可能阻止犯罪后果发生、找出犯罪行为人，以及作出为确保各证据所必需及紧急之行为，即使以上各活动系由刑事警察机关主动进行者。此外，刑事警察机关在诉讼程序中进行活动时，须受法官、预审法官和检察院的指导，并且在职务上从属于介入案件的司法当局。

四、廉政公署

澳门廉政公署成立于 1999 年 12 月 20 日，是专责反贪和行政申诉工作的公共机关。其前身是澳门“反贪污暨反行政违法性高级专员公署”。廉政公署的长官是廉政专员，直接对特别行政区政府行政长官负责。

廉政公署的基本职责是：开展防止贪污或欺诈行为的行动；依法调查贪污行为及由公务员作出的欺诈行为；依法调查选民登记及有关选举中出现的贪污行为及欺诈行为；促使人的权利、自由、保障与正当利益受保护，确保公共行政的公正、合法性与效率。

在刑事诉讼程序中，廉政公署拥有搜查、搜索及扣押权，有权对贪污或欺诈行为，以及对公共财产的犯罪、滥用公共职能、损害公共利益的行为进行侦查，并将查明的案件情况向检察院举报。廉政公署人员在执行任务时，有权依法持有、使用及携带武器。

五、嫌犯及辩护人

《澳门刑事诉讼法典》第 46 条规定，凡在刑事诉讼程序中被控诉的人或被声请进行预审的人，都具有嫌犯身份；嫌犯身份在整个诉讼程序进行期间予以维持。因此，澳门刑事诉讼程序中的嫌犯不仅包括起诉前的犯罪嫌疑人，也包括起诉后的被告人。

依据《澳门刑事诉讼法典》的规定，从某人取得嫌犯身份起，就要确保其能行使相应的诉讼权利、履行相应的诉讼义务，但这不妨碍依据法律规定对嫌犯采用强制措施、财产担保措施以及实行证明措施；在充分保障嫌犯辩护权的前提下，应尽快对其进行审判；在有罪判决确定前，应推定嫌犯无罪。

嫌犯在诉讼程序中享有的权利包括：(1) 在作出直接与其有关的诉讼行为时有权在场；(2) 在作出对嫌犯本人造成影响的裁判时，有权要求法官听取其陈述；(3) 有权不回答任何机关就对其归责的事实所提出的问题，以及就其所作的与该事实有关的陈述所提出的问题；(4) 有权选任辩护人，或向法院请求为其指定辩护人；(5) 有权在一切有其参与的诉讼行为中得到辩护人帮助，在已被拘留的情况下有权与辩护人联络，即使是私下联络；(6) 有权介入侦查及预审，并提供证据及声请采取其认为必要的措施；(7) 在向司法当局或刑事警察机关报到时，有权从这些机关获知其应当享有的权利；(8) 有权对不利的裁判依法提起上诉。

嫌犯在诉讼程序中需要履行的义务包括：（1）根据法律规定并且经适当传唤，嫌犯必须向法官、检察官或刑事警察机关报到；（2）对于有权机关所提出的关于其身份资料及前科的问题，必须如实回答；（3）必须服从有关机关依法采取的证明措施、强制措施及财产担保措施。

《澳门刑事诉讼法典》第51条对嫌犯的辩护权保障问题作出了明确的规定：嫌犯在诉讼程序中的任何时刻均有权委托律师；如果法律规定嫌犯必须由辩护人帮助，而嫌犯仍未委托或不委托辩护人，则法官为其指定律师或者实习律师；在紧急且不可能指定律师或实习律师的情况下，可指定适当的人作为嫌犯的辩护人，优先考虑法学士；如果其后嫌犯委托了律师，指定的辩护人须立即终止其职务。依据《澳门刑事诉讼法典》第53条的规定，在下列情形下，嫌犯必须获得辩护人的援助：（1）对被拘留的嫌犯进行首次司法讯问时；（2）在预审辩论及听证时，但不可科处徒刑或收容保安处分的诉讼程序除外；（3）在嫌犯缺席审判时；（4）在任何诉讼行为进行期间，只要嫌犯为盲、聋、哑、未成年或就嫌犯的不可归责性或低弱的可归责性提出问题；（5）在平常或非常上诉时；（6）在最简易诉讼程序第373条第2款及第377条第2款所指之情况；（7）法律规定之其他情况。此外，即使不属于上述情形，如果案件情节显示援助嫌犯属必须及适宜者，法官可以为其指定辩护人。在嫌犯具有盲、聋、哑、未成年情形或就嫌犯的不可归责性或低弱的可归责性提出问题等法定情形下，可由检察院或刑事警察机关为嫌犯指定辩护人。《澳门刑事诉讼法典》第52条对辩护人在诉讼中的权利作了概括性规定：辩护人行使法律承认嫌犯所享有之权利，但法律限制须由嫌犯本人行使之权利除外；同时，辩护人以嫌犯名义作出的行为，与嫌犯本人的行为具有同等的效力，除非嫌犯在有关裁判之前明确表示撤销该行为的效力。此外，法律也对辩护人的保障问题作出了规定。例如，根据《澳门刑事诉讼法典》第164条第2款、第172条第2款的规定，嫌犯与辩护人之间的函件、谈话或通讯禁止扣押、截听或录音，除非法官有依据的理由相信这些行为属于犯罪元素；第122条规定，律师有权拒绝对属于职业秘密的事实作证；等等。

六、辅助人和民事当事人

澳门地区刑事诉讼程序中的辅助人，主要是指被害人、自诉人以及辅助被害人、自诉人参加诉讼的人。在诉讼中，辅助人是具有控诉职能的独立的诉讼主体，其设立的目的在于加强对被害人权益的保护，同时更好地维护社会利益。

根据《澳门刑事诉讼法典》第57条的规定，除特别法赋予权利而成为辅助人的人以外，在刑事诉讼程序中可以成为辅助人的人还包括：（1）年满16岁的被害人；（2）非经其告诉或自诉不得进行刑事程序之人；（3）如被害人死亡，但在死亡前未放弃告诉权，则为未经法院裁判分居及分产之生存配偶、直系血亲卑亲属、被害人所收养的人，以及与被害人在类似配偶状况下共同生活的人，如无该等人，则为直系血亲尊亲属、兄弟姊妹及其直系血亲卑亲属，以及收养被害人的人，但以上人中曾共同参与有关犯罪者除外；（4）如被害人无能力，则为法定代理人及按上项顺序所列之人，但以上的人曾共同参与有关犯罪者除外；（5）任何人，只要刑事程序属不取决于告诉及自诉之犯罪，且无人可依据以上各项规定成为辅助人的。

具备辅助人资格的人，只要在听证开始5日前向法官提出声请，就可以在诉讼程序中的任何时刻参与诉讼程序，但辅助人须接受诉讼程序在其参与时所处的状态。如果属于非经自诉不得进行的刑事程序，则辅助人的声请须在提出控诉前进行，或在提出控诉时同时进行。另外，辅助人必须在进行预审辩论5日前声请成为辅助人，才可以参与预审辩论。

在刑事诉讼中，辅助人具有作为检察院协助人的地位，辅助人在诉讼程序中的参与行为须从属于检察院的活动，但法律规定的例外情况除外。在诉讼中，辅助人享有以下特别权限：(1) 参与侦查或预审，并提供证据及声请采取视为必需之措施。(2) 提出独立于检察院控诉的控诉；如属非经自诉不得进行刑事程序的情况，则即使检察院不提出控诉，辅助人也可以独立提出控诉。(3) 对影响其本人的裁判提起上诉，即使检察院没有提起上诉。

辅助人必须由律师代理。在有数名辅助人的情况下，仅由1名律师代理各辅助人；如果辅助人在选择律师方面有不同意见，则由法官作出裁判；如果各辅助人之间有利益冲突或归责于嫌犯的犯罪有所不同，则由数名律师分别代理，但一个辅助人不能有超过1名以上的代理人。

被害人即使没有成为辅助人或者依法不能成为辅助人，也有权提起附带民事诉讼而成为民事当事人，民事当事人同样具有独立的诉讼主体地位。依据《澳门刑事诉讼法典》第60、61条的规定，对犯罪提出民事损害赔偿的请求，须在刑事诉讼程序中提出，仅在法律规定的情况下才可以通过民事诉讼独立提出赔偿请求；在可以独立提出民事赔偿请求的情况下，如果犯罪属于非经自诉或告诉不得进行诉讼程序，则被害人独立提出民事赔偿请求就等于放弃了刑事控诉权。在澳门的附带民事诉讼中，原告是因犯罪而遭受损害的人，称为受害人；检察院有权限提出受害人要求其提出的民事损害赔偿请求，但检察院的介入在受害人委托律师代理后终止。附带民事诉讼的被诉人通常是嫌犯，但也可能是对犯罪造成损害负有赔偿责任的其他人。

第三节　澳门地区刑事诉讼程序

澳门地区刑事诉讼程序分为普通程序和特别程序两种。普通程序包括初步阶段、审判、上诉和执行各阶段。其中，初步阶段指审判前的所有诉讼程序，包括获取犯罪信息、采取保全措施及警察措施、拘留嫌犯的诉讼程序开始阶段，以及侦查、预审程序。在澳门，起诉并不是一个独立的诉讼阶段。特别程序则包括简易诉讼程序、简捷诉讼程序、最简易诉讼程序和轻微违反诉讼程序。

一、诉讼程序开始阶段

在刑事案件初步阶段之初，首先需要开展获取犯罪信息、采取保全措施及警察措施、拘留嫌犯等活动，这些活动主要由刑事警察机关进行。

依法获取犯罪消息是任何刑事程序的必经阶段，也是启动刑事诉讼程序的必要条件。根据《澳门刑事诉讼法典》第224条的规定，检察院可依法自行获悉犯罪消息，或者通过刑事警察机关或借检举取得犯罪消息。在实践中，检察院获得犯罪消息的途径主要是检举，特别是刑事警察机关接获检举并紧急处置后向检察院转达的犯罪消息。根据《澳门刑事诉讼法典》第225、227条的规定，警察机关对所有犯罪具有检举的义务，即使不知道犯罪行为为何人所为；法律规定的公务员，就其执行职务时及因其职务而知悉的犯罪具有检举义务；任何获悉犯罪消息之人，均可以向检察院、其他司法当局或刑事警察机关检举犯罪，但有关犯罪非经告诉或自诉不得进行刑事程序者除外。

在初步阶段采取证据保全措施，是为了在紧急情况下防止证据灭失、毁损等情况发生。警察机关不论是自行获悉犯罪消息，还是接受检举获悉犯罪消息，都必须在最短时间内将犯罪消息转达检察院。而即使在接获有权限司法当局的命令进行调查前，警察机关仍有权限作出必须且迫切之保全行为，以确保证据。警察机关尤其有权进行犯罪痕迹检查，特别是采取尽可能防止犯罪痕迹在检查前湮灭或改变、禁止一切无关人员进入或通过现场、禁止作出任何可能损害发现事实真相的行为等措施；向有助于发现犯罪行为人及有助于重组犯罪的人收集资料；对可扣押的物件采取保全措施。在初步阶段采取警察措施，是指为了发现和追究犯罪，法律允许警察机关，主要是刑事警察采取必要的职务行为，包括识别涉嫌人的身份，要求涉嫌人和任何能提供有用资料的人提供犯罪资料，在紧急情况下进行搜查及搜索，扣押函件等。

拘留是指在紧急情况下对确定为嫌犯的人的人身自由强行加以限制的行为，但拘留并不属于澳门刑事强制措施体系的内容。在初步阶段实施拘留的目的，是在48小时内将被拘留人提交简易程序审判或交由法官进行首次司法讯问或对其采取某一强制措施；确保被拘留人在法官主持诉讼行为时在场；确保通知被拘留人缺席审判后所宣示的有罪判决，或者确保徒刑或收容保安处分得到执行。在澳门，既可以对一定条件下的现行犯进行拘留，也可以对符合法定程序条件的非现行犯进行拘留。任何司法当局或警察机关都可对现行犯进行拘留；而拘留非现行犯需要事先取得法官的命令状，特殊情况下可以依据检察院的命令状或警察当局的命令而进行。

二、侦查和预审

（一）侦查

侦查的目的是调查犯罪是否存在，确定犯罪行为人及其责任，发现及收集证据，以便为是否提出指控作出决定。除法律规定的特殊情况外，有犯罪消息时，就必须展开侦查。

在澳门，拥有侦查权的机关之一是检察院。刑事警察机关是检察院的辅助机关，并无独立的侦查权限，需要接受检察院的直接指引和领导，并且在职务上从属于检察院。但除法律明文规定由检察院实施的侦查行为或另有规定外，检察院可以授权刑事警察机关实施侦查行为。实践中，具体案件的侦查活动主要由警察进行。

预审法官也拥有侦查权限。其中，专属于预审法官的侦查权限包括：（1）对被拘留的嫌犯进行首次司法讯问；（2）采取强制措施和财产担保措施（但身份资料及居所之书录也可由检察院采取）；（3）在律师事务所、医生诊所或银行场所进行搜索和扣押；（4）首先知悉被扣押函件的内容；（5）法律明文规定保留给预审法官的其他行为。这些专属于预审法官权限的行为，通常是先由检察院、嫌犯或辅助人提出声请后，才由预审法官进行；在紧急情况下，刑事警察机关也可以直接向预审法官提出声请。此外，在预审法官的命令或许可下，检察院或刑事警察机关可以进行搜查住所，扣押函件，截听电话、通讯或予以录音等行为。

另外，法律特别规定，对法官、检察官犯罪案件的侦查，必须指定职级与侦查对象相同或较之更高的司法官进行。廉政公署对贪污或欺诈行为，以及对公共财产的犯罪、滥用公共职能、损害公共利益的行为进行侦查。

澳门刑事诉讼中的侦查措施主要包括：讯问嫌犯，询问证人，辨认，检查，对人身、场所进行搜查及搜索，扣押，电话监听，重演事实，强制措施及法律规定的其他措施。对被拘留的嫌犯，如果不是立即交付审判，由预审法官进行首次司法讯问，该讯问最迟不得超过拘留后的48小时。在首次司法讯问时，检察院及嫌犯的辩护人需在场。在讯问中，预审法官首先必须询问嫌犯的个人基本情况，如姓名、父母姓名、出生地、出生日期、职业、居所等，若嫌犯曾被拘禁，还须询问拘禁的时间及原因，以及有无被判罪及因何犯罪被判罪等情况。随后，预审法官应当告知嫌犯享有的各项权利。嫌犯在讯问中可以作出自认或否认该等事实的声明，或者提出可阻却不法性或罪过的事由等。在预审法官进行讯问时，检察院及辩护人不得作出任何干涉，但可就诉讼程序的无效提出争辩；在讯问完毕后，检察院及辩护人可以在嫌犯不在场的情况下，声请法官向嫌犯提出适宜于发现事实真相的问题。如果被拘留的嫌犯在拘留后未立即被预审法官讯问，则须将嫌犯送交检察院，由检察院采用简要方式进行非司法讯问。在这种非司法讯问中，除非嫌犯要求获得辩护人帮助，否则讯问时辩护人不在场。作出简要讯问后，如果检察院不释放被拘留人，就应将被拘留人及时送交预审法官进行首次司法讯问。在澳门，进行搜查、搜索及扣押时，以事先取得命令状为原则，以事后的审查确认为例外。对住所的搜索通常必须经法官命令或许可；除非搜索针对人同意，不得在下午9时至上午7时之间进行搜索。对律师事务所、医生诊所及官方卫生场所的搜索，在律师事务所和医生诊所内进行的扣押，必须由法官亲自主持。对电话谈话或通讯进行截听或录音，必须经法官的命令或许可，且必须有理由相信电话监听对发现事实真相或在证据方面属于非常重要，同时还需要符合法律规定的案件适用范围。

根据《澳门刑事诉讼法典》的规定，侦查期限分以下三种情况：如果嫌犯被拘禁，检察院最迟必须在6个月内侦查终结，对案件作出控诉或归档处理；如果嫌犯未被拘禁，则须在8个月内作出控诉或归档处理；对法定应当羁押的重大负责案件，可延长8个月侦查终结。侦查期限具体从侦查转为针对特定人之时起算，或者自有人成为嫌犯时起算。

检察院侦查终结后，应当根据情况分别作以下处理。

（1）提出控诉。

根据检察院在侦查期间收集到的证据，如果有充分迹象显示有犯罪发生及具体指明何人为犯罪行为人时，检察院须对该人提出控诉。根据《澳门刑事诉讼法典》第265条的规定，所谓“充分迹象”，是指该等迹象能合理显示出嫌犯可能最终在审判中被科处刑罚或保安处分。检察院的控诉，必须制作成书面的控诉书，记载嫌犯身份、作为对嫌犯科处刑罚或保安处分的依据的事实、适用的法律、在审判中将要调查或声请的证据，以及控诉书制作的日期及检察官的签名。检察院提出控诉后，案件或者基于有关人员的声请而进行预审，或者在无此声请时转交有管辖权法院进行审判。检察院的控诉必须通知嫌犯、辅助人（受害人）、民事当事人等有权声请预审的当事人。

澳门的公诉案件并不排斥辅助人提出控诉。在检察院提出控诉并作出通知后的10日内，辅助人可以就检察院控诉事实的全部或一部分提出控诉，也可以就对检察院控诉的事实不构成实质变更的某些事实提出控诉。辅助人的控诉也需要制作控诉书。

对于非经自诉不得进行刑事程序的案件，检察院在侦查终结后应当通知辅助人，以便其在10日内提出自诉；如果检举人还没有成为辅助人，检察院则须通知检举人，以便其考虑是否声请为辅助人并决定是否提出自诉。对于自诉案件，检察院具有协助自诉的权限。检察院可以在自诉提出后10日内，以相同于自诉的事实或该事实的某部分提出控诉，也可以就对自诉事实不构成实质性变更的新事实提出控诉。

（2）侦查的归档。

侦查的归档，是指检察院在终结侦查时作出的或建议预审法官作出的将侦查案卷归档，终止诉讼程序的处分。侦查归档的效力，与内地刑事诉讼程序中以撤销案件或不起诉等方式终止诉讼类似。

侦查的归档分为三种情况：第一种情况是，案件经过侦查，有足够证据证明无犯罪发生或嫌犯未以任何方式犯罪，或提起的诉讼程序为法律所禁止。第二种情况是，案件经过侦查后，未能获得显示犯罪发生或何人为行为人的充分迹象。在这两种情况下，检察院都必须作出侦查归档的处分，从而终止诉讼程序。但在第二种情况下，如果出现新的证据资料，使检察院所作的归档批示的依据不成立时，还可重开侦查。在上述两种情况下，检察院须将侦查归档，并将归档批示告知嫌犯、辅助人、具有正当性成为辅助人的检举人、被害人、民事当事人及在有关诉讼程序中曾表示有提出民事损害赔偿请求意图的人。对归档批示，有关人员可以直接向上级提出异议。自作出归档批示之日起30日内，如未有声请展开预审，检察院有关人员的直接上级可决定提出控诉或继续调查；如决定继续调查，则应指出须实行的措施及其期间。第三种情况是，对于刑法明文规定属于可免除刑罚的案件，经侦查认为免除刑罚的各前提均成立的，如果案件尚未提出控诉，检察院须在听取辅助人、检举人意见后，向预审法官建议将有关卷宗归档；如果案件已经提起控诉，则预审法官经检察院和嫌犯同意，并征求辅助人意见后，直接将案卷归档，终止诉讼。

（3）建议暂时中止诉讼程序。

所谓暂时中止诉讼程序，是指在符合法律规定的条件下，检察院向预审法官建议暂时不对嫌犯提出控诉，而是对嫌犯施加强制命令并设置必须遵守的行为规则，如果嫌犯在规定时间内遵守了这些命令和规则，则检察院不再对其提出控诉；如果嫌犯在规定时间内违反了预定的命令和规则，就要对其提出控诉并交付审判，而且还要受到一定的处罚。检察院建议暂时中止诉讼程序需要满足以下条件：其一，对犯罪仅可处以3年以下徒刑（包括并处罚金），或只可单处罚金；其二，经嫌犯、辅助人、曾在提出检举时声明欲成为辅助人且具有正当性成为辅助人的检举人及未成为辅助人的被害人同意；其三，嫌犯无前科；其四，不能科处收容保安处分；其五，罪过属轻微；其六，可预见遵守强制命令及行为规则足以实现预防犯罪的要求。

检察院可以对嫌犯作出的强制命令及行为规则包括：对被害人作出损害赔偿；给予被害人适当的精神上满足；捐款给社会互助机构或本地区，或作同等价值的特定给付；不得从事某些职业；不得常至某些场合或地方；不得与某些人为伍，或收留或接待某些人；不得持有能便利实施犯罪的物件；按有关案件特别要求的其他行为。为督促强制命令及行为规则的遵守，预审法官和检察院可要求社会重返部门提供协助。暂时中止诉讼程序的期限最长为2年。在中止期限内，如嫌犯能遵守强制命令及行为规则，则检察院将有关卷宗归档，且不得重开诉讼程序。如嫌犯不遵守强制命令及行为规则，则诉讼程序继续进行，且嫌犯不得请求返还已作给付。但其中付给被害人的损害赔偿金额，则在终局判决中予以扣除。

（二）预审

在澳门，预审是介于侦查和审判之间的诉讼程序，由预审法官主持进行，刑事警察机关予以辅助。预审的目的在于“对提出控诉或将侦查归档之决定作出司法核实，以决定是否将案件提交审判”。

在澳门现行法中，预审只在有关人员依法提出声请时才展开，且只适用于普通诉讼程序。在检察院终结侦查后，如果案件不属于自诉且已由检察院提出控诉的，则下列人针对下列事实可声请展开预审：（1）嫌犯，针对检察院已控诉的事实；（2）辅助人或在声请展开预审的行为中成为辅助人的人，针对检察院未控诉且对检察院所作的控诉构成实质变更的事实。如果有关刑事程序取决于自诉，则嫌犯可以针对辅助人已控诉的事实声请预审。以上有关展开预审的声请，应在就控诉作出通知起10日内提出。如侦查已归档，则辅助人或在声请展开预审的行为中成为辅助人的人也可以在法律规定的期限内声请预审。对于上述预审声请，除非存在声请逾期、法官无权限或依法不得进行预审的情况，否则不能予以驳回。宣告展开预审的批示，须通知辩护人及辅助人律师。

预审分为两个阶段：一是预审法官对不法行为是否存在依职权进行必要调查，收集认为必要的证据。该阶段只有在预审法官认为有必要时才进行。二是预审辩论阶段。这一阶段是强制性的，检察院、嫌犯及其辩护人、辅助人及其律师可参与该辩论。其目的在于“容许在法官面前以口头辩论方式，就侦查及预审过程中得到之事实迹象及法律资料是否足以支持将嫌犯提交审判进行辩论”。

如嫌犯被拘禁，预审必须在2个月内终结，对法定的犯罪案件可延长至3个月；如嫌犯未被拘禁，则预审必须在4个月内终结。预审辩论终结后，预审法官作出起诉或不起诉批示。如收集到充分迹象，显示对嫌犯科处刑罚或保安处分的前提成立，则预审法官以有关事实起诉嫌犯，反之则作出不起诉的批示。起诉或不起诉批示应尽可能在预审辩论终结后立即宣布，此宣布即为对在场人作通知。如案件复杂而有需要，则法官在终结预审辩论时命令将卷宗交其审阅，以便最迟在10日内作出是否起诉的批示。此情形下，应立即告知各在场人宣读批示的日期。作出起诉批示之后，案件即移至普通管辖法院进入审判阶段。

三、审判

澳门刑事案件的普通审判程序包括先前行为、听证及评议和宣判三个阶段。

（一）先前行为

先前行为是在提出控诉或批示起诉后至法庭听证前的案件审查阶段和听证的准备阶段。在有管辖权的法院收到卷宗后，法官必须就可能妨碍案件实体问题审查且属于可立即进行审理的先前问题或附随问题作出决定。对于审判前没有进行预审，且辅助人控诉的一部分是在不遵守《澳门刑事诉讼法典》第266条第1款[①]之规定下提出的，或检察院控诉的一部

---

① 《澳门刑事诉讼法典》第266条第1款规定：在就检察院之控诉作出通知后5日内，辅助人或在控诉行为中成为辅助人之人亦得以检察院控诉之事实或该等事实之某部分提出控诉，又或以其他对检察院控诉之事实不构成实质变更之事实提出控诉。

分是在不遵守《澳门刑事诉讼法典》第 267 条第 4 款[①]之规定下提出的，法官须作出批示不受理该部分控诉。

在解决上述问题后，法官必须作出批示指定听证的日期、时间及地点。听证应尽可能及时进行，以便听证日与收到卷宗日之间不超过 2 个月。法官指定听证日期的批示必须包括以下内容：有关事实及适用的法律，到场日期、时间及地点，为未委托辩护人的嫌犯指定的辩护人，批示日期及法官的签名。该批示连同起诉书副本须通知检察院、嫌犯、其他当事人及其代理人，批示副本及有关诉讼文件须送交审判此案的其他法官。嫌犯如欲提出答辩，须在接到听证通知后 20 日内提出，并附证人名单及应通知出庭的鉴定人。

在该阶段，如果辅助人、民事当事人、证人或鉴定人基于有依据的理由不可能在听证时到场，法官可依职权或应声请，在指定的日期及时间到其身处之地方听取陈述；该命令须即时告知检察院、嫌犯的代理人、辅助人的代理人及民事当事人的代理人。听取陈述的内容须做成笔录。此外，法官可依职权或根据声请，在延误可能对证据取得、保存或对发现事实真相构成危险等紧急情况下，立即询问证人、辅助人、民事当事人及鉴定人等，以录取其陈述。

（二）听证

听证是法庭审判的核心，在听证中需要遵循公开、辩论和连续性原则：审判听证必须公开，否则会导致诉讼程序不可补正的无效，但主持听证的法官决定排除或限制听证公开性的情形除外；就听证过程中出现的附随问题，由法院在听取就该等问题有利害关系的诉讼主体的陈述后作出决定，而在听证过程中提出证据也必须遵从辩论原则；除非确实必须的中断以及符合法律规定的押后听证原因，听证应连续进行，无任何中断或押后，直至终结为止。

听证程序具体包括初端行为、调查证据、口头陈述及嫌犯最后陈述等内容。

（1）初端行为。听证开始时，先由司法公务员高声及公开指明案由，召唤应参与诉讼的人，并将有关人员到庭情况报告主持听证的法官。随后法官进入听证室，并由主持审判的法官宣布听证开始。对于有人员缺席的，法官应根据缺席人员的不同依法作出处理。如有任何可能妨碍审查案件实体问题的先前问题或附随问题仍未解决的，法院应即时审理并予以裁判。完成上述行为后，法官命令证人离开听证室，简单阐述诉讼标的，并依次让检察院、辅助人律师、受害人律师、应负民事责任人的律师及辩护人作不超过 5 分钟的发言，择要指出拟证明的事实。

（2）调查证据。法官首先就姓名、父母姓名、出生地、出生日期等身份识别问题，以及有无前科、当时是否有针对其的其他刑事诉讼程序等问题讯问嫌犯，嫌犯必须如实回答，否则可能以违令罪或虚假声明罪被处罚。主持听审的法官应当告知嫌犯有权在听审的任何时候就诉讼标的作出声明，同时也应当告知嫌犯享有沉默权。如果嫌犯愿意作出声明，每一名法官均可以向嫌犯进行发问并要求嫌犯解释所作的声明，检察官、辅助人律师及辩护人可以要求主持审判的法官向嫌犯进行发问，但嫌犯有权拒绝回答问题；有必要时，可在讯问中向嫌犯展示有关人证、物证、书证及案卷文书。如嫌犯作出自认，法官确认自认是基于其自由意志且在不受任何胁迫下作出时，即不再进行调查证据，而直接进行口头陈述

---

① 《澳门刑事诉讼法典》第 267 条第 4 款规定：检察院得在自诉提起后 5 日内，以相同于自诉之事实或该等事实之某部分提出控诉，又或以其他对自诉之事实不构成实质变更之事实提出控诉。

以及判刑。但对最高可处3年以上徒刑的犯罪，或法官对自认有怀疑的，或共犯的供述互相矛盾的，应继续进行证据调查。根据检察官、辩护人、民事当事人律师或辅助人律师的请求，法官可对辅助人、民事责任人及受害人发问，必要时，可向其展示有关的人证、物证、书证及案卷书证。

在对证人进行调查时，一般按照证人被指定的顺序进行。在具体程序上，先由证人在作证之前进行宣誓；然后，主持审判的法官首先询问证人的身份事项，与诉讼参与人的关系以及与本案的利害关系；接着，在法官主持下由控辩双方对证人进行交叉询问。法官认为必要时有权随时向证人发问，且询问未满16岁的证人仅由法官进行。鉴定人的声明由主持审判的法官听取，其余法官、检察院、辩护人、辅助人律师及民事当事人律师可以建议主持审判的法官要求鉴定人作出解释或向其提出相关问题。澳门的调查证据程序中并没有专门的就书证、物证等进行调查的程序，而是结合听证来出示或宣读这些证据。

(3) 口头陈述。证据调查结束后，即进入口头陈述阶段，主持审判的法官依次让检察官、辅助人律师、民事当事人律师及辩护人发言，口头陈述根据证据调查所得出的事实和法律上的结论。每人发言一般不得超过40分钟。对口头陈述只能反驳一次，一般以20分钟为限，但辩护人可再作最后发言。

(4) 嫌犯最后陈述。口头陈述之后，主持审判的法官应询问嫌犯是否还有其他陈述，并听取嫌犯为其利益而陈述的一切内容。嫌犯最后陈述后，主持审判的法官宣告讨论终结，各法官离场以便进行评议。

为了对事实事宜向上级法院提起上诉时提供必要的凭证，《澳门刑事诉讼法典》第344条及第345条规定听证中以口头作出的声明必须记于记录内，否则无效。同时，这种记录原则上应通过录音或视听录制的方式记录，仅在没有这种设备可使用时才可采取其他方法，尤其是速记、机器速记方法或其他能确保将所作声明完全转录的适当技术方法。但是，如果法官认为使用视听录制方法可能对声明造成限制，则不进行视听录制，且不得对此提起上诉。

(三) 评议和宣判

讨论终结后应随即进行评议，除非以批示的形式宣告绝对不能进行随即评议。澳门刑事案件的评议分为两个阶段：其一是有关罪过问题的评议，其二是关于制裁问题的评议。必须先评议完罪过问题，才能进行制裁问题的评议。评议具体由主持审判的法官主持，所有参与审判的法官均需参加；每位法官都须说明支持其意见的理由，尽可能指出用于形成其心证的证据，并对各问题逐一表决，不得弃权；主持审判的法官负责收集表决意见，首先向服务年限最短的法官收集，主持审判的法官为最后表决者；评议以简单多数票决定。

一般应当在法庭评议后立即作出判决书，并公开宣判。对特别复杂而不能立即作出判决书的案件，主持审判的法官则公开定出随后10日中的一日宣读判决。判决书分为有罪判决和无罪判决两种，可以采用中文或者葡文作出。为了加强判决书的说理，《澳门刑事诉讼法典》第355条第2款规定，判决书的理由说明部分要列举经证明及未经证明的事实，以及阐述即使扼要但尽可能完整且作为裁判依据的事实上及法律上的理由，并列出用于形成法院心证且经审查及衡量的证据。

四、上诉制度

在澳门地区，上诉分为平常上诉和非常上诉。

平常上诉是指对第一审法院的裁判、判决和批示提起的上诉。其中，检察院对任何裁判都可提起上诉，即使是专为嫌犯利益也可提起上诉；嫌犯及其辩护人、辅助人，可对其不利的裁判提起上诉；民事当事人可对裁判中对其不利的部分提起上诉；被判处缴付任何款项的人或为维护受裁判影响的权利的任何人也可提起上诉。上诉的期限，一般是对该裁判作出通知或判决存放于法院办事处之日起 20 日内；如果是对听证中宣示的裁判提起上诉，利害关系人在场或应视为在场的，期限为从宣示裁判之日起 20 日内。上诉人必须提交书面上诉状，并阐述理由。原审法院受理上诉后，作出受理上诉或撤回上诉的决定；对于受理的上诉，应立即将案件送交上诉法院；上诉法院经初步审查后作出驳回上诉或者审判的决定。上诉审的案件多数需要开庭审判，由上诉法院的分庭组成合议庭进行审理。经过审理，可以作出再次进行调查证据的听证或者移送重新审判的决定。

非常上诉包括两种情况：一是为解决中级法院司法见解之间的矛盾，以达到统一适用法律的目的；二是案件的再审程序，即对确定判决进行再次审判。其中，检察院、辅助人、嫌犯及民事当事人，有权就中级法院解决案件中司法见解不一致的问题向中级法院的全会提起上诉；检察院对于法院违反具有强制性的司法见解而宣示的裁判必须提起上诉；澳门检察长认为法院的司法见解违反了法律一致性的利益时，可以提起上诉。在澳门地区，对确定判决以及法官终结诉讼的批示提起再审的理由是：（1）曾对该裁判具有决定性的证据被另一判决视为虚假证据；（2）作出判决的法官，在作出该判决的诉讼程序中实施了与所担任的职务有关的犯罪，并且该犯罪已被确定的判决证明；（3）曾用作判罪依据的事实与已在另一判决中被证明的事实不相协调，并且两者对比后的结论，使人非常怀疑该判决的定罪公正性；（4）发现了涉及定罪或适用刑罚种类的新的事实或证据，单凭这些事实或证据，或者与其他曾被审查过的事实及证据相结合后，使人非常怀疑该判决的定罪公正性。检察院、辅助人对无罪判决或预审法官的不起诉批示，被判罪人或其辩护人对有罪判决，可以提起再审的请求。如果被判罪人死亡，声请再审的权利可由其配偶、直系血亲的尊卑亲属、收养人、与被判罪人在类似配偶关系状况下共同生活的人等具有亲属关系的人，或具有正当利益继承关系的人以及曾被委托的人，也可以声请再审。

五、特别诉讼程序

澳门刑事诉讼程序中有四种特别诉讼程序，分别是简易诉讼程序、简捷诉讼程序、最简易诉讼程序以及轻微违反诉讼程序。

1. 简易诉讼程序。

对于在现行犯情况下被拘留的，可判处最高不超过 3 年有期徒刑的（包括并处罚金）或仅可科处罚金的人，可适用简易诉讼程序，但犯罪时未满 18 岁的，不适用简易诉讼程序。适用简易诉讼程序一般须在拘留后 48 小时内展开听证，但嫌犯要求给予时间准备辩护，或检察院、辅助人或嫌犯需要的证人在审判中缺席，或法院认为有必要采取对发现事实真相有重要意义的证明措施，且预料这种措施可在 30 日内完成时，也可在 30 日内开始听证。

进行拘留的警察机关应尽快将被拘留人交管辖法院的检察官，检察官进行简要讯问后，如认为适宜采用简易诉讼程序的，则尽快将嫌犯交有权审判该案件的法官。适用简易诉讼程序的案件由法官独任审判，且不经过预备阶段，拘留当局制作的实况笔录可代替正式起诉书。在简易诉讼程序中，只要能保证作出正确的判决，其审判方式、程序可尽量简化，判决也可口头作出。

2. 简捷诉讼程序。

简捷诉讼程序的适用范围，限于可判处最高不超过3年有期徒刑（包括并处罚金）或仅可科处罚金的犯罪，且存在简单及明显的证据显示有犯罪发生及行为人为何人的充分迹象。对于符合上述条件的案件，检察院可根据实况笔录或在进行简要侦查后提出控诉，以便通过简捷诉讼程序进行审判。所谓“存在简单及明显的证据”包括：行为人在现行犯情况下被拘留，以及审判不能通过简易诉讼程序进行；证据主要为书证；证据以目击证人所述的事实为基础且其说法倾向于一致的。简捷诉讼程序的听证日期优先于普通诉讼程序的案件，但并不优先于紧急程序，裁判可以口头作出，其上诉适用于简易程序的上诉规定。总体而言，简捷诉讼程序除不适用于预审以及在审判过程中稍有简化外，与普通审判程序相比，其简化程序的效果较为有限。①

3. 最简易诉讼程序。

最简易诉讼程序的适用范围，限于可判处最高不超过3年有期徒刑（包括并处罚金）或仅可判处罚金，且检察院认为该案件的具体量刑只能是科处罚金或非拘留性质的保安处分的公诉案件。在此情况下，检察院经听取嫌犯的意见后依职权作出或由嫌犯主动向检察院提出而作出向预审法官的声请，声请采用最简易诉讼程序科处非剥夺自由的刑罚或非剥夺自由的保安处分。在最简易诉讼程序中，不容许民事当事人参与。但检察院在提交声请前须听取受害人的意见以及因嫌犯所造成的损害而应以民事方式被诉的人的意见。

对于适用最简易诉讼程序的案件，由检察院向预审法官提出书面声请。声请须说明嫌犯的身份情况、犯罪事实、触犯的法律及证据，摘要说明对该案件具体不应科处剥夺自由的刑罚或剥夺自由的保安处分的理由，并在结尾部分明确提出检察院具体的量刑建议。对检察院的声请，预审法官无须采用听证的方式，而是采用法官审查的方式即可作出批示或驳回的决定。预审法官仅在如下情形下驳回该声请：依法不可采用该程序，有关声请不符合相应的要求，或者认为检察院建议的制裁明显不具有适当且充分实现刑罚的目的的。一旦声请被驳回，预审法院应命令将卷宗移送检察院，以便以其他诉讼形式提出控诉。如果预审法官没有驳回声请，则作出批示以科处刑罚，以及如有提出损害赔偿请求的，裁定给予损害赔偿，再加上司法费。该批示在效力上等同于有罪判决。

4. 轻微违反诉讼程序。

根据澳门地区刑法的规定，所谓轻微违反，是指单纯违反或不遵守法律或规章的预防性规定的不法行为。对轻微违反的处刑不得超过6个月。如称为轻微违反的不法事实可判处最高刑超过6个月的徒刑，则视为犯罪，不能适用轻微违反诉讼程序。轻微违反诉讼程序的主要特点是：违反人如自愿交纳罚金，案件就不再起诉；如逾期没有交纳罚金，则移送法院审理；法院审理时采用简易的程序和方法。

【问题与思考】

1. 如何理解澳门地区刑事诉讼中检警的内在关系？与我国内地有何区别？
2. 如何理解被害人在澳门刑事诉讼中的地位及作用？

---

① 简查源．修订《刑事诉讼法典》的几项建议．澳门日报，2011-10-19.

3. 谈谈澳门地区刑事诉讼特别诉讼程序的特点。

【推荐参考论著】

1. 李哲．澳门“刑事诉讼法典”的修订与检讨．人民检察，2015 (18).
2. 李哲．澳门刑事诉讼法总论．北京，社会科学文献出版社，2015.
3. 邱庭彪．澳门刑事诉讼法分论．修订版．北京，社会科学文献出版社，2014.

第三十五章 台湾地区刑事诉讼

内容导读

台湾自古以来就是我国的领土。由于历史的原因，台湾地区传统上属于大陆法系，施行职权主义诉讼模式。经过多次修改，台湾地区刑事诉讼已由原来的职权主义逐渐改为职权主义与当事人主义的混合体。2001 年以来，台湾地区对“刑事诉讼制度”进行了多次大幅修正，当事人主义化发展的趋势日益明显。

第一节 台湾地区刑事诉讼概述

我国台湾地区传统上属于大陆法系，采用职权主义“刑事诉讼制度”。这种职权主义模式的“刑事诉讼制度”是国民政府于 1928 年模仿日本大正十一年（1922 年）刑事诉讼法的内容制定的。1935 年，新的刑事诉讼法取代了 1928 年刑事诉讼法，其后屡经修改，并在我国台湾地区沿用至今。

在台湾地区“刑事诉讼法”适用过程中，“刑事诉讼法”具有的浓厚职权主义色彩不断面临批判和挑战。在社会各界的推动下，台湾地区“刑事诉讼制度”通过多次修改，逐步吸收英美法系诉讼制度和证据制度的诸多内容：1967 年吸收了若干英美法系证据法则；1982 年引进了侦查程序中的辩护制度；1997 年取消了检察官在侦查中的羁押权，改为由法官裁定是否羁押被追诉人，并且规定被告人与犯罪嫌疑人享有沉默权，侦查机关负有告知的义务；2000 年取消了检察官在侦查中的搜索扣押权，改为由法官事先核发搜查票的方式。2001 年 2 月以来，台湾地区“刑事诉讼法”经历了多次重大修改，由强调“职权主义”逐渐转变为强调“当事人主义”，具体措施包括：（1）将第 163 条第 1 项从“法院因发现真实之必要，应依职权调查证据”修改为同条第 2 项“法院为发现真实，得依职权调查证据。但于公平正义之维护或对被告之利益有重大关系事项，法院应依职权调查之”。（2）明确检察官的举证职责，强化辩护功能，促进当事人实质地位的平等。（3）修订证据法基本原则，增补、修订证据排除规则、自白法则及传闻排除规则等证据规则，并强化交互诘问的要求。(4) 健全刑事鉴定及司法警察人员采证机制。(5) 建构第一审为坚强的事实审。(6) 引入认罪协商程序，体现自愿协商以及处分原则。[①] 2013 年以后，台湾地区刑事诉讼制度围绕强制辩护的范围、军事法院审判与普通法院审判之间的关系、通讯保障及监察制度、再审制度等问题又进行了数次修订，以期更好地实现程序正义和人权保障的目标。

第二节　台湾地区刑事诉讼的诉讼主体

一、法院

台湾地区法院系统分为“最高法院”、高等法院及地方法院三级，还包括若干专门法院。其中，地方法院及其分院原则上有刑事案件一审管辖权，通常实行法官独任审判制，但重大案件由 3 名法官合议审判；高等法院及其分院对“内乱”罪、“外患”罪、妨害“国交”罪、残害人群罪有专属的一审管辖权，并管辖针对地方法院及其分院之裁判的上诉、抗告案件，具体由 3 名法官组成合议庭进行审判；“最高法院”由 5 名法官组成合议庭审判案件，管辖对高等法院及其分院的裁判提出上诉、抗告的案件。

过去，台湾地区的军人犯罪由军事法院依据“军事审判法”进行审判。2013 年 8 月 15 日后，修改后的“军事审判法”将军人犯罪区分为“战时”的和“非战时”的两种情形，只有“战时”的军人犯罪才由军事法院依据“军事审判法”进行审判，而“非战时”的军人犯罪一律由普通法院根据“刑事诉讼法”进行审判。

为了保证审判公平，台湾地区“刑事诉讼法”规定了法官回避制度。[②] 法官回避分为自行回避与当事人声请回避两种形式。自行回避的情形包括：(1) 法官是案件的被害人；(2) 法官现为或曾为被告或被害人的配偶、八亲等内的血亲、五亲等内的姻亲或家长、家属；(3) 法官与被告或被害人订有婚约；(4) 法官现为或曾为被告或被害人法定代理人；(5) 法官曾为被告代理人、辩护人、辅佐人或曾为自诉人、附带民事诉讼当事人的代理人、辅佐人；(6) 法官曾为告诉人、告发人、证人或鉴定人；(7) 法官曾执行检察官或司法警察官职务；(8) 法官曾参与前审裁判。检察官、自诉人及被告如果认为法官有前列情形而不自行回避的，或者认为法官存在前列情形以外足以认为其执行职务有偏颇之虞的，可随时声请法官回避。另外，法院或院长如认为法官有应自行回避的原因，无须当事人声请，应依职权作出回避裁定。

二、检察官

在台湾地区，检察机关与各级法院相配合，分为“最高法院检察署”、高等法院检察署

---

① 黄东熊，吴景芳．刑事诉讼法论．修订 6 版．台北：三民书局，2004：26－27．

② 台湾地区“刑事诉讼法”将法院职员称为推事，包括法官、书记官、通译等人员，所有推事适用同样的回避规定。

及其分院检察署、地方法院检察署及其分院检察署三级。“最高法院检察署”设检察总长1人，其他法院及分院检察署设检察长1人，管理该检察署行政事务。各级检察机关仅属于管理检察事务与检察行政事务的单位，并不属于行使检察权的单位；以“国家机关”名义行使检察权的是各个检察官。1999年2月“法院组织法”修正时，增设了检察事务官，负责实施搜查、扣押、勘验，执行拘提，询问告诉人、告发人、被告、证人或鉴定人，并协助检察官执行职务。

检察官以独任方式各自行使检察权，但根据检察一体原则的要求，检察官必须服从监督长官的命令。

在公诉案件中，检察官担任原告的角色，其回避问题准用法官回避的有关规定。

三、司法警察官与司法警察

司法警察官员分为普通司法警察官员与特别司法警察官员两类。一般而言，普通司法警察官员具有警察或者“宪兵”身份；而特别司法警察官员是依法令对特定事项行使司法警察官员职权的人。司法警察官员从级别上分为首长级司法警察官、非首长级司法警察官及司法警察三级。

在刑事诉讼中，司法警察官与司法警察处于协助检察官侦查，或听从检察官指挥，或受检察官命令而进行侦查的地位。警察机关在人员上拥有庞大的组织，在犯罪侦查的技术、知识、仪器、设备等方面都占有优势，因此，警察机关事实上承担了实践中大部分侦查工作。不过，检察官仍对犯罪侦查起主宰作用，并对犯罪侦查负最后责任。

四、犯罪嫌疑人、被告与辩护人

在公诉案件中，不分起诉前后，因涉嫌犯罪而被追诉的人，均被称为被告；而还未被纳入刑事追诉程序的嫌疑人，被称为犯罪嫌疑人。被告在刑事诉讼中处于主体地位，享有各种防御权与辩护权：在侦查和审判阶段有获得辩护人帮助的权利；有抗拒不法、不当逮捕、搜索、扣押的权利；有保持沉默的权利；有请求调查证据与参与调查证据、进行辩论的权利；有声明异议、提起抗告、提起上诉的权利等。

被告有权随时选任辩护人，即使在受司法警察官或司法警察调查时也享有此权利。每一被告选任辩护人的数量不得超过3名。辩护人应由律师担任，但在审判中经审判长许可也可以选任非律师担任辩护人。有下列情形之一，在审判中未经选任辩护人的，审判长应指定公设辩护人或律师为被告辩护：（1）最轻法定刑（台湾地区称为“本刑”，下同）为3年以上有期徒刑案件；（2）高等法院管辖第一审案件；（3）被告因智能障碍无法为完全之陈述；（4）被告具台湾少数民族身份，经依通常程序起诉或审判的；（5）被告为低收入户或中低收入户而声请指定的；（6）其他审判案件，审判长认为有必要的。被告或犯罪嫌疑人因智能障碍无法为完全之陈述或具有台湾少数民族身份者，在侦查中未经选任辩护人的，检察官、司法警察官或司法警察应通知依法设立的法律扶助机构指派律师到场为其辩护。但经被告或犯罪嫌疑人主动请求立即讯问或询问，或等候律师超过4小时未到场，可以径行讯问或询问。2017年台湾地区通过“刑事诉讼法”修正，规定侦查中的羁押审查程序没有选任辩护人的，审判长应指定公设辩护人或律师为被告辩护；但等候指定辩护人超过4

个小时未到场，经被告主动请求讯问的，不在此限。辩护人在侦查中的羁押审查程序中，除法律另有规定外，有权检阅卷宗及证物并有权抄录或摄影，但辩护人持有或获知前述证据资料，不得公开、揭露或为非正当目的的使用。另外，法院应当以适当的方式使没有辩护人的被告在侦查中的羁押审查程序中获知卷证的内容。

在侦查阶段，辩护人的职责主要是保护被告、犯罪嫌疑人的人权免受警察、检察官不法或不当侵害，并以被告、犯罪嫌疑人的立场准备审判；在审判阶段，辩护人的职责主要是以被告的立场为举证活动，并对事实、法律问题进行辩论。辩护人在审判中有权检阅卷宗和物证，并有权进行抄录、摄影；有权会见被告并与其通信；有权在讯问被告时在场并陈述意见；有权在不违背被告明示意思的情况下声请法院职员回避、提起上诉、声请回复原状、声请继续审判等。2010 年 6 月，台湾地区“刑事诉讼法”对辩护人与被羁押者的通信、会见权作了进一步规定。根据该规定，辩护人有权接见被羁押的被告，并互通书信。除非有事证足以证明其有湮灭、伪造、变造证据或勾串共犯或证人的，不得加以限制。辩护人与侦查中受拘提或逮捕的被告、犯罪嫌疑人接见或互通书信的权利不得限制。但接见时间不得超过 1 个小时，且以一次为限。对于辩护人与被告、犯罪嫌疑人的前述接见，检察官如果遇有急迫情形并且具有正当理由，可以暂缓接见，并指定即时可以接见的时间和场所，这种指定不得妨害被告或犯罪嫌疑人的正当防卫及辩护人讯问时在场的权利。该规定也要求限制辩护人与羁押被告接见或互通书信的，应使用限制书记载特定事项。同时，该项限制的受处分人有权声请法院撤销或变更。

根据台湾地区“刑事诉讼法”2007 年的修正，无辩护人的被告，也可在审判中预纳费用请求获得案卷笔录的影印本，但是笔录内容与被告所诉事实无关或足以妨害另案侦查的，或者涉及当事人或第三人之隐私或业务秘密的，法院可以限制这项权利。

五、辅佐人、代理人

在起诉后，被告或自诉人的配偶、直系或三亲等内旁系血亲或家长、家属，或被告的法定代理人，有权向法院声请成为被告或自诉人的辅佐人。辅佐人有权在审判中就事实问题与法律问题陈述意见，有权声请法院调查证据并在调查证据时询问证人、鉴定人，并有权为被告或自诉人的利益为特定诉讼行为。

在最重法定刑为拘役或专科罚金的案件中，被告在侦查或审判中有权委任代理人到场，但检察院或法院认为必要时，仍可命令被告本人到场。自诉人应委托代理人到场，但法院认为必要时可以命令自诉人本人到场。代理人必须由律师担任，其人数、选任、送达及权利等规定准用有关辩护人的规定。

六、被害人与自诉人

长期以来，台湾地区刑事诉讼制度中的被害人仅充当发动诉讼的告诉人以及提供定罪证言的证人，并不属于当事人的范围。在告诉权方面，台湾地区“刑事诉讼法”第 232 条规定，被害人有权提起告诉；被害人的法定代理人或配偶有权独立告诉；被害人已死亡的，其配偶、直系血亲、三亲等内的旁系血亲、二亲等内的姻亲或家长、家属可以告诉；但对于告诉乃论罪，不得与被害人的明示意思相反。为了加强被害人权益保障，台湾地区“刑事诉讼法”在2020年的修改专门增加了第七编之三“被害人诉讼参与”，规定：

审判中诉讼之三面关系为法院、检察官及被告。被害人诉讼参与制度系在此三面关系下，为被害人设计一程序参与人之主体地位，使其得借由参与程序，了解诉讼之经过情形及维护其人性尊严。关于得声请诉讼参与之案件类型，考量上开被害人诉讼参与制度之目的及司法资源之合理有效利用，自以侵害被害人生命、身体、自由及性自主等影响人性尊严至钜之案件为宜，爰增订第一项之规定。

三、关于得声请诉讼参与之主体范围，于被害人死亡之情形，参酌第233条第二项之规定，使与被害人具有一定亲属关系或虽非亲属而以永久共同生活为目的同居一家之人均得声请诉讼参与。又为保障儿童及少年被害人等无行为能力人、限制行为能力人之诉讼权益，故明定被害人无行为能力、限制行为能力时，得由与其具有一定亲属关系之人或其家长、家属声请诉讼参与。另考量实务上迭有被害人住院治疗，或已不能为意思表示，但尚未经法院为监护宣告之情形，其虽非无行为能力人，然实际上已无法于准备程序、审判期日到庭，为保障此等被害人及其家属之诉讼权益，故明定因其他不得已之事由而不能声请诉讼参与者，亦得由与其具有一定亲属关系之人或其家长、家属声请诉讼参与。再者，被告倘为被害人之法定代理人、配偶、直系血亲、三亲等内之旁系血亲、二亲等内之姻亲或家长、家属，除被害人因无行为能力、限制行为能力、死亡或其他不得已之事由而不能声请诉讼参与外，其他具有前述亲属关系之人，如又碍于人情伦理上之考量，而未声请诉讼参与，对于被害人诉讼权益之保障即有未足，故明定相关政府机关、财团法人犯罪被害人保护协会得于前述情形声请诉讼参与，以资周全被害人诉讼参与制度，爰于第二项明定得声请诉讼参与之主体范围。至实务运作上，法院如何使相关机关、团体知悉，俾得声请诉讼参与，则委诸审判长斟酌个案情形，依职权行使其诉讼指挥权，附此叙明。

第三节　台湾地区刑事诉讼程序

一、侦查

在台湾地区，侦查机关以检察官为主，以司法警察官和司法警察为辅。

台湾地区“刑事诉讼法”第228条第1项规定：“检察官因告诉、告发、自首或其他情事知有犯罪嫌疑者，应即开始侦查。”司法警察官员获悉犯罪嫌疑的，除应报告检察官或上级司法警察官外，也可以径行必要的调查。

在侦查方法上可以分为任意侦查和强制侦查两种：任意侦查是不使用强制力或强制处分的侦查，不必有法律依据即可采用；强制侦查是使用强制力或强制处分的侦查，必须有法律明文规定才能采用。在侦查阶段，强制侦查权部分属于检察官，如拘提权；部分属于法官，如羁押权、搜索权、扣押权及鉴定留置权。在例外情况下，虽然未经检察官或法官下达强制处分命令，也可实施强制处分。例如，任何人都可以逮捕现行犯或准现行犯；紧急情况下，司法警察官员可以在未取得拘票的情况下紧急逮捕嫌犯；检察官在侦查中确有相当理由认为情况紧急必须迅速进行搜索的，可以进行紧急搜索；检察官、检察事务官、司法警察官或司法警察逮捕被告、犯罪嫌疑人或执行拘提、羁押时，虽然没有取得搜索票，但可以进行附带搜索。

被告或犯罪嫌疑人因为拘提或逮捕到场后，应对其即时进行讯问。在侦查中，经检察官讯问后，认为有羁押必要的，应从拘提或逮捕之时起 24 小时内，附具羁押理由向管辖法院声请羁押；如未声请羁押，则应立即将被告释放。如果认为符合法律规定情形而无声请羁押必要的，可以直接命令具保、责付或限制住居。2009 年，台湾地区“刑事诉讼法”专门就法院裁定是否讯问的时间作出修正，规定：受理羁押声请后，应即时进行讯问，如果至深夜仍未讯问完毕或深夜才受理声请，被告、辩护人以及被告辅佐人有权请求法院在翌日日间进行讯问。法院除非有正当理由，不能拒绝这一请求。而所谓的“深夜”是指 23 点至次日 8 点间。对于侦查羁押期限，台湾地区“刑事诉讼法”第 108 条规定：不得超过 2 个月。如有继续羁押必要，应当由检察官附具理由至迟在期间届满 5 日前声请法院裁定延长。侦查中的羁押延长不得超过 2 个月，以延长 1 次为限。

2014 年，台湾地区对“通讯保障及监察法”进行了修订，规定通讯监察书的核发采取“绝对法官保留”的原则，通讯记录的调取则采取“相对法官保留”的原则，一份通讯监察书仅能针对“一人”而非“一案”进行监听，而且原则上不容许另案监听。

实践中，司法警察官员承担了绝大多数案件的侦查工作。司法警察官员在证据搜集齐全并将犯罪嫌疑人拘捕及侦讯后移送检察官，再由检察官决定是否提起公诉。检察官如果认为司法警察官员移送的案件侦查不充分，可以将卷证发回并命令其补充侦查，或发交其他司法警察官员进行调查。

二、起诉

对于侦查终结的案件，检察官需要依法作出不起诉、缓起诉处分或提起公诉的决定。

如果案件存在以下情况，检察官应当作出绝对不起诉处分：（1）曾经判决确定；（2）时效已完成；（3）曾经大赦；（4）犯罪后的法律已废除其刑罚；（5）告诉或请求乃论罪，告诉或请求已撤回或已逾期告诉；（6）被告死亡；（7）法院对被告无审判权；（8）行为不可罚；（9）法律免除其刑罚；（10）犯罪嫌疑不足。对于最重法定刑为 3 年以下有期徒刑、拘役或专科罚金的案件等轻微犯罪，检察官有权斟酌个案情形，作出相对不起诉决定。学理上将这种不起诉称为“微罪不举”。

台湾地区“刑事诉讼法”设立了“缓起诉处分制度”，规定，对于被告犯死刑、无期或最轻法定刑为 3 年以上有期徒刑以外的罪行，检察官在参酌个案情形及公共利益的基础上可以作出缓起诉处分，对被告科以 1 年以上 3 年以下的缓起诉考验期，并要求被告在该期间遵守或履行以下事项：（1）向被害人道歉；（2）立悔过书；（3）向被害人支付相当数额的财产或非财产损害赔偿；（4）向公库或管辖检察署指定的公益团体、地方自治团体支付一定金额；（5）向管辖检察署指定政府机关、政府机构、行政法人、社区或其他符合公益目的的机构或团体提供 40 小时以上 240 小时以下的义务劳务；（6）完成戒瘾治疗、精神治疗、心理辅导或其他适当的处遇措施；（7）保护被害人安全的必要命令；（8）预防再犯的必要命令。被告在缓起诉期间故意犯有期徒刑以上犯罪并经检察官提起公诉的、缓起诉前因故意犯罪而在缓起诉期间内受有期徒刑以上刑罚宣告的，或者违背应当遵守或履行的事项的，检察官有权依职权或告诉人的声请撤销缓起诉处分。

检察官依据侦查所得的证据足以认为被告有犯罪嫌疑的，应当提起公诉。检察官在起诉时，应当向管辖法院提出起诉书，并将卷宗及证物一并送交法院。起诉书应当载明被告的姓名、性别、年龄、职业、住所或居所等个人信息，犯罪事实、证据及所犯法条。检察官在第一审辩论终结前，有权就与本案相牵连的犯罪或本罪的诬告罪追加起诉，也有权撤回起诉。

三、审判

（一）第一审程序

1. 普通审判程序。

法院在第一次审判期日之前的庭前准备程序中，可以传唤被告或其代理人并通知检察官、辩护人、辅佐人到庭，以进行下列事项：（1）确定起诉效力范围以及有无应当变更检察官所引法条的情形；（2）讯问被告对检察官起诉事实是否作认罪答辩，并决定是否适用简易审判程序；（3）整理案件及证据的重要争点；（4）提出有关证据能力的意见；（5）告知提出证据调查声请的事项；（6）确定证据调查的范围、次序及方法；（7）命令提出证物或可以作为证据的文书；（8）其他与审判有关的事项。法院如果预料证人不能在审判期日到场的，可以在审判期日前对证人进行询问。法院也有权在审判期日前命令进行鉴定、搜索、扣押及勘验。

在审判期日，应当传唤被告或其代理人，并通知检察官、辩护人和辅佐人到庭。除简易审判程序、简易程序及“刑事诉讼法”第376条第1、2款所列之罪外，第一审案件采用合议审判的方式。在审判程序中，具体程序如下：（1）朗读案由；（2）审判长就被告的基本情况进行人别讯问；（3）检察官陈述起诉要旨，审判长对被告进行权利告知；（4）进行证据调查，审判长在证据调查最后就被诉事实讯问被告，其后再进行有关科刑资料的调查；（5）在证据调查完毕后，依据检察官、被告、辩护人的顺序就事实和法律问题进行言词辩论，其后由当事人就科刑范围发表意见；（6）辩论终结后遇有必要情形，法院可命令再开辩论；（7）进行评议、宣判。

经过审理，如果不能证明被告犯罪或其行为具可罚性，法庭应作出无罪判决。在案件曾经判决确定、时效已经完成、曾经大赦，或者犯罪后的法律已废除被告刑罚的情形下，法庭应当作出免诉判决。对于起诉程序违背规定，已经公诉或自诉的案件在同一法院重新起诉，告诉或请求乃论罪未经告诉、请求，撤回或逾期告诉、请求，被告死亡或作为被告的法人已不存在等情况，法庭应当作出不受理判决。对于无管辖权的案件，法庭应当作出管辖错误判决并将案件移送管辖法院。法庭作出的判决书应当分别记载裁判主文及理由，其中有罪判决还需要记载犯罪事实。在合议审判的情况下，辩论终结之日起3星期内，应当进行判决的宣示。

2. 简式审判程序。

根据台湾地区“刑事诉讼法”第273—1条的规定，除被告犯死刑、无期徒刑、最轻法定刑为3年以上有期徒刑或高等法院管辖的第一审案件外，被告在审判期日前的庭前准备程序中先就被诉事实作有罪陈述时，审判长有权告知被告简式审判程序的要旨，并听取当事人代理人、被害人及辅佐人的意见后裁定进行简式审判程序。调查证据的程序由审判长便宜行事，有关证据调查的方法，证人、鉴定人诘问的方式等规定均不强制适用，也不适用传闻排除规则。简式审判程序可以合议审判，也可以由简易庭办理。简式审判程序的判决书可以简略方式作出。

3. 简易程序。

台湾地区“刑事诉讼法”在第七编专门对简易程序作出了规定。根据其第449条，第一审法院依被告在侦查中的自白或其他现存证据，认为足以认定其犯罪的，可以经检察官声请，不经过通常的审判程序而直接以简易判决处刑；在必要时，应在处刑前讯问被告。如果检察官没有提出声请而是依照通常程序起诉的，经被告自白犯罪，法院认为宜以简易判决处刑的，也有权不经过通常的审判程序而直接以简易判决处刑。在以简易判决处刑的情况下，所科之刑以宣告缓刑、得易科罚金或得易服社会劳动的有期徒刑及拘役、罚金为限。以简易判决处刑的案件可以由简易庭办理；对以简易判决处刑的案件，法庭应当立即处分，判决书可以以简略方式作出。对简易判决不服的，可以上诉至第二审地方法院合议庭，但依据第451—1条请求科刑判决的不得上诉。

4. 协商程序。

台湾地区“刑事诉讼法”规定了认罪协商程序。除被告犯死刑、无期徒刑、最轻法定刑为3年以上有期徒刑或高等法院管辖的第一审案件外，案件经检察官提起公诉或声请以简易判决处刑的，在第一审言词辩论终结前，或以简易判决处刑前，检察官可以在征询被害人意见后，径行或依被告或其代理人、辩护人的请求并经法院同意，就下列事项于审判外进行协商，经当事人双方合意且被告认罪的，由检察官声请法院改依协商程序作出判决：(1) 被告愿受科刑的范围或愿意接受缓刑的宣告；(2) 被告向被害人道歉；(3) 被告支付相当数额的赔偿金；(4) 被告向公库或指定公益团体、地方自治团体支付一定金额款项。法院应当在接受该声请后10日内讯问被告，并告知所认罪名、法定刑及所丧失的权利。被告有权在该项程序终结前撤销协商合意。被告未撤回协商合意，法院经审查认为符合法律规定的，依法作出协商判决。

(二) 第二审程序

当事人对下级法院的判决不服的，有权向上级法院提起上诉；被告的法定代理人或配偶有权为被告的利益独立上诉；自诉人在辩论终结后丧失行为能力或死亡的，可以由其法定代理人、直系血亲或配偶提起上诉；告诉人或被害人对下级法院判决不服的，有权在提出理由的情况下请求检察官上诉；检察官可以为被告的利益提起上诉，对自诉案件也可独立上诉；对于宣告死刑或无期徒刑的案件，原审法院应依职权送上一级法院审判并通知当事人。对判决的一部分提起上诉的，对判决的其余部分也视为已上诉。

上诉期间是自判决送达起10日内，判决宣示后送达前的上诉也有效力。上诉权人应当以上诉书状的形式向原审法院提起上诉；原审法院书记官将上诉状副本送达其他当事人。原审法院如果认为上诉不符合法律程序或法律上不应准许或上诉权已经丧失，应当以裁定的形式驳回上诉或令其补正法律程序。除驳回上诉的情形外，原审法院应当将案件卷宗、证物送交第二审法院。

除法律有特殊规定外，第二审程序准用第一审程序的规定。在二审中，审判长就原判决经上诉部分进行调查。经审理，二审法院如果认为上诉无理由，应当以判决驳回；认为上诉有理由或上诉虽无理由而原判决不当或违法，应当撤销原审判决经上诉部分并予以改判。如果原审判决有关管辖错误、免诉、不受理的判决不当的，二审法院应当将案件发回原审法院。

在二审程序中，适用“禁止不利益变更原则”：由被告上诉或为被告利益而上诉的，第二审法院不得作出重于原审判决的刑罚；但由于原审法院适用法条不当而撤销原判的，不在此限。

（三）第三审程序

认为高等法院第二审或第一审判决违背法令的，可以向“最高法院”提起上诉，称为“上告”。但对于最重法定刑为3年以下有期徒刑、拘役或专科罚金的犯罪，以及“刑法”规定的盗窃罪、侵占罪、背信罪、恐吓罪、贼赃罪，不得上诉于第三审法院。

在第三审程序中，不适用强制辩护的规定，也不实行言词辩论原则，除非法院认为有必要进行言词辩论。除法律规定第三审法院依职权可以调查的事项外，第三审案件的调查范围限于上诉理由所指摘的事项，并原则上以第二审判决确认的事实作为第三审判决的事实基础。经第三审审理后，法院认为上诉不合法的，应以判决驳回上诉；认为上诉无理由的，也应以判决驳回；认为上诉有理由，应撤销原审判决中经上诉的部分，并依法予以改判或发回原审法院或第一审法院。

（四）抗告与准抗告

在法律规定的情况下，当事人、证人、鉴定人、通译或其他非当事人，不服法院裁定的，有权向上级法院提出抗告。抗告一般应当在裁定送达后5日内提出。抗告人应当提出抗告书状、叙述理由，并向原审法院提出。抗告不停止执行裁判，但原审法院可以以裁定停止其效力。法院经审理后，认为抗告无理由的，以裁定驳回；认为抗告有理由的，撤销原裁定，并在必要时自作裁定。除法律规定的特殊情形外，对于抗告法院作出裁定后，不得再提起抗告。

对于审判长、受命法官、受托法官或检察官有关羁押、具保、责付、限制住居、搜索、扣押或扣押物发还等处分，以及对证人、鉴定人或通译科以罚金等处分不服的，受处分人有权向所属法院声请撤销或变更，称为“准抗告”。

（五）再审

有罪判决确定后，为受判决人的利益，在以下情形下可以提起再审：（1）原判决所依据的证物已经被证明是伪造或变造的；（2）原判决所依据的证言、鉴定或通译已被证明是虚伪的；（3）受有罪判决的人，已经被证明是被诬告的；（4）原判决所依据的通常法院或特别法院的裁判依据确定变更的；（5）参与原判决或前审判决或判决前调查的法官，或参与侦查或起诉的检察官，或参与调查犯罪的检察事务官、司法警察官或司法警察，因该案件犯职务上之罪已经证明的，或因该案件违法失职已受惩戒处分，足以影响原判决的；（6）因发现新事实或新证据[①]，单独或与先前的证据综合判断，足以认定受有罪判决的人应受无罪、免诉、免刑或轻于原判决所认之罪名的判决的。除此之外，对于不能上诉于第三审法院的案件，如第二审法院作出的有罪判决遗漏了足以影响判决的重要证据遗漏，也可以为受判决人的利益提起再审。管辖法院的检察官、受判决人、受判决人的法定代理人或配偶，受判决人死亡后其配偶、直系血亲、三亲等内的旁系血亲、二亲等内的旁系姻亲或家长、家属，有权声请再审。

在上述为受判决人利益提起再审的第一、二、四、五种情形下，也可以提起对受判决人不利的再审声请。同时，在判决无罪或轻于应判刑罚的情况下，基于诉讼中或诉讼外的

---

① 是指判决确定前已存在或成立而未及调查斟酌的，以及判决确定后才存在或成立的事实、证据。

自白或者发现了确实的新证据，足以认定有应受有罪或重刑判决的犯罪事实的，或者在受免诉或不受理判决的情况下，基于诉讼中或诉讼外的自白或者发现了确实的新证据，足以认定无免诉或不受理原因的，也可以提起对受判决人不利的再审声请。管辖法院的检察官及自诉人，可以为受判决人不利益声请再审。

为受判决人的利益提起再审原则上没有时间限制，对受判决人不利的再审声请在判决确定后，经过犯罪追诉时效期间的 1/2 的，不得提起。声请再审没有停止刑罚执行的效力，但管辖法院的检察官在再审裁定前有权命令停止执行。

再审法院经审查后，认为无再审理由的或者声请再审程序违背规定的，裁定驳回；认为有再审理由的，应作出开始再审的裁定。在再审开始后，法院依照原审级的通常程序进行审判。再审程序同样适用“禁止不利益变更原则”，即对于为受判决人利益声请再审的案件，法院作出的有罪判决不得重于原判决。

【问题与思考】

1. 谈谈台湾地区刑事诉讼程序具有何种特点。
2. 如何理解大陆与台湾地区检警关系的异同?
3. 谈谈你对台湾地区刑事诉讼中的协商程序的认识。
4. 如何理解台湾地区刑事诉讼的当事人主义化?

【推荐参考论著】

1. 张丽卿．两岸刑事诉讼法之比较研究．东海大学法学研究，2002 (17).
2. 林纪东，等．新编基本六法全书．台北：五南图书出版公司，2005.
3. 黄东熊，吴景芳．刑事诉讼法论．修订 6 版．台北：三民书局，2004.
4. 蔡墩铭．两岸比较刑事诉讼法．台北：五南图书出版公司，1996.

第六编

联合国刑事司法准则

第三十六章
《公民权利和政治权利国际公约》

内容导读

《公民权利和政治权利国际公约》作为国际人权法领域最重要的公约之一，其相当一部分内容是关于刑事司法的。公约条文涉及了刑事司法的原则、公民在刑事诉讼中享有的基本权利以及对公民享有基本权利的保障机制等，这些内容构成了有关刑事诉讼的基本国际准则。我国刑事诉讼立法和司法面临着如何与公约所确立的国际刑事司法准则相协调，参照国际刑事司法准则推进我国刑事诉讼制度的改革与完善的问题。

《公民权利和政治权利国际公约》(International Covenant on Civil and Political Rights) 是联合国制定的国际人权宪章的一个重要组成部分。公约由联合国大会于 1966 年 12 月 16 日通过。该公约于 1976 年 3 月 23 日生效。截至 2019 年 7 月，共 173 个国家加入公约。

第一节 《公民权利和政治权利国际公约》概述

一、公约制定背景

20 世纪前半叶，人类经历了两次世界大战，战争中出现了对人类自由和基本人权粗暴践踏的现象。制定国际性文件对人权加以保护的思想，正是战争结束后人们对战争中侵犯人权现象反思的产物。战争中人类显示的野蛮和残暴使人们深信只有在国际范围内普遍承认、尊重和保护人权，才能维护国际和平与安全，也使得人权的国际保护成为战后世界各国普遍关注的问题。

第二次世界大战结束后，联合国成立，并制定了《联合国宪章》。为了保证人类的尊严和自由不再遭受践踏，保护各国人民的基本权利不受侵扰，根据《联合国宪章》的精神，联合国自成立以来，制定了一系列关于人权的文件，其中最重要的是 1948 年制定的《世界人权宣言》、1966年制定的《经济、社会及文化权利国际公约》和《公民权利和政治权利国际公约》。这三个法律文件和《公民权利和政治权利国际公约任择议定书》被统称为“国际人权宪章”。《公民权利和政治权利国际公约》的制定是不同国家、不同价值传统、不同政治力量在人权问题上相互斗争、相互妥协的结果，也体现了各个国家在人权问题上所达成的共识，这种共识是国际社会在人权领域进行合作的基础。

《公民权利和政治权利国际公约》的制定是国际人权发展史上重要的一步，它第一次以国际条约的形式将人权的内容规定下来，从而使对人权的国际保护正式进入国际法的框架内。《公民权利和政治权利国际公约》和《经济、社会及文化权利国际公约》第一次明确地将人权确定为一个完整的权利体系，要求各缔约国从整体上实施对人权的保护。《公民权利和政治权利国际公约》生效四十多年来，国际社会在促进与保障人权方面有了很大发展，公约的作用与影响越来越大。

二、公约制定宗旨及基本结构

《公民权利和政治权利国际公约》制定的宗旨集中体现于其前文中，根据该前文，公约的制定宗旨包括以下三个方面：第一，促进对人权的尊重与保障。前文规定：按照联合国宪章所宣布的原则，对人类家庭所有成员的固有尊严及其平等的和不移的权利的承认，乃是世界自由、正义与和平的基础；确认这些权利是源于人身的固有尊严。第二，保证权利的完整性。前文规定，按照世界人权宣言，只有在创造了使人人可以享有其公民和政治权利，正如享有其经济、社会和文化权利一样的条件的情况下，才能实现自由人类享有公民及政治自由和免于恐惧和匮乏的自由的理想。第三，国家和公民个人负有促进和尊重人权的义务。该前文规定，考虑到各国根据联合国宪章负有义务促进对人的权利和自由的普遍尊重和遵行，认识到个人对其他个人和对他所属的社会负有义务，应为促进和遵行该公约所承认的权利而努力。

除前文外，公约共包括6部分53条内容，分别是：第一部分，确立了人民享有自决权；第二部分，确定了缔约国有责任保证其领土内和其管辖的一切个人享有公约所承认的权利，并在这些权利受到侵害时，国家保证受害人得到补救；第三部分，确立了个人的各种公民权利和政治权利，包括生命权、不受酷刑权、不受奴役权、人身自由权、自由迁徙权、法律面前人人平等权、个人在面临刑事指控时所享有的权利、私生活不受侵犯权、不受歧视权；第四部分，确立了保证公约执行的专门机构——人权事务委员会的组织机构、权限和职能；第五部分，确立了不因公约而妨碍其他部门的责任和妨碍人民利用天然财富的权利；第六部分，确立了公约的批准、生效及执行。

《公民权利和政治权利国际公约》是联合国制定的最重要的人权文件之一。它比《世界人权宣言》更为具体地描述了个人的各种权利，更为强烈地表述了国家尊重和保证人权得以实现的义务；它还为人权的监测提供了可行的方式。

第二节 《公民权利和政治权利国际公约》有关刑事程序的规定

《公民权利和政治权利国际公约》对刑事司法方面的规定非常详细，在有关权利部分的

27条内容中，有10条以上涉及刑事司法的内容。公约的这部分内容成为刑事司法国际准则的重要组成部分，公约本身也成为迄今为止最集中和全面规定刑事司法准则的国际文书。

一、关于刑事司法原则

（一）诉讼权利平等原则

《公民权利和政治权利国际公约》第14条第1款第一句规定，所有的人在法庭和裁判所前一律平等。这一规定确定了诉讼中诉讼权利平等原则。

平等是一项重要的法律价值，该原则意味着法律平等地施与每一个人，从而使他们能够得到公平对待，包括平等对待诉讼当事人。根据该原则，第一，人人都有平等地诉诸法庭的权利。在诉诸法庭的权利方面，《公民权利和政治权利国际公约》禁止基于种族、肤色、性别、语言、宗教、政治或其他见解、国籍或社会出身、财产、出生或其他身份等任何区别的歧视。人人有权平等地诉诸法庭，包含着人人都可能实际利用法庭的权利。第二，人人在法庭前都不应当有不正当的特权。要实现司法公正，就要禁止一切歧视和特权，不允许将有些人置于低人一等的地位或让有些人享有特权。第三，人人在法庭前诉讼权利、诉讼地位平等。诉讼双方在法庭上地位平等，有权从法庭获得相同信息，有相同的机会在法庭上陈述自己的意见，能够在法庭上平等抗衡。只有这样才能实现司法公正。

（二）审判独立、公正、公开原则

《公民权利和政治权利国际公约》第14条第1款第二句规定，在判定对任何人提出的任何刑事指控或确定他在一件诉讼案中的权利和义务时，人人有资格由一个依法设立的合格的、独立的和无偏倚的法庭进行公正的和公开的审讯。这一规定确立了诉讼中的审判独立、公正和公开原则。

审判独立包含两项具体的含义：一是审判权独立，即审判权力在国家诸权力的关系中保持独立，不受其他权力的干涉；二是法官的独立，即法官独立处理自己承办的案件，不受外来因素干涉。独立的法庭，必然要求排除其他国家机关、政党、行业力量、社会团体的干扰，也不能受媒体的影响。审判独立的核心在于法官在进行审理活动和制作司法裁判方面拥有独立性和自主性，除服从宪法和法律规定外，不受外界任何组织或个人的干预。

审判公正要求法庭应不偏不倚、以事实为根据并依法律规定来裁决其所受理的案件，而不应有任何约束，也不应为任何直接或间接不当影响所左右。法庭或法官不能有倾向性，不能偏向任何诉讼当事人。法院不得自己提起诉讼，也不得拒绝受理应当受理的诉讼。在诉讼中，法庭不能站在诉讼一方的立场上行事。审判公正原则需要具体程序机制加以保障。联合国人权事务委员会认为，公约第14条确立的审判公正原则应被解释为在审判过程中应坚持的一些条件，包括“平等武装”，对抗式诉讼程序，防止依职权对判决作不利于被告人的变更和快捷的程序。①

审判公开要求处于中立地位的法官公开地对案件进行审理，并公开地宣布裁判。公开审判是一般原则。《公民权利和政治权利国际公约》第14条第1款第三句中规定，由于民主社会中的道德的、公共秩序的或国家安全的理由，或当诉讼当事人的私生活的利益有此需要时，或在特殊情况下法庭认为公开审判会损害司法利益因而严格需要的限度下，可不

---

① Yves Morael v. France，Communication No. 207/1986.

使记者和公众出席全部或部分审判。这些限定为公开审判的例外。公开审判要求审判采取直接言词原则，而且无论是否公开审判，判决都应当予以公开。

（三）无罪推定原则

《公民权利和政治权利国际公约》第14条第2款规定，凡受刑事控告者，在未依法证实有罪之前，应有权被视为无罪。这一款确定了刑事诉讼中的无罪推定原则。

无罪推定原则是现代刑事司法的基石，是国际刑事司法公认的一项基本原则，也是衡量一国刑事司法文明的标志性要求之一。一般认为，无罪推定是一种法律拟制，即作为法律拟制的"无罪推定"，其含义是指任何人在经法律规定的程序被判决确定有罪以前，均应被视为无罪的人，享有与之相应的诉讼权利。并且只有经过合法、正当的程序并由司法机关作出有罪判决以后，才能对其定罪。无罪推定原则包含以下内容：（1）控方承担被告人有罪的举证责任并且在证据有疑问时作出有利于被告人的结论；（2）排除对指控的所有合理怀疑后方可认定被告人有罪；（3）所有公共当局有义务不预断审判结果。该原则的意义在于维护判决的严肃性和法律的权威性，核心在于保障刑事被追诉人的权利。

（四）一事不再理原则

《公民权利和政治权利国际公约》第14条第7款规定，任何人已依一国的法律及刑事程序被最后定罪或宣告无罪者，不得就同一罪名再予审判或惩罚。这一款确立了刑事诉讼中的一事不再理原则。

一事不再理原则是指，一个案件经法院审判后，除法律另有规定以外，当事人不得再行起诉，法院不得再行处理。一事不再理原则实体法上的意义在于维护法院判决的既判力，程序法上的意义在于避免对被告人重复追诉和审判。一事不再理原则有助于维护秩序的稳定和社会及法律的安宁。一事不再理原则也有助于维护程序的正当性，经过公正程序得来的程序结果应当得到维护，如果结果可以任意变更，公正的程序过程也就变得没有意义。一事不再理原则还有助于维护刑事被追诉人的权利，避免对刑事被追诉人重复追诉。公约的表述是"不得就同一罪名再予审判或科刑"。这项原则的意思是，同一国家或者同一主权下的法院，不得对同一案件的同一被告人再次进行追诉或惩罚。显然，如果一项罪行触犯了数个国家的法律，在这些国家都有管辖权的情况下，一个国家对该人的罪行进行了审判或者科刑，不妨碍在另一国家再次对该罪行进行审判或科刑。

（五）诉讼及时原则

《公民权利和政治权利国际公约》第9条第4款规定，任何因逮捕或拘禁被剥夺自由的人，有资格向法庭提起诉讼，以便法庭能不拖延地决定拘禁他是否合法以及如果拘禁不合法时命令予以释放。第14条第3款寅项规定，受刑事指控者受审时间不被无故拖延。这两条规定确定了诉讼及时原则。

诉讼及时原则，是指根据法定规则和程序在法定期限内或者在无不合理拖延的情况下进行诉讼。诉讼及时原则既是一项诉讼活动原则，也是犯罪嫌疑人、被告人享有的一项诉讼权利。从诉讼活动角度看，诉讼活动，尤其是刑事侦查、起诉活动，进行得越迅速，越有利于收集到有力证据，查明案件事实，查获犯罪嫌疑人，进而对犯罪嫌疑人迅速起诉，迅速审判，使犯罪人及时受到惩处。因而，刑事诉讼贯彻诉讼及时原则有利于及时打击和惩治犯罪行为。从权利保护角度看，诉讼及时原则有利于防止犯罪嫌疑人、被告人在尚未被定罪的情况下受到长期羁押或者长期处于受追诉状态，缩短犯罪嫌疑人、被告人必须忍受审判开始前的焦虑和公众注意时间，将由于拖延而给刑事犯罪嫌疑人、被告人的合法权益所造成的损失降至最低限度。公约明显强调的是对刑事被追诉人权利的保护。

二、关于刑事司法中公民享有的权利

(一) 生命程序保障权

《公民权利和政治权利国际公约》第 6 条第 1 款规定：人人有固有的生命权；这个权利应受法律保护；不得任意剥夺任何人的生命。第 2 款规定，(死刑) 这种刑罚，非经合格法庭最后判决，不得执行。第 4 款规定，任何被判处死刑的人应有权要求赦免或减刑；对一切判处死刑的案件均得给予大赦、特赦或减刑。这一条确定了公民的生命权及其程序保障。

生命权被视为首要的人权而加以规定，是因为生命权是生存权的最基本条件，也是其他权利的基础。生命权是一个人活在世上而不受非法剥夺生命的权利，它无疑是一个人最重要的权利。因此，法律对于生命权应给予切实有效的程序保障。该条一方面明确了生命权是人人所固有的权利，强调了生命权的与生俱来性；另一方面强调了对生命权进行法律保护的必要性，死刑应当受到严格限制，严禁任意剥夺人的生命。国家对生命权的保护负有两项义务：一是积极义务，要求国家通过法律保护生命权；二是消极义务，即不得任意剥夺任何人的生命。

(二) 人道待遇和不受酷刑权

《公民权利和政治权利国际公约》第 7 条规定，任何人均不得加以酷刑或施以残忍的、不人道的或侮辱性的待遇或刑罚。特别是对任何人均不得未经其自由同意而施以医药或科学实验。第 10 条规定，(对) 所有被剥夺自由的人应给予人道或尊重人格尊严的待遇；除特殊情况外，被控告的人应与被判刑的人隔离开，并给予适合于 (被) 判罪者身份的分别待遇；被控告的少年应与成年人分隔开，并应尽速予以判决。这两条确定了刑事诉讼中当事人享有人道待遇和不受酷刑权。

禁止酷刑在刑事诉讼中的意义主要是禁止为了取得证据而对犯罪嫌疑人、被告人进行刑讯逼供的行为。针对酷刑问题，联合国专门制定了《禁止酷刑和其他残忍、不人道或有辱人格的待遇或处罚公约》。该公约把酷刑定义为，为了向某人或第三者取得情报或供状，为了他或第三者所作或涉嫌的行为对他加以处罚，或为了恐吓或威胁他或第三者，或为了基于任何一种歧视的理由，蓄意使某人在肉体或精神上遭受剧烈疼痛或痛苦的任何行为，而这种疼痛或痛苦是由公职人员或以官方身份行使职权的其他人所造成的或在其唆使、同意或默许下造成的。在刑事诉讼活动中，国家权力的运作如果没有有效的制约并遵循具有实质合理性的程序，该权力很容易被滥用而成为一项专横的权力，表现之一就是滥施酷刑或其他残忍、不人道或有辱人格的待遇或处罚。该行为不仅是对该公约所昭示的对人的价值和人格尊严予以尊重的基本精神的违背，对公民个人的生命权、健康权等合法权利也产生了极大威胁或者实际的损害，而且在刑事诉讼中极大地妨碍了发现案件真实情况目的的实现，因此应当坚决予以制止。

(三) 自由和安全权

《公民权利和政治权利国际公约》第 9 条第 1 款规定，人人有权享有人身自由和安全。任何人不得加以任意逮捕或拘禁。除非依照法律所确定的根据和程序，任何人不得被剥夺自由。此款规定了保护个人免于任意的、非法的和不合理的逮捕，以及为被剥夺自由的人提供程序保障。

人身自由即举止行动自由。每一位公民都应该享有自由和安全，人身自由和安全的保障是行使其他权利的前提。人身自由权是一种相对的权利，公约所强调的并非禁止一切剥夺自由的行为而是反对和禁止“任意”剥夺自由的行为。国家固然拥有为制止和追究犯罪而实施限制人身自由的措施的权力，但是这种权力的行使必须依照法律所确定的根据和程序进行，不能具有随意性。在追诉犯罪过程中，公民的自由和安全权利成为限制任意侦查、任意采取强制措施、任意限制人身自由最重要的屏障。

（四）知情权

《公民权利和政治权利国际公约》第9条第2款规定，任何被逮捕的人，在被逮捕时应被告知逮捕他的理由，并应被迅速告知对他提出的任何指控。第14条第3款子项规定，（应）迅速以一种他懂得的语言详细地告知对他提出的指控的性质和原因。

知情权是指公民依法享有的知悉、获取、了解与法律赋予该主体权利相关的各种信息的自由和权利。知情权又可分为广义的知情权和狭义的知情权。广义的知情权是针对所有公民而言，凡对国家刑事司法活动有兴趣的人都有权了解案件处理的信息。狭义的知情权则是针对某一特定人而言的，指在某一具体案件中，特定的案件当事人为了自身的利益，有向行使公共权力的机关要求了解与本人有关的案件资料和其他有关信息的自由和权利。刑事诉讼中的知情权，是后一种意义上的。在逮捕犯罪嫌疑人时，执法机关应当告知犯罪嫌疑人被指控的犯罪的罪名、性质和理由。赋予犯罪嫌疑人充分的知情权，主要是为了确保其在诉讼中能够充分、有效地做好防御的准备。

（五）不受强迫自证其罪的权利

《公民权利和政治权利国际公约》第14条第3款午项规定，（任何受刑事指控的人）不被强迫作不利于他自己的证言或强迫承认犯罪。这一规定确定了刑事诉讼中犯罪嫌疑人、被告人不受强迫自证其罪的权利。

不受强迫自证其罪，是指犯罪嫌疑人、被告人在刑事诉讼中有权自愿或自主地进行陈述，反对国家机关用刑讯逼供或其他非法的方法获取犯罪嫌疑人、被告人的口供和其他证据。不受强迫自证其罪有两层含义：一是不得以暴力、威胁、利诱和其他方法迫使犯罪嫌疑人自认有罪，二是犯罪嫌疑人、被告人享有沉默权，即拒绝陈述权。

不受强迫自证其罪的权利体现了对公民个人人格和每个人有权过自己生活的尊重，它也为人们在面对刑事指控时提供了一种自由选择。这种权利强调人的自主选择性。犯罪嫌疑人、被告人作为具有人格尊严、独立、自治的主体，享有人身和意志自由免受各种强制的权利。对于国家机关而言，它负有不采用任何强制手段收集犯罪嫌疑人、被告人口供的义务；对于犯罪嫌疑人、被告人而言，他有权保持沉默以对抗侦控机关的追诉行为。

（六）辩护和获得法律援助权

《公民权利和政治权利国际公约》第14条第3款丑项规定，（受刑事指控者）有相当时间和便利准备他的辩护并与他自己选择的律师联络。该款卯项规定，（受刑事指控者有权）出席受审并亲自替自己辩护或经由他自己所选择的法律援助进行辩护；如果他没有法律援助，要通知他享有这种权利；在司法利益有此需要的案件中，为他指定法律援助，而在他没有足够能力偿付法律援助的案件中，不要他自己付费。

辩护权，即法律赋予犯罪嫌疑人、被告人针对指控进行辩解，以维护自己合法权益的一种诉讼权利。这是犯罪嫌疑人、被告人所享有的诉讼权利的核心。在刑事诉讼中，犯罪嫌疑人、被告人有权被告知享有辩护权，并且有权自行辩护和选任律师协助辩护；辩护应当是有效的；当无力聘请律师辩护而案件又符合法律援助条件时，他有权获得由国家提供的免费法律帮助。

犯罪嫌疑人、被告人是刑事诉讼中权利容易受到侵害的群体，现代刑事法治特别强调犯罪嫌疑人、被告人在刑事审判中的参与和有效防御。公约明确犯罪嫌疑人、被告人获得有效辩护和法律援助的权利，为处于弱势的犯罪嫌疑人、被告人提供了参与诉讼和有效防御的现实保障。犯罪嫌疑人、被告人享有辩护权以及获得法律援助权也是实现公正司法的前提和保障之一。及时有效的法律帮助，不仅要求及时告知犯罪嫌疑人、被告人有权获得法律帮助，而且要求主管当局切实保障其法律帮助权利的实现。

（七）复审权

《公民权利和政治权利国际公约》第 14 条第 5 款规定，凡被判定有罪者，应有权由一个较高级法庭对其定罪及刑罚依法进行复审。这一规定确定了刑事案件中被定罪人享有的上诉权或者复审权。

根据该条规定，当一个人被判定有罪时，他就享有要求复审权，请求上级法院就下级法院的定罪量刑裁决进行审查。复审法院在处理诉讼案件时，应当遵循公约有关公正和公开审判的规定。现代各国普遍赋予被告人上诉权，并设有审级不同的上诉程序，有的国家实行两审终审制，有的国家实行三审终审制。复审权是被告人享有的一项救济性权利，通过复审被告人可以获得对自己有利的裁决。同时，复审制度增加诉讼审查环节，有助于保证刑事裁决的准确性、公正性，避免裁决发生错误。

（八）获得赔偿权

《公民权利和政治权利国际公约》第 14 条第 6 款规定，在一人按照最后决定已被判定犯刑事罪而其后根据新的或新发现的事实确实表明发生误审，他的定罪被推翻或被赦免的情况下，因这种定罪而受刑罚的人应依法得到赔偿，除非经证明当时不知道的事实的未被及时揭露完全是或部分是由于他自己的缘故。这一规定确定了被告人因刑事案件被误判有取得赔偿的权利。

根据该条规定，被告人取得刑事赔偿应当符合一系列条件：（1）被告人被终审定罪，后发现是误判。（2）推翻原判决或赦免的根据是有新的证据或新发现的证据证明原审是误判。（3）被定罪者对误判没有过错。假如新发现的证据证明了误判，但当初不能发现这样的证据是由于被定罪者的原因，则被定罪者无权获得赔偿。

被告人获得赔偿权不限于被误判。根据《公民权利和政治权利国际公约》第 9 条第 5 款的规定，任何遭受非法逮捕或拘禁的受害者有得到赔偿的权利。因而遭受非法逮捕或拘禁的犯罪嫌疑人也有权获得国家赔偿。

（九）对未成年人诉讼权利的特殊保护

《公民权利和政治权利国际公约》第 10 条第 2 款丑项规定，被控告的少年应与成年人分隔开，并应尽速予以判决。第 14 条第 4 款规定，对少年的案件，在程序上应考虑到他们的年龄和帮助他们重新做人的需要。

未成年人处于成长发育阶段，身体和心智发育尚未成熟，可塑性强，故对于未成年人犯罪案件，不但在实体法的定罪量刑上与成年人犯罪案件有所不同，在诉讼程序上也要与成年人区别对待，建立适应未成年人特点的特殊程序。公约强调被控告的少年应与成年人分别关押，以免其受成年人的不良影响。各国也纷纷规定了对未成年人犯罪案件的特殊保障程序，例如不公开审理，父母或监护人在场等。

三、关于刑事司法中对公民权利的保障机制

《公民权利和政治权利国际公约》除了规定刑事司法的基本原则和公民享有的基本权利，还规定了公民权利的保障制度，即公约规定和设计了相应的机制，来保证公民的权利不受侵害，以及在权利受到侵害时，为权利受到侵害的公民提供了有效的法律补救措施、方法，因为没有救济就没有权利，没有救济的权利就不成为权利。就刑事司法而言，《公民权利和政治权利国际公约》从国内范围和国际范围两个层面确立了公民权利的保障机制。

（一）国内保障机制

（1）《公民权利和政治权利国际公约》第2条第3款规定，公约每一缔约国承担下列义务：保证任何一个被侵犯了公约所承认的权利或自由的人，能得到有效的补救，尽管此种侵犯是以官方资格行事的人所为；保证任何要求此种补救的人能由合格的司法、行政或立法当局或由国家法律制度规定的任何其他合格当局断定其在这方面的权利，并发展司法补救的可能性；保证合格当局在准予此等补救时，确能付诸实施。这是对缔约国国内权利保障的总体性要求。

司法补救是指由国家承担通过司法途径给予其为公约所承认的权利或自由受到侵害的人有效补救的义务。权利的保障既包含对事先可能产生的侵害活动的预防，也包含对已经造成侵害后果的事实状态的补救，只有这样，才能使权利保障系统具有完整性，使权利或者自由受到侵害的受害者的损失得到适当的弥补。

（2）《公民权利和政治权利国际公约》第9条第4款规定，任何因逮捕或拘禁被剥夺自由的人，有资格向法庭提起诉讼，以便法庭能不拖延地决定拘禁他是否合法以及如果拘禁不合法时命令予以释放。这一规定确定了对公民进行逮捕或羁押的司法审查制度。

司法审查一般由事前司法审查和事后司法审查共同构成。前者主要体现在法官对逮捕等强制措施的审查决定，如签发逮捕令；后者则体现在逮捕等强制措施实施之后基于当事人的申请启动的审查活动，实质上是一种司法救济。这里的司法审查是指通过法官对侦查机关对公民实施逮捕或羁押强制措施的行为进行审查，制约侦查权的行使，防止侦查权滥用；同时，为被采取逮捕或羁押措施的公民提供救济。司法审查强调在事后为被逮捕或羁押的公民提供畅通的司法救济途径，为避免侵害个人权利提供程序上的保障。

（3）《公民权利和政治权利国际公约》第14条第5款规定，凡被判定有罪者，应有权由一个较高级法庭对其定罪及刑罚依法进行复审。这一规定确定了刑事司法中的复审制度。

审级制度是保证裁决的正确，纠正错误裁决的诉讼机制。追究犯罪是一项复杂的工作，因主、客观原因，错误裁判在所难免。设立多级复审制度，可以使被判定有罪者获得由较高级法庭进行复审的机会，有利于上级法院对下级法院作出的判决进行审查，切实纠正错误判决，以维护被判决有罪者的合法权利。

（4）《公民权利和政治权利国际公约》第9条第5款规定，任何遭受非法逮捕或拘禁的受害者，有得到赔偿的权利。第14条第6款规定，在一人按照最后决定已被判定犯刑事罪而其后根据新的或新发现的事实确实表明发生误审，他的定罪被推翻或被赦免的情况下，因这种定罪而受刑罚的人应依法得到赔偿，除非经证明当时不知道的事实的未被及时揭露完全是或部分是由于他自己的缘故。这两款规定确定了刑事司法中的刑事赔偿制度。

刑事赔偿是对刑事活动中国家机关的职权行为造成不良后果的补救，也表明国家对不

公正司法行为从法律上的否定性评价。对权利被侵害人来说，是对他的一种事后救济。在刑事诉讼中，虽然可以通过其他救济途径使权利被侵害人的权利得到恢复，例如从被监禁状态得到释放，恢复人身自由；被扣押的财产返还，财产权得到恢复。但是，因国家机关的刑事司法行为，刑事被追诉人在诉讼过程中所遭受的损失并没有获得补偿，因而刑事赔偿成为救济刑事被追诉人权利的另一种途径。

（二）国际保障机制

人权的国际保障是指国家和国际组织根据国际人权条约或国际习惯法，承担特定的或普遍的国际人权义务，对实现基本人权的某些方面进行合作与保证，并对违反国际人权义务、侵犯人权的行为加以防止和惩治，以补救受到侵害的公民权利。《公民权利和政治权利国际公约》确定的公民权利保障机制具有多元性特点，包括（1）报告程序，即缔约国于一定时间向人权事务委员会报告为实施公约规定的权利采取的措施及权利享有的进展状况；（2）国家间指控程序，即缔约国向人权事务委员会指控另一国违反公约义务；（3）个人申诉程序，即缔约国国内的个人认为该缔约国侵害了其享有的公约规定的权利，可以向人权事务委员会进行申诉，以寻求救济。

公民权利国际保障机制和刑事司法联系最紧密的就是个人申诉程序。这方面的内容规定在 1966 年 12 月 16 日通过的《公民权利和政治权利国际公约任择议定书》中，该议定书第 1 条第一句规定，成为本议定书缔约国的公约缔约国承认委员会有权接受并审查该国管辖下的个人声称为该缔约国侵害公约所载任何权利的受害人的来文。第 2 条规定，凡声称其在公约规定下的任何权利遭受侵害的人，如对可以运用的国内补救办法，悉已援用无遗，得向委员会书面提出申请，由委员会审查。人权事务委员会有权受理个人声称公约规定的权利遭受侵害的申诉，但要基于《公民权利和政治权利国际公约》缔约国同时批准该任意议定书，并且必须是在确认用尽国内救济办法以后才能受理个人来文。在刑事司法中，是由司法机关代表国家对犯罪行使追诉权，国家权力与公民权利相比较处于优势地位，在刑事司法过程中容易发生国家权力侵害公民合法权利的现象。如果公民认为自己所享有的公约所规定的权利受到国家机关侵害，在用尽以上所述国内救济途径后，可以启动申诉程序，以寻求国际保护。可以说，公民权利的国际保护是公民权利国内保护的继续。

第三节 《公民权利和政治权利国际公约》与我国刑事诉讼

我国政府于 1998 年 10 月 5 日签署了《公民权利和政治权利国际公约》，目前正积极准备条件以正式批准和实施这一国际人权公约。国际公约确立的人权要真正落实到个人身上，需要国家进行有效的转换。国家对国际人权公约的批准是一种转换，国家对人权内容的具体落实更是一种必要的转换。

加入一系列国际人权公约，对我国现行法治，尤其是刑事诉讼体制及其运作机制，产生了重要影响。我国于 1996 年和 1997 年先后对《刑事诉讼法》《刑法》作了重大修改，2012 年对《刑事诉讼法》进行第二次修改，将联合国刑事司法准则中的一些基本的、重要的法律原则确立在我国刑事法律中。第十届全国人民代表大会第二次会议通过的《宪法修正案》写进了“国家尊重和保障人权”条款，2012年修改的《刑事诉讼法》同样写进了“尊重和保障人权”条款，这表明人权保障已成为我国刑事诉讼的基本指导原则。2018年对《刑事诉讼法》进行第三次修改，联合国刑事司法准则的内容得到进一步落实和体现。刑事法的修改和完善增强了我国刑事立法和刑事司法的民主性、科学性，加强了诉讼中的人权保障，大大推动了我国的法治进程。

《公民权利和政治权利国际公约》的主要内容已在我国《刑事诉讼法》中得到了反映。例如，关于诉讼权利平等原则，我国《刑事诉讼法》第6条第二款规定，对于一切公民，在适用法律上一律平等，在法律面前，不允许有任何特权。关于审判独立、公正、公开原则，《刑事诉讼法》第5条规定，人民法院依照法律规定独立行使审判权，人民检察院依照法律规定独立行使检察权，不受行政机关、社会团体和个人的干涉；同时，第11条规定，人民法院审判案件，除该法另有规定的以外，一律公开进行。关于获得辩护和法律援助权，我国《刑事诉讼法》第34、35、36条规定，犯罪嫌疑人、被告人有权委托辩护、获得指派法律援助辩护和获得值班律师帮助。关于死刑程序保障权，我国《刑事诉讼法》规定死刑案件由最高人民法院行使核准权，并设置了专门的死刑复核程序，体现了我国对死刑适用的慎重。关于人道待遇和不受酷刑权，《刑事诉讼法》第52条第二款规定，严禁刑讯逼供和以威胁、引诱、欺骗以及其他非法方法收集证据，不得强迫任何人证实自己有罪。第56条规定：采用刑讯逼供等非法方法收集的犯罪嫌疑人、被告人供述和采用暴力、威胁等非法方法收集的证人证言、被害人陈述，应当予以排除。收集物证、书证不符合法定程序，可能严重影响司法公正的，应当予以补正或者作出合理解释；不能补正或者作出合理解释的，对该证据应当予以排除。这两条确立了我国非法证据排除规则。关于复审制度，我国实行两审终审制。《刑事诉讼法》第227条规定，被告人、自诉人和他们的法定代理人不服地方各级人民法院第一审的判决、裁定，有权向上一级人民法院提出上诉；对被告人的上诉权，不得以任何借口加以剥夺。对于判决生效的案件，还设立审判监督程序以对案件进行复审。关于刑事赔偿，我国制定了《国家赔偿法》，规定刑事司法机关在行使职权过程中侵害公民合法权利造成损害的，由国家承担赔偿责任；并具体规定了赔偿的范围和程序。

《公民权利和政治权利国际公约》是世界各国在人权保护领域共同追求的理想价值和通力协作的重要成果，也是衡量各国刑事司法领域文明、民主、进步与否的国际标准。一方面，信守国际公约，将国际公约的内容转化为国内法，是我国进一步深化司法改革，加强对公民权利的保障，发展现代司法制度的必然要求，也是我国刑事诉讼制度改革追求的目标。另一方面，我们也要认识到，我国的人权观念、现实国情以及司法制度具有自身的特点，刑事诉讼制度改革还要符合我国社会主义民主法治建设的需要。在将国际公约转化为国内法过程中存在着协调问题。总的方向应当是缩小我国刑事诉讼制度与《公民权利和政治权利国际公约》确立的刑事司法准则之间的距离，从而为我国加入《公民权利和政治权利国际公约》创造条件；同时以加入《公民权利和政治权利国际公约》为契机，推动我国刑事法治的民主化、科学化和现代化。

【问题与思考】

1.《公民权利和政治权利国际公约》制定的宗旨是什么？

2.《公民权利和政治权利国际公约》确立了公民享有哪些刑事司法权利？

3.《公民权利和政治权利国际公约》对公民权利如何予以保障？

4. 结合《公民权利和政治权利国际公约》的规定，简评我国刑事诉讼法。

5. 我国刑事诉讼法如何贯彻落实《公民权利和政治权利国际公约》确立的刑事司法准则？

【推荐参考论著】

1. 岳礼玲．中国刑事司法与人权．北京：法律出版社，2017.

2. 张吉喜．刑事诉讼中公正审判权——以《公民权利和政治权利国际公约》为基础．北京：中国人民公安大学出版社，2010.

3. 诺瓦克．《公民权利和政治权利国际公约》评注．孙世彦，毕小青，译．北京：生活·读书·新知三联书店，2008.

4. 陈光中．《公民权利和政治权利国际公约》与我国刑事诉讼．北京：商务印书馆，2005.

5. 杨宇冠．人权法——《公民权利和政治权利国际公约》研究．北京：中国人民公安大学出版社，2003.

6. 朱晓青，柳华文．《公民权利和政治权利国际公约》及其实施机制．北京：中国社会科学出版社，2003.

7. 陈光中．《公民权利和政治权利国际公约》批准与实施问题研究．北京：中国法制出版社，2002.

8. 陈光中，张建伟．联合国《公民权利和政治权利国际公约》与我国刑事诉讼．中国法学，1998（6）.

第三十七章 《联合国打击跨国有组织犯罪公约》

内容导读

《联合国打击跨国有组织犯罪公约》是目前世界上第一个针对跨国有组织犯罪的全球性公约。它确立了通过促进合作，更有效地预防和打击跨国有组织犯罪的宗旨，为各国开展打击跨国有组织犯罪的合作提供了法律基础。公约规定缔约国应采取必要的立法和其他措施，将参加有组织犯罪集团、洗钱、腐败和妨碍司法等行为定为刑事犯罪；应通过简化引渡程序、扩大引渡范围、相互提供司法协助等措施，在打击跨国有组织犯罪方面加强协调与合作；应采取必要的特殊侦查手段，保护那些在法庭上提供对犯罪团伙不利的证据的证人，并向需要帮助的国家提供财政等方面的援助。公约的规定为我国追捕潜逃国外的跨国犯罪分子，尤其是近年来日益增多的携赃款出逃的腐败官员，提供了一定的法律保障；同时，作为公约缔约国，我国也需要履行公约规定的相关义务，这也对我国刑事诉讼制度提出了进一步改革、完善的要求。

2000年11月15日，第55届联合国大会通过了联合国历史上第一个针对跨国有组织犯罪的公约——《联合国打击跨国有组织犯罪公约》（以下简称《打击有组织犯罪公约》）；同年12月12日，我国政府签署了《打击有组织犯罪公约》。[①] 2003年8月27日，我国全国人大常务委员会作出了批准《打击有组织犯罪公约》的决定。2003年10月23日，《打击有组织犯罪公约》在我国正式生效。

第一节 《联合国打击跨国有组织犯罪公约》概述

一、《打击有组织犯罪公约》的制定背景

随着全球化进程的不断发展，不断滋生和蔓延的跨国有组织犯罪对全人类的共同利

① 我国政府在签署《打击有组织犯罪公约》的同时，声明保留该公约第35条第2款规定，并声明在我国政府另行通知前，该公约暂时不适用于香港特别行政区。

益构成了越来越大的威胁。一方面，跨国有组织犯罪集团利用聚敛的巨额非法收益向各国的金融、经济和政治系统进行渗透，造成了各国经济和政治秩序的混乱局面；另一方面，跨国有组织犯罪往往与各种经济犯罪、环境犯罪、恐怖主义活动相伴相生，严重损害了合法资本持有者的利益，也直接威胁着各国经济体系的根基，而偷渡、贩卖人口、国际卖淫等有组织犯罪更是构成了对各国人民生存权、发展权等基本权利的极大侵犯。

尽管打击跨国犯罪的国际合作不断扩展，但是这种国际合作由于或者局限于某一特定领域，或者局限于以程序法为主的国际刑事司法协助方面，难以适应经济全球化背景下打击跨国有组织犯罪的需要。针对日益严重的跨国有组织犯罪形势，国际社会针对跨国犯罪制定新的专门性合作措施、建立控制跨国犯罪的有效合作法律机制的意向不断明确。1994年11月23日，在意大利那不勒斯市召开的以有组织跨国犯罪为主题的世界部长会议上，第一次正式提出了起草“打击有组织犯罪公约”的想法，并通过了《那不勒斯政治宣言和打击有组织的跨国犯罪的全球行动计划》。1998年12月9日，联合国大会决定设立一个不限成员名额的政府间特设委员会，负责拟定一项打击跨国有组织犯罪的综合性国际公约，为此，该特设委员会在两年内举行了11届共两百多次会议，一百多个国家的代表对公约草案进行了多回合的讨论，为公约的正式出台做了大量的准备工作。2000年12月12日至15日，联合国在意大利组织召开了为期4天的会议，来自一百五十多个国家的司法部长与会，签署了《打击有组织犯罪公约》。

二、《打击有组织犯罪公约》的制定宗旨及基本结构

《打击有组织犯罪公约》是世界上第一个针对跨国有组织犯罪的全球性公约，旨在建立一个全球法律框架来预防、打击跨国有组织犯罪并加强这方面的国际合作。《打击有组织犯罪公约》第1条对其制定宗旨作了明确规定，即：“本公约的宗旨是促进合作，以便更有效地预防和打击跨国有组织犯罪。”

《打击有组织犯罪公约》共有41条，其所规定的法律对策与具体措施涵盖了控制跨国有组织犯罪的所有阶段，涉及国内法与国际法的多个领域。具体而言，《打击有组织犯罪公约》包括以下条款的规定：宗旨，术语的使用，适用范围，保护主权，参加有组织犯罪集团行为的刑事定罪，洗钱行为的刑事定罪，打击洗钱活动的措施，腐败行为的刑事定罪，反腐败措施，法人责任，起诉、判决和制裁，没收和扣押，没收事宜的国际合作，没收的犯罪所得或财产的处置，管辖权，引渡，被判刑人员的移交，司法协助，联合调查，特殊调查手段，刑事诉讼的移交，建立犯罪记录，妨害司法的刑事定罪，保护证人，帮助和保护被害人，加强与执法当局合作的措施，执法合作，收集、交流和分析关于有组织犯罪的性质的资料，培训和技术援助，其他措施：通过经济发展和技术援助执行公约，预防，公约缔约方会议，秘书处，公约的实施，争端的解决，签署、批准、接受、核准和加入，同议定书的关系，生效，修正，退约，保存人和语文。

第二节 《联合国打击跨国有组织犯罪公约》有关刑事程序的规定

一、关于没收犯罪所得的原则、规则和程序

巨大的经济收益是跨国有组织犯罪的“主要刺激因素”，从根本上打击和摧毁跨国有组织犯罪集团的经济命脉是国际社会打击跨国有组织犯罪的重要措施。《打击有组织犯罪公约》在1988年《联合国禁止非法贩运麻醉药品和精神药物公约》所确立原则的基础上，进一步发展了有关没收犯罪所得的规则。《打击有组织犯罪公约》第12条“没收和扣押”、第13条“没收事宜的国际合作”以及第14条“没收的犯罪所得或财产的处置”具体规定了缔约国在没收犯罪所得、扣押犯罪财产、执行其他缔约国的没收请求、处置没收的犯罪所得或财产等方面应当采取的措施和承担的义务。

根据《打击有组织犯罪公约》的规定，各缔约国应在本国法律制度的范围内尽最大可能采取必要措施，以便能够没收：（1）来自公约所涵盖的犯罪所得或价值与其相当的财产；（2）用于或拟用于公约所涵盖的犯罪的财产、设备或其他工具。缔约国应采取必要措施，辨认、追查、冻结或扣押上述物品，以便最终予以没收。如果犯罪所得已经部分或全部转变或转化为其他财产，则应对此类财产采取上述措施。如果犯罪所得已与从合法来源获得的财产相混合，则应在不影响冻结权或扣押权的情况下没收这类财产，没收价值可达混合于其中的犯罪所得的估计价值。关于没收事宜的国际合作，公约规定，缔约国在收到对该公约所涵盖的一项犯罪拥有管辖权的另一缔约国关于没收该公约所规定的、位于被请求国领土内的犯罪所得、财产、设备或其他工具的请求后，应在本国国内法律制度的范围内尽最大可能采取必要措施。关于没收的犯罪所得或财产的处置，公约规定应由缔约国根据其本国法律和行政程序予以处置。而应另一缔约国请求采取没收行动的缔约国，应在本国法律许可的范围内，根据请求优先考虑将没收的犯罪所得或财产交还请求缔约国，以便其对受害人进行赔偿，或者将这类犯罪所得或财产归还合法所有人。

二、关于被判刑人员移交和刑事诉讼移交机制

为适应控制跨国有组织犯罪的需要，《打击有组织犯罪公约》在保留引渡机制的同时，确立了被判刑人员移交和刑事诉讼移交机制。

根据《打击有组织犯罪公约》第16条的规定，该公约所涵盖的犯罪，均应被视为缔约国之间现行的任何引渡条约中的可予引渡的犯罪；对于需要引渡的任何犯罪，缔约国应在符合本国法律的情况下，努力加快引渡程序并简化与之有关的证据要求。该公约还规定了有条件的“或引渡或起诉”原则。根据公约的规定，被指控人所在的缔约国如果仅以犯罪的人系本国国民为由不将其引渡，则有义务在要求引渡的缔约国提出请求时，将该案提交其主管当局以便起诉，而不得有任何不应有的延误。此外，公约也特别指出，引渡应符合被请求缔约国本国法律或适用的引渡条约所规定的条件，其中特别包括关于引渡的最低限

度处罚要求和被请求缔约国可据以拒绝引渡的理由等条件。

《打击有组织犯罪公约》第 17 条和第 21 条对“被判刑人员的移交”和“刑事诉讼的移交”作出了专门规定。根据公约的规定，缔约国可考虑缔结双边或多边协定或安排，将因犯有该公约所涉犯罪而被判监禁或其他形式剥夺自由的人员移交其本国服满期限。缔约国如果认为相互移交诉讼有利于正当司法，特别是在涉及数国享有管辖权时，为了使起诉集中，应考虑相互移交诉讼的可能性，以便对该公约所涵盖的某项犯罪进行刑事诉讼。

三、关于司法协助

《打击有组织犯罪公约》进一步细化了有关司法协助的规定。根据公约第 18 条第 1 款的规定，缔约国应当在对该公约所涵盖的犯罪进行的侦查、起诉和审判程序中相互提供最大限度的司法协助。公约所规定的司法协助措施具体包括：向个人获取证据或陈述，送达司法文书，执行搜查和扣押并实行冻结，检查物品和场所，提供资料、物证以及鉴定结论，提供有关文件和记录的原件或经核证的副本（其中包括政府、银行、财务、公司或营业记录），为取证目的而辨认或追查犯罪所得、财产、工具或其他物品，为有关人员自愿在请求缔约国出庭提供方便，不违反被请求缔约国本国法律的任何其他形式的协助。此外，公约强调，缔约国不得以银行保密为由拒绝提供公约规定的司法协助，但缔约国可以并非双重犯罪为由拒绝提供公约规定的司法协助。由于缔约国有义务将公约规定的“洗钱”“腐败”等跨国有组织犯罪确立为刑事犯罪并予以惩治，因此，缔约国不能以国内法未包含上述犯罪为由而拒绝提供公约所规定的司法协助。

四、关于联合调查与执法合作

为了提高对跨国有组织犯罪的侦控能力，《打击有组织犯罪公约》规定了“联合调查”和“执法合作”两种新的国际合作方式。

在跨国有组织犯罪的联合调查方面，《打击有组织犯罪公约》第 19 条规定：缔约国应考虑缔约双边或多边协定或安排，以便有关主管当局可据以就涉及一国或多国刑事侦查、起诉或审判程序事由的事宜建立联合调查机构。如无这类协定或安排，则可在个案基础上商定进行这类联合调查。有关缔约国应确保拟在其境内进行该项调查的缔约国的主权受到充分尊重。

在打击跨国有组织犯罪的执法合作方面，《打击有组织犯罪公约》第 27 条明确规定，缔约国应在符合本国法律和行政管理制度的情况下相互密切合作，以加强打击公约所涵盖犯罪的执法行动的有效性。公约强调，各缔约国尤其应采取有效措施，以便：（1）加强并在必要时建立各国主管当局、机构和部门之间的联系渠道，以促进安全、迅速地交换有关该公约所涵盖犯罪的各个方面的情报；（2）同其他缔约国合作，就涉嫌犯罪人的身份、行踪和活动或其他有关人员的所在地点，犯罪所得或财产的去向，用于或企图用于实施犯罪的财产、设备或其他工具的去向等事项进行合作调查；（3）在适当情况下提供必要数目或数量的物品以供分析或调查之用；等等。

五、关于保护证人、被害人权利及污点证人制度

就证人与被害人的保护问题作出专门规定，并明确要求建立污点证人制度是《打击有组织犯罪公约》的重要特色。

《打击有组织犯罪公约》第24条专门对“保护证人”作了以下规定：各缔约国应在其力所能及的范围内采取适当的措施，为刑事诉讼中就公约所涵盖的犯罪作证的证人并酌情为其亲属及其他与其关系密切者提供有效的保护，使其免遭可能的报复或恐吓。在不影响被告人的权利包括正当程序权的情况下，保护证人的措施可包括：制定向此种人提供人身保护的程序，例如，在必要和可行的情况下将其转移，并在适当情况下允许不披露或限制披露有关其身份和下落的情况；规定可允许以确保证人安全的方式作证的证据规则。该规定也适用于作为证人的被害人。

《打击有组织犯罪公约》第25条专门对“帮助和保护被害人”作出了规定。根据该条的规定，各缔约国应在其力所能及的范围内采取适当的措施，以便向公约所涵盖的犯罪的被害人提供帮助和保护，尤其是在其受到报复威胁或恐吓的情况下；各缔约国均应制定适当的程序，使公约所涵盖的犯罪的被害人有机会获得赔偿和补偿；各缔约国均应在符合本国法律的情况下，在对犯罪的人提起的刑事诉讼的适当阶段，以不损害被告人权利的方式使被害人的意见和关切得到表达和考虑。

《打击有组织犯罪公约》在第26条“加强与执法当局合作的措施”中对污点证人①的适用问题作了以下规定：各缔约国均应采取适当措施，鼓励参与或曾参与有组织犯罪集团的个人为主管当局的侦查和取证提供有用信息，或为主管当局提供可能有助于剥夺有组织犯罪集团的资源或犯罪所得的切实而具体的帮助。公约要求，对于在该公约所涵盖的任何犯罪的侦查或起诉中提供了实质性配合的被指控者，各缔约国均应考虑规定在适当情况下减轻处罚的可能性；对于在该公约所涵盖的任何犯罪的侦查或起诉中予以实质性配合者，各缔约国均应考虑根据其本国法律基本原则规定允许免予起诉的可能性。同时，公约也要求，应按照证人保护的相关规定为污点证人提供保护。

六、关于特殊侦查手段

《打击有组织犯罪公约》第20条对特殊侦查手段在打击跨国有组织犯罪中的运用作了专门规定。根据该条规定，各缔约国均应在其本国法律基本原则许可的情况下，视可能并根据本国法律所规定的条件采取必要措施，允许其主管当局在其境内适当使用控制下交付

---

① 相对于一般证人而言，“污点证人”是犯罪活动的参与者，有犯罪污点，其行为已符合刑法上犯罪的构成要件。根据无罪推定原则和证明责任分担原则的要求，国家公诉机关在刑事案件中几乎需要承担完全的举证、证明责任，如果其掌握的证据没有达到足以定罪的程度就要承担败诉的后果。在贿赂犯罪等隐蔽型犯罪中，证据很难收集，因此，利用犯罪活动的参与者来证实犯罪就十分必要。而之所以豁免污点证人的罪责，是因为根据任何人不受强迫自证其罪原则，任何人都没有义务为追诉方向法庭提出可能使自己陷入不利境地的陈述和其他证据，追诉方不得采取任何强制方法强迫其就某一案件事实作出供述或提供证据。因此，尽管污点证人了解案件的真实情况，但他并没有充当控方证人来指认他人的义务。为了利用污点证人来指认其他犯有更严重罪行的罪犯，需要给予其一定的好处和奖励，以换取其出庭作证。

并在其认为适当的情况下使用其他特殊侦查手段，如电子或其他形式的监视和特工行动，以有效打击有组织犯罪。同时，公约鼓励各缔约国在必要时为在国际一级合作时使用这类特殊侦查手段而缔结适当的双边或多边协定或安排；在无相关协定或安排的情况下，公约要求各缔约国在个案基础上作出关于在国际一级使用这种特殊侦查手段的决定，必要时还可考虑到有关缔约国就行使管辖权所达成的财务安排或谅解。另外，公约还专门就在国际一级使用控制下交付这一特殊侦查手段作出了规定，即经各有关缔约国同意，关于在国际一级使用控制下交付的决定，可包括诸如拦截货物后允许其原封不动地或将其全部或者部分取出替换后继续运送之类的办法。

第三节 《联合国打击跨国有组织犯罪公约》与我国刑事诉讼

我国政府对《打击有组织犯罪公约》的签署与批准，表明我国与国际社会共同预防、打击跨国有组织犯罪的意愿与决心。成为缔约国之后，一方面，我国享有《打击有组织犯罪公约》规定的权利，如在侦查、追捕有关犯罪分子时，得到相关缔约国的协助和配合；另一方面，我国也有义务在国内立法、司法制度建设以及具体的执法过程中落实《打击有组织犯罪公约》的各项要求。

与公约的规定相比，我国 1996 年《刑事诉讼法》没有明确规定控制下交付、特工行动等特殊侦查手段，实践中虽有采用但缺乏规范与制约，不利于犯罪嫌疑人、被告人的权利保障，也不利于有效发挥特殊侦查手段在打击、预防犯罪方面的积极作用。另外，1996 年《刑事诉讼法》在证人、被害人权利保护，刑事司法协助以及没收财产的相关制度、程序与措施等方面的规定也较为欠缺，难以满足打击、预防日益猖獗的跨国有组织犯罪及其他严重犯罪的现实需要。为了解决上述问题，2012 年修正的《刑事诉讼法》在技术侦查手段，秘密侦查，控制下交付，证人保护，犯罪嫌疑人、被告人逃匿、死亡案件违法所得的没收程序等方面内容作出了新的规定。例如，对于证人保护，2012 年《刑事诉讼法》第 62 条规定："对于危害国家安全犯罪、恐怖活动犯罪、黑社会性质的组织犯罪、毒品犯罪等案件，证人、鉴定人、被害人因在诉讼中作证，本人或者其近亲属的人身安全面临危险的，人民法院、人民检察院和公安机关应当采取以下一项或者多项保护措施：（一）不公开真实姓名、住址和工作单位等个人信息；（二）采取不暴露外貌、真实声音等出庭作证措施；（三）禁止特定的人员接触证人、鉴定人、被害人及其近亲属；（四）对人身和住宅采取专门性保护措施；（五）其他必要的保护措施。"证人、鉴定人、被害人认为因在诉讼中作证，本人或者其近亲属的人身安全面临危险的，可以向人民法院、人民检察院、公安机关请求予以保护。"人民法院、人民检察院、公安机关依法采取保护措施，有关单位和个人应当配合。"对于技术侦查措施的适用，2012 年《刑事诉讼法》第 148 条规定："公安机关在立案后，对于危害国家安全犯罪、恐怖活动犯罪、黑社会性质的组织犯罪、重大毒品犯罪或者其他严重危害社会的犯罪案件，根据侦查犯罪的需要，经过严格的批准手续，可以采取技术侦查措施。"人民检察院在立案后，对于重大的贪污、贿赂犯罪案件以及利用职权实施的严重侵犯公民人身权利的重大犯罪案件，根据侦查犯罪的需要，经过严格的批准手续，可以采取技术侦查措施，按照规定交有关机关执行。“追捕被通缉或者批准、决定逮捕的在逃的犯罪嫌疑人、被告人，经过批准，可以采取追捕所必需的技术侦查措施。”对于秘密侦查措施及控制下交付措施的适用，2012年《刑事诉讼法》第151条规定：“为了查明案情，在必要的时候，经公安机关负责人决定，可以由有关人员隐匿其身份实施侦查。但是，不得诱使他人犯罪，不得采用可能危害公安安全或者发生重大人身危险的方法。”对涉及给付毒品等违禁品或者财物的犯罪活动，公安机关根据侦查犯罪的需要，可以依照规定实施控制下交付。”同时，2012年《刑事诉讼法》在特别程序编中专章规定了“犯罪嫌疑人、被告人逃匿、死亡案件违法所得的没收程序”，规定：对于贪污贿赂犯罪、恐怖活动犯罪等重大犯罪案件，犯罪嫌疑人、被告人逃匿，在通缉一年后不能到案，或者犯罪嫌疑人、被告人死亡，依照刑法规定应当追缴其违法所得及其他涉案财产的，人民检察院可以向人民法院提出没收违法所得的申请。在2018年《刑事诉讼法》修正中，我国调整了人民检察院的侦查职权，进一步完善了认罪认罚从宽制度，增设了刑事缺席审判制度。同时，我国在2018年10月通过了《国际刑事司法协助法》，对我国和外国在刑事案件调查、侦查、起诉、审判和执行等活动中相互提供协助，包括送达文书，调查取证，安排证人作证或者协助调查，查封、扣押、冻结涉案财物，没收、返还违法所得及其他涉案财物，移管被判刑人以及其他协助的机制与程序作出了明确规定。这些立法完善举措，有利于我国进一步提高打击跨国有组织犯罪、开展国际合作的能力，也有利于我国更好地履行《打击有组织犯罪公约》规定的相关义务。不过，我国《刑事诉讼法》有关证人保护、技术侦查、秘密侦查等措施的程序规定仍然较为笼统、粗疏。此外，在加强被害人保护等领域，我国刑事诉讼制度也面临进一步发展、完善的问题。

【问题与思考】

1. 谈谈加入《打击有组织犯罪公约》对我国刑事司法理念有何影响。
2. 谈谈加入《打击有组织犯罪公约》对我国刑事诉讼制度有何影响。
3. 按照《打击有组织犯罪公约》的规定，谈谈我国2012年修正的《刑事诉讼法》在哪些方面取得了积极进展，还存在哪些问题。

【推荐参考论著】

1. 李蓉．反腐败的国际刑事司法协助——《联合国打击跨国有组织犯罪公约》的刑事司法协助体系．政法论坛，2005（2）.
2. 杨宇冠．《联合国打击跨国有组织犯罪公约》浅说．中国司法，2004（3）.
3. 邵沙平．控制跨国犯罪与现代国际法的发展——2000年《联合国打击跨国有组织犯罪公约》评述．法学评论，2002（1）.

第三十八章 《联合国反腐败公约》

内容导读

《联合国反腐败公约》是联合国历史上第一个用于指导国际反腐败斗争的法律文件，其内容一方面强调预防反腐败犯罪，强化惩罚反腐败犯罪的力度；另一方面主张在反腐败过程中遵守正当程序的基本原则。我国作为《联合国反腐败公约》的缔约国，有义务履行公约的具体规定。《联合国反腐败公约》中有一系列有关刑事诉讼程序的规定，例如反腐败的专门机构、特殊侦查手段、举证责任的分配、附带民事诉讼和缺席审判以及腐败犯罪所得财产的冻结、扣押和没收程序等，这些程序设置对于完善我国刑事诉讼程序均具有十分重要的借鉴意义。

2003年10月31日，第58届联合国大会通过了《联合国反腐败公约》(以下简称《反腐败公约》)。2003年12月10日，我国政府签署了《反腐败公约》；2005年10月27日，经全国人大常委会批准，该公约自2005年12月14日起在我国开始生效。[①]《反腐败公约》包含了丰富的刑事诉讼的内容，加入和实施该公约将对我国刑事诉讼制度产生重要影响。

第一节 《联合国反腐败公约》概述

一、《反腐败公约》的制定背景

20世纪中期以来，随着经济和科学技术的快速发展，腐败犯罪不断升级，呈现出跨国化、有组织化等趋向，跨国转移赃款、跨国洗钱、腐败分子潜逃出境等情况大量出现。日益严重的腐败犯罪对各国经济运行、社会稳定和民主政治造成了巨大威胁，成为国际社会

① 我国政府在批准《反腐败公约》的同时，声明不受该公约第66条第2款规定的约束。

共同关注的全球性公害之一。随着跨国腐败犯罪活动日益猖獗，犯罪手法更加隐蔽，犯罪形式不断翻新，许多国家原有的法律机制对腐败犯罪出现的新形式、新趋势越来越难以应付，有效打击与预防跨国腐败犯罪日益成为国际社会共同面临的艰巨任务。

针对日益严重的腐败犯罪形势，国际上加强合作、共同打击腐败犯罪的意识不断强化。2000 年 11 月 15 日，第 55 届联合国大会通过了《打击有组织犯罪公约》。该公约对惩罚包括腐败犯罪在内的跨国犯罪作出了系统的规定，确立了一整套关于刑事定罪标准与预防、侦查、起诉、司法协助等打击跨国犯罪的机制和模式。在《打击有组织犯罪公约》的基础上，联合国大会于 2000 年 12 月 4 日作出了 55/61 号决议，决定制定一项专门有关反腐败的国际法律文件。之后，“联合国反腐败公约谈判工作特设委员会”成立。从 2002 年 1 月到 2003 年 10 月，该委员会先后举行了 7 届会议，有 125 个国家参与讨论。在这些会议的基础上，《反腐败公约》于 2003 年 10 月 31 日获得联合国第 58 届大会通过。在《反腐败公约》的谈判与起草工作中，我国政府始终积极参与，提出了许多建设性意见。

二、《反腐败公约》的制定宗旨及基本结构

《反腐败公约》是联合国通过的第一个具有法律约束力的以反腐败为主题的公约。该公约的制定和生效，不但集合了国际社会治理腐败的科学理念与策略，也为国际社会治理腐败提供了基本的法律指南和行动纲领。根据《反腐败公约》第 1 条的规定，该公约的制定宗旨包括以下三个方面：第一，促进和加强各项措施，以便更加高效而有力地预防和打击腐败；第二，促进、便利和支持预防和打击腐败方面的国际合作和技术援助，包括在资产追回方面；第三，提倡廉正、问责制和对公共事务、公共财产的妥善管理。

除序言外，《反腐败公约》共包括 8 章 71 条内容，分别是：第一章“总则”，规定了立法宗旨、术语解释、适用范围以及保护主权等内容；第二章“预防措施”，主要涉及预防性反腐败政策和预防性反腐败机构的建立；第三章“定罪和执法”，分别从实体法和程序法的角度规定了有关腐败的罪名、犯罪形态、犯罪主观要件以及对腐败行为的管辖、起诉、审判、制裁等内容；第四章“国际合作”，主要规定了国际合作的总体原则、引渡、被判刑人的移管、司法协助、刑事诉讼的移交、执行合作、联合侦查等内容；第五章“资产的追回”，包括预防和监测犯罪所得的转移、直接追回财产的措施、通过没收事宜的合作追回机制、资产的返还和处分等内容；第六章“技术援助和信息交流”，规定了开展培训和技术援助，进行反腐败信息收集、交流与分析等具体要求；第七章“实施机制”，规定了公约的实施机构及其职责；第八章“最后条款”，规定了公约实施、争端解决以及有关公约签署、批准、接受、核准、加入、生效、修正、退出等事宜的条款。

第二节　《联合国反腐败公约》有关刑事程序的规定

一、关于反腐败的专职机构

建立反腐败专职机构是打击腐败犯罪的重要基础，是惩治腐败犯罪司法程序的前提。

根据《反腐败公约》的要求，各缔约国既可以设立反腐败专门机关，也可以安排专职人员。但是，实施腐败犯罪的公职人员一般掌控着一定的公共资源，当受到追诉时，他们往往动用一切手段施加不正当影响，干扰案件的查处。如果反腐败机构、人员缺乏相应的独立性，很难抵御来自外部的各种压力。因此，《反腐败公约》十分强调设立具有必要独立性的专门性反腐败机构或人员。例如，《反腐败公约》第 6 条第 2 款第一句明确规定："各缔约国均应当根据本国法律制度的基本原则，赋予本条第一款所述机构必要的独立性，使其能够有效地履行职能和免受任何不正当的影响。"《反腐败公约》第 36 条进一步重申："各缔约国均应当根据本国法律制度的基本原则采取必要的措施，确保设有一个或多个机构或者安排了人员专职负责通过执法打击腐败。这类机构或者人员应当拥有根据缔约国法律制度基本原则而给予的必要独立性，以便能够在不受任何不正当影响的情况下有效履行职能。这类人员或者这类机构的工作人员应当受到适当培训，并应当有适当资源，以便执行任务。"

二、关于特殊侦查手段

由于腐败犯罪所具有的隐蔽性、智能性等特征，常规侦查手段在腐败犯罪案件侦控中往往难以发挥作用。为了有效侦破该类案件，《反腐败公约》第 50 条第 1 款明确规定："……各缔约国均应当在其本国法律制度基本原则许可的范围内并根据本国法律规定的条件在其力所能及的情况下采取必要措施，允许其主管机关在其领域内酌情使用控制下交付和在其认为适当时使用诸如电子或者其他监视形式和特工行动等其他特殊侦查手段，并允许法庭采信由这些手段产生的证据。"可以看出，公约提倡在侦控反腐败犯罪时采用控制下交付、特工行动、电子或其他监视形式等特殊侦查手段。相对于常规侦查手段而言，这些特殊侦查手段具有技术性、秘密性、灵活性等优势。其中，"控制下交付"是指在主管机关知情并由其监控的情况下允许非法或可疑的财物在一定范围内转移的做法，其目的在于侦查某项犯罪并查明参与该项犯罪的人员；"特工行动"是指以秘密方式收集证据、查明案情、抓获犯罪嫌疑人的特殊侦查方法，包括特情耳目、卧底侦查、诱惑侦查等形式；"电子或者其他监视形式"则是指利用现代电子技术手段秘密听取、拍摄、记录自然谈话、通讯及其他相关活动内容，以获取犯罪相关信息的特殊侦查方法。《反腐败公约》第 50 条第 2、3、4 款还就在国际一级合作时使用特殊侦查手段，特别是控制下交付手段的具体问题作出了规定。

三、关于保障证人及其他相关人员安全的措施

腐败犯罪的证人、举报人等极容易受到腐败犯罪分子的打击、报复，为了有效保护证人、举报人等的安全，确保腐败犯罪线索的畅通并最终证实犯罪，《反腐败公约》专门就证人、举报人以及其他相关人员的安全保障问题作出了规定。《反腐败公约》第 32 条规定，各缔约国应当"采取适当的措施，为就根据本公约确立的犯罪作证的证人和鉴定人并酌情为其亲属及其他与其关系密切者提供有效的保护，使其免遭可能的报复或者恐吓"。这些措施包括：第一，"制定为这种人提供人身保护的程序，例如，在必要和可行的情况下将其转移，并在适当情况下允许不披露或者限制披露有关其身份和下落的资料"；第二，"规定允许以确保证人和鉴定人安全的方式作证的取证规则，例如允许借助诸如视听技术之类的通

信技术或者其他适当手段提供证言”。《反腐败公约》第33条规定，“各缔约国均应当考虑在本国法律制度中纳入适当措施，以便对出于合理理由善意向主管机关举报涉及根据本公约确立的犯罪的任何事实的任何人员提供保护，使其不致受到任何不公正的待遇”；同时，第38条规定，各缔约国应当采取必要措施，以“鼓励公共机关及其公职人员与负责侦查和起诉犯罪的机关之间的合作”，使它（他）们在有合理的理由相信发生了腐败犯罪时，“主动向上述机关举报”，或者“根据请求向上述机关提供一切必要的信息”。

四、关于污点证人制度

《反腐败公约》第37条规定：“各缔约国均应当采取适当措施，鼓励参与或者曾参与实施根据本公约确立的犯罪的人提供有助于主管机关侦查和取证的信息……”“对于在根据本公约确立的任何犯罪的侦查或者起诉中提供实质性配合的人，各缔约国均应当考虑根据本国法律的基本原则就允许不予起诉的可能性作出规定。”公约的该条规定，事实上是要求各缔约国在腐败案件的侦诉中适用污点证人豁免制度，即以免受刑事追诉为条件，促使参与犯罪的人提供有助于侦诉机关侦查和取证的信息。

五、关于推定和举证责任

为了解决腐败案件证据收集难的问题，《反腐败公约》专门就推定和举证责任倒置两项制度在腐败案件中的运用作出了规定。《反腐败公约》第28条第二款规定，“根据本公约确立的犯罪所需具备的明知、故意或者目的等要素，可以根据客观实际情况予以推定”。第31条第8款规定：“缔约国可以考虑要求由罪犯证明这类所指称的犯罪所得或者其他应当予以没收的财产的合法来源，但是此种要求应当符合其本国法律的基本原则以及司法程序和其他程序的性质。”《反腐败公约》的上述规定，降低了控诉机关对腐败案件主观要件的举证责任，同时将一定情况下证明财产合法来源的责任赋予了被指控人，体现了严厉打击腐败犯罪的立场。

六、关于附带民事诉讼与缺席审判制度

为了有效打击腐败犯罪，切断腐败犯罪的经济命脉，同时也是为了尽量挽回国家资产，弥补被害人损失，《反腐败公约》设置了详尽的资产追回与返还机制。根据《反腐败公约》第35条的规定，各缔约国均应当根据本国法律的原则采取必要的措施，确保因腐败行为而受到损害的实体或者人员有权为获得赔偿而对该损害的责任者提起法律程序。《反腐败公约》第53条第1款规定，各缔约国均应当根据本国法律，采取必要的措施，允许另一缔约国在本国法院提起民事诉讼，以确立对通过实施根据该公约确立的犯罪而获得的财产的产权或者所有权。《反腐败公约》第54条第1款第3项规定，各缔约国均应当根据其本国法律，考虑采取必要的措施，以便在因为犯罪人死亡、潜逃或者缺席而无法对其起诉的情形或者其他有关情形下，能够不经过刑事定罪而没收这类财产。此外，根据《反腐败公约》第57条第3款的规定，被请求国在对相关财产进行没收后，应基于请求缔约国的生效判决将没收的财产返还请求缔约国。可以看出，公约强调以独立的民事诉讼程序来确认犯罪所

得财产的产权或者所有权，并允许在缺席审判的情况下作出财产没收判决。这样规定显然对于重视民事赔偿程序、设有缺席审判制度的国家是较为有利的。

七、关于腐败犯罪所得财产的冻结、扣押和没收

为了尽量挽回腐败犯罪所造成的财产损失，《反腐败公约》对冻结、扣押、没收腐败犯罪所得财产这三种法律措施的适用范围及运作规程作了具体规定。《反腐败公约》第 31 条第 1 款规定：“各缔约国均应当在本国法律制度的范围内尽最大可能采取必要的措施，以便能够没收：(一) 来自根据本公约确立的犯罪的犯罪所得或者价值与这种所得相当的财产；(二) 用于或者拟用于根据本公约确立的犯罪的财产、设备或者其他工具。”第 31 条第 2 款规定：“各缔约国均应当采取必要的措施，辨认、追查、冻结或者扣押本条第一款所述任何物品，以便最终予以没收。”此外，《反腐败公约》第 31 条第 3 款至第 7 款还规定了对腐败财产的管理、对腐败替代财产的没收、对混合财产的没收、对来自犯罪所得的收入或其他利益的处置，以及责令提供或者扣押银行记录、财务记录或者商业记录等内容。

八、关于涉外刑事诉讼与刑事司法协助

基于腐败犯罪复杂化、跨国化、有组织化的鲜明特征，《反腐败公约》针对预防、打击腐败犯罪的实际需要，在坚持有关涉外刑事诉讼、刑事司法协助的基本法律原则、司法惯例的前提下，对合作与协助的具体途径、具体措施作了改进与强化，从而大大提高了境外追逃的效能，加大了国际司法协助的力度，加强了可操作性。《反腐败公约》第 43 条第 1 款规定：“缔约国应当依照本公约第四十四条至第五十条的规定在刑事案件中相互合作。在适当而且符合本国法律制度的情况下，缔约国应当考虑与腐败有关的民事和行政案件调查和诉讼中相互协助。”《反腐败公约》第 44 条至第 50 条对于引渡、被判刑人的移管、司法协助、刑事诉讼的移交、执法合作、联合侦查、特殊侦查手段等问题作了详尽的规定。而《反腐败公约》第五章关于资产追回的规定，事实上也是围绕着国际司法合作展开的。

第三节 《联合国反腐败公约》与我国刑事诉讼

《反腐败公约》在我国生效后，解决我国相关法律制度与公约的衔接问题成为当务之急。从刑事诉讼角度而言，我国 1996 年《刑事诉讼法》虽然规定了若干适用于惩罚腐败犯罪、保障人权的程序、制度和措施，但与《反腐败公约》有关刑事诉讼程序的具体规定和要求相比仍有一定差距。为了更好地打击腐败犯罪，也为了切实履行《反腐败公约》义务，我国采取了一系列改革、完善措施。

第一，将检察机关的反腐败职能整合至监察委员会。2016 年以来，国家监察体制改革不断推进。2016 年 11 月，中共中央办公厅印发《关于在北京市、山西省、浙江省开展国家监察体制改革试点方案》，部署在三省市设立各级监察委员会，从体制机制、制度建设上先

行先试、探索实践，为在全国推开积累经验。2017年11月4日，全国人大常委会通过在全国各地推开国家监察体制改革试点工作的决定。2018年3月20日，第十三届全国人大第一次会议表决通过了《监察法》，并于公布之日起正式施行。通过监察法的实施，检察机关原本行使的反贪污、反渎职等反腐败职能转隶至监察委员会，检察机关只保留部分职务犯罪侦查权。监察委员会的设置，旨在整合我国的反腐败资源力量，形成集中统一、权威高效的反腐败体制，有利于对腐败犯罪形成更为严密的法治监督体系。

第二，规定了技术侦查措施的适用。在2012年《刑事诉讼法》修改中，增加了有关技术侦查措施的规定。根据规定，人民检察院在立案后，对于重大的贪污、贿赂犯罪案件以及利用职权实施的严重侵犯公民人身权利的重大犯罪案件，根据侦查犯罪的需要，经过严格的批准手续，可以采取技术侦查措施，按照规定交有关机关执行；追捕被通缉或者批准、决定逮捕的在逃的犯罪嫌疑人、被告人，经过批准，可以采取追捕所必需的技术侦查措施。同时，《刑事诉讼法》也新增了秘密侦查和控制下交付的相关规定。国家监察体制改革之后，技术调查措施在职务犯罪案件调查中适用问题也受到关注。《监察法》第28条规定："监察机关调查涉嫌重大贪污贿赂等职务犯罪，根据需要，经过严格的批准手续，可以采取技术调查措施，按照规定交有关机关执行。""批准决定应当明确采取技术调查措施的种类和适用对象，自签发之日起三个月以内有效；对于复杂、疑难案件，期限届满仍有必要继续采取技术调查措施的，经过批准，有效期可以延长，每次不得超过三个月。对于不需要继续采取技术调查措施的，应当及时解除。"此外，2018年修改的《刑事诉讼法》基于人民检察院职务犯罪侦查职能的转变，也规定："人民检察院在立案后，对于利用职权实施的严重侵犯公民人身权利的重大犯罪案件，根据侦查犯罪的需要，经过严格的批准手续，可以采取技术侦查措施，按照规定交有关机关执行。"通过立法，明确赋予反腐败机关采取技术调查、侦查措施的权力，有助于提高侦控腐败犯罪的能力，也是我国反腐败制度与《反腐败公约》等国际公约规定加强衔接的重要举措。

第三，加强了对证人的保护。《刑事诉讼法》第64条规定："对于危害国家安全犯罪、恐怖活动犯罪、黑社会性质的组织犯罪、毒品犯罪等案件，证人、鉴定人、被害人因在诉讼中作证，本人或者其近亲属的人身安全面临危险的，人民法院、人民检察院和公安机关应当采取以下一项或者多项保护措施：（一）不公开真实姓名、住址和工作单位等个人信息；（二）采取不暴露外貌、真实声音等出庭作证措施；（三）禁止特定的人员接触证人、鉴定人、被害人及其近亲属；（四）对人身和住宅采取专门性保护措施；（五）其他必要的保护措施。""证人、鉴定人、被害人认为因在诉讼中作证，本人或者其近亲属的人身安全面临危险的，可以向人民法院、人民检察院、公安机关请求予以保护。""人民法院、人民检察院、公安机关依法采取保护措施，有关单位和个人应当配合。"上述关于证人保护措施的规定，旨在解决司法实践中对证人、举报人保护不力的问题，有助于加强证人、举报人与犯罪行为作斗争的积极性，也有助于提高检察机关侦控腐败犯罪的能力。

第四，增设了"犯罪嫌疑人、被告人隐匿、死亡案件违法所得的没收程序"和"缺席审判程序"。我国2012年修改的《刑事诉讼法》在"特别程序"中新增了"犯罪嫌疑人、被告人隐匿、死亡案件违法所得的没收程序"，规定："对于贪污贿赂犯罪、恐怖活动犯罪等重大犯罪案件，犯罪嫌疑人、被告人逃匿，在通缉一年后不能到案，或者犯罪嫌疑人、被告人死亡，依照刑法规定应当追缴其违法所得及其他涉案财产的，人民检察院可以向人民法院提出没收违法所得的申请"；"没收违法所得的申请，由犯罪地或者犯罪嫌疑人、被告人居住地的中级人民法院组成合议庭进行审理”；“人民法院经审理，对经查证属于违法所得及其他涉案财产，除依法返还被害人的以外，应当裁定予以没收；对不属于应当追缴的财产的，应当裁定驳回申请，解除查封、扣押、冻结措施”。2018年修改的《刑事诉讼法》在“特别程序”中新增了“缺席审判程序”，规定：“对于贪污贿赂犯罪案件，以及需要及时进行审判，经最高人民检察院核准的严重危害国家安全犯罪、恐怖活动犯罪案件，犯罪嫌疑人、被告人在境外，监察机关、公安机关移送起诉，人民检察院认为犯罪事实已经查清，证据确实、充分，依法应当追究刑事责任的，可以向人民法院提起公诉。人民法院进行审查后，对于起诉书中有明确的指控犯罪事实，符合缺席审判程序适用条件的，应当决定开庭审判。”这两项特别程序的设立，有利于更好地实现反腐败国际追逃追赃，也有利于更好地履行《反腐败公约》等国际公约确定的义务。

第五，完善了认罪认罚从宽制度。中国共产党十八届四中全会提出，完善刑事诉讼中认罪认罚从宽制度。2016年9月，全国人大常委会作出了在若干地区开展刑事案件认罪认罚从宽制度试点工作的授权决定。2018年修正的《刑事诉讼法》明确规定了刑事案件认罪认罚可以依法从宽处理的原则以及相关的程序规定，同时在第182条第1款增加了关于“犯罪嫌疑人自愿如实供述涉嫌犯罪的事实，有重大立功或者案件涉及国家重大利益的，经最高人民检察院核准，公安机关可以撤销案件，人民检察院可以作出不起诉决定，也可以对涉嫌数罪中的一项或者多项不起诉”的规定。认罪认罚从宽制度的完善，有利于促使犯罪嫌疑人、被告人更好地悔罪、改造；有利于降低刑事案件的取证难度，促进程序繁简分流；对于加强腐败犯罪的侦查和处理也具有非常积极的意义。

第六，制定通过了《国际刑事司法协助法》。长期以来，我国立法有关涉外刑事诉讼程序和司法协助程序的规定过于简略、零散，缺乏系统性和操作性，不仅不利于落实《反腐败公约》的相关要求，也很难通过充分开展国际合作与司法协助来有效侦破腐败犯罪、跨国有组织犯罪等严重犯罪。2018年10月，第十三届全国人大常委会第六次会议审议通过了《国际刑事司法协助法》，并于公布之日起开始施行。该法对我国和外国在刑事案件调查、侦查、起诉、审判和执行等活动中相互提供协助，包括送达文书，调查取证，安排证人作证或者协助调查，查封、扣押、冻结涉案财物，没收、返还违法所得及其他涉案财物，移管被判刑人以及其他协助等内容作出了规定。《国际刑事司法协助法》的制定与实施，不仅有利于加强国际合作、打击腐败犯罪与其他跨国犯罪，也为我国更好地履行国际条约义务提供了法律依据，有助于进一步完善我国的刑事法律体系。

从这些新增规定可以看出，我国《刑事诉讼法》及相关法律法规在加强腐败犯罪打击力度、切实履行《反腐败公约》确定的义务方面取得了重要进展，其积极意义值得充分肯定。但是，与公约规定相比，我国刑事诉讼制度仍存在不少需要进一步解决与完善的问题。例如：我国法律没有明文规定污点证人豁免制度。虽然我国完善了认罪认罚从宽制度，并增设了《刑事诉讼法》第182条，但并没有明确规定污点证人豁免制度。实践中，有些公诉机关开始尝试利用污点证人来指证其他被告人。但是，由于缺乏立法的具体规范，各地做法不统一，污点证人的法律地位及豁免待遇缺乏制度保证，公诉机关的处理过程缺乏必要的监督与制约，由此也导致诸多争议。在我国构建污点证人豁免制度既是落实《反腐败公约》相关规定的需要，也是司法实践中打击贿赂犯罪等难以收集其他证据的隐蔽性犯罪的现实需要。但污点证人使用不当，有可能妨碍社会正义、放纵犯罪，也可能导致冤枉无辜或侵害被定罪被告人公平审判权的后果。因此，有必要通过立法的明确规定使污点证人豁免制度的适用程序化、规范化。此外，在我国，刑事案件中适用推定和举证责任倒置的情形非常有限。我国《刑事诉讼法》没有规定推定和举证责任倒置的相关内容；我国《刑法》中就腐败犯罪的举证责任倒置仅规定了“巨额财产来源不明罪”一种罪名。就腐败犯罪主观要件的证明来说，我国法律并没有规定推定的方式，因而控方必须直接地、正面地证明被告人的主观心理与目的。这无疑加大了控方的举证难度，不利于有效打击腐败犯罪。针对我国刑事案件，特别是腐败案件中推定和举证责任倒置方面存在的问题，有必要扩大其适用范围，以减轻控诉机关的证明负担；同时也需对其具体范围的界定、程序设计等问题予以立法明确。

【问题与思考】

1. 谈谈加入《反腐败公约》对我国刑事司法理念有何影响。
2. 谈谈加入《反腐败公约》对我国刑事诉讼制度有何影响。
3. 如何加强我国反腐败机构的独立性？
4. 按照《反腐败公约》的规定，谈谈我国近年来立法完善的积极进展以及还存在哪些问题。

【推荐参考论著】

1. 陈光中.《联合国反腐败公约》与我国刑事诉讼法再修改.北京：中国人民公安大学出版社，2006.
2. 杨宇冠，吴高庆.《联合国反腐败公约》解读.北京：中国人民公安大学出版社，2004.
3. 杨宇冠.我国反腐败机制完善与联合国反腐败措施.北京：中国人民公安大学出版社，2007.
4. 陈光中，邵俊.我国监察体制改革若干问题思考.中国法学，2017（4）.

参考文献

一、著作类

1. 白彦，宁松，等．刑事被告人概论．北京：中国政法大学出版社，2006.

2. 卞建林．刑事诉讼的现代化．北京：中国法制出版社，2003.

3. 卞建林．刑事证明理论．北京：中国人民公安大学出版社，2004.

4. 陈光中．陈光中法学文选：四卷．司法改革与刑事诉讼法修改．北京：中国政法大学出版社，2019.

5. 陈光中．中国古代司法制度．北京：北京大学出版社，2017.

6. 陈光中．刑事诉讼法实施问题研究．北京：中国法制出版社，2000.

7. 陈光中．刑事诉讼法学．北京：北京大学出版社，高等教育出版社，2016.

8. 陈光中．中华人民共和国刑事诉讼法再修改专家建议稿与论证．北京：中国法制出版社，2006.

9. 陈光中．刑事诉讼法修改建议稿与论证．北京：中国方正出版社，1995.

10. 陈光中．中华人民共和国刑事证据法专家拟制稿（条文、释义与论证）．北京：中国法制出版社，2004.

11. 陈光中．21世纪域外刑事诉讼立法最新发展．北京：中国政法大学出版社，2004.

12. 陈光中．《公民权利和政治权利国际公约》与我国刑事诉讼．北京：商务印书馆，2005.

13. 陈光中．《联合国反腐败公约》与我国刑事诉讼法再修改．北京：中国人民公安大学出版社，2006.

14. 陈光中，丹尼尔·普瑞方廷．联合国刑事司法准则与中国刑事法制．北京：法律出版社，1998.

15. 陈光中．《中华人民共和国刑事诉讼法》修改条文释义与点评．北京：人民法院出版社，2012.

16. 陈卫东．刑事二审程序论．北京：中国方正出版社，1997.

17. 陈卫东．刑事审判监督程序研究．北京：法律出版社，2001.

18. 陈卫东．模范刑事诉讼法典．北京：中国人民大学出版社，2005.

19. 陈卫东．中国刑事诉讼权能的变革与发展．北京：中国人民大学出版社，2018.

20. 陈卫东．反思与建构：刑事证据的中国问题研究．北京：中国人民大学出版社，2015.

21. 陈瑞华．刑事审判原理论．3版．北京：法律出版社，2020.

22. 陈瑞华．刑事诉讼的前沿问题．5版．北京：中国人民大学出版社，2016.

23. 陈瑞华，等．法律程序改革的突破与限度——2012年刑事诉讼法修改述评．北京：中国法制出版社，2012.

24. 陈瑞华．刑事证据法的理论问题．北京：法律出版社，2018.

25. 陈兴良．刑事诉讼中的公诉人．北京：中国人民公安大学出版社，1998.

26. 程味秋．外国刑事诉讼法概论．北京：中国政法大学出版社，1994.

27. 樊崇义．刑事证据规则研究．修订版．北京：中国人民公安大学出版社，2020.

28. 樊崇义．刑事诉讼法实施问题与对策研究．北京：中国人民大学出版社，2002.

29. 樊崇义，等．刑事诉讼法修改专题研究报告．北京：中国人民公安大学出版社，2004.

30. 樊崇义．2012刑事诉讼法：解读与适用．北京：法律出版社，2012.

31. 顾永忠．刑事上诉程序研究．北京：中国人民公安大学出版社，2003.

32. 郝银钟．刑事公诉权原理．北京：人民法院出版社，2004.

33. 何家弘．中国的陪审制度向何处去．北京：人民法院出版社，2006.

34. 何家弘．证人制度研究．北京：人民法院出版社，2004.

35. 胡常龙．死刑案件程序问题研究．北京：中国人民公安大学出版社，2003.

36. 胡康生，李福成．中华人民共和国刑事诉讼法释义．北京：法律出版社，1996.

37. 胡云腾．认罪认罚从宽制度的理解与适用．北京：人民法院出版社，2018.

38. 黄风．引渡问题研究．北京：中国政法大学出版社，2006.

39. 冀祥德．最新刑事诉讼法释评．北京：中国政法大学出版社，2012.

40. 季卫东．法律程序的意义．北京：中国法制出版社，2004.

41. 柯葛壮．刑事诉讼法比较研究——中国大陆与港、澳、台地区法律比较研究．澳门：澳门基金会，1997.

42. 郎胜．中华人民共和国刑事诉讼法修改与适用．北京：新华出版社，2012.

43. 李少平．最高人民法院关于适用《中华人民共和国刑事诉讼法》的解释理解与适用．北京：人民法院出版社，2021.

44. 李寿伟．中华人民共和国刑事诉讼法解读．北京：中国法制出版社，2018..

45. 李文健．刑事诉讼效率论．北京：中国政法大学出版社，1999.

46. 李心鉴．刑事诉讼构造论．北京：中国政法大学出版社，1992.

47. 李哲．澳门刑事诉讼法总论．北京，社会科学文献出版社，2015.

48. 刘金友，奚玮．附带民事诉讼原理与实务．北京：法律出版社，2005.

49. 龙宗智．刑事庭审制度研究．北京：中国政法大学出版社，2001.

50. 马怀德．国家赔偿法律问题研究．北京：法律出版社，2006.

51. 茅彭年．中国刑事司法制度：先秦卷．北京：法律出版社，2001.

52. 毛兴勤．违法所得特别没收程序研究．北京：中国检察出版社，2014.

53. 全国人大常委会法制工作委员会刑法室．《关于修改中华人民共和国刑事诉讼法的决定》条文说明、立法理由及相关规定．北京：北京大学出版社，2012.

54. 上官丕亮．国家赔偿法研究述评．北京：法律出版社，2017.

55. 史立梅，等．刑事诉讼审前羁押替代措施研究．北京：中国政法大学出版社，2015.

56. 宋英辉，孙长永，刘新魁，等．外国刑事诉讼法．北京：法律出版社，2006.

57. 宋英辉．刑事诉讼目的论．北京：中国人民公安大学出版社，1995.

58. 宋英辉，吴宏耀．刑事审前程序研究．北京：中国政法大学出版社，2002.

59. 宋英辉，李忠诚．刑事程序法功能研究．北京：中国人民公安大学出版社，2004.

60. 宋英辉，汤维建．我国证据制度的理论与实践．北京：中国人民公安大学出版社，2006.

61. 宋英辉，汤维建．证据法学研究述评．北京：中国人民公安大学出版社，2006.

62. 宋英辉．刑事诉讼法学研究述评（1978—2008）．北京：北京师范大学出版社，2009.

63. 宋英辉，甄贞．未成年人犯罪诉讼程序研究．北京：北京师范大学出版社，2011.

64. 宋英辉．刑事和解制度研究．北京：北京大学出版社，2011.

65. 宋英辉．中华人民共和国刑事诉讼法精解．北京：中国政法大学出版社，2012.

66. 宋英辉，何挺，王贞会，等．未成年人刑事司法改革研究．北京：北京大学出版社，2013.

67. 宋英辉，等．刑事诉讼法修改的历史梳理与阐释．北京：北京大学出版社，2014.

68. 宋英辉，等．刑事诉讼原理．3 版．北京：北京大学出版社，2014.

69. 宋英辉，孟军，何挺，等．死刑案件证据运用指引建议论证稿．北京：法律出版社，2016.

70. 宋英辉，何挺．未成年人刑事案件诉讼程序研究综述．北京：中国检察出版社，2019.

71. 孙长永．中国刑事诉讼法制四十年：回顾、反思与展望．北京：中国政法大学出版社，2021.

72. 孙长永．侦查程序与人权．北京：中国方正出版社，2000.

73. 孙谦，郑成良．司法改革报告——中国的检察院、法院改革．北京：法律出版社，2004.

74. 童建明，万春．《人民检察院刑事诉讼规则》条文释义．北京：中国检察出版社，2020.

75. 孙力．检察实务中诉讼参与人合法权益保障研究．北京：中国检察出版社，2006.

76. 王超．刑事审级制度的多维视角．北京：法律出版社，2016.

77. 王洪祥．刑事诉讼职能研究．北京：中国政法大学出版社，1992.

78. 王利明．司法改革研究．修订本．北京：法律出版社，2001.

79. 王尚新，李寿伟．《关于修改刑事诉讼法的决定》释解与适用．北京：人民法院出版社，2012.

80. 汪建成，刘广三．新刑事诉讼法论．北京：红旗出版社，1996.

81. 汪建成．冲突和平衡——刑事程序理论的新视角．北京：北京大学出版社，2007.

82. 王新环．公诉权原论．北京：中国人民公安大学出版社，2006.

83. 王君炜．我国刑事强制医疗程序研究．北京：社会科学文献出版社，2018.

84. 吴洪淇．证据法的理论面孔．北京：法律出版社，2018.

85. 肖胜喜．死刑复核程序论．北京：中国政法大学出版社，1989.

86. 谢佑平，万毅．刑事诉讼原则．北京：法律出版社，2002.

87.《刑事诉讼法学》编写组．刑事诉讼法学．3 版．北京：高等教育出版社，2020.

88. 熊秋红．刑事辩护论．北京：法律出版社，1998.

89. 徐朝阳．中国诉讼法溯源．北京：商务印书馆，1993.

90. 杨诚，单民．中外刑事公诉制度．北京：法律出版社，2000.

91. 杨宇冠．非法证据排除规则研究．北京：中国人民公安大学出版社，2002.

92. 杨宇冠．人权法——《公民权利和政治权利国际公约》．北京：中国人民公安大学出版社，2003.

93. 杨宇冠，杨晓春．联合国刑事司法准则．北京：中国人民公安大学出版社，2003.

94. 杨宇冠，吴高庆．《联合国反腐败公约》解读．北京：中国人民公安大学出版社，2004.

95. 杨正万．刑事被害人问题研究．北京：中国人民公安大学出版社，2002.

96. 杨正万．死刑的程序限制．北京：中国人民公安大学出版社，2008.

97. 姚莉．反思与重构——中国法制现代化进程中的审判组织改革研究．北京：中国政法大学出版社，2005.

98. 易延友．证据法的体系与精神——以英美法为特别参照．北京：北京大学出版社，2010.

99. 虞平，等．争鸣与思辨：刑事诉讼模式经典论文选译．北京：北京大学出版社，2013.

100. 岳礼玲．中国刑事司法与人权．北京：法律出版社，2017.

101. 赵秉志．刑事法治发展研究报告（2005—2006 年卷）．北京：中国人民公安大学出版社，2006.

102. 赵秉志，邱兴隆．死刑的正当程序之探讨．北京：中国人民公安大学出版社，2005.

103. 赵秉志．香港刑事诉讼程序法．北京：北京大学出版社，1996.

104. 赵秉志．澳门刑法典、澳门刑事诉讼法典．北京：中国人民大学出版社，1999.

105. 赵春玲．刑事强制医疗程序研究．北京：中国人民公安大学出版社，2014.

106. 甄贞．刑事诉讼法学研究综述．北京：法律出版社．2002.

107. 周士敏．澳门刑事诉讼制度论．北京：国家行政学院出版社，2001.

108. 周伟．中国大陆与台港澳刑事诉讼法比较研究．北京：中国人民公安大学出版社，2001.

109. 左卫民，等．简易刑事程序研究．北京：法律出版社，2005.

110. 左卫民，等．中国刑事诉讼运作机制实证研究（六）：以新《刑事诉讼法》实施中的重点问题为关注点．北京：法律出版社，2015.

111. 蔡墩铭．两岸比较刑事诉讼法．台北：五南图书出版公司，1996.

112. 黄东熊，吴景芳．刑事诉讼法论．台北：三民书局，2001.

113. 王兆鹏．刑事被告的宪法权利．台北：翰芦图书出版有限公司，2000.

114. 华尔兹．证据法学大全．何家弘，等译．北京：中国人民公安大学出版社，1993.

115. 德肖微茨．最好的辩护．唐交东，译．北京：法律出版社，1994.
116. 菲利．程序即是惩罚．魏晓娜，译．北京：中国政法大学出版社，2014.
117. 罗尔斯．正义论．何怀宏，等译．北京：中国社会科学出版社，1988.
118. 埃尔曼．比较法律文化．贺卫方，等译．北京：生活·读书·新知三联书店，1990.
119. 爱伦·豪切斯泰勒·斯黛丽，等．美国刑事诉讼程序．陈卫东，徐美君，译．北京：中国人民大学出版社，2002.
120. 丹宁勋爵．法律的正当程序．李克强，杨百揆，刘庸安，译．北京：法律出版社，1999.
121. 斯特法尼，等．法国刑事诉讼法精义．罗结珍，译．北京：中国政法大学出版社，1998.
122. 罗科信．刑事诉讼法．吴丽琪，译．北京：法律出版社，2003.
123. 贝卡里亚．论犯罪与刑罚．黄风，译．北京：中国大百科全书出版社，1993.
124. 平野龙一．刑事诉讼法．东京：有斐阁，1958.
125. 松尾浩也．日本刑事诉讼法．丁相顺，译．北京：中国人民大学出版社，2005.
126. 大谷实．刑事政策学．黎宏，译．北京：法律出版社，2000.
127. 田口守一．刑事诉讼法．刘迪，等译．北京：法律出版社，2001.
128. 谷口安平．程序的正义与诉讼．王亚新，刘荣军，译．北京：中国政法大学出版社，1996.
129. 棚濑孝雄．纠纷的解决与审判制度．王亚新，译．北京：中国政法大学出版社，1994.
130. 蒂里切夫，等．维埃刑事诉讼法．张仲麟，等译．北京：法律出版社，1984.
131. 格罗津斯基．苏维埃刑事诉中的上诉审和监督审程序．沈其昌，译．北京：中国人民大学出版社，1957.

二、论文类

1. 卞建林．我国刑事强制措施的功能回归与制度完善．中国法学，2011（6）.
2. 卞建林．监察机关办案程序初探．法律科学，2017（6）.
3. 陈光中，邵俊．我国监察体制改革若干问题思考．中国法学，2017（4）.
4. 陈光中．刑事诉讼中公安机关定位问题之探讨——对《刑事诉讼法修正案（草案）》规定司法机关包括公安机关之质疑．政法论坛，2012（1）.
5. 陈光中，汪海燕．《刑事诉讼法》再修改与未成年人诉讼权利的保障．中国司法，2007（1）.
6. 陈光中，王万华．论程序法与实体法的关系//诉讼法论丛，北京：法律出版社，1998（1）.
7. 陈光中等．刑事证据制度与认识论．中国法学，2001（1）.
8. 陈光中．论我国刑事审判监督程序之改革．中国法学，2005（2）.
9. 陈光中，张建伟．联合国《公民权利和政治权利国际公约》与我国刑事诉讼．中国法学，1998（6）.

10. 陈卫东．认罪认罚从宽制度研究，中国法学，2016（2）.

11. 陈卫东．构建中国特色刑事特别程序．中国法学，2011（6）.

12. 陈卫东，万春，宋英辉，苗生明．羁押必要性审查的理论认识与实践应用．国家检察官学院学报，2012（6）.

13. 陈卫东，柴煜峰．刑事附带民事诉讼制度的新发展．华东政法大学学报，2012（5）.

14. 陈卫东，杜磊．再审程序的理解与适用——兼评《刑事诉讼法》关于再审程序的修改．法学杂志．2012（5）.

15. 陈卫东．司法机关依法独立行使职权研究．中国法学，2014（2）.

16. 陈卫东．我国公诉方式的结构性缺陷及其矫正．法学研究，2000（4）.

17. 陈卫东，李奋飞．刑事二审“发回重审”制度之重构．法学研究，2004（1）.

18. 陈卫东．构建中国特色刑事特别程序．中国法学，2011（6）.

19. 陈卫东．论中国特色刑事缺席审判制度．中国刑事法杂志，2018（3）.

20. 陈瑞华．认罪认罚从宽制度的若干争议问题．中国法学，2017（1）.

21. 陈瑞华．法律程序构建的基本逻辑．中国法学，2012（1）.

22. 陈瑞华．论瑕疵证据补正规则．法学家，2012（2）.

23. 陈瑞华．审前羁押的法律控制——比较法角度的分析．政法论坛，2002（4）.

24. 陈瑞华．刑事诉讼中的重复追诉问题．政法论坛，2002（5）.

25. 陈瑞华．对两审终审制的反思——从刑事诉讼角度的分析．法学，1999（12）.

26. 陈永生．刑事二审审理方式之改革．政治与法律，2004（1）.

27. 邓思清．论审判监督的理论基础．法律科学，2003（3）.

28. 樊崇义，张中．论我国刑事诉讼原则体系的构建．中国司法，2004（11）.

29. 樊崇义．客观真实管见．中国法学，2000（1）.

30. 樊崇义．“以审判为中心”与“分工负责、互相配合、互相制约”关系论．法学杂志，2015（11）.

31. 高洪宾．中国审判委员会制度改向何处——以本土化为视角的思考．法律适用，2006（3）.

32. 顾培东．中国律师制度的理论检视与实证分析．中国律师，1999（10）.

33. 顾永忠，娄秋琴．程序性辩护的理论发展与实践展开．国家检察官学院学报，2020（3）.

34. 顾永忠．我国刑事辩护制度的回顾与展望．法学家，2012（3）.

35. 郭晶．刑事诉讼时间应如何获得审查和规制？．清华法学，2018（3）.

36. 何其生．我国域外送达机制的困境与选择．法学研究，2005（2）.

37. 何挺．“合适成年人”参与未成年人刑事诉讼程序实证研究．中国法学，2012（6）.

38. 何挺．司法改革试点再认识：与实验研究方法的比较与启示．中国法学，2018（4）.

39. 黄风．对外逃人员缺席审判需注意的法律问题．法治研究，2018（4）.

40. 季美君，单民．论刑事立案监督的困境与出路．法学评论，2013（2）.
41. 姜伟．公诉的价值．法学研究，2002（2）.
42. 姜伟，张寒玉．论办理未成年人案件的公诉政策．人民检察，2004（12）.
43. 李文健．转型时期的刑诉法学及其价值论．法学研究，1997（4）.
44. 李忠诚．超期羁押的成因与对策．政法论坛，2002（1）.
45. 李蓉．反腐败的国际刑事司法协助——《联合国打击跨国有组织犯罪公约》的刑事司法协助体系．政法论坛，2005（2）.
46. 廖中洪．论刑事附带民事诉讼制度的立法完善——从被害人民事权益保障视角的思考．现代法学，2005（1）.
47. 刘广三．从刑事诉讼法修正案看刑事诉讼法基本原则新走向．法治研究，2012（7）.
48. 刘广三．刑事证据的定量分析．法学评论，2014（1）.
49. 刘广三，李艳霞．我国刑事速裁程序试点的反思与重构．法学，2016（2）.
50. 刘仁琦．论我国刑事诉讼客体内容的确定——案件事实及其法律评价的双重确定．法律科学，2012（5）.
51. 龙宗智．进步及其局限——由证据制度调整的观察．政法论坛，2012（5）.
52. 龙宗智．刑事诉讼指定管辖制度之完善．法学研究，2012（4）.
53. 龙宗智．刑事诉讼的两重结构辨析．现代法学，1991（3）.
54. 龙宗智．检察权的性质和检察机关的改革．法学，1999（10）.
55. 龙宗智．庭审实质化的路径和方法．法学研究，2015（5）.
56. 裴苍龄．关于刑事诉讼结构的研究．政治与法律，1996（5）.
57. 邵沙平．控制跨国犯罪与现代国际法的发展——2000年《联合国打击跨国有组织犯罪公约》评述．法学评论，2002（1）.
58. 沈德咏，论以审判为中心的诉讼制度改革．中国法学，2015（3）.
59. 史立梅．认罪认罚从宽制度中的修复性逻辑之证成．法学杂志，2021（3）.
60. 史立梅．认罪认罚从宽程序中的潜在风险及其防范．当代法学，2017（5）.
61. 史立梅．庭审实质化背景下证人庭前证言的运用及其限制．环球法律评论，2017（6）.
62. 施鹏鹏，陈真楠．初查程序废除论——兼论刑事立案机制的调整．社会科学，2014（9）.
63. 宋英辉．我国刑事简易程序的重大改革．中国刑事法杂志，2012（7）.
64. 宋英辉，杨雯清．我国未成年人犯罪记录封存制度研究．国家检察官学院学报，2019（4）.
65. 宋英辉，王贞会．刑事强制措施修改若干问题．暨南学报（哲学社会科学版），2012（1）.
66. 宋英辉．《刑事诉讼法》修改的理念与原则．中国司法，2006（3）.
67. 宋英辉．建构我国刑事诉讼合理构造的理念与原则．政法论坛，2004（3）.
68. 宋英辉，吴宏耀．不起诉裁量权研究．政法论坛，2000（5）.
69. 宋英辉．特别程序彰显对未成年人特殊保护．检察日报，2012-04-02.

70. 宋英辉．修复关系促进和谐 准确把握和解制度主旨．检察日报，2012-04-05.

71. 宋英辉，上官春光，王贞会．涉罪未成年人审前非羁押支持体系实证研究．政法论坛，2014（1）.

72. 宋英辉，尹泠然．死刑案件强制上诉制度的功能与构建．河南社会科学，2018（10）.

73. 孙长永．论刑事证据法规范体系及其合理构建——评刑事诉讼法修正案关于证据制度的修改．政法论坛，2012（5）.

74. 孙长永，杨柳．论刑事立案前的初查．河北法学，2006（1）.

75. 孙长永．刑事庭审方式改革出现的问题评析．中国法学，2002（3）.

76. 孙洪坤．刑事回避制度的观念更新与改革．中国刑事法杂志，2004（5）.

77. 孙谦．刑事立案与法律监督．中国刑事法杂志，2019（3）.

78. 万毅．侦查目的论．国家检察官学院学报，2003（1）.

79. 汪建成．论强制医疗程序的立法构建和司法完善．中国刑事法杂志，2012（4）.

80. 汪建成．刑事审判程序的重大变革及其展开．法学家，2012（3）.

81. 汪建成．刑事诉讼溯源．法学论坛，2000（1）.

82. 汪建成．《刑事诉讼法》的核心观念及认同．中国社会科学，2014（2）.

83. 汪建成．以效率为价值导向的刑事速裁程序论纲．政法论坛，2016（1）.

84. 王超．虚置的程序：对刑事二审程序的实践分析．中外法学，2007（2）.

85. 王敏远，顾永忠，孙长永．刑事诉讼法三人谈：认罪认罚从宽制度中的刑事辩护．中国法律评论，2020（1）.

86. 王敏远．论未成年人刑事诉讼程序．中国法学，2011（6）.

87. 王敏远．论我国刑事证据法的转变．法学家，2012（3）.

88. 王敏远．2012年刑事诉讼法修改后的司法解释研究．国家检察官学院学报，2015（1）.

89. 王敏远．刑事缺席审判制度研究．法学杂志，2018（8）.

90. 王新清．论刑事诉讼当事人辅助制度．中国法学，2014（5）.

91. 谢佑平，吴羽．刑事法律援助与公设辩护人制度的建构——以新《刑事诉讼法》第34条、第267条为中心．清华法学，2012（3）.

92. 谢佑平，万毅．法理视野中的刑事诉讼效率和期间——及时性原则研究．法律科学，2003（2）.

93. 熊秋红．刑事辩护的规范体系及其运行环境．政法论坛，2012（5）.

94. 杨立新．刑事附带民事诉讼制度的完善与再修改．人民检察，2004（7）.

95. 杨宇冠．《联合国打击跨国有组织犯罪公约》浅说．中国司法，2004（3）.

96. 叶青，周登谅．未成年人案件不起诉交易制度的构想．法学，2003（7）.

97. 易延友．刑事强制措施体系及其完善．法学研究，2012（3）.

98. 尹西明．法律期间制度的功能与建构．法学论坛，2004（4）.

99. 张吉喜．违法所得没收程序适用中的相关问题研究．现代法学，2019（1）.

100. 张丽卿．两岸刑事诉讼法之比较研究．东海大学法学研究，2002（17）.

101. 张品泽．外国刑事回避制度比较研究．比较法研究，2004（3）.

102. 郑鲁宁，何乃刚．合并与分离：刑事附带民事诉讼制度的反思与重构．政法论坛，2003（8）.

103. 左卫民．未完成的变革：刑事庭前会议实证研究．中外法学，2015（2）.

104. 左卫民．中国应当构建什么样的刑事法律援助制度．中国法学，2013（1）.

105. 左卫民．指定监视居住的制度性思考．法商研究，2012（3）.

106. 左卫民．地方法院庭审实质化改革实证研究．中国社会科学，2018（6）.

图书在版编目（CIP）数据

刑事诉讼法学 / 宋英辉主编．-- 7 版．-- 北京：
中国人民大学出版社，2021.9
现代刑事法学系列教材 / 赵秉志总主编
ISBN 978-7-300-29580-0

Ⅰ.①刑… Ⅱ.①宋… Ⅲ.①刑事诉讼法—法的理论
—中国—高等学校—教材 Ⅳ.①D925.201

中国版本图书馆 CIP 数据核字（2021）第 132263 号

中国刑法学研究会推荐教材
现代刑事法学系列教材
刑事诉讼法学（第七版）
主　编　宋英辉
副主编　杨正万　杨　雄
Xingshi Susong Faxue

出版发行	中国人民大学出版社		
社　　址	北京中关村大街 31 号	**邮政编码**	100080
电　　话	010－62511242（总编室）		010－62511770（质管部）
	010－82501766（邮购部）		010－62514148（门市部）
	010－62515195（发行公司）		010－62515275（盗版举报）
网　　址	http：//www. crup. com. cn		
经　　销	新华书店		
印　　刷	北京七色印务有限公司	**版　　次**	2007 年 6 月第 1 版
规　　格	185 mm×260 mm　16 开本		2021 年 9 月第 7 版
印　　张	40.5 插页 2	**印　　次**	2021 年 9 月第 1 次印刷
字　　数	987 000	**定　　价**	88.00 元

《　　　　　　　　》※任课教师调查问卷

为了能更好地为您提供优秀的教材及良好的服务，也为了进一步提高我社法学教材出版的质量，希望您能协助我们完成本次小问卷，完成后您可以在我社网站中选择与您教学相关的 1 本教材作为今后的备选教材，我们会及时为您邮寄送达！如果您不方便邮寄，也可以申请加入我社的**法学教师 QQ 群：83961183（申请时请注明法学教师）**，然后下载本问卷填写，并发往我们指定的邮箱（cruplaw@163.com）。

邮寄地址：北京市海淀区中关村大街 31 号中国人民大学出版社 806 室收

邮　　编：100080

再次感谢您在百忙中抽出时间为我们填写这份调查问卷，您的举手之劳，将使我们获益匪浅！

基本信息及联系方式：※

姓名：＿＿＿＿＿＿＿ 性别：＿＿＿＿＿＿＿ 课程：＿＿＿＿＿＿＿＿＿＿＿＿＿＿＿

任教学校：＿＿＿＿＿＿＿＿＿＿＿＿＿＿＿ 院系（所）：＿＿＿＿＿＿＿＿＿＿＿＿

邮寄地址：＿＿＿＿＿＿＿＿＿＿＿＿＿＿＿ 邮编：＿＿＿＿＿＿＿＿＿＿＿＿＿＿＿

电话（办公）：＿＿＿＿＿＿＿ 手机：＿＿＿＿＿＿＿ 电子邮件：＿＿＿＿＿＿＿＿＿

调查问卷：※

1. 您认为图书的哪类特性对您使用教材最有影响力？（　　）（可多选，按重要性排序）
   A. 各级规划教材、获奖教材　　B. 知名作者教材
   C. 完善的配套资源　　D. 自编教材
   E. 行政命令
2. 在教材配套资源中，您最需要哪些？（　　）（可多选，按重要性排序）
   A. 电子教案　　B. 教学案例
   C. 教学视频　　D. 配套习题、模拟试卷
3. 您对于本书的评价如何？（　　）
   A. 该书目前仍符合教学要求，表现不错将继续采用。
   B. 该书的配套资源需要改进，才会继续使用。
   C. 该书需要在内容或实例更新再版后才能满足我的教学，才会继续使用。
   D. 该书与同类教材差距很大，不准备继续采用了。
4. 从您的教学出发，谈谈对本书的改进建议：＿＿＿＿＿＿＿＿＿＿＿＿＿＿＿＿＿＿

＿＿

＿＿

选题征集：如果您有好的选题或出版需求，欢迎您联系我们：

联系人：黄　强/宁丹丽　联系电话：010-62515955/5536

索取样书：书名：＿＿＿＿＿＿＿＿＿＿＿＿＿＿＿＿＿＿＿＿＿＿＿＿＿＿＿＿＿＿＿

书号：＿＿＿＿＿＿＿＿＿＿＿＿＿＿＿＿＿＿＿＿＿＿＿＿＿＿＿＿＿＿＿＿＿＿＿＿

备注：※ 为必填项。